Les écoles présocratiques

ÉDITION ÉTABLIE
PAR JEAN-PAUL DUMONT

La Naissance de la Théologie

Gallimard

Édition établie avec la collaboration
de Daniel Delattre
et de Jean-Louis Poirier.

NOTE À LA PRÉSENTE ÉDITION

De l'œuvre des penseurs présocratiques qui, de Thalès (VIᵉ s. av. J.-C.) aux contemporains de Socrate (fin du Vᵉ s.), ont donné naissance à la philosophie sous sa forme la plus ancienne mais déjà élaborée, la tradition littéraire n'a retenu que des fragments : en fait, trois sortes de textes. Les premiers, rangés sous la lettre A, sont des témoignages indirects concernant la vie, les œuvres et la philosophie de l'auteur. Les deuxièmes, signalés par la lettre B, sont des citations tenues pour littérales. Les troisièmes, désignés par la lettre C, sont soit des imitations ou des faux, soit des textes tardifs qui manifestent l'écho de la pensée à une date postérieure.

Donner une édition complète, c'est-à-dire parfaitement exhaustive, de la totalité des textes relèverait d'une ambition impossible, inutile et surtout philosophiquement insensée. Tel était du moins l'avis du philologue allemand Hermann Diels. Celui-ci pourtant jugea indispensable de proposer en 1903, à l'usage des étudiants de son séminaire de philologie, l'édition monumentale : *Die Fragmente der Vorsokratiker*, qui, de nos jours, demeure encore l'œuvre de référence pour les textes originaux. Une cinquième édition augmentée (1934) et une sixième édition dite améliorée (1951 et rééditions) est l'œuvre de Walther Kranz dont le *Wortindex* (*indices* des termes, des noms et des sources), indispensable instrument de travail, a été publié en 1952.

Aidé de mes deux collaborateurs, Daniel Delattre et Jean-Louis Poirier, j'ai mis près de dix-huit ans de loisirs studieux à en établir l'édition française, offerte en 1988 (nouveau tirage en 1989) aux lecteurs de la Bibliothèque de la Pléiade. Le succès remporté et l'intérêt suscité par cette entreprise qui procurait pour la première fois un accès direct à ce *Testament* de notre philosophie la plus ancienne, nous conduit aujourd'hui à proposer à un public plus large encore un livre nouveau présentant en un volume un reflet de l'essentiel des écoles présocratiques.

Le texte des traductions est, à quelques corrections près, celui de notre édition de la Pléiade, qui, dans notre esprit, demeure l'édition française de référence à laquelle toute étude approfondie devra nécessairement se reporter. C'est pourquoi l'appareil critique a été ici quelque peu allégé. Mais, pour chacun des auteurs cités dans ce volume, l'intégralité des témoignages, fragments et imitations a été scrupuleusement respectée, tant il est vrai que prétendre faire un choix ou opérer un tri parmi des matériaux heureusement conservés par l'histoire, n'aurait eu certainement aucun sens.

Comme on va le voir, cet ouvrage est entièrement nouveau dans sa conception. On a tenté ici de distribuer philosophiquement et géographiquement en écoles, et non plus seulement en périodes, les systèmes de pensée présocratiques. D'abord l'Orient ou la partie méridionale de l'Ionie, de Thalès à Héraclite. Ensuite l'Italie pythagoricienne avec Empédocle et cette forme particulière de pythagorisme que constitue l'école d'Élée, représentée ici par Parménide et Zénon. Puis les singuliers héritiers de l'éléatisme que sont les Abdéritains, fondateurs de l'atomisme et proches du clazoménien Anaxagore, fixé à Athènes. Viennent enfin Protagoras, autre Abdéritain, Gorgias, autre Sicilien, Prodicos et Hippias, quatre grandes figures de sophistes qui, comme tels, ont été des itinérants.

Notre vœu serait d'avoir réuni ici suffisamment de documents pour permettre au lecteur de se faire par lui-même une idée informée de ce qu'a été le « miracle grec » en philosophie. Et pour les plus jeunes d'entre eux, auxquels un professeur pense toujours, d'entrer par cette voie royale en philosophie.

LES ÉCOLES PRÉSOCRATIQUES

1. *Espace et origines*

Ce livre est celui des origines. À la fois parce qu'il rassemble les fragments des premiers écrits des philosophes et parce que le problème qui requiert leur attention est aussi celui de notre origine : celle de l'homme, celle du ciel et celle du monde. Mais la question de l'origine compte aussi, précisément pour l'historien, un troisième sens : l'histoire pose la question de savoir d'où sont nées la spéculation et les interrogations philosophiques elles-mêmes. D'où vient-il que la raison humaine, délaissant la poésie mythique et la théologie épique, ait pris soudain le parti de philosopher ? Comment se fait-il que les premières recherches et les premières ébauches de réponse aient justement pris cette forme qui devait bientôt produire les grandes œuvres de Démocrite, Platon et Aristote ? L'histoire, qui pense la réalité en termes de temps, n'échappe pas à la tentation première de remonter la chaîne temporelle des causes pour aller chercher explication de l'origine jusque dans une sorte de préhistoire. Cessant alors de rencontrer justement l'histoire, elle s'étonne et ne comprend plus. Il faudrait aller jusqu'à parler d'un « miracle grec » en philosophie... Et voilà pourquoi votre fille est muette.

Ne serait-ce pas qu'il y ait méprise ? Que le problème des origines de la philosophie ne se doive point poser en termes de temps et d'histoire, mais plutôt en termes de géographie et d'espace ? Une discipline, nouvelle aujourd'hui, serait à recréer : je veux parler de la géographie philosophique dont le néoplatonicien Proclus me paraît avoir été l'inventeur. Ce philosophe du vᵉ siècle, auteur de *Commentaires* d'Hésiode le mythologue, d'Euclide le géomètre et de Platon le philosophe, rencontre à deux reprises dans son *Commentaire sur le « Parménide » de Platon*[1] l'hypothèse d'une explication géographique des origines de la philosophie : une glose portée en marge des manuscrits à la hauteur du premier passage, résume à peu près tout en deux lignes : « L'école ionienne s'occupe de la physique, l'italienne des intelligibles, l'attique tient le milieu. »

L'école ionienne, qui sera, dans ce volume, représentée par les Milésiens Thalès et Anaximandre et par Héraclite d'Éphèse, a, comme le note Proclus, tourné ses regards sur la nature et constitué une *physiologia* ou philosophie naturelle, d'où le titre de Physiologues porté durant toute l'Antiquité par les philosophes de la nature. « Les philosophes d'Ionie se sont peu souciés de la théorie des intelligibles : ils ont étudié dans tous les sens la nature et les œuvres de la nature [...]. Ils sont suspendus à la cause suprême. » Pour les Ioniens, l'explication rationnelle de la pluralité et de la diversité des phénomènes et des êtres que compte la nature, est à chercher dans la présence d'un principe unique et matériel d'où dérivent toutes choses. Ils usent, pour désigner le premier élément fondateur, du terme grec d'*archè*, mot qui signifie la souche, l'origine commune ou le commencement, et qui prendra ensuite un sens construit par les philosophes ultérieurs (notamment Aristote) : celui du concept de principe. Que cet élément soit l'eau, le feu, l'air et encore l'Illimité ou l'Infini, ne change rien à la nature rationnelle du modèle d'explication physique mis dès lors en œuvre. La pensée ionienne devient philosophique au moment où elle pose l'être du principe matériel au commencement du devenir.

À l'opposé du creuset méditerranéen, au dire encore de Proclus, « les philosophes d'Italie se sont principalement occupés des choses qui sont des espèces intelligibles, et n'ont touché que très peu à la philosophie des choses sensibles abandonnées à l'opinion ». Ces espèces intelligibles sont avant tout des nombres, puis des idées ou des formes intelli-

---

1. Voir Proclus, *In Parmenidem* I § 12, col. 628, éd. V. Cousin, et II § 20, col. 659 et suiv.

gibles. La réalité, affirment les pythagoriciens, est faite de nombres.

Cela peut signifier deux choses, en fait un peu contradictoires. Ou bien, première lecture, tout est constitué à partir d'entités numériques, ou monades, qui peuvent être tenues pour des réalités individuelles et singulières, en quelque sorte déjà des atomes[1]. Les nombres peuvent prendre l'aspect de ces petites poussières en suspension dans l'air, qu'on voit dans les rais du soleil filtrant à travers les volets[2]. Ils sont faits de feu et constituent des unités sphériques dont la mobilité, incessante en vertu de leur forme arrondie, explique que l'âme qui en est composée, est immortelle et se meut toujours.

Ou bien, seconde interprétation, les nombres n'ont rien de sensible ni de matériel, et leur nature est entièrement intelligible. Ce sont eux qui limitent et informent la matière, comme ces nombres dont la proportion définit l'homme du *Canon* de Polyclète[3] ou encore caractérisent tout être, comme l'homme ou, dans l'homme, le visage et les mains[4]. Dans la forme plus achevée du second pythagorisme, comme celle que lui donnera Philolaos, le nombre deviendra la *Limite* qui informe et ordonne l'*Illimité* pour conférer au mélange vie, harmonie et intelligibilité, elle-même source de mesure et de connaissance.

Aussi Proclus peut-il écrire : « Disons donc que l'Ionie est le symbole de la nature, tandis que l'Italie est celui de l'essence intellectuelle. Athènes sera celui de la substance moyenne, grâce à laquelle les âmes réveillées peuvent remonter de la nature à l'intellect. » C'est dire que le « miracle grec » s'explique parfaitement par la confluence de deux approches rationnelles d'inspiration divergente. L'Ionie incarne la matérialité physique, l'Italie la spiritualité mathématique. Pourtant, les choses ne sont pas si simplement schématiques. Proclus voudrait qu'Athènes ait recueilli en son sein ce double héritage, et que Platon ait su forger, en fondant l'Académie, une dialectique combinant à

---

1. Voir Jean-Paul Dumont, *Les Présocratiques*, Bibl. de la Pléiade, Ecphantos, p. 546-547.

2. Voir l'École pythagoricienne, B XL, p. 320 et Leucippe A XXVIII, p. 396.

3. Voir *Les Présocratiques*, Polyclète, p. 474 et suiv.

4. Voir *ouvr. cit.*, Eurytos, A III, p. 515.

la sûreté et à l'exactitude de la mesure éternellement mathématique, les nécessités d'une physique où les objets sensibles et matériels n'échappent que rarement à l'opinion et jamais au devenir, c'est-à-dire à la naissance et à la mort. Mais il ne faudrait pas croire que l'Ionie propose une philosophie de la matérialité multiple et de l'Illimité infiniment divers, qui ne serait que l'exact opposé de la philosophie italienne de l'Un et de la mesure. En fait, déjà les Ioniens eux-mêmes sont à la recherche de l'Un, c'est-à-dire du principe matériel unique dont découlent toutes choses. À l'opposé, mais tout aussi symétriquement, l'Un du pythagorisme engendre aussitôt la multiplicité (numériquement illimitée) des nombres. Qu'ensuite ces nombres multiples soient eux-mêmes des unités, c'est-à-dire des monades substantielles qui tirent de leur ressemblance et de leur participation avec l'Un ce caractère d'unité, est en fait un autre problème, philosophiquement plus complexe et qui suppose un long développement dans le temps de l'hypothèse de recherche initiale.

Comme nous avons pu l'observer brièvement, grâce au concours inattendu de Proclus, la philosophie grecque, avant d'être athénienne et socratique, procède de la rencontre de deux sources helléniques et méditerranéennes : la philosophie physique et matérielle des Ioniens et la philosophie mathématique et spirituelle des Italiens. Dans ces deux constructions de la pensée, il s'agissait d'exprimer la nécessité de postuler, comme principe d'explication rationnelle, la présence d'un quelque chose de fondateur, d'une *archè* matérielle ou idéale, d'où procédât ensuite tout le réel. Les premiers présocratiques, aussi bien physiologues que mathématiciens, ont fondé la philosophie en se voulant les auteurs de ce choix.

Mais on ne pouvait en demeurer là. Il fallait encore mesurer les conséquences entraînées par le choix de tels principes. C'est alors que la philosophie se développa et, d'intuition initiale, dut se faire système. Car elle n'aurait su se contenter d'une hypothèse, et très tôt son activité essentielle consista à en mesurer en quelque sorte les effets, en enchaînant le développement des conséquences. C'est dans cet effort éprouvant de la pensée réfléchissant sur elle-même qu'il lui fallait dès lors s'engager. Le lieu de cette réflexion critique fut l'Athènes de Socrate, de Platon et d'Aristote.

Ainsi l'analyse des difficultés résultant du choix de tel ou tel principe unique allait-elle bientôt provoquer une rencontre critique et conflictuelle en même temps qu'une synthèse. Faisant retour sur ses propres hypothèses, la raison allègue tantôt l'un, tantôt l'autre, tantôt le plus souvent l'un contre l'autre. Si les présocratiques cessent alors d'être d'actualité, et si leurs œuvres demeurent des ensembles de savoir, caducs et voués à l'oubli, ou encore destinés à être réfutés et récusés, voire ensevelis — que l'on songe par exemple au « parricide » du vieux Parménide dans *Le Sophiste* de Platon — leur présence inévitable demeure, comme objets de référence première. Ainsi Aristote, qui ne cesse de leur reprocher de n'avoir pas su combiner comme lui la causalité matérielle et la causalité formelle ou idéale, commence-t-il pourtant tous ses traités par une analyse systématique de leur façon de poser le problème qui va l'occuper. Ainsi encore fera Théophraste, et bien d'autres encore après lui. Et c'est pourquoi aussi, dans ce livre, à côté de fragments rares, trop rares à notre curiosité, subsistent tant d'éclairants et précieux commentaires.

De tout cela, la géographie philosophique, comme la pratiquait Proclus, permet de comprendre l'origine. Mais, simultanément, ce développement initial et cette première évolution, qui accompagnent les commencements, relèvent déjà de l'histoire : une histoire certes dégagée heureusement du souci géographique et en quelque sorte préhistorique de la question des origines. Rendons maintenant la parole aux historiens de la philosophie.

2. *Temps et durées*

De Proclus à Fernand Braudel[1] il n'y a qu'un pas et la différence est mince. Une unité de lieu : la Méditerranée. Une unité de méthode : l'explication du devenir par la permanence et la compréhension du changement par ce qui ne change pas. Considérons ici comment, en renonçant à une vision trop naïvement linéaire du temps, doit être repensée généralement et appliquée aux écoles présocratiques la perspective d'une coexistence des durées philosophiques.

1. Voir F. Braudel, *La Méditerranée et le Monde méditerranéen à l'époque de Philippe II*, Paris, 1949-1966[2] et *Écrits sur l'Histoire*, Paris, 1969.

Dans le strict domaine des études historiques, le projet d'une histoire totale, entendue comme une science humaine générale, que Fernand Braudel a mis à l'épreuve sur la Méditerranée à l'époque de Philippe II, reconnaît et impose la nécessité de distinguer trois sortes de temps : le « temps géographique », le « temps social » et le « temps individuel ». La toile de fond, ou le décor de l'histoire, est ainsi constituée par un temps permanent et en quelque sorte immobile, caractérisé par un rapport constant entre les hommes et le milieu géographique, c'est-à-dire les régions du monde méditerranéen. C'est devant ce décor que viennent se jouer en de très longues périodes les lentes évolutions spécifiques du temps social, faites davantage d'évolutions que de changements. Enfin, sur l'avant-scène, s'actualise le temps des événements, ponctué par leur singularité instantanée et éphémère. On notera que l'historien, justement parce qu'il est historien, a pensé en termes de temps ce que des spécialistes d'autres sciences humaines auraient pu tenir pour des moments, des niveaux ou des plans de la réalité. Ainsi le temps en général exprime la coïncidence de trois durées : la longue, la moyenne et la courte. Car c'est bien là de durée et de temps qu'il s'agit, ou encore de la dérivée du temps, comme diraient les physiciens, pour tenir compte de vitesses variables dans les modifications humaines repérables.

Appliqué à l'histoire des écoles philosophiques, ce modèle témoigne d'une fécondité inattendue. À la durée presque immobile répond la permanence de problèmes ou de questions dont la nécessité s'impose à la raison : d'où provient ce qui existe ? Qu'est-ce que l'homme ? Le réel est-il connaissable ? Quelles activités proposer à l'homme, etc. ? Ces préoccupations forment le souci philosophique générateur du questionnement.

Mais qui dit questionnement ou souci ne dit pas encore problématisation philosophique. Ne serait-ce que parce que la réponse peut être immédiatement théologique, comme dirait Auguste Comte, ou encore conçue sur le mode mythique et épique, comme l'ont fait Homère ou Hésiode, dénoncés comme déraisonnables par Xénophane[1] pour ce motif même. Pour qu'il y ait vraiment philosophie, il faut qu'il y ait émergence d'une problématique, elle-même liée à

---

1. Voir *Les Présocratiques*, p. 91-126.

l'apparition d'une école. Ainsi la question de l'origine devient un problème philosophique quand elle est thématisée en termes de principes qui sont tantôt un élément matériel premier, comme l'eau ou l'illimité des Ioniens, tantôt un principe idéal, comme l'Un des pythagoriciens, ou tantôt encore deux autres en même temps, comme l'être et le non-être de Parménide ou les atomes et le vide de Démocrite. L'école, on le pressent déjà, remplit donc un rôle essentiel : fonder une problématique et, par là, légitimer en même temps que rendre possible une recherche philosophique individuelle et singulière.

Car c'est toujours d'individus, c'est-à-dire de personnalités singulières, qu'il est question en philosophie. Aucun philosophe, sans lequel l'école ne saurait prendre vie, ne ressemble tout à fait à un autre. Anaximandre ne se confond pas avec Thalès, Philolaos n'est pas Empédocle, Zénon ne ressemble déjà plus à Parménide, etc. La substance première de la philosophie est donc l'individu, au sens où Aristote parle plus généralement de substance première.

Appliqué cette fois aux écoles philosophiques, le modèle braudélien appelle comme irrésistiblement le modèle aristotélicien de la causalité syllogistique. On sait que le syllogisme catégorique réunit trois termes : le grand, le moyen et le petit. Par exemple : l'animal, l'homme et Socrate. Ce qui existe réellement, c'est la substance première ou l'individu Socrate, le celui-ci ou le ceci. Mais si je pose la question : « Qu'est Socrate ? Quelle est son essence ? Quelle est, comme diront les scolastiques, sa quiddité ? », je dois alors répondre que son essence est d'être un homme. Or homme, substance formelle et essence, n'est qu'une des manières d'être et d'apparaître visiblement et spécifiquement du genre animal. Le genre se montre par la négation, quand la différence (ici : être raisonnable) articule et découpe le genre pour rendre l'espèce manifeste. Ainsi le grand terme, le genre, se dévoile sous la forme du moyen terme, l'espèce humaine, et l'un et l'autre ne trouvent leur existence substantielle concrète que dans l'individualité d'un homme singulier, Socrate par exemple. Ce qu'Aristote exprime brièvement par le terme d'immanence : le genre et l'espèce, c'est-à-dire le grand et le moyen terme, sont immanents à la substance individuelle, c'est-à-dire le petit terme, et leur sériation en constitue la causalité formelle.

Pensons maintenant en termes de syllogisme la présence

conjointe du souci ou du questionnement philosophique universel, puis de la problématique propre à l'école, et enfin de
l'activité singulière de tel ou tel philosophe. Dans la forme
analytique que lui donne Aristote, le syllogisme ne fait
qu'exprimer sous le dehors d'une nécessité logique et
démonstrative, la nécessité ontologique de la série des causes
formelles immanentes à la réalité substantielle. Transposée
à l'histoire de la philosophie, la procédure syllogistique
manifeste que l'activité singulière d'un philosophe appartenant à une école, prend une dimension essentielle du fait de
l'appartenance de ce philosophe à cette école même qui lui
fournit une problématique spéciale, c'est-à-dire une manière
propre et déjà conceptuellement structurée de s'interroger
sur la réalité. Par exemple, Anaximandre est l'élève de
Thalès. Il formule donc, comme son maître de l'école
ionienne, la question de l'origine des êtres (grand terme) en
termes d'*archè* primitive (moyen terme). L'essentiel du
questionnement est donc ionien, et la réponse nouvelle par
l'Illimité (petit terme) constitue la contribution originale et
singulière d'Anaximandre au développement de l'école. Ou
encore : Leucippe est l'élève de Zénon d'Élée ; la réalité procède pour l'école dont il est issu, du concours de l'être et du
non-être; penser alors, comme il le fait, l'être et le non-être
en termes d'atomes et de vide, constitue son apport propre au
progrès de la philosophie. L'explication syllogistique, on le
voit, souligne la valeur causale dont se trouve investi
le modèle braudélien des trois temps ou durées, longue,
moyenne et brève. La réalité historique ne se comprend plus
seulement comme la coïncidence et la contemporanéité de
ces trois durées, mais comme l'immanence, dans le sujet phi-
losophant et à travers la problématique de l'école, du
questionnement et du souci permanent que motive l'interrogation pérenne.

Resterait encore à rendre compte du cas très particulier des
fondateurs d'école. Diogène Laërce qui aime, dans ses *Vies et
opinions des philosophes illustres*, établir des successions ou des
lignées de philosophes, est bien obligé d'admettre que chacune des trois filiations qu'il propose est inaugurée par un fondateur qui forcément n'a pas eu de maître. Ces trois fondateurs sont pour lui Thalès, Pythagore et Héraclite, ce qui pour
les deux premiers est incontestable, mais ce que nous refusons
au troisième qui nous paraît être d'abord une expression,
certes originale, de l'école ionienne. Qu'est-ce qu'un

fondateur en philosophie, sinon un génie, au sens kantien du terme[1] ? « Le génie est le talent (don naturel) de donner à l'art ses règles. » L'art en question ici est la philosophie. Les règles de l'art sont les nécessités propres à une problématique que l'école philosophique — comme il y a des écoles dans l'histoire des Beaux-Arts — s'efforcera de conserver en l'approfondissant. Les deux grands génies sont donc Thalès, fondateur de l'école ionienne, et Pythagore, fondateur de l'école italienne. Faut-il tenir pour également géniaux les autres penseurs présocratiques, comme Empédocle, inventeur de la rhétorique, ou Zénon d'Élée, inventeur de la dialectique ? Ou encore les grands sophistes, Socrate et Platon, ces Athéniens qui passent aux yeux de Proclus pour avoir réalisé la synthèse ? Je ne le crois pas. En tout cas ne le sont-ils qu'à un moindre titre. Mais je laisse le lecteur juge.

Concluons sur ce point. L'histoire de la philosophie dont fait partie l'histoire des présocratiques, ne se réduit pas à une succession chronologique d'auteurs qu'aurait inaugurée Thalès au début du VIᵉ s. av. J.-C., pour s'achever à la fin du Vᵉ siècle avec Démocrite et les sophistes, et qu'illustreraient tour à tour en passant Pythagore, puis Anaximandre, Empédocle et Parménide, et encore Anaxagore et Leucippe, pour ne citer que les plus grands noms qui illustrent le présent ouvrage. Pour penser philosophiquement l'histoire de la philosophie en général, il est nécessaire d'envisager en même temps la coïncidence braudélienne du temps de la question, du temps de l'école et du temps du philosophe, et aussi l'immanence aristotélicienne du souci et de la problématique dans l'œuvre singulière de chacun des philosophes. Dans l'histoire des présocratiques, ces deux références, elles-mêmes classiques et hors du temps, viennent compléter l'intuition géographique de Proclus, qui fonde sur la régionalisation de l'espace la différence des points de vue concernant l'origine.

3. *Les écoles d'Ionie : Milet et Éphèse*

C'est aux Milésiens, c'est-à-dire aux premiers physiologues ioniens, que songeait Aristote lorsqu'il écrivait, au premier livre de sa *Métaphysique* : « La plupart des premiers

---

1. Voir E. Kant, *Critique de la faculté de juger*, § 46.

philosophes estimaient que les principes de toutes choses se réduisaient au principe matériel. Ce à partir de quoi sont constituées toutes les choses, le terme premier de leur génération et le terme final de leur corruption — alors que, la substance demeurant, seuls les états changent — c'est cela qu'ils tiennent pour l'élément et le principe des choses[1]. » Cette appréciation est constante : huit cents ans plus tard, elle était encore partagée par Proclus dont nous avons vu en commençant qu'il considérait les Ioniens comme les fondateurs du savoir rationnel, inaugurant une philosophie de la nature qui faisait de l'*archè* primitive un élément matériel dont dérivaient toutes choses.

Mais, notons-le dès maintenant, la philosophie naturelle ne se borne pas à poser la réalité originaire d'un principe matériel; elle en tire immédiatement les conséquences liées aux développements produits par ce principe, c'est-à-dire l'existence dans le temps et la nature du temps lui-même. C'est ce qu'exprimera par exemple la parole fameuse d'Anaximandre : « Ce dont la génération procède pour les choses qui sont, est aussi ce vers quoi elles retournent sous l'effet de la corruption, selon la nécessité; car elles se rendent mutuellement justice et réparent leurs injustices selon l'ordre du temps[2]. » Saluons cette image admirable du temps dont la balance est la métaphore, en même temps qu'elle symbolise la justice. Ainsi une balance peut-elle orner les cadrans solaires. J'aime imaginer que le premier *gnomon* ou cadran solaire, construit justement par Anaximandre[3], portait déjà gravé sur la pierre le signe de la balance, expression du temps et de la justice. « Tel qui rit vendredi, dimanche pleurera! », dit la sagesse picarde. La sagesse ionienne sait déjà, elle aussi, que les éléments forment un tout où rien ne se crée ni ne se perd, où tout dérive d'un unique principe et doit, selon la dure loi d'une nécessité infrangible, y retourner à la fin. Ici se trouve exprimée la découverte bien tardive de Hegel, que le commencement et la fin sont identiques.

Nous reviendrons tout à l'heure sur une autre conséquence de cette philosophie du temps : la naissance de l'astronomie scientifique. Considérons d'abord la nature de la substance primordiale. Qu'elle demeure alors que seuls ses états

1. Voir Thalès, A XII, p. 23.
2. Voir Anaximandre, B I, p. 47.
3. Voir Anaximandre, A I, I, p. 32 ; A II, p. 33 et A IV, p. 33.

changent, comme le relève Aristote, est déjà un formidable
acquis de la raison. C'est justement ce qui constitue l'argument fondateur de l'école ionienne. Et, au fond, peu importe
que la substance principale et finale soit l'eau comme dit
Thalès, l'Illimité comme dit Anaximandre, l'air comme
diront Anaximène et Diogène d'Apollonie[1], ou encore le feu
comme le déclarera Héraclite.

Écoutons Aristote : « Pour Thalès, le fondateur de cette
conception philosophique, ce principe est l'eau (c'est pourquoi il soutenait que la Terre flotte sur l'eau); peut-être
admit-il cette théorie en constatant que toute nourriture est
humide et que le chaud lui-même en tire génération et vie
(or, ce dont procède la génération est principe de toutes
choses); voilà ce qui le conduisit à admettre cette théorie, et
aussi le fait que les semences de toutes choses ont une nature
humide; de telle sorte que l'eau est pour les choses humides le
principe de leur nature[2]. » Le lecteur me pardonnera
d'attirer son attention sur quelques formules de ce texte qui
ne se borne pas à rapporter que le principe est l'eau. Thalès y
est bien dit fondateur *(archègos)* d'une conception de la philosophie *(philosophia)*, et c'est cela qui doit retenir principalement notre intérêt. Cette conception est philosophique parce
qu'elle oppose au devenir des choses engendrées, la conservation d'une nature *(physis)* unique, à jamais conservée et qui
est substance éternelle. Pourquoi avoir choisi l'eau? demande
ensuite Aristote. Ce choix doit avoir, quelle qu'en soit la
raison, été fondé lui-même en raison. Il se pourrait que la
motivation en soit cosmique : justifier que la Terre soit un
disque flottant sur l'eau[3]. Mais Aristote semble préférer une
explication que nous dirons d'ordre vital : la référence à
l'humidité de la nourriture et au phénomène de la génération
et de la vie, renvoie à une philosophie de la vie, du devenir et
du temps, où rien ne se perd ni ne se détruit. Mais, peut-être
aussi, la référence à la nature humide des semences de toutes
choses veut-elle laisser entendre que la substance primordiale
humide est éternellement mue par une âme ou une force
divine[4], comparable à celle que contient la pierre d'aimant
qui meut le fer et l'attire? Il ne semble pas en effet nécessaire

1. Voir *Les Présocratiques*, p. 41 et 948.
2. Voir Thalès, A XII, p. 23.
3. Voir Thalès, A XIV, p. 25.
4. Voir Thalès, A XXII et XXIII, p. 29.

d'évoquer, en parlant de Thalès, une cause motrice comme un dieu ou un intellect susceptible de mouvoir l'eau primordiale, en remplissant la fonction de cause efficiente[1].

Il se pourrait que ce dernier problème ne surgisse — et encore — qu'une génération plus tard, avec Anaximandre. Étant donné son appartenance à l'école, il se doit de poser en principe l'existence d'une nature une. Ce principe, encore appelé l'Un, est mû et illimité[2]. Dire que l'Illimité est le principe, marque donc une étape complémentaire vers l'abstraction, à une époque où n'est pas encore forgé le concept de matière. « Il est évident, dit de lui Simplicius, qu'après avoir observé la transformation mutuelle des quatre éléments, il ne pouvait estimer qu'on pût assigner à l'un un rôle de substrat, mais qu'il fallait bien qu'il y eût quelque chose d'autre en plus de ces quatre éléments. Il ne pense pas que la génération se produit par altération élémentaire, mais à l'opposé par dissociation des contraires [...][3] ». Cela revient effectivement à faire de l'Illimité-principe « un élément corporel sensible illimité en acte[4] ». Malheureusement, sitôt invoquée « la dissociation des contraires », Simplicius ajoute qu'elle se produit « sous l'effet du mouvement éternel[5] ». La mention des contraires n'a rien d'énigmatique : il s'agit par exemple, de l'air qui est froid, de l'eau qui est humide et du feu qui est chaud[6]. Le froid et le chaud, l'humide et le sec vont relayer et prolonger mécaniquement la cause efficiente et motrice, après être issus du principe par dissociation ou discrimination. Mais quelle réalité se cache-t-elle sous l'expression « effet du mouvement éternel » ? Faut-il songer à un dieu ou à un intellect[7] ? Certains interprètes voudraient donner cette valeur au terme de nécessité présent dans la formule d'Anaximandre[8]. Nous ne partageons pas cette opinion : la nécessité, selon nous, ne doit pas être entendue comme présidant aux transformations que subirait le matériau illimité; elle exprime seulement que l'Illimité est une substance éternellement en acte, qui contient en elle-

1. Voir Thalès, A XXIII, p. 29.
2. Voir Anaximandre, A IX, p. 34.
3. Voir Anaximandre, A IX, p. 34.
4. Voir Anaximandre, A XIV (fin), p. 38.
5. Voir Anaximandre, A IX, p. 34.
6. Voir Anaximandre, A XVI, p. 39.
7. Voir Anaximandre, A IX*a*, p. 35.
8. Voir plus haut n. 2, p. 2.

même la raison d'être de ses dissociations, génératrices des éléments opposés. Fatalement, tout dérive de l'Illimité et est voué à y retourner.

Passons à un autre aspect. Une telle philosophie du devenir et du temps, où tout provient d'une unique souche et y retourne, provoque une attention particulière à la périodicité des cycles temporels, journaliers, saisonniers, annuels ou pluriannuels, qui suffirait à elle seule à expliquer le développement de l'astronomie. Thalès a prédit l'éclipse de soleil du 28 mai 585 av. J.-C.[1]. Anaximandre, lui, non seulement fabrique des cadrans solaires, mais sa contribution à la cosmographie est proprement prodigieuse. Qui pourrait s'honorer de mérites comparables à ceux que lui attribue la notice de la *Souda*? « Le premier, il découvrit les solstices, les équinoxes et l'horloge, et que la Terre est placée au centre de l'univers. Il introduisit le *gnomon* et composa une esquisse générale de la géométrie. Il écrivit *Sur la nature*, *Le Tour de la Terre*, *Sur les fixes*, *La Sphère* et quelques autres ouvrages[2]. » Parfois encore j'imagine le musée d'Anaximandre à Milet, un petit temple ionien où l'on trouvait des appareils de mesure astronomiques. Le mur du fond s'ornait d'une immense carte géographique — la première du genre — représentant les régions habitées de la Terre, qui faisait l'admiration des visiteurs[3].

Pour Thalès, l'anecdote aristotélicienne lui attribuant l'institution du premier monopole : celui des moulins à olives, fait aussi référence à un calcul astronomique ayant permis de prévoir une année à olives[4]. Quant au fameux théorème qui porte son nom, la découverte n'est sans doute pas de lui, mais elle renvoie à un trait conservé par Pline et Plutarque[5] : Thalès est représenté mesurant l'ombre de la pyramide (dont le sommet est inaccessible) au moyen de l'ombre d'un bâton, quand cette ombre est égale à la hauteur du bâton, c'est-à-dire quand le soleil fait avec l'horizon un angle de 45°, mesuré grâce à un *gnomon*. La découverte astronomique et le repérage du temps solaire précèdent la découverte des proportions.

1. Voir Thalès, A v, p. 19.
2. Voir Anaximandre, A ii, p. 33.
3. Voir Anaximandre, A vi, p. 34.
4. Voir Thalès, A x, p. 21.
5. Voir Thalès, A xxi, p. 28.

À Éphèse, à la fin du vi⁰ et au début du v⁰ siècle, Héraclite
s'inscrit naturellement dans le développement inauguré par
l'école de Milet. Les témoignages de Simplicius, d'Aétius
et de Galien[1], relatifs à sa position concernant le principe,
concourent tous à faire de lui un digne successeur des Milésiens. Le feu est le principe de toutes choses, ou encore
l'unique et premier élément constitutif d'un monde un, mû
et limité. L'histoire du devenir et de la génération des êtres
est donc l'histoire des transformations de ce feu : « Toutes les
choses viennent du feu, et toutes finissent dans le feu. » La
transformation du feu en air, de l'air en eau et de l'eau en
terre, s'opère par un mécanisme de condensation. Inversement, c'est par raréfaction que la terre engendre l'eau qui
produit l'air, qui retourne au feu. Dans l'avant-propos de
la première édition de son *Héraclite*, Cl. Ramnoux raconte
comment, en juin 1940, voyant devant Saumur les vapeurs
humides monter et s'exhaler de la Loire, elle avait revécu
l'intuition héraclitéenne :

> « La route montante et descendante
> Une et même[2]. »

Tout Héraclite est là, pour qui veut bien apercevoir la triple
signification du propos.

Premièrement, il s'agit bien, comme nous venons de le
rappeler, d'une thèse proprement ionienne, puisque tout
dérive d'un unique principe matériel. Que ce principe soit le
feu n'apporte en soi rien de profondément original à cette
philosophie, la variante du feu n'étant elle-même qu'une des
variations possibles sur le thème du principe matériel. L'idée
même d'un aller et retour, ou d'un temps lié dans son
concept à la justice, et qui rend nécessaire un juste retour des
choses, évoque la célèbre parole d'Anaximandre. « Il faut
connaître, dit en effet Héraclite, que toutes choses naissent et
meurent selon discorde et nécessité[3]. »

Mais, deuxièmement, la philosophie du temps, au lieu de
susciter, comme chez Thalès et Anaximandre, des recherches
astronomiques inspirées par la nécessaire périodicité cyclique
du temps, va produire une philosophie du devenir exprimée
dans la formule du mobilisme universel. Comme le rapporte
Platon dans le *Cratyle* : « Héraclite dit quelque part que tout

---

1. Voir Héraclite, A v, p. 56.
2. Voir Héraclite, B lx, p. 80.
3. Voir Héraclite B lxxx, p. 84.

passe et que rien ne demeure; et, comparant les existants au
flux d'un fleuve, il dit que l'on ne saurait entrer deux fois
dans le même fleuve[1]. » Exprimée dans un style héraclitéen,
la conjugaison de la postulation selon laquelle le monde est un
et de celle selon laquelle il est par ailleurs en devenir, produit
chez Aristote la formule : « le même est et il n'est pas[2] ». On
ne saurait dire plus clairement que la coexistence de l'immobilité et du mouvement, de l'éternité et du devenir, implique
contradiction et procède de la contradiction. Que l'astronomie se change ainsi en philosophie de la contradiction est la
contribution essentielle d'Héraclite. C'est ce qu'expriment
les images célèbres des attributs d'Apollon, interprétés en
raison : l'arc et la lyre[3]. Le différent doit concorder avec lui-
même et la contradiction habiter toutes choses. Comprendre
les choses, c'est comprendre le désaccord de l'Un et l'unité
des contradictoires. Le théologien Hésiode, qui passait pourtant pour en savoir long,

« n'était pas capable de comprendre le jour et la nuit
Car ils sont un[4] ».

Offenbach pourra chanter : « Mon Dieu! Que les hommes
sont bêtes! », Héraclite entonne le même air au commencement de son *De la nature* :

« Le Logos, ce qui est
toujours les hommes sont incapables de le comprendre,
aussi bien avant de l'entendre qu'après l'avoir entendu
pour la première fois,
Car bien que toutes choses naissent et meurent selon ce
Logos-ci
les hommes sont inexpérimentés quand ils s'essaient
à des paroles ou à des actes,
Tels que moi je [les] explique
Selon sa nature séparant chacun
et exposant comment il est [...][5] ».

Ainsi la loi de la nature est la contradiction et la raison (ou
Logos) qui meut cette nature, est le principe développé par
toute contradiction ou le principe de *la* contradiction. Les
contradictoires sont toujours un, et l'Un, éternel et immobile

---

1. Voir Héraclite, A VI, p. 56 et encore B XII, p. 59 ; B XLIX*a*,
p. 77 et B XCI, p. 87.
2. Voir Héraclite, A VII, p. 57.
3. Voir Héraclite, B LI, p. 77.
4. Voir Héraclite, B LVII, p. 79.
5. Voir Héraclite, B I, p. 65.

parce que un, est en même temps mobile et multiple, parce que mû contradictoirement par le mouvement qu'il engendre en lui, du fait de la volonté contradictoire propre à la nécessité et au destin qu'il porte en lui.

Comment Héraclite parvient-il à se sortir de cette contradiction ? S'il y parvient, ce n'est pas sans obscurité, d'où son surnom d'Obscur[1].

Troisièmement toutefois, la pensée de la contradiction, à la fois comme moteur du devenir, comme raison d'être des choses et comme immanente à la nature de l'Un, en qui elle réside en germe au commencement, avant même tout développement ultérieur, produit une théorie nouvelle et à jamais originale du Logos. D'abord le Logos est le feu, principe matériel. Ensuite, quand les autres éléments se condensent, tout le feu ne se condense pas, de sorte qu'il subsiste aussi en partie comme feu, c'est-à-dire comme puissance de faire condenser et raréfier, qui meut les trois autres éléments issus de lui. Il est alors dieu, destin et âme. Il est, comme dit Aétius : « le Logos répandu à travers la substance du tout. Il est le corps éthéré, semence de la génération du tout et mesure de la période ordonnée[2] ». La parcelle de feu ou de Logos qui proviennent directement du feu primitif est la *moira*, c'est-à-dire « le *lot* qui provient de l'enveloppe céleste » et « trouve en nos corps un domicile hospitalier »[3]. L'origine divine de ce feu est soulignée par le recours au terme de *démon* dans le fragment célèbre : « La personnalité de l'homme est son démon[4]. »

Mais comme il existe deux routes, et qu'à la voie descendante de la génération répond la voie montante, il existe deux sortes d'*exhalaisons*, qui, bien sûr, sont matériellement de même nature, mais dont l'une est interne au lieu d'être externe :

« Pour les âmes, mort est devenir eau

Et pour l'eau, mort devenir terre

Mais de la terre, l'eau naît

Et de l'eau, l'âme[5]. »

De sorte qu'il existe deux sortes d'âmes, les âmes divines et sèches, et les âmes humides et lourdes encore d'animalité.

1. Voir Héraclite, A 1*a*, p. 53 ; A III*a*, p. 54 ; A IV, p. 55 et B X, p. 68.
2. Voir Héraclite, A VIII, p. 57.
3. Voir Héraclite, A XVI, § 130, p. 62.
4. Voir Héraclite, B CXIX, p. 93.
5. Voir Héraclite, A XV, p. 61 et B XXXVI, p. 74.

Tout cela est encore également du Logos ; mais, spécialement Logos, c'est-à-dire feu originairement pur, est la raison cosmique, ainsi que la raison sèche et brûlante du philosophe. En tant que raison, le feu est principe de la condensation qui le détruit comme feu, origine de la contradiction, et faculté de connaître qui découvre la contradiction et pense contradictoirement l'unité, en découvrant la tension discordante qui est au fond de toute harmonie. On comprend qu'Héraclite ait beaucoup de mal à formuler dans un discours *(Logos)* l'unité profonde à la fois du Logos comme feu, c'est-à-dire comme matière, du Logos comme contradiction, c'est-à-dire comme cause motrice et efficiente, et enfin des mouvements contradictoires (eux-mêmes *Logoi* ou raisons) qui expriment les directions contraires des deux routes, descendante et montante, qui sillonnent et creusent l'unité du Logos un, quoique à la fois principe matériel et cause efficiente. Mais telle est bien, dans son couronnement, la leçon de l'école ionienne dont la dialectique moderne tirera tardivement profit, surtout au XIXᵉ siècle.

4. *L'Italie pythagoricienne*

Originaire de Samos, ou de Tyr, Pythagore traversa la Méditerranée pour s'établir en Italie du sud, à Crotone puis, à la fin, à Métaponte. Il y transportait l'exigence d'un principe unique que certaines sources assimilent à l'Illimité[1], mais qui devait bientôt être reconnu comme l'Un. Si nous l'accompagnons avec Proclus dans ce voyage, et si nous considérons que l'école italienne « s'occupe principalement des choses qui sont des espèces intelligibles », l'Italie symbolisant « l'essence intellectuelle », donner au principe le nom de l'Un répond à une préoccupation entièrement nouvelle. L'origine de toute existence n'est plus à rechercher dans un élément matériel comme l'eau ou le feu, mais dans l'Un, source des nombres, car, au fond, « tout est nombre ».

Laissons de côté les difficultés historiques presque insurmontables liées à l'extrême antiquité de Pythagore lui-même (il est aussi ancien que Thalès) et au fait qu'il n'a pas laissé d'œuvres philosophiques. Il va cependant nous falloir tenir compte de la vie de l'école qu'il a fondée et de son évolution.

---

1. Voir l'École pythagoricienne, B XIII, p. 305.

Entre dire que l'Un est principe de toutes choses, si bien que
tout est nombre[1], et dire que l'Un lui-même procède de deux
principes, à savoir l'impair et le pair, allant jusqu'à parler de
deux principes[2], la différence n'est pas de détail : elle revêt
une importance d'autant plus considérable que l'on passe
d'une conception purement et simplement moniste du principe, à une conception dualiste. Or c'est bien ce dualisme qui
caractérisera l'école au moment de son plus grand rayonnement intellectuel, notamment à l'époque de Philolaos et
d'Archytas[3], et que l'on retrouvera plus tardivement dans la
doctrine qu'Aristote prête aux pythagoriciens ou que reflètent les *Mémoires pythagoriciens* cités par Alexandre Polyhistor[4].

Efforçons-nous de comprendre la portée de la proposition : « Toutes les choses sont des nombres[5]. »
À l'extrême, cela peut vouloir dire que les corps ont les
nombres pour matière[6], ou encore que le nombre mathématique constitue les substances sensibles mêmes[7]. De ce point
de vue, la réalité peut être dite constituée de monades, comparables aux corps indivisibles ou aux atomes d'Ecphantos[8],
« le premier à avoir dit clairement que les monades des pythagoriciens sont corporelles ». On songe déjà, comme
Aristote[9], à Leucippe et à Démocrite : « D'une certaine
façon, ces philosophes font de toutes les choses des nombres,
et des composés à partir des nombres. Certes ils ne formulent
pas clairement la chose, mais c'est tout de même à cela que
revient leur propos. » C'est un point sur lequel nous ferons
retour quand nous traiterons des Abdéritains.

En un deuxième sens, mais déjà dérivé et allégorique du
premier, cela veut dire que la réalité est structurée et définie
par le nombre, et qu'il n'existe de réalités que mesurées et
rendues par là intelligibles par la présence en elles de données
numériques. Pythagore peut alors dire que « le plus sage des

1. Voir l'École pythagoricienne, B IV et V, p. 300 et 301.
2. *Ibid.*, B VIII, p. 302 et Philolaos, B I, II et IV, p. 262 et 263.
3. Voir Philolaos, p. 248 et Archytas, p. 274.
4. Voir l'École pythagoricienne, B Ia, p. 296.
5. Voir par exemple l'École pythagoricienne, B II, p. 299 et encore
B V, p. 301 ; B X, p. 304 ; B XV, p. 306, etc.
6. *Ibid.*, B X, p. 304.
7. *Ibid.*, B IX, p. 304.
8. Voir *Les Présocratiques*, p. 546.
9. Voir Leucippe, A XV, p. 391.

êtres est le nombre[1] », et Philolaos peut préciser : « En effet aucune des choses [qui existent] ne serait évidente pour personne, ni en elle-même ni dans sa relation avec autre chose, s'il n'existait pas le nombre et l'essence du nombre[2] ». Le nombre et les proportions entre les nombres sont à l'origine de toute harmonie[3], car, si les éléments des nombres sont les éléments de toutes choses, « le ciel tout entier est harmonie et nombre[4] ». La première harmonie est céleste, elle se retrouve dans tous les êtres naturels et dans les créations de l'art qui expriment la beauté, comme l'atteste exemplairement le *Canon* de Polyclète[5]. Les nombres entretiennent entre eux des rapports de proportion appelés encore médiétés[6], dont l'étude est une préoccupation constante de l'école. On sait aussi quelle attention Archytas porta, en même temps que Philolaos, aux études musicales[7].

Mais, à une date qu'il est impossible de fixer exactement, mais que je placerais volontiers soit à l'époque d'Alcméon, soit plutôt au début de la période de Philolaos et d'Archytas, la nature du nombre cesse d'être une pour devenir complexe. Le nombre n'est pas alors une réalité première, mais un mélange formé à partir de deux principes que Platon et Aristote appellent la limite (ou le limité) et l'illimité, d'après la terminologie de Philolaos qui parlait de limitant et d'illimité[8].

Sur les raisons qui conduisent à ce dualisme, le témoignage de Théon de Smyrne citant le *Sur les pythagoriciens* d'Aristote (livre aujourd'hui perdu) semble singulièrement éclairant : « Aristote, dit-il, affirme que l'un participe de la nature des deux. En effet, ajouté à un nombre pair, il produit un impair, et, ajouté à un impair, il produit un pair : cela serait impossible s'il ne participait à la nature des deux[9]. » Ainsi l'Un n'est ni pair ni impair, mais « impair-pair ». Il faut donc, du point de vue de la causalité principielle, que l'existence de l'impair et du pair précède l'Un, et même que le couple

1. Voir *Les Présocratiques*, École pythagoricienne, C II, p. 585.
2. Voir Philolaos, B XI, p. 266.
3. Voir l'École pythagoricienne, B XV, p. 306.
4. Voir l'École pythagoricienne, B IV, p. 300.
5. Voir *Les Présocratiques*, p. 474.
6. Voir Archytas, B II, p. 291 et *Les Présocratiques*, p. 1387.
7. Voir Archytas, A XVI et suiv., p. 283 ; voir aussi Philolaos, B VI, p. 264.
8. Voir Philolaos, A IX, p. 252 et B I et suiv., p. 262.
9. Voir Archytas, A XXI, p. 287.

impair-pair soit précédé, sans doute depuis Alcméon de Crotone[1], du couple limité-illimité. C'est pourquoi Aristote
tient les pythagoriciens pour dualistes. Ils ont « parlé de deux
principes[2] ». Du même coup, la monade a perdu son unité
foncière et surtout première. Le nombre est fait d'un mélange
de limitant et d'illimité, qui devrait imposer sa limite aux
choses et les mesurer, si la nature des choses devait être tenue
pour hétérogène à la nature du nombre. On aurait alors affaire
à des idées-nombres, à la façon de l'Académie platonicienne[3],
qui, en participant au sensible, donneraient leur forme aux
êtres et en seraient la mesure.

Mais tel n'est pas le cas. C'est ce qui permet de retrouver le
premier sens, dénoté plus haut, du terme de nombre.
Aristote est particulièrement sensible à cet aspect original de
la doctrine : « Quant aux pythagoriciens, ils ont, de la même
manière, parlé de deux principes, en y ajoutant toutefois ceci
qui, reconnaissons-le, leur est propre : le limité et l'illimité
[et l'Un] ne sont pas, d'après eux, des réalités physiques
autres, comme le feu, la terre ou tel autre élément, mais c'est
l'illimité même et l'Un même qui constituent la substance des
choses auxquelles on les attribue — c'est ce qui explique
justement que la substance de toutes choses est le nombre[4]. »
On ne saurait énoncer plus clairement que la matière sensible
des choses, c'est-à-dire l'illimité, n'est pas différente de la
matière intelligible des nombres, constituée elle aussi par le
même illimité. Il n'y a qu'un seul monde et qu'une seule
matière, c'est-à-dire la réalité de l'Un, au sein duquel
s'harmonisent les combinaisons de monades formées d'Un et
d'illimité.

Aristote peut encore dire : « Or, de toute évidence, le
nombre est, pour les pythagoriciens, principe, aussi bien
comme matière pour les êtres qu'en tant qu'il constitue leurs
propriétés et leurs manières d'être. Les éléments du nombre
sont le pair et l'impair, celui-ci étant limité et celui-là illimité; l'Un procède de ces deux éléments, puisqu'il est à la
fois pair et impair; le nombre procède de l'Un et le ciel en
sa totalité est nombre[5]. » Ces quelques lignes expriment la

1. Voir l'École pythagoricienne, B v, p. 302.
2. *Ibid.*, B VIII, p. 303.
3. *Ibid.*, B XII, p. 305.
4. *Ibid.*, B VIII, p. 303.
5. *Ibid.*, B v, p. 301.

continuité de la présence unique du nombre. Le nombre est à la fois la matière corporelle des êtres et la réalité intelligible ou formelle qui confère aux composés corporels en les limitant leurs propriétés et leurs attributions. Si l'on reprend par le commencement la succession des principes et des causes, on trouve : en premier lieu, le limité et l'illimité dans leur généralité principielle, puis, en deuxième lieu, le pair et l'impair, et enfin le nombre. Si l'on complexifie le modèle en lui donnant une portée cosmique, on doit intercaler l'Un entre le pair et l'impair, d'un côté, et le nombre de l'autre. Cela veut dire que le cosmos un, spirituellement et matériellement engendré par la limite et l'illimité, est premier par rapport au nombre, et que le ciel qui contient tous les corps célestes, ainsi que ces corps eux-mêmes, sont des nombres.

Le pythagorisme achevé est susceptible de deux lectures renvoyant à deux modèles, l'un simple, et l'autre complexe. Le modèle simple dit que toute réalité est constituée par l'Un (on rejoint ainsi l'école ionienne, ainsi que les Éléates). Cependant, l'Un procède de deux principes, la limite et l'illimité, dont l'exemple est fourni par l'essence du nombre, dominé par le couple impair-pair, si bien que tout est nombre. Le modèle complexe ou, si l'on préfère, développé[1], produit une série de couples formant une décade (la *tétractys* c'est-à-dire la décade[2]), dont le premier élément est la paire limité-illimité ; viennent ensuite impair et pair (éléments du nombre : donc tout ce qui s'ensuit est nombre) ; Un et multiple (où l'Un est le cosmos et où les multiples sont les nombres qui sont les choses existantes) ; droite et gauche (parce que le cosmos est un vivant ou un animal orienté selon la droite et la gauche) ; puis mâle et femelle ; en repos et en mouvement ; droit et courbe ; lumière et ténèbre ; bon et mauvais ; carré et oblong enfin (qui sont encore des propriétés spatiales des nombres[3]).

On pourra lire une variante de cette procession des êtres-nombres dans les *Mémoires pythagoriciens* d'Alexandre Polyhistor[4].

---

1. Voir l'École pythagoricienne, B iv, p. 300.
2. *Ibid.*, B xv, p. 306 : « Le nombre selon l'unité est renfermé dans le 10 et, selon la puissance, dans le 4. »
3. *Ibid.*, B xxviii, p. 313.
4. *Ibid.*, B ia, p. 296.

Indiquons brièvement deux aspects complémentaires du pythagorisme, qui dérivent de la puissance conférée au nombre : le fait, d'une part, que la connaissance véritable et la science s'accomplissent et se réalisent grâce au nombre ; et, d'autre part que l'âme a une nature immortelle. Sur la valeur cognitive du nombre, on se bornera à alléguer par exemple le fragment B XI de Philolaos, qui a d'autant plus valeur de fragment qu'il est cité par Stobée sans aucune autre forme de commentaire[1] : « Car la nature du nombre est pour tout homme cognitive, directrice et institutrice, sur tout ce qui est matière soit à perplexité, soit à ignorance. En effet aucune des choses [qui existent] ne serait évidente pour personne, ni en elle-même ni dans sa relation avec une autre chose, s'il n'existait pas le nombre et l'essence du nombre. En réalité, c'est le nombre qui, en rendant toutes choses adéquates au nombre par la sensation, les rend connaissables et commensurables [...] ».

Quant à l'âme, elle est immortelle. Comme plus haut la nature du nombre, celle de l'âme peut s'entendre de deux manières, apparemment opposées, mais finalement non contradictoires et tout à fait conciliables. Ou bien l'âme est faite de minuscules particules sphériques, matérielles et mues sans cesse[2] ; ou bien, tout en étant nombre, l'âme est d'une matière différente de celle du corps, étant impérissable et intellectuelle. Mais ces deux points de vue ne s'excluent pas : l'âme peut à la fois être un nombre, un corps, un principe d'intelligibilité et d'harmonie, la cause du mouvement pour les êtres animés, et se trouver prisonnière dans le corps où elle séjourne, tout en ayant la possibilité de se réincarner un nombre infini de fois. Sur ces aspects, on prêtera une attention toute particulière aux fragments B XIV et XV de Philolaos. Ainsi celui-ci révèle que « les anciens théologiens et devins témoignent eux aussi que c'est en punition de certaines fautes que l'âme a été attelée au corps et ensevelie en lui comme dans un tombeau[3] ». Si l'on dispose d'une mémoire comme celle de Pythagore lui-même, on peut se souvenir — ou se ressouvenir — de ses existences antérieures ! Aussi Pythagore se souvenait-il avoir vécu dans le corps d'Euphorbe pendant la guerre de Troie, et d'y avoir été

1. Voir Philolaos, B XI, p. 266.
2. Voir n. 2, p. V.
3. Philolaos, B XIV, p. 267.

blessé par Ménélas. Et cet Euphorbe se souvenait aussi lui-même d'avoir été un jour Aethalidès. Mais, après la mort d'Euphorbe, Pythagore était devenu Hermotime, puis, après Hermotime, « Pyrrhos, marin de Délos, qui racontait toute l'histoire depuis le début, comment il avait été d'abord Aethalidès, puis Euphorbe, puis Hermotime, puis Pyrrhos. À la mort de Pyrrhos, il était devenu Pythagore et se souvenait de tout ce qu'on vient de rapporter[1] ». De la même façon, d'après Empédocle (si toutefois c'est bien de Pythagore qu'il s'agit, et non de Parménide!) :

« *Il pouvait évoquer les souvenirs précis*
De tout ce que, homme ou bête, il avait été
En dix ou vingt vies humaines vécues[2]. »

Le pseudo-Jamblique indique les mystérieuses raisons numériques qui ont présidé au calendrier de ces réincarnations. Les traits abondent, qui le concernent directement, lui ou ses élèves, sur la croyance en la réincarnation[3]. Si l'on en croit Porphyre, il faudrait y voir l'origine des interdits alimentaires : « Nul ne répandait jamais le sang d'un animal, à la pensée que les autres animaux sont pour nous des proches[4]. » Enfin, concernant l'âme du monde et son éternité, relevons que la nature du nombre suffit à fonder la certitude d'un éternel retour[5].

Parmi les philosophes qui ont hérité du pythagorisme — qu'il s'agisse de Parménide et, à travers lui, des atomistes, ou encore Platon lui-même, Empédocle occupe une place à part. D'après Timée, il fut exclu de l'école en étant accusé de lui voler ses thèses[6]. Les *Purifications* reprennent fidèlement les thèmes de la transmigration des âmes, de leur errance dans le cosmos si Dieu les frappe d'exil, des lieux qu'elles parcourent et des étranges paysages qu'elles traversent, enfin des péchés qu'il faut éviter, comme de toucher aux feuilles de mauve ou aux fèves[7].

1. Voir Pythagore, VIII, p. 117.
2. Voir Empédocle, B CXXIX, p. 236.
3. Voir *Les Présocratiques*, Xénophane, B VII, p. 116, ou encore Empédocle, B CXVII, p. 231.
4. Voir Empédocle, B CXXVIII, p. 235, à rapprocher de A 1, § 53, p. 128.
5. Voir l'École pythagoricienne, B XXXIV, p. 316.
6. Voir Empédocle, A 1, § 54, p. 128.
7. Voir les fragments B CXII-CLIIIa tenus par H. Diels comme appartenant aux *Purifications*.

L'interprétation du grand poème *De la nature* soulève à la fois difficultés et polémiques. Peut-être une grande partie d'entre elles pourraient-elles être levées si l'on voulait bien rattacher ces fragments, épars comme des membres disjoints, à l'ensemble de la construction pythagoricienne telle que nous venons d'en rappeler les traits principaux. Ainsi, dire que l'Un, qui se présente initialement sous la forme arrondie de Sphairos, constitue le principe, étant sphérique, éternel et immobile, alors que sa matière est constituée par les quatre éléments, et ses formes par la Haine et par l'Amitié, peut renvoyer à la sériation pythagoricienne des principes, qui fait dépendre l'Un du pair et de l'impair, et ensuite procéder le nombre de cet Un. Si l'Un pythagoricien n'est pas absolument premier, mais sous la dépendance du pair et de l'impair, l'Un empédocléen est lui-même sous la dépendance de la Haine et de l'Amitié[1], la Haine étant le principe pair de séparation et de dissociation, et l'Amitié le principe impair de rassemblement et de réunification dans l'Un. C'est pourquoi, selon Aristote[2], l'Amitié et la Haine représentent la nécessité qui règne sur l'Un lui-même et ensuite commande aux éléments multiples composant l'Un, qui sont dits par ailleurs échapper et être soustraits au devenir. Empédocle est justement célèbre pour avoir particulièrement illustré en philosophie la doctrine des quatre éléments auxquels il donne encore le nom de *quadruple racine*[3]. Ces éléments sont indéniablement corporels, mais, en stricte doctrine pythagoricienne, rien n'empêche que ces éléments corporels ne soient des nombres, et justement les nombres qui font suite à l'Un et sont sa matière[4]. On peut alors comprendre que les quatre éléments eux-mêmes soient formés d'éléments antérieurs, comme les briques dont le mur est construit, ou de fragments infiniments petits qui sont des *minima*, et pour ainsi dire des éléments d'éléments[5]. Cela signifierait que la *tétractys* (le nombre 4) qui est encore la *décade* (car 1 + 2 + 3 + 4 = 10), est la quadruple racine qui constitue la décade, en tant que la décade est « réceptacle de l'Illimité », dont Philolaos dit encore qu'elle est le nombre parfait et aussi « le nombre le

1. Voir Empédocle, A XXXII, p. 147 ; A XLI, p. 150 et B XXVIII-XXXI, p. 194.
2. Voir Empédocle, A XXVIII, p. 145 et A XXXVIII, p. 150.
3. Voir Empédocle, B VI, p. 184 et les références données en notes.
4. Voir l'École pythagoricienne, B V, p. 301.
5. Voir Empédocle, A XLIII, p. 151.

plus capable d'engendrer et de porter à la perfection les êtres[1] ». Notons bien justement que « le nombre 10 est parfait [...], il ne se contente pas d'être le premier nombre à contenir autant de nombres simples que de composés ; il renferme aussi, en nombre égal, multiples et sous-multiples dont les multiples sont eux-mêmes multiples[2] ». À partir du 10 sont produites les proportions, puis le point, la ligne, le triangle (propre à composer toutes les surfaces), ainsi que les quatre pyramides dont la dernière correspond à la tétrade. Par conséquent, il est tout à fait légitime de concevoir que les quatre éléments, qui sont à la fois corps et nombre, et qui sont à la source ou à la racine du caractère illimité de l'Un, sont eux-mêmes constitués de *minima* numériques produits à partir de l'Un par l'action exercée sur l'Un par le pair et l'impair, autrement appelés Haine et Amitié.

Les fragments qui décrivent le surgissement épars et élémentaire des membres qui vont composer les êtres, comme

« des bras nus et dépourvus d'épaules,

Et des yeux flottants non amarrés au front[3] »

font songer à une nécessité mécanique aveugle, à l'instar de celle que l'on retrouvera à l'œuvre dans le *Petit système du monde* de Démocrite[4] ou, plus tard, dans Lucrèce. Ce qu'on pourrait prendre alors pour causalité matérialiste et atomiste, n'est peut-être que l'effet d'une causalité ou d'une nécessité mathématique où, contrairement à l'idée aristotélicienne que le tout précède la partie, et que la finalité est première par rapport à la causalité mécanique[5], l'Un est nécessairement tout aussi multiple qu'il est un, puisque l'Un est à la fois pair et impair. Les éléments dont sont faits les quatre éléments manifestent l'illimitation infinie de l'Un ; c'est l'ordre mathématique qui, présidant à l'ordre des choses, est responsable de ce que « d'abord les membres sont sortis un à un et pêle-mêle de la terre qui en était pour ainsi dire grosse ; ensuite, ils s'unirent et constituèrent la matière d'un homme entier, formée d'un mélange à la fois de feu et d'humidité. [...] Cette même opinion fut aussi celle de Parménide d'Élée, qui ne

---

1. Voir Philolaos, A xiii, p. 253.
2. *Ibid.*.
3. Voir Empédocle, B lvii et suiv., p. 204.
4. Voir Démocrite, B vi, v2 et v3, p. 493-497.
5. Aristote, *Métaphysique*, Δ, 11, 1019 *a* 7.

s'écarte de celle d'Empédocle que par de petits détails[1] ».
Certes, il est facile, si l'on ne comprend pas, d'essayer de plaisanter comme le fait Varron : « Empédocle déclare que les
hommes sont sortis de terre comme des épinards[2]. » Les
entités mathématiques se forment toujours *partes extra
partes* : le nombre arithmétique est le point; les nombres
sont pairs et impairs, donc multiples : ce sont les points;
les points produisent les lignes, les lignes les surfaces, les surfaces les volumes élémentaires, etc. De même, les membres
séparés sont nécessaires à l'apparition des corps vivants.

Pourquoi ne pas aller plus loin? La mystérieuse nécessité
qui régit le développement de cette progression est, bien sûr,
elle-même mathématique, comme celle décrite à propos
de Philolaos[3]. Bien loin d'être aveugle, cette nécessité est
l'harmonie même de l'univers. C'est pourquoi il faut que le
développement de l'univers se soumette à une nécessité
périodique ou cyclique[4]. Les générations et les destructions
se produisent du fait que le domaine des réalités éternelles ne
s'étend pas au-delà des quatre éléments, et que les corps sont,
eux, sujets au devenir. La loi du devenir est alors l'imitation
de la nécessité éternelle propre aux nombres. Cicéron[5] peut à
bon droit rapprocher le destin et la nécessité d'Empédocle de
la nécessité de Démocrite et d'Héraclite. Qu'il s'agisse de la
nécessité qui préside à l'errance calculée des âmes[6], du Logos
héraclitéen ou de la nécessité démocritéenne, la loi est toujours la même. Mais en Italie, comme dirait Proclus, et pour
Empédocle comme pour les pythagoriciens, la nécessité
était, selon toute vraisemblance, mathématique.

5. *Les Éléates*

Élée se trouve aussi en Italie du sud, mais à l'ouest, au bord
de la Méditerranée. Il semble qu'il y existait déjà une école,
quand Xénophane, chassé de Colophon par l'invasion du

1. Voir Parménide, A LI, p. 343, à rapprocher d'Empédocle, A
LXXII, p. 210.
2. *Ibid.*
3. Voir Philolaos, A XIII et XIV, p. 253 et 255.
4. Voir Empédocle, A LII, p. 155; B XVII, p. 187 et B XXVI, p. 193.
5. Voir Démocrite, A LXVI, p. 435.
6. Voir Empédocle, B CXV, p. 229.

Mède Harpage, y trouva refuge. Parménide, aux yeux d'une certaine tradition, passe pour avoir été l'élève de Xénophane. C'est à lui et à son élève Zénon que nous allons nous attacher pour illustrer les thèses de l'école. Là encore, nous allons appliquer notre méthode fondée sur la rencontre des trois temps braudéliens, et nous efforcer de comprendre la singulière causalité syllogistique qui explique la forme prise par le *Poème* de Parménide et les *Paradoxes* de son successeur Zénon.

L'hésitation des historiens sur les origines spirituelles de la pensée parménidienne est déjà en elle-même significative : il est tantôt dit élève de Xénophane, élève lui-même d'Anaximandre — si ce n'est d'Anaximène —, cependant que des témoignages encore plus nombreux le tiennent, ainsi que Zénon, pour un pythagoricien. Ces incertitudes, fort anciennes, justifient la tonalité faussement hésitante et en réalité polémique, du début du chapitre que Diogène Laërce lui consacre dans ses *Vies* : « Parménide d'Élée, fils de Pyrès, fut l'élève de Xénophane (Théophraste, dans son *Épitomé*, déclare que Xénophane fut l'élève d'Anaximandre). Cependant, bien qu'il fût l'élève de Xénophane, il ne fut pas son continuateur. Si l'on en croit Sotion, il fut l'ami du pythagoricien Aminias, fils de Diochétas, que sa pauvreté n'empêchait pas d'être un parfait honnête homme. Il le choisit comme maître de philosophie et lui fit bâtir un tombeau après sa mort, car lui-même était de naissance illustre et fort riche ; en outre, c'est à Aminias, et non à Xénophane, qu'il devait de s'être adonné aux charmes de l'étude[1]. » La référence à Xénophane indique d'abord que le principe d'où dérivent toutes choses doit être un, et que l'Être est l'Un et le Tout, et n'est ni limité ni illimité, ni mû et ni en repos. Cet Un-et-Tout est Dieu, qui domine toutes choses ; ainsi l'élément n'est-il pas considéré d'un point de vue proprement physique, mais du point de vue de l'essentiellement étant. Mais Xénophane était aussi l'élève d'Anaximandre, ce qui laisse entendre que l'inspiration générale de cette philosophie est ionienne : la question essentielle est celle du principe (et c'est le grand terme de notre syllogisme) ; mais on est en même temps aussi invité à comprendre que le type de réponse propre à l'école éléate va contredire l'opinion milésienne, puisqu'au lieu d'aller chercher la nature du principe dans l'Illimité physique, on va désormais poser comme principe

1. Voir Parménide, A 1, § 21, p. 323.

l'Un-et-Tout qui est davantage Dieu, c'est-à-dire une réalité intelligible, qu'un élément proprement physique[1]. Cette option caractéristique de l'école éléate en constitue pour ainsi dire la signature. (C'est le second terme du syllogisme.)

Mais si l'Un est le principe, n'importe qui peut apercevoir que ce qu'il engendre est nécessairement les multiples. Si le principe est théologique, la création physique lui donne son sens : l'être n'est rien, s'il ne produit pas le devenir ; l'Un n'est rien, s'il ne confère pas son existence aux multiples. Et c'est là qu'intervient le modèle pythagoricien, mais sans doute pas au niveau du choix de la nature du principe, car l'Un-et-Tout de Parménide ne se confond pas avec le nombre pythagoricien, donc il subsiste une différence sur la nature même du principe. En revanche, le modèle pythagoricien propose une méthode : un moyen de concevoir la génération des multiples, même si leur nature, qui est un pur devenir, paraît radicalement séparée de l'origine qu'est l'Être, seul réel à proprement parler (c'est le petit terme du syllogisme éléate). On voit bien ainsi pourquoi le personnage d'Aminias, qui en dehors de Sotion n'est pas autrement connu, prend une importance décisive.

Il était alors difficile d'éviter que la génération du devenir par l'être et l'application de la méthode pythagoricienne au principe cosmo-théologique de Xénophane, ne prît un tour conflictuel et n'apparût pas contradictoire. C'est ce qu'a bien vu Théophraste (cité par Alexandre d'Aphrodise, le plus philosophiquement pertinent des commentateurs de la *Métaphysique* d'Aristote) : « Parménide d'Élée [...] s'engagea sur deux voies. Il affirme en effet que l'univers est éternel, et s'efforce de rendre compte de la génération des existants, sans conserver une attitude semblable touchant ces deux aspects de ses théories. Ainsi, du point de vue de la vérité, il admet que l'univers est un, inengendré, sphérique ; mais, du point de vue de l'opinion du plus grand nombre, afin de rendre compte de la génération des phénomènes, il prend deux principes, le feu et la terre, celle-ci comme matière, celui-là comme cause et agent[2] ». Soulignons quelques formules de cette page. L'expression des « deux voies » est empruntée au poème lui-même : la première voie, celle du « il est », est

---

1. Voir le témoignage de Simplicius en Xénophane, A XXXI, *Les Présocratiques*, p. 104.
2. Voir Parménide, A VII, p. 326.

mentionnée au début du fragment VIII; la seconde voie est
celle de l'opinion des mortels[1]. Mais cette dualité des voies
induit deux attitudes différentes, ou deux discours non semblables touchant l'être et l'éternité de l'univers d'une part, et
le devenir ou la génération des existants d'autre part. Théophraste relève que Parménide lui-même parle d'un discours
de la vérité et, à l'opposé, d'un discours du point de vue de
l'opinion. Le discours de la vérité porte sur l'univers un,
inengendré et sphérique, le propos est principiel et d'ordre
cosmo-théologique : on y reconnaît l'inspiration de Xénophane parlant de l'Un-et-Tout. En revanche, le discours de
l'opinion, visant à « rendre compte de la génération des
phénomènes », est amené à suivre la méthode pythagoricienne, faisant désormais appel non pas à l'impair et au pair
(qui sont de l'ordre mathématique éternel), mais au feu et à la
terre qui ont une existence objectivement et sensiblement
corporelle. On comprend alors que les deux termes de la
paire remplissent chacun une fonction spécifique, le feu étant
dit cause efficiente et agent, et la terre remplissant la fonction
de matière sujette à l'action du feu. Aussi conçoit-on aisément que la physique parménidienne puisse faire intervenir
des paires pythagoriciennes comme le feu et la nuit, la
lumière et l'obscurité (ou la ténèbre), le ciel et la Terre,
le chaud et le froid, le sec et l'humide, le rare ou le subtil et le
dense, le léger et le pesant, le droit et le gauche, le mâle et
la femelle, le doux et le dur. Toutes ces paires d'opposés évoquent irrésistiblement le tableau dressé par Alcméon et qu'a
conservé Aristote[2]. L'ampleur prise par les recherches
parménidiennes dans le domaine de la philosophie naturelle
justifieraient à elles seules que Parménide ait été tenu pour
un pythagoricien, s'il n'avait pas de surcroît professé une
sorte de dualisme opposant science et opinion, intellect et
sensation.

Certes ce dualisme n'est pas entièrement radical et, en un
sens, Parménide « transférait sur les réalités sensibles les rai-

---

1. Voir Parménide, B VIII, p. 351, v. 1 et 51. La « troisième voie »
(?) dont il pourrait être question au fgm. B VI, v. 4, p. 349 ne me paraît
guère avoir jamais été prise au sérieux par Parménide, autrement que
dans une intention polémique visant Héraclite, B LI, p. 77.
2. Voir l'École pythagoricienne, B V, p. 301 et Parménide, A
XXIV, p. 331. Ce système d'oppositions est à l'œuvre dans le poème,
de B VIII, v. 50, p. 351 à B XIX, p. 361.

sons qui ne valent que pour les natures immobiles[1] ». Mais la tradition retiendra surtout un divorce entre sensation et raison : « Les disciples de Parménide, notera Jean Philopon, estimaient qu'il ne faut pas du tout tenir compte de l'évidence des réalités sensibles et, au contraire, ne prendre pour guide que l'exigence de la raison[2] ». La connaissance doit ne se régler que sur l'être ; il devient nécessaire d'affirmer l'équation de la pensée (*noein*) et de l'être (*einai*).

« [...] Car même chose sont et le penser de l'être[3] ».

Mais l'ontologie la plus exigeante produit une logique de la tautologie aux conséquences difficilement tenables. Si l'être du Même ne renferme en lui aucun Autre, penser et parler deviennent chose impossible. Comment sortir de la tautologie A est A, et comprendre que quand je dis, par exemple, Socrate est un homme, Socrate n'est pas seulement le même, mais est en même temps, en plus, autre que le même ? Nous touchons ici au défaut de la cuirasse éléate. L'être, à la fois parce que intellectuellement il est l'unique objet d'un penser véritable, et parce que physiquement il engendre et contient les multiples, doit bien d'une certaine façon et *en un autre sens* être aussi en même temps non-être. D'où le crime nécessaire de lèse-éléatisme que doit assumer Platon dans *Le Sophiste*[4] sous le nom de parricide. Ce parricide est le premier geste sacrificiel accompli au nom de la dialectique.

De la dialectique, Zénon d'Élée est l'inventeur. Zénon, qui était justement l'élève chéri du vieux maître[5]. Le criminel, c'est lui, puisque c'est de lui seul que Parménide peut être dit le père. Celui que l'on tiendrait généralement pour le simple acolyte de Parménide, n'a rien d'un comparse : il est peut-être, avec Thalès et Pythagore, le plus génial des présocratiques. Il a été le maître de Leucippe qu'il a conduit à l'atomisme, et sans lui, la future dialectique platonicienne n'aurait existé sous aucune de ses formes. Car Zénon est à la fois l'inventeur de la dialectique[6] et le premier à avoir composé un dialogue philosophique[7].

1. Voir Parménide, A XXV, p. 332.
2. *Ibid.*
3. Voir Parménide, B III, p. 348.
4. Platon, *Le Sophiste*, 241 *b*.
5. Voir Zénon, A I, p. 363-367 ; A II, A IV, A VI, A X et A XI.
6. Voir Zénon, A XXV-XXVII, p. 375-376.
7. Voir Zénon, A XIV, p. 369 et A XXIX, p. 378.

La fortune brillante et singulière des quatre *Paradoxes*[1] contre le mouvement (ou plutôt contre la possibilité de penser le mouvement), illustrés par les exemples d'Achille, de la flèche immobile et du stade, a pu laisser croire à l'interprète pressé que si Zénon prenait la défense de Parménide contre ses adversaires, c'était pour sauver la thèse de l'immobilité de l'être contre l'apparence du mouvement[2]. En réalité, les paradoxes sont au nombre de quarante[3], et le recueil des *Paradoxes*, tel qu'a pu le lire Simplicius[4], s'ouvre par des apories portant sur l'Illimité et le multiple, par opposition à l'Un. Simplicius, toujours lui, rapporte une étonnante tradition indirecte faite de témoignages en cascade, où il cite Alexandre d'Aphrodise, citant lui-même Eudème, l'élève d'Aristote. « Car, dit-il, Zénon le disciple de Parménide se proposait de montrer qu'il n'est pas possible qu'il existe des existants multiples, étant donné qu'aucun un n'existe dans les existants, mais que, par ailleurs, les multiples sont constitués par un grand nombre d'unités[5]. » Prêtons-y attention; ce témoignage ne présente pas en fait un paradoxe : il en compte deux ! Il a la forme complète d'un double paradoxe, montrant d'un côté l'impossibilité de l'existence des multiples, et d'un autre côté que, si les multiples existent, leur existence suppose contradictoirement celle de l'Un[6].

L'impossibilité de l'existence des multiples s'établit à partir de l'absence d'Un dans les existants, en vertu de l'argument de la dichotomie qui veut que toute grandeur, aussi bien temporelle que spatiale, soit divisible à l'infini, la division ne parvenant jamais à une moitié qui ne soit elle-même susceptible d'être elle aussi partagée en deux. La division à

1. Voir Zénon, A XXV-XXVIII, p. 375-377.
2. Voir Zénon, A XXI, p. 371.
3. Voir Zénon, A XV, p. 369.
4. Voir Zénon, B I-III, p. 379-380.
5. Voir Zénon, A XXI, p. 372.
6. De même qu'à propos du mouvement, il ne s'agira pas, par exemple, de dire purement et simplement que la flèche est immobile. On dira en fait doublement : 1° que si la flèche se meut, son mouvement n'est pas pensable (puisque le temps est fait d'instants illimités en nombre, et que lorsque la flèche ne se déplace pas d'un lieu égal à celui qu'elle occupe, elle est alors pensée comme immobile et en repos); 2° que si l'on pense au contraire sa mobilité, cette pensée immobilise la flèche (puisque son mouvement ne peut s'effectuer que dans le lieu où la flèche se trouve présentement).

l'infini, à laquelle rien ne résiste, prouve qu'il n'existe pas
d'uns ou d'unités dont devraient être formées les grandeurs
multiples, si elles existaient. D'un autre côté, second paradoxe, si l'on pose au contraire l'existence des multiples, cela
revient contradictoirement à affirmer l'existence de l'Un,
puisque ce sont dans ce cas des unités ou des Uns, entendus
comme des atomes de grandeur, qui forment par addition la
grandeur multiple : ainsi tout nombre de valeur supérieure à
un est une collection d'unités.

On peut encore exprimer ainsi ce double paradoxe. Supposons, premier paradoxe, que la réalité soit multiple. Que sont
alors les multiples qui la composent ? Réponse : des entités
non partageables ou indivisibles, c'est-à-dire des atomes forcément doués de grandeur, bien qu'infiniment petits, sans
quoi leur addition ne produirait aucune grandeur. Ces multiples sont donc des atomes, des unités ou des uns. Donc la
thèse de l'existence du multiple (ou des multiples) se retourne
contre celui qui voudrait affirmer son existence : dire que le
multiple existe, c'est affirmer sans le savoir qu'il est produit
par l'Un ou des uns[1], donc que c'est l'Un qui existe.

Second paradoxe. Supposons à présent qu'il faille dire que
l'Un existe, et voyons ce qui arrive à l'Un quand il se met à
exister[2]. Il a alors évidemment une grandeur et, de même que
Parménide est obligé dans la seconde voie de reconnaître la
présence des phénomènes sensibles, de même faut-il reconnaître que l'Un-et-Tout a des parties. Donc le Tout est sinon
divisé, du moins divisible en parties. Mais, puisqu'il existe, il
est divisé, donc il est multiple. Conséquence : il arrive donc
symétriquement à celui qui affirme l'existence de l'Un une
mésaventure également tout aussi paradoxale. Sans l'avoir
voulu, et même en voulant le contraire, il a affirmé la nécessaire existence des multiples.

Le paradoxe dialectique conçu par Zénon est donc formé
de la combinaison de deux contradictions, elles-mêmes anti-
thétiques. Premièrement : si non-A, alors A ; deuxièmement : si A, alors non-A. Appliqué aux contraires que
sont l'Un et les multiples, le modèle produit : premièrement,

---

1. Notons qu'il s'agit d'une variante du pythagorisme, où tout ce
qui existe est nombre, c'est-à-dire monade ou unité.
2. Cette question deviendra essentielle pour Platon dans son *Parménide* et, de là, pour la tradition néoplatonicienne.

si les multiples existent, alors l'Un existe ; deuxièmement, si l'Un existe, alors les multiples existent.

Si l'on admet que l'Un et le multiple sont des contraires, il faut alors dire : premièrement, si l'on affirme que les multiples existent, alors les multiples sont des uns existants, donc l'Un existe bien ; deuxièmement, si l'on affirme que l'Un existe, alors ce sont les multiples qui existent réellement, donc l'Un n'existe pas.

C'est pourquoi Sénèque, bien informé de la question, peut faire état de la transformation apportée à l'éléatisme de Parménide par l'invention de la dialectique. « Si l'on en croit Parménide, rien n'existe en dehors de l'Un. Si l'on en croit Zénon, même l'Un n'existe pas[1]. »

Dans le cas de Parménide, où l'on s'en tient à la stricte identité, seul l'Un est et les multiples sont des non-êtres. Dans la perspective dialectique de Zénon, aussi bien la pensée du multiple que la pensée de l'Un, supposent que l'on assume pour penser une contradiction nécessaire. Penser l'existence des multiples n'est concevable que si ces multiples sont des unités, donc des Uns ; ainsi des adversaires de Parménide restaurent-ils, à leur insu, l'existence de l'Un, en faisant des multiples des existants séparés et non partageables. Mais si, inversement, on veut penser dialectiquement l'existence de l'Un, alors cet Un est divisible, car il existe comme un Tout qui compte des parties. Sénèque a donc raison de dire que même la thèse éléate est dialectiquement ruinée par le modèle paradoxal élaboré par Zénon : « Si l'on en croit Zénon, même l'Un n'existe pas. »

La différence de nature qui sépare le premier éléatisme de Parménide de l'éléatisme paradoxal et dialectique de Zénon, renvoie à l'opposition entre une pensée et une logique abstraites et une pensée et une logique de l'existence. Le lecteur à qui l'opposition entre *Verstand* (entendement) et *Vernunft* (raison) est devenue familière depuis Kant et davantage encore depuis Hegel, peut reconnaître dans la tautologie parménidienne et dans le rejet de l'opinion et du devenir, les signes d'une pensée qui se veut résolument abstraite. En revanche, dès que l'on entreprend de penser comme existants — Platon dira : comme participants à l'existence — aussi bien les multiples d'un côté que l'Un de l'autre, les multiples demandent à être appréhendés comme des uns, et l'Un

---

1. Voir Zénon, A xxi, p. 371.

requiert d'être saisi sous la forme du multiple : l'Un-et-Tout est un Un qui a des parties. La leçon qu'en retiendront Platon et les néoplatoniciens est que l'Un n'existe pas et qu'il demeure « au-delà de l'*ousia* », à moins que, pour être, il ne devienne multiple. Ainsi passe-t-on de l'Un abstrait et séparé de Parménide à l'Un-multiple du *Parménide* de Platon. Or c'est Zénon qui a forcé le passage.

On se prend ici à murmurer une parodie de l'étonnement de Figaro : « Quelle drôle de chose que la dialectique ! » Être dialecticien au sens éléate du terme, ce n'est pas seulement savoir manier la contradiction, mais c'est être capable de tenir en même temps deux discours parfaitement contradictoires. C'est pourquoi ce drôle de dialecticien qu'était Zénon a reçu de Timon le surnom d'*Amphotéroglosse*[1], qui veut dire mot à mot : « à la double langue », et qui désigne une aptitude surprenante (pour un non-dialecticien) à dire en même temps le même et son contraire, à passer allègrement et sans crier gare du pour au contre, bref à feindre comme un dialoguiste ou un ventriloque qui font parler des personnages d'un avis contraire, ou encore à mentir comme un arracheur de... langue ! Dans l'imagerie zénonienne, la langue occupe une place de choix, non seulement parce que celle de Zénon est double, mais parce qu'il l'a crachée à la figure du tyran Néarque, après se l'être tranchée avec les dents[2]. À moins qu'à la demande du tyran de livrer le nom des autres conjurés, cette langue n'ait proféré un ultime paradoxe : « S'il y en avait encore, serais-tu encore tyran[3] ? »

De la dialectique au dialogue, il n'y a qu'un pas, comme nous le notions. Écrire des dialogues, c'est d'abord se mettre en scène soi-même face à un interlocuteur dont on invente le propos contraire[4]. Sans doute, en plus de la dialectique, Zénon allait-il livrer en héritage à Platon le modèle du dialogue, cette forme supérieure de divertissement philosophique.

1. Voir Zénon, A 1, p. 363 ; A xv, p. 370 et Empédocle, A xix, p. 140.
2. Voir Zénon, A 1, A ii, A vi, A vii et A viii, p. 363-369.
3. Voir Zénon, A xx, p. 371.
4. Voir Zénon, A xxix, p. 378.

6. *Les Abdéritains*

Leucippe est à la fois milésien, éléate et fondateur de l'école d'Abdère : la tradition antique hésite et en fait tour à tour un citoyen de ces trois patries[1]. Milésien, il pose la question du principe et se rattache à Anaximandre, théoricien de l'Illimité, puisque son maître Zénon a lui-même été l'élève d'Anaximandre et pas seulement de Parménide. Les atomes illimités seront autant de principes matériels. Éléate, il est l'élève de Zénon, plus encore que de Parménide : à la fois, s'il faut en croire Aristote, il confère à la multiplicité des atomes, qui sont des grandeurs insécables, le caractère d'éternité propre à l'être de Parménide, et il en fait des atomes pourvus de grandeur à la façon de Zénon, estimant que l'Un atomique peut être la multiplicité qui forme l'Un-et-Tout. En outre, les atomes s'opposent au vide, comme l'être de Parménide au non-être. Mais, davantage encore, être éléate suppose en deçà une appartenance au mouvement pythagoricien : son successeur Démocrite donnera aux atomes le nom d'*idées*[2], les atomes devenant les idées-grandeurs, tout de même que Xénocrate (sinon Platon) parlera d'idées-nombres. Enfin il est le fondateur de l'atomisme abdéritain, hypothèse dont Démocrite cultivera les conséquences. Partie de Milet en Ionie, la spéculation sur le principe revient, après un détour italien, se fixer en Thrace.

Le principe est donc l'Illimité, comme pour Anaximandre. Il est constitué d'une multiplicité infinie d'Uns aux formes multiples, dont la combinaison peut produire un nombre infiniment varié de corps ou d'assemblages, ce qui pose pourtant problème à l'interprète. Car nombreux sont les témoignages qui décrivent la manière dont les atomes peuvent s'accrocher ensemble pour constituer des agrégats, quand ils ne se bornent pas à rebondir les uns contre les autres. Mais rien ne nous assure — réserve que Démocrite maintiendra avec insistance — que ces agrégats soient justement les corps que nous voyons. On trouve déjà chez Leucippe la réserve prudente que « toutes choses existent selon l'imagination et

1. Voir la notice de Leucippe, p. 383.
2. Voir Démocrite, A LVII, p. 431 ; B VI et VI, p. 498 ; B CXLI, p. 533 et CLXVII, p. 543.

l'opinion, et pas du tout selon la vérité, mais au contraire apparaissent à la façon dont on voit la rame (brisée) dans l'eau[1] ». On retrouve ici l'affirmation éléate selon laquelle l'objet sensible est objet d'opinion, et selon laquelle seul l'être qui est conçu (ici, en l'occurrence, les êtres multiples et atomiques) a une existence et un être véritables. Nous allons en mesurer les conséquences chez Démocrite.

Car, si les atomes constitutifs des grandeurs et séparés par un vide sans grandeur, sont avec le vide la seule entité concevable, et donc réelle, la sensation demeure discréditée. La réalité reste bien limitée à ce qui est intelligible. Comme chez les pythagoriciens et chez les Éléates, l'effectivement réel est l'intelligible, et le caractère intelligible l'emporte tellement que le vide devient tout aussi réel, parce qu'il est conçu, et que l'intellect est critère de la vérité.

Les atomes sont donc comme des idées, et même, disions-nous, *sont* des idées. Que des idées soient des corps n'a rien d'étonnant, puisque les atomes sont des éléments et que c'est à partir du moment où ils étaient devenus éléments que les nombres pythagoriciens se faisaient eux-mêmes corporels. Pourquoi alors ne pas parler d'idées-nombres pour les ato-mistes comme pour les pythagoriciens et pour l'Académie de Platon ? Il faut supposer que Zénon, dans sa brève carrière (mais les *Paradoxes* étaient déjà un écrit de jeunesse), a eu le temps d'engager avec un élève comme Leucippe des recher-ches sur les grandeurs insécables ou les *minima*, qui les auraient conduits à élaborer le concept de quantités mathé-matiques non arithmétiques mais géométriques, et pouvant donner naissance à des lignes, à des surfaces, à des volumes, etc., ces corps géométriques étant caractérisés par une structure feuilletée ou poreuse, comparable à celle que Démocrite prêtera à la pyramide[2]. On pourrait songer à l'usage grec du concept de *tréma* qui, dans la littérature pré-socratique conservée, apparaît chez Empédocle[3], mais qui prend un sens si spécial en géométrie. Il faudrait appeler les

---

1. Voir Leucippe, A XXXIII, p. 398.
2. Voir Démocrite, B CLV, p. 538.
3. Voir Empédocle B, c, p. 221 : la clepsydre. Les trous en sont si resserrés que la distance qui les sépare est comparable à l'intervalle très court séparant les deux points d'un tréma. Physiquement, *tréma* désigne les trous, mais géométriquement ce terme désigne générale-ment la grandeur la plus petite formée de deux points s'écartant à peine l'un de l'autre.

entités atomiques intelligibles *idées-grandeurs*, pour les distinguer des entités proprement arithmétiques que sont les idées-nombres. Notons à ce propos que nos catégories modernes d'idéalisme et de matérialisme sont, *stricto sensu*, dépourvues de sens. Il ne s'agit pas d'idées « idéales », puisque l'idée est un corps. Il ne s'agit pas non plus d'idées « matérielles » : le concept de matière ne sera élaboré ensuite comme tel que par Aristote ! Il s'agit donc d'entités idéelles, géométriques, exigeant d'être pensées par nous comme des corps, mais sans qualités et par conséquent non sensibles. Les « propriétés » de ces corps : figure, rythme, ordre, position, modalité, etc. ne sont pas des qualités sensibles, mais des propriétés réelles que l'intellect conçoit.

C'est à la littérature plus proprement démocritéenne qu'il convient de faire appel pour mesurer les conséquences de l'atomisme abdéritain.

Les mécanismes de la sensation ont été pour Démocrite le sujet d'une préoccupation soutenue et ont donné lieu à diverses études approfondies, comme en témoigne l'abondante littérature rassemblée ici de A cx à A cxxxv[1]. Mais déjà le plus important témoignage, dû à Théophraste[2], atteste que la sensation n'est pas produite par les objets, mais par les atomes ; si bien que Théophraste et, après lui, Sextus Empiricus[3], peuvent établir un parallèle entre Démocrite et Platon, où Démocrite apparaît bien plus « idéaliste » que Platon. Alors que « Platon ne dépouille pas la nature des objets sensibles qu'elle contient, Démocrite les réduit tous à n'être que des affections du sens ». Si, « pour Platon, les sensibles connaissent un perpétuel devenir », ce qui les prive de l'être véritable, apanage des intelligibles qui « seuls sont vrais », Démocrite paraît aller plus loin, car « n'existe par nature rien de sensible, étant donné que les atomes, dont la combinaison forme toutes choses, sont par nature dépourvus de toute qualité sensible ». Que les atomes, qui provoquent les sensations, aient un statut comparable aux êtres mathématiques des pythagoriciens, c'est ce qu'indique très clairement Théophraste à propos de la perception du chaud et du froid[4]. En effet, pour expliquer la sensation de chaud et de froid, dit

1. Voir p. 454 à 474.
2. Voir Démocrite, A cxxxv, p. 463.
3. Voir Démocrite, A cxxxv, § 60-61, p. 466 et B ix, p. 499.
4. Voir Démocrite, A cxx, p. 458.

Simplicius qui retranscrit cette opinion, « Démocrite est remonté jusqu'aux atomes, à l'instar des pythagoriciens qui, eux, remontaient jusqu'aux surfaces parce qu'ils pensaient que les figures et les grandeurs sont causes du chaud et du froid : car les (corps) qui dissocient et séparent produisent la sensation de chaleur, tandis que ceux qui associent et condensent produisent la sensation de froid ». Ainsi, peu importe, d'un point de vue spéculatif, que les êtres mathématiques responsables de la sensation de chaud et de froid, soient des surfaces à seulement deux dimensions pour les pythagoriciens (comme pour la couleur, qui est une donnée, étymologiquement pour eux, superficielle), ou des volumes pour Démocrite : le fait notable pour Démocrite est la non-existence d'objets sensibles en soi. Celui-ci est conduit à construire l'opposition entre ce qui est *nomôi* (par convention) et ce qui est *éteêi* (en réalité)[1]. Les citations de Démocrite lui-même, ainsi que les commentaires de Galien et de Sextus Empiricus qui les accompagnent, exposent très clairement que les atomes, qui sont des intelligibles réels, sont par là même non sensibles, donc dépourvus de qualités (ce que ne consentira pas Épicure). C'est en affectant le sens (et les atomes qui composent l'organe sensitif) que les atomes extérieurs au sens produisent des qualités sensibles pour nous qui les sentons. L'expression « par convention », précise Galien, veut dire « relatif à la coutume et relatif à nous » : ainsi le même miel peut nous apparaître tantôt doux, tantôt amer, et être senti tantôt comme doux par les uns, tantôt comme amer par les autres. « Nous ne connaissons rien en réalité sur quoi que ce soit, mais pour tout homme son *opination* vient de ce qui afflue sur lui[2]. » L'homme « se trouve coupé de la réalité[3] ». « En réalité nous ne saisissons pas ce qu'est ou n'est pas la réalité de chaque chose[4]. » La connaissance par les sens est « bâtarde »; seule celle due à l'intellect est « légitime »[5], etc.

1. Voir Démocrite, A XLIX, p. 428 et B CXXV, p. 530, à rapprocher de B VI, p. 498 et IX, p. 499.
2. Voir Démocrite, B VII, p. 499.
3. Voir Démocrite, B VI, p. 498.
4. Voir Démocrite, B X, p. 500.
5. Voir Démocrite, B XI, p. 500. On est ici aux antipodes de l'atomisme empirique d'Épicure et de Lucrèce. Il s'agit bien d'un pythagorisme revu par les Éléates.

Ce sont là des constantes de la critique que Démocrite opère du témoignage des sens. Mais il paraît encore plus intéressant de prêter attention à une évolution probable de la pensée démocritéenne, dont justement les solutions apportées au problème de la sensation seraient un exemple tout à fait significatif. Il serait peu probable en effet que Démocrite qui a vécu jusqu'à quatre-vingt-dix ans sans jamais délaisser la spéculation scientifique, n'ait pas cherché à approfondir ses recherches, et par là modifié son point de vue.

Concernant donc la sensation, Démocrite paraît avoir construit successivement deux et même trois modèles théoriques explicatifs, le second ayant valeur transitoire.

Le premier modèle est constitué par la théorie des formes simulacres[1]. Que ce type d'explication soit le seul attribué en même temps à Leucippe semble attester qu'il s'agit du modèle explicatif le plus ancien. L'œil, par exemple, est affecté par une introduction de simulacres. « Une onde formée de certains simulacres de forme semblable aux objets qui émettent cette onde (ces objets sont les objets visibles), vient frapper les yeux de ceux qui voient, et ainsi se produit le voir[2]. » On aura ici reconnu les simulacres que Lucrèce contribuera à faire largement connaître : on peut les concevoir comme de fines peaux ou des membranes (néanmoins proches des « surfaces » des pythagoriciens!), émises par les objets, et constituant un flux ou un effluve continu qui vient frapper le sens ou entrer avec lui en contact[3].

Or Démocrite est amené, par des raisons d'ordre à la fois psychologique, physique et même historique, à critiquer le premier modèle qui tenait compte uniquement des corps extérieurs et ignorait la constitution particulière des organes des sens. La différence des dispositions des organes joue pourtant un rôle décisif, dans la mesure où la qualité jugée sensible varie avec la disposition du sens, ce qui a pour effet de faire de la qualité sensible non pas une donnée évidente et immédiate, mais un produit de l'opinion ou encore de

---

1. Voir Leucippe, A xxix, p. 397; Démocrite, A 1, § 44, p. 404; A cxviii, p. 457; A cxxi, p. 458; et A cxxxv, § 50-51, p. 463.
2. Voir Leucippe, A xxix, p. 397.
3. Épicure (et Lucrèce par conséquent) s'en tiendra à cette première forme d'explication de la sensation : adopter un des modèles ultérieurs aurait remis en cause l'assurance que les sensations sont vraies.

l'opination[1]. Mais, bien davantage encore, l'interprétation du mécanisme physique de l'onde ou de l'effluence connaît un premier perfectionnement qui oblige Démocrite à renoncer au modèle du flux de simulacres. Théophraste est témoin de cette évolution. « En somme, pourquoi, se demande-t-il, alors qu'il a forgé l'hypothèse d'un effluve émanant de la figure extérieure, ainsi qu'il l'a fait dans les [passages] où il traite des formes, doit-il forger maintenant l'hypothèse d'une empreinte sur l'air[2] ? » Dans cette perspective modifiée et nouvelle, le simulacre n'est plus une membrane constituée par les atomes eux-mêmes, détachés de l'objet extérieur, mais il est fait d'un air qui a reçu leur empreinte (l'avantage théorique de cette hypothèse est que l'objet ne s'*use* pas à émettre sans cesse des *surfaces*, mais se borne à produire continuellement sur l'air un flux d'empreintes). L'effluve est alors un courant continu de particules d'air transmettant le relief et l'organisation caractéristiques de la surface de l'objet extérieur.

Mais ce modèle est lui-même transitoire et va se trouver supplanté par celui, encore plus complexe, du *phénomène*, thèse qui non seulement sera celle du dernier Démocrite, mais celle de Protagoras[3], et donnera naissance au relativisme; à la fois physique et philosophique.

Il faut bien se rendre compte que la construction du troisième modèle, ou modèle relativiste, répond d'abord à une exigence nécessaire : tenir compte de ce qu'en réalité (c'est-à-dire du point de vue des atomes et du vide) les corps extérieurs et les organes des sens — c'est-à-dire le corps du sujet percevant — sont physiquement de nature identique. Si les objets extérieurs émettent des simulacres, ou, dans le second modèle, des effluves d'air portant l'empreinte du corps émetteur, pourquoi seraient-ils les seuls à en émettre? Il faut donc, en bonne logique et en bonne physique, que le sujet émette lui aussi quelque chose de semblable. Sans quoi un homme ne pourrait voir un homme, ni un œil un autre œil : le sens ne serait pas lui-même visible ou sensible, s'il n'émettait pas quelque chose qui le rende observable. (Ajoutons que le

1. Voir par exemple Démocrite, B VII, IX et XI, p. 499-500.
2. Voir Démocrite, A CXXXV, § 51, p. 463.
3. Voir Démocrite, A CXIII, p. 455; A CXXXV, § 50 et suiv. et 63 p. 463 et 467; et Protagoras, A XIV, p. 670; A XIX, p. 672; B I, p. 678 et Platon, *Théétète*, 156e-158b.

modèle d'une vision provoquée par la rencontre de deux feux, émanant l'un de l'objet, l'autre de l'œil, a déjà par ailleurs été proposé par le pythagoricien Alcméon[1] et qu'il ne s'agit donc pas ici d'une véritable « nouveauté » théorique.)

Théophraste formule très nettement cette situation assez nouvelle et qui prend une forme tout à fait originale : « Il [Démocrite] l'explique d'une manière qui lui est tout à fait propre, car l'image ne se produit pas directement dans la pupille[2], mais l'air situé dans l'intervalle entre la vue et l'objet vu est comprimé et frappé par l'objet visible et l'œil qui voit, étant donné que toute chose émet toujours quelque effluve. Ensuite cet air, qui est un solide de couleur différente, produit une image qui se réfléchit dans les yeux humides[3]. » Ce corps intermédiaire, ce « solide de couleur différente » fait d'un « air » de part et d'autre « comprimé », est le *phénomène*, de la naissance et génération duquel Platon développera l'explication dans le *Théétète*[4], allant jusqu'à recourir à un mythe qui mériterait d'être plus célèbre et qui est celui des Jumeaux ou Gémeaux. Le phénomène est un corps matériel dont la matière première est l'air, un objet éphémère né des noces du sens et du sensible, et donc relatif à l'un et à l'autre, et qui symétriquement procure à l'un, l'organe sensible, sa sensation (par exemple la vision d'une couleur blanche) et à l'autre, l'objet, sa qualité sensible (la blancheur en l'occurrence) dont il était jusque-là dépourvu. L'homme ou l'animal, c'est-à-dire en tout cas le sens, ne dispose jamais de données sensibles immédiates, mais n'appréhende que ce qu'il concourt lui-même à créer. On est ainsi rentré de plain-pied dans le relativisme.

Démocrite connaîtra de ce fait trois catégories de disciples. Les premiers héritiers, au fond toujours méfiants face aux innovations scientifiques, seront les épicuriens attachés à la vérité des simulacres. Ses deuxièmes héritiers se voudront plus éléates encore que lui, et leur mépris pour les sens et pour l'opinion les conduira à un scepticisme radical et absolu, comme celui de Métrodore de Chio. Celui-ci, d'après le plus important témoignage le concernant, qui est

1. Voir Alcméon, A v, *Les Présocratiques*, p. 219.
2. Comme dans le premier modèle, celui qui recourt aux simulacres.
3. Voir Démocrite, A cxxxv, § 50 p. 463.
4. Platon, *Théétète*, 156c 3.

celui d'Eusèbe[1], partait du postulat que : « Le plein et le vide sont les principes, le plein étant l'être et le vide le non-être. » D'où un scepticisme radicalement nihiliste : « Nul d'entre nous ne connaît nulle chose, et nous ne savons pas même si nous savons ou si nous ne savons pas. » Enfin, les derniers héritiers seront les adeptes du phénoménisme et du relativisme : ce sont principalement Protagoras et Pyrrhon, auxquels il faudrait ajouter Diotime et Anaxarque. Cette postérité philosophique est, à nos yeux la plus importante, mais nous devons renoncer, faute de place, à en proposer ici l'esquisse[2].

Ainsi la destinée de Démocrite aura-t-elle été triplement géniale, grâce notamment à sa longévité philosophique. Il aura porté à sa perfection l'école d'Abdère. En même temps, il aura inspiré l'atomisme dogmatique des épicuriens. Il aura aussi fondé le scepticisme sous deux formes : le nihilisme radical de Métrodore et le relativisme phénoméniste de Protagoras et de Pyrrhon.

Un dernier aspect de l'œuvre de Démocrite demande à être souligné. En même temps qu'il développe sa critique de la connaissance sensible et de l'opinion, Démocrite élabore une sagesse et une théorie du bonheur[3]. « Il appelle le bonheur tranquillité, bien-être et harmonie, ainsi que congruence et ataraxie[4]. » Démocrite est l'auteur du premier livre intitulé *De la tranquillité*, qui inspirera Sénèque et Plutarque[5]. Ce terme même revient fréquemment dans les témoignages et les fragments[6]. Une autre expression, qui a presque valeur de mot d'ordre, est le bien-être[7].

---

1. Voir Métrodore de Chio, B 1, *Les Présocratiques*, p. 945.
2. Sur Diotime et Anaxarque, voir *Les Présocratiques*, p. 975 et 949. Le lecteur intéressé voudra bien se reporter à notre ouvrage, *Le Scepticisme et le Phénomène*, Paris, Vrin, 1972 et 1985. Au moment de la rédaction de ce livre, nous n'avions pas encore reconnu l'existence de ces deux ou trois périodes qui caractérisent l'évolution de Démocrite et l'importance de ses multiples héritages se trouvait mésestimée.
3. Voir Démocrite, A CLXVII, p. 847; B XL, p. 517; B CLXX, p. 543; B CLXXI, p. 543 et enfin C III, p. 585.
4. Voir Démocrite, A CLXVII, p. 487.
5. Démocrite, B II *c, B* III, B IIIa et B IV, p. 491-492.
6. Voir Démocrite, A I, § 45, p. 404; A XXXIII, § 46, p. 416; A CLXVI et CLXVII, p. 487; A CLXIX, p. 488; B III, IV, p. 491; B CLXXXIX, p. 547; B CXCI, p. 548; B CCLVIII, p. 561 et B CCLXXIX, p. 566.
7. Voir Démocrite, A I, § 45, p. 404; A XXXIII, § 46, p. 416; B II *c*, p. 491; B IV, p. 492; B CXL, p. 533 et B CCLVII, p. 561.

Avoir dans sa jeunesse dépensé en voyages la modeste part de la fortune paternelle qui lui revenait, pour revenir ruiné s'installer à Abdère, peut-être pas tout de même au fond du jardin, n'empêcha pas Démocrite de mener ensuite une vie longue et sage, et d'être honoré de ses concitoyens. Pour ne pas endeuiller les Thesmophories, il se sustenta d'atomes pendant trois jours, en humant des apparences de pains chauds que sa sœur lui apportait. C'est le seul philosophe qui se nourrît un jour d'« idées ». Puis, « quand ces journées furent écoulées, il quitta sans chagrin la vie, à l'âge de cent neuf ans[1] ».

7. *L'infini à Athènes : Anaxagore*

Avec Anaxagore le Clazoménien, nous accomplissons un double retour en arrière, dans le temps et dans l'espace. Dans le temps, car il a le même âge qu'Héraclite et est un peu plus ancien qu'Empédocle et Leucippe : son acmé coïncide avec la naissance de Platon. Dans l'espace, car il se rattache à l'école ionienne : c'est un élève d'Anaximène. Cependant c'est à Athènes qu'il se fixa dès l'âge de vingt ans : il y devint le penseur officiel et hautement provocateur attaché à la personne de Périclès, et il tenait un rôle brillant dans le salon philosophique tenu par Aspasie.

De l'enseignement d'Anaximène il retient sa préoccupation pour la recherche d'un principe matériel qui soit en même temps illimité. C'est avec lui que l'Illimité ou encore l'Infini, fait son entrée à Athènes[2]. Mais il est en même temps un penseur fort original qui va donner à l'Illimité une forme très particulière dont la désignation exacte posera problème, dès l'Antiquité, à ses interprètes. En outre, il s'attachera à apporter une solution au problème laissé en suspens par son prédécesseur, de la cause efficiente ou motrice qui meut l'univers, et à laquelle il donnera le nom d'Intellect.

Qu'est donc pour lui l'Illimité ? Simplicius répond que ce sont les « réalités corporelles[3] »; Aristote les appelle les « homéoméries » en leur donnant la fonction d'éléments[4].

1 Voir Démocrite, A 1, § 43, p. 404.
2. Voir Anaxagore, A XLI, p. 612.
3. Voir Anaxagore, A XLV, p. 617.
4. Voir Anaxagore, A 1, § 6, p. 593 ; A XLV, p. 617; B 1, p. 648; B IV, p. 649 et B VI, p. 651.

Anaxagore lui-même emploie l'expression de « Tout-ensemble[1] ». Mais Aristote préférerait remplacer le Tout-ensemble ou Toutes-choses-ensemble par l'Un[2]; ce qui à vrai dire ne simplifie pas les choses, car l'Un ne va pas sans l'Autre, qui serait par là même premier et antérieur à l'Un[3]! Enfin, Aristote insiste sur l'existence pour Anaxagore de deux éléments[4]. Et le problème se complique encore si au principe matériel (au singulier ou au pluriel?) doit encore s'ajouter l'Intellect. Mais essayons d'y voir plus clair.

Qu'est donc l'Illimité, si il est formé de toutes les réalités corporelles ou homéoméries? Le terme même d'homéoméries[5], forgé par Aristote, désigne non pas les éléments, comme chez Empédocle pour qui le feu, l'air, l'eau et la terre sont la matière des autres corps, mais des corps singuliers et déjà qualifiés, comme par exemple la chair, l'os, etc. dont seulement la réunion constitue les éléments que sont, par exemple, l'air et le feu. Il y a nécessairement une infinité d'homéoméries : elles sont illimitées aussi bien en qualité qu'en nombre, parce qu'il existe une diversité illimitée de corps.

Sous la forme, du reste invisible, de l'éther, se cache un aggloméré de toutes les homéoméries invisibles. C'est cela qui constitue le Tout-ensemble. On comprend alors très bien qu'Anaxagore tienne d'Anaximène que l'air est le principe illimité et qu'il commence son *De la nature* par la formule célèbre : « Au commencement et pour un temps illimité, toutes les choses ont existé ensemble et se sont trouvées en repos[6] », ou bien « Toutes les choses étaient ensemble, illimitées en nombre et en petitesse. Car le petit était illimité et,

---

1. Voir Anaxagore, A XLI, p. 612.
2. Voir Anaxagore, A XLIII, p. 615. Ceci explique que le feu et l'air, qui pour Anaxagore constituent un gaz chaud (ce sont en fait un unique élément appelé aussi *éther*) enveloppent, en tant que matériau, l'ensemble des homéoméries, si bien que l'on peut indifféremment dire que les homéoméries sont les principes, ou que l'éther est le principe unique, c'est-à-dire l'Un (voir Anaxagore, A LXI, p. 624). Dans le cas où l'Un est dit le principe, les homéoméries constituent alors l'Autre.
3. Voir Anaxagore, A LXI, p. 624.
4. Voir *ibid.* et A XLIII, p. 615.
5. Voir Anaxagore, A I, § 8, p. 594; A XLI, p. 612; A XLIII, p. 615; A XLV, p. 617; A LI, p. 621; B I, p. 648; B III, p. 648 et B V, p. 651.
6. Anaxagore, A XLV, p. 617.

toutes choses étant ensemble, nulle n'était perceptible du fait de sa petitesse. Car l'air et l'éther renfermaient toutes choses, étant l'un et l'autre illimités, car ils constituent les deux plus importants éléments qui se trouvent dans l'ensemble de toutes les choses, à la fois par leur nombre et par leur taille[1] ». « Toutes les choses ensemble » désigne les homéoméries en nombre infini, infiniment petites et par là invisibles. L'air et l'éther sont ici l'air et le feu qu'Aristote réduit au seul éther[2] : au commencement, ils contiennent toutes les *autres* choses, c'est-à-dire les homéoméries.

Laissons de côté pour l'instant la question du passage au visible et du passage du repos (qui durait depuis un « temps illimité ») au mouvement. Quand un corps se trouve constitué, il devient visible. Les corps existants ont le statut de phénomènes : ils apparaissent. Mais tout corps visible n'en demeure pas moins lui-même un Tout-ensemble. « Toutes choses, explique Simplicius, sont en effet dans toutes choses » (tout est dans tout!) « et chacune reçoit son caractère de la chose qui prévaut dans sa nature. Ainsi, a l'apparence de l'or ce qui renferme en soi l'or en plus grande quantité, bien que toutes choses soient contenues en lui[3] ». Cela correspond à l'expression même dont use Anaxagore : « En toutes choses se trouve renfermée une partie de chacune des choses[4] », reprise sous la forme : « les autres choses participent à une partie de chaque chose[5] ». Car derrière le visible se dissimule toujours de l'invisible. « En effet les phénomènes sont la vue des choses invisibles[6] ». La neige blanche contient de l'eau qui est noire[7]. Sous la forme visible du pain et de l'eau qui constituent notre nourriture, se cache une

1. Voir Anaxagore, B 1, p. 648.
2. Voir Anaxagore et ses héritiers spirituels, en particulier Euripide (voir *Les Présocratiques*, p. 1422-1423), porteront l'étiquette de *météorologues* en fonction de l'intérêt qu'ils montrent pour cet illimité invisible et, par là, pour les phénomènes célestes. Si le Soleil est une « pierre embrasée », n'est-ce pas aussi parce que l'air contient toutes les homéoméries ?
3. Voir Anaxagore, A XLI, p. 612.
4. Voir Anaxagore, B XI, p. 653.
5. Voir Anaxagore, B XII, p. 653.
6. Voir Anaxagore, B XXIa, p. 658. Le pain visible est le phénomène. Derrière son aspect phénoménal se dissimulent les homéoméries nutritives, parcelles invisibles d'os, de chairs, de nerfs, etc.
7. Voir Anaxagore, A XCVII, p. 642.

infinité de particules constituant le sang, les nerfs, les os, etc.[1]. Selon la formule de Lucrèce,

> « *Il fallait recourir à une échappatoire :*
> *Anaxagore y recourut, imaginant*
> *Que tout se mêle au tout et dans le tout se cache,*
> *Et qu'apparaît le corps seul, dont les éléments*
> *Constituent l'élément dominant du mélange,*
> *Et peuvent de ce fait apparaître à la vue*[2]. »

La thèse des homéoméries offre ainsi, entre autres avantages, celui de résoudre les problèmes biologiques de la génération et de la nutrition : naître pour une substance, ou croître pour un vivant, c'est absorber une matière ou une nourriture visible derrière laquelle se dissimulent les parties du futur animal.

Revenons par la pensée à ce temps illimité qui précède la première séparation des choses ayant donné naissance au visible : « Mais avant que la séparation ait eu lieu, toutes choses étaient ensemble et nulle couleur n'était perceptible à la vue. Car l'interdisait l'amalgame confus de toutes les choses, de l'humide et du sec, du chaud et du froid, du brillant et de l'obscur : la terre s'y trouvait en grande quantité, et des semences en nombre illimité qui ne se ressemblaient en rien. Car aucune des autres choses ne ressemble non plus à une autre. Puisqu'il en est ainsi, il faut estimer que toutes choses se trouvent dans le Tout-ensemble[3]. » Imaginons donc le Tout-ensemble où rien de visible n'est apparu, puisqu'aucun élément ne s'y trouve dominant. Il faut, dirait-on aujourd'hui, un *big bang*, ou, comme on disait hier, un *fiat* à ce chaos. Le scoliaste de Grégoire de Nazianze[4] tient fort justement Anaxagore pour un physicien refusant la création *ex nihilo* et qui la remplace par la *diakrisis*, c'est-à-dire la discrimination. La discrimination comporte deux aspects : d'abord, le Tout-ensemble est entraîné dans un tourbillon giratoire qui dissocie les visibles sous l'effet de la force et de la vitesse[5]. Mais en fait, cette rotation est produite par l'Intellect : « C'est l'Intellect qui a exercé son empire sur la révolution universelle, de telle sorte que c'est lui qui a donné

1. Voir Anaxagore, A XLVI, p. 618.
2. Voir Anaxagore, A XLIV, p. 615.
3. Voir Anaxagore, B IV, p. 649.
4. Voir Anaxagore, B X, p. 653.
5. Voir Anaxagore, B IX, p. 652.

le branle à cette révolution[1]. » Le fragment suivant est encore plus clair : « Après que l'Intellect eut produit le commencement du mouvement, il se sépara du tout qui se trouvait mû ; et tout ce que l'Intellect mouvait fut sujet à sa discrimination. Et en même temps que s'accomplissaient mouvement et discrimination, la révolution accentua encore cette discrimination[2] ». Simplicius, qui cite ce fragment, ne peut s'empêcher d'identifier l'Intellect à la cause motrice, c'est-à-dire à Dieu pensé comme cause efficiente. Platon et Aristote[3] insistent sur le caractère sans mélange et pur de l'Intellect qui meut (et connaît[4]). Il ne peut mouvoir ou « exercer son empire[5] » qu'à condition d'être sans mélange et non mû, bien qu'avant ce commencement il n'ait pas, dans le Tout-ensemble, d'existence séparée.

Ici, une interprétation, à juste titre surprenante aux yeux d'un moderne[6], paraît devoir s'imposer. D'une part le fragment B XII, tel que le copie Simplicius, dit de l'Intellect : « En effet, l'Intellect est de toutes les choses (*pantôn krèmatôn*) la plus subtile et la plus pure[7]. » Or, l'expression « toutes choses étaient ensemble » (*homou panta krèmata èn*) se retrouve littéralement dans les fragments B I et B IV où *choses* ne peut désigner que des réalités matérielles. Notons encore que c'est l'Un qui est dit « simple et sans mélange[8] » après qu'il s'est trouvé séparé du Tout-ensemble. Or, on sait par ailleurs qu'Anaxagore nie l'existence du vide[9] ; il faut donc que ce qui sépare et discrimine les choses soit lui-même une chose. Ce ne peut être que l'« éther, rare et subtil[10] », ou encore cet « éther qui entoure le monde », dont Anaxagore disait qu'« il est de nature ignée, et qu'après avoir, par la force de sa rotation, arraché des pierres hors de la terre, il les a embrasées pour en faire des étoiles[11] ». Il juge encore bon de

1. Voir Anaxagore, B XII, p. 654.
2. *Ibid.*.
3. Voir Anaxagore, A LV et A LVI, p. 623.
4. Nous revenons plus loin sur ce point.
5. Voir Anaxagore, B XII, p. 654.
6. Songeons à Leibniz, lecteur de Platon (voir A XLVII, p. 619, qui ne mettait pas en cause un seul instant la nature évidemment spirituelle pour lui de l'Intellect.
7. Voir Anaxagore, B XII, p. 654.
8. Voir Anaxagore, B III, p. 649 et B XII, p. 654.
9. Voir Anaxagore, A LXVIII, p. 626.
10. Voir Anaxagore, A LXX, p. 629.
11. Voir Anaxagore, A LXXI, p. 629.

préciser : « Nulle chose n'existe d'une manière discriminée ou totalement séparée d'une autre chose, excepté l'Intellect. L'Intellect est tout entier semblable à lui-même, il est à la fois grand et petit[1]. »

Ces rapprochements conduisent à considérer que l'Intellect est la matière chaude (ou l'énergie matérielle) qui anime le tourbillon et produit la révolution cosmique, tout en se posant lui-même comme séparation matérielle entre les êtres. Donc l'Intellect est une âme matérielle : elle est ce qui meut[2] et se trouve « définie par ces deux attributs : mouvoir et connaître[3] ». Cela justifie les nombreuses références à Anaxagore dans le *Traité de l'âme* d'Aristote. L'Intellect pur et sans mélange, cause efficiente et discriminante, « seul parmi les êtres à être simple, sans mélange et pur », « est l'âme, puisque selon lui l'Intellect appartient à tous les animaux, grands et petits, nobles et vils[4] ». Ainsi encore : « Lorsque quelqu'un dit qu'il existe dans la nature, de la même façon que chez les animaux, un Intellect qui est cause de l'ordre et de toute organisation du monde, il apparaît comme un homme de bon sens comparé à ceux qui ont discouru avant lui. Nous savons clairement qu'Anaxagore a adopté ces conceptions [...][5]. »

Tout cela n'allait pas sans difficultés. Anaxagore fit scandale. D'abord, il affirmait que tous les êtres, même les objets célestes, sont formés des mêmes homéoméries. Le Soleil, la Lune et tous les astres sont des pierres incandescentes entraînées par la rotation de l'éther[6]. Le feu peut se changer en air, l'air en eau, l'eau en pierre, et la pierre elle-même peut engendrer le feu en produisant des étincelles[7]. Par un procédé inconnu aujourd'hui et même incompréhensible, Anaxagore prédit une chute de météorites en provenance du Soleil, en 468 av. J.-C., à Aegos Potamos[8]. Au gymnase

1. Voir Anaxagore, B xii, p. 654.
2. Voir Anaxagore, A xcix, p. 642.
3. Voir Anaxagore, A cia, p. 643.
4. Voir Anaxagore, A c, p. 643.
5. Voir Anaxagore, A lvii, p. 623. Disons encore que tout vivant (du grand qui est le monde, au plus petit animalcule ou brin d'herbe minuscule) ne peut croître et se nourrir sans la *discrimination* effectuée par son âme, souffle ou éther chaud, qui dissocie et articule en lui les homéoméries, donnant à son être visible l'aspect phénoménal qui est le sien.
6. Voir, par exemple, Anaxagore, A xlii, p. 613.
7. Voir Anaxagore, A xlv, p. 617 et B xvi, p. 655.
8. Voir Anaxagore, A x, xi et xii, p. 599 et 600.

d'Abydos, le visiteur pouvait contempler l'objet et constater que le Soleil est fait de pierre. Mis en prison pour impiété[1], il en profita pour observer la Lune[2] et composer un ouvrage sur la quadrature du cercle[3]. Bref, il jouissait sans doute de cette gloire non exempte de jalousie et de suspicion qui s'attache aux faiseurs de prodiges, comme construire pour la première fois des décors de théâtre en trompe-l'œil[4] ou disséquer devant un petit public choisi un bélier à la corne tordue[5].

Mais le reproche le plus grave est philosophique. La page du *Phédon*[6] où Socrate se dit désappointé par la lecture du livre d'Anaxagore, a pesé très lourd sur sa réputation : Socrate salue comme il convient la postulation d'un Intellect divin ordonnateur du monde, mais il reproche à cet Intellect de n'être pas un Dieu entendu comme la cause finale qui mouvrait les êtres comme le bien auquel ils aspirent. De la même façon, Aristote reprochera à Anaxagore d'avoir renversé la causalité finale en lui substituant la causalité mécanique dérivée de son Intellect uniquement moteur. Pour Aristote, il serait « plus logique de penser que c'est parce qu'il est le plus raisonnable que l'homme a reçu des mains, car, dit-il, les mains sont des outils, et la nature dispense toujours à chacun, comme le ferait un homme raisonnable, ce dont il est capable de se servir ». Mais tout au contraire, ô scandale ! « Anaxagore dit que l'homme est le plus raisonnable des animaux parce qu'il a des mains[7] ». Or cela signifie à la fois que l'homme est un animal — l'animal en général étant doué comme nous d'âme et d'Intellect — et que le développement de l'Intellect humain est spécialement rendu possible par la station verticale qui, libérant l'usage des mains, entraîne le développement de la raison.

Anaxagore est ainsi le dernier des grands Ioniens. Le champion de l'Illimité sous toutes ses formes : l'Illimité des homéoméries et l'illimitation de l'Intellect. Il est un des derniers a avoir recours à un principe matériel et le premier à s'en être tenu à un strict mécanisme causal. Son école lui

---

1. Voir Anaxagore, A I, § 12, p. 595 ; A XVIII et A XIX, p. 604.
2. Voir Anaxagore, A LXXVI et LXXVII, p. 631.
3. Voir Anaxagore, A XXXVIII, p. 611.
4. Voir Anaxagore, A XXXIX, p. 611.
5. Voir Anaxagore, A XVI, p. 603.
6. Voir Anaxagore, A XLVII, p. 619.
7. Voir Anaxagore, A CII, p. 644.

survivra ; ainsi Platon, dans son *Parménide*, ne pourra pas ignorer la présence des Clazoméniens.

8. *Itinéraires sophistiques*

Très tôt les sophistes ont été des mal-aimés. Forcément. Orateurs, c'est-à-dire encore avocats quand ils s'occupaient d'affaires privées, ou hommes politiques quand ils se mêlaient de la chose publique, l'exercice de leur art était toujours tourné plus ou moins contre des adversaires. Et, comme ils triomphaient toujours, les vaincus alimentaient contre eux une haine tenace. D'où la réputation péjorative attachée au titre de sophiste, dès l'origine, par Platon qui les accuse secrètement d'avoir fait condamner Socrate, et les admire en ne cessant de les craindre[1].

Et si encore ils se contentaient d'exercer leur art, à la fois politique et rhétorique[2] ! Mais, qui plus est, ils l'enseignent, et moyennant salaire[3]. Dans cette société où l'homme cultivé était citoyen et n'exerçait aucune activité rentable, s'adonnant seulement aux arts libéraux, le sophiste faisait figure de parent pauvre, obligé comme un esclave de travailler pour vivre, tirant bénéfice de notables comme Callias qui avaient la bonté de les inviter[4], ou amassant par des moyens presque quasiment frauduleux, tel Hippias, un magot plus que coquet à l'intention de son vieux père, paysan du Péloponnèse[5]. Faire payer les auditeurs d'une conférence, passe encore[6] ! Mais faire payer des leçons ? Non ! Trop, c'est trop ! Cela veut dire que le savoir est une marchandise et que le commerce sophistique est un trafic bien étrange. Car à celui qui enseigne à tromper par des sophismes, on peut répondre justement par

1. Voir *Les Présocratiques*, Sophistique ancienne, II, p. 982.
2. Sur l'art, voir par exemple Protagoras, I, § 55, p. 664 ; A v, p. 667 ; A xxvi, p. 676 ; B vi, p. 681. Gorgias, A iii, p. 690 ; A iv, p. 690 ; A viii, p. 692 ; A xiv, p. 694 ; A xx, p. 696 ; A xxii, p. 696 ; B xi, § 13, p. 713 ; B xiv, p. 724. Et Prodicos, A xx, p. 737.
3. Voir, par exemple, Protagoras, A i, § 56, p. 665, A ii, § 4, p. 665 et A iii, iv, v (fin) p. 666-667 et B vi et B viii (titres d'ouvrages), p. 681-682.
4. Voir Protagoras, A xi, p. 668 ; A xxiv, p. 675 ; Prodicos, A iv*b*, p. 732 et B ix, p. 744 ; Hippias, A v*a*, p. 748.
5. Voir Hippias, A vii, p. 668.
6. Voir Prodicos, A xi et xii, p. 734.

un sophisme, comme le fait encore, six siècles plus tard, le vieil oncle de province qui dit au maître de sagesse, professeur de philosophie réclamant des émoluments : « Ce que vous nous avez vendu, l'avez-vous encore ? — Oui. — Alors nous ne vous devons rien[1] ! » Que le sophisme puisse répondre au sophisme manifeste l'indignité de ce négoce. N'importe qui, un tant soit peu au courant de ces pratiques de langage, peut tromper quiconque en racontant n'importe quoi. Le sophiste est un charlatan, un escamoteur, un faiseur de tours : il suscite l'admiration en faisant le saut périlleux par dessus les sabres.

Cependant, aujourd'hui, ils bénéficient d'une réputation toute contraire. Certes, c'est Hegel qui paraît avoir commencé : pour lui, ils ont été les maîtres de la Grèce. W. Jaeger les dit instituteurs de la Grèce, et le très sérieux professeur W. K. C. Guthrie les tenait pour responsables de l'*Enlightenment* du ve siècle. Les Lumières, ce sont eux. Ils font triompher la raison, la démocratie, et, en même temps, si l'on veut, la philosophie.

Or justement, ce qui en eux nous intéresse, c'est de savoir dans quelle mesure ils sont philosophes. À quelles écoles appartiennent-ils ? Développent-ils ou fondent-ils par leur art une méthode philosophique ? Examinons-le brièvement.

Protagoras est né à Abdère. Que Démocrite ait repéré son singulier talent en le voyant exercer sur les quais son métier de débardeur est sans doute un ragot imputable à Épicure[2]. Mais ce qui est sûr au contraire, c'est que Protagoras est bien l'héritier spirituel du dernier Démocrite : sa philosophie est bien phénoméniste. La proposition : « L'homme est la mesure de toutes choses[3] », signifie bien que le phénomène est critère, et que, aussi bien l'objet que le sens, concourent à produire ce qui donne à l'objet sa qualité sensible, en même temps que ce qui procure au sens l'affection ressentie. On a beaucoup glosé sur l'homme-mesure, peut-être assez peu utilement, car Aristote a tout expliqué en peu de mots : « Par là, écrit le Stagirite, il ne veut rien dire d'autre que ce qui semble à chacun est l'être dans sa solidité. De cela il résulte que la même chose est et n'est pas, est à la fois mal et bien, et de même pour les propositions qui affirment les opposés,

1. Lucien, *Hermotime*, § 80.
2. Voir Démocrite, A IX, p. 406. Philostrate, au contraire, le tient pour issu d'une famille aisée (voir Protagoras, A II, p. 665).
3. Voir Protagoras, B 1, p. 678.

parce que ce qui souvent paraît beau aux uns est laid pour les autres, et que ce qui apparaît ⟨le phénomène⟩ est pour chacun mesure[1]. » Un tel énoncé est l'expression la plus ramassée qui soit du relativisme.

Mais encore faut-il bien s'entendre sur ce point, car il y a (ce qui n'étonnera personne!) relativisme et relativisme. Dans la théorie démocritéenne de la sensation et de la perception, le phénomène est nécessairement et fatalement relatif au sensible et au sens, et c'est bien pourquoi aussi bien le cynocéphale[2] que la plante sont mesures de ce qui leur semble les affecter. C'est là une nécessité de fait. Or loin de relativiser la vérité, voire de l'abolir, la thèse du dernier Démocrite considère que *telle* est bien la vérité pour chacun. Cela est d'autant plus nécessaire que si les atomes ou idées constitutives des objets sont, avec les atomes entrant dans la constitution du sens, les seuls êtres véritables, l'être pour nous, qui est justement le phénomène, est bien le seul être consistant que nous puissions appréhender. D'où le matérialisme dont parle Sextus Empiricus[3], et d'où encore, dans le propos d'Aristote cité plus haut, l'expression de l'« être dans sa solidité ». On est, par ce relativisme physique, à l'opposé du relativisme rhétorique pratiqué verbalement par Protagoras qui entend donner à l'orateur les moyens d'imposer à l'auditoire sa propre mesure des choses qu'il juge convenable et utile, et de lui faire apparaître ce que bon lui semble.

Mais pour Démocrite, il n'était pas question de remettre en cause la vérité de la sensation, ainsi que le note Aristote : « Celle-ci n'est en rien plus vraie que celle-là; l'une et l'autre le sont également[4]. » C'est pourquoi Plutarque peut corriger l'opinion de l'épicurien Colotès sur Démocrite, et être ainsi le précieux témoin de la polémique engagée par le dernier Démocrite contre ce que Protagoras voulait faire de son phénoménisme : « Il s'en faut tant que Démocrite ait eu cette opinion (que nulle chose ne soit plutôt telle que telle), qu'il en combattit à l'encontre du sophiste Protagoras qui l'avait dit, et écrivit plusieurs bons arguments concluants à l'encontre[5]. » Car, au contraire de Démocrite, la thèse de

1. Voir Protagoras, A xix, p. 673.
2. Voir Protagoras, B i, p. 679.
3. Voir Protagoras, A xiv, p. 670.
4. Voir Démocrite, A cxii, p. 455.
5. Voir Démocrite, B clvi, p. 539.

Protagoras est celle d'un relativisme modifiable ou mobile, altérable par l'art.

L'apport personnel de Protagoras à l'école abdéritaine introduit ainsi un changement si profond qu'elle fait du concept de convention (*nomos*) davantage l'instrument d'une rupture que d'une continuité. Certes, déjà, Démocrite avait lié la convention à l'art, en montrant que l'artifice humain était capable de bouleverser l'ordre naturel et de corriger les injustices liées à notre propre nature : alors que nous coulons naturellement, apprendre à nager nous sauve. Le *Petit système du monde*[1] décrit le dénuement de l'humanité primitive et parle même des arts prométhéens liés à l'utilisation du feu que le mythe du *Protagoras* dira avoir été dérobé[2]. L'art de Protagoras, la culture qu'il apporte aux hommes, est essentiellement l'art politique[3] qui assure le salut de la cité, en fondant un état de droit positif[4]. Or, pour que des citoyens décident soit d'adopter une constitution, soit de prendre des décisions utiles, soit d'agir en vue d'un intérêt public dont ils ne perçoivent pas tous spontanément les exigences, il faut que toutes ces actions politiques leur paraissent bonnes. Le sophiste, véritable sage et savant, sait ce qui est bon. L'art rhétorique est alors l'instrument qui lui permet de faire que l'auditoire ou l'assemblée adoptent son point de vue et trouvent bon ce que le sophiste juge et sait être bon.

Le sophiste Protagoras se meut au niveau de l'art et de la convention, non seulement parce qu'il propose des conventions qui transforment la nature, mais parce que tout jugement porté sur la nature des choses, ainsi que toute mesure, sont par essence conventionnels. Il ne s'agit donc pas pour l'orateur de se borner à persuader *stricto sensu*; il s'agit, différemment, de transformer le sens de l'auditeur, pour qu'il adopte, sous l'effet de l'art rhétorique, un point de vue conventionnellement utile et salvateur : il doit être conduit par l'art à créer lui-même le phénomène conventionnel et convenable. Telle est la double signification phénoménale et rhétorique de la mise en œuvre du *nomos* ou convention.

1. Démocrite, B vi, § 8, p. 494 et B v3, p. 496.
2. Voir Protagoras, C 1, p. 683.
3. Voir Protagoras, A v, p. 667.
4. Protagoras a été chargé d'établir la constitution de Thurium (voir Protagoras, A 1, § 50, p. 663).

Car il en est bien ainsi de tout art, à commencer par le plus apparemment humble, l'agriculture qui, dès le *Petit système du monde* de Démocrite, vise à contraindre la nature de fournir une nourriture variée, choisie et plus abondante. Dans un passage célèbre du *Théétète*[1] de Platon, Socrate feint de faire sortir de l'ombre le phénomène (!) du grand sophiste disparu. Et il lui fait dire en quoi consiste l'art de l'agriculteur : arroser la plante, mais non pas pour la rendre humide, comme on déverserait des paroles sur un auditoire pour le convaincre ; pour, bien plutôt, faire que la plante se sente bien, c'est-à-dire soit elle-même en état de produire le bon phénomène salubre pour elle.

Désormais on a quitté la vérité relative abdéritaine pour un dangereux relativisme rhétorique et logique. Démocrite reproche à bon droit à son ancien secrétaire de faire à son gré tourner les têtes comme des girouettes. Protagoras devient le maître arbitraire de la vérité, capable d'opposer le contre à n'importe quel pour[2], susceptible de faire que l'argument le plus faible soit le plus fort[3], s'autorisant à bafouer le principe de contradiction[4] et poussant l'audace jusqu'à remettre en cause l'existence des dieux[5]. D'où sa fin tragique.

D'où vient que de son côté Gorgias fasse tout autant scandale ? Ses succès furent pourtant légendaires. Il avait sa statue en or à Olympie où il avait plusieurs fois prononcé le discours d'usage. Élève d'Empédocle, l'inventeur de la rhétorique, il maîtrisait complètement son art auquel il avait conféré une richesse verbale, conceptuelle et musicale qui le portait aux dimensions du baroque[6]. Même, sa longévité exceptionnelle en fait pour l'Antiquité un exemple.

Élève d'Empédocle donc, il appartient à l'école pythagoricienne, mais entre en dissidence avec ces autres pythagoriciens qu'étaient les Éléates. Bien d'accord avec eux pour reconnaître l'existence de deux voies, celle de l'être et celle de l'opinion, il dénonce la première comme une impasse et s'engage résolument dans l'opinion, renonçant à l'éternité promise pour épouser son siècle. Cela vaut à la philosophie

---

1. Ce texte est communément désigné par l'intitulé : *Apologie de Protagoras* (*Théétète*, 172a).

2. Voir Protagoras, A xx, p. 673.

3. Voir Protagoras, A xxi, p. 673 et B vi*b*, p. 681.

4. Voir Protagoras, A xix, p. 672.

5. Voir Protagoras, A xxiii, p. 674.

6. Voir la notice, p. 932.

une insolente ontologie négative, formulée dans son traité *Du non-être*[1]. Justement, l'être n'est pas. Quand il serait, il ne serait pas pensable : donc il est vain d'identifier être et pensée. Enfin, quand même serait-il pensé, cette pensée serait inexprimable ou informulable dans un discours.

La construction du traité *Du non-être* repose sur une logique conditionnelle ou hypothétique qui est caractéristique de l'argumentation gorgiassienne. Ainsi dans la *Défense de Palamède*, l'accusé commence par dire qu'il n'avait pas les moyens d'accomplir le crime dont on l'accuse[2]. Quand, dit-il ensuite, en aurait-il eu les moyens, il n'en avait ni le mobile, ni les raisons. Enfin, quand encore en aurait-il eu les raisons, aucun témoignage ne vient attester qu'il ait commis ce dont on l'accuse. Ce mode d'argumentation est très particulier, puisque l'on feint de supposer que si la première preuve n'est pas suffisante, la deuxième peut l'être, et que si la deuxième est jugée à son tour non probante, une troisième peut encore y suppléer.

Mais, dans ce contexte d'ontologie négative ou nihiliste, où ne reste praticable que la seconde voie éléate, celle du non-être, de l'impensé, de l'opinion et du discours « enchanteur ou trompeur[3] », tout sans exception devient mensonge : aussi bien les objets sensibles sont-ils des objets trompeurs, d'autant plus présents aux sens qu'ils les induisent en erreur ; aussi bien le discours est-il toujours mensonger, parce que la parole insinue dans l'âme la « réalité » convaincante du faux-semblant.

En elle-même la vision ne devrait pas être trompeuse, puisque pour Gorgias, elle est produite par des effluves matériels et sensibles émanant de l'objet[4]. Mais si « la nature des objets que nous voyons n'est pas déterminée par notre volonté, mais par ce que chacun se trouve être[5] », la sensation s'accompagne toujours de discours[6]. En d'autres termes, l'âme est impressionnée à la fois par ce que l'œil voit et par ce

1. Voir Gorgias, B III, p. 701 et notice, p. 932.
2. *Défense de Palamède*, Gorgias, B XIa, p. 715.
3. Voir Parménide, A XXXIV, p. 336 et B VIII, v. 52, p. 353 ; Empédocle, B XVII, v. 26, p. 188. Cette double rencontre lexicale, unique dans le *corpus* présocratique, désigne Parménide et Empédocle comme les référents de Gorgias.
4. Voir Gorgias, B IV, p. 706.
5. Voir Gorgias, B XI, §15, p. 713.
6. Voir Gorgias, B III, § 84-86, p. 705.

qu'en même temps la conscience croit voir ou imagine. L'*Éloge d'Hélène*[1] dénombre les troubles que suscite dans l'âme la vue d'objets divers : ainsi la vue des armes « fait brusquement trembler l'œil *et* fait trembler l'âme aussi » et la vue des choses effrayantes fait perdre conscience et éteindre la pensée : « Nombreux sont ceux qui furent frappés par de vaines souffrances, par de terribles maux, par d'incurables folies. C'est ainsi que l'œil a gravé dans leur conscience les images de ce qu'ils ont vu[2]. »

À cela près qu'il pénètre en nous par les oreilles, le discours n'est pas moins un être matériel, quoique non visible, qui produit immédiatement dans l'âme toutes sortes de bouleversements. « Il existe une analogie entre la puissance du discours à l'égard de l'ordonnance de l'âme et l'ordonnance des drogues à l'égard de la nature des corps. De même que certaines drogues évacuent certaines humeurs, et d'autres drogues, d'autres humeurs, que les unes font cesser la maladie, les autres la vie, de même il y a des discours qui affligent, d'autres qui enhardissent les auditeurs, et d'autres qui, avec l'aide maligne de Persuasion, mettent l'âme dans la dépendance de leur drogue et de leur magie[3]. »

Et encore : « Les incantations enthousiastes nous procurent du plaisir par l'effet des paroles, et chassent le chagrin. C'est que la force de l'incantation, dans l'âme, se mêle à l'opinion, la charme, la persuade et, par sa magie, change ses dispositions. De la magie et de la sorcellerie sont nés deux arts qui produisent en l'âme les erreurs et en l'opinion les tromperies[4]. » Dans le détail, ces déclarations sont difficiles à interpréter. Mais on songe naturellement à Empédocle qui, aux accents de la lyre, avait apaisé la colère du jeune homme qui menaçait Anchitès[5], en usant de la musique comme d'une drogue. On évoque aussi la façon mystérieuse dont il avait maintenu pendant trente jours une femme en catalepsie[6]. On se rappelle enfin la formule :

« Et même tu sauras
Faire de chez Hadès monter l'âme d'un mort[7]. »

1. Voir Gorgias, B XI, § 16-18, p. 713-714.
2. Voir Gorgias, B XI, § 17, p. 714.
3. Voir Gorgias, B XI, § 14, p. 713.
4. *Ibid.*, § 10, p. 712.
5. Voir Empédocle, A XV, p. 138.
6. *Ibid.*, A 1, § 61, p. 130.
7. *Ibid*, B CXI, p. 227.

Un autre trait de la méthode de Gorgias est constitué par la référence au moment opportun des médecins hippocratiques et des pythagoriciens, le fameux *kairos*[1]. Nous renonçons à en parler ici : Denys d'Halicarnasse, expert en critique littéraire et en art oratoire, constate qu'« aucun philosophe, jusqu'ici, n'a défini l'art du moment opportun, pas même celui qui le premier a entrepris d'écrire à ce sujet, Gorgias de Léontium, car il n'y a consacré aucun livre digne qu'on le mentionne[2] ».

Prodicos de Céos, fort honnête homme au demeurant, quoique condamné comme Socrate à boire la ciguë à Athènes, devrait être abdéritain, puisqu'il est l'élève de Protagoras. Mais il n'a pas la grandeur (provocatrice) de son maître, même si l'élévation de sa pensée en fait un guide moral auquel Socrate ne dédaigne pas de confier certains jeunes gens[3].

Deux traits le rattachent pourtant à l'école abdéritaine. Premièrement, il garde de Démocrite un goût pour l'astronomie[4]. Son grand ouvrage en partie conservé s'intitule *Les Saisons* ou *Les Heures*, un des premiers Livres d'heures connus, qui définit sans doute les tâches à accomplir selon les douze mois de l'année représentés par les douze travaux d'Héraclès. C'est pourquoi le personnage d'Héraclès, semi-divinité solaire et laborieuse, est présent dans le fragment conservé par Xénophon et reconstitué dans les *Mémorables*[5]. Le jeune Héraclès, à la croisée des chemins et au sortir de l'adolescence, doit choisir entre Vertu et Dépravation. Cette page a fait littérairement la fortune de Prodicos et lui a valu une gloire immortelle : l'imagier de Marseille en a fait la lame de son tarot intitulée *L'Amoureux*, et J.-S. Bach en a fait le thème d'une cantate profane.

Deuxièmement, vient peut-être de Protagoras le thème binaire du choix alternatif proposé à Héraclès et la pratique d'une méthode connue sous le nom de *synonymie*, où Prodicos range en séries parallèles des termes de signification voisine,

1. Sur le *kairos*, voir dans le présent volume, Thalès, A 1, 26, p. 12 ; l'École pythagoricienne, B IV, p. 301 ; Démocrite, B LXXXVII, p. 523 ; B XCIV, p. 524 ; B CCXXVI, p. 554 ; Protagoras, A 1, § 52, p. 663 ; Gorgias B XIa, p. 715 et B XIII, p. 724. Voir encore *Les Présocratiques*, notes, p. 1412.
2. Voir Gorgias, B XIII, p. 724.
3. Platon, *Théétète*, 148 *a*.
4. Voir Démocrite, B XIV et suiv., p. 503.
5. Voir Prodicos, B 1, p. 737.

en confrontant à l'un qui répond à un bien, l'autre qui suscite réprobation. Ainsi s'opposent impartialité et neutralité, controverse et querelle, considération et louange, bonheur et plaisir[1], ou encore vouloir et désirer ou être et devenir[2], comprendre et apprendre[3], courage et hardiesse[4], travailler et agir[5], bien-être et délice[6]. Bornons-nous, dans ces jeux d'oppositions, à relever ce qui, du point de vue des écoles philosophiques, est essentiel. À la violence du plaisir propre à l'esthétique de tromperie pratiquée par Gorgias — qui malgré tout demeure le grand rival de son maître —, Prodicos oppose un idéal démocritéen fait de joie et de tranquillité d'âme, et relevant de l'entretien entre amis, au lieu d'une persuasion violente et forcée imposée à des adversaires. Si discrètes et modestement affirmées que soient les thèses chères à Prodicos, elles continuent de refléter la sagesse modérée de l'école démocritéenne.

Pourquoi ici Hippias d'Élis? Parce que rien n'est si instructif qu'une caricature! Platon nous livre de lui un portrait grotesque et grave à jamais les traits d'une silhouette bouffonne. Une fortune considérable, acquise grâce au commerce de marchandises inutiles; un idéal de savoir universel et encyclopédique où toute donnée (comme on parle aujourd'hui de « banque de données ») prend la même valeur, qu'il s'agisse indifféremment d'astronomie, de géométrie, d'arithmétique, de rhétorique ou de généalogies des héros et des hommes fondateurs de cités. Hippias pratique l'érudition locale en se prenant pour un savant. Son outil n'est plus la réflexion, mais seulement la mémoire : sa méthode est la mnémotechnie, renforcée — qui sait? — par l'usage de drogues mystérieuses. Aristote est devenu Pic de la Mirandole, Einstein un Inaudi! L'époque de Pythagore est révolue : c'est le règne des calculateurs de foire! De même

---

1. Voir Prodicos, A XIII, p. 734.
2. *Ibid.*, A XIV, p. 735.
3. *Ibid.*, A XVI, p. 735.
4. *Ibid.*, A XVII, p. 736.
5. *Ibid.*, A XVIII, p. 736.
6. *Ibid.*, A XIX, p. 737.
7. Voir B. Cassin (éd.), *Positions de la sophistique*, Colloque de Cerisy, Paris, 1986, p. 221.

que la mémoire pythagoricienne[1] est rabaissée au rang de la mnémotechnie, le savoir n'est plus qu'artisanat. Hippias a fabriqué tout ce qu'il porte, de l'anneau qu'il a glissé au doigt jusqu'aux sandales qu'il a aux pieds, en passant par le manteau qu'il a tissé. Jusqu'en mathématiques, il est bricoleur : il s'est fabriqué un système à tracer la quadratrice, qui triomphe empiriquement de la quadrature du cercle, en se moquant bien de π et des grandeurs irrationnelles. Voilà ce qu'en à peine deux siècles la philosophie était devenue !

9. *Doxographie et dialectique*

Une dernière question. Comment les matériaux, c'est-à-dire les textes qui forment la littérature présocratique et composent ce livre, ont-ils pu se trouver rassemblés? Car le recueil que vous avez sous les yeux réunit beaucoup de philosophes, mais aucun n'en est vraiment l'auteur.

De même qu'un conservateur de musée n'est lui-même ni peintre ni sculpteur, de même qu'un archéologue n'est architecte que par accident, les philologues qui ont réuni ces témoignages et ces fragments ne sont pas nécessairement philosophes. Nous nous trouvons devant une situation étrange. En dépit de l'épaisseur du volume, il subsiste peu de textes, et encore sont-ils très fragmentaires. On pourrait alors avoir l'impression que la tâche de l'éditeur doive consister à recueillir absolument tout, jusqu'à la moindre parcelle, en espérant que le moins de pièces possible manqueront ainsi au puzzle et que finira par surgir une image à peu près lisible de l'ensemble. Ainsi en irait-il si il s'agissait de vestiges, ou encore de matériaux disjoints, disloqués par le temps et éparpillés par le hasard. Cette condition est aussi celle des cinémathèques qui recueillent pieusement la moindre parcelle de pellicule, dût-elle avoir appartenu originairement à un film publicitaire.

Non! s'agissant de textes philosophiques, si la piété est la même, la comparaison ne tient pas, qu'il s'agisse de fragments ou de témoignages, et même d'imitations.

---

1. Voir Pythagore, VIII (Diogène Laërce, § 4), p. 116 et Philolaos, A XIII (Pseudo-Jamblique, fin du 2e témoignage), p. 225, à opposer à Hippias, A II, p. 746; A va, p. 748; A XI, p. 750 et A XII, p. 751.

S'il s'agit de fragments, ce sont des citations choisies comme telles dans l'œuvre — et non prises autrefois au hasard — de formules, de sentences, de propositions ou de textes plus étendus encore, destinés à prendre place dans l'œuvre du philosophe qui choisit de donner cette citation. Le texte a été *choisi* pour son caractère singulier, marquant, expressif, particulièrement significatif et révélateur d'une pensée que l'on a faite sienne, que l'on commente pour s'instruire ou bien que l'on va rejeter et critiquer en s'efforçant de la réfuter et de la combattre de son mieux.

Notons, sans nous y attarder, que le besoin de citer exactement et entièrement ne relève pas seulement d'une disposition propre au citateur, mais correspond à l'estimation d'un besoin supposé du lecteur auquel il s'adresse. Le besoin d'exactitude et de complétude ne se fait pressant qu'à partir du moment où le lecteur n'a plus d'autre moyen d'accéder à l'œuvre en dehors de la citation qu'on lui présente. Platon, par exemple, ne fait aucune citation littérale d'Anaxagore : les contemporains de Platon peuvent encore acheter son livre à l'échope du libraire qui se trouve à l'Orchestra, sur l'agora d'Athènes. Aussi tous les fragments que nous en connaissons aujourd'hui sont recopiés par Simplicius, dix siècles plus tard, sans doute d'après un exemplaire rarissime auquel seul le scolarque a encore accès. Essayez d'imaginer Amyot citant quelques pages d'un Plutarque en voie de disparition !

Le phénomène de l'existence de l'école philosophique, de son « temps » particulier et de sa spécificité causale qui nous ont été si utiles pour comprendre le développement de la pensée présocratique dans ce qu'il a d'essentiel, ce phénomène joue ici un rôle complexe et décisif. Car de deux choses l'une : ou la problématique de l'école à laquelle l'auteur que l'on cite est connue, ou elle est inconnue. Si elle est inconnue, le choix de la citation est philosophiquement en partie arbitraire, puisque la formule antique est retenue simplement en tant que pure formule, pour illustrer la position d'une école sans doute différente, celle de celui qui choisit la citation. Tel est, par exemple, le cas de Plotin citant (huit siècles après la disparition de l'auteur !) le fragment III de Parménide :

« [...] *Car même chose sont et le penser et l'être* »,

dans l'intention — avouée du reste, mais tout à fait différente — de définir l'Un-qui-est, comme l'Intellect de la deuxième hypostase. En revanche, si la problématique de l'école est connue, deux types de citation sont possibles : ou bien le citateur n'appartient pas à la même école, mais la critique en la connaissant. Dans ce cas c'est davantage l'école que l'auteur qui est visé par la mise en avant de la citation. Ou bien le citateur appartient à la même école, et, dans ce cas, l'intention qui prédomine est soit de se chercher un ancêtre, soit de se prévaloir d'un argument d'autorité. Dans ce cas, une même citation peut se trouver recopiée et reproduite un très grand nombre de fois par des auteurs fidèles à l'esprit de l'école, sans que pour autant la totalité de l'œuvre leur soit encore connue. Ou bien encore, mais nous n'en avons relevé qu'un seul exemple, le plus ancien critique de la dissidence de son successeur, comme Démocrite accusant Protagoras d'avoir fait un usage rhétorique abusif du phénoménisme abdéritain : rien n'est alors plus révélateur de l'inspiration philosophique de l'école et des deux auteurs.

Mais, de toute manière, il faut en finir une bonne fois avec le prestige abusif dont jouit la citation textuelle, enchâssée dans le reliquaire de la philologie, et vénérée comme un vrai fragment de la vraie œuvre ! Car, comme dirait Joseph Prud'homme, un fragment est un fragment et ne vaut pas plus cher qu'un fragment. Il est marqué d'une tache originelle, le fait d'avoir été isolé et prélevé dans une œuvre pas toujours bien comprise, parfois critiquée et souvent non entièrement connue.

Et le contexte, direz-vous. Mais il y a contexte et contexte ! Le contexte nouveau de la citation est lui-même l'œuvre d'un *autre* philosophe. Il s'agit de savoir si ce contexte n'illustre que la pensée du citateur, ou si au contraire celui-ci s'efforce réellement de replacer la citation dans un tissu résumant le développement original ou tentant d'en rendre compte. Bref, ce dont il est question ici, c'est de la valeur du témoignage en général.

Arrivons-en donc au témoignage. Le témoignage peut être la pire ou la meilleure des choses. Il est la pire des choses, si celui qui résume la pensée et se bat avec elle, ne la comprend pas soit par sottise naïve, soit par préjugé acquis, soit par malignité polémique. Là encore, l'appartenance — ou la non-appartenance — à l'école peut être un bon critère pour l'interprète moderne; néanmoins, et c'est (malheureusement?) le cas le plus fréquent, il peut arriver que, comprenant (parfaitement?) ce dont parle le présocratique, le philosophe qui le cite soit ou bien obnubilé, ou bien traître sans le vouloir. Il est obnubilé, quand il ne s'intéresse principalement qu'à un seul type de problèmes. C'est, il faut le dire, souvent le cas d'Aristote, et par conséquent de ses commentateurs, littéralement obsédé par la mise en œuvre des principes qui sont les siens, à savoir la matière et la forme, et disant, par exemple, qu'Anaxagore a méconnu la causalité finale, ou que l'Illimité d'Anaximandre n'est pas un illimité en acte, puisque l'illimité (pour Aristote évidemment) est toujours par définition en puissance, etc. Bref, Aristote et après lui ses commentateurs ne prêtent attention qu'aux problèmes et aux aspects des problèmes qui les intéressent en fonction de l'objet sur lequel porte leur recherche philosophique. Mais traître, le philosophe peut l'être plus souvent encore, et cette fois absolument à son insu. Lorsque, par exemple, il retranscrit pour les mieux comprendre, penser et peser les problèmes rencontrés par le présocratique, dans des termes différents, qui sont les siens et qui lui sont propres. Ainsi Aristote, toujours lui, parlant de Démocrite, appelle *hasard* (terme qui pour lui s'applique à une causalité mécanique non finale) ce que Démocrite appelle, lui, *nécessité*, ce qui entraîne une vision de l'atomisme que la postérité aura ensuite bien du mal à redresser.

Mais cela n'empêche pas le témoignage d'être la meilleure des choses. Philosophiquement, il est par essence d'un intérêt bien supérieur à celui des fragments. Si limité que soit l'objet du témoignage, celui-ci est toujours par nature lié à un problème philosophique (ou scientifique) dont le témoin, qui écrit un livre et développe une pensée, est toujours tenu de rendre compte, dans des limites qui le rendent compréhensible à son lecteur. Et, quoi qu'il arrive, c'est toujours d'un travail philosophique dont le lecteur tardif que nous sommes est le témoin. Car le témoignage nous renseigne doublement et simultanément et sur le philosophe cité, et sur les méthodes ou projets du philosophe postérieur qui le cite.

Mais une intention philosophique particulière a *aussi* présidé au choix des témoignages présocratiques : elle met en cause directement Aristote et son élève Théophraste, et leur conception dialectique de l'histoire de la philosophie.

On sait en effet que la méthode de recherche en philosophie pratiquée par Aristote était la dialectique, qu'il définissait comme l'unique moyen d'accès à la connaissance des principes. Par principes, il faut entendre des énoncés très généraux, des opinions partagées par le plus grand nombre ou des positions prises par des experts, des savants ou des philosophes reconnus et réputés, sur le sujet que l'on se propose de traiter. Au début de ses *Topiques*, où il définit la méthode dialectique, Aristote dit qu'il est commode de disposer sur des tableaux l'énoncé de chaque thèse notable, en la signalant du nom propre d'un expert réputé. Alors, si l'on veut traiter la question des éléments, on dira qu'il y en a un, qui est l'eau pour Thalès, quatre pour Empédocle, et une infinité d'homéoméries pour Anaxagore. On imagine très bien un matériel pédagogique ainsi constitué de planches dialectiques que l'on pouvait accrocher au mur de la salle de cours au début d'une leçon. Suivant en cela l'exemple de son maître et poursuivant la même intention, Théophraste composa des traités entièrement doxographiques sur de grandes questions, par exemple celui sur les sens et les sensations, qu'on lira dans ce volume à propos de Parménide, d'Empédocle, d'Anaxagore et de Démocrite. Puis il fit composer des recueils ou collections d'opinions, désignés aujourd'hui par le nom latin de *Placita*, et dont le plus ancien, les *Vetusta placita*, a été très tôt perdu, mais presque aussitôt recopié par Aétius et, bien que perdu plus tard, est connu par deux copies parallèles du pseudo-Plutarque et de Jean Stobée, éditées par Hermann Diels dans son recueil des *Doxographi graeci*. Cette forme de tradition scolaire, qui dans certains lieux se perpétue jusqu'à aujourd'hui, et qui consiste à n'aborder un problème philosophique qu'après avoir fait le tour dialectique de la question, est à l'origine de nombreux manuels anciens, propres aux écoles philosophiques qui les ont complétés et enrichis, au fur et à mesure, de citations ou de témoignages empruntés à des philosophies plus tardives.

C'est cela qui explique finalement le caractère « composé » de la partie A des *Présocratiques* qui rassemble les témoignages. L'ordre adopté par Hermann Diels est encore celui d'Aétius. Dans cet ordre, il est question successivement des principes, c'est-à-dire de la causalité matérielle ou formelle, puis de Dieu, c'est-à-dire des questions de théologie liées au statut de la causalité efficiente ou motrice, puis du cosmos, c'est-à-dire de l'ordonnance générale du monde et de l'astronomie, puis des météores, c'est-à-dire des phénomènes célestes comme les éclairs et le tonnerre, les vents, les tremblements de terre, puis de la psychologie, c'est-à-dire de la nature de l'âme, des sens et de la perception, et par là des problèmes relatifs à la connaissance, et enfin de la physiologie, c'est-à-dire de l'anatomie, de la biologie, et précisément de l'homme, des animaux en général et des plantes.

À côté de cette doxographie dialectique qui est la plus importante, il y aura naturellement d'autres types de doxographies. On sait, par exemple qu'Antiochus, scolarque de l'Académie et contemporain de Cicéron, a rédigé un livre perdu destiné à concilier éclectiquement académiciens, péripatéticiens et stoïciens. De même, le lecteur du présent livre ne manquera pas de reconnaître au début de presque chaque chapitre la présence du témoignage de Diogène Laërce, un doxographe épicurien, sensible à ce que les philosophes pouvaient être illustres par leur vie et leur enseignement, surtout quand, n'ayant pas laissé d'écrits, ils ne pouvaient l'être par leurs œuvres.

Ainsi ne s'agit-il pas ici d'un ouvrage disparate, écrit par le hasard, à partir d'éléments dispersés par le temps. Une intention philosophique y est, dès le commencement, à l'œuvre.

10. *Histoire et esprit*

Non seulement l'histoire de la philosophie est une discipline philosophique, mais la pensée philosophique ne peut vivre sans se nourrir de sa propre histoire. Nous l'avons dit en commençant cette présentation des *Écoles présocratiques* : le premier développement de la philosophie prend une forme scolaire et syllogistique qui mêle en un présent unique la permanence de l'étonnement et du questionnement originaires, à la problématique spéciale caractérisant une école et à la décision individuelle d'un esprit résolu à tenter pour son propre compte l'aventure philosophique. Même lorsque ces deux derniers termes et ces deux derniers temps apparaissent dans la seule personne d'un génie qui fixe ses règles à l'école, la médiation philosophique de l'école est nécessaire à l'actualisation du questionnement éternel. L'aventure philosophique est donc historique par essence. Son existence requiert une forme que nous avons dite syllogistique, de causalité.

Quand, répondant au questionnement initial et mettant en œuvre la problématique d'une école, des œuvres singulières sont advenues, comme autant d'événements historiques, elles s'apprêtent déjà à rejoindre l'existence plus durable de l'école et la permanence du philosophiquement préoccupant. Ainsi une lecture non anecdotique et non éphémère de l'œuvre, ou, si l'on préfère, une saisie de son sens profond, suppose toujours que l'on puisse remonter à la méthode qui la produit et à l'origine qui en dernière instance la suscite.

C'est ce besoin de remonter aux origines pour éprouver la présence active de questionnements venus de plus loin pour se perdre dans la nuit des temps, qui dans ce livre se trouve partagé par les philosophes témoins qui ont cité les premiers maîtres, et par nous aussi qui voulons à la fois savoir qui étaient ces maîtres et comment ces premiers témoins les ont compris. Or il ne faudrait pas croire que l'historien de la philosophie ancienne serait un antiquaire ne s'intéressant qu'aux meubles de haute époque. D'abord, le plus ancien n'est pas intéressant parce qu'il est le plus ancien, mais parce qu'il est fondateur d'école, et donc d'une problématique. Ensuite, le plus intéressant et le plus riche d'enseignement dans la philosophie antique est la vie qui lui est propre, c'est-à-dire l'histoire de son développement. Or, elle ne s'est pas développée en pensant et en repensant les mêmes problèmes. Comment aurait-elle pu ainsi changer et croître, si elle n'avait fait toujours que la même chose : penser la même chose ? Non ! Elle s'est développée en pensant non pas les mêmes objets, mais en pensant ce qu'avait été la pensée de ces objets. Pensée de la pensée, tel est bien, depuis Aristote, le signe de l'esprit. La philosophie ne change et ne se transforme qu'en se pensant elle-même, qu'en réfléchissant sur ce qui a déjà été réfléchi, et c'est pourquoi, sans la connaissance de sa propre histoire, elle ne disposerait d'aucun objet à penser de nouveau. Elle n'aurait rien à repenser, puisque son propre développement est tout entier suspendu à la pensée de la façon dont elle s'est développée en repensant ses pensées.

L'intérêt philosophique de la pensée présocratique n'est donc pas ce que l'on pourrait croire. Ce livre n'a pas uniquement pour intérêt de nous apprendre ce que pensaient les fondateurs. Il n'a non plus seulement pour but de nous dire comment ils pensaient. Il ne se borne pas à nous révéler comment les premiers penseurs ont été lus et compris de leurs successeurs. Mais il nous dit plus profondément ce qu'est la philosophie, ce qu'est son histoire, et comment elle se développe. Ce livre raconte la pensée de la pensée. Il révèle ce qu'est l'esprit qui dit comment il vit en se pensant lui-même. Dans ce livre se disent et l'histoire de la philosophie et la philosophie qui est histoire et qui a une histoire. L'esprit y est livre.

TEXTES

PREMIÈRE PARTIE

LES ÉCOLES D'IONIE

THALÈS

A. VIE ET PHILOSOPHIE

VIE

I

Diogène Laërce.

22. Ainsi donc Thalès, comme le déclarent Hérodote, Douris et Démocrite[1], avait pour père Examyas et pour mère Cléobuline, appartenant à la famille des Thélides, qui sont des Phéniciens, et les plus nobles descendants de Cadmos et d'Agénor.

⟨Il fut un des Sept Sages⟩, comme le dit aussi Platon[2]. Il fut justement le premier à recevoir le nom de Sage[3], à l'époque de l'archontat de Damasios[4] à Athènes, à laquelle les Sept Sages furent désignés, comme le dit Démétrius de Phalères dans sa *Liste des archontes*. Il fut inscrit sur le registre des citoyens de Milet, quand il y arriva, en compagnie de Nélée chassé de Phénicie. D'après grand nombre de témoignages, il était de souche milésienne et d'une famille illustre.

23. Après s'être occupé des questions politiques, il s'adonna à la spéculation sur la nature. D'après certains, il ne nous a laissé aucun écrit; car l'*Astronomie nautique* qu'on lui attribue est, dit-on, l'œuvre de Phocos de Samos[5]. Mais Callimaque le connaît comme l'inventeur de la Petite Ourse, et écrit dans ses *Iambes* :

> *Il avait mesuré, à ce que l'on disait,*
> *La distance entre les étoiles du Chariot,*
> *Sur lequel les marins phéniciens se repèrent.*

Pour d'autres, il ne composa que deux ouvrages : *Du solstice* et *De l'équinoxe*[6], car il considérait que les autres phénomènes étaient hors de compréhension. Aux yeux d'autres encore, il passe pour être le premier à avoir pratiqué l'astronomie et à avoir prédit les éclipses du Soleil et les solstices, ainsi que le déclare Eudème dans son *Histoire de l'astronomie*. De là provient l'admiration que lui portent Xénophane et Hérodote. Héraclite et Démocrite[1] le disent aussi.

24. Quelques-uns, parmi lesquels le poète Chœrilos[2], déclarent qu'il fut aussi le premier à dire que les âmes sont immortelles. Il découvrit le premier la trajectoire du Soleil d'un solstice à l'autre, et déclara le premier, d'après certains, que la grandeur du Soleil est égale à la sept cent vingtième partie de son orbite, et qu'il en va de même de la Lune dont la taille est aussi égale à la sept cent vingtième partie de son orbite. Il fut le premier à fixer le trentième comme dernier jour du mois. Il fut encore le premier, d'après certains, à tenir un propos scientifique portant sur la nature.

Aristote[3] et Hippias[4] déclarent qu'il confère aussi une âme aux êtres inanimés, en se fondant sur les propriétés de la pierre magnétique et de l'ambre. À ce que déclare Pamphila[5], il fut le premier, après avoir été, en géométrie, l'élève des Égyptiens, à avoir inscrit dans un cercle le triangle rectangle, et sacrifia un bœuf en l'honneur de sa découverte.

25. Mais pour d'autres, parmi lesquels l'arithméticien Apollodore, le mérite en revient à Pythagore. (C'est Pythagore qui a largement contribué à développer ce dont Callimaque dans ses *Iambes* attribue au Phrygien Euphorbe la découverte, comme les propriétés des triangles quelconques, et tout ce qui relève de la spéculation linéaire[6].)

Il paraît aussi avoir été un éminent conseiller politique. Ainsi marqua-t-il son opposition, quand Crésus envoya une ambassade proposer aux Milésiens de s'engager à ses côtés; étant donné ensuite la victoire de Cyrus, ce refus assura le salut de la cité.

Lui-même déclare, ainsi que le rapporte Héraclide Pontique[7], avoir mené une vie solitaire et privée.

26. Quelques-uns disent qu'il s'est marié et a eu un fils, Cybisthe. Pour d'autres, il demeura célibataire; mais adopta le fils de sa sœur. Quand on lui demanda pourquoi il ne faisait pas d'enfants, il répondit : « Justement par amour des enfants. » On dit encore qu'à sa mère qui le pressait de se marier, il répondit : « Il n'est point encore temps »; et qu'ensuite, jeunesse passée, comme sa mère insistait : « Il n'est plus temps[8]. »

Hiéronyme de Rhodes déclare aussi, au second livre de ses *Mémoires divers*, que dans l'intention de montrer qu'il est aisé de faire fortune, il s'assura, après avoir prévu une abondante récolte d'olives, le monopole des pressoirs, et en tira un profit énorme.

27. Il considéra l'eau comme le principe de toutes choses, et

que le monde est animé et rempli de démons. On déclare qu'il découvrit les saisons de l'année et la divisa en trois cent soixante-cinq jours. Il n'eut pas de maître, si ce n'est qu'étant allé en Égypte il y fréquenta les prêtres. Hiéronyme déclare encore qu'il mesura les pyramides en partant de leur ombre, au moment où la longueur de notre ombre est égale à notre taille[1]. Il fut le contemporain de Thrasybule, tyran de Milet, à ce que déclare Minyas.

Bien connue est l'histoire du trépied trouvé par des pêcheurs et envoyé aux Sages par le peuple de Milet.   28. De jeunes Ioniens avaient, dit-on, acheté à des pêcheurs de Milet le produit de leur pêche. On voulut mettre à part le trépied et une dispute s'ensuivit, à laquelle les Milésiens mirent fin en l'envoyant à Delphes. Le dieu prononça l'oracle suivant :

> *Rejeton de Milet, c'est donc sur ce trépied,*
> *Que porte la demande adressée à Phébus !*
> *À celui qui de tous est premier en sagesse,*
> *Je dis que c'est à lui qu'il doit appartenir.*

Et eux de le donner à Thalès ! qui le donna à un autre, qui à un autre, jusqu'à ce qu'enfin il parvînt à Solon. Ce dernier déclara que le premier en sagesse était le dieu, et le renvoya à Delphes.

Callimaque, dans ses *Iambes*, rapporte une autre version, qu'il tient de Méandrios[2] de Milet : un Arcadien, du nom de Bathyclès, avait laissé une coupe en héritage à condition qu'elle fût « léguée

> *À celui qui de tous est le plus méritant.* »

Elle fut donc donnée à Thalès, et après avoir fait le tour [des Sept Sages], revint derechef à Thalès,   29. qui l'envoya à l'Apollon de Didymes avec, d'après Callimaque, ces mots :

> *C'est Thalès qui me donne au Dieu qui protège*
> *La région du Nil, alors que par deux fois*
> *Il m'a reçu pour prix de sa prééminence.*

En fait, l'inscription, en prose, est la suivante : « Thalès de Milet fils d'Examyas, à Apollon de Delphes, ce prix deux fois reçu en gage de sa supériorité sur les Grecs. » Le fils de Bathyclès, qui fit faire le tour à la coupe, s'appelait Thyrion, d'après Éleusis dans son *Achille* et Alexon de Myndos au livre IX de ses *Récits mythiques*.

Eudoxe de Cnide et Évanthe de Milet déclarent qu'un ami de Crésus avait reçu du roi une coupe d'or, à charge de la remettre au plus sage des Grecs. Il la donna à Thalès et elle finit par échoir à Chilon.

30. Celui-ci consulta le Pythien, pour savoir qui était plus sage que lui. « Myson » (dont nous allons reparler), lui fut-il répondu.

L'école d'Eudoxe le met à la place de Cléobule, Platon[1] à la place de Périandre. Voici, à son propos, la propre réponse du Pythien :

> *Il existe à Khènè un Œtéen, Myson,*
> *Mieux doté que toi, dis-je, en profondes pensées.*

Celui qui avait posé la question était Anacharsis. D'après Daïmaque le platonicien, et Cléarque, la coupe fut envoyée par Crésus à Pittacos et fit ainsi le tour. D'après Andron, dans *Le Trépied*, les Argiens avaient fondé un prix d'excellence[2], doté d'un trépied, pour le plus sage des Grecs. Le prix avait été décerné au Spartiate Aristodème, qui l'avait cédé à Chilon.

31. Alcée mentionne aussi Aristodème :

> *Comme autrefois, dit-on, le sage Aristodème,*
> *À Sparte prononça cette pensée profonde :*
> *« La fortune fait l'homme »; car jamais on ne vit*
> *Un homme sans moyens passer pour estimable.*

Certains prétendent qu'un vaisseau transportant toute une cargaison fut envoyé par Périandre à Thrasybule, tyran de Milet. Il fit naufrage dans la mer de Cos et des pêcheurs trouvèrent ensuite le trépied. D'après Phanodicos, c'est dans les eaux athéniennes qu'on le retrouva : il fut alors transporté à Athènes même où l'assemblée décida de l'adresser à Bias.

32. Nous en exposerons la raison dans notre chapitre consacré à Bias.

Pour d'autres, en revanche, il est l'œuvre d'Héphaistos et fut offert par le dieu à Pélops pour son mariage. De là, il échut à Ménélas et fut enlevé par Pâris en même temps qu'Hélène, puis jeté dans la mer de Cos par l'héroïne lacédémonienne, qui disait que l'objet pourrait être cause de guerre. Peu de temps après, des Lébédiens qui avaient acheté d'avance à des pêcheurs la prise d'un coup de filet jeté à cet endroit, s'emparèrent une nouvelle fois du trépied, et il s'ensuivit avec les pêcheurs une dispute qui se prolongea pendant tout le retour jusqu'à Cos. Comme il était impossible de conclure un accord, les colons lébédiens soumirent l'affaire aux Milésiens, puisque Milet était leur métropole. L'ambassade de Milet ayant été fort mal reçue, Milet déclara la guerre à Cos. Les victimes étant nombreuses dans les deux camps, un oracle fit savoir que le trépied devait revenir au

plus sage. Les deux camps s'accordèrent à désigner Thalès,   33.
qui, après que le trépied eut fait le tour des Sages, en fit présent à
Apollon de Didymes. L'oracle adressé aux habitants de Cos était
ainsi conçu :

> *Méropes et Ioniens poursuivront leur querelle,*
> *Tant que le trépied d'or qu'Héphaïstos jeta*
> *Tout au fond de la mer, n'aura été chassé*
> *En dehors de la ville et rejoint la demeure*
> *Du sage qui connaît présent, passé, futur.*

L'oracle adressé aux Milésiens commençait ainsi :

> *Rejeton de Milet, c'est donc sur ce trépied*
> *Que porte la demande adressée à Phébus,* etc.[1]

Voilà pour le trépied.

Hermippe, dans ses *Vies*, attribue à Thalès ce que d'autres
disent de Socrate. À ce qu'il prétend, Thalès se déclarait rede-
vable à la Fortune de trois choses : d'être né humain et non
animal, homme et non femme, grec et non barbare.

34. On raconte encore[2] qu'une vieille le conduisit un jour
dehors pour étudier les astres, il tomba alors dans un trou qu'on
avait creusé; ce que voyant la vieille, au lieu de le plaindre, le
railla : « Eh oui! Thalès! Tu n'arrives pas à voir ce qui est à tes
pieds et tu crois pouvoir connaître ce qui se passe au ciel ? »
Timon savait aussi qu'il s'occupait d'astronomie et le loue dans
ses *Silles* en ces termes :

> *Tel le sage Thalès qui, parmi les Sept Sages,*
> *Accomplit de savants travaux d'astronomie.*

D'après Lobon d'Argos, ses écrits vont chercher dans les deux
cents vers. Sa statue porte l'inscription :

> *Ce Thalès fut nourri par Milet l'Ionienne,*
> *Qui sut lui conférer une gloire éminente*
> *En rendant le plus grand astronome célèbre.*

35. De lui sont ces vers que l'on chante :

> *Des propos abondants ne sont jamais la preuve*
> *D'un jugement sensé.*
> *Ne cherche qu'un objet : le savoir,*
> *Et ne fais qu'un seul choix : ce qui est estimable.*
> *Ainsi tu couperas la langue à ces bavards*
> *Qui se noient en un flot infini de discours.*

On lui attribue aussi les apophtegmes suivants :

> *Le plus ancien est Dieu : il est inengendré.*
> *Le plus beau est le monde : il est l'œuvre de Dieu.*
> *Le plus grand est l'espace : il reçoit toutes choses.*
> *Le plus prompt est l'esprit : il court à travers tout.*
> *Le plus fort : la nécessité, régnant sur tout.*
> *Le plus sage est le temps, car il découvre tout.*

« La mort, disait-il, n'est pas différente de la vie. — Mais toi, lui dit quelqu'un, pourquoi ne meurs-tu pas? — Parce que, répondit-il, il n'y a aucune différence. »

36. Comme on lui demandait ce qui avait existé le premier, de la nuit ou du jour : « La nuit, répondit-il, avec un jour de plus. » Quelqu'un lui demanda si l'on pouvait commettre une injustice à l'insu des dieux. « Pas même y songer », répondit-il.

À l'adultère qui lui demandait s'il avait le droit de jurer de ne point l'être : « Le faux serment, répondit-il, n'est pas pire que l'adultère. » Comme on lui demandait de dire ce qui est difficile, il répondit : « Se connaître soi-même. » « Ce qui est facile? — Donner un conseil à quelqu'un d'autre. » « Ce qui est agréable? — Réussir. » « Ce qui est divin? — Ce qui n'a ni commencement ni fin. » « Ce qu'il y a de plus extraordinaire à voir? — Un tyran atteignant la vieillesse. » « Comment supporter aisément les coups du sort? — En constatant que ses ennemis connaissent un sort pire. » « Comment mener une vie vertueuse et juste? — En ne faisant pas nous-mêmes ce que nous reprochons aux autres. » 37. « Qui est heureux? — Celui qui a la santé, l'intelligence et un naturel cultivable[1]. » Il dit qu'il faut se souvenir de ses amis, présents comme absents. Ne pas se maquiller le visage, mais rechercher la beauté de la conduite. « Ne t'enrichis pas malhonnêtement, dit-il, et ne tiens nul propos qui pourrait nuire à ceux qui te font confiance. L'aide que tu procures à tes parents, dit-il, tu dois la recevoir aussi de tes enfants. » Il pensait que les crues du Nil sont dues à la retenue des eaux sous l'effet contraire des vents étésiens.

Apollodore, dans ses *Chroniques*, dit qu'il naquit au cours de la première année de la trente-cinquième olympiade[2]. 38. Il mourut à l'âge de soixante-dix-huit ans, ou, d'après Sosicrate, à quatre-vingt-dix ans. Sa mort se situe au cours de la cinquante-huitième olympiade[3]. Il était le contemporain de Crésus à qui il avait promis de faire traverser sans construire de pont le fleuve Alys, en en déviant le cours[4].

Il y eut d'autres Thalès, ainsi que le déclare Démétrius de

Magnésie dans ses *Homonymes*. Un assez méchant orateur de Callatie; un peintre de Sicyone admirablement doué; un troisième fort ancien, contemporain d'Hésiode, d'Homère et de Lycurgue; un quatrième, mentionné par Douris dans son traité *De la peinture*; un cinquième plus récent, non célèbre, cité par Denys dans ses *Critiques*.

39. Thalès, le Sage, mourut en assistant à une rencontre sportive, du fait de la faim, de la soif, et de la faiblesse due à l'âge. On grava sur sa tombe :

> *Petit est ce tombeau, mais au ciel va sa gloire.*
> *Regarde, c'est celui de Thalès, grand esprit.*

Nous-même avons composé sur lui l'épigramme suivante, éditée au premier livre de nos *Épigrammes et mètres divers* :

> *Tandis qu'il contemplait une lutte sportive,*
> *Zeus Solaire, tu as, hors du stade, ravi*
> *Thalès dont la sapience avait fait le renom.*
> *Je te loue de l'avoir rappelé près de toi,*
> *Car il était très vieux, et depuis cette terre,*
> *La force lui manquait pour observer les astres.*

40. C'est lui l'auteur du « Connais-toi toi-même » qu'Antisthène dans ses *Successions* attribue à Phémonoé, de qui Chilon se le serait approprié[1]. (*Vies*, I, 22-40.)

II

Suidas.

Thalès, fils d'Examyas et de Cléobuline, né à Milet. D'origine phénicienne, selon Hérodote; il naquit avant Crésus dans la trente-cinquième olympiade[2]; mais, d'après Phlégon, il était connu déjà dans la septième[3]. Il écrivit un poème en vers épiques *Sur les météores*, un ouvrage *Sur les équinoxes* et maints autres. Il mourut fort âgé en assistant à des jeux gymniques, pressé par la foule et épuisé de chaleur.

Thalès fut le premier à porter le nom de Sage; le premier à déclarer l'âme immortelle et à comprendre les éclipses et les équinoxes. Il a composé de très nombreux apophtegmes et en particulier le fameux : « Connais-toi toi-même ». Quant au : « Engage ta parole et la faute est toute proche » de Chilon, c'est lui qui se l'est approprié, ainsi que le « Rien de trop ».

Thalès, le philosophe de la nature, prédit, au temps de Darius[4], l'éclipse du Soleil. (*Lexique*, « Thalès ».)

III

[Scolie.]

Thalès, fils d'Examyas, de Milet, Phénicien d'après Hérodote. Il porta le premier le nom de Sage. En effet il trouva que
l'éclipse du Soleil provient de ce que la Lune lui fait écran ; il fut
le premier Grec à découvrir la Petite Ourse, les solstices et la
taille ainsi que la nature du Soleil. Il concluait encore que les
objets inanimés ont en quelque sorte une âme, compte tenu des
effets de l'aimant et de l'ambre frotté. L'eau est le principe des
éléments. Le monde, disait-il, est animé et rempli de démons. Il
reçut en Égypte l'éducation des prêtres. De lui est le « Connais-
toi toi-même ». Il mourut sans famille et fort âgé en assistant à
des jeux gymniques, épuisé de chaleur. (À Platon, *République*, X,
600 *a*.)

III a

Callimaque.

> *On avait mis le cap sur Milet ; la victoire*[1]
> *Revenait à Thalès, le savant ingénieux,*
> *Qui avait mesuré, à ce que l'on disait,*
> *La distance entre les étoiles du Chariot,*
> *Sur lequel les marins phéniciens se repèrent.*
> *L'Arcadien trouva le vieillard, signe propice,*
> *Au temple d'Apollon, à Didyme, occupé*
> *À tracer sur le sol du bout de sa baguette*
> *La figure trouvée par le Phrygien Euphorbe*
> *Qui fut le premier homme à même de tracer*
> *Les cercles circonscrits aux triangles quelconques,*
> *Et proscrivit l'emploi de chair en nourriture ;*
> *Mais ses disciples ne l'avaient pas écouté,*
> *Du moins pas tous, mais ceux qui étaient habités*
> *Par un mauvais démon ! Voici ce que lui dit*
> *Le fils de Bathyclès : « Mon père m'a prescrit*
> *Au moment de sa mort de donner cette coupe*[2]
> *Au plus sage de ceux que comptent les Sept Sages ;*
> *Je te la donne à toi, qui l'emporte sur eux. »*
> *Thalès, de sa baguette, égalisa le sol*[3]*.*
> *Et, de son autre main, se caressant la barbe :*
> *« Je ne saurais, dit-il, accepter ton présent,*
> *Mais, si tu veux d'un père accomplir la parole,*
> *⟨Porte-la à⟩ Bias [...] »* (Iambes, fragment 94.)

IV

Hérodote.

Avant que l'Ionie fût détruite[1], Thalès de Milet, qui était d'ascendance phénicienne, exprima un avis fort utile : il ordonna aux Ioniens d'établir un conseil unique dont le siège serait à Téos (Téos occupant en Ionie une position centrale), tandis que les autres cités, ne continuant pas moins à être habitées, seraient considérées comme des dèmes. (*Enquête*, I, 170.)

V

Hérodote.

La guerre se poursuivait avec des succès égaux de part et d'autre, quand au cours de la sixième année, subitement, en pleine bataille, le jour se transforma en nuit[2]. Cette disparition du jour avait été prédite aux Ioniens par Thalès de Milet qui en avait prévu la date dans les limites de l'année où elle se produisit. (*Enquête*, I, 74.)

Clément d'Alexandrie.

Eudème, dans son *Histoire d'astronomie*, dit que Thalès avait prédit l'éclipse de Soleil qui eut lieu pendant la guerre que se livraient Mèdes et Lydiens, alors que Cyaxare, père d'Astyage, régnait sur les Mèdes et Alyatte, père de Crésus, sur les Lydiens [...] Cela se passait pendant la cinquantième olympiade[3]. (*Stromates*, I, 65.)

Tatien.

Notons encore ceci, touchant l'âge des Sept Sages : c'est Thalès qui, de ceux que nous avons cités, vécut le plus vieux, sous la cinquantième olympiade. (*Discours aux Grecs*, 41.)

Eusèbe.

  a. *Georges le Syncelle.* Thalès de Milet prédit une éclipse totale de Soleil[4]. (*Chronographie.*)
  b. *Cyrille.* Cinquantième olympiade. (*Contre Julien*, p. 13 E.)
  c. *Saint Jérôme.* Il se produisit une éclipse de Soleil que Thalès avait prédite [...] Alyatte et Astyage se combattirent en l'an 1432 après Abraham[5]. (*Traduction latine de la Chronographie d'Eusèbe.*)

Cicéron.

On rapporte qu'il fut le premier à avoir prédit une éclipse de Soleil, qui se produisit sous le règne d'Aſtyage. (*De la divination*, I, 49, 112.)

Pline.

Chez les Grecs, le premier de tous à mener des recherches sur la cause des éclipses fut Thalès de Milet, qui prédit l'éclipse qui eut lieu dans la quatrième année[1] de la quarante-huitième olympiade, sous le règne d'Alyatte, en l'an 170 de la fondation de Rome. (*Hiſtoire naturelle*, II, 53.)

VI

Hérodote.

Après avoir atteint les rives du fleuve Halys, Crésus fit passer, je le présume, son armée sur les ponts qui exiſtaient; mais, comme on le dit souvent chez les Grecs, c'eſt Thalès de Milet qui les aurait fait passer. Crésus ne voyait pas du tout comment faire franchir le fleuve à son armée [...] Thalès, présent au camp, aurait, à ce qu'on dit, détourné à son intention le cours du fleuve, faisant en sorte que coulant à la gauche de l'armée, il coulât à sa droite. Voici comment il procéda : il fit creuser en amont du camp un canal profond, en demi-cercle, afin que le fleuve, quittant en partie son ancien lit, contournât par ce canal la position occupée par le camp, et, doublant cette position, allât retrouver plus bas son ancien lit; ainsi une fois le cours du fleuve divisé en deux bras, chacun était devenu guéable. (*Enquête*, I, 75.)

VII

Eusèbe.

a. Cyrille. On dit que c'eſt au cours de la trente-cinquième olympiade[2] qu'eſt né Thalès de Milet, le premier philosophe de la nature, et on affirme que sa vie s'eſt prolongée jusqu'à la cinquante-huitième olympiade[3]. (*Contre Julien*, I, p. 12.)

b. Saint Jérôme. Première année de la trente-cinquième olympiade[4]. Thalès de Milet, fils d'Examyas eſt connu comme le premier philosophe de la nature; on dit qu'il vécut jusqu'à la cinquante-huitième olympiade[5]. (*Traduction latine de la Chronographie d'Eusèbe.*)

Abulfaragius.

Cyrille, dans son livre où il répond à Julien, rapporte [...] que Thalès a vécu vingt-huit ans avant le commencement du règne de Nabuchodonosor. Mais Porphyre dit que le point culminant de la vie de Thalès se situe cent vingt-trois ans après Nabuchodonosor[1]. (*Œuvres*, éd. Pococke p. 33.)

VIII

[Choix d'histoires.]

En ce temps-là[2] mourut à Ténédos, Thalès de Milet, alors que vivait la sibylle d'Érythrée. (*Inédits de Paris*, éd. Cramer, II, 263.)

Cette année-là[3] mourut à Ténédos le philosophe Thalès de Milet. (*Chronicon Paschale*, éd. Dindorf, 214, 20.)

Plutarque.

On dit que Thalès avait imaginé quelque chose de semblable[4] : il avait ordonné qu'on l'enterrât à sa mort dans quelque endroit misérable et obscur du territoire des Milésiens, prédisant que ce serait un jour la grand-place de Milet. (*Solon*, 12.)

IX

Platon.

Thalès étant, mon cher Théodore, tombé dans un puits, tandis que, occupé d'astronomie, il regardait en l'air, une petite servante thrace, toute mignonne et pleine de bonne humeur, se mit, dit-on[5], à le railler de mettre tant d'ardeur à savoir ce qui est au ciel, alors qu'il ne s'apercevait pas de ce qu'il y avait devant lui[6] et à ses pieds! (*Théétète*, 174 *a*.)

X

Aristote.

Tous ces exemples sont utiles à ceux qui honorent l'art d'acquérir des richesses : voyez l'histoire de Thalès de Milet. Voici la combinaison financière qu'il inventa, et bien qu'il lui soit attribuée à lui personnellement, en raison de sa réputation d'habileté, elle est d'une portée tout à fait universelle. Comme

on lui reprochait sa pauvreté qui attestait l'inutilité de la philosophie, il tira, dit-on, de ses observations astronomiques, la
conclusion que la prochaine récolte d'olives serait fort abondante ; aussi, alors qu'on était encore en hiver, consacra-t-il le
peu d'argent qu'il possédait à s'assurer la location de tous les
pressoirs de Milet et de Chio, qu'il obtint à bas prix, n'ayant
contre lui aucun enchérisseur. Quand l'occasion survint, une
soudaine et forte demande se fit sur les pressoirs ; il les sous-loua
aux conditions qu'il voulut, et la fortune qu'il en retira lui
permit de montrer qu'il est aisé aux philosophes de s'enrichir,
pour peu qu'ils le désirent, mais que ce n'est point vers ce but
que tendent leurs vertueux efforts[1]. (*Politique*, I, xi, 1259 *a* 6.)

XI

Proclus.

De même que la connaissance exacte des nombres prit naissance chez les Phéniciens du fait des échanges commerciaux et
des affaires, de même est-ce chez les Égyptiens que fut, pour la
raison que j'ai dite, inventée la géométrie. Thalès fut le premier
Grec à rapporter d'Égypte cette matière à spéculation ; lui-même
l'enrichit de nombreuses découvertes, et légua à ses successeurs
les principes de nombreuses autres en allant plus loin tantôt
dans la généralisation abstraite, tantôt dans l'investigation empirique. (*Commentaire sur le premier livre des Éléments d'Euclide*,
65, 3.)

Plutarque.

Thalès, à ce qu'on prétend, et Hippocrate de Chio, le mathématicien, ont fait du commerce ; et Platon couvrit ses frais de
voyage en vendant de l'huile en Égypte. (*Solon*, 2.)

C'est, pense-t-on, pour l'avoir appris des Égyptiens,
qu'Homère et Thalès posaient l'eau comme le principe et l'origine de toutes choses. (*Isis et Osiris*, 34.)

Flavius Josèphe.

Tout le monde s'accorde à reconnaître que les premiers chez
les Grecs à avoir étudié les choses célestes et divines, comme
Phérécyde de Syros, Pythagore et Thalès, furent les élèves des
Égyptiens et des Chaldéens et laissèrent peu d'écrits ; ces écrits
passent aux yeux des Grecs pour être de tous les plus anciens, et à
peine croient-ils encore qu'ils les aient vraiment écrits. (*Contre
Apion*, I, 2.)

Aétius.

Il étudia la philosophie en Égypte et revint à Milet déjà fort âgé. (*Opinions*, I, iii, 1.)

Jamblique.

Thalès conseilla à Pythagore de se rendre en Égypte et de s'entretenir le plus souvent possible avec les prêtres de Memphis et de Diospolis : c'est d'eux qu'il avait tiré toutes ces connaissances qui le font passer pour sage et savant aux yeux de la foule. (*Vie pythagorique*, 12.)

Hérodote.

C'est [en Égypte], à mon avis, que la géométrie fut inventée, et c'est de là qu'elle vint en Grèce. (l'*Enquête*, II, 109.)

XI a

Himérios.

Pindare a chanté la gloire de Hiéron dans une ode olympique, et Anacréon la fortune de Polycrate, alors que les Samiens envoyèrent[1] leurs présents à la déesse. Alcée fit l'éloge de Thalès dans ses odes, lorsque Lesbos ⟨célébra⟩ une panégyrie. (*Morceaux choisis*, 30, *Codex de Naples*, col. xxviii, 2.)

PHILOSOPHIE

XII

Aristote.

La plupart des premiers philosophes estimaient que les principes de toutes choses se réduisaient aux principes matériels. Ce à partir de quoi sont constituées toutes les choses, le terme premier de leur génération et le terme final de leur corruption — alors que, la substance demeurant, seuls ses états changent — c'est cela qu'ils tiennent pour l'élément et le principe[2] des choses; aussi estiment-ils que rien ne se crée et que rien ne se détruit, puisque cette nature est à jamais conservée [...]

Car il doit exister une certaine nature unique ou bien plusieurs, dont sont engendrées toutes les autres alors que celle-ci se conserve. Cependant tous ne sont pas d'accord sur le nombre et la forme d'un tel principe. Pour Thalès, le fondateur de cette conception philosophique, ce principe est l'eau (c'est pourquoi il soutenait que la Terre flotte sur l'eau); peut-être admit-il cette théorie en constatant que toute nourriture est humide et que le chaud lui-même en tire génération et vie (or, ce dont[1] procède la génération est principe de toutes choses); voilà ce qui le conduisit à admettre cette théorie, et aussi le fait que les semences de toutes choses ont une nature humide; de telle sorte que l'eau est pour les choses humides le principe de leur nature. Mais certains estiment que même les anciens qui se situent bien avant la génération actuelle et furent les premiers à faire de la théologie[2] admettaient la même théorie touchant la nature. Ils faisaient d'Océan et de Téthys les ancêtres de la génération[3] et disaient que le serment des dieux se fait par l'eau, à laquelle les poètes donnent le nom de Styx[4] : car le plus ancien est le plus respectable et c'est par le plus respectable que l'on prête serment. (*Métaphysique*, A, III, 983 *b* 6.)

XIII

Simplicius.

Parmi ceux qui déclarent que le principe est un et en mouvement et qu'Aristote appelle proprement physiciens, les uns affirment qu'il est limité, comme Thalès, fils d'Examyas, de Milet, et Hippon, qui fut, semble-t-il, athée ; ils se laissaient aller à dire que le principe appréhendé à partir des phénomènes par le moyen des sens, est l'eau. Car le chaud tire sa vie de l'humide, les cadavres qui se nécrosent se dessèchent, les semences de tous les êtres sont humides et toute nourriture est juteuse. Or, c'est de ce dont elles sont constituées que se nourrissent toutes choses. Et l'eau est le principe de la nature humide, qui comprend en soi toutes les choses. C'est pourquoi ils admettaient que l'eau est le principe de toutes les choses et déclaraient que la terre flotte sur l'eau. (*Commentaire sur la Physique d'Aristote*, 23, 21.)

Certains, qui posaient comme hypothèse un élément unique, disaient qu'il est illimité en grandeur, comme Thalès à propos de l'eau. (*Ibid.*, 458, 23.)

Servius.

Les modes de sépulture varièrent selon les divers peuples, les uns ensevelissant, les autres incinérant [...] Mais Thalès qui tient pour assuré que toutes choses procèdent de l'humide, dit qu'il faut ensevelir les corps, afin qu'ils puissent se dissoudre en eau. (*Commentaire sur l'Énéide de Virgile*, XI, *v. 186*, II, 497, 31.)

XIII *a*

Aétius.

Thalès et ceux de son école disaient que les mélanges sont des mixtions d'éléments par altération. (*Opinions*, I, xvii, 1.)

XIII *b*

Aétius.

Thalès et ceux de son école disaient que le monde est un. (*Opinions*, II, 1, 2.)

XIII *c*

Aétius.

Thalès, Pythagore et ceux de son école avaient divisé la totalité de la sphère céleste en cinq cercles, qu'ils appelaient zones[1]. Ils donnaient à la première le nom d'*arctique et toujours-apparente*, à la seconde le nom de *tropicale d'été*, à la troisième celui d'*équinoxiale*, à la quatrième celui de *tropicale d'hiver* et à la dernière celui d'*antarctique et invisible*. Le cercle du zodiaque coupe obliquement les trois zones du milieu; le cercle méridien les coupe toutes les cinq perpendiculairement, de l'arctique à l'antarctique. (*Opinions*, II, xii, 1.)

XIV

Aristote.

D'autres disent que la terre repose sur l'eau. C'est en effet la thèse la plus ancienne que nous ayons reçue, et que l'on attribue à Thalès de Milet qui soutient que la terre flotte immobile à la façon d'un morceau de bois ou de quelque autre chose de même nature (étant entendu qu'aucune ne demeure naturellement en repos sur l'air, mais au contraire sur l'eau); comme s'il ne fallait pas trouver une explication identique pour l'eau qui supporte la terre que pour la terre elle-même. (*Traité du ciel*, II, xiii, 294 *a*, 28.)

Simplicius.

Il expose la théorie de Thalès de Milet qui disait que la terre repose sur l'eau à la façon d'un morceau de bois ou de quelque autre chose capable de flotter naturellement sur l'eau. Aristote fait objection à cette opinion, qui a peut-être plus de force du fait qu'elle est professée par les Égyptiens sous la forme d'un mythe et que c'est de là-bas que Thalès avait importé sa doctrine[1]. (*Commentaire sur le Traité du ciel d'Aristote*, 522, 14.)

XV

Sénèque.

La thèse de Thalès est absurde; il affirme en effet que la terre repose sur l'eau et y flotte comme un navire, et que lorsque l'on dit que la terre tremble, cela est imputable à la mobilité de l'eau. Il ne faut pas alors s'étonner que l'élément liquide soit abondant et donne naissance à des fleuves, puisque le monde est tout entier dans l'eau. (*Questions naturelles*, III, 14.)

Aétius.

Ceux de l'école de Thalès disent que la terre occupe une position moyenne. (*Opinions*, III, XI, 1.)

XVI

Hérodote.

Selon une première opinion[2], ce sont les vents étésiens qui sont responsables des crues du fleuve en empêchant le Nil de s'écouler dans la mer. (*Enquête*, II, 20.)

Aétius.

Thalès estime que les vents étésiens qui soufflent face à l'Égypte, gonflent la masse des eaux du Nil, parce que ses flots se trouvent retenus par le gonflement des eaux de la mer qui s'opposent à son débit. (*Opinions*, IV, 1, 1.)

XVII

Dercyllide.

Eudème rapporte dans son *Histoire de l'astronomie* qu'Œnopide découvrit le premier l'obliquité du zodiaque et le cycle de la grande année et Thalès l'éclipse du Soleil et le caractère non toujours égal de la période des solstices. (Cité par Théon de Smyrne, *Commentaire de Platon*, éd. Hiller, p. 198, 14.)

XVII *a*

Aétius.

Thalès disait que les astres sont faits de terre, mais qu'ils sont embrasés[1]. (*Opinions*, II, xiii, 1.)

Thalès disait que le Soleil a une forme terrestre. (*Ibid.*, II, xx, 9.)

Thalès affirma le premier que le Soleil est éclipsé lorsque la Lune se trouve placée perpendiculairement au Soleil, étant donné qu'elle est de nature terreuse. On voit alors la lumière du Soleil qui se trouve masqué par le disque lunaire, se refléter comme dans un miroir. (*Ibid.*, II, xxiv, 1.)

XVII *b*

Aétius.

Thalès affirma le premier que la Lune est éclairée par le Soleil. (*Opinions*, II, xxvii, 5.)

XVIII

Pline.

Hésiode, dont un traité d'astronomie porte la signature, a rapporté que le coucher matinal des Pléiades se produit le jour de l'équinoxe d'automne. Thalès le place le vingt-cinquième jour après l'équinoxe[2]. (*Histoire naturelle*, XVIII, 213.)

XIX

Apulée.

Thalès de Milet, le plus éminent sans conteste des fameux Sept Sages, qui fut le premier des Grecs à découvrir la géométrie, à montrer envers la nature une ferme curiosité scientifique et à observer les astres avec beaucoup de compétence, fit de très importantes découvertes grâce aux petits segments : la marche des saisons, le cours des vents, le mouvement des étoiles, le grondement stupéfiant de la foudre, les orbites obliques des astres, la période annuelle du Soleil, et encore le grossissement de la Lune à son lever, sa diminution à son coucher et les obstacles responsables de ses éclipses : alors que sa vieillesse était déjà grande, il imagina encore, à propos du Soleil, un calcul divin que je ne me suis pas borné à apprendre, mais dont j'ai pu par moi-même vérifier expérimentalement l'exactitude, destiné à mesurer son orbite en trouvant combien de fois son diamètre s'y trouve contenu. On rapporte que Thalès fit part de cette découverte qu'il venait de faire, à Mandrolytos de Priène qui, fort charmé de cette connaissance nouvelle et inattendue, lui demanda de lui dire combien il lui devait pour un tel enseignement. « Je serai bien assez payé, dit le sage Thalès, si, quand tu auras entrepris de faire part à un autre de la découverte que je t'ai enseignée, au lieu de te l'attribuer, tu présentes cette découverte comme venant de moi et non d'un autre. » (*Florides*, 18, p. 37, 10, éd. Helm.)

Julien.

Comme quelqu'un lui demandait quels honoraires il lui devait pour l'enseignement qu'il venait de donner : « J'en serai fort bien payé, répondit-il, si tu dis que c'est de moi que tu le tiens. » (*Discours*, III, 162, 2.)

XX

Proclus.

C'est Thalès qui le premier, à ce qu'on prétend, démontra que le diamètre partage le cercle en deux parties égales[1]. (*Commentaire sur le premier livre des Éléments d'Euclide*, 157, 10.)

Il faut rendre grâce à l'antique Thalès, entre autres découvertes, pour celle du théorème suivant : car on dit qu'il fut le premier à découvrir et à énoncer que les angles à la base de tout triangle isocèle sont égaux, bien qu'il ait appelé semblables, selon une terminologie plus ancienne, les angles qui sont égaux. (*Ibid.*, 250, 20.)

Ce théorème selon lequel quand deux droites se coupent, les angles opposés par le sommet sont égaux, fut découvert pour la première fois, d'après Eudème, par Thalès. (*Ibid.*, 299, 1.)

Eudème dans son *Histoire de la géométrie* attribue ce théorème [de l'égalité des triangles] à Thalès ; car, dit-il, la méthode par laquelle Thalès a montré comment mesurer la distance des navires en mer fait nécessairement appel à ce théorème[2]. (*Ibid.*, 352, 14.)

XXI

Pline.

Thalès de Milet a trouvé une méthode pour mesurer la hauteur [des pyramides], en mesurant leur ombre à l'heure où elle est régulièrement égale à son objet. (*Histoire naturelle*, XXXVI, 82.)

Plutarque.

Dressant seulement à plomb un bâton au bout de l'ombre de la pyramide, et se faisant deux triangles avec la ligne que fait le rayon du Soleil touchant aux deux extrémités, tu montras qu'il y avait telle proportion de la hauteur de la pyramide à celle du bâton, comme il y a de la longueur de l'ombre de l'un à l'ombre de l'autre[1]. (*Le Banquet des Sept Sages*, 2, p. 147 A.)

XXII

Ariſtote.

Certains prétendent que l'âme eſt mélangée au tout de l'univers; de là vient peut-être que Thalès ait pensé que toutes choses étaient remplies de dieux[2]. (*De l'âme*, I, v, 411 *a* 7.)

Il semble aussi que Thalès, à ce qu'on rapporte, ait tenu l'âme pour quelque chose de moteur, puisqu'il a dit que la pierre d'aimant a une âme, étant donné qu'elle meut le fer[3]. (*Ibid.*, I, II, 405 *a* 19.)

XXII *a*

Aétius.

Thalès affirma le premier que l'âme se meut éternellement ou se meut d'elle-même[4]. (*Opinions*, IV, II, 1.)

XXIII

Aétius.

Thalès disait que Dieu eſt l'Intellect du monde, que le tout eſt animé et plein de démons; et encore, qu'à travers l'humidité élémentaire chemine une force divine qui la meut. (*Opinions*, I, VII, 11.)

Cicéron.

Thalès de Milet, qui le premier entreprit des recherches à ce sujet, a dit que l'eau eſt le principe des choses et que Dieu eſt l'Intellect qui façonne toutes choses à partir de l'eau. (*De la nature des dieux*, I, x, 25.)

B. FRAGMENTS[1]

Aſtronomie nautique

I

Simplicius.

On rapporte que Thalès fut le premier qui révéla aux Grecs l'hiſtoire naturelle[2], bien que beaucoup avant lui s'en soient aussi occupés, ainsi qu'il semble aussi à Théophraſte[3]; mais il l'emporte tellement sur eux, qu'il a éclipsé tous ceux qui le précédèrent. On dit qu'il n'a laissé aucun ouvrage en dehors de celui intitulé _Aſtronomie nautique_. (_Commentaire sur la Physique d'Ariſtote_, 23, 29.)

Plutarque.

Les philosophes auparavant prononçaient et publiaient leurs sentences et doctrines en vers, comme faisaient Orphée, Hésiode, Parménide, Xénophane, Empédocle et Thalès [...] Ni n'a point été l'astronomie plus ignoble ni moins prisée, parce que Ariſtarque, Timocharès, Ariſtylle et Hipparque en ont écrit en prose, combien qu'Eudoxe, Hésiode et Thalès en eussent par avant écrit en vers, au moins s'il eſt véritable que Thalès ait écrit l'_Aſtronomie_ qu'on lui attribue. (_Pourquoi la prophétesse Pythie ne rend plus les oracles en vers_, 18, 402 E.)

II

[Scolie.]

Thalès a dit que [les Hyades[4]] sont deux, l'une septentrionale, l'autre méridionale. (Aux _Phénomènes d'Aratos_, 172, p. 369, 24.)

Sur les principes (deux livres)

III

Galien.

Bien que Thalès ait déclaré que toutes les choses sont composées à partir de l'eau, il n'en veut pas moins que les éléments subissent de mutuelles transmutations. Le mieux est de citer son propre propos, au livre second de son traité *Sur les principes* où il déclare : « Quant aux célèbres quatre éléments, dont nous disons que le premier est l'eau, que nous posons en quelque sorte en élément[1] unique, ils se mélangent mutuellement par combinaison, solidification et composition des choses du monde. Nous avons déjà dit comment au premier livre. »   (*Sur les humeurs d'Hippocrate*, I, 1.)

Sur le solstice. Sur l'équinoxe.

IV

Diogène Laërce.
  Du solstice et *De l'équinoxe.*   (*Vies*, I, 23.)

ANAXIMANDRE

A. VIE ET PHILOSOPHIE

I

Diogène Laërce.

1. Anaximandre, fils de Praxiadès, de Milet. Il déclarait que l'Illimité[1] est le principe et l'élément, sans préciser si l'Illimité est l'air, l'eau ou autre chose. Les parties changent, mais le tout est soustrait au changement. La Terre, au milieu de l'univers, en occupe le centre et est sphérique. La Lune brille d'une pseudo-lumière et est éclairée par le Soleil. En outre, le Soleil n'est pas plus petit que la Terre et est un feu extrêmement pur.

Il est l'inventeur du gnomon[2], et en posa sur les cadrans solaires de Sparte, ainsi que le déclare Favorinus dans ses *Mélanges historiques*, afin d'indiquer les solstices et les équinoxes; il construisit aussi des horloges. 2. Il fut aussi le premier à dessiner le contour de la terre et de la mer et construisit une sphère[3]. Il rédigea un sommaire de ses opinions, sous la forme de têtes de chapitres, qu'Apollodore d'Athènes eut justement la chance de posséder; celui-ci dit de lui, dans ses *Chroniques*, qu'il était, lors de la seconde année de la cinquante-huitième olympiade[4], âgé de soixante-quatre ans, et qu'il mourut peu après. Son acmé se situe presqu'en même temps que celle de Polycrate, le tyran de Samos.

On raconte que la marmaille se moquait de lui en l'entendant chanter. Quand on le lui rapporta : « Ma foi, dit-il, il me faut faire des progrès en chant pour la marmaille. »

Il y eut encore un autre Anaximandre, historien et lui aussi de Milet, qui écrivit en ionien. (*Vies*, II, 1-2.)

II

Suidas.

Anaximandre, fils de Praxiadès, de Milet, philosophe, fut le parent, l'élève et le successeur de Thalès. Le premier, il découvrit les solstices, les équinoxes et l'horloge, et que la Terre est placée au centre de l'univers. Il introduisit le gnomon et composa une esquisse générale de la géométrie. Il écrivit *Sur la nature, Le Tour de la Terre, Sur les fixes, La Sphère* et quelques autres ouvrages[1]. (*Lexique* « Anaximandre ».)

III

Élien.

Anaximandre prit le commandement de la colonie qui se rendit de Milet à Apollonie. (*Histoires variées*, III, 17.)

IV

Eusèbe.

De Thalès fut l'élève Anaximandre, fils de Praxiadès, et lui-même originaire de Milet. C'est lui qui le premier fabriqua des gnomons pour mesurer les solstices, le temps, les saisons et les équinoxes[2]. (*Préparation évangélique*, X, XIV, 11.)

V

Pline.

On rapporte qu'Anaximandre de Milet comprit le premier l'inclinaison du zodiaque, ouvrant ainsi la voie aux grandes découvertes, dans la cinquante-huitième olympiade[3], et que Cléostratos découvrit ensuite les signes qui le composent, en commençant par le Bélier et le Sagittaire ; la sphère elle-même avait été découverte bien avant par Atlas. (*Histoire naturelle*, II, 31.)

V *a*

Cicéron.

Le philosophe de la nature Anaximandre avertit les Lacédémoniens qu'ils devaient abandonner leur ville et leurs maisons et

prendre les armes pour aller camper dans les champs, parce
qu'un tremblement de terre menaçait. Sur ces entrefaites, toute
la ville s'écroula et le sommet du Taygète, jadis pareil à la poupe
d'un navire, se détacha. (*De la divination*, I, L, 112.)

VI

Agathémère.

Anaximandre de Milet, élève de Thalès, eut le premier
l'audace de dessiner sur une planche la partie habitée de la Terre.
Après lui, Hécatée de Milet, grand voyageur, lui ajouta des précisions : aussi l'objet ne manquait-il pas d'étonner[1]. (*Géographie*,
I, 1.)

Strabon.

Ératosthène dit que les deux premiers géographes après
Homère furent Anaximandre, parent et concitoyen de Thalès, et
Hécatée de Milet. Le premier nous a donné la première carte
géographique, et Hécatée nous a laissé une figure dont l'attribu-
tion à Anaximandre est garantie par le reste de ses autres cartes.
(*Géographie*, I, 7.)

VII

Thémistios.

C'est lui qui, le premier des Grecs que nous connaissons, osa
composer et publier un ouvrage *Sur la nature*. (*Discours*, 36,
p. 317.)

VIII

Diogène Laërce.

Diodore d'Éphèse, écrivant à propos d'Anaximandre, dit
qu'Empédocle l'imita, en affectant une superbe théâtrale et une
pompeuse tenue vestimentaire. (*Vies*, VIII, 70.)

IX

Simplicius.

De ceux qui disent que le principe est un, mû et illimité,
Anaximandre, fils de Praxiadès, de Milet, successeur et disciple

de Thalès, a dit que l'Illimité est le principe et l'élément des choses qui sont[1], étant du reste le premier à user du terme de principe. Il dit qu'il n'est ni l'eau, ni rien d'autre de ce que l'on dit être des éléments, mais qu'il est une certaine autre nature illimitée dont sont engendrés tous les cieux et tous les mondes qui se trouvent en eux. Ce dont la génération procède pour les choses qui sont est aussi ce vers quoi elles retournent sous l'effet de la corruption, selon la nécessité ; car elles se rendent mutuellement justice et réparent leurs injustices selon l'ordre du temps[2], dit-il lui-même en termes poétiques. Il est évident qu'après avoir observé la transformation mutuelle des quatre éléments[3], il ne pouvait estimer qu'on pût assigner à l'un un rôle de substrat[4], mais qu'il fallait bien qu'il y eût quelque chose d'autre en plus de ces quatre éléments. Il ne pense pas que la génération se produit par altération élémentaire mais à l'opposé par dissociation des contraires[5] sous l'effet du mouvement éternel. C'est la raison pour laquelle Aristote l'a classé avec ceux de l'école d'Anaxagore. (*Commentaire sur la Physique d'Aristote*, 24, 13.)

Les contrariétés sont le chaud et le froid, le sec et l'humide, etc. (*Ibid.*, 150, 24.)

Aristote.

D'autres pensent que c'est de l'un que sortent par dissociation[6] les contrariétés, ainsi que le déclarent Anaximandre et tous ceux qui déclarent qu'il existe l'un et des multiples, comme Empédocle et Anaxagore. C'est du mélange en effet qu'ils font sortir par dissociation les autres choses. (*Physique*, I, IV, 4, 187 *a* 20.)

IX *a*

Simplicius.

Théophraste aussi, en ramenant Anaxagore à Anaximandre, comprend justement que les propos d'Anaxagore veulent dire que le substrat est une nature unique ; voici ce qu'il en dit dans son *Histoire naturelle* : « En interprétant ainsi leurs thèses, il nous apparaîtrait comme d'une part tenant pour illimités les principes matériels, ainsi que nous l'avons dit, mais d'autre part comme tenant pour unique la cause du mouvement et de la génération[7]. Mais si l'on admet que le mélange de toutes choses est en réalité une nature une, indéterminée[8] quant à la forme et quant à la grandeur, ce qu'il paraît bien vouloir dire ; en fait, cela revient à dire qu'il existe deux principes : la nature de l'Illimité et l'intellect[1] ; de telle sorte qu'il apparaît clairement qu'Anaxagore a considéré les éléments corporels à peu près de la même façon qu'Anaximandre. » (*Commentaire sur la Physique d'Aristote*, 154, 15.)

X

Pseudo-Plutarque.

Après lui[2], Anaximandre, compagnon de Thalès, disait que l'Illimité est la cause universelle de toute génération et corruption, dont se sont, dit-il, discriminés les cieux et généralement tous les mondes, qui sont illimités. Il affirmait que leur corruption et, bien avant elle, leur génération, se produisait à partir de l'éternité illimitée[3], du fait de toutes leurs révolutions. La Terre, à ce qu'il prétend, a la forme d'un cylindre dont la profondeur est trois fois plus grande que la largeur. Il soutient encore que l' élément qui, à partir de l'éternité[4], engendre le chaud et le froid selon le processus de génération de ce monde, se trouve discriminé, et que de lui naît une sphère de feu qui enveloppe l'air autour de la Terre, comme fait l' écorce d'un arbre ; puis, de son éclatement en débris circulaires sont constitués le Soleil, la Lune et les astres. Il affirme encore que l'homme a été au commencement engendré à partir d'animaux d'espèce différente, compte tenu du fait que les autres animaux se nourrissent très tôt par leurs propres moyens, alors que l'homme est le seul à réclamer un allaitement prolongé : c'est pourquoi, au commencement, l'homme n'aurait pas pu trouver son salut, si sa nature avait déjà été telle qu'elle est maintenant. (*Stromates*, 2.)

XI

Hippolyte.

1. Anaximandre est donc l'élève de Thalès. Anaximandre, fils de Praxiadès, de Milet. Il disait que le principe des choses existantes est une certaine nature de l'Illimité dont naissent les cieux et le monde qui se trouve en eux. Cette nature est éternelle et ne vieillit pas[5] ; elle enveloppe[6] tous les mondes. Il dit que le temps est la limite de la génération, de l'existence et de la corruption. 2. Il disait que le principe et l'élément des choses qui existent est l'Illimité ; il fut le premier à user du terme de principe ; en outre est éternel le mouvement dans lequel se produit la génération des cieux. 3. Il disait encore que la Terre est

en suspens hors de toute contrainte externe mais immobile à
cause de son égal éloignement de toutes choses; sa forme est
ronde, arrondie à la façon d' une colonne de pierre[1]; l'une
de ses extrémités planes est la surface que nous foulons, alors que
l'autre se trouve à l'extrémité opposée.   4. Les astres sont un
cercle de feu, émanation du feu répandu dans le monde et
entouré par l'air. Il existe des embouchures qui sont comme des
trous de flûte, à travers lesquelles on voit les étoiles; de telle sorte
que lorsque ces embouchures sont obturées les éclipses se
produisent. 5. Quand la Lune tantôt paraît pleine, tantôt
diminue, cela vient de la fermeture ou de l'ouverture des trous.
Le cercle du Soleil est vingt-sept fois plus long que celui de la
Lune, et le Soleil est plus haut que la Lune, mais les cercles des
étoiles fixes sont plus bas[2].   6. Les animaux sont engendrés ⟨à
partir de l'humide⟩ évaporé par le Soleil. Mais l'homme est
engendré par un autre animal, plus précisément le poisson, et au
commencement ressemblait à un poisson[3].   7. Les vents sont
engendrés par la discrimination de l'air et de ses vapeurs les plus
légères, et leur condensation produit leur mouvement; la pluie
vient de la buée que le Soleil fait sourdre de la terre. Les éclairs se
produisent lorsque le vent déchire les nuages en les frappant. Il
naquit dans la troisième année de la quarante-deuxième olympiade[4]. (*Réfutation de toutes les hérésies*, I, 6.)

XII

Hermias.

Anaximandre, concitoyen de Thalès, dit que le mouvement
éternel est un principe plus ancien que l'humide et qu'il produit
la génération et la corruption. (*Satire des philosophes païens*, 10.)

XIII

Cicéron.

[Anaximandre] disait en effet que l'infinité de la nature est ce
dont toutes choses sont engendrées. (*Premiers Académiques*, II,
XXXVII, 118.)

XIV

Aétius.

Anaximandre, fils de Praxiadès, de Milet, dit que l'Illimité est
le principe de toutes les choses qui existent : c'est de lui en effet

que sont issues toutes choses qui naissent, et c'est à lui que retournent toutes choses qui se corrompent[1]. C'est pourquoi il dit
encore que des mondes illimités naissent et se corrompent en ce
dont ils sont nés. Il le dit donc sans limite, afin que la génération
suivante ne se tarisse. Mais il se trompe[2] quand il se refuse à dire ce
qu'est en fait l'Illimité et s'il est soit l'air, soit l'eau, soit la terre,
soit quelque autre chose matérielle. Il se trompe donc lorsque,
parlant de la matière, il en ôte la cause efficiente : car l'Illimité
n'est rien d'autre que la matière, et la matière ne peut pas être acte,
à moins d'enfermer la cause efficiente. (*Opinions*, I, iii, 3.)

Aristote.

Il est évident qu'en tant que matière l'Illimité est cause, mais
que son essence est privation, et que le substrat en tant que tel est
le continu et le sensible. Tous les autres penseurs considèrent
manifestement l'Illimité comme matière ; aussi est-il absurde
d'en faire ce qui contient et non ce qui est contenu[3]. (*Physique*,
III, vii, 207 *b* 35.)

Afin que la génération ne se tarisse pas, il n'est pas nécessaire
qu'il existe un élément corporel sensible illimité en acte. (*Ibid.*,
III, viii, 208 *a* 8.)

xv

Aristote.

Toute chose en effet ou bien est principe, ou bien découle d'un
principe. Or l'Illimité n'admet pas de principe, car ce principe
serait sa limite. En outre, pour autant qu'il est un principe, il est
inengendré et incorruptible, car l'engendré admet nécessairement une fin et toute corruption doit s'achever. C'est pourquoi
nous disons que l'Illimité n'admet pas de principe mais que c'est
lui au contraire qui est, semble-t-il, le principe des autres
choses, enveloppe chaque chose et gouverne toutes
choses, comme le soutiennent ceux qui, outre l'Illimité,
n'admettent aucune cause telle que par exemple l'intellect[4] ou
l'amitié[5]. Cela revient à faire de l'Illimité le divin, car il est
immortel et impérissable[6], ainsi que le soutiennent Anaximandre et la plupart des physiciens.

La créance en l'existence de l'Illimité procède de cinq considérations principales : 1° du temps (il est en effet illimité) ; 2° de la
division des grandeurs (car les mathématiciens font usage de
l'Illimité) ; 3° si la génération et la corruption n'ont pas de cesse,
c'est seulement grâce au caractère illimité de ce dont procède

l'engendré; 4° parce que le limité a toujours une limite relativement à quelque chose, de telle sorte qu'il eſt nécessaire qu'il n'exiſte pas de limite, s'il eſt nécessaire que quelque chose soit toujours limité par quelque chose d'autre que lui; 5° mais surtout la considération majeure qui embarrasse absolument tout le monde, eſt la suivante : le nombre nous semble être illimité, parce que notre intellection ne parvient pas à l'épuiser : et il en eſt de même des grandeurs mathématiques et de ce qui se trouve en dehors du ciel; or, si ce qui eſt en dehors du ciel eſt illimité, alors la réalité matérielle et les mondes doivent, semble-t-il, être illimités eux aussi[1]. (*Physique*, III, IV, 203 *b* 6.)

XVI

Alexandre.

Ajoutons encore à notre recension l'opinion d'Anaximandre qui posait en principe la nature intermédiaire[2] entre l'air et le feu ou entre l'air et l'eau. Il tient à la fois l'un et l'autre propos. (*Commentaire sur la Métaphysique d'Ariſtote*, 60, 8.)

Ariſtote.

Les uns nous parlent du principe comme d'une matière [...] Tous ceux-ci ont eu l'idée d'une telle sorte de cause, ainsi que tous ceux pour qui elle eſt l'air, le feu, l'eau ou quelque chose de plus lourd que le feu et de plus léger que l'air, puisqu'en effet certains ont dit que tel eſt l'élément premier. (*Métaphysique*, A, VII, 988 *a* 23.)

Les uns qui ont fait du subſtrat soit l'un des trois éléments, soit un autre plus lourd que le feu et plus léger que l'air, font naître la multiplicité des autres choses de sa condensation et de sa raréfaction. (*Physique*, I, IV, 187 *a* 12.)

Mais pour d'autres, c'eſt de l'un qui les contient que se conſtituent par dissociation les contrariétés, ainsi que le déclare Anaximandre[3]. (*Ibid.*, 20.)

Il n'eſt pas possible que le corps illimité soit un et simple, qu'on le tienne, comme le disent certains, pour ce qui eſt en dehors des éléments et à partir de quoi ces éléments sont engendrés, ou bien qu'on l'entende absolument. Certains en effet confèrent à l'Illimité ce ſtatut, en s'arrangeant pour qu'il ne soit ni l'air, ni l'eau, afin que les autres éléments échappent à la corruption qui serait le fait de l'élément illimité : il y a entre eux un jeu d'oppositions mutuelles, par exemple, l'air eſt froid, l'eau

est humide, le feu est chaud. Qu'un seul de ces éléments soit illimité et les autres seraient voués à la corruption ; mais en réalité,
pour eux, il existe quelque chose d'autre dont ils procèdent[1].
(*Ibid.*, v, 204 *b* 22.)

XVII

Saint Augustin.

Anaximandre n'estima pas que chaque chose naît d'un seul
principe, ainsi que Thalès le faisait de l'eau, mais au contraire naît
de ses propres principes. Il crut que les principes de chacune des
choses sont illimités[2] et qu'ils engendrent des mondes innombrables, ainsi que toutes les choses qui prennent naissance en
eux. Il estima que ces mondes tantôt sont détruits, tantôt sont de
nouveau engendrés, quelle qu'ait été la durée assignée à leur
existence, sans pour autant faire intervenir en aucune façon
l'intelligence divine dans ces activités des choses. (*Cité de Dieu*,
VIII, 2.)

Simplicius.

Anaximandre, concitoyen et compagnon de Thalès [...] fut le
premier à poser l'Illimité en principe, afin qu'il pût pourvoir
abondamment aux générations. Il posait, semble-t-il, qu'il existe
des mondes illimités et que chacun de ces mondes naît de cet élément illimité. (*Commentaire sur le Traité du ciel d'Aristote*, 615, 13.)

Aétius.

Anaximandre déclara que les cieux illimités sont des dieux.
(*Opinions*, I, VII, 12.)

Cicéron.

L'opinion d'Anaximandre est que les dieux sont sujets à la
génération, puisqu'ils naissent et meurent à de longs intervalles
et qu'ils constituent des mondes innombrables. Mais nous,
comment pourrions-nous concevoir un dieu qui ne serait pas
éternel ? (*De la nature des dieux*, I, x, 25.)

Aétius.

Anaximandre, Anaximène, Archélaos, Xénophane, Diogène,
Leucippe, Démocrite, Épicure pensaient que des mondes illimités naissent et périssent dans l'Illimité au cours de chaque
révolution. (*Opinions*, II, 1, 3.)

Parmi ceux qui ont déclaré que les mondes sont illimités, Anaximandre disait qu'ils sont séparés par des intervalles égaux. (*Ibid.*, II, 1, 8.)

Anaximandre disait que le monde est corruptible. (*Ibid.*, II, IV, 6.)

Simplicius.

Ceux qui ont posé comme hypothèse que les mondes sont illimités en nombre, comme les disciples d'Anaximandre, de Leucippe, de Démocrite, et plus tard ceux d'Épicure, posaient en principe que leur génération et leur corruption ne connaissent pas de limite, et disaient que, la génération des uns accompagnant sans cesse la corruption des autres, le mouvement est éternel : car en l'absence du mouvement, il n'existe ni génération, ni corruption. (*Commentaire sur la Physique d'Aristote*, 1121, 5.)

XVII *a*

Aétius.

Anaximandre disait que le ciel est formé du mélange du chaud et du froid. (*Opinions*, II, XI, 5.)

XVIII

Aétius.

Les astres sont des condensations de l'air, en forme de roue, emplies de feu, soufflant de toutes parts des flammes par leurs orifices. (*Opinions*, II, XIII, 7.)

Anaximandre, Métrodore de Chios et Cratès disaient que le Soleil est placé au-dessus de toutes choses; au-dessous de lui vient la Lune; et en dessous d'eux les étoiles fixes et les planètes. (*Ibid.*, XV, 6.)

Anaximandre disait que les astres sont mus par les cercles et les sphères sur lesquels chacun se déplace. (*Ibid.*, XVI, 5.)

XIX

Simplicius.

« Quant à ces questions, dit Aristote[1], nous devons nous en rapporter aux astronomes. » Car c'est chez eux que se trouvent les renseignements touchant l'ordre des astres errants, leurs grandeurs et leurs intervalles. Anaximandre fut le premier à fournir un relevé des grandeurs et des intervalles, ainsi que le rapporte Eudème, qui attribue aux premiers pythagoriciens la découverte de l'ordre de la position des astres. Les grandeurs et les intervalles du Soleil et de la Lune ont été connus jusqu'à présent par la méthode des éclipses qui en facilite la mesure — et il serait vraisemblable que cette découverte revint aussi à Anaximandre —, et ceux d'Hermès et d'Aphrodite à partir de leur conjonction. (*Commentaire sur le Traité du ciel d'Aristote*, 471, 1.)

XX

Pline.

Hésiode a rapporté que le coucher matinal des Pléiades se produisait le jour de l'équinoxe d'automne; Thalès, vingt-cinq jours après; Anaximandre trente et un. (*Histoire naturelle*, XVIII, 213.)

XXI

Achille Tatius.

Certains, parmi lesquels il faut ranger Anaximandre, disent que [le Soleil] qui envoie la lumière, a la forme d'une roue[1]. Car de même que dans une roue, le moyeu est creux et de lui s'échappent des rayons qui se dirigent vers la partie extérieure du cercle, de même le Soleil, en émettant la lumière à partir de sa cavité, produit le surgissement des rayons qui brillent tout autour au-dehors. D'autres disent qu'il envoie la lumière, comme un souffle qui jaillirait de la cavité étroite d'une trompette. (*Introduction à Aratos*, 19.)

Aétius.

Anaximandre disait que le cercle du Soleil est vingt-huit fois plus grand que celui de la Terre, qu'il est semblable à une roue de char ayant un moyeu creux, rempli de feu, irradiant de toutes parts, en projetant le feu à travers une petite embouchure comparable au bec d'un soufflet de forge[2]. Voilà ce qu'est pour lui le Soleil. (*Opinions*, II, xx, 1.)

Anaximandre disait que le Soleil a une taille égale à celle de la Terre. En revanche le cercle à partir duquel se produit son exhalaison et par lequel il se meut est vingt-sept fois plus grand que la Terre. (*Ibid.*, XXI, 1.)

Anaximandre disait que l'éclipse de Soleil se produit lorsque se trouve obturée l'embouchure par où s'exhale le feu. (*Ibid.*, XXIV, 2.)

XXII

Aétius.

Anaximandre disait que la Lune est un cercle dix-neuf fois plus grand que la Terre, semblable comme celui du Soleil à la roue d'un char au moyeu creux et rempli de feu, placé comme lui obliquement et ne possédant qu'une seule embouchure comme le bec d'un soufflet de forge. Les éclipses sont le fait des révolutions de la roue. (*Opinions*, II, XXV, 1.)

Anaximandre, Xénophane et Bérose disaient que la Lune a une lumière qui lui est propre[1]. (*Ibid.*, XXVIII, 1.)

Anaximandre disait que l'éclipse de Lune se produit du fait de l'obturation de l'embouchure propre à la roue. (*Ibid.*, XXIX, 1.)

XXIII

Aétius.

Du tonnerre, des éclairs, de la foudre, des ouragans et des typhons. Anaximandre disait que tous ces phénomènes sont dus au souffle de l'air : car lorsqu'il se trouve entouré et comprimé dans un nuage épais et s'en trouve vivement expulsé du fait de sa légèreté et de sa faible densité[2], alors il y a déchirement du nuage, d'où le bruit, et dilatation, d'où la fente lumineuse qui troue l'obscurité du nuage. (*Opinions*, III, III, 1.)

Sénèque.

Anaximandre ramène au souffle de l'air tous ces phénomènes. Les coups de tonnerre, dit-il, sont les sons produits par les coups portés contre les nuages. Pourquoi leur force est-elle inégale ? Parce que le souffle lui-même est inégal. Pourquoi le tonnerre retentit-il même dans un ciel serein ? Parce que alors le souffle jaillit encore à travers l'air épais et déchiré.

Et pourquoi quelquefois se produit-il du tonnerre sans des éclairs ? Parce que le souffle n'a pas la force de produire la flamme mais a la force de produire le bruit. En quoi consiste donc l'éclair proprement dit ? Dans le mouvement violent de l'air qui se sépare et s'engouffre en donnant naissance à un feu dépourvu de force et impuissant à s'échapper. Qu'est-ce que la foudre ? C'est la course d'un souffle plus fort et plus dense. (*Questions naturelles*, II, 18.)

XXIV

Aétius.

Anaximandre disait que le vent est un courant d'air qui se produit lorsque les parties les plus légères et les plus humides qui sont en lui sont mues et aspirées par le Soleil[1]. (*Opinions*, III, VII, 1.)

XXV

Aétius.

Anaximandre disait que la Terre est semblable à une colonne de pierre[2]. Quant aux surfaces [...] (*Opinions*, III, VII, 1.)

XXVI

Aristote.

Certains disent que la Terre demeure en repos du fait de son équilibre, ainsi que parmi les anciens le dit Anaximandre. Ce qui en effet est établi au centre et dont l'équilibre est réalisé par rapport aux extrémités, ne saurait se mouvoir davantage vers le haut, vers le bas ou vers les côtés ; et comme il est impossible que le mouvement se produise en même temps dans des directions contraires, il s'ensuit que la Terre demeure nécessairement en repos. (*Traité du ciel*, II, XIII, 295 *b* 10.)

Théon de Smyrne.

Anaximandre disait que la Terre est en suspens dans l'air. Elle se meut circulairement au centre du monde. (*Commentaires*, 198, 18.)

XXVII

Aristote.

Au commencement tout l'espace autour de la Terre était occupé par l'humide premier ; puis le Soleil l'asséca et une partie, disent-ils[1], produisit par son évaporation les vents et les mouvements du Soleil et de la Lune, tandis que la partie qui restait forma la mer; c'est pourquoi, à leur avis la mer devient de plus en plus petite en s'asséchant et finira par être un jour entièrement desséchée. (*Météorologiques*, II, 1, 353 *b* 6.)

Alexandre.

Certains d'entre eux [les Milésiens] disent que la mer est le résidu de l'humidité primitive; au commencement, l'humide occupait le lieu qui entoure la Terre; ensuite, une partie de l'humidité fut évaporée par le Soleil et donna naissance aux vents ainsi qu'aux mouvements du Soleil et de la Lune qui en procèdent, comme si leurs révolutions étaient l'effet de ces évaporations et de ces aspirations, ces révolutions se produisant là où se rencontre pour eux fourniture d'humidité. L'autre partie, qui restait dans les creux de la terre, constitua la mer : c'est pourquoi la mer devient de plus en plus petite en s'asséchant sans cesse et finira par être un jour entièrement desséchée. Partagèrent cet avis, selon le témoignage de Théophraste, Anaximandre et Diogène. (*Commentaire sur les Météorologiques d'Aristote*, 67, 3.)

Aétius.

Anaximandre dit que la mer est le résidu de l'humidité première, dont la plus grande part a été desséchée par le feu, et dont le restant est devenu [salé] sous l'effet de la combustion. (*Opinions*, III, xvi, 1.)

XXVIII

Ammien Marcellin.

Anaximandre affirme que la terre, asséchée par la trop grande sécheresse des chaleurs d'été, ou au contraire après les humidités des pluies, se crevasse en fort profondes fissures, dans lesquelles l'air venu d'en haut s'engouffre violemment et abondamment, et que, secouée par la violence du souffle qui y circule, elle remue sur ses assises. C'est de là que proviennent les tremblements de terre, aux époques où ces sortes d'évaporations se produisent, ou au contraire de trop abondantes chutes de pluie. C'est pourquoi les anciens poètes et théologiens ont appelé Neptune, qui tient la substance humide en son pouvoir, Ébranleur-de-la-Terre et Faiseur-de-Séismes[2]. (*Histoire de Rome*, XVII, VII, 12.)

XXIX

Aétius.

Anaximène, Anaximandre, Anaxagore et Archélaos ont dit que l'air constitue la substance naturelle de l'âme. (*Opinions*, IV, III, 2.)

XXX

Aétius.

Anaximandre dit que les premiers animaux sont nés dans l'humide, enveloppés par une écorce épineuse; et que, le temps aidant, ils évoluèrent vers une condition plus sèche et après avoir brisé leur écorce, ils survécurent un court instant. (*Opinions*, V, XIX, 4.)

Censorinus.

Anaximandre de Milet estimait que de l'eau et de la terre réchauffées étaient sortis soit des poissons, soit des animaux tout à fait semblables aux poissons. C'est au sein de ces animaux qu'ont été formés les hommes[1] et que les embryons ont été retenus prisonniers jusqu'à l'âge de la puberté; alors seulement, après que ces animaux eurent éclaté, en sortirent des hommes et des femmes désormais aptes à se nourrir. (*Du jour de la naissance*, IV, 7.)

Plutarque.

Les descendants de l'antique Hellène sacrifient aussi à Poséidon né dans leur pays, car ils estiment, comme encore les Syriens, que l'homme est né de la substance humide. C'est pourquoi ils vénèrent aussi le poisson comme ayant même race et parenté que l'homme, ce qui est meilleure façon de philosopher que celle d'Anaximandre, car il ne se borne pas à affirmer que les poissons et les hommes sont de la même espèce, mais assure qu'au commencement les hommes sont nés dans les poissons et se nourrissaient comme les requins, mais que, devenus ensuite capables de subvenir eux-mêmes à leurs besoins, ils se mirent à marcher et prirent pied sur la terre. Et de même que le feu dévore le bois dont il est né et qui est sa mère et son père, ainsi que l'a dit celui qui a interpolé dans les vers d'Hésiode le mariage de Céyx[2], de même Anaximandre, après avoir dit que le poisson est le père et la mère des hommes, osa le leur jeter en pâture. (*Propos de table*, VIII, VIII, 4, 730 E.)

B. FRAGMENTS

I

Simplicius.

Anaximandre a dit que l' Illimité est le principe des choses qui sont [...] Ce dont la génération procède pour les choses qui sont, est aussi ce vers quoi elles retournent sous l'effet de la corruption, selon la nécessité; car elles se rendent mutuellement justice et réparent leurs injustices selon l'ordre du temps[1]. (*Commentaire sur la Physique d'Aristote*, 24, 13.)

II

Hippolyte.

La ⟨nature de l'Illimité⟩ est éternelle et ne vieillit pas. (*Réfutation de toutes les hérésies*, I, vi, 1.)

III

Aristote.

L'Illimité [ou le Divin] est immortel [...] et impérissable. (*Physique*, III, iv, 203 *b* 13.)

IV

Aétius.

Le bec d'un soufflet de forge. (*Opinions*, II, xx, 1.)

V

Aétius.

La Terre est semblable à une colonne de pierre. (*Opinions*, III, x, 2.)

[Termes originaux[2].]

« L'élément qui engendre »; « envelopper »; « gouverner »; « écorce »; « roue ».

FRAGMENT INCERTAIN

III

[Scolie].

Parmi d'autres, Éphore, au livre II, dit que Cadmos fut l'inventeur des éléments[1]. Pour d'autres il n'en fut pas l'inventeur, mais se borna à nous transmettre cette découverte des Phéniciens [...] Pythodore soutient que Danaos nous en a fait part; ce dont témoignent aussi les écrivains milésiens, Anaximandre, Denys et Hécatée qu'Apollodore mentionne par ailleurs dans son *Catalogue des navires*. (*Scolies à Denys de Thrace*, dans *Grammatici graeci*, éd. Hilgard, p. 183, 1.)

HÉRACLITE

A. TÉMOIGNAGES

VIE

I

Diogène Laërce.

1. Héraclite était le fils de Bloson ou, selon certains, de Héracon. Il était originaire d'Éphèse. Son acmé se situe pendant la soixante-neuvième olympiade[1]. Il fut, plus que tout autre, un homme au caractère sublime et orgueilleux[2], ainsi que l'atteste son ouvrage : « Un savoir universel [...] Hécatée[3] » ; car disait-il : « Un est le savoir [...] toutes choses[4] » et « Homère mérite [...] de même[5] ». 2. Il disait encore : « Démesure [...] incendie[6] » et « Le peuple [...] son rempart[7] ». Il s'en prend aussi aux Éphésiens à qui il reproche d'avoir proscrit son ami Hermodore, en disant : « Les Éphésiens [...] chez les autres[8] ». Quand ils lui demandèrent d'établir des lois à leur usage, il s'y refusa, parce que la cité était déjà sous l'empire de mœurs politiques vicieuses. 3. Il s'était retiré dans le temple d'Artémis et jouait aux osselets avec des enfants. Aux Éphésiens qui s'étaient attroupés autour de lui : « Imbéciles, qu'est-ce que cela a d'étonnant ? dit-il. Ne vaut-il pas mieux s'occuper à cela, plutôt qu'administrer l'État en votre compagnie ? » Vers la fin, il sombra dans la misanthropie[9] et s'en alla vivre dans les montagnes, se nourrissant de plantes et d'herbes. Quand, à cause de ce régime, il eut été frappé d'hydropisie, il redescendit en ville pour demander aux médecins[10], sous une forme énigmatique, s'ils pouvaient transformer des pluies en sécheresse[11]. Ceux-ci ne le comprirent pas. Alors il s'en alla dans une étable s'enduire de bouse de vache en comptant que l'eau s'évaporerait sous l'effet de la chaleur. Mais il n'obtint rien par ce moyen, et donc mourut à l'âge de soixante ans [...] 4. D'après Hermippe, il demanda aux médecins si l'on savait, en vidant les

intestins, chasser l'humide. Après leur réponse négative il se coucha en plein soleil et demanda à des enfants de lui faire un cataplasme de bouse de vache. C'est ainsi allongé qu'il mourut le lendemain et fut enterré sur l'agora. Néanthe de Cyzique déclare que, dans l'impossibilité de se décoller de la bouse, il était resté là et que, devenu méconnaissable par cette transformation, il fut dévoré par les chiens.

5. Déjà, dans son enfance, il était un objet d'étonnement : encore jeune, il déclarait ne rien savoir[1], ce qui n'empêche pas qu'une fois adulte, il prétendait tout savoir. Il ne fut l'élève de personne, mais, disait-il, il faut s'étudier soi-même et tout apprendre par soi-même[2]. Sotion déclare que, d'après certains, il fut l'élève de Xénophane et qu'Ariston, dans son livre *Sur Héraclite*, dit qu'il fut guéri de son hydropisie et mourut d'une autre maladie. Hippobote aussi déclare la même chose.

Le livre qui lui est attribué est, en raison de la matière qu'il embrasse[3], intitulé *De la nature* ; mais il se divise en trois parties : l'une sur le Tout, l'autre sur la politique et l'autre sur la théologie[4]. 6. Il en fit l'hommage au temple d'Artémis et, d'après certains, il s'était efforcé à un style obscur, afin que seuls les esprits capables en prissent connaissance, et pour échapper au mépris qui résulte du succès. Timon brosse ainsi son portrait : « Parmi eux, tel un oiseau braillard, Héraclite, injuriant le public et parlant par énigmes, est apparu debout. » Théophraste met sur le compte d'un tempérament mélancolique l'inachèvement de certaines parties et l'allure hétéroclite de certaines autres. Antisthène, dans ses *Successions*, rapporte ce trait qui témoigne de sa grandeur d'âme : avoir renoncé en faveur de son frère au titre de roi. Tel fut le renom attaché à son livre qu'une école se fonda après lui et que ses adeptes reçurent le nom d'héracliléens.

7. Voici dans l'ensemble ce qu'était sa doctrine : toutes choses sont constituées à partir du feu et remontent se dissoudre en lui. Tout devient conformément au destin et les choses sont harmonisées par l'accord des contraires. Tout est rempli d'âmes et de démons. Il a parlé encore de toutes les perceptions qui se produisent dans l'univers, disant : le Soleil a la taille qu'on lui voit[5]. (Il dit encore : « Limites de l'âme [...] renferme[6]. » Il appelait haut mal la présomption[7] et disait que la vue est trompeuse. Il lui arrive parfois de s'exprimer avec éclat et sans obscurité, de sorte que même le plus obtus comprend facilement et en reçoit une grande élévation d'âme. La brièveté et la profondeur de sa pensée sont incomparables.)

8. Prises dans le détail, voici ce que sont ses doctrines : le feu

eſt un élément et toutes choses sont convertibles en feu[1] et naiſ-
sent par raréfaction et condensation[2]. Mais il n'explique rien clairement. Toutes choses naissent selon l'opposition et la totalité
des choses coule à la façon d'un fleuve[3], le tout eſt limité et le
monde eſt un[4]. Il eſt engendré à partir du feu, et s'embrase de
nouveau selon certaines périodes fixées de toute éternité[5] : cela se
produit conformément au deſtin[6]. Parmi les contraires, celui qui
conduit à la génération eſt appelé guerre et discorde[7] ; celui qui
conduit à l'embrasement accord et paix[8] ; le changement eſt une
route montante-descendante[9] et l'ordonnance du monde se produit selon cette route[10].

9. En se condensant, le feu s'humidifie ; et, en se resserrant
plus encore, il engendre l'eau ; et quand l'eau criſtallise, elle se
change en terre. Telle eſt la route descendante[11]. À rebours, la
terre se liquéfie, d'elle naît l'eau et de celle-ci les autres éléments.
Il ramène presque toutes choses à l'évaporation à partir de la
mer. C'eſt la route montante. Des exhalaisons naissent de la terre
et de la mer[12], les unes claires et pures, les autres obscures. Le feu
se trouve alimenté par les exhalaisons claires, l'humide par les
autres. Il n'indique pas clairement la nature de l'enveloppe
céleste ; pourtant il y a en elle des cavités dont la concavité eſt
tournée vers nous et dans lesquelles s'agglomèrent les exhalaisons claires pour former des flammes qui sont les aſtres[13]. 10. La
flamme du Soleil[14] eſt la plus brillante et la plus chaude, car les
autres aſtres sont davantage éloignés de la Terre et pour cette
raison éclairent et réchauffent moins ; quant à la Lune, elle eſt
plus proche de la Terre, mais ne se meut pas à travers l'espace qui
eſt pur. En revanche, le Soleil occupe une région limpide et pure
et se trouve à une diſtance proportionnée de nous. C'eſt pourquoi il échauffe et luit davantage. Il y a éclipse de Soleil et de Lune
lorsque les cavités se retournent vers le haut[15]. Les périodes men-
suelles de la Lune viennent de ce que sa cavité se retourne petit à
petit. Le jour et la nuit, les mois, les saisons et les années, les
pluies et les vents et les autres phénomènes de ce genre se produisent selon les différentes exhalaisons. 11. Quand l'exhalaison
lumineuse prend feu dans le cercle du Soleil, elle produit le jour ;
et quand l'exhalaison contraire reprend le commandement, elle
crée la nuit ; quand la chaleur de l'exhalaison lumineuse augmente, elle produit l'été ; et quand l'humide de l'exhalaison obscure se trouve en excès, il fabrique l'hiver. Conformément à la
théorie des exhalaisons, il rend compte de tous les autres phénomènes. Touchant la Terre, il ne dit rien de ce qu'elle eſt, et rien
non plus des cavités. Voilà donc quelles étaient ses thèses.

Les faits relatifs à Socrate et ce que Socrate a dit quand il eut en
main le livre que lui avait rapporté Euripide, d'après le témoignage d'Ariston, nous les avons rapportés dans la *Vie de
Socrate*. 12. ⟨Néanmoins Séleucos, le grammairien, déclare
qu'un nommé Croton rapporte, dans son livre intitulé *Le Plongeur*, que c'est un certain Cratès qui a le premier rapporté le livre
d'Héraclite en Grèce⟩ et ajoute plus loin qu'il faudrait être un
plongeur délien pour ne pas s'y noyer. Certains intitulent son
livre *Les Muses*, d'autres *De la nature*; Diodote l'appelle : un *Gou-
vernail exact de la ligne de vie*; et d'autres un *Guide des mœurs*, une
Ordonnance de la conduite unique pour tous.

On déclare que, comme on lui demandait pourquoi il se taisait,
il avait répondu : « Pour que vous parliez. » Darius désirait le
rencontrer et lui adressa une lettre. [...]

15. Tel était le personnage, même à l'égard d'un roi. Démétrios[1] déclare dans ses *Homonymes* qu'il méprisa aussi les Athéniens, bien que jouissant chez eux d'une grande renommée et
que, en dépit du mépris des Éphésiens, il choisit de demeurer
dans sa patrie. Démétrios de Phalère fait aussi mention de lui
dans son *Apologie de Socrate*. Son ouvrage tenta de nombreux
commentateurs : Antisthène[2], Héraclide Pontique, Cléanthe, le
stoïcien Sphaeros, puis Pausanias dit l'Héraclitiste, Nicomède
et Denys[3]. Parmi les grammairiens, Diodote, qui déclare que
son écrit n'a pas pour sujet la nature, mais la république, et que
la partie sur la nature ne se trouve là qu'à titre d'exemple[4].
16. Hiéronyme déclare que le poète Scythinos, le poète des
Iambes[5], s'est appliqué à transcrire en vers son propos.

Sur lui ont été composées de nombreuses épigrammes, parmi
lesquelles celle-ci :

> Héraclite je suis. Pourquoi donc, ignorants,
> Vouloir, en haut, en bas[6], m'infliger vos tracas?
> Non, ce n'est pas pour vous que je me suis astreint
> À un si dur labeur, mais c'est pour ceux qui savent[7].
> Un seul homme pour moi en vaut bien trente mille[8],
> L'innombrable public n'en égale pas un.
> Voilà ce que je crie d'auprès de Perséphone.

et cette autre :

> Ne va pas parcourir le livre d'Héraclite
> L'Éphésien; car le sentier est ardu :
> Ténèbre, obscurité, le noir. Mais si un guide
> T'y initie, alors ce sera le Soleil.

17. Il y eut cinq Héraclite. Le premier est celui-là; le deuxième un poète lyrique, auteur de l'*Éloge des douze dieux*; le troisième est un poète élégiaque d'Halicarnasse pour qui Callimaque a composé ce poème : *Quelqu'un m'a annoncé* [...] *te prendra en ses mains*[1]; le quatrième, originaire de Lesbos, est l'auteur d'une *Histoire de la Macédoine*; le cinquième est un bouffon converti à ce métier après avoir été citharède. (*Vies*, IX, 1-17.)

I *a*

Suidas.

Fils de Bloson ou Bautor, et selon d'autres d'Héracinos; originaire d'Éphèse; philosophe de la nature, appelé l'Obscur[2]. Il ne fut l'élève de personne, mais fut formé par la nature et par son propre zèle. Atteint d'hydropisie, il ne fit pas confiance aux médecins qui voulaient le soigner mais s'enduisit lui-même entièrement de bouse de vache et s'exposa au soleil pour être asséché : ainsi couché, des chiens survinrent qui le dévorèrent. Mais d'autres déclarent qu'il est mort étouffé sous du sable. Certains déclaraient qu'il avait suivi les leçons de Xénophane et d'Hippase le pythagoricien. Son acmé se situe pendant la soixante-neuvième olympiade[3], sous le règne de Darius, fils d'Hystaspe. Il écrivit beaucoup d'ouvrages, en un style poétique. (*Lexique*, « Héraclite ».)

II

Strabon.

Androclès a été le chef, déclare-t-on[4], de l'émigration des Ioniens, postérieure à celle des Éoliens; il était le fils légitime de Codros, le roi d'Athènes, et c'est lui qui fonda Éphèse. C'est pourquoi le palais des rois d'Ionie y fut, dit-on, édifié, et à l'heure actuelle encore ses descendants portent le titre de roi et jouissent de certains honneurs : préséance dans les tournois, robe pourpre en signe de royauté, bâton en guise de sceptre et rites sacrés de Déméter éleusinienne. (*Géographie*, XIV, 3, p. 632.)

III

Clément d'Alexandrie.

Héraclite, fils de Blyson, convainquit le tyran Mélancomas de quitter le pouvoir. Lui-même méprisa l'invitation du roi Darius de se rendre en Perse. (*Stromates*, I, 65.)

III *a*

Strabon.

Des hommes célèbres sont nés [à Éphèse]; parmi les anciens, Héraclite dit l'Obscur et Hermodore, à propos duquel Héraclite déclare : « Les Éphésiens [...] chez d'autres[1]. » Hermodore, à ce qu'il semble, aurait rédigé certaines lois pour les Romains[2]. (*Géographie*, XIV, 25, p. 642.)

III *b*

Thémistios.

Les Éphésiens étaient habitués au luxe et au plaisir, mais quand on leur déclara la guerre, leur ville fut encerclée et assiégée par les Perses. Cela ne les empêcha pas de continuer à se divertir selon leur habitude. Mais les vivres vinrent à manquer dans la ville. Et quand la faim se fit plus pressante, les habitants se réunirent pour délibérer afin de savoir ce qu'il convenait de faire pour que la nourriture ne fît pas défaut; mais personne n'osa leur conseiller de mettre un frein à leur vie facile. Comme ils étaient tous rassemblés à ce propos, un homme du nom d'Héraclite prit du gruau d'orge, le mélangea avec de l'eau, et, assis par terre, le mangea[3]. Ce fut là une leçon silencieuse pour tout le monde. L'histoire dit que les Éphésiens comprirent aussitôt la leçon et qu'ils n'en avaient pas besoin d'autre; ils s'en allèrent convaincus d'avoir à réduire leur vie luxueuse, pour que la nourriture ne vînt pas à manquer. Quand leurs ennemis surent que les Éphésiens avaient appris à vivre modérément et qu'ils prenaient leur repas comme le leur avait conseillé Héraclite, ils levèrent le siège et, bien qu'ils eussent été victorieux par les armes, ils levèrent le camp face à l'orge d'Héraclite[4]. (*De la vertu*, p. 40.)

Plutarque.

Ceux qui parviennent à exprimer ce qu'il faut par geste symbolique et sans user de la parole, ne sont-ils pas loués et admirés particulièrement? Ainsi Héraclite, prié par ses concitoyens de faire une proposition pour ramener la concorde, monta à la tribune, prit une coupe d'eau froide, y jeta de la farine d'orge[5], remua le mélange avec un brin de menthe, le but et s'en alla. Par là il leur fit voir que se contenter de ce que le hasard offre et savoir se passer du luxe maintient les cités dans la paix et la concorde. (*Du trop parler*, 17, 511 B.)

ÉCRITS

IV

Aristote.

Il faut en règle générale que ce que l'on écrit soit aisé à lire et à comprendre. Il en est ainsi lorsque les mots de liaison sont nombreux ⟨et non pas rares[1]⟩ et non lorsque la ponctuation est difficile, comme dans les écrits d'Héraclite. En effet, c'est tout un travail de ponctuer Héraclite[2], car il est difficile de voir si le mot se rattache à ce qui précède ou à ce qui suit. Par exemple au commencement de son ouvrage, il dit : « Le Logos / ce qui est / toujours / les hommes sont incapables de le comprendre[3]. » Ici il est impossible de voir à quoi toujours se rattache, lorsqu'on ponctue. (*Rhétorique*, III, v, 1407 *b* 11.)

Démétrios de Phalère.

La clarté peut résulter d'un grand nombre d'éléments : d'abord la propriété des termes, ensuite les liaisons. Au contraire le style haché et détaché est totalement obscur, car du fait de la dissociation on ne voit pas où se place le commencement de chaque séquence signifiante, comme tel est le cas dans les écrits d'Héraclite : c'est l'absence de liaison qui le plus souvent rend ses propos obscurs. (*De l'interprétation*, 192.)

Diogène Laërce.

On dit qu'Euripide donna [à Socrate] l'ouvrage d'Héraclite et lui demanda : « Que t'en semble ? » Socrate aurait répondu : « Les parties que je comprends me semblent fort belles. Je pense qu'il en va de même de celles que je ne comprends pas, mais il faudrait être au moins un plongeur[4] de Délos. » (*Vies*, II, 22.)

PHILOSOPHIE

V

Simplicius.

Hippase de Métaponte[1] et Héraclite d'Éphèse considéraient eux aussi le monde comme un, mû et limité, mais ils faisaient du feu le principe[2], et du feu ils faisaient naître les existants par condensation et raréfaction, et se dissoudre de nouveau dans le feu, en tant qu'il est l'unique nature servant de substrat. Héraclite déclare en effet que toutes les choses sont conversion du feu[3]. Il établit aussi un certain ordre et un temps défini du changement du monde selon une nécessité fatale[4]. (*Commentaire sur la Physique d'Aristote*, 23, 33.)

Aétius.

Héraclite et Hippase de Métaponte disaient que le feu est le principe de toutes choses. En effet toutes les choses viennent du feu et, pensent-ils, toutes choses finissent dans le feu. L'extinction de celui-ci produit l'ordonnance de toutes choses[5] : d'abord, en effet, ce qui de lui est le plus dense, se condense en lui-même et engendre la terre; ensuite la terre, en se relâchant sous l'action du feu, se transforme naturellement en eau, qui en s'évaporant engendre l'air; et, de nouveau, le monde et tous les corps sont détruits par le feu dans la conflagration. (*Opinions*, I, III, 11.)

Galien.

D'autres disent de même que c'est le feu qui est l'élément. Ils s'appuient sur le fait que c'est la condensation et l'épaississement du feu qui engendrent l'air; que, lorsque le feu subit la même action sous une forme encore plus forte et est tassé encore plus fortement, il se transforme en eau; et que, sous l'effet d'une plus grande compression encore, il devient terre. D'où ils concluent, d'eux-mêmes, que c'est bien le feu l'élément. (*Les Éléments selon Hippocrate*, I, 4.)

VI

Platon.

Héraclite dit quelque part que tout passe et que rien ne demeure; et, comparant les existants au flux d'un fleuve, il dit que l'on ne saurait entrer deux fois dans le même fleuve[6]. (*Cratyle*, 402 *a*.)

Aétius.

Héraclite ôtait du monde le repos et l'immobilité : car cela eſt le propre des cadavres[1]. Mais il conférait le mouvement à toutes choses : un mouvement éternel aux choses éternelles, un mouvement de corruption aux choses corruptibles. (*Opinions*, I, xxiii, 7.)

VII

Ariſtote.

Il eſt impossible en effet que quiconque admette que le même eſt et n'eſt pas, ainsi que, selon certains, le dit Héraclite. (*Métaphysique*, Γ, iii, 1005 *b* 23.)

VIII

Aétius.

Héraclite déclarait que l'éternel feu périodique [eſt Dieu] et qu'eſt deſtin[2] le Logos, artisan des exiſtants à partir du mouvement en sens contraire[3]. (*Opinions*, I, vii, 22.)

Héraclite disait que toutes choses se produisent conformément au deſtin qui eſt identique à la nécessité. (*Ibid.*, I, xxvii, 1.)

Héraclite montrait que l'essence du deſtin eſt le Logos répandu à travers la subſtance du tout. Il eſt le corps éthéré, semence de la génération du tout et mesure de la période ordonnée. (*Ibid.*, I, xxviii, 1.)

IX

Ariſtote.

Comme le disait Héraclite — à ce qu'on rapporte — aux étrangers qui voulaient le rencontrer, mais qui, entrant chez lui, le voyaient se chauffer dans la cuisine, et reſtaient cloués sur place — il les invitait à ne pas avoir peur d'entrer, puisque, « même dans un tel lieu, il y a des dieux » —, il faut, en matière de recherche scientifique aussi, aller à chaque vivant sans répugnance, en se disant que chacun possède quelque chose de naturel et de beau. (*Parties des animaux*, I, v, 645 *a* 17.)

x

Platon.

Certaines Muses d'Ionie et de Sicile[1], ont conçu [...] l'idée que
l'être est à la fois multiple et un et composé par l'action de la
Haine et de l'Amitié. « Car le désaccordé s'accorde
toujours[2] », déclarent les plus vociférantes de ces Muses.
D'autres, plus gentilles, ont adouci cette règle éternelle :
« Tantôt le tout est un et ami grâce à Aphrodite, tantôt il est multiple et en guerre contre lui-même, du fait d'un je-ne-sais-quoi,
dont la Haine est responsable[3]. » (*Le Sophiste*, 242 *d*.)

Aristote.

Tous déclarent que le ciel a été engendré. Mais pour les uns[4] il
est un engendré éternel, pour les autres[5] un engendré corruptible,
comme n'importe quel autre être de nature composée; et pour
d'autres, la destruction se fait tantôt dans un sens, tantôt dans un
autre, selon un processus destiné à se reproduire toujours, comme
le croient Empédocle d'Agrigente et Héraclite d'Éphèse. (*Traité
du ciel*, I, x, 279 *b* 12.)

Aristote.

Comme le dit Héraclite, tout devient, à un moment, feu.
(*Physique*, III, v, 205 *a* 3.)

Simplicius.

Héraclite aussi pense qu'à un moment donné le monde
s'embrase, et qu'à un autre moment il se reconstitue de nouveau
lui-même à partir du feu, selon certaines périodes de temps, dans
lesquelles, dit-il, il s'allume en mesure et s'éteint en
mesure[6]. Plus tard les stoïciens ont partagé la même thèse[7].
(*Commentaire sur le Traité du ciel*, 94, 4.)

Aétius.

Héraclite déclare que [...] le monde est un. (*Opinions*, II, 1, 2.)
Héraclite déclare que le monde n'est pas engendré selon le
temps, mais selon la pensée. (*Ibid.*, IV, 3.)
Parménide et Héraclite [...] disent que le ciel est igné. (*Ibid.*,
XI, 4.)

XI

Aétius.

Parménide et Héraclite déclarent que les astres sont des condensations du feu. (*Opinions*, II, XIII, 8.)

Héraclite [...] déclare que les astres se nourrissent à partir des
exhalaisons en provenance de la Terre. (*Ibid.*, XVII, 4.)

XII

Aétius.

Héraclite [...] déclare que le Soleil est un flambeau intelligent
qui sort de la mer. (*Opinions*, II, XX, 16.)

[Le Soleil] en forme de vaisseau, un peu courbé. (*Ibid.*, XXII, 2.)

⟨L'éclipse se produit⟩ à cause du retournement de la coque,
de sorte que la cavité se porte vers le haut et que le renflement de
la courbure se trouve vers le bas, face à nos yeux[1]. (*Ibid.*, XXIV, 3.)

⟨La Lune⟩ a la forme d'un vaisseau. (*Ibid.*, XXVII, 2.)

Héraclite déclare que le Soleil et la Lune subissent les mêmes
phénomènes; car ces astres ont la même figure de vaisseau, et ils
reçoivent l'éclat qui s'élève de l'exhalaison humide; ainsi ils brillent à notre vue, le Soleil étant plus brillant parce qu'il se meut
dans un air plus pur, alors que la Lune, se mouvant dans un air
plus trouble, apparaît de ce fait plus pâle. (*Ibid.*, XXVIII, 6.)

Héraclite déclare que [...] ⟨l'éclipse de Lune⟩ se produit à
cause du retournement et des inclinaisons du vaisseau. (*Ibid.*,
XXIX, 3.)

XIII

Aétius.

Héraclite déclare que ⟨la grande année compte⟩ dix mille
huit cents années solaires[2]. (*Opinions*, II, XXXII, 3.)

Censorinus.

10. Cette année est aussi appelée « héliaque » par certains, et
par d'autres [Héraclite ?] « année de Dieu » [...] 11. Aristarque pensait qu'elle comprenait deux mille quatre cent quatre-
vingt-quatre années [...], Héraclite et Linos[3] dix mille huit cents.
(*Du jour de la naissance*, XVIII, 10-11.)

XIV

Aétius.

Héraclite déclarait que le tonnerre est produit par des tourbillons de vents et de nuages et par les chocs des souffles contre les nuages ; les éclairs, par la combustion des exhalaisons ; et les ouragans, par les incendies et les extinctions des nuages[1]. (*Opinions*, III, III, 9.)

XIV *a*

Nicandre.

> *Et toi[2], tu sais plonger dans les flots de la mer*
> *Violette et salée, que le Grand Ébranleur[3]*
> *A asservie aux vents en recourant au feu.*
> *Le feu est dominé par le souffle ennemi,*
> *Lui le feu éternel, le feu toujours vivant.*
> *Et la vaste étendue de la mer doit trembler*
> *Sous les assauts des vents pourchasseurs de nuées ;*
> *Elle est désordonnée, elle aime la tempête*
> [175] *Et règne sur les nefs et les vaillants marins*
> *Exposés à la mort. Mais à la loi du feu*
> *Qui est son ennemi, il faut que la matière*
> *Obéisse et consente.*

(*Des contrepoisons*, v. 171 et suiv.)

[*Scolie.*]

Être *asservi* : signifie être l'esclave, être placé sous les ordres. En effet les esclaves sont asservis. La mer et le feu sont les esclaves des vents, évidemment selon la loi divine, et c'est ce qu'ont dit Héraclite et Ménécrate[4]. *Pourchasseurs de nuées* : s'applique aux vents. *La vaste étendue* : veut dire très étendu. Le préfixe α du mot ἀχύνετον est extensif [et non privatif]. Héraclite veut donc expliquer par ces termes que toutes choses sont mutuellement contraires, selon lui [...] *Règne sur les nefs* : en effet les navires sont dominés par la mer, comme la matière par le feu. Les *vaillants marins* : ceux qui périssent en mer. (*Scolie au texte précédent.*)

XV

Aristote.

Héraclite aussi déclare que le principe est l'âme[1], puisqu'elle est l'exhalaison[2] à partir de laquelle les autres choses sont constituées. (*De l'âme*, I, II, 405 *a* 24.)

Macrobe.

Héraclite disait que ⟨l'âme⟩ est une étincelle de l'essence stellaire. (*Songe de Scipion*, xiv, 19.)

Aétius.

Héraclite disait que l'âme du monde est une exhalaison provenant des principes humides qui sont en lui, et que celle qui est dans les animaux provient à la fois de l'exhalaison extérieure et de l'exhalaison interne, les deux étant de même nature[3]. (*Opinions*, IV, III, 12.)

XVI

Sextus Empiricus.

126. Héraclite, parce qu'il croyait encore que l'homme dispose de deux organes pour la connaissance de la vérité, à savoir la sensation et la raison, estimait, comme les philosophes de la nature cités plus haut[4], que de ces deux organes, la sensation est indigne de créance, tandis qu'il posait la raison comme critère. De fait il récuse la sensation en disant textuellement : Les yeux et les oreilles sont de mauvais témoins pour les âmes sourdes à leur langage[5]. Ce qui revient à dire que « c'est le propre d'âmes barbares[6] d'accorder foi à des sens dépourvus de raison ». 127. Mais il affirme que la raison est le critère de la vérité : non pas cependant n'importe quelle raison, mais la raison commune et divine. Qu'est cette raison ? Il nous faut l'exposer brièvement. En effet ce philosophe de la nature se plaît à dire que ce qui nous enveloppe[7] est rationnel et doué d'intelligence. 128. Déjà longtemps auparavant Homère disait :

En ce monde, dis-moi, qu'ont les hommes dans l'âme?
Ce que chaque matin le Père des humains
Et des dieux veut y mettre[8].

Archiloque aussi déclare que les hommes ont des pensées telles

Que Zeus leur envoie au jour le jour.

Et Euripide a dit la même chose[1] :

> *Qui que tu sois, ô Zeus, énigme indéchiffrable,*
> *Ou bien Nécessité régnant sur la nature,*
> *Ou bien Intelligence accordée aux humains,*
> *Je t'adore en tout cas.*

129. C'est en attirant à nous par la respiration cette raison divine que, selon Héraclite, nous devenons intelligents et que, bien que plongés dans l'oubli du sommeil, nous recouvrons nos sens en nous éveillant. Car, pendant le sommeil, les pores[2] des sens sont bouchés et l'intellect qui est en nous se trouve séparé de la communauté que nous entretenons avec l'enveloppe céleste[3], le seul moyen de communication qui demeure étant la respiration, à la façon d'une racine, et, ainsi séparé, l'intellect perd la puissance de mémoire qu'il possédait auparavant. 130. Lors du réveil, il se répand à travers les pores des sens, comme à travers des fenêtres, et en entrant de nouveau en communion avec le ciel, il recouvre sa puissance de raisonner. Ainsi, de la même façon que des charbons rapprochés du feu deviennent incandescents selon un processus d'altération, tandis que, séparés du feu, ils s'éteignent, de même le lot[4] qui provient de l'enveloppe céleste trouve en nos corps un domicile hospitalier; mais lorsqu'il est coupé du feu céleste, il est comme privé de raison, alors que lorsque la connexion se trouve rétablie grâce à la multitude des pores, il redevient semblable au tout. 131. C'est cette raison commune et divine, par participation à laquelle nous devenons raisonnables, qu'Héraclite déclare être le critère de la vérité. Il s'ensuit que le phénomène commun à tous, c'est cela qui est digne de foi (car il est perçu par la raison à la fois commune et divine). Mais ce que perçoit une seule personne n'est pas digne de foi pour la raison contraire. 132. Ainsi, au commencement de ses livres *Sur la nature*, le personnage dont nous parlons déclare, en faisant allusion d'une certaine manière à l'enveloppe céleste : Le Logos [...] tout ce qu'ils [voient][5]. Ayant ainsi montré expressément que c'est par la participation à la raison divine que nous faisons et connaissons toutes choses, il poursuit un peu plus loin : Aussi il faut suivre [...] en propre[6]. 133. Ce propos n'est rien d'autre qu'une explication de la manière dont le tout est ordonné. En tant que nous communions avec la mémoire de cette raison, nous sommes dans la vérité; en tant que nous nous isolons dans ce qui nous est propre, nous sommes dans l'erreur. 134. Car en réalité, par ces paroles, il montre que la raison commune est le critère et que les phénomènes

qui sont communs sont dignes de foi, en tant qu'ils sont jugés par la raison commune, alors que ceux qui appartiennent à chacun en propre sont trompeurs[1]. (*Contre les mathématiciens*, VII, 126-134.)

Héraclite déclare explicitement que l'homme n'est pas raisonnable, mais que seule est douée d'intelligence l'enveloppe céleste. (*Ibid.*, VIII, 286.)

Apollonios de Tyane.

Héraclite, le philosophe de la nature, disait que par nature l'homme est dépourvu de raison[2]. (*Lettres*, 18.)

XVII

Aétius.

⟨Héraclite déclare que l'âme est immortelle⟩; car à sa sortie [du corps], elle remonte à l'âme du tout, selon [la loi] des semblables[2]. (*Opinions*, IV, VII, 2.)

XVIII

Aétius.

Héraclite et les stoïciens déclarent que les hommes commencent leur maturité à la fin de la seconde série de sept années, au moment où l'activité sexuelle se développe. (*Opinions*, IV, V, 23.)

XIX

Plutarque.

Ceux qui lisent ἡβώντων (*adolescents*[4]) fixent à l'âge de trente ans, comme Héraclite, la durée d'une génération : c'est l'espace de temps pendant lequel le père voit son fils devenir capable d'engendrer. (*Des oracles qui ont cessé*, 11, 415 E.)

Philon.

Un homme est capable, à l'âge de trente ans, d'être grand-père, étant donné qu'il est adolescent à l'âge de quatorze ans, époque à laquelle il peut procréer, et que celui qu'il a engendré dans l'année qui a suivi sa puberté, à quinze ans, peut alors engendrer un fils qui lui est semblable. (*Fragments*, éd. Harris, p. 20.)

Censorinus.

Un siècle est la plus longue durée de la vie humaine, comprise entre la naissance et la mort; donc ceux qui ont pensé qu'un siècle[1] durait trente ans paraissent s'être largement trompés. C'est Héraclite qui a donné à cet espace de temps le nom de génération, parce que cet espace de temps comprend un cycle de vie humaine; il l'appelle cycle de vie parce que c'est le temps que met la semence humaine pour produire une autre semence. (*Du jour de la naissance*, XVII, 2.)

Jean de Lydie.

De là[2], en se trompant sur l'intention d'Héraclite, il appelle génération le mois. (*Des mois*, III, 14.)

XX

Chalcidius.

Héraclite, avec lequel s'accordent les stoïciens[3], établit une connexion entre notre raison et la raison divine qui régit et gouverne les choses du monde[4]. Grâce à cette association inséparable, conscience nous est donnée du décret de la raison et nous pouvons, pendant le sommeil de l'âme, grâce au pouvoir des sens, avoir connaissance des événements futurs. De là vient que nous apparaissent des représentations d'endroits ignorés et des visions d'hommes aussi bien vivants que morts. C'est encore ce qui donne du poids à la pratique de la divination et à ceux qui ont eu la chance de connaître l'avenir par le recours aux puissances divines. (*Commentaire sur le Timée de Platon*, 251, éd. Wrobel, p. 284, 10.)

XXI

Clément d'Alexandrie.

Anaxagore de Clazomènes en effet déclarait que la fin de la vie est la spéculation[5] et la liberté qui en dérive, et Héraclite d'Éphèse que c'est la satisfaction[6]. (*Stromates*, II, 130.)

XXII

Aristote.

Héraclite blâme le poète qui a dit :

> *Que périsse Conflit chez les dieux et les hommes*[7]

car il n'y aurait pas d'harmonie, s'il n'existait l'aigu et
le grave, et pas de vivant sans la femelle et le mâle, qui sont
contraires[1]. (*Éthique à Eudème*, VII, 1, 1235 a 25.)

Simplicius.

Car [Héraclite] déclare[2] que toutes choses sont condamnées à
disparaître. (*Commentaire sur les Catégories d'Aristote*, 412, 26.)

Nouménios.

Nouménios loue Héraclite d'avoir blâmé Homère[3] qui avait
souhaité la disparition et l'anéantissement des maux de la vie,
sans comprendre que, ce faisant, il demandait la fin du monde,
puisque la matière, source des maux, serait entièrement sup-
primée[4]. (*Fragment* 16, éd. Thedinga, cité par Chalcidius,
Commentaire sur le Timée de Platon, 297.)

XXIII

Polybe.

Il ne siérait point d'invoquer encore le témoignage des poètes
et des auteurs de mythes touchant ce que nous ignorons, comme
bon nombre de nos prédécesseurs l'ont fait sur maints sujets en
citant à propos de questions controversées des « autorités sans
crédit[5] », pour reprendre le mot d'Héraclite. (*Histoire*, IV, 40.)

B. FRAGMENTS

HÉRACLITE : « DE LA NATURE »

I

Sextus Empiricus.

Le Logos[6], ce qui est
toujours[7] les hommes sont incapables de le comprendre,
aussi bien avant de l'entendre qu'après l'avoir entendu
pour la première fois,
Car bien que toutes choses naissent et meurent selon ce
Logos-ci

Les hommes sont comme inexpérimentés quand ils
s'essaient
    à des paroles ou à des actes,
    Tels que moi je [les] explique
    Selon sa nature séparant chacun
    et exposant comment il est ;
    Alors que les autres hommes
    oublient tout ce qu'ils font à l'état de veille
    comme ils oublient, en dormant, tout ce qu'ils [voient].
                (*Contre les mathématiciens*, VII, 132.)

II

Sextus Empiricus.

Aussi il faut suivre ce qui est ⟨commun
    (c'est-à-dire[1] commun) à tous — car à tous est le commun[2]).
    Mais bien que le Logos soit commun
    La plupart vivent comme avec une pensée en propre.
                (*Contre les mathématiciens*, VII, 133.)

II *a*

Aenésidème.

Aenésidème[3], suivant Héraclite, et Épicure sont d'accord en
général sur les sensibles, mais divergent au niveau du détail. Car
Aenésidème pense qu'il existe une certaine divergence entre les
phénomènes, et il déclare que certains d'entre eux sont généralement perçus par tous, et d'autres par un seul individu. Parmi les
phénomènes, sont vrais ceux qui apparaissent généralement à
tous, et faux ceux qui ne sont pas tels. D'où il suit que l'on a
donné fort exactement le nom de *vrai à ce qui ne se cache
pas*[4] à la conscience commune.
    Le vrai [...] ce qui ne se cache pas.
    (Cité par Sextus Empiricus, *Contre les mathématiciens*, VIII, 8.)

III

Aétius.

[Sur la taille du Soleil.]   La largeur d'un pied d'homme[5].
(*Opinions*, II, xxi, 4.)

IV

Albert le Grand.

Héraclite a dit que   si le bonheur résidait dans les plaisirs
corporels, on dirait que les bœufs sont heureux lorsqu'ils
trouvent du pois chiche à manger. (*Des plantes*, VI, 401,
éd. Meyer, p. 545.)

V

Aristocrite.

Ils se purifient en se souillant d'un autre sang
comme si, après avoir marché dans la boue,
quelqu'un se lavait avec de la boue : il paraîtrait en
délire
à quiconque le verrait agir ainsi.
Et à ces statues ils adressent leurs prières
comme qui ferait conversation avec des murs
sans avoir conscience de ce que sont dieux et héros[1].
            (*Théosophie*, cité par Origène, *Contre Celse*, VII, 62.)

VI

Aristote.

Le Soleil, non seulement, comme le déclare Héraclite, est nouveau chaque jour, mais sans cesse nouveau
continûment[2]. (*Météorologiques*, II, II, 355 *a* 13.)

VII

Aristote.

Si toutes les choses devenaient fumée, c'est par les
narines que nous les connaîtrions. (*Du sens*, V, 443 *a* 23.)

VIII

Aristote.

L'opposé est utile, et des choses différentes naît la plus
belle harmonie [et toutes choses sont engendrées par la
discorde[3].] (*Éthique à Nicomaque*, VIII, II, 1155 *b* 4.)

IX

Aristote.

Autre en effet est le plaisir du cheval, du chien et de l'homme; ainsi que le dit Héraclite, les ânes préféreraient la paille à l'or, car la nourriture est plus agréable que l'or pour les ânes. (*Éthique à Nicomaque*, X, v, 1176 *a* 7.)

X

Pseudo-Aristote.

Peut-être la nature se réjouit-elle des contraires et sait-elle en dégager l'harmonie, alors qu'elle ne s'intéresse pas aux semblables; tout de même sans doute que le mâle se rapproche de la femelle, ce que ne font pas les êtres de même sexe. Et elle n'est arrivée à la concorde première qu'au moyen des contraires et non au moyen des semblables. Or il semble aussi que l'art en imitant la nature fait de même. Car la peinture, en mélangeant les pigments du blanc, du noir, du jaune et du rouge, produit des images concordantes au modèle. La musique, en mêlant les sons aigus et graves, longs et courts, produit dans des voix différentes une harmonie unique. L'écriture, en opérant un mélange de voyelles et de consonnes, construit tout son art à partir d'elles. C'est la même chose que signifiait la parole d'Héraclite l'Obscur :

Embrassements
Touts et non-touts
Accordé et désaccordé
Consonant et dissonant
Et de toutes choses l'Un
Et de l'Un toutes choses[1].

(*Du monde*, v, 396 *b* 7.)

XI

Pseudo-Aristote.

Parmi les animaux, aussi bien les sauvages que les domestiques, aussi bien ceux qui vivent dans l'air que ceux qui vivent sur terre et dans l'eau, tous naissent, atteignent la maturité et dépérissent sous l'effet des décrets de Dieu, car :

Tout animal est conduit au pâturage à coups de fouet, comme le déclare Héraclite. (*Du monde*, VI, 401 *a*, 8.)

XII

Arius Didyme.

Zénon pense que l'âme est une exhalaison sensible, comme Héraclite. Voulant en effet montrer que les âmes qui s'exhalent sont toujours intelligentes, il les comparait à des fleuves, disant ainsi :

Pour ceux qui entrent dans les mêmes fleuves
Autres et autres coulent les eaux

et des âmes aussi s'exhalent des substances humides.
(Cité par Eusèbe, *Préparation évangélique*, XV, 20.)

XIII

Athénée.

Car il ne faut pas que l'homme de goût soit sale, poussiéreux ou se complaise dans la fange, comme le dit Héraclite. (*Les Deipnosophistes*, V, 178 F.)

Clément d'Alexandrie.

Les cochons se complaisent davantage dans la fange que dans l'eau pure[1]. (*Stromates*, I, 2.)

XIV

Clément d'Alexandrie.

Pour qui prophétise Héraclite d'Éphèse ? Pour des somnambules, des mages, des bacchants, des ménades et des initiés. C'est eux qu'il menace pour après la mort, c'est à eux qu'il prophétise le feu :

Car l'initiation aux mystères pratiquée chez les hommes est impie[2].

(*Protreptique*, 22.)

XV

Clément d'Alexandrie.

S'ils omettaient de rendre à Dionysos l'hommage de la procession
Et de chanter l'hymne aux parties honteuses

Très impie serait leur conduite.
Le même sont Hadès et Dionysos
Quels que soient le délire et l'enthousiasme qu'ils ins-
pirent[1].

(*Protreptique*, 34.)

XVI

Clément d'Alexandrie.

On échappera peut-être en effet à la lumière sensible, mais
échapper à la lumière intelligible est impossible; ou, comme dit
Héraclite :
À ce qui ne sombre jamais
Comment échapperait-on?

(*Le Pédagogue*, II, 99.)

XVII

Clément d'Alexandrie.

La plupart n'ont pas conscience de ce que sont les
choses qu'ils rencontrent.
Ils ne comprennent pas, quand ils apprennent, mais ils
se figurent.

(*Stromates*, II, 8.)

XVIII

Clément d'Alexandrie.

Si tu n'espères pas l'inespéré,
tu ne le trouveras pas.
Il est dur à trouver et inaccessible.

(*Stromates*, II, 17.)

XIX

Clément d'Alexandrie.

Reprochant à certains d'être incrédules, Héraclite déclare :
Ils ne savent ni écouter, ni même parler. (*Stromates*,
II, 24.)

XX

Clément d'Alexandrie.

Héraclite semble en tout cas considérer la naissance comme un malheur, quand il dit :
    Une fois nés
    ils veulent vivre
    Et toucher leurs lots
[ou plutôt connaître le repos de la mort[1]]
    Et ils laissent derrière eux des enfants
    pour connaître les mêmes lots[2].

(*Stromates*, III, 14.)

XXI

Clément d'Alexandrie.

Et Héraclite ne donne pas à la naissance le nom de mort [...] quand il dit :
    Mort est tout ce qu'éveillés nous voyons
    Et ce que nous voyons endormis, sommeil[3].

(*Stromates*, III, 21.)

XXII

Clément d'Alexandrie.

    Les chercheurs d'or
    Remuent beaucoup de terre
    Et trouvent peu.

(*Stromates*, IV, 4.)

XXIII

Clément d'Alexandrie.

    Ils ne connaîtraient pas le nom de Dikè
    Si ces choses[4] n'existaient pas.

(*Stromates*, IV, 10.)

XXIV

Clément d'Alexandrie.

    Les victimes d'Arès[5]
    Les dieux les honorent ainsi que les hommes.

(*Stromates*, IV, 16.)

XXV

Clément d'Alexandrie.

Les plus belles morts
obtiennent du sort les plus beaux lots[1].

(*Stromates*, IV, 50.)

XXVI

Clément d'Alexandrie.

L'homme
dans la nuit
se prépare une lampe
bien que ses yeux soient éteints[2].
Mais vivant
il touche la mort
en dormant.
Éveillé
il touche
le dormant.

(*Stromates*, IV, 143.)

XXVII

Clément d'Alexandrie.

Les hommes doivent s'attendre, morts,
à des choses qu'ils n'espèrent ni n'imaginent.

(*Stromates*, IV, 146.)

XXVIII

Clément d'Alexandrie.

Faux-semblants que
celui qui a belle apparence[3]
comprend,
conserve,
Dikè[4] se saisira
des fabricants de mensonges
et des témoins.

(*Stromates*, V, 9.)

XXIX

Clément d'Alexandrie.

Les plus nobles préfèrent une seule à toutes les choses
La gloire éternelle à toutes les choses mortelles
Mais la plupart sont repus comme le bétail.

(*Stromates*, V, 60.)

XXX

Clément d'Alexandrie.

Ce monde-ci, le même pour tous
nul des dieux ni des hommes ne l'a fait
Mais il était toujours est et sera
Feu éternel s'allumant en mesure et s'éteignant en
mesure.

(*Stromates*, V, 105.)

XXXI

Clément d'Alexandrie.

Qu'il ait professé que le monde est engendré et périssable,
c'est ce qu'indiquent les paroles suivantes :
Transformations du feu :
d'abord mer
de la mer une moitié terre
une moitié souffle embrasé.
Il veut dire que par sa puissance le feu, sous l'effet du
Logos et de Dieu gouvernant toutes choses, se transforme à travers l'air en humide, qui est comme la semence de l'organisation
du monde, qu'il appelle ici mer . De cette semence naissent
de nouveau la terre, le ciel et ce qu'ils enveloppent. Comment,
de nouveau, il remonte à son état premier et est embrasé, il le
montre clairement par ces paroles :
[...] se dissout en mer
Et est divisé selon la même proportion[1]
qu'elle possédait avant qu'elle ne devînt terre.

(*Stromates*, V, 105.)

XXXII

Clément d'Alexandrie.

> L'Un le seul sage
> ne veut être appelé et veut le nom de Zeus[1].

(*Stromates*, V, 116.)

XXXIII

Clément d'Alexandrie.

> Loi aussi, obéir à la volonté de l'Un.

(*Stromates*, V, 116.)

XXXIV

Clément d'Alexandrie.

> Ils ne comprennent pas quand ils ont entendu
> à des sourds ils ressemblent.
> C'est d'eux que témoigne la sentence :
> Présents ils sont absents.

(*Stromates*, V, 116.)

XXXV

Clément d'Alexandrie.

> Car il faut que les philosophes[2] soient, comme le dit Héraclite, en quête de beaucoup de choses. (*Stromates*, V, 141.)

XXXVI

Clément d'Alexandrie.

> Pour les âmes, mort est devenir eau
> Et pour l'eau, mort devenir terre
> Mais de la terre, l'eau naît
> Et de l'eau, l'âme.

(*Stromates*, VI, 16.)

XXXVII

Columelle.

Si nous en croyons Héraclite d'Éphèse qui déclare que les porcs se lavent dans la fange et les volailles dans la poussière ou la cendre. (*De l'agriculture*, VIII, 4.)

XXXVIII

Diogène Laërce.

Thalès fut, d'après certains, le premier à avoir pratiqué l'astronomie [...], ainsi qu'en témoignent Héraclite et Démocrite. (*Vies*, I, 23.)

XXXIX

Diogène Laërce.

À Priène vivait Bias, fils de Teutamès,
davantage pourvu de Logos que les autres.

(*Vies*, I, 88.)

XL

Diogène Laërce.

Un savoir universel n'instruit pas l'intellect.
Sinon il aurait instruit Hésiode et Pythagore,
ainsi que Xénophane et Hécatée.

(*Vies*, IX, 1.)

XLI

Diogène Laërce.

Un est le savoir
Il connaît la pensée
par qui sont gouvernées toutes choses au moyen de toutes choses.

(*Vies*, IX, 1.)

XLII

Diogène Laërce.

Il disait :
Homère
mérite d'être chassé des concours et bastonné
et Archiloque de même.

(*Vies*, IX, 1.)

XLIII

Diogène Laërce.

Démesure[1], il faut l'éteindre plus encore qu'incendie.

(*Vies*, IX, 2.)

XLIV

Diogène Laërce.

Le peuple doit combattre pour sa loi
comme pour son rempart.

(*Vies*, IX, 2.)

XLV

Diogène Laërce.

Limites de l'âme, tu ne saurais les trouver en poursuivant ton chemin
si longue que soit toute la route
tant est profond le Logos qu'elle renferme.

(*Vies*, IX, 7.)

XLVI

Diogène Laërce.

Héraclite appelait   haut mal la présomption   et disait que
la vue est trompeuse[2].   (*Vies*, IX, 7.)

XLVII

Diogène Laërce.

Ne faisons pas de conjectures sur les grandes choses.

(*Vies*, IX, 73.)

XLVIII

[Dictionnaire étymologique.]

> À l'arc le nom de bandeur[1],
> mais son œuvre est la mort.
>> (*Etymologicum genuinum*, au mot Βίος, *vie*.)

XLIX

Galien.

> Un seul en vaut pour moi dix mille, s'il excelle[2].
>> (*Du discernement du pouls*, VIII, éd. Kühn, p. 773.)

XLIX *a*

Héraclite le Grammairien.

> Dans les mêmes fleuves
> nous entrons et nous n'entrons pas
> Nous sommes et nous ne sommes pas.
>> (*Allégories d'Homère*, 24.)

L

Hippolyte.

> Héraclite déclare que :
> Le Tout est
> divisé indivisé
> engendré inengendré
> mortel immortel
> Logos éternité
> père fils
> Dieu droit.
> « Si ce n'est moi, mais le Logos, que vous avez écouté,
> Il est sage de convenir qu'est l'Un — Tout[3] », dit-il.
>> (*Réfutation de toutes les hérésies*, IX, 9.)

LI

Hippolyte.

Que tous les hommes ne savent pas cela[4] et ne s'accordent pas sur cela, il s'en plaint en ces termes :

Ils ne savent pas comment le différent concorde avec
lui-même,
Il est une harmonie contre tendue[1] comme pour l'arc et
la lyre.

(Réfutation de toutes les hérésies, IX, 9.)

LII

Hippolyte.

Le temps est un enfant qui s'amuse, il joue au trictrac.
À l'enfant la royauté.

(Réfutation de toutes les hérésies, IX, 9.)

LIII

Hippolyte.

Conflit[2]
est le père de tous les êtres, le roi de tous les êtres
Aux uns il a donné formes de dieux, aux autres
d'hommes,
Il a fait les uns esclaves, les autres libres.

(Réfutation de toutes les hérésies, IX, 9.)

LIV

Hippolyte.

L'Harmonie invisible plus belle que la visible.

(Réfutation de toutes les hérésies, IX, 9.)

LV

Hippolyte.

Les choses dont il y a vision, audition, expérience,
ce sont elles que je préfère.

(Réfutation de toutes les hérésies, IX, 9.)

LVI

Hippolyte.

Trompés, dit [Héraclite], sont les hommes quant à
leur connaissance des visibles, tout comme Homère, qui
était plus sage que tous les Grecs réunis.

Car des enfants qui tuaient des poux le trompèrent en
disant :
   « Ce que nous avons vu et pris, nous le laissons,
   Ce que nous n'avons ni vu ni pris, nous l'emportons[1]. »
                    (*Réfutation de toutes les hérésies*, IX, 9.)

LVII

Hippolyte.

   Instituteur de la plupart des hommes est Hésiode.
   Ils savent qu'il connaissait beaucoup de choses
   lui qui n'était pas capable de comprendre le jour et la
nuit
   car ils sont un.
                    (*Réfutation de toutes les hérésies*, IX, 10.)

LVIII

Hippolyte.

   Le bien et le mal sont un, comme le déclare Héraclite,
   Et tous ces médecins,
   taillant, cautérisant, torturant de toutes sortes de façons
leurs malades,
   demandent à toucher des honoraires injustes de la part
des malades
   puisqu'ils produisent les mêmes effets guérisons et
maladies.
                    (*Réfutation de toutes les hérésies*, IX, 10.)

LIX

Hippolyte.

   Pour la vis du pressoir la route est droite et courbe. (Le
sillon de la partie du pressoir nommée colimaçon [ou vis] est à la
fois droit et circulaire, car la vis avance en tournant). Elle est
une et la même, dit-il.
                    (*Réfutation de toutes les hérésies*, IX, 10.)

LX

Hippolyte.

La route, montante descendante
Une et même[1].

(*Réfutation de toutes les hérésies*, IX, 10.)

LXI

Hippolyte.

La mer, eau la plus pure et la plus souillée,
Pour les poissons potable et salutaire,
pour les hommes non potable et mortelle.

(*Réfutation de toutes les hérésies*, IX, 10.)

LXII

Hippolyte.

Immortels mortels, mortels immortels
Ceux-là vivant la mort de ceux-ci
Ceux-ci mourant la vie de ceux-là.

(*Réfutation de toutes les hérésies*, IX, 10.)

LXIII

Hippolyte.

Il parle encore de la résurrection de la chair, celle qui est visible et dans laquelle nous sommes nés, et il sait que Dieu est la cause de cette résurrection, disant :
Là, devant lui[2], ils[3] se lèvent
et deviennent les gardiens vigilants des vivants et des morts.
Mais il dit encore qu'il y aura un jugement du monde et une séparation de tout ce qui est en lui par le feu [...] (*Réfutation de toutes les hérésies*, IX, 10.)

LXIV

Hippolyte.

[...] disant ainsi : La foudre gouverne toutes choses, c'est-à-dire dirige, Héraclite donnant le nom de foudre au feu éternel. Il dit encore que le feu est doué de conscience et cause de l'ordonnance de toutes choses. (*Réfutation de toutes les hérésies*, IX, 10.)

LXV

Hippolyte.

Il appelle cela indigence et richesse[1] : *indigence* est d'après lui l'ordonnance et *richesse* l'embrasement [...] (*Réfutation de toutes les hérésies*, IX, 10.)

LXVI

Hippolyte.

Car sur toutes choses le feu ayant fondu, il les jugera et s'en saisira[2]. (*Réfutation de toutes les hérésies*, IX, 10.)

LXVII

Hippolyte.

Dieu est
jour-nuit, hiver-été
guerre-paix, richesse-famine
(tous contraires : l'intellect est cela)
Il prend des formes variées, tout comme ⟨le feu⟩
qui, quand il se mêle à des fumées,
reçoit un nom conforme au goût de chacun.
(*Réfutation de toutes les hérésies*, IX, 10.)

LXVII *a*

Hisdosus Scholasticus:

Ainsi la chaleur vitale, provenant du Soleil, règne sur tous les vivants, opinion à laquelle souscrit Héraclite, fournissant une excellente image, dans laquelle l'araignée représente l'âme et la toile le corps. De même ⟨que⟩ l'araignée, dit-il, immobile au milieu de la toile, sent, dès qu'une mouche rompt quelque fil, et y court rapidement, comme affectée de douleur par la coupure du fil, de même l'âme de l'homme, lorsqu'une quelconque partie du corps est blessée, s'y précipite, comme si elle ne pouvait supporter la blessure de ce corps auquel elle est solidement et harmonieusement attachée[1]. *(Sur l'âme du monde,* cité par Chalcidius, *Commentaire sur le Timée de Platon* [34*b*].)

LXVIII

Jamblique.

Et c'est pourquoi Héraclite appelait à bon droit remèdes, [les pratiques des mystères] parce qu'elles guérissent de terribles maladies et délivrent les âmes saines des malheurs attachés à la naissance. *(Des mystères,* I, 11.)

LXIX

Jamblique.

Je pose donc deux espèces de sacrifices : les uns sont l'offrande d'hommes tout à fait purifiés, comme cela peut arriver parfois, quoique rarement, chez un seul, comme dit Héraclite, ou pour un tout petit groupe d'hommes. Les autres sont matériels, etc. *(Des mystères,* V, 15.)

LXX

Jamblique.

Bien mieux encore, Héraclite considérait les opinions humaines comme des jeux d'enfants. *(De l'âme,* cité par Stobée, *Choix de textes,* II, 1, 16.)

LXXI

Marc Aurèle.

[Il faut] mentionner aussi celui qui oublie où conduit la route[2]. *(Pensées,* IV, xlvi.)

LXXII

Marc Aurèle.

Quelle que soit l'assiduité avec laquelle ils fréquentent le Logos (qui gouverne toutes choses)

Ils se séparent de lui
et ce qu'ils rencontrent quotidiennement leur semble
étranger. (*Pensées*, IV, XLVI.)

LXXIII

Marc Aurèle.

Il ne faut pas agir et parler comme des dormeurs.   Car
alors aussi nous croyons agir et parler. (*Pensées*, IV, XLVI.)

LXXIV

Marc Aurèle.

Il ne faut pas ⟨se comporter comme⟩   les enfants de leurs
parents,   c'est-à-dire plus simplement : selon la coutume reçue[1].
(*Pensées*, IV, XLVI.)

LXXV

Marc Aurèle.

Je crois qu'Héraclite appelle   dormeurs   les ouvriers et collaborateurs de ce qui se produit dans le monde. (*Pensées*, VI,
XLII.)

LXXVI

Maxime de Tyr.

Le feu vit la mort de la terre, et l'air vit la mort du feu ; l'eau vit
la mort de l'air, la terre celle de l'eau. (*Discours*, XII, 4, p. 489.)

Plutarque.

La mort du feu est naissance de l'air ; la mort de l'air naissance
de l'eau. (*Que signifie le mot* Eì, 18, 392 C.)

Marc Aurèle.

Que la mort de la terre engendre l'eau, la mort de l'eau
engendre l'air, et celle de l'air, le feu, et inversement[2]. (*Pensées*,
IV, XLVI.)

LXXVII

Nouménios.

D'où aussi Héraclite a dit : C'est un plaisir pour les âmes, ou une mort, de devenir humide. La chute dans la génération est pour elles un plaisir. Mais ailleurs il déclare : Nous vivons leur mort et celles-ci vivent notre mort. (*Fragment* 35, éd. Thedinga, cité par Porphyre, *L'Antre des Nymphes*, 10.)

LXXVIII

Origène.

La personne humaine ne possède pas l'entendement,
La personne divine le possède.

(*Contre Celse*[1], VI, 12.)

LXXIX

Origène.

L'homme est tenu pour un petit garçon par la divinité,
comme l'enfant par l'homme.

(*Contre Celse*, VI, 12.)

LXXX

Origène.

Il faut connaître
que le conflit[2] est commun [ou universel]
que la discorde est le droit
et que toutes choses naissent et meurent selon discorde
et nécessité.

(*Contre Celse*, VI, 42.)

LXXXI

Philodème.

L'invention de la rhétorique comporte toutes sortes de prestiges tendant à cette fin[3] et, d'après Héraclite, son inventeur est le prince des charlatans[4]. (*Rhétorique*, I, LXII, éd. Sudhaus, p. 354.)

[*Scolie.*]

Charlatanerie est le nom donné aux arts de la parole par certains et aussi par Timée qui écrit : « de telle sorte qu'il me paraît que ce n'est pas Pythagore l'inventeur des véritables charlatanismes, ni celui appelé ainsi par Héraclite, mais qu'Héraclite est bien lui-même le hâbleur ». (À *Hécube* d'Euripide, v. 131.)

LXXXII

Platon.

Le plus beau des singes est laid, comparé à l'espèce humaine[1]. (*Hippias majeur*, 289 *a*.)

LXXXIII

Platon.

Le plus savant des hommes comparé à Dieu ressemble à un singe quant à la sagesse, à la beauté et à tout le reste. (*Hippias majeur*, 289 *b*.)

LXXXIV *a*

Plotin.

En changeant, il[2] est en repos.   (*Ennéades*, IV, VIII, 1.)

LXXXIV *b*

Plotin.

Il est dur de peiner pour les mêmes[3] et d'être commandé par eux. (*Ennéades*, IV, VIII, 1.)

LXXXV

Plutarque.

Combattre son impulsion est difficile
Car ce qu'elle veut est acheté à prix d'âme[4].
(*Vie de Coriolan*, 22.)

LXXXVI

Plutarque.

Mais la plupart des choses divines, d'après Héraclite,
L'absence de foi les chasse loin de nous,
de sorte qu'elles ne nous sont pas connues.

(*Vie de Coriolan*, 38.)

LXXXVII

Plutarque.

Un sot à chaque mot[1] paraît hébété.   (*Comment il faut ouïr*,
7, 41 A.)

LXXXVIII

Plutarque.

Même chose en nous
être vivant ou être mort
être éveillé ou être endormi
être jeune ou être vieux
Car ceux-ci se changent en ceux-là
et ceux-là de nouveau se changent en ceux-ci.

(*Consolation à Apollonios*, 10, 106 E.)

LXXXIX

Plutarque.

Héraclite déclare :
Pour les éveillés il y a un monde un et commun
Mais parmi ceux qui dorment, chacun s'en détourne
vers le sien propre.

(*De la superstition*, 3, 166 C.)

XC

Plutarque.

Toutes choses sont convertibles en feu
et le feu en toutes choses

Tout comme les marchandises en or
et l'or en marchandises.

(Que signifie le mot Eì, 8, 388 e.)

XCI

Plutarque.

Car on ne peut entrer deux fois dans le même
fleuve,   ainsi que dit Héraclite[1].

(Que signifie le mot Eì, 18, 392 b.)

Aristote.

Il n'est pas possible de toucher deux fois une substance mortelle dans le même état. Mais à cause de la vigueur et de la vitesse
du changement,   elle se disperse et se rassemble de nouveau   (ou plutôt ce n'est pas à nouveau ni ensuite, mais en même
temps qu'elle se constitue et disparaît), et
Elle s'approche et elle s'éloigne.

(Métaphysique, Γ, v, 1010 *a* 12.)

XCII

Plutarque.

Ne vois-tu pas [...] quelle grâce ont les chants de Sapho qui
charment et enchantent les auditeurs? Mais   la Sibylle à la
bouche délirante,   comme dit Héraclite,   profère des mots
sans sourires, sans fards et sans parfums,   et cependant sa
voix se fait entendre pendant mille ans,   grâce à Dieu.   *(Pourquoi la prophétesse Pythie ne rend plus les oracles en vers,* 6, 397 a.)

XCIII

Plutarque.

Le prince dont l'oracle est à Delphes[2]
ne parle pas, ne cache pas, mais signifie[3].
(Pourquoi la prophétesse Pythie ne rend plus les oracles en vers, 21,
404 d.)

XCIV

Plutarque.

Le Soleil n'outrepassera pas ses limites
sinon les Érinyes, servantes de Dikè, le dénicheront.

(De l'exil, 11, 604 a.)

XCV

Plutarque.

Il vaut mieux cacher son ignorance,   mais c'est une tâche
difficile dans la débauche et la boisson. (*Propos de table*, III, 1,
644 F.)

Stobée.

Il vaut mieux cacher son ignorance   que de la mettre en
avant. (*Florilège*, III, 1, 175.)

XCVI

Plutarque.

Il est plus important d'évacuer les cadavres que le
fumier[1].   (*Propos de table*, IV, 3, 669 A.)

XCVII

Plutarque.

Les chiens aboient après ceux qu'ils ne connaissent
pas[2].   (*Si l'homme d'âge se doit mêler des affaires publiques*, 7, 787 C.)

XCVIII

Plutarque.

Les âmes flairent chez Hadès.   (*La Face visible de la Lune*,
28, 943 E.)

XCIX

Plutarque.

S'il n'y avait pas de Soleil, en dépit des autres étoiles, il
ferait nuit.   (*Lequel est le plus utile, le feu ou l'eau*, 7, 957 A.)

C

Plutarque.

[...] Révolutions, dont le Soleil est le maître et le gardien,
chargé de définir, d'arbitrer, de faire apparaître et de rendre

manifestes les changements et les saisons qui apportent toutes choses, comme le dit Héraclite, etc. (*Questions platoniques*, VIII, 4, 1007 D.)

CI

Plutarque.

J'étais le propre objet de mon étude[1].   (*Contre Colotès* 20, 1118 C.)

CI a

Polybe.

La nature nous a dotés de deux instruments nous permettant de nous informer de toutes choses et de faire beaucoup de choses : l'ouïe et la vue; mais la vue est de loin le sens le plus véridique, ainsi que le dit Héraclite : Les yeux sont en effet des témoins plus exacts que les oreilles.   (*Histoire*, XII, 27.)

CII

Porphyre.

Pour Dieu toutes choses sont belles, bonnes et justes
Mais les hommes ont forgé l'idée
que certaines sont injustes et d'autres justes.
(*Questions homériques sur l'Iliade*, IV, v. 4.)

CIII

Porphyre.

Car sur la circonférence, le commencement et la fin sont communs.   (*Questions homériques sur l'Iliade*, XIV, v. 200.)

CIV

Proclus.

Qu'est chez eux l'intellect ou la conscience ?
Ils font confiance aux aèdes populaires
et comme instituteur se donnent le public

ne sachant pas que la majorité est mauvaise et la minorité bonne.

> (*Commentaire sur l'Alcibiade de Platon*, I, p. 525, 21.)

CV

[*Scolie.*]

> Il[1] était compagnon d'Hector, et tous les deux
> Nés la même nuit[2].

Héraclite en déduit que Homère [était] astrologue. Il
déclare qu'en témoigne aussi le vers :

> Il n'est homme qui puisse éviter son destin[3].

> (À l'*Iliade*, XVIII, v. 251.)

CVI

Plutarque.

Touchant la question de savoir s'il faut poser l'existence de certains jours néfastes, ou si Héraclite avait raison lorsqu'il blâmait
Hésiode d'avoir tenu les uns pour bons, les autres pour néfastes,
étant donné qu'il ignorait que tous les jours sont de même
et unique nature, j'en ai traité ailleurs abondamment. (*Vie de
Camille*, 19.)

Sénèque.

Un jour est égal à tous les jours. (*Lettres à Lucilius*,
XII, 7.)

CVII

Sextus Empiricus.

> Les yeux et les oreilles sont de mauvais témoins
> pour les âmes sourdes à leur langage.

> (*Contre les mathématiciens*, VII, 126.)

CVIII

Stobée.

D'Héraclite :
De tous ceux dont j'ai entendu les paroles

aucun n'arrive au point de reconnaître
que le sage[1] est séparé de tous[2]

(Florilège, III, 1, 174.)

CIX

Stobée.

[Voir xcv.]

CX

Stobée.

Qu'aux hommes il arrive tout ce qu'ils veulent, ne serait
pas mieux.   (*Florilège*, III, 1, 176.)

CXI

Stobée.

La maladie rend la santé belle et bonne.
La famine la richesse; la fatigue le repos.

(Florilège, III, 1, 177.)

CXII

Stobée.

Réfléchir : très haute vertu[3].
Et sagesse : dire la vérité
et agir selon la nature
en le sachant.

(Florilège, III, 1, 178.)

CXIII

Stobée.

Penser est commun à tous.   (*Florilège*, III, 1, 179.)

CXIV

Stobée.

Ceux qui parlent avec intelligence
il faut qu'ils s'appuient sur ce qui est commun à tous[4]

de même que sur la loi une cité
et beaucoup plus fortement encore
Car toutes les lois humaines se nourrissent
d'une seule loi, la loi divine,
car elle commande autant qu'elle veut
elle suffit pour tous[1]
et les dépasse[2].

(*Florilège*, III, 1, 179.)

CXV

Stobée.

Il appartient à l'âme un Logos qui s'accroît lui-même.
(*Florilège*, III, 1, 180 *a*.)

CXVI

Stobée.

À tous les hommes il est donné en partage
de se connaître eux-mêmes et d'user du bon sens.

(*Florilège*, III, v, 6.)

CXVII

Stobée.

Quand un homme est ivre
titubant, il est conduit par un jeune enfant.
Il ne sait où il va
il a l'âme humide.

(*Florilège*, III, v, 7.)

CXVIII

Stobée.

Éclat sec : l'âme très sage et excellente
(*ou bien plutôt* :)
L'âme sèche est très sage et excellente.

(*Florilège*, III, v, 8.)

CXIX

Stobée.

Héraclite disait que   la personnalité de l'homme est son démon[1].   (*Florilège*, IV, XL, 23.)

CXX

Strabon.

Mieux, Héraclite, usant du langage d'Homère, emploie le mot *Ourse* au lieu du mot *nord.*

Frontières entre le levant et le couchant :
l'Ourse et en face de l'Ourse la borne de Zeus le Lumineux[2].   En effet, la limite du couchant et du levant, c'est le cercle arctique et non l'Ourse.   (*Géographie*, I, 6, p. 3.)

CXXI

Strabon.

Les Éphésiens feraient bien de se pendre tous entre adultes
et d'abandonner la cité aux enfants impubères,
eux qui ont chassé Hermodore, le personnage le plus capable d'entre eux en déclarant :
Qu'il n'y ait chez nous personne de très capable
Sinon, qu'il aille ailleurs et chez d'autres.

(*Géographie*, XIV, 25, p. 642.)

CXXII

Suidas.

D'Héraclite :   rapprochement, ἀγχιβασίη[3]. (*Lexique*, aux mots ἀγχιβατεῖν, « se porter auprès », et ἀμφισβατεῖν, « se porter autour ».)

CXXIII

Thémistios.

D'après Héraclite :   Nature aime se cacher.   (*Discours*, V, p. 69.)

CXXIV

Théophraste.

Il paraîtrait absurde de penser que, si le ciel tout entier et chacune de ses parties sont toutes en ordre et selon un Logos, à la fois par les formes, les puissances, et les révolutions, il n'y a rien de tel dans les principes, mais, comme le dit Héraclite, qu'il est comme

Un détritus[1] au hasard abandonné :
le plus bel ordre du monde.

(*Métaphysique*, 15, 7 a 10.)

CXXV

Théophraste.

Le cycéon[2] se décompose si on ⟨ne⟩ l'agite ⟨pas⟩.
(*Du vertige*, 9.)

CXXV a

Jean Tzétzès.

Il fait de Ploutos un aveugle[3], parce qu'il est responsable non pas de la vertu, mais du vice. C'est la raison aussi pour laquelle Héraclite d'Éphèse adresse aux Éphésiens cette critique, qui n'est pas une prière :

Puisse Ploutos ne pas vous abandonner, Éphésiens,
afin que votre pauvreté d'âme apparaisse au grand jour.

(*Note au Ploutos d'Aristophane*, v. 88.)

CXXVI

Jean Tzétzès.

Les choses froides se réchauffent, le chaud se refroidit,
l'humide s'assèche et le desséché se mouille.

(*Scolie à l'Iliade*, éd. Hermann, p. 126.)

FRAGMENTS SUSPECTS ET APOCRYPHES

CXXVI *a*

Anatolios d'Alexandrie.

Conformément à la loi des saisons, le nombre sept se trouve assemblé dans la Lune, mais dissocié dans les Ourses, toutes deux signes de Mémoire immortelle[1]. (*De la décade*, éd. Heiberg, p. 36.)

CXXVI *b*

[Anonyme.]

Épicharme, qui a fréquenté les pythagoriciens, a inventé, entre autres arguments redoutables, l'argument du devenir. Il se fonde sur la pensée d'Héraclite qu'« une chose devient autre, puis autre, chacune selon son besoin ». Donc, si rien ne cesse de couler et de changer quant à la forme, les substances deviennent sans cesse différentes selon un flux continu. (*Commentaire sur le Théétète de Platon*, *[Berliner Klassikertexte 2]*, 71, 12 [*152 e*].)

CXXVII

Aristocrite.

Il disait aux Égyptiens : « S'il existe des dieux, pourquoi les plaignez-vous dans vos lamentations ? Et si vous les plaignez, cessez de les tenir pour des dieux. » (*Théosophie*, 69[2].)

CXXVIII

Aristocrite.

Héraclite, voyant les Grecs offrir des présents aux dieux, disait : « Ils adressent des prières à des statues de dieux qui n'entendent rien (comme si elles devaient entendre !) et qui n'accordent rien, tout comme elles ne sauraient rien demander en retour[3]. » (*Théosophie*, 74.)

CXXIX

Diogène Laërce.

Pythagore, fils de Mnésarque, s'est exercé, plus que tous les hommes, à l'étude de la géométrie ; par le choix de ces traités, il s'est fabriqué une science, un savoir trop vaste, un art mal venu. (*Vies*, VIII, 6.)

CXXX

[*Dictionnaire.*]

Il ne convient pas de faire rire au point de devenir soi-même l'objet de ce rire, disait Héraclite. (*Gnomologium Monacense latinum*, éd. Wölfflin, I, 19.)

CXXXI

[*Dictionnaire.*]

Héraclite du moins disait que la présomption fait régresser le progrès. (*Gnomologium Parisinum*, éd. Sternbach, 209.)

CXXXII

[*Dictionnaire.*]

Les honneurs asservissent dieux et hommes. (*Gnomologium Vaticanum*, 743, éd. Sternbach, 312.)

CXXXIII

Les méchants sont les adversaires de la vérité. (*Gnomologium Vaticanum*, 743, éd. Sternbach, 313.)

CXXXIV

[*Dictionnaire.*]

La culture est un second soleil pour les gens cultivés. (*Gnomologium Vaticanum*, 743, éd. Sternbach, 314.)

CXXXV

[*Dictionnaire.*]

Il disait que le plus court chemin vers la gloire est de devenir valeureux. (*Gnomologium Vaticanum*, 743, éd. Sternbach, 315.)

CXXXVI

[*Scolie.*]

D'Héraclite : « Les âmes des victimes d'Arès sont plus pures que celles des morts de maladie. » (À Épictète, éd. Schenkl, p. LXXI.)

CXXXVII

Stobée.

Il écrit donc : « Certaines choses sont en tous points fixées par le destin [...] » (*Choix de textes*, I, v, 15.)

CXXXVIII

[*Anonyme.*]

Du philosophe Héraclite, *Contre la vie*; voir l'*Anthologie palatine*, IX, 359, Stobée, *Florilège*, IV, 34, 57. Le ton pessimiste de l'épigramme accrédite l'idée qu'« Héraclite pleurait ». (*Codex de Paris*, 1630, p. xiv, f. 191 r.)

CXXXIX

[*Anonyme.*]

Du philosophe Héraclite : « Puisque certains affirment que les astres font partie des principes[1] [...] » pour autant que le veut [Héraclite] en élaborant la même théorie. (*Catalogue d'astronomie grecque*, IV, 32, vii, 106.)

C. IMITATIONS

I

Hippocrate.

5. Toutes les choses aussi bien divines qu'humaines se meuvent, échangeant mutuellement leurs places en un mouvement de montée et de descente. Le jour et la nuit connaissent un maximum et un minimum. De même que la Lune a un maximum et un minimum, échange de feu et d'eau, de même le Soleil a une course plus longue et une plus courte. Toutes choses sont mêmes et non mêmes[2] : la lumière pour Zeus l'obscurité pour Hadès, la lumière pour Hadès l'obscurité pour Zeus; elles vont les unes par ici les autres par là, en toute saison et en tout lieu, celles-ci accomplissant le rôle de celles-là, celles-là jouant à leur tour le

rôle de celles-ci. Les unes jouent ce rôle, mais ne le savent pas ; les autres croient savoir qu'elles accomplissent un rôle qu'elles ne jouent pas. Celles qui naissent ne le savent pas, mais pourtant tout leur arrive en vertu de la même nécessité divine, aussi bien ce qu'elles veulent que ce qu'elles ne veulent pas. Et en errant les unes ici, les autres là, elles se mélangent les unes aux autres : chacune accomplit le sort fixé par le destin, tant vers le plus que vers le moins. Toutes se détruisent mutuellement : la plus petite détruit la plus grande et la plus grande la plus petite, et [toutes] se doivent leur augmentation, la plus grande à la plus petite, la plus petite à la plus grande.

6. Et toutes les choses, aussi bien l'âme de l'homme que son corps, sont ordonnées par l'âme [du monde]. S'introduisent dans l'homme des parties de parties et des touts de touts[1], comportant un mélange de feu et d'eau, les uns prêts à recevoir et les autres à donner. Ceux qui reçoivent font diminuer, ceux qui donnent font grandir. Des hommes scient du bois : l'un tire et l'autre pousse et cependant ils font la même chose, et faisant le moins, ils font le plus. Telle est la nature de l'homme : une partie pousse, une autre tire ; l'une donne, l'autre reçoit ; et quand l'une donne, l'autre augmente ; et quand l'une reçoit, l'autre diminue. Chacune conserve son lieu propre et les choses qui vont vers le moins se dissocient en un lieu plus petit, tandis que celles qui vont vers le plus grand s'agglomèrent et se mélangent en une ordonnance plus grande. Les choses étrangères et non homogènes sont repoussées hors du lieu autre que le leur. Chaque âme, possédant du plus ou du moins, parcourt les parties qui lui sont propres, ⟨mais celle-ci⟩, n'ayant besoin ni d'addition ni de soustraction des parties, mais seulement d'un lieu pour l'augmentation et la diminution de celles qui existent, façonne chacune des parties dans les lieux où elle se rend, et reçoit les parties qui s'ajoutent. Car le non-homogène ne peut demeurer dans des régions qui ne s'y prêtent pas. Aussi y a-t-il errance des choses qui ne peuvent s'entendre, tandis que celles qui s'entendent entre elles reconnaissent ce à quoi elles sont attachées ; car le concordant est attaché au concordant, tandis que le discordant entre en lutte, combat et se démarque [du discordant]. C'est pourquoi l'âme de l'homme augmente dans l'homme, et non dans un autre animal ; et chez les autres animaux de grande taille, de la même façon, les parties qui diffèrent mutuellement se séparent de force.

7. Laissons de côté les autres animaux pour considérer l'homme. Dans l'homme s'introduit une âme, comportant un

mélange de feu et d'eau, lot du corps humain[1]. (Les êtres masculins et féminins, nombreux et quelle que soit leur race, sont
nourris et croissent selon le régime propre à l'homme.) Il
est nécessaire que les choses introduites aient toutes leurs
parties, car ce qui serait initialement privé d'un lot ne croî-
trait pas, ni avec beaucoup ni avec peu de nourriture; mais [le
vivant] totalement doté croît, chacun à sa place propre, puisque
s'offre à lui de la nourriture provenant de l'eau sèche et du
feu humide, qui tantôt entre et tantôt sort de force. Comme
lorsque les charpentiers scient une poutre, l'un tire, l'autre
pousse : le résultat est le même. Quand ils tirent vers le bas,
[la scie] remonte. On ne saurait admettre un mouvement
contraire, allant contre ⟨ce qui est opportun[2]⟩; si violence est
faite d'un côté, c'est le tout qui pâtira. Il en va de même de la
nourriture de l'homme : l'un tire, l'autre pousse, quand certaines substances sont introduites de force, d'autres sont
chassées, mais si la force s'exerce inopportunément, le tout en
souffrira.

8. Pendant tout ce temps chaque être a son ordonnance
propre, définie par la possibilité d'accueil maximal de nourriture
que le lieu comporte. Lorsque la place devient plus grande, les
éléments femelles et mâles s'y portent, poussés de la même façon
par la force et la nécessité. Avant que les uns et les autres aient
accompli leur lot fatal, ils se dissocient d'abord et se mélangent
ensuite. Après avoir changé de lieu et rencontré une harmonie
correcte qui comporte trois accords : la syllabe (quarte), l'aigu
(quinte) et l'octave, les uns et les autres vivent et s'accroissent de
la même manière qu'auparavant. S'ils ne rencontrent pas d'harmonie et si l'accord des graves et des aigus ne se réalise ni dans la
quarte, ni dans la quinte, ni dans l'octave, et si un seul fait défaut,
la tonalité est stérile; car il ne saurait y avoir concert, mais il se
produit un changement du plus grand vers le plus petit,
contraire au lot; aussi les uns et les autres ignorent-ils ce qu'ils
créent.

9. Pourquoi naissent des êtres de sexe masculin et des êtres
de sexe féminin, nous l'expliquerons plus loin. Mais qu'il
soit de l'un ou de l'autre sexe, l'être qui va naître et rencontre
l'harmonie est humide et est mû par le feu; et ainsi mû il
s'enflamme et attire l'aliment matériel et pneumatique qui entre
dans la femme. Et il en va tout de même des premiers éléments
constitutifs de l'embryon puisqu'il est encore peu dense, mais
se trouve séché et solidifié par le mouvement du feu. Ainsi
solidifié, il s'épaissit tout autour, et le feu qui est en lui ne peut

plus attirer une nourriture suffisante, non plus que l'élément
pneumatique extérieur à cause de la densité de l'enveloppe.
Alors s'opère une disparition de l'humide qui se trouve à l'intérieur. Alors les parties solides par nature, qui se trouvent à
l'intérieur de l'ébauche constituée, et qui sont sèches, ne sont
plus consumées par le feu en vue de la nutrition, mais se conso-
lident et se condensent par défaut d'humidité, ce qui produit ce
qu'on appelle les os et les nerfs. Mais le feu, mû par le mélange de
l'humide, ordonne le corps selon la nature, par la nécessité suivante : d'un côté il n'a pas la possibilité de traverser les parties
sèches et dures pour se ménager des issues durables, parce qu'il
n'y trouve pas d'aliment, et d'un autre côté il ne peut se frayer un
chemin à travers les parties humides et molles, car celles-ci
constituent son aliment. En effet il demeure en elles une sécheresse non consumée par le feu. Alors elles se réunissent pour
former un tout consistant. D'une part le feu qui se consume à
l'intérieur augmente en intensité et peut creuser une large
brèche, car là se trouve présente une grande quantité d'humide
dans la cavité dite abdominale; alors il en sort, puisqu'il n'a pas
d'aliment, et il ouvre des brèches à l'élément pneumatique, ce
qui a pour effet de provoquer une entrée et une distribution de la
nourriture; mais d'autre part cela a pour effet, en obturant le
reste du corps, de produire une triple circulation : ce qui constituait la partie la plus humide du feu se répand dans les parties
étroites que l'on appelle les ⟨veines caves⟩, puis dans les parties
médianes le reste de l'eau se rassemble et se condense, formant ce
qu'on appelle les chairs.

10. Conformément à une formule[1] une, le feu ordonne toutes
les parties du corps selon le mode qui lui est propre, à l'imitation
de l'univers : les petites par rapport aux grandes et les grandes
par rapport aux petites. La grande cavité, réservoir de l'eau sèche
et humide, la donne à toutes les parties et l'en reçoit, selon la
fonction propre à la mer, nourrice des animaux qui lui conviennent, destructrice de ceux qui ne lui conviennent pas. Autour
d'elle se place un rassemblement d'eau froide et humide, issue de
l'élément pneumatique froid et chaud, à la façon de la terre qui
altère toutes les choses qui sont à sa surface : elle détruit les uns,
elle fait croître les autres, produisant la raréfaction de l'eau légère
et du feu aérien, de l'invisible comme du visible, et une séparation de la substance solide, dans laquelle [les êtres] sont portés, et
où chacun vient au jour, selon le lot qui lui a été fixé. Dans ce
corps le feu a produit trois révolutions qui se complètent
mutuellement à l'intérieur comme à l'extérieur. La première se

rapporte aux cavités des humides, puissance de la Lune; la deuxième à la circulation extérieure relative à l'enveloppe durcie, puissance des astres; la troisième occupe l'espace compris entre l'intérieur et l'extérieur et concerne les autres : c'est la puissance du Soleil qui est le feu le plus chaud et le plus vif, commandant toutes choses et les gouvernant chacune selon sa nature, intangible à la vue et au toucher. C'est en lui que résident l'âme, l'intellect, la pensée, le mouvement, la croissance, la diminution, la séparation[1], le sommeil, la veille; il gouverne toutes choses continuellement, et celles-ci et celles-là, sans se reposer jamais[2].

11. Mais les hommes n'ont pas la science leur permettant, à partir des choses visibles, d'observer les choses invisibles, car ils ne savent pas qu'ils se servent de techniques qui ressemblent à la nature humaine, car l'intellect des dieux leur a appris à imiter les choses qui leur sont propres, en ayant conscience de ce qu'ils font, mais sans avoir conscience des modèles qu'ils imitent; car toutes les choses semblables sont dissemblables, toutes les choses convergentes sont différentes, toutes les choses dites sont non dites, les choses irrationnelles comportent raison, le contraire s'accorde avec chaque chose. En effet la loi et la nature, par lesquelles nous faisons tout, sont en désaccord par le fait même qu'elles s'accordent. D'une part la loi a été établie par les hommes pour eux-mêmes, dans l'ignorance de ce sur quoi ils l'établissaient, d'autre part les dieux ont ordonné la nature de toutes choses. Ainsi d'un côté les lois établies par les hommes ne demeurent jamais identiques, qu'elles soient justes ou non; mais d'un autre côté celles que les dieux ont établies, conservent éternellement leur rectitude, qu'elles soient justes ou injustes. Telle est leur différence.

12. Nous allons montrer que les arts visibles sont semblables aux affections[3] de l'homme, aussi bien manifestes qu'occultes. Telle est la divination : au moyen des choses visibles elle connaît les choses non visibles, et au moyen des choses non visibles les choses visibles; par le présent le futur, et par les morts les vivants; et par l'incompréhensible comprennent et celui qui sait toujours correctement et celui qui sait plus ou moins bien, selon les cas. Toutes ces choses imitent la nature et la vie de l'homme. L'homme, en rencontrant la femme, a produit l'enfant ; par le visible se trouve connu le non-visible, à savoir qu'il en sera ainsi : la pensée de l'homme, invisible, connaît les choses visibles et passe de l'enfant à l'homme[4] ; par le présent elle connaît le futur. Le mort ne ressemble pas au vivant : par le mort elle connaît le vivant. Le ventre n'a pas de

conscience : par lui nous avons conscience de la soif et de la faim. Les affections de l'art divinatoire sont identiques à celles de la nature humaine; par celles-ci nous connaissons toujours correctement, par celles-là nous ne connaissons que plus ou moins bien, selon les cas.

13. Les [forgerons], grâce à l'art, amollissent le fer par le feu qu'ils contraignent par le souffle[1]. Ils enlèvent la nourriture présente, la rendent plus légère, la battent et la réduisent, et avec l'aliment de l'eau qui est contraire, elle devient forte[2]. L'homme subit le même traitement de la part du professeur de gymnastique. Le feu s'empare de la nourriture présente et la contraint avec le souffle. Après s'en être emparé, il la bat, il la ramollit, il la purifie. L'apport des eaux venues d'ailleurs le rend fort.

14. Les cardeurs aussi font la même chose. Ils battent, ils cardent, ils étirent. En peignant ils renforcent les fils; en coupant ce qui dépasse et en démêlant, ils font une plus belle laine. L'homme subit le même traitement.

15. Les tanneurs divisent en parties les peaux tout entières et font de ces parties des touts. En taillant et en piquant les peaux ils les rendent résistantes. Et l'homme subit le même traitement. Les touts se divisent en parties et de la synthèse des parties naissent des touts. En piquant et en taillant leur peau, les médecins leur redonnent la santé. Et tel est le rôle de la médecine : éliminer ce qui est nuisible et rendre la santé en enlevant la cause du mal. La nature y pourvoit d'elle-même : celui qui est assis s'efforce de se redresser, celui qui est agité s'efforce de se calmer. Et la nature de la médecine comporte un grand nombre de choses de ce genre.

16. Quand les charpentiers scient une poutre, l'un tire et l'autre pousse. Pourtant l'un et l'autre font la même chose dans deux sens différents, à savoir : l'un tire la scie, l'autre la pousse. Quand l'un tire dans un sens, l'autre pousse dans l'autre. Ainsi la scie pénètre; chacun poussant deux fois moins, produit deux fois plus. Ils imitent ainsi la nature humaine : le souffle tantôt tire, tantôt pousse; par ces deux actions contraires, il produit le même résultat : d'un côté il comprime le bas, de l'autre il s'insinue en haut. À partir d'une seule âme divisée se produisent le plus et le moins, le plus grand et le plus petit.

17. Les maçons œuvrent en accordant des matériaux différents. Ils humidifient les éléments secs et sèchent les éléments humides, divisent les touts et rassemblent les parties divisées. S'ils ne procédaient pas ainsi, ils ne feraient pas ce qu'il faut. Ils imitent le régime de l'homme. Nous humidifions les aliments

secs et asséchons les humides. Nous divisons les touts et recomposons les parties divisées. Toutes ces actions divergentes concordent.

18. [Il lui faut d'abord disposer d'un instrument de musique susceptible d'illustrer son propos.] Les combinaisons de l'harmonie sont produites par les mêmes et ne sont pas les mêmes : par l'aigu et le grave, semblables par le nom mais dissemblables par le son. Celles qui diffèrent davantage s'accordent le plus. Celles qui diffèrent le moins s'accordent le moins. Si toutes les notes étaient semblables, tout le charme s'envolerait. Les changements les plus grands et les formes les plus variées charment davantage. Les chefs cuisiniers préparent les nourritures pour les gens, en mélangeant de toutes sortes de façons éléments dissemblables et éléments semblables ; à partir des mêmes ⟨ingrédients⟩, ils préparent des ⟨plats⟩ non mêmes, tant en matière de nourriture solide que de boisson. Si toutes leurs préparations étaient semblables, le plaisir s'envolerait, et s'ils n'ordonnaient pas tous les ingrédients en un mets identique, ils ne respecteraient pas les règles culinaires. ⟨Ainsi⟩ en musique les sons résonnent-ils, les uns aigus, les autres graves. La langue imite la musique, discernant le doux et l'acide de ce qu'elle goûte, discernant ce qui est bon de ce qui est mauvais. Ainsi elle émet ⟨des sons⟩ hauts et bas, et il ne faut pas que les sons hauts sonnent bas, et que les sons bas sonnent haut. Mais si la langue est bien harmonisée, le charme naît de l'accord, tandis que le déplaisir accompagnera la langue sans harmonie.

19. Les corroyeurs tendent, assouplissent, battent, lavent. L'éducation des enfants fait de même. Quand on fait des tresses, on tresse en rond ; partant d'un commencement, on aboutit à un commencement. Même est le cycle corporel : par où il commence, par là il finit.

20. On travaille le minerai d'or, on bat, on lave, on fond. À feu doux il s'agglomère, et non à feu vif. Quand on l'a ainsi travaillé, on s'en sert pour tout. L'homme bat le grain, le lave, le purifie, le cuit au feu et le mange. Brûlé par un feu trop fort, l'aliment ne se combine pas au corps ; cuit doucement, si.

21. Les sculpteurs fabriquent une imitation du corps [hormis l'âme] ; mais ils ne lui donnent pas la pensée : ils la modèlent avec de l'eau et de la terre, séchant les éléments humides et humidifiant les secs. Ils enlèvent ce qui est en excès et ajoutent de la terre pour boucher les manques ; l'augmentation s'opère du plus petit au plus grand. L'homme subit le même traitement. Sa croissance va du plus petit au plus grand, ce qui est retiré des parties en

excès vient s'ajouter aux manques, les sèches sont prélevées sur les humides et les humides sur les sèches.

22. Les potiers font tourner le tour qui ne tourne ni dans un sens ni dans l'autre, mais dans les deux à la fois, imitant ainsi ensemble la rotation de l'univers[1]. En usant du même tour, ils façonnent nombre d'objets divers, dont aucun n'est semblable à l'autre, à partir des mêmes éléments et en usant d'outils identiques. Les hommes, ainsi que les autres animaux, subissent le même traitement. Dans la même rotation, ils font à partir des mêmes éléments, et avec les mêmes organes, toutes sortes de choses pas du tout semblables; ils produisent à partir des éléments humides les parties sèches, et à partir des secs les humides.

23. L'écriture est du même genre[2] : la combinaison des figures [lettres], signes de la voix humaine. Puissance de noter le souvenir des choses passées et de montrer celles à accomplir. À travers sept figures[3] : la connaissance. Tout cela concerne l'homme, celui qui sait ses lettres comme celui qui ne les sait pas. À travers sept figures aussi les sensations pour l'homme[4]. L'ouïe est l'organe du son, la vue des visibles, les narines de l'odeur, la langue du goût et du dégoût, la bouche du langage, le corps du toucher, ⟨et l'organe⟩ du souffle chaud et froid ⟨, ce sont⟩ les passages vers l'extérieur et vers l'intérieur. Par eux vient la connaissance aux hommes.

24. L'art de la lutte et l'éducation sont ainsi : ils enseignent à violer la loi sans sortir de la légalité, à commettre l'injustice en toute justice, à tromper, voler, piller, violer, et que les choses les plus honteuses sont les plus belles. Qui n'agit pas ainsi est un pauvre homme, qui agit ainsi est un homme de valeur[5]. C'est la preuve de la bêtise des masses. Les gens assistent à ce spectacle, et décident qu'un athlète est entre tous bon, et les autres mauvais. La plupart admirent; quelques rares se rendent compte. Les gens qui vont au marché font la même chose : vendeurs et acheteurs jouent le jeu du mensonge, et celui qui a davantage trompé son monde est le plus admiré. Les ivrognes et les fous font la même chose. Ils courent, ils luttent, ils combattent, ils volent, ils trompent. Un seul parmi tous est jugé excellent. L'art du comédien trompe les spectateurs. Ils disent ceci, ils pensent cela : les mêmes entrent sur la scène et en sortent, et ce ne sont pas les mêmes. Et pour l'homme encore, le dire est une chose et le faire une autre, le même n'est pas le même, tantôt il pense ainsi et tantôt autrement.

Ainsi tous les arts participent-ils à la nature de l'homme. (*Du régime*, I, 5-24.)

II

Hippocrate.

1° La nourriture et la forme de la nourriture sont une et multiple [...]

2° Elle augmente, fortifie, rend charnues, rend semblables et rend dissemblables les parties propres à chaque corps, selon la nature de chacun et la puissance dérivant du principe. [...]

8° La nourriture est le nourrissant, la nourriture est ce qui est capable ⟨de nourrir⟩, la nourriture est ce qui le doit.

9° Le principe de toutes choses est un, et la fin de toutes choses une. Et la fin et le commencement sont les mêmes. [...]

12° On peut dire de toute chose qu'elle est nuisible et propice au réchauffement; nuisible et propice au refroidissement; nuisible et propice à la puissance. [...]

14° Les humeurs [...] sont spontanées et non spontanées. Spontanées pour nous, et non spontanées pour la cause. Et inversement certaines choses sont visibles pour la cause, d'autres invisibles, les unes possibles les autres impossibles.

15° La nature pourvoit à tout pour tous. [...]

17° Toutes ces choses sont une nature une et non une. Toutes ces choses sont des natures multiples et une. [...]

19° Dans la nourriture le médicament est excellent, dans la nourriture le médicament est sans effet. Sans effet et excellent relativement à quelque chose [...]

21° La nourriture n'est pas nourriture, si elle ne peut nourrir; la nourriture ⟨n'⟩est ⟨pas⟩ nourriture, si elle ⟨n'⟩est ⟨pas⟩ capable de nourrir. Elle a nom de nourriture, elle n'a pas l'effet; l'effet est nourriture, pas le nom. [...]

23° La confluence des humeurs est une, le mélange des souffles est un, toutes choses sont en sympathie. Toutes choses sont selon la totalité, mais dans le détail, les parties contenues dans chaque partie sont en vue de leur fonction.

24° Le grand principe parvient à la partie dernière, de la partie dernière on arrive au grand principe. Une seule nature est et n'est pas. [...]

40° Le concordant discordant, le discordant concordant. Le lait d'une autre espèce est fortifiant, le lait propre à l'espèce mauvais, le lait d'une autre espèce nuisible, le lait propre bénéfique [...]

42° Il y a et il n'y a pas de nourrissons de huit mois. En ceux-

ci se trouvent le plus et le moins, le total et le partiel. Et pas
davantage le plus est plus, et le moins moins. [...]

45° La route en haut-en bas: une. (*De l'alimentation*, IX,
éd. Littré, p. 98 et suiv.)

III

Scythinos de Téos. [Iambes sur la nature.]

1. Plutarque

À propos de la lyre[1], elle qu'accorde
Le gentil Apollon, fils de Zeus, tout entière,
Lui qui sait réunir commencement et fin
Et use comme onglet[a] des rayons du Soleil.

(*Pourquoi la prophétesse Pythie ne rend plus les oracles en vers*, 17,
402 A.)

2. Stobée

[...] de toutes choses le temps est
Fin et commencement, et en lui tout embrasse.
Il est un et n'est pas. Il vient toujours de l'Être,
À lui-même est présent sur la route opposée.
Le lendemain pour nous sera en fait hier,
Et l'hier lendemain.

(*Choix de textes*, I, VIII, 43.)

IV

Cléanthe.

C'est à toi qu'obéit ce ciel qu'on voit tourner
Tout autour de la Terre où que tu le conduises,
Il se plie de bon gré à ton gouvernement;
Tant paraît redoutable en tes mains invincibles
Ton serviteur, le feu, avec son double dard
De foudre et de tonnerre, et qui vit à jamais.
Sous ses coups la nature entière est ébranlée;
Et par lui tu conduis l'universel Logos
Qui, s'étendant partout, se mêle à tous les feux,
Les grands et les petits qui brillent dans le ciel[a].

(*Hymne à Zeus*, dans *Fragments des anciens stoïciens*, éd. v. Arnim, I,
537, v. 3-9.)

v

Lucien.

LE MARCHAND : Mais toi, pourquoi pleures-tu[1], mon cher? Je ferais beaucoup mieux, je crois, de m'adresser à toi.

HÉRACLITE : C'est que je crois, étranger, que les choses humaines sont lamentables et déplorables et qu'il n'est aucune d'elles qui ne soit périssable. Et c'est pourquoi je plains les hommes et pleure sur eux. Je ne pense pas que les choses présentes soient dignes d'intérêt, mais je crains que les choses à venir soient tout à fait déplorables, car je pense aux conflagrations[2] et au malheur de l'univers. C'est tout cela qui me tire des larmes, et que rien ne soit stable[3] et que tout soit mêlé comme dans un cycéon[4]; et qu'identiques soient plaisir et douleur[5], connaissance et ignorance, grand et petit, haut et bas[6] qui circulent périodiquement et s'échangent selon le jeu du temps.

LE MARCHAND : Qu'est-ce que le temps?

HÉRACLITE : Un enfant qui s'amuse et joue au trictrac[7], ⟨accordant⟩-désaccordant[8].

LE MARCHAND : Que sont les hommes?

HÉRACLITE : Des dieux mortels.

LE MARCHAND : Que sont les dieux?

HÉRACLITE : Des hommes immortels[9].

LE MARCHAND : Tu parles par énigmes[10], toi que voilà, ou bien tu composes des rébus? Car tu parles tout à fait comme l'oracle d'Apollon, l'Oblique, sans rien expliquer[11].

HÉRACLITE : Je ne fais nul cas de vous[12].

LE MARCHAND : Alors aucun acheteur sensé ne voudra t'acheter.

HÉRACLITE : J'ordonne à tous les adultes[13] de pleurer : à ceux qui m'achètent et à ceux qui ne m'achètent pas.

LE MARCHAND : Ce mal n'est guère éloigné de la mélancolie[14]. (*Les Sectes à l'encan*, 14.)

DEUXIÈME PARTIE

L'ITALIE PYTHAGORICIENNE

PYTHAGORE

VIE ET PHILOSOPHIE

VIE

I

Hérodote.

Ce sont encore des Égyptiens qui, les premiers, ont dit que l'âme humaine est immortelle et qu'au moment où le corps périt, elle vient se loger dans un autre être vivant qui naît alors; que, lorsqu'elle a habité tour à tour toutes les espèces terrestres, aquatiques et aériennes, alors elle pénètre de nouveau dans le corps d'un homme à l'instant où il naît, après une migration de trois mille ans. Des Grecs ont fait leur cette théorie, des anciens comme des modernes, en la présentant comme leur invention propre. Je n'en rapporte pas ici les noms, quoique je les connaisse. (*Enquête*, II, 123.)

Toutefois, chez les Égyptiens, on n'introduit pas de vêtement de laine dans les sanctuaires du moins, pas plus qu'on n'enterre de laine avec les cadavres : ce serait sacrilège. Cet interdit[1] s'accorde d'ailleurs avec les prétendus mystères orphiques et bachiques, qui sont en fait égyptiens et pythagoriciens; car pour quiconque participe à ces mystères, il est sacrilège également d'être enseveli dans des vêtements de laine. Ceux-ci sont d'ailleurs l'objet d'une prescription liturgique[2]. (*Ibid.*, II, 81).

II

Hérodote.

À ce que j'ai appris des Grecs de l'Hellespont et du Pont, ce Salmoxis, qui était un homme, avait été esclave à Samos, et esclave de Pythagore, fils de Mnésarchos. Puis, devenu libre, il s'était constitué une grosse fortune qui lui avait permis de rentrer dans sa patrie. Mais comme les Thraces étaient des gens pauvres et plutôt naïfs, ce Salmoxis, qui avait fait l'apprentissage de la façon de vivre propre à l'Ionie et était d'un caractère plus réfléchi que les Thraces pour avoir fréquenté des Grecs, et parmi eux le Sage[1] assurément le plus éminent, Pythagore, avait fait aménager un appartement réservé aux hommes[2], où il recevait et régalait les notables de la cité. Il leur enseignait que ni lui ni ses convives ni leurs descendants ne mourraient, mais qu'ils iraient vers un lieu où, continuant à vivre pour l'éternité, ils jouiraient de tous les biens. Or, tandis qu'il faisait tout ce que je viens de dire, et tenait ces propos, il se faisait aménager un appartement souterrain ; quand cet appartement fut achevé, il disparut de la société des Thraces, et descendit dans l'appartement souterrain, où il vécut trois ans. On se mit à le regretter et à le pleurer, en croyant qu'il était mort. Puis, au bout de trois ans, il réapparut aux Thraces qui dès lors eurent foi en tout ce que Salmoxis disait. Voilà, dit-on, ce qu'il fit. Pour ma part, si en ce qui concerne cet homme et son appartement souterrain je ne veux pas apparaître ni trop crédule ni trop incrédule, je pense pourtant que ce Salmoxis a dû vivre de nombreuses années avant Pythagore. (*Ibid.*, IV, 95.)

III

Diogène Laërce.

Aristoxène aussi affirme que la plupart de ses maximes morales, Pythagore les a empruntées à la prêtresse de Delphes Thémistocléia[3]. (*Vies*, VIII, 8.)

IV

Isocrate.

28. Pythagore de Samos se rendit en Égypte, où il se mit à l'école des Égyptiens, et fut le premier à introduire en Grèce la philosophie ; et particulièrement pour tout ce qui est rites et pratiques cérémoniales dans les sacrifices il fit montre d'un zèle plus manifeste que les autres ; car, pensait-il, même si cela ne devait rien lui valoir de plus de la part des dieux, il en retirerait du moins une excellente réputation auprès des hommes ; 29. et ce fut précisément le cas. En effet il surpassa tout le monde en réputation au point que les jeunes, unanimement, brûlèrent de devenir ses disciples et que les aînés, de leur côté, virent avec plus de plaisir leurs propres enfants devenir ses disciples que se préoccuper de leurs affaires domestiques. Et comment ne pas

accorder foi à ce témoignage, puisque aujourd'hui encore on admire davantage, malgré leur silence, ceux qui se font passer pour ses disciples que ceux qui ont une très grande réputation d'orateur ? (*Busiris*, 28-29.)

V

Diogène Laërce.

Dans son *Dialogue sur la nature*[1], Alcidamas dit [...] qu'Empédocle a été le disciple d'Anaxagore et de Pythagore : à l'un il a emprunté le modèle d'une conduite de vie digne, à l'autre sa philosophie naturelle. (*Vies*, VIII, 56.)

Aristote.

De même, Alcidamas, lui aussi, dit que partout on honore les Sages. Et il est certain que les habitants de Paros ont honoré Archiloque, quoiqu'il les ait diffamés, et que les Italiens de Grande-Grèce ont rendu les honneurs funèbres à Pythagore, de même que les habitants de Lampsaque à Anaxagore, pourtant un étranger ; ils les honorent d'ailleurs encore aujourd'hui. (*Rhétorique*, B, 23, 1398 *b* 9.)

VI

Diogène Laërce.

Thrasylle dit que Démocrite a été un adepte des pythagoriciens. Il a d'ailleurs rapporté des souvenirs se rattachant directement à Pythagore, sur le mode admiratif, dans l'ouvrage qui porte son nom[2]. C'est à lui, semble-t-il, qu'il a emprunté toute sa théorie et il aurait même suivi ses leçons s'il n'y avait pas eu impossibilité historique. Quoi qu'il en soit, il a dû suivre l'enseignement d'un pythagoricien, si l'on en croit Glaucos de Rhégium, son contemporain. (*Vies*, IX, 38.)

Porphyre.

Au deuxième livre des *Annales*, Douris de Samos cite le nom du fils de Pythagore, Arimnestos, et dit qu'il fut le maître de Démocrite. Il ajoute qu'Arimnestos, retour d'exil, déposa dans le sanctuaire d'Héra un ex-voto en bronze de près de deux coudées de diamètre, portant gravée l'inscription suivante :

> *Mon donateur a nom Arimnestos, le fils*
> *De Pythagore qui le premier inventa,*
> *Dans les proportions, de nombreuses sciences.*

C'est cette inscription que détruisit Simos pour pouvoir faire croire partout, ensuite, que l'harmonique et le canon, qu'il s'était appropriés, étaient sa propre découverte. Les noms des sciences gravés [sur l'ex-voto] devaient être au nombre de sept, mais Simos, pour s'en approprier une, fit disparaître du même coup les noms des six autres qui y étaient gravés. (*Vie de Pythagore*, 3.)

VI *a*

Proclus.

Après Thalès[1], on cite Mamercos, le frère du poète Stésichore, comme autre amateur passionné de l'étude de la géométrie [...] Après eux, vient Pythagore qui a donné à la philosophie[2] géométrique la forme d'une culture libérale, en reprenant les choses au commencement pour découvrir les principes par un examen des théorèmes mettant en œuvre une méthode non empirique et purement intellectuelle; c'est précisément lui qui découvrit la théorie des proportions[3] et l'existence d'une structure des formes de l'univers. (*Commentaire sur le premier livre des Éléments d'Euclide*, 65, 11.)

VII

Aristote.

Et de fait, l'adolescence d'Alcméon coïncide avec les dernières années de la vie de Pythagore. (*Métaphysique*, A, v, 986 *a* 29.)

Apollonios.

À Épiménide, Aristéas, Hermotime, Abaris et Phérécyde a succédé Pythagore, fils de Mnésarchos, qui se lança dans l'étude assidue des sciences mathématiques, et des nombres en particulier, mais ne voulut jamais, même par la suite, renoncer à l'art de faiseur ⟨de⟩ miracles de Phérécyde. Et en effet[4], un jour qu'un cargo, chargé de frêt, entrait dans le port de Métaponte au milieu de la foule qui, songeant à la cargaison, priait le Ciel que son retour se fût bien passé, notre philosophe survint et dit : « Eh bien, c'est un cadavre qui pilote ce cargo, vous allez le voir ! » Une autre fois à Caulonia, au dire d'Aristote, ⟨il prédit l'apparition de l'ourse blanche; le même Aristote⟩, qui a beaucoup écrit sur lui, dit encore, entre autres choses, que « le serpent de Tyrrhénie dont la morsure était mortelle, il le tua en le mordant lui-même ». En une autre occasion, il annonça à ses disciples qu'un soulèvement allait éclater ; c'est pourquoi il partit pour Métaponte, sans se faire reconnaître et, tandis qu'il longeait le Cossa en compagnie d'autres voyageurs, il entendit une voix forte et surhumaine qui lui dit « Salut, ô Pythagore ! », ce qui terrifia les gens présents. Une autre fois, on put le voir à Crotone et à Métaponte, le même jour et à la même heure. Une autre fois encore, toujours selon Aristote, alors qu'il assistait à une représentation théâtrale, il se leva et laissa voir au public sa jambe : elle était en or. (*Histoires merveilleuses*, 6.)

Élien.

Aristote rapporte que les habitants de Crotone ont appelé Pythagore Apollon Hyperboréen. (*Histoires variées*, II, 26.)

Pythagore enseignait aux gens qu'il était le fruit de semences d'une nature supérieure à celle des mortels. (*Ibid.*, IV, 17.)

À propos de Myllias de Crotone, il racontait qu'il n'était autre que Midas de Phrygie, fils de Gordias ; il avait d'autre part caressé l'aigle blanc[1] qui s'était laissé faire. (*Ibid.*, I, 98, 40.)

Jamblique.

Aristote aussi raconte, dans son ouvrage *Sur la philosophie pythagoricienne*, que les pythagoriciens conservent soigneusement dans leurs doctrines ésotériques une division du genre en espèces, qui est en gros la suivante : la première espèce d'animal raisonnable[2] est Dieu, la deuxième l'homme, et la troisième quelqu'un comme Pythagore. (*Vie pythagorique*, 31.)

VIII

Clément d'Alexandrie.

Selon Hippobote, Pythagore, fils de Mnésarchos, était originaire de Samos ; selon Aristoxène, dans sa *Vie de Pythagore*, Aristarque et Théopompe, il était tyrrhénien et, selon Néanthès, soit syrien soit tyrien. La plupart des auteurs considèrent donc que Pythagore est d'origine barbare. (*Stromates*, I, 62.)

Diogène Laërce.

Selon Aristoxène, il était Tyrrhénien, étant né dans l'une des îles[3] qu'occupèrent les Athéniens quand ils en eurent expulsé les Tyrrhéniens. (*Vies*, I, 1.)

Dans son ouvrage *Sur Pythagore et ses disciples*, Aristoxène dit que, quand Phérécyde mourut de maladie, c'est Pythagore qui l'enterra à Délos. (*Ibid.*, I, 118.)

Porphyre.

Selon Aristoxène, Pythagore, alors âgé de quarante ans, voyant se renforcer sans cesse la tyrannie de Polycrate, jugea indigne d'un homme libre de se soumettre à son despotisme dominateur et, en conséquence, partit pour l'Italie. (*Vie de Pythagore*, 9.)

Pseudo-Jamblique.

Les pythagoriciens Androcyde, auteur du traité *Des symboles*, et Euboulidès, ainsi qu'Aristoxène, Hippobote et Néanthès, tous biographes de Pythagore, ont affirmé que ses métempsychoses avaient duré deux cent seize ans ; qu'après un nombre égal d'années, il était à nouveau venu au monde pour une nouvelle vie, comme s'il avait attendu le premier retour cyclique du cube du nombre 6[1], qui est principe générateur de l'âme en même temps que nombre récurrent en raison de sa sphéricité ; toujours est-il que pour toutes ces raisons, il eut une seconde existence. Il y a d'ailleurs là coïncidence avec le fait qu'Euphorbe a vécu à cette époque-là. On sait en effet qu'à peu de chose près cinq cent quatorze ans séparent la ruine de Troie de l'époque où vécurent Xénophane, Anacréon et Polycrate, et de l'époque où le Mède Harpage investit l'Ionie, que quittèrent ses habitants (ce sont d'ailleurs des Phocéens en exil qui fondèrent Marseille). L'histoire veut en effet que Pythagore soit contemporain de tous ces hommes et qu'il ait été fait prisonnier par Cambyse, quand celui-ci prit l'Égypte — où lui-même, Pythagore, recevait l'enseignement des prêtres —, et qu'il ait été initié, à Babylone où il s'était rendu, aux mystères barbares, puisque Cambyse vivait à la même époque que le tyran Polycrate, que Pythagore avait voulu fuir en se rendant en Égypte. Donc, quand on a ôté deux fois la durée du cycle des métempsychoses de Pythagore, soit deux fois deux cent seize ans, de la date de la ruine de Troie, on obtient la durée de la vie de Pythagore, soit quatre-vingt-deux ans[2]. (*Théologoumènes arithmétiques*, p. 52, 8, éd. De Falco.)

Diogène Laërce.

4. Voici, selon Héraclide du Pont, ce que Pythagore disait de lui-même : il était né un jour sous le nom d'Aethalidès et on le croyait fils d'Hermès. Ce dernier lui avait dit qu'il lui accorderait ce qu'il voudrait, excepté l'immortalité ; il avait donc demandé de pouvoir conserver, aussi bien après sa mort que pendant sa vie, le souvenir des événements. Aussi, sa vie durant, se souvint-il de tout et garda-t-il après sa mort cette même faculté. Son

âme s'était incarnée ensuite dans le corps d'Euphorbe, et il avait
été blessé par Ménélas[1]. Euphorbe, lui, disait qu'il avait été un
jour Aethalidès, que c'était d'Hermès qu'il tenait ce don de
métempsychose, et il racontait comment s'était déroulée la
migration de son âme, quels animaux et quels végétaux elle avait
habités, quelles épreuves elle avait connues chez Hadès et tout
ce que les autres âmes y endurent. 5. Ensuite, à la mort d'Euphorbe, son âme s'était incarnée en Hermotime[2] qui, voulant,
lui aussi, rendre crédible cette histoire, était allé trouver les
Branchides[3] à qui il avait désigné, une fois dans le sanctuaire
d'Apollon, comme étant un ex-voto offert par Ménélas — à
Apollon, aux dires d'Hermotime, lors de son départ de Troie —,
un bouclier qui était déjà complètement pourri et où ne subsistait
plus que la figurine d'ivoire. Puis, à la mort d'Hermotime, il
était devenu Pyrrhos, marin de Délos, qui racontait toute
l'histoire depuis le début, comment il avait d'abord été Aethalidès, puis Euphorbe, puis Hermotime, puis Pyrrhos. À la mort
de Pyrrhos, il était devenu Pythagore et se souvenait de tout ce
qu'on vient de rapporter. (*Vies*, VIII, 4-5.)

VIII *a*

Porphyre.

18. Lorsque Pythagore eut débarqué en Italie et qu'il se fut
installé à Crotone, dit Dicéarque, les citoyens de Crotone
comprirent qu'ils avaient affaire à un homme qui avait beaucoup
voyagé, un homme exceptionnel, qui tenait de la fortune de
nombreux avantages physiques : il était en effet noble et élancé
d'allure et, de sa voix, de son caractère et de tout le reste de
sa personne émanaient une grâce et une beauté infinies. Ils le
reçurent si bien que, après avoir servi de guide spirituel à
l'assemblée des anciens par de nombreuses et belles interven-
tions, il entreprit de conseiller les jeunes, cette fois sur les problèmes de l'adolescence, à la demande des magistrats de la cité ;
puis ce fut le tour des enfants, accourus en masse des écoles pour
l'écouter, et il en vint par la suite à organiser également des réu-
nions réservées aux femmes. 19. Tout cela ne fit qu'accroître sa
réputation déjà grande ; et son public, nombreux déjà à Crotone
même et composé non seulement d'hommes, mais aussi de
femmes dont nous n'avons conservé qu'un seul nom, celui de
Théanô, s'accrut encore considérablement des barbares du voisinage, des rois et des chefs. Cependant ce dont il entretenait ses
disciples, nul ne peut le préciser avec certitude ; car aussi bien ils

observaient la règle du silence[1]. Néanmoins tout le monde savait
fort bien qu'il affirmait d'abord que l'âme est immortelle ; puis
qu'elle passe dans des vivants d'autres espèces ; outre cela, que,
selon certaines périodes, les êtres qui sont nés un jour naissent à
nouveau[2] ; qu'il n'y a, à proprement parler, aucun être nouveau,
et qu'il faut croire que tout ce qui naît animé appartient à la
même souche[3]. En tout cas, il est certain que c'est Pythagore qui
a le premier introduit en Grèce ces croyances. (*Vie de Pythagore*,
18-19.)

IX

Porphyre.

En ce qui concerne son enseignement, la plupart affirment
qu'il a appris des Égyptiens et Chaldéens ainsi que des Phéniciens ce qui touche aux sciences dites mathématiques. En effet,
si la géométrie a passionné les Égyptiens depuis des temps très
reculés, les Phéniciens, eux, se sont fait une spécialité des
nombres et des calculs arithmétiques, et les Chaldéens de la spéculation astronomique. Pour ce qui est des rites religieux et de
toutes ses autres règles de vie, c'est de l'enseignement des mages,
disent-ils, qu'il l'a reçu. Mais si beaucoup de gens peuvent lire ce
qui regarde la religion dans des archives où cela a été consigné,
on connaît moins bien les règles de vie des pythagoriciens,
excepté celle-ci : selon Eudoxe, au livre huitième de *La Révolution de la Terre*, ils ont poussé le souci de pureté et l'abstinence
tant du sang versé que de la fréquentation de ceux qui le versent,
au point de s'abstenir de chair animale et même d'éviter soigneusement cuisiniers et chasseurs[4]. (*Vie de Pythagore*, 6.)

Strabon.

Selon Calanos[5], Pythagore aussi disait des choses du même
genre et prescrivait l'abstinence de toute chair animale. (*Géographie*, XV, 716.)

Diogène Laërce.

Selon certains, Pythagore ne sacrifiait que des victimes sans
âme : coqs, chevreaux de lait et ce qu'on appelle cochons de lait,
mais pas du tout d'agneaux. Pourtant Aristoxène, lui, dit qu'il
permettait qu'on consommât la chair animale, à l'exception de
celles du bœuf de labour et du bélier. (*Vies*, VIII, 20.)

Aulu-Gelle.

XI 1. Une croyance ancienne, et fausse, a prévalu et s'est accréditée, selon laquelle Pythagore n'aurait pas mangé de chair animale, et qu'il se serait même abstenu de la fève[1], κύαμος en grec. C'est ce qui a fait écrire au poète Callimaque :

> 3. *Abstiens-toi de la fève, abjecte nourriture,*
> *Je te répète ici l'ordre de Pythagore [...]*

4. Mais le musicien Aristoxène, très grand amateur de littérature ancienne, et élève du philosophe Aristote, dit, dans le livre qu'il nous a laissé *Sur Pythagore*, que le légume habituel de Pythagore était la fève, parce qu'il lui attribuait la propriété d'être un laxatif doux, propre à relâcher l'abdomen. Je reproduis ici les termes mêmes d'Aristoxène : « Le légume préféré de Pythagore était la fève, car elle est à la fois émolliente et laxative ; c'est pourquoi il en faisait grand usage. » 6. Aristoxène rapporte encore qu'il se nourrissait habituellement aussi de tout jeunes porcelets et de chevreaux du tout premier âge. 7. Il tenait ce renseignement, semble-t-il, du pythagoricien Xénophile qui était son ami intime et de certaines autres personnes, plus âgées, et plus proches de l'époque où vécut Pythagore.

XII 1. Selon Aristote, les pythagoriciens s'abstenaient de manger de la matrice de truie, du cœur, des anémones de mer et de certaines autres choses du même genre, mais, à ces exceptions près, ils mangeaient de tout. (*Nuits attiques*, IV, XI-XII.)

x

Platon.

« Mais si Homère, dit-on, n'a rien fait pour la république, a-t-il concouru à l'éducation privée de citoyens, qui l'auraient chéri pour ses leçons et qui auraient légué à leurs descendants une morale " homérique ", à l'instar de Pythagore[2], qui pour ce motif jouit d'une estime si exceptionnelle qu'aujourd'hui encore ses héritiers pratiquent un style de vie auquel ils donnent son nom, et qui les distingue de la foule ? » (*La République*, X, 600 *a*.)

Diogène Laërce.

45. L'acmé de Pythagore se situe, elle aussi, au cours de la soixantième olympiade[3] et son école a subsisté pendant neuf, ou même dix, générations. 46. En effet les derniers pytha-

goriciens, ceux-là même qu'Aristoxène a connus, furent le Chal-
cidien de Thrace Xénophile, Phanton de Phlionte, ainsi
qu'Échécrate, Dioclès et Polymnastos, de Phlionte eux aussi : ils
reçurent par ailleurs l'enseignement de Philolaos[1] et celui
d'Eurytos de Tarente. (*Vies*, VIII, 45-46.)

XI

Hippolyte.

Selon Diodore d'Érétrie et le musicien Aristoxène, Pythagore
a été en relation avec le Chaldéen Zaratas[2]. (*Réfutation de toutes les
hérésies*, I, II, 12.)

XII

Diogène Laërce.

C'est encore lui qui introduisit en Grèce mesures et poids,
comme l'affirme le musicien Aristoxène. (*Vies*, VIII, 14.)

Porphyre.

D'après Aristoxène, il eut comme élèves des Lucaniens, des
Messapiens, des Picéniens et des Romains. (*Vie de Pythagore*, 22.)

XIII

Porphyre.

D'autres rapportent que la pythonisse Théanô, originaire de
Crète, donna à Pythagore un fils, Télaugès[3], et une fille, Mya,
Arignotès pour d'autres, ceux-là même dont on a conservé des
traités pythagoriciens.

Timée, lui, raconte qu'à Crotone on honorait la fille de Pythagore à la fois comme la Vierge des vierges et comme la Femme
des femmes. Les gens de Crotone firent d'ailleurs de sa maison un
sanctuaire de Déméter et appelèrent « avenue des Muses » la
ruelle où elle s'élevait. (*Vie de Pythagore*, 4.)

Jamblique.

La fille qui lui était née, il la maria à Ménon de Crotone, chez
qui elle vécut le reste de son existence; mais elle avait reçu de son
père une éducation telle que, si c'était elle qui conduisait les

chœurs quand elle était jeune fille, elle continua, après son
mariage, à être la première à s'approcher des autels. Les habitants
de Métaponte, de leur côté, gardent encore le souvenir de Pythagore; ils avaient transformé, peu de temps après sa mort, sa
maison en « sanctuaire de Déméter » et sa ruelle en « avenue des
Muses ». (*Vie pythagorique*, 170.)

Pseudo-Justin.

Après avoir vécu à Crotone pendant vingt années, Pythagore
alla finalement s'installer à Métaponte : c'est là qu'il mourut. On
l'y admira tant qu'on transforma sa maison en un temple. (*Exhor-
tation*, xx, 4.)

Papyrus d'Herculanum.

Il pénétra dans l'antre de l'Ida, en Crète [...] et, après avoir
appris dans des recueils ésotériques toute la théologie, il partit
pour Crotone. Il mourut à plus de quatre-vingt-dix ans et fut
enterré à Métaponte. (*Papyrus d'Herculanum*, n° 1788, *collectio
altera*, VIII, fgm. 4, éd. Crönert, *Kolotes und Menedemos*, p. 147.)

XIV

Diodore de Sicile.

IX 2. L'orateur populaire[1] Télys, qui était alors à Sybaris,
réussit à force d'accusations lancées contre les hommes les plus
importants, à convaincre les habitants de Sybaris d'exiler les cinq
cents citoyens les plus fortunés et de confisquer leurs biens. 3.
Les bannis partirent pour Crotone et y cherchèrent asile, auprès
des autels de l'agora. Télys dépêcha alors à Crotone des ambassadeurs pour intimer aux gens de cette cité l'ordre de leur livrer les
bannis, sous peine de se voir déclarer la guerre. 4. L'assemblée
se réunit et posa la question de savoir s'il fallait livrer les suppliants aux gens de Sybaris ou supporter une guerre contre une
puissance supérieure à celle de Crotone; l'assemblée délibérante
et le peuple hésitaient : la multitude vota d'abord en faveur de
l'extradition des suppliants, par peur de la guerre; mais ensuite,
sur l'avis du philosophe Pythagore qui voulait qu'on sauvât les
suppliants, ce fut la décision inverse qui fut votée et on accepta la
guerre pour assurer la sauvegarde des suppliants. 5. Aux trois
cent mille hommes de Sybaris venus l'attaquer, Crotone en
opposa cent mille, sous le commandement de l'athlète Milon,
qui, par sa force physique exceptionnelle, mit aussitôt en déroute
les ennemis qu'il avait en face de lui. 6. En effet, ce héros, qui

avait remporté six victoires à Olympie, et dont le courage était à
la mesure de la taille, s'avança au combat, dit-on, la tête ceinte
des couronnes gagnées à Olympie, vêtu, comme Héraclès, d'une
peau de lion et armé d'une massue[1]. Sa responsabilité dans la
victoire lui valut l'admiration de ses concitoyens.

X   1. Les habitants de Crotone, en colère, décidèrent alors de
n'épargner aucun prisonnier et massacrèrent tous ceux qui leur
tombèrent sous la main au cours de la retraite, si bien que la plupart des ennemis furent taillés en pièces. Quant à la cité de
Sybaris, après l'avoir mise à sac, ils la laissèrent complètement
déserte. (*Bibliothèque historique*, XII, ix-x.)

Jamblique.

Car ils ne pouvaient admettre que trois cent mille hommes,
victorieux près du fleuve Tétraès[2], se laissent ouvertement
dominer par le millième d'entre eux. (*Vie pythagorique*, 260.)

XV

Diogène Laërce.

Au dire d'Aristote, au livre III de son traité *De la poétique*,
Socrate fut en butte à la jalousie d'Antiloque de Lemnos et du
devin Antiphon, comme Pythagore à celle de Cylon et
d'Onatas[3]. (*Vies*, II, 46.)

XVI

Jamblique.

248. Tout le monde s'accorde à reconnaître que l'absence de
Pythagore fut l'occasion du complot; mais les avis divergent sur
le but du voyage qu'il effectuait alors : pour certains, c'était en
Syrie, chez Phérécyde, que Pythagore s'était rendu; pour
d'autres, il serait parti pour Métaponte. Quant aux origines du
complot, on les dit multiples. En voici une, qui met en cause
ceux qu'on appelait « les hommes de Cylon ». Cylon de Crotone[4] l'emportait sur ses concitoyens en noblesse, en renom et en
fortune; mais c'était, pour le reste, un homme de caractère
difficile, violent, tumultueux et autoritaire. Il mit tout son zèle à
adopter le style de vie pythagoricien; mais lorsqu'il s'en fut
trouver Pythagore — qui était déjà vieux — il se vit, après
examen, rejeter comme disciple pour les raisons rappelées plus
haut.   249. À la suite de quoi Cylon et ses hommes entreprirent
une dure lutte contre Pythagore et ses compagnons, et leur
jalousie atteignit une telle violence et un tel excès qu'ils pour-
chassèrent les pythagoriciens jusqu'au dernier. C'est pour cette

raison que Pythagore partit pour Métaponte où, selon la tradition, il acheva son existence. Quant aux hommes de Cylon, loin de désarmer ils ne cessèrent de poursuivre les pythagoriciens de leur animosité. Pourtant l'honnêteté scrupuleuse des pythagoriciens et conjointement la volonté même des cités faisaient que c'étaient eux qu'on voulait à la tête du gouvernement et de l'administration des affaires publiques. Finalement, les hommes de Cylon poussèrent la conspiration contre eux si loin qu'un jour que les pythagoriciens, réunis en séance chez Milon, à Crotone, délibéraient des affaires de la cité, ils mirent le feu à la maison, dont tous les occupants périrent brûlés, sauf deux, Archippos et Lysis, qui, étant les plus jeunes et les plus vigoureux de l'assemblée, parvinrent, on ne sait comment à se frayer un chemin jusqu'à la sortie. 250. Là dessus, comme les cités gardaient le plus grand silence sur la catastrophe qui venait de les frapper, les pythagoriciens décidèrent de ne plus s'occuper d'elles. La raison de cette attitude était double : d'une part, l'indifférence des cités (une catastrophe si grave et si épouvantable n'avait suscité de leur part aucune réaction), et, d'autre part, la disparition des hommes les plus capables de diriger les affaires. Quant aux deux rescapés, tous deux de Tarente, le premier, Archippos, s'en retourna à Tarente; le second, Lysis, dégoûté par l'indifférence générale, partit pour la Grèce. Il passa quelque temps en Achaïe du Péloponnèse, puis vint s'installer avec une certaine hâte à Thèbes, où il devint le maître d'Épaminondas qui le gratifia du titre de père : c'est de la sorte qu'il acheva son existence. 251. Quant aux autres pythagoriciens, ils se regroupèrent à Rhégium, où leur vie se passait à discuter entre eux. Mais le temps s'écoulait et la situation politique allait de mal en pis; ils quittèrent alors l'Italie, à l'exception d'Archippos de Tarente. Les plus zélés étaient Phanton et Échécrate, Polymnastos et Dioclès de Phlionte, Xénophile de Chalcis (Chalcis de Thrace). Ils perpétuèrent les principes de vie et les enseignements de la secte, ou du moins ce qu'il en restait, jusqu'à leur disparition dans de nobles circonstances. Voilà ce qu'Aristoxène raconte en détail. Nicomaque, de son côté, est entièrement d'accord avec ce témoignage; mais il dit que c'est pendant l'absence de Pythagore que le complot fut tramé. (*Vie pythagorique*, 248-251.)

Porphyre.

Dicéarque et les gens les plus sérieux affirment que Pythagore aussi fut victime du complot. (*Vie de Pythagore*, 56.)

Polybe.

XXXVIII. Or, déjà dans les époques antérieures, l'Achaïe avait en propre le mode de gouvernement et la constitution dont on vient de parler [...] XXXIX. En effet, après qu'ils eurent incendié le collège des pythagoriciens qui se trouvaient disséminés dans cette région de l'Italie qu'on appelait alors la Grande-Grèce, on entra dans une période de grande agitation politique (ce qui allait de soi quand on songe à la façon scandaleuse dont les notables des différentes cités avaient péri); et on vit alors le crime, la sédition et les troubles de toutes sortes submerger les cités grecques de cette région. Alors qu'en ces circonstances critiques, la majorité des cités grecques envoyait des ambassadeurs pour tenter de régler la crise, c'est aux Achéens et au crédit dont ils jouissaient qu'on eut recours pour trouver une issue aux maux du moment. (*Histoire*, II, XXXVIII, 10; XXXIX, 1-4.)

ÉCRITS ET PHILOSOPHIE

XVII

Philodème.

Selon certains, aucune des œuvres qui lui sont attribuées ne serait vraiment de Pythagore, à l'exception de ces trois livres. (*De la piété*, 4 *b*, 3, éd. Gomperz, p. 66.)

Jamblique.

L'exactitude avec laquelle la doctrine pythagoricienne a été conservée est étonnante, car, pendant de fort nombreuses générations — cela est manifeste —, personne n'a pu avoir accès aux archives de Pythagore avant l'époque de Philolaos, qui fut d'ailleurs le premier à éditer les trois livres que l'on sait. Selon la tradition, Dion de Syracuse les racheta, à la demande de Platon, pour cent mines à Philolaos, tombé dans une misère noire; en effet, ce dernier appartenait lui aussi à la confrérie des pythagoriciens et c'est pourquoi il avait eu ces livres en sa possession. (*Vie pythagorique*, 199.)

XVIII

Flavius Josèphe.

On s'accorde à reconnaître que Pythagore n'a laissé aucun traité de sa main; mais nombreux sont ceux qui ont rapporté ses faits et gestes. Parmi eux, le plus digne d'intérêt est Hermippe[1]. (*Contre Apion*, I, 163.)

Plutarque.

Ni Pythagore ni Socrate, pas plus qu'Arcésilas ou Carnéade, n'ont laissé d'ouvrage écrit. (*De la fortune ou vertu d'Alexandre,* I, 4, p. 328.)

Galien.

Quand Posidonius parle de Pythagore, étant donné qu'il ne nous est pas parvenu d'écrit de sa main, c'est à travers les écrits de quelques-uns de ses disciples qu'il en témoigne. (*Des dogmes d'Hippocrate et de Platon,* éd. Müller, p. 459.)

XIX

Diogène Laërce.

6. D'aucuns affirment que Pythagore n'a laissé strictement aucun écrit à la postérité (ils plaisantent car tout le monde connaît la proclamation du philosophe de la nature Héraclite[1] — je cite : « Pythagore, fils de Mnésarchos, s'est exercé, plus que tous les hommes, à l'étude de la géométrie[2] ; par le choix de ces traités, il s'est fabriqué une science, un savoir trop vaste, un art mal venu. » S'il s'exprime en ces termes, c'est qu'au début de son traité *De la nature,* Pythagore dit ceci :

> *Non, par l'air que je respire !*
> *Non, par l'eau que je bois !*
> *Jamais je ne supporterai*
> *Qu'on critique le traité que voici !*

De fait, Pythagore est l'auteur de trois traités : *De l'éducation, De la politique* et *De la nature*).

7. Quant aux ouvrages attribués à Pythagore, ils sont en réalité l'œuvre du pythagoricien Lysis de Tarente, qui se réfugia à Thèbes où il devint le maître d'Épaminondas. De son côté, Héraclide, fils de Sarapion, écrit dans l'*Abrégé de Sotion* que Pythagore composa aussi un traité *De l'univers,* en hexamètres, un *Traité sacré,* dont voici le début :

> *Allons donc, jeunes gens ! Il faut vous recueillir*
> *Pour accueillir ceci avec vénération !*

en troisième lieu un traité *De l'âme,* puis un *De la piété* et un *Hélothalès* (le père d'Épicharme de Cos), en sixième lieu, un traité intitulé *Crotone,* et d'autres ouvrages encore[3]. *Le Traité mystique,* Héraclide l'attribue à Hippase, qui l'aurait composé pour s'opposer à Pythagore. Il dit encore qu'on a attribué à Pythagore plusieurs traités écrits en fait par Aston de Crotone. (*Vies*, VIII, 6-7.)

XX

Diogène Laërce.

Parménide est, semble-t-il, le premier à avoir décelé que l'étoile du Soir et l'étoile du Matin[1] ne font qu'une. Selon d'autres, ce serait une découverte de Pythagore. (*Vies*, IX, 23.)

XXI

Aétius.

C'est Pythagore le premier qui a donné le nom de cosmos à l'enveloppe de l'univers, en raison de l'organisation qui s'y voit[2]. (*Opinions*, II, 1, 1.)

ADDITION

Athénée.

[...] La philosophie que le noble Pythagore a introduite[3]. (*Les Deipnosophistes*, V, 213 F.)

EMPÉDOCLE

A. TÉMOIGNAGES

VIE

I

Diogène Laërce.

51. Empédocle, comme le déclare Hippobote, était le fils de Méton, lui-même fils d'Empédocle. Il était d'Agrigente. La chose se trouve confirmée par Timée au quinzième livre de ses *Histoires*, et il ajoute que l'Empédocle, grand-père du poète, avait été un personnage éminent. Hermippe dit, lui aussi, la même chose. De la même façon, Héraclide, dans son livre *Sur les maladies*, dit qu'il était d'une illustre maison et que son grand-père avait une écurie de chevaux de course. Ératosthène dit aussi, dans ses *Chroniques des victoires olympiques*, en se fondant sur le témoignage d'Aristote, que le père de Méton remporta la victoire lors de la soixante et onzième olympiade[1]. 52. Le grammairien Apollodore déclare, dans ses *Chroniques* :

> *Il était le fils de Méton et, dit Glaucos,*
> *Il partit à Thourioi tout récemment fondée.*

Et un peu plus bas :

> *Ceux qui ont rapporté qu'il s'enfuit de chez lui*
> *Et rejoignit les Syracusains pour combattre*
> *Contre les Athéniens, se trompent tout à fait :*
> *En effet, en ce temps, ou bien il était mort*
> *Ou bien très, très âgé, ce qui dément l'histoire.*

Aristote[2], ainsi encore que Héraclite, dit qu'il est mort, à l'âge de soixante ans. L'Empédocle qui remporta la victoire lors de la soixante et onzième olympiade

> *À la course de chevaux, et qui portait*
> *Le même nom que lui, était son grand-père;*

la date en est confirmée par Apollodore.

53. Satyros, dans ses *Vies*, dit qu'Empédocle était fils d'Exaenétos et que lui-même laissa un fils portant le nom d'Exaenétos;
qu'à la même olympiade, lui-même remporta la course de chevaux, et son fils le concours de lutte (ou bien, comme le dit Héraclide dans son *Épitomè*, la course à pied). Moi-même, j'ai trouvé,
dans les *Mémorables* de Favorinus, qu'Empédocle sacrifia, en
l'honneur des représentants des cités, un bœuf fait d'un mélange
de miel et de farine[1], et qu'il avait un frère portant le nom de Callicratidès. Télaugès, le fils de Pythagore, déclare dans sa *Lettre à
Philolaos*[2], qu'Empédocle était fils d'Archinomos.

54. Qu'il était d'Agrigente en Sicile, lui-même nous l'apprend au début de ses *Purifications*, quand il dit :

> *Amis qui habitez la grand-ville, en surplomb*
> *De l'Acragas aux reflets d'or, sur les hauteurs[3].[...]*

Voilà en ce qui concerne sa famille.

Timée, au neuvième livre de ses *Histoires*, note qu'il fut l'élève
de Pythagore, et dit qu'ayant été accusé de lui voler ses thèses, il
fut alors, comme Platon, exclu de la participation aux entretiens
de l'école; il ajoute que lui-même fait mention de Pythagore en
ces termes :

> *Parmi eux se trouvait un homme extraordinaire*
> *Par son savoir[4][...]*

(D'après certains, ces vers ne concernent pas Pythagore, mais
Parménide.)

55. Néanthe déclare que jusqu'à l'époque de Philolaos et
d'Empédocle, les pythagoriciens admettaient le public à leurs
entretiens mais que, quand ce dernier les eut rendus publics dans
ses poèmes, ils établirent une loi prescrivant de ne rien confier à
aucun poète; Platon, déclare-t-il, subit le même sort et fut lui-
même exclu. Mais de quel pythagoricien Empédocle fut l'élève,
il ne l'a pas dit. Et la *Lettre* attribuée à Télaugès, selon laquelle il
fut l'élève d'Hippase et de Brontin, n'est pas digne de créance.

Théophraste, lui, déclare qu'il fut un élève de Parménide, et
qu'il l'imite dans ses poèmes. Car Parménide, lui aussi, a donné
une forme poétique à son traité *De la nature*. 56. Hermippe en
fait l'adepte non pas de Parménide, mais de Xénophane, en
compagnie duquel il vécut et dont il imita la poésie, ne rencon-

trant les pythagoriciens que par la suite. Alcidamas, dans sa *Physique*, dit que Zénon et Empédocle furent à la même époque élèves de Parménide, qu'ensuite ils le quittèrent, et que Zénon établit son propre système philosophique, tandis qu'Empédocle devint l'élève d'Anaxagore et de Pythagore, prenant pour modèle la vie faite de dignité et les allures de l'un, et les théories philosophiques de l'autre. 57. Aristote déclare, dans *Le Sophiste*, qu'Empédocle est l'inventeur de la rhétorique, et Zénon de la dialectique. Dans le *Sur les poètes*, il déclare qu'Empédocle fut homérique et fort brillant en matière d'expression, maniant le style métaphorique et usant de toutes les autres figures propres à la poésie. Il ajoute qu'il a encore écrit d'autres poèmes, notamment la *Traversée de Xerxès* et l'*Hymne à Apollon*, mais que ces poèmes furent ensuite brûlés par sa sœur (ou, d'après Hiéronyme, par sa fille): l'hymne involontairement, mais l'épopée perse volontairement, car elle était inachevée. 58. Plus généralement, il déclare qu'il a écrit des tragédies et des ouvrages politiques; Héraclide, le fils de Sérapion, déclare que ces tragédies sont l'œuvre d'un autre; Hiéronyme déclare en avoir rencontré quarante-trois; et Néanthe, que ses tragédies sont des œuvres de jeunesse, et qu'il a pu lui-même en lire sept.

Satyros, dans ses *Vies*, déclare qu'il était aussi médecin et excellent orateur. Gorgias de Léontium fut son élève: il était lui-même un personnage éminent en rhétorique qui nous a laissé un *Art de la rhétorique* et qui, au dire d'Apollodore dans ses *Chroniques*, vécut cent-neuf ans. 59. Satyros déclare qu'il a assisté à des expériences de magie faites par Empédocle. Empédocle lui-même l'annoncerait dans ses poèmes, en même temps qu'une foule d'autres choses, en déclarant:

Tu connaîtras tous les remèdes qui des maux [...][1].

60. Timée, au livre XVIII, déclare que le personnage fut admiré en de nombreuses circonstances. Justement, un jour que les vents étésiens soufflaient violemment au point de mettre à mal les récoltes, il ordonna d'écorcher des ânes pour confectionner des peaux[2], et les fit disposer tout autour sur les collines et les sommets afin de retenir le vent; le vent ayant cessé, on l'appela « Empêche-vent ». Héraclide déclare, dans son livre *Des maladies*, qu'il décrivit à Pausanias les phénomènes de catalepsie. Ce Pausanias était, au dire d'Aristippe et de Satyros, son bien-aimé, à qui justement il dédia aussi ses livres *De la nature* en ces termes:

Écoute, ô Pausanias, fils du sage Anchitès[3].

Il composa aussi sur lui une épigramme :

61. *Pausanias justement appelé médecin* [...][1].

La catalepsie, au dire d'Héraclide, correspondait au cas suivant :
pendant trente jours, il interrompit la respiration d'une femme
et maintint sans pulsations son corps. C'est pourquoi Héraclide
l'appela médecin et devin, en se fondant aussi sur ces vers :

62. *Amis qui habitez la grand-ville, en surplomb*
      De l'Acragas aux reflets d'or, sur les hauteurs [...][2].

63. Il[3] dit qu'Empédocle appelle Agrigente *la grand-ville*
parce qu'elle a huit cent mille habitants[4]. C'est pourquoi Empédocle dit à propos de leur luxe : « Les Agrigentins vivent dans le
luxe, comme s'ils devaient mourir demain, mais bâtissent des
maisons, comme s'ils devaient vivre toujours. » On dit que ses
Purifications furent récitées à Olympie par le rhapsode Cléomène,
ainsi que le note Favorinus dans ses *Mémorables*. Aristote déclare
aussi de lui qu'il était un homme libre et dédaigneux de toute
forme de pouvoir, puisqu'il refusa la royauté qui lui était offerte,
ainsi que le dit Xanthos dans les livres qu'il lui a consacrés, tant il
préférait la simplicité. 64. Timée, qui a rapporté le même
témoignage, expose en même temps la raison pour laquelle ce
personnage était républicain. Timée déclare en effet qu'Empédocle avait été invité à dîner par un magistrat. Le dîner avançait,
et l'on n'avait toujours pas apporté à boire. Les convives ne
disaient rien; alors il se fâcha et réclama la boisson. Leur hôte
déclara qu'on attendait le président du conseil qui, dès son
arrivée, fut nommé président du banquet, visiblement à l'instiga-
tion de l'hôte qui eut un geste de futur tyran[5] : n'ordonna-t-il
pas en effet de boire ou de renverser son vin sur sa tête? Sur le
moment, Empédocle ne souffla mot; mais le lendemain il les fit
traduire devant un tribunal, condamner et exécuter tous les
deux, à la fois l'hôte et le président du banquet. Ce fut le début de
sa vie politique.

65. Une autre fois, quand le médecin Acron demanda au
conseil un emplacement pour faire édifier un monument à la
mémoire de son père, autrefois membre éminent du corps
médical, Empédocle s'y opposa; il tint un discours sur l'égalité et posa la question : quels vers inscrirons-nous sur la stèle?
Dira-t-on :

      Acron l'Agrigentin, médecin éminent,
      Gît sous le haut rocher de sa haute patrie?

Mais certains citent ainsi le second vers :

> *A sur une éminence un éminent tombeau.*

Certains attribuent ce second vers à Simonide[1].

66. Plus tard Empédocle fit dissoudre l'assemblée des Mille, trois ans après sa formation, ce qui prouve qu'il ne soutenait pas les riches et professait des idées républicaines. Et pourtant Timée, dans ses livres XI et XII (en effet il le cite souvent), déclare qu'il professait des opinions contraires en politique et en poésie. En politique, il montre un souci de mesure et d'équité ; en poésie, il est méprisant et orgueilleux. Ne déclare-t-il pas :

> *Je vous salue.*
> *Me voici parmi vous comme un dieu immortel.*
> *Je ne suis plus mortel, et tous vous me rendez*
> *L'honneur qui me convient*[2] ?

À l'époque où il assistait aux jeux Olympiques, il exigeait beaucoup de déférence, au point que dans les conversations on ne parlait de personne d'autre autant que d'Empédocle. 67. Plus tard, quand il revint vivre à Agrigente, les descendants de ses ennemis s'opposèrent à son retour ; c'est pourquoi il s'en retourna dans le Péloponnèse, où il mourut. Timée non plus ne l'a pas épargné et l'attaque dans ses vers en disant :

> *Et Empédocle*
> *Qui déclamait ses vers sur la place publique,*
> *Tout ce qui avait force, il le décomposa ;*
> *Et les causes par lui érigées en principes*
> *Étaient moins établies que ce qu'elles fondaient*[3].

Sa mort fait l'objet de versions différentes. Héraclide, qui a raconté l'histoire de la femme en catalepsie et dit comment Empédocle devint célèbre en renvoyant chez les vivants la femme morte, déclare qu'il offrait, près du domaine de Pisianax, un sacrifice auquel assistaient quelques-uns de ses amis, parmi lesquels Pausanias. 68. Après dîner, les invités s'éloignèrent pour dormir, les uns sous les arbres de la prairie d'à côté, les autres un peu n'importe où, tandis que lui demeurait à l'endroit où il s'était couché pour le repas. Au lever du jour, il fut le seul qu'on ne retrouva pas. On le chercha, on interrogea les serviteurs qui déclarèrent ne rien savoir ; enfin, quelqu'un déclara avoir entendu au milieu de la nuit une voix extrêmement puissante qui criait : « Empédocle ! » ; ensuite il s'était levé et avait vu une grande lumière dans le ciel, puis une lueur de torches, rien de plus. Cela surprit beaucoup et Pausanias envoya plusieurs personnes à sa recherche. Plus tard, il leur interdit de se montrer davantage curieux, leur disant que des événements au-delà de toute attente s'étaient produits, et qu'il convenait de faire en son honneur un sacrifice, comme à quelqu'un qui est devenu dieu. 69. Hermippe déclare qu'une certaine Panthéia, d'Agrigente, condamnée par les médecins, avait été guérie par ses soins et, en cette occasion, offrait un sacrifice : il y avait environ quatre-vingts invités. Selon Hippobote, il se leva et se dirigea vers l'Etna, puis, arrivé près du cratère de feu, plongea et disparut, voulant confirmer sa réputation d'être un dieu ; ce fait fut prouvé plus tard quand le volcan vomit une de ses sandales. En effet, il avait l'habitude de se chausser de bronze[1]. Pausanias s'éleva contre cette version. 70. (Diodore d'Éphèse, dans son livre *Sur Anaximandre*, déclare qu'Empédocle imitait ce dernier, affectant une pompeuse arrogance et affichant une majestueuse élégance.) La peste s'étant abattue sur les habitants de Sélinonte, à cause des émanations du fleuve proche, faisant dépérir les hommes et avorter les femmes, Empédocle conçut l'idée de faire confluer l'eau de deux fleuves des environs, à ses propres frais : ce mélange eut pour effet d'adoucir les flots. Ainsi la peste cessa, et un jour que les Sélinontins festoyaient sur la berge, Empédocle apparut ; ils se levèrent en signe de remerciement et lui adressèrent une prière, comme l'on ferait à un dieu. C'est dans l'intention de confirmer cette croyance qu'il se serait jeté dans le feu. 71. Mais Timée contredit ces versions, en affirmant expressément qu'il partit pour le Péloponnèse et ne revint jamais plus ; c'est pourquoi sa fin est obscure. Il réfute point par point Héraclide dans son livre XIV : Pisianax, dit-il, était syracusain et n'avait pas de propriété à Agrigente. En outre, si l'histoire était vraie, Pausanias aurait fait ériger en l'honneur de son ami un monument commémoratif, ou bien encore une stèle, ou même une chapelle, comme à un dieu ; car il en avait les moyens. « Dites-moi donc pourquoi, déclare-t-il, il aurait été se jeter dans les cratères dont, quoique proche, il n'a jamais fait mention ? Donc il est bien mort dans le Péloponnèse. 72. Et il n'y a rien d'étonnant à ce que sa tombe ne se remarque pas ; c'est le cas de beaucoup d'autres. » Après s'être exprimé en ces termes, Timée ajoute : « Héraclide raconte toujours des histoires tellement invraisemblables qu'il lui est arrivé de dire qu'un homme était tombé de la Lune ! »

Hippobote déclare qu'autrefois il y avait à Agrigente une statue voilée d'Empédocle, et que plus tard cette statue fut placée sans voile, devant la Curie, à Rome. Il existe encore aujourd'hui des peintures qui le représentent. Néanthe de Cyzique, qui a aussi parlé des pythagoriciens, déclare qu'après la mort de Méton, la tyrannie commença à germer, et qu'ensuite Empédocle sut persuader les Agrigentins de mettre fin à leurs divisions et d'adopter l'égalité civile.

73. Comme beaucoup de ses concitoyennes n'avaient pas de dot, il les dota lui-même, parce qu'il était riche. Voilà pourquoi il était vêtu ⟨d'une tunique⟩ pourpre sur laquelle il nouait une ceinture d'or, comme le rapporte Favorinus dans ses *Mémorables*. En outre il était chaussé de bronze et portait une couronne delphique. Sa chevelure était abondante, et des enfants l'accompagnaient. Il était toujours grave et savait conserver la même dignité. Tel il apparaissait; et ses concitoyens qui le rencontraient considéraient cela comme le signe d'une certaine royauté. Plus tard, alors qu'il se rendait en char à Messine pour une Panégyrie, il fit une chute et se rompit le col du fémur. Malade, il en mourut à l'âge de soixante-dix-sept ans. Son tombeau se trouve à Mégare.

74. Sur son âge, Aristote a un avis différent. Car, déclare-t-il, il est mort à soixante ans; mais certains disent cent neuf ans[1]. Son acmé se situe pendant la quatre-vingt-quatrième olympiade[2]. Démétrios de Trézène, dans son livre *Contre les sophistes*, déclare, à la façon d'Homère :

> *Il se passa autour du cou un nœud coulant*
> *Qui pendait à un haut prunier : alors son âme*
> > *Descendit chez Hadès.*

Dans la *Lettre* de Télaugès, déjà citée[3], il est dit qu'il glissa dans la mer à cause de sa vieillesse et mourut. Voilà tout ce qu'on dit sur sa mort [...].

76. Ses théories étaient les suivantes : il y a quatre éléments, le feu, l'eau, la terre et l'air. L'Amitié les rassemble et la Haine les sépare. Voici comme il en parle :

> *Zeus aux feux lumineux,*
> *Héra mère de vie, et puis Aidônéus,*
> *Nestis enfin, aux pleurs dont les mortels s'abreuvent[4].*

Par *Zeus* il entend le feu, par *Héra* la terre, par *Aidônéus* l'air, par *Nestis* l'eau. Et il déclare :

> *Jamais les [éléments] ne cessent de pourvoir*
> *À leur mutuel échange[5],*

comme si l'ordonnance des choses était éternelle. Et il ajoute :

> *Tantôt de par l'Amour ensemble ils constituent*
> *Une unique ordonnance. Tantôt chacun d'entre eux*
> *Se trouve séparé par la Haine ennemie*[1].

77. Il déclare que le Soleil est une grande masse de feu et qu'il est plus grand que la Lune; que la Lune a la forme d'un disque et le ciel la forme d'un cristal. Que l'âme revêt une diversité de formes animales et végétales, voici comment il le dit :

> *Car autrefois je fus jeune homme et jeune fille*
> *Et arbuste et oiseau et muet poisson de mer*[2].

Son *De la nature* et ses *Purifications* atteignent les cinq mille vers. Son *Discours de médecine* va chercher dans les six cents vers. Quant à ses *Tragédies*, nous en avons déjà parlé[3]. (*Vies*, VIII, 51-77.)

II

Suidas.

Empédocle, fils de Méton, et, selon d'autres[4], d'Archinomos. Selon d'autres encore, d'Exaenétos. Il avait un frère, Callicratidès.

Il commença par suivre les leçons de Parménide dont, d'après Porphyre, dans son *Histoire de la philosophie*, il devint le bien-aimé[5]. D'après d'autres, Empédocle fut l'élève de Télaugès, fils de Pythagore.

Il était d'Agrigente, philosophe, physicien et poète[6].

Il naquit durant la soixante-dix-neuvième olympiade[7].

Il parcourait les cités avec une couronne d'or sur la tête, des chaussures de bronze, et, à la main, une baguette delphique entourée de rubans de laine tressée; car il voulait jouir de la considération accordée à un dieu. Devenu vieux, il se jeta pendant la nuit dans un cratère de feu, de sorte qu'on ne retrouva pas son corps; après cette mort, une de ses sandales fut rejetée par le feu. Il reçut encore le nom d'« Empêche-vent » pour avoir protégé Agrigente d'un vent furieux qui s'était abattu sur la cité, en faisant disposer des peaux d'ânes tout autour de la ville.

Il eut pour élève le rhéteur Gorgias de Léontium[8].

Il écrivit un poème *De la nature* en deux livres, qui compte environ deux mille vers, un ouvrage de médecine en prose et nombre d'autres livres. (*Lexique*, « Empédocle ».)

III

Pline.

Une autre secte — celle qui, en fonction de ⟨son intérêt pour les données de⟩ l'expérience, porte le nom de *médecine empirique* — prit naissance en Sicile, sous l'impulsion d'Acron d'Agrigente, qui se recommandait de l'autorité d'Empédocle, le philosophe de la nature. (*Histoire naturelle*, XXIX, 1, 5.)

Suidas.

Acron d'Agrigente, médecin, fils de Xénon. Il exerça son art à Athènes, en même temps qu'Empédocle. Il est donc plus ancien qu'Hippocrate. Il écrivit un ouvrage : *De la médecine*, rédigé en dorien, et un *De la nourriture des gens bien portants*, en un livre. C'est un des membres de l'école pneumatique[1]. Empédocle a écrit contre lui une mordante épigramme[2]. (*Lexique* : « Acron ».)

Plutarque.

On dit que le médecin Acron se tailla une grande réputation à Athènes, au temps de la grande peste, pour avoir prescrit d'allumer du feu auprès des malades. (*Isis et Osiris*, 79, 383 D.)

Galien.

Tout d'abord une grande querelle de suprématie opposa les médecins de Cos à ceux de Cnide : c'était à qui triompherait des autres par la masse des découvertes! Car après l'éclipse de l'école de Rhodes, il y avait encore deux familles parmi les Asclépiades d'Asie. Puis se développa cette saine émulation — dont Hésiode faisait l'éloge — entre eux et les médecins d'Italie, Philistion, Empédocle, Pausanias et leurs compagnons. (*De la façon de soigner*, X, 5, éd. Kühn.)

IV

Aristote.

Certains philosophes, professant une doctrine plus grossière, ont considéré que l'eau était le principe : ainsi Hippon. Il semble que cette croyance vienne de ce que chez tous les animaux la semence est humide. Celui-ci en effet réfute « ceux qui déclarent que l'âme est le sang[3] », en se fondant sur le fait que la semence n'est pas du sang. (*Traité de l'âme*, I, 11, 405 *b* 1.)

V

Suidas.

Zénon a écrit des *Disputes*, un *Commentaire d'Empédocle*, un *Contre les philosophes ⟨qui ont traité⟩ de la nature*. On dit qu'il est l'inventeur de la dialectique, comme Empédocle de la rhétorique. (*Lexique* : « Zénon ».)

VI

Aristote.

Anaxagore de Clazomènes, l'aîné d'Empédocle, mais plus récent que lui par ses œuvres, déclare que les principes sont illimités. (*Métaphysique*, A, III, 984 *a* 11.)

VII

Simplicius.

Empédocle d'Agrigente, né peu après Anaxagore, fut l'élève de Parménide et son disciple, mais davantage encore des pythagoriciens. (*Commentaire sur la Physique d'Aristote*, 25, 19.)

VIII

Eusèbe.

Empédocle fut l'élève de Télaugès, à l'époque où Héraclite l'Obscur devint célèbre[1]. (*Préparation évangélique*, X, XIV, 15.)

IX

Eusèbe.

Empédocle et Parménide, philosophes de la nature, devinrent célèbres[2]. (*Chronographie*.)

Aulu-Gelle.

C'est à cette époque qu'Empédocle se distingua dans l'étude de la philosophie naturelle[3]. (*Nuits attiques*, XVII, XXI, 14.)

X

Eusèbe.

(*Chronographie*, Quatre-vingt-sixième olympiade[1].)

XI

Athénée.

Empédocle d'Agrigente, vainqueur de la course de chevaux à Olympie, et s'abstenant, en tant que disciple de Pythagore, de nourriture animale, fit confectionner un bœuf de myrrhe, d'encens et d'aromates les plus précieux, et l'offrit aux assistants de la Panégyrie. (*Les Deipnosophistes*, I, 3 e.)

XII

Athénée.

Les *Purifications* d'Empédocle furent chantées à Olympie par le rhapsode Cléomène, ainsi que le déclare Dicéarque dans son *Olympique*. (*Les Deipnosophistes*, XIV, 620 d.)

XIII

Nicomaque.

Marchant sur les traces de Pythagore, Empédocle d'Agrigente, Épiménide le Crétois et Abaris l'Hyperboréen accomplirent souvent des miracles semblables. Leurs exploits sont bien connus. C'est pourquoi Empédocle a reçu le surnom de « Préservateur du vent », Épiménide celui de « Purificateur » et Abaris celui de « Piéton de l'éther ». (Cité par Jamblique, *Vie pythagorique*, 29.)

XIV

Plutarque.

Empédocle, le philosophe de la nature, obtint la célébrité pour avoir, en obturant un col de montagne par lequel s'engouffrait un air lourd et pestilentiel qui dévalait sur les plaines, mis fin à la peste qui s'abattait sur la région. (*De la curiosité*, 1, 515 c.)

Plutarque.

Empédocle, après avoir dénoncé les notables de sa cité qui usaient de violence et dilapidaient le trésor public, ⟨les en fit chasser⟩, et délivra la région de la stérilité et de la peste, en faisant barrer les brèches de la montagne par lesquelles le vent pestilentiel s'engouffrait dans la plaine. (*Contre Colotès*, 32, 1126 b.)

Clément d'Alexandrie.

Empédocle d'Agrigente fut appelé « Empêche-vent ». De fait, alors que soufflait des montagnes d'Agrigente un vent lourd, pestilentiel pour les hommes qui y habitaient et stérilisant pour les femmes, Empédocle, dit-on, fit cesser ce vent[1]. (*Stromates*, VI, 30.)

Philostrate.

Quel sage, selon toi, abandonnerait la lutte en faveur d'une telle cité, en sachant que Démocrite a délivré un jour Abdère de la peste, que l'Athénien Sophocle a conjuré, dit-on, les vents déchaînés, et qu'Empédocle a repoussé la nuée qui allait s'abattre sur les Agrigentins ? (*Vie d'Apollonius de Tyane*, VIII, 7, 8.)

Empédocle, Pythagore lui-même et Démocrite, qui fréquentèrent les mages et tinrent de nombreux propos merveilleux, ne connurent pas les persécutions attachées à cette pratique[2]. (*Ibid.*, I, II.)

Pline.

En tout cas Pythagore, Empédocle, Démocrite et Platon durent, pour apprendre cette discipline[3], s'exposer à des traversées sur mer qui ressemblaient plus à des exils qu'à des voyages. À leur retour, ils l'enseignèrent à leurs disciples, mais la réservèrent à un public très fermé. (*Histoire naturelle*, XXX, 1, 9.)

XV

Jamblique.

Un jeune homme s'était précipité, l'épée à la main, contre Anchitès[4], l'hôte d'Empédocle, parce que celui-là avait condamné à mort son père, lors d'un procès public ; son emportement et sa colère étaient tels qu'il voulait le frapper de son épée, comme si Anchitès, au lieu de juge, avait été l'assassin de son père. Empédocle, accordant sur-le-champ sa lyre, entonna aus-

sitôt un chant apaisant et calmant et fit entendre la musique,
« *Cette drogue, calmant la douleur, la colère, / Dissolvant tous les
maux*[1] », comme dit le poète, épargnant ainsi la mort à son hôte
Anchitès et un meurtre au jeune homme. L'histoire rapporte que
celui-ci devint par la suite un des plus remarquables disciples
d'Empédocle. (*Vie pythagorique*, 113.)

XVI

Strabon.

Le spectacle de l'Etna fait songer à un grand nombre de fables,
et principalement à celle que certains racontent sur Empédocle,
dont on dit qu'il se serait jeté dans le cratère ; la seule trace qui
demeurât de l'événement aurait été l'une des sandales de bronze
qu'il portait : en effet, peu de temps après, on la retrouva non loin
de la bouche du cratère : elle avait été comme recrachée par la
violence du feu. (*Géographie*, VI, éd. Casaubon, p. 274.)

Horace.

> *Si, tel un oiseleur qui guette en l'air les merles,*
> *Il tombe dans un puits ou dans un trou profond,*
> *Laissez-le s'écrier : « Au secours, citoyens ! »*
> *Le plus longtemps possible, et ne vous souciez pas*
> *De lui venir en aide. À qui voudrait l'aider,*
> *Lui jeter une corde ou lui tendre la perche :*
> *« Qui sait s'il ne s'est pas, à dessein, dans ce trou,*
> *Jeté ? Et si vraiment il veut être sauvé ? »,*
> *Dirai-je, racontant la mort du grand poète,*
> *Célèbre en la Sicile. En effet, en voulant*
> *Passer pour un dieu immortel, Empédocle*
> *Se jeta de sang-froid dans le brûlant Etna.*
> *La loi doit concéder le suicide au poète :*
> *Le sauver malgré lui, c'est donc l'assassiner.*

(*Art poétique*, v. 458 et suiv.)

XVII

Pseudo-Aristote.

Parmi les célébrités plus tardives[2], il y eut Empédocle, Platon,
Socrate et beaucoup d'autres. (*Problèmes*, XXX, 1, 953 *a* 26.)

XVIII

Élien.

Empédocle d'Agrigente portait un manteau de pourpre et des sandales de bronze. (*Histoires variées*, XII, 32.)

Philostrate.

Empédocle, la chevelure ceinte d'un ruban de pourpre magnifique, se promenait dans les avenues des cités grecques, majestueusement, en chantant des hymnes où il disait que d'homme il deviendrait dieu. (*Vie d'Apollonios de Tyane*, VIII, 7.)

XIX

Sextus Empiricus.

Aristote déclare en effet qu'il a, le premier, donné le branle à la rhétorique. (*Contre les mathématiciens*, VII, 6.)

Quintilien.

On dit qu'Empédocle est le premier après ceux dont les poètes ont parlé, à avoir donné quelque branle à la rhétorique. Les plus anciens auteurs de traités de rhétorique sont Corax et Tisias, des Siciliens, qui eurent pour disciples un compatriote de la même île, Gorgias de Léontium, élève, à ce qu'on raconte, d'Empédocle. (*Institution oratoire*, III, 1, 8.)

Aristote.

Les [rhéteurs] aujourd'hui célèbres, qui sont pour ainsi dire les héritiers d'un grand nombre d'auteurs qui ont fait petit à petit progresser la rhétorique, l'ont considérablement développée : Tisias, après les inventeurs, Thrasymaque après Tisias, etc. (*Réfutations sophistiques*, xxxiv, 183 *b* 31.)

[Scolie.]

[...] parce que lui aussi, Parménide d'Élée, était pythagoricien. D'où il suit évidemment que Zénon, l'homme « à la double langue¹ », qui nous a légué les principes de la dialectique ⟨était lui aussi pythagoricien⟩. Donc la dialectique a commencé avec Pythagore, tout comme la rhétorique; car Tisias, Gorgias et Polos étaient les élèves d'Empédocle, le pythagoricien. (À Jamblique, *Vie pythagorique*, 198.)

MOTS CÉLÈBRES

XX

[Dictionnaire.]

Empédocle, à qui l'on demandait pourquoi il s'emportait si vivement lorsqu'on disait du mal de lui, répondit : « C'est parce que je ne pourrais pas me réjouir des compliments, si je ne m'affligeais pas des reproches. » (*Gnomologium Parisinum*, n. 153.)

Empédocle, à celui qui lui disait qu'il ne pouvait trouver personne qui fût sage, répondit : « C'est tout à fait logique; car celui qui cherche un sage doit lui-même être d'abord un sage[1]. » (*Ibid.*, n. 158.)

XX *a*

Aristote.

Les philosophes de la nature ordonnent la totalité de la nature, en admettant pour principe que le semblable va vers le semblable[2], ce pour quoi Empédocle disait que la chienne s'assoit sur l'argile, parce qu'elle lui est davantage semblable. (*Éthique à Eudème*, VII, 1, 1235 *a* 9.)

On raconte qu'une chienne se couchait toujours sur le même carreau d'argile. Empédocle, à qui l'on demandait pourquoi la chienne se couchait sur le même carreau, répondit que c'était parce que la chienne avait avec lui une ressemblance. (*Grande morale*, II, XI, 1208 *b* 11.)

POÉSIE

XXI

Lucrèce.

> Certains pensent pouvoir produire toutes choses
> À partir des quatre éléments : le feu, la terre,
> Le souffle et puis la pluie; d'entre eux le plus célèbre
> Est Empédocle d'Agrigente, qu'engendra
> Le triangle insulaire et ceint du flot ionien[3]
> Qui l'entoure et l'entaille en découpes profondes,
> Le baignant d'amertume avec ses ondes vertes :
> Un détroit resserré aux courants violents

Des terres d'Italie sépare ses rivages.
Là se dresse Charybde, insatiable et cruelle,
Et là les grondements de l'Etna menaçant
Font craindre sa colère et un embrasement,
Dont la violence cracherait hors de ses gorges,
De nouveau, des éclairs d'incendie jusqu'au ciel.
Et pourtant, en dépit de toutes les merveilles
Qui font de ce pays vaste un site admiré
De tout le genre humain et tous les visiteurs,
Et malgré de ses biens l'abondance, et malgré
La nombreuse vigueur du peuple qui le garde
Et lui fait un rempart, jamais pourtant il n'eut
Rien de plus éclatant, rien de plus vénérable,
Rien de plus saint, rien de plus cher, que ce grand homme.
Les poèmes jaillis de l'auguste poitrine
Portent au loin sa voix, et partout font connaître
Ses nobles inventions, au point de laisser croire
Qu'il ne fut pas produit par une souche humaine.

(De la nature, I, v. 714 et suiv.)

XXII

Aristote.

Il n'y a rien de commun entre Homère et Empédocle, hormis la versification. De fait, le premier est à juste titre appelé poète, alors que le second est davantage un philosophe de la nature qu'un poète. (*Poétique*, 1, 1447 *b* 17.)

XXIII

Ménandre de Laodicée.

Les hymnes physiques[1], comme ceux que composèrent Parménide et Empédocle, traitaient de la nature d'Apollon[2] ou de Zeus[3]. Et de même la plupart des poèmes d'Orphée. (*Exercices rhétoriques*, I, II, 2.)

Tel est le cas, lorsque récitant un hymne à Apollon, nous affirmons qu'il est le Soleil, et discutons de la nature du Soleil, et aussi quand nous disons de Héra qu'elle est l'air, et de Zeus qu'il est le chaud[4]. De tels hymnes en effet contiennent une explication de la nature[5]. Tel est le genre pratiqué par Parménide et Empédocle. [...] Parménide et Empédocle développent, tandis que Platon se contente de brèves notations[6]. (*Ibid.*, I, v, 2.)

XXIV

Lactance.

Empédocle, dont on ne sait s'il faut le ranger au nombre des poètes ou des philosophes, parce qu'il a écrit en vers *De la nature*, comme chez les Romains, Lucrèce et Varron, pose quatre éléments. (*Institutions divines*, II, XII, 4.)

Quintilien.

[...] à cause d'Empédocle chez les Grecs, de Varron et de Lucrèce chez les Latins, qui nous ont transmis en vers les enseignements de la philosophie. (*Institution oratoire*, I, IV, 4.)

XXV

[Scolie.]

Le poète se pare de quatre ornements : le mètre, le discours, le récit et la forme ; et tout poème qui ne participe pas de ces quatre éléments, n'est pas un poème, même s'il est écrit en vers. Ainsi nous n'appelons poètes ni Empédocle, ni Tyrtée, ni ceux qui ont traité d'astrologie, bien qu'ils aient usé de vers, parce qu'ils n'usent pas des éléments caractéristiques de la poésie. (À Denys de Thrace, éd. Hilgard, p. 168, 8.)

N'est pas poète celui qui seulement use du mètre : ne le sont ni Empédocle, l'auteur des livres de *Physique*, ni ceux qui traitent d'astrologie, ni l'oracle de la Pythie qui s'exprime en vers. (*Ibid.*, p. 166, 13.)

Plutarque.

(*Comment il faut ouïr les poètes*[1], 2, 16 c.)

Aristote.

La deuxième règle est d'employer des termes propres [...]; la troisième est d'éviter l'ambiguïté, à moins que l'on ne recherche l'effet contraire, comme lorsqu'on n'a rien à dire et que cependant on fait semblant de dire quelque chose. Ainsi font ceux qui usent de la forme versifiée, Empédocle, par exemple; car il abuse son auditoire qui éprouve ce qu'on ressent généra-

lement en écoutant les devins, puisque l'auditoire est prié
d'approuver en bloc un propos ambigu :

> *Quand Crésus l'Halys passera,*
> *Un grand empire détruira*[1].
>
> (*Rhétorique*, III, v, 1407 *a* 31.)

De même, il est bouffon de croire qu'en disant que *la
mer* est la *sueur de la terre*, comme Empédocle[2], on a dit
quelque chose de clair. Une telle expression peut paraître
suffisante en poésie (c'est là une métaphore qui convient à la
poésie), mais elle est insuffisante pour ce qui est de connaître la
réalité naturelle. (*Météorologiques*, II, III, 357 *a* 24.)

Cicéron.

Si l'on te suivait sur ce plan, on pourrait dire que le jeu de
paume ou celui des douze lignes[3] font partie du droit civil,
compte tenu du fait que Publius Mucius[4] y excelle; on pourrait
dire aussi que ceux que les Grecs nomment les *philosophes de la
nature*[5] sont eux-mêmes des poètes, puisque Empédocle, philosophe de la nature, a composé un remarquable poème. (*De l'orateur*, I, L, 217.)

XXVI

Denys d'Halicarnasse.

Beaucoup d'auteurs se sont faits les adeptes de ce style austère[6]
en poésie, en histoire et en éloquence politique; se distinguent
plus particulièrement en poésie épique Antimaque de Colophon
et Empédocle, le physicien; en poésie lyrique, Pindare; en tragédie, Eschyle [...]. (*De l'arrangement des mots*, 22.)

XXVII

Cicéron.

Les vers de Lucrèce, ainsi que tu me l'écris, se caractérisent par
des illuminations nombreuses qui attestent le génie, mais on y
sent beaucoup le procédé[7]. Mais quand tu seras venu, je te tiendrai pour un vaillant homme, si tu lis l'*Empédocle* de Salluste, et
non pour un homme ordinaire. (*Lettre à son frère Quintus*, II, IX, 3.)

PHILOSOPHIE

XXVIII

Aristote.

Empédocle considère qu'il y a quatre éléments : à ceux déjà
cités[1], il ajoute la terre. Les éléments demeurent toujours et
échappent au devenir. Ils ne connaissent que l'augmentation ou
la diminution, du fait du rassemblement en un Un et de la dissociation à partir d'un Un. (*Métaphysique*, A, III, 984 *a* 8.)

Simplicius.

[Empédocle] porte au nombre de quatre les éléments corporels : le feu, l'eau, l'air et la terre, qui sont éternels, mais changent en quantité, c'est-à-dire en plus et en moins, conformément
à l'association et à la dissociation ; à ceux-ci s'ajoutent les principes proprement dits, par lesquels les quatre éléments sont
mus : Amitié et Haine. Il faut en effet que les éléments ne cessent
de se mouvoir alternativement, tantôt s'associant par l'action de
l'Amitié, tantôt dissociés par la Haine. Par conséquent, il admet
six principes[2]. Et en effet, il confère une puissance efficiente à la
Haine et à l'Amitié, quand il dit :

> *Tantôt de par l'Amour ensemble ils constituent*
> *Une unique ordonnance. Tantôt chacun d'entre eux*
> *Se trouve séparé par la Haine ennemie[3].*

Plus loin, il leur confère un statut d'élément comparable à celui
des quatre éléments, lorsqu'il dit :

> *Et tantôt de nouveau / Il se divise [...]*
> *Et en largeur[4].*

(*Commentaire sur la Physique d'Aristote*, 25, 21.)

XXIX

Platon.

Une fable, voilà ce que visiblement ils nous racontent, comme si
nous étions des enfants. L'un parle de trois éléments qui tantôt
s'en vont en guerre, les uns contre les autres, tantôt font amis, et
alors on assiste à la noce, à la naissance de rejetons et à l'allaitement.
L'autre parle de deux : l'humide et le sec, ou bien le chaud et le

froid, qu'il met sous un même toit et couche dans le même lit. Chez nous, la noble branche éléate, qui remonte à Xénophane et même plus haut[1], ne voit que l'Un dans ce qu'on appelle le Tout, et développe ses fables en ce sens. Plus tard, certaines Muses d'Ionie et de Sicile[2] ont combiné l'idée d'accoupler les deux thèses, que l'être est à la fois multiple et un, et composé par l'action de la Haine et de l'Amitié; « car le désaccordé s'accorde toujours », déclarent les plus vociférantes de ces Muses[3]. D'autres, plus gentilles, ont adouci cette règle éternelle : alternativement, tantôt le Tout est un et ami grâce à Aphrodite, tantôt il est multiple et en guerre contre lui-même, du fait d'un je-ne-sais-quoi dont la Haine est responsable. (*Le Sophiste*, 242 *c-d*.)

XXX

Pseudo-Plutarque.

Empédocle d'Agrigente ⟨pose⟩ quatre éléments : le feu, l'eau, l'éther et la terre. Cause de ceux-ci[4] : Amitié et Haine. Du mélange premier des éléments, déclare-t-il, l'air, dissocié, diffuse tout autour[5]. Après l'air, le feu s'en échappe vivement et, ne trouvant pas d'autre emplacement, s'élance vers le haut sous l'air cristallisé. Il y a, en cercle autour de la Terre, deux hémisphères en mouvement : l'un tout entier de feu, l'autre fait d'un mélange d'air et d'un petit peu de feu, qu'il estime être la nuit. L'origine du mouvement provient de la rencontre fortuite de l'agrégat avec le feu qui fond sur lui. Le Soleil n'est pas naturellement de feu, mais est un reflet du feu, semblable à celui qui se produit sur l'eau. La Lune, déclare-t-il, a une origine indépendante, et provient de ce que le feu s'est séparé de l'air ; car il est congelé, tout comme la grêle. Mais la Lune, elle, tire du Soleil sa lumière[6]. L'hégémonique n'est pas situé dans la tête, ni dans le thorax, mais dans le sang[7]. Ainsi est-ce par cette partie du corps où il se trouve être davantage répandu (et qu'il tient pour l'hégémonique), que l'homme se trouve exceller. (*Stromates*, cité par Eusèbe, *Préparation évangélique*, I, VIII 10.)

XXXI

Hippolyte.

1. Empédocle, qui vient après eux[8], a dit beaucoup de choses touchant la nature des démons qui, allant et venant sans cesse, s'occupent de ce qui se passe sur Terre et sont très nombreux. Il

déclarait que le principe du Tout est la Haine et l'Amitié, et que le feu intelligent, contenu dans l'unité, c'est Dieu; que toutes choses sont constituées à partir du feu et qu'elles se dissoudront en feu. Les stoïciens soutiennent une thèse presque semblable, en s'attendant à un embrasement universel. 2. Mais, par-dessus tout, il croit à la métensomatose, puisqu'il dit :

> *Car autrefois je fus jeune homme et jeune fille*
> *Et arbuste et oiseau et muet poisson de mer[1].*

3. Il disait que les âmes passent toutes dans les divers animaux. Et en effet, leur maître Pythagore disait qu'il avait été Euphorbe pendant la guerre de Troie, et prétendait reconnaître son bouclier. (*Réfutation de toutes les hérésies*, I, 3.)

XXXII

Aétius.

⟨Empédocle disait que l'Un est sphérique, éternel et immobile⟩ et que: d'une part l'Un est la nécessité; d'autre part sa matière est constituée par les éléments, et ses formes par la Haine et l'Amitié. Il pense encore que les quatre éléments sont des dieux et que le monde est leur mélange, et qu'en plus d'⟨eux est le Sphairos, en qui toutes choses⟩ se dissoudront, et qui est l'unique quant à la forme. Il pense encore que les âmes sont divines, et divins les purs qui purement participent à elles. (*Opinions*, I, VII, 28.)

XXXIII

Aétius.

Empédocle d'Agrigente, fils de Méton, pense qu'il existe quatre éléments : le feu, l'air, l'eau et la terre, et deux puissances « archiques »», l'Amitié et la Haine, dont la première est unifiante et la seconde séparatrice. Il déclare : *Connais premièrement [...] s'abreuvent[2]*. Par *Zeus*, il désigne l'effervescence[3] et l'éther; par *Héra, mère de vie*, l'air; la terre par *Aidônéus*; et par *Nestis, aux pleurs dont les mortels s'abreuvent*, la semence et l'eau. (*Opinions*, I, III, 20.)

Stobée.

Empédocle appelle du nom de *Zeus* l'effervescence et l'éther; du nom de *Héra, mère de vie*, la terre; l'air du nom d'*Aidônéus*, parce qu'il n'a pas de lumière qui lui soit

propre et qu'il se trouve éclairé par le Soleil, la Lune et les astres ;
du nom de *Nestis, aux pleurs dont les mortels s'abreuvent*, la
semence et l'eau. Des quatre éléments est formé le Tout ; leur
nature est formée à partir des contraires : le sec et l'humide, le
chaud et le froid. Le Tout résulte du mélange proportionnellement dosé de ces éléments ; il supporte des changements partiels,
sans que cela implique une dissolution du Tout. Il dit ainsi :
Tantôt de par l'Amour [...] par la Haine ennemie[1]. (*Choix de
textes*, I, x, 11 *b*.)

Hippolyte.

Zeus est le feu ; *Héra, mère de vie*, la terre qui produit les
fruits pour la vie ; *Aidônéus*, l'air : c'est grâce à lui que nous
voyons toutes choses que nous ne verrions pas sans lui[2] ;
Nestis, l'eau : en effet elle est le seul véhicule de la nourriture
pour tous les êtres qui se nourrissent, quoique n'étant pas nourrissante en elle-même ; car si elle avait une vertu nourrissante,
déclare-t-il, les vivants ne connaîtraient pas la faim, l'eau demeurant toujours en abondance dans le monde. Voilà pourquoi il
appelle *Nestis*[3] l'eau, parce que, étant la cause de la nourriture,
elle n'a pas la faculté de nourrir ceux qui se nourrissent. (*Réfutation de toutes les hérésies*[4], VII, 29.)

Philodème.

Que *Héra* et *Zeus* sont l'air et le feu, c'est ce que
déclare Empédocle dans ses hymnes. (*De la piété*, 2, éd. Gomperz,
p. 63.)

XXXIV

Galien.

Empédocle pensait que la nature des corps composés est produite à partir des quatre éléments immuables ; et que ces premiers éléments se trouvent mêlés ensemble, comme si l'on
mélangeait, broyait et réduisait en une fine poussière de la
rouille, de la chalcite, de la cadmie et du misy[5], si bien qu'aucun
des éléments composant le mélange ne puisse ensuite être séparé.
(*Sur la nature de l'homme d'Hippocrate*, xv, 32, éd. Kühn.)

Hippocrate est le premier, à notre connaissance, à avoir dit que
les éléments sont mélangés. [...] En cela il différait d'Empédocle.
En effet, celui-ci déclare que nous avons été engendrés à partir des
mêmes éléments que ceux dont parle Hippocrate, nous ainsi que
tous les corps sur la Terre, non pas par un total mélange mutuel,
mais par juxtaposition partielle et contact. (*Ibid.*, xv, 49.)

XXXV

Aétius.

Empédocle disait que les lieux des éléments ne sont pas absolument constants ni définis, mais que tous changent mutuellement de lieu. (*Opinions*, II, 7, 6.)

Achille Tatius.

Empédocle ne confère pas aux éléments des lieux définis, mais déclare qu'ils échangent mutuellement leurs lieux, de telle sorte que la terre se transporte vers le haut et le feu vers le bas. (*Introduction à Aratos*, 4, éd. Maass, p. 34, 20.)

XXXVI

Aristote.

Quelques-uns déclarent d'emblée qu'il y a quatre éléments, tel Empédocle. Mais il les distribue en deux classes, car au feu il oppose tous les autres[1]. (*De la génération et de la corruption*, II, III, 330 *b* 19.)

XXXVII

Aristote.

Et Empédocle, bien qu'il fasse des causes un plus grand usage qu'[Anaxagore], ne le fait pas suffisamment et n'y découvre pas une cohérence suffisante. Souvent, en tout cas, chez lui l'Amitié dissocie et la Haine rassemble. Lorsqu'en effet le Tout est divisé en ses éléments par la Haine, le feu se rassemble en un Un avec chacun des autres éléments. Et lorsque de nouveau la réunion en un Un est accomplie par l'Amitié, il est nécessaire que de nouveau les parties de chaque Un se dissocient.

Ainsi Empédocle le premier, et contrairement à ses prédécesseurs, introduisit la division de la cause, en posant l'existence non d'un principe unique du mouvement, mais de principes doubles et contraires. En outre, il fut le premier à parler des quatre éléments, qu'on dit être de nature matérielle; mais il ne fait pas usage des quatre, et il s'en sert comme s'ils étaient deux seulement. Il y a le feu en lui-même d'une part, et d'autre part, opposés à lui et constituant comme une nature unique, la terre, l'air et l'eau. On peut du reste s'en apercevoir à la lecture de ses vers. (*Métaphysique*, A, IV, 985 *a* 21.)

XXXVIII

•*Aristote.*

Empédocle semble dire que le fait que l'Amitié et la Haine commandent et mettent tour à tour en mouvement, est un attribut nécessaire des choses, et que dans l'intervalle elles se reposent ⟨alternativement⟩. (*Physique*, VIII, 1, 252 *a* 7.)

XXXIX

Aristote.

Comme il était visible que les opposés aux biens existent dans la nature, qu'il n'existe pas seulement ordre et beauté, mais désordre et laideur, et même que les maux sont plus nombreux que les biens et les choses viles que les choses belles, alors un autre introduisit l'Amitié et la Haine, chacune étant cause l'une des uns, l'autre des autres. Car si l'on poursuit et si l'on s'attache à l'esprit, et non à la lettre des propos d'Empédocle, qui ne sont que de misérables bégaiements, on trouve que l'Amitié est la cause des biens, et la Haine celle des maux[1]. De sorte que, si l'on déclarait que d'une certaine façon Empédocle a dit, et même dit le premier, que le mal et le bien sont principes, peut-être alors aurait-on raison, puisque la cause de tous les biens est le bien lui-même [et celle des maux, le mal]. (*Métaphysique*, A, IV, 984 *b* 32.)

XL

Aristote.

Empédocle réserve au seul mélange ses louanges. Pourtant du moins, ce n'est pas la Haine, mais au contraire l'Amitié qui sépare les éléments, puisque ceux-ci sont par nature antérieurs à Dieu, et sont eux-mêmes des dieux[2]. (*De la génération et de la corruption*, II, VI, 333 *b* 19.)

XLI

Jean Philopon.

Empédocle est en contradiction avec les phénomènes lorsqu'il supprime l'altération qui est évidente, et il se contredit lui-même quand il dit que les éléments sont immuables et qu'ils ne s'engendrent pas mutuellement, mais que les autres choses sont engendrées à partir d'eux. Il déclare que, lorsque la Haine à son tour commande, toutes les choses deviennent un et forment le Sphairos qui est sans qualité[1], de telle sorte que la propriété aussi bien du feu que de n'importe quel autre élément, n'est pas conservée en lui, vu que chacun des éléments perd sa forme propre. (*Commentaire sur De la génération et de la corruption d'Aristote*, éd. Vitelli, 19, 3.)

XLII

Aristote.

Il n'est pas conforme à la raison de faire procéder la génération d'éléments séparés et en mouvement. C'est pourquoi justement Empédocle laisse de côté celle qui se produit sous l'empire de l'Amitié. Car il n'aurait pu construire le ciel à partir d'éléments séparés en les combinant, et en confiant ce rassemblement à l'Amitié; en effet le monde est actuellement formé d'éléments séparés, de telle sorte que nécessairement ils ont été engendrés à partir de l'un et du mélangé. (*Traité du ciel*, III, II, 301 *a* 14.)

Il déclare en même temps que l'ordre du monde est le même aujourd'hui sous l'empire de la Haine, qu'autrefois sous celui de l'Amitié. (*De la génération et de la corruption*, II, VII, 334 *a* 5.)

XLIII

Aristote.

Pour ceux qui parlent comme Empédocle, de quelle manière la génération se fera-t-elle? Ce sera nécessairement une composition à la façon d'un mur construit en briques et en pierres; et ce mélange-là sera formé d'éléments conservant leur individualité par juxtaposition mutuelle de petites parcelles. Il en ira ainsi de la chair et de chacune des autres choses. (*De la génération et de la corruption*, II, VII, 334 *a* 26.)

Aétius.

Empédocle déclarait qu'antérieurement aux quatre éléments, il existe des fragments infiniment petits, qui sont pour ainsi dire des éléments homéomères précédant les éléments. (*Opinions*, I, XIII, 1.)

Empédocle et Xénocrate pensent que les éléments sont constitués par l'assemblage de masses plus petites, qui sont des minima, et pour ainsi dire les éléments des éléments. (*Ibid.*, I, XVII, 3.)

Galien.

Celui-ci en effet déclare que, de même que tous les autres corps terrestres, nous sommes formés des mêmes éléments que ceux dont parle Hippocrate; non pas par un véritable mélange mutuel, mais par juxtaposition et contact de petites parties. (*Sur la nature de l'homme d'Hippocrate*, xv, 49.)

XLIII *a*

Aristote.

Si la dissolution s'arrête, le corps auquel elle s'arrêtera sera soit un atome ⟨indivisible⟩ soit un corps divisible qui pourtant ne sera jamais divisé, conformément à ce qu'Empédocle veut dire[1]. (*Traité du ciel*, III, vi, 305 *a* 1.)

XLIV

Aétius.

Empédocle, Anaxagore, Démocrite, Épicure et tous ceux qui envisagent une construction du monde par réunion de corps tout petits, introduisent des associations et des dissociations, et non des générations et des corruptions à proprement parler. Car ces générations ne résultent pas d'une altération qualitative, mais d'une conglomération quantitative. (*Opinions*, I, xxiv, 2.)

XLV

Aétius.

Empédocle pense que l'essence de la nécessité est d'être la cause qui sait user des principes et des éléments. (*Opinions*, I, xxvi, 1.)

Plutarque.

La nécessité, que généralement on appelle destin est, pour Empédocle, l'ensemble constitué par l'Amitié et la Haine. (*La Création de l'âme dans le Timée*, 27, ii, 1026 b.)

XLVI

Aristote.

D'autres considèrent que les contrariétés contenues dans l'Un sont produites à partir de l'Un par dissociation. Par exemple, Anaximandre et tous ceux qui déclarent que l'être est un et mul-

tiple, comme Empédocle et Anaxagore. En effet ils s'accordent
pour faire naître toutes les autres choses du mélange, par dissociation. Mais ils diffèrent l'un de l'autre en ce sens qu'Empédocle
crée un cycle de dissociation, alors que pour Anaxagore, celle-ci
n'a lieu qu'une fois. En outre, Anaxagore a considéré que les
homéoméries et leurs contraires sont illimitées [en nombre], alors
qu'Empédocle pense que les homéoméries et leurs contraires
sont ce qu'on appelle les éléments. (*Physique*, I, iv, 187 *a* 20.)

XLVII

Aétius.

Empédocle dit que le monde est un; mais le monde n'est pas le
Tout, il est seulement une petite partie du Tout, le reste constituant la matière paresseuse[1]. (*Opinions*, I, v, 2.)

XLVIII

Platon.

Ils déclarent que le feu, l'eau, la terre et l'air existent tous par
l'effet de la nature et du hasard, et nullement de l'art; quant aux
corps qui viennent ensuite, la Terre, le Soleil, la Lune et les
astres, ils proviennent des éléments tenus pour complètement
privés d'âme. Ces éléments, transportés par le hasard, et chacun
selon sa puissance respective — en se rencontrant et en s'accordant selon leurs affinités propres, les éléments chauds avec les
éléments froids, les secs relativement aux humides, les mous relativement aux durs, et de toutes les façons qui peuvent résulter
d'un mélange des contraires, selon une nécessité réduite au
hasard — ont engendré alors, et de cette façon, la totalité du ciel et
tout ce qui prend place dans le ciel, puis tous les vivants ainsi que
les plantes, toutes les saisons étant nées des éléments; et tout cela,
prétendent-ils, sans le concours d'un intellect, sans le concours
de quelque dieu, sans le concours d'aucun art, mais, comme nous
le disions, par l'effet de la nature et du hasard. (*Les Lois*, X,
889 *b*.)

XLIX

Philon.

D'après Empédocle, les parties du monde paraissent s'être formées de la même façon. Après en effet que l'éther se fut séparé,

l'air et le feu s'envolèrent vers le haut, et le ciel qui se mouvait tout autour, se trouva formé dans un très large espace. Quant au feu qui demeurait un peu en dessous du ciel, il se trouva lui-même aussi comprimé dans les rayons du Soleil. La Terre, se rassemblant en un objet un, et pétrie par une certaine nécessité, apparut au centre et y siégea. Ensuite, autour d'elle, de toutes parts l'éther, du fait qu'il était beaucoup plus léger, se mit à décrire des révolutions sans s'arrêter jamais. Son immobilité est imputable à Dieu (elle ne résulte pas des multiples sphères posées en alternance au-dessus d'elle et dont les révolutions ont poli les contours), parce que autour d'elle circule un tourbillon d'un certain type, tout à fait admirable (sa force lui vient en effet de sa forme grande et multiple), qui fait que la Terre ne tombe ni ici ni là. (*De la providence*, II, 60, éd. Aucher, p. 86.)

Aétius.

Empédocle dit que l'éther se sépara le premier, en deuxième lieu le feu et après lui la terre, de laquelle, fortement comprimée par la vitesse de la rotation céleste, l'eau jaillit. D'elle, l'air s'évapora, et le ciel prit naissance de l'éther, et le Soleil du feu, et l'enveloppe terrestre se forma par condensation à partir des autres[1]. (*Opinions*, II, vi, 3.)

L

Aétius.

Empédocle dit que plus grande que la distance du ciel à la Terre, qui constitue l'élévation du ciel à partir de nous, est sa distance en largeur, parce que le ciel s'étend davantage en largeur, du fait que le monde a la forme d'un œuf. (*Opinions*, II, xxxi, 4.)

Empédocle dit que l'orbite du Soleil est la circonférence de la limite du monde. (*Ibid.*, II, i, 4.)

Empédocle dit que la droite [du monde] est la région du tropique d'été, et sa gauche celle du tropique d'hiver. (*Ibid.*, II, x, 2.)

LI

Aétius.

Empédocle dit que le ciel est solide et formé d'air condensé par le feu à la façon d'un cristal, et qu'il enveloppe l'élément igné et l'élément aérien dans chacun des hémisphères. (*Opinions*, II, xi, 2.)

Achille Tatius.

Empédocle déclare que le ciel est cristallin et formé par la condensation de la glace. (*Introduction à Aratos*, 5, éd. Maass, p. 34.)

[Scolie.]

Empédocle dit que le ciel est de l'eau gelée, à la façon d'une condensation cristalline. (À saint Basile, 22, éd. Pasquali.)

Lactance.

Si quelqu'un venait me dire que le ciel est en bronze ou en verre ou, ainsi que le dit Empédocle, de l'air glacé, serais-je aussitôt d'accord ? (*De l'œuvre de Dieu*, xvii, 6.)

LII

Aétius.

Empédocle dit que le monde se détruit du fait de la domination alternée de la Haine et de l'Amitié. (*Opinions*, II, iv, 8.)

Simplicius.

D'autres disent que le même monde alternativement naît et se détruit, et né de nouveau se détruit de nouveau ; et que cette succession est éternelle, ainsi que le dit Empédocle, qui pense que la Haine et l'Amitié règnent tour à tour, que la première rassemble toutes les choses en un Un, détruit le monde de la Haine, et crée à partir de lui le Sphairos, tandis que la Haine dissocie de nouveau les éléments et crée le monde que nous connaissons. (*Commentaire sur le Traité du ciel d'Aristote*[1], 293, 18.)

Platon, Empédocle, Anaxagore et les autres philosophes de la nature semblent nous transmettre l'idée que la génération des composés se fait à partir des simples, selon ce mode qui consiste à raisonner à partir d'une hypothèse[2] [...], comme si les éléments à partir desquels sont engendrées les choses engendrées étaient antérieurs dans le temps. (*Ibid.*, 305, 21.)

Aristote.

Parmi les existants, il ne fait pas les uns corruptibles et les autres incorruptibles, mais il les tient tous pour corruptibles, hormis les éléments. (*Métaphysique*, B, iv, 1000 *b* 18.)

LIII

Aétius.

Empédocle dit que les astres sont de feu et proviennent de l'élément igné que l'air enveloppait en lui et qu'il chassa hors de lui lors de la première séparation. (*Opinions*, II, XIII, 2.)

LIV

Aétius.

Empédocle dit que les étoiles fixes sont attachées au cristal, mais que les planètes sont libres. (*Opinions*, II, XIII, 11.)

LV

Achille Tatius.

Certains disent que le Soleil vient d'abord, en deuxième lieu la Lune et en troisième lieu Cronos. Mais l'opinion la plus répandue est que la Lune vient d'abord, puisqu'elle est, dit-on, un fragment détaché du Soleil, comme dit Empédocle[1]. (*Introduction à Aratos*, 16, éd. Maass, p. 43.)

LVI

Aétius.

Empédocle dit qu'il y a deux Soleils. L'un, l'archétype, qui est ⟨le⟩ feu, se trouve dans l'un des hémisphères du monde et remplit l'hémisphère qui toujours est placé à l'opposé de son reflet; l'autre, ⟨le Soleil⟩ visible, est le reflet ⟨du premier⟩ et se trouve dans le second hémisphère, rempli, lui, d'air mêlé de chaud; ce reflet est produit par réfraction ⟨des rayons du Soleil⟩ contre la Terre arrondie en direction du Soleil cristallin, et il est emporté du même mouvement que le Soleil fait de feu[2]. Bref, le Soleil, selon lui, est le reflet du feu qui entoure la Terre. (*Opinions*, II, XX, 13.)

Égal à la Terre est le Soleil résultant du reflet. (*Ibid.*, II, XXI, 2.)

LVII

Aristote.

C'est à tort qu'Empédocle — ou celui, quel qu'il fût, qui l'a dit — a pensé que la lumière se transporte et naît quelque part entre la Terre et l'enveloppe céleste, sans que nous nous en apercevions [...] À une courte distance, ce phénomène pourrait passer inaperçu ; mais ⟨admettre⟩ qu'il passe inaperçu de l'orient à l'occident, c'est vraiment trop nous demander. (*Traité de l'âme*, II, VI, 418 *b* 20.)

Selon Empédocle, la lumière en provenance du Soleil parvient d'abord dans le milieu intermédiaire, avant d'atteindre la vue ou de parvenir sur la Terre. (*Du sens*, VI, 446 *a* 26.)

Jean Philopon.

Empédocle disait que la lumière, qui est un corps émanant du corps lumineux, naît d'abord dans le lieu intermédiaire entre la Terre et le ciel, qu'ensuite elle arrive à nous, mais que son mouvement nous échappe à cause de sa vitesse[1]. (*Commentaire sur le Traité de l'âme*, 344, 34.)

[Anonyme.]

Il existe une deuxième théorie soutenue par ceux qui disent que la lumière est une flamme extrêmement légère provenant du Soleil et qui est réfléchie avec une grande violence. Cette opinion paraît être celle d'Empédocle. Ils l'établissent et la démontrent par le raisonnement suivant : ce en quoi résident les propriétés d'un corps est un corps ; or, le propre de la lumière est de se réfléchir et de s'éparpiller (propriétés réservées aux corps) ; donc elle est un corps. (*Traité anonyme d'optique*[2].)

LVIII

Aétius.

Empédocle dit que, l'air cédant à la violence du Soleil, les pôles se sont inclinés tandis que le pôle nord s'est élevé et que le pôle sud s'est abaissé, ce qui a entraîné la totalité du monde. (*Opinions*, II, VIII, 2.)

Empédocle dit que le Soleil est empêché par la sphère qui l'enveloppe de poursuivre indéfiniment sa course en ligne droite, et que par conséquent les cercles des tropiques l'obligent à rebrousser chemin. (*Ibid.*, II, XXIII, 3.)

LIX

Aétius.

[L'éclipse de Soleil] se produit quand la Lune passe par devant[3]. (*Opinions*, II, XXIV, 7.)

LX

Aétius.

Empédocle déclare que la Lune est de l'air resserré en forme de nuage, solidifié par le feu, de sorte qu'elle est un mélange corporel. (*Opinions*, II, xxv, 15.)

Plutarque.

De fait, ils[1] sont fâchés contre Empédocle qui représente la Lune comme de l'air congelé à la façon de la grêle et rendu compact par la sphère de feu qui forme l'enveloppe céleste. (*La Face visible de la Lune*, 5, vi, 922 c.)

Aétius.

La Lune a la forme d'un disque. (*Opinions*, II, xxvii, 3.)

Plutarque.

La face visible de la Lune, quand elle est pleine, ne ressemble pas à une sphère, mais à une lentille ou à un disque, comme Empédocle croit qu'elle est en réalité. (*Questions romaines*, 101, 288 B.)

Aétius.

Thalès déclara le premier que sa lumière lui vient du Soleil; Pythagore, Parménide, Empédocle, Anaxagore et Métrodore, de même. (*Opinions*, II, xxviii, 5.)

LXI

Aétius.

Empédocle disait que la distance de la Lune au Soleil est double de celle de la Lune à la Terre[2]. (*Opinions*, II, xxxi, 1.)

Empédocle disait que la distance de la Lune à la Terre est double de celle de la Lune au Soleil[3]. (*Ibid.*)

[Le Soleil est deux fois plus éloigné de la Terre que de la Lune[4].] (*Ibid.*)

LXII

Hippolyte.

Comme le disait Empédocle, toute la région d'ici-bas est pleine de maux qui s'étendent à l'envi de la région terrestre jusqu'à la Lune, mais qui ne s'étendent pas au-delà, parce que toute la région supralunaire est pure. Héraclite partageait cette opinion. (*Réfutation de toutes les hérésies*, I, iv, 3.)

LXIII

Aristote.

Certains pensent que le feu existe déjà dans les nuages. Empédocle déclare, pour sa part, que l'éclair est formé par l'emprisonnement des rayons du Soleil. (*Météorologiques*, II, ix, 369 *b* 12.)

Aétius.

Empédocle dit que l'éclair est produit par de la lumière venant frapper un nuage et chassant l'air qui lui résiste. Quand cet air s'échappe en sifflant, le tonnerre se produit; c'est son éclat qui produit l'éclair, et la contention de l'éclair qui produit la foudre. (*Opinions*, III, iii, 7.)

LXIV

Olympiodore.

Qu'est-ce qui meut les vents d'un mouvement oblique? Ce n'est ni l'élément terrestre ni l'élément igné qui ont des mouvements contraires, ainsi que le pensait Empédocle, mais l'air qui se meut en cercle. (*Commentaire sur les Météorologiques d'Aristote* [I, xiii] éd. Stüve, p. 102, 1.)

LXV

Aétius.

Empédocle et les stoïciens déclarent que l'hiver se produit quand l'air, devenu plus dense, l'emporte : il force alors le ⟨Soleil[1]⟩ à monter; l'été se produit quand le feu l'emporte : le ⟨Soleil⟩ est alors contraint de descendre. (*Opinions*, III, viii, 1.)

LXVI

Philon.

Traitant ensuite de la mer, Empédocle déclare : après que se fut condensé ce qui se trouvait en la région extrême, en gros à la façon de la grêle, l'eau devint fangeuse; en effet, tout ce que la terre contenait d'humidité se trouvait continuellement comprimé de toutes parts, par des liens les plus résistants possible, dans les régions basses et dans les dépressions de la terre, sous l'effet des vents qui soufflaient à l'envi. (*De la Providence*, II, 61, p. 86.)

Jean Tzétzès.

En effet, d'après le philosophe de la nature Empédocle, même après que la terre et la mer furent apparues, les éléments continuaient à se mouvoir en désordre; et tantôt le feu vainquait et brûlait, tantôt l'élément aqueux débordait et inondait de ses flots. (*Commentaire sur l'Iliade*, éd. Hermann, 42, 17.)

Aétius.

La mer est la sueur de la Terre brûlée par le Soleil et fortement comprimée[1]. (*Opinions*, III, xvi, 3.)

Élien.

Aristote pense, et Démocrite avant lui, et encore Théophraste — mais des trois, ce sont les déclarations de ce dernier que je cite —, que les poissons ne se nourrissent pas d'eau salée, mais de l'eau douce qui est mêlée à la mer[2]; et comme cela paraît peu probable, [Aristote][3], le fils de Nicomaque, voulant l'établir sur des faits d'expérience, dit qu'il se trouve de l'eau potable au sein de la mer et fonde ainsi sa réfutation[4] : si quelqu'un plonge dans la mer un vase de cire vide, après l'avoir attaché à une corde permettant de le remonter, et qu'il l'y laisse une nuit et un jour, il l'en retirera rempli d'eau douce et potable. Empédocle d'Agrigente dit lui aussi qu'il existe de l'eau douce dans la mer, et que, bien qu'elle ne soit pas visible, elle nourrit les poissons[5]. Et, dit-il, la cause de la présence dans la mer de l'eau douce est due à une cause naturelle que l'expérience met en évidence[6]. (*De la nature des animaux*, IX, 64.)

LXVII

Aristote.

C'est pourquoi tous ceux qui font du ciel le produit d'une génération, déclarent que la Terre s'est rassemblée au centre ⟨du tourbillon⟩. Pourquoi elle y demeure en repos, ils en cherchent la cause, les uns disant que l'aplatissement et la grandeur de la Terre en sont responsables, les autres assurant, comme Empédocle, que le mouvement circulaire du ciel décrivant son orbite autour de la Terre à une vitesse assez considérable, fait obstacle au mouvement de la Terre à la façon d'une eau contenue dans un vase [auquel on imprime une giration rapide][1] : l'eau, en effet, du fait du mouvement giratoire prolongé d'une coupe, reste en dessous du bronze de la coupe[2], sans se mouvoir vers le bas pour la même raison, bien que la nature la porte vers le bas. (*Traité du ciel*, II, XIII, 295 *a* 13.)

LXVIII

Sénèque.

Empédocle estime que les feux enfouis sous la terre en de nombreux endroits réchauffent l'eau, lorsqu'ils sont enterrés dans le sol à travers lequel l'eau chemine. Nous construisons couramment des dragons et des chauffe-eau de formes diverses[3], dans lesquels nous introduisons des tubes fins roulés en serpentins par où l'eau circule au milieu du feu, un temps suffisant à la réchauffer : l'eau entre froide et ressort chaude. C'est le même phénomène qui, d'après Empédocle, se produit sous la terre. (*Questions naturelles*, III, XXIV, 1.)

LXIX

Pseudo-Aristote.

Pourquoi les pierres sont-elles davantage durcies par l'eau chaude que par l'eau froide ? Est-ce parce que les pierres naissent quand l'humide vient à manquer, que l'humide vient davantage à manquer sous l'effet du chaud que sous l'effet du froid, et que la pétrification est produite par le chaud, à la façon dont Empédocle déclare que les rochers, les pierres et les eaux chaudes se produisent. (*Problèmes*, XXIV, XI, 937 *a* 11.)

Plutarque.

Et pour ce qui est visible : les escarpements, les promontoires et les rochers, Empédocle croit qu'ils ont été mis en place et dressés par l'effet du feu qui est dans les profondeurs de la Terre. (*Du premier froid*, 19, IV, 935 E.)

LXIX *a*

Théophraste.

Empédocle parle encore des couleurs et dit que le blanc est la couleur du feu et le noir celle de l'eau[4]. (*Du sens*, 59.)

LXX

Aétius.

Empédocle déclare que les arbres sont les premiers vivants à être sortis de la terre, avant que le Soleil ne se fût déployé et avant que le jour et la nuit ne fussent distincts. Du fait de la symétrie du mélange, ils enveloppent ⟨en un être unique⟩ la proportion du mâle et du femelle. Ils croissent et grandissent sous l'effet de la chaleur répandue dans la Terre, de telle sorte qu'ils sont des parties de la Terre, à la façon dont l'embryon dans le ventre est une partie de la matrice. Les fruits sont des sécrétions de l'eau et du feu qui sont dans les plantes. Celles à qui l'humide fait défaut perdent leurs feuilles sous l'effet de l'évaporation due à l'été, alors que celles qui contiennent beaucoup d'humidité conservent leurs feuilles[1] : ainsi en va-t-il du laurier, de l'olivier et du palmier. Les différences des sucs proviennent de la diversité des mélanges des éléments dans la terre et dans les plantes, qui transforment en une sève différente les homéoméries[2] provenant de la terre nourricière, comme pour la vigne[3]. Car les différences de qualité dans les crus ne viennent pas de la différence des cépages, mais de la différence des sols. (*Opinions*, V, XXVI, 4.)

Théophraste.

En effet la cause de la génération des plantes est une. Empédocle a tort de diviser et de séparer, faisant de la terre la cause des racines et de l'éther la cause des feuilles, en considérant que l'une et l'autre sont séparément causes des unes et des autres. C'est à partir d'une matière une et d'une cause une que s'effectue leur génération. (*Causes des plantes*, I, XII, 5.)

Aristote.

Empédocle avait tort d'ajouter que la croissance survient chez les végétaux par le bas du fait de la pousse des racines, parce que la terre se porte naturellement vers le bas et que la croissance vers le haut provient de ce que le feu s'élève de même. (*Traité de l'âme*, II, IV, 415 *b* 28.)

Plutarque.

Les plantes préservent leur nature de façon insensible, en pompant dans leur environnement, comme le dit Empédocle, de quoi se nourrir quand elles sont arrosées. (*Propos de table*, VI, II, 2, 688 A.)

Pseudo-Aristote.

Mais Anaxagore et Abrucalis[1] disent que les plantes sont mues par le désir, et affirment qu'elles sentent aussi et peuvent être tristes et joyeuses. [...] Mais Abrucalis pense que le sexe est chez elles indifférencié. (*Des plantes*[2], I, 1, 815 *a* 15.)

Anaxagore, Démocrite et Abrucalis disaient qu'elles possèdent l'intellect et l'intelligence. (*Ibid.*, 815 *b* 16.)

L'alternative posée par Abrucalis est la suivante : trouve-t-on dans les plantes un sexe féminin et un masculin, ou au contraire une espèce formée du mélange de ces deux sexes? (*Ibid.*, 817 *a* 1.)

Abrucalis a dit que les plantes naissent à un moment où le monde est encore incomplet et inachevé; et que, lorsque le monde a été achevé, s'est trouvé engendré l'animal[3]. (*Ibid.*, 817 *b* 35.)

LXXI

Hippocrate.

Certains médecins et sophistes disent qu'on ne saurait connaître la médecine, à moins de connaître la quiddité de l'homme, et qu'il faut l'avoir apprise pour prétendre soigner correctement les hommes. C'est à la philosophie que songent ceux qui tiennent ce propos; ainsi que le font Empédocle ou d'autres qui ont écrit *De la nature*: ils commencent par dire ce qu'est la quiddité de l'homme, comment il a été engendré pour la première fois et d'où il a été façonné. Pour ma part, je tiens tout ce qui a pu être dit sur la nature par un sophiste ou un médecin, comme relevant moins de l'art médical que de la littérature. Ma position est qu'en dehors de la médecine, il n'existe pas de connaissance claire touchant la nature. (*De l'ancienne médecine*, xx.)

LXXII

Aétius

Empédocle déclarait que les premières naissances d'animaux et de plantes ne produisaient pas des êtres totalement achevés, mais consistaient en membres séparés et disjoints. Les deuxièmes étaient comme des produits de l'imagination constituées par des parties jointes ensemble. Les troisièmes consistaient en créatures totales[4]. Les quatrièmes provenaient non de semblables[5], comme la terre et l'eau, mais déjà de l'union de différents, tantôt par épaississement de la nourriture[6], tantôt parce que la beauté des femmes excitait à un mouvement d'éjaculation. Les races de tous les animaux furent séparées par les qualités des mélanges. Les unes furent plus propres à plonger dans l'eau, les autres à s'envoler dans l'air (c'est celles qui possédaient davantage d'éléments ignés); les autres, plus lourdes, vécurent sur la terre; quant aux dernières, composées de parties égales à la proportion du mélange, elles résonnèrent de toutes leurs poitrines[1]. (*Opinions*, V, xix, 5.)

Censorinus.

Empédocle, dans son remarquable poème, affirme quelque chose du même genre : au commencement, des membres séparés sortirent çà et là de la terre, pour ainsi dire grosse. Ensuite ces membres se réunirent et bâtirent la substance du corps humain, mélangée de feu et de liquide. (*Du jour de la naissance*, iv, 7.)

Varron.

Empédocle déclare que les hommes sont sortis de terre comme les épinards[2]. (*Fragments des Satires*, 27, éd. Bücheler.)

LXXIII

Aristote.

Empédocle avait tort de dire que les animaux aquatiques sont ceux qui ont le plus de chaleur et de feu, et qu'ils fuient l'excès de chaleur propre à leur nature. (*De la respiration*, xiv, 477 *a* 32.)

Théophraste.

Comme Empédocle aussi le dit des animaux : la nature a placé dans l'eau les animaux à température très élevée. (*Causes des plantes*, I, xxi, 5.)

LXXIV

Aétius.

Empédocle déclare que la première respiration du premier vivant s'est produite lors de l'évacuation de l'humidité enfermée dans les nouveau-nés et lors de l'entrée de l'air extérieur, appelé par le vide ainsi formé dans les ouvertures des vaisseaux. ⟨Il déclare que⟩ l'expiration se produit ensuite, vu que la chaleur naturelle de l'organisme tend à sortir à l'extérieur et chasse l'air en produisant l'expiration; enfin, l'inspiration coïncide avec un nouveau recul de la chaleur interne qui ainsi laisse de nouveau entrer l'air. L'explication du mécanisme de la respiration, qui prévaut de nos jours, est la suivante : à l'afflux du sang, pour ainsi dire à fleur de peau, qui comprime fortement par son écoulement l'air qui circule dans les narines, succède son reflux, c'est l'expiration ; puis, quand, par un mouvement inverse, l'air rentre pour occuper l'espace libéré par le sang, c'est l'inspiration. ⟨Empédocle⟩ rapproche ce phénomène du fonctionnement de la clepsydre[1]. (*Opinions*, IV, xxii, 1.)

LXXV

Aétius.

(Pourquoi les enfants de sept mois sont viables.) Empédocle dit que lorsque le genre humain fut engendré de la terre, le jour était, à cause de la lenteur du Soleil, aussi long que le seraient aujourd'hui dix mois. Et le temps avançant, la longueur du jour se réduisit à sept mois actuels. C'est pourquoi sont viables aussi bien les enfants de dix mois que ceux de sept mois, parce que le monde a naturellement coutume de mener en un seul jour l'enfant à maturité, [à partir de la nuit] où il a été conçu. (*Opinions*, V, xviii, 1.)

LXXVI

Platon.

SOCRATE : On ne saurait croire à quel point je me suis passionné, dans ma jeunesse, pour cette science qu'on appelle histoire naturelle. Elle brillait à mes yeux d'un éclat particulier, car elle connaît les causes de chaque être, par quoi chacun est engendré, par quoi chacun est détruit et par quoi chacun existe. Les premières questions que je discutais étaient du genre : faut-il vraiment qu'il se produise une espèce de putréfaction du chaud et du froid, comme certains le disaient[2], pour que les animaux se constituent ? Est-ce le sang[3], ou l'air[4] qui constitue notre conscience ? Ou bien le feu[5] ? Ou bien n'est-ce rien de tout cela, mais le cerveau[6] ? » (*Phédon*, 96 *a*.)

LXXVII

Aétius.

Empédocle déclare que les animaux se nourrissent grâce à la substance qui leur est propre et qu'ils croissent par la présence du chaud. En revanche, ils diminuent et déclinent quand tous deux font défaut. Les hommes d'aujourd'hui, comparés aux premiers hommes, sont comme des enfants qui viennent de naître. (*Opinions*, V, XXVII, 1.)

Pseudo-Galien.

Comment Hippocrate, Érasistrate, Empédocle et Asclépiade disent que se produisent les digestions des nourritures. […] Selon Empédocle, elles se produisent par putréfaction. (*Œuvres*, XIX, 372, éd. Kühn.)

Galien.

Une antique habitude propre à ces médecins leur fait appeler imputrescible ce que nous appelons indigeste. (*Sur les aphorismes d'Hippocrate*, VI, 1, éd. Kühn, XVIII A 8.)

LXXVIII

Aétius.

Empédocle déclare que les chairs sont engendrées par un mélange à parts égales des quatre éléments; les nerfs naissent du feu et de la terre mélangés au double d'eau; les ongles naissent chez les vivants des nerfs qui durcissent au contact de l'air extérieur; les os, de deux parties d'eau et de terre additionnées de quatre parties de feu; le mélange de ces parties s'effectue à l'intérieur de la terre. La sueur et les larmes naissent de la liquéfaction du sang rendu plus fluide par l'augmentation de sa ténuité. (*Opinions*, V, XXII, 1.)

Aristote.

La nature est davantage principe que la matière. Parfois, Empédocle, emporté par l'élan de la vérité, bute contre l'obstacle et se voit contraint de déclarer que la substance et la nature sont raison, par exemple lorsqu'il expose la quiddité de l'os. Car selon lui, celle-ci n'est ni l'un des éléments, ni deux, ni trois, ni tous, mais la formule (λόγος) de leur mélange. (*Parties des animaux*, I, 1, 642 *a* 17.)

De même, il est absurde de penser que l'âme est la formule du mélange; car ce n'est pas selon la même formule que s'effectuent le mélange élémentaire propre à la chair, et celui propre à l'os. Ainsi, il arriverait que le même corps enferme en son tout une multiplicité d'âmes, s'il était exact que chaque partie est constituée d'éléments mélangés, et que la formule du mélange est harmonie et âme.

On pourrait du reste faire à Empédocle la demande suivante : puisque, selon lui, chacune des parties du corps est produite par une certaine formule, l'âme est-elle la formule, et non plutôt quelque chose d'autre qui s'ajoute aux parties? Et puis, l'Amitié est-elle la cause de n'importe quel mélange, ou du mélange conforme à la formule? Et est-elle elle-même la formule ou quelque chose d'autre à côté de la formule? (*Traité de l'âme*, I, IV, 408 *a* 13.)

Pseudo-Aristote.

Empédocle prétend que la nature de l'os est simplement une. [...] Si tous ⟨les corps⟩ étaient mélangés selon la même formule, il n'y aurait pas de différence entre ⟨les corps⟩ du cheval, du lion et de l'homme. (*Du souffle*, IX, 485 *b* 26.)

Plutarque.

Certains déclarent, comme Empédocle, que les larmes se séparent du sang qui se trouve agité, comme le petit lait suinte du lait. (*Questions naturelles*, XX, 2, 917 A.)

LXXIX

Soranus.

Le [cordon ombilical] est constitué de la réunion de vaisseaux au nombre de ⟨quatre⟩ : deux veines et deux artères, par l'intermédiaire desquels les aliments sanguin et pneumatique parviennent aux embryons. Empédocle est d'avis qu'ils s'enracinent dans le foie, Phèdre dans le cœur ⟨de l'embryon⟩. (*Gynécologie*, I, LVII, *Corpus des médecins grecs*, t. IV, 42, 12.)

LXXX

Soranus.

Car les règles peuvent être en avance ou en retard de quelques jours. Le plus souvent elles se produisent à l'échéance propre à chaque femme, et ⟨non⟩, comme le ⟨dit⟩ Dioclès, à la même ⟨échéance⟩ pour toutes les femmes; et pas non plus, comme le dit Empédocle, pendant la lune descendante. Certaines femmes, en effet, sont réglées avant le vingtième jour, d'autres au vingtième, et le retour des règles se produit tantôt à la lune montante, tantôt à la lune descendante. (*Gynécologie*, I, XXI, *ibid.*, 14, 9.)

LXXXI

Aristote.

D'après d'autres, comme Empédocle, [la distinction des sexes tient] à la matrice : la semence entrant dans une matrice chaude produit les mâles, alors que celle entrant dans une matrice froide produit les femelles; la cause de ce chaud et de ce froid est le flux menstruel, plus froid ou plus chaud, selon qu'il est plus ancien ou plus récent. À la vérité, Empédocle fait preuve de beaucoup de légèreté en croyant que le froid et le chaud sont la seule cause de différence entre les sexes, alors que — il le voit bien — l'ensemble des parties en cause présente une grande différence, le mâle par ses parties honteuses, et la femelle par la matrice. (*Génération des animaux*, IV, 1, 764 *a* 1.)

Il est nécessaire de réfuter la thèse d'Empédocle qui fait résulter la différence entre la femelle et le mâle de la froideur ou de la chaleur de la matrice. (*Ibid.*, IV, 1, 765 *a* 8.)

Aétius.

Empédocle déclare que les mâles et les femelles sont produits selon la chaleur et la froideur. C'est pourquoi il raconte que les premiers mâles ont été engendrés à partir de la terre, plutôt du côté du levant et du midi, et les femelles dans les régions septentrionales[1]. (*Opinions*, V, VII, 1.)

Empédocle déclare que les monstres sont engendrés par la surabondance de semence, ou bien par son défaut, ou bien par la perturbation du mouvement, ou bien par une division en plusieurs parties, ou bien enfin par une déviation. Ainsi semble-t-il avoir prévu presque toutes les causes possibles. (*Ibid.*, V, VIII, 1.)

Empédocle déclare que les jumeaux et les triplés naissent de l'excès et de la division de la semence. (*Ibid.*, V, X, 1.)

D'où viennent les ressemblances entre les enfants et leurs ancêtres? Empédocle déclare que les ressemblances sont produites par le caractère dominant de la semence génitale, alors que les dissemblances viennent de ce que la chaleur qui est dans la semence s'est évaporée. (*Ibid.*, V, XI, 1.)

Comment se fait-il que des enfants se ressemblent, sans ressembler à leurs parents? Empédocle dit que c'est l'imagination de la femme qui donne leur forme aux embryons, car souvent des femmes, tombées amoureuses de statues ou d'images au cours de leur grossesse, ont mis au monde des enfants leur ressemblant. (*Ibid.*, V, XII, 2.)

Censorinus.

Anaxagore et Empédocle s'accordent à penser que les mâles sont engendrés par la semence provenant des parties droites, et les femelles par celle provenant des parties gauches[1]. Mais autant ils s'accordent sur ce point, autant ils divergent sur la question de la ressemblance des enfants. Sur ce point, l'opinion motivée d'Empédocle est la suivante : si la chaleur de la semence des deux parents est égale, il naît un garçon ressemblant au père; si les semences sont également froides, une fille ressemblant à la mère; si la semence paternelle est chaude et la maternelle froide, il naît un garçon ayant le visage de la mère; enfin, si la semence de la mère est chaude et celle du père froide, une fille qui est le portrait de son père. (*Du jour de la naissance*, VI, 6.)

Il est ensuite question des jumeaux. De l'avis d'Hippon, de telles naissances — assez peu fréquentes — s'expliqueraient par une plus grande quantité de semence; en effet, quand elle est plus abondante que nécessaire à la création d'un embryon, une seconde poche en recueillerait le surplus. Empédocle paraît avoir eu la même opinion : pourtant il n'indique pas les causes pour lesquelles se produit la division; il se borne à affirmer qu'il y a division et à dire que si les deux parties occupées par la semence sont également chaudes, il naît deux garçons; si elles sont également froides, deux filles; si l'une est chaude et l'autre est froide, deux enfants de sexe opposé. (*Ibid.*, VI, 9-10.)

LXXXII

Aristote.

La race des mules est totalement stérile. Quant à la cause, Empédocle et Démocrite en ont fort mal parlé, l'un étant tout à fait inintelligible et l'autre un peu plus clair. L'explication qu'ils proposent prétend être également valable pour tous les cas d'accouplement d'espèces différentes. [...] Empédocle en rend responsable, etc.[2]. (*Génération des animaux*, II, VIII, 747 *a* 24.)

Aétius.

(Pourquoi les mules sont-elles stériles?). Empédocle : parce que leur matrice est trop petite, trop basse et trop étroite, et qu'elle est attachée et coudée vers le ventre, de telle sorte que la semence ne peut y être jetée et que, même si tel était le cas, elle n'y serait pas reçue. (*Opinions*, V, XIV, 2.)

LXXXIII

Aétius.

(En combien de temps les animaux se forment-ils dans le ventre?) Empédocle déclare que, dans l'espèce humaine, la détermination en articulations¹ se fait à partir du trente-sixième jour, et que les membres sont achevés au quarante-neuvième jour². (*Opinions*, V, xxi, 1.)

Oribase.

Autour de la quatrième neuvaine [soit trente-six jours], on observe le début de la formation générale du corps, et son achèvement quatre jours plus tard, vers le quarantième. Empédocle, le philosophe de la nature, est d'accord avec ces délais pour l'achèvement de la formation de l'embryon, et déclare que le mâle se trouve formé plus tôt que la femelle, et que les embryons placés à droite se forment plus tôt que ceux placés à gauche. (*Œuvres*, III, 78, 13 ; *Corpus des médecins grecs*, VI, ii, 2, 106.)

Censorinus.

La plupart affirment que la femme peut accoucher au septième mois, comme Empédocle, Épigène et beaucoup d'autres. (*Du jour de la naissance*, vii, 5.)

LXXXIV

Censorinus.

Empédocle, avec lequel Aristote est d'accord sur ce point³, dit que le premier organe formé est le cœur, parce que c'est en lui que réside principalement la vie de l'homme. (*Du jour de la naissance*, vi, 1.)

LXXXV

Aétius.

Empédocle déclare que le sommeil provient d'un refroidissement modéré de la chaleur qui est dans le sang, et la mort d'un refroidissement complet. (*Opinions*, V, xxiv, 2.)

Empédocle déclare que la mort est produite par la séparation de l'élément igné⁴. Le mélange des éléments formait l'homme. Ainsi la mort du corps et celle de l'âme sont communes⁵. Le sommeil, toujours selon lui, se produit par la séparation de l'élément igné. (*Ibid.*, V, xxv, 4.)

Théophraste.

1. Parménide, Empédocle et Platon [pensent que la sensation] est produite par le semblable, tandis qu'Anaxagore et Héraclite pensent qu'elle est produite par le contraire. [...] 2. Alors que les autres ne prêtent pour ainsi dire pas attention à chacun des sens en particulier, Empédocle, en revanche, essaie de les ramener à la ressemblance [...].

7. Empédocle explique toutes les sensations d'une façon semblable et déclare que la sensation est produite par le fait que ⟨ce qui produit la sensation⟩ s'harmonise aux pores de chaque sens. C'est ce qui fait qu'un sens ne peut pas juger des données adaptées aux autres sens, parce que les uns ont des pores trop larges et les autres trop étroits, relativement au sensible, de sorte que certaines données passent au travers des pores sans les toucher, alors que d'autres ne peuvent pas pénétrer du tout. Il essaie aussi d'expliquer ce qu'est la vue, et déclare que l'intérieur de la vue est du feu[1], autour duquel se trouvent ⟨de l'eau⟩, de la terre et de l'air, à travers lesquels il peut passer grâce à sa subtilité, à la façon de la lumière dans les lanternes. Les pores du feu et de l'eau sont disposés en quinconce. À travers ceux du feu, nous percevons les objets blancs, à travers ceux de l'eau les noirs. Chaque donnée sensible s'harmonise à chaque type de pores. Les couleurs viennent à la vue par l'effluve[2].

8. Les yeux ne sont pas tous composés d'une manière semblable, ⟨mais les uns sont composés de semblables⟩ et les autres de contraires; dans certains yeux, le feu est placé au centre, chez d'autres à l'extérieur. C'est pourquoi justement, parmi les animaux, certains voient mieux le jour, et d'autres mieux la nuit. Ceux qui ont moins de feu voient mieux le jour, car la lumière interne est chez eux compensée par la lumière externe. Ceux qui ont moins de l'élément contraire, voient mieux la nuit. En effet, chez eux aussi le défaut est compensé. Dans les cas contraires, tout s'inverse : en effet, les yeux dans lesquels le feu prédomine ont une vue faible, car pendant le jour le feu s'accroît encore et vient boucher et bloquer les pores de l'eau. Mais, pour les yeux dans lesquels l'eau est en excès, le même phénomène se produit la nuit, car le feu est bloqué par l'eau; et ceci se prolonge pour ceux-ci jusqu'à ce que l'eau soit dissipée par la lumière extérieure, pour ceux-là jusqu'à ce que le feu soit dissipé par l'air[3]. Ainsi le contraire joue le rôle de remède dans un cas

comme dans l'autre. La vue la mieux mélangée et la meilleure est celle qui est composée des deux éléments en quantité égale. Voilà à peu près ce qu'il dit concernant la vue.

9. L'audition est produite à partir des sons extérieurs[1]. En effet, lorsque ⟨l'air⟩ est ébranlé par le son, il se répercute à l'intérieur ⟨de l'oreille⟩. Elle est en effet comme une *cloche* à l'unisson, qu'il appelle un *rameau de chair*[2] ; l'air mis en branle vient en frapper les parties solides et produit l'écho.

L'odorat est produit par la respiration. C'est pourquoi l'odorat le plus aigu se rencontre chez les animaux qui ont le halètement le plus rapide. D'autre part, l'odeur la plus abondante émane des corps les plus subtils et les plus légers.

Concernant le goût et le toucher, il ne définit, pas plus pour l'un que pour l'autre, ni comment ils naissent ni par quoi. Il se borne à l'explication générale selon laquelle la sensation est produite par le fait que ⟨ce qui produit la sensation⟩ s'harmonise aux pores de chaque sens.

Le plaisir est produit par les semblables, tant dans les parties que dans le mélange, et la douleur par les contraires.

Il explique de la même façon la conscience et l'inconscience. 10. Car la conscience est produite par les semblables, tandis que l'inconscience est produite par les dissemblables, de sorte que la conscience est identique, à peu de chose près, au sentir. En effet, après avoir précisé tour à tour comment nous connaissons chaque chose par chaque ⟨élément[3]⟩, il ajoute à la fin : ⟨*Car c'est à partir d'eux*⟩ [...] *douleur*[4]. C'est pourquoi la conscience dépend principalement du sang[5], car c'est en lui que réside principalement le mélange des éléments des parties.

11. Donc tous ceux chez qui ⟨les particules des éléments⟩ sont mélangées également et semblablement, et ne sont ni trop distantes, ni trop petites ni excessives par la taille, ceux-là sont très conscients et très exactement informés par leurs sens ; ceux qui les suivent de près le sont proportionnellement ; mais tous ceux qui connaissent des dispositions contraires sont dépourvus de sens. Ceux dont les éléments sont rares et clairsemés sont lymphatiques et vite fatigués. Ceux dont les éléments sont denses et fins, ceux-là sont prompts dans leurs élans et entreprennent beaucoup de choses, mais en achèvent peu, à cause de la vitesse du mouvement de leur sang. Ceux dont quelque partie est formée d'un mélange moyen sont habiles sous ce rapport. C'est pourquoi certains sont bons orateurs, et d'autres bons artisans, parce que ceux-ci ont les mains et ceux-là la langue caractérisées par un bon mélange ; et il en va de même pour les autres facultés.

12. Voilà ce que pense Empédocle du processus de la sensation et de la conscience. Mais, après l'avoir entendu, on pourrait lui proposer une première aporie : Qu'est-ce qui distinguera les êtres animés des autres sous le rapport du sentir ? En effet il existe aussi une harmonie des pores chez les êtres inanimés (car par la symétrie des pores il donne une portée générale à la théorie du mélange) ; c'est pourquoi l'huile et l'eau ne se mélangent pas[1], contrairement aux autres liquides dont il énumère les mélanges propres ; de telle sorte que toutes choses devraient sentir[2], et mélange, sensation et croissance devraient être identiques. Car il applique à toutes choses la symétrie des pores, sauf indication contraire.

13. Ensuite, chez ces mêmes êtres animés, pourquoi la sensation appartiendrait-elle davantage au feu qui est à l'intérieur de l'animal, qu'à celui qui est à l'extérieur, puisqu'ils sont tous deux en harmonie ? En effet la symétrie existe tout autant que le semblable. Là encore, il est nécessaire qu'existe une certaine différence, s'il est vrai que le feu interne ne peut remplir les pores, alors que le feu externe, lui, le peut. Par conséquent, si la similitude était pleine et entière, il n'y aurait pas de sensation. On pourrait enfin lui demander si les pores sont vides ou pleins. Car s'ils sont vides, il se contredit lui-même, puisqu'il nie complètement l'existence du vide. En revanche s'ils sont pleins, les animaux éprouveront constamment des sensations ; car il est évident que le semblable, ainsi qu'il le déclare, s'harmonise.

14. Et véritablement, cela encore fait difficulté : est-il possible que des grandeurs de même taille naissent des dissemblables, de sorte qu'il y ait harmonie surtout s'il arrive, ainsi qu'il le déclare, que les visions dont le mélange est asymétrique sont moins bonnes, du fait que soit le feu, soit l'air, obstrue les pores ? Si donc il y a symétrie des dissemblables, et si les pores sont remplis par des éléments n'appartenant pas à la même espèce, comment ces derniers éléments feront-ils pour s'évacuer — et par où ? —, quand il y aura sensation ? Car il faut bien leur accorder une certaine mobilité. Par conséquent, la difficulté est totale : car, ou bien il faut nécessairement admettre le vide, ou bien les animaux ont de toutes choses une sensation continue, ou bien l'élément n'appartenant pas à la même espèce s'*harmonise*, sans toutefois produire la sensation, ni avoir la mobilité propre aux éléments qui produiraient, en pénétrant, la sensation.

15. Enfin, dans l'hypothèse où il n'y aurait pas harmonisation du semblable, mais seulement contact, la sensation doit logiquement se produire d'une façon ou d'une autre. Car il rend compte

de la perception par deux facteurs : le semblable et le contact, pour lesquels il a usé du terme *harmonisation* . Par conséquent, si le plus petit entrait en contact avec le plus grand, il y aurait sensation. Et du moins, en général, il ne s'occupe pas du facteur de similitude et se contente du seul facteur de symétrie. Effectivement, la raison qu'il donne de l'impossibilité qu'un élément soit senti par un autre élément, est la disposition asymétrique des pores. Mais il a laissé aussi sans réponse la question de savoir si l'effluve est semblable ou dissemblable. Si bien que, quand on ne tranche pas la question de savoir si, oui ou non, la sensation est liée au semblable ou si elle s'explique, ou non, par une certaine asymétrie, ⟨il faut admettre⟩ nécessairement que toutes les sensations et tous les sensibles sont de même nature.

16. Il ne donne pas non plus une explication satisfaisante du plaisir et de la douleur, en liant la production du plaisir aux semblables, et celle de la douleur aux dissemblables. « *Mais*, dit-il, *les choses [...] ennemies*[1]. » Car ils[2] tiennent le plaisir et la douleur pour des sensations ou encore pour des phénomènes accompagnés de sensation, de sorte que les sensations ne sont pas toujours produites par des semblables. En outre, si les éléments appartenant à la même espèce produisent le plus grand plaisir dans le contact, ainsi qu'il l'affirme, alors les choses de même nature devraient produire le plaisir le plus grand et être totalement senties, étant donné qu'il assigne les mêmes causes à la perception et au plaisir. 17. Et de fait, souvent lors de la sensation, nous éprouvons une douleur liée à cette sensation, ce qui, d'après Anaxagore, a toujours lieu[3], dans la mesure où une sensation s'accompagne toujours de douleur. De plus, on pourrait formuler ⟨une nouvelle objection⟩ contre les sensations prises séparément. En effet, il arrive que la perception soit produite par le semblable ; mais, étant donné que l'organe de la vision est composé du feu et de son contraire, on comprend bien que les mêmes yeux puissent percevoir le blanc et le noir ; mais alors comment peuvent-ils percevoir le gris et les autres couleurs mélangées ? En effet, il n'explique cela ni par les pores du feu, ni par les pores de l'eau, ni par d'autres pores communs formés à partir des deux. Et pourtant notre vision des couleurs mélangées n'est pas inférieure à celle des couleurs pures.

18. Il est absurde aussi de prétendre que certains animaux voient mieux le jour, et d'autres mieux la nuit. En effet le feu moins abondant est détruit par le feu plus abondant, ce qui explique notre impossibilité de regarder en face le Soleil, et généralement ce qui luit d'un pur éclat. Par conséquent, ceux chez qui

la lumière fait le plus défaut, devraient voir le moins pendant
le jour. Ou bien encore, si, comme il le prétend, le semblable
produit une augmentation, alors que le contraire produit altération et empêchement, il faudrait que tous voient au mieux
les objets blancs pendant le jour, aussi bien ceux qui possèdent
le moins de lumière que ceux qui en possèdent le plus, et au
mieux les objets noirs pendant la nuit. Mais en réalité tous
voient mieux toutes les couleurs pendant le jour, excepté
quelques rares animaux. Et pour ces derniers, il est logique de
penser qu'ils sont à même de produire un feu qui leur est propre,
de même que quelques-uns brillent davantage dans la nuit, de par
leur couleur.

19. En outre, pour les ⟨yeux⟩ dont le mélange est formé de
quantités égales, il est nécessaire que chacun des éléments produise à part une augmentation. Par conséquent, si l'excès d'un
élément empêche l'autre de voir, alors tous les yeux connaîtraient
une disposition à peu près égale. Toutefois il serait difficile
d'examiner pas à pas les troubles de la vue. Mais alors comment
appliquer aux autres sens le critère du semblable? Car le semblable est indéterminé. De fait, ce n'est pas par le son que nous
percevons le son, ni par l'odeur l'odeur, ni les autres sensibles
par les autres du même genre, mais bien plutôt, pour ainsi dire,
par le moyen des contraires. Car il faut que le sens se présente
sans être affecté, or si nous avons un bruit dans les oreilles, une
saveur dans le goût et une senteur dans l'odorat, tous nos sens
sont d'autant plus émoussés qu'ils sont remplis de sensations
semblables, à moins que l'on ne songe à établir une distinction[1].

20. En outre, concernant l'effluve, quoique Empédocle ne se
soit pas suffisamment expliqué sur la manière dont les autres sens
peuvent d'une certaine façon le recevoir, il n'est pas facile
d'accepter le rôle qu'il lui assigne pour le toucher et le goût.
Comment en effet distinguerions-nous par un effluve le rugueux
et le lisse, et comment ceux-ci s'harmoniseraient-ils avec les
pores? Car seul, semble-t-il, parmi les éléments, le feu produit
des effluves, et non les autres. De plus, si la désagrégation du
corps était produite par l'effluve qui sert à signaler l'objet à tous,
et si les odeurs résultaient de l'effluve, les objets les plus odorants
devraient se corrompre aussitôt. Or, en réalité, c'est presque le
contraire ⟨que l'on constate⟩, car les plantes et les autres corps
les plus odorants ont une existence très longue. Ajoutons encore
que sous le règne de l'Amitié[2] la sensation est impossible, ou en
tout cas moins possible, puisque alors il y a rassemblement, et
non effluence.

21. En ce qui concerne l'audition, qu'il explique par l'existence de sons internes, il est absurde de croire qu'il a fourni une explication claire de la manière dont on entend, en supposant un son interne, comme dans le cas d'une cloche. En effet, si c'est grâce au son interne ⟨de l'oreille⟩ que nous entendons les sons extérieurs, alors qu'est-ce qui provoque ce son interne? C'est en effet la question qui demeure.

Tout aussi absurde est son explication de l'odorat. D'abord l'explication qu'il en donne n'est pas générale; car quelques-uns parmi les animaux doués d'odorat ne respirent pas. Ensuite il est naïf de dire que ceux qui inspirent le plus, sentent le mieux, car cela ne sert à rien si le sens n'est ni sain, ni dégagé. De plus il nous arrive souvent d'avoir le nez bouché et de ne rien sentir du tout. En outre, les asthmatiques, les malades et les alités devraient sentir davantage les odeurs, puisque leur respiration est plus rapide. Mais en réalité c'est le contraire qui se produit. 22. Il est donc probable que l'inspiration n'est pas en soi la cause de l'odorat et qu'elle l'est seulement par accident, ainsi qu'en témoignent le cas des autres animaux et les affections dont nous venons de parler. Mais lui en fait la seule cause véritable et le redit à la fin, affirmant en guise de conclusion : _Ainsi tout a sa part et de souffle et d'odeurs_[1] . D'autre part, il n'est pas vrai que nous sentions davantage les choses légères; encore faut-il qu'elles aient une odeur : car l'air et le feu sont très légers, mais ils ne produisent pas de sensation odorante.

23. On pourrait de même énoncer les apories relatives à ce qu'il dit de la conscience, puisqu'il la fait effectivement dériver des mêmes causes que la sensation. Si tel était le cas, toutes choses participeraient à la conscience[2]. Et, en même temps, comment la conscience pourrait-elle résider dans l'altération et être produite par le semblable? Car le semblable n'est pas altéré par le semblable. Et dire que la conscience dépend du sang, est tout à fait absurde, car beaucoup d'animaux n'ont pas de sang[3]. En outre, chez ceux qui ont du sang, les organes des sens sont très pauvres en sang. Et il faudrait encore que les os et les poils aient des sensations, puisqu'ils sont formés de tous les éléments. Aussi il en arrive à tenir pour identiques conscience, sensation, plaisir, douleur et inconscience. Car les uns et les autres sont, selon lui, produits par des dissemblables, de sorte que tout à la fois l'inconscience devrait engendrer la douleur et la conscience le plaisir.

24. Et il est encore absurde que les facultés dérivent pour chacun du mélange du sang propre aux parties, comme si la

langue était la cause du bien-parler et les mains du bien-œuvrer, au lieu de n'avoir qu'un rôle d'instrument. C'est pourquoi il faut bien davantage considérer la structure comme cause que le mélange du sang qui est dépourvu d'intelligence. Et il en va de même pour les autres animaux. Ainsi donc Empédocle paraît-il s'être souvent trompé. (*Du sens*, 1-24.)

LXXXVII

Aristote.

Selon certains auteurs, chaque ⟨sens⟩ pâtit du fait qu'à travers certains pores pénètre l'agent dernier et dominant ; et c'est de cette façon que nous voyons et entendons, déclarent-ils, et que nous sentons les autres sensations. Ils disent encore que la vision se fait à travers l'air, l'eau et les diaphanes[1], parce qu'ils ont des pores invisibles de par leur petitesse et d'une densité conforme à la nature de l'élément, et que plus il y en a, plus les corps sont diaphanes. Ainsi ces auteurs ont donné de certains ⟨corps⟩ la définition que donne des agents et des patients Empédocle, qui ajoute encore que se mélangent tous les corps dont les pores sont symétriques les uns par rapport aux autres. (*De la génération et de la corruption*, I, VIII, 324 *b* 26.)

Jean Philopon.

Nécessairement, déclare Aristote, Empédocle devait dire qu'il existe certains corps solides et indivisibles du fait qu'on ne trouve pas des pores en eux, partout d'une manière continue. En effet, cela est impossible, car il faudrait que la totalité du corps fût faite de pores et de vide. Par conséquent, si cela est absurde, il est nécessaire que les parties du corps qui se touchent soient des solides indivisibles, tandis que sont vides ses parties intermédiaires, qu'Empédocle a appelées *pores*. (*Commentaire*, 160, 3, éd. Vitelli.)

Nous savons que ceux qui forment l'hypothèse des pores, ont supposé qu'ils étaient non pas vides, mais remplis d'un certain corps très léger comme l'air. Par là, ils diffèrent de ceux qui forment l'hypothèse du vide. (*Ibid.*, 178, 2.)

Les pores diffèrent du vide parce que ceux qui ont introduit les pores n'affirmaient pas l'existence du vide[2]. (*Ibid.*, 154, 5.)

Pseudo-Philopon.

Empédocle pensait que dans tous les corps sublunaires, comme les eaux, les huiles etc., il existe, ainsi qu'Aristote l'a dit dans son traité *De la génération et de la corruption*[3], des *pores* et des *nodosités* ; et il qualifiait les *pores* de creux, et les *nodo-*

sités de denses. (*Commentaire sur la Génération des animaux d'Aristote*, 123, 13.)

LXXXVIII

Aétius.

(Sur les images données par les miroirs.) Empédocle déclarait qu'elles sont formées par les effluves qui se rassemblent à la surface du miroir et sont condensés par le feu qui se détache du miroir; ce feu les entraîne avec l'air qui se trouve en face et dans lequel le flux se déplace. (*Opinions*, IV, xiv, 1.)

LXXXIX

Alexandre d'Aphrodise.

Pourquoi la pierre d'Héraclée[1] attire-t-elle le fer? Empédocle pense que le fer est attiré vers l'aimant par les effluves que tous deux émettent, et parce que les pores de l'aimant sont symétriques[2] aux effluves du fer. Car d'un côté, les effluves en provenance de la pierre repoussent l'air qui se trouve dans les pores du fer et ébranlent celui qui en obstrue l'entrée; et quand cet air leur fait de la place, les effluves denses s'introduisent dans le fer et l'attirent. De l'autre côté, les effluves du fer le transportent en direction des pores de la pierre, du fait que ceux-ci sont symétriques à ces effluves et s'y harmonisent, de telle sorte que le fer suit les effluves et change de place. On pourrait demander, dans le cas où l'on admettrait l'explication par les effluves, pourquoi la pierre n'est pas entraînée par ses propres effluves et ne se déplace pas en direction du fer. En effet, d'après ce qui a été dit, il n'y a pas plus de raison pour que ce soit le fer plutôt que la pierre qui soit attiré. Autre question : Pourquoi le fer ne subirait-il jamais d'attraction indépendamment de l'aimant, si des effluves émanant de lui-même l'entraînent vers quelque autre corps? Autre question encore : Pourquoi n'y aurait-il pas un autre corps qui soit attiré d'un pareil mouvement vers un autre corps, alors que — à l'entendre — nombreux sont les corps qui ont des pores symétriques capables de recevoir les effluves les uns des autres? Toujours est-il qu'il dit ceci : *L'eau* [...][3] . (*Questions*, II, xxiii, éd. Bruns, 72, 9, d'après Théophraste, *Opinions des physiciens*, « Sur la pierre d'Héraclée ».)

Michel Psellus.

De nombreux auteurs ont tenté d'expliquer le pouvoir des pierres. Parmi les Anciens: Anaxagore, Empédocle et Démocrite; plus près de nous: Alexandre d'Aphrodise. (*Des vertus des pierres*, xxvi, éd. Bernard, p. 38.)

xc

Aétius.

Empédocle explique [la sensation des choses visibles], à la fois par les rayons et par les images[1]. Le plus souvent, c'est par la seconde explication, car il admet les effluves. (*Opinions*, IV, xiii, 4.)

xci

Aristote.

(Au sujet du feu qui se trouve dans l'œil.) L'œil se voit lui-même, ainsi que dans le reflet du miroir; car si l'œil était de feu, comme le dit Empédocle et comme il est écrit dans le *Timée*[2], et si la vue était produite par la lumière qui en sortirait, comme en provenance d'une lampe[3], pourquoi la vue ne s'exercerait-elle pas aussi dans l'obscurité? (*Du sens et des sensibles*, ii, 437 *b* 9.)

Supposer d'une part que les yeux bleus contiennent beaucoup de feu, ainsi que le déclare Empédocle, et d'autre part que les yeux noirs contiennent plus d'eau que de feu, et en inférer que c'est la raison pour laquelle les bleus voient moins bien le jour, à cause du défaut d'eau, tandis que les autres voient moins bien la nuit, à cause du défaut de feu, c'est donner une explication fausse, puisque ce n'est pas au feu, mais à l'eau qu'il faut dans tous les cas imputer la vue. (*Génération des animaux*, V, 1, 779 *b* 15.)

xcii

Platon.

SOCRATE : Veux-tu que je te réponde à la façon de Gorgias[4], de sorte que tu me suives davantage?

MÉNON : Oui! Pourquoi pas?

SOCRATE : Vous dites donc, avec Empédocle, que certains effluves s'échappent des choses qui existent?

MÉNON : Tout à fait.

SOCRATE : Et qu'il existe des pores vers lesquels et à travers lesquels cheminent les effluves?

MÉNON : Bien sûr.

SOCRATE : Et que parmi ces effluves, les uns s'harmonisent à quelques-uns des pores, alors que les autres sont trop petits ou trop grands?

MÉNON : C'est cela !

SOCRATE : Il existe bien aussi quelque chose que tu appelles la vue ?

MÉNON : Mais oui !

SOCRATE : Cela étant, « saisis bien ma pensée », comme dit Pindare[1] : la couleur est bien un effluve des objets, de figure symétrique à la vue et sensible par elle ? (*Ménon*, 76 c.)

Aétius.

Empédocle déclarait que la couleur est ce qui s'harmonise aux pores de la vue. Il y a quatre couleurs, égales en nombre aux éléments : le blanc, le noir, le rouge et l'ocre[2]. (*Opinions*, I, xv, 3.).

XCIII

Aétius.

Empédocle déclarait que l'audition est produite par le choc d'un souffle sur le cartilage qui, dit-il, est suspendu à l'intérieur de l'oreille, soulevé et frappé à la façon d'une cloche[3]. (*Opinions*, IV, xvi, 1.)

XCIV

Aétius.

Empédocle disait que l'odeur s'introduit, mélangée aux inspirations du poumon[4]. Lorsque la respiration est difficile, son inégalité empêche que l'odeur soit sentie avec elle, comme il arrive lorsqu'on est enrhumé. (*Opinions*, IV, xvii, 2.)

Aristote.

Le goût est une sorte de toucher. Donc celui de l'eau tend à être insipide. Il est nécessaire alors que ou bien l'eau enferme en elle-même les genres des saveurs insensibles à cause de leur petitesse, ainsi que le déclare Empédocle, ou bien, etc.[5] (*Du sens et des sensibles*, IV, 441 a 3.)

XCV

Aétius.

Parménide et Empédocle déclarent que l'appétit est produit par un défaut de nourriture. (*Opinions*, IV, ix, 14.)

Empédocle déclare que les plaisirs sont produits par les semblables ⟨à partir des⟩ semblables, selon un mouvement qui va
du défaut à la réplétion, de sorte que c'est chez celui qui éprouve
un manque que naît l'appétit du semblable[1]. En revanche, les
douleurs naissent des contraires : sont en effet mutuellement
contraires toutes les choses qui diffèrent quant à la composition
et au mélange des éléments[2]. (*Ibid.*, IV, ix, 15.)

Empédocle déclare que les appétits naissent chez les animaux,
en fonction du défaut des éléments constitutifs de chacun, et que
les plaisirs naissent de l'action d'une substance appropriée,
conforme aux mélanges de choses apparentées et semblables[3],
alors que les désagréments et les ⟨douleurs proviennent de ce
qui est non approprié⟩. (*Ibid.*, V, xxviii.)

XCVI

Aétius.

Parménide, Empédocle et Démocrite déclarent que l'âme est
identique à l'intellect ; d'après eux, il ne saurait y avoir d'animal
tout à fait dépourvu de raison. (*Opinions*, IV, v, 12.)

XCVII

Aétius.

Empédocle fait résider l'hégémonique dans la composition du
sang[4]. (*Opinions*, IV, v, 8.)

Théodoret.

Empédocle et d'autres assignaient le cœur comme résidence à
l'hégémonique ; et, parmi eux, certains lui assignaient la cavité
cardiaque, d'autres le sang. (*Thérapeutique des maladies helléniques*,
V, 22.)

XCVIII

Célius Aurélien.

Suivant en cela Empédocle, on dit qu'elle[5] peut être produite
tantôt par une souillure de l'âme, tantôt par une autre aliénation
de l'esprit, imputable à une cause ou à un accident corporels et
dont nous allons traiter. Cette seconde sorte de folie, qui produit
un véritable tourment, est appelée par les Grecs *mania*[6]. (*Des
maladies chroniques*, I, 5.)

B. FRAGMENTS

DE LA NATURE I ET II

I

Diogène Laërce.

Pausanias était, d'après Aristippe et Satyros, son élève bien-aimé, à qui justement il dédia aussi ses livres *De la nature* en ces termes :

> *Écoute, ô Pausanias, fils du sage Anchitès !*

(Vies, VIII, 60.)

II

Sextus Empiricus.

D'autres ont dit que, selon Empédocle, le critère de la vérité n'est pas constitué par les sens, mais par la raison droite, et qu'en ce qui concerne la raison droite, l'une est divine, l'autre est humaine ; la divine est inexprimable, et l'humaine exprimable. Touchant le fait que le critère du vrai ne réside pas dans les sens, voici ce qu'il dit :

> *Étroits sont les pouvoirs*[1] *répandus*[2] *en nos membres,*
> *Mais nombreux sont les maux assaillant*[3] *nos pensées ;*
> *Courte est la part de vie laissée à notre vie :*
> *Voués à la prompte mort, nous partons en fumée.*
> *Chacun de nous ne croit qu'à ce que le hasard*
> [5] *Place sur son chemin, et pourtant nous croyons*
> *Avoir tout découvert. Fort éloignés de nous*
> *Pourtant sont les objets, que l'on croit voir, entendre*
> *Ou saisir par l'esprit*[4]*. Mais toi, qui es venu*
> *Faire retraite ici, tu sauras, mais pas plus*
> *Que ce que la raison d'un mortel peut savoir.*

(Contre les mathématiciens, VII, 122-124.)

III

Sextus Empiricus.

Et ensuite, après avoir combattu ceux qui prétendent connaître davantage, il établit que la perception fournie par chacun des sens est crédible dans la mesure où la raison leur mesure cette confiance, bien qu'il ait commencé par ruiner la confiance qu'on peut leur accorder. Il déclare en effet :

> *Mais détournez, ô dieux, leur folie de ma langue !*
> *Faites que de ma bouche ainsi sanctifiée*
> *Coule une source pure ! Et toi, Muse, chérie*
> *De nombreux prétendants, toi la vierge aux bras blancs,*
> *Je t'invoque, et pourtant ne veux de toi savoir*
> *Que le lot concédé aux êtres éphémères :*
> [5] *Conduis de chez Piété le char de mon poème,*
> *D'une allure facile ! Et les fleurs de la gloire,*
> *Que pour se faire un nom les mortels lui dédient,*
> *Ne te[1] contraindront pas à les accepter d'eux,*
> *Afin d'en dire plus qu'il n'est, sans sacrilège,*
> *Permis de révéler à un simple mortel ;*
> *Et ainsi tu trônes au faîte de la science.*
> *   Ouvre bien grands tes sens[2] partout où l'évidence*
> [10] *Apparaît manifeste. Et pourtant méfie-toi*
> *De ce trop grand crédit qu'on[3] accorde à la vue*
> *De préférence à l'ouïe, et qu'on accorde à l'ouïe*
> *Bruissante d'échos, de préférence au goût.*
> *Des autres sens non plus n'exclus pas le concours,*
> *Quand c'est par leur conduit[4] que vient la connaissance ;*
> *Mais sache bien aussi reconnaître la voie*
> *Par laquelle l'objet révèle sa nature.*

(Contre les mathématiciens, VII, 124.)

IV

Clément d'Alexandrie.

> *Mais si les esprits forts se refusent à croire,*
> *Puisque, digne de foi, ma Muse t'y invite,*
> *Connais ⟨ce que tu dois savoir⟩, après avoir*
> *Fait passer mon propos au crible de ton cœur[5].*

En effet, c'est là une pratique ordinaire des méchants, dit Empédocle, que de vouloir en imposer à la vérité en se refusant à croire.

(Stromates, V, 18.)

V

Plutarque.

Il dit[6] que ce qui récompense la règle du silence, c'est de donner aux poissons le nom de ⟨« bouches-cousues »⟩ parce qu'ils marmonnent en gardant la bouche close. Et mon homonyme, ajouta-t-il, avait exhorté Pausanias à respecter la règle pythagoricienne :

Conserver le secret dans le fond de son cœur[1].

(*Propos de table*, VIII, VIII, 1, 728 E.)

VI

Aétius; Sextus Empiricus.

Connais premièrement la quadruple racine
De toutes choses : Zeus aux feux lumineux,
Héra mère de vie, et puis Aidônéus,
Neÿtis enfin, aux pleurs dont les mortels s'abreuvent[2].

(*Opinions*, I, III, 20 ; *Contre les mathématiciens*, X, 315.)

VII

Hésychios.

Non-engendrés   : les éléments, chez Empédocle. (*Dictionnaire*, « Non-engendré ».)

VIII

Plutarque; Aétius.

Pour Empédocle, il n'y a pas naissance, mais seulement mélange et dissociation des éléments. Il écrit en effet au premier livre de sa *Physique* :

Je te dirai encore : il n'eÿt point de naissance[3]
D'aucun être mortel, et point non plus de fin
Dans la mort [à la fois effrayante] et funeÿte ;
Il y a seulement un effet de mélange
Et de séparation de ce qui fut mêlé :
Naissance n'eÿt qu'un mot qui a cours chez les hommes.

(*Contre Colotès*, 10, 1111 F ; *Opinions*, I, XXX, 1.)

IX

Plutarque.

> *Lorsque paraît au jour, résultant du mélange[1],*
> *Ou la forme d'un homme, ou celle d'une bête,*
> *Ou d'un arbuſte encor ou enfin d'un oiseau,*
> *On en parle en usant de ce mot : engendré.*
> *Et quand les éléments après se dissocient,*
> *Pour en parler on dit : funeſte eſt le trépas.*
> *Ce parler eſt injuſte, et pourtant il convient*
> *Que j'y recoure aussi pour observer l'usage.*

(*Contre Colotès*, 11, 1113 a.)

X

Plutarque.

Bien loin d'avoir mis les étants en mouvement[2] et contredit les phénomènes, il ne proscrit de l'usage pas même le terme [de naissance]; il s'efforce seulement de supprimer l'erreur qui pourrait provenir du langage, et reſtitue aux mots leur signification ordinaire, quand il dit : *Lorsque paraît au jour [...] observer l'usage*[3] . Rapportant ces propos, Colotès ne s'eſt pas rendu compte que les *plantes* , les *bêtes* , les *arbuſtes* et les *oiseaux* n'ont pas eu leur exiſtence abolie par Empédocle, puisqu'il déclare qu'ils résultent du *mélange* des éléments. Au contraire, Empédocle, après avoir mis en garde ceux qui décrivent ce mélange et cette dissociation sous les termes de *naissance*[4] , de *trépas funeſte*[5] et de *mort vengeresse*[6] , ne désavoue pas l'usage courant :

> *Mort [...] vengeresse [...].*

(*Contre Colotès*, 11, 1113 a.)

XI

Plutarque.

Quant à moi, il me semble qu'Empédocle ne se borne pas à remettre en queſtion l'usage de la langue, mais, ainsi que je l'ai dit plus haut, traite une queſtion de fond relative à la naissance produite à partir des non-étants, que certains appellent *naissance*[7] ; cela apparaît très clairement dans les vers suivants :

Demeurés ! Oui, leur vue, je le vois, est bien courte,
Puisqu'ils forgent l'idée qu'un non-étant pourrait
À l'être parvenir, ou bien que quelque chose
Pourrait bien en mourant tout entier disparaître.

Ces vers proclament bien haut à qui veut l'entendre, qu'il n'abolit pas la génération, mais seulement celle qui se produit à partir du non-étant; et qu'il n'abolit pas non plus la destruction, mais seulement celle de l'être tout entier, c'est-à-dire celle qui aboutit au non-étant[1]. (*Contre Colotès*, 12, 1113 c.)

XII

Pseudo-Aristote; Philon.

Car de même que rien n'est produit à partir du non-étant, rien non plus n'est détruit en non-étant:

Ainsi du non-étant rien ne peut naître un jour;
Que l'étant soit détruit, cela ne veut rien dire
Et heurte la pensée; car il sera toujours
Là, quel que soit l'endroit où l'on veuille le mettre.

(*Mélissos, Xénophane, Gorgias*, ii, 6; et Philon, *De l'éternité du monde*, 2, p. 3.)

XIII

Aétius; Pseudo-Aristote.

Dans le Tout point de vide et non plus de trop-plein.

(*Opinions*, I, xviii, 2; *Mélissos, Xénophane, Gorgias*, ii, 28.)

XIV

Pseudo-Aristote.

Dans le tout point de vide. Et d'où proviendrait donc
Ce qui pourrait s'y ajouter?

(*Mélissos, Xénophane, Gorgias*, ii, 28.)

XV

Plutarque.

Les vers suivants d'Empédocle pourraient fournir matière à un reproche contraire[2]:

Jamais il ne viendrait à la pensée d'un sage
Que le temps de la vie, au sens usuel de vie,

Avec tout son cortège et de maux et de biens,
Pourrait à lui tout seul constituer l'existence;
Qu'avant d'être assemblés, qu'⟨après⟩ s'être dissous,
Les mortels ne sont rien.

Ces vers ne sont pas de quelqu'un qui nie que les êtres engendrés et vivants soient quelque chose, mais plutôt de quelqu'un qui estime que l'existence appartient aussi à ceux qui ne sont pas encore nés et à ceux qui sont déjà morts. (*Contre Colotès*, 12, 1113 d.)

XVI

Hippolyte.

L'artisan et l'auteur de la génération de toutes les choses engendrées est la Haine funeste; en revanche l'Amitié est responsable de la sortie des engendrés hors du monde, de leur changement et de leur restauration en l'Un. À propos de la Haine et de l'Amitié, Empédocle dit qu'elles sont toutes les deux immortelles, non engendrées[1] et le principe de la génération; il ajoute qu'elles n'ont jamais admis d'autres ⟨forces?⟩ qu'elles, et dit à peu près ceci :

Comme elles ont été, ainsi elles seront.
Et le temps infini, je crois, de ces deux forces
Jamais ne sera veuf.

Qui sont ces forces? La Haine et l'Amitié. Car leur devenir n'a pas eu de commencement; au contraire, elles ont été et seront toujours. (*Réfutation de toutes les hérésies*, VII, 29.)

XVII

Simplicius.

Empédocle, au premier livre de sa *Physique*, nous livre ces vers :

Mon propos sera double. En effet, tantôt l'Un
Augmente jusqu'au point d'être seul existant
À partir du Multiple; et tantôt de nouveau
Se divise, et ainsi de l'Un sort le Multiple.
Par deux fois, des mortels il y a donc naissance
Et deux fois destruction : tantôt la réunion
De toutes choses crée et par ailleurs détruit,
[5] *Et tantôt sous l'effet de la séparation*

Ce qui s'était formé se dissipe et s'envole[1].
Jamais les [éléments][2] ne cessent de pourvoir
À leur mutuel échange.
Tantôt de par l'Amour ensemble ils constituent [3]
Une unique ordonnance, tantôt chacun d'entre eux
Se trouve séparé par la Haine ennemie.
⟨ Et il en va ainsi, dans la mesure où l'Un
A appris comment naître à partir du Multiple[4].⟩
[10] Et lorsque de nouveau, de l'Un dissocié
Le Multiple surgit, là les choses renaissent
Pour une vie précaire; et dans la mesure où
Elles pourvoient sans cesse à leur mutuel échange,
Elles demeurent ainsi, en cercle[5], immobiles.
    Allons! Écoute-moi! L'étude rend plus sage!
[15] Comme je le disais déjà auparavant,
T'annonçant mon projet, je tiendrai deux discours.
Tantôt augmente l'Un, jusqu'au point d'être seul,
À partir du Multiple, et tantôt de nouveau
Il se divise; ainsi de l'Un sort le Multiple :
Et feu, et eau, et terre, et air haut et sans borne;
En dehors d'eux la Haine, funeste, exerçant
Dans toutes directions une pression égale,
[20] Et, parmi eux, l'Amour, égal et en longueur
Et en largeur. Vois-le des yeux de l'intellect,
Et ne reste pas là, le regard étonné :
C'est lui qui s'enracine au fond du cœur des hommes[6],
Qui en eux insinue d'amoureuses pensées,
Et leur fait accomplir les besognes d'amour;
On lui donne les noms de Joie et d'Aphrodite.
[25] Jusqu'ici nul mortel ne l'a de ses yeux vu
Circuler parmi eux[7]. Mais toi, prête une oreille
Attentive aux propos non trompeurs[8] que j'enchaîne.
Car tous [les éléments][9] sont égaux et sont nés
Chacun en même temps; cependant chacun d'eux
Remplit son propre rôle et a son caractère :
Chacun à tour de rôle au cours du temps l'emporte.
[30] Outre ceux-ci, ni rien ne naît ni rien ne meurt.
Car, s'ils s'étaient trouvés sans cesse corrompus,
Ils ne posséderaient plus l'être maintenant.
Quelle chose pourrait bien accroître le tout,
Et d'où donc viendrait-elle[10]? Dans quelle direction
Se pourrait accomplir la destruction du tout,
Puisqu'il n'est pas d'endroit qui soit vide de choses?

Ils[1] sont donc seuls à avoir l'être, et dans leur course,
[35] *Par échanges mutuels, ils deviennent ceci*
Ou cela, demeurant continûment semblables[2].

(*Commentaire sur la Physique d'Aristote*, 157, 25 et 161, 14.)

Plutarque.

Mais lorsqu'on entend mon cher ami, Empédocle dire : *Et, parmi eux, l'Amour [...] le regard étonné*[3] , il faut supposer que ces vers concernent Éros, car ce dieu qui est parmi les plus anciens dieux, n'est pas appréhendé par la vue, mais par l'opinion. (*De l'amour*, 13, 756 D.)

Clément d'Alexandrie.

Empédocle compte au nombre des principes l'Amitié, conférant à l'Amour une fonction de rassemblement : *Vois-le [...] regard étonné*[4]. (*Stromates*, v, 15.)

XVIII

Plutarque.

Empédocle appelle le principe bienfaisant Amour[5] et souvent Amitié[6], et qualifie aussi l'Harmonie de sérieuse[7]. (*Isis et Osiris*, 48, 370 D.)

XIX

Plutarque.

Et plus généralement le feu est dissociant et séparateur, alors que l'eau agglomère et rassemble, retenant et agglutinant par l'effet de l'humidité. C'est ce à quoi fait allusion Empédocle qui chaque fois qualifie le feu de Haine funeste[8] et l'humide d'attachant Amour. (*Du premier froid*, 16, 952 B.)

XX

Simplicius.

Et en effet, alors Haine et Amitié règnent tour à tour sur les hommes, les poissons, les bêtes et les oiseaux, ainsi que le déclare Empédocle en ces termes :

Et cet [antagonisme] est tout à fait visible
Dans la masse des corps des mortels ; car tantôt
L'Amour peut en un Un rassembler tous les membres
Que possède le corps[9] : c'est dès lors son acmé,

> Lorsque l'être fleurit dans toute sa vigueur ;
> Tantôt, rendus épars par l'odieuse Discorde,
> [5] Ils errent seuls, poussés vers les lointains rivages
> De la mer de la vie.
> Tel est le sort aussi des arbres, des poissons
> Qui vivent sous les eaux, des animaux qui nichent
> Au flanc des monts, et des oiseaux voiliers des airs.

(*Commentaire sur la Physique d'Aristote*, 1124, 9.)

XXI

Simplicius.

Ajoutant de nombreux détails, Empédocle poursuit en précisant le caractère de chacun des éléments cités : le feu, qu'il appelle *Soleil*[1] ; l'air qu'il appelle *lumière*[2] et *ciel*[3] ; l'eau, qu'il appelle *pluie*[4]. Voici ce qu'il dit :

> Allons, observe bien les preuves que tantôt
> Je t'ai fournies, et vois si, dans ce que j'ai dit,
> J'ai omis quelque chose à propos de leur forme[5].
> Vois le Soleil, partout brillant, qui tout échauffe,
> Les objets immortels[6] inondés de chaleur
> [5] Et baignés de lumière ; et observe la pluie
> Sombre et qui refroidit. Et sortent de la terre
> Des choses présentant l'aspect dur et compact.
> Sous la domination de la Haine, les choses
> Sont toutes séparées et distinctes de formes,
> Mais sous l'effet d'Amour ensemble elles concourent,
> Animées du désir partagé d'être ensemble.
> Car c'est des éléments que sortent toutes choses,
> Tout ce qui a été, qui est et qui sera :
> [10] C'est d'eux que les arbres ont surgi, et les hommes
> Et les femmes, et les bêtes, et les oiseaux,
> Et dans l'eau les poissons, et les dieux qui jouissent
> De la longévité et des plus hauts honneurs.
> Ils sont donc seuls à avoir l'être, et dans leur course,
> Par échanges mutuels, ils deviennent ceci
> Ou cela[7] ; tant est grand le changement produit
> Par l'effet du mélange.

(*Commentaire sur la Physique d'Aristote*[8], 159, 13.)

XXII

Simplicius.

Par ces propos, on pourrait supposer qu'il fait allusion à la double ordonnance du monde :

> *C'eſt que les éléments — le Soleil et la terre*
> *Et le ciel et la mer — sont étroitement liés*
> *À leurs propres parties, que loin d'eux la naissance*
> *A fait se disperser dans les êtres mortels.*
> *De la même façon, tout ce qui se ressemble*
> [5] *S'assemble et se chérit sous la loi d'Aphrodite[1].*
> *Mais les choses qui sont tout à fait séparées*
> *Entre elles par le genre et la composition*
> *Du mélange, et la forme en elles imprimée,*
> *Irréduĉtiblement demeurent ennemies.*
> *De s'unir elles n'ont jamais eu l'habitude,*
> *Elles portent le deuil imposé par la Haine*
> *Qui en elle introduit le vif déſir de maître.*

Et en effet, il a montré que chez les mortels ces éléments se trouvaient harmonieusement combinés et que l'unification eſt davantage réalisée chez les êtres intelligibles que chez *tout ce qui se ressemble, / S'assemble et se chérit sous la loi d'Aphrodite[2]*, et que cela se produit également partout ; mais que les intelligibles sont portés à la ressemblance par l'Amitié, tandis que les sensibles, dominés par la Haine et davantage dispersés, occupent une place inférieure dans la génération résultant du mélange, en donnant naissance aux formes imagées et *imprimées* dans le mélange, qui sont produites *par la Haine*, et n'ont pas *l'habitude* de s'unir mutuellement[3]. (*Commentaire sur la Physique d'Ariſtote*, 160, 26.)

XXIII

Simplicius.

Il a proposé un exemple évident de ce que les êtres différents proviennent des mêmes :

> *Comme deux[4] peintres, quand ils ornent de couleurs*
> *Leurs tableaux, ex-voto que l'on dépose aux temples,*
> *En artiſtes inſtruits des secrets de leur art,*
> *Quand de leurs mains prenant les diverses couleurs[5],*

> Ils les marient en de subtiles harmonies :
> Un peu plus de ceci, un peu moins de cela,
> [5] Et de cette matière engendrent à plaisir
> Des formes imitant toutes sortes de choses,
> Des arbres, et créant des hommes et des femmes,
> Des bêtes, des oiseaux, et dans l'eau des poissons,
> Et des dieux jouissant de la longévité
> Et des plus hauts honneurs, ainsi ne laisse pas
> L'erreur de ton esprit s'emparer ; ne crois pas
> Que les choses qu'on voit apparaître diverses
> [10] Et en nombre infini chez les mortels proviennent
> D'ailleurs. Sois-en bien sûr ; c'est en effet d'un dieu[1]
> Que vient l'allégorie que tu as entendue.

(*Commentaire sur la Physique d'Aristote*, 159, 27.)

XXIV

Plutarque.

Mais, afin de ne pas donner, comme dirait Empédocle, l'impression d'

> Aller de sommet en sommet, et sans suivre
> Jusqu'au bout un sentier unique de discours,

permettez-moi d'ajouter la fin qui convient à ce que j'ai dit auparavant. (*Des oracles qui ont cessé*, 15, 418 c.)

XXV

Platon.

Rassemblons en une conclusion commune ce qui résulte des points sur lesquels nous nous sommes accordés. En effet il est beau, à ce qu'on dit, de dire et d'examiner deux fois les belles choses. (*Gorgias*, 498 e.)

[Scolie de Lucillos.]

Un proverbe : *Deux et trois fois le beau* dit qu'il faut parler plusieurs fois des belles choses. Le vers d'Empédocle d'où est tiré ce proverbe est le suivant :

> Car deux fois, ce qu'il faut, c'est beau de le redire[2].

(*Au passage cité.*)

XXVI

Simplicius.

Et un petit peu plus loin[1], il déclare :

> *À tour de rôle au cours de la révolution*
> *Chacun[2] l'emporte; chacun en périssant*
> *Se transforme en un autre et s'accroît de la part*
> *Fixée par le destin. Ils sont donc seuls à avoir l'être,*
> *Et dans leur course donc, par échanges mutuels,*
> *Ils deviennent hommes et races d'animaux.*
> [5] *Tantôt de par l'Amour ensemble ils constituent[3]*
> *Une unique ordonnance, tantôt chacun d'entre eux*
> *Se trouve séparé par la Haine ennemie,*
> *Jusqu'à ce qu'à rebours en un Un ils s'assemblent*
> *Et en se soumettant donnent naissance au Tout[4].*
> *Et il en va ainsi, dans la mesure où l'Un*
> *A appris comment naître à partir du Multiple.*
> *Et lorsque, de nouveau, de l'Un dissocié*
> [10] *Le Multiple surgit, là les choses renaissent*
> *Pour une vie précaire; et dans la mesure où*
> *Elles pourvoient sans cesse à leur mutuel échange,*
> *Elles demeurent ainsi, en cercle, immobiles.*

(*Commentaire sur la Physique d'Aristote*, 33, 18.)

XXVII

[*Fragment restitué.*]

> *Alors que le regard ne saurait discerner*
> *Ni les membres déliés du Soleil, ni la terre*
> *À la force velue, ni la mer, ainsi donc*
> *Enfermé dans les liens de l'harmonie secrète,*
> *Sphairos est là, tout rond, joyeux et immobile[5].*

Plutarque.

Veille [...] à ne pas appliquer aux choses la Haine d'Empédocle; ou, si tu préfères, n'agite pas contre la nature les Titans et les Géants, dans ton désir de voir revenir la terrifiante confusion de la légende en installant à part le lourd et le léger :

> *Alors que le regard ne pouvait discerner[6]*
> *Ni les membres déliés du Soleil, ni la terre*
> *À la force velue, ni la mer,*

ainsi que dit Empédocle, la terre ne participait pas de la chaleur, l'eau ne participait pas du souffle ; en haut il n'y avait rien de lourd, ni en bas rien de léger, mais les principes de toutes choses étaient sans mélange, insensibles et solitaires, [...] jusqu'à ce que le désir vînt à la nature, envoyé par la Providence, et que l'Amour fût engendré, ainsi qu'Aphrodite et Éros, comme le disent Empédocle, Parménide et Hésiode. (*De la face visible de la Lune*, 12, 926 D.)

Eudème.

Eudème admet l'immobilité sous l'empire de l'Amitié dans l'étendue de Sphairos, puisque c'est ensuite que les éléments se combinent : *Alors que [...] du Soleil* , mais comme il le dit : *Ainsi donc / Enfermé [...] immobile* . (*Physique*, fragment 71, éd. Spengel, cité par Simplicius, *Commentaire sur la Physique d'Aristote*, 1183, 28.)

XXVII a

Plutarque.

Le premier [l'amour de soi par opposition à l'amour des autres], ayant pour fin de conduire à l'excellence au moyen de la philosophie, met constamment l'homme en harmonie avec lui-même, à l'abri de tout reproche venant de lui, rempli de paix et d'amitié envers lui-même :

> *Ni discord, ni oiseux conflit, en ses membres.*

> (*Qu'il faut qu'un philosophe converse avec les princes*, 2, 777 C.)

XXVIII

Stobée.

> *Égal à lui-même partout, illimité,*
> *Sphairos est là, tout rond, joyeux et immobile*[1].

> (*Choix de textes*, I, xv, 2 *a b*.)

XXIX

Hippolyte.

Et, touchant la forme que prend le monde, une fois que l'Amitié l'a ordonnée, voici à peu près ce qu'il dit :

On ne voit point pousser deux branches sur son dos,
Pas de pieds, pas de prompts genoux et pas de sexe.
Il était rond[1]*, égal à lui-même ⟨partout⟩.*

Telle est la forme, très belle, du monde qu'arrange l'Amitié, produisant l'Un à partir des multiples. Quant à la Haine, qui est la
cause de l'arrangement du monde en parties séparées, c'est de ce
monde un qu'elle arrache les nombreux êtres qu'elle produit.
Réfutation de toutes les hérésies, VIII, 29.)

Simplicius.

L'Amitié crée par unification Sphairos, qu'il nomme aussi un
dieu[2]   et que parfois aussi il désigne par le neutre :   *Il était une*
fois le rond[3]   . (*Commentaire sur la Physique d'Aristote*, 1124, 1.)

XXX

Aristote.

Il ne cite aucune cause du changement lui-même, se bornant à
dire qu'il en est naturellement ainsi. (*Métaphysique*, B, IV, 1000
b 12.)

Simplicius.

Voici ce que dit Empédocle touchant l'empire de la Haine :

Quand la Haine eut grandi dans le sein ⟨de Sphairos⟩,
Elle surgit, pour réclamer les honneurs dus,
Une fois révolu le temps qu'avait fixé
Le pacte fondateur[4] *assignant tour à tour*
À chacune[5] *son rôle [...].*

(Commentaire sur la Physique d'Aristote, 1184, 12.)

XXXI

Simplicius.

Lorsque de nouveau commence l'empire de la Haine, alors de
nouveau le mouvement se produit dans Sphairos :

Et les membres du dieu un à un s'ébranlèrent[6].

(Commentaire sur la Physique d'Aristote, 1184, 2.)

XXXII

Pseudo-Aristote.

L'articulation est à sa manière une différence. C'est pourquoi Empédocle disait : *l'articulation lie deux choses*[1]. (*Des lignes insécables*, 972 *b* 29.)

XXXIII

Plutarque.

L'Amitié associe, réunit et produit des rencontres, en resserrant les liens par des entretiens et des gentillesses mutuelles,

> *De même que le suc du figuier coagule*
> *Et caille le lait blanc*[2],

ainsi que le dit Empédocle (car telles sont l'unification et la consolidation que l'Amitié entend créer); en revanche l'amitié multiple désunit, sépare, écarte; et, en appelant par-ci par-là et en faisant aller çà et là vers une autre personne, elle ne permet pas que naissent le mélange et la consolidation des bons sentiments dans la fréquentation ainsi consolidée et coagulée[3]. (*De la pluralité d'amis*, 5, 95 A.)

XXXIV

Aristote.

L'humide est la cause de ce que le sec prend contour, et ils se servent mutuellement de colle l'un pour l'autre, ainsi que l'a formulé en vers Empédocle dans sa *Physique* :

> *Lui, en agglomérant la farine avec l'eau*[4].

> (*Météorologiques*, IV, IV, 381 *b* 31.)

XXXV

[*Fragment restitué.*]

> *Revenant en arrière, il me faut parcourir*
> *La route que déjà mon chant avait frayée,*
> *Faisant que du discours naisse un nouveau discours*
> *Que voici : quand au plus profond du tourbillon*
> *La Haine fut tombée, que l'Amour atteignit*
> [5] *Le centre du remous, les éléments*[5] *alors*
> *De concourir en lui, tous pour faire un seul Un,*

Non pas tous sur le champ, mais avec réflexion,
Venant qui d'un côté et qui venant de l'autre.
Des éléments ainsi mélangés s'écoulèrent
Des milliers et milliers de races de mortels[1].
Mais de nombreux objets restèrent non mêlés,
Séparés à côté des choses mélangées,
Tous ceux que Haine encore en suspens retenait.
Car elle ne s'était pas encore, sans reproche,
[10] *Retirée jusqu'aux bords extrêmes du cercle;*
Ici elle restait dans les membres, et là
Elle en était sortie. Mais plus elle fuyait
De façon continue, toujours plus s'insinuait
Le bénéfique élan immortel de l'Amour
Exempt de tout reproche. Aussitôt devenaient
Mortelles désormais les choses qui naguère
Avaient connu les joies de l'immortalité;
Et des choses jadis non mêlées se brassaient,
[15] *Changeant de direction. Des éléments ainsi*
Mélangés s'écoula une pluralité
Proprement infinie de races de mortels,
Aux aspects variés, étonnantes à voir.

Simplicius.

L'empire que la Haine exerce sur le monde ne ressemble pas du
tout à celui que l'Amitié exerce sur le Sphairos. Et, d'après lui,
deux règnes différents se produisent sous l'effet de l'une et de
l'autre. Il n'y a pas d'objection à citer dès maintenant un passage
du poème d'Empédocle qui le montre : *Revenant en arrière*
[...] changeant de direction[2] . (*Commentaire sur le Traité du ciel*
d'Aristote, 528, 30.)

Et avant ces vers[3], il nous révèle dans d'autres vers l'activité de
ces deux puissances à l'endroit des mêmes choses, en disant :
Quant au plus profond [...] étonnantes à voir[4]. (*Commentaire sur*
la Physique d'Aristote, 32, 11.)

Et Aristote se demande comment on pourrait voir ces choses se
produire sous le règne de l'Amitié, grâce à laquelle Empédocle
déclare que toutes choses produisent l'Un, quand il dit : *Les*
éléments alors/De concourir en lui, tous pour faire un seul
Un[5]. Peut-être Empédocle veut-il dire que ce n'est pas sous le
règne de l'Amitié que ces événements se produisent, ainsi que l'a
pensé Alexandre, mais ⟨seulement⟩ lorsque la Haine ne s'est
pas *encore/Retirée [...] exempt de tout reproche* [6]. (*Commen-*
taire sur le Traité du ciel d'Aristote, 587, 8.)

Aristote.

D'autres passages s'éclairent par la disposition versifiée, ainsi ces vers d'Empédocle : *Aussitôt devenaient [...] Avaient connu les joies de l'immortalité*[1] . (*Poétique*, xxv, 1461 *a* 23.)

Athénée.

Théophraste, dans son livre *De l'ivresse*, dit que ce qui a été *mélangé* est davantage *brassé* et cite Empédocle :

> *Et les choses jadis non mêlées se brassaient,*
> *Changeant de direction*[2].

> (*Les Deipnosophistes*, X, 423 F.)

Plutarque.

Le poète Sosiclès — qui citait Empédocle disant qu'au cours de la révolution universelle : *Et les choses jadis non mêlées se brassaient* — déclarait que le mot *brassé*[3] signifiait chez lui davantage « bien mélangé » que : « sans mélange ». (*Propos de table*, V, IV, 1, 677 D.)

XXXVI

> *Loin du rassemblement que ceux-ci*[4] *constituaient,*
> *La Haine vers les bords extrêmes prit la fuite.*

Stobée[5] *; Aristote.*

Car si la Haine n'était pas à l'intérieur des éléments, tous les éléments seraient un Un, ainsi qu'il le déclare; car tandis que tous ⟨les éléments⟩ se rassemblaient, alors : *La Haine vers les bords extrêmes prit la fuite* . (*Choix de textes*, I, x, 11 ; *Métaphysique*, B, IV, 1000 *b* 1.)

XXXVII

Aristote.

Mais l'accroissement ne pourrait pas se produire chez Empédocle autrement que par addition; car c'est par le feu que le feu augmente :

> *La Terre accroît sa taille, l'Éther accroît l'Éther.*

> (*De la génération et de la corruption*, II, VI, 333 *a* 35.)

XXXVIII

Clément d'Alexandrie.

> *Allons ! Je vais parler tout d'abord du Soleil,*
> *Dire qu'il est principe[1] ; et puis des éléments*
> *D'où tout ce que l'on voit à présent apparu :*
> *La terre et puis la mer aux vagues écumantes,*
> *Et l'air humide et puis ce Titan qu'est l'Éther,*
> *De son cercle embrassant toutes choses serrées.*

> > (*Stromates*, V, 48.)

XXXIX

Aristote.

> *Si de la Terre se trouvaient illimitées*
> *Les profondeurs, illimité le vaste Éther,*
> *— Que sont vains ces propos tenus par maints mortels[2]*
> *Et qui n'ont eu du Tout qu'une vision partielle [...].*

> > (*Traité du ciel*, II, XIII, 294 *a* 21.)

XL

Plutarque.

Ainsi en un endroit Empédocle exprime, non sans bonheur, la différence qui les sépare tous les deux, en disant :

> *Le Soleil décochant ses rayons acérés,*
> *La Lune bienfaisante.*

> > (*De la face visible de la Lune*, 2, 920 C.)

XLI

Apollodore.

Roulé en une grosse boule de feu, il circule. Ainsi que le dit Empédocle :

> *Ramassé en une boule dense, il circule*
> *Autour du vaste ciel[2].*

> > (*Des dieux*, cité par Macrobe, *Saturnales*, I, XVII, 46.)

XLII

Plutarque.

La Lune, se trouvant à l'aplomb de la source de lumière, ainsi que le dit Démocrite[1], intercepte et reçoit ⟨les rayons du⟩ Soleil ; de telle sorte qu'on pourrait croire que c'est elle qui brille et que le Soleil est, lui, transparent. Tant s'en faut pourtant, car il y a des moments où elle n'est pas visible et souventes fois elle cache et masque sa lumière :

> *Elle lui coupe ses rayons[2],*

ainsi que le dit Empédocle,

> *Quand il passe au-dessus, elle fait une tache[3]*
> *D'ombre, de la largeur de son visage glauque,*

de même que, la nuit, règne l'obscurité, puisque la lumière ne vient pas frapper un autre astre [...]

Empédocle nous a laissé une théorie : le clair de Lune que nous voyons provient de la réflexion par la Lune de la lumière du Soleil, de telle sorte que ce rayonnement est dépourvu de chaleur et d'éclat ⟨propre⟩, comme on pourrait s'y attendre s'il s'agissait d'un embrasement et d'un mélange de lumières ; au contraire, tout comme les sons produisent par réflexion un écho affaibli, et de même que les projectiles ricochent en perdant de leur force,

> *De même ses rayons, après avoir frappé*
> *Le vaste cercle de la Lune[4],*

nous proviennent sous la forme d'une effluence réfléchie, affaiblie et indécise, parce que l'impact diminue leur puissance[5]. (*De la face visible de la Lune*, 16, 929 c.)

XLIII

Philon.

N'est-il pas absurde de penser que la lumière de la Lune reçoit sous l'effet de la Providence la lumière qui provient du Soleil ? N'est-ce pas plutôt le hasard qui lui fait recevoir — à la manière d'un miroir — une forme qui se réfléchit en elle, ainsi que le dit Empédocle ?

> *Recevant la lumière, le globe grand et large de la Lune*
> *Se retourne bientôt pour atteindre en courant le ciel[6].*

(*De la Providence*, II, 70.)

Plutarque.

> *[…] De même ses rayons, après avoir frappé*
> *Le vaste cercle de la Lune […]*

(*De la face visible de la Lune*, 16, 929 c.)

XLIV

Plutarque.

Vous [les stoïciens], vous vous moquez d'Empédocle qui affirme que le Soleil engendré par la réflexion de la lumière céleste[1] ⟨par la Terre⟩, en retour

> *Vers l'Olympe renvoie ses rayons, d'un visage*
> *Exempt de toute crainte.*

(*Pourquoi la prophétesse Pythie ne rend plus d'oracle en vers*, 12, 400 b.)

XLV

Achille Tatius.

> *Autour de la Terre une lumière d'emprunt*
> *Et toute ronde, tourne[2].*

(*Introduction à Aratos*, 16, éd. Maass, p. 43.)

XLVI

Plutarque.

[La Lune] est pour ainsi dire tangente à la Terre et tourne tout près d'elle

> *Tout comme la trace de la roue qui, tangente*
> *Au moyeu, tourne,*

dit Empédocle,

> *Ainsi elle frôle le sommet[3].*

Car souvent elle ne dépasse pas l'ombre portée par la Terre, et souvent est quelque peu effacée par la grandeur excessive de la source lumineuse [qu'est le Soleil] ; au contraire, il semble qu'elle gravite si près de la Terre et, pour ainsi dire, dans son giron, qu'elle nous bouche la vue du Soleil, sans dépasser cet espace ombrageux, terrestre et nocturne, qui est l'apanage

de la Terre ; c'est pourquoi il faut affirmer résolument, je crois,
que la Lune est enfermée dans les confins de la Terre et qu'elle
est masquée par ses sommets. (*De la face visible de la Lune*, 9,
925 B.)

XLVII

[*Inédit.*]

'Αγής (*arrondi*) : ce mot est une réduction des composés
εὐαγής (*pur*) ou παναγής (*sacré*). Empédocle :

> *En effet ses regards à l'opposé se tournent*
> *Vers le cercle arrondi du Seigneur*[1].

(*Inédits grecs*, éd. Bekker, I, 337, 13, *Collection des mots usuels*.)

XLVIII

Plutarque.

Les aiguilles des cadrans solaires, qui ne bougent pas avec
l'ombre, mais demeurent immobiles, sont les instruments de la
mesure du temps, et imitent l'obstacle qui cache à la Terre le
Soleil qui tourne en rond sous elle, ainsi que le dit Empédocle :

> *La Terre fait la nuit dès lors qu'elle intercepte*
> *Les rayons ⟨du Soleil⟩.*

(*Questions platoniciennes*, 8, 1006 F.)

XLIX

Plutarque.

Car lorsque, comme dit Empédocle, obscur est l'air *de la
nuit solitaire et aveugle,* autant il prive les yeux de sensation,
autant il en rend aux oreilles. (*Propos de table*, VIII, III, 1, 720 E.)

L

Jean Tzétzès.

Comme dit Empédocle, à moins que ce ne soit quelqu'un
d'autre,

> *Iris, de l'océan, nous apporte le vent,*
> *Ou bien la grosse pluie.*

(*Commentaire sur l'Iliade*, XV, v. 83.)

LI

Hérodien.

Ἀνόπαια (*à perte de vue*) : ce mot, pour les uns, signifie *invisible*; pour d'autres, *qui s'élève vers le haut.* Empédocle dit :   *Mais vivement s'élève vers le haut* à propos du feu. D'où il est évident que τὸ ἀνόπαιον est du neutre[1]. (*Commentaire sur l'Odyssée d'Homère*, I, v. 320.)

LII

Proclus.

Car il y a sous la terre des torrents de feu, ainsi que quelque part le déclare Empédocle[2] :

> *Il est beaucoup de feux, qui brûlent sous le sol.*

(*Commentaire sur le Timée de Platon*, II, p. 8, 26.)

LIII-LIV

Aristote.

En effet, tandis que la Haine séparait [les éléments], ce n'est pas la Haine qui emportait l'Éther vers le haut; mais tantôt il dit que, comme par hasard, l'Éther

> *En courant donc ainsi, en[3] rencontra beaucoup,*
> *Mais souvent autrement;*

tantôt il déclare que le feu s'élève vers le haut par nature, tandis que :

> *L'Éther, lui, enfonçait ses puissantes racines*
> *Dans le sein de la terre.*

En même temps il déclare que l'ordonnance du monde est semblable à présent, sous le règne de la Haine, à ce qu'elle était auparavant sous le règne de l'Amitié. Quel est donc le premier moteur et le principe du mouvement? (*De la génération et de la corruption*, II, VI, 334 *a* 1.)

Il est absurde, soit d'avoir rejeté soit d'avoir admis mais négligé l'existence [du hasard], tout en faisant quand même parfois appel à lui. Ainsi Empédocle déclare que l'air ne se sépare pas toujours pour s'élever dans les hauteurs ⟨du ciel⟩, mais que cela dépend du hasard. Ainsi, dans sa *Cosmogonie*, il dit :

> *En courant donc ainsi, mais souvent autrement[4].*

(*Physique*, II, IV, 196 *a* 19.)

LV

Aristote.

  La mer, sueur de la Terre[1].   (*Météorologiques*, II, III, 356 *a* 24.)

LVI

Héphestion.

  D'Empédocle :
  Le sel cristallisa sous le choc des rayons[2].   (*Manuel*, I, p. 2, 13.)

LVII

Simplicius.

  Mais comment pourrait-on trouver signe d'un mélange dans *la tête sans cou* et autres expressions d'Empédocle, comme : *Et erraient des bras nus [...] non amarrés au front,* ainsi que nombre d'autres qui ne constituent pas des exemples de mélange ? (*Commentaire sur le Traité du ciel d'Aristote*, 586, 29.)

Aristote.

  On pourrait encore se demander s'il serait possible, ou non, que certains ⟨éléments⟩ agités de mouvements désordonnés pussent se mélanger pour composer des corps semblables à ceux dont l'arrangement est produit par la nature, je veux parler, par exemple, des os et de la chair : car c'est, d'après Empédocle, ce qui prend naissance sous l'empire de l'Amour. Il déclare en effet :

  D'elle[3] *poussaient nombreuses têtes, mais sans cou*[4]*,*
  Et erraient des bras nus et dépourvus d'épaules,
  Et des yeux flottaient non amarrés au front.

                              (*Traité du ciel*, III, II, 300 *b* 25.)

LVIII

Simplicius.

  Donc, à ce moment-là [quand la Haine ne s'est pas encore tout à fait retirée], *des membres solitaires* disjoints par la Haine *erraient* à la recherche d'un mutuel mélange. (*Commentaire sur le Traité du ciel d'Aristote*, 587, 18[5].)

LIX

Simplicius.

Mais lorsque [...] Se fut mêlé , quand l'Amour régna sur ce que la Haine abandonnait, *alors les choses [...] continuelle-ment* . En parlant de ce règne de l'Amour, Empédocle ne veut pas dire que l'Amour règne déjà, mais qu'il s'apprête à régner, et qu'il produit au jour des êtres non mêlés et formés d'un membre unique :

> *Mais lorsque davantage au Démon le Démon*[1]
> *Se fut mêlé, alors les choses*[2] *se mêlèrent*
> *Au gré de leur rencontre ; et puis, s'y ajoutant,*
> *Maintes choses en naquirent continuellement.*

(Commentaire sur le Traité du ciel d'Aristote, 587, 20.)

LX

Plutarque.

Ces créatures et un grand nombre d'autres plus tragiques ressemblant aux monstres d'Empédocle, dont on se moque, *des pieds tors aux mains innombrables* et *des bovidés à face d'homme*[3]. *(Contre Colotès, 28, 1123 B.)*

LXI

Élien.

Empédocle, le philosophe de la nature, déclare, en parlant lui aussi de la spécificité des animaux, que naissent sans doute certains êtres dotés d'une nature mixte, qui présentent des différences produites par l'aspect mélangé de leur forme et une certaine unité d'assemblage, du fait que leur corps est un. Voici ce qu'il en dit :

> *Une foule naquit de monstres à deux faces,*
> *À deux poitrails, des bovidés à face d'homme ;*
> *À rebours des enfants à la tête de bœuf*
> *Naissaient, des créatures moitié homme, moitié femme,*
> *Et dont les membres disparaissaient sous les poils*[4].

(Histoires variées, XVI, 29.)

Simplicius.

De même qu'Empédocle déclare qu'au commencement du règne de l'Amitié naquirent au hasard d'abord des parties d'ani-

maux, des têtes, des mains et des pieds, qui se rassemblèrent
ensuite pour former *des bovidés à face d'homme. À rebours des
enfants [...] naissaient* avec des têtes à visage de bœuf, c'est-à-
dire tenant à la fois du bœuf et de l'homme. Puis tout ce qui, par
de telles combinaisons, se constitua de manière viable, donna des
animaux qui subsistèrent du fait que chacun de leurs organes
remplissait sa fonction, qu'il y avait des dents pour couper et
broyer la nourriture, un estomac pour digérer et un foie pour
produire le sang. En s'ajoutant au corps humain, une tête
d'homme pourvoit au salut de tout l'ensemble, alors qu'elle jure
avec un corps de bœuf et cause sa perte. Aussi tout ce qui n'était
pas conforme au modèle de son espèce fut détruit. (*Commentaire
sur la Physique d'Aristote,* 371, 33.)

Aristote.

Ce sont les êtres chez qui toute l'organisation s'était produite
comme en vue d'une fin, alors qu'elle résultait d'une conformité
due au hasard, qui survécurent. Tous les êtres non conformes ont
péri et périssent, tels les *bovidés à face d'homme*[1] dont parle
Empédocle. (*Physique,* II, VII, 198 *b* 29.)

LXII

Simplicius.

Au deuxième livre de sa *Physique,* avant de parler de l'articulation[2] des corps d'hommes et de femmes, Empédocle écrit les vers
suivants :

> *Apprends donc, à présent, comment les rejetons*
> *Nés de la nuit, hommes et femmes pitoyables,*
> *Furent produits au jour par le feu dissocié*
> *⟨Des autres éléments⟩. Car mon mythe ne peut*
> *Perdre de vue son but, ni manquer à la science.*
> *Tout d'abord il sortit de la Terre des êtres*
> *En un tout naturel rassemblant les deux sexes*[3],
> [5] *Ayant part à la fois et au feu et à l'eau.*
> *Le feu les fit surgir, car il se proposait*
> *D'atteindre son semblable*[4]. *Et pourtant point encore*
> *Ils ne montraient la forme adorable des membres*[5],
> *Non plus que la voix mâle et le membre viril,*
> *Appartenant aux hommes.*

Aristote conteste ce propos d'Empédocle, parce qu'Empédocle
fait naître, à ce qu'il paraît, la semence avant les animaux. Et la

semence, qu'il désigne par l'expression : *Tout d'abord il sortit de la Terre [...] les deux sexes*[1] , n'était pas encore *la forme adorable des membres [...].* Or, si la semence existait, l'expression : *un tout naturel rassemblant les deux sexes* me paraît admirablement convenir. Car cette expression : *un tout naturel rassemblant les deux sexes* désigne justement ce qui forme de soi-même totalement un tout, qui précisément existe alors que l'articulation des sexes ne s'est pas encore produite en lui. (*Commentaire sur la Physique d'Aristote*, 381, 29.)

Aristote.

Il est nécessaire encore que la semence ait été engendrée d'abord, et non pas directement les animaux, et l'expression *Tout d'abord un tout naturel*[2] désignait la semence. En outre il existe encore dans les plantes de la finalité, quoique sous une forme moins articulée. Est-ce donc qu'il y a eu aussi chez les plantes, à la façon des *bovidés à face d'homme*[3], des *vignes à face d'olivier*, ou non ? Cela est absurde ; pourtant il faudrait qu'il en soit ainsi, s'il en va ainsi chez les animaux[4]. (*Physique*, II, VIII, 199 *b* 7.)

LXIII

Aristote.

Empédocle dit que dans le mâle et la femelle, il y a comme un symbole[5], et que l'organisme ne procède pas tout entier de l'un ou de l'autre :

> *En deux s'est déchirée la nature des membres :*
> *L'une, celle du mâle*[6] *[...]*

> (*Génération des animaux*, I, XVIII, 722 *b* 10.)

LXIV

Plutarque.

Ou bien pour les femelles, le fait de fréquenter et de vivre en compagnie des mâles n'a pas pour effet d'évoquer le souvenir des plaisirs de l'amour et d'enflammer leur désir, ainsi qu'Empédocle le dit des hommes en ces vers :

> *Sur lui fond le désir, par la vue évoqué,*
> *À la mémoire*[7].

> (*Questions naturelles*, 21, 917 C.)

LXV

Aristote.

Si la différenciation entre le mâle et la femelle se produit pendant la gestation, ainsi que le dit Empédocle :

> *Elles[1] s'écoulèrent dans ⟨les matrices⟩ vides*
> *En engendrant tantôt des êtres féminins*
> *Quand elles rencontraient le froid [...][2].*

> (*Génération des animaux*, I, XVII, 723 *a* 23.)

LXVI

[Scolie.]

« *Ne t'en va pas semer dans le sillon fécond.* » Empédocle, le philosophe de la nature, emploie l'expression allégorique : *les gazons fendus d'Aphrodite* , ⟨pour désigner⟩ les lieux dans lesquels se produit la naissance des enfants. Euripide, voulant dire la même chose, a évité la notion honteuse et combiné les termes propres avec les métaphores de l'art, ⟨en rapprochant⟩ « *semence* » et « *sillon fécond* ».

> *Les gazons fendus [...] d'Aphrodite.*

> (À Euripide, *Les Phéniciennes*, v. 18.)

LXVII

Galien.

L'opinion selon laquelle l'individu mâle est conçu dans la partie droite de la matrice est une opinion partagée encore par d'autres anciens auteurs. Parménide en effet disait : « *À droite les garçons et à gauche les filles[3]* », et Empédocle :

> *C'est dans les régions plus chaudes du ventre[4]*
> *Que les mâles naissent, et c'est pourquoi encore*
> *Les hommes y sont noirs, plus virils, plus poilus.*

> (*Sur les Épidémies d'Hippocrate*, VI, 48.)

Ariſtote.

Le lait eſt en effet du sang cuit et non décomposé. Empédocle ou bien se trompait, ou bien s'eſt mal exprimé, lorsqu'il a dit du lait :

> *C'eſt au dixième jour dans le huitième mois*
> *Que ⟨le sang tourne⟩ en produisant le blanc liquide*[1].

(Génération des animaux, IV, VIII, 777 a 7.)

LXIX

Proclus.

Empédocle lui aussi connaît les deux sortes de temps propres à la grossesse[2]. C'eſt pourquoi il applique aux femmes l'épithète : *aux deux grossesses* et il a dit lui-même qu' *il exiſtait un dépassement du nombre des jours de la grossesse,* et aussi que les fœtus de huit mois sont non viables ; et cela eſt fort vraisemblable. Car le premier nombre des grossesses de sept mois, qui eſt 35, eſt formé de la somme des nombres 6, 8, 9, 12, dont les extrêmes 6 et 12 sont dans un rapport double et conſtituent l'octave[3]. Le premier nombre des grossesses de neuf mois, 45, eſt formé de la somme des nombres consonants 6, 9, 12, 18, dont les extrêmes sont dans un rapport triple. Or, il n'y a pas d'autre rapport consonant entre ces nombres, de sorte que, selon toute vraisemblance, en l'absence de consonance, les fœtus de huit mois sont non viables[4]. (*Commentaire sur la République de Platon*, II, p. 34, 25.)

Rufus d'Éphèse.

Le fœtus eſt enveloppé de membranes, dont l'une eſt plus fine et plus souple : Empédocle l'appelle *amnios* ⟨ou *agnelette*[5]⟩. (*Des noms des parties du corps humain*, 229, éd. Daremberg-Ruelle, p. 166, 11.)

Simplicius.

> *Pourtant s'il demeurait lacune en ta créance*
> *Sur le fait de savoir comment d'eau et de terre,*
> *D'Éther et de Soleil tout ensemble mêlés,*
> *Tant de formes sont nées avec tant de couleurs*

> *Pour les êtres mortels, qu'il en est maintenant*
> *Selon les proportions réglées par Aphrodite [...]*[1]

> > (*Commentaire sur le Traité du ciel d'Aristote*, 529, 28.)

LXXII

Athénée.

Je n'oublie pas qu'Empédocle, le philosophe de la nature, donnait à tous les poissons le nom de καμασῆνες[2], disant :

> *Comment ⟨prirent naissance⟩ et les arbres altiers*
> *Et les poissons des profondeurs salées.*

> > (*Les Deipnosophistes*, VIII, 334 B.)

LXXIII

Simplicius.

Et, un peu plus loin :

> *Et comme alors Cypris, après avoir mouillé*
> *La terre d'eau de pluie, s'empressa de confier*
> *Les formes modelées, au feu, pour les durcir*[3]

> > (*Commentaire sur le Traité du ciel d'Aristote*, 530, 5.)

LXXIV

Plutarque.

Parmi les animaux eux-mêmes, tant terrestres qu'aériens, nul n'est, pourrait-on dire, plus prolifique que les créatures marines ; c'est ce qu'a voulu exprimer Empédocle en écrivant :

> *Elle*[4] *conduit la foule inculte des poissons*
> *À la grouillante descendance.*

> > (*Propos de table*, V, x, 4, 685 F.)

LXXV

Simplicius.

> *Tous ceux qui, durs dedans et mous à l'extérieur,*
> *Des paumes de Cypris avaient ainsi reçu*
> *Cette élasticité*[5].

> > (*Commentaire sur le Traité du ciel d'Aristote*, 530, 8.)

LXXVI

[*Fragment restitué.*]

> *Tel est le cas du dos pesant des coquillages*
> *Qui habitent la mer, et tels sont les buccins*
> *Tout caparaçonnés de pierre, et les tortues :*
> *Chez eux, tu peux le voir, la terre forme croûte.*

Plutarque.

Et tu vois que Dieu, que notre Pindare[1] appelait le « *maître artiste* », ne place pas dans tous les cas le feu par-dessus et la terre par-dessous, mais les dispose selon les besoins des corps : *Tel est le cas [...] de pierre*, dit Empédocle, *Chez eux [...] croûte*. (*Propos de table*, I, II, 5, 618 B.)

On ne peut pas dire que le feu qui rayonne de leurs yeux, occupe dans la partie supérieure du corps une place naturelle ou normale, alors que dans la cavité et dans le cœur il occupe une situation anormale ou contre nature ; car chacun a été placé dans le lieu et pour la fonction qui lui sont propres : *Et tels sont les buccins [...] de pierre* et telle est la nature des crustacés, ainsi que le déclare Empédocle, notant ici : *Chez eux [...] croûte*. (*De la face visible de la Lune*, I, 14, 927 F.)

LXXVII-LXXVIII

Plutarque.

Le fait de conserver des feuilles et d'être, comme dit Empédocle, *toujours vert* n'est pas l'effet de la chaleur ; de même le fait de perdre ses feuilles n'est pas l'effet du froid. [...] Quelques-uns croient que le feuillage persiste à cause de l'égalité du mélange ⟨de chaud et de froid⟩. Mais Empédocle ajoute, comme cause supplémentaire, un certain ajustement des pores, par lesquels la nourriture se transmet aux feuilles d'une manière ordonnée et égale, de façon que leur alimentation soit suffisante. (*Propos de table*, III, II, 2, 649 C.)

Théophraste.

Si ⟨la qualité de⟩ l'air qui enveloppe les arbres était constante, peut-être les propos que tiennent les poètes ne seraient-ils pas dénués de raison[2], ni non plus ceux d'un Empédocle, qui déclare que les ⟨arbres⟩ toujours verts et *portant toujours des fruits*, *Gardent toute l'année [...] grâce à l'air* ; Empédocle suppose en effet qu'un certain mélange de l'air, celui du printemps, est propre à l'année tout entière[1].

⟨*Les arbres*⟩ *toujours verts, portant toujours des fruits,*
Gardent toute l'année abondance de fruits,
Et cela grâce à l'air[2].

(*Causes des plantes*, I, xiii, 2.)

LXXIX

Aristote.

Chez les plantes, ces puissances sont mêlées et le genre femelle n'est pas séparé du mâle ; c'est pourquoi elles engendrent hors d'elles-mêmes et produisent non un embryon, mais des rejetons appelés graines. Empédocle l'exprime fort bien dans ce vers :

Ainsi donc les premiers parmi tous les grands arbres,
Les oliviers portent des œufs[3].

Car l'œuf est un rejeton qui comprend deux parties, l'une dont provient l'animal et l'autre qui constitue sa nourriture ; de la graine est formée la plante destinée à croître, tandis que du reste provient la nourriture nécessaire au germe et à la première racine. (*Génération des animaux*, I, xxiii, 731 *a* 1.)

Théophraste.

Les graines de tous les végétaux renferment en elles une certaine nourriture, qui concourt au début de la croissance, comme dans le cas des œufs. C'est pourquoi Empédocle a fort justement parlé des *grands arbres porteurs d'œufs.* Car les graines ont une nature semblable aux œufs. (*Causes des plantes*, I, vii, 1.)

LXXX

Plutarque.

Nous convînmes que c'était là un propos mesuré. Mais Empédocle ayant dit :

C'est bien pourquoi lente à mûrir est la grenade
Et pourquoi la pomme est bonne à manger longtemps[4],

je dis : « L'épithète accolée à la grenade se comprend bien. Elle signifie que les grenades ne sont pas mûres avant la fin de la moisson et la diminution des grandes chaleurs. Car du fait de la faiblesse de leur humidité et de la viscosité de leur suc, le Soleil ne leur permet pas de prendre toute leur consistance, [avant que l'air ne change et ne commence à rafraîchir]. [...] Quant à ce que le sage veut dire en qualifiant les pommes de *bonnes à manger long-temps* (ὑπέρφλοια), c'est un point embarrassant[1] » [...] Lorsque j'eus achevé, certains grammairiens déclarèrent que ὑπέρφλοια voulait dire que les pommes étaient à pleine maturité. En effet les poètes utilisent le terme φλοίειν *(abonder)* pour signifier être florissant et être à maturité[2] [...] Aussi, puisque, selon eux, la pomme conserve plus longtemps que les autres fruits sa verdeur et son aspect florissant, le philosophe l'a appelée ὑπέρφλοιον *bonne à manger longtemps* . *(Propos de table*, V, VIII, 2, 683 D.)

LXXXI

Plutarque.

La facilité avec laquelle se gâtent les eaux de pluie est mise en évidence par leur putréfaction. En effet l'eau de pluie se putréfie plus facilement que celle des fleuves et des puits, et il se pourrait bien que la fermentation soit une putréfaction, ainsi qu'Empédocle en témoigne, disant :

> ⟨*Oui*⟩, *le vin, c'est de l'eau putréfiée dans le bois,*
> *Et qui sort de l'écorce.*

(Questions naturelles, 2, 912 C.)

Le vineux ⟨engendre⟩ par nature ⟨la putréfaction⟩ comme le dit Empédocle : ⟨*Oui,*⟩ *le vin* [...] *écorce* . *(Questions naturelles*, 31, 919 C.)

Aristote.

Mais, de même, le vin n'est pas non plus de l' *eau putréfiée* , contrairement à ce que dit Empédocle, qui parle d'eau se putréfiant. Car, à proprement parler, ce n'est pas de l'eau. *(Topiques*, IV, V, 127 *a* 17.)

LXXXII

Aristote.

> *Cheveux, feuilles et dru plumage des oiseaux,*
> *Écailles revêtant des membres vigoureux*
> *Sont une même chose.*

(Météorologiques, IV, IX, 387 b 4.)

Plutarque.

Car certains sont armés de cornes, de dents ou d'aiguillons :

> *Les hérissons[1] pourtant ont des poils acérés*
> *Hérissés sur le dos.*

(De la fortune, 3, 98 D.)

Aristote.

Empédocle semble penser, lui, que la vue se produit lorsque la lumière sort de l'œil, ainsi qu'il a été dit plus haut. Il dit ainsi :

> *Tel un homme, songeant à sortir dans la nuit*
> *Venteuse de l'hiver, prépare sa chandelle,*
> *Flambeau ardent de feu, et l'allume à l'abri*
> *De tous les vents dans sa lanterne protectrice :*
> *Elle résiste aux coups assénés par le vent ;*
> [5] *Et la lumière, étant un flux bien plus ténu,*
> *Peut passer à travers et jeter sur le seuil*
> *Un éclat vigilant. Ainsi, l'antique feu*
> *Lors s'est allé blottir dans de minces membranes*
> *Et dans de fins tissus, revêtant l'apparence[2]*
> *De la pupille ronde[3] ; et ces tissus laissaient*
> [10] *Passer de part en part des conduits merveilleux,*
> *Et tout autour de lui retenaient l'eau profonde,*
> *Tout en laissant sortir le feu bien plus ténu.*

Il déclare tantôt que c'est ainsi que nous voyons, et tantôt que c'est grâce aux effluves provenant des objets vus. (*Du sens et des sensibles*, II, 437 *b* 23.)

Alexandre d'Aphrodise.

Et il commence par citer ces vers où il explique lui aussi que la lumière est le feu même, que ce feu sort des yeux et en est projeté, et que c'est lui qui produit la vision. Dans ces vers, en effet, Empédocle compare la projection de la lumière hors des yeux à la lumière ⟨provenant⟩ des *chandelles* . De même, en effet, que quelqu'un, qui se propose de sortir la nuit, se prépare une chan-

delle et l'introduit dans une *lanterne* (car si la lanterne pro-
tège et préserve contre les vents du dehors, la matière très subtile
du feu, qui constitue la *lumière* , peut passer à l'extérieur),
ainsi, déclare-t-il, le *feu* enfermé dans les *membranes* est
enveloppé par de fines peaux qui préservent le feu des assauts
nuisibles de l'extérieur, et ne permettent pas de causer du dommage à la *pupille* , tandis que l'élément le plus subtil contenu
dans le feu peut sortir ⟨de l'œil⟩. On pourrait appeler *protec-
trices* les parois de la lanterne qui repoussent les vents, étant
donné qu'elles écartent les courants d'air et abritent le feu
qu'elles enveloppent; ou encore, les pores étroits sont qualifiés
de *protecteurs*, étant donné que leur étroitesse repousse les
courants d'air. Quant au feu, il est dit *ténu*, parce que la subtilité de sa matière lui permet de passer et le rend apte à se projeter
au-dehors, en passant à travers les pores étroits. *Sur le seuil*
signifie : vers le ciel; Homère dit :

> *Je l'empoignai et le jetai en bas du seuil*
> *Pour qu'assez mal en point, il retrouve le sol*[1].

L'expression *dans des linges très fins il fit le lit de la pupille ronde*[2] est
employée pour signifier : il enveloppa la pupille ronde dans des
membranes fines; en plus du mot poétique de *pupille* , il
emploie le mot *linge* à la place de membrane. Après avoir montré
que tel est le sens des vers d'Empédocle, Aristote ajoute : « Il[3]
déclare tantôt que c'est ainsi que nous voyons et tantôt que c'est
grâce aux effluves provenant des objets vus. » Certains effluves,
qui viennent frapper la vue, pénètrent en elle lorsqu'ils s'harmonisent avec les pores qui sont en elle, du fait qu'ils sont d'un
calibre approprié, et ainsi la vision se produit. Platon note, dans
le *Ménon*[4], que cette thèse est celle d'Empédocle, et il définit,
selon cette théorie, la couleur comme un effluve venant des
corps, harmonisé au ⟨sens de la⟩ vue et sensible ⟨à elle⟩[5].
(*Commentaire sur le Traité du sens d'Aristote*, éd. Wenland, p. 23.)

LXXXV

Simplicius.

Les parties des animaux sont, selon lui, engendrées par hasard,
la plupart du temps, ainsi lorsqu'il dit :

> *Le hasard fit alors la terre se mêler*
> *En proportion égale avec les éléments*[6] ;

et, de nouveau :

> *Pourtant, il se fit qu'à la flamme bienfaisante*[1]
> *Il n'échut par hasard qu'une faible portion*
> *De terre.*

Et ailleurs :   *Des paumes de Cypris [...] élasticité*[2] .   Et l'on pourrait trouver dans la *Physique* d'Empédocle un grand nombre de passages de cette sorte[3]. (*Commentaire sur la Physique d'Aristote*, 331, 3.)

LXXXVI

Simplicius.

Mais encore, concernant la génération des yeux de ces créatures corporelles, il poursuit en disant :

> *Avec quoi*[4] *la divine Aphrodite forma*
> *Leurs yeux infatigables.*

> (*Commentaire sur le Traité du ciel d'Aristote*, 529, 21[5].)

LXXXVII

Simplicius.

Et, un peu plus loin[6] :

> *Alors pour l'assemblage Aphrodite eut recours*
> *Aux rivets de l'amour.*

> (*Commentaire sur le Traité du ciel d'Aristote*, 529, 24.)

LXXXVIII

Aristote.

Exemple de noms élidés : κρῖ, δῶ et ὄψ[7], dans μία γίγνεται ἀμφοτέρων ὄψ. (*Poétique*, XXI, 1458 *a* 4.)

Strabon.

Mais chez Empédocle :

> *Il ne naît des deux yeux qu'une seule vision.*

> (*Géographie*, VIII, p. 364.)

LXXXIX

Plutarque.

Songe donc à ce que dit Empédocle :

> *Sachant que de tout être engendré sont émis*
> *Des effluves.*

Car de nombreux effluves proviennent d'une manière continue non seulement des animaux, des plantes, de la terre et de la mer, mais aussi des pierres, du bronze et du fer. Car toutes ces choses sont sujettes à corruption et périssent du fait que continûment quelque chose s'écoule et s'en va d'elles. (*Questions naturelles*, 19, 916 D.)

XC

Plutarque.

Car il se peut que la nature reçoive sa nourriture propre à partir d'aliments semblables, et que la nourriture variée, en sécrétant de nombreuses qualités, transmette d'elle-même à la masse du corps ce qui est utile pour chaque partie du corps. Alors se produit ce que dit Empédocle :

> *Le doux saisit le doux, et l'amer sur l'amer*
> *S'élance ; le piquant va trouver le piquant,*
> *L'ardent saillit l'ardent.*

> (*Propos de table*, IV, 1, 3, 663 A.)

Macrobe.

Nous savons que les semblables se nourrissent de semblables, que toute chose attire violemment à soi son semblable ; Empédocle en est témoin quand il dit : *Le doux [...] l'ardent.* (*Saturnales*, VII, v, 17.)

XCI

Alexandre d'Aphrodise.

L'eau :

> *Au vin [l'eau (?)] se mélange assez bien, mais refuse*
> *De se mêler à l'huile.*

> (*Questions*, II, 23.)

XCII

Aristote.

Empédocle en[1] rend responsable le fait que le mélange des semences s'épaissit, étant donné qu'il est formé à partir de deux lignées douces. En effet, les creux d'une des substances s'ajustent aux nodosités de l'autre, et il en résulte la production du dur à partir du doux, comme *lorsqu'on mélange le cuivre avec l'étain* ; Empédocle propose du reste une explication fausse en ce qui concerne le cuivre et l'étain [...] et fait appel à des principes totalement inintelligibles; car si les parties creuses et les parties denses s'ajustent mutuellement pour former un mélange, comment cela peut-il produire *celui du vin et de l'eau*[2] ? (*Génération des animaux*, II, VIII, 747 *a* 34.)

XCIII

Plutarque.

Certaines substances sont propres et adaptables à d'autres; tel est le cas du bleu qui, mélangé ⟨à la pourpre⟩, permet la teinture pourpre, et de l'alcali qui, mélangé ⟨à la cochenille⟩, permet de teindre en écarlate, comme l'a dit Empédocle :

La baie du sureau bleu se mélange à la fibre[3].

(*Des oracles qui ont cessé*, 41, 433 B.)

XCIV

Plutarque.

Pourquoi l'eau apparaît-elle blanche à la surface et noire au fond ? Serait-ce que la profondeur produit la noirceur, en émoussant et en affaiblissant les rayons du Soleil avant qu'ils ne touchent le fond ? Or la surface, sans cesse exposée au Soleil, doit recevoir l'éclat de la lumière. C'est à ce fait même que souscrit Empédocle lui aussi :

Et la noirceur du fond du fleuve vient de l'ombre :
Cela s'observe aussi dans les grottes profondes.

(*Questions naturelles*, 39.)

XCV

Simplicius.

Expliquant pourquoi certains voient mieux le jour et d'autres mieux la nuit, il dit :

> *Quand la première fois ils furent modelés*[1]
> *Par Cypris en ses paumes*[2].

(*Commentaire sur le Traité du ciel d'Aristote*, 529, 26.)

XCVI

Simplicius.

Empédocle produit les chairs et l'os et chacune des autres parties [du vivant] selon une certaine formule[3]. Aussi, dit-il, au premier livre de sa *Physique* :

> *Et la terre accueillante en ses vastes creusets*
> *Reçut deux parts sur huit de Nestis la Brillante,*
> *Quatre d'Héphaïstos. Les os blancs en naquirent,*
> *Divinement collés au ciment d'Harmonie,*

c'est-à-dire par des causes divines et principalement l'Amitié ou l'Harmonie; car ce sont ses colles, qui produisent l'Harmonie. (*Commentaire sur la Physique d'Aristote*, 300, 19.)

Aristote.

Telle ou telle chose ne résulte pas d'une disposition au hasard de ses éléments, mais de leur combinaison selon une certaine formule, ainsi qu'Empédocle le dit de l'os[4] : *Et la terre [...] en naquirent* . (*Traité de l'âme*, I, v, 410 *a*.)

Simplicius.

Accueillante , c'est-à-dire s'harmonisant avec les autres éléments; ainsi qualifie-t-il la terre, qu'il considère comme un cube, conformément à la tradition pythagoricienne : car le cube ayant douze arêtes, huit angles ⟨polyèdres⟩ et six faces, et produisant de ce fait la proportion harmonique, était appelé Harmonie[5]. *Creusets* est un terme homérique pour désigner la place où se produit le mélange des éléments, et signifie « récipients » : « *Les soufflets — vingt en tout — soufflaient dans les creusets*[6] », qu'il qualifie de *vastes* parce qu'ils sont de grande capacité. Dans le

cas de la génération des os, le mélange est formé de quatre parties
de feu — parce que le feu qui contient une part égale de sec et de
blanc, doit constituer la moitié de l'ensemble — de deux parties
de terre, d'une partie d'air et d'une partie d'eau ; air et eau qu'il
appelle *Nestis la Brillante* : *Nestis*, parce que l'humidité
résulte de ce qu'elle ruisselle et coule ; *Brillante*, parce
qu'elle est transparente[1]. (*Commentaire sur le Traité de l'âme*, 68, 5.)

XCVII

Aristote.

   Car la génération est en vue de la substance, et non la substance
en vue de la génération. C'est pourquoi Empédocle a eu tort de
dire que de nombreuses particularités accidentelles surviennent
ainsi chez les animaux au cours de la génération, comme quand il
dit par exemple que si la *colonne vertébrale* est ainsi disposée,
c'est qu'elle a subi accidentellement une incurvation qui l'a
tordue[2]. (*Parties des animaux*, I, 1, 640 *a* 18.)

XCVIII

Simplicius.

   Il donne au feu les noms d'Héphaïstos[3], de Soleil[4] et de
flamme[5] ; à l'eau, celui d'eau de pluie ; à l'air, celui d'Éther[6]. Il lui
arrive souvent d'utiliser ces appellations, ainsi dans ces vers :

> *Le hasard fit alors la terre se mêler*
> *En proportion égale avec les éléments :*
> *Avec Héphaïstos et avec l'eau de pluie,*
> *Ainsi qu'avec Éther partout incandescent,*
> *Après qu'elle eut touché le port et jeté l'ancre*
> *Aux rives de Cypris. Alors dans ce mélange,*
> *Selon que ⟨l'élément⟩ le plus grand est plus rare,*
> *Ou que le plus petit est le plus abondant,*
> [5] *De lui est né le sang et les divers tissus*
>   *Qui composent la chair.*

(*Commentaire sur la Physique d'Aristote*, 32, 3.)

   Il déclare que les parties des animaux sont, selon lui, engendrées par hasard la plupart du temps, comme lorsqu'il dit :

> *Le hasard fit alors [...] éléments[7].*

(*Ibid.*, 331, 3.)

XCIX

Théophraste.

    Cloche. Rameau de chair[1].   (*Du sens*, 9.)

c

Aristote.

    Empédocle lui aussi parle de la respiration, mais il omet de considérer la cause finale et il n'apporte aucune réponse claire, touchant l'ensemble des animaux, à la question de savoir s'ils respirent ou non. Et il se figure qu'en traitant de l'inspiration à travers les   *narines*[2] , il traite de l'inspiration la plus importante […] (*De la respiration*, VII, 473 *a* 15.)

    Il déclare que l'inspiration et l'expiration se produisent du fait que certaines veines renferment du sang, sans en être remplies entièrement, et ont des pores permettant à l'air extérieur de pénétrer; ces pores sont plus petits que les particules du corps, mais plus grands que celles de l'air. Du fait que le sang se meut naturellement vers le haut et vers le bas, l'air pénètre à l'intérieur pendant la descente du sang vers le bas, produisant l'inspiration; et l'air est projeté à l'extérieur pendant la remontée du sang, produisant ainsi l'expiration. Il compare ce phénomène aux clepsydres[3].

      Voici donc la façon dont tous [les animaux]
      Inspirent et expirent. Car ils sont tous munis
      De tuyaux faits de chair, contenant peu de sang
      Et partout répandus dans l'espace du corps;
      Au débouché des tuyaux, les extrémités
      Des narines sont percées de multiples trous,
[5] *Tels que le sang ne peut sortir, mais que l'éther*
      En elles peut fort bien se frayer un passage.
      Quand ensuite le sang délicat s'en retire,
      En flots impétueux l'éther s'élance en elles;
      Mais sitôt qu'il revient, l'air se trouve expiré.
      Comme une enfant qui joue avec une clepsydre
[10] *Au bronze étincelant : quand elle vient plaquer*
      Contre sa jolie main l'extrémité du col
      Et plonge l'appareil dans le mol élément
      Aux reflets argentés, aucune goutte d'eau
      Ne rentre en l'appareil, mais la masse de l'air,

Pesant de l'intérieur sur les trous resserrés,
Repousse l'eau et la maintient à l'extérieur,
Jusqu'à laisser un fort courant y pénétrer.
[15] Car dès qu'elle permet à l'air de s'échapper,
L'eau fatale[1] s'engouffre. De la même façon,
Lorsque de l'eau remplit le réservoir de bronze
Et que la main humaine obture l'embouchure,
L'éther extérieur qui aspire à entrer[2],
Retient l'eau au-dedans et assiège la place,
Se pressant aux portes du filtre glouglotant;
[20] Cela, jusqu'à ce que l'enfant ôte sa main.
Alors, à l'opposé du cas qui précédait,
L'air se rue au-dedans, l'eau fatale s'écoule.
Ainsi donc en est-il quand le sang bouillonnant
Dans les membres reflue en sa place première :
Aussitôt un courant d'éther fait irruption;
Mais sitôt que le sang remonte à la surface,
De nouveau autant d'air se retrouve expiré.

(Ibid., VII, 473 b, 1.)

CI

[Fragment restitué.]

Il[3] flaire avec ses naseaux les particules
[D'odeurs] venues du corps des animaux sauvages,
Effluves que les animaux, avec leurs pieds,
⟨Tandis qu'ils sont vivants⟩, laissent dans l'herbe tendre[4].

Plutarque.

De même que les chasseurs ne permettent pas aux jeunes chiens de se détourner pour aller flairer n'importe quelle odeur, mais les freinent et les tirent en arrière avec la laisse pour que leurs facultés soient conservées pures et sans mélange, pour la seule vocation qui leur est propre, afin qu'ils soient plus ardents à pister le gibier : *Il flaire [...] sauvages,* de même [...]. (*De la curiosité*, 11, 520 E.)

Plutarque.

Est-ce que les chiens, ainsi que le dit Empédocle, flairent *avec leurs naseaux [...] sauvages* et perçoivent les effluves « qu'ont laissés les bêtes sauvages dans la forêt », quand, au printemps, elles se trouvent affaiblies et mélangées aux nombreuses senteurs qui viennent des plantes et des arbustes? etc. (*Questions naturelles*, 23, 917 E.)

Pseudo-Alexandre d'Aphrodise.

[Sur l'aporie : pourquoi les chiens ne flairent-ils pas la trace laissée par le lièvre à pattes velues, lorsqu'il est mort?] Quand l'animal est vivant, ils le sentent, parce qu'il émet continuellement une odeur; en revanche, lorsque l'animal est mort, cette émission cesse. En effet il ne laisse plus d'odeur derrière lui, ainsi que le dit Empédocle : « *Effluves que les animaux [...]*[1] »; car ni l'odeur ni la couleur ne peuvent diffuser et, lorsque l'animal est mort, les effluves (?) et l'odeur disparaissent. (*Problèmes*, III, 102.)

[*Scolie.*]

Empédocle admet l'existence des effluves parce que, dit-il, les chiens suivent à la piste « les éléments d'odeur venus du corps des ⟨animaux sauvages⟩ », ce qui est ⟨impossible⟩, lorsque sont morts ⟨les animaux⟩. (Au *Théétète* de Platon, Berlin, *Klassikertexte*, II, 70, 48.)

CII

Théophraste.

Ainsi tout a sa part et de souffle et d'odeurs[2].   (*Du sens*, 22.)

CIII

Simplicius.

[Le *hasard*[a], chez Empédocle.] On pourrait, dans la *Physique* d'Empédocle, trouver à citer beaucoup de passages comme celui-ci :

Le Hasard l'a voulu : chaque être a la conscience.

(*Commentaire sur la Physique d'Aristote*, 331, 10.)

CIV

Simplicius.

Et, un peu plus loin[4] :

Pour autant qu'en tombant les corps les plus subtils Ont pu se rencontrer.[...]

(*Commentaire sur la Physique d'Aristote*, 331, 13.)

CV

Porphyre.

C'est ce qu'Empédocle, pour qui le sang est l'organe où réside la conscience, paraît dire[1] :

> *Nourri des flots du sang qui flue et qui reflue,*
> *Il est le siège principal de ce qu'on nomme*
> *La pensée. Car le sang circulant chez les hommes*
> *Dans la région du cœur, c'est cela la pensée.*

(*Du Styx*, cité par Stobée, *Choix de textes*, I, XLIX, 53.)

CVI

> *L'intelligence croît chez les hommes selon*
> *Ce que présentement [ils peuvent percevoir][2].*

Aristote.

Les anciens du moins déclarent que penser et sentir sont identiques, comme l'a dit justement Empédocle : *L'intelligence [...] percevoir*;   et ailleurs :

> *C'est pourquoi chaque fois il leur vient en l'esprit*
> *Des pensées différentes[3].*

(*Traité de l'âme*, III, III, 427 a 21.)

Il déclare que quand nous changeons de disposition physique, notre pensée change : *L'intelligence [...] percevoir*;   et ailleurs il dit : *Car pour autant [...] différentes.* (*Métaphysique*, Γ, V, 1009 b 17.)

CVII

Théophraste.

> ⟨*Car c'est à partir d'eux[4]*⟩ *que toutes choses sont*
> *Formées et ajustées; et ce sont eux aussi*
> *Qui forment la conscience, et plaisir et douleur[5].*

(*Du sens*, 10.)

CVIII

Aristote.

Et ailleurs il dit :

> *Car pour autant que leur nature est modifiée,*
> *Pour autant chaque fois il leur vient en l'esprit*
> *Des pensées différentes*[1].

(Métaphysique, Γ, v, 1009 b 18.)

Et ailleurs [il explique] *d'où leur vient en l'esprit des pensées différentes.*   (*Traité de l'âme*, III, III, 427 *a* 24.)

Jean Philopon.

Car Empédocle, parlant des différences entre les rêves, dit que des événements diurnes procèdent les images nocturnes. Il appelle cette image pensée dans les vers où il déclare : *C'est pourquoi il leur vient [...] des pensées différentes* . (*Commentaire sur le Traité de l'âme*, 486, 13.)

Simplicius.

Il leur vient en esprit, dans leurs rêves, des pensées différentes , etc.[2]. (*Commentaire sur le Traité de l'âme*, 202, 30.)

CIX

Aristote.

Tous ceux qui se sont particulièrement attachés à la connaissance et à la sensation relatives aux objets, disent que l'âme est constituée par les principes, certains tenant ces principes pour multiples, d'autres tenant ce principe pour unique. Ainsi Empédocle estime que l'âme est formée de tous les éléments, et que chacun de ces éléments est âme, lui qui dit :

> *Par la terre en effet nous percevons la terre ;*
> *Par l'eau, l'eau ; et par l'Éther, le divin Éther ;*
> *Et par le feu encor, le feu dévorant tout ;*
> *Et c'est par l'Affection que l'on voit l'Affection,*
> *Et par la Haine destructrice on voit la Haine.*

(Traité de l'âme, I, II, 404 b 8.)

La connaissance est connaissance du semblable par le semblable : *Par la terre [...] la Haine.* (*Métaphysique*, B, IV, 1000 *b* 5.)

CIX a

[Papyrus d'Oxyrhinchos.]

Qu'on pense que c'est là une apparence ⟨de l'objet vu⟩ ; car ce qu'on voit sur ce miroir, ce n'est pas ⟨l'objet⟩, mais son reflet en direction de celui qui le voit. Il en est question dans les *Commentaires sur le Timée* ; mais il ne faut pas comprendre cette image comme l'entendent Démocrite ou Épicure, ou ainsi que le fait Empédocle, qui déclare que des *effluves* partent de chacun des objets réfléchis dans le miroir et viennent ⟨s'harmoniser *aux yeux*⟩, *comme s'ils étaient des ⟨images directes¹⟩* . (*Papyrus d'Oxyrinchos*, n° 1609, XIII, 94.)

CX

Hippolyte.

29. Telle est, d'après nous, la philosophie d'Empédocle concernant la génération et la corruption du monde, et sa composition qui procède du bien et du mal. Mais il déclare qu'il existe aussi une certaine tierce puissance, qu'il est possible de concevoir à partir des deux premiers principes, et dit en substance :

> *Si tu graves profondément, en ton esprit*
> *Ferme, ces vérités ; et si tu les contemples*
> *D'un cœur pur et avec inlassable attention,*
> *Toutes ces vérités t'appartiendront toujours,*
> *Et, grâce à elles, tu pourras en acquérir*
> *Beaucoup d'autres encore. D'elle-même en effet*
> [5] *Chacune croît, au cœur de chaque individu,*
> *Où siège sa nature. Mais si, tout au contraire,*
> *Tu brûles de désir pour de tout autres choses,*
> *Comme celles qu'on voit, tout à fait méprisables,*
> *Par milliers émousser des hommes les pensées,*
> *Ces vérités bientôt déserteront ton âme*
> *Au fur et à mesure que le temps coulera,*
> *Aspirant à revoir le terrain familier*
> [10] *Dont elles sont issues. Sache-le, en effet,*
> *Toute chose a conscience et part à la pensée.*

30. Tu passes sous silence dans ton enseignement² les *Purifications* d'Empédocle ; tu dissous les mariages harmonieusement noués par le dieu en invoquant les opinions des successeurs d'Empédocle, afin de pouvoir conserver un et indivisé le travail de l'Amitié. Car, en réalité, d'après Empédocle, le mariage

divise l'Un et produit les Multiples, ainsi que nous l'avons montré. (*Réfutation de toutes les hérésies*, VII, 29-30.)

Car, dit Simon, il[1] pensait que toutes les parties de feu, aussi bien les visibles que les invisibles, ont *conscience* et pensée égales. (*Ibid.*, VI, 12.)

Sextus Empiricus.

Empédocle, d'une manière encore plus paradoxale, considérait que toutes choses se trouvent être douées de raison, et non seulement les animaux, mais encore les plantes, lorsqu'il écrit expressément : *Sache-le, en effet [...] la pensée.* (*Contre les mathématiciens*, VIII, 286.)

CXI

Diogène Laërce.

Il proclame[2] :

> *Tu connaîtras tous les remèdes qui des maux,*
> *Comme de la vieillesse, encore nous protègent,*
> *Car pour toi seul je produirai tous ces remèdes.*
> *Tu sauras apaiser la violence des vents*
> *S'abattant sur la Terre et fauchant les récoltes,*
> [5] *Et leur faire, à ton gré, rebrousser leur chemin ;*
> *Tu sauras, après la sombre pluie, installer*
> *Un temps de sécheresse opportun pour les hommes,*
> *Installer, à partir du temps sec de l'été,*
> *Les pluies qui font du bien aux jardins et aux champs,*
> *En descendant du ciel[3]. Et même tu sauras*
> *Faire de chez Hadès monter l'âme d'un mort[4].*

(*Vies*, VIII, 59.)

PURIFICATIONS

CXII

Diogène Laërce.

> *Amis qui habitez la grand-ville, en surplomb*
> *De l'Acragas aux reflets d'or, sur les hauteurs,*
> *Vous qui vous adonnez à de nobles travaux,*
> *Offrez à l'étranger un asile accueillant*

> *Et ignorez la pauvreté*[1]*, je vous salue!*
> *Me voici parmi vous comme un dieu immortel :*
> [5] *Je ne suis plus mortel et tous vous me rendez*
> *L'honneur qui me convient, m'ornant de bandelettes*
> *Et me passant au cou des guirlandes de fleurs.*
> *Quand, ainsi couronné, j'effectue mon entrée*[2]
> *Dans les riches cités, des hommes et des femmes*
> *Je recueille l'hommage. Ils me suivent en foule,*
> *Me demandant de leur montrer où est la voie*
> [10] *Qu'il convient d'emprunter*[3] *; certains viennent à moi*
> *Pour entendre un oracle, et d'autres, affligés*
> *De maux de toute espèce, attendent de ma bouche*
> *Le mot qui les guérit, car cela fait longtemps*
> *Qu'ils ⟨souffrent⟩ de maux cruels.*

> (*Vies*, VIII, 62.)

Il habitait Agrigente, en Sicile, ainsi qu'il le dit lui-même au début des *Purifications : Amis [...] sur les hauteurs*. (*Ibid.*, 54.)

Diodore de Sicile.

(*Bibliothèque historique*, XIII, 83, vers 3.)

Clément d'Alexandrie[4].

Il était accompagné, disait-il, de gens dont certains étaient venus *entendre un oracle*, et dont d'autres *s'étaient trans-percés d'une épée au cours d'un accès de folie*[5](!). (*Stromates*, VI, 30.)

CXIII

Sextus Empiricus.

> *Mais pourquoi insister? Comme si c'était là*
> *Un exploit, de pouvoir surpasser les mortels,*
> *Exposés à périr de multiples manières !*

> (*Contre les mathématiciens*, I, 302.)

CXIV

Clément d'Alexandrie.

> *Mes amis, je le sais, la vérité est là,*
> *Présente dans le mythe ici développé.*
> *Mais elle est difficile à saisir pour les hommes*

Qui hors de tout assaut d'une croyance neuve
Gardent jalousement le siège de leur âme.

(*Stromates*, V, 9.)

CXV

De la Nécessité il y a un oracle,
Un antique décret et qui nous vient des dieux,
Éternel, et scellé d'infrangibles serments.
Lorsque quelqu'un souille ses mains du sang d'un meurtre,
Quand cédant ⟨à la Haine⟩, un autre se parjure[1]
[5] *— Ce sont là en effet deux démons dont le lot*
Est une longue vie qui n'en finit jamais —,
Ils se voient condamnés à une longue errance,
Bien loin des bienheureux, trente mille saisons,
Doivent renaître encor sous de multiples formes
D'êtres mortels, lesquelles doivent en tous sens
Parcourir les chemins pénibles de la vie.
La force de l'Éther en effet les repousse
[10] *Vers la mer, et la mer les recrache aux rivages*
De la terre, et la terre aux rayons scintillants
Du Soleil, et le Soleil les lance aux tourbillons
De l'Éther. Et chacun de l'autre les reçoit;
Mais tous, ils les détestent.
Pour ma part à présent je suis un de ceux-là,
Je suis un exilé de Dieu et un errant,
Je suis voué à la Haine au furieux délire[2].

Hippolyte.

Voici ce que dit Empédocle, touchant sa propre naissance :
Pour ma part à présent [...] et un errant[3], c'est-à-dire qu'il
appelle Dieu l'Un et son unité, dans laquelle il résidait avant la
séparation opérée par la Haine et avant la génération qui se disperse dans ces êtres multiples, conformément à l'ordonnance
introduite dans le monde par la Haine. *Je suis*, dit-il, *voué à
la Haine au furieux délire* : Empédocle, sous le nom de *Haine
au furieux délire*, stigmatise le démiurge, troublé et inconstant,
ouvrier de ce monde. Car c'est la malédiction et la nécessité des
âmes d'être par la Haine chassées de l'Un et d'être les œuvres et
les produits de cette nécessité, ce qu'il exprime en disant :
Quand, cédant ⟨à la Haine⟩ [...] est le lot[4]. Il appelle
démons les âmes qui *vivent longtemps*, parce qu'elles sont
immortelles et vivent de longues vies. *Ils se voient condamnés*

[...] trente mille saisons[1] : il appelle *bienheureux* les êtres
engendrés par l'Amitié à partir des multiples en vue de l'unité du
monde intelligible. Ainsi donc, dit-il, les âmes ⟨coupables⟩
connaissent une longue errance et *doivent renaître encor [...]
pénibles de la vie*[2] . Les *chemins pénibles* sont pour lui les
changements de corps que connaissent les âmes et les changements d'ordonnance propres au monde. Voilà ce qu'il appelle
les *chemins pénibles* . En effet, les âmes *parcourent en tous
sens* ces chemins, allant de corps en corps, contraintes par la
Haine à en changer et à subir le châtiment, sans avoir la possibilité de demeurer dans l'Un. Car la Haine inflige tous les châtiments aux âmes qui passent de corps en corps. *La force de
l'Éther [...] ils les détestent*[3] : c'est là le châtiment que le
démiurge inflige, à la façon d'un fer que l'on forge et que l'on
retire du feu pour le tremper dans l'eau; car le feu est *l'Éther* ,
d'où le démiurge précipite les âmes dans la mer; *terre*
(χθών) est la terre (γῆ), c'est pourquoi il dit : « de l'eau dans la
terre et de la terre dans l'air »; c'est ce que veut dire : *et la terre
aux rayons [...] ils les détestent* . Quant aux âmes haïes, [...]
c'est l'Amitié qui les conduit, étant donné qu'elle est bonne et
qu'elle s'apitoye de leurs gémissements, du désordre et du malheur provoqués par la *Haine au furieux délire [...]* C'est
pourquoi Empédocle, conscient de l'ordre que la Haine néfaste
établit dans ce monde, conseille à ses disciples de s'abstenir de
toute nourriture animale; car, dit-il, les corps des animaux que
nous mangeons sont les domiciles des âmes punies; et il leur
apprend dans de tels vers à se maîtriser dans leur commerce avec
les femmes, afin de ne pas collaborer et de ne pas coopérer aux
œuvres que produit la Haine, qui détruit sans cesse et ruine
l'œuvre de l'Amitié. Telle est, déclare Empédocle, la loi fondamentale de l'ordonnance du monde, disant: *De la nécessité
[...] serments*[4] , où il appelle *nécessité* le passage de l'Un vers
les multiples, conformément au règne de la Haine, et des multiples à l'Un, conformément à celui de l'Amitié. Il existe, disait-il,
quatre *dieux* mortels : le feu, l'eau, la terre et l'air, mais deux
dieux immortels, inengendrés et sans cesse en conflit : la Haine
et l'Amitié[5]. (*Réfutation de toutes les hérésies*, VII, 29.)

Plutarque.

Empédocle, au commencement de l'exposé de sa philosophie,
proclame : *De la nécessité [...] un errant*[6] . Ici il ne parle pas
seulement de lui, mais de nous tous qui, après lui, sommes des
émigrés, des étrangers et des exilés [...]. [Notre âme] est en exil et

erre, contrainte par les lois et les décrets divins. (*De l'exil*, 17, 607 c.)

Plutarque.

Empédocle dit justement que les démons doivent expier les péchés qu'ils ont commis ainsi que leurs négligences : *La force de l'Éther [...], les détestent*[1] ; jusqu'à ce que, châtiés et purifiés, ils retrouvent de nouveau la place et la position conformes à la nature. (*Isis et Osiris*, 26, 361 c.)

Plotin.

Empédocle dit que c'est une loi pour les âmes pécheresses de choir ici-bas, et que lui-même, *exilé de Dieu*, est venu ici-bas, *voué à la Haine au furieux délire*[2] . Ces révélations sont aussi importantes que celles de Pythagore, à mon avis, et ses disciples y ont abondamment fait allusion, ainsi qu'à de nombreux autres passages. (*Ennéades*, IV, VIII, 1, 17.)

CXVI

Plutarque.

Je trouve absurde que Platon, dans *La République*[3], ait placé dans les révolutions éternelles et divines les Sirènes à la place des Muses, car ces créatures divines ne sont en aucune façon amies des hommes, ni utiles; mais des Muses, il n'en parle pas du tout, ou alors il leur donne le nom de Moires en les appelant « filles de Nécessité ». En effet Nécessité est ignorante de l'art, alors que Peithô est amie des Muses et gouverne par le moyen des Muses bien plus aisément, je le crois, que ne le fait Charis chez Empédocle :

Elle hait Nécessité l'intolérable[4] .

(*Propos de table*, IX, V, 745 c.)

CXVII

Diogène Laërce[5] *; Hippolyte.*

*Car autrefois je fus jeune homme et jeune fille
Et arbuste et oiseau et muet poisson de mer.*

(*Vies*, VIII, 77 ; *Réfutation de toutes les hérésies*, I, 3e.)

CXVIII

Clément d'Alexandrie.

Empédocle paraît visiblement d'accord avec Héraclite[1] quand il dit :

> *Je pleurai et gémis à la vue du séjour*
> *Qui m'était étranger.*

(Stromates, III, 14.)

Sextus Empiricus.

Mais certains membres de l'école épicurienne[2] [...] disent habituellement que l'animal fuit la douleur et cherche le plaisir naturellement et instinctivement. Ainsi, à sa naissance, n'étant nullement esclave des préjugés de l'opinion, il *pleure et gémit*[3] parce qu'il est fouetté par la froideur de l'air, qui lui est *étrangère* . (*Contre les mathématiciens*, XI, 96.)

CXIX

Clément d'Alexandrie.

Il enseigne, je crois, et cherche à savoir :

> *Du haut de quel honneur et de tant de bonheur*

il est tombé, comme le dit Empédocle ; c'est dans un tel exil qu'il vit ici parmi les mortels. (*Stromates*, IV, 12.)

Plutarque.

Puis elle [l'âme] s'en est allée, comme en une île battue par les flots, enchaînée dans le corps, ainsi que dit Platon : « comme dans un coquillage[4] », parce qu'elle est incapable de se rappeler et d'évoquer *Du haut de quel honneur et de tant de bonheur* elle a dû tomber [...] Et comme son âme a quitté le ciel et la Lune pour la Terre et le mode de vie terrestre, alors, si elle doit un tant soit peu abandonner un lieu pour un autre, elle se sent mal à l'aise et a le mal du pays. (*De l'exil*, 17, 607 D[5].)

CXX

Porphyre.

D'après Empédocle, les puissances psychopompes disent :

> *Nous voici arrivés, là, dans cette caverne*[6]
> *Recouverte d'un toit.*

(L'Antre des nymphes, 8, éd. Nauck, p. 61.)

[Fragment restitué.]

>   *[...] le pays sans joie*
> *Où Meurtre et puis Colère et des tribus de Maux,*
> *Des Fléaux desséchants et des Putréfactions,*
> *Œuvres de Corruption, errent dans la Ténèbre,*
> *Sur la prairie d'Atè*[1].

Hiéroclès le Pythagoricien.

    Elle [l'âme ?] s'élève et retrouve son ancienne disposition cor-
porelle, pour peu qu'elle fuie les régions terrestres et le *pays
sans joie*, ainsi que le dit Empédocle, *Où* [sont] *Meurtre
et puis Colère et des tribus de Maux*, et où ceux qui y sont jetés
errent dans la Ténèbre, Sur la prairie d'Atè. Le désir de l'âme
s'enfuyant de la *prairie d'Atè* la pousse vers la prairie de la
Vérité[2], qu'elle doit abandonner, quand, entraînée par la chute
de ses plumes, elle va s'incarner dans un corps terrestre, privée de
l'éternité heureuse. (*Commentaire sur les Vers dorés de Pythagore*,
cité par Stobée, *Choix de textes*, II, cxlix, 1[a].)

Synésius.

    Thémis a établi une loi prescrivant aux âmes que celle qui a
connu la toute dernière prison réservée aux créatures, continue,
pure de toute souillure natale, à reprendre en sens inverse cette
même voie et à remonter à la source qui lui est propre ; de même
justement la nécessité veut que celles qui font partie de l'autre
caste, et qui ont en quelque sorte été précipitées hors de leur
nature, aillent se fixer dans les régions souterraines qui leur sont
apparentées, *où Meurtre et puis Colère [...] Atè*. (*De la Providence*, I = éd. Migne, 66, 1213 a.)

Plutarque.

    Il y a plutôt, comme dit Empédocle, deux Moires ou Démons
[au lieu d'un seul] qui président à la naissance de chacun de nous
et nous dominent :

> *Là se trouvaient Chtoniè et la perçante Héliope*[4],
> *Déris*[5] *la sanguinaire et sérieuse*[6] *Harmonie,*
> *Et Beauté et Laideur, et Vitesse et Lenteur,*
> *Certitude adorable et noire Obscurité.*

Si bien que, comme notre génération a reçu, mêlées, les semences
de chacun de ces ⟨éléments⟩ et présente, pour cette raison, une

grande inconstance, celui qui est doté de bon sens souhaite le bien, tout en redoutant son contraire, et use des deux, mais en rejetant tout excès. (*Du contentement de l'esprit*, 15, 474 B.)

CXXIII

Cornutus.

Ceux-ci [les Titans] symboliseraient les différences propres aux êtres. De même en effet Empédocle, en philosophe de la nature, énumère-t-il : *Naissance [...] couronnée, Vilenie, Sagesse*[1], *Parole* et d'autres en grand nombre, faisant ainsi allusion à la variété des êtres dont nous avons parlé. De la même façon, les anciens appelaient Ἰαπετός la parole (λόγος), qui permet aux animaux d'user de la voix et de produire le son en général, car ce mot correspond à ἰαφετός (en effet la voix — φωνή — est un cri — ἰά); et Κœos[2] [...].

> *Naissance avec Décès, Sommeil et Vigilance,*
> *Mouvement et Repos, Majesté couronnée*
> *Avec la Vilenie, Silence avec Parole.*

> (*Abrégé de théologie*, 17.)

CXXIV

Clément d'Alexandrie.

Et, de nouveau :

> *Ô Deuil ! ô misérable race des mortels,*
> *Maudite par deux fois ! De quels âpres conflits,*
> *De quels gémissements procède ta naissance !*

> (*Stromates*, III, 14[3].)

Timon.

Hommes infortunés, tristes objets d'opprobre, tels des ventres, *De quels âpres [...] naissance !* (fragment 10, éd. Diels.)

CXXV

Clément d'Alexandrie.

> *Car des vivants il fit des morts, changeant les formes,*
> ⟨*Et des morts des vivants*⟩[4].

> (*Stromates*, III, 14[5].)

CXXVI

Les couvrant d'un manteau de chair inhabituel[1].

Plutarque.

La nature change chaque chose et l'habille de vêtements nouveaux. *Les couvrant d'un manteau de chair inhabituel.* (*S'il est loisible de manger la chair*, II, 3, 998 c.)

Porphyre.

Le Destin et la nature de cette nouvelle mise en ordre reçoivent de la part d'Empédocle le nom de Démon : *Les couvrant d'un manteau de chair inhabituel,* et faisant changer de vêtements aux âmes. (Cité par Stobée, *Choix de textes*, I, XLIX, 60.)

CXXVII

Élien.

Empédocle dit encore que la plus noble forme en laquelle l'âme peut se transformer est celle de l'homme. Si le sort veut que son âme prenne une forme animale, la plus noble est celle du lion ; et pour une forme végétale, celle du laurier. Les propos d'Empédocle sont les suivants :

> *[Et si leur est échue une forme animale,]*
> *Ils deviennent des lions, vivant dans les montagnes*
> *Et couchant sur le sol ; et si leur est échue*
> *La forme végétale, ils deviennent lauriers*[2].

(De la nature des animaux, XII, 7.)

CXXVIII

Porphyre.

> *Ceux-ci n'avaient pour dieux, ni Arès, ni Tumulte,*
> *Ni le roi Zeus, pas plus Cronos, ni Poséidon,*
> *Mais la reine Cypris.*
> *Ils cherchaient à lui plaire avec de pieux présents*
> [5] *Ou des animaux peints*[a], *avec mille parfums*
> *À l'essence subtile et avec des offrandes*
> *De myrrhe purifiée et de fumées d'encens.*
> *Ils versaient le miel blond à terre, en libations.*
> *Leurs autels ignoraient le sang pur des taureaux,*
> *Et c'était pour ces gens un crime abominable*
> [10] *Que leur ôter la vie pour dévorer leurs chairs.*

Les sacrifices[1] offerts autrefois consistaient le plus souvent en
néphalies. Les *néphalies*[2] sont souvent des libations où l'on emploie
de l'eau [à la place du vin], et ensuite du miel. Dans ce dernier
cas, on utilise généralement de préférence le miel liquide fourni
par les abeilles. Ensuite, on fait des libations avec de l'huile;
enfin, en tout dernier lieu, des libations avec du vin. [...]
21. Témoignage nous en est fourni, non seulement par les
inscriptions que l'on trouve en Crète dans les temples des Cory-
bantes, et qui sont comme des avis au public, mais encore par
Empédocle, qui, dans un long développement sur la *théogonie*,
aborde aussi la question des sacrifices en disant : *Ceux-ci
n'avaient [...] la reine Cypris*, Cypris, c'est-à-dire l'Amitié.
Ils cherchaient [...] en libations, usage que certains conservent
aujourd'hui à titre de vestige du rite authentique : *Leurs autels
[...] pur des taureaux*. Étant donné, je crois, la force du lien
d'amitié et de sympathie qui nous unit généralement à ceux qui
nous sont apparentés, nul ne répandait jamais le sang d'un
animal, à la pensée que les autres animaux sont pour nous des
proches. Mais lorsque s'installa le régime d'*Arès* et de *Tumulte*, de
toutes sortes de batailles, et qu'éclatèrent les guerres, aussitôt nul
ne respecta plus du tout personne parmi ses proches. 27.   *Leurs
autels [...] chairs*. (*De l'abstinence des viandes*, II, 20-27.)

CXXIX

Porphyre.

Pythagore écoutait l'harmonie de l'univers, car il percevait
l'harmonie universelle des sphères et des astres dont les mouvements sont réglés sur elles, alors que nous ne sommes pas
capables, nous, de l'entendre, à cause de l'étroitesse de nos
facultés[3]. Empédocle nous en apporte le témoignage suivant :

> *Parmi eux se trouvait un homme extraordinaire*
> *Par son savoir, un génie ayant su acquérir*
> *Un trésor de sapience[a], en toutes disciplines*
> *Également brillant. Bandant ses facultés,*
> *Il pouvait évoquer les souvenirs précis*
> [5] *De tout ce que, homme ou bête, il avait été*
> *En dix et même vingt vies humaines vécues[5].*

Les mots : *extraordinaire/Par son savoir, tout ce que, homme
ou bête, il avait été* et *Un trésor de sapience* ainsi que les

expressions analogues, sont destinés à mettre en évidence au plus
haut point la puissance des facultés bien supérieure à celle des
autres hommes, dont jouissait Pythagore en matière de vue,
d'ouïe et d'intellect. (*Vie pythagorique*, 30.)

CXXX

[*Scolie.*]

> *Car tous étaient apprivoisés et domestiques,*
> *Bêtes sauvages et oiseaux ; et le flambeau*
> *De bienveillance rayonnait.*

(À Nicandre, *Les Thériaques*, v. 452, éd. Keil, p. 36, 22.)

CXXXI

Hippolyte.

Empédocle déclare que l'ordonnance du monde est administrée par la Haine qui est malfaisante, et que l'autre, le monde
intelligible, est gouverné par l'Amitié. [...] Le milieu entre ces
principes différents est tenu par le discours juste[1], selon lequel
s'opère la discrimination des êtres dissociés par la Haine et le rassemblement harmonieux dans l'Un grâce à l'Amitié. C'est ce
même discours juste, allié de l'Amitié, qu'Empédocle appelle
Muse, la priant d'être son alliée, en disant dans ses vers :

> *Car si, et je t'en prie à cause d'un mortel[2],*
> *Ô immortelle Muse, il t'a plu de prêter*
> *À nos chants de poète une oreille attentive,*
> *Viens de nouveau, Calliope, assister qui t'en prie[3],*
> *Et s'apprête à tenir un discours de valeur*
> *Sur les dieux bienheureux.*

(*Réfutation de toutes les hérésies*, VII, 31.)

CXXXII

Clément d'Alexandrie.

> *Béni soit celui qui a acquis le trésor*
> *De divine sapience[4] ; et maudit soit celui*
> *Qui des dieux n'a en lui qu'une opinion obscure.*

(*Stromates*, V, 140.)

CXXXIII

Clément d'Alexandrie.

Car le divin, déclare le poëte d'Agrigente,

> *Nous ne pouvons L'atteindre et Le voir de nos yeux,*
> *Le toucher de nos mains, bien que [ces canaux] soient*
> *La plus large avenue empruntée par la foi*
> *Pour échoir en nos cœurs[1].*

> (*Stromates*, V, 81.)

CXXXIV

Ammonios.

C'est pourquoi justement le sage d'Agrigente, après avoir critiqué les mythes forgés par les poètes qui représentent les dieux sous des formes humaines, a dit d'eux, et principalement d'Apollon[2], dont il vient de parler (mais son propos concerne le divin considéré comme un tout) :

> *Car Dieu n'a ni le chef ni les membres d'un homme ;*
> *Deux branches ne poussent pas non plus sur son dos,*
> *Il n'a ni pieds, ni genoux prompts, ni génitoires[3] :*
> *Il n'est qu'un pur esprit, sacré et ineffable,*
> *Dont les promptes pensées parcourent le cosmos*
> *Tout entier.*

Le terme *sacré* fait allusion à la cause qui est au-dessus de l'intellect[4]. (*Commentaire sur l'Interprétation d'Aristote*, 249, 1.)

CXXXV

Aristote.

Car il existe un juste et un injuste dont tous les hommes ont une divination, et dont la connaissance est naturelle et universelle, en dehors de toute communauté mutuelle, ou encore de contrat[5] ; [...] c'est à cela qu'Empédocle se réfère pour interdire de tuer un être animé, car ce geste ne peut pas être juste pour certains et injuste pour d'autres : *Mais ce qui est légal [...] la terre immense[6]* . (*Rhétorique*, I, XIII, 1373 *b* 6.)

Cicéron.

Pythagore et Empédocle déclarent que, pour tous les vivants, la condition est la même au regard du droit, et ils proclament que des peines inexpiables menacent ceux qui s'attaquent à un être vivant. (*République*, III, xi, 19.)

Sextus Empiricus.

Si la justice a été introduite conformément à l'étroite relation qui unit les hommes et entre eux et avec les dieux, alors, dans l'hypothèse où les dieux n'existeraient pas, la justice cesserait d'exister. (*Contre les mathématiciens*, IX, 126.)

Jamblique.

Pythagore prescrivit de ne point toucher aux êtres animés. En effet ceux qui se proposaient de mener une vie tout à fait juste[1], devaient se garder de nuire aux animaux, [car ils nous sont] apparentés. En effet, dans le cas où ils leur porteraient atteinte, comment une conduite juste pourrait-elle se trouver suggérée aux autres hommes par ceux qui s'exposent au reproche de vouloir dominer les autres, ⟨en dépit de⟩ leur participation congénitale à l'espèce animale, à laquelle la communauté vitale et élémentaire résultant d'un mélange formé d'éléments identiques nous unit par une sorte de fraternité ?

> Mais ce qui est légal est partout répandu
> De par l'Éther lointain et l'éclat infini.

(*Vie pythagorique*, 108.)

CXXXVI

Sextus Empiricus.

Or les disciples de Pythagore, ceux d'Empédocle et la foule des Italiens déclarent qu'il existe non seulement une communauté des hommes, et entre eux et avec les dieux, mais aussi une communauté des hommes avec les bêtes brutes. Car il existe un esprit un qui pénètre, à la façon d'une âme, le cosmos tout entier et qui nous unit à eux[2].

Par conséquent, si nous les tuons et nous nourrissons de leur chair, nous commettons un acte injuste et impie, revenant à assassiner des parents. C'est pourquoi ces philosophes ont recommandé de ne pas toucher aux êtres animés, et déclaraient impies les hommes qui « rougissaient l'autel des bienheureux du sang chaud de leurs victimes »; et Empédocle dit quelque part :

> *Ne cesserez-vous donc ces massacres cruels ?*
> *Et ne voyez-vous pas que la folie vous pousse*
> *À vous entre-tuer ?*

(Contre les mathématiciens, IX, 127.)

CXXXVII

Sextus Empiricus.

> *Le père prend son fils qu'il ne reconnaît pas,*
> *Car sa forme a changé, et il l'élève au ciel*
> *En marmottant une prière ; et cet enfant*
> *Innocent, il le tue. Et, cependant, la foule*
> *Hésite à sacrifier le pauvre suppliant.*
> *Mais lui, sourd à ses cris, emporte l'égorgé*
> *Au fond de son palais, préparant le festin.*
> [5] *De la même façon, le fils ravit son père*
> *Et les enfants leur mère ; et leur ôtant la vie,*
> *Ils consomment la chair de leurs propres parents.*

(Contre les mathématiciens, IX, 129.)

Origène.

Les pythagoriciens en effet, à cause du mythe de la réincarnation de l'âme, prescrivaient de ne point porter atteinte aux êtres animés : *et il l'élève au ciel [...] Innocent, il le tue*. (*Contre Celse*, V, 49.)

CXXXVIII

Aristote.

La métaphore peut se faire d'espèce à espèce. Exemple : *Par le bronze puisant sa vie*, et *coupant dedans le bronze impérissable*[1] ; car, dans cet exemple, *puiser* signifie « couper » et *couper* signifie « puiser[2] ». (*Poétique*, XXI, 1457 *b* 13.)

CXXXIX

Porphyre.

Puisque nul n'est exempt de péché, il ne reste plus qu'à remédier par les *purifications* aux fautes alimentaires déjà commises ; il en irait de même si, en nous figurant voir de nos

propres yeux cette horreur, nous nous écriions comme Empédocle :

> *Hélas ! Malheur à moi ! Car le jour de la mort*
> *Ne m'a pas détruit avant que la pensée*
> *Ne me vînt de laisser mes lèvres accomplir*
> *Crime de nourriture.*

(De l'abstinence des viandes, II, 31.)

CXL

Plutarque.

Non seulement il convient, d'après, semble-t-il, les propres
mots d'Empédocle, de *S'abstenir totalement de feuilles de laurier*[1], mais aussi de ne pas arracher les feuilles des autres arbres.
(*Propos de table*, III, 1, 2, 646 D.)

CXLI

Malheureux ! Malheureux ! Ne touchez pas aux fèves !

Aulu-Gelle.

Quant à l'interdit frappant les fèves, il est probable que l'erreur
tient à ce que, chez Empédocle qui est un pythagoricien, on
trouve ce vers : *Malheureux ! Malheureux ! Ne touchez pas
aux fèves !* 10. La plupart sont d'avis que le mot *fève* désigne le
légume qui porte habituellement ce nom. Mais ceux qui se sont
livrés à une étude plus attentive et plus fine des poèmes d'Empédocle déclarent que *fèves* désigne ici les testicules, selon un
langage voilé et symbolique propre à Pythagore. Car [le mot]
κύαμοι (*fèves*) vient du grec αἴτιοι τοῦ κυεῖν (*causes de la génération*) et ⟨les testicules⟩ sont responsables de la génération
humaine ; par conséquent, dans ce vers, Empédocle ne défend
pas de manger des fèves, mais entend détourner les hommes de la
luxure. (*Nuits attiques*, IV, XI, 9.)

Didyme d'Alexandrie.

C'est Amphiaraos qui le premier a proscrit l'usage des fèves à
cause de la divination par les songes. On cite aussi ces vers d'Orphée : *Malheureux ! [...] fèves !* (*Agriculture*, II, XXXV, 8.)

Callimaque.

(Fragment 128[2].)

Cratès.

Ne pas y toucher. (*Les Bêtes sauvages*, fragment 17.)

CXLII

[Anonyme[1].]

> *Car il n'aura jamais le bonheur de connaître*
> *Ni de, Zeus porteur de l'égide, le palais*
> *Couvert d'un toit, ni jamais la demeure*
> *D'Hadès, et pas non plus celle de l'oracle*
> *Qui pleure (?).*

> (*Papyrus d'Herculanum*, n° 1012, col. 18.)

CXLIII

Théon de Smyrne.

Ainsi la transmission des discours platoniciens[2] commence par produire une certaine purification, comparable à celle que produit la gymnastique de groupe chez les candidats à l'initiation. En effet Empédocle dit qu'il faut purifier en :

> *Coupant dedans le bronze impérissable*
> *L'eau des cinq fontaines[3].*

> (*Commentaires*, éd. Hiller, p. 15, 7.)

CXLIV

Plutarque.

J'ai été amené à considérer comme grand et divin le mot d'Empédocle : *De péché s'abstenir[4].* (*Comment il faut réfréner la colère*, 16, 464 B.)

CXLV

Clément d'Alexandrie.

Ainsi, nous qui étions les fils du désordre, [...] nous voici devenus fils de Dieu. Quant à vous, votre poète Empédocle d'Agrigente vous condamne à tout jamais :

> *Ainsi donc, égarés par de mortels péchés,*
> *Jamais vous ne pourrez alléger votre cœur*
> *De ces funestes maux.*

> (*Protreptique*, II, 27.)

CXLVI

Clément d'Alexandrie.

Empédocle déclare que les âmes des sages deviennent des dieux, en écrivant ceci :

> *Et lorsque vient la fin, ils deviennent prophètes,*
> *Poètes, médecins et princes sur la terre ;*
> *Puis, de là, ils s'élèvent et deviennent des dieux*
> *Comblés d'honneurs[1].*

(*Stromates*, IV, 150.)

CXLVII

Clément d'Alexandrie.

Si nous avons vécu saintement et justement, nous serons heureux sur cette terre, mais plus heureux encore après l'avoir quittée, car nous ne jouirons pas d'un bonheur mesuré par le temps, mais nous pourrons jouir d'un repos éternel, *Compagnons des autres [...] en eux-mêmes*, ainsi que l'expriment les vers d'Empédocle :

> *Compagnons des autres Immortels,*
> *Ils s'asseoient à leur table, ignorent les malheurs*
> *Qui frappent les humains, tels enfin qu'en eux-mêmes.*

(*Stromates*, V, 122.)

CXLVIII-CL

Plutarque.

Ce n'est pas l'habitude d'Empédocle que de rechercher des effets esthétiques en recourant à des épithètes grandioses, comme par un effet de coloriage excessif ; il se contente généralement de décrire exactement l'objet et d'exprimer son être ou sa vertu. Par exemple, il applique les expressions : *la terre enveloppant les mortels* au corps étendu sur l'âme tout autour, *assembleur de nuées* à l'air, et *au sang abondant* au foie.

> *La terre enveloppant les mortels,*
> *L'air [...] assembleur de nuées,*
> *Le foie au sang abondant.*

(*Propos de table*, V, VIII, 2, 683 e².)

CLI

Plutarque.

Empédocle l'a appelée *vivifiante*[1], et Sophocle[2] *féconde*, ce qui est parfaitement juste et bien adapté : *Vivifiante [...] Aphrodite.* (*De l'amour*, 13, 756 E.)

CLII

Aristote.

La vieillesse est à la vie ce que le soir est au jour. On dira donc du soir qu'il est *la vieillesse du jour*, comme le fait Empédocle, ou de la vieillesse qu'elle est le soir de la vie, ou le couchant de la vie. (*Poétique*, XXI, 1457 *b* 22.)

CLIII

Hésychios.

Βαυβώ (ventre) : nourrice de Déméter. Ce mot signifie aussi ventre (κοιλία), comme chez Empédocle. *Ventre.* (*Dictionnaire*, « Ventre ».)

CLIII *a*

Théon de Smyrne.

Il semble que le fœtus se forme *en sept semaines*, ainsi que le dit à mots couverts Empédocle dans les *Purifications*[3]. (*Commentaires*, éd. Hiller, p. 104, 1.)

FRAGMENTS DOUTEUX

CLIV

Plutarque.

Peut-être devrait-on dire que la raison pour laquelle on institua pour la première fois la coutume de manger de la chair vient de ce que la nourriture faisait défaut ? Car ce n'est pas parce qu'ils s'adonnaient à d'illicites désirs, ni parce qu'ils s'abandonnaient sans retenue à des plaisirs étranges et contre

nature, et jouissaient en abondance de tout le nécessaire, qu'ils
en arrivèrent à une telle extrémité. Mais aujourd'hui, recouvrant
leurs sens et leur voix, ils pourraient s'écrier : « Ô bienheureux
et bien-aimés des dieux, vous qui vivez maintenant, *en quelle
époque êtes-vous nés*, vous qui pouvez jouir et user d'une telle
abondance de biens! Combien de plantes croissent pour vous,
combien de vendanges, combien de richesses pouvez-vous tirer
des champs, combien de voluptés les plantes ne vous fournis-
sent-elles! Vous avez tout loisir de vivre dans l'abondance sans
répandre le sang! Mais nous, nous avons eu à connaître l'époque
la plus pénible et la plus cruelle de l'histoire du monde, puisque
nous sommes tombés dans une immense et insupportable pauvreté coïncidant avec les débuts de la création. Alors l'air offus-
quait le ciel et les étoiles d'une humidité, d'un feu et de tempêtes
de vents furieux. » *Le Soleil n'avait pas encore* été fixé
dans *son cours* régulier et assuré :

> *Il ne séparait pas le matin et le soir;*
> *Il ne connaissait pas son cycle de retour*
> *Couronné de saisons abondantes en fruits*
> *Et en boutons de fleurs; mais c'était pour la Terre*
> *Le temps de la violence,*

car elle subissait les inondations déréglées des fleuves; la plupart
des contrées *avaient leurs contours dissous par des lacs*; d'autres régions étaient rendues désertiques par les boues et les maré-
cages, d'autres stériles par des steppes arides et des forêts. Il
n'existait alors aucune agriculture, il n'y avait pas d'outils,
aucune échappatoire[1] n'avait été inventée. La faim ne nous laissait aucun répit et il n'existait pas de saisons dont on pût attendre
la venue pour procéder aux semailles. Quoi d'étonnant alors que
nous ayons dû, contre nature, user de la chair des animaux, puisqu'en ce temps-là, la seule nourriture était le limon, que *l'on
mangeait l'écorce des arbres* et qu' *une pousse de chien-
dent* ou une racine *d'ajonc* constituaient un présent de la
fortune. Après avoir goûté et mangé des glands, on formait des
rondes de joie autour d'un chêne[2], l'appelant vivifiant[3], mère et
nourrice. C'était la seule fête que l'existence d'alors connaissait,
tout le reste n'était que malheur, désolation et tristesse. Mais
vous, qui vivez aujourd'hui, quelle folie et quelle rage vous
poussent au meurtre, alors que vous êtes abondamment pourvus
de tout le nécessaire? ». (*S'il est loisible de manger la chair*, I, 2,
993 c.)

CLIV a

Plutarque.

On a bu le philtre de l'habitude, comme celui de Circé,

> *[Un philtre où sont mêlés] douleurs d'enfantement,*
> ⟨*Ainsi que*⟩ *des chagrins, des erreurs et des larmes.*

(Ibid., II, 1, 996 E.)

CLIV b

Suidas.

Et le proverbe :

> *Aussitôt en effet, chez les plantes on voit*
> *Ce qui promet d'être fertile*

s'applique aux gens qui, dès le tout début, fixent les yeux sur une bonne fin.(*Lexique*, « Aussitôt[1] ».)

FRAGMENTS INAUTHENTIQUES

CLV

Diogène Laërce.

[Pythagore et Théano] avaient aussi un fils, Télaugès[2], qui succéda à son père et fut, d'après certains, le maître d'Empédocle. Du moins Hippobote déclare-t-il qu'Empédocle disait :

> *Télaugès, qui de Théano et Pythagore*
> *Est le célèbre fils.*

(Vies, VIII, 43.)

CLVI

Diogène Laërce.

Il écrivit sur lui une épigramme[3] :

> *Pausanias, justement appelé médecin,*
> *Fils d'Anchitès, et qui descend d'Asclépios ;*
> *Il fut nourri par Géla sa patrie,*
> *Lui qui, des sombres demeures de Perséphone,*

Détourna maints mortels voués à la langueur
De tristes maladies.

(*Vies*, VIII, 61.)

CLVII

Diogène Laërce.

> *Acron l'Agrigentin, médecin éminent[1],*
> *Gît sous le haut rocher de sa haute patrie.*

Mais certains citent ainsi le second vers :

> *A sur une éminence un éminent tombeau.*

Certains attribuent ce dernier vers à Simonide.

(*Vies*, VIII, 65.)

CLVIII

Hiéroclès le Pythagoricien.

Le désir de l'âme s'enfuyant de la prairie d'Atè, la pousse vers la prairie de la Vérité qu'elle doit abandonner, quand, entraînée par la chute de ses plumes, elle va s'incarner dans un corps terrestre, *privée de l'éternité heureuse.* (*Commentaire sur les Vers dorés de Pythagore*, cité par Stobée, *Choix de textes*, II, CXLIII, 8[2].)

CLIX

Aristote.

Pour Empédocle, il est évident que les autres corps, jusqu'aux éléments exclus, connaissent la génération et la corruption; mais, comment la *grandeur agglomérée* à partir des éléments eux-mêmes s'engendre et se corrompt, il ne le dit pas clairement[3]. (*De la génération et de la corruption*, I, VIII, 325 *b* 19.)

CLX-CLXI[4]

PHILOLAOS

A. VIE, MAXIMES, ŒUVRES ET PHILOSOPHIE

VIE

I

Diogène Laërce.

84. Philolaos de Crotone, pythagoricien. Il est l'auteur des traités pythagoriciens que, dans une lettre, Platon demande à Dion[1] de lui acheter. (Il périt assassiné parce qu'on croyait qu'il aspirait à la tyrannie. Voici les vers que j'ai composés sur lui[2] :

> *Il est fort important d'apaiser les soupçons,*
> *Car, même non coupable, il suffit d'un semblant*
> *Pour risquer le malheur. Philolaos aussi*
> *À mort fut condamné par ses anciens amis*
> *Qui vivaient à Crotone et s'étaient figuré*
> *Qu'il voulait s'établir tyran de leur cité.*)

85. Il pense que tout est produit par la nécessité et l'harmonie. Il est le premier à avoir affirmé que la Terre tourne en rond, à moins que ce ne soit Hicétas de Syracuse, comme d'autres le disent. Il est l'auteur d'un unique ouvrage. Au dire d'Hermippe, un historien rapporte que le philosophe Platon, venu en Sicile pour rencontrer Denys[3], y acheta ce livre — pour quarante mines d'argent à l'effigie d'Alexandre — à des parents de Philolaos, et qu'il en tira ensuite le *Timée*[4]. Selon d'autres, Platon aurait reçu ce livre en présent d'un jeune homme, un disciple de Philolaos, que son intercession auprès de Denys avait fait sortir de prison. Au dire de Démétrios[5], dans ses *Homonymes*, il est le premier des pythagoriciens à avoir publié un livre intitulé *De la nature*, qui débute ainsi[6] : « Ce sont les illimités et les limitants qui ont constitué au sein du monde la nature, ainsi que la totalité du monde et tout ce qu'il contient[7]. » (*Vies*, VIII, 84-85.)

I *a*

Platon.

CÉBÈS : Lors de son séjour chez nous à Thèbes, j'entendis Philolaos dire que [...][1]. (*Phédon*, 61 *e*.)

[Scolie.]

Ce Philolaos était un philosophe pythagoricien, qui s'était
enfui d'Italie au moment de l'incendie allumé par Cylon[2], lequel
s'était ainsi vengé d'avoir été écarté de la secte pour inaptitude à
la philosophie. Il professait lui aussi un enseignement sous forme
énigmatique[3], selon l'usage des pythagoriciens. À l'occasion de
la mort de son maître Lysis, il se rendit à Thèbes pour lui offrir les
libations funèbres. Hipparque[4] et Philolaos réchappèrent seuls
de la catastrophe qui frappa les pythagoriciens[5]. (À Platon,
Phédon, 61 *e*.)

II

Diogène Laërce.

Apollodore de Cyzique affirme lui aussi que Démocrite[6] a
suivi l'enseignement de Philolaos. (*Vies*, IX, 38.)

III

Cicéron.

Philolaos fut le maître d'Archytas de Tarente[7]. (*De l'orateur*,
III, XXXIV, 139.)

IV

Diogène Laërce.

En effet, les derniers pythagoriciens, ceux-là mêmes
qu'Aristoxène a encore connus, furent Xénophile de Chalcis en
Thrace, Phanton de Phlionte, Echécrate, Dioclès et Polymnastos, de Phlionte eux aussi. Ils eurent comme maîtres Philolaos
et Eurytos, tous deux de Tarente. (*Vies*, VIII, 46.)

IV a

Plutarque.

En effet, après le bannissement des confréries pythagoriciennes établies dans chaque cité, à la suite d'un soulèvement où elles avaient eu le dessous, les hommes de Cylon[1] mirent le feu à la maison où les conjurés se trouvaient réunis, à Métaponte; ces derniers périrent tous, excepté Philolaos et Lysis[2], qui durent leur salut à la force et à l'agilité de leur jeunesse. De là, Philolaos se réfugia en Lucanie où il retrouva le reste de ses amis, déjà occupés à se regrouper et à triompher des hommes de Cylon. (*Du démon ou esprit familier de Socrate*, 13, p. 583 a.)

V

Diogène Laërce.

Puis Platon, alors âgé de vingt-huit ans, se retira à Mégare chez Euclide[3], avec d'autres disciples de Socrate : c'est ce que dit Hermodore[4]. Ensuite il se rendit à Cyrène auprès du mathématicien Théodore; après quoi, il gagna l'Italie[5], où il suivit l'enseignement des pythagoriciens Philolaos et Eurytos. (*Vies*, III, 6.)

VI

Vitruve.

Il est rare de rencontrer des gens que la nature a doués d'assez d'ingéniosité, de finesse d'esprit et de mémoire pour être capables d'acquérir une connaissance approfondie de la géométrie, de l'astrologie, de la musique et de toutes les autres sciences [...] C'est pourtant le cas — plutôt exceptionnel certes — de gens comme Aristarque de Samos[6], Philolaos et Archytas de Tarente[7], ou Apollonios de Perge[8] [...] qui ont légué à la postérité leurs multiples découvertes sur les instruments de musique et les cadrans solaires, réalisées à partir des nombres et des rapports naturels. (*De l'architecture*, I, 1, 16.)

VII

Athénée.

Nombreux sont les philosophes pythagoriciens à avoir pratiqué l'art de la flûte : ainsi Euphranor, Archytas, Philolaos et bien d'autres encore. (*Les Deipnosophistes*, IV, 184 e.)

MAXIMES ET ŒUVRES

VII *a*

Plutarque.

Selon Philolaos, la géométrie est le principe et la patrie[1] de toutes les [sciences]. (*Propos de table*, VIII, ii, 1, 718 e.)

VIII

Aulu-Gelle.

Le très acerbe Timon[2] est l'auteur d'un ouvrage bourré de calomnies, intitulé les *Silles*. Dans cet ouvrage, il prend grossièrement à parti le philosophe Platon, et lui reproche d'avoir acheté à prix d'or un traité pythagoricien, d'où il tira ensuite son *Timée*, le dialogue que nous connaissons tous. Voici les vers composés par Timon à ce propos :

> *Et toi aussi, Platon, le désir du savoir*
> *T'a saisi ; à prix d'or tu t'es approprié*
> *Un mince ouvrage, dont tu as pris le meilleur*
> *Et qui t'a enseigné la Timéographie.*

(*Nuits attiques*, III, xvii, 4.)

Diogène Laërce.

Selon certains, parmi lesquels on compte encore Satyros, Platon aurait chargé Dion, qui se trouvait en Sicile, de lui acheter pour la somme de cent mines, les trois livres pythagoriciens de Philolaos[3]. (*Vies*, III, 9.)

Eusèbe.

Toutefois on ne saurait affirmer que l'illustre Platon, qui connaissait mieux que quiconque la philosophie de Pythagore, [en a eu une connaissance directe], pas davantage qu'Archytas[1] ou même que celui qui confia à l'écriture les entretiens de Pythagore, je veux parler de Philolaos. (*Contre Hiéroclès*, p. 64, éd. Kayser, 380, 8.)

PHILOSOPHIE

IX

Aétius.

Le pythagoricien Philolaos [déclare que les principes sont] la limite et l'illimité. (*Opinions*, I, III, 10.)

Proclus.

Les choses divines exercent leur empire sur les choses inférieures, et le monde est le résultat un de l'accord des contraires, étant constitué de limitants et d' illimités, d'après Philolaos[2]. (*Commentaire sur le Timée de Platon*, I, éd. Diehl, 176, 27.)

X

Théon de Smyrne.

Archytas et Philolaos donnent indifféremment à l'Un le nom de « monade » et le nom d'« Un » à la monade. (*Commentaires*, éd. Hiller, 20, 19.)

XI

Lucien.

Pour certains, la *tétractys*[3] est le garant préféré des pythagoriciens lorsqu'ils prêtent serment, parce qu'elle réalise le nombre 10 qui est pour eux nombre parfait[4] : c'est pourquoi ils lui ont donné le nom de *principe de santé*[5]. Philolaos est justement de ceux-là. (*Sur une faute en saluant*, 5.)

XII

Pseudo-Jamblique.

Selon Philolaos[6], la grandeur mathématique à trois dimensions est contenue dans le nombre 4[7], la qualité et la couleur de la nature visible dans le nombre 5, le principe vital dans le nombre 6, l'intellect, la santé et ce qu'il appelle la *lumière* dans le nombre 7. Après quoi, il ajoute que l'amour, l'amitié, la ruse et l'intellection sont conférés aux êtres par le nombre 8. (*Théologoumènes arithmétiques*, éd. De Falco, 74, 10.)

XIII

Pseudo-Jamblique.

Speusippe, le fils de la sœur de Platon, Potonè[1], et qui fut avant[2] Xénocrate chef de l'Académie, commença lui aussi par étudier avec un très grand soin l'enseignement des pythagoriciens, et tout particulièrement les ouvrages de Philolaos. Il composa d'ailleurs un joli petit livre qu'il intitula *Des nombres pythagoriciens*. La première partie de l'ouvrage est consacrée à un inventaire, fort soigneux, des nombres recensés par Philolaos : linéaires, polygonaux et divers nombres plans et solides[3]. Il y est fait mention également des cinq figures qu'on attribue aux éléments cosmiques[4] et de leurs propriétés propres aussi bien que corrélatives, ⟨ainsi que⟩ des proportions continue et discontinue[5]. Dans la seconde moitié de l'ouvrage exclusivement consacrée à la décade[6], il souligne que celle-ci est le nombre le plus capable d'engendrer et de porter à la perfection les êtres : n'est-elle pas, pour les créatures de l'univers, ce qu'on pourrait appeler une *forme créatrice*[7] absolue (et non posée arbitrairement par nous[8] ou résultant du hasard), fournissant par avance au dieu créateur de l'univers un modèle absolument parfait ? Je cite ici ce qu'il dit de la décade : « Le nombre 10 est parfait ; et en droit et par nature, nous revenons toujours à lui, quelle que soit notre manière de compter, que nous soyons grecs ou de toute autre nationalité, que nous le voulions ou non. De nombreux éléments indispensables à la perfection lui appartiennent en propre, à côté de nombreux autres qui, sans lui être propres, sont aussi indispensables.

« D'abord il se doit d'être un nombre pair, pour contenir un nombre égal de pairs et d'impairs et empêcher un déséquilibre entre eux (en effet, puisque le nombre impair précède toujours le pair, ce n'est que lorsque la série s'achève par un nombre pair qu'on a un nombre égal de pairs et d'impairs). Ensuite, il faut que ce nombre contienne une quantité égale de nombres premiers simples et de nombres seconds composés[9] : c'est bien le cas du nombre 10, qui est d'ailleurs le plus petit nombre dans ce cas — il en existe en effet d'autres, plus grands, comme douze[10], etc., mais il est le premier de la série. Aussi tire-t-il une perfection de ce qu'il est le premier et plus petit nombre ⟨à renfermer un nombre égal de simples et de composés⟩. D'autre part, il ne se contente pas d'être le premier nombre à contenir autant de nombres simples que de composés ; il renferme aussi, en nombre égal, multiples et sous-multiples dont les multiples sont eux-mêmes multiples. Comme sous-multiples, il renferme en effet les nombres de 1 à 5, et comme multiples de ces sous-multiples les nombres de 6 à 10. Il faut cependant en retrancher le nombre 7 qui n'est le multiple d'aucun nombre[1] ; et comme on doit aussi retrancher le nombre 4 ⟨du premier groupe⟩ parce que c'est un multiple [de 2], on a donc un nombre égal de multiples et de sous-multiples[2]. Par ailleurs, dans le nombre 10 sont contenus tous les rapports : égalité, supériorité, infériorité, superpartialité[3], etc., ainsi que les nombres linéaires, plans et cubiques[4]. En effet, 1 est le point, 2 la ligne, 3 le triangle, 4 la pyramide : tous ces nombres viennent en premier et sont les principes des familles numériques à laquelle chacun des suivants appartient. De plus, la première de toutes les progressions mathématiques, c'est bien celle qui se voit ici : le nombre 10 est le dernier terme d'une progression arithmétique où la différence entre un terme et son antécédent est égale.

Dans les surfaces et les volumes, les éléments premiers sont le point, la ligne, le triangle et la pyramide : tous contiennent en eux le nombre 10 et lui doivent leur perfection. Pour la pyramide, le nombre 4 domine dans les angles et dans les faces, le nombre 6 dans les arêtes, ce qui donne dix. [Pour le triangle], le nombre 4 domine dans les intervalles et dans les limites du point et de la ligne, le nombre 6 dans les côtés et les angles du triangle, ce qui donne de nouveau dix[5]. On constate encore cela quand on considère d'un point de vue arithmétique les figures géométriques. Le premier [triangle] est le triangle équilatéral, qui n'a qu'un angle et qu'un côté. Je dis " un ", parce que ses côtés, comme ses angles, sont tous égaux et que l'égal est toujours indivisible et uniforme. Le deuxième est le triangle rectangle isocèle, où l'on peut voir que, présentant une différence unique mais répétée entre les côtés et les angles, il correspond à la dyade. Le troisième est le triangle rectangle qui est le demi-triangle équilatéral : il est inégal en chacun de ses éléments, [côtés et angles], ce qui donne le nombre 3. On constaterait la même chose avec les volumes, en progressant jusqu'au nombre 4 pour aboutir à 10 : ainsi vient d'abord la pyramide première, celle dont les arêtes, comme les faces, sont égales, et dont la base est un triangle équilatéral, et qui n'a, pour ainsi dire, qu'une arête et qu'une face. En

deuxième lieu, nous rencontrons celle qui a une base carrée : elle
ne comporte qu'une seule différence puisque ses angles à la base
sont compris également entre trois surfaces, alors que l'angle au
sommet est limité par quatre surfaces, si bien que, en vertu de
cette différence, cette pyramide ressemble à la dyade. La troisième, correspondant à la triade, repose sur un triangle rectangle
isocèle[1] et comporte — outre les différences déjà notées à propos
de ce triangle dans notre étude des surfaces — une différence supplémentaire : l'angle au sommet présente une différence avec les
angles à la base, parce que cet angle est situé à la perpendiculaire de
l'hypoténuse du demi-carré, et cela introduit une ressemblance
avec la triade. La quatrième pyramide, correspondant à la tétrade,
a les mêmes caractéristiques que la précédente, mais repose sur une
base constituée par un demi-triangle. Ainsi les figures dont nous
avons parlé trouvent leur achèvement dans le nombre 10. On
pourrait faire les mêmes constatations à propos de la génération
[des objets géométriques] : le premier principe de grandeur est le
point, le deuxième la ligne, le troisième la surface et le quatrième le
volume. » (*Théologoumènes arithmétiques*, éd. De Falco, 82, 10.)

Pseudo-Jamblique.

La décade est également appelée foi[2]. L'explication donnée
par Philolaos est que, lorsque nous cherchons à saisir la réalité
d'une manière approfondie, nous accordons à la décade et à ses
parties une foi inébranlable. Voilà aussi pourquoi on peut
l'appeler mémoire[3], comme on a donné à la monade le nom
de Mnémosyne. (*Théologoumènes arithmétiques*, éd. De Falco,
81, 15.)

Jean de Lydie.

C'est donc avec raison que Philolaos appelle le nombre 10
« décade », en tant qu'il est réceptacle de l'Illimité[4].
(*Des mois*, I, 15.)

XIV

Proclus.

Et de fait, nous allons découvrir chez les pythagoriciens que
chaque angle est consacré respectivement à un dieu particulier :
c'est bien ce qu'a fait Philolaos, qui consacre à tels dieux les
angles du triangle, et les angles du carré à tels autres, consacrant
tantôt un angle à un seul dieu ou à plusieurs dieux, tantôt plusieurs angles à un même dieu selon la diversité des puissances

propres à ce dieu [...]. (*Commentaire sur le premier livre des Éléments d'Euclide*, éd. Friedlein, 130, 8.)

Ce n'est donc pas du tout le fait du hasard, si Philolaos a consacré, lui aussi, l'angle du triangle à quatre dieux différents : Cronos, Hadès, Arès et Dionysos[1]. [...] Cronos est en effet le répondant de la substance aqueuse et froide et Arès celui de toute la nature ignée ; Hadès, lui, embrasse la totalité de la vie terrestre, tandis que Dionysos est le patron de toute génération, liquide et chaude, représenté symboliquement par le vin, lui-même liquide et chaud. Or, si tous ces dieux se différencient par des qualités secondaires, ils ne font qu'un en réalité. Voilà pourquoi Philolaos confond ces quatre dieux en un seul, en leur attribuant le patronage d'un angle unique[2]. (*Ibid.*, 166, 25.)

De plus, se plaçant d'un autre point de vue, Philolaos appelle l'angle du carré « angle de Rhéa, de Déméter et d'Hestia ». (*Ibid.*, 173, 11.)

Selon Philolaos, l'angle du dodécagone est « l'angle de Zeus », pour la raison que Zeus embrasse la totalité du nombre 12 en le ramenant à l'unité. (*Ibid.*, 174, 12.)

Damascios.

Quelle peut donc bien être la raison qui poussait les pythagoriciens à consacrer à tel dieu le cercle, à tel autre le triangle, à un troisième le carré, et chacune des figures, tant rectilignes que complexes, à un dieu particulier, comme les demi-cercles aux Dioscures ? Philolaos, d'ailleurs, attribue souvent à un même dieu telle ou telle figure selon la diversité de ses propriétés ; et c'est un expert en la matière. Ainsi, pour éviter de parler de façon générale, la figure circulaire est commune à tous les dieux intellectuels[3], en tant qu'intellectuels, alors que les différentes figures rectilignes sont propres chacune à un dieu différent, pris parmi les autres dieux, en fonction des propriétés des nombres, des angles et des côtés de chacune : ainsi le triangle est propre à Athéna et le carré à Hermès. C'est alors seulement que Philolaos dit que « dans le carré, tel angle est celui de Rhéa, tel autre celui d'Héra », etc. D'une manière générale, la définition des figures géométriques est d'ordre théologique. (*Problèmes et solutions touchant les premiers principes*, II, éd. Ruelle, 127, 7.)

Plutarque.

Il est évident que Typhon[4] est, pour les pythagoriciens, une puissance démonique : ils font en effet naître Typhon dans une mesure[5] paire de cinquante-six. Et ils disent d'autre part que l'angle du triangle est propre à Hadès, Dionysos et Arès, celui du carré à Rhéa, Aphrodite, Déméter, Hestia et Héra, celui du dodécagone à Zeus et celui du polygone à cinquante-six côtés à Typhon, ainsi que le rapporte Eudoxe[1]. (*Isis et Osiris*, 30, 363 A.)

XV

Aétius.

Pour Pythagore[2], il existe cinq figures de volumes, qu'il appelle encore mathématiques : le cube qui, selon lui, a produit la terre ; la pyramide[3], qui a produit le feu ; l'octaèdre qui a produit l'air ; l'icosaèdre qui a produit l'eau, et le dodécaèdre qui a produit la sphère de l'univers[4]. (*Opinions*, II, vi, 5.)

XVI

Aétius.

Pour Philolaos, c'est le feu qui occupe le milieu ⟨de l'univers⟩ dans la région du centre, qu'il dénomme d'ailleurs **foyer de l'univers**[5], **demeure de Zeus**, **mère des dieux** et encore **autel, rassembleur et mesure de la nature.** De plus, c'est un autre feu qui tout là-haut constitue l'enveloppe de l'univers. Le milieu est par nature premier, et autour de lui mènent leur ronde dix corps divins : [le ciel] ⟨et après lui la sphère des fixes[6]⟩, les cinq planètes auxquelles il ajoute le Soleil, sous le Soleil la Lune, sous la Lune la Terre et sous la Terre l'anti-Terre[7]. C'est après eux tous que se situe le feu qui occupe la place du foyer central. Philolaos appelle **Olympe** la partie la plus haute, l'enveloppe où l'on trouve les éléments les plus purs ; ce qu'il appelle **cosmos**, c'est l'espace qui s'étend sous la rotation de l'Olympe, où se trouvent les cinq planètes ainsi que le Soleil et la Lune, et il nomme **ciel** la région sublunaire proche de la Terre et située sous les planètes, qui est le domaine de la génération de ce qui est apte au changement. Dans le monde des corps célestes fixes, la **sagesse** règne, alors que le monde désordonné des choses en devenir connaît la **vertu** ; la sagesse est parfaite, la vertu imparfaite. (*Opinions*, II, vii, 7.)

XVII

Aétius.

Le pythagoricien Philolaos affirme que c'est le feu qui occupe le milieu de l'univers (puisqu'il en est le **foyer**; en deuxième lieu vient l'anti-Terre[8], puis en troisième lieu la Terre, habitée,

située [à l'opposé] et tournant à l'inverse[1] de l'anti-Terre. C'est
ce qui explique que les habitants de la Terre sont dans l'impossibilité de voir ceux de l'anti-Terre[2]. (*Opinions*, III, xi, 3.)

Stobée.

L'hégémonique est situé dans le feu qui est au centre même
⟨de l'univers⟩, et le Dieu démiurge l'a conçu comme la quille
de l'univers[3]. (*Choix de textes*, I, xxi, 6 d.)

XVIII

Aétius.

Pour Philolaos, il existe deux causes possibles de la destruction
du monde : ou bien le feu tombe du ciel, ou bien l'eau tombe de la
région lunaire, ce qui provoque un tourbillonnement de l'air. Ce
sont d'ailleurs leurs exhalaisons qui alimentent le monde[4]. (*Opinions*, II, v, 3.)

XIX

Aétius.

Pour le pythagoricien Philolaos, le Soleil est fait de cristal et
reçoit la réverbération du feu contenu dans le monde : il en filtre
pour nous la lumière et en atténue la chaleur. Si bien que l'on
peut dire qu'il y a deux soleils : le Soleil contenu dans le ciel, qui
est de feu, et le soleil qui semble de feu sous l'action du premier et
qui n'en est que le miroir; à moins qu'on ne doive appeler troisième soleil, le rayonnement diffracté en provenance du miroir :
c'est lui en fait que nous percevons et que nous appelons le Soleil;
mais il n'est que l'image d'une image. (*Opinions*, II, xx, 12.)

XX

Aétius.

Pour certains pythagoriciens, dont Philolaos, il est évident que
la Lune est faite de terre, parce que — comme elle — elle est
habitée sur toute sa surface par des animaux et des végétaux,
encore plus grands et plus beaux. En effet, dit-il, les animaux qui
l'habitent sont quinze fois plus forts, mais ils ne rejettent aucun
excrément; quant à la journée lunaire, sa durée est de quinze fois
supérieure ⟨à celle du jour terrestre⟩. (*Opinions*, II, xxx, 1.)

XXI

Aétius.

[À propos du mouvement de la Terre]. Pour les uns, elle ne bougerait pas ; mais Philolaos pense, lui, qu'elle est animée d'un mouvement de rotation autour du feu[1], suivant le cercle de l'écliptique, tout comme le Soleil et la Lune. (*Opinions*, III, xiii, 1 et 2.)

XXII

Censorinus.

L'année du pythagoricien Philolaos comprend tous les cinquante-neuf ans une année supplémentaire, de vingt et un mois intercalaires. (*Du jour de la naissance*, xviii, 8.)

C'est Philolaos qui a publié que l'année naturelle comptait trois cent soixante-quatre jours et demi. (*Ibid.* xix, 2.)

XXIII

Macrobe.

Pour Pythagore et Philolaos, l'âme est harmonie. (*Commentaire sur le Songe de Scipion*, I, xiv, 19.)

Aristote.

La tradition nous fournit encore une autre conception de l'âme : [...] on dit qu'elle est une sorte d'harmonie ; car aussi bien l'harmonie est un mélange et un assemblage de contraires, et le corps est composé de contraires[2]. (*Traité de l'âme*, I, iv, 407 *b* 27.)

XXIV

Nicomaque de Gérase.

Selon certains, d'accord avec Philolaos, l'expression de médiété harmonique[3] viendrait du fait qu'elle se retrouve dans toutes les *harmonies* géométriques ; toujours selon eux, le cube est une *harmonie* géométrique parce qu'il se trouve *harmonisé* selon les trois dimensions, vu qu'il est le produit d'un nombre multiplié trois fois par lui-même[4]. En effet, dans tout cube cette médiété se reflète comme dans un miroir : le nombre des arêtes

de tout cube est 12, celui des angles 8 et celui des faces 6. Et c'est
un fait que huit est la médiété harmonique entre 6 et 12[1]. (*Introduction arithmétique*, II, xxvi, éd. Hiller, p. 135, 10.)

Jamblique.

Selon la tradition, la découverte de la médiété harmonique
reviendrait aux Babyloniens, et c'est Pythagore le premier qui
l'aurait rapportée en Grèce. Toujours est-il qu'on connaît de
nombreux pythagoriciens qui l'ont utilisée, tels Aristée de Crotone[2], Timée de Locres, Philolaos et Archytas de Tarente[3], et
beaucoup d'autres encore, sans oublier Platon dans son *Timée*[4].
(*Commentaire sur l'Introduction arithmétique de Nicomaque*, éd.
Pistelli, 118, 23.)

XXV

Porphyre.

Partant de là, certains disciples d'Ératosthène ont donné le
nom d'excès[5] à un intervalle[6], ainsi le platonicien Élien.
Philolaos, lui, ⟨a appliqué ce⟩ terme à tous les intervalles.
(*Commentaire sur les Harmoniques de Ptolémée*, 5, éd. Düring,
p. 91.)

XXVI

Boèce.

Le pythagoricien Philolaos a tenté, lui, de diviser le ton d'une
autre façon, en établissant naturellement que le point de départ
en était le premier nombre qui est le cube du premier nombre
impair, selon un principe cher aux pythagoriciens : or le premier
impair est le nombre 3 ; en multipliant trois fois 3 par lui-même,
on obtient forcément le nombre 27, qui forme avec 24 un intervalle d'un ton[7], si l'on maintient le même excès[8] de 3. En effet 3
est la huitième partie du nombre 24, qui, quand on lui ajoute 3,
devient le premier cube de 3, c'est-à-dire 27. C'est en partant de
ce cube que Philolaos distingue deux parties dans le ton, la première, supérieure d'un demi-ton, qu'il appelle *apotomè*[9] et la
seconde, inférieure d'un demi-ton, qu'il appelle *dièse*[10] et qu'on a
dénommée par la suite *demi-ton mineur*; et il appelle *comma*[11] l'intervalle qui sépare ces deux parties de ton. D'autre part, la valeur
qu'il attribue au dièse, par lequel il commence, est de treize

unités, parce que la différence entre 256 et 243 est 13, et que ce
même nombre 13 se décompose en 9, 3 et 1, où 1 représente le
point, 3 la première ligne impaire et 9 le premier carré impair.

Ainsi, rapportant pour les raisons qu'on vient d'exposer le
nombre 13 au dièse, qui représente un demi-ton, il décida que le
reste de la soustraction de 13 à 27, soit quatorze unités, serait
l'apotomé. Et puisque la différence entre 14 et 13 est de 1, il est
d'avis de faire de 1 le comma. Le ton entier est pour lui de vingt-
sept unités, étant donné que la différence entre 243 et 216, qui
sont distants d'un intervalle égal à un ton[1], est précisément de
27^2. (*Institution musicale*, III, 5, éd. Friedlein, p. 276, 15.)

XXVII

Ménon.

Philolaos de Crotone affirme que c'est le chaud qui constitue
notre corps. En effet, que notre corps ne participe aucunement
du froid, il l'infère d'un certain nombre de faits : la semence est
chaude et c'est elle qui est à l'origine de l'être vivant; le réceptacle de la semence[3] est plus chaud qu'elle et lui ressemble; or, le
semblable possède des propriétés identiques au semblable[4].
Aussi, puisque ni le principe originel de la vie ni davantage le
réceptacle de la semence ne participent au froid, il est bien clair
que l'être vivant ainsi créé n'y participe pas non plus. À propos
de la constitution des êtres vivants, il infère de même qu'une fois
né, l'être vivant commence par aspirer l'air extérieur, qui est
froid, pour l'expulser ensuite, comme par un besoin nécessaire.
Ce besoin de l'air extérieur s'explique d'ailleurs par le fait que
l'air aspiré de l'extérieur, en circulant dans notre corps qui est
plus chaud, le rafraîchit. Voilà ce que Philolaos dit de la constitution de notre corps.

C'est dans la bile, le sang et le phlegme que résident les causes
des maladies, dont voici le principe. Le sang, d'après lui, se fait
épais par suite d'un resserrement interne de la chair; il se fait au
contraire léger par suite d'une dilatation des vaisseaux pris dans
la chair. Le phlegme se constitue à partir des urines. La bile,
déclare-t-il, est le sérum[5] de la chair, ce qui, de la part de cet
auteur, constitue une opinion contraire à celle communément
admise : car au lieu de rapporter la bile au foie, il pense que la bile
est le sérum de la chair. Quant au phlegme, contrairement
à la plupart des auteurs, pour qui il est froid, Philolaos le suppose chaud de nature : pour lui en effet, le nom *phlegme* vient

du verbe *phlégein*[1]. C'est de cette participation au phlegme que les
organes enflammés tirent leur inflammation. Il pose donc tout
cela en principes des maladies, et tient pour causes coopérantes
tout ce qui est lié à un excès ou à un manque tant de chaleur que
de nourriture ou de froid, ou d'éléments voisins[2]. (Cité par
l'Anonyme de Londres, 18, 8, p. 31.)

XXVIII

Ménon.

Pétron dit en substance — comme Philolaos d'ailleurs — qu'il
n'y a pas en nous de bile ou, tout au moins, qu'elle n'a aucune
utilité[3]. (Cité par l'Anonyme de Londres, 20, 21.)

XXIX

Sextus Empiricus.

Pour les pythagoriciens, le critère est le *logos*[4], entendu non en
un sens général, mais au sens où on l'entend dans les sciences[5] : en
effet — c'est aussi ce que disait Philolaos — en tant qu'il
contemple[6] la nature du Tout, il s'apparente à elle, puisque par
nature le semblable est perçu par le semblable. (*Contre les mathématiciens*, VII, 92.)

B. FRAGMENTS

DE LA NATURE

I

Diogène Laërce.

[Son traité] *De la nature* débute ainsi :   Ce sont les illimités
et les limitants qui ont, en s'harmonisant, constitué au
sein du monde la nature, ainsi que la totalité du monde et
tout ce qu'il contient[7].   (*Vies*, VIII, 85.)

II

Stobée.

(Extrait du livre *Du monde*[8] de Philolaos.)   Il est nécessaire
que tous les êtres[9] soient ou bien limitants, ou bien illi-

mités, ou bien à la fois limitants et illimités. Mais il ne saurait y avoir rien que des illimités ou rien que des limitants. Aussi, puisqu'il est visible que le monde n'est pas fait rien que de limitants ni rien que d'illimités, il est bien clair que c'est de l'accord à la fois de limitants et d'illimités que le monde ainsi que tout ce qu'il contient ont été constitués. Cela est encore prouvé par l'observation des faits[1] : car les choses qui sont constituées de limitants, limitent; d'autres, constituées à la fois de limitants et d'illimités, limitent et illimitent[2]; et d'autres encore, constituées d'illimités, seront à l'évidence illimitées. (*Choix de textes*, I, xxi, 7 *a*.)

Damascios.

Comme Platon l'écrit dans le *Philèbe*[3] et Philolaos dans ses livres *De la nature*, ce qui est est constitué de *limite* et d'*illimité*[4]. (*Problèmes et solutions touchant les premiers principes*, I, éd. Ruelle, 101, 3.)

III

Jamblique.

Car, si l'on suit Philolaos, il ne saurait y avoir en aucune manière un objet de connaissance ayant valeur de principe[5], si tous les êtres étaient illimités. (*Commentaire sur l'Introduction arithmétique de Nicomaque*, éd. Pistelli, 7, 24.)

IV

Stobée.

Et de fait, tout être connaissable a un nombre : sans celui-ci, on ne saurait rien concevoir ni rien connaître. (*Choix de textes*, I, xxi, 7 *b*.)

V

Stobée.

De fait, le nombre a deux formes propres, l'impair et le pair, plus une troisième produite par le mélange des deux : le pair-impair[6]. Chacune des deux formes revêt des aspects multiples, qu'exprime chaque objet pris isolément. (*Choix de textes*, I, xxi, 7 *c*.)

VI

Stobée.

Touchant la nature et l'harmonie, voici ce qu'il en est : l'être des choses[1], qui est éternel, et la nature elle-même requièrent une connaissance divine et non humaine ; d'autant plus qu'aucune chose existante ne pourrait être connue de nous, s'il n'existait pas un être fondamental des choses dont se trouve composé le monde : les limitantes et les illimitées. Mais, puisque ces principes existent en tant que non semblables et non homogènes, il serait impossible qu'un monde se soit constitué à partir d'eux, s'il ne s'y était ajoutée une harmonie, quelle que soit la manière dont elle est née. Les semblables et apparentés ne requièrent aucune harmonie ; mais les dissemblables non apparentés et non également ordonnés doivent être nécessairement enchaînés par une harmonie telle qu'ils puissent, grâce à elle, se maintenir dans le monde.

La grandeur de l'harmonie est [constituée par] la quarte et la quinte[2]. La quinte est plus grande d'un ton que la quarte. En effet une quarte sépare la corde la plus haute (*hypate*[3]) de la corde moyenne (*mèse*) ; une quinte la corde moyenne (*mèse*) de la plus basse (*nète*) ; une quarte la corde la plus basse (*nète*) de la tierce (*trite*) ; et une quinte la corde tierce (*trite*) de la plus haute (*hypate*). Entre la tierce (*trite*) et la moyenne (*mèse*) il y a un ton. La quarte a le rapport 3/4, la quinte 2/3 et l'octave 1/2. Ainsi l'harmonie[4] comprend cinq tons et deux demi-tons, la quinte trois tons et un demi-ton, et la quarte deux tons et un demi-ton[5]. (*Choix de textes*, I, XXI, 7 *d*.)

Boèce.

Voici comment Philolaos définit ces intervalles et leurs subdivisions[6]. Selon lui, le *dièse* est l'intervalle dont la quarte dépasse deux tons ; le *comma* est l'intervalle dont le ton dépasse deux dièses, c'est-à-dire deux demi-tons mineurs[7]. Quant au *schisme*, il vaut un demi-*comma* et le *diaschisme* un demi-*dièse*, c'est-à-dire un demi-ton mineur. (*Institution musicale*, III, 8, éd. Friedlein, 278, 11.)

VII

Stobée.

Le premier composé harmonieux, l'Un, qui occupe le centre de la sphère, s'appelle Hestia[1]. (*Choix de textes*, I, xxi, 8.)

VIII

Jamblique.

La monade en tant qu'elle serait, d'après Philolaos, le principe de toutes choses[2], (n'affirme-t-il pas en effet que l'Un est le principe de toutes choses?) [...](*Commentaire sur l'introduction arithmétique de Nicomaque*, éd. Pistelli, 77, 9.)

IX

Jamblique.

En effet il faudrait examiner en une autre occasion, plus longuement, comment, si l'on carre un nombre en disposant les unités rangée par rangée, on obtient un résultat tout aussi digne de foi, et cela par nature et non par convention, comme le dit quelque part Philolaos[3]. (*Commentaire sur l'introduction arithmétique de Nicomaque*, éd. Pistelli, 19, 21.)

X

Nicomaque de Gérase.

L'harmonie naît seulement des contraires, car l'harmonie est unification des complexes[4] et accord des opposés. (*Introduction arithmétique*, II, xix, éd. Hiller, 115, 2.)

Théon de Smyrne.

Les pythagoriciens, que Platon suit en maintes occasions[5], affirment eux aussi que la musique est une combinaison harmonique des contraires, une unification des multiples et un accord des opposés. (*Commentaires*, éd. Hiller, 12, 10.)

XI

Théon de Smyrne.

À propos de la décade, Archytas dans son *De la décade*[6] et Philolaos dans son *De la nature* abondent en explications détaillées[7]. (*Commentaires*, éd. Hiller, 106, 10.)

Stobée.

De Philolaos : L'examen des effets et de l'essence du nombre doit se faire en fonction de la puissance contenue dans la décade. En effet la puissance ⟨du nombre⟩ est grande, parfaite, universelle, principe et guide de la vie divine et céleste comme de la vie humaine auxquelles participe [...][1] ⟨la⟩ puissance aussi de la décade. Sans elle, tout serait illimité, caché et obscur.

Car la nature du nombre est pour tout homme cognitive, directrice[2] et institutrice, sur tout ce qui est matière soit à perplexité[3], soit à ignorance. En effet aucune des choses [qui existent] ne serait évidente pour personne, ni en elle-même ni dans sa relation avec une autre chose, s'il n'existait pas le nombre et l'essence du nombre. En réalité, c'est le nombre qui, en rendant toutes choses adéquates à l'âme par la sensation, les rend connaissables et commensurables entre elles selon la nature du *gnomon*[4] ; car c'est lui qui les rend corporelles et distingue chacune des relations[5] entre les choses tant illimitées que limitantes. Et on peut observer la nature du nombre et sa puissance efficace non seulement dans les choses démoniques et divines, mais aussi dans toutes les actions et paroles humaines, à tout propos et aussi bien dans toutes les activités de l'art[6] que dans le domaine de la musique.

La nature du nombre, d'autre part, pas plus que ne le fait l'harmonie, n'admet la fausseté : avec la fausseté en effet ni l'une ni l'autre n'a de parenté, puisque la fausseté et la jalousie ressortissent, elles, à la nature de ce qui est illimité, inintelligible et irrationnel.

Le souffle de la fausseté n'atteint aucunement le nombre ; car la fausseté combat et hait sa nature[7], tandis que la vérité est chose propre et connaturelle au nombre. (*Choix de textes*, I, préface, 3.)

XII

Théon de Smyrne.

Les corps[8] de la sphère sont cinq : le feu, l'eau, la terre et l'air, qui sont contenus dans la sphère, auxquels s'ajoute un cinquième, la coque[9] de la sphère[10]. (*Commentaires*, éd. Hiller, 18, 5.)

XIII

Pseudo-Jamblique.

Les quatre principes de l'animal raisonnable[1] sont, comme le dit précisément Philolaos dans son *De la nature*, le cerveau, le cœur, le nombril et le sexe : Le cerveau[2] est le principe de l'intellect, le cœur celui de l'âme et de la sensation[3] ; le nombril celui de l'enracinement et de la pousse de l'embryon, et le sexe celui de l'émission de la semence et de la génération. Le cerveau représente le principe de l'homme, le cœur celui de l'animal, le nombril celui de la plante et le sexe le principe commun à toutes les créatures quelles qu'elles soient : car c'est toujours à partir d'une semence qu'elles germent et se développent. (*Théologoumènes arithmétiques*, éd. De Falco, 25, 17.)

XIV

Clément d'Alexandrie.

Le propos de Philolaos mérite d'être retenu. Voici ce que dit le pythagoricien : Les anciens théologiens et devins témoignent eux aussi que c'est en punition de certaines fautes que l'âme a été attelée[4] au corps et ensevelie[5] en lui comme dans un tombeau. (*Stromates*, III, 11.)

Platon.

Quant à moi, j'ai entendu un jour un sage[6] dire qu'en réalité nous sommes morts, que notre corps est un tombeau et que la partie de l'âme qui renferme les passions est toute prête à se laisser entraîner et bouleverser. Un charmant faiseur de mythes, peut-être un Sicilien[7] ou un Italien[8], a, en jouant sur les mots, appelé « tonneau sans fond[9] » la partie de l'âme où se trouvent les passions, chez les gens dépourvus de sens — en raison de sa facilité à se laisser entraîner et persuader ; il a d'ailleurs qualifié ces derniers de « passoires[10] », fondant la comparaison de ces individus avec un tonneau percé, impossible à remplir, sur leur caractère incontinent et intempérant. Tout se passe en effet comme si on essayait de remplir d'eau le tonneau percé, avec un seau qui serait lui aussi percé : selon lui, le seau percé c'est l'âme ; c'est du moins ce que m'a dit mon interlocuteur[11]. (*Gorgias*, 493 *a*.)

Athénée.

Si l'on en croit le péripatéticien Cléarque, au deuxième livre de ses *Vies*, pour le philosophe pythagoricien Euxithéos les âmes de tous les êtres sont — pendant la vie terrestre — condamnées[1] à vivre enchaînées au corps ; et Dieu a décrété que si elles ne demeuraient pas dans le corps qu'elles habitent jusqu'à ce qu'il les en délivre, elles tomberaient dans des tourments encore plus grands et plus nombreux. C'est pourquoi tous les humains, redoutant la menace des puissances souveraines[2], craignent de quitter la vie de leur propre chef et accueillent volontiers la mort qu'apporte la vieillesse, tant ils sont convaincus que la libération de leur âme dépend du consentement des puissances souveraines[3]. (*Les Deipnosophistes*, IV, 157 c.)

XV

Athénagoras.

Philolaos, affirmant que Dieu a enfermé toutes choses dans ce qu'on peut appeler un poste de garde[4], montre à la fois que Dieu est un et supérieur à la matière. (*Supplique au sujet des Chrétiens*, 6, éd. Schwartz, 6, 13.)

Platon.

SOCRATE : Et alors, Cébès ? Vous n'avez pas eu écho de tout cela, ni toi ni Simmias, vous qui êtes disciples de Philolaos ?

CÉBÈS : Non, Socrate, rien de précis du moins !

SIMMIAS : En vérité, je le confesse, ce n'est que par ouï-dire que j'en parle [...].

CÉBÈS : Pour ma part, je voudrais revenir sur ce que tu demandais tout à l'heure ; car j'ai déjà entendu Philolaos (lors de son séjour chez nous, à Thèbes[5]) et d'autres aussi, dire qu'on ne devait pas agir ainsi[6] ; mais je n'ai encore jamais obtenu de quiconque la moindre explication claire là-dessus. [...]

SOCRATE : La formule qui est prononcée au cours des mystères[7] et qui dit que nous, les hommes, sommes dans un poste de garde dont nous n'avons pas le droit de chercher à nous libérer ni non plus à nous échapper, est aussi sublime qu'impénétrable. Pourtant, me semble-t-il, il y est bien dit[8] qu'il y a des dieux pour veiller sur nous et que nous les hommes, sommes une des possessions des dieux. (*Phédon*, 61 d-62 b.)

SOCRATE : Aussi, Cébès, il dit adieu à tous ces gens-là, celui qui se préoccupe un tant soit peu de son âme, au lieu de passer son existence à modeler son corps, et il ne suit pas non plus la même route qu'eux, qui ignorent où ils vont; mais, comme il pense qu'on ne doit pas aller à l'encontre de la philosophie et de son œuvre, à la fois libératrice et purificatrice, c'est de son côté qu'il se tourne, et il la suit par les chemins où elle le fait passer. (*Ibid.*, 82 *d*.)

XVI

Aristote.

En conséquence, certaines de nos pensées ou passions ne dépendent pas de nous, ni non plus les actes inspirés par de telles pensées ou de tels calculs; et d'ailleurs Philolaos n'a-t-il pas dit : Il est certaines pensées plus fortes que nous? (*Éthique à Eudème*, II, viii, 1225 *a* 30.)

LES BACCHANTES

XVII

Stobée.

Les Bacchantes de Philolaos : Le monde est un; il a commencé à naître à partir du centre et dans les mêmes proportions vers le haut et vers le bas. [Car] ce qui est situé au-dessus par rapport au centre est inverse de ce qui est situé au-dessous; car le centre est comme le plus au-dessus pour ce qui est tout en bas, et il en va de même pour le reste; car par rapport au centre, les ⟨directions⟩ sont identiques, à ceci près qu'elles sont inversées. (*Choix de textes*, I, xv, 7.)

XVIII

Stobée.

Citation des *Bacchantes* de Philolaos[1]. (*Choix de textes* I, xxv, 8.)

XIX

Proclus.

C'est la raison pour laquelle Platon se sert des figures mathématiques pour nous présenter successivement bon nombre de théories admirables sur les dieux. C'est du même voile qu'use la philosophie pythagoricienne pour dissimuler son initiation aux dogmes divins. On retrouve ce même procédé dans l'ensemble du *Traité sacré*[1], dans les *Bacchantes* de Philolaos et dans toute l'initiation théologique de Pythagore. (*Commentaire sur le premier livre des Éléments d'Euclide*, éd. Friedlein, 22, 9.)

XX

Jean de Lydie.

C'est à juste titre que Philolaos attribue au nombre 7 le qualificatif de « sans mère[2] » : il est en effet le seul à n'être pas naturellement engendrant ou engendré. Or, ce qui n'engendre rien et n'est pas soi-même engendré, est non mû, car la génération est en mouvement, puisque l'engendrant et l'engendré n'existent pas sans mouvement — mouvement de l'un pour engendrer, et de l'autre pour être engendré. Or, tel est Dieu, selon notre rhéteur de Tarente. Voici ce qu'il en dit : Il existe en effet un chef[3], principe de toutes choses, Dieu, un, éternel, en repos, non mû, semblable à lui-même. (*Des mois*, II, 12.)

Philon.

Voilà pourquoi les autres philosophes assimilent ce nombre[4] à la Victoire et Vierge sans-mère[5], qui est sortie, dit-on, de la tête de Zeus ; mais les pythagoriciens l'assimilent au chef de toutes choses. En effet, ce qui n'est ni engendrant ni engendré demeure non mû [...]; or, seul n'est ni mouvant ni mû, le chef souverain et le guide vénérable dont le nombre 7 — on a raison de le dire — est l'image. Je m'appuie ici encore sur le témoignage de Philolaos, pour qui « il existe en effet un chef, principe de toutes choses, Dieu, un, éternel, en repos, non mû, semblable à lui-même et différent de tous les autres[6] ». (*De la création*, 100.)

Anatolios d'Alexandrie.

Seul des nombres de la décade, le nombre 7 n'engendre pas d'autre nombre et n'est pas engendré par un autre nombre que un. C'est pourquoi les pythagoriciens le nomment Vierge sans mère. (*De la décade*, éd. Heiberg, 35.)

XX *a*

Jean de Lydie.

C'est avec raison que Philolaos dit de la dyade qu'elle est l'épouse de Cronos, qui à l'évidence n'est autre que Chronos[7]. (*Des mois*, IV, 12.)

FRAGMENTS DOUTEUX

DE L'ÂME

XXI

Stobée.

Du pythagoricien Philolaos, dans son *De l'âme*. Pour lui, le monde est incorruptible[1]. Voici ce qu'il dit dans son *De l'âme* : « C'est pourquoi il demeure incorruptible et inépuisable durant l'éternité illimitée. En effet il ne se trouvera pas, en lui, de cause plus puissante que celle-là[2], ni, hors de lui, aucune cause capable d'entraîner sa destruction. En fait ce monde était de toute éternité et demeurera éternellement, un et gouverné par l'Un, qui appartient au même genre que lui, et qui est ensemble tout puissant et insurpassable. De plus, le monde un, continu, naturellement doté de respiration et entraîné depuis le commencement par un mouvement de rotation, renferme en lui-même le principe du mouvement et du changement. Il se compose de deux parties, l'une immuable et l'autre changeante. La partie immuable s'étend de l'âme qui enveloppe le tout jusqu'à la Lune[3], tandis que la partie changeante va de la Lune à la Terre[4]. Mais comme le moteur se meut circulairement d'une éternité à l'autre, alors que le mû suit le mouvement que lui impose le moteur, il s'ensuit nécessairement que l'un est éternellement moteur et l'autre éternellement passif; et que l'un est dans sa totalité ⟨le domaine⟩ de l'intellect et de l'âme[5], tandis que le second est celui de la génération et du changement. L'un, premier en puissance, commande à l'autre, qui est second et lui obéit. Le composé des deux[6] — le divin éternellement doté d'une course rapide et l'engendré toujours changeant, c'est le monde. »

C'est ce qui lui faisait dire qu'il est heureux que « le monde soit l'acte éternel de Dieu et de la génération, selon la soumission [à Dieu] de la nature changeante. Ainsi le monde reste éternellement un, toujours identique et semblable, tandis que les choses engendrées et qui se corrompent sont multiples. Celles-ci, quoique soumises à la corruption, conservent quand même leurs natures et leurs formes et reproduisent dans les êtres qu'elles ont engendrés la forme identique à celle du père et du démiurge qui les a engendrées[7] [...]. » (*Choix de textes*, I, XX, 2.)

DES RYTHMES ET DES MÈTRES (trois livres)

XXII

Claudien Mamert.

C'est aux successeurs de Pythagore qu'il faut demander quelle est sur ce point l'opinion du Maître, puisque lui-même n'a jamais rien écrit. Celui qui sera le plus à même de nous renseigner est, je pense, Philolaos de Tarente. Il commence par disserter, d'une manière fort obscure, dans de nombreux volumes, sur la compréhension des choses et sur la signification de chacune d'elles ; puis, avant de passer à l'examen de la substance de l'âme, il se lance dans une discussion admirable sur les mesures, les poids et les nombres en géométrie, en musique et en arithmétique, et prouve solidement que tout l'univers leur doit son existence. (*De l'âme*, ii, 3, éd. Engelbrecht, 105, 5.)

Revenons maintenant à Philolaos, dont nous nous sommes fort éloignés et qui, dans le troisième de ses volumes intitulés *Traité des rythmes et des mètres*[1], parle ainsi de l'âme : « L'âme s'introduit dans le corps grâce au nombre et grâce à l'harmonie immortelle en même temps qu'incorporelle. » Il poursuit ainsi : « L'âme chérit le corps, parce que c'est lui qui donne à l'âme l'usage du sens. Et après que la mort l'a séparée du corps, l'âme mène dans le monde une vie incorporelle. » (*Ibid.*, II, 7, éd. Engelbrecht, 120, 12.)

XXIII

Jamblique.

Selon Philolaos, le nombre est le *lien tout-puissant* et engendré par soi qui unit éternellement les objets du monde. (*Commentaire sur l'introduction arithmétique de Nicomaque*, 10, 22.)

Athénée le Mécanicien.

Les anciens philosophes avaient bien raison d'affirmer qu'il faut connaître les mesures du *kaïros*[2] puisqu'il constitue l'étalon[3] de la philosophie. De fait, qu'on s'aide de lui pour entreprendre l'explication du monde[4] et, à condition de ne pas relâcher son attention, on pourra se passer de la célèbre maxime delphique ou des préceptes de Straton, d'Hestiaïos[5], d'Archytas, d'Aristote et de tous les auteurs de maximes du même genre[6]. (*Poliorcétique des Grecs*, éd. Wescher, 4.)

Théophylacte.

Comment[1] a-t-on pu associer en une même discipline art militaire et géométrie et, après Archytas, Philolaos, Élien Adrien et Julien l'Apostat, réunir des disciplines séparées depuis longtemps par d'épaisses cloisons? (*Lettre 71 à Autolycos*, dans *Patrologie grecque*, CXXVI, éd. Migne, colonne 493 AB.)

ARCHYTAS

A. VIE ET PHILOSOPHIE

VIE

I

Diogène Laërce.

79. Archytas de Tarente, fils de Mnésagore, ou, si l'on en croit Aristoxène, d'Hestiaïos, fut lui aussi disciple de Pythagore. C'est lui dont la lettre à Denys évita de justesse à Platon d'être exécuté. Son mérite éminent et universel lui valait même l'admiration du peuple; cela explique qu'on lui confia dans sa cité, par sept fois, le commandement suprême, alors que la loi interdisait de le confier aux autres une seconde année. Platon répondit par deux lettres à une première lettre d'Archytas [...].

82. Il a existé quatre Archytas : le premier est celui qui nous occupe présentement; le deuxième était un musicien, originaire de Mitylène; le troisième est l'auteur d'une *Agriculture*; et le quatrième, un auteur d'épigrammes. Au dire de certains, il y aurait eu un cinquième Archytas, architecte, auteur, selon la tradition, d'un livre intitulé *Mécanique* qui commençait par ces mots : « Voici ce que m'a enseigné Teucer de Carthage [...]. » (Signalons une anecdote concernant le musicien : un jour que quelqu'un lui reprochait de ne pas être capable de faire entendre sa voix au loin, il fit cette réponse : « Et alors? Mon instrument parle pour moi, et c'est lui qui dispute le concours! »)

Selon Aristoxène, notre Archytas, le pythagoricien, ne connut pas la défaite de tout le temps qu'il détint le commandement suprême. Il suffit qu'une fois, parce qu'on le jalousait, il ait renoncé au commandement suprême, pour qu'aussitôt l'armée fût faite prisonnière. 83. C'est lui qui, le premier, en se référant aux principes propres à la mécanique[1], érigea la mécanique en système. C'est encore lui qui, le premier, introduisit dans une figure géométrique un mouvement mécanique, en cherchant à obtenir, par la section d'un demi-cylindre, deux moyennes proportionnelles permettant la duplication du cube[1]. Et en géométrie il est aussi le premier à avoir découvert le cube : c'est ce que dit Platon dans *La République*[2]. (*Vies*, VIII, 79-83.)

II

Suidas.

Archytas de Tarente : fils d'Hestiaïos ou de Mnésarchos ou de Mnésagétès ou encore de Mnésagore, philosophe pythagoricien. Il arracha Platon à la mort que lui réservait le tyran Denys. Il dirigea, d'autre part, la ligue des Italiens de Grande-Grèce, après que les Grecs de cette région et ses concitoyens l'eurent élu commandant en chef avec les pleins pouvoirs. Il enseignait aussi la philosophie et eut des disciples illustres. Il écrivit de nombreux ouvrages.

Il[3] fut, bien évidemment, le maître d'Empédocle. Quant à l'expression bien connue de « la crécelle d'Archytas », elle s'explique par l'invention qu'il fit de cette sorte d'instrument qui produit son et bruit. (*Lexique*, « Archytas ».)

III

Horace.

> *Ô toi qui mesurais et les mers et les terres*
> *Et les sables[4] sans nombre, Archytas, te voilà*
> *Retenu, près du rivage du Matinus[5],*
> *Par le peu de poussière humblement concédée*
> *À tes os. Non ! à rien il ne te sert d'avoir*
> [5] *Tenté l'exploration des demeures célestes,*
> *Ni d'avoir su franchir la sphérique limite*
> *Du pôle : en effet ton génie devait mourir !*
> *Il est mort, lui aussi, le père de Pélops,*
> *Le convive des dieux, et Tithon enlevé*
> *Dans les airs, et Minos initié aux secrets*
> [10] *Du divin Jupiter[6]. Et le Tartare aussi*
> *Retient en ses prisons le fils de Panthoos[7],*
> *Descendu par deux fois chez Orcus, bien qu'il eût*
> *Prouvé, en décrochant du mur un bouclier,*
> *Que déjà il vivait à l'époque de Troie,*

Et qu'il n'eût concédé au sinistre trépas[1]
Que les nerfs et la peau. Tu tenais Pythagore
[15] *Pour un très sûr garant du réel et du vrai.*
Hélas! c'est bien la même nuit qui tous nous guette!
Le sentier du trépas n'est foulé qu'une fois!

(*Odes*, I, xxviii, v. 1-16.)

IV

Strabon.

Les habitants de Tarente détinrent, à une certaine époque, une extraordinaire puissance, grâce à l'adoption d'une constitution démocratique [...]. Ils donnèrent, d'autre part, leur adhésion à la philosophie de Pythagore, et tout particulièrement Archytas qui resta longtemps à la tête de la cité. (*Géographie*, VI, éd. Casaubon, 280.)

V

Platon.

338 *c.* Toujours est-il que je jugeai alors[2] plus prudent de renoncer à de nombreuses entreprises et de prendre congé — au moins momentanément — de Dion et de Denys[3]; cela me valut de leur part du ressentiment, quand je leur expliquai que j'étais bien vieux et que jusque-là nos conventions n'avaient été aucunement respectées. À la suite de cela, si je ne me trompe, Archytas alla trouver Denys; j'avais ⟨contribué à⟩ nouer en effet, avant mon départ, des liens d'hospitalité et d'amitié entre Denys d'un côté et Archytas et ses amis de Tarente de l'autre [...].

339 *a.* Denys me fit appeler auprès de lui pour la troisième fois et, pour faciliter ma venue, m'envoya une trirème avec, à son bord, Archédémos, un Sicilien que j'estimais grandement — c'était du moins ce que Denys pensait —, l'un des disciples d'Archytas, accompagné d'autres personnes que je connaissais en Sicile [...]. Je reçus beaucoup d'autres lettres d'Archytas et des Tarentins, qui faisaient l'éloge de la passion de Denys pour la philosophie et insistaient sur le fait que, si je tardais, les liens d'amitié qui les unissaient à Denys depuis mon intervention, et qui étaient essentiels pour leur politique, deviendraient totalement caducs, et cela par ma faute.

340 *a.* Je me mets donc en route, mais l'esprit tourmenté de craintes; les présages n'étaient guère favorables. [...].   350 *a.* Je

reçus des visites, notamment des marins d'origine athénienne, mes compatriotes, qui me firent savoir que des calomnies couraient sur mon compte parmi les peltastes[1] et que quelques-uns se promettaient de m'assassiner s'ils me trouvaient. Voici le plan que j'imaginai alors pour me sauver : j'envoie un message à Archytas et à mes amis de Tarente, leur expliquant dans quels ennuis je me débattais. Ces derniers, sous couvert d'une ambassade, dépêchent une galère à trente rameurs de leur cité; à son bord se trouvait l'un d'eux, Lamiscos, qui devait aller trouver Denys dès son arrivée pour lui faire part de mon désir de repartir et lui demander de ne faire aucune opposition à ma demande. Ce dernier accepta et me laissa repartir en me donnant de quoi faire la traversée [...]. Une fois parvenu à Olympie, dans le Péloponnèse, j'expliquai à Dion, qui assistait aux jeux[2], ce qui venait de se passer. (*Lettres*, VII, 338 *c*-350 *a*.)

Cicéron.

Sans doute as-tu appris, Tubéron, qu'après la mort de Socrate, Platon se rendit d'abord en Égypte pour s'y instruire, puis en Italie et en Sicile, afin de tout apprendre des découvertes de Pythagore. C'est là qu'il vécut longtemps dans l'intimité d'Archytas de Tarente et de Timée de Locres, et eut la chance de se procurer les *Commentaires* de Philolaos[a]. (*République*, I, x, 16.)

Pseudo-Démosthène.

Archytas gouverna la cité des Tarentins, dont il devint le personnage le plus important, avec un tel bonheur et une telle bienveillance que tout le monde garde son nom en mémoire. Au début, on le regardait de haut, mais ses relations avec Platon lui valurent un prestige immense. (*Discours sur l'amour*, LXI, 46.)

VI

Proclus.

C'est à cette même époque[4] que vécurent Léodamas de Thasios, Archytas de Tarente et Théétète d'Athènes[5]; ces mathématiciens accrurent le nombre des théorèmes et leur conférèrent une plus grande rigueur scientifique. (*Commentaire sur le premier livre des Éléments d'Euclide*, II, 66, 14.)

VII

Jamblique.

Ainsi Spintharos[1] avait-il accoutumé de raconter qu'à peine
revenu de la guerre que Tarente avait menée contre la Messapie[2],
Archytas avait retrouvé sa campagne ; là, il avait pu se rendre
compte que son intendant et sa domesticité, loin de s'être
occupés, comme ils l'eussent dû, des travaux des champs, avaient
tout laissé à l'abandon ; cela l'avait mis hors de lui, et pris d'une
indignation extrême, pour autant que le permettait son caractère, il aurait, paraît-il, dit à ses serviteurs qu'ils avaient bien de
la chance qu'il se fût mis en colère contre eux : car aussi bien, sans
cela, ils auraient dû finalement un jour ou l'autre payer un aussi
grave manquement. (*Vie pythagorique*, 197.)

VIII

Athénée.

Athénodore, lui aussi, affirme dans son livre *De l'étude et de
l'éducation*, qu'Archytas de Tarente, homme politique en même
temps que philosophe, avait un très grand nombre de serviteurs
qu'il aimait inviter souvent à sa table pour festoyer ensemble.
(*Les Deipnosophistes*, XII, 519 B.)

Élien.

Archytas de Tarente, homme politique et philosophe, qui
avait de nombreux serviteurs, se plaisait beaucoup à jouer avec
leurs enfants et à plaisanter avec les esclaves nés chez lui ; mais
c'est surtout à l'occasion de festins qu'il aimait à se divertir en
leur compagnie[3]. (*Histoires variées*, XII, 15.)

IX

Athénée.

Le musicien Aristoxène raconte dans sa *Vie d'Archytas* qu'un
jour Denys le Jeune envoya aux Tarentins une ambassade qui
comptait, entre autres membres, Polyarchos, surnommé le
Jouisseur ; cet homme, qui était porté sur les plaisirs du corps,
aimait aussi en parler. Comme il était un familier d'Archytas et
qu'il s'intéressait assez à la philosophie, il alla le trouver dans
l'enceinte du temple, où il put l'écouter disserter en se prome-

nant[1] avec ses disciples. Quand on aborda l'examen du délicat problème des passions, et, de manière générale, des plaisirs du corps, Polyarchos prit la parole [...]. (*Les Deipnosophistes*, XII, 545 A.)

Cicéron.

CATON : 39. Excellents jeunes gens, soyez attentifs aux antiques propos d'Archytas de Tarente, un homme éminent, ô combien, et illustre ! Ces propos me furent rapportés lors d'un séjour à Tarente — que je fis en compagnie de Quintus Maximus, au temps de ma jeunesse[2]. « Les hommes, disait-il, n'ont pas dans la nature d'ennemi plus redoutable que le plaisir corporel qui excite leurs passions et les pousse à assouvir aveuglément et sans frein leur désir de jouissance. 40. C'est lui qui est à l'origine des crimes de haute trahison, des bouleversements politiques, des intelligences entretenues avec l'ennemi ; pour tout dire, il n'existe pas de crime, il n'existe pas de forfait que la passion du plaisir ne puisse pousser l'homme à commettre. Quant au stupre, aux adultères et à toutes les conduites infamantes du même genre, seuls les attraits du plaisir peuvent y mener. Et, alors que l'homme doit à la nature, ou peut-être à un dieu, la chose la plus utile du monde, je veux dire l'intellect, il n'est rien qui s'oppose avec plus d'acharnement que le plaisir à ce présent dont le Ciel l'a gratifié. 41. Car aussi bien, quand le plaisir règne en maître, il n'y a pas de place pour la tempérance ; et il est absolument impossible à la vertu de s'implanter au royaume du plaisir. » Pour mieux se faire comprendre de son public, Archytas l'invitait alors à se représenter en esprit un homme habité par le plus intense plaisir corporel possible. De l'avis d'Archytas, il ne devait faire de doute pour personne que « notre homme serait dans l'incapacité de penser à quoi que ce fût, tout le temps qu'il serait sous l'empire de cette jouissance, pas plus qu'il ne pourrait raisonner ni réfléchir sur rien. C'est pourquoi il n'est rien de plus détestable ni de plus funeste que le plaisir, puisque, à l'évidence, plus il croît et dure, plus il étouffe la lumière de notre esprit. » Ces propos, c'est à Caïus Pontius le Samnite (le père de celui qui, à la bataille des Fourches Caudines[3] défit les consuls Spurius Postumius et Titus Veturius) qu'Archytas les tint, si j'en crois Néarque de Tarente (notre hôte, fidèle depuis toujours à l'amitié du peuple romain), qui disait tenir cela de ses aînés. Platon d'Athènes aurait même assisté à cet entretien. De fait, j'ai découvert que ce dernier s'est rendu à Tarente sous le consulat de Lucius Camillus et d'Appius Claudius. (*Caton l'Ancien ou de la vieillesse*, XII, 39-41.)

X

Aristote.

Considérons donc comme une heureuse invention la crécelle d'Archytas, qu'on donne aux petits enfants pour les occuper ; cela leur évite de tout casser dans la maison, car la jeunesse n'est pas capable de rester en place. (*Politique*, VIII, VI, 1340 *b* 26.)

X *a*

Aulu-Gelle.

L'invention dont la tradition attribue au pythagoricien Archytas la construction, ne doit pas moins nous étonner, même si elle peut paraître frivole. La plupart des auteurs grecs les plus connus et le philosophe Favorinus, grand amateur d'antiquités, rapportent en effet, de la manière la plus formelle, qu'une colombe en bois, construite par Archytas, selon certains calculs et principes mécaniques, avait volé. C'est vraisemblablement par un système de contrepoids qu'elle tenait en l'air, et par la pression de l'air enfermé caché à l'intérieur qu'elle avançait. Qu'on me permette sur un fait, ma foi, si peu croyable de citer Favorinus lui-même[1] : « Archytas de Tarente, à la fois philosophe et mécanicien, fabriqua une colombe en bois qui volait, ⟨mais qui⟩, une fois qu'elle s'était posée, ne pouvait reprendre son essor. Jusque-là en effet [...]. » (*Nuits attiques*, X, XII, 8.)

XI

Élien.

Archytas, qui savait en toutes choses se montrer mesuré, se gardait aussi, bien sûr, d'employer des mots inconvenants. Un jour qu'il se trouvait dans la nécessité de recourir à l'un de ces mots incorrects, comme il refusait de s'avouer vaincu, au lieu de prononcer le mot en question, il l'écrivit sur le mur et fit voir ce qu'il était forcé de dire, sans avoir été forcé de le dire. (*Histoires variées*, XIV, 19.)

XII

Aristote.

Archytas a dit qu'un arbitre[2] est comme un autel, puisque la victime d'une injustice trouve refuge aussi bien auprès de l'un que de l'autre. (*Rhétorique*, III, XI, 1412 *a* 12.)

PHILOSOPHIE

XIII

Hésychios.

De la philosophie d'Archytas (trois livres), *Propos tirés de Timée et d'Archytas* (un livre). (*Catalogue des écrits d'Aristote.*)

Diogène Laërce.

De la philosophie d'Archytas (trois livres). (*Vies*, V, 25.)

Damascios.

Dans ses *Livres sur Archytas*, Aristote raconte que Pythagore lui aussi appelle *autre* la matière, étant donné qu'elle est fluente et devient sans cesse ⟨autre et⟩ autre. (*Problèmes et solutions touchant les premiers principes*, II, éd. Ruelle, 172, 20.)

XIV

Eutocios.

Voici la solution d'Archytas, rapportée par Eudème, [au problème suivant :] Soit les deux droites données AΔ et Γ, il faut trouver entre AΔ et Γ deux moyennes proportionnelles.

Traçons le cercle ABΔZ ayant pour diamètre AΔ qui est la plus grande [des deux droites]; et inscrivons [la droite] AB, de grandeur égale à Γ, que l'on prolonge jusqu'à ce qu'elle rencontre en Π la tangente au cercle en Δ. Menons [en B] la droite BEZ parallèle à ΠΔO, et concevons qu'un demi-cylindre s'élève perpendiculairement sur le demi-cercle ABΔ[1], et que s'élève sur AΔ un demi-cercle perpendiculaire reposant sur le parallélogramme[2] du demi-cylindre.

Quand ce demi-cercle est mû de Δ en B[3], l'extrémité A du diamètre demeurant immobile, il coupera la surface cylindrique en [effectuant son] mouvement, et tracera sur elle une certaine courbe. Puis, si AΔ demeure immobile, et si le triangle AΠΔ pivote [autour de sa base AΔ] selon un mouvement opposé à celui du demi-cercle, il produira une surface conique au moyen de la droite AΠ qui, au cours de son mouvement, rencontrera la courbe [tracée] sur le cylindre en un certain point. Et en même temps, B décrira un demi-cercle sur la surface du cône. Faisons alors prendre, en correspondance avec le point de rencontre des courbes, au demi-cercle mû [de Δ en B] la position Δ' KA[1], et au triangle mû selon un mouvement opposé la position ΔΛΑ; soit K le point de rencontre dont nous avons parlé, et soit BMZ le demi-cercle décrit à partir de B; soit encore BZ sa section commune[2] avec le cercle BΔZA; si l'on abaisse à partir de K une perpendiculaire au plan du demi-cercle BA, elle tombera sur la circonférence du cercle étant donné que le cylindre est droit[3]. Abaissons-la[4] et [appelons-la] KI[5]; la droite partant de I pour rejoindre A rencontrera BZ en Θ, tandis que ΑΛ [coupe] en M le demi-cercle BMZ, et que KΔ, MI et MΘ se trouvent jointes.

Puisque donc chacun des demi-cercles Δ' KA et BMZ est perpendiculaire au plan horizontal, leur section commune MΘ est perpendiculaire au plan du cercle, de telle sorte que MΘ est aussi perpendiculaire à BZ. Donc le [rectangle] formé par BΘZ, c'est-à-dire le [rectangle] formé par AΘI[6], est égal au [carré] élevé sur MΘ. Le triangle AMI est donc semblable à chacun des triangles MIΘ et MAΘ, et l'[angle] IMA est droit. Quant à l'[angle] Δ' KA, il est droit lui aussi. Donc KΔ' et MI sont parallèles et sont proportionnelles[7], de sorte que Δ' A est à AK ou encore KA est à AI ce que IA est à AM, en vertu de la similitude des triangles. Donc les quatre droites ΔA, AK, AI et AM forment une proportion continue. Et AM est égale à Γ, puisqu'elle est égale à AB. Donc, les deux droites AΔ et Γ étant données, deux moyennes proportionnelles ont été trouvées, AK et AI[8].

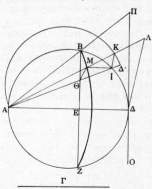

(*Commentaire sur De la sphère et du cylindre d'Archimède*, II, dans *Archimède*, III, 2ᵉ éd., Heiberg, 84, 12-88, 2.)

XV

Ératosthène.

> *Non[1] ! les difficiles opérations d'Archytas sur les cylindres*
> *Et les trois sections coniques de Ménechme[2],*
> *Ne cherche pas ⟨à les comprendre⟩, et pas davantage*
> *Si une courbe[3] quelconque résulte de la construction du divin Eudoxe[4].*

(Cité par Eutocios, *Ibid.*, III, 2ᵉ éd., Heiberg, 96, 10.)

Pseudo-Ératosthène.

Parmi les géomètres qui se consacrèrent au laborieux travail permettant d'obtenir les deux moyennes proportionnelles à deux droites données, l'un, Archytas, y parvint, dit-on, avec l'aide des demi-cylindres, et un autre, Eudoxe, à l'aide des lignes dites incurvées. Ils ont tous dessiné leur démonstration, mais sans pouvoir construire l'appareil mécanique correspondant[5], et sans pouvoir l'appliquer, sauf peut-être Ménechme, et encore de manière incomplète et fort embrouillée. (*Ibid.*, III, 2ᵉ éd., Heiberg, 90, 4.)

Plutarque.

C'est pourquoi Platon reprochait aux disciples d'Eudoxe, d'Archytas et de Ménechme de recourir à des moyens instrumentaux et mécaniques pour résoudre le problème de la duplication du volume ; car dans leur désir de trouver, tant bien que mal, deux moyennes proportionnelles, ils recouraient à un moyen irrationnel. Ne perdait-on pas irrémédiablement, en procédant ainsi, le meilleur de la géométrie, par une régression au niveau des sensibles, qui l'empêchait de s'élever et même de percevoir en retour les images éternelles et incorporelles parmi lesquelles Dieu est éternellement dieu ? (*Propos de table*, VIII, 11, 1, 718 E.)

XVI

Claude Ptolémée.

Archytas de Tarente (celui des disciples de Pythagore qui s'est le plus intéressé à la musique) s'efforce de maintenir une continuité réglée par la proportionnalité, entre les éléments de l'accord comme entre les divisions des tétracordes[6], considérant que le propre de la musique est la commensurabilité des intervalles [...]. Ainsi il établit trois genres, le premier enharmonique, le deuxième chromatique et le troisième diatonique. Et voici comment il divise [le tétracorde de] chacun de ces genres. Il établit pour ces trois genres que l'intervalle ultime est égal au rapport superpartiel[1] de 28/27 ; l'intervalle moyen, quand il appartient au genre enharmonique, est de 36/35 et, pour le genre diatonique, de 8/7 ; de telle sorte que l'intervalle initial est dans le genre enharmonique de 5/4 et dans le genre diatonique de 9/8. Dans le genre chromatique, il conçoit le second son à partir du plus aigu, au moyen du son qui occupe la même position dans le genre diatonique[2]. Car pour lui, le second son à partir du plus aigu, dans le genre chromatique, est à son correspondant dans le ton diatonique dans le rapport 256/243. Il aboutit ainsi à la composition des trois tétracordes à partir des rapports de ces nombres premiers [entre eux]. Si nous représentons les sons les plus aigus des tétracordes par le nombre 1512, et si nous les rapportons aux plus graves avec lesquels ils sont dans le rapport de 4/3, nous obtiendrons le nombre 2016 — ce qui, selon le rapport de 28/27, donnera 1944. Les seconds sons seront obtenus ensuite à partir des plus graves [ainsi calculés]. Ainsi le second son [à partir du plus aigu] sera dans le genre enharmonique de 1890, qui est dans le rapport de 36/35 avec 1944, et dans le rapport de 5/4 avec 1512. Dans le genre diatonique, le second son sera le nombre 1701 qui est dans le rapport de 8/7 avec 1944, et dans le rapport de 9/8 avec 1512 ; et dans le genre chromatique, ce sera le nombre 1792, qui est dans le rapport de 256/243 avec 1701.

TABLEAU DES INTERVALLES

	genre enharmonique		*genre chromatique*		*genre diatonique*	
[La]	1512		1512		1512	
		5/4		32/27		9/8
[Sol]	1890		1792		1701	
		36/35		243/224		7/8
[Fa]	1944		1944		1944	
		28/27		28/27		28/27
[Mi]	2016		2016		2016	

$$\frac{5}{4} \times \frac{36}{35} \times \frac{28}{27} = \frac{4}{3} \qquad \frac{32}{27} \times \frac{243}{224} \times \frac{28}{27} = \frac{4}{3} \qquad \frac{9}{8} \times \frac{8}{7} \times \frac{28}{27} = \frac{4}{3}$$

(*Harmoniques*, I, XIII, éd. Düring, 30, 9.)

XVII

Porphyre.

Si l'on en croit Archytas et Didyme[1], certains pythagoriciens, après avoir établi les rapports de consonance[2], établissaient entre ces rapports des comparaisons et, afin de mettre en évidence ceux qui étaient le mieux consonants, procédaient à peu près ainsi : ils commençaient par prendre, parmi les nombres formant les rapports de consonance, les premiers, dits nombres de base[a] [...] et, après avoir attribué ces nombres aux consonances, ils examinaient quel était le nombre restant, une fois retranchée une unité de chacun des nombres entrant dans le rapport. Ainsi, par exemple, dans le cas du rapport 2/1, qui correspond à l'octave, ils ôtaient 1 de chacun des deux termes, ce qui donnait 1. Puis, dans le cas du rapport 4/3 qui correspond à la quarte, ils retranchaient 1 de chacun des deux termes, ce qui donnait : 1 ôté de 4 égale 3, et 1 ôté de 3 égale 2. Cela donnait pour les deux nombres, après soustraction, un reste de 5. Enfin dans le cas du rapport 3/2, qui correspond à la quinte, en retranchant une unité, ils avaient : 2 restant de 3, et 1 restant de 2, ce qui donnait un total restant égal à 3. Ils appelaient *semblables* les unités soustraites et *non semblables* les restes obtenus après soustraction des unités, et cela pour deux raisons; d'abord, ce qu'on soustrait aux deux termes de chaque rapport est semblable et égal, puisque l'unité est naturellement égale à l'unité; ensuite, comme c'est elle qu'on retire, les restes sont nécessairement non semblables et inégaux, car, si l'on soustrait une même quantité à des quantités inégales, on obtient des restes inégaux. Or les rapports multiples et super-partiels, dans lesquels on observe les consonances, sont constitués de termes inégaux : aussi, si on en soustrait des quantités égales, ils ne peuvent donner que des restes inégaux. Donc les *non-semblables* des différents accords sont le produit d'une **combinaison** (les pythagoriciens appellent combinaison l'opération qui fond deux nombres en un seul). Récapitulons donc les *non-semblables* de chacune des consonances : 1 pour l'octave, 5 pour la quarte, et 3 pour la quinte. Selon eux, plus le nombre du *non-semblable* est petit, plus l'accord est harmonique : ainsi ce qui fait l'harmonie de l'octave, c'est que son *non-semblable* est un. Ensuite vient l'accord de quinte, dont le *non-semblable* est 3 ; et en dernier lieu, nous avons la quarte, dont le *non-semblable* est 5. (*Commentaire sur les Harmoniques de Ptolémée*, I, 6, éd. Düring, 107.)

XVIII

Porphyre.

Selon l'école d'Archytas, l'oreille ne perçoit dans les accords harmoniques[1] qu'un son unique. (*Commentaire sur les Harmoniques de Ptolémée*, I, 6, éd. Düring, 104.)

XIX

Boèce.

On ne peut, dans un rapport superpartiel[2], introduire une moyenne proportionnelle[3] [...]. Archytas en fait bien la démonstration, mais celle-ci manque de rigueur. En gros, elle est la suivante : soit, dit-il, le rapport superpartiel A/B. Je prends, dans le même rapport, les deux plus petits nombres C et DE. Ainsi donc, ces nombres étant les plus petits possible et dans un rapport superpartiel, le nombre DE dépasse le nombre C d'une partie commune aux deux. Appelons-la D, mais, je le précise, D n'est pas un nombre, mais l'unité. En effet, à supposer que D soit un nombre et lui-même une partie de DE, D divisera le nombre DE et par conséquent E aussi. D'où il s'ensuit qu'il divisera aussi C. Ainsi il divisera à la fois C et DE, ce qui est impossible, puisque les plus petits termes d'un rapport particulier formés d'autres nombres quelconques, sont premiers entre eux et ne diffèrent que d'une unité. Donc D est bien une unité ; par conséquent, le nombre DE dépasse le nombre C d'une unité. Et c'est pourquoi on ne peut introduire dans le rapport superpartiel une moyenne constituée par un nombre entier qui divise ce rapport en parties égales. (*De la musique*, III, 11.)

XIX *a*

Théon de Smyrne.

Pour Eudoxe et Archytas, le rapport des consonances est numérique. Tous deux s'accordaient pour penser que ces rapports résident dans les mouvements[4] : le mouvement rapide est aigu, vu qu'il frappe l'air continûment et le heurte plus vivement, alors que le mouvement lent est le plus grave, en raison de son plus grand relâchement[5]. (*Commentaires*, éd. Hiller, 61, 11.)

XIX *b*

Quintilien.

Archytas et Événos ont eux aussi estimé que la grammaire est subordonnée à la musique. (*Institution oratoire*, I, x, 17.)

XX

Théon de Smyrne.

Archytas et Philolaos usent indifféremment des termes d'*un* et de *monade*[1]. (*Commentaires*, éd. Hiller, 20, 19.)

XXI

Théon de Smyrne.

Dans le *Sur les pythagoriciens*, Aristote affirme que l'Un participe de la nature des deux[2]. En effet, ajouté à un nombre pair, il produit un impair, et, ajouté à un impair, il produit un pair : cela serait impossible s'il ne participait à la nature des deux. C'est pour cela précisément qu'on appelle l'Un *pair-impair*; Archytas est d'accord, lui aussi, sur ces points. (*Commentaires*, éd. Hiller, 22, 5.)

XXII

Aristote.

En effet, la définition par les différences semble porter sur la forme et l'acte, alors que celle qui se fonde sur les éléments immanents semble porter sur la matière. Il en va de même des définitions admises par Archytas, qui tiennent des deux à la fois[3] : par exemple, qu'est-ce que l'absence de vent ? C'est un repos dans une masse d'air. L'air est la matière, tandis que le repos est l'acte et la substance. Qu'est-ce que la bonace ? C'est l'égalité du niveau de la mer : la mer est le substrat en tant que matière, alors que l'égalité de niveau est l'acte et la forme. (*Métaphysique*, H, 11, 1043 *a* 19.)

XXIII

Eudème.

Platon nomme mouvements le grand et le petit, le non-être et l'irrégulier, et tous les termes voisins ; il est évident que parler de *mouvement* est ici déplacé ; car il y a mouvement quand quelque chose se meut en quelque chose. Aussi est-il ridicule de vouloir faire croire que, du fait de son caractère inégal ou irrégulier, quelque chose doit nécessairement se mouvoir : il vaut mieux alors, comme le fait Archytas, parler de « causes ». (*Physique*, cité par Simplicius, *Commentaire sur la Physique d'Aristote*, 431, 8.)

XXIII *a*

Pseudo-Aristote.

Pourquoi les parties des végétaux et des animaux celles du moins, qui ne portent pas d'organes, sont-elles toutes arrondies, comme la tige ou le tronc et les branches des végétaux, ou les jambes, les cuisses, les bras et le thorax des animaux ? Et pour-quoi, dans le corps tout entier, aucun tissu n'est-il formé de triangles et de polygones[1] ? Est-ce, comme le disait Archytas, parce que le mouvement de la génération met en jeu le rapport d'égalité (tout mouvement implique en effet un certain rapport), qui est le seul à revenir sur soi-même[2] et qui, pour cette raison, produit, quand il s'accomplit, des cercles et des arrondis ? (*Pro-blèmes*, XVI, IX, 915 *a* 25.)

XXIV

Eudème.

Au dire d'Eudème, Archytas posait ainsi le problème : « Si je me trouvais à la limite extrême du ciel[3], autrement dit sur la sphère des fixes, pourrais-je tendre au-dehors la main ou un bâton, oui ou non ? Certes, il est absurde que je ne puisse pas le faire ; mais, si j'y parviens, cela implique l'existence d'un dehors, corps ou lieu » (ce qui n'a guère d'importance, nous allons le voir). On avancera donc sans cesse, de la même manière, vers la limite sans cesse atteinte, en posant la même question[4] et, comme ce qu'atteindra le bâton sera sans cesse autre, il est clair que cet autre est aussi illimité. Si l'extérieur du ciel est un corps, la question est résolue ; si c'est un lieu, en tant que tel il contient ou peut contenir un corps; or ce qui est en puissance doit — dans le domaine des choses éternelles — être tenu pour existant; et de cette façon le corps, ainsi que le lieu, seront illimités. (*Physique*, cité par Simplicius, *Commentaire sur la Physique d'Aristote*, 467, 26.)

XXV

Apulée.

Eh quoi? Ce ne sont pas là les seules raisons qui doivent inciter le philosophe à regarder son miroir. En effet, s'il faut étudier son image, il faut souvent réfléchir aussi sur la raison de cette image[1]. Est-ce Épicure qui a raison, quand il dit que notre image (qui est pour ainsi dire une sorte de flux d'effluves qui, partant de notre corps, s'écoule continuellement) heurte sur son chemin un corps lisse et compact qui la renvoie, si bien que son reflet, renvoyé en arrière, est inversé[2]? Ou bien, comme d'autres philosophes le prétendent, émettons-nous des rayons qui — c'est l'opinion de Platon — s'échappent du centre de l'œil et se mélangent à la lumière extérieure pour ne faire plus qu'un ⟨avec elle⟩[3], ou qui — c'est l'avis d'Archytas — proviennent de l'œil, sans que rien d'extérieur vienne s'y mêler[4]? (*Apologie*, 15.)

B. FRAGMENTS

HARMONIQUE

I

Porphyre.

Revenons cette fois encore aux écrits du pythagoricien Archytas — car la tradition veut que les traités [qu'on lui attribue] soient absolument authentiques. Voici le début de sa *Mathématique* :

Les mathématiciens, à mon avis, savent bien discerner et comprendre comme il faut — et cela n'est nullement surprenant — la nature de chaque chose; car, puisqu'ils ont une connaissance détaillée du Tout, ils doivent bien voir aussi l'essence des objets particuliers. Aussi touchant la vitesse des astres, de leur lever et de leur coucher, nous ont-ils donné une connaissance claire, tout autant qu'en géométrie plane, en arithmétique et en sphérique[1], sans oublier non plus la musique. Car ces sciences semblent sœurs[2] puisqu'elles s'occupent des deux premières formes de l'être, qui sont elles-mêmes sœurs[3].

Ils ont ainsi découvert les premiers qu'il ne peut se produire de son que si des corps se heurtent entre eux. Selon eux, le heurt se produit au moment de la rencontre et de la collision de corps en mouvement. Il y a son, tantôt quand des corps, animés de mouvements contraires, se freinent mutuellement en se heurtant, et tantôt quand des corps, emportés dans une même direction, mais à des vitesses inégales, sont heurtés par ceux qui les suivent en voulant les dépasser. Or beaucoup de ces bruits sont tels que notre nature ne nous permet pas de les percevoir, soit en raison de la faiblesse du choc, soit parce qu'une grande distance nous en sépare, soit encore en raison de l'excès d'amplitude de ces bruits (car les bruits de forte amplitude ne pénètrent pas en notre ouïe[4], de la même façon que rien ne pénètre à l'intérieur d'un vase à l'embouchure étroite, quand on veut y verser une [trop] grande quantité [de liquide]). Maintenant, pour ce qui est des sons que nous percevons, les uns paraissent aigus : ce sont ceux que produit le heurt rapide et violent ; les autres nous semblent graves : ce sont ceux que produit le choc lent et faible. Si, en effet, on donne avec une baguette un coup faible et léger, le choc produira un son grave, alors que si le coup est rapide et fort, le son sera aigu. Mais ce n'est pas là la seule occasion que nous ayons de nous rendre compte de ce phénomène : quand, en parlant ou en chantant, nous voulons produire un son puissant et aigu, nous donnons de la voix par un souffle violent [...][5]. C'est le même phénomène qui se rencontre avec les projectiles : ceux qu'on lance vigoureusement portent loin, tandis que ceux qu'on lance mollement, portent court. L'on constate aussi que l'air cède davantage quand on les lance vigoureusement que lorsqu'on les lance mollement. On retrouvera la même chose avec les sons de la voix : si le souffle est vigoureux, les sons sont puissants et aigus ; si le souffle manque de force, ils sont faibles et graves. Nous pourrons encore nous en convaincre par la preuve suivante, très solide : quand quelqu'un parle fort, on peut l'entendre même de loin ; mais qu'il parle doucement, et on ne l'entendra pas même de près. Prenons encore un autre exemple, celui des flûtes : le souffle qui sort de la bouche produit, en s'échappant par les trous proches de l'embouchure, les notes plus aiguës parce que le souffle émis y est plus intense que celui qui s'échappe des trous les plus éloignés, d'où sortent, pour cette raison, les notes plus graves. De toutes ces constatations il ressort clairement qu'un mouvement rapide produit un son aigu, et un mouvement lent un son grave. Mais prenons encore le cas des rhombes[1] qu'on fait vibrer au cours des fêtes mystiques. Si on les fait vibrer doucement, ils rendent un son grave, et un son aigu, si on les fait vibrer vigoureusement. Cela est encore vrai du roseau : si l'on souffle dans un roseau dont on a bouché la partie inférieure, il en sortira un certain son ⟨grave⟩ ; et si on le bouche jusqu'à la moitié ou à n'importe quel autre endroit, le son sera aigu. Car le même souffle manque de force quand il a parcouru un long trajet, alors qu'il reste fort après un trajet court.   (*Commentaire sur les Harmoniques de Ptolémée*, éd. Düring, p. 56.)

Archytas ajoute encore d'autres précisions touchant le fait que le mouvement sonore est fonction des intervalles, et résume son propos en ces termes :   les sons aigus sont animés d'un mouvement rapide et les graves d'un mouvement lent ; des observations nombreuses nous en apportent l'évidence.

Nicomaque de Gérase.

Archytas de Tarente écrit lui aussi à peu près la même chose au début de son *Harmonique* :   Les mathématiciens, à mon avis, savent bien [...] elles-mêmes sœurs.   (*Institution arithmétique*, I, iii, 4, éd. Hoche, 6, 16.)

II

Porphyre.

Nombreux sont ceux qui, parmi les Anciens, partagent cette opinion [qu'un intervalle musical est un rapport], comme Denys d'Halicarnasse ou Archytas dans son *Traité de musique* [...] Voici maintenant ce qu'Archytas écrit à propos des médiétés :

En musique, il existe trois médiétés : arithmétique, géométrique et subcontraire, encore appelée harmonique. On parle de moyenne arithmétique, quand trois termes entretiennent entre eux une proportion selon un excès donné[2] et que l'excès du premier par rapport au deuxième est celui du deuxième par rapport au troisième[1]. Dans cette proportion, l'intervalle des deux plus grands termes[2] est plus petit, tandis que celui des deux plus petits est plus grand. On parle de moyenne géométrique, quand le rapport des trois termes est tel que le premier est au deuxième ce que le deuxième est au troisième; dans ce cas, l'intervalle des deux plus grands termes est égal à celui des deux plus petits[3]. On parle de moyenne sub-contraire, celle que nous appelons harmonique, quand le rapport des trois termes est le suivant : le premier terme dépasse le deuxième d'une fraction de lui-même et le moyen[4] dépasse le troisième de la même fraction du troisième. Dans une telle proportion, l'intervalle des plus grands termes est plus grand et celui des plus petits termes plus petit[5]. (*Commentaire sur les Harmoniques de Ptolémée*, éd. Düring, p. 92.)

III

Stobée.

Extrait du livre *Des sciences*[6] d'Archytas : En effet, pour devenir savant, dans les domaines où l'on était jusque-là ignorant, il vous faut ou bien apprendre de quelqu'un ou bien découvrir par vous-même. Cependant ce qui vous est enseigné vient d'autrui et vous est étranger, tandis que ce que vous découvrez vient de vous-même et est votre bien propre. Mais s'il est fort difficile, et rare, de trouver sans chercher, cela est aisé et facile quand on cherche, mais impossible pour celui qui ne sait pas chercher.

La mésentente a cessé et la concorde s'est accrue du jour où l'on a inventé un mode de calcul[7]. Grâce à lui, en effet, au lieu de l'esprit de surenchère, c'est l'égalité qui règne; c'est encore lui qui nous met d'accord avec ceux avec qui nous traitons d'affaires. Il permet ainsi aux pauvres de recevoir de ceux qui ont les moyens, et amène les riches à donner à ceux qui sont dans le besoin, puisque tous deux croient qu'ainsi ils jouiront de possessions égales[8]. D'autre part, il constitue un canon[9] et un frein pour les gens malhonnêtes : ceux qui savent recourir à ce mode de calcul se trouvent retenus de faire le mal, parce qu'il les persuade qu'ils ne pourront pas se cacher quand ils auront enfreint la règle; ceux qui ne savent pas ⟨y

recourir⟩ sont empêchés de faire le mal parce qu'il leur
montre que le mal réside en leur projet[1]. (*Florilège*, IV, 1,
139, éd. Hense.)

Jamblique.

C'est précisément pour cela qu'Archytas écrit dans son livre
Des mathématiques[2] : En effet, pour devenir savant [...] ne
sait pas chercher. (*De la science mathématique commune*, 11, éd.
Festa, p. 44, 10.)

LES ENTRETIENS

IV

Stobée.

Extrait des *Entretiens*[3] d'Archytas : Il semble bien que l'art
du calcul[4] rapporté à la philosophie[5] soit bien supérieur
aux autres arts, de par sa capacité à traiter, mieux encore
que ne le fait la géométrie, n'importe quel problème avec
une certitude plus grande [...][6]. Et dans les domaines où
la géométrie se révèle impuissante, l'art du calcul, tout en
fournissant aussi des démonstrations, peut de surcroît,
pour peu qu'il soit question de formes[7], traiter des
formes. (*Choix de textes*, I, préface, 4, 18, 8.)

ÉCRITS DOUTEUX

DE LA DÉCADE

V

Théon de Smyrne.

La décade embrasse en sa limite l'ensemble des nombres, puisqu'elle renferme en elle la nature tout entière, le pair et l'impair,
le mû et le non-mû, le bien et le mal. À son propos, Archytas,
dans son livre *De la décade*, et Philolaos, dans son livre *De la
nature*[8], fournissent des explications détaillées. (*Commentaires*,
éd. Hiller, 106, 7.)

DES FLÛTES

VI

Athénée.

Nombreux sont les philosophes pythagoriciens à avoir pratiqué l'art de la flûte : ainsi Euphranor, Archytas, Philolaos, et bien d'autres encore. Euphranor, d'ailleurs, a laissé un ouvrage intitulé *Des flûtes*, Archytas également[1]. (*Les Deipnosophistes*, IV, 184 E.)

MÉCANIQUE

VII

Vitruve.

Des ⟨ingénieurs⟩ comme Diadès, Archytas[2], Archimède, Ctésibios, Nymphodore, ou Philon de Byzance, ont eux aussi composé des ouvrages sur les machines. (*De l'architecture*, préface, VII, 14.)

DE L'AGRICULTURE

VIII

Varron.

Parmi les philosophes qui ont écrit en grec des traités d'agriculture, on compte Démocrite, le philosophe de la nature, Xénophon, le socratique, les péripatéticiens Aristote et Théophraste, et le pythagoricien Archytas[3]. (*Agriculture*, I, 1, 8.)

ÉCRITS APOCRYPHES

IX

1. *Des principes.* (Cité par Stobée, *Choix de textes*, I, XLI, 2.)
2. *De l'être.* (*Ibid.*, II, II, 4.)
3. *De l'univers,* ou *Des rapports constitutifs de l'univers*[1], ou *Des genres,* ou *Pour les lieux*[2]. (Simplicius, *Commentaires d'Aristote.*)
4. *Des opposés.* (*Ibid.*)
5. *De l'intellect et de la sensation.* (Stobée, *Choix de textes*, I, XLVIII, 6; et Jamblique, *Protreptique*, 10, éd. Pistelli, 55, 8.)
6. *De l'éducation morale.* (Stobée, *Choix de textes*, II, XXXI, 120; *Florilège*, III, 1, éd. Henze, 105-106.) *De l'éducation des enfants*[3]. (Philostrate, *Vie d'Apollonios de Tyane,* VI, 31.)
7. *Du bien et du bonheur de l'homme.* (Stobée, *Florilège*, III, 1, 107; III, III, 65; IV, L, 28.)
8. *De la sagesse.* (Jamblique, *Protreptique*, 4, 16 et suiv.)
9. *De la loi et de la justice.* (Stobée, *Florilège*, IV, 1, 135; IV, 1, 138; V, 61.)
10. *De l'âme*[4]. (Stobée, *Choix de textes*, I, CCCLXIX, 9.)
11. *Art culinaire.* (Athénée, *Les Deipnosophistes,* XII, 516 c.) *Lettres à Denys.* (Diogène Laërce, *Vies,* VII, 22.) *Lettres à Platon.* (*Ibid.*, VIII, 80.)

L'ÉCOLE PYTHAGORICIENNE

I

Proclus.

Après eux[1], vient Pythagore[2] qui a donné à la philosophie géométrique la forme d'une culture libérale, en reprenant les choses au commencement pour découvrir les principes, par un examen des théorèmes mettant en œuvre une méthode non empirique et purement intellectuelle ; c'est lui précisément qui découvrit la théorie des proportions[3] et l'existence d'une structure des formes de l'univers[4].

Après lui, Anaxagore de Clazomènes et Œnopide de Chio, de quelques années le cadet d'Anaxagore, se sont beaucoup intéressés à l'étude de la géométrie [...].

C'est un peu plus tard qu'Hippocrate de Chio, qui découvrit la quadrature du ménisque, et Théodore de Cyrène acquirent la célébrité comme géomètres. Hippocrate, en effet, est le premier parmi ceux dont on a gardé le nom, à avoir composé, entre autres, un ouvrage intitulé *Éléments*. Platon vint ensuite [...]. C'est à cette même époque que vécurent Léodamas de Thasos, Archytas de Tarente et Théétète d'Athènes, qui accrurent le nombre des théorèmes et leur conférèrent une plus grande rigueur scientifique. (*Commentaire sur le premier livre des Éléments d'Euclide*, éd. Friedlein, 65, 15.)

I *a*

Diogène Laërce.

24. Dans ses *Successions des philosophes*, Alexandre[5] affirme avoir fait cette autre découverte dans des *Mémoires pythagoriciens* : 25. la monade est le principe de toutes choses ; produite par la monade, la dyade indéfinie existe en tant que substrat matériel pour la monade, qui est cause ; c'est la monade et la dyade indéfinie qui ⟨engendrent⟩ les nombres, puis les nombres qui ⟨engendrent⟩ les points, puis les points qui ⟨engendrent⟩ les lignes. À leur tour celles-ci produisent les figures planes, lesquelles produisent les figures à trois dimensions, lesquelles produisent les corps

sensibles dont les éléments sont précisément au nombre de
quatre : le feu, l'eau, la terre et l'air, qui changent et se transforment entièrement les uns en les autres ; ce sont eux qui donnent
naissance à un monde animé, intelligent et sphérique au centre
duquel se trouve la Terre, elle-même sphérique et habitée sur
toute sa surface.   26. Il existe aussi des antipodes[1] et ce qui pour
nous est le bas est pour eux le haut. La lumière et l'obscurité se
partagent également l'univers, ainsi que le font le chaud et le
froid, le sec et l'humide. Quand le chaud l'emporte, c'est l'été ;
quand le froid l'emporte, c'est l'hiver ; quand le sec l'emporte,
c'est le printemps et quand l'humide l'emporte, c'est l'automne.
Quand tout s'équilibre, nous connaissons les meilleurs moments
de l'année, le plus sain se situant au début du printemps et le
moins salubre à la fin de l'automne. Et de même, l'aurore voit
s'épanouir le jour, le soir le voit dépérir : c'est cela qui rend le
soir malsain. Si l'éther[2] qui entoure la Terre est stagnant et insa-
lubre, et mortel tout ce qui s'y trouve, celui des couches supérieures, lui, est éternellement en mouvement, pur et sain, et tout
ce qui s'y trouve est immortel et, par conséquent, divin.   27. Le
Soleil, la Lune et tous les autres astres sont des dieux, puisque le
chaud prédomine en eux et qu'il est cause de la vie. La Lune
reçoit sa lumière du Soleil. Les hommes eux aussi ont une
parenté avec les dieux dans la mesure où l'homme participe du
chaud. C'est pourquoi Dieu exerce sur nous sa Providence. Le
destin[3] est la cause de l'ordonnance des choses, tant de l'ensemble
que de ses parties. Le rayonnement du Soleil pénètre l'éther,
qu'il soit froid ou dense (ils appellent   éther froid   l'air,
et   éther dense   la mer et tout ce qui est humide). Ce rayonnement plonge d'ailleurs jusqu'aux tréfonds et, pour cette
raison, confère la vie à toutes choses.   28. Car possède la vie tout
ce qui participe du chaud : c'est ce qui fait que les plantes aussi
sont vivantes. Mais il ne faut pas croire que tout possède une
âme. L'âme [végétative] en effet est une parcelle détachée à la fois
de l'éther chaud et de l'éther froid[4] ; elle diffère de la vie [animale]
parce qu'en elle se trouve mêlé aussi de l'éther froid. De plus,
l'âme est immortelle, puisque ce dont elle est une parcelle est
immortel. Quant aux êtres vivants, ils s'engendrent mutuellement par le moyen de semences[5], car la génération spontanée à
partir de la terre n'existe pas[6]. La semence est une goutte de cerveau et renferme en elle une vapeur humide et chaude. Dès son
introduction dans la matrice, de ⟨cette parcelle de⟩ cerveau
s'échappent le sérum, le liquide et le sang, dont sont constitués
les chairs, les nerfs, les os, les poils et la totalité du corps[7] ; et à

partir de la vapeur humide se constituent l'âme et les sens. 29. La coagulation initiale se constitue et prend sa forme au bout de quarante jours ; le fœtus, entièrement constitué au bout de sept, ou neuf, ou dix mois au plus, selon les rapports de l'harmonie[1], est alors mis au monde. Il possède en lui tous les rapports vitaux, qui constituent une série continue, régie par les rapports de l'harmonie, et se manifestent successivement à des moments dont l'opportunité est réglée. Quant aux sens en général, et tout spécialement la vue, c'est une vapeur particulière, très chaude, qui les constitue ; c'est — toujours d'après eux — ce qui permet de voir à travers l'air et l'eau[2] : en effet, le chaud forme une barrière résistant au froid puisque — la chose est certaine —, si la vapeur humide renfermée dans les yeux était froide, elle se dissiperait dans l'air, auquel elle serait semblable. Or ce n'est pas le cas. En certains passages, il appelle les yeux les portes du Soleil. Il soutient les mêmes théories à propos de l'ouïe et des autres sens.

30. L'âme humaine, elle, se divise en trois parties : l'intellect, la conscience et les passions[3]. L'intellect et les passions se rencontrent également chez tous les êtres vivants, mais la conscience n'existe que chez l'homme. Le principe de l'âme s'étend du cœur au cerveau ; les passions ont leur siège dans le cœur, alors que l'intellect et la conscience résident dans le cerveau. Quant aux sens, ce sont des gouttes qui en proviennent. Seule la partie consciente est immortelle, alors que le reste est mortel. L'âme se nourrit du sang, et les paroles[4] sont des souffles de l'âme. Elles ne sont pas plus visibles qu'elle-même, vu que l'éther lui non plus n'est pas visible. 31. Les veines, les artères et les nerfs sont les liens de l'âme. À cela s'ajoute que, lorsqu'elle est ferme et demeure immobile en elle-même, paroles et actes deviennent pour elle des liens. Une fois chassée de son séjour terrestre, elle vagabonde[5] dans l'air, avec l'apparence du corps. C'est Hermès l'intendant des âmes ; et si on l'appelle le « conducteur », le « passeur » et le « souterrain », c'est précisément parce que c'est lui qui, à leur sortie du corps, conduit les âmes [chez Hadès] hors du séjour terrestre et des profondeurs marines. Et, si les âmes pures sont conduites dans la région la plus élevée, les âmes impures, elles, ne les approchent pas ni ne se fréquentent entre elles, mais sont enchaînées par les Érinnyes dans des liens infrangibles. 32. D'ailleurs l'air est plein d'âmes : on pense qu'il s'agit là des démons et des héros ; ce sont eux qui envoient aux hommes les songes et les présages de maladie comme de bonne santé concernant non seulement les hommes, mais aussi les troupeaux et les bestiaux ; c'est à eux que s'adressent les purifications

et les sacrifices destinés à détourner les fléaux, ainsi que la divination sous toutes ses formes, les invocations et tous les rites du
même genre. Il dit encore que ce qui compte le plus dans la vie
des hommes, c'est d'inciter l'âme au bien plutôt qu'au mal. Bienheureux sont les hommes, quand une âme valeureuse leur est
conférée ; sinon, ils ne sont jamais en repos et ne peuvent jamais
garder une même ligne d'action.   33. De plus, le droit garantit
les serments : c'est pour cela que Zeus est appelé dieu des serments. L'excellence est harmonie, comme la santé, le bien en
général et Dieu ; cela explique que pour lui, l'harmonie générale
préside à la constitution du monde. L'amitié, elle, est une égalité
parfaitement harmonieuse. Il ne faut pas honorer les dieux et les
héros également : pour les dieux, à tout moment on doit observer
un silence respectueux, être vêtu de vêtements blancs et s'être
purifié ; mais on ne prodigue ces marques de respect aux héros
qu'après l'heure de midi[1]. La purification comporte les sacrifices
expiatoires, les lustrations, les aspersions, et implique qu'on se
tienne à l'écart des funérailles, des accouchements et des souillures quelles qu'elles soient ; elle exige aussi qu'on s'abstienne de
toucher et de manger les viandes d'animaux morts ainsi que des
rougets, des bogues[2], des œufs et des animaux ovipares, des
fèves[3] et toutes les autres choses dont doivent s'abstenir formellement ceux qui célèbrent les cérémonies dans les sanctuaires.
(*Vies*, VIII, 24-33.)

II

Stobée.

Extrait de l'*Arithmétique* d'Aristoxène : Il semble que Pythagore ait porté l'intérêt le plus vif à la recherche sur les nombres et
que, au lieu de s'en tenir à l'usage qu'en font les marchands, il
l'ait fait fortement progresser, allant jusqu'à assimiler toutes
choses à des nombres. En effet, le nombre contient tout ce qui
n'est pas lui, et il y a un rapport de tous les nombres entre eux.
[...] Les Égyptiens, eux, rapportent l'invention du nombre à
Hermès, qu'ils appellent Thot ; d'autres encore affirment qu'il
est un concept formé à partir des révolutions divines ⟨des
astres⟩. La monade est donc le principe du nombre, et le
nombre la multiplicité composée à partir des monades. Parmi les
nombres, sont pairs ceux qui se divisent en parts égales, et
impairs ceux qui se divisent en parts inégales et ont une unité
médiane[4]. C'est ainsi — croient-ils — que les jours impairs

voient les maladies entrer dans leurs phases décisives, et évoluer selon un commencement, un point culminant et un déclin, vu que le ⟨nombre⟩ impair comporte à la fois commencement, fin et milieu. (*Choix de textes*, I, préface, 6.)

III

Diodore de Sicile.

Callimaque a dit de Pythagore que, s'il avait découvert lui-même une partie de ses problèmes de géométrie, il en avait aussi rapporté d'autres d'Égypte pour les introduire, le premier, en Grèce. Ne dit-il pas :

> *La figure trouvée par le Phrygien Euphorbe [...]*[1] ?
>
> (*Bibliothèque historique*, X, 6, 4.)

IV

Aristote.

À l'époque de Leucippe et de Démocrite, et même déjà avant eux, ceux qu'on appelle les pythagoriciens s'intéressèrent les premiers aux mathématiques et les firent progresser. Comme ils avaient été élevés dans cette science, ils crurent que ses principes étaient les principes de toutes choses; et, puisque par nature les nombres sont les premiers des principes mathématiques, c'est dans les nombres qu'ils pensaient voir de nombreuses similitudes avec les êtres éternels ainsi qu'avec les créatures soumises au devenir, bien plus encore que dans le feu, la terre et l'eau (c'est ainsi que telle propriété des nombres représentait la justice, telle autre l'âme et l'intellect, telle autre le moment opportun et de même pour à peu près tout ce qui leur ressemblait); puisqu'en outre, ils voyaient que les propriétés et les rapports musicaux étaient exprimables par des nombres, et puisque enfin, toutes les autres choses étaient, de toute évidence, à la ressemblance des nombres, qui eux-mêmes étaient premiers dans tout ce que comporte la nature, ils formèrent l'hypothèse que les éléments des nombres sont les éléments de toutes choses, et que le ciel tout entier est harmonie et nombre[2]. Toutes les concordances qu'ils pouvaient mettre en évidence dans les nombres et la musique avec les phénomènes et les parties du ciel ainsi qu'avec l'ordonnance universelle, ils les rassemblèrent pour les incorporer à leur système. Et, quand ils remarquaient quelque part une lacune, ils se hâtaient d'ajouter un maillon pour assurer la parfaite cohérence de leur système. Je prends ici un exemple : puisque la décade semble être parfaite et embrasser la nature des nombres dans son ensemble, ils affirment que les corps qui parcourent le ciel sont également au nombre de dix; mais comme l'on n'en voit que neuf, ils en inventent pour les besoins de la cause un dixième, l'anti-Terre[1]. Nous avons abondamment expliqué tout cela, en d'autres ouvrages[2], de manière plus exacte. (*Métaphysique*, A, v, 985 *b* 23.)

Alexandre d'Aphrodise.

C'est dans son *Traité du ciel* et dans ses *Opinions des pythagoriciens*[3] qu'Aristote en parle de manière plus exacte[4]. (*Commentaire sur la Métaphysique d'Aristote*, p. 41, 1.)

C'est au deuxième livre de son *De la doctrine des pythagoriciens* qu'il parle de l'ordonnance du ciel, que les pythagoriciens faisaient dépendre des nombres. (*Ibid.*, p. 75, 15.)

Pseudo-Aristote.

C'est Pythagore qui le premier a entrepris de parler de la vertu, mais de façon non correcte. En effet, en ramenant les vertus aux nombres, il n'a pas construit la théorie propre des vertus; car la justice n'est pas le carré d'un nombre[5]. (*Grande morale*, I, 1, 1182 *a* 11.)

Aristote.

Auparavant[6], les pythagoriciens avaient cherché la définition de certaines choses, fort peu nombreuses, dont ils rapportaient les concepts aux nombres (par exemple, le moment opportun, le juste, le mariage); mais lui, [Démocrite], s'efforçait avec raison de découvrir l'essence. (*Métaphysique*, M, IV, 1078 *b* 21.)

Certains croient que la justice est purement et simplement la réciprocité , comme les pythagoriciens l'ont prétendu, qui définissaient purement et simplement le juste comme le traitement réciproque. (*Éthique à Nicomaque*, V, VIII, 1132 *b* 21.)

v

Aristote.

Or, de toute évidence, le nombre est, toujours pour les pythagoriciens, principe, aussi bien comme matière pour les êtres qu'en tant qu'il constitue leurs propriétés et leurs manières d'être. Les éléments du nombre sont le pair et l'impair, celui-ci étant limité et celui-là illimité; l'Un procède de ces deux éléments, puisqu'il est à la fois pair et impair; le nombre procède de l'Un et le ciel en sa totalité est nombre, comme on l'a dit[7].

D'autres[1], toujours parmi les pythagoriciens, fixent le nombre des principes à dix, et les rangent en deux séries parallèles : limité et illimité, impair et pair, un et multiple, droite et gauche, mâle et femelle, en repos et en mouvement, droit et courbe, lumière et ténèbre, bon et mauvais, carré et oblong.

C'est cette conception qui semble avoir été celle d'Alcméon de Crotone ; toujours est-il que cette théorie a été empruntée, soit par Alcméon aux pythagoriciens, soit par eux à Alcméon. Et de fait, ⟨l'adolescence d'⟩Alcméon coïncide avec les dernières années de la vie de Pythagore ; d'autre part, il professa une doctrine voisine de celle des pythagoriciens. C'est ainsi qu'il dit que la plupart des choses humaines vont par deux ; il songe alors, non à des oppositions définies comme chez les pythagoriciens, mais à toutes les sortes d'oppositions possibles, comme blanc/ noir, doux/amer, bon/mauvais, grand/petit. Mais il ne s'est pas donné la peine de les définir avec plus de précision, alors que les pythagoriciens, eux, ont précisé le nombre et la nature des opposés. Quoi qu'il en soit, ils sont tous deux[2] d'accord pour affirmer que les opposés sont les principes des êtres ; mais leur nombre et leur nature, ce sont les seconds [les pythagoriciens], qui les précisent. Pourtant, comment il est possible de ramener ces principes aux causes dont on a parlé, ils ne l'ont pas dit claire- ment ; on dirait qu'ils rangent les éléments dans ce que j'appelle- rais l'espèce de la matière, puisque, selon eux, c'est à partir de ces éléments tenus pour immanents que la substance est constituée et façonnée.

Tout cela nous permet donc de nous faire une idée suffisante de la pensée des anciens philosophes[3] pour qui il y a aussi pluralité des éléments de la nature. Il en est d'autres[4], qui ont traité de l'univers comme si la nature était une, mais pas tous avec un égal bonheur, tant pour ce qui est de la formulation que pour ce qui concerne l'accord avec ⟨les faits de⟩ nature. Cependant, dans l'examen des causes que nous menons en ce moment, nous n'avons pas à nous embarrasser de ces opinions mêmes. Ces auteurs ne raisonnent pas en effet comme certains philosophes de la nature[5], qui, posant comme hypothèse que l'être est un, engendrent l'être à partir de l'Un, pris comme matière. Mais le langage qu'ils tiennent est tout autre : car, si les autres ajoutent le mouvement puisque, assurément, ils font de l'univers quelque chose d'engendré, eux affirment que l'univers est soustrait au mouvement. (*Métaphysique*, A, v, 986 *a* 15.)

VI

Aristote.

Les pythagoriciens, semble-t-il, parlent du bien d'une façon plus convaincante, quand ils placent l'Un dans leur colonne des biens. (*Éthique à Nicomaque*, I, IV, 1096 *b* 5.)

VII

Aristote.

Car, comme les pythagoriciens l'imaginaient, le mal relève de l'illimité et le bien du limité. (*Éthique à Nicomaque*, II, V, 1106 *b* 29.)

VIII

Aristote.

Jusqu'à l'école italique[1] exclusivement, tous les philosophes ont traité de façon plutôt obscure[2] des principes, à ceci près que nous savons qu'ils ont eu, en fait, recours à deux causes, comme nous l'avons dit, et que l'une des deux, celle qui est à l'origine du mouvement, est considérée par les uns comme une, et par les autres comme double[3]. Quant aux pythagoriciens, ils ont, de la même manière, parlé de deux principes, en y ajoutant toutefois ceci qui, reconnaissons-le, leur est propre : le limité et l'illimité [et l'Un][4] ne sont pas, d'après eux, des réalités physiques autres[5], comme le feu, la terre ou tel autre élément, mais c'est l'illimité même et l'Un même qui constitue la substance des choses auxquelles on les attribue — c'est ce qui explique justement que la substance de toutes choses est le nombre. Telle est donc l'explication qu'ils ont donnée sur ce point. D'autre part, ils sont les premiers à avoir posé la question de l'essence et à avoir tenté de la définir, mais de manière simpliste. En effet, leur manière de définir était superficielle, et ils estimaient que le premier [terme] répondant à la définition donnée était la substance de la chose ; c'est comme si l'on croyait à l'identité du double et du deux, sous prétexte que double est le premier attribut que l'on reconnaît appartenir au deux. Or il est probable que l'essence du double et celle du deux ne sont pas identiques ; sinon, cela reviendrait à dire que l'Un est multiple[6] — ce que, précisément, ils étaient amenés à dire. (*Métaphysique*, A, V, 987 *a* 9.)

IX

Aristote.

Les pythagoriciens, eux aussi, affirment l'existence d'un seul nombre, le nombre mathématique ; mais celui-ci, loin d'exister séparément, constitue pour eux les substances sensibles mêmes. Ils construisent en effet la totalité du ciel à partir des nombres, mais ces nombres ne sont pas composés d'unités [arithmétiques abstraites], car ils partent de l'hypothèse que les unités sont des grandeurs spatiales. Néanmoins, comment il se fait que le premier Un possède, de par sa constitution, l'étendue, ils sont incapables, semble-t-il, de l'expliquer. (*Métaphysique*, M, vi, 1080 *b* 16.)

X

Aristote.

Si, en un certain sens, la manière dont les pythagoriciens conçoivent le nombre présente moins de difficultés que les systèmes dont il vient d'être question[1], elle en comporte d'autres qui lui sont propres. En effet, en ne conférant pas au nombre une existence séparée [du sensible], on supprime beaucoup d'impossibilités ; mais il y a impossibilité à affirmer en même temps que les corps ont les nombres pour matière et que ce nombre est mathématique[2]. En effet, parler de grandeurs insécables[3] ne s'accorde pas non plus avec la vérité ; et, quand cela serait, on doit reconnaître que les unités n'ont pas d'étendue ; d'ailleurs comment serait-il possible qu'une étendue soit composée d'indivisibles ? Or c'est le nombre arithmétique qui est composé d'unités. Mais cela n'empêche pas les pythagoriciens de penser que les êtres sont le nombre, ou du moins, d'appliquer aux corps leurs spéculations, comme si ceux-ci avaient ces nombres pour matière. (*Métaphysique*, M, viii, 1083 *b* 8.)

XI

Aristote.

Tous ceux qui, comme les pythagoriciens et Speusippe, présupposent que le Beau et le Bien suprêmes ne résident pas dans le principe — étant donné que les principes des végétaux et des animaux sont causes —, mais que la beauté et la perfection ne se rencontrent que dans ceux [végétaux et animaux adultes et parfaits] dont leur génération procède, tous ces auteurs soutiennent une thèse incorrecte. (*Métaphysique,* Λ, vii, 1072 *b* 30.)

XII

Aristote.

Quant à la *participation,* Platon s'est contenté d'en changer le nom[1] : alors que les pythagoriciens disent que les êtres existent par *imitation* des nombres, Platon dit que c'est par *participation.* Mais ni eux ni lui n'ont entrepris de rechercher quelle était l'essence de cette *participation* ou de cette *imitation* des formes. (*Métaphysique,* A, vi, 987 *b* 10.)

XIII

Aristote.

Qu'en tout état de cause, l'Un soit substance et non prédicat de quelque chose d'autre, Platon l'admettait, d'accord avec les pythagoriciens sur cela comme sur le fait que les nombres sont causes de la substance des autres êtres. Mais ce qui est propre à Platon, c'est de substituer à l'illimité, conçu comme un, la dyade et de faire provenir l'illimité du grand et du petit; c'est de même affirmer que les nombres et les sensibles existent de façon distincte, alors que les pythagoriciens pensent que les objets eux-mêmes sont nombres, et ne placent pas comme intermédiaires [entre les nombres et les sensibles] les objets mathématiques. Avoir établi cette distinction entre l'Un et les nombres d'un côté, et les choses de l'autre, en s'écartant du modèle pythagoricien, et avoir introduit les Formes, voilà qui est à imputer à ses recherches sur les définitions; car ses prédécesseurs, eux, ne s'occupaient pas de dialectique. (*Métaphysique,* A, vi, 987 *b* 22.)

XIV

Théophraste.

Pour leur part, Platon et les pythagoriciens, qui conçoivent une grande distance entre toutes les choses ⟨sensibles⟩ [et les principes, considèrent pourtant] qu'elles cherchent à *imiter* l'Un[2]. Cependant, comme ils établissent une espèce d'opposition entre la dyade indéfinie et l'Un, et comme la dyade est ce en quoi réside à la fois l'illimité, le désordonné et, en un mot, tout ce qui est absence de forme en soi, leur univers ne peut en aucune façon, de par sa nature, exister sans la dyade : celle-ci revêt alors une importance égale, ou même supérieure, à l'autre principe, en tant que[1] les principes sont des contraires. C'est pourquoi ceux qui font remonter à Dieu la causalité pensent que Dieu n'a pas les moyens de mener toutes choses à leur point de perfection, mais ne peut que s'y efforcer dans les limites du possible[2]. (*Métaphysique*, IX, 11 *a* 27.)

XV

Aétius.

Pour Pythagore de Samos, fils de Mnésarchos, qui fut le premier à employer le terme de *philosophie*, les principes sont d'une part les nombres et leurs rapports (qu'il appelle aussi *harmonies*) et, d'autre part, les éléments composés des deux, qu'il appelle *géométriques*. Plus tard il rangea la monade et la dyade indéfinie parmi les principes. Pour lui, le premier de ces principes correspond à la cause efficiente et formelle, c'est-à-dire à l'Intellect divin, tandis que le second correspond à la cause passive et matérielle, c'est-à-dire au monde visible. D'autre part, il considère que la nature du nombre est la décade[3] : de fait, les Grecs, comme toutes les nations barbares, comptent jusqu'à dix, après quoi on repart de l'unité[4]. Et, toujours selon lui, la puissance du nombre 10 est renfermée dans le nombre 4 et dans la tétrade. En voici la raison : si, partant de l'unité, on additionne les quatre premiers nombres, on obtiendra le nombre 10; de plus, si on dépasse la tétrade on dépassera aussi le nombre 10; ou bien encore : 1 plus 2 plus 3 plus 4 égalent 10. Donc le nombre, selon l'unité, est renfermé dans le 10 et, selon la puissance, dans le 4.

C'est précisément pour cette raison que les pythagoriciens prêtaient serment sur la tétrade qui constituait pour eux la chose la plus sacrée :

> *Non, par celui qui a révélé à nos têtes*
> *La tétractys, qui est la source et la racine*
> *De la nature inépuisable[5].*

En outre, toujours selon Pythagore, c'est d'une tétrade que notre âme est constituée : l'intellect, la science, l'opinion et la sensation, d'où découlent tout art et toute science, et aussi notre qualité d'être raisonnable. (*Opinions*, I, III, 8.)

XVI

Pseudo-Aristote.

[À propos de la décade[1].] [...] ou bien parce que la somme des cubes des quatre ⟨premiers⟩ nombres, dont les pythagoriciens disent que l'univers est constitué, est égale à l'analogue de dix[2]. (*Problèmes*, XV, III, 910 *b* 36.)

XVII

Aristote.

Car — c'est aussi l'opinion des pythagoriciens — c'est le nombre 3 qui définit le Tout et toutes les choses, puisque ce sont les constituants de la triade : fin, milieu et commencement, qui constituent aussi le Tout. (*Traité du ciel*, I, I, 268 *a* 10.)

XVIII

Eudème.

Voici ce qu'Eudème dit textuellement des pythagoriciens, au premier livre de son *Histoire de l'arithmétique* :

« De plus, il se trouve que les rapports des trois accords de quarte, de quinte et d'octave sont contenus dans les neuf premiers nombres, puisque la somme de 2 plus 3 plus 4 est égale à 9[3]. » (Cité par Porphyre, *Commentaire sur les Harmoniques de Ptolémée*, I, VII, éd. Düring, 115, 4.)

XIX

Euclide.

« Dans un triangle rectangle, le carré construit sur l'hypoténuse est égal à la somme des carrés construits sur les côtés de l'angle droit. »

Parmi les gens qui prétendent écrire l'histoire des temps anciens, il en est pour attribuer ce théorème à Pythagore et pour dire qu'il sacrifia un bœuf à l'occasion de cette découverte[4]. (Cité par Proclus, *Commentaire sur le premier livre des Éléments d'Euclide*, I, XLVII, éd. Friedlein, 426, 6.)

XX

Euclide.

« Appliquer sur une droite donnée un parallélogramme de surface égale à celle d'un triangle donné, selon un angle rectiligne donné. »

Ce serait une découverte fort ancienne, si l'on en croit les gens de l'école d'Eudème, et appartenant à la muse des pythagoriciens, que celle de la parabole des aires, de leur hyperbole et de leur ellipse[1]. (Cité par Proclus, *Commentaire sur le premier livre des Éléments d'Euclide*, I, XLIV, éd. Friedlein, 419, 15.)

XXI

Euclide.

« Quel que soit le triangle, quand on prolonge l'un de ses côtés, l'angle extérieur est égal à la somme des deux angles intérieurs et opposés, et la somme des trois angles intérieurs du triangle est égale à deux droits. »

C'est aux pythagoriciens que le péripatéticien Eudème fait remonter la découverte de ce théorème selon lequel tout triangle a ses angles intérieurs égaux à deux droits. Voici comment, selon lui, ils le démontraient :

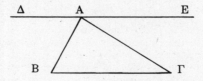

« Soit le triangle ABΓ et ΔE la parallèle à BΓ menée par A. Puisque BΓ et ΔE sont parallèles et que les angles alternes-⟨internes⟩ sont égaux, l'angle ΔAB est donc égal à l'angle ABΓ et l'angle EAΓ est égal à l'angle AΓB. Ajoutons aux deux[2] l'angle commun BAΓ. La somme des angles ΔAB, BAΓ, et EAΓ, c'est-à-dire celle des angles ΔAB et BAE, c'est-à-dire deux droits, est bien égale à la somme des trois angles du triangle ABΓ. » (Cité par Proclus, *Commentaire sur le premier livre des Éléments d'Euclide*, I, XXXII, éd. Friedlein, 379, 2.)

XXII

Aristote.

Ceux qu'on appelle pythagoriciens usent de principes et d'éléments plus extraordinaires ⟨encore⟩ que ceux dont usent les philosophes de la nature[1]. La raison en est qu'ils ne les abstraient pas des choses sensibles, puisque les objets mathématiques, à l'exception de ceux dont traite l'astronomie[2], se classent parmi les êtres dépourvus de mouvement.

Pourtant tout ce dont ils disputent ou s'occupent a pour objet la nature : ainsi ils font naître le ciel et en observent minutieusement les parties, les attributs et les fonctions; mais ils y gaspillent leurs principes et leurs causes, comme s'ils s'accordaient avec les autres philosophes de la nature pour réduire le réel au sensible et au contenu de ce qu'on nomme le ciel. Car les causes et les principes dont ils parlent devraient, ainsi que nous l'avons dit[3], leur permettre d'accéder à un ordre de réalités plus élevé, auquel ils conviennent bien mieux qu'aux considérations propres à la physique. Cependant, étant donné qu'ils ne posent rien en dehors de la limite et de l'illimité, et du pair et de l'impair, ils ne soufflent mot de la manière dont se produit le mouvement; et ils n'expliquent pas davantage comment, en l'absence de mouvement et de changement, il peut y avoir génération et corruption, ou révolution effective des objets qui se déplacent dans le ciel. Bien plus : si on leur concédait que l'étendue peut découler de ces principes[4], en admettant même qu'ils l'aient démontré, comment expliquer que certains corps soient légers et d'autres lourds ? En effet, dans leurs hypothèses comme dans leurs théories, ils ne rendent pas davantage compte de l'existence des corps mathématiques que de celle des corps sensibles; aussi, s'ils n'ont jamais rien dit ni du feu ni de la terre ni de tous les autres corps semblables, c'est, à mon avis, parce qu'ils n'avaient rien à dire des corps sensibles qui pût les concerner en propre. Autre point : comment doit-on comprendre que les attributs du nombre et le nombre lui-même sont causes de ce qui est dans le ciel, comme de ce qui devient [dans le monde sublunaire], si aucun nombre n'existe en dehors de celui dont est constitué le monde ? Ils ont beau placer, en effet, en telle partie du monde, l'*opinion* et le *moment opportun*, et un peu au-dessus ou au-dessous, l'*injustice* et la *décision* ou le *mélange*, et dire — en guise de démonstration — que chacune de ces choses est un nombre[5] et que déjà se trouve réunie en ce lieu une multitude de grandeurs ainsi constituées du fait que les attributs de

chaque nombre sont attachés chacun à son lieu propre, on reste
en droit de se demander si, dans ces conditions, ce nombre
— qu'il faut comprendre comme constituant l'être de chacune
des choses — est le même que celui qui est dans le ciel, ou un autre
que lui[1]. (*Métaphysique*, A, VIII, 989 *b* 29.)

XXIII

Aristote.

Certains pensent que les limites du corps, c'est-à-dire la surface, la ligne, le point et l'unité, sont des substances, davantage
encore que le corps et le solide. Ajoutons encore que pour les
uns[2], il n'y a pas de substance en dehors des êtres sensibles, alors
que pour les autres, il existe des êtres éternels, bien plus nombreux et plus réels; ainsi chez Platon, qui avec les Formes [...].
(*Métaphysique*, Z, II, 1028 *b* 16.)

XXIV

Aristote.

Il y en a qui, partant du fait que le point est la limite et l'extrémité de la ligne, la ligne celles de la surface, et la surface celles du
solide, vont jusqu'à conclure nécessairement à l'existence de
telles réalités naturelles. (*Métaphysique*, N, III, 1090 *b* 5.)

XXV

Aristote.

Il y en a qui soulèvent la question[3], même dans le cas du cercle
et du triangle pour lesquels il ne leur paraît pas convenable de
fournir une définition faisant appel aux lignes et au continu[4] :
pour eux, en effet, tous ces [principes] sont simplement ce que les
chairs et les os sont à l'homme, ou le bronze et la pierre à la statue.
Ils ramènent tous ces principes aux nombres et déclarent que le
logos[5] de la ligne est celui du 2. (*Métaphysique*, Z, XI, 1036 *b* 8.)

XXVI

Aristote.

Les pythagoriciens admettent-ils, ou non, la génération des
êtres éternels? Sur ce point, il ne doit pas subsister le moindre

doute : ils disent très clairement que, dès que l'Un est constitué, que ce soit à partir de plans, de *couleurs*[1], de semences ou d'éléments (qu'ils sont bien en peine de préciser), aussitôt la partie la plus proche de l'illimité a commencé d'être attirée et limitée par la limite. Mais, puisqu'ils construisent un monde et veulent parler le langage de la physique, il est normal que nous nous livrions à une certaine mise en question de leur physique ; toutefois, pour le moment, laissons cette critique de côté. (*Métaphysique*, N, III, 1091 *a* 13.)

XXVII

Aristote.

On pourrait encore se demander quel bien les choses retirent des nombres, quand leur mélange constitutif réside dans un nombre correspondant à un rapport *heureux*[2] ou bien impair. Car aussi bien, ce n'est pas parce que l'hydromel est allongé d'eau dans la proportion de 3 × 3 qu'il est meilleur pour la santé : il suffirait, pour qu'il soit beaucoup plus profitable à la santé, qu'on l'étende d'eau dans une proportion quelconque, au lieu de l'absorber pur, dût cette pureté résider dans un nombre. Ajoutons ici que les rapports qui règlent les mélanges sont constitués par des additions de nombres, et non par des multiplications : par exemple 3 + 2 et non 3 × 2. En effet dans les multiplications, il faut que les choses que l'on multiplie relèvent du même genre, ce qui implique que le produit 1 × 2 × 3 doit pouvoir être mesuré par 1, comme doit pouvoir l'être par 4 celui de 4 × 5 × 7. Ainsi tous les produits dans lesquels entre un même facteur sont mesurables par le même facteur. Donc le nombre du feu ne pourra pas, de toute évidence, être le produit de 2 × 5 × 3 × 7, si celui de l'eau est de 2 × 3.

Puis, si toutes choses participent nécessairement au nombre, beaucoup de choses sont nécessairement les mêmes, et le même nombre devra définir plusieurs choses différentes. Faut-il dire que c'est en lui [le nombre] que réside la cause et que c'est lui qui fait que l'objet existe ? Ou bien la chose est-elle obscure ? Prenons un exemple : tel nombre définit la course du Soleil, tel autre celle de la Lune, un troisième la vie et l'âge de chaque être vivant : qu'est-ce qui empêche certains de ces nombres d'être carrés, certains autres cubiques et égaux, et d'autres doubles ? Assurément rien, et leurs révolutions devraient résider dans ces nombres si toutes choses participaient au nombre et s'il était possible que des choses différentes tombent sous le même nombre. Si bien que, si le même nombre venait à échoir à plusieurs choses, elles seraient identiques entre elles, puisqu'elles auraient la même forme de nombre : ainsi le Soleil et la Lune seraient identiques.

Mais alors, qu'est-ce qui pourrait faire que les nombres soient causes ? Il y a sept voyelles[1], sept cordes ou modes musicaux, sept Pléiades ; c'est à l'âge de sept ans que certains animaux perdent leurs dents — mais pas tous ! — et ils furent sept contre Thèbes[2]. Tient-il à la nature du nombre sept, qu'ils furent sept contre Thèbes, ou que la constellation des Pléiades compte sept étoiles ? N'est-ce pas plutôt le nombre des portes de Thèbes, ou n'importe quelle autre raison, qui explique qu'ils furent sept ? Quant aux Pléiades, c'est nous qui comptons sept étoiles (comme nous en comptons douze pour l'Ourse), mais d'autres peuples en comptent davantage[3] ! On dit encore que les lettres Ξ [ks], Ψ [ps] et Z [ds] sont consonantes[4], et que leur nombre [trois] vient du fait que celui des accords est de trois. Mais on ne se rend pas compte que cela pourrait être vrai de dizaines de milliers de lettres ! Car ne pourrait-on pas exprimer le son *gr*, par exemple, par un signe unique ? En fait, s'il n'existe pas d'autre consonne double que ces trois-là, c'est parce qu'il n'y a dans la bouche que trois régions d'appui pour chacune des lettres auxquelles le Σ [s] est accolé[5] : c'est cela qui explique qu'elles ne sont que trois, et non le fait qu'il n'existe que trois accords. Car aussi bien, il existe bien plus de trois accords, alors qu'il est impossible qu'il existe plus de trois consonnes doubles. Ainsi les pythagoriciens font penser aux anciens commentateurs d'Homère[6], qui s'attachent à des ressemblances de détail sans voir les ressemblances essentielles. Certains disent d'ailleurs que les rencontres du même genre sont nombreuses : ainsi les nombres définissant les cordes intermédiaires sont 9 et 8, et celui des syllabes du vers épique est 17, qui est égal à 9 + 8 ; d'ailleurs, on scande neuf syllabes pour l'hémistiche droit[7] et huit pour le gauche. On rapproche aussi l'intervalle entre l'*alpha* et l'*oméga* de celui qui sépare — sur la flûte — la note la plus basse de la plus aiguë : [la *nète*[8]], note dont le nombre est égal à celui qui définit l'harmonie céleste[9]. Mais il faut prendre garde au fait que l'on ne rencontrerait pas la moindre difficulté à affirmer ou à découvrir des correspondances de ce genre dans le domaine des êtres éternels, vu qu'il n'est pas difficile d'en trouver même chez les êtres corruptibles.

Mais les propriétés naturelles des nombres, tant vantées, les contraires des nombres et, plus généralement, les réalités mathé-

matiques, comme en parlent certains qui en font les causes de la
nature, semblent s'évanouir quand on procède à une étude critique du genre de la nôtre : car aucune de ces propriétés numériques ne saurait être cause, en aucun des sens que nous avons
définis lors de notre examen des principes[1].

Malgré tout, ces philosophes ont le mérite de souligner que
le Bien existe et que c'est à la colonne du Beau[2] que ressortissent
l'impair, le rectiligne, l'égal et les puissances de certains
nombres. Un rapport unit en effet les saisons à une espèce particulière de nombre[3]; et tous les autres rapprochements qu'ils
effectuent à partir de propositions mathématiques ont la même
valeur : c'est ce qui fait qu'ils paraissent accidentels; car c'est bien
d'accidents qu'il s'agit, en dépit de la parenté d'ailleurs réelle,
entre les termes que l'on rapproche, mais qui ne sont un que par
analogie. En effet, le terme analogue se rencontre dans chacune
des catégories de l'être : ce que la droite est dans la longueur, le
plan l'est dans la surface, et probablement l'impair dans le nombre
et le blanc dans la couleur. (*Métaphysique*, N, VI, 1092 *b* 26 et suiv.)

XXVIII

Aristote.

En effet tous ceux qui se sont occupés sérieusement, semble-
t-il, de cet aspect de la philosophie, ont raisonné sur l'illimité en
le posant comme un certain principe des êtres. Les uns, comme
les pythagoriciens et Platon, le tiennent pour une chose en soi,
non pour un accident rapporté à quelque chose d'autre, et pensent que l'illimité est par lui-même une substance. Les pythagoriciens cependant le rangent parmi les sensibles (puisqu'ils ne font
pas du nombre une entité séparée) et pensent que ce qui est à
l'extérieur du ciel est illimité[4]. [...] Toujours selon eux, l'illimité,
c'est le pair, puisque c'est lui qui, embrassé et limité par l'impair,
confère aux êtres leur illimitation[5]. La preuve en est donnée par
ce qui se produit en arithmétique : en effet, si l'on ajoute les *gnomons*[6] autour de l'unité, on obtient toujours une figure identique, tandis que si on les ajoute sans partir de l'unité, la figure
sera toujours autre. (*Physique*, III, IV, 203 *a* 1.)

Stobée.

Si l'on ajoute autour de l'unité les *gnomons* impairs successifs,
on obtient toujours un nombre carré; mais si ce sont les *gnomons*
pairs qu'on ajoute de même, ce sont des nombres hétéromèques

et inégaux, dont aucun ne sera carré, qu'on obtient. (*Choix de textes*, I, préface, x, 22.)

Simplicius.

Les pythagoriciens, de leur côté, disaient que l'illimité est le nombre pair, parce que tout nombre pair est — au dire des commentateurs — divisible en [deux] parties égales, et que ce qui se divise en deux parties égales est, selon la division dichotomique[1], illimité, puisque la division en moitiés égales renvoie à l'infini. Au contraire, l'addition d'un nombre impair limite le pair, interdisant la division en moitiés égales. [...] Il est évident que ce n'est pas aux nombres, mais aux grandeurs qu'ils appliquent la division à l'infini. (*Commentaire sur la Physique d'Aristote*, 455, 20.)

XXIX

Aristote.

C'est donc en tant qu'accident que l'illimité existe. Mais dans ces conditions, avons-nous dit[2], ce n'est pas lui, mais bien ce dont il est l'accident qu'il convient d'appeler principe, c'est-à-dire l'air[3] ou le pair. Si bien que ceux qui adoptent la thèse pythagoricienne paraissent tenir un propos absurde, en voulant faire de l'illimité une substance dans le même temps qu'ils le soumettent à la division en parties. (*Physique*, III, v, 204 *a* 29.)

XXX

Aristote.

Les pythagoriciens affirment, eux aussi, l'existence du vide : il pénètre à travers le ciel même[4] à la façon d'un souffle, comme si le ciel aspirait justement le vide, et le vide opère une délimitation des substances qu'il définit, en tant qu'il constitue une sorte de moyen de séparer les êtres qui forment une succession[5] et, ainsi, de les définir. De plus, c'est dans les nombres que le vide existerait d'abord, puisque c'est lui qui ⟨distingue et⟩ définit ⟨chacune des⟩ entités numériques. (*Physique*, IV, vi, 213 *b* 22.)

Stobée.

Dans le premier livre de son traité *De la philosophie de Pythagore*, Aristote écrit que le ciel est un et que, de l'illimité, pénètrent en lui le temps, le souffle et le vide qui sans cesse délimite les lieux de chaque chose[1]. (*Choix de textes*, I, xviii, 1 *c*.)

Simplicius.

Ce qui est sûr, c'est qu'ils appelaient *droite* le haut, le devant et le bien, et désignaient par *gauche* le bas, le derrière et le mal, comme Aristote lui-même le rapporte dans sa *Collection des opinions des pythagoriciens*. (*Commentaire sur le Traité du ciel d'Aristote*, 386, 20.)

XXXI

Aristote.

Aussi pourrait-on trouver surprenant le fait que les pythagoriciens n'aient parlé que de ces deux seuls principes, la *droite* et la *gauche*, négligeant les quatre autres[2], pourtant tout aussi importants. (*Traité du ciel*, II, ii, 285 *a* 10.)

Il est donc clair que c'est le pôle invisible qui constitue le haut; et ceux qui y habitent vivent dans l'hémisphère supérieur et dans la partie droite, tandis que nous vivons, nous, dans l'hémisphère inférieur et dans la partie gauche; c'est exactement le contraire de ce que disent les pythagoriciens qui nous placent en haut et à *droite*, et situent les gens de là-bas en bas et à *gauche*[3]. (*Ibid.*, 285 *b* 22.)

Simplicius.

Selon ce qu'Aristote lui-même rapporte dans le deuxième livre de sa *Collection des opinions pythagoriciennes*[4], il y aurait pour les pythagoriciens deux parties dans l'ensemble du ciel : un haut et un bas. Le haut serait la partie *droite* et le bas la *gauche*; nous habiterions, nous, le bas. (*Commentaire sur le Traité du ciel*, 392, 18.)

XXXII

Eudème.

Les pythagoriciens[5] et Platon rapportent avec raison au mouvement la cause de l'indétermination, car ils sont les seuls à parler du mouvement. Mais en fait, ⟨ils ont tort⟩ : car l'indéterminé, c'est ce qui n'existe pas, autrement dit l'imparfait et surtout le non-être, puisque l'indéterminé devient; or ce qui devient n'est pas[6]. (Cité par Simplicius, *Commentaire sur la Physique*, 431, 13.)

XXXIII

Aristote.

Pour les uns, [le temps] est le mouvement de l'univers, pour d'autres, la sphère elle-même. (*Physique*, IV, x, 218 *a* 33.)

Aétius.

Selon Pythagore, le temps est la sphère de l'enveloppe [du monde]. (*Opinions*, I, xxi, 1.)

XXXIV

Eudème.

On pourrait se demander si, comme certains le prétendent, il existe un retour du même temps, ou non. [...] Mais si vous en croyez les pythagoriciens, apprenez donc que les choses seront de nouveau les mêmes de par le nombre (moi aussi, je vais vous faire la leçon, le bâton[1] à la main, ainsi qu'à des élèves assis en cercle !) : tout sera comme avant et, très vraisemblablement, le temps sera le même. En effet, pour le mouvement un et même, comme pour beaucoup de mouvements mêmes, l'avant et l'après sont un et même, et donc leur nombre est un et même[2]. Ainsi toutes choses seront mêmes, et par conséquent le temps aussi. (Cité par Simplicius, *Commentaire sur la Physique d'Aristote*, 732, 26.)

XXXV

Aristote.

Cela montre clairement que la théorie selon laquelle le mouvement ⟨des astres⟩ engendre une harmonie, étant donné que les sons qu'ils émettent constituent des consonances, — en dépit de l'élégance et de l'ingéniosité de ses partisans — n'est absolument pas conforme à la vérité. En effet, certains estiment qu'il n'est pas possible que le déplacement de corps aussi considérables ⟨que les astres⟩ ne produise pas de son, étant donné qu'en produisent les corps d'ici-bas, qui sont pourtant loin d'avoir une masse et une vitesse de déplacement égales à la leur ; aussi, le Soleil et la Lune et les autres astres, dont le nombre et les dimensions sont si grands et qui parcourent à une telle vitesse de telles distances, ne peuvent pas ne pas être à l'origine de quelque son d'une intensité extraordinaire. Partant de là, et du fait que les

vitesses, en fonction des distances, entretiennent entre elles des
rapports semblables à ceux des accords musicaux, ils déclarent
que le son produit par les astres dans leur course circulaire est une
harmonie. Mais, comme il semblerait déraisonnable que nous ne
percevions pas ce son, ils expliquent la chose, en disant que c'est
parce que ce son a frappé nos oreilles dès l'instant où nous
sommes nés qu'il nous est impossible de le distinguer par rapport
au silence qui est son contraire, puisque c'est relativement l'un à
l'autre que se perçoivent son et silence. De même que, chez les
forgerons, l'habitude entraîne l'indifférence aux bruits extérieurs, de même en va-t-il pour les hommes. (*Traité du ciel*, II, IX,
290 *b* 12.)

Alexandre d'Aphrodise.

   C'est dans le deuxième livre de *De la doctrine des pythagoriciens*
qu'Aristote fait mention de l'ordonnance que les pythagoriciens
concevaient comme propre aux nombres et qui règne dans le
ciel. (*Commentaire sur la Métaphysique d'Aristote*, 75, 15.)

XXXVI

Aétius.

   Selon ce que rapportent Aristote et Philippe d'Oponte[1], certains pythagoriciens expliquent [l'éclipse de la Lune] par le fait
que tantôt la Terre, tantôt l'anti-Terre font écran à la lumière
réfractée[2]. D'autres, plus modernes[3], pensent que le phénomène
s'explique par l'extension progressive d'une flamme croissant
régulièrement jusqu'à produire la pleine Lune totale, puis dimi-
nuant dans les mêmes proportions jusqu'à la conjonction ⟨du
Soleil et de la Lune⟩, qui est le moment de son extinction totale.
(*Opinions*, II, XXIX, 4.)

XXXVII

Aristote.

   La plupart de ceux qui pensent que la totalité du ciel est finie
situent [la Terre] au centre ⟨de la sphère⟩. Mais les Italiens[4]
qu'on appelle pythagoriciens pensent le contraire. Selon eux, le
centre est occupé par le feu, tandis que la Terre, qui est un astre
parmi les autres, se meut autour du centre selon une orbite circulaire et produit ainsi la nuit et le jour. De plus, ils imaginent une
autre Terre, opposée à la nôtre, qu'ils appellent anti-Terre; et,
au lieu de chercher à adapter leurs raisonnements et leurs expli-

cations aux phénomènes, ils tentent de faire coïncider de force les
phénomènes avec leurs raisonnements et leurs opinions, pour les
faire entrer dans leur syſtème. Beaucoup d'autres ⟨savants⟩
pourraient d'ailleurs s'accorder avec eux pour refuser d'attribuer
la région du centre à la Terre. Cependant cette conviction repose
non pas sur les phénomènes, mais sur des théories. À les en
croire, en effet, c'eſt à l'élément le plus noble que revient la
région la plus noble ; or le feu eſt plus noble que la terre, la limite
plus noble que ce qui eſt intermédiaire, et l'extrémité ainsi que le
centre sont des limites. Si bien que, partant de ces prémisses
toutes théoriques, ils concluent que ce n'eſt pas à la Terre
d'occuper le centre de la sphère, mais bien plutôt au feu. [...]

    D'autre part, convaincus qu'il faut que soit protégé plus que
tout le point principal de l'univers — lequel point eſt le
centre —, les pythagoriciens appellent forteresse de Zeus
le feu qui occupe cette région, agissant comme si le mot *centre*
avait une acception unique et comme si le centre de la figure géométrique était aussi le centre de la chose et de la nature. Pourtant, de même que chez les animaux le centre naturel n'eſt pas le
même que le centre géométrique, il faut supposer qu'à plus forte
raison tel eſt aussi le cas pour l'ensemble du ciel. (*Traité du ciel*, II,
XIII, 293 *a* 18.)

Simplicius.

   511, 26. Ils déclarent qu'au centre de l'univers se trouve le
feu, et que l'anti-Terre se meut autour du centre : l'anti-Terre
eſt elle-même une Terre, ainsi appelée en raison de sa situation
opposée à celle de cette Terre-ci. Après l'orbite de l'anti-Terre,
vient celle de la Terre elle-même concentrique, et après celle de
la Terre, celle de la Lune[1] : ainsi se rapporte Ariſtote dans son
livre *Des pythagoriciens*. Quant à la Terre, qui eſt un aſtre parmi les
autres et se meut autour du centre, elle produit la nuit et le jour
selon la place qu'elle occupe par rapport au Soleil. L'anti-Terre,
qui eſt mue autour du centre, en deçà de cette Terre-ci, échappe à
notre observation, parce que la masse de la Terre conſtitue un
obſtacle permanent qui nous la cache [...] 512, 9. D'autres, qui
appartiennent à l'École[2], affirment d'une façon plus légitime que
le feu central eſt la puissance artiſte qui, partant du centre, vivifie
la Terre tout entière et réchauffe ce qui en elle se refroidit. Aussi
certains, comme le rapporte Ariſtote dans ses *Pythagoriciens*, le
nomment-ils la tour de Zeus ; d'autres, comme il eſt dit
dans le même ouvrage, l'appellent le gardien de Zeus et
d'autres encore, selon certains auteurs, le trône de Zeus. Ils

disaient de la Terre qu'elle est un astre en tant qu'instrument du temps elle aussi, puisqu'elle est elle-même cause des jours et des nuits : elle produit le jour, quand sa partie tournée vers le Soleil est éclairée, et la nuit en fonction du cône d'ombre qu'elle engendre. Les pythagoriciens appelaient la Lune anti-Terre ou encore Terre éthérée. (*Commentaire sur le Traité du ciel d'Aristote*, 511, 26 et 512, 9.)

XXXVII *a*

Aristote.

Selon ceux qui affirment que [la Terre] ne se trouve pas au centre, elle serait mue circulairement autour du centre, et avec elle l'anti-Terre[1]. (*Traité du ciel*, II, XIII, 293 *b* 18.)

XXXVII *b*

Aristote.

(*Météorologiques*, I, VIII, 345 *a* 13[2].)

XXXVII *c*

Aétius.

Certains des pythagoriciens prétendaient que la Voie lactée est la combustion d'un astre tombé hors de son emplacement propre et ayant tout brûlé sur son passage circulaire, au moment de l'embrasement de Phaéton. Selon d'autres, ce serait la voie primitive du Soleil. Certains encore la tiennent pour l'image reflétée du Soleil, dont les rayons remontent se briser vers le ciel, comme dans le cas de l'arc-en-ciel où les rayons solaires se brisent contre les nuages[3]. (*Opinions*, III, 1, 2.)

XXXVIII

Aristote.

C'est au même résultat[4] que parviennent les gens qui constituent le ciel à partir de nombres : certains en effet, comme tel ou tel pythagoricien, font des nombres la matière de la nature. Car il est visible que les corps physiques sont lourds ou légers, alors que les unités, en s'assemblant, ne peuvent ni produire un corps ni être pesantes. (*Traité du ciel*, III, 1, 300 *a* 14.)

XXXIX

Aristote.

Or ces gens-là se contentent simplement de définir la qualité de l'âme, sans s'occuper du tout de préciser quel corps doit la recevoir, comme s'il était possible, à en croire les mythes pythagoriciens, qu'une âme quelconque se revête d'un corps quelconque. (*Traité de l'âme*, I, III, 407 *b* 20.)

XL

Aristote.

Il semble que ce que pensent les pythagoriciens revienne à la même conception[1]. Car, à ce que certains d'entre eux prétendaient, l'âme est constituée de poussières en suspension dans l'air ou, pour d'autres, elle est le moteur de ces poussières. Ce qui fait dire cela, c'est qu'elles paraissent douées d'un mouvement continu, même quand l'air est parfaitement calme. (*Traité de l'âme*, I, II, 404 *a* 16.)

XLI

Aristote.

C'est ce qui fait dire à de nombreux sages que l'âme est harmonie ou, à d'autres, qu'elle contient une harmonie[2]. (*Politique*, VIII, V, 1340 *b* 18.)

XLII

Aristote.

En effet, ou bien la couleur réside dans la limite ou bien elle est la limite même. C'est pourquoi les pythagoriciens donnaient à la surface le nom de   couleur[3].   (*Traité du sens et des sensibles*, III, 439 *a* 30.)

XLIII

Aristote.

Certains pythagoriciens déraisonnent quand ils affirment que certains animaux se nourrissent d'odeurs[4]. (*Traité du sens et des sensibles*, V, 445 *a* 16.)

TROISIÈME PARTIE

LES ÉLÉATES

PARMÉNIDE

A. TÉMOIGNAGES

VIE

I

Diogène Laërce.

21. Parménide d'Élée, fils de Pyrès, fut l'élève de Xénophane (Théophraste, dans son *Épitomé*, déclare que Xénophane fut l'élève d'Anaximandre). Cependant, bien qu'il fût l'élève de Xénophane, il ne fut pas son continuateur. Si l'on en croit Sotion, il fut l'ami du pythagoricien Aminias, fils de Diochétas, que sa pauvreté n'empêchait pas d'être un parfait honnête homme. Il le choisit comme maître de philosophie et lui fit bâtir un tombeau après sa mort, car lui-même était de naissance illustre et fort riche; en outre, c'est à Aminias, et non à Xénophane, qu'il devait de s'être adonné aux charmes de l'étude.

Il fut le premier à affirmer que la Terre a une forme sphérique[1] et qu'elle repose au centre ⟨du monde⟩. Il existe deux éléments, le feu et la terre, le premier investi de la fonction de démiurge, le second de celle de la matière[2]. 22. La génération des hommes fut produite en premier lieu par le Soleil. Il [?] est le produit du chaud et du froid[3] à partir desquels toutes choses sont constituées. L'âme et l'intellect sont identiques[4], ainsi que Théophraste le rapporte dans sa *Physique*, où il expose les opinions d'à peu près tous [les philosophes]. La philosophie, d'après lui, comprend deux parties: la première porte sur la vérité, la seconde sur l'opinion. C'est pourquoi il dit quelque part[5] :

> *Apprends donc toutes choses,*
> *Et aussi bien le cœur exempt de tremblement*
> *Propre à la vérité bellement circulaire,*
> *Que les opinions des mortels, dans lesquelles*
> *Il n'est rien qui soit vrai ni digne de crédit.*

Justement, il use pour philosopher de la forme poétique[1], tout comme Hésiode, Xénophane et Empédocle. Il disait que la raison constitue le critère de la vérité et que les sens sont dépourvus d'exactitude. Aussi déclare-t-il :

> *Écarte ta pensée*
> *De cette fausse voie qui s'ouvre à ta recherche [...]*
> *Que je viens d'exposer[2].*

23. C'est pourquoi aussi Timon dit de lui :

> *La force du génial et entier Parménide*
> *Qui, au lieu des erreurs de l'imagination,*
> *Substitua la raison[3].*

C'est en se référant à lui que Platon écrivit son dialogue intitulé *Parménide, ou des Idées.*

Son acmé se situe dans la soixante-neuvième olympiade[4]. Il fut, semble-t-il, le premier à découvrir que Vesper et Lucifer ne forment qu'une même étoile[5], ainsi que le déclare Favorinus au livre V de ses *Mémorables*. Pour d'autres, ce mérite revient à Pythagore ; mais Callimaque déclare que son poème n'est pas l'œuvre de Pythagore. On rapporte que Parménide donna des lois à ses concitoyens[6], ainsi que le déclare Speusippe dans son ouvrage *Sur les philosophes*. Et il fut le premier à user, dans l'entretien dialectique, de l'argument d'Achille[7], ainsi que le rapporte Favorinus dans ses *Mélanges historiques*.

Il y eut encore un autre Parménide, orateur, qui écrivit un *Art oratoire*. (*Vies*, IX, 21-23.)

II

Suidas.

Parménide, fils de Pyrès, philosophe d'Élée, fut l'élève de Xénophane de Colophon, mais, d'après Théophraste, celui d'Anaximène de Milet. Il eut pour successeurs Empédocle, le philosophe et médecin, et Zénon d'Élée. Il écrivit en vers un traité *De la nature* ainsi que d'autres œuvres en prose, que mentionne Platon[8]. (*Lexique*, « Parménide ».)

III

Diogène Laërce.

Anaximène de Milet, fils d'Eurystrate, fut l'élève d'Anaximandre. D'après quelques-uns, il fut aussi l'élève de Parménide[9]. (*Vies*, II, 3.)

IV

Jamblique.

Quand on cite des philosophes de la nature, on nomme en premier lieu Empédocle et Parménide d'Élée.(*Vie pythagorique,* 166.)

Proclus.

Alors que l'on célébrait, comme nous l'avons dit, cette fête[1], Parménide et Zénon vinrent à Athènes. Parménide était le maître et Zénon l'élève. Tous deux étaient d'Élée, mais il faut ajouter qu'ils avaient fait partie de l'école pythagoricienne, ainsi que Nicomaque le consigne quelque part. (*Commentaire sur le Parménide de Platon,* 619, 4.)

Photius.

Zénon et Parménide d'Élée. Ils appartenaient eux aussi à l'école de Pythagore. (*Bibliothèque,* 249, éd. Bekker, p. 439 *a* 36.)

V

Platon.

SOCRATE : Parménide m'apparaît tel le héros d'Homère, à la fois *vénérable* et *redoutable.* Il m'a été donné de le voir, alors que j'étais encore fort jeune, et lui déjà fort vieux, et il me parut avoir une profondeur géniale[2]. (*Théétète,* 183 *e*.)

SOCRATE : [...] procéder par questions, comme le fit un jour Parménide en étalant de splendides arguments devant le jeune homme que j'étais, lui qui était déjà d'un âge fort respectable. (*Le Sophiste,* 217 *c*.)

Antiphon[3] affirmait que Pythodore disait qu'un jour, aux grandes Panathénées, étaient arrivés Zénon et Parménide. Parménide était déjà fort avancé en âge, ses cheveux étaient tout blancs ; il offrait l'image d'un parfait honnête homme et il était sur le point d'avoir soixante-cinq ans. Zénon, lui, approchait de la quarantaine. Il était grand, de physionomie gracieuse, et on disait qu'il avait été le mignon de Parménide. Ils étaient, disait Pythodore, descendus chez lui, hors les murs, au Céramique. C'était là que s'était rendu Socrate, accompagné de nombreuses personnes, dans le désir d'entendre lire l'œuvre de Zénon (c'était en effet la première fois que, grâce à ces deux hôtes de marque, l'ouvrage allait être rendu public). Socrate était alors un tout jeune homme. (*Parménide,* 127 *a*.)

Athénée.

En fait, il eſt très difficile d'admettre que le Socrate de Platon ait pu converser avec Parménide : sa jeunesse ne lui permettait ni de tenir ni de comprendre un tel langage. Mais ce qu'il y a de plus scandaleux dans ce témoignage[1], c'eſt de dire, tout à fait gratuitement, que Zénon, dont on sait qu'il était le concitoyen de Parménide, en était aussi le mignon. (*Les Deipnosophiſtes*, XI, 505 F.)

Diogène Laërce.

Zénon d'Élée : Apollodore, dans ses *Chroniques*, déclare qu'il eſt par le sang fils de Téleutagoras, et par adoption fils de Parménide. [...] Zénon fut l'élève de Parménide et devint son mignon. (*Vies*, IX, 25.)

VI

Ariſtote.

Parménide, dit-on, fut son élève [l'élève de Xénophane]. (*Métaphysique*, A, v, 986 *b* 22.)

VII

Alexandre d'Aphrodise.

De Parménide et de sa position philosophique, Théophraſte, au premier livre de son ouvrage *Sur les philosophes de la nature*, déclare : « Parménide d'Élée, fils de Pyrès, qui vint ensuite (entendez : après Xénophane), s'engagea sur deux voies[2]. Il affirme en effet que l'univers eſt éternel, et s'efforce de rendre compte de la génération des exiſtants, sans conserver une attitude semblable touchant ces deux aspeƈts de ses théories. Ainsi, du point de vue de la vérité, il admet que l'univers eſt un, inengendré, sphérique; mais, du point de vue de l'opinion du plus grand nombre, afin de rendre compte de la génération des phénomènes, il prend deux principes, le feu et la terre, celle-ci comme matière, celui-là comme cause et agent. » (*Commentaire sur la Métaphysique d'Ariſtote* [A, III, 984 *b* 3] p. 31.)

Simplicius.

Xénophane de Colophon, maître de Parménide. (*Commentaire sur la Physique d'Ariſtote*, 22, 27.)

VIII

Théophraste.

Leucippe d'Élée ou de Milet (car on dit de lui, l'un aussi bien que l'autre), voulant partager en philosophie l'opinion de Parménide, ne suivit pas la même voie que Parménide et Xénophane touchant les existants, mais, à ce qui semble, la voie contraire. Alors que, pour ceux-ci, l'univers est un, immobile et inengendré ainsi que limité, et qu'ils se refusent à admettre une quelconque recherche touchant le non-être, lui, au contraire, a formé l'hypothèse selon laquelle les atomes constituent les éléments illimités en nombre et sans cesse en mouvement[1]. (*Opinions des physiciens*, fgm. 8, cité par Simplicius, *Commentaire sur la Physique d'Aristote*, 28, 4.)

IX

Théophraste.

Théophraste affirme qu'[Empédocle] fut l'élève de Parménide et son imitateur dans ses poèmes. Effectivement, c'est lui qui le premier donna une forme versifiée à son propos *De la nature*. (*Opinions des physiciens*, fgm. 3, cité par Diogène Laërce, *Vies*, VIII, 55.)

X

Simplicius.

Empédocle d'Agrigente n'était guère plus âgé qu'Anaxagore ; mais il fut le disciple zélé de Parménide et, davantage encore, des pythagoriciens[2]. (*Commentaire sur la Physique d'Aristote*, 25, 19.)

XI

Eusèbe.

a) Hiéron : Empédocle et Parménide, philosophes de la nature, étaient connus[3].

b) À cette époque étaient connus aussi Démocrite d'Abdère, le philosophe de la nature, ainsi qu'Empédocle d'Agrigente, Zénon et Parménide, tous philosophes, et Hippocrate de Cos[4]. (*Chronographie*, Olympiades 81 et 86.)

[Inscription.]

À partir de là¹, Socrate le philosophe, Héraclite d'Éphèse, Anaxagore et Parménide, en l'an [...] (Chronographie de Henzen, *Inscriptions grecques*, XIV, 1297, 30.)

XII

Strabon.

Jouxtant le promontoire se trouve un autre golfe, où est une ville que ses fondateurs, phéniciens, nomment Hyélé, d'autres Élé, du nom d'une source, et nos contemporains Élée. C'est elle qui a donné naissance aux pythagoriciens Parménide et Zénon. À mon avis, c'est grâce à eux qu'elle fut, jadis, dotée de bonnes lois. (*Géographie*, VI, 1, 252.)

Plutarque.

Parménide dota ses concitoyens d'un système d'excellentes lois ; aussi, chaque année, les magistrats contraignaient-ils leurs concitoyens à jurer de rester fidèles aux lois de Parménide. (*Contre Colotès*, 32, 1126 A.)

POÉSIE

XIII

Diogène Laërce.

D'autres philosophes ne nous ont laissé qu'un unique ouvrage : ce sont Mélissos, Parménide, Anaxagore. (*Vies*, I, 16.)

XIV

Simplicius.

[...] ou parce que Mélissos et Parménide ont donné à leur ouvrage le titre *De la nature*. Et il est vrai que, dans leurs écrits, ils ne se sont pas bornés seulement à traiter des réalités transcendantes, mais ont aussi traité des réalités naturelles, et c'est peut-être la raison pour laquelle ils n'ont pas renoncé au titre : *De la nature*. (*Commentaire du Traité du ciel d'Aristote*, 556, 25.)

XV

Plutarque.

Les vers d'Empédocle et de Parménide, les *Remèdes* de

Nicandre, et les *Maximes* de Théognis sont des ouvrages qui ont emprunté à la poésie l'éclat du style et du mètre, comme un véhicule de leur pensée, pour éviter la lourdeur de la prose. (*Comment il faut lire les poètes*, ii, 16 c.)

XVI

Plutarque.

On pourrait reprocher à Archiloque son sujet, à Parménide sa versification, à Phocylide sa vulgarité, à Euripide son bavardage, à Sophocle son inégalité. (*Comment il faut ouïr*, xiii, 45 a.)

XVII

Proclus.

Bien que l'usage du genre poétique le prive de clarté, Parménide ne renonce pas à user de démonstrations. (*Commentaire sur le Timée de Platon*, I, 345, 12.)

XVIII

Proclus.

Parménide lui-même ⟨a usé d'un style pur et concis⟩ en poésie. Bien que l'usage de la forme poétique le poussât à user de figures, métaphores et tropes, il n'en aimait pas moins la forme d'exposition dépouillée, sèche et épurée. [...] Et tout le reste est du même genre. Aussi sa langue ressemble-t-elle davantage à de la prose qu'à de la poésie. (*Commentaire sur le Parménide de Platon*, 665, 17.)

XIX

Simplicius.

Lorsque nous entendrons Aristote réfuter les positions des philosophes anciens, et que nous voyons Platon, avant lui, faire de même, et, avant eux, Parménide et Xénophane, il faut savoir que ceux-ci, n'ayant à leur disposition que des notes de cours prises par des auditeurs superficiels, réfutent ce qui dans leurs théories leur paraît absurde, étant donné le tour énigmatique que les Anciens adoptaient habituellement pour exposer leurs thèses. (*Commentaire sur la Physique d'Aristote*, 36, 25.)

XX

Simplicius.

Si nous le voyons affirmer que l'être un est *gonflé à l'instar d'une balle bien ronde*[1], n'en soyons pas étonnés. C'est là une imitation involontaire du style mythique[2], due à la forme poétique. En quoi cette assertion diffère-t-elle du mot d'Orphée : « *œuf d'un blanc éclatant* »? (*Commentaire sur la Physique d'Aristote*, 146, 29.)

Ménandre de Laodicée.

Ce sont des hymnes de philosophie naturelle que composèrent les disciples de Parménide et d'Empédocle. (*Rhétorique*, I, II, 2.)

Ces hymnes ressemblent à ceux que nous composons en l'honneur d'Apollon, où nous déclarons qu'il est le Soleil et où nous dissertons de la nature du Soleil; où nous disons d'Héra qu'elle est l'air, et de Zeus qu'il est le chaud. De tels hymnes relèvent de la philosophie naturelle, et Parménide ainsi qu'Empédocle ont usé de ce style avec un grand bonheur scientifique [...] Car Parménide et Empédocle développent de longues explications, alors que Platon se contente de notations brèves. (*Ibid.*, I, v, 2.)

XXI

Simplicius.

Sauf à paraître trop scrupuleux, je transcrirai avec plaisir les vers de Parménide sur l'être un dans mon commentaire; ils ne sont pas nombreux et les citer servira à donner plus de crédit à mon propos, étant donné les difficultés que l'on a à se procurer l'œuvre de Parménide. (*Commentaire sur la Physique d'Aristote*, 144, 25.)

PHILOSOPHIE

Jean Philopon.

On dit qu'Aristote a écrit un livre spécialement consacré à la réfutation de la doctrine de Parménide. (*Commentaire sur la Physique d'Aristote*, 65, 23.)

XXII

Pseudo-Plutarque.

Parménide d'Élée, ami de Xénophane, s'opposait à ses thèses, mais en même temps attaquait la position contraire. Car d'une part il affirme que l'univers est éternel et immobile, conformément à la vérité des choses, car il est *tout d'une pièce, / Soustrait au mouvement et dépourvu de fin*[1]. Mais, d'autre part, il soutient qu'il y a génération des choses que l'opinion perçoit à tort comme existantes; et les sensations, il les exclut du critère de la vérité. Il dit encore que s'il existe quelque chose en plus de l'être, ce quelque chose n'est pas l'être et que le non-être n'existe pas dans la totalité des choses. C'est en ce sens qu'il admet que l'être est inengendré. Mais il dit encore que la terre est engendrée par la précipitation de l[']air] dense[2]. (*Stromates*, 5, cité par Eusèbe, *Préparation évangélique*, I, viii, 5.)

XXIII

Hippolyte.

En effet, Parménide forme encore l'hypothèse que l'univers est éternel, inengendré et sphérique. Cela n'empêche pas qu'il renonce à s'écarter de l'opinion commune : selon lui, le feu et la terre sont les principes de l'univers, la terre étant la matière, le feu étant la cause efficiente et l'agent. Il disait que le monde est sujet à la corruption, sans préciser comment; mais il disait en même temps que l'univers est éternel, non engendré, sphérique et semblable, ne comportant pas de lieu en lui-même, immobile et limité. (*Réfutation de toutes les hérésies*, I, 11.)

XXIV

Aristote.

Parménide paraît s'être attaché à l'Un selon la raison [...]. (*Métaphysique*, A, v, 986 *b* 18.)

Parménide, semble-t-il, fait preuve d'une pensée plus pénétrante. Car estimant que, s'ajoutant à l'être, le non-être n'existe pas, il considère que nécessairement l'être est un et qu'il n'existe rien d'autre [...] Mais, forcé de tenir compte des phénomènes et de reconnaître que, si le point de vue de la raison exige l'Un, le point de vue de la sensation exige les multiples, il pose derechef

deux causes et deux principes, le chaud et le froid, autrement dit
le feu et la terre. Et parmi ces principes, il range le chaud dans la
catégorie de l'être et l'autre dans celle du non-être. (*Ibid.*, A, v,
986 *b* 27.)

Tandis qu'ils[1] faisaient porter la recherche sur la vérité propre
aux êtres, ils considéraient que les êtres se réduisent aux choses
sensibles. (*Ibid.*, Γ, v, 1010 *a* 1.)

XXV

Aristote.

Les uns abolissaient complètement la génération et la corruption, car ils affirmaient que nul existant n'est engendré ni ne se
corrompt, et que c'est là seulement pour nous une apparence.
Telle est la doctrine des disciples de Mélissos et de Parménide,
qui, même si par ailleurs elle paraît fort remarquable, ne saurait
être considérée comme parlant le langage de la physique. Car si
certains existants sont inengendrés et parfaitement immobiles,
leur cas relève d'une discipline différente et première par rapport
à la physique. Mais en formant l'hypothèse qu'il n'existe rien
d'autre en plus de la substance des choses sensibles, tout en étant
les premiers à concevoir que, sans l'existence de certaines natures
telles, il ne saurait y avoir connaissance ou sagesse, ils transfé-
raient sur les réalités sensibles les raisons qui ne valent que pour
les natures immobiles. (*Traité du ciel*, III, 1, 298 *b* 14.)

En prenant appui sur ces arguments, certains, passant outre à
la sensation, la méprisaient et estimaient, en pensant qu'il faut
prendre la raison pour guide, que l'univers est un, immobile et
illimité, car la limite devrait confiner au vide. Par conséquent, il
y a des philosophes qui, pour ces raisons, ont professé cette opinion sur la vérité. Mais, alors que du point de vue de l'argumentation, leurs thèses sont parfaitement cohérentes, du point de vue
des réalités, il semble que ce serait pure folie que d'y souscrire[2].
(*De la génération et de la corruption*, I, VIII, 325 *a* 13.)

Jean Philopon.

Aristote critique les disciples de Parménide parce qu'ils
estimaient qu'il ne faut pas du tout tenir compte de l'évidence
des réalités sensibles et, au contraire, ne prendre pour guide que
l'exigence de la raison. (*Commentaire sur De la génération et de la
corruption d'Aristote*, 157, 27.)

XXVI

Platon.

Mais si ceux qui immobilisent le tout paraissent tenir des propos plus vrais, nous nous réfugierons auprès d'eux, contre ceux qui vont jusqu'à mouvoir les réalités immobiles. (*Théétète*, 181 *a*.)

Sextus Empiricus.

Les disciples de Parménide et de Mélissos ont nié l'existence [du mouvement]. Aristote[1] les a qualifiés d'*immobilistes* et d'*antiphysiciens* : immobilistes venant d'immobilité, et antiphysiciens parce que la nature (φύσις) est le principe du mouvement, et que prétendre, comme eux, que rien ne se meut, revient à abolir la nature. (*Contre les mathématiciens*, X, 46.)

XXVII

Aristote.

Nous définissons en effet le tout comme ce à quoi rien ne fait défaut, par exemple un homme dans sa totalité, ou un coffre. Tel il en est des individus, tel il en est absolument, comme par exemple du tout en dehors de quoi il n'y a rien. Mais ce à quoi manque quelque chose d'extérieur n'est pas un tout universel, quoique ce soit lui qui fasse défaut. *Total* et *achevé* sont des notions pour ainsi dire identiques, ou en tout cas apparentées de nature. Rien n'est achevé qui ne possède pas de fin, or la fin est limite. C'est pourquoi il faut estimer que Parménide a soutenu une thèse meilleure que Mélissos, car ce dernier déclare : « l'Illimité est le tout », alors que le premier dit que le tout est limité, *Du centre vers les bords, en parfait équilibre*[2]. (*Physique*, III, VI, 207 *a* 9.)

XXVIII

Simplicius.

Le raisonnement de Parménide, ainsi que nous le conserve Alexandre, se trouve ainsi rapporté par Théophraste au premier livre de son *Histoire de la physique* : « En plus de l'être il n'y a pas d'être. Le non-être n'est rien. Donc l'être est un. » Ce qu'Eudème exprime ainsi : « En plus de l'être il n'y a pas d'être.

Or l'être se dit d'une manière univoque. Donc l'être est un. » Je
ne suis pas en mesure de dire si Eudème s'est exprimé aussi clairement ailleurs. Mais dans sa *Physique*, il note à propos de Parménide ce qui va suivre et ce à partir de quoi il est peut-être possible
de résumer ce qui a été dit : « Parménide ne paraît pas avoir
fourni de démonstration rigoureuse que l'être est un, pas même
si on lui concède que l'être se dit d'une manière univoque,
excepté dans le cas où le prédicat est attribué à chaque chose, à la
façon dont homme est prédiqué de chaque homme. Dans ce cas,
si l'on applique des définitions aux individus, la définition de
l'existant sera une et identique pour tous ces individus, comme
est un le concept d'animal pour tous les animaux. C'est comme si
tous les existants étaient beaux et comme s'il était impossible de
concevoir quelque chose qui n'est pas beau ; alors, toute chose
serait belle, et, dans ce cas, le Beau ne serait pas un, mais au
contraire multiple (seraient beaux en effet la couleur, l'occupa-
tion à laquelle on se livre, le n'importe-quoi). Dans cette hypothèse, toutes les choses auraient l'être, mais non pas un être un et
identique. Or il faut bien dire que l'eau est autre et qu'autre est le
feu. On ne saurait alors s'étonner que Parménide ait pris pour
guide des raisons opposées à la croyance commune, et qu'il ait été
induit par elles en erreur, puisqu'elles n'étaient pas encore tirées
au clair (car nul n'avait encore énoncé le principe de l'attribution
d'un même attribut à des sujets multiples). C'est à Platon, en
effet, que revient l'introduction de la dualité, et nul non plus
n'avait défini avant lui le statut de l'essence et le statut de l'accident). Aussi Parménide s'est-il laissé abuser par toutes ces raisons. Et celles-ci, ainsi que la possibilité de syllogiser, ont été
tirées au clair à partir de l'examen des opérations du discours
ainsi que de celui des propositions contraires à la logique. Car on
ne saurait admettre une conclusion qui n'apparaîtrait pas comme
nécessaire. Or les philosophes d'autrefois se contentaient
d'affirmer sans démontrer[1]. » (*Commentaire sur la Physique
d'Aristote*, 115, 11.)

XXIX

Aétius.

Parménide et Mélissos ont aboli la génération et la corruption
du fait qu'ils pensaient que l'univers est immobile. (*Opinions
I*, xxiv, 1.)

XXX

Ammonios.

Car d'abord, ainsi que le *Timée* nous l'a appris et qu'Aristote lui-même l'affirme dans sa réflexion théologique, et avant eux Parménide — et cela, pas seulement chez Platon[1], mais encore dans ses propres vers —, il n'y a chez les êtres divins ni passé, ni futur, puisque ni à l'un, ni à l'autre n'appartient l'être ; si l'un n'est plus, l'autre n'est pas encore ; le changement de l'un est la condition de la production de l'autre par changement ; par conséquent, il est impossible d'accorder de tels changements aux êtres réellement êtres, et que la réflexion s'accorde à estimer comme incapables de changement. (*Commentaire sur l'Interprétation d'Aristote* 133, 16.)

XXXI

Aétius.

Parménide pense que Dieu est immobile et à la fois limité et sphérique. (*Opinions*, I, vii, 26.)

XXXII

Aétius.

Parménide et Démocrite déclarent que tout est soumis à la nécessité, et que le destin, la justice, la providence et le principe d'ordre propre au monde sont la même chose. (*Opinions*, I, xxv, 3.)

XXXIII

Clément d'Alexandrie.

Parménide d'Élée considérait le feu et la terre comme des dieux. (*Protreptique*, v, 64.)

XXXIV

Plutarque.

[Parménide] supprime d'un coup l'existence [à la fois des intelligibles et des objets de l'opinion] ; en revanche, il rend à chacun d'eux ce qui leur convient, en mettant l'intelligible dans l'idée de l'Un et de l'être : de l'être parce qu'il est éternel et incorruptible, de l'Un à cause de sa ressemblance avec lui-même et du fait qu'il n'admet aucune différence. En revanche, il met le sensible dans ⟨la catégorie du⟩ désordonné et du sujet-au-mouvement.

Il est possible de voir le critère de chacun des deux :

> *le cœur exempt de tremblement*
> *Propre à la vérité bellement circulaire*[1],

critère de l'intelligible et de ce qui demeure toujours semblable, et

> *les opinions des mortels, dans lesquelles*
> *Il n'est rien qui soit vrai ni digne de crédit*[2],

étant donné que les opinions ont commerce avec des objets susceptibles de changements variés, d'affections et de dissemblances. (*Contre Colotès*, XIII, 1114 D.)

Simplicius.

Il qualifie ce discours[3] de *relevant de l'opinion et de trompeur,* non pas en tant que faux absolument, mais en tant que tombant de la vérité intelligible dans le phénomène et dans le sensible sujet à l'opinion. (*Commentaire sur la Physique d'Aristote*, 39, 10.)

Parmi ceux qui [parlent de principes] limités, certains considèrent qu'il y en a deux, comme Parménide dans ses vers relatifs à l'opinion, où il admet le feu et la terre, ou plutôt la lumière et l'obscurité. (*Ibid.*, 25, 15.)

XXXV

Aristote.

Ceux qui, comme Parménide, font appel dès le commencement à deux principes, le feu et la terre, font des intermédiaires des mélanges de ces éléments : tel est le cas de l'air et de l'eau. (*De la génération et de la corruption*, II, III, 330 *b* 13.)

Étant donné que, d'après eux, le chaud exerce naturellement une fonction séparante et le froid une action rassemblante, et étant donné que chacun des autres éléments est naturellement sujet à l'agir et au pâtir, c'est à partir d'eux et grâce à eux qu'ils expliquent la génération et la corruption de toutes les autres choses. (*Ibid.*, II, IX, 336 *a* 3.)

Cicéron.

Parménide pense que c'est le feu qui meut et que la terre reçoit de lui sa forme. (*Premiers académiques*, II, XXXVII, 118.)

XXXVI

Aétius.

Parménide et Mélissos, etc., pensent que le monde est un. (*Opinions*, II, 1, 2.)

Xénophane, Parménide, Mélissos pensent que le monde est inengendré, éternel et incorruptible. (*Ibid.*, II, iv, 11.)

XXXVII

Aétius.

Parménide disait qu'il existe des couronnes faites d'entrelacs et concentriques, l'une formée du ténu, l'autre formée du dense. Entre elles se trouvent d'autres couronnes formées d'un mélange de lumière et d'obscurité. Et ce qui les contient toutes est un solide comparable à un *rempart*, sous lequel se trouve une couronne de feu; et au milieu de toutes se trouve un solide, ceint de nouveau d'une autre [couronne] de feu. La couronne la plus centrale parmi les couronnes résultant du mélange, est pour toutes le ⟨principe⟩ et la ⟨cause⟩ du mouvement et de la génération, qu'il dénomme

Divinité
Qui régit toutes choses[1],
[qui] en détient les clefs[2],
Dikè et Nécessité[3].

L'air se forme par une séparation de la terre, due à une évaporation provoquée par sa contraction violente, alors que le Soleil et la Voie lactée sont une exhalaison de feu[4]; la Lune est un mélange constitué de ces deux exhalaisons, celle de l'air et celle du feu. L'éther lui, est rassemblé dans la région la plus haute et c'est au-dessous de lui que se trouve placée la substance ignée à laquelle nous donnons le nom de ciel, sous lequel alors se trouvent elles-mêmes placées les sphères terrestres[5]. (*Opinions*, II, vii, 1.)

Cicéron.

Car Parménide se trompe assurément quand il fait ressembler à une couronne, qu'il appelle *stéphanè*[6], la sphère de feu et de lumière dont la fonction est d'envelopper[7], et qui entoure le ciel, sphère à laquelle il donne le nom de Dieu. On ne peut cependant s'imaginer trouver en elle aucune figure divine, non plus qu'aucun sens. Et il forge de nombreux monstres de cette sorte, n'hésitant pas à rapporter à Dieu la guerre, la discorde, le désir[1], et d'autres choses du même genre, dont viennent pourtant à bout la maladie, le sommeil, l'oubli et la vieillesse. Et il affirme les mêmes choses des astres ; mais je ne répète pas une critique déjà formulée ailleurs[2]. (*De la nature des dieux*, I, XI, 28.)

XXXVIII

Aétius.

Parménide, Héraclite, Strabon, Zénon pensent que le ciel est fait de feu. (*Opinions*, II, XI, 4.)

XXXIX

Aétius.

Parménide et Héraclite pensent que les astres sont des condensations de feu. (*Opinions*, II, XIII, 8.)

XL

Anonyme de Byzance.

Parmi les étoiles fixes dont la rotation accompagne celle de l'univers, les unes échappent à notre désignation et à notre perception, comme l'a dit justement le philosophe de la nature Parménide ; quant aux autres, qui sont désignées par un nom jusqu'à la sixième grandeur, elles sont au nombre de mille, selon Aratos. (Éd. Treu, p. 52, 19.)

XL a

Aétius.

Parménide place au premier rang Éos, qu'il estime lui-même être identique à Vesper[3]. Après Éos, il place le Soleil, sous lequel il range les astres contenus dans ⟨la sphère⟩ ignée, qu'il appelle justement ciel. (*Opinions*, II, XV, 4.)

Diogène Laërce.

Pythagore est le premier à avoir dit que Vesper et Lucifer ne sont qu'une seule et même étoile, ainsi que l'affirme Parménide[4]. (*Vies*, VIII, 14.)

XLI

Aétius.

Parménide et Métrodore pensaient que le Soleil est fait de feu. (*Opinions*, II, xx, 8.)

XLII

Aétius.

Parménide pensait que la Lune est faite de feu. (*Opinions*, II, xxv, 3.)

Parménide pensait que la Lune est égale au Soleil, car c'est de lui qu'elle tire son éclat. (*Ibid.*, II, xxvi, 2.)

Thalès fut le premier à déclarer que la Lune est illuminée par le Soleil. Pythagore et Parménide de même[1]. (*Ibid.*, II, xxviii, 5.)

XLIII

Aétius.

Parménide pensait que le Soleil et la Lune se sont formés par séparation de la Voie lactée, et que celui-ci est formé à partir d'un mélange subtil qui est chaud, alors que celle-là est formée d'un mélange dense qui est froid. (*Opinions*, II, xx, 8 *a*.)

XLIII *a*

Aétius.

Parménide pensait que la couleur laiteuse est un effet du mélange du dense et du léger. (*Opinions*, III, 1, 4.)

XLIV

Diogène Laërce.

C'est sans doute Pythagore qui a donné le premier le nom de *monde* au ciel et qualifié la Terre de *sphérique*, alors que pour Théophraste, c'est Parménide, et pour Zénon, Hésiode. (*Vies*, VIII, 48.)

Aétius.

Parménide et Démocrite pensent qu'étant donné que [la Terre] est en tous sens également distante, elle demeure en repos et en équilibre, car il n'y a pas de cause susceptible de la faire pencher plutôt d'un côté que de l'autre. Telle est l'unique raison pour laquelle elle subit des secousses[1] sans pour autant se mouvoir. (*Opinions*, III, xv, 7.)

Anatolios d'Alexandrie.

En outre, les pythagoriciens pensaient qu'au centre des quatre éléments se trouvait un certain cube de feu participant à l'unité, dont Homère connaissait la position médiane, comme l'atteste ce vers de l'*Iliade* :

>   Sous l'Hadès aussi loin que le ciel de la Terre[2].

Il semble que, sur ce point, les disciples d'Empédocle et de Parménide et, pour ainsi dire, la plupart des anciens savants aient adopté la thèse des pythagoriciens, en affirmant que la nature unitaire occupe une position centrale à l'instar du foyer et que, parce qu'elle est en équilibre, elle garde la même place[3]. (*De la décade,* p. 30, éd. Heiberg.)

XLIV *a*

Strabon.

Posidonius déclare que Parménide fut le premier à diviser la Terre en cinq zones; mais que celui-ci a presque doublé la largeur de la zone torride (celle comprise entre les tropiques) en surestimant l'intervalle entre les deux tropiques, qu'il a fait déborder de leurs limites pour mordre sur les zones tempérées. (*Géographie*, I, 94.)

Aétius.

Parménide est le premier à avoir délimité les régions habitables de la Terre par les deux ceintures tropicales. (*Opinions*, III, xi, 4.)

XLV

Macrobe.

Parménide pensait que l'âme est faite de terre et de feu. (*Songe de Scipion*, I, xiv, 20.)

Aétius.

Parménide et Hippase pensaient que l'âme est faite de feu. (*Opinions*, IV, iii, 4.)

Parménide plaçait l'hégémonique[1] dans la totalité de la poitrine. (*Ibid.*, IV, v, 5.)

Parménide, Empédocle et Démocrite identifiaient l'âme et l'intellect. D'après eux, il n'était pas possible qu'il existe un animal totalement dépourvu de raison. (*Ibid.*, IV, v, 12.)

XLVI

Théophraste.

1. Touchant la sensation, les thèses le plus souvent et le plus généralement répandues sont au nombre de deux; car, pour les uns, elle est produite par le semblable, pour les autres, par le contraire. Pour Parménide, Empédocle et Platon, elle est produite par le semblable; pour Anaxagore et Héraclite par le contraire. [...] 3. Parménide en effet n'a pas été parfaitement clair sur ce point et s'est borné à indiquer qu'étant donné deux éléments, la connaissance se conforme à l'élément qui l'emporte. Car, pour peu que le chaud ou le froid l'emporte, la conscience change de caractère, meilleure et plus pure étant celle qui résulte du chaud. Cependant, une certaine proportion doit être respectée :

> *Car tout comme chacun a son propre mélange [...]*
> *l'en-plus est la pensée[2].*

Car il estime que sentir et penser sont une même chose. C'est pourquoi le souvenir et l'oubli dérivent d'eux en fonction du mélange. Mais dans le cas où les deux éléments sont en quantité égale, il n'est pas parvenu à définir s'il y aura alors, ou non, pensée, et en quoi consiste la disposition ⟨qui permet de penser⟩. Qu'il fait dépendre la sensation du contraire considéré en lui-même, cela est évident quand il dit que le cadavre est privé de sensation au regard de la lumière, du chaud et du son, du fait de la privation du feu. Mais en revanche, il a, selon lui, la sensation du froid, du silence et des autres contraires. En outre, tout être possède en général une certaine faculté de connaître. C'est ainsi qu'il a cru pouvoir, par sa théorie, écarter les difficultés résultant de sa position. (*Du sens*, 1 et 3.)

XLVI *a*

Aétius.

Parménide affirmait que la vieillesse provient de la diminution progressive du chaud. (*Opinions*, V, xxx, 4.)

XLVI *b*

Tertullien.

Empédocle et Parménide pensaient que le sommeil est un refroidissement. (*De l'âme*, 45.)

XLVII

Aétius.

Parménide, Empédocle, Anaxagore, Démocrite, Épicure et Héraclide estimaient que les sensations particulières se produisent conformément aux calibres des pores, lorsque le sensible propre vient s'accorder à chaque sens. (*Opinions*, IV, ix, 6.)

XLVIII

Aétius.

Hipparque affirme que des rayons partent des deux yeux, et entrant en contact avec les corps extérieurs, tout comme le feraient des mains touchant les choses, s'y ajustent pour donner au sens de la vue la perception de ces corps. Quelques-uns attribuent cette opinion à Pythagore, la tenant pour l'un des points les plus assurés de son enseignement, et en outre à Parménide qui l'aurait exprimée dans ses vers. (*Opinions*, IV, xiii, 9-10.)

XLIX

Philodème.

Non plus selon Parménide et Mélissos, qui pensent que l'univers est un, et du fait que les sens sont trompeurs. (*Rhétorique*, fragment incertain, éd. Sudhaus, ii, 69.)

Aétius.

Pythagore, Empédocle, Xénophane, Parménide disaient que les sens sont trompeurs. (*Opinions*, IV, ix, 1.)

L

Aétius.

Parménide et Empédocle pensaient que l'appétit est produit par un manque de nourriture. (*Opinions*, IV, ix, 14.)

LI

Censorinus.

Empédocle [...] confirme une telle opinion. D'abord les
membres sont sortis un à un et pêle-mêle de la terre, qui en était
pour ainsi dire grosse; ensuite, ils s'unirent et constituèrent la
matière d'un homme entier, formée d'un mélange à la fois de feu
et d'humidité. [...] Cette même opinion fut aussi celle de Parménide d'Élée, qui ne s'écarte de celle d'Empédocle que par de
petits détails. (*Du jour de la naissance*, IV, 7-8.)

LII

Aristote.

Certains déclarent que les animaux aquatiques sont plus
chauds que les animaux terrestres, car ils pensent que la froideur
du milieu où ils vivent est compensée par la chaleur de leur
nature, et ils déclarent que les animaux dépourvus de sang sont
plus chauds que les animaux sanguins, et les femelles plus
chaudes que les mâles. Ainsi par exemple Parménide et quelques
autres déclarent que les femmes sont plus chaudes que les
hommes parce que les menstrues viennent de la chaleur et de
l'abondance du sang. En revanche, Empédocle est d'un avis
contraire. (*Parties des animaux*, II, II, 648 *a* 25.)

LIII

Aétius.

Parménide est d'un avis contraire[1]. Pour lui, les régions septentrionales ont produit des individus mâles (car elles participent
davantage au dense) tandis que les régions méridionales ont
engendré les individus femelles à cause de leur participation au
rare. (*Opinions*, V, VII, 2.)

Anaxagore et Parménide pensent que la semence en provenance du testicule droit se trouve projetée sur la partie droite de
la matrice, alors que celle en provenance du testicule gauche se
trouve projetée sur la partie gauche. Si cette projection vient à
s'intervertir, alors est engendré un individu femelle[2]. (*Ibid.*, V,
VII, 4.)

Censorinus.

L'origine de la semence est une question sur laquelle les professeurs de sciences n'ont pas une doctrine arrêtée. Car Parménide a

estimé qu'elle provient tantôt du testicule droit, tantôt du testicule gauche. (*Du jour de la naissance*, v, 2.)

LIV

Aétius.

Parménide pensait que, lorsque l'embryon se détache de la partie droite de la matrice, les enfants ressemblent à leur père et que, lorsqu'il se détache de la partie gauche, ils ressemblent à leur mère. (*Opinions*, V, xi, 2.)

Censorinus.

D'ailleurs Parménide pense que, lorsque la semence provient du testicule droit, les fils ressemblent à leur père, et du testicule gauche, à leur mère. (*Du jour de la naissance*, vi, 8.)

Parménide a inventé l'explication selon laquelle, dans la lutte du principe femelle et du principe mâle, c'est au principe victorieux que le rejeton ressemble. (*Ibid.*, vi, 5.)

Lactance.

C'est ainsi que, d'après eux, se produisent les différences naturelles : lorsque par hasard la semence du mâle vient tomber sur la partie gauche de la matrice, c'est, d'après eux, un individu mâle qui se trouve engendré; mais, étant donné qu'il se trouve conçu dans la partie proprement féminine[1], il comporte en lui quelque chose de féminin qui impose sa loi à la dignité mâle : c'est ou bien une beauté que l'on remarque trop, ou bien un excès de pâleur, ou une faiblesse du corps, ou une finesse des membres, ou une taille petite, ou la voix faible, ou l'esprit débile, ou plusieurs de ces dommages à la fois. De même, si la semence destinée à engendrer un individu femelle vient à couler dans la partie droite de la matrice, c'est bien une femme qui se trouve engendrée ; mais étant donné qu'elle est conçue dans la partie masculine, elle possède une part de virilité qui outrepasse la mesure permise à son sexe : elle a soit les membres robustes, soit une taille excessive, soit un teint basané, soit des traits grossiers, soit une physionomie disgracieuse, soit une voix grave, soit une âme ferme, soit plusieurs de ces défauts ensemble[2]. (*De l'œuvre de Dieu*, xii, 12.)

B. FRAGMENTS

DE LA NATURE

I

Sextus Empiricus.

Son disciple[1] Parménide repoussa la raison dérivée de l'opinion, je veux dire celle qui comporte des notions dépourvues de force, et posa comme hypothèse que le critère est constitué par la raison savante, c'est-à-dire par la raison invariable; aussi refusat-il d'accorder crédit aux sens. Aussi commence-t-il par écrire au début du *De la nature* :

> *Les cavales qui m'emportent, m'ont entraîné*
> *Aussi loin que mon cœur en formait le désir,*
> *Quand, en me conduisant, elles m'ont dirigé*
> *Sur la voie renommée de la Divinité[2],*
> *Qui, de par les cités[3], porte l'homme qui sait.*
> *J'en ai suivi le cours; sur elles m'ont porté,*
> [5] *Attelés à mon char, les sagaces coursiers.*
> *Des jeunes filles nous indiquaient le chemin.*
> *L'essieu brûlant des roues grinçait dans les moyeux,*
> *Jetant des cris de flûte. (Car, de chaque côté,*
> *Les deux cercles des roues rapidement tournaient),*
> *Cependant que déjà les filles du Soleil,*
> *Qui avaient délaissé les palais de la Nuit,*
> [10] *Couraient vers la lumière en me faisant cortège,*
> *Écartant de la main les voiles qui masquaient*
> *L'éclat de leur visage. Là se dresse la porte*
> *Donnant sur les chemins de la Nuit et du Jour.*
> *Un linteau et un seuil de pierre la limitent.*
> *Quant à la porte même, élevée vers le ciel,*
> *C'est une porte pleine, aux battants magnifiques,*
> *Et Dikè, aux nombreux châtiments, en détient*
> *Les clefs, dans les deux sens contrôlant le passage.*
> [15] *Pour la séduire et la gagner, les jeunes filles*
> *Usèrent à son chef de caressants propos,*
> *Afin d'habilement la persuader d'ôter,*
> *Rien qu'un petit instant, le verrou de la porte.*
> *La porte bascula, ouvrant un large espace*
> *Entre les deux battants, en faisant pivoter*

[20] *Les gonds de bronze ciselé sur leurs paumelles*
    Retenues par des clous et d'épaisses chevilles.
    C'est alors que, par là, tout droit, les jeunes filles
    Poussèrent à s'engouffrer le char et les cavales
    Sur la route déjà tracée par des ornières.
    La déesse, avec bienveillance, me reçut.
    Elle prit ma main droite en sa main et me dit :
    « Jeune homme, toi qui viens ici, accompagné
[25] *De cochers immortels, porté par des cavales,*
    Salut ! Car ce n'est point une Moire ennemie,
    Qui t'a poussé sur cette voie (hors des sentiers
    Qu'on voit communément les hommes emprunter),
    Mais Thémis et Dikè[1]. *Apprends donc toutes choses,*
    Et aussi bien le cœur exempt de tremblement
    Propre à la vérité bellement circulaire,
[30] *Que les opinions des mortels, dans lesquelles*
    Il n'est rien qui soit vrai ni digne de crédit ;
    Mais cependant aussi j'aurai soin de t'apprendre
    Comment il conviendrait que soient, quant à leur être,
    En toute vraisemblance[2], *lesdites opinions,*
    Qui toutes vont passant toujours[3]. *»*

Dans ces vers, Parménide affirme que *Les cavales qui [l']*
emportent sont les impulsions irrationnelles de l'âme, ainsi que
les appétits, et que la *voie renommée de la Divinité* qu'il parcourt, est celle de la spéculation conforme à la raison philosophique qui, en tant que raison, s'efforce, à la façon d'une divine
conductrice, de le guider dans la connaissance de toutes choses.
Les *jeunes filles* qui l'ont conduit sont les sens ; la formule :

> *Car, de chaque côté*
> *Les deux cercles des roues rapidement tournaient*

désigne les oreilles qui servent à percevoir le son ; il a appelé les
yeux

> *les filles du Soleil*
> *Qui avaient délaissé les palais de la Nuit*

et a dit qu'elles *couraient vers la lumière*, parce que, sans
lumière, il est impossible de faire usage des yeux.
La rencontre de

> *Dikè, aux nombreux châtiments,* qui *en détient*
> *Les clefs, dans les deux sens contrôlant le passage,*

eſt celle de l'entendement, qui eſt garant de la validité des perceptions sensibles. Celle-ci[1], après l'avoir *avec bienveillance [...] reçu*, lui promet de lui enseigner deux choses :

> *Et aussi bien le cœur exempt de tremblement*
> *Propre à la vérité bellement circulaire,*

c'eſt-à-dire le siège inébranlable de la science,

> *Que les opinions des mortels dans lesquelles*
> *Il n'eſt rien qui soit vrai ni digne de crédit,*

c'eſt-à-dire tout ce qui gît en l'opinion, puisque rien n'eſt assuré. (*Contre les mathématiciens*, VII, 111-114.)

Simplicius.

Ces célèbres penseurs posaient la réalité d'une subſtance double : l'une étant celle de ce qui eſt au sens fort de l'être, à savoir l'intellect, l'autre celle de ce qui eſt engendré et sensible, dont ils n'eſtimaient pas qu'elle puisse être dite un être au sens absolu, mais simplement un opinable. C'eſt pourquoi il déclare que l'être eſt la vérité, et l'engendré l'opinion. Parménide dit donc :

> [28]   *Apprends donc toutes choses,*
>   *Et aussi bien le cœur exempt de tremblement*
>   *Propre à la vérité bellement circulaire,*
> [30] *Que les opinions des mortels, dans lesquelles*
>   *Il n'eſt rien qui soit vrai ni digne de crédit ;*
>   *Mais cependant aussi j'aurai soin de t'apprendre*
>   *Comment il conviendrait que soient, quant à leur être,*
>   *En toute vraisemblance, lesdites opinions,*
>   *Qui toutes vont passant toujours.*

> (*Commentaire sur le Traité du ciel d'Ariſtote*, 557, 20.)

II

Proclus.

Et de nouveau :

> *Viens, je vais t'indiquer — retiens bien les paroles*
> *Que je vais prononcer — quelles sont donc les seules*
> *Et concevables voies s'offrant à la recherche.*
> *La première, à savoir qu'il eſt et qu'il ne peut*
> *Non être, c'eſt la voie de la persuasion,*

> *Chemin digne de foi qui suit la vérité;*
> [5] *La seconde, à savoir qu'il n'est pas, et qu'il est*
> *Nécessaire au surplus qu'existe le non-être,*
> *C'est là, je te l'assure, un sentier incertain*
> *Et même inexplorable : en effet le non-être*
> *(Lui qui ne mène à rien) demeure inconnaissable*
> *Et reste inexprimable.*

(Commentaire sur le Timée de Platon, I, 345, 18.)

Simplicius.

Si l'on désire entendre Parménide énoncer lui-même ses prémisses, et en particulier celle qui énonce qu'outre l'être, il n'y a que le non-être et le néant, ce qui revient à dire que l'être se dit d'une manière univoque, on en trouvera l'expression dans ces vers :

> *La première, à savoir qu'il est [...]*
> *Et reste inexprimable.*

(Commentaire sur la Physique d'Aristote, 116, 25.)

III

Clément d'Alexandrie.

Aristophane disait :

> *Car agir et penser équivalent au même.*

et, avant lui, Parménide d'Élée :

> *[...] Car même chose sont et le penser et l'être.*

(Stromates, VI, 23.)

Plotin.

Jadis, Parménide était lui aussi partisan d'une telle doctrine, pour autant qu'il réduisait au même l'être et l'intellect et renonçait à poser l'être dans les sensibles. En disant : *Car [...] être,* il dit que l'être est immobile, et, bien qu'il lui ajoute le penser, il lui enlève tout mouvement corporel[1]. (*Ennéades*, V, 1, 8.)

IV

Clément d'Alexandrie.

Et encore Parménide, dans son *Poème,* dit, faisant allusion à l'espérance :

> *Mais vois pourtant comme les choses absentes*
> *Du fait de l'intellect imposent leur présence;*

> *De l'être auquel il tient on ne pourra jamais*
> *Séparer l'être, soit pour le laisser aller*
> *S'éparpiller un peu partout de par le monde,*
> *Soit pour le rassembler,*

puisque celui qui espère, comme celui qui a la foi, voit par la pensée les intelligibles et les futurs. Donc, si nous affirmons que quelque chose est juste et que quelque chose est beau, nous disons qu'il en est ainsi de cette chose en vérité. Et pourtant, nous ne voyons jamais par les yeux aucun de ces intelligibles, et ne les appréhendons que par l'intellect. (*Stromates*, V, 15.)

v

Proclus.

> *Il m'est égal*
> *De devoir commencer par un point ou un autre :*
> *À ce point de nouveau je reviendrai encore[1].*

(*Commentaire sur le Parménide de Platon*, 708, 16.)

vi

Simplicius.

Qu'une proposition contradictoire ne puisse pas être vraie en même temps que celle qu'elle contredit[2], il l'assure dans les vers suivants, dans lesquels il critique ceux qui ramènent au même les opposés. Car il dit : *Car l'être est en effet* [...] *Je te tiens éloigné.* (*Commentaire sur la Physique d'Aristote*, 117, 2.)

Car, après avoir blâmé ceux qui font coïncider l'être et le non-être dans l'intelligible[3],

> *pour qui*
> *Être et non-être sont pris tantôt pour le même*
> *Et tantôt le non-même,*

et après les avoir détournés de la voie qui recherche le non-être :

> *Écarte ta pensée*
> *De cette fausse voie qui s'ouvre à ta recherche[4],*

il poursuit un peu plus loin :

> *Mais il ne reste plus à présent qu'une voie* [...][5].

(*Commentaire sur la Physique d'Aristote*, 78, 2.)

[Fragments restitués.]

> *Ce qui peut être dit et pensé se doit d'être[1] :*
> *Car l'être est en effet, mais le néant n'est pas.*
> *À cela, je t'en prie, réfléchis fortement,*
> *Cette voie de recherche est la première dont*
> *Je te tiens éloigné. Ensuite écarte-toi*
> [5] *De l'autre voie : c'est celle où errent des mortels*
> *Dépourvus de savoir et à la double tête ;*
> *En effet, dans leur cœur, l'hésitation pilote*
> *Un esprit oscillant : ils se laissent porter*
> *Sourds, aveugles et sots, foule inepte, pour qui*
> *Être et non-être sont pris tantôt pour le même*
> *Et tantôt le non-même, et pour qui tout chemin*
> *Retourne sur lui-même[2].*

VII

> *On ne pourra jamais par la force prouver*
> *Que le non-être a l'être. Écarte ta pensée*
> *De cette fausse voie qui s'ouvre à ta recherche ;*
> *Résiste à l'habitude, aux abondants prétextes,*
> *Qui pourrait t'entraîner à suivre ce chemin*
> *Où œil aveugle, sourde oreille et langue encore*
> *Régentent tout ; plutôt, juge avec ta raison*
> *La réfutation pleine de controverse*
> *Que je viens d'exposer.*

Platon.

L'ÉTRANGER : Le grand Parménide, mon enfant, à nous qui n'étions encore que des enfants, ne cessa, aussi bien dans ses leçons en prose que dans ses vers, de témoigner que :

> *On ne pourra jamais par la force prouver*
> *Que le non-être a l'être. Écarte ta pensée*
> *De cette fausse voie qui s'ouvre à ta recherche.*

(Le Sophiste, 237 a.)

Aristote.

Les platoniciens ont cru que tous les êtres ne devaient former qu'une réalité une, à savoir l'être identique, à moins que l'on ne parvînt à réfuter et à abattre la sentence de Parménide :

> *On ne pourra jamais par la force prouver*
> *Que le non-être a l'être ;*

toujours est-il qu'ils jugeaient nécessaire de montrer que le non-
être est. (*Métaphysique,* N, 11, 1089 *a* 2.)

Sextus Empiricus.

   À la fin [de son poème], il signifie clairement que ce n'est pas
aux sens, mais à la raison, qu'il convient de se fier ; il dit :

> *Résiste à l'habitude, aux abondants prétextes* [...]
> *Que je viens d'exposer*[1]

                         (*Contre les mathématiciens,* VII, 114.)

VIII

[*Fragment restitué.*]

> *Mais il ne reste plus à présent qu'une voie*
> *Dont on puisse parler : c'est celle du « il est ».*
> *Sur cette voie il est de fort nombreux repères,*
> *Indiquant qu'échappant à la génération,*
> *Il est en même temps exempt de destruction :*
> *Car il est justement formé tout d'une pièce,*
> *Exempt de tremblement et dépourvu de fin.*
> [5] *Et jamais il ne fut, et jamais il ne sera,*
> *Puisque au présent il est, tout entier à la fois,*
> *Un et un continu. Car comment pourrait-on*
> *Origine quelconque assigner au « il est » ?*
> *Comment s'accroîtrait-il et d'où s'accroîtrait-il ?*
> *Je t'interdis de dire ou même de penser*
> *Que le « il est » pourrait provenir du non-être,*
> *Car on ne peut pas dire ou penser qu'il n'est pas.*
> *Quelle nécessité l'aurait poussé à être*
> [10] *Ou plus tard ou plus tôt, si c'était le néant*
> *Qu'il avait pour principe ? Aussi faut-il admettre*
> *Qu'il est absolument, ou qu'il n'est pas du tout.*
> *Jamais non plus la force attachée au discours*
> *Ne pourra concéder que du néant procède*
> *Un être susceptible à lui de s'ajouter ;*
> *Aussi Dikè lui a, l'enserrant dans ses liens,*
> *De naître ou de périr ôté toute licence :*
> [15] *En fait elle le tient. L'arrêt en la matière*
> *Stipule simplement : il est ou il n'est pas.*
> *Il est donc notifié, de par nécessité,*
> *Qu'il faut abandonner la voie de l'impensé,*
> *Que l'on ne peut nommer (car celle-ci n'est pas*
> *La voie qui conduirait jusqu'à la vérité),*

Et tenir l'autre voie pour la voie authentique,
Réelle et existante. Et comment aussi l'être
Pourrait-il donc périr[1] ? Comment pourrait-il naître ?
[20] S'il est né en effet, c'est qu'alors il n'est pas,
Et il n'est pas non plus, s'il lui faut être un jour :
Son naître s'évanouit, et sa disparition
Apparaît impossible.

                Et il n'est pas non plus
Divisible en effet, puisqu'il est en entier,
Sans avoir çà ou là quelconque chose en plus
Qui pourrait s'opposer à sa cohésion,
Ou quelque chose en moins. Il est tout rempli d'être.
[25] Aussi est-il tout continu. En effet, l'être
Embrasse au plus près l'être.

                    Or il est immobile,
Pris dans les limites de formidables liens ;
Il est sans commencement et il est sans fin,
Car la génération comme la destruction
Ont été écartées loin de lui, et la foi
Véridique les a, elle aussi, rejetées.
Identique à lui-même en lui-même il repose,
[30] Il est là en lui-même immobile en son lieu ;
Car la Nécessité puissante le retient
Dans les liens l'enchaînant à sa propre limite ;
C'est pourquoi la sentence a été décrétée
Que l'être ne saurait se dispenser de fin.
Il ne manque de rien, en effet. À rebours,
En n'étant pas[2], de tout il serait dépourvu.
   Or le penser est identique à ce en vue
De quoi une pensée singulière se forme[3].
[35] On chercherait en vain le penser[4] sans son être,
En qui il est un être à l'état proféré.
Car rien d'autre jamais et n'est et ne sera
À l'exception de l'être, en vertu du décret
Dicté par le Destin de toujours demeurer
Immobile en son tout. C'est pourquoi ne sera
Qu'entité nominale ⟨et pur jeu de langage⟩
Tout ce que les mortels, croyant que c'était vrai,
[40] Ont d'un mot désigné : tel naître ou bien périr,
Être et puis n'être pas, changer de position,
Et changer d'apparence au gré de la couleur[5].
   Mais puisque existe aussi une limite extrême,
Il est de toutes parts borné et achevé,

Et gonflé à l'instant d'une balle bien ronde,
Du centre vers les bords en parfait équilibre.
Car aussi bien en plus et aussi bien en moins,
[45] *Aucune variation ici ou là n'existe.*
Car il n'est nul non-être à même d'empêcher
Qu'il atteigne partout son parfait équilibre,
Ni être qui en lui soit en plus ou en moins,
Étant donné qu'il est tout entier inviolable.
En toutes directions il s'égale à lui-même,
Et de même façon il touche à ses limites.
[50]   *Mais ici je mets fin au discours assuré*
Ainsi qu'à la pensée visant la vérité.
Désormais apprends donc l'opinion des mortels
En ouvrant ton oreille à l'ordre harmonieux
Du discours composé pour ton enchantement[1].
Ils ont, par convention[2], en effet assigné
À deux formes des noms; mais des deux cependant
Une n'en est pas digne — et c'est bien en cela
Qu'ils se sont fourvoyés. Car ils ont estimé
[55] *Contraires leurs aspects, et leur ont assigné*
Des signes qui fondaient leur distinction mutuelle.
Des deux, l'une est le feu éthéré de la flamme,
C'est le feu caressant et c'est le feu subtil,
Identique à lui-même en toutes directions,
Mais qui à l'autre forme identique n'est pas;
L'autre par son essence à l'exact opposé,
C'est la nuit sans clarté, dense et lourde d'aspect.
[60] *Voici, tel qu'il nous semble en sa totalité,*
Le système du monde et son arrangement
Que je vais te décrire, afin que nul mortel
N'en sache plus que toi[3].

Simplicius.

Voici la conclusion qui fait suite à la réfutation du non-être :

> *Mais il ne reste plus à présent qu'une voie* [...]
> *Du discours composé pour ton enchantement[4].*

(*Commentaire sur la Physique d'Aristote*, 144, 29.)

Il poursuit :

> *Mais il ne reste plus à présent qu'une voie*
> *Dont on puisse parler : c'est celle du « il est ».*
> *Sur cette voie il est de fort nombreux repères[5].*

Puis il fournit les preuves concernant l'être pris absolument :

> *Indiquant qu'échappant à la génération* [...]
> *De naître ou de périr ôté toute licence*[1].

Ces vers qui concernent l'être pris au sens absolu, sont destinés à apporter la démonstration évidente que cet être-là est inengendré. En effet, il ne procède pas de l'être, car il faudrait alors qu'un autre être lui préexistât. Mais il ne procède pas non plus du néant, car le néant n'existe pas. Et pourquoi aurait-il été engendré alors, et non pas avant ou après? Mais il n'est pas non plus engendré, ainsi que l'engendré est engendré, à partir de ce qui est en un sens être et en un sens non-être[2]. Car, à l'être pris absolument ne saurait préexister ce qui est en un sens être et en un sens non-être, mais il n'existe qu'après l'être pris absolument[3]. (*Commentaire sur la Physique d'Aristote*, 78, 5.)

Clément d'Alexandrie.

Parménide [...] écrit en substance à propos de Dieu :

> *De fort nombreux repères* [...]
> *Exempt de tremblement et dépourvu de « génération*[4] ».

> (*Stromates*, V, 113.)

Platon.

D'autres leur ont opposé des propos contraires :

> *Immobile est le nom où se parfait le tout*[5]

et maints autres propos où les Mélissos et les Parménide s'opposent à eux tous, avec beaucoup de force. (*Théétète*, 180 *d*.)

Simplicius.

Puisque l'Un est *tout entier à la fois*[6], et borné par *une limite extrême*[7]. (*Commentaire sur la Physique d'Aristote*, 147, 13.)

Platon.

Si donc [l'un] est tout, ainsi que le dit Parménide,

> *Et gonflé à l'instar d'une balle bien ronde* [...]
> *Aucune variation ici ou là n'existe*[8].

Si du moins il est tel, l'être occupe à la fois le milieu et les extrémités. (*Le Sophiste*, 244 *e*.)

Eudème.

De telle sorte qu'il n'y a nullement correspondance entre la réalité du ciel et les propos de Parménide que certains, au dire

d'Eudème, admettent, en l'entendant affirmer qu'il est *de
toutes parts* [...] *gonflé à l'instar d'une balle bien ronde*[1]. Car le
ciel n'est pas indivisible et n'est nullement comparable à une
balle : il est seulement la sphère la plus parfaitement exacte que
l'on puisse trouver dans la nature. (Cité par Simplicius, *Commentaire sur la Physique d'Aristote*, 143, 4.)

Aristote.

On doit penser que la pensée de Parménide est préférable à
celle de Mélissos. Ce dernier déclare que l'illimité est le tout,
alors que, pour Parménide, le tout est limité,

> *Du centre vers les bords en parfait équilibre*[2].

> (*Physique*, III, VI, 207 *a* 15.)

Simplicius.

Parménide, mettant un point final à son propos concernant
l'intelligible, conclut ainsi :

> *Mais ici je mets fin au discours assuré* [...]
> *N'en sache plus que toi*[3].

> (*Commentaire sur la Physique d'Aristote*, 38, 28.)

Au moment d'abandonner les réalités intelligibles pour se
tourner vers les réalités sensibles, ou, selon ses propres termes,
d'abandonner la vérité pour se tourner vers l'opinion, Parménide dit :

> *Mais ici je mets fin au discours assuré* [...]
> *Du discours composé pour ton enchantement*[4].

Dans ces vers, il a posé comme principes élémentaires des
choses engendrées la première opposition qu'il estime être celle
de la lumière et de l'obscurité, du feu et de la terre, du dense et du
rare, du même et de l'autre, disant, à la suite des vers cités plus
haut :

> *Ils ont, par convention* [...]
> *C'est la nuit sans clarté, dense et lourde d'aspect*[5].

> (*Commentaire sur la Physique d'Aristote*, 30, 13.)

Pour ton enchantement : tel est le qualificatif qu'il applique
à son *discours composé* à propos de *l'opinion des mortels*[6]. (*Commentaire sur la Physique d'Aristote*, 147, 28.)

Car Parménide, dans ses vers à propos de l'opinion, fait du chaud et du froid des principes. Il leur donne encore les noms de *feu* et de *terre*, de *lumière* et de *nuit* ou obscurité. Car il dit, à la suite de ses vers concernant la vérité :

> *Ils ont, par convention* [...]
> *C'est la nuit sans clarté, dense et lourde d'aspect*[1].

> (*Commentaire sur la Physique d'Aristote*, 179, 31.)

[Scolie.]

Entre ces vers[2] se trouve aussi introduite une brève notation en prose, qui paraît être de Parménide lui-même, et qui dit : « Par l' *une*[3] , il désigne le rare, le chaud, la *lumière* , le [feu] *caressant* et léger ; par le *dense* , il désigne le froid, l' *obscurité* , le dur et le pesant. Ces deux formes se séparent mutuellement par discrimination[4]. (À Simplicius, *Commentaire sur la Physique d'Aristote*, 31, 3.)

IX

Simplicius.

Quelques vers plus loin, il reprend :

> *Puisque toutes choses ont nom lumière et nuit,*
> *Et puisque telle ou telle a, selon sa puissance,*
> *Reçu tel ou tel nom, toute chose est remplie*
> *À la fois de lumière et de nuit obscure,*
> *L'une et l'autre ayant part égale en sa nature,*
> *Puisque rien ne saurait exister qui n'ait part*
> *À l'une ni à l'autre.*

Or, si *rien ne saurait exister qui n'ait part / à l'une ni à l'autre* , il montre que toutes les deux sont principes et sont des opposés[5]. (*Commentaire sur la Physique d'Aristote*, 180, 8.)

X

Clément d'Alexandrie.

Une fois parvenu à l'authentique connaissance[6], que le postulant prête l'oreille à la promesse de Parménide d'Élée :

> *Tu connaîtras aussi la nature du ciel,*
> *Et la totalité des signes qu'il contient,*
> *Les effets consumants de la torche brûlante*

Et pure du Soleil, et d'où vient qu'ils sont nés.
Tu connaîtras aussi les travaux vagabonds
De la Lune à l'œil rond, ainsi que sa nature ;
Tu connaîtras enfin l'enveloppe céleste,
Avec son origine, et comment, dirigée
Par la Nécessité, elle a dû contenir
Les limites des astres.

(*Stromates*, V, 138.)

Plutarque.

Lui, du moins, a construit un système du monde et, en mélangeant les éléments que sont le lumineux et l'obscur, parvient à rendre raison à partir d'eux et grâce à eux de tous les phénomènes. Car il a beaucoup parlé de la Terre, ainsi que du ciel, du Soleil, de la Lune et des astres ; et il a amplement traité de la génération des hommes. Il n'est pas de matière importante qu'il ait laissée dans l'ombre, ⟨ce qui est très remarquable⟩ quand on songe qu'il est un philosophe de la nature fort ancien, qui expose une doctrine qu'il tire de son fonds propre, au lieu de réfuter la doctrine d'un autre. (*Contre Colotès*, xiii, 1 1 1 4 b.)

XI

Simplicius.

Parménide, à ce que l'on affirme, commence, à propos des choses sensibles, par dire :

Comment la Terre et le Soleil, avec la Lune,
Le ciel commun à tous, la Voie lactée, l'Olympe
Reculé et la force ardente des étoiles
S'élancèrent à naître.

Puis il rend compte de la génération des êtres soumis à la génération et à la corruption, en allant jusqu'aux parties des animaux. (*Commentaire sur le Traité du ciel d'Aristote*, 559, 20.)

XII

Simplicius.

Quelques vers plus loin, après avoir parlé des deux éléments[1], il introduit la cause efficiente en disant :

Les plus étroits anneaux sont remplis d'un feu pur ;
Ceux qui viennent après, de nuit ; dans l'intervalle

> *Une portion de feu se trouve répandue.*
> *Au milieu des anneaux est la Divinité*[1]
> *Qui régit toutes choses.*

> (*Commentaire sur la Physique d'Aristote*, 39, 12.)

Quant à la cause efficiente, non seulement celle des réalités corporelles sujettes à la génération, mais celle des choses incorporelles qui complètent la génération, Parménide s'en exprime clairement en disant :

> *Ceux qui viennent après, de nuit ; dans l'intervalle*
> *Une portion de feu se trouve répandue.*
> *Au milieu des anneaux est la Divinité*
> *Qui régit toutes choses. Partout elle est principe,*
> *À la fois de naissance aux cruelles douleurs*
> *Comme d'accouplement, projetant la femelle*
> *À l'encontre du mâle, afin de s'accoupler,*
> *Et, de même, le mâle auprès de la femelle.*

> (*Ibid.*, 31, 10.)

Il pose comme cause efficiente une et commune la *Divinité* dont le siège se trouve *Au milieu des anneaux* et qui est cause de toute génération.

> (*Ibid.*, 34, 14.)

XIII

Platon.

Parménide dit de la génération :

> *Avant les autres dieux elle conçut Éros […]*

> (*Le Banquet*, 178 *b*.)

Aristote.

On peut soupçonner Hésiode d'avoir le premier recherché une telle solution[2], et avec lui tous ceux qui, quels qu'ils soient, ont posé parmi les êtres l'amour ou le désir comme principe, comme par exemple Parménide. Celui-ci, en effet, formant un modèle de la génération de l'univers, déclare :

> *Avant les autres dieux elle conçut Éros […]*

> (*Métaphysique*, A, ıv, 984 *b* 23.)

Plutarque.

Aussi Parménide déclare-t-il qu'Éros est la plus ancienne des créatures d'Aphrodite, écrivant dans sa cosmogonie :

> *Avant les autres dieux elle conçut Éros[...]*

(*De l'amour*, XIII, 756 f.)

Simplicius.

Il déclare que la Divinité est la cause des dieux, en disant :

> *Avant les autres dieux elle conçut Éros...*

[Et il ajoute] qu'elle envoie les âmes tantôt en les projetant des régions lumineuses dans les ténèbres, tantôt selon la voie inverse, de nouveau[1]. (*Commentaire sur la Physique d'Aristote*, 39, 18.)

XIV

Plutarque.

Car celui qui dit que le fer incandescent n'est pas le feu, ou que la Lune n'est pas le Soleil, mais que, d'après Parménide,

> *Brillante dans la nuit d'un éclat emprunté*
> *Elle va autour de la Terre,*

celui-là n'abolit ni l'usage du fer, ni la réalité de la Lune. (*Contre Colotès*, xv, 1116 a.)

XV

Plutarque.

Parmi la foule des astres qui peuplent le ciel, la Lune est, d'après Parménide, la seule à suivre son cours en ayant besoin d'une lumière étrangère :

> *Sans cesse elle regarde en direction des rais*
> *Du Soleil.*

(*De la face qui apparaît dedans le rond de la Lune*, XVI, 929 a.)

XV *a*

[*Scolie.*]

« Si l'on suppose que l'eau est ce qui soutient la Terre. » Parménide, dans son œuvre en vers, disait que la Terre

> *Plonge dans l'eau ses racines.*

(À saint Basile, 25, éd. Pasquali, *Göttinger Nachrichten*, 1910, 2, p. 201.)

XVI

Aristote.

> *Car tout comme chacun a son propre mélange,*
> *Donnant leur qualité aux membres qui se meuvent,*
> *De même l'intellect se rencontre chez l'homme.*
> *Car la chose consciente et la chair ⟨ou substance⟩*
> *Dont nos membres sont faits, sont une même chose*
> *En chacun comme en tout : l'en-plus est la pensée[1].*

(*Métaphysique*, Γ, v, 1009 *b* 21.)

XVII

Galien.

L'opinion selon laquelle le mâle est conçu dans la partie droite de la matrice, est partagée encore par d'autres auteurs anciens. Parménide en effet disait[2] :

> *À droite les garçons et à gauche les filles.*

(*Sur les Épidémies d'Hippocrate*, VI, 48.)

XVIII

Célius Aurélien.

Parménide, dans ses livres *De la nature*, dit qu'à l'issue de la grossesse, il arrive que soient engendrés des hommes efféminés et manquant de caractère. Il y a sur ce sujet un petit fragment de poème composé en grec, que je m'en vais traduire en vers. J'ai donné à mes vers latins le plus de ressemblance possible avec le grec, pour que la tournure latine usuelle ne crée pas de confusion :

> *Quand ensemble homme et femme en même temps mélangent*
> *Les semences d'amour, ou présents de Vénus,*
> *La puissance versant dans la veine[3] un mélange*
> *Des deux sangs différents, doit savoir conserver*
> *Un parfait équilibre, afin que leur enfant*
> *Ait un corps bien bâti. Si les puissances propres*
> *Aux semences mêlées se livrent un combat,*
> *Renonçant à s'unir dans le corps de l'enfant,*
> *Elles mettent à mal l'embryon assailli*
> *Par le conflit des sexes.*

En effet, Parménide veut qu'il existe, en plus des matériaux des semences, des puissances[1] dont le mélange aboutit à la création d'une unique puissance dans un même corps, et à la naissance d'une volonté en harmonie avec le sexe. En revanche, si une fois achevé le mélange de la semence corporelle, les puissances naturelles demeurent séparées, il en naît des êtres sujets à une double tendance amoureuse. (*Des maladies chroniques*, IV, 9, éd. Sichard, p. 116.)

XIX

Simplicius.

Après avoir décrit l'organisation du monde des choses sensibles, Parménide ajoute encore :

> *C'est de cette façon qu'aux yeux de l'opinion*
> *Les choses sont ainsi venues à existence,*
> *Existent à présent et désormais devront*
> *Croître encore et périr. Chaque chose a reçu,*
> *De par le fait de l'homme, un nom déterminé*
> *En signe distinctif.*

> (*Commentaire sur le Traité du ciel d'Aristote*, 558, 8.)

FRAGMENT DOUTEUX

XX

Hippolyte.

Minces, dit-il[2], sont les mystères de l'infernale Perséphone. Touchant ces mystères et la voie qui conduit là-bas, « large et plaisante », et qui porte vers Perséphone ceux qui ont péri, le poète dit encore :

> *Et sous la terre encore il est un dur sentier,*
> *Escarpé, creux, fangeux. Il est pourtant celui*
> *Qui peut le mieux conduire au bocage charmant*
> *De la sainte Aphrodite.*

> (*Réfutation de toutes les hérésies*, V, 8)

FRAGMENTS APOCRYPHES

XXI

Aétius.

Sur la face visible de la Lune, pourquoi elle a une apparence
terreuse. [...] Pour Parménide, la cause en est le mélange d'obscurité avec l'élément igné qui l'entoure. C'est pourquoi il
qualifie cet astre de *faussement brillant*[1] . (*Opinions*, II, xxx, 4.)

XXII

Suidas.

« Extrêmement » : extraordinairement. Dans Parménide[2] :
« terriblement et extraordinairement difficile à en convaincre ».
(*Lexique*, « extrêmement ».)

XXIII

Suidas.

C'est, d'après Parménide, le nom que portait autrefois l'acropole de Thèbes en Béotie. (*Lexique*, « Île des Bienheureux ».)

XXIV

Suétone.

Les Telchins [...] Ce sont, d'après certains, des enfants de la
mer ; pour Parménide, leur origine remonte aux chiens d'Actéon
métamorphosés par Zeus en hommes. (*Telchines*, éd. Miller,
Mélanges de littérature grecque, 417.)

XXV

Stobée.

Mais il[a] est *égal à lui-même partout*. (*Choix de textes*, I, xv, 2.)

ZÉNON D'ÉLÉE

A. VIE ET DOCTRINE

VIE

I

Diogène Laërce.

25. Apollodore affirme dans ses *Chroniques* qu'il est par le sang fils de Téleutagoras, et par adoption fils de Parménide (Parménide, fils de Pyrès). À son sujet ainsi qu'à celui de Mélissos, Timon déclare :

> *La grande force inépuisable de Zénon*
> *À la langue pendue pour le pour et le contre[1],*
> *Capable de lutter contre toute doctrine,*
> *Et Mélissos planant dessus les préjugés,*
> *De tous le plus habile, rarement égalé [...].*

Zénon fut l'élève de Parménide[2] et devint son mignon. Il était de haute taille, ainsi que l'affirme Platon dans le *Parménide*[3]. Platon ⟨en fait aussi mention⟩ dans *Le Sophiste*[4] et ⟨dans le *Phèdre*⟩ où il l'appelle le Palamède d'Élée[5]. Aristote déclare[6] qu'il est l'inventeur de la dialectique tout comme Empédocle l'est de la rhétorique[7]. 26. Ce fut un personnage fort remarquable aussi bien en philosophie qu'en politique[8], et effectivement on lui attribue des livres pleins d'ingéniosité. Ayant entrepris de renverser le tyran Néarque[9] — d'après d'autres, Diomédon —, il fut arrêté, ainsi que le déclare Héraclide dans son *Abrégé de Satyros*. Interrogé sur ses complices et sur les armes qu'il avait fait livrer à Lipara, il cita les noms de tous les amis du tyran, dans l'intention de l'isoler des siens. Ensuite, sous le prétexte de révélations confidentielles sur certaines personnes, il mordit cruellement le tyran à l'oreille et ne lâcha prise que blessé mortellement, connaissant en cela le même sort qu'Aristogiton le tyrannicide[10]. 27. Démétrios[11] déclare dans ses *Homonymes*

que c'est le nez qu'il lui avait coupé. Selon Antisthène dans ses
Successions, après qu'il eut dénoncé les amis du tyran, ce dernier
lui demanda s'il n'oubliait personne. Zénon répondit : « Oui,
toi, le fléau de l'État. » Puis se tournant vers les témoins : « Vraiment, votre lâcheté m'étonne : comment pouvez-vous, voyant
ce que j'endure, supporter l'esclavage de ce tyran ? » À la fin, il
trancha sa propre langue avec ses dents[1] et la lui cracha au visage.
À cette vue, les citoyens, transportés de rage, lapidèrent le tyran.
C'est à peu de chose près la version de la plupart des historiens.
Hermippe pourtant déclare qu'il fut jeté dans un mortier et
broyé. Voici l'épigramme que j'ai composée en son honneur :

> *Oui, Zénon, tu voulais accomplir un exploit,*
> *Tu voulais en frappant un injuste tyran*
> *Libérer à jamais Élée de l'esclavage.*
> *En vain, car ce tyran s'est emparé de toi,*
> *T'a jeté au mortier et broyé sans merci.*
> *Que dis-je, t'a broyé ! Ton corps, oui ! Mais pas toi.*

Non seulement Zénon fut en toutes choses un homme de bien,
mais encore il se montra méprisant à l'égard des puissants, tout
autant qu'Héraclite. Aussi préféra-t-il l'ancienne Hyélé,
appelée plus tard Élée, petite colonie phocéenne qui était sa
patrie, cité modeste ne sachant que nourrir des hommes vertueux, à la superbe Athènes. Aussi ne vint-il pas s'établir à
Athènes, mais se contenta-t-il de vivre en sa patrie.　29. Il fut le
premier à user de l'argument d'Achille au cours de l'interrogatoire dialectique[2]. D'après Favorinus, ce mérite revient à Parménide et à beaucoup d'autres.

Voici en quoi consiste sa doctrine : Il existe plusieurs mondes[3],
mais le vide n'existe pas. Toutes choses tirent leur nature du
chaud, du froid, du sec et de l'humide, qui se changent mutuellement les uns en les autres[4]. La génération des hommes s'est produite à partir de la terre et l'âme s'est constituée par un mélange[5]
des quatre éléments, sans qu'aucun ne prédomine.

Un jour, dit-on, quelqu'un l'insulta. Sur quoi il se mit en
colère. Comme on le lui reprochait : « Mais, si je fais semblant de
ne pas avoir été blessé, comment ferai-je ensuite pour être sensible à un éventuel éloge ? »

Il y eut huit Zénon, ainsi que nous l'avons expliqué à propos
de Zénon de Citium. Son acmé se situe pendant la ⟨soixante-
dix⟩-neuvième olympiade[6]. (*Vies*, IX, 25-29.)

II

Suidas.

Zénon, fils de Téleutagoras, philosophe éléate, contemporain de Pythagore et de Démocrite. Il florissait pendant la soixante-dix-huitième olympiade. Il fut l'élève de Xénophane ou de Parménide. Il écrivit des *Querelles*, une *Exégèse des opinions d'Empédocle*[1], un *Contre les philosophes* et un *De la nature*. C'est lui qui fut, dit-on, l'inventeur de la dialectique, comme Empédocle le fut de la rhétorique. Il voulut renverser Néarque (pour d'autres, Diomédon), le tyran d'Élée ; il fut arrêté et, au cours de l'interrogatoire que le tyran lui faisait subir, il sectionna sa propre langue avec ses dents, la cracha à la figure du tyran ; puis, on le jeta dans un mortier, où il fut broyé. (*Lexique*, « Zénon ».)

III

Eusèbe.

C'est pendant la quatre-vingt-unième olympiade[2] que se situe l'acmé de Zénon et d'Héraclite, dit l'Obscur (*Chronographie*.)

IV

Platon.

Cite-moi seulement quelqu'un, n'importe qui, Athénien ou étranger, esclave ou citoyen libre, que la fréquentation de Périclès ait rendu plus sage ! Moi, je te citerai Pythodore, fils d'Isoloque, élève de Zénon, ainsi que Callias, fils de Calliadès ; chacun d'eux est devenu savant et illustre, après avoir versé à Zénon cent mines d'honoraires[3]. (*Alcibiade majeur*, 119 *a*.)

[Scolie.]

Zénon d'Élée, élève de Parménide, philosophe expert en sciences naturelles et authentique homme politique. C'est la raison pour laquelle il est visiblement mis en parallèle avec Périclès qui était un homme politique. Il eut pour élève Pythodore, que le *Parménide*[4] juge digne de mention pour avoir rapporté à Antiphon les propos tenus lors de la rencontre. Antiphon fut lui-même le maître de Céphale de Clazomènes, qui devint professeur à son tour. (À l'*Alcibiade*, passage cité.)

Plutarque.

Périclès fut l'élève de Zénon d'Élée qui s'occupa de philosophie naturelle au même titre que Parménide, mais qui perfectionna un art qui lui était propre et consistant à réfuter et à plonger ses adversaires dans l'embarras au moyen d'arguments contraires[5]. (*Vie de Périclès*, IV, 5.)

V

Aristote.

Au contraire, il y a ceux dont les forfaits se muent en motifs d'éloge, ceux qui, par exemple, ont eu à venger leur père ou leur mère : c'est le cas de Zénon[1]. (*Rhétorique*, I, 12, 1372 *b* 3.)

VI

Diodore de Sicile.

Comme sa patrie subissait le rude joug du tyran Néarque, il organisa un complot contre lui. Découvert et interrogé sous la torture par Néarque qui voulait connaître ses complices : « Puissé-je être, dit-il, aussi maître de mon corps que de ma langue. » Et comme le tyran accentuait encore ses tortures, Zénon lui opposa une résistance farouche. Ensuite, dans l'espoir de s'en délivrer et de tirer vengeance de Néarque, il imagina une ruse. Au moment où la douleur des tortures se faisait plus intense, il feignit de rendre l'âme et hurla comme sous l'effet de la douleur : « Arrête, je vais te dire toute la vérité. » Comme on relâchait ses liens, il demanda à Néarque de s'approcher pour être seul à entendre, car mieux valait conserver secrètes la plupart des révélations qu'il allait faire. Le tyran s'approcha avec empressement et plaça son oreille contre la bouche de Zénon. Celui-ci le mordit et y planta ses dents. Les gardes accoururent et mirent à mal le malheureux torturé qui s'acharnait davantage encore sur sa proie. À la fin, impuissants à vaincre la fermeté du héros, ils le transpercèrent pour qu'il desserrât les dents. Ainsi vint-il, grâce à ce stratagème, à bout de ses douleurs, et tira-t-il du tyran la seule vengeance possible. (*Bibliothèque historique*, X, xviii, 2.)

VII

Plutarque.

Zénon, l'élève de Parménide, lors de son complot contre le tyran Démylos, dans lequel il échoua, soumit à l'épreuve du feu l'enseignement qu'il avait reçu de Parménide, et prouva qu'il s'agissait d'un or pur et de bon aloi. Car il fit la preuve qu'un noble cœur ne craint que la honte, et que la douleur n'est redoutée que par les enfants, les femmes et les tempéraments efféminés : il se trancha la langue et la cracha au visage du tyran. (*Contre Colotès*, XXXII, 1126 D.)

VIII

Clément d'Alexandrie.

Non seulement les Ésopiens, les Macédoniens et les Laconiens se raidissaient sous la torture, ainsi que le raconte Ératosthène, dans ses livres *Des biens et des maux*, mais encore Zénon d'Élée, contraint de révéler un secret, résista à la torture sans rien vouloir savoir et, comme il se sentait mourir, il se trancha la langue avec les dents et la cracha au visage du tyran, Néarque pour les uns, Démylos pour les autres. (*Stromates*, IV, 57.)

IX

Philostrate.

Zénon d'Élée (il passe pour l'inventeur de la dialectique), qui avait entrepris de renverser Néarque, tyran de Mysie[1], fut arrêté, torturé, mais refusa de désigner ses complices et accusa de trahison les plus fidèles amis du tyran qui furent condamnés à mort à cause du crédit porté à ses accusations. Grâce à quoi Zénon rendit la liberté aux Mysiens, en faisant tomber la tyrannie sous ses propres armes. (*Vie d'Apollonius de Tyane*, VII, 2.)

X

Diogène Laërce.

Aristote, dans *Le Sophiste*[2], déclare qu'Empédocle est le premier inventeur de la rhétorique, et Zénon de la dialectique. (*Vies*, VIII, 57.)

Sextus Empiricus.

Parménide ne saurait passer pour inexpert en dialectique, puisque Aristote tient Zénon son élève pour le fondateur de la dialectique. (*Contre les mathématiciens*, VII, 7.)

ÉCRITS

XI

Platon.

Antiphon[3] affirmait que Pythodore disait qu'un jour, aux grandes Panathénées[4], étaient arrivés Zénon et Parménide. Parménide était déjà fort avancé en âge, ses cheveux étaient tout blancs ; il offrait l'image d'un parfait honnête homme et il était sur le point d'avoir soixante-cinq ans. Zénon, lui, approchait de la quarantaine. Il était grand, de physionomie gracieuse, et on

disait qu'il avait été le mignon de Parménide. Ils étaient, disait
Pythodore, descendus chez lui, hors les murs, au Céramique[1].
C'était là que s'était rendu Socrate, accompagné de nombreuses
personnes, dans le désir d'entendre lire l'œuvre de Zénon (c'était
en effet la première fois que, grâce à ces deux hôtes de marque,
l'ouvrage allait être rendu public). Socrate était alors un tout jeune
homme. C'est Zénon en personne qui fit la lecture à un moment où
Parménide était sorti, et comme la lecture tirait sur sa fin, poursuivait Pythodore, lui-même fit son entrée en compagnie de Parménide, ainsi qu'Aristote, l'un des Trente[2]. Ils ne purent entendre
que les dernières lignes de l'ouvrage qu'il[3] connaissait déjà pourtant par une lecture que Zénon lui en avait faite. (*Parménide*, 127 *a*.)

Athénée.

　　Mais ce qu'il y a de plus scandaleux dans ce témoignage, c'est
de dire, tout à fait gratuitement, que Zénon, dont on sait qu'il
était le concitoyen de Parménide, en était aussi le mignon.
(*Les Deipnosophistes*, XI, 505 F.)

XII

Platon.

　　« Oui, Socrate, aurait dit alors Zénon, tu n'as pas du tout saisi
le véritable sens de mon ouvrage. Bien sûr, tu as pour dépister les
pensées le flair des chiennes de Laconie. Mais ce qui t'échappe au
premier chef, c'est que mon ouvrage ne prétend pas du tout,
contrairement aux intentions que tu lui prêtes, se dérober à la
compréhension du public en passant pour un chef-d'œuvre.
L'effet que tu soulignes est quelque chose d'accidentel. En réalité, mon projet est de prendre la défense de la thèse de Parménide[4] contre ceux qui entreprennent de la tourner en ridicule, en
soutenant que, si c'est l'Un qui est, alors il s'ensuit un certain
nombre de conséquences bouffonnes et contraires à son propos
initial. Mon ouvrage, par conséquent, porte la contradiction
contre ceux qui soutiennent la thèse de l'existence des multiples
et, rendant coup pour coup et même au-delà, il se propose de
montrer que l'hypothèse de l'existence des multiples s'accompagne de conséquences encore plus bouffonnes que celle qui
affirme l'existence de l'Un, pour peu que l'on y regarde de près.
Telle était l'humeur guerrière qui poussait le jeune homme que
j'étais à écrire cet ouvrage que quelqu'un me déroba, de telle
sorte que la question ne se posait plus de savoir si je devais

le publier au grand jour ou non. Ainsi donc, Socrate, ce qui t'échappe, c'est l'humeur querelleuse du jeune homme qui l'a composé, à laquelle tu substitues la recherche d'un succès littéraire par un homme plus mûr. Pour le reste, tu as fort bien saisi le sens général. » (*Parménide*, 128 *b*.)

XIII

Platon.

Quant au Palamède d'Élée[1], ne savons-nous pas qu'il possédait une technique dialectique capable de donner à ses auditeurs l'impression que les mêmes choses étaient à la fois semblables et non semblables, unes et multiples, en repos et en mouvement? (*Phèdre*, 261 *d*.)

XIV

Aristote.

Si, un mot ayant plusieurs sens, on (celui qui interroge et celui qui est interrogé) considère que ce mot a un sens un (par exemple, il se peut que le mot « être » et le mot « un » aient plusieurs sens et que cependant celui qui est interrogé réponde et Zénon qui interroge, interroge, en pensant que le mot n'a qu'un sens un, car son argument consiste à dire que toutes les choses ne sont qu'un), alors l'entretien dialectique aura-t-il porté sur le mot, ou sur la pensée de celui qui interroge[2]? (*Réfutations sophistiques*, x, 170 *b* 19.)

Diogène Laërce.

Zénon d'Élée est le premier, dit-on, à avoir composé des *Dialogues*, mais Aristote, au premier livre *Sur les poètes*, dit que c'est Alexaménos de Styrie, ou de Téios. (*Vies*, III, 48.)

XV

Proclus.

C'est, parmi les nombreux arguments de Zénon (ils sont en tout au nombre de quarante), à l'un des premiers[3] que recourt Socrate pour susciter une aporie contre lui[4] [...], en posant une question dialectique sur un mode polémique et physique. Voici quel était cet argument : si un des existants est multiple, le même existant est semblable et dissemblable. Or il n'est pas possible que le même soit semblable et dissemblable. Donc les existants ne sont pas multiples. (*Commentaire sur le Parménide* [127 *d*], 594, 23.)

Élias.

Zénon de Citium, et non celui d'Élée, le parménidien [...] Ce dernier était surnommé *Amphotéroglosse*[1], non pas parce qu'il était dialecticien comme son homonyme de Citium et qu'il était capable de réfuter et de démontrer les mêmes thèses, mais parce qu'il était dialecticien dans la vie courante, à même de dire ceci, tout en pensant cela. Un jour en effet, alors que le tyran l'interrogeait, lui demandant quels étaient les chefs du complot contre la tyrannie, il dénonça ses gardes au tyran qui, convaincu, les fit massacrer, ce qui causa sa propre perte. C'est que, pour Zénon, avoir menti était un bien, puisque cela lui avait permis d'abolir la tyrannie. Et il présenta un jour à son maître Parménide, dont la thèse était que l'Être est un du point de vue de la forme, alors que les existants sont multiples du point de vue de l'évidence sensible, un recueil de quarante arguments[2] établissant que l'Être est un, car il estimait qu'il est bon de combattre aux côtés de son propre maître. Et encore, une autre fois, pour soutenir la thèse de son propre maître qui pensait que l'Être est immobile, il établit au moyen de cinq arguments que l'Être est immobile. C'est alors que, dans l'incapacité de répliquer, Antisthène le Cynique[3] se leva et se mit à marcher, pensant que la démonstration au moyen de l'évidence sensible avait plus de force que n'importe quel argument contraire recourant à des arguments. (*Commentaire sur les Catégories d'Aristote*, 109, 6.)

APOPHTEGMES

XVI

Eudème.

Zénon, à ce qu'on affirme, disait que si quelqu'un lui démontrait quelle était l'essence de l'Un, il serait à même de lui dire quelle était celle des existants. (*Physique*, fgm. 7, cité par Simplicius, *Commentaire sur la Physique d'Aristote*, 97, 12.)

XVII

Plutarque.

À ceux qui tenaient la gravité de Périclès pour présomption et arrogance, Zénon conseillait d'afficher la même présomption, parce que cette manière de mimer l'honnêteté et la vertu apporte peu à peu et subrepticement une disposition et une accoutumance à l'honnêteté. (*Vie de Périclès*, v, 3.)

XVIII

Philon.

De telles assertions et de tels jugements ne peuvent pas ne pas nous faire penser aux propos de Zénon : « Mieux vaut chercher à faire couler une outre gonflée d'air que de forcer un homme de caractère à agir contre sa volonté. » (*Que tout homme bon est libre*, 14.)

XIX

Tertullien.

Zénon d'Élée, à qui Denys demandait en quoi consiste la supériorité de la philosophie, répondit : « Dans le mépris de la mort ! » : et c'est avec impassibilité que, sous les coups du tyran, il confirma son propos jusqu'à la mort. (*Apologétique*, 50.)

XX

Stobée.

Zénon d'Élée, soumis par le tyran au supplice de la question pour qu'il lui livrât le nom des conjurés, répondit : « S'il y en avait encore, serais-tu encore tyran ? » (*Florilège*, III, vii, 37.)

PHILOSOPHIE

XXI

Aristote.

Si l'Un en soi est indivisible, alors, selon l'opinion de Zénon, rien n'existera. Car Zénon déclare que ce qui, par son addition ou par sa soustraction, ne rend pas une chose plus grande ou plus petite, n'est pas quelque chose d'existant, étant donné qu'évidemment l'existant qui existe est une grandeur. En outre, s'il est une grandeur, il est corporel, car le corporel est un existant selon les trois dimensions. Au contraire, les autres ⟨objets mathématiques⟩ produiront par addition un objet plus grand, s'ils sont

ajoutés d'une certaine façon. Mais, ajoutés d'une autre façon, ils
ne produiront aucun accroissement : tel est le cas du plan et de la
ligne. Et pour ce qui est du point et de l'unité, en aucune façon
leur addition ne produit un accroissement[1]. (*Métaphysique*, B, IV,
1001 *b* 7.)

Eudème.

Zénon soulevait, semble-t-il, une aporie, compte tenu du fait
que chacun des ⟨existants⟩ sensibles est dit être multiple, à la fois
par ses attributs et par sa possibilité d'être divisé, tandis que le
point, il ne le posait même pas comme l'Un. Car ce dont l'addition ne provoque pas d'augmentation, ni la soustraction de diminution, cela, à ses yeux, ne fait pas partie des existants. (*Physique*,
fgm. 7, cité par Simplicius, *Commentaire sur la Physique d'Aristote*,
97, 13[2].)

À ce propos, si Zénon, d'après Eudème, abolit l'Un (en fait, par
le point il entend l'Un), il est cependant d'accord pour admettre
l'existence des multiples. Alexandre pense encore que si Eudème
mentionne justement Zénon sur ce sujet, c'est parce qu'il abolit
les multiples : « Car, dit-il (ainsi que le rapporte Eudème[3]),
Zénon, le disciple de Parménide, se proposait de montrer qu'il
n'est pas possible qu'il existe des existants multiples, étant donné
qu'aucun un n'existe dans les existants, mais que, par ailleurs, les
multiples sont constitués par un grand nombre d'unités[4]. » Or,
que ce n'est pas parce que Zénon abolissait les multiples
qu'Eudème le mentionne ici, cela ressort clairement de sa propre
formulation. Et, en ce qui me concerne, je ne pense pas que l'on
puisse trouver dans le livre de Zénon, un argument qui soit présenté selon la forme que lui prête Alexandre[5]. (*Ibid.*, 99, 10.)

Jean Philopon.

Zénon d'Élée combattait ceux qui tournaient en ridicule l'opinion de son maître Parménide, d'après laquelle l'être est un ; et il
se faisait le champion de la doctrine de son maître, en s'efforçant
de montrer qu'il est impossible que le multiple existe dans les
existants. « Car, disait-il, si l'on admet l'existence du multiple,
alors étant donné que le multiple est constitué d'unités en plus
grand nombre [que l'Un], il est nécessaire qu'il existe un plus
grand nombre d'unités en nombre plus grand [que l'Un], à partir
desquelles le multiple est constitué. Donc, si nous démontrons
qu'il est impossible qu'il existe des unités multiples en plus grand
nombre que l'Un, il est évident qu'il est impossible que le multiple existe.

Car le multiple est constitué d'unités. Or, s'il est impossible que le multiple existe, comme il est nécessaire qu'existe soit l'Un soit le multiple, et qu'il est impossible que le multiple existe, reste donc que c'est l'Un qui existe, etc. (*Commentaire sur la Physique d'Aristote*, 42, 9.)

Sénèque.

Parménide affirme que, parmi les qualités qu'il paraît avoir, l'univers n'en possède aucune. Zénon d'Élée tranche radicalement la question : « Rien, affirme-t-il, ne possède l'être. » (*Lettres à Lucilius*, LXXXVIII, 44.)

Si l'on en croit Parménide, rien n'existe en dehors de l'Un. Si l'on en croit Zénon, même l'Un n'existe pas[1]. (*Ibid.*, LXXXVIII, 45.)

XXII

Pseudo-Aristote.

En outre, d'après l'argument de Zénon[2], il est nécessaire qu'il existe une grandeur non partageable, puisqu'il est impossible de toucher dans un temps limité un nombre illimité de parties, en les touchant chacune l'une après l'autre, et qu'il faut nécessairement que le mobile commence par effectuer un demi-parcours. Ce que l'on tient pour non partageable admet donc forcément une première moitié. (*Des lignes insécables*, 698 *a* 18.)

Aristote.

Certains ont adopté les deux thèses à la fois : d'une part, la thèse que toutes les choses sont un, si l'être signifie l'Un, ce qui les a amenés à dire que le non-être existe; d'autre part, [...] la thèse de la dichotomie, ce qui les a amenés à forger des grandeurs insécables, ou atomes[3]. (*Physique*, I, III, 187 *a* 1.)

Simplicius.

La seconde thèse, celle qui se fonde sur la dichotomie, est, au dire d'Alexandre, celle de Zénon [...]. D'après Alexandre, Xénocrate de Chalcédoine adoptait cette thèse fondée sur la dichotomie, car il admettait que tout ce qui est divisible est multiple (car la partie est autre que le tout) ; [...] en effet il existe certaines lignes insécables, au sujet desquelles il n'est pas possible de tenir pour vrai qu'elles soient multiples. (*Commentaire sur la Physique d'Aristote*, 138, 3.)

XXIII

Simplicius.

Aristote déclare que quelques-uns ont adopté les deux thèses à la fois[1], celle dite de Parménide et celle dite de Zénon dont l'intention était de venir au secours de la thèse de Parménide contre ceux qui se proposaient de la tourner en ridicule, en arguant que si l'être est un, cette thèse entraîne toute une foule de conséquences bouffonnes et contraires à son propos initial. Contre eux, Zénon montrait que leur hypothèse selon laquelle ce sont les multiples qui existent, entraînait des conséquences encore plus bouffonnes que celle qui affirme l'existence de l'Un, pour peu qu'on veuille y regarder de près[2]. (*Commentaire sur la Physique d'Aristote*, 134, 2.)

Pseudo-Plutarque.

Zénon ne professait pas une opinion qui lui était personnelle : il se contentait de développer aporétiquement les positions de Parménide. (*Stromates*, 6.)

XXIV

Aristote.

L'aporie de Zénon « Si le lieu est quelque chose, il doit être dans quelque chose » n'est pas difficile à résoudre. Rien n'empêche en effet que le premier lieu soit dans quelque chose d'autre, à condition qu'il n'y soit pas comme dans un lieu, etc. (*Physique*, IV, III, 210 *b* 22.)

Aristote.

L'aporie de Zénon réclame une explication. Car, si tout existant se trouve dans un lieu, il est évident qu'il devra exister un lieu du lieu, et ainsi de suite jusqu'à l'infini. (*Physique*, IV, 1, 209 *a* 23.)

Eudème.

L'aporie de Zénon conduit, semble-t-il, à la même conclusion. Car tout existant, pense-t-on, doit exister quelque part. Or, s'il existe un lieu des existants, où sera le quelque-part de ce lieu ? Il faudra par conséquent qu'il se trouve dans un autre lieu, et celui-ci dans un autre, et ainsi de suite [...] Contre Zénon, nous dirons que le quelque-part se dit en plusieurs sens. Si l'on

estimait qu'effectivement, les réalités doivent se trouver en un
lieu, on se tromperait : en effet, ni la santé, ni le courage, ni tant
d'autres choses ne se montrent comme existant dans un lieu. Et il
en va de même du lieu, s'il est tel qu'on l'a dit être. Et si, d'autre
part, le quelque-part existe autrement, il sera fort possible que le
lieu existe quelque part. Car le quelque-part d'un corps est la
limite de ce corps, ou plus exactement il en est l'extrême limite[1].
(*Physique*, fragment 42, cité par Simplicius, *Commentaire sur la
Physique d'Aristote*, 563, 17.)

XXV

Aristote.

Les arguments de Zénon contre le mouvement sont au nombre
de quatre; ils causent beaucoup de soucis à ceux qui veulent les
résoudre. Le premier argument porte sur l'inexistence du « se
mouvoir », compte tenu du fait que le mobile doit d'abord parvenir à la moitié avant d'atteindre le terme de son trajet, argument que nous avons déjà discuté auparavant[2]. (*Physique*, VI, IX,
239 *b* 9.)

C'est pourquoi l'argument de Zénon admet une prémisse
fausse : qu'il n'est pas possible que les grandeurs illimitées soient
chacune parcourue ou touchée une par une par les grandeurs illimitées en un temps limité. En effet, *illimité*, rapporté à la
longueur et au temps, se dit en deux sens, de même que rapporté,
plus généralement, à tout ce qui est continu : car on peut considérer soit l'infini selon la division, soit l'infini selon les extrémités[3]. Alors qu'il n'est pas possible qu'une chose entre en
contact dans un temps limité avec des grandeurs illimitées en
quantité, cela est possible si ces grandeurs sont illimitées en division[4]. En effet, du point de vue de la divisibilité, le temps lui-
même est illimité. Il en résulte que c'est dans un temps illimité, et
non pas dans un temps limité, que s'effectue le parcours de l'illimité et que le contact avec les grandeurs illimitées se fait par
des grandeurs illimitées, et non pas par des grandeurs limitées[5].
(*Physique*, VI, II, 223 *a* 21.)

Aristote.

Nous tombons souvent sur des arguments opposés aux opinions communes et dont la solution est difficile. Tel est le cas de
l'argument de Zénon soutenant que le mouvement est impossible et qu'il n'est pas possible de parcourir le stade. (*Topiques*,
VIII, VIII, 160 *b* 7.)

XXVI

Aristote.

Le second argument est celui que l'on appelle l'*Achille*. Il consiste à dire que le plus lent à la course ne peut pas être rattrapé par le plus rapide, étant donné que le poursuivant doit nécessairement atteindre le point d'où le poursuivi est parti, de telle sorte que le plus lent doit sans cesse avoir une certaine avance. Cet argument est identique à celui de la dichotomie[1], à cette différence près que ce n'est pas en deux que se trouve divisée la grandeur restante. (*Physique*, VI, IX, 239 *b* 14.)

XXVII

Aristote.

Le troisième argument est celui dont nous venons de parler, à savoir que la flèche qui se déplace est immobile. C'est ce qui résulte du fait que l'on admet que le temps est composé d'instants[2]. Que l'on refuse cette prémisse et le raisonnement s'écroulera. (*Physique*, VI, IX, 239 *b* 30.)

Zénon propose un paradoxe trompeur : si un objet quelconque est en repos, lorsqu'il ne s'est pas déplacé du lieu qui est égal à ses propres dimensions, et si d'autre part cet objet qui se meut est sans cesse dans le lieu qu'il occupe présentement, la flèche qui se déplace est immobile. (*Ibid.*, VI, IX, 239 *b* 5.)

XXVIII

Aristote.

Le quatrième argument est celui qui fait appel à deux trains formés d'une succession de masses égales et qui se croisent sur un stade, en passant, l'un comme l'autre, devant un train immobile. La queue du premier train (C) est située à l'une des extrémités du stade ; la tête de l'autre train (B) est située au milieu ; les deux trains vont à vitesse égale. Pour Zénon, la conséquence est que la moitié du temps est égale au double.

La fausseté de l'argument tient à ce que l'on pose qu'une masse met le même temps à passer devant une masse en mouvement et devant une masse immobile. Or c'est cela qui est faux.

Soit par exemple le train AAAA constitué par des masses immobiles, BBBB le train de masses dont la tête est située au milieu du train AAAA, CCCC le train de masses partant de l'extrémité du stade et qui se déplace en sens contraire du train BBBB et à égale vitesse.

On constate que :

1° La tête du train BBBB atteint l'extrémité E du stade en même temps que la tête du train CCCC atteint l'autre extrémité D.

2° Quand le train CCCC se trouve exactement à la hauteur du train BBBB, BBBB et CCCC ayant parcouru chacun la longueur d'un train, le train CCCC n'a parcouru que la moitié du train AAAA; par conséquent, le temps total est égal à la moitié du temps, car pour chacun des trains en mouvement, le temps mis à passer devant une masse du train AAAA est égal.

3° Mais quand le train BBBB est passé entièrement devant le train CCCC, la tête du train BBBB et la tête du train CCCC ont atteint en même temps les extrémités du stade; et le temps mis par BBBB pour traverser le stade est égal au temps de CCCC, puisque les deux trains défilent devant le train AAAA à vitesse constante.

Tel est l'argument de Zénon, et il est faux pour les raisons que nous avons dites. (*Physique*, VI, ix, 239 *b* 33.)

Simplicius.

Cet argument est d'une naïveté qui touche à l'absurde, ainsi que le déclare Eudème, parce que le sophisme y est évident [...] En effet, les deux trains qui se croisent à vitesse égale, se croisent effectivement deux fois plus vite qu'ils ne passent devant le train immobile dont ils ne parcourent que la moitié, lorsqu'eux-mêmes se sont croisés entièrement. (*Commentaire sur la Physique d'Aristote*, 1019, 32.)

[*Figuration de l'argument.*]

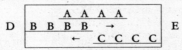

AAAA : train de masses immobiles.
BBBB : train de masses allant de D vers E.
CCCC : train de masses allant de E vers D.
D : départ du stade.
E : fin du stade.

(D'après Simplicius, *Commentaire sur la Physique d'Aristote*, 1016, 14.)

XXIX

Aristote.

C'est pourquoi l'argument de Zénon n'est pas vrai, quand il prétend qu'une partie quelconque du *tas de mil* fait du bruit en tombant. Car, d'après lui[1], rien ne nous empêche de considérer que l'ébranlement de l'air provoqué par la chute du contenu total du *boisseau* ne se soit produit en aucun temps. (*Physique*, VII, v, 250 a 19.)

Simplicius.

Par cet argument, Aristote ruine l'argument que Zénon d'Élée proposait au sophiste Protagoras en l'interrogeant : « Dis-moi donc, Protagoras, disait-il, si c'est un grain de mil qui fait du bruit en tombant, ou au contraire si c'est la dix-millième partie du grain qui fait du bruit en tombant ? » Comme Protagoras répondait que non : « Est-ce qu'un boisseau de grains de mil, disait-il, fait ou non du bruit ? » Comme il répondait que le boisseau fait du bruit : « Serait-ce donc, poursuivait Zénon, qu'il n'existe aucun rapport entre le boisseau de grains de mil et un grain, et entre un dix-millième de grain et un grain ? » Comme Protagoras assurait qu'il y en avait un : « Eh bien alors, disait Zénon, n'y aura-t-il pas le même rapport en ce qui concerne le bruit ? Car tels sont les bruits, telles sont les causes du bruit. Par conséquent, si le boisseau de mil fait du bruit, un grain devra faire du bruit, et de même un dix-millième de grain. » Tel est l'argument dont Zénon usait dans l'interrogatoire dialectique[2]. (*Commentaire sur la Physique d'Aristote*, 1108, 18.)

XXX

Aétius.

Mélissos et Zénon pensaient que l'Un et l'univers sont dieux, et que seul l'Un est éternel et illimité. (*Opinions*, I, vii, 27.)

B. FRAGMENTS

DE LA NATURE

I

Simplicius.

[Il a démontré] d'abord [l'illimité] selon la grandeur en usant de la même argumentation[1]. En effet, il a commencé par démontrer que : Si l'existant n'avait pas de grandeur, il n'existerait pas. Il poursuit : S'il existe, il est nécessaire que chaque existant ait une certaine grandeur, une certaine épaisseur, et qu'il y ait une certaine distance de l'un par rapport à l'autre. Et le même argument vaut pour celui qui est devant lui. Car celui-ci aussi aura une grandeur, et un certain existant se trouvera devant lui. Or le dire une fois revient à le dire sans cesse. Car aucun existant n'occupera le dernier rang, et il n'est aucun existant qui n'existe pas en relation avec un autre. Donc, si les existants sont multiples, il est nécessaire qu'ils soient à la fois petits et grands, petits au point de ne pas avoir de grandeur, et grands au point d'être illimités. (*Commentaire sur la Physique d'Aristote*, 140, 34.)

II

Simplicius.

Dans son ouvrage qui contient de nombreux arguments, Zénon montre par chacun d'eux qu'à l'adversaire qui soutient l'existence des multiples, il est possible de démontrer le contraire. Une de ses argumentations est la suivante : « Si les existants sont multiples, ils doivent être grands et petits, grands au point qu'ils soient illimités en grandeur, et petits au point d'être sans grandeur[2]. »

Dans l'argument que voici maintenant, il montre que ce qui est dépourvu de grandeur, d'épaisseur et de masse ne saurait exister :

Car si on l'ajoutait à un autre existant, il[3] ne le rendrait pas plus grand. Car si l'on ajoute à quelque chose quelque chose qui n'a pas de grandeur, il n'est pas possible que celle-là gagne en grandeur. Et de cette façon, il s'ensuit que ce qui a été ajouté n'était rien. Et si la soustraction de quelque chose opérée à partir d'une autre chose n'a pas pour effet de rendre celle-ci plus petite, de même que l'addition de quelque chose à autre chose n'a pas pour effet de l'augmenter, il est clair que l'ajouté ou le retranché n'était rien.

Zénon n'avance pas cet argument dans l'intention d'abolir l'Un, mais parce que chacun des existants multiples et illimités a de la grandeur, étant donné que, pour chaque existant considéré, il y a toujours un certain reste, du fait de la division à l'infini[1]. Cela, il le démontre après avoir montré auparavant que rien n'a de grandeur, étant donné que chacun des multiples est identique à lui-même et un. (*Commentaire sur la Physique d'Aristote*, 139, 5.)

III

Simplicius.

Mais pourquoi de longs discours, alors que cela se trouve dans l'ouvrage même de Zénon ? Car il montre encore une fois que si les existants sont multiples, ils doivent être à la fois limités et illimités, et il écrit textuellement ceci :

Si les existants sont multiples, il est nécessaire qu'il y en ait autant qu'il y en a, c'est-à-dire ni plus ni moins. Or, s'il y en a autant qu'il y en a, ils sont limités en nombre. Si les existants sont multiples, ils sont illimités. Car il y aura toujours d'autres existants entre les existants, et de nouveau d'autres existants entre ceux-ci. Par conséquent, les existants sont illimités.

Et ainsi il démontrait, par la dichotomie[2], le caractère illimité consécutif à la multiplicité. (*Commentaire sur la Physique d'Aristote*, 140, 27.)

IV

Diogène Laërce.

En outre, les pyrrhoniens tiennent Xénophane, Zénon d'Élée et Démocrite pour des sceptiques. [...] Zénon abolit le mouvement en disant : Ce qui se meut ne se meut ni dans le lieu où il se trouve, ni dans le lieu où il ne se trouve pas[3]. (*Vies*, IX, 72.)

QUATRIÈME PARTIE

LES ABDÉRITAINS

LEUCIPPE

A. VIE ET PHILOSOPHIE

I

Diogène Laërce.

30. Leucippe était citoyen d'Élée[1]; mais, selon certains, d'Abdère, et selon d'autres encore, de Milet. Il fut l'élève de Zénon.

Il estimait que toutes les choses sont illimitées[2] et se transforment mutuellement les unes dans les autres, et que l'univers est à la fois vide et rempli de corps. Les mondes s'engendrent quand les corps qui tombent dans le vide s'entrelacent mutuellement; et leur mouvement, venant à s'accroître, produit la substance des étoiles. Le Soleil décrit un assez grand cercle autour de la Lune. La Terre demeure au centre en vertu de sa rotation propre, et a la forme d'un tambour. Leucippe fut le premier[3] à ériger les atomes en principes. Telles sont les têtes de chapitre de sa philosophie. Voyons-en à présent le détail. 31. L'univers est, dit-il, ainsi que nous l'avons mentionné, illimité. Il est formé à la fois du plein et du vide, auxquels il donne aussi le nom d'éléments. C'est de lui que se forment, en nombre illimité, des mondes, et c'est à lui qu'aboutit leur dissolution. La génération des mondes se produit ainsi : dans une section[4], de multiples corps de formes diverses se trouvent transportés de l'illimité vers le grand vide; leur rassemblement produit un tourbillon unique grâce auquel, se heurtant et tournoyant en tous sens, ils se séparent en formations distinctes, les corps semblables se rejoignant. Étant donné que leur grand nombre ne leur permet pas de circuler en équilibre, les corps légers prennent la direction du vide extérieur, comme par un effet de criblage, tandis que les autres se rassemblent, s'entrelacent et font course commune pour produire un premier système sphérique.

32. Celui-ci remplit, à la façon d'une membrane, un rôle de protection, et enveloppe en lui-même une grande diversité de corps, qui, du fait de la résistance du centre, sont contraints de tourbillonner à la périphérie : la membrane extérieure s'affine alors du fait de l'incessante confluence des corps continus tangentiellement au tourbillon. C'est ainsi qu'a été engendrée la Terre, par le rassemblement des corps portés vers le centre. Cependant, en retour, ce qui, à la façon d'une membrane, remplit le rôle d'enveloppe, s'accroît en fonction de l'affluence externe et supplémentaire[1] des corps extérieurs; car l'enveloppe, se trouvant soumise au mouvement du tourbillon, s'approprie les corps qui lui sont tangents. Certains de ces corps, en se rassemblant, produisent un système, d'abord humide et boueux; puis ils s'assèchent, sont emportés circulairement dans le tourbillon général, et finissent par s'embraser et former la substance des étoiles. 33. Le cercle du Soleil est le plus extérieur, celui de la Lune le plus rapproché de la Terre, ceux des autres astres occupant l'intervalle. Toutes les étoiles sont embrasées du fait de la vitesse de leur mouvement, tandis que le Soleil est allumé par les étoiles et que la Lune ne reçoit qu'un peu de feu. L'éclipse de Soleil et l'éclipse de Lune se produisent ⟨quand [...]; mais l'obliquité du cercle du zodiaque est produite⟩ par l'inclinaison de la Terre vers le sud : les régions proches du nord sont toujours enneigées, très froides et glacées. Les éclipses du Soleil sont rares tandis que celles de la Lune sont continues à cause de l'inégalité de leurs orbites. De même qu'il y a des générations du monde, de même aussi il y a des augmentations, des diminutions et des corruptions en fonction d'une certaine nécessité dont il ⟨ne⟩ précise ⟨pas[2]⟩ la nature. (_Vies_, IX, 30-33.)

II

Diogène Laërce.

Au dire d'Apollodore, dans ses _Chroniques_, [Épicure] fut l'élève de Nausiphane et de Praxiphane. Mais lui-même le nie et assure, dans sa lettre à Euryloque, n'avoir eu d'autre maître que lui-même. D'autre part, Hermarque et lui déclarent que Leucippe, le philosophe, n'a pas existé, alors que pour certains — dont justement l'épicurien Apollodore — il fut le maître de Démocrite. (_Vies_, X, 13.)

III

Simplicius.

Diogène d'Apollonie a composé ses ouvrages le plus souvent en rassemblant des thèses qu'il emprunte soit à Anaxagore, soit à Leucippe. (*Commentaire sur la Physique d'Aristote*, 25, 2.)

IV

Clément d'Alexandrie.

Parménide fut l'élève de Xénophane, qui eut pour élève Zénon, qui Leucippe, qui Démocrite. (*Stromates*, I, 64.)

V

Pseudo-Galien.

Leucippe d'Abdère, élève de Zénon, conçut le premier la découverte des atomes. (*Histoire de la philosophie*, 3.)

Jamblique.

Ceux qui appartinrent à cette école[1], et en particulier les plus anciens, qui étaient contemporains du vieux Pythagore et qui dans leur jeunesse suivirent son enseignement furent Philolaos, Eurytos [...], Leucippe et Alcméon. (*Vie pythagorique*, 104.)

Jean Tzétzès.

Leucippe, élève de Mélissos. (*Chiliades*, II, 980.)

VI

Aristote.

Leucippe et son compagnon Démocrite déclarent que le plein et le vide sont les éléments, qu'ils dénomment respectivement *être* et *non-être*, l'*être* étant le plein et l'étendue, et le *non-être* le vide et le rare (c'est pourquoi ils concluent que l'*être* n'a pas plus d'existence que le *non-être*, parce que le vide n'existe ⟨pas moins⟩ que le corps); ce sont là les causes des objets, du point de vue de la matière[2]. Et de même que ceux qui font de la réalité unique du substrat ce dont sont engendrées les autres choses par l'effet des modifications de la matière, posent le rare et le

dense comme principes des effets qu'elle subit, de la même façon
Leucippe et Démocrite soutiennent que les différences sont les
causes des autres choses. Ces différences, disent-ils, sont, à vrai
dire, au nombre de trois : la figure, l'ordre et la position. Car les
différences de l'être se réduisent au *rythme*, à l'*assemblage* et à la
modalité. Ce qu'ils appellent *rythme* est la figure, ce qu'ils appellent *assemblage* est l'ordre, et ce qu'ils appellent *modalité* est la
position. Ainsi, A est différent de N par la figure, AN de NA par
l'ordre, et I de H par la position[1]. Quant à savoir d'où le mouvement provient et comment il se trouve dans les objets, eux non
plus n'en ont pas parlé, faisant ainsi preuve de la même négli-
gence que leurs prédécesseurs[2]. (*Métaphysique*, A, ɪᴠ, 985 *b* 4.)

Alexandre d'Aphrodise.

Aristote parle de Leucippe et de Démocrite : ils disent en effet
que le mouvement des atomes provient de leurs chocs et de leurs
heurts mutuels ; et il va de soi qu'ils ne disent rien de l'origine
⟨ou du principe⟩ du mouvement naturel : en effet, le mouvement selon les chocs mutuels est un mouvement contraint et en
aucune façon naturel, et le mouvement contraint vient après le
mouvement naturel[3]. (*Commentaire sur la Métaphysique d'Aristote*,
36, 21.)

Jean Philopon.

Rythme   est un terme de l'école d'Abdère pour désigner la
figure[4]. (*Commentaire sur le Traité de l'âme d'Aristote*, 68, 3.)

VII

Aristote.

C'est Leucippe et Démocrite qui ont le mieux défini en un mot
toutes choses, en posant en principe ce qui est naturel. Car
quelques-uns, parmi les Anciens, considéraient que l'être est
nécessairement un et immobile ; car d'un côté le vide n'est pas
l'être ; mais d'autre part le mouvement ne pourrait se produire
sans l'existence d'un vide séparé, pas plus que les multiples
exister sans quelque élément séparateur[5]. (*De la génération et de la
corruption*, I, ᴠɪɪɪ, 324 *b* 35.)

Leucippe croyait ses explications en accord avec les données
sensibles : selon lui, elles n'abolissaient ni la génération, ni la corruption, ni le mouvement, ni la multiplicité des choses. Ainsi
réalisait-il l'accord de ses théories avec les phénomènes, sans
pour autant renoncer à s'accorder avec les partisans de l'Un,

auxquels il concède que le mouvement ne saurait exister sans le vide, que le vide est un non-être et que rien de ce qui est n'est un non-être[1]. Car l'existant, à proprement parler, est l'être parfaitement rempli. Mais d'un autre côté cet être tel n'est pas un : il en existe au contraire un nombre illimité et ils sont invisibles en raison de la petitesse des particules. Ils se déplacent dans le vide (car il y a un vide); c'est leur réunion qui produit la génération, et leur séparation la corruption. Ils agissent et pâtissent selon que le hasard[2] les fait se rencontrer, car en cela ils ne sont pas *uns* et ce sont leurs compositions et imbrications qui sont génératrices. Or à partir de ce qui est authentiquement *un*[3], la multiplicité ne saurait être engendrée, pas plus que l'Un à partir d'authentiques multiples : il y a là une impossibilité. Mais, de même qu'Empédocle[4] et quelques autres déclarent que les pores sont les voies du pâtir, c'est de cette façon, ⟨selon Leucippe⟩, que toute altération et tout pâtir se produisent, la séparation et la corruption se produisant par l'intermédiaire du vide, de même que l'augmentation par le remplissage des étendues. Empédocle est presque contraint de tenir le même raisonnement que Leucippe, car il dit qu'il existe certains objets étendus, quoique indivisibles, sans quoi les pores seraient tout à fait continus; mais il y a là une impossibilité, car les pores constitueraient à eux seuls la totalité de l'étendue, et le tout serait vide. Il faut donc nécessairement que les parties en contact soient indivisibles et que ce soit les intervalles, auxquels il donne le nom de *pores*, qui soient vides. Voilà comment Leucippe explique l'agir et le pâtir. (*Ibid.*, 325 *a* 23.)

[...] ainsi que Platon l'a écrit dans le *Timée*[5]. Il y a entre la théorie de Platon et celle de Leucippe une importante différence, en ce que le processus n'est pas le même : celui-ci considère que les indivisibles sont des volumes à trois dimensions, alors que celui-là tient les indivisibles pour des surfaces; et pour Leucippe, ils sont définis par une variété illimitée de figures, alors que pour Platon ils le sont par un nombre limité, bien que l'un et l'autre parlent d'indivisibles définis par leurs figures. C'est d'eux que procèdent générations et dissociations; mais pour Leucippe, celles-ci se font de deux manières : par le vide et par le contact (car c'est en cela que chaque composé est divisible); alors que pour Platon elles se font uniquement par le contact, puisqu'il n'admet pas l'existence du vide[6]. (*Ibid.*, 325 *b* 24.)

Jean Philopon.

Démocrite ne tenait pas un langage correct quand il disait que les atomes sont mutuellement en *contact* [...] : en fait, il appelait

contact le voisinage des atomes et l'extrême petitesse de leur intervalle, car il faut bien que, s'il y a vide, il y ait séparation totale.
(*Commentaire sur De la génération et de la corruption d'Aristote*,
158, 26.)

Les disciples de Leucippe usaient de façon incorrecte du terme
de *contact*. (*Ibid.*, 160, 10.)

VIII

Simplicius.

Leucippe d'Élée, ou de Milet (car, de lui, l'un et l'autre se dit),
apprit de Parménide en personne la philosophie, mais n'épousa
pas les vues de Parménide et de Xénophane sur les choses
existantes, et suivit au contraire, semble-t-il, une route opposée.
Car, alors que tous deux faisaient du tout un être un, immobile,
inengendré et limité, et s'accordaient à penser qu'il ne faut pas
spéculer sur le non-être, Leucippe, lui, forma l'hypothèse que les
atomes sont des éléments illimités et toujours en mouvement, et
qu'ils renferment un nombre illimité de figures du fait que rien
n'est pas plus ceci que cela[1], étant donné que les choses sont
sujettes à la génération et au changement imperceptible. Il dit
encore que l'être n'a pas plus d'existence que le non-être, et que
tous deux sont également causes des choses qui sont engendrées.
Il disait que la substance des atomes, qu'il posait par hypothèse
comme compacte et pleine, est l'être, et qu'elle se déplace
dans le vide, qu'il appelait *non-être* et dont il prétendait
qu'il n'existe pas moins que l'être. Tout comme lui, son compagnon Démocrite d'Abdère posa comme principes le plein et le
vide, etc. (*Commentaire sur la Physique d'Aristote*, 28, 4.)

Cicéron.

Leucippe tient pour principes le plein et le vide; Démocrite
est d'accord avec lui sur ce point, mais fournit davantage de justifications sur d'autres points. (*Premiers académiques*, II, XXXVII,
118.)

IX

Aristote.

Démocrite et Leucippe disent que les autres choses sont
constituées à partir de corps indivisibles, illimités quant au
nombre et aux formes, et que les choses diffèrent mutuellement

par les éléments dont elles sont formées, ainsi que par leur position et par leur ordre. (*De la génération et de la corruption*, I, 1, 314 *a* 21.)

Démocrite et Leucippe, après avoir posé l'existence des figures, en font procéder l'altération et la génération : la génération et la corruption résultant de la dissociation et de l'association, l'altération, elle, résultant de l'ordre et de la position. Étant donné qu'ils estimaient que le vrai est dans les phénomènes et que les phénomènes sont contraires et illimités, ils tenaient les figures pour illimitées, de sorte que les changements de leur composition pussent faire que le même objet prît des apparences contraires selon tel ou tel observateur, fût transmué par la présence du moindre additif au mélange et offrît une apparence phénoménale en tous points différente, rien que par une seule transmutation : car après tout, ce sont les lettres du même alphabet qui composent « tragédie » et « comédie ». (*Ibid.*, 315 *b* 6.)

x

Hippolyte.

1. Leucippe, compagnon de Zénon, ne professa pas la même théorie, mais dit qu'il existe des illimités et des choses toujours mues et qu'il se produit continuellement génération et changement. Il dit que le plein et le vide sont les éléments.

2. Il dit que les mondes sont ainsi engendrés : lorsque dans le grand vide, hors de l'enveloppe ⟨actuelle⟩ du monde, les corps se rassemblent et confluent en grand nombre, alors, de leurs heurts mutuels résulte la réunion des atomes de même figure et de forme semblable, et leur réunion tourbillonnante engendre les astres, que la nécessité fait croître et périr. Mais en quoi consiste cette nécessité, il ne l'a pas expliqué[1]. (*Réfutation de toutes les hérésies*, I, 12.)

xi

Cicéron.

Leucippe[2] admet deux principes : le plein et le vide. (*Premiers académiques*, II, xxxvii, 118.)

Démocrite en effet, à moins que ce ne soit avant lui Leucippe, a eu la sottise de parler de *corpuscules*, les uns polis, les autres rugueux, les autres ronds, quelques-uns pointus ou en forme d'hameçon, d'autres recourbés et en quelque sorte crochus, à partir desquels ont été formés le ciel et la Terre, sans aucun contrôle de la nature, mais sous l'effet d'une rencontre due au hasard[1]. Voilà ta théorie, Velleius[2], c'est celle que tu t'es efforcé de soutenir jusqu'à maintenant. (*De la nature des dieux*, I, XXIV, 66.)

XII

Aétius.

Leucippe de Milet dit que le plein et le vide sont les principes et les éléments. (*Opinions*, I, III, 15.)

XIII

Simplicius.

Ceux qui ont refusé la division à l'infini sous prétexte que nous ne pouvons pas diviser à l'infini[3] ni nous convaincre du caractère imperceptible de la division, disaient que les corps sont formés à partir d'indivisibles et se divisent en indivisibles. À cela près que Leucippe et Démocrite pensent non seulement que l'impassibilité est une cause pour laquelle les corps primordiaux ne peuvent pas être divisés, mais que leur petitesse et le fait qu'ils sont sans parties en sont aussi responsables, tandis qu'Épicure, après eux, ne pense pas qu'ils sont sans parties, mais déclare que les atomes sont insécables en raison de l'impassibilité. Aristote a soumis maintes fois la théorie de Leucippe et de Démocrite à l'examen critique, et les objections qu'il a formulées contre eux à propos du *sans parties*, vinrent sans doute à la connaissance d'Épicure, qui est plus tardif; aussi celui-ci, bien que faisant sienne la théorie de Leucippe et de Démocrite à propos des corps primordiaux, se contenta de leur conserver l'impassibilité en abandonnant l'idée qu'ils fussent sans parties, et cela pour tenir compte des objections d'Aristote[4]. (*Commentaire sur la Physique d'Aristote*, 925, 10.)

XIV

Simplicius.

Les philosophes de l'école de Leucippe et de Démocrite appellent *atomes* les tout petits corps primordiaux dont la différence de figure, de position et d'ordre engendre d'une part les corps chauds et ignés, qui sont formés à partir des plus pointus et des plus subtils des corps primordiaux disposés selon la même position, et d'autre part les corps froids et aqueux, qui sont formés à partir des atomes contraires : les premiers sont brillants et lumineux, les seconds sont obscurs et sombres. (*Commentaire sur la Physique d'Aristote*, 36, 1.)

Il n'est pas non plus possible que les corps primordiaux soient, en tant que distincts, illimités en nombre, ainsi qu'en forment l'hypothèse les philosophes de l'école de Leucippe et de Démocrite qui l'ont précédé ou, après lui[1], Épicure. Ceux-ci en effet disaient que les principes sont illimités en nombre, principes dont ils pensaient qu'ils avaient la qualité d' atomes et aussi l'indivisibilité, et qu'ils estimaient encore être impassibles du fait de leur caractère plein et exempt de vide. Car ils disaient que la division se produit selon le vide qui se trouve dans les corps; car dans le vide illimité, les atomes séparés les uns des autres et différant par leur figure, leur grandeur, leur position et leur ordre se déplacent dans le vide et, après s'être rejoints, se heurtent mutuellement, ce qui fait que les uns rebondissent dans la direction où le hasard les jette, alors que les autres s'agglutinent selon la congruence des figures, des grandeurs, des positions et des ordres, et demeurent ensemble pour achever de la sorte la génération des composés. (*Commentaire sur le Traité du ciel d'Aristote*, 242, 15.)

                                   xv

Aétius.

Leucippe, Démocrite [...] et Épicure disent que les atomes sont illimités en nombre et que le vide est illimité en grandeur. (*Opinions*, I, xviii, 3.)

Aristote.

Il y a encore une autre théorie, celle de Leucippe et de Démocrite d'Abdère, mais ses implications ne sont pas raisonnables. Ils prétendent en effet que les grandeurs primordiales sont illimitées en nombre et indivisibles en grandeur, de telle sorte qu'à partir de l'Un la génération des multiples est impossible, tout comme la génération de l'Un à partir des multiples; mais toutes choses sont engendrées par leur entrelacement et leur rebondissement en tous sens. Car, d'une certaine façon, ces philosophes font de toutes les choses des nombres, et des composés à partir des

nombres[1].Certes ils ne formulent pas clairement la chose, mais
c'est tout de même à cela que revient leur propos. En outre,
puisque les corps diffèrent par les figures, et que les figures sont
illimitées, les corps simples, disent-ils, sont eux aussi illimités.
Mais quelle est la qualité et quelle est la figure des éléments, ils ne
l'ont jamais expliqué, excepté pour le feu auquel ils confèrent
une figure sphérique. Quant à l'air, à l'eau et aux autres choses,
c'est par la grandeur et la petitesse qu'ils les distinguaient, à la
pensée que la nature était pour ainsi dire l'universel mélange
séminal de tous les éléments. (*Traité du ciel*, III, iv, 303 *a* 4.)

XVI

Aristote.

C'est pourquoi Leucippe et Démocrite, qui disent que les
corps primordiaux se meuvent toujours dans le vide et dans l'illimité, doivent dire ce qu'est le mouvement, et en quoi consiste
leur mouvement naturel. (*Traité du ciel*, III, ii, 300 *b* 8.)

Simplicius.

Ils disaient que les corps qu'ils considèrent comme primordiaux, à savoir les atomes, se meuvent sans cesse sous l'effet de la
contrainte[2] dans le vide illimité. (*Commentaire sur le Traité du ciel
d'Aristote*, 583, 20.)

XVII

Hermias.

Leucippe, qui bien sûr se trompe, dit que tous les ⟨atomes⟩
illimités, sans cesse mus[3] et tout petits, sont les principes : les
plus légers émigrant vers le haut engendrent le feu et l'air, les
plus lourds se déposant en bas, l'eau et la terre. (*Satire des philosophes païens*, 12.)

XVIII

Aristote.

C'est pourquoi certains estiment qu'il existe un acte éternel,
par exemple Leucippe et Platon. En effet ils disent que le mouvement est éternel. Mais pourquoi et quel il est, ils ne l'expliquent

nullement, pas plus qu'ils ne nous disent la cause qui fait que le monde se meut plutôt ainsi qu'autrement. (*Métaphysique*, Λ, vi, 1071 *b* 31.)

XIX

Aristote.

Si le tout n'est pas continu, mais si au contraire ses parties se trouvent séparées par le vide, ainsi que le pensent Démocrite et Leucippe, il faut nécessairement qu'il n'existe qu'un seul mouvement pour toutes les parties. Car, bien que ces parties aient des figures distinctes, leur nature est pourtant, à ce qu'ils prétendent, une, à la façon d'un tas de pièces d'or séparées. (*Traité du ciel*, I, vii, 275 *b* 29.)

Mais les gens entendent par vide un intervalle dans lequel ne se trouve aucun corps sensible. Ils pensent que l'existant est tout entier corporel et, lorsqu'il n'y a rien, ils disent que c'est vide. C'est pourquoi ce qui est rempli d'air leur paraît vide. Par conséquent, ce qu'il faut montrer, ce n'est pas que l'air est quelque chose, mais qu'il n'existe pas d'intervalle de nature autre que corporelle, qui puisse être séparable ou exister en acte, susceptible de quadriller l'univers matériel, de sorte que celui-ci cesse d'être continu, ainsi que le pensent Démocrite, Leucippe et de nombreux autres philosophes de la nature, ou même qui puisse exister à l'extérieur de l'univers corporel qui, lui, serait continu. Donc ces gens-là n'arrivent pas à franchir le seuil du problème, au contraire de ceux qui affirment que [le vide] existe. Ils pensent premièrement que le mouvement local n'existerait pas (c'est-à-dire le changement de lieu et l'augmentation). [...] Telle est la première façon dont ils démontrent que le vide existe. Deuxièmement, que l'expérience fournit quelques exemples de resserrement et de tassement. [...] Troisièmement, que l'augmentation paraît à tout le monde être produite par le vide. [...] Quatrièmement, ils invoquent le témoignage de la cendre qui reçoit une quantité d'eau égale à celle du vase vide[1]. (*Physique*, IV, vi, 213 *a* 27.)

XX

Simplicius.

Les disciples de Démocrite et de Leucippe disaient que, selon eux, il y a du vide non seulement dans le monde, mais encore en dehors du monde. (*Commentaire sur la Physique d'Aristote*, 648, 12.)

XXI

Simplicius.

Leucippe et Démocrite soutiennent que les mondes, en nombre illimité et résidant dans le vide illimité, sont formés à partir d'un nombre illimité d'atomes. (*Commentaire sur le Traité du ciel*, 202, 16.)

XXII

Aétius.

Leucippe et Démocrite disent que le monde est sphérique. (*Opinions*, II, II, 2.)

Leucippe, Démocrite et Épicure disent que le monde n'a pas d'âme et n'est pas régi par la Providence, mais au contraire par une nature irrationnelle, et qu'il est formé d'atomes. (*Ibid.*, II, III, 2.)

Anaximandre [...] et Leucippe disent que le monde est corruptible. (*Ibid.*, II, IV, 6.)

XXIII

Aétius.

Leucippe et Démocrite entourent le monde d'une   tunique et l'enveloppent dans une   membrane   protectrice tissée d'atomes crochus. (*Opinions*, II, VII, 2.)

XXIV

Aétius.

1. Le monde a donc été constitué et arrangé selon une configuration incurvée, de la manière suivante. Les corps atomiques étant dotés d'un mouvement non concerté et aléatoire, et se mouvant continûment et promptement, de nombreux corps[1] se conglomérèrent en un même ⟨lieu⟩, qui possédaient pour cette raison une grande diversité de figures et de grandeurs. 2. Une fois ainsi rassemblés en un même [lieu], les plus grands et aussi les plus lourds occupèrent la position la plus basse, tandis que les petits, arrondis, lisses et glissants, se trouvèrent chassés par compression et emportés vers la région céleste. Puis, quand la force de choc qui les chassait vers le haut eut décru, du fait qu'elle

gagnait en altitude, et que l'impulsion, au lieu de les pousser vers les hauteurs, se borna désormais à s'opposer à la retombée des [atomes] légers, elle se mit à les refouler vers les lieux ayant puissance de les recevoir. Ceux-ci se trouvaient à la périphérie, et c'est vers eux qu'elle fit obliquer la multitude des atomes. Leur entrelacement mutuel épousa cette obliquité, donnant naissance à la voûte céleste.   3. Les atomes constitutifs de la même nature étant fort divers, ainsi que nous l'avons dit, formèrent, en étant repoussés vers la région céleste, la substance des étoiles. La multitude des corps aspirés vers le haut modela l'air et le comprima. Celui-ci acquit, en fonction du mouvement, la consistance du souffle et du vent, et, embrassant les étoiles, les mena ensemble circulairement et maintint dans la région céleste leur actuelle révolution. Ensuite naquit la Terre, formée des [atomes] occupant la position inférieure, tandis que ceux d'en haut donnaient naissance à la voûte céleste, au feu et à l'air.   4. Une grande quantité de matière vint encore s'enrouler dans la terre et se condensa sous l'effet des assauts du vent et des brises venant des étoiles ; alors, l'ensemble de sa configuration faite de petites particules produisit un effet de compression qui donna naissance à la substance humide. Celle-ci vint s'écouler en flots abondants dans les cavités susceptibles de l'accueillir et de la contenir ; ou bien encore, l'eau proprement dite, occupant la couche inférieure, se creusa un séjour dans les endroits situés au-dessous d'elle. Telle est la manière dont furent engendrées les parties principales du monde. (*Opinions*, I, iv, 1-4.)

Épicure.

88.   Le monde est une certaine portion enveloppée par la voûte céleste, et qui embrasse les étoiles et la Terre, ainsi que tous les phénomènes, une section prélevée sur l'illimité [et circonscrite dans une limite soit mince soit épaisse, dont la dissolution entraînerait le déversement de tout ce qu'elle contient], et bornée par un périmètre en rotation ou en repos, et rond ou triangulaire ou encore de n'importe quelle autre forme ; car tout cela est également possible. [En effet, aucun phénomène n'en apporte de témoignage contraire en ce monde-ci, où il est impossible de percevoir une borne[1].]

89.   Mais qu'il existe une multitude illimitée de tels mondes, voilà qui peut relever de la perception ; et aussi qu'un tel monde est à même de naître même à l'intérieur d'un monde — ou dans un intermonde, terme par lequel nous désignons un intervalle entre des mondes —, dans un lieu comportant de nombreux vides et

non dans le grand vide à l'état pur, ainsi que certains le prétendent[1] ; une telle naissance se produit quand certaines semences convenables affluent d'un monde ou d'un intermonde unique ou même de plusieurs, s'ajoutent petit à petit, en s'articulant, et changent de lieu. [...] 90. Car il ne suffit pas que se produise un agrégat ou un tourbillon dans un vide susceptible d'accueillir la naissance d'un monde ⟨pour que celui-ci naisse⟩ — ainsi que le conçoivent les partisans de la nécessité — et qu'il croisse jusqu'à entrer en collision avec un autre monde, ainsi que le prétend un de ceux qu'on appelle philosophes de la nature[2] ; car cette opinion s'oppose aux phénomènes. (*Lettre à Pythoclès*, citée par Diogène Laërce, *Vies*, X, 88-90.)

XXV

Aétius.

Leucippe affirme que, du feu se trouvant emprisonné dans des nuages épais, c'est son échappement violent qui produit le tonnerre. (*Opinions*, III, III, 10.)

XXVI

Aétius.

[Sur la figure de la Terre]. Leucippe dit qu'elle a la forme d'un tambour. (*Opinions*, III, x, 4.)

XXVII

Aétius.

[Sur l'inclinaison de la Terre]. Leucippe dit que la Terre s'affaisse dans ses parties méridionales en raison de la raréfaction des parties méridionales, mais qu'en même temps les régions septentrionales s'enfoncent à cause de leur refroidissement dû aux frimas, alors que les régions opposées subissent l'action du feu. (*Opinions*, III, xii, 1.)

XXVIII

Aristote.

Démocrite déclare que [l'âme] est une sorte de feu et qu'elle est chaude ; car, les figures des atomes étant illimitées, [il dit que le feu et l'âme ont des atomes de forme sphérique, comme ce que

nous appelons   les poussières dans l'air[1]   qu'on voit dans les
rais du soleil filtrant à travers les volets; et c'est à partir d'eux],
selon lui, que l'universel mélange séminal constitue les éléments
de la nature tout entière. (C'est aussi l'opinion de Leucippe.)
Parmi les atomes, ceux qui ont une forme sphérique constituent
l'âme, parce que de tels   rythmes   sont tout à fait capables de
cheminer à travers tout le corps et de mouvoir le reste, étant
donné qu'eux-mêmes se meuvent : Démocrite et Leucippe
admettent en effet que l'âme est ce qui procure le mouvement aux
animaux. C'est pourquoi justement la respiration est ce qui définit la vie : car, tandis que l'enveloppe des corps les comprime
par son étreinte et en fait sortir celles des figures qui procurent le
mouvement aux animaux du fait qu'elles ne sont jamais en repos,
d'autres figures du même type, qui pénètrent du dehors dans les
corps, viennent en renfort pendant l'inspiration. En effet, elles
empêchent la dissociation des figures qui existent dans les animaux en résistant à l'étreinte et à la compression : la vie dure tant
que les animaux ont la force d'inspirer. (*Traité de l'âme*, I, ii,
404 *a* 1.)

Aétius.

Leucippe dit que l'âme est faite de feu. (*Opinions*, IV, iii, 7.)

                              XXIX

Aétius.

Leucippe, Démocrite et Épicure pensent que c'est une introduction des simulacres qui produit l'affection de la vue. (*Opinions*, IV, xiii, 1.)

Alexandre d'Aphrodise.

Démocrite pense en effet que voir consiste à recevoir
l'impression visuelle en provenance des objets vus : l'impression
visuelle est la forme réfléchie sur la pupille, tout comme sur les
autres corps diaphanes, pour autant qu'ils soient tels que
l'impression puisse se conserver en eux. Lui-même pense — et
avant lui Leucippe, et plus tard les disciples d'Épicure — qu'une
onde formée de certains simulacres de forme semblable aux objets
qui émettent cette onde[2] (ces objets sont les objets visibles), vient
frapper les yeux de ceux qui voient, et qu'ainsi se produit le voir.
(*Commentaire sur le Traité du sens d'Aristote*, 24, 14.)

Ils considéraient en effet que certains simulacres de même
forme, formant une onde continue en provenance des objets vus

et venant frapper la vue, sont la cause de la vision : telle était la
théorie des disciples de Leucippe et de Démocrite, qui considéraient que l'image des couleurs intermédiaires est produite par
le rapprochement d'éléments invisibles à cause de leur petitesse.
(*Ibid.*, 56, 12.)

XXX

Aétius.

Leucippe et Démocrite disent que les sensations et les intel-
lections sont des altérations du corps. (*Opinions*, IV, VIII, 5.)

Leucippe, Démocrite et Épicure disent que la sensation et
l'intellection se produisent par la rencontre de simulacres extérieurs ; car, pour l'une et l'autre, aucune perception de quoi que
ce soit n'est possible en dehors de la rencontre d'un simulacre.
(*Ibid.*, VIII, 10.)

XXXI

Aétius.

Leucippe, Démocrite et Épicure disent que nos images[1] réflé-
chies dans les miroirs sont engendrées par l'impact des simulacres qui proviennent de nous, et qu'elles se rassemblent à la
surface du miroir et nous sont renvoyées. (*Opinions*, IV, XIV, 2.)

XXXII

Aétius.

Les autres disent que les sensibles existent *par nature*, mais Leucippe, Démocrite et Diogène disent qu'ils existent *par convention*,
c'est-à-dire par l'effet de notre opinion et de nos affections. Rien
de vrai n'existe et n'est perceptible en dehors des éléments premiers : atomes et vide. Seuls en effet, ces éléments existent par
nature, et les choses qui en dérivent et présentent des différences
mutuelles selon la position, l'ordre et la figure, sont des accidents. (*Opinions*, IV, IX, 8.)

XXXIII

Saint Épiphane.

Leucippe de Milet, ou d'Élée selon certains, était lui aussi
un éristique. Il disait également que l'univers est ⟨divisible à

l'infini⟩ et que toutes choses existent selon l'imagination et l'opinion, et pas du tout selon la vérité, mais au contraire apparaissent à la façon dont on voit la rame ⟨brisée⟩ dans l'eau[1]. (*Contre les hérésies*, III, II, 9.)

XXXIV

Aétius.

[Le sommeil et la mort sont-ils l'effet de l'âme ou bien du corps?] Leucippe pense que le sommeil est produit par une fuite de l'élément léger, supérieure ⟨en quantité⟩ à l'introduction du chaud psychique; une fuite excessive entraîne la mort. De tels phénomènes sont des affections du corps, et non de l'âme. (*Opinions*, V, xxv, 3.)

XXXV

Aétius.

[Si la semence est corporelle]. Leucippe et Zénon pensent qu'elle est corporelle : en effet elle est un fragment de l'âme. (*Opinions*, V, IV, 1.)

XXXVI

Aétius.

[Comment sont engendrés les sujets mâles et femelles]. Leucippe dit que c'est le fait du changement de côté propre aussi bien à la verge qu'à la matrice. C'est en effet la seule explication qu'il fournit[2]. (*Opinions*, V, VII, 5 *a*.)

XXXVII

Clément d'Alexandrie.

Et, à vrai dire, le péripatéticien Lykos disait, comme Leucime[3], que la joie authentique est le but de l'âme : c'est la joie que procurent les choses belles[4]. (*Stromates*, II, 129.)

B. FRAGMENTS

GRAND SYSTÈME DU MONDE, DE LEUCIPPE[1]

I

Achille Tatius.

Ni Anaxagore[2], ni Démocrite, dans son *Grand système du monde*, ne sont d'avis que les astres sont des êtres vivants. (*Introduction aux Phénomènes d'Aratos*, I, 13.)

I *a*

Papyrus d'Herculanum 1788.

[...] Il[3] écrit que les mêmes choses ont été dites auparavant dans le *Grand système du monde*[4], qu'on dit être ⟨de Leucippe⟩. Et ⟨Démocrite⟩ a pratiqué le plagiat au point d'être accusé non seulement d'avoir mis dans son ⟨*Petit*⟩ *système du monde* des choses qui se trouvaient aussi dans le *Grand* [...]. (Fragment I, *collectio altera*, vol. VIII, éd. Crönert, *Kolotes und Menedemos*, p. 147.)

DE L'INTELLECT

II

Aétius.

Leucippe pense que toutes choses se produisent selon la nécessité, et que celle-ci est le destin. Il dit en effet dans le *De l'Intellect* : Nulle chose ne se produit fortuitement, mais toutes choses procèdent de la raison et de la nécessité. (*Opinions*, I, xxv, 4.)

DÉMOCRITE

A. VIE ET PHILOSOPHIE

VIE

I

Diogène Laërce.

34. Démocrite était le fils de Hégésistrate, mais pour d'autres d'Athénocrite, et pour certains de Damasippe. Il naquit à Abdère ou, pour d'autres, à Milet. Il fut l'élève de certains mages et de Chaldéens, car le roi Xerxès, à l'occasion de son séjour chez le père de Démocrite, lui avait en partant, ainsi que le dit précisément Hérodote, laissé des gouverneurs, de qui il apprit, étant encore enfant, la théologie et l'astronomie. Ensuite il fréquenta Leucippe et, d'après certains, Anaxagore, qui avait quarante ans de plus que lui. Favorinus, dans ses *Mélanges historiques*, rapporte que Démocrite disait d'Anaxagore que ses théories sur le Soleil et la Lune n'étaient pas de lui, mais étaient plus anciennes. Il se les serait appropriées. 35. Démocrite a aussi tourné en dérision ses vues sur l'organisation du monde et sur l'intellect; il le haïssait pour ne pas avoir été admis par lui comme élève. Comment aurait-il pu, si tel est bien le cas, avoir été, comme certains le prétendent, son élève?

Démétrios, dans ses *Homonymes*, et Antisthène, dans ses *Successions*, déclarent qu'il voyagea et se rendit en Égypte pour apprendre auprès des prêtres la géométrie, en Perse pour s'instruire auprès des Chaldéens, et jusqu'à la mer Rouge. Pour certains, il fréquenta en Inde les gymnosophistes[1] et se rendit en Éthiopie. On dit encore qu'étant le troisième d'une famille de trois enfants, il fit faire trois lots du patrimoine et, au dire de la plupart, choisit la plus petite part, qui était en argent liquide, parce qu'il avait besoin de voyager : c'est du moins ce que, perfidement, ses frères n'avaient pas manqué de soupçonner. 36. Pour Démétrios, cette part dépassait les cent talents[2], qu'il dilapida

entièrement. Il ajoute qu'il était si industrieux qu'il s'était
ménagé une maisonnette dans le jardin autour de la maison et s'y
enfermait. Et, un jour où son père avait amené un bœuf destiné à
un sacrifice et l'y avait attaché, il était resté un long moment sans
s'en rendre compte, et il avait fallu que son père vint le déloger
pour l'emmener au sacrifice et lui racontât en détail l'affaire du
bœuf. Il semble, dit encore Démétrios, qu'il soit venu à Athènes
et n'ait pris nul soin de s'y faire connaître, tant il méprisait la
gloire. Aussi connut-il Socrate tout en demeurant ignoré de lui :
« Je vins à Athènes, dit-il, et y demeurai incognito[1]. »

37. « Si *Les Rivaux*[2] sont bien de Platon, dit Thrasylle, Démocrite doit en être le personnage anonyme — différent des élèves
d'Œnopide et d'Anaxagore — qui apparaît dans le dialogue au
cours de l'entretien avec Socrate sur la philosophie, et à qui
Socrate dit que le philosophe ressemble à l'athlète complet.
Effectivement Démocrite était, en philosophie, versé dans toutes
les disciplines : il ⟨s'occupait de⟩ physique, comme d'éthique ;
mais en mathématiques aussi, et sur les questions courantes ainsi
que touchant les arts, son expérience était universelle. » C'est de
lui qu'est cette formule :   La parole est l'ombre de l'acte[3].
Démétrios de Phalère, dans son *Apologie de Socrate*, dit qu'il ne
vint nullement à Athènes. Cela est d'autant plus à noter que son
mépris pour cette grande cité venait de ce qu'il ne voulait pas
devoir sa gloire à un lieu mais préférait que ce fût lui-même qui
conférât au lieu sa gloire. 38. Cet aspect de sa personnalité se
révèle aussi par ses écrits. « Il semble, dit Thrasylle, avoir été un
fervent adepte des pythagoriciens. Bien plus, il cite Pythagore
lui-même et exprime son admiration pour lui dans l'ouvrage
auquel il a donné son nom[4]. Il semble que ce soit de lui qu'il ait
tout reçu, et il pourrait avoir été son élève si la chronologie ne s'y
opposait. » En tout cas, Glaucos de Rhégium qui fut son contemporain, assure qu'il fut l'élève d'un pythagoricien. Et Apollodore de Cyzique aussi déclare qu'il a fréquenté Philolaos.

Il s'exerçait, d'après Antisthène, à mettre diversement à
l'épreuve les impressions de son imagination en se réfugiant de
temps en temps dans la solitude et en fréquentant les cimetières.
39. Antisthène dit encore qu'au retour de ses voyages il mena
une vie très modeste, car il avait dilapidé tout son bien. Son
dénuement était tel que son frère Damasos dut subvenir à ses
besoins. Toutefois la prédiction d'un événement futur établit sa
gloire, et dès lors il jouit auprès du public d'une réputation
d'homme divin. Mais, à ce que dit Antisthène, une loi jugeait
celui qui avait dilapidé son patrimoine, indigne d'être enterré

dans sa patrie ; Démocrite le sachant, et craignant d'avoir à subir l'accusation de gens envieux et de sycophantes, donna une lecture publique de son *Grand système du monde*[1], qui est le meilleur de tous ses écrits. On le gratifia de cinq cents talents[2] et, qui plus est, on lui éleva des statues en bronze. Et à sa mort, l'État prit en charge ses funérailles : il était plus que centenaire. 40. Mais, selon Démétrios, ce sont des membres de sa famille qui donnèrent lecture du *Grand système du monde*, et la gratification ne dépassa pas cent talents. Hippobote confirme le fait.

Dans ses *Mémoires historiques*, Aristoxène dit que Platon, qui se proposait de mettre le feu à tous les écrits de Démocrite qu'il avait pu rassembler, en fut empêché par les pythagoriciens Amyclas et Clinias, qui affirmèrent que ce geste serait inutile : beaucoup en effet possédaient déjà ces ouvrages. Mais le trait est manifeste : Platon, qui cite presque tous les Anciens, ne mentionne nulle part le nom de Démocrite, même pas là où il devrait le contredire, pour la raison fort claire qu'il savait qu'il aurait dû affronter en lui le plus éminent des philosophes, dont Timon a ainsi fait l'éloge :

> Tel Démocrite l'avisé et le gardien
> De fabuleux discours, le bivalent causeur[3],
> Des meilleurs que j'ai lus.

41. En ce qui concerne l'époque où il vécut, il était, ainsi qu'il le dit lui-même dans le *Petit système du monde*[4], encore jeune, au temps de la vieillesse d'Anaxagore, car il était de quarante ans son cadet. Il déclare que le *Petit système du monde* fut composé en l'an 730 après la prise de Troie[5]. Il est né, d'après Apollodore dans ses *Chroniques*, pendant la quatre-vingtième olympiade[6] ; mais d'après Thrasylle, dans son ouvrage intitulé *Introduction à la lecture des livres de Démocrite*, lors de la troisième année de la soixante-dix-septième olympiade[7], ce qui lui donne un an de plus que Socrate. Il serait donc le contemporain d'Archélaos, l'élève d'Anaxagore, et [des élèves[8]] d'Œnopide que justement il cite. 42. Il cite aussi la théorie de l'Un propre à l'école de Parménide et de Zénon, les plus célèbres de ses contemporains, et encore Protagoras d'Abdère que l'on tient pour contemporain de Socrate.

Athénodore, au huitième livre de ses *Promenades*, déclare que lorsque Hippocrate lui rendit visite, Démocrite se fit apporter du lait, qu'après examen il déclara provenir d'une chèvre noire et primipare. L'exactitude de l'observation remplit Hippocrate d'admiration. On dit aussi qu'Hippocrate était accompagné d'une jeune fille que Démocrite salua le premier jour d'un :

« Bonjour, mademoiselle ! » et le lendemain d'un : « Bonjour, madame » ; et de fait, la jeune fille avait perdu pendant la nuit sa virginité.

43. Démocrite est mort, au dire d'Hermippe, de la manière suivante : il était déjà extrêmement âgé et proche de trépasser. Cela affligeait fort sa sœur, parce qu'il paraissait devoir mourir pendant les Thesmophories, ce qui risquait de l'empêcher d'accomplir ses dévotions envers la déesse. « Aie confiance, lui dit-il, et apporte-moi tous les jours des pains chauds. » En les humant, il parvint à survivre toute la période des fêtes. Et quand ces journées — et il y en avait trois — furent écoulées, il quitta sans chagrin la vie, ainsi que le dit Hipparque, à l'âge de cent neuf ans.

Dans mes *Poésies diverses*, j'ai composé sur lui ces vers :

> *Qui donc fut plus savant, qui fit œuvre aussi grande*
> *Que celle qu'accomplit l'omniscient Démocrite ?*
> *Quand vint la mort, chez lui il la retint trois jours*
> *Et sut la régaler du fumet de pains chauds.*

Telle fut la vie de ce personnage.

44. Voici maintenant sa doctrine. Les principes de toutes choses sont les atomes et le vide, et tout le reste n'existe que par convention. Les mondes sont illimités[1] et sujets à génération et à corruption. Rien ne saurait être engendré à partir du non-être et rien ne saurait, en se corrompant, retourner au non-être. Les atomes sont illimités en grandeur et en nombre, et animés d'un mouvement tourbillonnaire dans l'univers, ce qui a pour effet d'engendrer tous les composés : feu, eau, air et terre, qui sont justement des compositions de certains atomes, eux-mêmes exempts de pâtir et d'altération du fait de leur solidité. Le Soleil et la Lune sont composés de telles particules lisses et rondes, tout comme l'âme, qui est identique à l'intellect. Nous voyons, grâce à des images qui entrent en nous. 45. Tout ce qui est engendré est régi par la nécessité, car la cause de la génération de toutes choses est le tourbillon, qu'il nomme nécessité. La fin de la vie morale est la joie, qui n'est pas la même chose que le plaisir, comme certains l'ont cru à contresens, mais la sérénité et l'équilibre que connaît durablement l'âme qui n'est troublée par aucune peur, aucune superstition ni aucune autre passion. Il donne à cet état le nom de bien-être[2], et bien d'autres noms encore. Les qualités existent par convention, mais les atomes et le vide par nature[3]. Telles étaient ses théories. Quant à ses livres[4] [...]

49. Il y eut six Démocrite : le premier celui-là même ; le deuxième, Démocrite de Chio, musicien et contemporain du

premier; le troisième, un sculpteur dont Antigone fait mention; le quatrième, un auteur qui a écrit sur le temple d'Éphèse et la cité de Samothrace; le cinquième, un faiseur d'épigrammes au style brillant et fleuri; le sixième, Démocrite de Pergame dont les discours rhétoriques ⟨ont fait la célébrité⟩. (*Vies*, IX, 34-45 et 49.)

II

Suidas.

Démocrite, fils d'Hégésistrate (selon certains, d'Athénocrite ou de Damasippe), né en même temps que le philosophe Socrate pendant la soixante-dix-septième olympiade[1] (ou, d'après d'autres, pendant la quatre-vingtième[2]). Originaire d'Abdère en Thrace, philosophe, élève, selon certains, d'Anaxagore et de Leucippe, mais, selon d'autres, des mages et des Chaldéens de Perse : en effet, il se rendit chez les Perses, chez les Indiens et chez les Égyptiens, et s'instruisit auprès d'eux des rudiments de leur science. Ensuite il revint vivre avec ses frères Hérodote et Damaste. Il fut le premier magistrat d'Abdère parce qu'on l'honorait pour sa sagesse. Il eut un illustre élève, Métrodore de Chio, qui eut à son tour pour élèves Anaxarque et le médecin Hippocrate. Démocrite fut surnommé *la Science* et *le Rieur* parce qu'il riait des vains efforts des hommes. Il existe de lui deux ouvrages authentiques : le *Grand système du monde* et le *De la nature du monde*. Il a écrit aussi des *Lettres*. (*Lexique*, « Démocrite ».)

III

Aétius.

Démocrite, fils de Damasippe, d'Abdère, etc. (*Opinions*, I, III, 16.)

IV

Eusèbe.

On dit que c'est pendant la soixante-dixième olympiade[3] que sont nés Démocrite et Anaxagore, philosophes et physiciens, en même temps qu'Héraclite surnommé l'Obscur.

On dit que c'est pendant la quatre-vingt-sixième olympiade[4] qu'ont fleuri Démocrite d'Abdère, Empédocle, Hippocrate, etc.[5]. (*Chronographie*.)

[*Chronologie.*]

Démocrite est mort après avoir vécu cent ans[6]. (*Chronicon Paschale*, éd. Dindorf, 317, 5.)

V

Diodore de Sicile.

C'est à la même époque[1] que le philosophe Démocrite mourut, à l'âge de quatre-vingt-dix ans. (*Bibliothèque historique*, XIV, 11, 5.)

VI

Pseudo-Lucien.

Démocrite d'Abdère mourut à l'âge de cent quatre ans, après s'être abstenu de nourriture. (*De la longévité*, 18.)

Censorinus.

On dit que Démocrite d'Abdère aussi et l'orateur Isocrate atteignirent presque le même âge que Gorgias de Léontium, qui fut le plus grand vieillard de toute l'Antiquité et dont on admet qu'il vécut plus de cent huit ans. (*Du jour de la naissance*, XV, 3.)

VII

Aristote.

En effet Anaxagore de Clazomènes ainsi que, avant lui, Anaximène de Milet et, après eux, Démocrite d'Abdère ont traité la question[2]. (*Météorologiques*, II, VII, 365 *a*, 17.)

VIII

Sextus Empiricus.

Ce que Démocrite et Platon ont enseigné, en prenant le contre-pied de Protagoras[3]. (*Contre les mathématiciens*, VII, 389.)

IX

Athénée.

Dans la même lettre, Épicure dit aussi que Protagoras le sophiste commença par être débardeur et portefaix et devint ensuite le secrétaire de Démocrite. Celui-ci avait été émerveillé de la façon particulière dont il attachait les fagots, et à partir de ce moment-là il l'avait pris en main et lui avait fait donner des rudiments d'instruction dans une bourgade. C'est ce qui lui avait donné l'élan nécessaire pour devenir sophiste. (*Les Deipno-sophistes*, VIII, 354 c.)

Philostrate.

Protagoras d'Abdère, le sophiste, fut d'abord, dans sa ville natale, l'élève de Démocrite, puis fréquenta les mages venus de Perse lors de l'expédition de Xerxès contre la Grèce. (*Vies des sophistes*, x, éd. Kayser, 13, 1.)

x

Suidas.

Il[1] fut l'élève d'abord de son père, puis d'Hérodicos de Sély-bria, de l'orateur Gorgias de Léontium et, selon certains, du philosophe Démocrite d'Abdère : il le rencontra en effet alors qu'il était très jeune et que celui-ci était très âgé. Selon certains, il fut aussi l'élève de Prodicos. (*Lexique*, « Hippocrate ».)

x *a*

Suidas.

Démocrite d'Abdère, dans l'admiration de ses dons, le racheta, alors qu'il était esclave, pour une somme de dix mille drachmes et en fit son élève[2]. Il[3] composa aussi des odes lyriques ; il était postérieur à Pindare et à Bacchylide, mais il est plus ancien que Mélanippide. Son acmé se situe donc pendant la soixante-dix-huitième olympiade[4]. (*Lexique*, « Diagoras ».)

XI

Valère Maxime.

Or il demeura un certain nombre d'années à Athènes, où il vécut dans l'incognito, consacrant tout son temps à apprendre et à professer la philosophie, comme il le rapporte lui-même dans un certain livre[5]. (*Faits et dits mémorables*, VIII, vii, *Étrangers*, 4.)

XII

Strabon.

Dans le pays des montagnes[6] se trouve le fleuve Silas sur lequel rien ne peut flotter. Mais Démocrite n'en croit rien, étant donné qu'il a parcouru une bonne partie de l'Asie ; et Aristote ne le croit pas non plus. (*Géographie*, XV, 703.)

XIII

Cicéron.

Que dirais-je de Pythagore, que dirais-je de Platon ou de Démocrite ? Nous les voyons, poussés par le désir de s'instruire, voyager dans les contrées les plus lointaines. (*Des fins*, V, xix, 50.)

ANECDOTES ROMANCÉES

XIV

Philon.

Démocrite lui aussi[1] était riche et propriétaire de nombreux biens, parce qu'il était né d'une famille illustre ; cédant au désir de se familiariser tout à fait avec la philosophie, il repoussa cette richesse détestable qu'un hasard aveugle concède communément aux natures dépravées et viles, pour acquérir cette richesse qui, elle, n'est pas le lot du hasard, mais est au contraire stable parce qu'elle n'appartient habituellement qu'aux honnêtes gens. Pour cette raison, il donna l'impression d'enfreindre les lois respectées par tous ses compatriotes et on lui fit la réputation d'un génie malin, de telle sorte qu'il fut exposé à se voir privé de sépulture dans sa patrie en raison d'une loi en vigueur à Abdère, qui prescrivait que l'on refusât la sépulture à qui avait enfreint les lois de la patrie. Et Démocrite n'y aurait pas échappé, si le pardon ne lui avait pas été accordé grâce à la bonté qu'eut pour lui Hippocrate de Cos : car ils étaient l'un et l'autre épris de philosophie. Il lui paya donc pour ses ouvrages célèbres intitulés le *Grand système du monde* cent talents et même, selon certains, jusqu'à plus de trois cents talents attiques. (*De la Providence*, II, 13, éd. Aucher, p. 52.)

XV

Philon.

Les Grecs chantent les louanges d'Anaxagore et de Démocrite parce que, sous le choc de la passion philosophique, ils laissèrent leur patrimoine à l'abandon. (*De la vie contemplative*, éd. Cohn-Wendland, VI, 45.)

Horace.

> *Voilà qui nous surprend de voir que Démocrite*
> *Permet à son troupeau d'aller brouter ses champs,*
> *Tandis que son esprit à l'allure rapide*
> *S'enfuit vagabondant loin des soucis du corps.*

> (*Épîtres,* I, xii, 12.)

XVI

Élien.

On raconte que Démocrite d'Abdère était parfaitement sage et surtout animé du désir de vivre discrètement et de se consacrer entièrement à sa tâche. C'est pourquoi justement il a visité la Terre entière ; il se rendit ainsi chez les Chaldéens, à Babylone, chez les mages et chez les sophistes des Indes. L'héritage légué par son père Damasippe, ayant été divisé en trois parts pour chacun des trois frères, Démocrite se contenta de l'argent liquide qu'il prit comme viatique et laissa le reste de la fortune à ses frères. C'est pourquoi justement Théophraste le loue[1] d'être parti à l'aventure en quête d'un meilleur butin que celui recherché par Ménélas et Ulysse[2] : ceux-ci en effet erraient, en tout pareils à des voyageurs phéniciens amassant des richesses ; c'était là le prétexte de leur voyage et de leur navigation autour de la Terre. (*Histoires variées,* IV, 20.)

XVII

Pline.

On rapporte que Démocrite — qui fut le premier à comprendre et à démontrer l'étroite relation qui unit le ciel et la Terre —, voyant que les plus riches de ses concitoyens dénigraient les études auxquelles il se livrait, alors qu'il avait prévu une hausse prochaine du cours de l'huile consécutive au lever des Pléiades (dont nous avons dit la raison et que nous exposerons plus en détail tout à l'heure), acheta d'un coup toute l'huile que l'espérance de la prochaine récolte maintenait alors au plus bas cours, au grand étonnement de ceux qui savaient combien il était attaché à la pauvreté et à sa studieuse retraite. Aussi, lorsque la cause se manifesta et que son profit s'avéra considérable, il se borna à rendre la marchandise, au grand repentir des notables que la crainte d'en manquer plongeait dans l'angoisse, satisfait de leur avoir montré qu'il lui eût été facile, pour peu qu'il l'eût voulu, de faire lui aussi fortune[3]. (*Histoire naturelle,* XVIII, 273.)

XVII *a*

Plutarque.

L'amour que nous portons aux lettres[1] nous apprend qu'il n'y a point de danger que soit fausse l'histoire arrivée jadis au sage Démocrite, lequel un jour mangeant d'une figue, trouva qu'elle avait le goût de miel. Il demanda à sa servante où elle l'avait achetée. Elle lui nomma un certain verger, et lui, se levant, lui commanda de le mener tout de ce pas sur le lieu. De quoi la servante s'ébahissant, lui demanda pourquoi il y voulait si chaudement aller. « Il faut, dit-il, que je trouve la cause de cette douceur : et je la trouverai quand j'aurai vu et bien considéré le lieu. » De quoi la servante se prenant à rire : « Rasseyez-vous, dit-elle, hardiment quant à cela, car n'y pensant pas, j'avais mis ces figues en un vaisseau où il y avait eu du miel. » Et lui comme en étant marri : « Tu me fâches, dit-il, de me dire cela : car nonobstant je suivrai ma délibération, et chercherai la cause comme si cette douceur venait de la figue même[2]. » (*Propos de table*, I, x, 2, 628 c.)

XVIII

Clément d'Alexandrie.

Démocrite, que l'observation des régions célestes avait conduit à prévoir beaucoup d'événements, fut surnommé *la Science*. Alors que son frère Damasos l'avait recueilli avec beaucoup de gentillesse, l'observation de certains astres conduisit Démocrite à annoncer la venue d'une pluie fort abondante : alors, ceux qui lui avaient fait confiance procédèrent à la récolte (l'époque des moissons était venue), tandis que les autres perdirent tout par l'effet de cette pluie fort abondante à laquelle ils ne s'attendaient pas. (*Stromates*, VI, 32.)

Pline.

On raconte que le même Démocrite prévint son frère Damasos, qui moissonnait par une chaleur torride, de laisser de côté le reste de ce qui était encore sur pied et de se hâter d'engranger ce qui était déjà fauché, et que bientôt, quelques heures après, sa prédiction fut confirmée par une chute de pluie dévastatrice. (*Histoire naturelle*, XVIII, 341.)

XIX

Philostrate.

Quel homme sage déciderait, à ton avis, de se désintéresser des affaires d'une telle cité, pour peu qu'il songe à Démocrite qui débarrassa un jour de la peste ses concitoyens d'Abdère, et s'il considère l'exemple de l'Athénien Sophocle dont on dit qu'il savait charmer les vents qui soufflaient hors de saison[1]? (*Vie d'Apollonius de Tyane*, VIII, 7, éd. Kayser, 313, 17.)

XX

Julien.

On dit en effet que Démocrite d'Abdère, alors que Darius était au désespoir de la mort de sa gentille femme, comme ses paroles étaient impuissantes à le réconforter, déclara qu'il se faisait fort de la ressusciter pour peu qu'il voulût se charger de tout ce qui était nécessaire à l'opération. Le roi ordonna alors que tout fût mis en œuvre pour qu'il pût tenir sa promesse de la ressusciter; ce que voyant, Démocrite lui dit presque aussitôt qu'il avait sous la main tout ce qu'il lui fallait, sauf une chose, dont il avait besoin en plus et que lui-même ne pouvait trouver, mais que lui, Darius, qui régnait sur l'Asie tout entière, n'aurait probablement aucune peine à trouver. « Mais quelle est donc cette chose, lui demanda Darius, qu'il n'est permis qu'à un roi de reconnaître? » Démocrite lui répondit que s'il faisait inscrire sur le tombeau de sa femme les noms de trois personnes que le deuil n'eût jamais frappées, sa femme ne manquerait pas de ressusciter tout aussitôt, indignée par l'étrangeté de cette cérémonie. Cette demande plongea Darius dans le plus grand embarras : il était dans l'incapacité de découvrir quelqu'un qu'un deuil n'eût jamais rempli de chagrin. Alors Démocrite, en riant comme il en avait l'habitude, lui dit : « Allons donc, ô toi, le plus fou de tous les mortels, pourquoi t'abandonnes-tu au deuil comme si tu étais le seul à éprouver une telle douleur, alors que tu es incapable de découvrir, parmi ceux qui ont jamais existé, un seul homme qui n'ait eu sa part d'une peine familiale? » (*Lettres*, 201 B-C.)

XXI

Cicéron.

Et d'abord, quelle est la nature même du rire, qu'est-ce qui le provoque ? [...] laissons-en la réponse à Démocrite. (*De l'orateur*, II, LVIII, 235.)

Horace.

> *Démocrite rirait, s'il revenait sur terre.*
>
> (*Épîtres*, II, 1, v. 194.)

Sotion.

Sur la colère, en deux livres.

Stobée.

Quant aux sages, Héraclite et Démocrite, ils combattaient la colère, l'un en pleurant, l'autre en riant. (*Florilège*, III, XX, 53.)

Juvénal.

> *Un rire perpétuel secouait Démocrite.*
>
> (*Satires*, X, v.33.)

> *Chaque fois qu'il croisait un visage nouveau,*
> *C'était sujet à rire : ⟨et il avait raison!⟩*
> *Sa sagesse fait voir qu'il est des personnages*
> *Hautement respectés et donnés en exemple,*
> *Qui peuvent être nés au pays des moutons*
> *Et avoir respiré un air épais et sot[1] !*
>
> (*Ibid.*, X, v. 47 et suiv.)

[Scolie.]

Démocrite était en effet d'Abdère, où naissent habituellement des sots. (À Juvénal, *Satires*, X, v. 47.)

XXII

Cicéron.

Démocrite, devenu aveugle, n'était bien sûr même plus capable de discerner le blanc du noir. Mais il savait encore distinguer les biens des maux, les actes justes des actes injustes, les actions bonnes des actions malhonnêtes, les choses utiles des choses inutiles, ce qui est noble de ce qui est mesquin; être privé de la diversité des couleurs ne l'empêchait pas de connaître le bonheur dont l'eût privé la reconnaissance des réalités. Du reste, ce grand philosophe estimait aussi que la vision des yeux fait obstacle à la pénétration d'esprit et, alors que d'autres souvent ne

voient même pas ce qui eſt sous leurs pas, lui voyageait de par
tout l'infini, sans se heurter à aucune limite. [On dit qu'Homère,
lui aussi, était aveugle.] (*Tusculanes*, V, xxxix, 114.)

XXIII

Aulu-Gelle.

Le nom du philosophe Démocrite a été inscrit sur les monuments de l'hiſtoire grecque comme celui d'un personnage qu'on
doit vénérer plus que d'autres, et doté d'un preſtige fort ancien :
il se priva lui-même de l'usage de la vue, parce qu'il eſtimait que
les pensées et les méditations de son esprit occupé à examiner les
principes de la nature seraient plus vives et plus précises, une fois
affranchies des preſtiges de la vue et des entraves que les yeux
conſtituent. Le geſte et la manière même que lui diſta son habileté extrême pour le réduire à la cécité, ont été décrits par le poète
Labérianus dans un mime qu'il a intitulé *Le Cordier* et qu'il a
composé en vers fort élégants et raffinés; mais il a imaginé un
motif différent d'aspirer à la cécité, et adapté ⟨le geſte de Démo-
crite⟩, fort habilement, au sujet qu'il traitait : en effet Labérianus met en scène un personnage riche, avare et économe, qui
déplore les nombreuses dépenses de son jeune débauché de fils.
Voici les vers de Labérianus :

> *Démocrite d'Abdère, le savant physicien,*
> *Plaça un bouclier tourné vers le Soleil*
> *Pour que l'éclat du bronze aveuglât son regard :*
> *Les rayons du Soleil lui ôtèrent la vue;*
> *Ainsi, pour son bonheur, il ne fut plus témoin*
> *De la méchanceté de ses concitoyens.*
> *Je voudrais pour ma part que l'éclat de mes biens*
> *Pût aussi aveugler le reſte de mes jours,*
> *Pour ne pas assiſter au speſtacle navrant*
> *De mon vaurien de fils vautré dans les plaisirs.*

(*Nuits attiques*, x, 17.)

XXIV

Lucrèce.

> *À la fin, Démocrite[1], après que la vieillesse*
> *Avait atteint son terme, et sentant décliner*
> *Le cours de sa mémoire et de son intelleſt,*

*Décida de marcher au-devant de la mort
Et de lui présenter de lui-même sa tête.*

> (*De la nature*, III, v. 1039 et suiv.)

XXV

Himérios.

Démocrite rendit volontairement son corps malade, afin que ce qu'il avait de meilleur en lui demeurât sain. (*Morceaux choisis*, III, 18.)

XXVI

Tertullien.

Démocrite, en s'aveuglant lui-même, parce qu'il ne pouvait pas voir de femmes sans être enflammé de désir, et souffrait de ne les pouvoir posséder, témoigne par ce remède de son incapacité à se dominer. (*Apologétique*, 46.)

XXVII

Plutarque.

Pourtant est-ce chose fausse qui se dit communément, que Démocrite le philosophe s'éteignit la vue en fichant et appuyant ses yeux sur un miroir ardent et recevant la réverbération de la lumière d'icelui, afin qu'ils ne lui apportassent aucun sujet de divertissement en évoquant souvent la pensée au-dehors, mais la laissant au-dedans en la maison, pour vaquer au discours des choses intellectuelles, étant comme fenêtres, répondantes sur le chemin, bouchées. (*De la curiosité*, 12, 521 D.)

XXVIII

[Anonyme de Londres.]

À cet endroit, Asclépiade assure que Démocrite, resté sans manger pendant quatre jours parce qu'il voulait mourir, fut exhorté par des femmes à demeurer en vie encore quelques jours, afin ne ne les point chagriner en troublant les jours consacrés aux Thesmophories; il ordonna, dit-on, qu'on l'installât, à l'écart, près des pains, pour en humer les vapeurs qui en provenaient.

C'est ainsi que Démocrite, en aspirant la vapeur du pain sortant du four, conserva ses forces et se maintint en vie le reste du temps demandé. (37, 34.)

Célius Aurélien.

Il faut donc tremper la farine d'orge ou le pain grillé dans le vinaigre, ou bien des coings ou bien des baies de myrte et remèdes semblables. Ces remèdes conservent au corps affaibli sa force déclinante, ainsi que l'attestent aussi bien l'explication scientifique que l'exemple bien connu de la façon dont Démocrite retarda l'instant de sa mort. (*Des maladies aiguës*, II, 37.)

XXIX

Athénée.

On raconte que Démocrite d'Abdère prit lui-même la décision de mettre fin à ses jours en raison de sa vieillesse, et se priva de nourriture quotidienne ; c'était l'époque où avaient lieu les Thesmophories. Mais les femmes de sa maison le prièrent de ne pas mourir pendant la fête, afin de pouvoir se consacrer entièrement à sa célébration ; et après s'être laissé convaincre, il leur ordonna de lui apporter un pot rempli de miel ; il survécut ainsi un nombre de jours suffisant en se contentant de humer le miel ; après quoi, il fit enlever le miel, et mourut. Démocrite aima toujours beaucoup le miel ; et à un curieux qui lui demandait comment se maintenir en bonne santé, il répondit : « Humecte de miel l'intérieur, et l'extérieur d'huile. » (*Les Deipnosophistes*, II, 46 E.)

XXX

Marc-Aurèle.

Démocrite ⟨est mort rongé⟩ par la vermine[1]. (*Pensées*, III, 3.)

OUVRAGES

XXXI

Suidas.

Il existe de Démocrite deux ouvrages authentiques : le *Grand système du monde*[2] et le *De la nature du monde*[3]. Il a écrit aussi des *Lettres*. (*Lexique*, « Démocrite ».)

Suidas.

Catalogue des termes et des ouvrages de Démocrite[1]. (*Lexique,*
« Callimaque ».)

Étienne de Byzance.

Le grammairien Hégésianax écrivit un livre *Sur le style de Démocrite* et *Sur les styles poétiques*. Il était de Troie[2]. (*Dictionnaire géographique,* « Hégésianax », éd. Meineke, p. 640, 5.)

Diogène Laërce.

45. Thrasylle[3] a établi un *Catalogue* ordonné de ses livres,
groupés, comme pour les œuvres de Platon, en tétralogies.

46. Livres d'éthique :

I 1. *Pythagore,*
   2. *De la disposition du sage,*
   3. *Des choses de l'Hadès,*
   4. *Tritogénéia*[4] (c'est-à-dire que d'elle naissent trois
      choses dont dépendent toutes les affaires
      humaines),

II 1. *De la valeur humaine, ou de la vertu,*
    2. *La Corne d'Amalthée*[5],
    3. *De la joie,*
    4. *Commentaires éthiques*[6]. Le traité *Du bien-être* n'en fait
       pas partie.

Voilà pour les livres d'éthique.

Livres de physique :

III 1. *Grand système du monde* (que l'école de Théophraste
        attribue à Leucippe),
     2. *Petit système du monde,*
     3. *Description du monde,*
     4. *Des planètes,*

IV 1. *De la nature,* premier livre,
    2. *De la nature de l'homme,* (ou *De la chair*), livre second,
    3. *De l'intellect,*
    4. *Des sens* (certains auteurs groupent ces deux derniers
       ouvrages sous le titre *De l'âme*),

v 1. *Des saveurs,*

   2. *Des couleurs,*

47. 3. *Des différents rythmes atomiques*[1],

   4. *Des changements des rythmes atomiques,*

VI 1. *Confirmations* (c'est-à-dire justifications des ouvrages précédents),

   2. *Des images, ou de la Providence,*

   3. *De la logique, ou Canon,* trois livres,

   4. *Objections*[2].

Voilà touchant la physique.

Livres non classés :

   1. *Causes des phénomènes célestes,*

   2. *Causes des phénomènes aériens,*

   3. *Causes des phénomènes produits à la surface de la Terre,*

   4. *Causes relatives au feu et aux choses qui sont dans le feu,*

   5. *Causes relatives aux sons,*

   6. *Causes relatives aux graines, aux plantes et aux fruits,*

   7. *Causes relatives aux animaux,* trois livres,

   8. *Causes mêlées,*

   9. *De l'aimant*[3].

Voilà les livres non classés.

Livres de mathématiques :

VII 1. *De la différence angulaire*[4], *ou De la tangence du cercle et de la sphère,*

   2. *De la géométrie*[5],

   3. *Géométrie,*

   4. *Nombres,*

VIII 1. *Des lignes irrationnelles et des solides,* deux livres,

   2. *Projections,*

48. 3. *La Grande Année, ou Astronomie,* calendrier,

   4. *Dispute sur la clepsydre*[6],

IX 1. *Ouranographie,*

   2. *Géographie,*

   3. *Description du pôle,*

   4. *Description des rayons lumineux.*

Voilà les livres de mathématiques.

Livres de musique :

X 1. *Des rythmes et de l'harmonie,*

   2. *De la poésie,*

   3. *De la beauté des vers,*

   4. *Des lettres consonantes et dissonantes,*

XI   1. *D'Homère, ou De la correction épique et des termes qui lui sont propres,*

2. *Du chant*[1]*,*

3. *Des mots,*

4. *Dictionnaire*[2]*.*

Voilà les livres de musique[3].

Livres sur les arts[4] :

XII   1. *Prévision,*

2. *Du régime, ou Diététique,*

3. *Connaissance médicale,*

4. *Causes relatives aux choses*[5] *inopportunes et opportunes,*

XIII   1. *De l'agriculture, ou l'Arpentage,*

2. *De la peinture,*

3. *Tactique,* et

4. *Combat en armes*[6]*.*

Voilà les livres sur les arts.

Certains rangent à part les livres suivants, extraits de ses *Carnets*[7] :

49.   1. *Des saintes écritures de Babylone,*

2. *Des habitants*[8] *de Méroë,*

3. *Circumnavigation océane,*

4. *De l'enquête*[9]*,*

5. *Discours chaldéen,*

6. *Discours phrygien,*

7. *De la fièvre et de ceux que la maladie fait tousser,*

8. *Causes juridiques,*

9. *Chernika*[10]*, ou Problèmes.*

Les autres ouvrages qu'on lui attribue sont soit des arrangements d'extraits, soit des écrits tenus généralement pour inauthentiques. Voilà pour ses livres et leur nombre. (*Vies*, IX, 45-49.)

STYLE

XXXIV

Cicéron.

Si le célèbre physicien Démocrite s'est exprimé en un style élégant, ainsi qu'on le dit et ainsi que j'en juge moi-même, le fond de ce qu'il a dit concerne le physicien, alors que l'élégance du style est l'affaire de l'écrivain. (*De l'orateur*, I, XI, 49.)

En effet, toute cadence qui vient frapper les oreilles, même si elle est éloignée du vers (car c'est là un véritable danger pour la prose), s'appelle nombre, ce qui se dit en grec *rythme* (ῥυθμός). C'est pourquoi, je m'en rends bien compte, on a parfois estimé que le style de Platon et de Démocrite — bien qu'il s'éloigne du vers, quoique d'ailleurs son allure soit plus rapide et qu'il recoure à des figures de style très claires — doit être davantage considéré comme un style poétique que celui des poètes comiques. (*L'Orateur*, xx, 67.)

Héraclite est fort obscur, Démocrite pas du tout. (*De la divination*, II, LXIV, 133.)

Denys d'Halicarnasse.

[Dans le style moyen se détachent], à mon avis, les philosophes Démocrite, Platon et Aristote. Car il est impossible de trouver des auteurs qui tempèrent leurs discours mieux qu'eux. (*De l'arrangement des mots*, 24.)

PHILOSOPHIE

Simplicius.

Quelques remarques tirées des livres d'Aristote *Sur Démocrite*. (*Commentaire sur le Traité du ciel d'Aristote*, 294, 33.)

Diogène Laërce.

[Catalogue des ouvrages d'Aristote.] *Problèmes tirés des ouvrages de Démocrite*, deux livres. (*Vies*, V, 26.)

[Catalogue des ouvrages de Théophraste.] *Sur Démocrite*, un livre. (*Ibid.*, V, 49.)

Sur l'Astronomie de Démocrite, un livre. (*Ibid.*, V, 43.)

[Catalogue des ouvrages de Héraclide Pontique.] *Sur l'Âme, sur la nature et sur les simulacres, contre Démocrite* (*Ibid.*, V, 87.)

Dissertations contre Démocrite, un livre. (*Ibid.*, V, 88.)

Philodème.

[...] que dans ses livres *contre Démocrite* Épicure s'oppose sans cesse à lui. (Usener, *Epicurea*, 97, 10.)

Diogène Laërce.

[Catalogue des ouvrages de l'épicurien Métrodore.] *Contre Démocrite*[1]. (*Vies*, X, 24.)

[Catalogue des ouvrages de Cléanthe.] *Contre Démocrite* (*Ibid.*, VII, 174.)

[Catalogue des ouvrages de Sphaeros.] *Sur les infiniment petits, Contre les atomes et les simulacres.* (*Ibid.*, VII, 178.)

XXXV

Aristote.

En général, nul n'a su s'attaquer à fond à un seul de ces problèmes[1], sauf Démocrite : il ne s'est pas contenté de les passer tous en revue, mais déjà sa méthode est différente. (*De la génération et de la corruption*, I, II, 315 *a* 34.)

XXXV *a*

Plutarque.

Ainsi Aristote même, Démocrite et Chrysippe ont depuis réprouvé quelques avis qu'ils avaient approuvés, sans regret ni fâcherie aucune, mais plutôt avec plaisir. (*De la vertu morale*, 7, 448 A.)

XXXVI

Aristote.

La raison pour laquelle nos prédécesseurs ne sont pas parvenus à cette méthode[2] est qu'ils n'étaient pas à même de définir la quiddité et la substance. Le premier à s'en approcher fut Démocrite, non certes qu'il la tînt pour nécessaire à la spéculation sur la nature, mais il y a été conduit, sans le vouloir, par l'exigence de son sujet. Au temps de Socrate, cette méthode se développa, mais les recherches en philosophie naturelle connurent un certain déclin : les philosophes se tournèrent davantage vers les problèmes concernant l'utilité de la vertu et la politique. (*Parties des animaux*, I, I, 642 *a* 24.)

En effet, parmi les physiciens, Démocrite s'est contenté de toucher très légèrement à la question et de définir simplement le chaud et le froid. (*Métaphysique*, M, IV, 1078 *b* 19.)

XXXVII

Simplicius.

Quelques remarques tirées des ouvrages d'Aristote sur Démocrite[1] éclaireront la conception des ⟨atomistes⟩ : « Démocrite estime que la nature des entités éternelles consiste en de petites substances illimitées en nombre. Il leur assigne par hypothèse un lieu distinct d'elles, illimité en grandeur. Au lieu, il donne les noms de vide, de rien et d' illimité ; à chacune des substances les noms de chose, d' élément compact et d' existant[2]. Il pense que les substances sont si petites qu'elles échappent à nos sens ; elles admettent des variations de forme, des variations de figure, et des différences de grandeur. C'est à partir de[3] ces substances qui jouent le rôle d'éléments que, pour lui, se produit la génération, et que se composent les objets visibles et les particules sensibles ; elles sont sujettes à des variations et à des déplacements dans le vide en raison de leur dissimilitude et des autres différences mentionnées plus haut. Et, au cours de ces translations, elles se heurtent et s'imbriquent tellement les unes dans les autres qu'elles finissent par adhérer et se rassembler, sans pour autant que soit engendrée à partir d'elle — à dire le vrai — une nature une, quelle qu'elle soit, car il serait absurde de croire que deux ou plusieurs puissent jamais engendrer l'un[4]. Le fait que les réalités demeurent liées pendant un certain temps s'explique par les accrochages et les entremêlements des corps : les uns sont scalènes, d'autres en forme d'hameçon, d'autres concaves, d'autres convexes et d'autres présentent d'autres innombrables différences. Démocrite pense que pour cette raison les atomes s'accolent et ne ⟨demeurent ensemble⟩ que jusqu'à ce que quelque nécessité plus forte venue de l'extérieur les fende d'une secousse et les disperse séparément. »

Démocrite explique encore que la génération et son contraire : la séparation, non seulement concernent les animaux, mais aussi les plantes, les mondes et d'une façon générale tous les corps sensibles ; puisque, pour lui, la génération est l'association des atomes et la corruption leur dissociation, la génération doit être pour Démocrite aussi une altération. (*Commentaire sur le Traité du ciel d'Aristote*, 294, 33.)

Simplicius.

Tout comme son compagnon [Leucippe[1]], Démocrite
d'Abdère posait comme principes le plein et le vide, appelant *être*
le premier et *non-être* le second, ⟨car⟩ étant donné qu'il formait
l'hypothèse que les atomes sont la matière dont sont formés les
objets, il considérait que le reste des choses est engendré par leurs
différences. Or celles-ci sont trois : le rythme, la modalité et l' assemblage, ou en d'autres termes : la figure, la
position et l'ordre. En effet, la nature veut que le semblable soit
mû par le semblable, que les êtres apparentés se déplacent les uns
vers les autres et que, lorsque chacune des figures est ordonnée
pour produire un autre arrangement, sa disposition produise une
autre association. Ainsi donc ils se proposaient, en bonne
logique, puisque les atomes sont illimités, de rendre compte de
tous les effets et de toutes les substances, expliquant par quoi et
comment quelque chose est engendré. C'est pourquoi ils
affirment que c'est seulement en considérant les éléments comme
infinis que toutes les choses se produisent d'une manière rationnelle. Et ils soutiennent que le nombre des figures propres aux
atomes est illimité, parce que rien n'est pas plus ceci que
cela[2] : c'est là en effet la raison qu'ils assignent à l'illimitation.
(*Commentaire sur la Physique d'Aristote*, 28, 15.)

Aristote.

Nous voyons que, le même corps demeurant continu lorsqu'il
est soit liquide, soit solide, cette transformation n'est pas l'effet de
la division et de la composition, ou de la modalité et de l' assemblage, ainsi que le dit Démocrite, car aucun changement de position ou d'ordre n'est survenu dans sa nature lorsque de liquide il
est devenu solide. (*De la génération et de la corruption*, I, IX, 327 a 16.)

Pseudo-Plutarque.

Démocrite d'Abdère formait l'hypothèse que l'univers est
infini, parce qu'il n'est l'œuvre d'aucun démiurge. Il ajoute
encore qu'il est inchangeable. Voici comment il présente sa
conception d'ensemble de l'univers : les causes des choses actuellement engendrées n'ont nul commencement. Si loin que l'on
remonte dans le temps illimité, on constate que toutes les choses
sans exception, celles qui ont été engendrées, celles qui le sont
et celles qui le seront, ont été établies par la nécessité[3]. Il

décrit ainsi la génération de la Lune et du Soleil : ils se meuvent séparément, parce qu'ils n'ont pas encore une nature totalement chaude, ni non plus, assurément, très lumineuse ; au contraire, elle est tout à fait ressemblante à la nature de la Terre ; car l'un et l'autre [le Soleil et la Lune] ont été engendrés d'abord par une certaine disposition du monde et ce n'est que plus tard, lorsque le cercle circonscrit au Soleil s'est élargi, que le feu a pénétré en lui. (*Stromates*, 7.)

XL

Hippolyte.

1. Démocrite est un disciple de Leucippe. Démocrite, fils de Damasippe, d'Abdère, a rencontré les gymnosophistes en Inde, les prêtres en Égypte, les astrologues et les mages à Babylone. 2. Il tient le même langage que Leucippe sur les éléments : le plein et le vide, appelant le plein *être* et le vide *non-être*. Il disait que les existants se meuvent sans cesse dans le vide. Les mondes sont illimités et différents en grandeur : dans certains il n'y a ni Soleil ni Lune, dans d'autres Soleil et Lune sont plus grands que chez nous, et dans d'autres il y en a plusieurs. 3. Les intervalles entre les mondes sont inégaux et dans certains endroits il y en a plus, alors qu'il y en a moins dans d'autres ; et les uns croissent, d'autres sont à leur apogée, d'autres meurent, et ici ils naissent alors que là ils disparaissent. Ils périssent en entrant en collision. Certains mondes sont privés d'animaux, de plantes et de toute humidité. 4. Dans notre monde, la Terre a été engendrée avant les astres ; la Lune a l'orbite la plus basse, ensuite vient l'orbite du Soleil, puis les étoiles fixes. Les planètes sont à des hauteurs variables. Le monde est à son apogée tant qu'il peut ne rien recevoir en plus du dehors.

Démocrite riait de tout, comme s'il estimait risibles toutes les affaires humaines[1]. (*Réfutation de toutes les hérésies*, I, 13.)

XLI

Aristote.

Démocrite déclare qu'aucun des éléments n'est engendré par un autre élément : c'est au contraire le corps commun qui est le principe de toutes choses, et celui-ci diffère dans ses parties en grandeur et en figure. (*Physique*, III, iv, 203 *a* 33.)

XLII

Aristote.

Démocrite déclare qu'il est impossible que l'un soit engendré à partir du deux et le deux à partir de l'un ; car il fait des grandeurs et des atomes les substances. (*Métaphysique*, Z, XIII, 1039 *a* 9.)

Parménide dit qu'il existe deux choses : l'être et le non-être, affirmant que ce sont le feu et la terre[1]. (*De la génération et de la corruption*, I, III, 318 *b* 6.)

XLIII

Denys d'Alexandrie.

Ceux qui en effet ont appelé atomes certains corps incorruptibles, très petits et en quantité indénombrable, et ont supposé en outre un certain espace vide indéfini en grandeur, déclarent que ces atomes se déplacent au hasard dans le vide et se heurtent mutuellement à cause d'un élan désordonné, et qu'ils se rassemblent et s'entrelacent spontanément à cause de la multiplicité de leurs figures. C'est ainsi que se trouvent produits le monde et les choses qu'il renferme, ou plutôt des mondes illimités. Épicure et Démocrite ont professé cette théorie, mais ils se distinguaient, pour autant que le premier tenait tous les atomes pour très petits et de ce fait imperceptibles, alors que Démocrite admettait qu'il existe des atomes très grands. Tous les deux cependant affirment qu'il existe des atomes et les appellent ainsi à cause de leur solidité indécomposable. (*De la nature*, cité par Eusèbe, *Préparation évangélique*, XIV, XXIII, 2-3.)

Épicure.

Néanmoins il ne faut pas penser non plus que toute grandeur existe chez les atomes, afin de ne pas contrevenir au témoignage des phénomènes[2] ; mais il faut penser qu'ils présentent certaines différences de grandeurs[3]. (*Lettre à Hérodote*, citée par Diogène Laërce, *Vies*, X, 55.)

XLIV

Hermias.

Démocrite [...] considère comme principes l'être et le non-être, l'être étant le plein et le non-être le vide. Le plein produit toutes choses dans le vide, selon la modalité et le rythme. (*Satire des philosophes païens*, 13.)

XLV

Aristote.

Démocrite dit que l'étendu[1] existe ainsi que le vide, le premier
étant l'être, le second le non-être. Il parle en outre de la position,
de la figure et de l'ordre ; chacun d'eux est un genre renfermant
des contraires : la position ⟨enveloppe comme contraires⟩ le
haut et le bas ; ⟨l'ordre⟩ : l'avant et l'après ; et la figure : l'anguleux, le droit et le courbe. (*Physique*, I, v, 188 *a* 22.)

XLVI

Aétius.

Démocrite dit que les compacts et les vides sont les
principes. (*Opinions*, I, iii, 16.)

Galien.

Que signifie l'expression « fort compact[2] » ? Je ne le sais pas
très bien, parce que les Grecs n'ont pas l'habitude d'employer ce
mot dans un tel contexte, car ils appelaient « compact » une sorte
de pain ; mais, que je sache, ce nom ne désigne rien d'autre. Mais
il me semble qu'Archigène lui-même [...] emploie le terme de
« compact » à la place de « plein ». (*Des éléments selon Hippocrate*,
VIII, 931.)

XLVI *a*

Aristote.

Les partisans d'Empédocle et de Démocrite ne s'aperçoivent
pas qu'ils renoncent à une effective génération des choses les unes
par les autres, et qu'ils réduisent la génération à une simple
représentation phénoménale [...] 12. Le corps composé d'éléments plus subtils occupe un plus grand espace. C'est là un fait
constatable aussi dans le changement d'état : car, lorsqu'un
liquide passe à l'état vaporeux ou gazeux, le récipient qui le
contient se brise en raison de l'exiguïté de son volume[3]. Aussi,
s'il n'existe absolument aucun vide et si les corps ne sont pas non
plus susceptibles de s'étendre en volume, selon ce que prétendent ces auteurs, il est évident que ce phénomène devient impossible. Mais, d'autre part, s'il existe vide et expansion, il n'y a pas
de raison pour que le corps dont les parties sont séparées occupe
nécessairement un espace toujours plus grand. (*Traité du ciel*, III,
VII, 305 *b* 1.)

XLVII

Aétius.

Démocrite pensait qu'il existe deux attributs : la grandeur et la figure, tandis qu'Épicure en ajoutait un troisième : la pesanteur[1]; car, déclare-t-il, il faut nécessairement que les corps reçoivent l'impulsion de la pesanteur pour se mouvoir. (*Opinions*, I, III, 18.)

Démocrite déclare que les corps primordiaux (c'est-à-dire pour lui les compacts), sont dépourvus de pesanteur, mais se meuvent par chocs mutuels dans l'illimité. Et il est possible qu'il existe un atome qui soit de la taille du monde. (*Ibid.*, I, XII, 6.)

Cicéron.

« L'atome, dit Épicure, dévie ». D'abord, pourquoi ? C'est que ses mouvements avaient pour Démocrite une certaine autre force d'impulsion qu'il appelle choc; tandis que toi, Épicure, tu l'imputes au poids et à la pesanteur. (*Du destin*, XX, 46.)

Simplicius.

Démocrite déclare que les atomes, naturellement privés de mouvement, sont mis en mouvement par le choc. (*Commentaire sur la Physique d'Aristote*, 42, 10.)

Aétius.

Démocrite affirmait qu'il y a un genre unique de mouvement : celui consécutif à la secousse. (*Opinions*, I, XXIII, 3.)

Aétius.

Les atomistes ⟨pensent qu'il faut⟩ s'arrêter aux sans-parties et ne pas poursuivre la division à l'infini[2]. (*Opinions*, I, 16, 2.)

XLVIII *a*

[*Scolie.*]

Il n'existe pas de grandeur infiniment petite, ainsi que le prétendent les démocritéens. (À Euclide, *Éléments*, X, 1 ; éd. Heiberg, V, 436, 16.)

XLVIII *b*

Aristote.

Démocrite paraît avoir obéi à des arguments propres et de type physique : ce que nous voulons dire deviendra clair au fur et à mesure que nous avancerons.

En effet, il y a une difficulté à poser qu'un corps, c'est-à-dire une grandeur, est totalement divisible, et à admettre cette division comme possible; alors se pose la question : qu'y aura-t-il qui puisse échapper à la division? Car si le corps est totalement divisible et si cette division est possible, il pourra alors être simultanément divisé dans toutes ses parties, même si cette division n'est pas simultanée; et si cela s'accomplissait, il n'y aurait là aucune impossibilité. Et il en va de même, quel que soit le processus de division, par moitié[1] ou par n'importe quel autre mode, pour peu que la division soit totale : aucune difficulté ne surgit, une fois la division effectuée, et même si la division avait été répétée des milliers de fois en des milliers de parties différentes, il n'y aurait pas davantage d'impossibilité (bien que sans doute personne ne puisse opérer une telle division).

Donc, puisque ce corps est totalement divisible, admettons qu'il soit divisé. Que sera le reste? une grandeur? Impossible, car il y aurait quelque chose de non divisé alors que le corps était totalement divisible. Or, si le reste ne consiste ni en un corps ni en une grandeur, et que pour autant la division existe, ou bien le corps sera formé de points, et ses constituants seront des éléments dépourvus de grandeur, ou bien ce ne sera rien du tout; ce qui reviendrait à dire qu'il aurait été engendré et se trouverait composé à partir du néant, et que le tout ne serait rien d'autre qu'un fantôme phénoménal. Et il en irait de même dans l'hypothèse où le corps serait formé de points : il n'aurait pas de quantité.

Lorsque en effet les points se touchaient, étaient une grandeur une et étaient ensemble, ils ne rendaient nullement le tout plus grand; car, une fois opérée la division en deux et plus, le tout n'était ni plus petit ni plus grand que précédemment, de sorte que, même si tous les points sont assemblés, ils ne produiront nullement une grandeur. Et en outre, si quelque partie du corps en est séparée par division, comme un grain de sciure, et qu'ainsi un corps se trouve engendré à partir du corps, le même argument intervient, et se pose la question : comment le grain de sciure[2] est-il divisible? Si ce qui s'en sépare n'est pas matériel, mais une forme séparée ou une qualité, et si la grandeur se réduit à des points ou à des tangences ainsi qualifiées, il est absurde qu'une grandeur naisse de non-grandeurs. En outre, où les points se trouveront-ils? Seront-ils sans mouvement ou mus? Un contact implique toujours deux choses, car quelque chose existe en plus du contact, de la division et du point. Par conséquent, si l'on veut poser qu'un corps quelconque ou une grandeur quelconque est totalement divisible, voilà les difficultés qui en résulteront.

En outre, si après avoir divisé un morceau de bois ou un autre objet quelconque, je recolle ensemble les morceaux, il redevient égal à ce qu'il était, et un. Or il est évident qu'il en est ainsi, en quelque point qu'ait été effectuée la division. Donc il est en puissance totalement divisé. Qu'y a-t-il donc ⟨en lui⟩, en plus de la division? Car s'il y a en lui aussi quelque qualité, comment celle-ci se disperse-t-elle dans ses parties et se trouve-t-elle engendrée par elles? Et comment la séparation de ces parties s'effectue-t-elle?

Ainsi, puisqu'il y a impossibilité à ce que les grandeurs soient constituées à partir de contacts et de points, il est nécessaire qu'il existe des éléments matériels indivisibles et des grandeurs. (*De la génération et de la corruption*, I, II, 316 *a* 13.)

XLIX

Galien.

En effet la couleur est par convention, par convention le doux, par convention l'amer et, en réalité, il n'y a que des atomes et le vide[1], assure Démocrite, à la pensée que c'est à partir de la rencontre des atomes que sont produites toutes les qualités sensibles pour nous qui les sentons, et que d'un autre côté par nature rien n'est blanc, noir, jaune, rouge, amer ou doux. Car par le terme de convention il veut dire « relatif à la coutume » et « relatif à nous », et non pas selon la nature des choses elles-mêmes, ce qu'il désigne aussi par en réalité[2], en forgeant ce terme sur le terme « réel », qui désigne le vrai. Et le sens complet de cette formule est le suivant : les gens croient qu'il existe un blanc, un noir, un doux, un amer et d'autres qualités semblables; mais en réalité toutes les choses sont ⟨faites d'⟩ étant et ⟨de⟩ néant[3]. Ce sont là ses propres termes : étant est le nom donné aux atomes, néant celui donné au vide. Les atomes, qui sont tous des corps petits, sont sans qualités, et le vide est cette sorte de lieu dans lequel tous ces corps, allant et venant éternellement, s'entrechoquent, s'entrelacent, se heurtent ou se font rebondir, se dissocient et s'associent de nouveau par l'effet de ces rencontres et produisent ainsi toutes les autres combinaisons, y compris nos propres corps, ainsi que leurs affections et leurs sensations. ⟨Les atomistes⟩ formulent l'hypothèse de l'absence de qualité des corps primordiaux (certains disent qu'ils sont indestructibles du fait de leur dureté, comme les épicuriens, mais quelques-uns les disent indivisibles du fait de leur petitesse, comme les disciples de Leucippe) et supposent qu'ils ne sont pas susceptibles de connaître les altérations auxquelles tout le monde a cru en se fiant à l'enseignement des sens ; par exemple, ils assurent qu'aucun atome ne s'échauffe ni ne se refroidit, et pareillement ne se dessèche ni ne s'humidifie, et à plus forte raison encore ne blanchit ni ne noircit, ni n'admet, en un mot, de qualités consécutives à un quelconque changement. (*Les éléments selon Hippocrate*, I, 2.)

L

Diogène d'Œnoanda.

Car si quelqu'un use de l'argument de Démocrite, en soutenant que les atomes n'ont aucune liberté de mouvement du fait de leurs heurts mutuels, et que toutes choses paraissent ainsi se mouvoir en dessous[1] de par leur dépendance à l'égard de la nécessité, nous lui répondrons : « Ignores-tu donc tout à fait, qui que tu sois, que les atomes possèdent aussi une certaine liberté de mouvement, que Démocrite n'a pas découverte, mais qu'Épicure a rendue manifeste, et qu'il existe un mouvement de déclinaison[2], ainsi qu'il le montre à partir des phénomènes ? » (Fragments 33 *c* 2, éd. William, p. 41.)

LI

Cicéron.

Qu'y a-t-il dans les ouvrages de physique d'Épicure qui ne vienne pas de Démocrite ? En dépit de quelques changements, comme ce que j'ai dit un peu plus haut touchant la déviation des atomes, dans l'ensemble il répète les mêmes choses : les atomes, le vide, les images, l'infinité des espaces et la pluralité innombrable des mondes, leur naissance et leur mort ; presque tout ce qui renferme l'explication rationnelle de la nature. (*De la nature des dieux*, I, XXVI, 73.)

LII

Diogène Laërce.

D'après Hermippe, Épicure commença par être maître d'école ; puis bien sûr, après être tombé sur les livres de Démocrite, il se lança dans la philosophie. (*Vies*, X, 2.)

LIII

Plutarque.

Épicure lui-même se proclama longtemps démocritéen, ainsi que d'autres le disent, et mêmement Léontéus, l'un des plus sublimes disciples d'Épicure, en une lettre qu'il écrivit à Lycophron, disant qu'Épicure honorerait Démocrite, à cause qu'il avait le premier atteint un peu de loin la droite et saine intelligence de la vérité, et que généralement tout le traité des choses naturelles s'appelait Démocritéen, parce que Démocrite le premier était tombé sur les principes, et avait rencontré les premiers fondements de la nature. Et Métrodore dit tout ouvertement de la philosophie : « Si Démocrite n'eût ouvert et enseigné le chemin, Épicure ne fût jamais arrivé à la sapience. » (*Contre Colotès*, 3, 1108 e.)

LIV[1]

Diogène Laërce.

Épicure appelait Démocrite *Lérocrite*[2]. (*Vies*, X, 8.)

LV

Strabon.

S'il faut en croire le témoignage de Posidonius, la théorie atomiste aussi est ancienne et remonte à Mochos de Sidon, né avant la guerre de Troie. (*Géographie*, XVI, éd. Casaubon, 757.)

Sextus Empiricus.

Pour Démocrite et Épicure, ⟨les éléments premiers sont⟩ les atomes, à moins qu'il ne faille tenir cette opinion pour plus ancienne, et, ainsi que le disait Posidonius, le stoïcien, la faire remonter à un certain Mochos, qui était phénicien. (*Contre les mathématiciens*, IX, 363.)

Diogène Laërce.

Pour certains, l'activité philosophique a pris naissance chez les Barbares [...] : Mochos était phénicien, Zalmoxis thrace et Atlas libyen. (*Vies*, Préambule, 1.)

LVI

Cicéron.

Il croit que ce qu'il appelle atomes, c'est-à-dire corps indivisibles en raison de leur solidité, se meut dans le vide infini qui n'a ni haut, ni bas, ni milieu, ni extrémité, ni limite, de telle sorte qu'ils s'accolent au cours de leurs rencontres, pour former tout ce que nous voyons exister : il faut comprendre que ce mouvement des atomes n'a pas eu de commencement et est éternel. (*Des fins*, I, VI, 17.)

LVII

[Scolie.]

Démocrite appelait idées les principes. (*Göttinger Nachrichten*, À Basile, éd. Pasquali, 1910, p. 196.)

Pseudo-Clément.

Démocrite appelait idées les principes. (*Reconnaissances*, VIII, 15.)

Plutarque.

Car qu'est-ce que dit Démocrite? Qu'il y a des substances en nombre infini qui s'appellent atomes, parce qu'elles ne se peuvent diviser, différentes toutefois, sans qualité quelconque, impassibles, qui se meuvent, dispersées çà et là, dans le vide infini ; et quand elles s'approchent les unes des autres, ou qu'elles s'assemblent et conjoignent, que de tels assemblements l'un apparaît eau, l'autre feu, l'autre arbre, l'autre homme, et que tout est atomes qu'il appelle aussi idées, et qu'il n'est rien autre : parce qu'il ne se peut faire génération de ce qui n'est pas, comme aussi ce qui est ne peut devenir rien : parce que les atomes sont si fermes, qu'ils ne peuvent ni se changer et altérer, ni souffrir. Par quoi il ne se peut faire couleur de ce qui est sans couleur, ni nature ou âme de ce qui est sans qualité et ⟨insensible⟩. (*Contre Colotès*, 8, 1110 F.)

Aristote.

Et, ainsi que le dit Démocrite, toutes choses étaient ensemble en puissance et non en acte. (*Métaphysique*, Λ, II, 1069 *b* 22.)

LVIII

Ariſtote.

Ils assurent que le vide eſt la condition du mouvement, car ils pensent que la   nature   se meut d'un mouvement selon le lieu. (*Physique*, VIII, ix, 265 *b* 24.)

Simplicius.

C'eſt-à-dire les corps naturels, primordiaux et atomiques, car ce sont eux que les atomiſtes appelaient   nature,   et ils pensaient que grâce à la pesanteur qu'ils contiennent[1], ils se meuvent selon le lieu du fait du vide qui cède sans offrir aucune résiſtance : ils doivent çà et là   s'entre-heurter,   disaient-ils en effet. Ce mouvement n'eſt pas seulement primordial, il eſt aussi le seul mouvement conféré par les atomiſtes aux éléments; les autres mouvements concernent les corps composés à partir de ces éléments : car, selon eux, l'augmentation et la diminution, l'altération, la génération et la corruption résultent de l'association et de la dissociation des corps primordiaux. (*Commentaire sur la Physique d'Ariſtote*, 1318, 33.)

LIX

Sextus Empiricus.

Les émules de Platon et de Démocrite supposaient que seuls sont vrais les intelligibles. Mais, pour Démocrite, c'eſt parce que n'exiſte par nature rien de sensible, étant donné que les atomes, dont la combinaison forme toutes choses, sont par nature dépourvus de toute qualité sensible. Pour Platon, en revanche, c'eſt parce que les sensibles connaissent un perpétuel devenir, et jamais ne sont véritablement, etc. (*Contre les mathématiciens*, VIII, 6.)

LX

Ariſtote.

Démocrite déclare que pour chacun des indivisibles son poids croît en fonction de l'excès ⟨de solide par rapport au vide qu'il contient[2]⟩. (*De la génération et de la corruption*, I, viii, 326 *a* 9.)

[Ceux qui considèrent comme principes] les solides[3] sont mieux placés pour dire que le plus grand eſt le plus lourd. Mais, comme pour les composés cette loi n'est pas vérifiée par l'expérience, puisque nous constatons que beaucoup de composés plus lourds ont un volume plus petit (par exemple, l'airain comparé à la laine), certains imaginent et proposent une raison différente : selon eux, le vide enfermé dans les corps est responsable de leur allègement, ce qui fait que les plus grands peuvent être les plus légers parce qu'ils contiennent plus de vide [...]. Telle est l'explication qu'ils proposent. Mais il nous faut ajouter à leurs analyses que, pour qu'une chose soit plus légère, elle doit non seulement contenir davantage de vide, mais aussi moins de solide. Car si le rapport du solide au vide est supérieur à l'unité[1], le corps ne sera pas plus léger. Car la raison pour laquelle le feu est, selon eux, très léger est qu'il contient beaucoup de vide. On pourra concevoir par conséquent qu'une grande quantité d'or contenant plus de vide qu'une petite quantité de feu, soit plus légère, à moins qu'elle ne renferme beaucoup plus de solide. (*Traité du ciel*, IV, ii, 309 *a* 1.)

[Si la matière était faite] de contraires, ainsi que le supposent les partisans du vide et du plein, il ne serait pas possible de trouver pour les corps qui occupent une position intermédiaire entre le maximum de lourdeur et le minimum de légèreté, une explication rendant compte de leur lourdeur et de leur légèreté relatives et absolues. Faire dépendre, ⟨comme Platon⟩, la distinction du plus lourd et du plus léger de la grandeur et de la petitesse c'est une solution encore plus factice que les précédentes [...]. Et il n'y a rien qui atteigne au maximum de légèreté, ni rien qui se meuve dans le haut absolu, mais il est ou bien dépassé ⟨par une autre chose⟩ ou bien expulsé[2], et de nombreux corps petits sont plus lourds qu'un certain nombre de corps grands. (*Ibid.*, IV, ii, 309 *b* 34.)

LX *a*

Aristote.

Il est impossible, si les éléments sont des atomes, de distinguer par la grandeur et la petitesse l'air, la terre et le feu, car les éléments ne peuvent s'engendrer mutuellement; en effet les corps les plus grands feront toujours défaut, une fois la dissociation opérée; or c'est ainsi, disent-ils, que l'eau, l'air et la terre s'engendrent mutuellement. (*Traité du ciel*, III, iv, 303 *a* 25.)

LXI

Simplicius.

En effet les disciples de Démocrite et, plus tard, Épicure soutiennent que tous les atomes sont de même nature et par conséquent pesants, mais que, du fait que certains sont plus lourds, les plus légers sont rejetés par eux au cours de leur chute et transportés vers le haut, ce qui, selon eux, explique que certains paraissent être légers et d'autres lourds. (*Commentaire sur le Traité du ciel d'Aristote*, 569, 5.)

Les disciples de Démocrite estiment que toutes les choses sont pesantes, mais que le feu, du fait qu'il est moins pesant, est expulsé et renvoyé vers le haut par les choses qui le dépassent ⟨dans sa chute⟩ et que c'est la raison pour laquelle il paraît léger. Mais, à leur avis, seul le lourd existe et se meut d'une manière continuelle vers le centre. (*Ibid.*, 712, 27.)

Épicure.

Et de plus, il est nécessaire que les atomes aient ⟨tous⟩ une égale vitesse, puisque c'est à travers le vide qu'ils sont emportés, sans rencontrer aucun obstacle. En effet ⟨les atomes grands⟩ et les atomes lourds ne seront pas emportés à une vitesse plus grande que les petits et les légers, si du moins rien ne vient à leur rencontre, pas davantage non plus que les petits n'iront ⟨plus lentement⟩ que les grands; car ils ont chacun un passage à leur mesure, si rien ne vient les heurter de front, eux non plus. (*Lettre à Hérodote*, citée par Diogène Laërce, *Vies*, X, 61.)

LXII

Aristote.

Dans tous ces cas, donner, comme Démocrite, l'explication suivante[1] est erroné. Pour lui, en effet, ce sont les atomes chauds qui remontent de l'eau, qui font flotter les corps plats qui sont pesants, alors que les corps étroits coulent, étant donné que seul un petit nombre d'atomes vient les frapper ⟨pour les aider à flotter⟩. Or c'est bien davantage dans l'air que le phénomène devrait se produire, ainsi que Démocrite s'en fait l'objection. Mais sa réponse est faible : c'est que, dit-il, l' élan ne se produit pas dans une direction unique (il appelle *élan* le mouvement de translation ascendante des atomes). (*Traité du ciel*, IV, VI, 313 *a* 21.)

LXIII

Ariſtote.

Démocrite, contrairement à tous les autres philosophes, a
adopté une théorie originale. Il dit en effet que l'agent et le
patient sont le même et le semblable, car on ne saurait concevoir
que des choses autres et différentes pâtissent du fait les unes des
autres ; et même si plusieurs choses différentes agissent d'une
certaine façon les unes sur les autres, ce n'eſt pas en tant qu'il
exiſte des choses autres, mais en tant que quelque chose de même
exiſte, que ce phénomène les concernant se produit. (*De la génération et de la corruption*, I, vii, 323 *b* 10.)

LXIV

Alexandre d'Aphrodise.

Démocrite donc, considérant que ce qu'on appelle mélange
eſt produit par la juxtaposition des corps[1], les émulsions se divisant en petits corps et produisant par leur apposition mutuelle la
mixture, déclare que même au commencement il n'exiſte pas, à
dire vrai, de corps mélangés, mais que ce qui paraît être le
mélange eſt la juxtaposition, par petits groupes, des corps entre
eux, ces corps conservant chacun leur nature propre — celle
qu'ils avaient avant le mélange. L'apparence qu'ils ont d'être
mêlés vient de ce que la sensation, en raison de la petitesse des
parties juxtaposées, n'eſt pas à même d'en percevoir une seule
individuellement. (*Du mélange*, 2.)

LXV

Ariſtote.

On a tort de supposer que, d'une manière générale, on dispose
d'un principe suffisant, en vertu du fait qu'il en eſt toujours ainsi
ou que le processus eſt toujours le même. C'eſt à cela que Démocrite ramène les causes naturelles quand il prétend que le processus était auparavant le même qu'aujourd'hui : mais il ne
daigne pas rechercher le principe qui fonde cette permanence.
(*Physique*, VIII, 1, 252 *a* 32.)

LXVI

Cicéron.

Certains pensaient que toutes choses sont produites par le destin, de telle sorte que ce deſtin apporte la force de la nécessité : ce

fut là l'opinion de Démocrite, d'Héraclite, d'Empédocle [et d'Anaxagore]. (*Du destin*, XVII, 39.)

Aristote.

Démocrite omet de traiter de la cause finale, et ainsi ramène à la nécessité toutes les voies de la nature. (*Génération des animaux*, V, VIII, 789 *b* 2.)

Aétius.

[Sur la nature de la nécessité]. Démocrite dit qu'elle est la résistance, la translation et l'impulsion de la matière. (*Opinions*, I, XXVI, 2.).

LXVII

Simplicius.

Et Démocrite aussi, lorsqu'il dit :   Un tourbillon de toutes sortes d'idées s'est séparé de l'univers[1]   (comment et sous l'effet de quelle cause? — il ne le dit pas), paraît penser que le monde a été engendré par le hasard et la fortune. (*Commentaire sur la Physique d'Aristote*, 327, 24.)

LXVIII

Aristote.

Certains en effet posent la question embarrassante de savoir si [la fortune] existe ou non. Car on dit que rien ne peut être engendré par la fortune, et qu'il y a une cause définie de toutes les choses dont nous disons qu'elles sont l'effet du hasard ou de la fortune. (*Physique*, II, IV, 195 *b* 36.)

Simplicius.

La formule : « Selon l'antique théorie qui élimine la fortune[2] » paraît concerner Démocrite, car cet auteur, bien qu'il paraisse avoir fait usage de la fortune dans la formation du monde, dit cependant que, dans les plus petites parties, la fortune n'est cause de rien ; ainsi il fait appel à d'autres causes : par exemple, la cause de la découverte du trésor est le fait qu'on creuse ou qu'on plante l'olivier, et la cause pour laquelle le crâne du monsieur chauve a éclaté, est que l'aigle a lâché la tortue dont la carapace lui a fendu le crâne[3]. C'est ainsi qu'Eudème rapporte la chose. (*Commentaire sur la Physique d'Aristote*, 330, 14.)

LXIX

Aristote.

Certains tiennent le hasard pour responsable de notre ciel et de tous les mondes, car c'est par le hasard qu'ont été engendrés le tourbillon et le mouvement qui a dissocié et composé l'univers dans cet ordre-ci. [Mais la suite ne manque pas de nous surprendre[1].] En effet ils pensent que les animaux et les plantes n'existent ni ne sont engendrés par la fortune, et que la cause de leur génération est la nature ou l'intellect ou quelque autre chose semblable (car ce n'est pas n'importe quoi qui se trouve engendré à partir de la semence de chaque être, mais à partir de la semence de celui-ci un olivier et de la semence de celui-là un homme). Mais touchant le ciel et les plus divins des objets visibles[2], ils pensent qu'ils sont le fruit du hasard et que leur cause n'est en rien comparable à celle des animaux et des plantes. (*Physique*, II, IV, 196 *a* 24.)

Épicure.

Les premiers à avoir proposé des explications causales suffisantes, fort éloignées de celles proposées non seulement par les Anciens, mais encore par les Modernes, se sont grandement abusés, quels que fussent en de nombreux points leurs mérites, en allant chercher soulagement dans l'idée d'une toute-puissance de la nécessité et du hasard[3]. (*De la nature*, Papyrus d'Herculanum 1056, col. 25.)

LXX

Aristote.

Certains sont d'avis que la fortune est une cause, mais qui est cachée à la raison humaine parce qu'elle est quelque chose de divin et de hautement démonique. (*Physique*, II, IV, 196 *b* 5.)

Aétius.

(*Opinions*, I, XXIX, 7[4].)

Lactance.

Commencer par poser la question qui paraît être naturellement la première, de savoir s'il existe une Providence gouvernant toutes choses, ou si toutes choses sont l'effet et le produit du hasard : Démocrite est le premier à avoir émis cette ⟨dernière⟩ opinion, qu'Épicure ensuite a consolidée. (*Institutions divines*, I, 2.)

LXXI

Aristote.

Tous disent que ⟨le temps⟩ est inengendré ; c'est de cet argument qu'use Démocrite pour montrer qu'il est impossible que toutes choses soient engendrées, puisqu'en effet le temps est inengendré. (*Physique*, VIII, 1, 251 *b* 16.)

Simplicius.

Démocrite pourtant était tellement persuadé que le temps est éternel que, voulant montrer que nulle chose n'est engendrée, il fait appel, comme à une évidence, au fait que le temps n'est pas engendré. (*Commentaire sur la Physique d'Aristote*, 1153, 22.)

LXXII

Sextus Empiricus.

Il semble qu'on ait attribué aussi aux philosophes de la nature se recommandant d'Épicure et de Démocrite une conception du temps de cette sorte : « Le temps est une représentation mentale qui prend les formes du jour et de la nuit. » (*Contre les mathématiciens*, X, 181.)

Épicure.

Je n'hésiterais pas non plus à affirmer que les jours et les nuits sont le temps. (*Papyrus d'Herculanum* 1413 [Cronert, *Kolotes und Menedemos*, p. 104-501].)

LXXIII

Théophraste.

C'est une question embarrassante que de savoir pourquoi la figure de la flamme est pyramidale. Démocrite déclare justement que c'est parce que son sommet est refroidi qu'elle s'affine et se termine en pointe. (*Du feu*, 52.)

LXXIV

Aétius.

Démocrite considère que Dieu est l'Intellect ⟨et qu'il réside⟩ en un feu sphérique. (*Opinions*, I, VII, 16.)

Tertullien.

Démocrite conjecture que les dieux sont nés en même temps que le reste du feu supérieur, dont Zénon veut que leur nature soit un exemple. (*Aux nations*, II, 2.)

Cicéron.

Que dire de Démocrite, qui place au nombre des dieux tantôt les images et leurs révolutions, tantôt la nature capable de répandre et d'émettre les images, et tantôt notre science et notre intelligence? Ne tombe-t-il pas dans la plus grande erreur? Et quand il nie qu'il puisse y avoir absolument rien d'éternel, étant donné que rien ne demeure jamais en son état, n'abolit-il pas complètement la divinité au point d'anéantir l'opinion qu'on s'en fait? (*De la nature des dieux*, I, XII, 29.)

Oui certes, Démocrite aussi, ce grand homme s'il en est, aux sources duquel Épicure a puisé l'eau qui arrose ses petits jardins, me paraît hésiter touchant la nature des dieux. Tantôt il pense que l'univers renferme des images dotées d'un caractère divin, tantôt il dit que sont dieux les principes de l'intellect qui résident dans le même univers, tantôt que ce sont des images animées qui ont coutume de nous être soit utiles, soit nuisibles, tantôt que ce sont certaines images immenses, si grandes qu'elles embrassent de l'extérieur la totalité de l'univers. Toutes ces conceptions sont assurément plus dignes de la patrie de Démocrite que de Démocrite lui-même[1]. (*Ibid.*, XLIII, 120.)

LXXV

Sextus Empiricus.

Certains ont supposé que nous étions arrivés à la notion de dieux à partir des événements merveilleux qu'on rencontre dans le monde, et telle paraît être la thèse de Démocrite : « Lorsque, dit-il, les Anciens virent les événements dont le ciel est le théâtre, comme le tonnerre, les éclairs, la foudre, les conjonctions d'astres ou les éclipses de Soleil et de Lune, leur terreur leur fit penser que des dieux en étaient les auteurs. » (*Contre les mathématiciens*, IX, 24.)

Philodème.

Été, hiver, printemps, automne et toutes ces choses qui viennent du ciel, c'est Zeus qui les dispense ⟨à la Terre⟩. C'est pourquoi ceux qui connaissent le travail ⟨des champs⟩ le vénèrent.

Mais il ne me semble pas que Démocrite ait, comme certains [...].
(*De la piété*, 5 *a*, éd. Gomperz, p. 69.)

Lucrèce.

> *Ainsi ne pouvaient-ils que s'en remettre aux dieux*
> *Du soin de toutes choses, et laisser chaque chose*
> *Suivre le cours marqué par un signe des dieux.*
> *Dans le ciel ils plaçaient leurs séjours et leurs temples[1],*
> *Parce que c'est au ciel que l'on voit évoluer*
> *Le Soleil et la Lune; Lune, jour et nuit,*
> *Et les constellations assombries de la nuit,*
> *Météores brillants et flammes vagabondes,*
> *Nuées, rosée et pluies, neige, vents et éclairs,*
> *Grêle et le grondement menaçant du tonnerre.*

(*De la nature*, V, v. 1186 et suiv.)

LXXVI

Pline.

Croire, et cela en se fondant sur les vices des hommes, que [les dieux] sont innombrables, comme la Chasteté, la Concorde, l'Intelligence, l'Espérance, l'Honneur, la Clémence, la Bonne Foi, ou même, comme Démocrite, n'en admettre que deux seulement : le Châtiment et le Bienfait, cela confine à la plus grande sottise. (*Histoire naturelle*, II, 14.)

LXXVII

Plutarque.

Pourquoi est-ce qu'on ne croit point aux songes de fin d'automne. Or Favorinus [...] tira un ancien propos de Démocrite hors de la fumée, dont il était tout obscurci, pour le fourbir et éclaircir. Supposant cette vulgaire opinion que dit Démocrite, que les images se profondent dedans nos corps à travers les pores et que, revenant du fond, elles nous causent les visions que nous avons en dormant, et qu'elles viennent de tous côtés, sortant des ustensiles, des habillements, des plantes, mais principalement des animaux, à cause qu'ils se meuvent beaucoup, et ont de la chaleur, ayant non seulement les similitudes et formes empreintes des corps (comme Épicure le pense, qui suit jusqu'ici l'opinion de Démocrite, et puis la laisse là), mais aussi

tirant après soi les apparences des mouvements de l'âme, et des
conseils, des mœurs, et des passions, et qu'en tirant avec cela elles
parlent comme si c'étaient choses animées, et distinctement
apportent à ceux qui les reçoivent les opinions, les paroles, les
discours et les affections de ceux qui les transmettent, quand en
entrant elles retiennent encore les figures bien expresses et non
confuses, ce qu'elles font quand leur cours et acheminement se
fait vite par l'air bien uni, sans trouver empêchement quelconque. Or, l'air de l'automne, pendant lequel les arbres perdent
leurs feuilles, ayant beaucoup d'inégalité et âpreté, divertit et
détourne en plusieurs parts les images, et rend leur évidence
faible et fuyante, étant obscurcie par la lenteur de leur cheminement, comme au contraire, quand elles sautent hors des choses
qui en sont grosses, et qui brûlent d'ardeur de les enfanter,
qu'elles sont beaucoup, et passant vitement leur chemin, elles
rendent alors les apparences toutes fraîches et fort signifiantes.
(*Propos de table*, VIII, x, 2, 734 F.)

Et quoi, [dit-il], des images de Démocrite on n'en fait donc ni
mise, ni recette, ni compte, ni mention, non plus que des
Aegiens ou Mégariens (que dit le proverbe), car ce philosophe
dit qu'il sort des images des yeux de ceux qui sont ennuyeux sor-
ciers, et ce, non sans quelque sentiment et quelque inclination,
ainsi étant pleines de l'ennui et méchanceté de ceux qui les jettent hors de soi, avec laquelle venant à s'emplâtrer, s'attacher et
s'arrêter avec ceux qui sont ainsi ennuyés, perturbent et offen-
sent leur corps, et l'âme et l'entendement[1] : car il me semble que
cet homme parle ainsi magnifiquement et merveilleusement, et
qu'il décrit ainsi son opinion. (*Ibid.*, V, vii, 6, 682 F.)

LXXVIII

Hermippe.

Il ne serait pas honnête de passer sous silence le mot de Démocrite qui, appelant les êtres divins du nom de simulacres, dit
que l'air en est rempli[2]. (*Astronomie* [Johannès Catrarès], I,
16, 122, éd. Kroll-Viereck, p. 26, 13.)

LXXIX

Clément d'Alexandrie.

Xénocrate de Chalcédoine ne renonce pas entièrement à attribuer aux êtres privés de raison la notion du divin, et Démocrite,

qu'il le veuille ou non, sera d'accord avec lui en raison de ce qui découle de ses théories; car, selon lui, ce sont les mêmes images qui proviennent de la réalité divine pour frapper les hommes comme les animaux privés de raison[1]. (*Stromates*, V, 88.)

LXXX

Cicéron.

Mais voici que Straton de Lampsaque te vient barrer le chemin, en donnant à ton dieu congé (d'une tâche, ma foi, bien lourde; mais puisque le clergé au service des dieux a lui aussi des vacances, il est d'autant plus juste d'en donner aux dieux eux-mêmes) : il assure qu'il n'est nul besoin du concours des dieux pour la construction du monde, et enseigne que tous les êtres sont des fabrications de la nature, mais pas à la façon du fameux ⟨physicien⟩ qui déclare qu'ils sont des assemblages de corps rugueux, lisses, en forme d'hameçon et crochus avec ⟨entre eux⟩ du vide : ce sont là en effet, estime-t-il, non des enseignements, mais de purs souhaits de Démocrite; mais, en examinant l'une après l'autre les parties du monde, il enseigne que tout ce qui est ou se produit, est ou a été produit par des causes naturelles : les poids et les mouvements. (*Premiers académiques*, II, XXXVII, 121.)

LXXXI

Cicéron.

Ensuite, tu te réfugies auprès des physiciens que l'Académie tourne tant en dérision, pour ne plus t'en éloigner, toi non plus, et tu affirmes que, selon Démocrite, il existe des mondes innombrables, et même que certains sont non seulement si semblables entre eux, mais encore si parfaitement et absolument pareils en tous points, qu'aucune différence ne les distingue [et par là ils sont indénombrables]; et, d'après toi, il en va de même chez les hommes ⟨pour les jumeaux et les sosies⟩. (*Premiers académiques*, II, XVII, 55.)

LXXXII

Simplicius.

« Car, à ce qu'affirme [Alexandre], ce n'est pas en matière du monde que le monde se dissout et se corrompt, car cette matière avait puissance de devenir monde : la corruption produit donc un autre monde; et puisque les mondes sont illimités et succèdent les uns aux autres, il n'est nullement nécessaire qu'il y ait un retour en arrière ⟨produisant le⟩ même monde. » Telle était la théorie des disciples de Leucippe et Démocrite. [...] Cependant, les mondes de Démocrite, qui se changent en d'autres mondes, formés à partir des mêmes atomes, se trouvent être les mêmes spécifiquement, sinon numériquement[1]. (*Commentaire sur le Traité du ciel d'Aristote*, 310, 5.)

LXXXIII

Sextus Empiricus.

Ainsi le monde ne saurait se mouvoir en vertu de la nécessité et du fait du tourbillon, ainsi que le pensaient les démocritéens. (*Contre les mathématiciens*, IX, 113.)

LXXXIV

Aétius.

Démocrite ⟨pense que⟩ le monde se corrompt du fait que le grand l'emporte sur le petit. (*Opinions*, II, IV, 9.)

LXXXV

Aétius.

[Sur la substance des astres]. Démocrite dit que ce sont des pierres. (*Opinions*, II, XIII, 4.)

LXXXVI

Aétius.

[Sur l'ordre des astres]. Démocrite pense que viennent d'abord les fixes, puis les planètes, parmi lesquelles le Soleil, l'étoile du Matin et la Lune. (*Opinions*, II, XV, 3.)

LXXXVII

Aétius.

Démocrite [pense que le Soleil est] une masse ou une pierre incandescente. (*Opinions*, II, XX, 7.)

Cicéron.

Démocrite estime que le Soleil est grand[1]. (*Des fins*, I, vi, 20.)

LXXXVIII

Lucrèce.

[Du Soleil selon Démocrite]

D'abord, il se peut bien que les choses se passent
Ainsi que Démocrite, au jugement divin,
En forme l'hypothèse : s'il en est bien ainsi,
Plus grande est la proximité des astres à la Terre
Et moins le tourbillon céleste les emporte[2] :
[625] *Car il se ralentit et perd en violence,*
⟨En allant vers son centre⟩ ; et, perdant du terrain,
Le Soleil reste avec d'autres astres en arrière,
Parce que son orbite est largement moins haute
Que celle dévolue aux étoiles brûlantes[3].

[Du cours de la Lune]

Pour la Lune, ce fait est plus visible encore ;
[630] *Son cours, étant plus bas, plus éloigné du ciel[4]*
Et plus près de la Terre, la Lune est moins à même
De régler son progrès sur celui propre aux astres ;
Comme le tourbillon [qui l'emporte] s'apaise,
Son cours étant plus bas que celui du Soleil,
On voit plus aisément les astres tout autour
La rejoindre en passant par-dessus son orbite[5].
[640] *De là naît l'illusion qui fait que son retour*
Paraît se reproduire à un rythme plus prompt :
Chez elle les astres se donnent rendez-vous.

(*De la nature*, V, v. 621 et suiv.)

LXXXIX

Aétius.

[Sur les solstices]. [Démocrite] pense que les solstices sont produits par le tourbillon qui meut circulairement le Soleil. (*Opi-*
nions, II, xxiii, 7.)

LXXXIX *a*

Plutarque.

[...] mais étant alors à plomb, comme dit Démocrite, au-dessous de celui qui l'enlumine, la Lune recueille et reçoit le Soleil, tellement qu'on croirait qu'elle-même nous apparaît, et ainsi nous montre à travers soi le Soleil. (*De la face visible de la Lune*, 16, 929 c.)

XC

Aétius.

[Pourquoi la Lune apparaît comme ressemblant à la Terre]. Démocrite dit qu'une sorte d'ombre en provenance des régions élevées s'étend sur la Lune; car elle a des vallées et des vallons. (*Opinions*, II, xxv, 9.)

XCI

Aristote.

[Sur la Voie lactée]. (*Météorologiques*, I, viii, 345 *a* 25.)

Alexandre d'Aphrodise.

Anaxagore et Démocrite disent que la Voie lactée est la lumière de certaines étoiles. Car le Soleil qui passe durant la nuit sous la Terre, éclaire les astres placés au-dessus de la Terre; ce qui fait, déclarent-ils, que, si la lumière [de ces astres] est rendue invisible par l'effet des rayons du Soleil qui lui fait obstacle, en revanche ceux que masque l'ombre de la Terre en les abritant de celle du Soleil, font voir leur propre lumière : c'est cela, la Voie lactée. (*Commentaire sur les Météorologiques d'Aristote*, 37, 23.)

Aétius.

[Sur la Voie lactée]. Démocrite dit qu'elle est le point de concours de rayons lumineux en provenance d'astres nombreux, petits et continus, dont le groupement compact produit l'éclat d'ensemble. (*Opinions*, III, 1, 6.)

Achille Tatius.

[Sur la Voie lactée]. D'autres déclarent qu'elle est formée d'astres tout petits et groupés si étroitement qu'ils nous paraissent ne faire qu'un, en raison de l'intervalle qui sépare la Terre du ciel, comme si on avait répandu une poudre de grains de sel fins et nombreux. (*Introduction à Aratos*, 24, éd. Maass, 55, 24.)

XCII

Alexandre d'Aphrodise.

Concernant les comètes, Anaxagore et Démocrite disent que la comète est la *conjonction* des planètes : celles-ci sont Saturne[1] (Cronos), Jupiter (Zeus), Vénus (Aphrodite), Mars (Arès) et Mercure (Hermès). Celles-ci en effet, en se rapprochant mutuellement, produisent une image qui donne l'impression qu'elles se touchent et qu'il n'existe qu'un seul astre, auquel on donne le nom de comète. Le terme de *conjonction* désigne l'image unique produite par le concours de toutes. (*Commentaire sur les Météorologiques d'Aristote*, 26, 11.)

Sénèque.

Démocrite aussi, le plus subtil de tous les Anciens, déclare soupçonner l'existence d'un plus grand nombre de planètes; mais il n'a défini ni leur nombre ni leurs noms, parce qu'on ne connaissait pas encore les trajectoires des cinq planètes. (*Questions naturelles*, VII, 3, 2.)

XCIII

Aétius.

Démocrite dit que le tonnerre est produit par un composé non homogène qui force le nuage qui le contient à se porter vers le bas. L'éclair est le choc conjoint des nuages par lequel les ⟨atomes⟩ générateurs du feu, frottés les uns contre les autres, se concentrent en un même point et sont filtrés à travers les interstices riches en vide. La foudre, elle, se produit lorsque le feu est projeté violemment hors des ⟨atomes⟩ très purs, très subtils, très lisses et ajustés étroitement, ainsi qu'il l'écrit lui-même, qui engendrent le feu. L'ouragan, lui, se produit lorsque des composés de feu contenant beaucoup de vide, retenus dans des lieux riches en vide et matérialisés dans leur propre enveloppe membraneuse, s'élancent violemment vers le haut à cause de la diversité de leur mélange. (*Opinions*, III, III, 11.)

XCIII a

Sénèque.

Démocrite affirme : « Lorsque de nombreux corpuscules (qu'il appelle atomes) se trouvent rassemblés en un vide étroit, il s'ensuit le vent. En revanche, l'air connaît repos et tranquillité lorsqu'un petit nombre d'atomes dispose d'un vide important. Tout de même, en effet, qu'au forum ou dans un petit village, on se promène sans encombre quand la population reste clairsemée, tandis que, si la foule se presse en un lieu resserré, les gens se heurtent les uns contre les autres en produisant une bousculade, de même, lorsque, dans l'espace ⟨de l'univers⟩ où nous nous trouvons enveloppés, de nombreux atomes viennent remplir un lieu très étroit, il est nécessaire qu'ils se cognent les uns contre les autres, se poussent, se rejettent, s'agglutinent et se pressent, donnant ainsi naissance au vent, lorsque les atomes, opposés dans cette lutte, retombent et, après avoir longtemps balancé, basculent en avant. Cependant, lorsqu'un petit nombre d'atomes jouit d'un large espace libre, ils ne peuvent ni en heurter ⟨d'autres⟩, ni être bousculés. » (*Questions naturelles*, V, 2.)

XCIV

Aétius.

[Sur la figure de la Terre]. Démocrite dit que [la figure de la Terre] est en forme de disque dans sa largeur, mais concave au milieu[1]. (*Opinions*, III, x, 5.)

Eustathe.

Le stoïcien Posidonius et Denys disent que la Terre habitée est semblable à une fronde; mais, selon Démocrite, elle est oblongue. (*Commentaire sur l'Iliade*, VII, v. 446.)

XCV

Aétius.

Démocrite pense qu'au commencement la Terre vacillait à cause de sa petitesse et de sa légèreté, mais que, le temps aidant, elle a gagné en compacité et en poids, et s'est immobilisée. (*Opinions*, III, XIII, 4.)

XCVI

Aétius.

Démocrite dit que, du fait que la partie méridionale de son enveloppe est plus fragile, la Terre croît et s'incline dans cette direction; en effet les régions septentrionales ne sont pas tempérées, alors que les régions méridionales sont tempérées : ce phénomène a pour conséquence d'alourdir la région de la Terre où les fruits et la croissance sont en excès. (*Opinions*, III, xii, 22.)

XCVII

Aristote.

Démocrite déclare que la Terre, étant pleine d'eau et recevant en plus beaucoup d'eau de pluie, est ébranlée pour cette raison. En effet, quand elle se trouve remplie, comme ses concavités ne peuvent plus recevoir davantage d'eau, l'eau qui est refoulée produit le tremblement de terre; de même, quand elle est desséchée et qu'elle attire dans les endroits vides l'eau qui se trouve remplir d'autres endroits, le déplacement ⟨de l'eau qui tombe dans les cavités⟩ ébranle la Terre. (*Météorologiques*, II, vii, 365 *b* 1.)

XCVIII

Sénèque.

1. Démocrite pense que [les causes des tremblements de terre] sont multiples. En effet, affirme-t-il, quelquefois c'est le souffle qui produit le tremblement, d'autres fois c'est l'eau, d'autres fois les deux; voici comment il s'efforce d'expliquer le phénomène : « Une partie de la Terre est concave, et il s'y accumule une importante masse d'eau. De cette partie de la Terre sort une substance subtile et plus liquide que tout le reste, qui, lorsqu'elle est repoussée par ⟨la pression d'⟩une masse d'eau qui s'abat par-dessus, exerce une pression sur la Terre et la fait trembler, car ce liquide ne peut être agité sans provoquer l'ébranlement des parties contre lesquelles il refoule. [...] 2. Lorsque l'eau s'est accumulée au même endroit et que son débordement est devenu inévitable, elle se porte sur un point et se fraie un passage d'abord par son poids, ensuite par sa violence; car elle ne peut sortir que si ⟨elle trouve⟩ une pente, lorsqu'elle a été long-

temps renfermée, et quand elle tombe tout droit, cela ne peut se faire selon un débit mesuré, ni sans ébranler les endroits à travers et sur lesquels se produit sa chute. 3. Si, d'autre part, lorsqu'elle a commencé à déborder, elle a marqué un temps d'arrêt quelque part, et si la force du courant se retourne sur elle-même, le flot se trouve repoussé dans la Terre qui le contient et imprime des secousses à la partie où il pèse le plus. En outre, il se produit parfois que la Terre, à force d'être imbibée du liquide qu'elle a absorbé, remonte, et sa base même est altérée : alors s'enfonce la partie vers laquelle surtout convergent les eaux, dont le poids la fait pencher d'un côté. 4. Mais il arrive parfois que ce soit le souffle qui repousse les flots et exerce une pression si forte qu'il ébranle, bien sûr, la partie de la Terre contre laquelle il rejette la masse des eaux; il arrive aussi que ce souffle, en s'engouffrant dans les voies souterraines, ébranle toutes les parties de la Terre dans sa recherche d'une issue; or si la Terre peut laisser pénétrer en elle les vents[1], leur souffle est trop subtil pour pouvoir en être chassé et trop puissant pour qu'elle puisse tenir le choc, tant sont grandes son agitation et sa violence. (*Questions naturelles*, VI, 20.)

XCIX

Aétius.

[Sur le gonflement du cours du Nil]. Démocrite dit que, lorsque la neige qui se trouve dans les régions septentrionales fond au solstice d'été et se déverse, des nuages se forment par évaporation. Ces nuages, repoussés ensemble vers le sud et vers l'Égypte par les vents étésiens, produisent des pluies torrentielles qui remplissent les marais et le Nil. (*Opinions*, IV, 1, 4.)

Diodore de Sicile.

[...] les plus hautes montagnes de la Terre habitée qui, dit-il, entourent l'Éthiopie. (*Bibliothèque historique*, I, 39.)

[Scolie.]

Démocrite [...] le physicien dit que le Nil reçoit le trop-plein de l'Océan situé au-dessus de lui, au sud; mais que son eau se trouve adoucie en raison de la largeur et de la longueur du détroit ⟨qui les met en communication⟩ et bout sous l'effet du Soleil ardent. C'est pourquoi justement elle prend, selon lui, un goût contraire[2]. (À Apollonius de Rhodes, *Argonautiques*, IV, v. 269, éd. Wendel.)

XCIX *a*

Papyrus d'Hibeh.

[Théophraste[1].] 1. La question de l'origine ⟨de la salinité de la mer⟩ a donné lieu à une importante ⟨dispute⟩. Pour certains, elle est ⟨le reste⟩ de l'humidité primitive après que la quasi-totalité des eaux s'est évaporée. Pour d'autres c'est la sueur de la Terre[2]. Démocrite, lui, ⟨pense⟩ qu'elle est produite ⟨par une cause analogue à celle qui produit le sel⟩ dans la terre, ⟨par exemple les minerais de sel et de⟩ potasse. [...][a] 2. Il déclare qu'une fois terminée la putréfaction, les semblables ⟨se rapprochent[4]⟩ des semblables dans l'élément liquide, ainsi qu'il arrive dans l'univers, et qu'ainsi se trouvent engendrées la mer et toutes les autres substances sal⟨ées⟩, du fait de la réunion des corps de même nature.

Il est évident que la mer est formée des éléments de même genre et d'autres aussi, car ni l'encens, ni le soufre, ni le silphium, ni l'alun, ni le bitume, ni rien de ce qui est grand et admirable ne se rencontre fréquemment sur la Terre.

Par conséquent, il est parfaitement naturel pour lui d'examiner pourquoi ⟨dans la mer⟩, alors qu'il fait de la mer une partie du monde, selon lui, *les merveilles et les phénomènes de la nature les plus inattendus se produisent de la même façon* que, sur terre, les choses remarquables, qui ne sont pas nombreuses.

De fait, si l'on fait dépendre les saveurs des figures ⟨des atomes⟩, et la salinité des ⟨atomes⟩ grands et anguleux, il n'est pas du tout absurde que ⟨la salinité terrestre se produise de la même façon que la salinité marine⟩. (Éd. Grenfell-Hunt, p. 16, 22.)

c

Aristote.

Il nous faut maintenant parler de la salinité ⟨de la mer⟩ et considérer si la mer est toujours identique, ou s'il fut un temps où elle n'existait pas, ou si elle cessera un jour d'exister et disparaîtra, ainsi que certains le présument. Tout le monde, semble-t-il, s'accorde à considérer qu'elle a été engendrée, étant donné que l'ordre de l'univers l'a été aussi : en effet on considère que tous deux ont été engendrés ensemble. C'est pourquoi il est clair que, puisque l'univers est éternel, la même supposition doit être appliquée à la mer. Mais penser que la mer voit son volume dé-

croître, ainsi que le déclare Démocrite, et qu'elle finira par disparaître ressemble fort aux fables d'Ésope. Ce dernier a composé en
effet une fable[1] dans laquelle il dit que Charybde, en buvant deux
lampées, a fait par la première apparaître les montagnes, par la
deuxième les îles, et qu'à la troisième elle asséchera totalement la
Terre. Une telle fable était bonne pour Ésope, en colère contre
son batelier; mais elle est indigne de gens qui recherchent la
vérité. En effet, la cause pour laquelle la mer s'est initialement
stabilisée, qu'il s'agisse de la pesanteur, ainsi que certains, justement parmi les philosophes, le prétendent [...], ou qu'il s'agisse
d'une autre cause, doit fort évidemment la conserver nécessairement le reste du temps. (*Météorologiques*, II, III, 356 *b* 4.)

CI

Aristote.

Anaxagore n'est pas du tout d'accord avec Démocrite. Car
pour ce dernier, l'âme et l'intellect sont absolument identiques.

Car ce qui est vrai, c'est la représentation phénoménale. Aussi
Homère a eu raison d'écrire : « *Hector gisait, la conscience égarée*[2]. »
Assurément il ne fait pas de l'intellect une faculté relative à la
vérité, mais identifie au contraire l'âme et l'intellect. (*Traité de
l'âme*, II, 404 *a* 27.)

Certains ont formé la théorie que l'âme est du feu[3]. En effet le
feu est le plus subtil et le plus incorporel des éléments, et de plus
il est mû et meut premièrement toutes les autres choses. Démocrite, de son côté, a décrit plus précisément la raison de ce double
mouvement, reçu et donné; car d'une part il pense que l'âme est
identique à l'intellect, et d'autre part il considère que celui-ci fait
partie des corps primordiaux et indivisibles, et qu'en raison de la
petitesse de ses parties et de sa figure, il est moteur; or, dit-il, la
forme sphérique est de toutes les figures la plus apte à mouvoir;
et telle est justement la figure à la fois de l'intellect et du feu.
(*Ibid.*, 405 *a* 5.)

Jean Philopon.

Démocrite disait que le feu est incorporel, non pas incorporel absolument (car nul d'entre eux n'a jamais dit cela) mais
incorporel dans la mesure où des corps peuvent l'être, en raison
de sa subtilité. (*Commentaire sur le Traité de l'âme d'Aristote*,
83, 27.)

CII

Aétius.

[Sur l'âme]. Démocrite dit que l'âme est un composé igné, formé à partir d'éléments visibles pour la raison, dont les idées¹ sont sphériques et la puissance ignée : en d'autres termes, elle est corporelle. (*Opinions*, IV, III, 5.)

CIII

Macrobe.

Pour Démocrite, le souffle introduit dans les atomes a une telle facilité à se mouvoir qu'il peut se répandre à travers tout corps². (*Commentaire sur le Songe de Scipion*, I, XIV, 19.)

CIV

Aristote.

Certains affirment que l'âme meut aussi le corps dans lequel elle réside, de la façon dont elle se trouve elle-même mue : ainsi, par exemple, Démocrite, qui tient un langage tout à fait semblable à celui de Philippe, l'auteur et metteur en scène de comédies. Celui-ci déclare en effet que Dédale avait fait se mouvoir son Aphrodite en bois en y versant du vif-argent³. Or Démocrite tient un langage semblable : car il affirme que les sphères indivisibles, mues parce que par nature elles ignorent le repos, entraînent avec elles et meuvent le corps tout entier. (*Traité de l'âme*, I, III, 406 *b* 15.)

CIV *a*

Aristote.

Démocrite affirme que [le corps] est mû par l'âme [...]; puisqu'en effet l'âme existe dans tout corps doué de sensibilité, il y a nécessairement deux corps dans le même corps, puisque l'âme est quelque chose de corporel. (*Traité de l'âme*, I, V, 409 *a* 32.)

CV

Aétius.

Démocrite et Épicure disaient que l'âme a deux parties : la partie rationnelle qui a son siège dans la poitrine, et la partie irrationnelle répandue dans l'ensemble du mélange corporel. (*Opinions*, IV, IV, 6.)

Car Hippocrate, Démocrite et Platon placent [la conscience[1]] dans le cerveau. (*Ibid.*, IV, V, 1.)

Jean Philopon.

Car Démocrite affirme que [l'âme] n'a ni parties ni facultés multiples, car il pense que concevoir et sentir sont une même chose et que ces fonctions procèdent d'une seule faculté. (*Commentaire sur le Traité de l'âme d'Aristote*, 35, 12.)

CVI

Aristote.

Démocrite pense qu'il se produit, à la suite de l'inspiration, pour les vivants qui inspirent, un phénomène qui empêche que l'âme soit expulsée du corps. Toutefois il n'a dit nulle part que c'est en vue de cette fin que la nature a créé ce phénomène; car, tout comme les autres philosophes de la nature, il n'aborde nullement ce genre d'explication causale. Mais il dit que l'âme est identique au chaud et que ⟨tous deux⟩ constituent les premières figures sphériques. Comme l'âme et le chaud se trouvent mêlés ensemble par le milieu environnant qui les expulse, l'inspiration, à ce qu'il prétend, constitue un secours : car il y a dans l'air un grand nombre de ces corps, auxquels il donne le nom d'intellect et d'âme; donc, au moment de l'inspiration, quand l'air pénètre ⟨dans le corps⟩, ceux-ci pénètrent en même temps, et la contre-pression qu'ils exercent prévient la fuite de l'âme enfermée dans les animaux. Voilà pourquoi vivre et mourir reviennent à inspirer et à expirer. Lorsqu'en effet la pression du milieu extérieur devient trop forte et que l'air du dehors ne peut plus pénétrer, comme l'inspiration n'est plus possible, la mort survient pour les animaux : car la mort est la fuite hors du corps de ces figures, sous la pression exercée par le milieu extérieur. Mais il n'a nullement démontré clairement la raison qui fait qu'il est nécessaire que tous meurent un jour, non par un effet du hasard, mais soit de vieillesse, selon la nature, soit du fait d'une violence anormale, exercée contre la nature[1]. (*De la respiration*, IV, 471 *b* 30.)

CVII

Sextus Empiricus.

D'autres [situent l'intellect] dans l'ensemble du corps, comme certains qui se recommandent de Démocrite. (*Contre les mathématiciens*, VII, 349.)

CVIII

Lucrèce.

> *On ne saurait, sur ce point, se ranger à l'avis*
> *Du savant Démocrite à l'auguste pensée :*
> *Il croit que l'entrelacs des atomes du corps*
> *Avec ceux de l'âme, en pareille alternance,*
> *Est le lien qui [attache et] réunit les membres.*

> (*De la nature*, III, v. 370 et suiv.)

CIX

Aétius.

Démocrite et Épicure disent que [l'âme] est corruptible et se désagrège en même temps que le corps. (*Opinions*, IV, VII, 4.)

CX

Sextus Empiricus.

Certains, comme les disciples de Démocrite, ont aboli tous les phénomènes[2]. (*Contre les mathématiciens*, VII, 369.)

CXI

Sextus Empiricus.

Diotime disait que, selon Démocrite, il existe trois critères : les phénomènes, qui permettent la perception des choses non visibles [...], la notion, qui permet la recherche [...], et les impres-

sions, qui permettent de choisir et d'éviter ; car il faut choisir, ce
qui nous est apparenté et éviter ce qui nous est étranger. (*Contre
les mathématiciens*, VII, 140.)

CXII

Aristote.

    D'autre part, de nombreux animaux en bonne santé reçoivent
à propos d'objets identiques des représentations contraires aux
nôtres et, pour chaque même individu, la même chose qui lui est
relative n'apporte pas toujours à son opinion des sensations identiques. Lesquelles sont vraies, lesquelles sont fausses ? on ne le
voit pas. Celle-ci n'est en rien plus vraie que celle-là ; l'une et
l'autre le sont également. C'est pourquoi Démocrite soutient
que, ou bien il n'existe rien de vrai, ou bien le vrai échappe du
moins à notre vue. Mais, en général, c'est parce qu'on admet que
la pensée se réduit à la sensation et qu'elle est une altération ⟨du
corps⟩, que le phénomène représenté par l'intermédiaire de la
sensation est tenu nécessairement pour vrai[1]. (*Métaphysique*, Γ, v,
1009 *b* 7.)

CXIII

Jean Philopon.

    S'ils disaient qu'un intellect meut l'univers, comment pour-
raient-ils en conclure que le mouvement est aussi la propriété de
l'âme ? Eh bien oui, dit-il[2]. Car ils supposaient l'identité de l'âme
et de l'intellect, comme Démocrite. Assurément nous n'avons
nullement trouvé dans leurs écrits l'affirmation expresse de
l'identité de l'intellect et de l'âme, mais on[3] l'établit au moyen
d'un syllogisme. En effet, il est bien évident, selon lui, que c'est
ce que Démocrite veut dire. Car il assure clairement l'identité du
vrai et de la représentation phénoménale, et il n'y a pour lui
aucune différence entre la vérité et le phénomène représenté par
la sensation ; mais la représentation phénoménale relative à
chacun et l'opinion qu'il en a est précisément ce qui constitue le
vrai, ainsi que Protagoras le disait lui aussi[4], bien que, du point
de vue de la droite raison, vérité et sensation soient dissemblables et que la sensation et l'imagination soient relatives au phénomène, alors que l'intellect, lui, est relatif à la vérité[5]. Par conséquent, si l'intellect est relatif à la vérité, si d'autre part l'âme est
relative à la représentation phénoménale, et si le vrai est identique

à la représentation phénoménale, selon l'opinion de Démocrite, alors l'intellect aussi est identique à l'âme. Car, de même que l'intellect est relatif à la vérité, de même l'âme est relative à la représentation phénoménale; par conséquent l'inverse est également juste : de même que la représentation phénoménale est relative à la vérité, de même l'intellect est relatif à l'âme. Donc, si la représentation phénoménale et le vrai sont identiques, l'intellect et l'âme sont par conséquent eux aussi identiques. (*Commentaire sur le Traité de l'âme d'Aristote*, 71, 19.)

CXIV

Sextus Empiricus.

On ne saurait dire que toute représentation, en vertu du fait qu'elle se réfute d'elle-même, est vraie; c'est ce que Démocrite et Platon enseignaient en prenant le contre-pied de Protagoras. Car si toute représentation est vraie, il sera vrai de dire qu'aucune représentation n'est vraie, puisque ce jugement se fonde sur la représentation, et du même coup le jugement que toute représentation est vraie deviendra faux. (*Contre les mathématiciens*, VII, 389.)

CXV

Aétius.

[Combien y a-t-il de sens?] Démocrite dit que le nombre des sens est plus élevé que celui des sensibles, mais que, comme les sensibles ne sont pas proportionnels aux sens, leur nombre est inconnu[1]. (*Opinions*, IV, x, 5.)

Lucrèce.

> Tellement sont ténus ⟨les atomes⟩, l'esprit,
> À moins de faire effort, ne les peut discerner.

> (*De la nature*, IV, v. 800-801.)

CXVI

Aétius.

Démocrite dit que les animaux privés de raison, les sages et les dieux ont plus [de cinq] sens[2]. (*Opinions*, IV, x, 4.)

CXVII

Aétius.

Démocrite dit que toutes choses participent d'une âme d'une certaine qualité, même les cadavres, étant donné qu'il eſt clair qu'ils participent toujours d'un certain principe chaud et sensitif, même si sa plus grande partie s'eſt dissipée. (*Opinions*, IV, ɪv, 7.)

Alexandre d'Aphrodise.

Les cadavres ont des sensations, ainsi que le pensait Démocrite. (*Commentaire sur les Topiques d'Ariſtote*, 21, 21.)

CXVIII

Cicéron.

En effet, lorsque je t'écris une lettre, il me semble que tu es, pour ainsi dire, là en face de moi — sans que je sache comment cela se fait — et cela sous une forme autre que celle propre à la « représentation de simulacres à l'imagination sensible », comme disent tes nouveaux amis, qui pensent que même les « représentations d'images intellectuelles » sont provoquées par les « fantômes » de Catius. Car, je te le rappelle, l'épicurien Catius, l'Insubrien[1], qui vient de mourir récemment, appelle « fantômes »[2] les apparences auxquelles l'illuſtre philosophe de Gargette[3] et, déjà avant lui, Démocrite donnaient le nom de *simulacres*[4]. Moi, je veux bien que ces fantômes aient le pouvoir de venir frapper nos yeux parce qu'ils surgissent spontanément, que nous le voulions ou non; mais je vois mal comment l'esprit, lui, peut en être frappé. Il faudra que tu m'apprennes, quand tu seras de retour ici à bon port, si vraiment il eſt en mon pouvoir de faire surgir à mon gré ton « fantôme », quand je pense à toi, et si ce pouvoir se limite à ta personne, qui m'eſt si étroitement liée, ou bien si je ne peux pas aussi faire voler jusqu'en mon cœur, à tire d'aile, le *simulacre* de l'île de Bretagne, rien qu'en me mettant à penser à elle[5]. (*Correspondance familière*, XV, xvɪ, 1 [À Cassius].)

CXIX

Ariſtote.

Démocrite et la plupart des philosophes de la nature qui traitent de la sensation, inventent quelque chose de tout à fait extravagant : ils considèrent que tous les sensibles sont tangibles. Mais s'il en était ainsi, il est évident que tous les sens seraient une sorte de toucher. (*Des sens*, IV, 442 *a* 29.)

Théophraste.

En effet, il faut commencer par examiner ce phénomène même : doit-il être attribué aux affections consécutives aux sensations ou, ainsi que le pense Démocrite, aux figures dont chacun est formé? (*Causes des plantes*, VI, 1, 2.)

CXX

Simplicius.

Comme Théophraste le raconte dans sa *Physique*, c'est en raison de la naïveté de l'explication ⟨de ses prédécesseurs⟩ par les causes selon le chaud, le froid et autres causes du même genre, que Démocrite est remonté jusqu'aux atomes, à l'instar des pythagoriciens qui, eux, remontaient jusqu'aux surfaces parce qu'ils pensaient que les figures et les grandeurs sont causes du chaud et du froid : car les ⟨corps⟩ qui dissocient et séparent produisent la sensation de chaleur, tandis que ceux qui associent et condensent produisent la sensation de froid. (*Commentaire sur le Traité du ciel d'Aristote*, 564, 24.)

CXXI

Aristote.

Démocrite a raison de déclarer que ⟨ce par quoi nous voyons⟩, c'est l'eau, mais tort de penser que la vision est l'impression ⟨réfléchie dans l'eau⟩. En effet l'image se produit parce que l'œil est lisse, mais la vision n'est pas dans l'image, elle est au contraire dans le sujet qui voit : car l'image reflétée n'est que ce qui se réfléchit; mais l'explication du mécanisme de la production de l'image et de l'impression lumineuse en général, semble-t-il, manquait alors de clarté. Il est étrange aussi qu'il ne se soit pas posé la question de savoir pourquoi seul l'œil exerce la vision alors qu'aucun des objets sur lesquels les simulacres se réfléchissent ne la possède[1]. (*Du sens*, II, 438 *a* 5.)

CXXII

Aristote.

Démocrite en effet a tort de penser que si l'espace intermédiaire était vide, la moindre fourmi dans le ciel deviendrait distinctement visible. (*Traité de l'âme*, II, VII, 419 *a* 15.)

CXXIII

Aristote.

C'est pourquoi, dit Démocrite, la couleur n'existe pas ; car la coloration est l'effet de la modalité[1]. (*De la génération et de la corruption*, I, II, 316 *a* 1.)

CXXIV

Aétius.

Certains disent que les atomes sont tous en somme dépourvus de couleur, et que les qualités sensibles proviennent d'⟨éléments⟩ dépourvus de qualité, appréhendés spéculativement par la raison[2]. (*Opinions*, I, XV, 11.)

CXXV

Aétius.

Démocrite dit que par nature il n'existe pas de couleur. Car les éléments sont dépourvus de qualité, qu'il s'agisse soit des compacts, soit du vide. Ce sont les composés à partir de ces éléments qui sont colorés par l'assemblage, le rythme, et la modalité relative, c'est-à-dire l'ordre, la figure et la position : les images dépendent d'eux en effet.

Ils procurent à l'imagination quatre tonalités colorées différentes : le blanc, le noir, le rouge et le jaune. (*Opinions*, I, XV, 8.)

CXXVI

Aristote.

⟨Démocrite⟩ assure que le blanc et le noir sont le lisse et le rugueux : quant aux saveurs, il les réduit aux figures. (*Du sens*, IV, 442 *b* 11.)

CXXVI *a*

Porphyre.

Ce n'eſt pas à la façon dont la vision (qui projette la vue en
direction de l'objet, par diffusion du regard) produit, au dire des
savants, l'appréhension de l'objet, que peut-être s'exerce l'ouïe :
elle eſt au contraire, ainsi que le déclare Démocrite, un réservoir de bruits qui attend le son à la façon d'un vase. En
effet, le son s'insinue et coule en elle, ce qui explique juſtement que la vue soit plus prompte que l'ouïe : car, alors que
l'éclair et le tonnerre se produisent ensemble, nous voyons
l'éclair au moment où le phénomène se produit, mais nous
n'entendons le tonnerre que bien après; et il n'y a pas à cela
d'autre raison que le fait que la lumière se porte à la rencontre de
notre vision, alors que le tonnerre se présente à l'ouïe qui se
borne à être le réservoir du bruit. (*Commentaire sur les
Harmoniques de Ptolémée*, 32, 6.)

CXXVII

[Scolie.]

Épicure, Démocrite et les ſtoïciens disent que la voix eſt un
corps. (À Denys de Thrace, éd. Hilgard, *Grammatici Graeci*, 482,
13.)

CXXVIII

Aétius.

[Sur la voix]. Démocrite déclare que l'air aussi eſt émietté
en corps de figures semblables et emporté dans le flot des
éclats de voix. Car *le geai se pose à côté du geai* et *Dieu produit toujours
le semblable conforme au semblable*[1]. Et en effet sur les rivages on
voit les mêmes galets aux mêmes endroits, ici les sphériques,
là les oblongs. Et lorsqu'on tamise, les éléments de même
forme se regroupent au même endroit, de telle sorte que les
fèves et les pois se trouvent séparés. Mais on pourrait leur
opposer ceci : « Comment quelques éclats de souffle peuvent-ils
emplir un théâtre de dix mille places[2] ? » (*Opinions*, IV, XIX, 13.)

CXXIX

Théophraſte.

Démocrite, en assignant une figure à chaque ⟨saveur⟩, fait de
ce qui eſt rond et bien proportionné le doux; l'amer eſt formé du

grand, de ce qui est rugueux, polygonal, mais n'est pas arrondi;
l'acide, comme son nom l'indique, est formé de ce qui est aigu,
anguleux, crochu et subtil, mais n'est pas arrondi; l'âcre est
formé de ce qui est à la fois arrondi, subtil, anguleux et crochu; le
salé est formé de ce qui est anguleux, moyen, tordu et isocèle; le
piquant est formé de ce qui est arrondi, léger et tordu, mais petit
par la taille; le gras est formé de ce qui est subtil, rond et petit.
(*Causes des plantes*, VI, 1, 6.)

cxxx

Théophraste.

Peut-être[1], ainsi qu'il a été dit, les ⟨saveurs⟩ pourraient-elles
être imputées aux ⟨formes des atomes⟩. Car, en rendant compte
de leurs ⟨différentes⟩ propriétés, Démocrite croit donner les
raisons pour lesquelles tel aliment a une propriété astringente,
sèche et âcre, tel autre adoucit, apaise et calme, et tel autre
décompose, dissout et entraîne tout autre effet semblable. Mais
on pourrait peut-être aussi chercher à savoir pourquoi l'objet
produit telle impression qualitative, car il faut connaître non pas
seulement l'agent, mais encore le patient, surtout si la même
saveur ne donne pas la même représentation phénoménale
à tous, ainsi qu'il le soutient. En effet, rien n'empêche que ce
qui nous paraît doux paraisse amer à d'autres animaux, et qu'il en
aille de même des autres saveurs. (*Causes des plantes*, VI, 11, 1.)

cxxxi

Théophraste.

D'autre part, il est absurde, quand on parle des figures, de
penser que la différence existant entre les semblables selon la petitesse et la grandeur entraîne qu'ils n'ont pas la même propriété[2];
car les propriétés ne relèvent pas de la forme, mais des corpuscules, qu'on pourrait peut-être rendre causes de la contrainte
et, en un mot, du plus et du moins, mais pas — sous peine d'in-
vraisemblance — du fait que les ⟨corps⟩ n'ont pas la même propriété ni n'ont les mêmes effets, puisque c'est dans les figures que
résident les propriétés. Car si ces ⟨corpuscules⟩ avaient la même
figure, leurs propriétés[3] seraient identiques, comme c'est le cas
pour tout le reste. (*Causes des plantes*, VI, 11, 3.)

CXXXII

Théophraste.

On pourrait mettre Démocrite dans l'embarras en lui demandant comment donc il se fait que [les saveurs] proviennent les unes des autres. Il est nécessaire en effet, soit que les figures subissent un changement rythmique, et de scalènes et pointues qu'elles étaient deviennent arrondies, soit, [deuxième hypothèse], que, si toutes les figures coexistent — par exemple celles de l'amer, de l'acide et du doux —, on voie se dissocier les unes (les figures qui leur préexistent et qui ensuite deviennent propres à chaque saveur[1]), alors que les autres demeurent, soit que, troisième hypothèse, certaines s'en aillent pour laisser la place à d'autres qui arrivent. Mais, puisque le changement de figure est impossible (en effet l'atome ne pâtit pas), il reste que ou bien les unes arrivent et les autres s'en vont, ou bien ⟨que les unes restent et les autres s'en vont⟩ ; mais ces deux dernières hypothèses sont également absurdes, car il faut aussi rendre compte de ce qui effectue et cause ces transformations. (*Causes des plantes*, VI, vii, 2.)

CXXXIII

Théophraste.

Pourquoi donc Démocrite rapporte-t-il au goût les saveurs, et ne rapporte-t-il pas également aux sens qui les reçoivent les odeurs et les couleurs ? Car il devrait le faire à partir des figures. (*Des odeurs*, 64.)

CXXXIV

Sextus Empiricus.

De ce que le miel apparaît amer aux uns, mais doux aux autres, Démocrite déclarait qu'il n'est ni doux ni amer en soi, tandis qu'Héraclite[2] disait que le *miel est à la fois* doux et amer. (*Hypotyposes pyrrhoniennes*, II, 63.)

cxxxv

Théophraste.

49. Démocrite, touchant la sensation, ne tranche pas la question de savoir si elle est le fait des contraires ou le fait des semblables[1] ; car, dans la mesure où il fait du sentir un « être-altéré », il paraît considérer qu'elle est le fait des différents : car l'altération n'est pas l'effet du semblable sur le semblable. Mais, en revanche, si sentir et, pour tout dire, être altéré, c'est pâtir, il est, selon lui, impossible que ⟨non seulement⟩ ce ne soit pas le même qui pâtisse, mais encore que des ⟨éléments⟩ qui sont autres produisent des effets qui ne soient pas autres, à moins qu'il n'y ait comme substrat quelque chose de même dans les semblables[2]. Aussi, touchant les sensations, les deux hypothèses peuvent-elles être soutenues. Il s'efforce ensuite d'examiner en détail chacune des sensations.

50. La *vue* est produite, selon lui, par l'image reflétée. Il l'explique d'une manière qui lui est tout à fait propre, car l'image ne se produit pas directement dans la pupille, mais l'air situé dans l'intervalle entre la vue et l'objet vu est comprimé et frappé par l'objet visible et l'œil qui voit, étant donné que toute chose émet toujours quelque effluve. Ensuite cet air, qui est un solide de couleur différente, produit une image[3] qui se réfléchit dans les yeux humides. Le compact ne saurait recevoir l'image, mais l'humide la laisse passer ; c'est pourquoi les yeux humides voient mieux que les yeux secs, à condition que d'une part leur membrane   externe soit la plus subtile et la plus finement tissée possible, que d'autre part leurs parties internes soient le plus possible spongieuses et vides de chair compacte et résistante, et par ailleurs qu'elles soient ⟨remplies[4]⟩ d'humidité épaisse et huileuse, et que les vaisseaux oculaires soient droits et secs pour donner des figures semblables   aux impressions reçues. Car chacun connaît les choses qui lui sont le plus apparentées.

51. Remarquons d'abord que l'impression dans l'air est absurde, car il faut que ce qui reçoit l'impression soit très serré et ne soit pas émiettable, ainsi que Démocrite le dit lui-même, en comparant l'   impression à l'empreinte d'un sceau sur la cire[5]. Ensuite il est d'autant plus possible d'imprimer une trace dans l'eau, qu'elle est plus compacte ; or, ⟨dans l'eau⟩ la trace se voit moins bien, alors qu'il conviendrait qu'elle se vît mieux. En somme, pourquoi, alors qu'il a forgé l'hypothèse d'un effluve émanant de la figure extérieure, ainsi qu'il l'a fait dans les ⟨passages⟩ où il traite des formes[6], doit-il maintenant forger

l'hypothèse d'une empreinte sur l'air? Car ce sont les simulacres eux-mêmes qui sont réfléchis[1]. 52. D'autre part, en admettant que ce processus s'accomplisse et que l'air se trouve modelé à la façon dont la cire est pressée et comprimée, comment cela se produit-il, et quelle est la nature de l'image reflétée dans l'œil? Car il est évident que l'empreinte fera face à l'objet vu, comme dans les autres cas[2]. Or, s'il en est ainsi, il est impossible qu'une image se produise à partir d'un objet qui nous fait face, si l'empreinte n'effectue pas une volte-face. Mais alors il faut montrer quelle est la cause de ce demi-tour, et comment il s'opère, car il n'est pas possible que la vision se réalise autrement. Ensuite, lorsque plusieurs objets sont vus au même endroit, comment pourra-t-il exister plusieurs empreintes dans le même air? D'autre part, comment est-il possible que nous nous voyions mutuellement? Car nécessairement les empreintes se rencontrent, puisque chacun fait face à celui dont l'effluve provient. Aussi ce point requiert-il examen. 53. En outre, pourquoi donc se fait-il que chacun ne se voie pas lui-même? Car, tout de même qu'elles se reflètent dans les yeux de nos voisins, les empreintes devraient aussi se refléter dans nos yeux, surtout si elles nous font directement face et si cet effet survient à la façon de l'écho; car, déclare-t-il, la voix est réfléchie aussi vers celui qui l'émet. En un mot, la théorie de l'empreinte sur l'air est absurde. Il faudrait en effet, si l'on tirait toutes les conséquences de son explication, admettre nécessairement que tous les corps reçoivent les empreintes qu'ils produisent et dont beaucoup se croisent, ce qui constituerait un obstacle à la vue et ne serait pas d'ailleurs vraisemblable. De plus, si l'empreinte subsiste, il nous faudrait admettre que nous voyons des objets non visibles et non proches, sinon la nuit, du moins le jour; et pourtant, il est d'autant plus vraisemblable que les empreintes subsistent la nuit, que l'air est plus froid. 54. Mais peut-être est-ce le Soleil qui produit l'image reflétée ⟨sur l'œil⟩, en projetant justement — si l'on peut dire — sa lumière sur ⟨l'organe de⟩ la vue, ainsi qu'il semble vouloir le dire. C'est qu'en effet il est absurde que le Soleil, comme il le déclare, en repoussant l'air loin de lui et en le frappant, le condense[3], car son pouvoir naturel est plutôt de dissocier. Absurde encore est la manière dont il rapporte la sensation non pas uniquement aux yeux, mais au reste du corps; car, selon lui, la raison pour laquelle il faut que l'œil renferme du vide et de l'humidité, c'est qu'ainsi il est plus réceptif et peut opérer la transmission ⟨de l'impression⟩ au reste du corps. Et il est encore illogique de prétendre que ce qu'on voit mieux, ce sont les choses les plus apparentées à l'œil, tout en soutenant que l'image reflétée est constituée par des différences de couleurs, sous prétexte que les couleurs semblables à celles de l'œil ne se reflètent pas sur lui. Quant au mécanisme de la production de l'image des grandeurs et des distances, en dépit de ses efforts pour en parler, il n'en rend pas compte. 55. Par conséquent, en voulant sur quelques points donner de la vision une explication personnelle, Démocrite soulève des questions en plus grand nombre.

Pour ce qui concerne l'*audition*, il en rend compte d'une manière tout à fait conforme à celle des autres philosophes. Car l'air, en frappant dans le vide, produit à l'intérieur un ébranlement, à ceci près qu'alors qu'il pénètre également tout le corps, il pénètre au mieux et au maximum par les oreilles, parce que l'air y traverse le vide le plus abondant et n'y stagne en aucune façon; c'est ce qui fait que l'oreille est la seule partie du corps à éprouver des sensations sonores. D'autre part, dès que l'air a pénétré à l'intérieur, il se diffuse avec promptitude; car il y a voix quand l'air condensé pénètre en force. Il rend donc compte, par le contact, de la sensation interne, comme il le fait de la sensation externe. 56. L'acuité auditive est excellente si la membrane externe est compacte et si les conduits sont vides et les plus secs et larges possible, pour le reste du corps comme pour la tête et les oreilles, et si, en outre, les os sont compacts, le cerveau bien tempéré et son environnement le plus sec possible. Car la voix peut ainsi pénétrer en masse, puisqu'elle s'introduit par un vide abondant, sec et large, et peut se diffuser promptement et régulièrement dans le corps sans déperdition externe. 57. Assurément, on trouve chez les autres philosophes semblable définition obscure. Mais il est absurde (et ce point constitue l'originalité de Démocrite[1]) de considérer que le son s'introduit dans la totalité du corps, et qu'après s'y être introduit par le canal de l'ouïe, il se déverse dans le corps tout entier, comme si la sensation relevait non pas des oreilles, mais de la totalité du corps. Car, même en admettant que la perception auditive produise en quelque sorte un effet généralisé, telle n'est pas la raison pour laquelle la sensation se produit. En effet, il étend ce processus à tous les sens, et pas seulement aux sens, mais aussi à l'âme. Telles sont les explications qu'il fournit touchant la vue et l'ouïe; et, touchant les autres sens, il en rend compte d'une manière à peu près identique à celle de la plupart des philosophes. 58. Touchant la conscience, il est allé jusqu'à dire qu' il y a conscience lorsque l'âme connaît une disposition congruente au mélange[2]. Mais si l'âme, d'une quelconque manière, vient à

avoir une température trop chaude ou trop froide, il dit qu'elle
change; c'est pourquoi les Anciens avaient bien raison de supposer qu'il arrive qu'on ait la conscience *égarée*[1]. Ainsi il est évident que c'est du mélange corporel qu'il fait dépendre la
conscience, ce qui sans doute est pour lui logique, puisqu'il
considère que l'âme est un corps. Voilà donc en gros quelles sont
les thèses si importantes, relatives aux sens et à la conscience, que
nous trouvons chez les philosophes antérieurs.

59. À propos des sensibles, la question de savoir quelles sont la
nature et la qualité de chacun d'eux, les autres philosophes la laissent de côté. En effet, à propos des objets perçus grâce au toucher, ils parlent de lourd, de léger, de chaud et de froid, disant
par exemple que ce qui est rare et subtil est chaud, et que ce qui
est dense et épais est froid : telle est la distinction qu'Anaxagore
établit entre l'air et l'éther. En gros, ils mettent encore en rapport le léger avec les mouvements vers le haut ou vers le bas; et
ils ajoutent à cela que la voix est une vibration de l'air, et l'odeur
une sorte d'effluve. Empédocle traite aussi des couleurs, disant
que le blanc est fait de feu, et le noir d'eau[2]. Les autres philosophes, eux, se bornent à dire que le blanc et le noir sont des principes et que les autres couleurs naissent de leur mélange : Anaxagore en effet en a traité d'une manière simpliste. 60. Mais, pour
leur part, Démocrite et Platon traitent fort longuement cette
question et prennent soin de définir séparément chaque sensible,
à cette différence ⟨notable⟩ près qu'alors que celui-ci ne
dépouille pas la nature des objets sensibles [qu'elle contient],
Démocrite en revanche les réduit tous à n'être que des affections
du sens. Lequel des deux a raison? La question serait hors de
notre propos. Contentons-nous ici de rendre compte de la
manière dont ils ont traité la question et dont ils définissent les
sensibles, en commençant par décrire globalement la méthode
suivie par l'un et l'autre. Démocrite ne tient pas un langage identique sur tous ⟨les sensibles⟩ et distingue les uns par leur grandeur, les autres par leur forme, et quelques-uns par l'ordre et la
position. Platon, lui, les rapporte presque tous aux affections et à
la sensation, si bien qu'on pourrait croire que l'un comme l'autre
tient un langage contraire à son hypothèse. 61. Démocrite en
effet, qui fait ⟨des sensibles⟩ les affections du sens, établit des
distinctions de nature pour les objets, tandis que Platon, qui fait
dépendre la réalité des sensibles de ce qu'ils sont en soi, les rapporte aux affections du sens. Pour ce qui est du lourd et du léger,
Démocrite les distingue au moyen de la grandeur, car si l'on dis-
criminait individuellement chacun ⟨des atomes⟩, même si alors

ils différaient en figure, leur poids naturel devrait être fonction de leur grandeur. En revanche, pour ce qui est, du moins des composés, le plus léger, selon lui, est celui qui renferme davantage de vide, alors que le plus lourd est celui qui en contient le moins : voilà l'explication qu'il fournit dans quelques passages. 62. Mais dans d'autres passages, il déclare que le léger, c'est tout simplement le subtil. Touchant le dur et le mou, il tient un langage tout à fait semblable : le dense est dur, alors que le rare est mou, et le plus et le moins varient très exactement selon le même rapport[1]. Cependant ce qui fait que ⟨le sensible⟩ est dur, mou, lourd ou léger, ce sont certaines différences de position et de cloisonnement des vides ; c'est ce qui explique que si le fer est dur, le plomb est lourd ; car le fer a une structure irrégulière et renferme du vide en de nombreuses places et selon de grands espaces, ce qui n'empêche pas qu'il soit dense à certains endroits ; mais, dans l'ensemble, il contient plus de vide. Au contraire, le plomb renferme peu de vide et a une structure régulière totalement uniforme, ce qui fait qu'il est plus lourd, mais en même temps plus mou que le fer. 63. Telle est la manière dont il définit, dans ce passage, le lourd et le léger, le dur et le mou. Quant aux autres sensibles, aucun n'a de réalité naturelle, mais tous sont des affections du sens qui se trouve altéré, et c'est du sens que naît l'image sensible ; le froid et le chaud n'ont pas non plus de réalité naturelle, mais c'est le changement et la transformation de la figure qui sont également responsables de notre altération. En effet, tout ce qui est en masse se fait fortement sentir dans chacune ⟨des figures⟩, alors que ce qui est largement diffus est imperceptible. La preuve que les qualités sensibles n'existent pas par nature est qu'elles ne procurent pas à tous les animaux les mêmes représentations phénoménales et que ce qui est doux pour nous paraît à d'autres amer, à d'autres acide, à d'autres âcre, à d'autres astringent, et ainsi de suite. 64. En outre, la composition du mélange corporel des ⟨animaux⟩ change selon les affections et les âges. Par là, il est évident que la disposition est responsable de l'image sensible. Voilà donc en bref ce qu'il faut penser, selon lui, sur le chapitre des sensibles. Néanmoins il rapporte les sensibles, comme tout le reste, aux figures, sauf qu'il ne rend pas compte des formes de tous les sensibles, mais s'attache surtout aux saveurs et aux couleurs[2] ; et, parmi elles, il consacre surtout son attention à définir ce qui concerne les saveurs, tout en considérant que la représentation est relative à l'homme.

65. Ce qui est acide est anguleux de figure, plein de sinuosités, petit et subtil : sa finesse lui permet de s'insinuer

promptement et partout, et grâce à sa rugosité et à son aspect anguleux, il rassemble et resserre. C'est pourquoi aussi il réchauffe le corps en provoquant des vides, car ce qui renferme le plus de vide est sujet au plus grand échauffement. Le doux est formé de figures arrondies et non point trop petites ; aussi relâche-t-il complètement le corps et le parcourt-il totalement sans violence et sans hâte. Cependant, il trouble les autres saveurs parce que, en s'insinuant, il les embrouille et les humidifie. Une fois humidifiées et perturbées dans leur ordre, elles s'écoulent ensemble à l'intérieur de la cavité abdominale, car celle-ci offre l'issue la plus facile du fait qu'elle contient le plus de vide.

66. L'astringent est formé de figures de grande taille, aux angles nombreux et les moins arrondies possible. En effet, lorsqu'elles pénètrent dans les corps, elles encombrent et obturent les vaisseaux en empêchant l'écoulement ; c'est pourquoi elles bloquent les intestins. Le piquant est formé de figures petites, lisses et arrondies dont la surface présente volutes et replis ; c'est pourquoi il est gluant et collant. Le salé est formé de figures grandes et arrondies dont quelques-unes sont scalènes, mais dont la majorité n'est pas scalène ; c'est pourquoi ses replis ne sont pas nombreux (par scalène il veut désigner des figures qui peuvent se chevaucher mutuellement et s'imbriquer). ⟨Le salé est donc formé⟩ de grandes figures parce que le sel remonte à la surface ; car, si ces figures étaient petites et se heurtaient aux éléments environnants, elles se trouveraient mélangées à l'ensemble ; d'autre part, il n'est pas formé de figures arrondies parce que le salé est rugueux, tandis que l'arrondi est lisse. Enfin ⟨il n'est pas formé⟩ de figures non scalènes, parce qu'elles ne s'imbriquent pas les unes dans les autres, ce qui fait qu'il est poudreux.

67. L'âcre est petit, arrondi et anguleux, mais n'est pas scalène ; car l'âcre, ayant de nombreux angles, agit en échauffant par sa rugosité et dissout parce qu'il est petit, arrondi et anguleux ; car l'anguleux a aussi cette propriété. Selon la même méthode, il rend compte des autres propriétés de chaque saveur en les rapportant aux figures ; mais aucune, parmi toutes ces figures, n'est absolument pure et sans mélange avec toutes les autres ; de fait, en chaque saveur se trouve une multitude de figures et la même saveur participe du lisse, du rugueux, de l'arrondi, du pointu, etc. Mais c'est la figure majoritaire qui a le plus d'effet sur le sens et sur la propriété de la saveur ; intervient en outre la disposition de l'organe qu'elle vient affecter. Celle-ci

en effet introduit une différence fort importante ; c'est pourquoi la même saveur produit des sensations contraires, et parfois des substances contraires produisent la même impression. 68. Tel est le développement que Démocrite consacre aux saveurs.

Il pourrait d'abord paraître absurde, au lieu de rapporter à des causes de nature semblable toutes les qualités sensibles, d'expliquer le lourd, le léger, le mou et le dur par la grandeur, la petitesse, le rare et le dense, cependant que le chaud, le froid et les autres qualités se trouvent rapportés aux figures. Ensuite, il pourrait paraître absurde de conférer des natures effectives[1] au lourd, au léger, au dur et au mou (car la grandeur, la petitesse, le dense et le rare ne sont pas des relatifs), et de considérer en même temps que le chaud, le froid et les autres qualités sont relatives aux sens, alors qu'il ne cesse de dire que la figure du chaud[2] est sphérique.

69. Mais la contradiction généralement la plus importante, et commune à toutes ces explications, vient de ce qu'en même temps qu'il déclare que ⟨les sensibles⟩ sont des affections du sens, il s'entête à les distinguer par les figures. C'est que, dit-il, le même objet donne aux uns une représentation amère, aux autres une représentation douce, et à d'autres une autre[3]. Mais il ne se peut faire que la figure soit une affection ni que la même soit sphérique pour les uns et autrement pour les autres (quoiqu'il soit peut-être nécessaire d'en convenir puisque les uns ont la représentation du doux, tandis que les autres l'ont de l'amer) ; et il n'est pas possible non plus que les formes des atomes changent selon nos dispositions. Mais, en un mot, la figure est une réalité absolument en soi, alors que le doux et le sensible en général sont, ainsi qu'il le déclare, relatifs et existent en d'autres choses. En outre, il est absurde d'estimer que la même représentation phénoménale appartient à ceux qui sentent les mêmes objets et de rejeter la vérité des sensibles ; et, après avoir dit cela, d'estimer que des représentations phénoménales dissemblables apparaissent à des sens dissemblablement disposés, et d'ajouter à nouveau qu'aucune ⟨représentation⟩ n'a plus qu'une autre de chance d'atteindre la vérité.   70. Car il est vraisemblable que le bon atteint le mauvais et le sain le malade ; c'est en effet davantage en accord avec la norme naturelle. En outre, puisqu'il n'existe pas de réalité naturelle des sensibles, étant donné que tous n'ont pas les mêmes représentations phénoménales, il est évident qu'⟨il n'existe aucune réalité en soi⟩ des animaux et des autres objets corporels : car à leur sujet non plus, les opinions des hommes ne s'accordent pas ; remarquons toutefois que si le doux et l'amer ne sont pas

produits pour tous par des objets identiques, il n'en est pas moins
vrai que la réalité naturelle de l'amer et du doux constitue pour
tous une représentation identique. ⟨Démocrite⟩ lui-même
semble le confirmer ; car comment se pourrait-il que ce qui nous
paraît amer paraisse doux et astringent à d'autres, si ces qualités
sensibles ne possédaient pas une nature définie[1] ? 71. Il en
donne une preuve encore plus manifeste dans les passages où il
déclare que chaque qualité est engendrée et existe véritablement,
et tout particulièrement lorsqu'il dit de l'amer qu' il est une
part de la conscience.   Aussi, compte tenu de telles affirma-
tions, il paraîtrait contradictoire de refuser une certaine réalité
naturelle aux sensibles ; mais à cela s'ajoute ce qu'il a dit précédemment, quand, concédant une figure à l'⟨amer⟩ ainsi qu'aux
autres sensibles, il déclare qu'ils n'ont pas de réalité naturelle.
Car ou bien il n'y aura de réalité naturelle d'aucune chose, ou bien
les sensibles auront une réalité naturelle eux aussi, puisque c'est
une cause identique qui leur confère l'existence. En outre, le
chaud et le froid, qu'ils[2] posent comme principes, doivent vraisemblablement posséder une certaine réalité naturelle et, si tel
est le cas pour eux, ainsi doit-il en être des autres. En réalité, il
confère une certaine essence au dur, au mou, au lourd et au léger,
qu'il ne paraît pas moins avoir déclarés relatifs à nous, mais il ne
concède pas d'essence au chaud, au froid ni à aucune des autres
qualités. Et certes, lorsqu'il distingue par les grandeurs le lourd
et le léger, il est nécessaire que tous les corps simples possèdent la
même vitesse initiale responsable de leur mouvement, de telle
sorte qu'ils devraient être constitués d'une certaine matière une
et de la même réalité naturelle.   72. Mais sur ces questions il
s'est rangé, semble-t-il, à l'avis de ceux qui font reposer totalement la pensée sur l'altération, ce qui constitue la théorie la plus
ancienne : car tous les Anciens, poètes et savants, font dépendre
la pensée de la disposition ⟨du corps[3]⟩. Quant aux saveurs, à
chacune il assigne une figure, qu'il conforme à la propriété présente dans nos affections. La figure ne devrait pas seulement
découler des saveurs, mais devrait aussi être rapportée aux
organes des sens, surtout si l'on admet qu'elles sont en fait des
affections des sens ; car les figures sphériques, pas plus que les
autres figures, ne possèdent toutes la même propriété, de telle
sorte qu'une saveur devrait être définie aussi par rapport au
sujet, en précisant s'il est formé d'éléments semblables ou dissemblables, et comment se produit l'altération des sens ; il faudrait en outre fournir une explication semblable pour toutes ⟨les
qualités sensibles⟩ que nous transmet le toucher, sans se borner à

celles que nous transmet le goût; mais, là encore, ou bien ces
qualités ⟨connues par le toucher⟩ se différencient en quelque
chose par rapport aux saveurs, et il conviendrait dans ce cas
d'expliquer clairement cette différence; ou bien il est possible
d'expliquer le toucher de façon identique au goût, ⟨et l'on com-
prend⟩ qu'il n'en ait pas parlé.

73. Touchant les couleurs, il pense qu'il en existe quatre
pures[1]. Le lisse est blanc, parce que le lisse n'étant ni rugueux, ni
obscurcissable, ni non plus réfractaire à la pénétration, tout ce qui
est lisse est brillant. Il faut aussi que les corps brillants soient largement poreux et translucides. Les corps durs qui figurent parmi les
corps blancs sont composés de telles figures, par exemple la face
interne de la coquille de la pourpre : ainsi, en effet, ils devraient
être réfractaires à l'obscurcissement, purs et percés de pores
rectilignes. Les corps blancs friables et cassants, eux, sont formés
de figures arrondies, mais juxtaposées en quinconce et assemblées
par paires, alors que leur ordre général est tout ce qu'il y a de plus
uniforme; étant donné ces qualités de leurs figures, ils sont friables parce que la surface de contact entre elles est très réduite; ils
sont cassants, parce que leur structure est uniforme; réfractaires à
l'obscurité parce que lisses et plats; et plus blancs les uns que les
autres, parce que leurs figures, décrites plus haut, sont plus précisément ordonnées et moins mêlées ⟨d'autres figures⟩, et que leur
ordre et leur position se rapprochent davantage de ceux qui ont été
décrits. 74. Le blanc est donc formé de figures de ce genre. Le
noir est, lui, formé des figures contraires, c'est-à-dire rugueuses,
scalènes et non uniformes. C'est pourquoi il peut attirer l'obscurité, et les pores qu'il renferme ne sont ni rectilignes ni même aisément traversables; de plus, leurs effluves sont lents et confus; en
effet l'effluve présente une certaine différence de qualité, selon
qu'il est tel ou tel relativement à l'image qui elle-même devient
différente à cause de l'interception de l'air. 75. Le rouge, lui,
est formé de figures de même sorte précisément que celles dont le
chaud est formé, sauf qu'elles sont plus grandes. Car, pour peu que
les mélanges soient plus grands, alors que les figures demeurent
semblables, la nuance de rouge est alors plus prononcée. À preuve
que le rouge est constitué de figures de cette sorte, le fait que,
lorsque nous sommes échauffés, nous rougissons, et qu'il en est de
même pour les autres corps soumis à l'action du feu, jusqu'à ce
qu'ils prennent la couleur du feu. Plus rouges sont les corps
formés de grandes figures, comme par exemple la flamme et le
charbon des bois verts qui sont plus rouges que ceux des bois
secs, et aussi le fer et les autres substances soumises à l'action du

feu. En effet les corps les plus brillants sont ceux qui renferment le
feu le plus abondant et le plus subtil, et plus rouges sont ceux qui
contiennent un feu plus dense et moins abondant. C'est pourquoi
justement les corps d'un rouge soutenu sont moins chauds, car
c'est le subtil qui est chaud. Le vert, enfin, est formé à la fois de
solide et de vide mélangés, la nuance variant selon la position et
l'ordre des deux [solide et vide]. 76. Ainsi donc les couleurs
pures mettent en jeu ces figures. Chacune ⟨des couleurs⟩ est
d'autant plus pure qu'elle est formée de figures moins mêlées ⟨à
d'autres figures⟩. Quant aux autres couleurs, elles proviennent
du mélange des couleurs pures. Ainsi, par exemple, le doré, la
couleur bronze et toute couleur de cette sorte proviennent du
mélange du blanc et du rouge : leur aspect brillant provient du
blanc, leur aspect rougeâtre vient du rouge ; car dans le mélange,
le rouge tombe dans les vides du blanc. Si à ces deux couleurs on
ajoute le vert, alors se trouve produite la plus belle des couleurs[1] ;
cependant il faut que les doses de vert soient légères, car de trop
fortes doses s'harmoniseraient mal avec le blanc et le rouge : des
nuances différentes seront obtenues en fonction de la plus
ou moins grande quantité ⟨de couleur verte⟩ incorporée au
mélange. 77. Le pourpre provient du blanc, du noir et du
rouge, la dominante étant le rouge, la mineure le noir et la
moyenne le blanc. C'est pourquoi sa représentation est plaisante
au sens. Parce que le pourpre contient du noir et du rouge, il
accroche la vue ; et, parce qu'il contient du blanc, le brillant et la
transparence se manifestent : car tels sont les effets que produit le
blanc. Le bleu pastel est produit à partir du noir surtout et du vert,
et sa dominante est le noir. Le vert poireau est produit à
partir du pourpre et du bleu pastel, ou à partir du vert et du rougeâtre. Le jaune soufre[2], en effet, est de la même sorte et participe
en plus du brillant. L'indigo est un mélange de bleu pastel et de
couleur feu avec des figures arrondies et en forme d'aiguilles, afin
que du brillant s'ajoute au noir. 78. Le lie-de-vin est formé de
vert et de bleu-noir ; mais si l'on mélange ⟨du blanc⟩ au vert, on
obtient la teinte flamme, car ce qui est réfractaire à l'obscurité et
de couleur noire se trouve exclu ⟨du mélange⟩. Un peu de rouge
aussi mélangé au blanc produit du vert transparent et non
noir ; c'est pour cela que les plantes sont d'abord vertes, avant
d'avoir subi l'action de la chaleur et de perdre leurs feuilles. Voilà
toutes les couleurs qu'il a dénombrées ; mais à son avis, les couleurs sont en nombre illimité, au même titre que les saveurs, en
fonction des mélanges, pour peu que l'on en retranche ou que l'on
en ajoute, et que l'on fasse varier plus ou moins les proportions du

mélange. ⟨Dans ce cas⟩, en effet, aucune ⟨couleur ou saveur⟩ ne sera semblable à aucune autre.

79. Il faut d'abord remarquer que la façon dont il augmente le nombre des couleurs primaires soulève une [première] difficulté, car les autres philosophes se bornent à faire du blanc et du noir les seules couleurs pures. Une autre surgit ensuite du fait qu'au lieu d'assigner à toutes les sortes de blanc une forme unique, il assigne une forme différente aux blancs durs et aux blancs friables; car, vraisemblablement, ce n'est pas une autre raison qui explique les différences de toucher. De plus, la figure ne serait pas non plus la cause de cette différence[1], mais ce serait plutôt la position : en effet, il est possible que les figures arrondies et, en un mot, toutes les figures s'obscurcissent; la preuve en est que tous les corps lisses nous apparaissent noirs : il le confirme lui-même! Car c'est parce qu'ils ont la même composition naturelle et le même ordre que le noir, que ces corps apparaissent noirs. Et de même, tous les corps formés de figures rugueuses nous apparaissent blancs : car les corps blancs sont formés de grandes figures et leurs points d'accrochage ne sont pas arrondis, mais disposés en rangées, et les formes des figures s'imbriquent à la façon dont la rampe sinue entre les barbacanes qui sont en avant des remparts. Une telle disposition, en effet, ne produit pas l'obscurité et ne contrarie pas l'éclat.

80. En outre, comment peut-il dire que le blanc de quelques animaux devient noir, si la position des ⟨figures⟩ est telle qu'elle produit de l'obscurité? Ici il semble parler, en général, de la réalité naturelle du transparent et du brillant, plutôt que de celle du blanc : car que l'on voie facilement à travers et que les pores ne soient pas disposés en quinconce, voilà qui caractérise l'élément transparent; mais combien de figures blanches y a-t-il dans le transparent? De plus, dire que les pores des corps blancs sont en ligne alors que ceux des corps noirs sont en quinconce, revient à supposer que la réalité naturelle entre en nous. Or voir, déclare-t-il, se fait au moyen de l'effluve et de l'image reflétée sur l'œil; mais, s'il en est ainsi, qu'importe la disposition des pores, en ligne ou en quinconce? Il n'est pas non plus facile de comprendre que l'effluve est produit en quelque sorte à partir du vide; encore faut-il donner la raison de ce phénomène. Car en fait, semble-t-il, il a fait dériver le blanc de la lumière ou de quelque chose d'autre; c'est pourquoi justement la densité de l'air est cause, selon lui, de la représentation du noir.

81. D'autre part, la manière dont il rend compte du noir est malaisée à saisir; car l'obscurité est une sorte de noir qui vient

intercepter le blanc. Aussi le blanc est-il naturellement premier.
Cependant il considère simultanément comme causes ⟨du noir⟩
non seulement l'obscurcissement, mais encore la densité
extrême de l'air et de l'effluve qui pénètre ⟨dans l'œil⟩, ainsi
que le trouble de l'œil. Mais il n'explique pas clairement si ces
phénomènes sont provoqués par une difficulté à bien voir, ou
bien si le noir est produit par une autre cause. Mais dans ce cas,
laquelle ? 82. Il est absurde aussi de ne pas assigner de forme au
vert et de le faire simplement dériver du solide et du vide ; car le
solide et le vide se trouvent dans tous les corps et le vert pourra
venir de toutes les figures, quelles qu'elles soient ; il aurait donc
dû conférer une forme particulière au vert, comme il l'a fait pour
les autres couleurs. Si justement le vert est le contraire du rouge,
comme le noir est le contraire du blanc, il doit avoir la forme
contraire ; en revanche, s'il n'est pas le contraire du rouge, voilà
qui nous étonnerait fort, de le voir poser des principes qui ne
soient pas contraires : car telle est la théorie que tout le monde
adopte. Mais surtout, il aurait dû s'attacher à définir avec exactitude quelles sont les couleurs pures et pourquoi les unes sont
composées et les autres non composées ; car la difficulté reste
entière touchant les principes ; mais c'était peut-être pour lui une
entreprise insurmontable. Et pourtant, si quelqu'un était, en
matière de saveurs, à même de rendre compte de celles qui sont
pures, il serait bien le mieux placé pour le faire. En ce qui
concerne l'odeur, il se borne à dire que c'est l'effluve du subtil
provenant des corps lourds qui produit le fumet. Mais sur la
question de savoir en quoi consiste sa réalité naturelle et quelle
est la cause de cet effet, il n'a ajouté aucune précision, bien que
ce fût peut-être le point le plus important. 83. Ce sont là les
quelques points que Démocrite a laissés de côté. (*Du sens*, 49-83.)

CXXXVI

Tertullien.

Démocrite dit que ⟨le sommeil est⟩ la raréfaction du souffle.
(*De l'âme*, 43.)

Aétius.

Démocrite dit que les songes se produisent en fonction des dispositions des simulacres qui se présentent à l'esprit. (*Opinions*, V,
II, 1.)

CXXXVII

Cicéron.

Devons-nous donc croire que les esprits de ceux qui dorment se meuvent d'eux-mêmes pendant les rêves ou, comme le croit Démocrite, qu'ils sont ébranlés par une vision qui leur est étrangère et leur vient du dehors ? (*De la divination*, II, LVIII, 120.)

CXXXVIII

Cicéron.

Alors que [...], en de très nombreux endroits, Démocrite, auteur fort sérieux, souscrivait à l'idée d'une sensation anticipée des choses futures, le péripatéticien Dicéarque, lui, repoussa tous les autres genres de divination pour ne conserver que celles des songes et du délire. (*De la divination*, I, III, 5.)

Quant à Démocrite, il pense que les Anciens avaient établi de sages prescriptions pour l'examen des entrailles des victimes, dont la disposition et la couleur fournissaient les signes perceptibles tantôt de la salubrité, tantôt de l'insalubrité des terres et quelquefois aussi indiquaient si elles seraient stériles ou fertiles. (*Ibid.*, I, LVII, 131.)

CXXXIX

Censorinus.

En fait, Démocrite d'Abdère estimait qu'au commencement les hommes furent créés avec de l'eau et de la boue. (*Du jour de la naissance*, IV, 9.)

Aétius.

Démocrite disait que les animaux ont été engendrés par la réunion de [membres d'abord dissociés[1]] et que l'humide est le premier responsable de la vie. (*Opinions*, V, XIX, 6.)

Lactance.

La fin en vue de laquelle le monde et tous les êtres qu'il renferme ont été produits, c'est l'homme : tel est l'avis des stoïciens. Les saintes Écritures nous enseignent la même chose ; donc Démocrite s'est trompé en pensant qu'ils sont sortis de terre, comme de petits vers, sans nul auteur et sans nulle raison[2]. (*Institutions divines*, VII, VII, 9.)

CXL

Aétius.

Straton et Démocrite disent que la propriété[1] est un corps : car elle est un souffle. (*Opinions*, V, IV, 3.)

CXLI

Aétius.

Démocrite dit que [la semence est formée] de l'ensemble des corps et des parties dominantes, comme les os, les chairs et les nerfs[2]. (*Opinions*, V, III, 6.)

CXLII

Aétius.

Épicure et Démocrite disent que la femelle aussi sécrète de la semence ; mais ses gonades sont retournées vers l'intérieur : c'est pourquoi elle éprouve le désir de s'accoupler. (*Opinions*, V, v, 1.)

CXLIII

Aristote.

Démocrite d'Abdère déclare que c'est dans la mère que s'opère la différenciation entre femelle et mâle, mais que ce n'est ni la chaleur ni le froid qui sont responsables de la génération du sujet femelle ou du sujet mâle ; en fait, c'est la prédominance de la semence du père ou de la mère, ou plutôt non pas la semence dans sa totalité, mais la part de semence qui provient de la partie par laquelle le mâle et la femelle diffèrent. (*Génération des animaux*, IV, 1, 764 *a* 6.)

Censorinus.

En fait, c'est le sexe du parent dont la semence a occupé en premier lieu l'endroit ⟨de la génération⟩, qui se trouve donné à l'enfant, selon le rapport de Démocrite. (*Du jour de la naissance*, VI, 5.)

Aétius.

Les parties communes aux deux sexes proviennent au hasard de l'un ou de l'autre, mais celles qui particularisent le sexe viennent justement de l'élément prédominant. (*Opinions*, V, VII, 6.)

Némésius.

Aristote et Démocrite n'entendent pas que la semence féminine concoure à la génération des enfants[1]. (*De la nature de l'homme*, 247.)

CXLIV

Aristote.

Les veines sont reliées à la matrice comme des racines d'où le fœtus tire sa nourriture. C'est pour cela que l'animal demeure dans la matrice, et non, comme le déclare Démocrite, afin d'y être modelé aux traits de sa mère. (*Génération des animaux*, II, IV, 740 *a* 33.)

Ceux qui pensent que les enfants se nourrissent dans la matrice par succion d'un petit morceau de chair ont tort. (*Ibid.*, II, VII, 746 *a* 19.)

Aétius.

Démocrite et Épicure disent que l'embryon se nourrit par la bouche dans la matrice. De là vient que, dès la naissance, la bouche se porte vers le sein, car il y a aussi dans la matrice des tétons et des bouches[2] par lesquelles il se nourrit. (*Opinions*, V, XVI, 1.)

CXLV

Aristote.

Tous ceux qui disent, comme Démocrite, que ce sont les parties externes des animaux qui se structurent d'abord, et ensuite les parties internes, ont tort. (*Génération des animaux*, II, IV, 740 *a* 13.)

Censorinus.

[Qu'est-ce qui se forme d'abord chez l'enfant?] Démocrite pense que c'est le ventre et la tête, parce que ces parties tiennent le plus du vide. (*Du jour de la naissance*, VI, 1.)

CXLVI

Aristote.

Démocrite déclarait que les monstres proviennent de la superposition de deux semences émises à deux moments différents :

l'introduction de la seconde dans la matrice produit une confusion des croissances et un entremêlement des parties. En ce qui concerne les oiseaux, comme la copulation est rapide, les œufs et la couleur, d'après lui, toujours s'entremêlent. (*Génération des animaux*, IV, IV, 769 *b* 30.)

CXLVII

Aristote.

Démocrite a bien sûr parlé [des dents]. [...] Il dit que la première dentition des animaux tombe parce qu'elle est trop précoce : les dents poussent, pour ainsi dire [comme des plantes,] normalement au beau milieu de la croissance ; en revanche, c'est la succion du lait qui est la cause de la précocité [des dents de lait[1]]. (*Génération des animaux*, V, VIII, 788 *b* 9.)

CXLVIII

Aristote.

Les animaux dépourvus de sang[2] n'ont pas de viscères. Démocrite paraît s'être trompé à leur sujet en estimant que les viscères des animaux dépourvus de sang sont invisibles en raison de leur petitesse. (*Parties des animaux*, III, IV, 665 *a* 30.)

CXLIX

Aristote.

Démocrite déclare en effet que les conduits ⟨séminaux⟩ des mulets sont détruits dans les matrices maternelles, parce que l'origine de ces animaux ne procède pas de parents de même espèce[3]. (*Génération des animaux*, II, VIII, 747 *a* 29.)

CL

Pseudo-Aristote.

Les araignées, dès leur naissance, sont capables de tisser leur toile : non que cette substance soit en elles comme un excrément, ainsi que le dit Démocrite, mais elles la tirent de leur corps comme une écorce ou des poils qu'on arrache, telles des soies de porc. (*Histoire des animaux*, IX, XXXIX, 623 *a* 30.)

CL *a*

Élien.

Les Massagètes, ainsi que le dit Hérodote[1], accrochent leur carquois sur leur poitrine; ensuite l'homme peut entretenir commerce avec sa femme au grand jour; et, que tout le monde en soit témoin, ils ne s'en soucient guère. En revanche, les chameaux ne s'accouplent jamais en public et ne tolèrent aucun témoin. Mais que ce soit à la pudeur ou à un don de la nature que nous devions attribuer cette recherche du secret, c'est là une question dont il faut abandonner le soin à Démocrite et à d'autres, qui se sentent capables d'exposer les causes de phénomènes mal définis et non comparables. Notons encore ici que le chamelier se retire à l'écart lorsqu'il perçoit chez ses chameaux le désir de s'accoupler, tout comme on se retire à l'entrée des jeunes époux dans la chambre nuptiale. (*De la nature des animaux*, VI, 60.)

CLI

Élien.

Démocrite dit que les truies et les chiennes ont des portées nombreuses et explique cela, en disant qu'elles ont plusieurs matrices et plusieurs lieux qui servent de réceptacle à la semence. Une seule copulation ne saurait suffire à remplir de semence toutes ces cavités, mais ces animaux répètent l'opération deux et même trois fois, de telle sorte qu'ils finissent par remplir les réceptacles du germe. Les mules, dit-il, sont stériles, car leur matrice ne ressemble pas à celle des autres animaux : elles sont hétéromorphes; aussi ne sont-elles pas du tout susceptibles d'accueillir la semence. Car la mule n'est nullement un produit de la nature, mais plutôt, pour ainsi dire, une invention audacieuse de l'homme et une sorte de produit bâtard dû à son ingéniosité. D'après moi, dit-il, un âne a dû un jour engrosser de force une jument, et les hommes ayant constaté cette violence faite à la nature conçurent ensuite le projet d'institutionnaliser ce mode de reproduction[2]. Il est à noter tout particulièrement que les ânes de Libye, qui sont très grands, couvrent les ⟨seules⟩ juments dont la crinière a été tondue, car leur crinière les rend si fières qu'elles refuseraient un tel mariage. C'est ce que disent les ⟨vétérinaires⟩ habiles, à propos de ce genre d'union. (*De la nature des animaux*, XII, 16.)

Hippocrate.

Que les jumeaux sont engendrés à partir d'un seul accouplement, en voici la preuve : c'eſt que le chien, le porc et tous les
autres animaux mettent au jour, après une seule saillie, deux
petits ou davantage, et que chacun des petits eſt porté dans la
matrice, à l'intérieur d'une même poche et d'une même membrane; nous pouvons observer nous-mêmes leur naissance et
conſtater qu'ils naissent tous le même jour, dans la plupart des
cas. (*De la nature de l'enfant*, 31, éd. Littré, VII, 540.)

Pseudo-Ariſtote.

Pourquoi certains animaux ont-ils des portées nombreuses,
comme le porc, le chien, le lièvre, et d'autres non, comme
l'homme ou le lion? Eſt-ce parce qu'ils ont des matrices multiples et des lieux nombreux qu'ils désirent remplir, et entre lesquels la semence se trouve partagée, alors que c'eſt le contraire
qui se produit chez les autres[1] ? (*Problèmes*, X, xiv, 892 *a* 38.)

CLII

Élien.

Démocrite pense que les fausses couches sont plus fréquentes
dans les régions méridionales que dans les régions septentrionales, ce qui eſt vraisemblable. En effet, les corps des femelles
grosses sont ramollis par le vent du sud, et diſtendus. Aussi,
lorsque la   poche   s'étire et ne se trouve plus à bonnes dimensions, les embryons vont et viennent, glissent sous l'effet de la
chaleur et sont expulsés plus facilement. En revanche, si souffle
un vent froid et glacé, l'embryon se solidifie, il résiſte au mouvement et n'eſt pas comme ballotté par la houle; mais au contraire,
loin de la houle et à l'abri du vent, si l'on veut, il prend de la
vigueur et de la robuſtesse, et peut facilement attendre le temps
naturellement fixé pour la naissance. Par conséquent par le
froid,   déclare l'Abdéritain,   il tient bon; mais par les chaleurs il eſt expulsé fréquemment.   Il eſt fatal en effet, dit-il,
qu'un excès de chaleur diſtende les vaisseaux et les articulations.
(*Hiſtoire des animaux*, XII, 17.)

CLIII

Élien.

Voici la raison que le même auteur donne de la pousse des bois chez les cerfs : ils ont, d'après lui, l'estomac très chaud, et les veines qui parcourent leur corps sont par nature extrêmement minces, alors que l'os qui enveloppe le cerveau est très fin et ressemble à une membrane poreuse, tandis que les veines qui partent de là en direction du sommet de la tête sont très épaisses ; par conséquent la nourriture, du moins ce qu'elle contient de plus propre à la génération, est distribuée dans la tête à une très grande vitesse. Et alors que, dit-il, la graisse vient envelopper l'extérieur de leur corps, les éléments solides de leur nourriture remontent à la tête grâce aux veines ; et il s'ensuit qu'ainsi nourris, les bois prennent naissance grâce à l'apport d'une sève abondante dont l'écoulement continu pousse au-dehors les premières cornes ; puis l'humidité qui pointe au-dehors du corps durcit sous l'effet de l'air qui la condense et la racornit, tandis que la partie encore enfermée à l'intérieur demeure tendre. Aussi la partie extérieure est durcie par le froid extérieur, alors que la partie intérieure demeure molle à cause de la chaleur interne. Par conséquent, l'excroissance supplémentaire du nouveau bois repousse au-dehors l'ancien, comme un corps étranger, parce que la partie interne exerce une pression et s'efforce de le faire sortir, provoquant douleur et inflammation ; et, en exerçant pour ainsi dire une poussée, elle vient au jour et émerge. C'est que l'humidité, en se condensant et en surgissant, est incapable de demeurer immobile : car elle est dure et exerce une poussée contre les parties plus anciennes. Aussi les bois les plus anciens sont-ils le plus souvent expulsés par la force de l'humidité interne ; mais il arrive parfois que le cerf aux abois, se prenant dans les branchages et embarrassé dans sa course rapide, les arrache dans son élan. Les bois tombent, mais la nature fait pousser de nouveaux bois, prêts à naître. (*Histoire des animaux*, XII, 18.)

CLIV

Élien.

Après castration, les bœufs, dit Démocrite, produisent des cornes recourbées, légères et longues, alors que celles des taureaux sont épaisses à la racine, droites et moins proéminentes. Ils ont, dit-il, un front beaucoup plus large que les autres espèces; car, comme cette région ⟨du corps⟩ renferme beaucoup de veines, les os en sont élargis. En outre, la poussée des cornes, étant plus épaisse, développe en largeur, elle aussi, cette partie de l'animal. En revanche, les bœufs dont le pourtour de la corne, à sa base, est plus petit ont, selon lui, le front moins large. (*Histoire des animaux*, XII, 19.)

CLV

Élien.

Mais les bovins sans cornes dont le sommet du crâne ne possède pas de nid de guêpes (c'est le terme employé par Démocrite pour désigner la structure alvéolaire), parce que l'os est entièrement compact et ne permet pas l'afflux d'humeurs, sont dégarnis et privés de moyens de défense. D'autre part, les veines propres à cet os sont atrophiées, plus ténues et moins robustes. Nécessairement aussi, le cou des bovins sans cornes est plus sec, puisque ses veines sont plus ténues, et pour cette raison moins fortes. D'autre part, tous les bovins d'Arabie sont des vaches et doivent, d'après lui, leurs cornes magnifiques à l' effluence copieuse des humeurs qui provoque la croissance généreuse de leurs cornes. Mais chez elles aussi, il arrive que, lorsque l'os frontal destiné à être le réceptacle des humeurs est trop compact et impropre à les recevoir, elles sont sans cornes. Bref, pour lui, c'est l'afflux d'humeurs qui est cause de la croissance des cornes, et ces humeurs sont charriées par des veines très nombreuses, très épaisses, et aussi remplies d'humidité qu'elles peuvent en contenir. (*Histoire des animaux*, XII, 20.)

CLV a

Élien.

Démocrite pense que ce n'est pas la substance salée qui nourrit les poissons, mais l'eau douce présente dans la mer. (*Histoire des animaux*, IX, 64.)

CLV *b*

Théophraste.

Il faudrait examiner, touchant les espèces amphibies — aussi bien celles qui vivent sur la terre sèche que celles qui s'enfouissent dans la boue — si, une fois dans l'eau, elles peuvent y vivre, ou si elles élisent ce domicile conformément à leur nature, au même titre que les poissons de mer ou de rivière ; car seul un petit nombre ⟨d'animaux⟩ peut supporter de tels changements de vie. Du moins est-il évident que tous ceux qui s'enfoncent ⟨dans le sable⟩ pour résister à la sécheresse et tous ceux qui s'abritent sous les rochers ont l'humidité pour milieu. Et il est bien plus vraisemblable que, pour ceux qui s'enfouissent et pour les autres, qu'ils soient uniquement ⟨aquatiques⟩, ou amphibies, comme le pense Démocrite, [...] il leur arrive la même chose qu'à d'autres animaux : quelques-uns tirent parti de l'air, de la manière que nous avons précédemment décrite. (*Fragment* 171, 12, éd. Wimmer.)

CLVI

[*Scolie.*]

C'est parce qu'il a beaucoup de chaleur, que le lion craint le feu. De là vient qu'il n'a jamais les yeux fermés, ni pendant son sommeil ni, comme le déclare Démocrite, à sa naissance. (À l'*Iliade*, XI, v. 554.)

Élien.

Démocrite dit que le lion est le seul parmi les animaux à naître les yeux ouverts ; c'est pourquoi il est si vaillant et capable, sitôt né, de prouver sa noblesse. (*De la nature des animaux*, V, 39.)

CLVII

[*Dictionnaire.*]

⟨La chouette⟩ est l'animal qui a la vue la plus perçante et elle est capable de voir la nuit. Démocrite rapporte qu'elle est le seul rapace muni de serres à ne pas enfanter des petits qui soient aveugles, parce que ses yeux renferment une grande quantité de feu et de chaleur, ce qui lui donne un regard si perçant et si tranchant qu'il distingue même ce qui est mêlé à la vue. C'est pourquoi elle voit   pendant les nuits sans lune   grâce au feu contenu dans ses yeux. (*Etymologicum genuinum*, « Chouette ».)

CLVIII

Cicéron.

Démocrite, ma foi, trouve des termes excellents pour expliquer pourquoi les coqs chantent avant le lever du jour : le ventre est creux, la nourriture digérée se trouve disséminée dans tout le corps, et, parce qu'ils en ont assez de dormir, ils poussent leur chant. (*De la divination*, II, xxvi, 57.)

CLIX

Soranus.

L' inflammation (φλεγμονή) tire son nom du verbe enflammer (φλέγειν), et non, ainsi que l'a dit Démocrite, du fait que la pituite (φλέγμα) en est la cause. (*Gynécologie*, III, xvii, éd. Ilberg, *Corpus des médecins grecs*, IV, 105, 1.)

CLX

Cicéron.

Suppose en effet que l'âme meure comme le corps : est-ce que, dans ces conditions, le corps connaît une quelconque douleur ou une sensation d'aucune sorte après la mort ? Nul ne dit rien de tel, quelle que soit d'ailleurs la fausse accusation d'Épicure contre Démocrite, et que repoussent les démocritéens. (*Tusculanes*, I, xxxiv, 82.)

Tertullien.

Platon [...] cependant, dans *La République*[1], cite le cas du cadavre d'un homme demeuré sans sépulture et qui resta longtemps sans se décomposer du tout, parce que, évidemment, son âme ne s'en était pas séparée. Démocrite remarque sur ce point que les ongles et les cheveux poussent encore pendant un certain temps, une fois le cadavre enterré. (*De l'âme*, 51.)

Celse.

Démocrite, qui est célèbre à juste titre, a établi qu'il n'existe même pas de signes absolument certains de la fin de la vie, auxquels les médecins puissent accorder un entier crédit. C'est pourquoi il n'a pas admis qu'il existe des symptômes certains de l'approche de la mort. (*De la médecine*, II, 6.)

Varron.

C'est pourquoi Héraclide Pontique, en demandant à être brûlé, fut plus avisé que Démocrite qui demanda à être conservé dans du miel : pour peu que tout le monde l'ait imité, je veux bien être pendu s'il nous serait aujourd'hui possible d'acheter au prix de cent deniers une coupe de vin miélé! (*Satires [Cycnus, De la sépulture]*, fgm. 81, éd. Buecheler.)

CLXII

Théophraste.

7. Démocrite explique par les mêmes processus nécessaires, la plus grande brièveté de vie et la plus grande précocité des plantes droites par rapport aux plantes contournées (chez les plantes droites, dit-il, le suc dont se nourrissent la croissance et les fruits se diffuse promptement, alors que chez les plantes contournées il se diffuse lentement, du fait que les parties aériennes ne sont pas bien irriguées, et que, ce sont les racines qui profitent'); et, de fait, leurs racines sont longues et épaisses. Mais il semblerait qu'il ait tort. 8. Car, de fait, les racines des plantes droites sont d'après lui débiles, et deux raisons concourent à provoquer le bris de la plante et sa mort : d'une part, la vitesse avec laquelle le froid et la chaleur descendent du haut vers les racines, étant donné la rectitude des canaux; d'autre part, la faiblesse des racines, qui fait qu'elles ne résistent pas. Généralement, la plupart de ces plantes commencent à vieillir à partir du bas, étant donné la faiblesse des racines. En outre, les parties aériennes de la plante, couchées par le vent à cause de leur finesse, ébranlent les racines, ce qui finit par les arracher et les abîmer, et par entraîner la destruction de la totalité de la plante. Telles sont ses explications. (*Causes des plantes*, II, xi, 7-8.)

Quelles sont les conséquences de la rectitude des pores, selon Démocrite? La fructification, grâce à elle, connaît une bonne irrigation et n'est en rien entravée, ainsi qu'il le déclare. (*Ibid.*, I, viii, 2.)

CLXIII

Théophraste.

Mais ce que nous disions aussi auparavant est absurde, à savoir que ce qui a pour nous mauvaise odeur et sent mauvais offre pour les animaux une odeur agréable. Mais peut-être n'est-ce pas absurde. Car effectivement nous voyons cela se produire dans d'autres cas, par exemple — sans chercher bien loin — pour les aliments eux-mêmes, dont on pourrait rapporter la cause essentielle à la disposition irrégulière de leur mélange atomique; car les « figures » de Démocrite, comme on l'a dit, dont les formes sont elles-mêmes arrangées, devraient aussi produire l'arrangement des impressions que l'on ressent[1]. (*Causes des plantes*, VI, XVII, 11.)

CLXIV

Albert le Grand.

Mais Démocrite et certains autres disent encore que les éléments possèdent des âmes, et que celles-ci sont les causes de la génération des pierres; c'est la raison pour laquelle il dit qu'il y a une âme dans la pierre au même titre que dans n'importe quelle autre graine propre à engendrer quelque chose, et qu'elle met en mouvement la chaleur à l'intérieur de la matière elle-même pendant la génération de la pierre, de la même façon que le marteau est mû par le forgeron pour la génération de la hache et de la scie. (*De la pierre*, I, 1, 4.)

CLXV

Alexandre d'Aphrodise.

[Pourquoi la pierre d'Héraclée attire-t-elle le fer?] Démocrite lui-même pose en principe qu'il se produit des effluves et que les semblables se portent vers les semblables, quoique par ailleurs toutes choses se meuvent en direction du vide. À partir de cette hypothèse, il admet que la pierre et le fer sont formés à partir d'atomes semblables, à cela près que la pierre est formée d'atomes plus subtils, précisément parce qu'elle est plus poreuse et plus riche en vide que le fer, ce qui la rend plus mobile; ainsi elle est attirée plus rapidement[2] vers le fer (car la translation se fait en direction des semblables) et, en s'introduisant dans les pores du fer, ⟨ses atomes⟩ meuvent les éléments corporels qui se trouvent dans le fer en s'insinuant parmi eux à cause de leur subtilité; alors les atomes du fer, poussés vers l'extérieur en un flux, sont emportés à leur tour en direction de la pierre, parce que celle-ci a ⟨des atomes⟩ semblables et renferme davantage de vides, ce qui a pour effet que le fer les suit à cause de la densité de ce flux qui sort de lui et est emporté, lui aussi, en direction de la pierre. Mais ce n'est plus la pierre qui se déplace vers le fer, parce que le fer n'a pas autant de vides que la pierre. Admettons que le fer et la pierre soient composés d'atomes semblables : comment ⟨pourra-t-on dire la même chose⟩ de l'ambre et de la paille ? Mais, en admettant que l'on donne de ce phénomène la même explication, il y a beaucoup de corps qui sont attirés par l'ambre : aussi, si l'ambre est composé d'éléments semblables à ceux dont tous ces corps sont composés, ceux-ci doivent eux-mêmes être composés d'atomes semblables et s'attirer mutuellement[1]. (*Problèmes*, II, 23.)

Simplicius.

Ou bien, en effet, il existe certains effluves matériels en provenance des corps en repos qui ainsi en attirent d'autres : c'est alors le contact et l'entrelacement de ces atomes qui font que, comme disent certains, ceux qui sont attirés sont attirés; ou bien [...]. (*Commentaire sur la Physique d'Aristote*, 1056, 1.)

CLXVI

Saint Épiphane.

Démocrite, fils de Damasippe, d'Abdère, disait que le monde est illimité et qu'il repose sur le vide. Il disait aussi que l'Un est la fin de toutes choses et que la tranquillité est ce qu'il y a de mieux, mais que les peines sont les bornes du mal. Il disait que ce qui semble juste n'est pas juste, et que l'injuste est le contraire de la nature. Car, disait-il, les lois sont une invention mauvaise et le sage ne doit pas obéir aux lois, mais vivre librement. (*Contre les hérésies*, III, II, 9.)

CLXVII

Stobée.

Démocrite et Platon posent également dans l'âme le bonheur. Démocrite a écrit : Le bonheur est, comme le malheur, le propre de l'âme[2] et : Ni l'argent ni les troupeaux ne font le bonheur. L'âme est la demeure du démon[1]. Il appelle ⟨le bonheur⟩ tranquillité, bien-être et harmonie, ainsi que congruence et ataraxie. Le bonheur est formé de la distinction et de la séparation des plaisirs, et cela constitue ce qu'il y a de plus beau et ce qu'il y a de plus avantageux pour les hommes[2]. (*Choix de textes*, II, vii, 3 *i*, p. 52, 13.)

CLXVIII

Strabon.

Ils ajoutent aussi les changements qui proviennent des déplacements, en voulant ménager pour nous le plus possible l'impassibilité, mot que Démocrite a sans cesse à la bouche, comme du reste tous les autres philosophes. (*Géographie*, I, 61.)

CLXIX

Cicéron.

Or la quiétude de Démocrite qui est une certaine tranquillité de l'esprit, qu'il a appelée tranquillité, a dû rester à l'écart de cette discussion, parce que cette tranquillité de l'esprit est le bonheur même. (*Des fins*, V, viii, 23.)

Démocrite (nous ne chercherons pas à savoir si l'histoire est vraie ou fausse) se creva, dit-on, les yeux; et assurément c'est afin d'avoir l'esprit le moins possible distrait de ses pensées, qu'il négligea son patrimoine et laissa ses champs incultes[3] : ce faisant, que cherchait-il, si ce n'est le bonheur? Même s'il faisait résider le bonheur dans la connaissance des choses, c'était pourtant la bonne disposition de l'âme qu'il cherchait à atteindre par ces recherches sur la nature. Car c'est pour cela que le souverain bien, il l'appelle tranquillité et souventes fois fermeté d'âme, c'est-à-dire l'état d'un esprit affranchi de la crainte. 88. Mais toute belle que soit cette théorie, elle n'est point tout à fait achevée. Car ses explications sur la vertu sont peu nombreuses et manquent en outre assurément de netteté. (*Ibid.*, V, xxix, 87-88.)

CLXX

Clément d'Alexandrie.

Démocrite engage à ne se point marier ni avoir d'enfants : ce serait s'exposer à bien des tracas ainsi qu'à des questions frivoles qui nous détourneraient des plus nécessaires. Épicure est d'accord avec lui. (*Stromates*, II, 138.)

B. FRAGMENTS

a

Pythagore[2].

b

De la disposition du sage[3].

c

Des choses de l'Hadès ⟨I, II...[4]⟩.

Athénée.

Démocrite, accusé publiquement par ses compatriotes d'Abdère d'avoir ruiné son patrimoine, parvint à se faire acquitter en leur faisant lecture du *Grand système du monde* et *Des choses de l'Hadès* : il leur montra ainsi à quoi il avait dépensé sa fortune[5]. (*Les Deipnosophistes*, IV, 168 B.)

I

Proclus.

De nombreux auteurs anciens, et en particulier Démocrite, le philosophe de la nature, dans ses écrits *Sur l'Hadès*, ont rassemblé les éléments de l'enquête relative aux gens que l'on a cru morts et qui ont ressuscité[6]. Ce merveilleux Colotès, ennemi de Platon et épicurien jusqu'au bout des ongles, aurait dû, puisqu'il avait été son élève, ne pas méconnaître les opinions du fondateur de l'école épicurienne ou, les méconnaissant, ne pas chercher à savoir comment un mort peut revenir à la vie. Car cette mort n'était pas, à ce qu'il semble, une extinction de la vie tout entière du corps, mais seulement un évanouissement, dû peut-être à un coup ou à une blessure, au cours duquel les liens de l'âme demeuraient encore enracinés dans la région de la moelle, et dans lequel le cœur gardait encore dans sa profondeur un tison de vie qui couvait. Et, en raison de la subsistance de ces liens, le corps, prêt au retour de la vie, en venait à recouvrer la vie qui s'était éteinte. (*Commentaire sur La République de Platon*, II, 113, 6, éd. Kroll.)

I *a*

Philodème.

En revanche, d'après Démocrite, la putréfaction entraîne
une forte émotion, parce qu'on se représente l'image
défigurée de ce qui dégage de telles odeurs; car c'est la
putréfaction qui attend les ombres de ceux qui meurent
avec une mine saine et florissante [...]. (*De la mort*, XXIX,
27, éd. Mekler.)

Et ils célèbrent des funérailles, parce que tous, même ceux qui
comme Milon étaient bien en chair, deviennent rapidement des
squelettes et finalement se décomposent en éléments primordiaux. Il faut bien évidemment comprendre qu'il en va de même
pour ceux qui meurent décharnés et, d'une façon générale,
défigurés. Donc il est tout à fait vain de se lamenter à l'idée qu'on
aura une sépulture ni riche ni admirable, mais humble et tout à
fait quelconque. (*Ibid.*, XXX, 1.)

Ensuite, lorsque la vision ⟨de la mort⟩ s'impose à eux avec
évidence, elle les frappe par surprise; c'est la raison pour
laquelle, n'ayant même pas le courage de rédiger leur testament,
ils se laissent cerner complètement et, comme le dit Démocrite,
se condamnent nécessairement à mettre les bouchées doubles[1]. (*Ibid.*, XXXIX, 9.)

I *b*

Tritogénéia[2].

II

[Dictionnaire.]

Athéna Tritogénéia représente pour Démocrite la raison[3]. De
l'exercice de la raison procèdent ces trois qualités : bien délibérer, parler sans se tromper et agir comme il se doit. (*Etymologicum Orionis*, p. 153, 5.)

[Scolie.]

Démocrite, en fournissant l'étymologie de ce mot ⟨*Tritogénéia*⟩, déclare que c'est de la raison que découlent ces trois
qualités : bien calculer, bien dire et agir comme il se doit. (*Scolies
genevoises*, à l'*Iliade*, I, v. 111, éd. Nicole.)

II *a*

De la valeur humaine, ou De la vertu.

II *b*

La Corne d'Amalthée[1].

II *c*

De la tranquillité, ou Du bien-être[2].

III

Plutarque.

Or, quant à celui qui dit que pour vivre tranquillement il ne faut pas se mêler de beaucoup de choses ni en privé, ni en public, il commence par nous vendre trop chèrement cette tranquillité, en voulant nous la faire acheter à prix d'oisiveté. (*De la tranquillité*, 2, 465 c.)

Stobée.

Celui qui veut connaître la tranquillité [de l'âme] ne doit pas s'occuper de nombreuses affaires, pas davantage privées que publiques, ni rien entreprendre au-dessus de ses forces ou de ses facultés : il faut qu'il se tienne toujours sur ses gardes, pour pouvoir, lorsque la chance lui sourit et l'amène à un plus haut degré de réputation, garder les pieds sur terre et n'entreprendre rien qui soit au-dessus de ses forces. Car mieux vaut une charge raisonnable qu'une charge excessive. (*Florilège*, IV, xxxix, 25.)

III *a*

Sénèque.

Or l'objet de ton désir est grand et souverain, et proche de la condition divine : être à l'abri de tout tracas. Les Grecs donnent à cette stabilité de l'âme le nom de tranquillité (εὐθυμία), à laquelle Démocrite a consacré un livre remarquable. Pour moi, je l'appelle tranquillité (*tranquillitas*) : point n'est nécessaire en effet de vouloir fidèlement décalquer leur terminologie. (*De la tranquillité de l'âme*, II, 3.)

Cette conclusion est, je crois, celle de Démocrite dont le livre commence ainsi : Qui veut une vie tranquille ne doit pas s'occuper de nombreuses affaires, ni en privé ni en public, en visant par cette expression les activités superflues. Car lorsqu'elles sont nécessaires, tant en privé qu'en public, il faut consentir à en entreprendre beaucoup, et même sans compter ; mais là où aucun devoir habituel ne nous contraint, il faut renoncer à ces activités. (*De la tranquillité de l'âme*, XII, 4.)

IV

Clément d'Alexandrie.

Mais les Abdéritains aussi enseignent qu'il existe une fin ⟨de l'activité humaine⟩ ; Démocrite, dans son ouvrage *De la fin*, dit qu'elle est la tranquillité qu'il appelle aussi bien-être. Et il répète souvent : Le contentement et la gêne définissent ⟨l'utile et le nuisible[1]⟩. L'objet de la préférence constitue la fin que se propose la vie des hommes, aussi bien jeunes gens[2]⟩ qu'hommes mûrs. Hécatée, lui, dit que cette fin est se suffire à soi-même, et Apollodote de Cyzique, qu'elle est l'enchantement de l'âme. D'après Nausiphane, c'est l'impassibilité. Car c'est, dit-il, ce que Démocrite appelait fermeté d'âme[3]. (*Stromates*, II, 130.)

IV *a*

Commentaires moraux, ⟨deux livres[4]⟩.

LIVRES DE PHYSIQUE

IV *b*

Grand système du monde ⟨de Leucippe.⟩

Papyrus d'Herculanum 1788.

1. [...] Il[5] écrit que les mêmes choses ont été dites auparavant dans le *Grand système du monde*, qu'on dit être ⟨de Leucippe⟩. Et ⟨Démocrite⟩ a pratiqué le plagiat au point d'être accusé non seulement d'avoir mis dans son ⟨*Petit*⟩ *système du monde* des choses qui se trouvaient aussi dans le *Grand* [...] (*Fragment 1, Collectio altera*, vol. VIII, éd. Crönert, *Kolotes und Menedemos*, p. 147.)

2. Démocrit⟨e⟩[6]. (*Ibid., fragment 2.*)

IV *c*

Petit système du monde.

V

Diogène Laërce.

En ce qui concerne l'époque où il vécut, il était, ainsi qu'il le dit lui-même dans le *Petit système du monde*, encore jeune au temps de la vieillesse d'Anaxagore, car il était de quarante ans son cadet. Il déclare que le *Petit système du monde* fut composé en l'an 730 après la prise de Troie[1]. (*Vies*, IX, 41.)

Favorinus, dans ses *Mélanges historiques*, rapporte que Démocrite disait d'Anaxagore que ses vues sur le Soleil et la Lune n'étaient pas de lui, mais étaient plus anciennes. Il se les serait appropriées. Démocrite a aussi tourné en dérision ses vues sur l'organisation du monde et sur l'intellect; il le haïssait pour ne pas avoir été admis par lui comme son élève[2]. (*Ibid.*, IX, 34-35.)

V 1

Diodore de Sicile.

7. Car au commencement, toutes les choses étant confondues, le ciel et la Terre ne comportaient qu'une forme unique, parce que leurs natures se trouvaient mêlées[3]. Ensuite, les corps se séparèrent les uns des autres et le monde prit universellement l'arrangement que nous voyons en lui; l'air fut mû d'un mouvement continu et la substance ignée qu'il contenait fut entraînée vers les régions supérieures, étant donné qu'une telle substance se dirige vers le haut du fait de sa légèreté; c'est du reste pour cette raison que le Soleil et la foule restante des astres sont enfermés dans le tourbillon universel. Ce qui était boueux et épais et se trouvait mêlé aux éléments humides, se porta ensemble vers le bas à cause de sa pesanteur. Mais comme cette masse en rotation tournait sur elle-même continuellement, la mer se forma à partir des substances humides et, à partir des éléments plus solides, se constitua la terre boueuse et extrêmement malléable. Puis la terre commença sous l'effet du feu solaire à se condenser, et ensuite, à cause de la chaleur, sa surface commença à lever comme une pâte, et certaines étendues liquides gonflèrent en même temps en beaucoup d'endroits; il se forma tout autour des pustules recouvertes d'une fine peau, comme cela peut se voir encore aujourd'hui dans les marais et les endroits marécageux, lorsque dans une contrée brutalement refroidie un air brûlant se met sans transition à régner. Les étendues liquides se trouvent ainsi vivifiées à cause de la chaleur, de la manière que nous avons dite, et les ⟨germes⟩ se nourrissent pendant la nuit

de la vapeur qui ⟨se condense⟩ et tombe de l'enveloppe, alors
que pendant le jour la chaleur brûlante les solidifie. À la fin,
quand les embryons ont atteint leur pleine croissance et que leurs
enveloppes   recuites se fendent, toutes sortes d'espèces d'animaux viennent à éclosion. Ceux d'entre eux qui participent de la
plus grande chaleur sont dotés d'ailes et s'élèvent vers les régions
supérieures ; ceux dont le mélange est terreux se rangent dans la
classe des reptiles et autres animaux terrestres ; et ceux qui participent le plus de la substance humide se rassemblent dans la région
conforme à leur nature et reçoivent le nom d'⟨animaux⟩
aquatiques. Comme la terre devient de plus en plus solide sous
l'action du feu solaire et des vents, elle finit par n'être plus à
même de donner la vie aux grands animaux, si bien que les animaux s'engendrent en s'accouplant[1] [...].

8. Telles sont les théories que nous avons reçues touchant la
première génération du monde. Quant aux hommes primitifs,
dit-on, ils menaient une vie désordonnée et sauvage, dispersés
dans la campagne et se nourrissant des herbes les plus tendres et
des fruits sauvages qui naissent spontanément sur les arbres. Et,
comme ils avaient à subir les assauts des bêtes sauvages, ils se
vinrent mutuellement en aide et, à l'école de la nécessité, sous
l'effet de la crainte qui les réunissait, ils en vinrent peu à peu à
reconnaître leurs différents caractères.

Leur voix était d'abord indistincte et confuse ; puis peu à peu
ils se mirent à articuler les mots et en firent des symboles
convenus entre eux, propres à désigner chaque objet : ils se do-
tèrent ainsi d'un moyen universel de communication du sens. La
présence de telles communautés dispersées sur toute la Terre
habitée eut pour effet de donner naissance à des dialectes tous
différents, chacune constituant au hasard son propre vocabulaire.
C'est ce qui explique l'existence d'un si grand nombre de langues
et le fait que c'est de ces premières communautés que descendent
tous les peuples. Ainsi les hommes primitifs, ne disposant
d'aucune des inventions utiles à la vie, menaient-ils une vie
pénible, vivant nus, sans maison, sans feu, et sans songer le moins
du monde à faire pousser de quoi se nourrir. Et, comme ils négligeaient de cueillir les fruits sauvages et d'en faire provision pour
les temps de disette, un grand nombre d'entre eux périssaient, en
hiver, de froid et de famine. Cependant, instruits peu à peu par
l'expérience, ils cherchèrent pendant l'hiver refuge dans les
cavernes et amassèrent les fruits susceptibles de se conserver. La
connaissance du feu et des autres inventions utiles entraîna petit à
petit l'invention des arts et de toutes les techniques susceptibles

d'être utiles à la vie en communauté. Car, en somme, c'est la nécessité elle-même qui fut l'institutrice des hommes, servant en chaque occasion de génie familier et de guide à cet animal bien doué par la nature et qui possédait comme instrument apte à toutes choses des mains, un langage et une vive intelligence de l'âme. (*Bibliothèque historique*, I, 7-8.)

V 2

Hermippe.

Il[1] crée d'abord ensemble les puissances de l'autre monde et les puissances de ce monde, puis fabrique ainsi le ciel, la Terre, les planètes et les astres errants, sans avoir besoin du concours ni du temps, ni d'une matière venue d'ailleurs. Et après avoir assigné à chacun son lieu propre, ainsi que nous l'avons établi au commencement, il leur imprime le mouvement qui leur est propre. C'est ainsi que le ciel et, en sens contraire, les planètes commencèrent leur incessant mouvement. 5. La terre, qui était mélangée à l'eau, aux endroits où l'eau la pressait le plus, se creusa profondément, tandis que là où il n'y avait pas d'eau, ou très peu, apparurent les montagnes. 6. Mais, après que l'eau eut occupé à son tour son domaine propre à la surface de la Terre, et que celle-ci, encore tout humide, eut pris peu à peu sa forme sous l'effet des rayons du Soleil, et se fut progressivement asséchée, alors se mirent à pousser d'abord les arbres, les plantes et certaines membranes semblables à des bulles qui, à force d'être cuites pendant le jour par le Soleil et tiédies, la nuit, au feu de la Lune et des autres astres, finirent par se déchirer pour donner naissance aux animaux. 7. Celles d'entre elles qui avaient reçu une cuisson suffisante engendrèrent les animaux mâles, les plus chauds, tandis que les autres qui, au contraire, avaient souffert d'un manque de chaleur, évoluèrent vers le sexe féminin. 8. Et il n'est pas étonnant que le démiurge ait eu l'idée de faire naître du mélange de la terre et de l'eau, au commencement du monde, animaux et plantes. Car vraisemblablement l'eau renfermait un souffle contenant lui-même une chaleur animante, ainsi que l'atteste la génération ⟨spontanée⟩ d'animaux dans les trous de la terre et aussi à partir des ⟨corps en⟩ putréfaction; toutes ces générations, en dépit de ce processus de création, témoignent manifestement de l'étonnant modelage, accompli une fois pour toutes, des espèces animales. 9. D'ailleurs, à mon sens, la question ne peut même pas se poser de savoir si encore actuellement une telle création est possible, puisque la terre ne se trouvera plus de la même façon mélangée à l'eau et que les conjonctions astrales ne formeront plus les mêmes figures.   10. Qu'il existe en effet encore aujourd'hui une manière de génération ⟨spontanée⟩, je ne me propose pas d'en tenter la démonstration rationnelle ; je dirai seulement qu'après avoir reçu de lui[1] ce qu'on peut peut appeler le signal du départ, la terre n'est plus capable d'engendrer de grands animaux, mais seulement des herbes, des arbres, des plantes et des fruits, et qu'elle se contente de remplir de chaleur et de vigueur les animaux que le froid paralyse et fige.   11. Quant aux animaux, ainsi qu'il a déjà été dit plus haut, ils n'ont pas été formés d'un mélange corporel exactement semblable. D'un côté, toutes les créatures qui participaient essentiellement de la nature terreuse, à savoir les plantes et les arbres, ont été enracinées dans la terre, la tête en bas, et ayant cette différence avec les autres animaux dépourvus de sang et de pieds, qu'eux sont mus et passent la tête hors de la terre ; d'un autre côté, tous les êtres qui participaient de l'humide se félicitèrent de leur séjour aquatique (leurs dispositions étant presque les mêmes que pour les précédents). 12. Quant à ceux qui participent davantage du terreux et du chaud, c'est sur terre qu'ils purent élire domicile, et tous ceux qui participaient davantage à l'air et au chaud étaient à même de voler, les uns de tout leur corps, les autres en dressant simplement la tête au-dessus du corps, selon la proportion des éléments entrant dans leur mélange corporel.   13. Plus que ces derniers, l'homme, on le voit bien, participe du chaud, parce que la matière dont son corps se trouve composé est plus pure et ⟨plus apte⟩ à recevoir la chaleur. Aussi est-il le seul de tous les animaux à devoir à cela sa posture droite, et à ne toucher la terre que par un contact très réduit. Un fluide plus divin s'est aussi introduit en lui, qui l'a fait participer de l'intellect, de la raison et de l'intelligence, et lui a fait découvrir, à force de recherches, la réalité des choses. (*Astronomie*, recopiée par Jean Catrarès, II, 1, 4, p. 33, 15, éd. Kroll-V.)

V 3

Jean Tzétzès.

On dit — ou du moins ceux des Grecs qui pensent que le monde est engendré le disent — qu'après le déchirement des ténèbres, la condensation de l'air et l'apparition de la terre boueuse et tout à fait molle, cette dernière donna naissance à des membranes putrides et pustuleuses. Le jour, le Soleil les

échauffait ; la nuit, les vapeurs humides de la Lune les nourrissaient ; à force de grossir, elles finirent par éclater et engendrèrent
alors les hommes et toutes les espèces animales en vue de la domination des éléments, à savoir l'eau, le feu, la terre et l'air. La terre,
après s'être évaporée sous l'action du Soleil, cessa de pouvoir
engendrer quoi que ce fût, et c'est par génération mutuelle,
dit-on, que la vie se reproduisit. Que la terre sait engendrer les
animaux, c'est ce qu'on montre de multiples façons, et en particulier par référence à la naissance des rats à Thèbes en Égypte
après la décrue qui fait suite aux inondations du Nil.

Les hommes d'alors étaient naïfs, sans expérience, ignorant
tout des arts et de l'agriculture, sans aucune science, ignorant
même ce que sont la maladie et la mort et, lorsqu'ils tombaient à
terre comme sur leur grabat, ils rendaient l'âme sans savoir ce
qui leur arrivait. La seule relation sociale qu'ils connaissaient
était l'entraide : aussi vivaient-ils d'une façon grégaire, comme
des troupeaux qu'on mène paître, et ils se nourrissaient généralement de glands et de raves. Ils se prêtaient main-forte dans les
combats qu'ils livraient nus, à mains nues, contre les bêtes sauvages. Comme ils se trouvaient nus et qu'ils avaient besoin
d'abris et d'outils, et comme ils ignoraient l'art de conserver
dans des magasins les fruits et les glands mais se bornaient à
manger au jour le jour, une fois l'hiver venu, beaucoup mou-
raient. Puis, peu à peu, instruits par la nécessité, ils s'abritèrent
dans les creux des arbres, dans les fourrés, dans les creux des
rochers et dans les grottes, et apprirent non sans peine quels
étaient les fruits que l'on pouvait conserver ; et une fois qu'ils les
avaient récoltés, ils les entreposaient dans les cavernes et s'en
nourrissaient pendant toute l'année. Connaissant un tel sort, ils
menaient une existence simple dont le superflu était absent, et
s'entraidaient, dans l'ignorance du feu, n'ayant ni rois, ni magistrats, ni tyrans, ignorant les expéditions militaires, les coups de
force et les pillages, ne connaissant que l'entraide et ce mode
d'existence libre et simple. Mais après qu'ils furent initiés aux
arts prométhéens et plus avancés dans la réflexion, ils inventèrent le feu et aspirèrent à fabriquer des choses qui requéraient
plus de chaleur, c'est-à-dire des choses plus délicates, et changèrent ainsi le
mode de vie frugal et libre que le destin leur avait assigné. Ce
sont toutes les choses qui confèrent au monde sa parure et produisent les choses agréables, douces et délicates qui nous transforment comme par magie en femmes et nous amollissent : c'est
ce que le poète[1] appelle « *modelage de la femme* ». (*Scolie* à Hésiode,
éd. Gaisford, *Poètes grecs mineurs*, III, 58.)

V *a*

Description du Monde[1].

V *b*

Des planètes[2].

V *c*

De la nature — livre I — ⟨ou *De la nature du monde*[3]⟩.

V *d*

De la nature — livre II — ou *De la nature de l'homme ou De la chair*[4].

V *e*

De l'Intellect ⟨de Leucippe[5]⟩ ou *De l'âme*[6].

V *f*

Des sens[7].

V *g*

Des saveurs[8].

V *h*

Des couleurs[9].

V *i*

Des différents rythmes atomiques ⟨ou *Des idées*[10]⟩.

VI

Sextus Empiricus.

Il faut, dit-il dans son *Des idées,* que l'homme comprenne par ce canon qu'il se trouve coupé de la réalité[11].
(*Contre les mathématiciens,* VII, 137.)

VII

Sextus Empiricus.

Et encore :   Cet argument montre encore que nous ne connaissons rien en réalité sur quoi que ce soit, mais que pour tout homme, son « opination[1] » vient de ce qui afflue sur lui. (*Contre les mathématiciens*, VII, 137.)

VIII

Sextus Empiricus.

Et il ajoute :   Néanmoins il sera évident qu'il n'y a pas de canal[2] permettant de connaître la réalité effective de chaque chose. (*Contre les mathématiciens*, VII, 137.)

VIII *a*

Des changements de rythmes[3].

VIII *b*

Confirmations[4].

IX

Sextus Empiricus.

Démocrite, quant à lui, abolit les phénomènes qui concernent les sens, et pense qu'aucun phénomène n'apparaît conformément à la vérité, mais seulement conformément à l'opinion, ce qu'il y a de vrai dans les substances consistant dans la réalité des atomes et du vide :   Convention que le doux, dit-il en effet,   convention que l'amer, convention que le chaud, convention que le froid, convention que la couleur ; et en réalité : les atomes et le vide[5].

(Ce qui signifie : l'on convient et l'on opine que les sensibles existent, mais en vérité ils n'existent pas ; existent seulement les atomes et le vide).

136. Dans ses *Confirmations*, bien qu'il se soit proposé de fournir aux sens la force d'un témoignage digne de foi, on ne le

surprend pas moins à les condamner. En fait, dit-il, nous ne saisissons rien de ferme et d'assuré, mais seulement ce qui nous affecte conformément à la disposition de notre corps et aux ⟨choses⟩ qui le frappent et lui offrent résistance[1]. (*Contre les mathématiciens*, VII, 135-136.)

X

Sextus Empiricus.

Il dit encore : En réalité, nous ne saisissons pas ce qu'est ⟨ou⟩ n'est pas la réalité de chaque chose; nous en avons souvent donné la preuve. (*Contre les mathématiciens*, VII, 136.)

X *a*

Des images,   ou   *De la Providence*[2].

X *b*

De la logique   ou   *Canon.* I, II et III[3],

Sextus Empiricus.

Les dogmatiques en philosophie affirment l'existence ⟨de la démonstration⟩, ce que les empiriques abolissent au contraire, ainsi que peut-être aussi Démocrite : car il s'est vivement opposé à elle dans ses *Canons*. (*Contre les mathématiciens*, VIII, 327.)

XI

Sextus Empiricus.

138. Mais[4], dans ses *Canons*, il déclare qu'il existe deux connaissances, l'une due aux sens, l'autre à l'intellect; à celle due à l'intellect, il donne le qualificatif de légitime, en lui accordant crédit pour juger de la vérité; à celle due aux sens, il donne le nom de bâtarde, en lui ôtant l'infaillibilité dans le discernement du vrai.

139. Il dit (je cite) : Il est deux formes de connaissance, l'une légitime, l'autre bâtarde. De la bâtarde relèvent tout ensemble la vue, l'ouïe, l'odorat, le goût, le toucher. En revanche, la légitime en est distincte. Puis il donne la raison de préférer la légitime à la bâtarde : Vient un

moment où la bâtarde n'est plus à même ni de voir ce qui
est devenu trop petit pour elle, ni de l'entendre, ni de le
sentir, ni de le goûter, ni de le percevoir par le toucher,
⟨et où il faut faire appel à une investigation plus subtile ;
c'est alors qu'intervient la légitime, qui possède un
instrument permettant une connaissance plus fine[1].⟩
(*Contre les mathématiciens*, VII, 138.)

Hippocrate.

Car tout ce qui échappe à la vision des yeux relève de la vision
intellectuelle. (*De l'art*, 11.)

XI *a*

Problèmes insolubles ⟨I, II […]⟩.

ÉCRITS NON CLASSÉS[2]

XI *b*

Causes des phénomènes célestes.

XI *c*

Causes des phénomènes aériens.

XI *d*

Causes des phénomènes produits à la surface de la Terre.

XI *e*

Causes relatives au feu et aux choses qui sont dans le feu.

XI *f*

Causes relatives aux voix.

XI *g*

Causes relatives aux graines, aux plantes et aux fruits.

XI *b*

Causes relatives aux animaux I, II, III[1].

XI *i*

Causes mêlées.

XI *k*

De l'aimant[2].

LIVRES DE MATHÉMATIQUES

XI *l*

De la différence angulaire ou de la tangence du cercle et de la sphère.

XI *m*

De la géométrie[3].

XI *n*

Géométrie, ⟨deux livres⟩[4].

XI *o*

Nombres.

XI *p*

Des lignes irrationnelles et des solides[5] I et II.

XI *q*

Projections.

XI r

La Grande Année ou Astronomie ; Calendrier[1].

Diogène Laërce.

[Catalogue des écrits de Théophraste :] *De l'astronomie* de Démocrite, un livre. (*Vies*, V, 43.)

XII

Censorinus.

La Grande Année de Philolaos[2] et de Démocrite est de quatre-vingt-deux années avec, chez tous les deux, vingt-deux ⟨mois⟩ intercalaires. (*Du jour de la naissance*, XVIII, 8.)

XIII

Apollonios Dyscole.

Phérécyde, dans sa *Théologie*, et encore Démocrite, dans ses livres *De l'astronomie* et dans les traités qu'il nous a laissés, usent d'une manière très fréquente des formes ἐμεῦ et ἐμέο [formes ioniennes pour ἐμοῦ : *de moi*[3]] (*Des pronoms*, éd. Schneider, 65, 15.)

XIV

[Reste du Calendrier de l'] *Astronomie*[4].

XIV 1

Vitruve.

Or, touchant les phénomènes naturels, Thalès de Milet, Anaxagore de Clazomènes, Pythagore de Samos, Xénophane de Colophon et Démocrite d'Abdère nous ont laissé des considérations savantes permettant de calculer la manière dont la nature gouverne les phénomènes naturels et la manière dont leurs effets se produisent. Après eux, d'autres découvrirent le lever et le coucher des constellations et les signes des saisons : ce sont Eudoxe, Euctémon, Callippe, Méton, Philippe, Hipparque, Aratos et d'autres, qui usèrent de la méthode des calendriers[5] et léguèrent à leurs successeurs les moyens de s'en servir. (*De l'architecture*, IX, VI, 3.)

J'ai exposé, selon l'opinion du philosophe de la nature Démocrite, quelles sont la figure et la conformation des simulacres des astres dans le monde, et comment ils sont dessinés par la nature et par l'intellect divin, en me bornant toutefois à ceux dont nous pouvons constater et observer de nos propres yeux les levers et les couchers. (*Ibid.*, IX, v, 4.)

XIV 2

Eudoxe.

Eudoxe et Démocrite placent le solstice d'hiver, l'un le dix-neuf, l'autre le vingt du mois d'Athyr.

De l'équinoxe d'automne au solstice d'hiver, Eudoxe compte quatre-vingt-douze jours, Démocrite quatre-vingt onze. Du solstice d'hiver à l'équinoxe de printemps, Eudoxe et Démocrite comptent, l'un et l'autre, quatre-vingt-onze jours, et Euctémon quatre-vingt-douze. (*Astronomie*, XXII, 21 ; XXIII, 3.)

XIV 3

Pseudo-Geminus.

[*Scorpion*] Le quatrième jour, selon Démocrite, coucher des Pléiades au lever du jour. Vents d'hiver, le plus souvent, et froid glacé fréquent. — Les arbres commencent tout juste à perdre leurs feuilles. (*Introduction à l'astronomie*[1], p. 218, 14.)

Le treizième jour, selon Démocrite, lever de la Lyre, au lever du Soleil. L'air devient orageux le plus souvent. (*Ibid.*, p. 220, 5.)

[*Sagittaire*] Le seizième jour, selon Démocrite, lever de l'Aigle en même temps que le Soleil. Le plus fréquemment : tonnerre, éclairs, pluies ou vents, ou les deux. (*Ibid.*, p. 222, 9.)

[*Capricorne*] Le douzième jour, selon Démocrite, vent du sud ⟨le plus souvent⟩. (*Ibid.*, p. 224, 5.)

[*Verseau*] Le troisième jour, selon Euctémon, pluies. Selon Démocrite, jour de malchance — tempête. (*Ibid.*, p. 224, 22.)

Le seizième jour, selon Démocrite, le zéphyr commence à souffler et s'installe. Quarante-trois jours après le solstice. (*Ibid.*, p. 226, 4.)

[*Poissons*] Le quatrième jour, selon Démocrite, jours variables appelés halcyoniques[2]. (*Ibid.*, p. 226, 15.)

Le quatorzième jour, selon Démocrite, vents froids appelés vents des oiseaux ⟨migrateurs⟩, pendant environ neuf jours. (*Ibid.*, p. 226, 23.)

[*Bélier*] Selon Démocrite, les Pléiades se couchent au lever du Soleil et restent invisibles quarante nuits. (*Ibid.*, p. 228, 23.)

[*Gémeaux*] Le dixième jour, selon Démocrite, pluie. (*Ibid.*, p. 232, 16.)

Le vingt-neuvième jour, selon Démocrite, commencement du lever d' Orion qui, fréquemment, marque un changement de temps. (*Ibid.*, p. 232, 21.)

XIV 4

Pline.

Démocrite pense que l'hiver sera tel que l'ont été le solstice d'hiver et les trois jours qui le précèdent et le suivent, et qu'il en est de même de l'été par rapport à son solstice. (*Histoire naturelle*, XVIII, 231.)

Enfin Philippe, Démocrite et Eudoxe sont d'accord — chose rare — pour placer le lever de la Chèvre le quatrième jour avant les calendes d'octobre[1], et celui des Chevreaux le troisième jour avant les calendes d'octobre[2]. (*Ibid.*, XVIII, 312.)

XIV 5

[*Scolie.*]

« *Zeus fit souffler un vent violent du nord,/Signe du cheminement pluvieux d'Arcturus.* » S'il a dit cela, c'est qu'au moment du lever d'Arcturus[3] tombent des pluies abondantes, ainsi que le déclarent Démocrite dans son *De l'Astronomie*, et Aratos. (À Apollonios de Rhodes, *Argonautiques*, II, v. 1098.)

XIV 6

Calendrier de Clodius.

Tout cela, Clodius l'emprunta mot pour mot aux livres sacrés des Étrusques. Mais il n'est pas le seul; c'est aussi le cas du grand Eudoxe, de Démocrite, le premier d'entre eux, et du Romain Varron. (Cité par Jean de Lydie, *Des signes*, 157, 18.)

XIV 7

Ptolémée.

J'ai consigné les signes des changements des saisons et j'en ai dressé le catalogue d'après les Égyptiens, Dosithée [...] et Démocrite. Parmi eux, les Égyptiens ont fait leurs observations chez nous. [...] Démocrite les a faites en Macédoine et en Thrace. C'est très précisément pour cela qu'on peut remarquer une grande parenté entre les signes observés par les Égyptiens dans les régions proches du même parallèle [...] et ceux observés par Démocrite [...], pour qui le jour le plus important est le quinzième des saisons équinoxiales. (Cité par Jean de Lydie, *Sur les signes*, p. 275, 1.)

Thoth 16 [14 septembre]. Selon Démocrite d'Abdère : départ des hirondelles. (*Ibid.*, p. 213, 19.)

Thoth 29 [27 septembre]. Selon Démocrite : pluies et bourrasques. (*Ibid.*, p. 215, 18.)

Phaophi 8 [5 octobre]. Selon Démocrite : tempêtes ; époque des semailles. (*Ibid.*, p. 217, 12.)

Athyr 2 [29 octobre]. Selon Démocrite : froid et gel. (*Ibid.*, p. 220, 13.)

Athyr 16 [13 novembre]. Selon Démocrite : tempêtes sur terre et sur mer. (*Ibid.*, p. 223, 14.)

Choiak 1 [27 novembre]. Selon Démocrite : ciel troublé, ainsi que la mer, le plus souvent. (*Ibid.*, p. 227, 5.)

Choiak 9 [5 décembre]. Selon Démocrite : tempête. (*Ibid.*, p. 229, 10.)

Choiak 14 [10 décembre]. Selon Démocrite : tonnerre, éclairs, pluie, vents. (*Ibid.*, p. 230, 11.)

Tybi 1 [27 décembre]. Selon Démocrite : grande tempête. (*Ibid.*, p. 233, 8.)

Tybi 3 [29 décembre]. Selon Démocrite : changement de temps. (*Ibid.*, p. 233, 15.)

Tybi 9 [4 janvier]. Selon Démocrite : notos[1] le plus souvent. (*Ibid.*, p. 234, 17.)

Tybi 25 [20 janvier]. Selon Démocrite : averses. (*Ibid.*, p. 237, 17.)

Tybi 29 [24 janvier]. Selon Démocrite : grande tempête. (*Ibid.*, p. 238, 6.)

Mechir 12 [6 février]. Selon Démocrite : lever du zéphyr. (*Ibid.*, p. 240, 12.)

Mechir 14 [8 février]. Selon Démocrite : zéphyr. (*Ibid.*, p. 241, 6.)

Mechir 30 [24 février]. Selon Démocrite : jours variables, appelés halcyoniques. (*Ibid.*, p. 243, 5.)

Phamenoth 11 [7 mars]. Selon Démocrite : vents froids — neuf jours de vents des oiseaux ⟨migrateurs⟩. (*Ibid.*, p. 245, 1.)

Phamenoth 22 [18 mars]. Selon Démocrite : changement de temps — vents froids. (*Ibid.*, p. 246, 16.)

Pharmuthi 1 [27 mars]. Selon Démocrite : changement de temps. (*Ibid.*, p. 247, 18.)

Pharmuthi 29 [24 avril]. Selon Démocrite : changement de temps. (*Ibid.*, p. 252, 2.)

Payni 3 [28 mai]. Selon Démocrite : temps pluvieux. (*Ibid.*, p. 258, 10.)

Payni 9 [3 juin]. Selon Démocrite : ondées. (*Ibid.*, p. 259, 9.)

Payni 29 [22 juin]. Selon Démocrite : changement de temps. (*Ibid.*, p. 262, 19.)

Epiphi 4 [28 juin]. Selon Démocrite : zéphyr, averses matinales, puis borées pendant sept jours. (*Ibid.*, p. 263, 18.)

Epiphi 22 [16 juillet]. Selon Démocrite : pluies, bourrasques. (*Ibid.*, p. 267, 4.)

Mesori 2 [26 juillet]. Selon Démocrite et Hipparque : notos et forte chaleur. (*Ibid.*, p. 268, 21.)

Mesori 26 [19 août]. Selon Démocrite : changement de temps, pluies et vents. (*Ibid.*, p. 271, 22.)

XIV 8

Jean de Lydie.

[15 janvier] Démocrite déclare : vent du sud-ouest accompagné de pluie. (*Des Mois*[1], IV, xvi, p. 78, 15.)

[18 janvier] Démocrite dit : coucher des Dauphins et changement de temps le plus souvent. (*Ibid.*, p. 79, 5.)

[23 janvier] Démocrite dit : vent du sud-ouest. (*Ibid.*, p. 79, 16.)

[17 mars] Le jour des bacchanales, Démocrite dit : coucher des Poissons. (*Ibid.*, p. 109, 3.)

[2 septembre] Ce jour-là, Démocrite dit : changement d'orientation des vents avec prédominance de pluies. (*Ibid.*, p. 159, 16.)

[6 octobre] Démocrite dit : lever des Chevreaux et borée. (*Ibid.*, p. 163, 10.)

[25 novembre] Démocrite dit : le Soleil ⟨entre⟩ dans le Sagittaire. (*Ibid.*, p. 169, 3.)

XIV *a*

Dispute sur la clepsydre[1].

XIV *b*

Ouranographie.

XIV *c*

Géographie.

XV

Agathémère.

Ensuite[2] : 1. Damaste de Sigée écrivit un *Voyage autour du
monde* dont il emprunte la plupart des détails à Hécatée. Vinrent
ensuite Démocrite, Eudoxe et d'autres qui écrivirent des voyages
et des navigations autour du monde. 2. Les Anciens décri-
vaient la Terre habitée comme ronde; au milieu ils plaçaient la
Grèce, et Delphes au centre. Car Delphes est le nombril de la
Terre[3]. Cependant Démocrite, homme de grande expérience, fut
le premier à concevoir que la Terre est oblongue et une fois et
demie plus longue que large. Le péripatéticien Dicéarque est
d'accord avec lui sur ce point[4]. (*Géographie*, I, 1, 2.)

XV *a*

Description du pôle[5].

XV *b*

Description des rayons lumineux[6].

MUSIQUE

XV *c*

Des rythmes et de l'harmonie.

XVI

Mallius Théodorus.

Critias affirme qu'Orphée est le tout premier inventeur de l'hexamètre dactylique. Pour Démocrite, c'est Musée. (*Du mètre,* VI, 589, 20.)

XVI *a*

De la poésie.

XVII

Cicéron.

J'ai en effet souvent entendu dire (et cet avis est, dit-on, celui que Démocrite et Platon nous ont laissé dans leurs écrits) que personne ne saurait être un bon poète s'il n'enflamme pas les esprits et s'il n'a pas un souffle inspiré comparable au délire. (*De l'orateur,* II, XLVI, 194.)

En effet Démocrite refuse qu'on puisse être un grand poète sans le concours du délire, et Platon est du même avis. (*De la divination,* I, XXXVIII, 80.)

Horace.

> *Et Démocrite croit que l'homme né poète*
> *Jouit d'un sort meilleur que l'humble tâcheron,*
> *Et hors de l'Hélicon il chasse les poètes*
> *Sains d'esprit.*

> (*Art poétique,* v. 295-296.)

XVIII

Clément d'Alexandrie.

Et Démocrite, tout comme Platon[1] :   Ce qu'un poète écrit sous le coup du transport divin et du souffle sacré est tout à fait beau[2].   (*Stromates,* VI, 168.)

XVIII *a*

De la beauté des vers.

XVIII *b*

Des lettres consonantes et dissonantes.

XIX

Eustathe.

Les Ioniens, et en particulier Démocrite, appellent le *gamma* : *gemma*. Démocrite dit aussi *mo* au lieu de *mu*. [D'après Photius, au mot *mo* : Démocrite appelle ainsi la lettre *mu*]. (*Commentaire sur l'Iliade*, III, v. 1, p. 370, 15.)

XX

[Scolie.]

Les noms des lettres sont indéclinables, [...] mais Démocrite les décline : il emploie *delta* et *thêta* au génitif. (À Denys de Thrace, éd. Hilger, p. 184, 3.)

XX *a*

D'Homère, ou De la correction épique et des termes qui lui sont propres[1].

XXI

Dion Chrysostome.

Démocrite parle d'Homère en ces termes : Homère, qui avait reçu en partage un talent divin, construisit un monde ordonné de vers épiques de toutes sortes, parce que sans un don divin et démonique, il n'est pas possible de composer des vers aussi beaux et savants[2]. (*Discours*, XXXI, 1, éd. Arnim, II, p. 109, 21.)

XXII

Porphyre.

D'autres ont reproché à Homère, ainsi qu'en même temps au poète Oreste, d'avoir employé l'adjectif « aux os noirs[3] » ; mais étant donné que Démocrite remarque à propos de l'aigle que ses os sont noirs, leur contestation va à l'encontre de la vérité. (*Questions homériques*, I, 274, 9.)

XXIII

[*Scolie.*]

Le « Que n'est-il mort avant ! » a été prononcé par le héraut [à propos de Pâris], soit à haute voix de manière à être entendu aussi des Grecs, pour solliciter leur indulgence pour les Troyens en colère eux aussi, soit au contraire à voix basse et en aparté, ce qui est l'avis de Démocrite, parce qu'il n'était pas décent à son avis, de le proclamer tout haut. Il faut donner les deux interprétations. (*À l'Iliade*, VII, v. 390.)

XXIV

Eustathe.

Il faut savoir que le loyal serviteur Eumée était tenu en telle estime par les Anciens, qu'ils lui inventèrent une mère : pour Démocrite, c'était *Pénia*, pour Euphorion *Pantheia*, pour Philoxènos de Sidon, *Danaè*[1]. (*Commentaire sur l'Odyssée*, XV, v. 376, p. 1784.)

XXV

Eustathe.

D'autres pensent que le Soleil est Zeus [...] et que l'ambroisie est la vapeur dont le Soleil se nourrit, ce qui est aussi l'avis de Démocrite. (*Commentaire sur l'Odyssée*, XII, v. 62, p. 1713.)

XXV *a*

Du chant.

XXV *b*

Des mots.

XXVI

Proclus.

Pythagore et Épicure partagent la thèse de Cratyle, Démocrite et Aristote celle d'Hermogène[2] [...]. (*Commentaire sur le Cratyle de Platon*, 16, p. 5, 25.)

Pythagore entendait par l'expression : « Celui qui établit les noms » l'âme qui dérive de l'Intellect. Les choses ne sont pas premières au même titre que l'Intellect, et ⟨l'âme, qui lui ressemble,⟩ possède leurs images et les formules développées de leur essence, à titre de représentations[1] des objets, comme les noms qui sont des imitations des formes intelligibles ; ⟨ces images et ces formules sont⟩ les nombres. Ainsi les choses procèdent de l'Intellect qui se connaît lui-même et qui est sage, alors que les dénominations proviennent de l'âme qui imite l'Intellect. Par conséquent, affirme Pythagore, n'importe qui n'est pas à même de conférer des noms aux choses, mais seul en est capable celui qui voit l'Intellect et la nature des objets. Donc les noms existent par nature. En revanche, Démocrite soutenait qu'ils existent par convention, et établit la chose sur quatre arguments. Premièrement, l'*homonymie* : à savoir qu'un même nom s'applique à des choses différentes ; par conséquent le nom n'existe pas par nature. Deuxièmement, la *polyonymie* : car si des noms différents s'appliquent à une chose une et identique, il faut qu'ils s'appliquent mutuellement à eux-mêmes, ce qui est impossible. Troisièmement, le *changement de noms* : car pourquoi avoir changé le nom d'Aristoclès en Platon et le nom de Tyrtamos en Théophraste[2], si les noms existent par nature ? Quatrièmement, le *défaut de* ⟨*dérivés*⟩ de même nature : pourquoi disons-nous « raisonner » à partir du mot « raison », alors qu'aucun verbe ne dérive du mot « justice » ? Donc les noms sont l'effet du hasard et non de la nature. Démocrite appelle le premier argument celui de la polysémie, le second celui de la synonymie ; ⟨le troisième, celui de la métonymie⟩ ; et le quatrième celui de l' anonymie . (*Ibid.*, 16, p. 6, 10.)

XXVI *a*

Dictionnaire.

ARTS

XXVI *b*

Prévision.

XXVI *c*

Du régime, ou Diététique.

Hippocrate.

Si à mon avis un quelconque auteur parmi ceux qui ont traité auparavant du régime humain en vue de la santé, l'avait rédigé en connaissant parfaitement son sujet, il me suffirait d'utiliser ses ouvrages; [...] mais en réalité beaucoup d'auteurs ont déjà écrit, etc. (*Du régime*, début [éd. Littré, VI, 466].)

XXVI *d*

Connaissance médicale.

XXVI *e*

Causes relatives aux choses inopportunes et opportunes.

XXVI *f*

De l'agriculture, ou Géorgique.

Varron[1].

(*De l'Agriculture*, I, 1, 8.)

Columelle.

Ajoutons que celui dont nous voulons qu'il soit un cultivateur accompli, pour peu qu'il soit très versé dans le métier et qu'il ait suivi les conseils de Démocrite ou de Pythagore relatifs à la nature universelle des choses [...], aura tiré profit [...], si [...] (*Agriculture*, I, préface, 32.)

XXVII

Columelle.

Touchant l'implantation des vignes et leur orientation par rapport au ciel, la dispute est fort ancienne [...]. Démocrite et Magon font l'éloge de l'orientation vers le nord, parce qu'ils estiment que les vignes exposées au nord sont les plus généreuses, en dépit de la qualité inférieure de leur vin. (*Agriculture*, III, xii, 5.)

XXVII *a*

Columelle.

Démocrite et Magon nous ont appris, tout comme Virgile, que les abeilles peuvent naître du cadavre d'un jeune taureau. (*Agriculture*, IX, xiv, 6.)

XXVIII

Columelle.

Démocrite, dans son livre intitulé *Géorgique*, estime fort peu avertis ceux qui entourent de murs leurs jardins : bâtis en briques séchées au soleil, ces murs ne résistent pas aux pluies et aux tempêtes et la plupart du temps s'écroulent; bâtis en pierre, la dépense dépasse son objet; à prétendre clôturer une vaste superficie, on engloutirait son patrimoine[1]. (*Agriculture*, XI, III, 2.)

XXVIII *a*

De la peinture.

XXVIII *b*

Tactique.

XXVIII *c*

Combat en armes[2].

FRAGMENTS AUTHENTIQUES
D'ÉCRITS NON IDENTIFIÉS

XXIX

Apollonios de Citium.

Ce mode de réduction des fractures comporte la plus intolérable des tortures, et Bacchios, dans son ouvrage sur *Les Termes hippocratiques*, explique que la saillie sur la pièce de bois en forme de verrou porte le nom de « rebord », et dit : « Il est noté, dans *Les Termes [hippocratiques]* que les Rhodiens appellent " rebords " les reliefs des montagnes et, en général, ce qui facilite l'escalade. » Et, dans ce contexte, il note derechef : « Il y est aussi noté que Démocrite appelle rebord la bordure qui fait le tour du bouclier et en relève le bord. » (*Commentaire sur Hippocrate*, éd. Schöne, p. 6, 29.)

Apollonios Dyscole.

Les pluriels courants : ἡμεῖς (*nous*), ὑμεῖς (*vous*), σφεῖς (*eux-mêmes*) sont des formes qui viennent directement d'Ionie et d'Attique : l'absence de solution de continuité avec les Ioniens est attestée par [les écrits de] Démocrite, [de] Phérécyde et [d']Hécatée. (*Des pronoms*, éd. Schneider, p. 92, 20.)

Clément d'Alexandrie.

Parmi les hommes doués de raison, un petit nombre ont dit en tendant leurs mains vers cet endroit que nous, les Grecs, appelons aujourd'hui *air* : « Toutes les choses, Zeus en délibère[1] en lui-même, et il connaît toutes choses, il nous les donne, il nous les ravit et il est le roi de toutes choses[2]. » (*Protreptique*, 68 ; *Stromates*, V, 103.)

Clément d'Alexandrie.

Car la médecine, d'après Démocrite, guérit les maladies du corps et la philosophie débarrasse l'âme des passions. (*Le Pédagogue*, I, 6.)

Clément d'Alexandrie.

L'acte sexuel est une petite apoplexie. Car un homme sort d'un homme et s'en détache en s'en séparant comme par un coup[3]. (*Le Pédagogue*, I, 94.)

Clément d'Alexandrie.

Nature et éducation sont choses très voisines. Car il est vrai que l'éducation transforme l'homme, et cette transformation confère à l'homme sa nature[4]. (*Stromates*, IV, 151.)

XXXIV

David.

Et de même que dans l'univers nous voyons d'une part des êtres qui, comme les dieux, ne font que gouverner, d'autre part, des êtres qui à la fois gouvernent et sont gouvernés, comme les êtres humains (ceux-ci en effet sont gouvernés par les dieux en même temps qu'ils gouvernent les bêtes brutes), et enfin des êtres qui ne font qu'être gouvernés, comme les bêtes brutes, de la même façon nous observons dans l'homme qui, selon Démocrite, est un *microcosme*, cette même répartition. Certaines parties gouvernent exclusivement, comme la raison; d'autres sont gouvernées et gouvernent, comme le cœur [...]; d'autres sont simplement gouvernées, comme la passion. (*Prolégomènes à Aristote*, 38, 14.)

Galien.

Des Anciens versés dans l'étude de la nature disent que le vivant est comme un *microcosme*[1]. (*De l'utilité des parties du corps humain*, III, 10.)

MAXIMES DE DÉMOCRATE[2]

XXXV

1. Si à mes maximes on prête une attention qui engage l'intellect, alors on accomplira beaucoup d'actions dignes d'un homme de bien, et l'on n'accomplira pas beaucoup d'actions mauvaises.

XXXVI

2. [Stobée, *Florilège*, III, 1, 27[3].]

XXXVII

3. Celui qui préfère les biens de l'âme, préfère les choses divines; celui qui préfère ceux de la chair, préfère les choses humaines.

XXXVIII

4. Ce qui est honnête, c'est d'empêcher quelqu'un de commettre une injustice ; et, en cas d'impossibilité, c'est de ne pas se faire son complice.

XXXIX

5. Il faut soit être bon, soit faire comme si on l'était[1]. [Stobée, *Florilège*, III, xxxvii, 25.]

XL

6. Ce ne sont ni les corps ni les richesses qui rendent les hommes heureux, mais la rectitude de la pensée et la largeur de vue.

XLI

7. Ce n'est pas la crainte, mais le devoir qui doit détourner des fautes. [Stobée, *Florilège*, III, 1, 95.]

XLII

8. Il est beau, quand on est dans le malheur, de se préoccuper de son devoir. [Stobée, IV, xliv, 68.]

XLIII

9. Se repentir de ses actions mauvaises, c'est faire son salut.

XLIV

10. Il faut dire la vérité et ne pas trop parler[2]. [Stobée, *Florilège*, III, xii, 13.]

XLV

11. Celui qui commet l'injustice est plus malheureux que celui qui la subit[3].

XLVI

12.   L'âme noble est celle qui supporte patiemment les « fausses notes ».   [Stobée, *Florilège*, IV, xliv, 69.]

XLVII

13.   Obéir à la loi, au magistrat et au plus sage que soi est le fait d'une conscience bien ordonnée.   [Stobée, *Florilège*, III, 1, 45.]

XLVIII

14.   L'homme de bien ne tient pas compte des critiques des méchants.   [Stobée, *Florilège*, III, xxxviii, 46.]

XLIX

15.   Il est dur d'être commandé par quelqu'un qui vaut moins que soi.   [Stobée, *Florilège*, IV, iv, 27.]

L

16.   L'esclave de l'argent ne saurait être juste.

LI

17.   La parole [ou la raison[1]] est souvent plus persuasive que l'or.   [Stobée, *Choix de textes*, II, iv, 12.]

LII

18.   Vouloir raisonner quelqu'un qui se figure être intelligent, c'est perdre son temps.   [Stobée, *Florilège*, III, x, 42.]

LIII

19.   Nombreux sont ceux qui, sans avoir appris [ce qu'est] la raison, vivent en accord avec la raison.

LIII *a*

Nombreux sont ceux qui commettent les pires forfaits, mais fournissent d'excellentes raisons. [Stobée, *Choix de textes*, II, xv, 33.]

LIV

20. Le malheur assagit les insensés.

LV

21. C'est dans les actes et dans la conduite qu'il faut rechercher la vertu, et non en paroles. [Stobée, *Choix de textes*, II, xv, 36.].

LVI

22. Connaissent et recherchent le bien ceux que la nature a doués pour cela.

LVII

23. Si le bon lignage du bétail réside dans la force du corps, la noblesse de l'homme réside, elle, dans la bonne disposition du caractère. [Stobée, *Florilège*, IV, xxix, 18.]

LVIII

23 *a*. Les espoirs des gens raisonnables aboutissent, ceux des insensés sont impossibles. [Stobée, *Florilège*, IV, xlvi, 18.]

LIX

24. On ne saurait posséder ni la pratique ni la théorie sans les avoir apprises. [Stobée, *Choix de textes*, II, xxxi, 71.]

LX

25. Il vaut mieux critiquer ses propres fautes que celles des autres. [Stobée, *Florilège*, III, xiii, 46.]

LXI

26. Ceux dont les mœurs sont bien ordonnées ont aussi une vie bien réglée. [Stobée, *Florilège*, III, xxxvii, 25.]

LXII

27. Le bien consiste, non à ne pas commettre d'injustice, mais à ne pas même vouloir en commettre. [Stobée, *Florilège*, III, ix, 29.]

LXIII

28. Il est honnête de louer les actions honnêtes; car approuver les actes malhonnêtes est l'œuvre d'une nature mensongère et fourbe. [Stobée, *Florilège*, III, xiv, 8.]

LXIV

29. Nombreux sont ceux qui savent tout et qui n'ont pas d'intellect[1]. [Stobée, *Florilège*, III, iv, 81.]

LXV

30. C'est l'intelligence qu'il faut chercher à développer et non le savoir[2].

LXVI

31. Délibérer avant d'agir vaut mieux que réfléchir après.

LXVII

32. N'accorde pas crédit à tout le monde, mais seulement à ceux qui sont dignes de foi : la première attitude est niaiserie, la seconde est celle d'un homme réfléchi.

LXVIII

33. Ce n'est pas seulement l'acte, mais aussi l'intention, qui permet de savoir si quelqu'un est digne ou non de confiance.

LXIX

34. Le bien et le vrai sont identiques pour tous les hommes, mais le plaisant varie avec les hommes.

LXX

35. Le désir sans mesure est le propre de l'enfant, non de l'homme.

LXXI

36. Des plaisirs intempestifs engendrent le dégoût[1].

LXXII

37. Désirer violemment quelque chose rend l'âme aveugle au reste.

LXXIII

38. L'amour juste consiste à désirer sans démesure les belles choses. [Stobée, *Florilège*, III, v, 23.]

LXXIV

39. N'accepte rien de plaisant qui ne soit utile.

LXXV

40. Pour les gens sans intellect, mieux vaut être commandé que commander[2]. [Stobée, *Florilège*, IV, II, 13.]

LXXVI

41. Ce n'est pas la raison, mais l'infortune qui est l'institutrice des natures puériles[3].

LXXVII

42. Renommée et richesse sans conscience sont des possessions fragiles. [Stobée, *Florilège*, III, IV, 82.]

LXXVIII

43. Acquérir des biens n'est pas inutile, mais en acquérir injustement est pis que tout. [Stobée, *Florilège*, IV, xxxi, 121.]

LXXIX

44. Il est fâcheux d'imiter les méchants, et même de ne pas vouloir imiter les bons.

LXXX

45. Il est laid de se mêler des affaires des autres et de négliger les siennes.

LXXXI

46. Remettre toujours les choses au lendemain nous empêche de mener à bien nos entreprises. [Stobée, *Florilège*, III, xxix, 67.]

LXXXII

47. Trompeurs et hypocrites sont ceux qui font tout en paroles, et rien en actes.

48. Heureux qui l'intellect sait joindre aux biens qu'il possède; car il en use bien[1].

LXXXIII

49. C'est une cause d'erreur que l'ignorance du meilleur.

LXXXIV

50. Celui qui accomplit des actes laids doit commencer par rougir de lui-même[2].

51.   Celui qui se contredit et parle trop n'est pas naturellement disposé à apprendre ce qu'il faut faire.   [Stobée,
Choix de textes, II, xxxi, 73.]

52.   Il y a de l'outrecuidance à prendre toujours la
parole sans rien vouloir écouter.   [Stobée, *Florilège*, III,
xxxvi, 24.]

53.   Il faut veiller à ce que le méchant ne saisisse pas
l'occasion[1] ⟨de nuire⟩.

54.   L'envieux se chagrine lui-même en se traitant en
ennemi.   [Stobée, III, xxxviii, 47.]

55.   L'ennemi n'est pas celui qui commet l'injustice,
mais celui qui la veut.

56.   L'inimitié entre parents est bien plus insupportable que l'inimitié entre étrangers.

57.   Ne sois pas soupçonneux envers tout le monde,
mais sois prudent et ferme.

58.   Il ne faut accepter les bienfaits qu'avec le dessein
de les rendre au centuple.

XCIII

59. En accordant un bienfait, prends garde que celui qui le reçoit ne te rende pas le mal pour le bien, si sa nature est perverse.

XCIV

60. De petits services rendus à propos[1] sont les plus grands pour ceux qui les reçoivent.

XCV

61. Les honneurs ont plus de poids auprès des personnes raisonnables, parce qu'elles ont conscience d'être honorées.

XCVI

62. L'homme serviable n'est pas celui qui attend qu'on lui rende la pareille, mais celui qui a pris les devants pour faire le bien.

XCVII

63. Nombreux sont ceux qui paraissent être nos amis et ne le sont pas, et nombreux le sont qui ne le paraissent pas.

XCVIII

64. L'amitié d'un seul homme sensé vaut autant que celle de tous les insensés ensemble[2].

XCIX

65. Celui qui n'a pas un seul ami véritable ne mérite pas de vivre.

C

66. Quand on se voit abandonné rapidement par des amis sûrs, c'est qu'on a un caractère difficile à supporter.

CI

67.   Nombreux sont ceux qui se détournent de leurs amis, lorsque ceux-ci choient de la richesse dans la pauvreté.

CII

68.   En toutes choses l'équilibre est honnête : l'excès et le défaut ne le sont pas, à mon avis.

CIII

69.   Celui qui n'aime personne n'est, à mon avis, aimé de personne.

CIV

70.   Vieillard charmant est celui qui est à la fois souriant et grave dans ses propos.

CV

71.   La beauté corporelle n'est qu'animale si l'intellect ne la sous-tend.

CVI

72.   Quand la fortune est bonne, il est facile de trouver un ami; quand elle est mauvaise, c'est la chose la plus difficile de toutes.

CVII

73.   Tous nos parents ne sont pas nos amis, mais seulement ceux qui s'accordent avec nous sur ce qui est utile.

CVII *a*

74.   Il convient, puisque nous sommes hommes, de ne pas rire des malheurs des hommes, mais de les déplorer[1].

CVIII

75. Les biens que l'on recherche s'obtiennent difficilement ; mais les malheurs surviennent même sans qu'on les cherche. [Stobée, *Florilège*, IV, xxxiv, 58.]

CIX

76. Ceux qui critiquent tout ne sont pas naturellement enclins à l'amitié.

CX

77. Que la femme ne s'exerce pas à discourir[1], car c'est là chose détestable.

CXI

78. Être commandé par une femme serait la dernière offense pour un homme. [Stobée, *Florilège*, IV, xxiii, 39.]

CXII

79. C'est le fait d'un Intellect divin de toujours envisager l'honnête.

80. Qu'on croie que les dieux voient tout, et l'on ne commettra pas de faute ni en cachette ni en public[2].

CXIII

81. Ceux qui louent les insensés leur font le plus grand tort.

CXIV

82. Il vaut mieux être loué par un autre que par soi-même.

CXV

83. Si tu juges non fondées des louanges ⟨qu'on t'adresse⟩, sois bien sûr qu'on te flatte.

84. Le monde est un théâtre, la vie une comédie[1] : tu entres, tu vois, tu sors.

85. Le monde n'est que changement, la vie n'est qu'opinion[2].

86. Un grain de sagesse s'apprécie quand on s'attend à une grande folie.

★

CXV a

Diogène Laërce.

   (*Vies*, I, 22-23[2].)

CXVI

Diogène Laërce.

   Je vins à Athènes et y demeurai incognito.   (*Vies*, IX, 36.)

Cicéron.

   Il faut donc bien comprendre que la popularité n'a pas à être recherchée pour elle-même, pas plus qu'on ne doit craindre l'obscurité. Je vins à Athènes, dit Démocrite, et y demeurai incognito.   C'est là le fait d'un homme sérieux et pondéré, que de savoir tirer gloire de s'être soustrait à la gloire[4]. (*Tusculanes*, V, xxxvi, 104.)

CXVII

Diogène Laërce.

   Démocrite rejette [l'existence des] qualités [naturelles] quand il écrit : Convention que le chaud, convention que le froid ; en réalité : les atomes et le vide[5]. Et encore : En réalité nous ne savons rien, car la vérité est au fond du puits !   (*Vies*, IX, 72.)

Cicéron.

   C'est la nature qu'il faut accuser, car elle cache, selon Démocrite, la vérité à une profondeur inaccessible. (*Premiers académiques*, II, x, 32.)

CXVIII

Denys d'Alexandrie.

Toujours est-il que Démocrite lui-même, à ce que l'on dit, déclara qu'il aimerait mieux trouver une seule certitude causale plutôt que de devenir roi des Perses. C'est que sa recherche des causes était vaine et non fondée, puisqu'elle avait pour point de départ un principe vide et une hypothèse erronée : il ne voit pas la racine et la nécessité commune de la nature des réalités, et fait résider la plus haute philosophie dans la saisie par l'intellect du caractère inconnaissable et vain des événements qui se produisent ; quant à la fortune, il en fait la maîtresse et la reine des choses divines en général, assurant que toutes choses se produisent selon son gré, mais refuse qu'elle gouverne la vie des hommes, et accuse d'ignorance ceux qui lui vouent un culte. (*De la nature*, cité par Eusèbe, *Préparation évangélique*, XIV, XXVII, 4.)

CXIX

Denys d'Alexandrie.

Toujours est-il qu'au début de ses *Conseils*, il déclare : « Les hommes se sont forgé de la fortune une image qui justifiât leur propre manque de sagacité. » Car par nature la fortune s'oppose à la réflexion et, à ce qu'ils ont prétendu, elle est la pire ennemie de la raison qu'elle tient sous sa domination. Ou mieux : ils suppriment totalement et abolissent la raison pour lui substituer la fortune, car s'ils ne chantent pas la fortune de la raison, ils célèbrent la parfaite raison de la fortune. (*De la nature*, cité par Eusèbe, *Préparation évangélique*, XIV, XXVII, 5.)

Stobée.

Les hommes se sont forgé de la fortune une image qui justifiât leur propre manque de sagacité. Car la fortune s'oppose rarement à la raison : et dans la vie, la plupart des choses sont ordonnées par une perspicacité intelligente. (*Choix de textes*, II, VIII, 16.)

Épicure.

Sans conséquence pour le sage, Fortune est accident ; mais les choses les plus importantes et les plus graves, la raison les a prises sous son contrôle et, tout au long de la vie, les contrôle et les contrôlera. (*Maximes maîtresses*, XVI.)

CXX

Érotien.

Il a appelé « veines » non pas ce qu'on appelle ordinairement veines, mais les artères. Et Démocrite appelle pulsation le mouvement des artères. (*Glossaire d'Hippocrate*, 90, 18.)

CXXI

Eustathe.

Démocrite emploie la forme : le plus propre[1]. (*Scolies à l'Odyssée*, II, v. 190, p. 1441.)

CXXII

[Dictionnaire.]

« Avoir expurgé » : avoir fait le vide au moyen de la rhubarbe[2], plante qui a une vertu purgative. Démocrite appelle aussi rhubarbes les pièges que creusent les chasseurs, du fait que ces trous ont été vidés. (*Etymologicum genuinum*, « Avoir expurgé ».)

[Inédit.]

Oui, Démocrite dit que l'on a appelé rhubarbes les trous creusés par les chasseurs et au-dessus desquels ils répandent une fine poussière et jettent des brindilles pour que les lièvres y choient. (*Inédits grecs*, VI, éd. Bekker, 374, 14.)

CXXII *a*

[Dictionnaire.]

« Femme » (γυνή) : [...] ou, selon Démocrite, une sorte de matrice (γονή), capable de recevoir la semence (γονή). (*Etymologicum genuinum*, « Femme ».)

CXXIII

[Dictionnaire.]

Représentation : chez Démocrite, ce mot désigne les effluves, semblables par leur forme aux objets. (*Etymologicum genuinum*, « Représentation ».)

CXXIV

Pseudo-Galien.

La semence est, comme le disent Platon et Dioclès, un fragment dissocié du cerveau et de la moelle épinière. Mais pour
Praxagoras ainsi que pour Démocrite et encore Hippocrate, la
semence est produite par le corps tout entier; et Démocrite de
dire : Les hommes ne seront qu'un et un homme les sera
tous[1]. (*Des définitions en médecine*, 439 [éd. Kühn, XIX, 449].)

CXXV

Galien.

Comment celui pour qui, en dehors de l'évidence, il n'y a pas
même de commencement possible, pourrait-il demeurer crédible quand il a l'impudence de s'opposer à cette évidence dont il
a tiré ses principes? Cela, Démocrite aussi le sait bien, lorsqu'il
se livre à la critique des représentations phénoménales en
disant : Convention que la couleur, convention que le
doux, convention que l'amer; en réalité : les atomes et le
vide[2]. Aussi a-t-il fait tenir aux sens les propos suivants, qui
s'adressent à l'entendement : « Misérable raison, c'est de
nous que tu tires les éléments de ta croyance, et tu prétends nous réfuter! Tu te terrasses toi-même en préten-
dant nous réfuter[3]. » (*De la médecine empirique*, fgm., éd.
H. Schöne, 1259, 8.)

CXXVI

Galien.

[Sur la pulsation et la palpitation vermiculaire]. Ces deux
termes ont une origine commune : la pulsation désigne le gonflement périodique de l'artère à la manière d'ondes successives qui
se soulèvent; et le terme de palpitation vermiculaire s'explique
par le fait que la pulsation imite l'allure ondulante de la démarche
du ver — comme le dit quelque part Démocrite aussi à propos
des animaux de cette sorte   toutes ⟨les chenilles⟩ qui progressent en ondulant.   (*De la différence entre les pouls*, I, 25.)

Aristote.

Les papillons appelés « pilons » et la chenille arpen-
teuse naissent d'autres insectes également chenillés qui se

déplacent en ondulant et progressent en soulevant leur partie postérieure par une cambrure du corps.   (*Histoire des animaux*, V, XIX, 551 *b* 6.)

CXXVII

Hérodien.

Et Démocrite :   La masturbation procure une jouissance comparable à l'amour.   (*Prosodie générale*, cité par Eustathe, *Commentaire sur l'Odyssée*, XIV, 428, p. 1766.)

CXXVIII

Hérodien.

On ne peut pas trouver de terme en ων, en ην, en αν, en εν, en ιν, ou en υν, n'ayant qu'une seule forme [d'accusatif] pour tous les genres. Le neutre ἰθύτρην ⟨singulier neutre = *troué droit*⟩ chez Démocrite contrevient à la règle. (*Prosodie générale*, cité par Théognostos, *Canons*, p. 79.)

CXXIX

[Dictionnaire.]

Démocrite :   Les choses divines sont conçues par la raison [humaine][1].   (*Etymologicum genuinum*, « Sont conçus ».)

CXXIX *a*

Hérodien.

Chez Démocrite :   Ils [ou elles] ont été inclinés, se trouvent actuellement penchés[2]. (*Divisions homériques*, 396, 11.)

CXXX

Hésychios.

Ἀμφιδήτιοι (*bracelets*) : au sens d'anneaux creux, chez Démocrite. (*Lexique.*)

CXXXI

Hésychios.

Ἀπάτητον *(non frayé)* : disposé d'une manière irrégulière, chez Démocrite. (*Lexique.*)

CXXXII

Hésychios.

Ἀσκαληρές *(équilatéral)* : aux côtés égaux, chez Démocrite. (*Lexique.*)

CXXXIII

Hésychios.

Βροχμώδης *(moite)* : humide et tendre. Démocrite. (*Lexique.*)

CXXXIV

Hésychios.

Βρόχος *(nœud coulant)* : nœud chez Démocrite ; nœud coulant, lien[1]. (*Lexique.*)

CXXXV

Hésychios.

Δεξαμεναί *(vaisseaux)* : récipients pour l'eau, et, dans le corps, veines. De Démocrite. (*Lexique.*)

CXXXVI

Hésychios.

Δυοχοῖ *(recouvre)* : couvre d'une écaille, chez Démocrite. (*Lexique.*)

CXXXVII

Hésychios.

Συγγονή *(composition)* : combinaison. Démocrite. (*Lexique.*)

CXXXVIII

Hésychios.

Ἀμειψικοσμίη (*ordre alterné*) : changement de disposition. (*Lexique.*)

CXXXIX

Hésychios.

Ἀμειψιρυσμεῖν (*alterner les rythmes*) : changer ⟨en ce qui concerne⟩ le mélange, ou changer de forme[1]. (*Lexique.*)

CXXXIX *a*

Hésychios.

Ἀμειψίχρ⟨ο⟩ον (*aux couleurs alternées*) : qui change de couleur. (*Lexique.*)

CXL

Hésychios.

Εὐεστώ (*bien-être*) : bonheur, dérivé de εὖ ἑστάναι (se trouver bien chez soi). (*Lexique.*)

CXLI

Hésychios.

Ἰδέα (*idée*) : ressemblance, forme, espèce ; c'est aussi l'élément matériel le plus petit[2]. (*Lexique.*)

CXLII

Olympiodore.

Pourquoi chez Socrate une si grande piété à l'égard des noms des dieux[3] ? Est-ce parce que jadis on a consacré les noms appropriés aux divers objets et qu'il est absurde de soumettre au changement des choses immobiles, ou est-ce parce que leurs noms leur sont appropriés par nature, comme il est dit dans le

Cratyle, ou bien encore parce que leurs noms sont des représentations vocales des dieux, comme dit Démocrite[1] ? (*Commentaire sur le Philèbe de Platon,* éd. Stallbaum, p. 242.)

Hiéroclès.

Le nom de Zeus est le symbole et l'image vocale de la réalité démiurgique, étant donné que ceux qui ont assigné les noms aux choses ont, dans leur extrême sagesse, rendu manifestes, tels les plus grands sculpteurs ⟨dans leurs statues⟩, les propriétés des choses, en se servant des noms comme d'images. (*Commentaire sur les Vers dorés de Pythagore,* 25.)

CXLIII

Philodème.

Souvent, c'est à nos amis et autres proches que notre colère vaut de nombreux malheurs ; mais il arrive qu'elle soit cause de malheur aussi pour les patries comme pour les royautés, et cela non seulement autrefois lorsque le fameux courroux ⟨d'Achille⟩ apporta aux Achéens d'innombrables maux, mais aujourd'hui encore ; et peu s'en faut que les colères excessives ne s'accompagnent dans tous les domaines[2], comme le dit Démocrite, de tous les maux imaginables. (*De la colère,* colonne 28, 17.)

CXLIV

Philodème.

Démocrite aussi, qui n'est pas seulement un des auteurs anciens qui connaissent le mieux la nature, mais dont la curiosité ne le cède en rien aux archivistes, déclare que la musique est le dernier-né des arts, et la raison qu'il en donne est qu'elle n'est pas le produit de la nécessité, mais qu'elle est désormais du superflu. (*De la musique,* IV, 31, éd. Kemke, p. 108, 29.)

CXLIV *a*

Photius.

Ἀναβήσομαι (*je remonterai*) chez Démocrite : je reprendrai les choses à partir du commencement. (*Lexique.*)

CXLV

Plutarque.

La parole, comme disait Démocrite, est l'ombre de l'acte. (*De l'éducation des enfants*, 14, 9 F.)

CXLVI

Plutarque.

Celui qui se contente de se prouver à soi-même non par mépris des autres, mais pour l'aise et le contentement qu'il en a en sa conscience, étant suffisant témoin et spectateur de choses bien et louablement faites[1], montre que la raison est logée chez lui et y a pris pied et racine, et, comme dit Démocrite, qu' il s'accoutume à prendre plaisir de soi-même. (*Si l'on s'amende [...]*, 10, 81 A.)

CXLVII

Plutarque.

Car il n'y aurait point de propos de prendre soigneusement garde au criailler de corbeaux, ou au caqueter des poules, et au fouiller des pourceaux remuant des ordures et de vieux haillons, comme dit Démocrite, pour en tirer pronostics de vent de pluie, et que nous ne sussions point observer ni prévoir à certains signes une tempête prochaine à sourdre et à naître dedans notre propre corps. (*Préceptes de santé*, 14, 129 A.)

Clément d'Alexandrie.

Ceux qui se roulent dans les flots de la volupté comme des vers de terre dans les mares et les bourbiers, et se nourrissent de jouissances vaines et vides de sens, ceux-là sont des hommes comparables à des porcs : Car, dit-il, les porcs tirent plus grande volupté de la boue que de l'eau pure[2] et se vautrent dans la fange, selon Démocrite. (*Protreptique*, 92, 4.)

Pseudo-Théophraste.

On considère généralement comme un signe d'orage de voir les porcs se quereller et patauger dans la fange. (*Des signes météorologiques*, 49.)

Aratos.

Les porcs se vautrent dans la fange. (*Phénomènes*, v. 1123.)

CXLVIII

Plutarque.

Mais après que la matrice a retenu la semence qui y a pris racine, alors elle se resserre, pour ce que le nombril, ainsi que dit Démocrite, est comme une ancre et un câble au fruit conçu, qui l'arrête ferme, et le garde de vaguer par la matrice de la mère ; alors Nature bouche et étoupe les canaux et vaisseaux des purgations menstruales, etc. (*De l'amour envers les enfants*, 3, 495 E.)

CXLIX

Plutarque.

Disons donc aussi en nous-mêmes : ô homme, ton corps produit bien plusieurs maladies et plusieurs passions par nature de soi-même, mais si tu ouvres le dedans de toi tu y trouveras un amas et une conserve, comme dit Démocrite, de plusieurs biens divers et différents maux, lesquels n'y sont point coulés de dehors, mais y ont leurs sources originaires saillantes de la même terre, que le vice, qui est abondant et riche de passions, pousse en avant. (*Quelles passions sont les pires, celles de l'âme ou du corps*, 2, 500 D.)

CL

Plutarque.

Les questions faciles et légères exercent les esprits commodément et utilement, mais il se faut abstenir et garder de disputes enveloppées, qui étreignent comme courroies, ainsi que parle Démocrite[1]. (*Propos de table*, I, 1, 5, 614 D-E.)

CLI

Plutarque.

Or en un poisson que l'on mange en commun, comme disait Démocrite, il n'y a point d'arêtes. (*Propos de table*, II, x, 2, 643 F.)

CLII

Plutarque.

[Je me mis à dire premièrement] que le feu de la foudre était merveilleusement délié et subtil, comme celui qui prenait son origine et naissance de la plus pure, plus nette et plus sainte

essence, et où, encore qu'il y eût quelque humidité ou terres-
tréité mêlée parmi, la célérité de son mouvement l'en jetterait
dehors et l'en purgerait. Ce qui ne peut arrêter le feu
céleste, se disait Démocrite, n'est jamais foudroyé[1].
(*Propos de table*, IV, ɪɪ, 4, 665 ꜰ.)

CLII *a*

Plutarque.

(*Propos de table*, VIII, x, 2[2].)

CLIII

Plutarque.

Le sage homme d'État et de gouvernement ne doit point
mépriser le vrai honneur, qui gît en la bénévolence et bonne
affection de ceux qui ont souvenance des services et biens qu'ils
ont reçus : ni ne doit point mépriser la gloire, fuyant le plaire
à ses prochains, ainsi que voulait Démocrite. (*Instruction pour
ceux [...] affaire d'État*, 28, 821 ᴀ.)

Philodème.

Il est mieux vu pour les particuliers d'obtenir des faveurs sans
recourir à une telle obséquiosité. De fait, Nicasicratès qui loue
Démocrite d'avoir blâmé comme nuisible l'usage de l'obséquiosité quand on veut plaire à ses proches, s'accorde, je ne sais
comment, avec les épicuriens. (*De la flatterie*, Papyrus d'Herculanum 1457, colonne 10, éd. Crönert.)

CLIV

Plutarque.

Mais à l'aventure mériterons-nous d'être moqués, louant ainsi
hautement les bêtes, de ce qu'elles sont dociles à apprendre, vu
que Démocrite montre et prouve que nous avons nous-
mêmes été leurs apprentis et disciples dans les choses
principales dont nous avons affaire : comme de l'araignée[3] en la tissure et couture, de l'hirondelle en l'architecture, du cygne et du rossignol en la musique, l'ayant
apprise à les imiter. (*Quels animaux sont les plus avisés*, 20,
974 ᴀ.)

CLV

Plutarque.

Davantage vois un peu comment [Chrysippe] répond à Démocrite qui doutait fort naturellement ⟨selon une méthode empirique et non géométrique⟩ et vivement, si un cône venait à être
coupé parallèlement à sa base, que faudrait-il juger touchant les
superficies des sections, si elles seront égales ou inégales ? Car si
elles sont inégales, elles feront donc que la pyramide ronde
prendra plusieurs engravures profondes et raboteuses : et si elles
sont égales, les sections seront aussi égales, et se trouvera que le
cône fera pareil effet que le cylindre, comme s'il était composé de
cercles égaux, et non pas inégaux, ce qui est fort absurde[1]. (*Des
notions communes*, 39, 1079 E.)

CLV *a*

Aristote.

Pour Démocrite, la sphère aussi, en tant qu'elle est une
sorte d'angle, coupe, à cause de sa mobilité. (*Traité du ciel*,
III, VIII, 307 *a* 17.)

Simplicius.

Mais il est possible [...] que l'entièrement sphérique soit un
angle, car si l'incurvé est un angle, la sphère étant entièrement
incurvée, on peut dire avec vraisemblance qu'elle est tout entière
un angle[2]. (*Commentaire sur le Traité du ciel d'Aristote*, 662, 10.)

Archimède.

C'est pourquoi, concernant ces théorèmes dont Eudoxe a le
premier trouvé la démonstration et qui, à propos du cône et de la
pyramide, disent que le cône est le tiers du cylindre et la pyramide le tiers du prisme s'ils ont la même base et une hauteur
égale, il conviendrait de reconnaître la part non négligeable prise
par Démocrite à cette découverte, puisqu'il est le premier à
avoir, quoique sans démonstration, parlé de ladite figure.
(*Méthode*, éd. Heiberg, II, 430, 1-9.)

CLVI

Plutarque.

Et Colotès reprend en lui premièrement que, supposant que chaque chose ne soit point plutôt telle que telle[1], il confond par là toute la vie humaine. Mais il s'en faut tant que Démocrite ait eu cette opinion ⟨que nulle chose ne soit plutôt telle que telle⟩ qu'il en combattit à l'encontre du sophiste Protagoras qui l'avait dit, et écrivit plusieurs bons arguments concluants à l'encontre ; lesquels ce beau Colotès ne vit ni ne lut jamais, même pas en songe : mais c'est abuser à faute d'entendre un passage qui est en ses œuvres, là où il détermine que *Den* [l'étant] n'est pas plus que *Mèden* [le néant[2]], nommant en ce lieu-là *Den* le corps, et *Mèden* le vide, voulant entendre que le vide avait sa propre nature et subsistance aussi bien que le corps (*Contre Colotès*, 4, 1108 F.)

CLVII

Plutarque.

C'est à faire à ceux qui ont vécu en gens d'État et d'honneur, et en bon ménagiers : à reprendre de cela tels comme sont ceux que Colotès en son livre a injuriés. Entre lesquels Démocrite admoneste par ses écrits d'apprendre la science militaire[3], comme la plus grande de toutes, et s'accoutumer à supporter les travaux d'icelle, dont les grands biens et grands honneurs viennent aux hommes. (*Contre Colotès*, 32, 1126 A.)

[...] les charges publiques, le maniement des affaires et le hanter auprès des grands, de là où Démocrite disait que tout bien était venu en la vie des hommes. (*Qu'on ne saurait vivre joyeusement selon Épicure*, 19, 1100 C.)

CLVIII

Plutarque.

⟨Chaque jour⟩ le Soleil ⟨mêlant ensemble les actions et les pensées des hommes avec sa lumière⟩, il les réveille et excite ⟨leurs pensées⟩, comme dit Démocrite : au point du jour les hommes courant comme dedans un chariot, du désir de s'entre rencontrer vitement, l'un deçà, l'autre delà, se lèvent pour vaquer à leurs affaires. (*Vivre caché*, 5, 1129 E.)

CLIX

Plutarque.

Ancien est, semble-t-il, le procès intenté par le corps à l'encontre de l'âme touchant les passions dont il souffre. Et Démocrite requérant contre l'âme, l'accuse ainsi de nos malheurs : si le corps intentait à l'âme un procès pour tous les malheurs et les souffrances qu'il subit au cours de la vie et si lui, Démocrite, avait à rendre la sentence, il aurait plaisir à infliger à l'âme une condamnation. C'est elle en effet qui a détruit le corps par ses négligences, qui l'a rendu dissolu par ses ivresses, qui l'a corrompu et déchiré par les plaisirs, de même que l'on rend responsable du mauvais état de l'outil ou de l'ustensile son utilisateur imprudent.   (*De la passion et de la maladie*, fgm. 2.)

Plutarque.

Une bonne partie des hommes qui se tourmentent pour néant, pour choses qui ne sont ni bonnes ni honnêtes, mais pour faire honte à quelqu'un par envie qu'il lui porte ou par opiniâtreté ou par quelques vaines et folles opinions qu'ils poursuivent : car je pense que c'est à telles gens principalement que Démocrite disait que, si le corps mettait l'âme en procès et l'appelait en justice, en matière de réparation de dommage, jamais elle ne se sauverait qu'elle ne fût condamnée en amende. (*Préceptes de santé*, 24, 135 E.)

CLX

Porphyre.

Car la vie vicieuse, sans raison, sans tempérance et sans piété, Démocrite disait d'elle non qu'elle est vicieuse vie, mais une mort qui dure longtemps.   (*De l'abstinence*, IV, 21.)

CLXI

[Scolie.]

On croyait autrefois que les sorcières décrochaient la Lune et le Soleil. C'est pourquoi, jusqu'à l'époque de Démocrite, de nombreux auteurs appelaient décrochements les éclipses. (À Apollonius de Rhodes, *Argonautiques*, III, v. 533.)

CLXII

[Scolie.]

Démocrite appelle   pierre qui roule   la figure cylindrique[1].
(À l'*Iliade*, XIII, v. 137.)

CLXIII

Sextus Empiricus.

Xéniade de Corinthe, que mentionne aussi Démocrite. (*Contre les mathématiciens*, VII, 53.)

CLXIV

Sextus Empiricus.

116. D'après une thèse fort ancienne, les semblables connaissent les semblables [...]. 117. Or, Démocrite fonde son argument sur les êtres animés comme sur les inanimés. Car, justement, dit-il, les animaux se rassemblent avec des animaux de même espèce, comme les colombes avec les colombes, les grues avec les grues, et il en va de même des autres animaux dépourvus de raison. Ainsi en va-t-il aussi des êtres inanimés, comme on le voit dans le cas des graines passées au crible et des galets le long des plages : dans le premier cas, en effet, c'est le mouvement de giration du crible qui opère la dissociation et range les lentilles avec les lentilles, les grains d'orge avec les grains d'orge et les grains de blé avec les grains de blé; dans le second, c'est le mouvement de la vague qui pousse les galets oblongs au même endroit que les galets oblongs, et les galets ronds au même endroit que les galets ronds, tout se passant comme si la ressemblance qui se trouve dans les choses comportait un principe de leur rassemblement. Tel est l'argument de Démocrite. (*Contre les mathématiciens*, VII, 116-117.)

CLXV

Sextus Empiricus.

Démocrite, qui se comparait à la voix de Zeus, et tenait ce propos sur toutes choses, a bien essayé de définir le concept [d'homme], mais n'est parvenu qu'à en proposer une approche triviale, en disant :   L'homme est ce que nous connaissons tous.   (*Contre les mathématiciens*, VII, 265.)

Cicéron.

Que dirais-je de Démocrite ? Qui pouvons-nous lui comparer en ce qui concerne non seulement l'ampleur du talent, mais encore la grandeur de l'âme ? Lui qui eut l'audace de commencer par ces mots :   Voici ce que je dis de toutes les choses.   Il n'est rien dont il ne traite, car que pourrait-il exister en dehors de toutes les choses ? [...] En outre il ne tient pas le même propos que nous, qui ne nions pas que quelque chose de vrai existe, quoique nous niions que ce quelque chose puisse être perçu ; Démocrite nie qu'il puisse exister quelque chose de vrai, tout en disant que les sens sont non pas sujets à obscurité, mais   plongés dans l'obscurité[1]   : c'est en effet le nom qu'il leur donne. (*Premiers académiques*, II, XXIII, 73.)

Aristote.

Si la figure et la couleur constituent l'essence de chacun des animaux et de leurs parties, Démocrite alors a raison, car telle est à l'évidence sa conception. De fait, dit-il, chacun constate évidemment quelle est la forme propre à l'homme, puisque l'homme est reconnaissable par sa figure et sa couleur. Néanmoins, l'homme mort lui aussi a la même forme et la même figure que l'homme vivant, et cependant il n'est plus homme. (*Parties des animaux*, I, 1, 640 *b* 29.)

Sextus Empiricus.

L'homme est cette sorte de forme accompagnée de l'animation.
Voici ce que je dis touchant toutes choses : l'homme est ce que nous connaissons tous.   (Épicure, fgm. 310, éd. Usener ; *Contre les mathématiciens*, VII, 267.)

CLXVI

Sextus Empiricus.

D'après Démocrite,   certaines images parviennent jusqu'aux hommes,   tantôt bénéfiques, tantôt maléfiques. D'où sa prière   d'avoir des images propices.   Ces images sont grandes, démesurées ; difficilement destructibles quoique périssables ; elles prophétisent l'avenir aux hommes par émission de visions et de voix. C'est pour avoir perçu une telle représentation que les Anciens supposèrent l'existence de Dieu, Dieu dont la nature est impérissable, mais qui n'a aucune existence en dehors de ces images[1]. (*Contre les mathématiciens*, IX, 19.)

CLXVII

Simplicius.

Un tourbillon de toutes sortes d'idées s'est séparé de l'univers.   (*Commentaire sur la Physique d'Aristote*, 327, 24.)

CLXVIII

Simplicius.

Car les atomistes appelaient les corps primordiaux nature [...]. En effet, disaient-ils, ils rebondissent à l'entour. (*Commentaire sur la Physique d'Aristote*, 1318, 34.)

CLXIX

Stobée.

De Démocrite : Ne prétends pas connaître toutes choses, tu deviendrais ignorant de toutes choses.   (*Choix de textes*, II, 1, 12.)

(*Ibid.*, II, IV, 12[2].)

CLXX

Stobée.

Le bonheur est, comme le malheur, le propre de l'âme. (*Choix de textes*, II, VII, 3 *i*.)

CLXXI

Stobée.

Le bonheur ne réside ni dans les troupeaux ni non plus dans l'or. C'est l'âme qui est la demeure du démon[3]. (*Choix de textes*, II, VII, 3 *i*.)

CLXXII

Stobée.

De Démocrite :   Des choses dont nous viennent les biens, de ces mêmes choses peuvent aussi nous venir les maux ;

mais nous voudrions bien échapper à ces maux. Par exemple : l'eau profonde est très utile ; mais elle est également un mal, car nous courons le risque de nous y noyer. Aussi avons-nous inventé une solution artificielle qui consiste à apprendre à nager. (*Choix de textes*, II, ix, 1.)

CLXXIII

Stobée.

Du même : Pour les hommes les maux naissent des biens, quand on ne sait ni tenir les rênes, ni bien conduire. Cependant il n'est pas juste de les ranger au nombre des maux, c'est au contraire pour des biens qu'il faut les tenir, et il est encore possible d'user des biens en vue de fins mauvaises[1], puisque nous sommes libres de le vouloir. (*Choix de textes*, II, ix, 2.)

CLXXIV

Stobée.

L'heureux homme, naturellement porté à accomplir des actions justes et légales, est jour et nuit réjoui, sûr de lui et sans souci. Mais celui qui ne tient pas compte de la justice et n'accomplit pas ses devoirs, trouve en toutes choses sujet de s'affliger lorsqu'il y repense : il connaît la crainte et se blâme lui-même. (*Choix de textes*, II, ix, 3.)

CLXXV

Stobée.

Les dieux accordent aux hommes tous les biens, à présent comme autrefois, et toutes les choses qui sont mauvaises, nuisibles et non bénéfiques, ils renoncent aujourd'hui comme autrefois, à les donner aux hommes. Mais ce sont eux qui d'eux-mêmes se précipitent sur elles par aveuglement de l'intellect et par ignorance. (*Choix de textes*, II, ix, 4.)

CLXXVI

Stobée.

La fortune est prodigue de dons, mais inconstante. Au contraire la nature se suffit à elle-même. C'est pourquoi celle-ci l'emporte par ses dons moindres, mais assurés, sur les dons plus grands qu'on peut espérer ⟨de la fortune⟩. (*Choix de textes*, II, IX, 5.)

Nombreux sont ceux [...][1]. (*Ibid.*, II, XV, 33.)

C'est dans les actes et dans la conduite [...][2]. (*Ibid.*, II, XV, 36.)

CLXXVII

Stobée.

De Démocrite : Nulle bonne raison ne peut effacer une action indigne, pas plus qu'un acte valeureux ne peut être souillé par un discours calomnieux. (*Choix de textes*, II, XV, 40.)

CLXXVIII

Stobée.

De Démocrite[a] : La pire des choses que l'on puisse apprendre à la jeunesse est la frivolité ; car c'est elle qui engendre les plaisirs qui donnent naissance au vice. (*Choix de textes*, II, XXXI, 56.)

CLXXIX

Stobée.

Du même : Si nous permettons aux enfants de ne pas s'extérioriser en se donnant du mal, ils n'apprendront ni la lecture et l'écriture, ni la musique, ni la compétition sportive, ni ce qui par-dessus tout renferme la vertu, à savoir le respect. Car c'est bien de tout cela surtout que naît le respect. (*Choix de textes*, II, XXXI, 57.)

Stobée.

Du même : La culture est l'ornement des gens heureux et le refuge des malheureux. (*Choix de textes*, II, xxxi, 58.)

Stobée.

Du même : Meilleur guide en matière de vertu apparaît celui qui use de l'encouragement et de la persuasion verbale, plutôt que de la contrainte de la loi. Car celui que seule la convention[1] détourne de l'injustice, selon toute probabilité agit mal en cachette, alors que celui que la persuasion conduit vers le devoir ne commet, selon toute probabilité, rien de répréhensible, ni en cachette ni ouvertement. C'est pourquoi l'homme aux actions droites qui agit en conscience et connaissance de cause devient pleinement homme et fait en même temps preuve de rectitude. (*Choix de textes*, II, xxxi, 59.)

(*Ibid.*, II, xxxi, 65[2].)

Stobée.

Du même : Ce n'est que grâce à l'effort que l'étude conquiert les belles choses, mais les choses laides se récoltent d'elles-mêmes et sans effort. Car souvent elles empêchent d'être ainsi l'homme qui n'exerce pas sa volonté [...][3]. (*Choix de textes*, II, xxxi, 66.)

(*Ibid.*, II, xxxi, 71[4].)

Stobée.

Du même : Il y a, en un sens, de la réflexion chez les jeunes gens, et de l'irréflexion chez les vieillards : ce n'est pas le temps qui apprend à être raisonnable, mais bien une éducation précoce jointe à la nature. (*Choix de textes*, II, xxxi, 72.)

(*Ibid.*, II, xxxi, 73[5].)

CLXXXIV

Stobée.

De Démocrite : La fréquentation continue des méchants augmente notre disposition au vice. (*Choix de textes*, II, XXXI, 90.

CLXXXV

Stobée.

De Démocrite : Les espérances des natures bien éduquées valent mieux que l'argent des ignorants. (*Choix de textes*, II, XXXI, 94.)

CLXXXVI

Stobée.

De Démocrite : La communauté de pensée crée la sympathie[1]. (*Choix de textes*, II, XXXIII, 9.)

CLXXXVII

Stobée.

De Démocrite : Il convient aux hommes de faire meilleur cas de l'âme que de son enveloppe. Car la perfection de l'âme corrige la faiblesse de l'enveloppe, alors que la force de l'enveloppe privée d'intelligence ne rend aucunement l'âme meilleure. (*Florilège*, III, 1, 27.)

(*Florilège*, III, 1, 45[2].)

CLXXXVIII

Stobée.

Le contentement et la gêne définissent l'utile et le nuisible. (*Florilège*, III, 1, 46.)

CLXXXIX

Stobée.

Le mieux pour l'homme est de passer sa vie de la façon la plus heureuse possible et la moins morose. Il faut pour y parvenir ne pas faire résider les plaisirs dans les choses mortelles. (*Florilège*, III, 1, 47.)

CXC

Stobée.

De Démocrite : Il faut éviter ne serait-ce que de parler des actions mauvaises. (*Florilège*, III, 1, 91.)
(*Ibid.*, III, 1, 95[1].)

CXCI

Stobée.

De Démocrite : Car, pour les hommes, l'heureuse disposition de l'âme naît de la modération du plaisir et de la mesure de la vie. Les manques et les excès vont fréquemment en empirant et produisent en l'âme de grands bouleversements : les âmes que ces passages d'un extrême à l'autre ébranlent ne sont ni stables ni heureuses. Donc, il faut appliquer sa réflexion au possible et se contenter de ce qu'on a, ne faire que peu de cas de ce qu'on désire et admire, et ne pas y arrêter sa réflexion. Il suffit de contempler la vie des malheureux et de considérer l'étendue de ce qu'ils endurent, pour que ce que tu as et dont tu disposes t'apparaisse relevé et enviable, et pour que tu n'aies plus à souffrir en ton âme à force de désirer toujours plus. Celui qui bée d'admiration devant les riches propriétaires que les autres hommes tiennent pour bienheureux, et en est obsédé constamment, connaît la nécessité d'imaginer sans cesse de nouveaux expédients et de se lancer, pour répondre à ses désirs, dans des affaires louches que les lois interdisent. C'est pourquoi il ne faut pas désirer ce qu'on n'a pas, mais s'accommoder de ce qu'on a, en comparant son sort à celui des malheureux, et en se jugeant bienheureux à la pensée de leurs maux, en comparaison desquels tes actions et ta vie sont d'autant meilleures. Si tu t'en tiens à ces réflexions, tu vivras plus heureusement, et ta vie sera à l'abri de bien des tracas que font naître l'envie, la jalousie et le ressentiment[2]. (*Florilège*, III, 1, 210.)

CXCII

Stobée.

De Démocrite : Il est aisé de louer et de critiquer ce qu'il ne faut pas faire ; mais l'un et l'autre sont le fait d'un méchant caractère. (*Florilège*, III, ɪɪ, 36.)

CXCIII

Stobée.

De Démocrite : La tâche de la raison est de nous garder de l'injustice qui nous menace ; celle de l'indifférence à la douleur est de nous garder de nous venger de celle dont nous sommes victimes. (*Florilège*, III, ɪɪɪ, 43.)

CXCIV

Stobée.

De Démocrite : Les grandes joies proviennent du spectacle des actions honnêtes [ou des chefs-d'œuvre[1]?] (*Florilège*, III, ɪɪɪ, 46.)

CXCV

Stobée.

De Démocrite : [...] portraits admirables à contempler par leurs atours et leurs ornements, mais qui ont un vide à la place du cœur. (*Florilège*, III, ɪv, 69.)

CXCVI

Stobée.

L'oubli de nos propres maux engendre la témérité[2]. (*Florilège*, III, ɪv, 70.)

CXCVII

Stobée.

Les esprits insensés sont réglés[3] par les gains de fortune, mais les hommes d'expérience le sont par ceux de la sagesse. (*Florilège*, III, ɪv, 71.)

CXCVIII

Stobée.

L'animal qui éprouve un besoin sait ⟨exactement⟩ de quoi il a besoin, l'homme qui éprouve un besoin ne le sait pas. (*Florilège*, III, ɪv, 72.)

CXCIX

Stobée.

Les insensés, qui prétendent détester la vie, n'en veulent pas moins vivre par crainte de l'Hadès. (*Florilège*, III, ɪv, 73.)

CC

Stobée.

Les insensés vivent sans jouir de ce qu'offre la vie. (*Florilège*, III, ɪv, 74.)

CCI

Stobée.

Les insensés désirent vivre une longue vie sans savoir se réjouir de cette longue vie. (*Florilège*, III, ɪv, 75.)

CCII

Stobée.

Les insensés désirent ce qu'ils n'ont pas, mais négligent ce qu'ils ont sous la main et qui est plus profitable que ce qu'ils ont laissé passer. (*Florilège*, III, ɪv, 76.)

CCIII

Stobée.

En fuyant la mort, les hommes se lancent à sa poursuite. (*Florilège*, III, ɪv, 77.)

CCIV

Stobée.

De toute leur vie, les insensés ne connaissent nul plaisir[1].   (*Florilège*, III, IV, 78.)

CCV

Stobée.

Les insensés désirent vivre, quand ils sont vieux, par crainte de la mort[2].   (*Florilège*, III, IV, 79.)

CCVI

Stobée.

Les insensés, parce qu'ils craignent la mort, veulent vivre vieux.   (*Florilège*, III, IV, 80.)
(*Ibid.*, III, IV, 81[3] et III, IV, 82[4].)

CCVII

Stobée.

De Démocrite :   Il faut rechercher non pas tout plaisir, mais celui qui vise le beau.   (*Florilège*, III, V, 22.)
(*Ibid.*, III, V, 23[5].)

CCVIII

Stobée.

La maîtrise de soi est le meilleur exemple qu'un père puisse donner à ses enfants.   (*Florilège*, III, V, 24.)

CCIX

Stobée.

De Démocrite :   Celui qui suffit à ses besoins en nourriture ne trouve jamais la nuit courte[6].   (*Florilège*, III, V, 25.)

CCX

Stobée.

De Démocrite :   Si la fortune peut dresser un abondant couvert, la tempérance dresse, elle, un couvert suffisant. (*Florilège*, III, v, 26.)

CCXI

Stobée.

De Démocrite :   La tempérance multiplie les plaisirs et accroît encore la volupté.   (*Florilège*, III, v, 27.)
  (*Ibid.*, III, vi, 26[1].)

CCXII

Stobée.

De Démocrite :   Dormir pendant la journée est symptôme de trouble du corps, de tourment de l'âme, de paresse ou de défaut d'éducation.   (*Florilège*, III, vi, 27.)
  (*Ibid.*, III, vi, 28[2] et IV, vi, 59-60[3].)

CCXIII

Stobée.

De Démocrite :   Le courage minimise les coups du sort. (*Florilège*, III, vii, 21.)

CCXIV

Stobée.

De Démocrite :   Le courageux n'est pas seulement celui qui l'emporte sur les ennemis, mais celui qui l'emporte sur les plaisirs. Certains règnent en maîtres sur des cités, mais sont dans l'esclavage des femmes.   (*Florilège*, III, vii, 25.)

CCXV

Stobée.

De Démocrite :   La gloire que confère la justice est la fermeté du jugement et la sérénité, mais la crainte de l'injustice est le comble du malheur[4]. (*Florilège*, III, vii, 31.)

CCXVI

Stobée.

De Démocrite : La sagesse sereine est digne de tout [parce qu'elle est la plus honorable]. (*Florilège*, III, vII, 74.)
(*Ibid.*, III, IX, 29¹.)

CCXVII

Stobée.

De Démocrite : Seuls sont aimés des dieux ceux qui haïssent l'injustice. (*Florilège*, III, IX, 30.)

CCXVIII

Stobée.

De Démocrite : La richesse acquise au prix d'une activité immorale rend plus manifeste l'opprobre. (*Florilège*, III, x, 36.)
(*Ibid.*, III, x, 42².)

CCXIX

Stobée.

Du même : Le désir des richesses, s'il n'est pas contenu dans les limites de la satiété, est bien plus insupportable que l'extrême pauvreté; car plus grands sont les désirs, plus grands sont les besoins. (*Florilège*, III, x, 43.)

CCXX

Stobée.

De Démocrite : Gain malhonnête est perte de vertu. (*Florilège*, III, x, 44.)

CCXXI

Stobée.

De Démocrite : L'espérance d'un gain malhonnête est le commencement d'une perte. (*Florilège*, III, x, 58.)

CCXXII

Stobée.

De Démocrite : Accumuler trop de richesses pour ses enfants est une excuse qui dénonce le caractère propre de l'avarice. (*Florilège*, III, x, 64.)

CCXXIII

Stobée.

Du même : Tout ce dont l'enveloppe charnelle a besoin est à portée de la main de tous, sans peine ni souffrance : mais ce qui exige peine et souffrance et rend la vie douloureuse est l'objet de convoitise, non de la chair, mais d'une conscience sans but. (*Florilège*, III, x, 65.)

CCXXIV

Stobée.

De Démocrite : Désirer davantage que ce que l'on a, c'est lâcher la proie pour l'ombre, comme dans le cas du chien d'Ésope[1]. (*Florilège*, III, x, 68.)

CCXXV

Stobée.

De Démocrite : Il faut dire la vérité et ne pas trop parler. (*Florilège*, III, xii, 13.)
(*Ibid.*, III, xiii, 46[2].)

CCXXVI

Stobée.

De Démocrite : Le franc-parler[3] est le propre de la liberté, mais le risque gît dans la reconnaissance du moment opportun[4]. (*Florilège*, III, xiii, 47.)
(*Ibid.*, III, xiv, 8[5].)

CCXXVII

Stobée.

De Démocrite : Les gens parcimonieux connaissent le misérable sort des abeilles : ils travaillent comme s'ils allaient vivre toujours. (*Florilège*, III, XVI, 17.)

CCXXVIIII

Stobée.

Du même : Les enfants des gens parcimonieux, grandissant dans l'ignorance, sont comme les jongleurs qui bondissent sur les épées : pour peu qu'ils ⟨n'⟩aient ⟨pas⟩ la chance de poser le pied au seul endroit qui convient, c'en est fait d'eux. Or il est difficile de trouver l'unique bon endroit car il n'y a de place que juste pour les pieds. Ainsi en est-il aussi de ces enfants : pour peu qu'ils faillissent à l'exemple familial d'épargne et de parcimonie, les voilà conduits à la ruine[1]. (*Florilège*, III, XVI, 18.)

CCXXIX

Stobée.

Du même : La parcimonie et la faim sont bénéfiques, la dépense opportune aussi : c'est le propre de l'homme de valeur de reconnaître ⟨le moment opportun⟩. (*Florilège*, III, XVI, 19.)

CCXXX

Stobée.

De Démocrite : Une vie sans fêtes est une longue route sans auberges. (*Florilège*, III, XVI, 22.)

CCXXXI

Stobée.

De Démocrite : L'homme raisonnable est celui qui ne s'afflige pas de ce qu'il n'a pas, mais se réjouit de ce qu'il a. (*Florilège*, III, XVII, 25.)

CCXXXII

Stobée.

De Démocrite :   Les plaisirs les plus rares sont les plus délicieux.   (*Florilège*, III, xvii, 37.)

CCXXXIII

Stobée.

Du même :   Si l'on excède la mesure, les choses les plus délicieuses cessent tout à fait d'être délicieuses.   (*Florilège*, III, xvii, 38.)

CCXXXIV

Stobée.

De Démocrite :   Les hommes demandent aux dieux la santé dans leurs prières; mais ils ne savent pas qu'ils possèdent en eux-mêmes le pouvoir de l'obtenir. Mais ils font tout le contraire par manque de tempérance et livrent eux-mêmes par trahison leur santé aux passions. (*Florilège*, III, xviii, 30.)

CCXXXV

Stobée.

De Démocrite :   Tous ceux qui tirent leurs plaisirs de l'estomac et qui franchissent la limite de l'opportunité en nourriture, en boisson et en amour ne connaissent que des plaisirs fugitifs et temporaires, limités à l'instant où ils mangent et boivent, mais assortis de nombreuses peines. Car le désir se présente sans cesse pour les mêmes choses, et lorsqu'on a obtenu ce qu'on désirait, le plaisir se dissipe aussitôt, et ceux qui en ont joui n'en tirent qu'un bref instant de contentement; après quoi le besoin des mêmes objets se fait sentir de nouveau.   (*Florilège*, III, xviii, 35.)

CCXXXVI

Stobée.

De Démocrite : Il est difficile de combattre son impulsion, mais savoir se dominer est le fait d'un homme raisonnable[1]. (*Florilège*, III, xx, 56.)

CCXXXVII

Stobée.

De Démocrite : Toute rivalité est insensée ; car en travaillant à nuire à son ennemi, on perd de vue son avantage propre. (*Florilège*, III, xx, 62.)

CCXXXVIII

Stobée.

De Démocrite : Car on finit par être victime d'une mauvaise réputation en voulant rivaliser avec plus fort que soi. (*Florilège*, III, xxII, 42.)

CCXXXIX

Stobée.

De Démocrite : Les natures viles ne tiennent pas les serments arrachés sous la contrainte, lorsque le danger a disparu. (*Florilège*, III, xxVIII, 13.)

CCXL

Stobée.

De Démocrite : Les fatigues auxquelles on s'exerce volontairement accoutument à supporter plus légèrement les fatigues involontaires. (*Florilège*, III, xxIX, 63.)

CCXLI

Stobée.

Du même : La fatigue continue s'allège avec l'habitude. (*Florilège*, III, xxIX, 64.)

CCXLII

Stobée.

De Démocrite : Il y a plus de gens qui deviennent valeureux grâce à l'exercice qu'il n'y en a ⟨qui le sont⟩ par nature. (*Florilège*, III, xxix, 66.)

(*Ibid.*, III, xxix, 67[1].)

CCXLIII

Stobée.

De Démocrite : Les fatigues de toutes sortes sont plus agréables que l'oisiveté, lorsque nous touchons au but que nos peines visent à atteindre ou lorsque nous savons que nous y parviendrons. Mais à chaque échec la peine[2] paraît également dure et pénible. (*Florilège*, III, xxix, 88.)

CCXLIV

Stobée.

De Démocrite : Ne dis ni ne fais rien de mal, même si tu es seul. Apprends à rougir bien plutôt devant toi-même que devant les autres[3]. (*Florilège*, III, xxxi, 7.)

(*Ibid.*, III, xxxvi, 24[4]; III, xxxvii, 22[5]; III, xxxvii, 25[6]; III, xxxviii, 46[7] et III, xxxviii, 47[8].)

CCXLV

Stobée.

De Démocrite : Les lois n'interdiraient pas à chacun de vivre selon son penchant, si les gens ne se faisaient pas tort mutuellement. Car c'est l'envie qui est au commencement de la discorde. (*Florilège*, III, xxxviii, 53.)

CCXLVI

Stobée.

De Démocrite : La vie à l'étranger apprend à se suffire à soi-même, car un pain d'orge et un lit de paille sont les plus doux remèdes à la faim et à la fatigue[9]. (*Florilège*, III, xl, 6.)

CCXLVII

Stobée.

Du même : La terre tout entière s'ouvre à l'homme sage, car l'univers entier est la patrie de l'âme de valeur. (*Florilège*, III, XL, 7.)

CCXLVIII

Stobée.

De Démocrite : La loi entend être profitable à la vie des hommes, mais elle ne le peut que s'ils veulent bien s'y soumettre : car à ceux qui lui obéissent elle indique en quoi consiste leur vertu propre. (*Florilège*, IV, 1, 33.)

CCXLIX

Stobée.

Du même : La discorde est néfaste aux deux camps, car pour le vainqueur comme pour le vaincu la ruine est la même. (*Florilège*, IV, 1, 34.)

CCL

Stobée.

De Démocrite : C'est la concorde qui permet d'accomplir de hauts faits, et aux cités de mener à bien les guerres ; sans elle cela est impossible. (*Florilège*, IV, 1, 40.)

CCLI

Stobée.

De Démocrite : La pauvreté en régime démocratique est aussi préférable au prétendu bonheur en régime tyrannique que la liberté l'est à la servitude. (*Florilège*, IV, 1, 42.)

CCLII

Stobée.

Il faut accorder, pour le reſte, la plus grande importance aux queſtions politiques afin que l'adminiſtration ⟨de la cité⟩ soit bonne, et renoncer aux querelles contraires à l'équité, comme à la tentation de s'arroger un pouvoir qui s'oppose à l'intérêt général. Car une cité bien adminiſtrée eſt la meilleure des sauvegardes : c'eſt en cela que tout repose ; son salut conſtitue le salut de tout, et sa ruine la ruine de tout. (*Florilège*, IV, 1, 43.)

CCLIII

Stobée.

Les gens de bien n'ont pas avantage à négliger leurs propres affaires pour s'occuper de celles des autres, car leurs propres affaires iraient mal. Mais si quelqu'un néglige les affaires publiques, on se met à dire du mal de lui, même s'il ne vole personne et ne fait de tort à personne[1]. Mais même si on ⟨ne⟩ néglige ⟨rien⟩ et si on ⟨ne⟩ fait de tort ⟨à personne⟩[2], on court le risque d'avoir mauvaise réputation et même d'en subir préjudice : l'erreur eſt alors inévitable, mais il n'eſt pas facile aux hommes de reconnaître leur erreur. (*Florilège*, IV, 1, 44.)

CCLIV

Stobée.

Les mauvais citoyens qui accèdent aux charges publiques se montrent d'autant plus négligents et remplis d'imprudence et d'audace qu'ils sont plus indignes d'y accéder. (*Florilège*, IV, 1, 45.)

CCLV

Stobée.

Lorsque ceux qui ont les moyens prennent sur eux de venir en aide à ceux qui n'ont rien, de les assiſter et de leur être charitables, alors désormais se manifeſte la pitié ;

l'isolement des citoyens prend fin, c'est la fraternité, la
solidarité mutuelle et la concorde entre eux, et bien
d'autres bienfaits qu'il est impossible de dénombrer.
(*Florilège*, IV, 1, 46.)
   (*Ibid.*, IV, 11, 13.)

CCLVI

Stobée.

   Le droit exige que l'on remplisse ses devoirs, l'injustice
consiste à ne pas remplir ses devoirs et à s'y dérober.
(*Florilège*, IV, 11, 14.)

CCLVII

Stobée.

   Du même : Voici ce qui doit nous déterminer à tuer ou
ne pas tuer les animaux ; on peut à bon droit tuer ceux qui
sont nuisibles et ceux qui s'apprêtent à nuire, et notre
tranquillité requiert davantage qu'on le fasse plutôt que
non.   (*Florilège*, IV, 11, 15.)

CCLVIII

Stobée.

   Il faut tuer par-dessus tout, tous les ⟨animaux ?⟩ qui
nous font du tort et nous nuisent. Ce faisant, on recevra
en partage une meilleure part de bonheur[1], de justice, de
fermeté et de propriété[2] dans toute société bien ordonnée.   (*Florilège*, IV, 11, 16.)

CCLIX

Stobée.

   Ce que j'ai indiqué touchant les bêtes et les serpents qui
nous sont hostiles doit être, à mon avis, appliqué également aux hommes. En toute société bien ordonnée, on
devrait, suivant les lois ancestrales, tuer l'ennemi, à moins
que la loi l'interdise, car chaque pays a ses tabous particuliers, ses traités et ses serments.   (*Florilège*, IV, 11, 17.)

CCLX

Stobée.

Celui qui tue un bandit ou un pirate de sa propre main, par l'ordre qu'il donne, ou par son suffrage, pourra demeurer impuni. (*Florilège*, IV, IV, 18.)

(*Ibid.*, IV, IV, 27[1].)

CCLXI

Stobée.

De Démocrite : On doit tant qu'on le peut venger ceux qui ont subi des torts et ne pas tolérer ces torts. Une telle conduite est juste et bonne, le contraire injuste et mauvais. (*Florilège*, IV, v, 43.)

CCLXII

Stobée.

De Démocrite : Ceux qui méritent l'exil ou la prison, ou s'exposent à des poursuites, doivent être condamnés et non relaxés. Celui qui, à l'encontre de la loi, relaxe en considérant son bénéfice ou son plaisir, celui-là commet une injustice, et le remords doit nécessairement l'accabler. (*Florilège*, IV, v, 44.)

CCLXIII

Stobée.

Du même : Participe pour une très grande part à la justice et à la vertu celui qui distribue les plus grandes récompenses ⟨de façon méritée⟩[2]. (*Florilège*, IV, v, 45.)

CCLXIV

Stobée.

Du même : On ne doit pas manifester davantage de respect devant les autres que devant soi-même, ni davantage mal agir, si cette action doit demeurer ignorée au lieu d'être connue de tous. C'est devant soi-même que l'on doit manifester le plus de respect, et la loi qui s'impose à l'âme est de ne rien faire de malhonnête. (*Florilège*, IV, v, 46.)

CCLXV

Stobée.

Du même : Les hommes se souviennent davantage des fautes commises que des bienfaits. Et cela n'est que justice. De même qu'il ne faut pas louer celui qui restitue un dépôt, alors que celui qui ne le restitue pas doit être blâmé et puni, de même en est-il du magistrat. Car il n'a pas été élu pour mal agir, mais pour rendre des services. (*Florilège*, IV, v, 47.)

CCLXVI

Stobée.

Du même : Il n'y a aucune disposition dans la constitution[1] actuelle ⟨des lois⟩ qui empêche que quelqu'un nuise aux magistrats, quelle que soit pour autant leur compétence. Car il ne convient pas que le magistrat ⟨soit responsable devant un autre⟩ plutôt que devant lui-même [...][2] ni qu'il soit sous la dépendance des autres. Mais il faut que des dispositions aient été prises afin que le magistrat qui ne cause aucune injustice quand il exerce un contrôle rigoureux sur ceux qui en ont commises, ne soit pas exposé à la vengeance de ces derniers et soit au contraire protégé par un décret ou bien de quelque autre façon, lorsqu'il applique le droit. (*Florilège*, IV, v, 48.)

CCLXVII

Stobée.

De Démocrite : La nature veut que le commandement soit le propre du plus fort[3]. (*Florilège*, IV, vi, 19.)

CCLXVIII

Stobée.

De Démocrite : La peur produit la flatterie, mais la bienveillance n'est pas son fait. (*Florilège*, IV, vii, 13.)

CCLXIX

Stobée.

De Démocrite : L'audace est le commencement de l'action, mais c'est la fortune qui est maîtresse de son achèvement.　(*Florilège*, IV, x, 28.)

CCLXX

Stobée.

De Démocrite : Use de tes serviteurs comme des membres de ton enveloppe corporelle : que chacun remplisse sa fonction propre.　(*Florilège*, IV, xix, 45.)

CCLXXI

Stobée.

De Démocrite : L'amour lave de tout reproche l'acte amoureux[1].　(*Florilège*, IV, xx, 33.)

CCLXXII

Stobée.

De Démocrite : Démocrite disait que celui qui a la chance de trouver un bon gendre y gagne un fils, mais que celui qui n'a pas cette chance y perd encore une fille. (*Florilège*, IV, xxii, 108.)

CCLXXIII

Stobée.

De Démocrite : La femme est bien plus que l'homme portée à la malice.　(*Florilège*, IV, xxii, 199.)

CCLXXIV

Stobée.

De Démocrite : Parler peu est pour la femme une parure; de plus, une parure discrète est chose honnête. (*Florilège*, IV, xxiii, 38.)

(*Ibid.*, IV, xxiii, 39[2].)

CCLXXV

Stobée.

De Démocrite : Élever des enfants eſt chose difficile : réussir en la matière implique bien des combats et des soucis, y échouer apporte un chagrin sans égal. (*Florilège*, IV, XXIV, 29.)

CCLXXVI

Stobée.

De Démocrite : À mon avis, il ne faut pas avoir d'enfants, car j'observe dans le fait d'avoir des enfants beaucoup de risques considérables et beaucoup de soucis, pour un rendement faible, et sans consiſtance ni valeur[1]. (*Florilège*, IV, XXIV, 31.)

CCLXXVII

Stobée.

Du même : Qui voudrait avoir un enfant ferait mieux, à mon avis, d'adopter le fils d'un de ses amis. Ainsi aura-t-il un enfant conforme à son désir; car il le choisira tel qu'il le voudra. Aussi devra-t-il être, à son sens, d'un caractère obligeant, surtout s'il eſt naturellement obéissant. La grande différence eſt que de cette façon on peut, parmi beaucoup d'autres, adopter un enfant conforme à ses désirs, alors que, si l'on en a un de soi, les risques sont nombreux : car on eſt forcé de le prendre tel qu'il eſt. (*Florilège*, IV, XXIV, 32.)

CCLXXVIII

Stobée.

Du même : Les hommes rangent au nombre des choses nécessaires, à ce qui leur semble, d'avoir des enfants : c'eſt là une obligation de la nature en même temps qu'une inſtitution primitive. Les enfants évidemment, c'eſt aussi le fait des autres animaux : c'eſt la nature qui les pousse tous à avoir des descendants, sans considération aucune de l'utilité. Une fois nés, leurs parents peinent à nourrir chacun de leur mieux, tremblent pour eux tant qu'ils sont petits, et souffrent si quelque mal leur arrive. Telle est en effet la disposition naturelle de tous les êtres animés. Mais pour l'homme, une opinion commune prévaut désormais[1], selon laquelle sa descendance doit lui être de quelque profit. (*Florilège*, IV, xxiv, 33.)

CCLXXIX

Stobée.

De Démocrite : Il faut, le plus possible, partager avec ses enfants sa fortune, mais en même temps veiller soigneusement sur eux pour les empêcher d'en faire mauvais usage lorsqu'elle est entre leurs mains. Ainsi ils deviennent bien plus économes, plus désireux d'acquérir des biens et connaissent entre eux une saine émulation. Car, mis en commun, les débours paraissent plus légers que lorsqu'on gère ses biens d'une manière strictement individuelle, et les acquisitions ne procurent qu'un plaisir bien moindre. (*Florilège*, IV, xxvi, 25.)

CCLXXX

Stobée.

Du même : On peut sans engager de grandes dépenses donner de l'éducation à ses enfants et par là élever autour d'eux un rempart salutaire pour leurs biens et pour leurs vies. (*Florilège*, IV, xxvi, 26.)

(*Ibid.*, IV, xxix, 18[a].)

CCLXXXI

Stobée.

De Démocrite : De même que parmi les maladies le cancer est l'affection la plus grave, de même pour les richesses le [...] [le mal adapté et le continu[a]]. (*Florilège*, IV, xxxi, 49.)

CCLXXXII

Stobée.

De Démocrite : L'usage intelligent des richesses est utile pour la liberté et le bien public; mais son usage insensé constitue un impôt considérable dont tout le monde pâtit. (*Florilège*, IV, XXXI, 120.)
(*Ibid.*, IV, XXXI, 121[1].)

CCLXXXIII

Stobée.

De Démocrite : Pauvreté et richesse sont des noms par lesquels on désigne le besoin et la satiété. Donc celui qui ressent le besoin n'est pas riche et celui qui ne connaît pas le besoin n'est pas pauvre. (*Florilège*, IV, XXXIII, 23.)

CCLXXXIV

Stobée.

Du même : Si ton désir est mince, le peu te semblera beaucoup. Car la minceur de l'appétit rend la pauvreté égale à la richesse. (*Florilège*, IV, XXXIII, 24-25.)
(*Ibid.*, IV, XXXIV, 58[2].)
(*Ibid.*, IV, XXXIV, 62[2].)

CCLXXXV

Stobée.

De Démocrite : Il faut prendre conscience que la vie humaine est fragile, éphémère et mêlée de nombreux soucis et ennuis, afin de borner ses désirs à une possession mesurée, et pour que ce soient les choses nécessaires[4] qui soient la mesure de nos tourments. (*Florilège*, IV, XXXIV, 65.)

CCLXXXVI

Stobée.

De Démocrite : Bienheureux est celui auquel des biens mesurés apportent le bien-être; infortuné celui à qui de nombreux biens n'apportent que le chagrin. (*Florilège*, IV, XXXIX, 17.)
(*Ibid.*, IV, XXXIX, 25[5].)

CCLXXXVII

Stobée.

De Démocrite : La misère générale est plus difficile à supporter que la misère individuelle, car l'espoir d'entr'aide disparaît. (*Florilège*, IV, XL, 20.)

CCLXXXVIII

Stobée.

Il y a une maladie de la maison et une maladie de la vie, comme il y a une maladie de l'enveloppe corporelle. (*Florilège*, IV, XL, 21.)

De Démocrite : La porte de l'argent est d'un accès peu sûr si l'occasion de Fortune ne l'ouvre pas. (*Ibid.*, IV, XLI, 59.)

CCLXXXIX

Stobée.

De Démocrite : C'est déraison que de ne pas s'accommoder aux nécessités de la vie. (*Florilège*, IV, XLIV, 64.)

CCXC

Stobée.

De Démocrite : Chasse par la raison la peine rebelle de ton âme engourdie. (*Florilège*, IV, XLIV, 67.)

(*Ibid.*, IV, XLIV, 68[1]-IV, XLIV, 69[2].)

CCXCI

Stobée.

Du même : Supporter avec dignité la pauvreté est signe d'empire sur soi-même. (*Florilège*, IV, XLIV, 70.)

(*Ibid.*, IV, XLVI, 18[a].)

CCXCII

Stobée.

De Démocrite : Les espoirs des insensés sont déraisonnables. (*Florilège*, IV, XLVI, 19.)

CCXCIII

Stobée.

De Démocrite :   Ceux qui trouvent plaisir aux malheurs de leurs voisins ne se rendent pas compte que les coups du sort sont communs à tous, et ne connaissent pas la chance qu'ils ont.   (*Florilège*, IV, xlviii, 10.)

CCXCIV

Stobée.

De Démocrite :   Force et beauté sont les biens de la jeunesse. Mais la sagesse est la fleur de la vieillesse.   (*Florilège*, IV, l, 20.)

CCXCV

Stobée.

De Démocrite :   Le vieillard a été jeune, mais le jeune homme, on ne sait pas s'il atteindra la vieillesse. Donc le bien accompli l'emporte sur le bien encore à venir qui nous est inconnu.   (*Florilège*, IV, l, 22.)

CCXCVI

Stobée.

De Démocrite :   La vieillesse est un délabrement général : elle possède tout, mais manque de tout.   (*Florilège*, IV, l, 76.)
   (*Ibid.*, IV, lxxvi, 80 et 81[1].)

CCXCVII

Stobée.

De Démocrite :   Bien qu'ils ignorent la décomposition de notre nature mortelle, certains hommes, conscients des mauvaises actions dont leur vie est remplie, passent misérablement en troubles et en frayeurs le temps qui leur reste à vivre, inventant des fables mensongères sur le temps qui fait suite à la mort.   (*Florilège*, IV, lii, 40[2].)

CCXCVIII

Suidas.

Avec un α bref et un esprit rude, ἁ désigne *quelques choses* ⟨pronom adjectif indéfini⟩, par exemple chez Hippocrate; des *choses particulières* chez Démocrite, et *ses affaires* ⟨possessif⟩ chez Homère. (Lexique, « α ».)

FRAGMENT DOUTEUX

CCXCVIII *a*

Démétrios Lacon.

« Retiens[1], dit-il, prudemment la colère accumulée dans ta poitrine; prends soin de ne pas troubler ton âme et ne confie pas toujours à ta langue toutes tes affaires. » Donc il nous faut surveiller la partie qui enferme l'élément coléreux. (*De la poésie*, livre II, colonne 20, Papyrus d'Herculanum 1014, éd. De Falco.)

FRAGMENTS NON AUTHENTIQUES

Catalogue de Thrasylle :
Carnets rangés à part

CCXCVIII *b*

Des Saintes Écritures de Babylone.

CCXCIX

Clément d'Alexandrie.

Car[2] Démocrite a composé les *Discours babyloniens*, à sujets moraux[3]. On dit en effet qu'il a traduit la stèle du ⟨Chaldéen⟩ Akikaros[4] en se servant de ses propres traités. Et il est possible d'en trouver la preuve quand il écrit : « Voici ce que dit Démocrite », car c'est bien sûr de lui-même qu'il parle lorsqu'il se vante du caractère universel de son savoir, comme il le dit quelque part : « Je suis assurément, parmi mes contemporains, celui qui a le plus voyagé de par toute la Terre pour m'instruire; j'ai vu quantité de cieux et quantité de contrées; j'ai écouté quantité d'hommes instruits; et nul ne m'a surpassé dans l'art de composer des écrits avec accompagnement de démonstrations, pas même ceux des Égyptiens que l'on nomme arpédonaptes[1]. C'est auprès d'eux qu'en tout je suis resté au titre d'hôte quatre-vingts ⟨ou cinq[2] ?⟩ ans. » Démocrite en effet alla à Babylone, en Perse et en Égypte, où il suivit l'enseignement des mages et des prêtres. (*Stromates*, I, xv, 69.)

CCXCIX *a*

Des habitants de Méroë.

CCXCIX *b*

Circumnavigation océane.

CCXCIX *c*

De l'enquête.

Suidas.

Des questions tirées de la lecture des enquêtes qui attirent notre atten-tion[3]. (Lexique.)

CCXCIX *d*

Discours chaldéen[4].

CCXCIX *e*

Discours phrygien[5].

CCXCIX *f*

De la fièvre et des toux dues à la maladie.

CCXCIX *g*

Causes juridiques.

CCXCIX *h*

Chernika, ou *Problèmes[6]*.

AUTRES ÉCRITS NON AUTHENTIQUES

CCC

Opérations faites à la main et *Drogues naturelles*
(Des sympathies et des antipathies de Bolos)

CCC 1

Suidas.

Bolos de Mendès, pythagoricien. Œuvres : *Des questions tirées de la lecture des enquêtes qui attirent notre attention, Des prodiges* et *Les Drogues naturelles.* Ce dernier ouvrage comprend : le *Traité des pierres [...] sympathiques et antipathiques* ⟨et⟩ le *Traité des signes tirés du Soleil, de la Lune, de l'Ourse, de la lampe et de l'arc-en-ciel.*

Bolos, philosophe démocritéen, auteur d'une *Enquête* et d'un *Art médical* (ce dernier ouvrage renferme des remèdes ioniens tirés de certaines drogues naturelles[1]). (*Lexique*, « Bolos ».)

CCC 2

Vitruve.

J'ai beaucoup d'admiration aussi pour les volumes de Démocrite *De la nature* et pour son commentaire intitulé *Opérations faites à la main,* dans lequel aussi il se servait d'un sceau pour marquer à la cire molle les opérations dont il avait fait l'essai. (*Architecture*, IX, 1, 14.)

Pline.

160. C'est un fait sûrement établi que les *Opérations faites à la main* sont de Démocrite ; mais dans cet ouvrage, l'auteur le plus érudit en la science des mages après Pythagore, nous transmet des opérations par trop extraordinaires ! Par exemple, il nous parle de l'herbe magique aux brillantes couleurs qui tire son nom : *aglaophotis,* de l'étonnement que suscite sa couleur extraordinaire ; elle pousse sur les marbres d'Arabie à la frontière de la Perse et c'est pour cette raison qu'on l'appelle aussi *marmaritis.* Les mages s'en servent lorsqu'ils veulent évoquer les dieux. [...] 167. Apollodore, son disciple, a ajouté à ces remarques que cette plante est la sensitive. (*Histoire naturelle*, XXIV, 160.)

Columelle.

Mais Bolos de Mendès, illustre auteur de nationalité égyptienne, dont les ouvrages intitulés en grec *Ouvrages faits à la main* sont attribués faussement à Démocrite, pense qu'à cause de cette maladie[1] il faut examiner fréquemment et soigneusement les dos des moutons, pour que, si par hasard l'un d'eux venait à souffrir de cette maladie, le mal soit dépisté dès le début et que l'on creuse un trou au seuil de l'étable afin d'y jeter vive à la renverse la bête atteinte d'érysipèle et de faire passer par-dessus l'ensemble du troupeau pour que, par là, la maladie se trouve chassée. (*Agriculture*, VII, v, 17.)

Nous avons relevé, chez l'auteur égyptien Bolos de Mendès, une pratique qui demande moins de travail : il conseille de planter, dans un terrain bien exposé et bien fumé, cannes et framboisiers en quinconce dans les jardins, puis, après l'équinoxe, de les tailler légèrement au-dessus du niveau du sol, etc. (*Ibid.*, XI, III, 53.)

61. Certains auteurs anciens, comme Démocrite, conseillent de traiter toutes les graines avec le suc d'une plante appelée joubarbe, et d'utiliser le même remède contre les parasites. 64. Mais Démocrite, dans son livre qui en grec porte le titre *Des substances antipathiques*, affirme que ces mêmes ⟨chenilles⟩ périssent, pour peu qu'une femme qui a ses règles fasse, les cheveux dénoués et pieds nus, trois fois le tour de chaque plate-bande : après cela toutes les chenilles tombent et meurent. (*Ibid.*, XI, III, 61 et 64.)

[Scolie.]

Le démocritéen Bolos déclare, dans le livre *Des substances sympathiques et antipathiques*, que les Perses qui avaient chez eux une plante mortelle la plantèrent en Égypte dans l'espoir de faire périr beaucoup ⟨d'Égyptiens⟩, mais qu'en Égypte, où la terre lui convint, elle devint au contraire comestible et produisit un fruit très sucré. (À Nicandre, *Thériaques*, v. 764.)

Crateuas.

Pimprenelle : [...] elle entre aussi dans la composition des remèdes de Démocrite. (*Botanique*, XVIII, 14.)

CCC 5

Plutarque.

Aussi y en eut-il d'autres qui se mirent à ressasser des sornettes sur les propriétés occultes et sur les antipathies[1] naturelles, et l'on se mit à fournir des exemples, comme celui de l'éléphant étant en fureur s'apaise sitôt qu'il voit un mouton, etc. (*Propos de table*, II, vii, 1, 641 b.)

CCC 6

Pline.

Démocrite aussi[2] en composa un; tous deux avaient visité, les uns après les autres, les mages de Perse, d'Arabie, d'Éthiopie et d'Égypte; et les Anciens furent tellement frappés par ces ouvrages qu'ils allèrent jusqu'à affirmer qu'on ne pouvait leur accorder foi. (*Histoire naturelle*, XXV, 23.)

Pétrone.

Dans les temps reculés, lorsque la vertu toute nue suffisait à plaire, les arts libéraux étaient florissants et les hommes rivalisaient entre eux, pour que rien ne demeurât longtemps caché de ce qui serait utile aux générations futures. Aussi Démocrite exprima les sucs de toutes les plantes et, pour que ne demeurât pas cachée la vertu des pierres et des plantes, consacra sa vie entière à les expérimenter. (*Satiricon*, lxxxviii, 2.)

CCC 7

Galien.

Certains autres[3] ont écrit sur les animaux des choses proches de ce que dit Xénocrate, qui lui-même s'est borné la plupart du temps à les transcrire; car d'où ses connaissances de tant de telles questions pourraient-elles lui être venues? Notre ancien roi, Attale[4], paraît en avoir écrit un peu moins, bien qu'il se piquât fort de ce genre de recherches. Un de ses compagnons, qui estime fort ce même ouvrage ⟨d'Hermès⟩[5], me l'a confié pour que j'en prenne connaissance, de telle sorte que je ne puis dire qu'il révèle, chez son auteur, un défaut d'observation personnelle. Aussi ne parlerai-je, quant à moi, ni des basilics, ni des éléphants, ni des hippopotames du Nil, ni de quelque autre animal ⟨que je ne connais pas par moi-même⟩. (*De la simple médecine*, X, 1 ; éd. Kühn, XII, 250.)

Pline.

Le caméléon, que Démocrite a cru digne de tout un livre à part. (*Histoire naturelle*, XXVIII, 112.)

Aulu-Gelle.

6. Je ne crois pas que le nom de Démocrite doive être rapporté aux merveilles et aux prodiges notés par Pline, cela ressemble plutôt à ce que ce même Pline prétend sérieusement, dans son dixième livre[1], avoir écrit, touchant certains oiseaux [...]. 8. Or il semble que beaucoup d'ouvrages de ce genre ont reçu le label démocritéen de la part d'auteurs inexperts qui voulaient s'abriter derrière sa réputation et son autorité. (*Nuits attiques*, X, XII, 6 et 8.)

On peut utiliser comme remède contre les morsures de vipères un air de flûte savamment modulé : c'est ce que nous rapporte encore l'ouvrage de Démocrite intitulé ***[2], dans lequel il nous apprend que les accents de la flûte ont servi de remède dans de très nombreux cas de maladies humaines. (*Ibid.*, IV, XIII, 2.)

CCC 7 *a*

[*Anonyme.*]

Démocrite rapporte, pour avoir observé lui-même cet animal, les faits suivants : « Le basilic, venimeuse bête (c'est ainsi qu'il l'appelle), est de petite taille, lent à se mouvoir, et a la tête pointue ; il porte sur la tête une étoile royale, a une peau jaune, est d'une vigueur incomparable et insurpassable. On le trouve dans les régions lointaines de Libye, du côté de Cyrène, où vit le peuple de ceux qu'on appelle Psylles. Les Psylles savent en effet guérir les morsures de ce serpent. L'animal antipathique du basilic est la belette domestique[3] dont il ne supporte ni l'odeur ni la vue, qui le font tomber raide mort. Si la belette le trouve devant sa tanière, elle met le basilic en pièces. » Telle est la force de l'antipathie[4]. (Cité par Rohde, *Petits écrits*, I, 397.)

CCC 11

[*Manuscrit.*]

Maux de tête de Démocrate, *Des yeux* de Démocrite, *De l'inflammation des yeux* de Démocrite d'Abdère, *Contre l'écoulement de l'œil* de Démocrite, *De la maladie des yeux provoquée par les cils* de Démocrite, *Contre les meurtrissures des yeux* de Démocrite, *De l'inflammation de la cornée* de Démocrite, *De l'albuminurie* de Démocrite, *Contre les yeux pochés et les lividités* de Démocrite, *De l'inflammation de la luette* de Démocrite, *Contre le vomissement stomacal* de Démocrite, *Remède au vomissement* de l'Abdéritain. (*Vaticanus graecus*, 299 et suiv. ; 304 et suiv.)

Aelius Promotus.

Pour ceux qui souffrent de la peste et ont le teint plombé [...]; figure encore parmi les ouvrages de Démocrite un traité : *Pour ceux qui souffrent des maladies provoquées par l'air des marais.* (c. 26.)

CCC 12

Tatien.

De même que celui qui a donné son nom à cette cité [Abdéros, fondateur d'Abdère], et qui était le compagnon d'Héraclès, fut dévoré par les chevaux de Diomède, de la même façon aussi, celui[1] qui vantait fort le mage Ostanès finira par être un jour la proie du feu éternel[2]. [...] Il n'existe aucun remède antipathique susceptible de venir à bout de cette affection, et nulle amulette de cuir ne peut guérir la folie. (*Discours aux Grecs*, XVII, p. 18, 15.)

Apulée.

On peut bien vulgairement les appeler *mages*, comme s'ils savaient aussi produire ce qu'ils savent devoir se produire, ainsi que jadis le furent Épiménide, Orphée, Pythagore et Ostanès. (*Apologie*, 27.)

CCC 13

Pline.

8. Le premier dont il est avéré, comme me l'apprennent mes propres recherches, qu'il a écrit sur la magie, est Osthanès, qui accompagna le roi des Perses Xerxès dans sa campagne contre la Grèce ; il sema chemin faisant les « graines » de cet art monstrueux, empoisonnant les peuples qu'il avait visités. Des gens mieux renseignés situent, un peu avant Osthanès, Zoroastre, ainsi que le mage de Proconnèse[3]. En tout cas, il est certain que c'est surtout Osthanès qui inocula au peuple grec, j'allais dire le désir, non, la rage de cette science. Du reste, j'ai bien conscience que, depuis l'Antiquité, pour ne pas dire depuis toujours, on a cherché à retirer de cette science une célébrité et une gloire considérables dans le domaine des lettres. 9. C'est un fait que Pythagore, Empédocle, Démocrite et Platon entreprirent des voyages sur mer pour l'apprendre, plutôt d'ailleurs

parce qu'ils étaient contraints à l'exil, que parce qu'ils voya-
geaient pour le plaisir! Mais à leur retour ils en enseignèrent une
part, conservant le reste au secret. Démocrite fit connaître Apol-
lobéchès de Coptos, Dardanos et Phénix; il était allé rechercher
les volumes de Dardanos jusque dans son tombeau, et les
ouvrages que lui-même composa proviennent d'un enseignement qui fut miraculeusement recueilli par quelques-uns et qui
résista à l'oubli du temps, mieux que n'importe quoi au monde.
10. Mais toute confiance et tout droit sont à ce point déniés aux
mages que les gens qui approuvent chez Démocrite le reste de son
activité, affirment que ces ouvrages ⟨de magie⟩ ne sont pas de
lui. Mais ils ont beau faire; car c'est un fait établi qu'il a imprimé
au fond des cœurs ce goût ⟨de la magie⟩. Voici encore qui tient
du miracle, que se soient épanouis également ces deux arts que
sont la médecine et la magie à la même époque (Hippocrate illustra
la première et Démocrite la seconde), c'est-à-dire au moment de
la guerre du Péloponnèse qui eut lieu autour de l'an 300 de
Rome[1]. [...] 11. À l'époque d'Alexandre le Grand, l'importance de la magie s'accrut encore de façon non négligeable, grâce à
un nouvel Osthanès, qui se faisait accompagner d'une suite brillante et — ce dont on ne saurait douter — parcourut la totalité du
globe terrestre. (*Histoire naturelle*, **XXX**, 8-11.)

Galien.

Quelques-uns, parmi ces remèdes, sont particulièrement
ignobles et horribles, d'autres sont proscrits par les lois : Xénocrate — comment il s'y prit, je l'ignore — écrivit un livre à leur
sujet (je ne parle pas de l'ancien Xénocrate, mais de celui qui
vivait à l'époque de nos grands-parents). Un édit impérial de
Rome avait alors interdit de manger de la chair humaine; pourtant celui-ci, pour avoir fait lui-même l'expérience de ces méde-
cines, écrit de façon tout à fait digne de foi qu'il y a des maladies
qu'on soigne en faisant manger de la cervelle, de la chair ou du
foie d'homme, d'autres en buvant des décoctions d'os, calcinés
ou non, de la tête, de la jambe ou des doigts, et d'autres encore en
buvant purement et simplement du sang. (*De la simple médecine*,
X, 1; éd. Kühn, **XII**, 248.)

Pline.

5. Nombreux sont les Grecs qui ont parlé du goût qu'a chacun
des organes et des membres, sans rien omettre, pas même les

rognures d'ongles! Comme si transformer un homme en bête
sauvage pouvait paraître raisonnable; et comme s'il pouvait y
avoir quelque chose d'efficace contre la maladie dans ce remède
même, merveilleux attrape-nigaud, par Hercule, attendu qu'il
n'est d'aucune utilité. Il passe déjà pour sacrilège d'examiner les
entrailles humaines : que dire alors du fait d'en manger? Qui
donc inventa ces pratiques? Dis-le-moi, Osthanès! 6. C'est toi
en effet qu'on mettra en cause, toi qui as détruit le droit de
l'homme, toi l'artisan de monstruosités, qui as le premier, je
crois, fondé ces pratiques afin que le monde ne t'oublie pas. Quel
est donc celui qui le premier inventa de manger un à un les membres humains? Quelle fallacieuse opinion a bien pu conduire à
cela? Quelle peut bien être l'origine de ce prétendu remède?
Qui a prétendu que les philtres sont plus inoffensifs que les
remèdes? Je veux bien que ce soit des Barbares et des étrangers
qui aient inventé ces pratiques rituelles, mais ce sont bien des
Grecs qui les ont fait leurs. 7. Démocrite, dans ses *Dissertations*, soutient que pour telle maladie les os de la tête d'un ennemi
sont de meilleur profit et qu'il existe d'autres maladies où il faut
préférer ceux d'un ami et d'un hôte. (*Histoire naturelle*, **XXVIII**,
5-7.)

Philon de Byblos.

Osthanès[1] déclare les mêmes choses aussi à son sujet dans son
ouvrage intitulé *Octateuque*. (Cité par Eusèbe, *Préparation évangélique*, I, x, 53.)

CCC 14

Sénèque.

« Démocrite, dit [Posidonius], passe pour avoir inventé la
voûte ainsi que la clef de voûte qui, taillée en coin, retient par sa
position au sommet, la série des pierres qui forment progressivement l'arc. » À mon avis, c'est là une attribution fautive. Car il
faut bien qu'avant Démocrite il y ait eu des ponts et des portes :
or le sommet en est presque toujours voûté. Mais sans doute ne
savez-vous pas que le même Démocrite a inventé le moyen de
ramollir l'ivoire, celui de changer par la cuisson le caillou en
émeraude, moyen qui aujourd'hui encore sert à colorer les
pierres qui se prêtent à cette opération ? (*Lettres à Lucilius*, xc,
32.)

CCC 15

Traités alchimiques[1]

1. *De l'or.*
2. *De l'argent.*
3. *Des pierres.*
4. *Du porphyre.*
5. *Contre Leucippe.*

CCC 16

Georges le Syncelle.

Démocrite d'Abdère, physicien, philosophe, était à son acmé. En Égypte, il fut initié par Ostanès le Mède — qui avait été envoyé en Égypte au nom des rois perses d'alors pour asseoir leur autorité sur les temples égyptiens —, dans le temple de Memphis avec d'autres prêtres et philosophes, parmi lesquels se trouvait une certaine Marie qui était hébraïque[2], pleine de science et de sagesse, ainsi que Pamménès; ⟨Démocrite⟩ composa des traités *De l'or, De l'argent, Des pierres* et *Du porphyre*, rédigés d'une manière ambiguë, et Marie aussi. Tous deux, Démocrite et Marie, reçurent l'approbation d'Ostanès pour avoir tenu secret leur art en usant de nombreuses et sages énigmes, et accusèrent en revanche Pamménès d'avoir inconsidérément répandu leurs secrets. (*Chronique*, I, 471.)

CCC 17

Pseudo-Synésios.

Démocrite, originaire d'Abdère et physicien, fit porter ses investigations sur tous les objets de la nature et composa des ouvrages portant sur les réalités naturelles. Abdère est une cité de Thrace. Elle donna le jour à cet homme fort habile à raisonner et qui, une fois venu en Égypte, fut initié aux mystères par le grand Ostanès dans le temple de Memphis en compagnie de tous les prêtres d'Égypte. C'est de là que lui vint l'inspiration qui le poussa à composer les quatre livres sur les teintures : *De l'or, De l'argent, Des pierres* et *Du porphyre*. Ce que je veux dire, c'est que son inspiration d'écrivain lui vient du grand Ostanès. Démocrite, en effet, fut le premier à écrire que   La nature est rassasiée par la nature, la nature domine la nature, et la nature vainc la nature, etc. (À Dioscorus, *Commentaire sur Démocrite*, éd. Berthelot, *Alchimistes grecs*, II, 57, 7.)

CCC 18

[*Traités d'alchimie.*]

Alors que nous nous trouvions dans le temple, une stèle [ou une petite colonne] se brisa par hasard, dont nous constatâmes que l'intérieur était vide. Pourtant Ostanès affirma qu'en elle se trouvaient précieusement conservés les livres ancestraux, et il la fit voir en grande pompe à tout le monde. En nous penchant pour regarder à l'intérieur, nous eûmes la surprise de voir que nous avions laissé échapper quelque chose, car nous y découvrimes ce mot si utile : « *La nature domine la nature* », etc. (Berthelot, *Alchimistes grecs*, II, 43, 14.)

Voici, Leucippe, ce qui se trouvait dans les livres perses des prophètes traitant de ces arts des Égyptiens ; je l'ai transcrit en langue vulgaire, qui convient parfaitement à ce sujet. Mais ce livre ne tient pas un langage vulgaire : il renferme en effet des énigmes, des mystères anciens et primitifs[1] que les ancêtres et les rois divins d'Égypte ont révélé aux Phéniciens. Mais moi, ton ami, en homme sain d'esprit[2] j'userai d'énigmes primitives qu'ont recopiées à mon intention les enfants des Égyptiens. À ton intention, ô toi qui es médecin, je me propose de te servir en tout d'interprète et de te donner ouvertement toutes les explications nécessaires. Cet ouvrage traite de la teinture en blanc et en jaune, du ramollissement et de la décoction de sels de cuivre, et du temps nécessaire à la teinture ; ensuite de tous les effets admirables produits par le cuivre et le cinabre, et aussi comment on fait de l'or à partir de la calamine[3] et d'autres sels, sans oublier tous les effets merveilleux que produisent les échauffements et les combinaisons chimiques[4]. (*Ibid.*, 53, 16.)

Zosime.

D'après Démocrite : Admets que le non-pierre est pierre, que le vil est précieux, que le multiforme est sans forme, que l'inconnu est connu de tous, que ce qui porte beaucoup de noms n'a pas de nom : c'est de la sélénite [sulfate de calcium] que je veux parler[5]. (*Alchimistes grecs*, éd. Berthelot, II, 122, 5.)

Démocrite écrit encore en accusant les prophètes égyptiens : « C'est à toi, Philarète[6], que je dédie ce long ouvrage, à toi qui détiens la puissance. » (*Ibid.*, II, 159, 3.)

[Sur la pierre philosophale]. Démocrite adresse au roi cette critique : « Si tu ne connais pas les réalités naturelles et leurs mélanges, si tu n'as pas la science de leurs espèces et de la combinaison des genres avec les genres, c'est en vain que tu travailleras, ô grand roi[1]. » (*Ibid.*, II, 448, 19.)

CCC 19
Recettes plaisantes[2]

Papyrus de Londres.

1. Pour que les objets de cuivre paraissent faits d'or : fabriquez-les en mélangeant du soufre pur avec de la craie.

2. Pour qu'un œuf ressemble à une pomme : faites-le durcir et enduisez-le de vin mélangé avec du safran[3].

3. Pour que le cuisinier n'arrive pas à allumer son feu : déposez une plante vivace dans son foyer.

4. Pour ne pas avoir mauvaise haleine en mangeant de l'ail : mangez des racines de bettes grillées[4].

5. Pour que la vieille ne parle plus et ne boive plus autant : coupez une branche de pin et jetez-la dans sa potion.

6. Pour que des gladiateurs peints se battent : enfumez sous ⟨le tableau⟩ une tête de lièvre.

7. Pour que l'on ⟨ne⟩ se brûle ⟨pas⟩ en mangeant froid[5] : donnez en purge à celui qui en souffre un oignon trempé dans de l'eau tiède et de l'huile comme lavement.

8. *[Texte corrompu.]*

9. Pour boire beaucoup sans être ivre, mangez le poumon d'un cochon grillé.

10. Pour ne pas avoir soif en marchant, cassez un œuf dans du vin et absorbez ⟨le tout⟩.

11. Pour être toujours vaillant en amour, buvez une potion obtenue en écrasant cinquante petites pommes de pin dans deux mesures de jus de raisin épicé de vingt grains de poivre.

12. Pour bander à volonté, frottez-vous la queue avec du poivre broyé dans du miel[6]. (*Papyrus de Londres* 121.)

CCC 20

Papyrus magique de Leyde.

La sphère de Démocrite.   Signes annonçant la vie ou la mort — Note la lune[7] qui a précédé la maladie et compte avec la

lune le nom à partir de l'instant de la naissance; observe le
nombre de trentaines écoulées et rapporte le reste du nombre
trouvé sur la *sphère*, et si le compte est sur la partie haute, il vivra;
s'il est sur la partie basse, il mourra. (*Papyrus de Leyde* 384.)

CCCI-CCCII
Mythologie[1]

CCCII *a*

Sénèque.

Démocrite déclare : « Un seul individu me tient lieu de tout
un peuple et un peuple me tient lieu d'un seul[2]. » (*Lettres à Lucilius*, VII, 10.)

CCCIII
Sentences gréco-syriaques

Démocrite a dit : Les sages, lorsqu'ils vont dans un pays
étranger qui n'est pas le leur, doivent se contenter de demeurer
silencieux et tranquilles et prêter un regard et une oreille attentifs
à la réputation que les sages de l'endroit ont su se faire en la
matière, pour découvrir comment sont ces sages et pour mesurer
quelle figure ils pourront eux-mêmes faire devant eux, en établissant en leur for intérieur une comparaison entre les propos que
tiennent ces sages et leurs propres opinions. Quand ils ont bien
pesé et considéré laquelle de ces opinions l'emporte sur l'autre,
alors ils doivent faire connaître la richesse de leur propre sagesse,
afin de faire apprécier le trésor dont ils sont détenteurs en enri-
chissant les autres auxquels ils en font part. Mais si leur bagage
est trop petit pour leur permettre de le dispenser, alors ils doivent
s'enrichir du trésor des autres et passer ensuite leur chemin.
(Traduction allemande de Ryssel, *Rheinisches Museum*, 51, 1896,
p. 539.)

CCCIV

Démocrite a dit : « Moi seul je sais que je ne sais rien. » (*Ibid.*, 42.)

[Recueil de sentences.]

Le même [Démocrite] disait : « Je ne sais qu'une seule chose,
c'est-à-dire que je ne sais pas. » (*Gnomologium Vaticanum*, dans
Wiener Studien, 10, 1888, p. 232.)

CCCV

Qifti.

« Démocrite, un philosophe grec qui a écrit un livre intitulé *De la philosophie.* » (A. Muller, *Philosophie grecque*, p. 36.)

CCCVI

Masala [Maschallah al-Misri[1]].

Démocrite a écrit quatorze livres : *Des choses qui concernent la naissance*, six livres ; *Des interrogations*, quatre livres ; *Des conjonctions d'astres*, deux livres ; *Du calcul*[2], un livre ; et *Des climats*, un livre.

CCCVII

Pseudo-Oribase.

Nous disons ensuite que personne ne fut capable de composer un ouvrage [d'aphorismes] aussi bon que celui d'Hippocras, que les philosophes tenaient pour un ami de la nature. Démocrite cependant essaya de faire aussi bien, mais n'atteignit pas la même perfection qu'Hippocras[3]. (Cité dans les *Aphorismes d'Hippocrate*, éd. Gonthier d'Andernach, Paris, 1533 F, 5 v.)

CCCVIII

[Anonyme[4].]

Le philosophe Démocrite dit le contraire. La variété du genre de vie [...] (*Codex de Paris* 1630, p. xiv, f. 191 r[5].)

CCCIX

Albert le Grand.

C'est aussi ce que dit Démocrite : l'homme sage et savant est la mesure de toutes les choses qui existent[6]. Par le sens, en effet, il est mesure des sensibles et, par l'intellect, mesure des intelligibles ; en effet, chaque chose est mesurée par le premier et le plus simple de son genre. Or la vertu est le premier et le plus simple de chaque genre. Donc la vertu du genre même est le principe de la connaissance de chaque chose. Donc la connaissance de toute chose s'accomplit dans la connaissance de sa vertu. (*Éthique*, I, 1, 3, éd. Jammy, vol. IV, p. 4.)

C. IMITATIONS

I

Damoxène.

> — *Ainsi, lorsque tu vois un cuisinier ignare[1]*
> *Qui n'a pas en entier lu tout son Démocrite*
> *Et qui donc ne saurait le réciter par cœur,*
> *Prends-le de haut et ris du vide de sa science[2] ;*
> [15] *Et s'il ne connaît pas le Canon d'Épicure,*
> *Montre-lui ton dédain et donne lui congé*
> *Comme au mauvais élève exclu de son école :*
> « *Car il te faut savoir quelle est la différence[3],*
> *D'abord, mon cher ami, entre les maquereaux*
> *Que l'on pêche l'hiver et qu'on pêche l'été ;*
> [20] *Puis il te faut aussi connaître le poisson*
> *Le plus avantageux au coucher des Pléiades*
> *Et au temps du solstice[4]. Car mutations et branles*
> *Causent des maux profonds aux gens, et — tu saisis ? —*
> *Créent dans leurs aliments de profonds changements[5],*
> *Alors que ce qu'on mange à la saison voulue*
> *Procure à l'estomac un effet bénéfique.* »
> [25] *Quel est le ⟨cuisinier⟩ à même de comprendre ?*
> *Le résultat en est que naissent des coliques*
> *Et des vents qui concourent à mettre l'invité*
> *En posture fâcheuse. En revanche, chez moi,*
> *La nourriture est saine, aisément nourrissante,*
> *La digestion légère et le pet convenable.*
> [30] *Ainsi également le suc alimentaire*
> *S'épand dans les conduits et ne crée nulle gêne,*
> *Comme dit Démocrite, et par là on évite*
> *Les troubles digestifs qui provoquent la goutte[6].*
> — *Tu me parais aussi versé en médecine ?*
> — *Comme tous ceux qui vont percer le fond des choses.*

(*Fgm. 2, Les Frères de lait*, v. 12 à 34, cité par Athénée, *Les Deipnosophistes*, III, 102 B.)

SIX LETTRES DU PSEUDO-HIPPOCRATE[1]

II

Pseudo-Hippocrate.

Notre homme ⟨Démocrite⟩ s'adonne à la recherche et en consigne les résultats dans son livre *Des choses de l'Hadès* ; et il déclare que l'air est rempli de simulacres et prête une oreille attentive aux voix des oiseaux. (*Lettres*, X, III.)

III

Pseudo-Hippocrate.

Hippocrate raconte : « Je m'approchai ; il était occupé, au moment de mon arrivée, à écrire je ne sais trop quoi sous le coup d'un divin transport et de l'inspiration[2]. » (*Lettres*, IV, XVII, 11.)

[Extrait d'un dialogue entre Hippocrate et Démocrite.] Hippocrate : Sur quel sujet écris-tu, dis-moi donc ? — [...] Sur la folie, répondit-il. 16. — Et qu'écris-tu sur la folie ? — Et qu'écrire d'autre, dit-il, que ce en quoi elle consiste, comment elle advient aux hommes et de quelle façon elle s'apaise ? Tu vois aussi, poursuivit-il, tous ces animaux : ce n'est pas par mépris des œuvres de Dieu que je les dissèque, mais parce que je suis à la recherche de la nature et de la composition de la bile. En effet, tu sais que l'état de démence chez l'homme est le plus souvent provoqué par la surabondance de la bile ; car elle est présente naturellement chez tous, mais en moins grande quantité chez certains et en plus grande quantité chez d'autres. C'est sa présence excessive qui provoque la maladie [...]. (*Ibid.*, IV, XVII, 15-16.)

Explique-moi maintenant la raison de ton rire face aux choses de la vie. 25. — [...] Pour moi, [...] c'est l'homme qui me fait rire : il est plein de déraison, et vide d'occupations raisonnables ; toutes ses réflexions le conduisent à des enfantillages. — On le voit sans aucune utilité s'exposer à endurer des peines sans fin ; l' exagération de son désir le conduit aux limites de la Terre et dans des régions indéterminées ; il fait fondre l'or et l'argent sans se lasser de vouloir le posséder ; il ne cesse de se tracasser pour en posséder davantage sans autre but que de n'en avoir pas moins ; et il n'a nullement honte de se dire heureux. (*Ibid.*, IV, XVII, 24-25.)

IV

Pseudo-Hippocrate.

Seule la sensation de l'homme brille d'un vif éclat de par la solidité de son intelligence et connaît par avance ce qui est et ce qui sera. Les ⟨hommes⟩ sont mécontents de tout et de nouveau se précipitent sur les mêmes choses. (*Lettres*, IV, xvii, 40.)

V

Pseudo-Hippocrate.

Nous[1] nous trouvions occupé à composer des ouvrages *De l'ordre du monde*, *Description du pôle* et encore *Des astres de la sphère des fixes*. [...] Car tous ces objets produisent des images changeantes qui voyagent de par les hauteurs de l'air et attirent nos regards; et ce sont ces objets, qui nous donnent le spectacle du monde et qui sont sujets à des changements de rythme que mon intellect, qui cherchait à découvrir la vérité de la nature, a amenés à la lumière, ainsi qu'en témoignent les livres dont je suis l'auteur. (*Lettres*, IV, xviii, 1.)

VI

Pseudo-Hippocrate.

(Lettre de Démocrite à Hippocrate sur la nature de l'homme.)
1. Il faut que tous les hommes soient instruits en médecine, mon cher Hippocrate (car c'est là chose à la fois honnête et utile à la vie), et tout particulièrement ceux qui ont reçu une bonne éducation et connaissent les ⟨formes de la⟩ raison : je pense en effet que la recherche de la philosophie est sœur et parente de la médecine. 2. « Car la philosophie délivre l'âme des passions et la médecine débarrasse les corps de leurs maladies. » L'intellect profite de la présence de la santé, de laquelle il est bon que se préoccupent les gens raisonnables. En revanche, la souffrance qui frappe le corps en altérant sa manière d'être[2] ôte à l'esprit tout désir de pratiquer la vertu; car la présence de la maladie porte cruellement atteinte à l'âme et affecte du même coup la conscience. 3. Une esquisse de la nature de l'homme fait voir ainsi les choses : le cerveau garde ce qu'on peut appeler la citadelle du corps, a charge de sa sécurité, et s'y trouve logé dans une enveloppe de membranes nerveuses, que recouvre une double

couche osseuse nécessairement solide pour abriter le cerveau, maître et gardien de la pensée, et, pour l'ornement de l'enveloppe extérieure, l'implantation de la chevelure.   4. Le principe de la vision propre aux yeux est protégé d'enveloppes multiples qui les maintiennent constamment humides : il a son siège dans le renfoncement des orbites; la pupille, responsable de l'exactitude de la vision, demeure bien à l'abri sous l'auvent de la paupière. Les deux narines, propres à recevoir les odeurs, séparent en deux parties les régions oculaires.   5. La souplesse du contact des lèvres qui entourent la bouche leur confère leur adresse à palper les mots et à user d'un langage articulé sous le contrôle ⟨de la pensée⟩. Le bas du menton et la mâchoire supérieure sont articulés mutuellement. Le démiurge a ouvert largement les oreilles pour en faire les réservoirs des paroles : elles ont pour maîtresse la colère qui est une peu recommandable servante de la déraison. La langue, mère de la parole, messagère de l'âme, tourière du goût, se retranche derrière la barrière crénelée des dents.   6. La trachée et le pharynx sont raccordés l'un à l'autre et sont apparentés : l'une sert de conduit au souffle, l'autre précipite vers les profondeurs du ventre la nourriture dont il est avide. Le cœur, organe royal, est conique; père nourricier de la colère[1], il est revêtu de la cuirasse thoracique pour résister à tout complot. Les alvéoles nombreux des poumons sont parcourus par de l'air et donnent naissance au souffle, responsable de la voix.   7. Celui qui mène la ronde du sang et le transforme en aliments, c'est le foie, responsable du désir, grâce à ses lobes qui enveloppent de leurs replis multiples la veine cave. La rétention de la bile vert-jaune dans la région du foie et son bouillonnement peuvent produire la destruction du corps humain. Mais, hôte parasitaire et inutile du corps humain[2], la rate, disposée symétriquement [par rapport au foie] dort sans rien exiger.   8. Le ventre, qui est au centre, reçoit tout cela et en mène la ronde, puis se repose tandis que s'accomplit la digestion. Logées dans le ventre et agitées d'un même mouvement par le démiurge, artisan de l'arrangement du corps, les entrailles s'enroulent dans le ventre et sont responsables de l'accueil et de la sélection des ⟨sucs⟩.   9. Accrochés au bassin et enveloppés de graisse, les reins jumeaux sont parfaitement adaptés à l'excrétion des urines. Commandant à l'ensemble du ventre, le tissu appelé *épiploon*[3] enveloppe l'estomac dans sa totalité et ne laisse à l'écart que la rate.   10. Vient ensuite la vessie membraneuse, solidement fixée au bassin par son orifice : par un enchevêtrement de canaux, elle est responsable de l'excrétion urinaire. Dans son voisinage est blottie la matrice destinée à enfermer le fœtus, et qui eſt responsable chez la femme de maux innombrables et source de redoutables souffrances. La chair bouillonnante[1] qui conſtitue l'orifice des cavités du bassin eſt enserrée de tissus nerveux : c'eſt par là que se déverse une partie de l'abondante subſtance nutritive venue de l'eſtomac, afin d'y nourrir l'embryon. 11. Rattachés au corps, pendent à l'extérieur les teſticules, fondateurs de la descendance, avec toutes leurs membranes. Quand vient la puberté, la verge[2] qui permet l'évacuation des urines, et qui eſt rattachée à des veines et à des nerfs, se transforme naturellement en inſtrument de procréation et se couvre d'une toison de poils[3]. 12. Les jambes, les bras et les extrémités qui leur sont rattachées ont, tous ensemble, la charge du service et portent à son point d'achèvement l'usage assuré des nerfs et ⟨tendons⟩. C'eſt la subſtance non musculaire[4] emplissant les cavités qui a façonné les diverses sortes de viscères, que la venue de la mort a vite fait de mettre hors service. (*Lettres*, IV, XXIII, 1-12.)

VII

EXTRAIT DU TRAITÉ
DU PYTHAGORICIEN HIPPARQUE
SUR LA JOIE[5]

Stobée.

1. Pour les hommes, qui, par comparaison avec l'éternité du monde, ne jouissent que d'une vie fort brève, le mieux eſt de la rendre la plus plaisante possible, comme s'ils se proposaient de faire quelque grand voyage. Ils y parviendront s'ils s'adonnent surtout à la science la plus exaĉte en se sachant mortels et faits de chair, possesseurs d'un corps facilement agressé et sujet à la décrépitude, et en étant conscients que les pires infortunes sont suspendues au-dessus de leur tête jusqu'à l'inſtant de leur dernier souffle. 2. Commençons par recenser les accidents auxquels ils sont exposés. Touchant le corps : pleurésie, pneumonie, folie[6], goutte, rétention urinaire, dysenterie, léthargie, épilepsie, putréfaĉtion des chairs, et mille autres accidents encore. Concernant l'âme, beaucoup plus graves et plus douloureux sont les maux ; car le crime, le mal, l'illégalité et l'impiété, quotidiennement pratiqués, proviennent tous de maladies qui affeĉtent l'âme. 3. C'eſt le manque de modération propre aux désirs contre nature qui a emporté à la dérive de nombreuses personnes sur les flots d'irrépressibles pulsions ; elles n'ont pas su

écarter les plaisirs sacrilèges incestueusement partagés avec une
fille ou une mère; d'autres se sont même livrés au parricide, et
nombreux sont ceux qui ont égorgé leurs propres enfants.
4. Que dire des maux extérieurs qui nous guettent, de la pluie
diluvienne à la sécheresse torride, des excès de chaleur aux
vagues de froid intense, tels que souvent les caprices du climat
apportent peste et famine, ainsi qu'une grande variété d'autres
maux, et transforment en déserts des cités entières? 5. Étant
donné le nombre de menaces de cette sorte suspendues au-dessus
de nos têtes, nous ne devons pas nous vanter ni redresser la tête
en nous fiant à notre bonne santé, car il en est d'elle comme des
fleurs : un rien de fièvre la flétrit en un instant; et nous ne devons
pas non plus faire cas des présents de la fortune ⟨qui⟩, bien souvent, disparaissent eux aussi plus vite qu'ils n'apparaissent. Tous
ces prétendus biens, instables et incertains comme ⟨le sont les
eaux de⟩ l'Euripe, nous les voyons sujets à des changements
multiples et divers, et nul d'entre eux ne connaît le repos,
l'immobilité, la stabilité et la permanence[1]. 6. C'est pourquoi,
si, en réfléchissant, nous tenons ⟨pour des gains⟩ tous les biens
qui nous sont présentement accordés s'ils peuvent demeurer, ne
serait-ce qu'un instant, en notre possession, alors nous mènerons
une vie faite de joie en supportant noblement les coups du sort.
7. Mais en réalité, nombreux sont ceux qui ne cessent de se
forger à l'avance les images les plus belles de tout ce que la nature
ou le hasard leur apportent ou leur donnent; ils prennent en
compte non ce qui est, mais ce qui pourra advenir si tout va pour
le mieux, et quand ils s'en voient soudain privés, ils accablent
leur âme sous le poids de malheurs nombreux, démesurés, illégi-
times et insensés. Et les voilà voués à la plus amère et à la plus
triste des existences! 8. Ainsi en est-il de la ruine, de la mort
de ses amis ou de ses enfants, ou de la perte de tous les autres
biens que l'on estime les plus précieux. Les voilà ensuite qui, au
milieu des pleurs et des gémissements, viennent dire que de
telles infortunes et malheurs n'arrivent qu'à eux, sans songer que
les mêmes infortunes en ont frappé et en frappent encore beaucoup d'autres, et sans même parvenir à se représenter dans quels
malheurs et dans quel océan de maux sont et ont été plongés,
aujourd'hui comme hier, nombre d'hommes. 9. Faisons donc
le compte de tous ceux qui, frappés par la ruine, n'ont dû par la
suite leur salut qu'aux effets de cette ruine même, alors qu'ils
étaient destinés par leur richesse à subir les coups des brigands ou
d'un tyran, et de tous ceux qui, épris de personnes auxquelles ils
vouaient l'estime la plus haute, en vinrent ensuite à les détester.

Faisons le compte de tous les malheurs dont l'histoire nous a transmis le souvenir; n'oublions pas que nombreux sont ceux qui ont péri sous les coups de leurs enfants ou des amis qu'ils chérissaient le plus, et mettons alors en balance[1] notre propre vie avec l'existence plus misérable que d'autres ont connue; alors, à la pensée que ⟨nous⟩ ne ⟨sommes⟩ pas les seuls à être exposés aux vicissitudes humaines, notre vie n'en sera que plus joyeuse. 10. Car ce n'est pas justice, lorsqu'on est un homme, de tenir pour aisément supportables les malheurs qui frappent autrui et pas ses propres chagrins, quand on voit la foule des calamités que connaît toute existence. 11. Ceux qui vont pleurant et gémissant, outre que cela ne sert de rien à celui qui a connu la ruine ou la mort, exposent leur âme à des affections plus redoutables, toute remplie qu'elle est de nombreuses tendances mauvaises. 12. Aussi convient-il de nous laver et de nous purifier, en mettant en œuvre tous les moyens possibles pour effacer les souillures qui nous gangrènent : tel est le rôle de l'étude de la philosophie. Ainsi ferons-nous, si nous nous attachons à la prudence et à la sagesse, en transformant nos malheurs ⟨en joie et en nous contentant⟩ du présent, sans désirer grand-chose. 13. Car les hommes, qui forment nombre de projets, ⟨oublient⟩ qu'il n'est pas possible de vivre au-delà du temps consenti aux vivants ⟨et qu'il n'est pas possible de vivre plus d'une vie⟩ [...][2]. Usons ⟨donc⟩ des biens présents et montrons-nous d'autant plus insatiables et avides de ce que nous offre la philosophie; car, en nous montrant insatiables des beautés et des splendeurs qu'offre la philosophie, nous nous délivrerons du même coup de notre désir insatiable des objets vils[3]. (*Florilège*, IV, XLIV, 81.)

CINQUIÈME PARTIE

L'INFINI À ATHÈNES

ANAXAGORE

A. VIE ET PHILOSOPHIE

VIE

I

Diogène Laërce.

6. Anaxagore, fils d'Hégésibule (ou d'Eubule), de Clazomènes. Il fut l'élève d'Anaximène. Le premier, il imposa un
intellect[1] à la matière, écrivant au commencement de son œuvre,
en un style élégant et élevé : « Toutes les choses étaient
ensemble. Ensuite vint un intellect qui les mit en ordre[2]. » De
là le surnom d'Intellect qu'on lui donna, et Timon, dans ses
Silles, parle de lui en ces termes :

> *Voici Anaxagore, héroïque figure,*
> *Surnommé l'Intellect, puisqu'il en avait un*
> *Qui, soudain du sommeil tirant toutes les choses*
> *Ensemble auparavant mêlées, les ordonna.*

Il se distinguait par la noblesse et la fortune, mais aussi par la
générosité, comme en témoigne l'abandon à sa famille de son
patrimoine. 7. Accusé par les siens de ne s'en point soucier :
« Pourquoi donc ne vous en occupez-vous pas vous-mêmes ? »
leur dit-il. Finalement, il fit en quelque sorte retraite, et s'adonna
à la spéculation sur la nature sans se soucier des affaires publiques. À quelqu'un qui lui demandait : « Ta patrie ne t'intéresse-
t-elle pas ? », il répondit, montrant le ciel : « Tu ne saurais mieux
dire, car justement, je ne fais que m'occuper de ma patrie[3]. »

Il avait, dit-on, vingt ans à l'époque de l'invasion de Xerxès, et
vécut soixante-douze ans. Apollodore, dans ses *Chroniques*, le dit
né pendant la soixante-dixième olympiade[4], et mort au cours de
la première année de la quatre-vingt-huitième[5]. Il commença à
philosopher à Athènes — sous l'archontat de Callias[6], à l'âge de

vingt ans, comme le dit Démétrios de Phalère dans sa *Liste des archontes* — où l'on dit aussi qu'il demeura trente années[1].

8. Il pensait que le Soleil est une masse incandescente et plus grande que le Péloponnèse (pour d'autres, ce propos revient à Tantale). Sur la Lune, il y a des maisons, ainsi que des collines et des ravins[2]. Les principes, ce sont les homéoméries[3] ; car, de même que l'or est formé de ce que l'on nomme des paillettes, de même le Tout est composé de corpuscules homéomères. C'est l'Intellect qui est le principe du mouvement, tandis que les corps, s'ils sont lourds, occupent la région d'en bas ⟨comme la terre⟩, et s'ils sont légers, la région haute, comme le feu, l'eau et l'air occupant la région moyenne[4]. C'est ainsi que sur la Terre, en raison de sa configuration plate, la mer s'est constituée du fait de l'évaporation des particules humides sous l'effet du Soleil.

9. Au commencement, le mouvement des étoiles ressemblait à la rotation d'une coupole, de sorte que le pôle toujours visible était à l'aplomb de la Terre, et ce n'est qu'ensuite qu'elles prirent leur inclinaison. La Voie lactée est la réflexion de la lumière solaire par les étoiles dépourvues d'éclat propre. Les comètes sont une réunion d'astres errants qui émettent des flammes, et les étoiles filantes des étincelles reverbérées par l'air. Les vents sont produits par la sublimation de l'air sous l'effet du Soleil. Le tonnerre est dû à la collision des nuages, et les éclairs à leur frottement. Le tremblement de terre est provoqué par de l'air qui se perd dans la terre. Les animaux sont nés à partir de l'humide, du chaud et du terreux, et plus tard par reproduction mutuelle, les mâles provenant des parties droites, les femelles des parties gauches[5]. 10. Il prédit, à ce qu'on dit, la chute du météorite d'Aegos Potamos, dont il avait dit qu'il tomberait du Soleil. Aussi Euripide, qui fut son élève, désigne-t-il le Soleil par l'expression *« motte d'or »*, dans son *Phaéton*. On dit encore que, venu à Olympie, il s'assit à l'abri d'une tente de peau, comme s'il devait pleuvoir, ce qui effectivement arriva. À quelqu'un qui lui demandait si les montagnes de Lampsaque seraient un jour la mer, il répondit, dit-on, que ce n'était qu'affaire de temps. Un jour, comme on lui demandait pourquoi il était né : « Pour observer, dit-il, le Soleil, la Lune et les étoiles. » À celui qui lui disait qu'il avait été privé des Athéniens : « Non pas, répondit-il, mais au contraire eux de moi. » (À la vue du tombeau du roi Mausole[6] : « Un tombeau magnifique est l'image d'une richesse pétrifiée. ») 11. À celui qui ne supportait pas de mourir en terre étrangère : « La descente chez Hadès, dit-il, est bien de partout la même ! » Il est, semble-t-il,

le premier, d'après Favorinus, dans ses *Mélanges historiques*, à avoir assuré que la poésie d'Homère traite de la vertu et de la justice; Métrodore de Lampsaque, son familier, a poussé encore plus loin cette thèse, et fut le premier à étudier le poète sous l'angle de la philosophie de la nature. Anaxagore est le premier à avoir publié un ouvrage en prose[1]. Silène, au premier livre de son *Histoire*, déclare qu'une pierre tomba du ciel sous l'archontat de Démylos[2]; 12. or Anaxagore dit que tous les objets célestes sans exception sont formés de pierre[a] : c'est la force du tourbillon circulaire qui les maintient, et sa cessation entraînerait leur chute. Son procès fait l'objet de versions différentes. D'après Sotion, dans sa *Succession des philosophes*, Cléon l'accusa d'impiété pour avoir pensé que le Soleil est une masse incandescente. Sa défense fut assurée par Périclès, son élève, et il fut condamné à une amende de cinq talents et à l'exil. D'après Satyros, dans ses *Vies*, l'accusation fut introduite par Thucydide, adversaire politique de Périclès, et son chef n'en était pas seulement l'impiété, mais la collaboration avec la Perse. Il fut condamné à mort par contumace. 13. Lorsqu'on lui apprit en même temps sa condamnation et la mort de ses enfants, il dit, à propos de la condamnation : « La nature nous avait, eux et moi, condamnés depuis longtemps »; et, à propos de ses enfants : « Je savais que j'avais engendré des mortels », mot que certains attribuent à Solon et d'autres à Xénophon. Démétrios de Phalère, dans son *De la vieillesse*, ajoute qu'il les enterra de ses propres mains. D'après Hermippe, dans ses *Vies*, il fut jeté en prison en attendant d'être exécuté. Sur quoi Périclès intervint et demanda quel reproche on pouvait faire à sa conduite : « Aucun », lui fut-il répondu : « Eh bien! moi, dit-il, je suis son élève. Ne tuez pas cet homme en cédant aux calomnies, faites-moi plutôt confiance et relâchez-le. » On le relâcha. Mais il ne put supporter l'affront et mit fin à ses jours. 14. D'après Hiéronyme, au second livre de ses *Mémoires divers*, Périclès l'introduisit à la barre, si épuisé et si malade, que c'est la pitié, plutôt qu'un jugement, qui lui valut l'acquittement. Telles sont les versions que l'on donne de son procès.

On a pensé que ses relations avec Démocrite étaient mauvaises parce qu'il n'avait pas admis ce dernier dans ses entretiens. Finalement, il retourna à Lampsaque et y mourut. Et quand les magistrats de la cité lui demandèrent ce qu'il désirait qu'on fît pour lui, il répondit qu'on permît aux enfants de jouer tous les ans au mois anniversaire de sa mort. La coutume en a jusqu'ici été conservée. 15. À sa mort, les Lampsaciens l'enterrèrent avec tous les honneurs et firent graver ⟨sur son tombeau⟩ cette inscription :

Ci-gît Anaxagore, au terme parvenu
Encore un peu plus près des vérités célestes.

Nous avons composé sur lui cette épigramme :

Pour avoir du Soleil déclaré qu'il n'était
Dans sa réalité qu'une masse embrasée,
Anaxagore fut condamné à la mort ;
Mais son cher Périclès le tira du danger.
Il sut quitter la vie avec le plus grand calme
Et la sérénité de la philosophie.

Il y eut trois autres Anaxagore, dont nul ne donne la liste complète. L'un était un orateur, disciple d'Isocrate ; l'autre un sculpteur, mentionné par Antigone ; le dernier un grammairien, disciple de Zénodote. (*Vies*, II, 6-15.)

II

Harpocration.

Anaxagore : Sophiste, fils d'Hégésibule, de Clazomènes, élève d'Anaximène de Milet. On le surnomma *Intellect*, parce qu'il disait que la matière et l'intellect sont le gardien de toutes choses. C'est lui qui disait que le Soleil est une masse incandescente. (*Lexique*, « Anaxagore ».)

III

Suidas.

Anaxagore disait que le Soleil est une masse incandescente, c'est-à-dire une pierre ignée. Il dut s'exiler d'Athènes en dépit du soutien de Périclès, et, réfugié à Lampsaque, s'y laissa mourir ⟨de faim⟩. Il se donna la mort à l'âge de soixante ans, parce que les Athéniens l'avaient jeté en prison pour avoir introduit une doctrine nouvelle sur Dieu. (*Lexique*, « Anaxagore ».)

IV

Cyrille.

On affirme[1] que pendant la soixante-dixième olympiade naquirent Démocrite et Anaxagore, philosophes de la nature, ainsi qu'Héraclite, surnommé l'Obscur. (*Contre Julien*, I, 12 B.)

Eusèbe.

Anaxagore est mort en l'an 1557 après Abraham[1]. (*Chrono-graphie.*)

IV *a*

[*Marbre de Paros*].

C'est à l'âge de quarante-quatre ans[2] qu'Euripide remporta son premier concours de tragédie [...], sous l'archontat de Diphile à Athènes, en l'an 179[3]. Socrate et Anaxagore étaient ses contemporains. (F. Jacoby, *Fragments des historiens grecs*, 239 A 60, II, 1000, 22.)

V

Diogène Laërce.

Ainsi qu'il le dit lui-même dans le *Petit système du monde*[4], Démocrite était encore jeune au temps de la vieillesse d'Anaxagore, car il était de quarante ans son cadet. Il déclare que le *Petit système du monde* fut composé en l'an 730 après la prise de Troie. (*Vies*, IX, 41.)

34. Démocrite fréquenta ensuite Leucippe et Anaxagore[5], de qui il était de quarante ans le cadet. D'après Favorinus, dans ses *Mélanges historiques*, Démocrite disait d'Anaxagore que ses théories concernant le Soleil et la Lune n'étaient pas de lui, mais étaient plus anciennes. Il se les serait appropriées. 35. Démocrite a aussi tourné en dérision ses vues sur l'organisation du monde et sur l'intellect ; il le haïssait pour ne pas avoir été admis par lui comme élève. Comment aurait-il pu, si tel est bien le cas, avoir été, comme certains le prétendent, son élève ? (*Ibid.*, IX, 34-35.)

VI

Philostrate.

J'ai appris, Apollonius, qu'Anaxagore de Clazomènes observait les phénomènes célestes depuis Mimas, sur la côte d'Ionie, et Thalès de Milet depuis le promontoire voisin de Mycale, etc. (*Vie d'Apollonius de Tyane*, II, 5, éd. Kayser, 46, 22.)

Qui pourrait ignorer qu'Anaxagore ne s'était pas trompé en se rendant au stade, lors des Jeux olympiques, revêtu, alors qu'il ne pleuvait pas du tout, d'une peau de mouton, parce qu'il prévoyait la pluie ; et ⟨une autre fois⟩ en prévoyant l'écroulement

d'une maison qui s'écroula en effet ; et qu'il avait dit vrai en prévoyant que du jour procéderait la nuit, et qu'une grêle de pierres
s'abattrait du ciel sur Aegos Potamos ? (*Ibid.*, I, 2, p. 3, 6.)

VII

Strabon.

Il y eut à Clazomènes un personnage célèbre, le physicien
Anaxagore, élève d'Anaximène de Milet. Il eut pour auditeurs le
physicien Archélaos et le poète Euripide. (*Géographie*, XIV,
p. 645.)

Eusèbe.

Archélaos succéda à Anaxagore, à la tête de son école, à Lampsaque. (*Préparation évangélique*, X, xiv, 13.)

Clément d'Alexandrie.

Après Anaximène ⟨vient⟩ Anaxagore, fils d'Hégésibule, de
Clazomènes : celui-ci transporta d'Ionie à Athènes son enseigne-
ment. Il a pour successeur Archélaos, dont Socrate fut l'élève.
(*Stromates*, I, 63.)

Pseudo-Galien.

Anaximandre prépara Anaximène à devenir le maître
d'Anaxagore, lequel quitta Milet pour venir à Athènes, où il fit
d'Archélaos le premier Athénien initié à la philosophie. (*Histoire
de la philosophie*, 3.)

Cicéron.

C'est de lui qu'Euripide avait, paraît-il, appris ce que son
⟨personnage de⟩ Thésée prétend avoir appris d'un sage, car il
avait été l'élève d'Anaxagore lequel, dit-on, déclara, à la nouvelle de la mort de son fils : « Je savais que j'avais engendré un
mortel[1]. » (*Tusculanes*, III, 30.)

Denys d'Halicarnasse.

Euripide fréquenta Anaxagore, dont la thèse était le   Toutes
choses étaient ensemble[2].   Ensuite, il fréquenta Socrate et
bénéficia d'un meilleur enseignement ; mais il n'en estima pas
moins, à mon avis, que le propos d'Anaxagore était digne d'être
cité dans ses tragédies, et il le cita dans sa *Mélanippe sage*. Le début
de son propos contient une allusion où il exprime sa reconnaissance envers lui. Mélanippe dit en effet[3] [...]. (*Rhétorique*, I, 10.)

VIII

Simplicius.

Empédocle d'Agrigente[1], né peu après Anaxagore. (*Commentaire sur la Physique d'Aristote*, 25, 19.)

IX

Proclus.

A la suite de Pythagore[2], Anaxagore de Clazomènes et Œnopide de Chio, de quelques années le cadet d'Anaxagore, se sont beaucoup intéressés à l'étude de la géométrie. [Platon mentionne à leur propos, dans ses *Rivaux*[3], qu'ils avaient acquis une solide réputation en mathématiques.] (*Commentaire sur les Éléments d'Euclide*, éd. Friedlein, 65, 21.)

X

Cédrénos.

Effectivement, ainsi que le rapportent les historiens grecs, Phérécyde de Syros, Pythagore de Samos, Anaxagore de Clazomènes et Platon d'Athènes se sont rendus en Égypte dans l'espoir d'apprendre auprès des Égyptiens une théologie et une science de la nature plus exactes. (*Histoire*, I, 165, 18.)

Ammien Marcellin.

À partir des [ouvrages secrets des Égyptiens], Anaxagore avait prédit des chutes de pierres tombant du ciel et, en fouillant la boue d'un puits, des tremblements de terre. (*Histoire de Rome*, XXII, xvi, 22.)

Aegos Potamos, où selon la prédiction d'Anaxagore, des pierres devaient tomber du ciel. (*Ibid.*, viii, 5.)

XI

[Marbre de Paros.]

C'est sous l'archontat de Théagénide, à Athènes, en l'an 205, que la pierre chut à Aegos Potamos et que le poète Simonide, âgé de quatre-vingt-dix ans, mourut[4]. (F. Jacoby, *Fragments des historiens grecs*, 239, A 57, II, 1000.)

Pline.

149. Les Grecs rappellent fièrement qu'Anaxagore de Clazomènes avait prédit, lors de la seconde année de la soixante-dix-
huitième olympiade[1], grâce à sa connaissance de la science aſtro-
nomique, les jours où se produirait une chute de pierres en
provenance du Soleil, et que l'événement se produisit en plein
jour dans une région de la Thrace proche d'Aegos Potamos (de
nos jours, on peut voir encore cette pierre : elle a la taille d'un
char et une couleur brune), tandis que, au même moment, la
nuit, une comète brûlait aussi. Si l'on accorde crédit à cette prédiction, il faut du même coup avouer que la faculté divinatoire
d'Anaxagore était prodigieuse, mais aussi que son intelligence
des phénomènes naturels eſt nulle et que tout eſt confondu[2] si
l'on doit admettre que le Soleil lui-même eſt une pierre ou qu'il y
a jamais eu en lui une pierre. Qu'il y ait souvent chute de pierre
eſt cependant hors de doute.   150. Au gymnase d'Abydos, on en
révère aujourd'hui une de taille moyenne qui a la même provenance, mais dont, à ce qu'on raconte, Anaxagore avait prédit la
chute au milieu des terres habitées. (*Hiſtoire naturelle*, II, 149.)

Eusèbe.

Une pierre tomba du ciel à Aegos Potamos en l'an 1551 après
Abraham[3]. (*Chronographie.*)

XII

Plutarque.

Il y en a aussi qui disent que la chute de la pierre fut un présage
qui pronoſtiquait cette grande défaite[4]; car il tomba du ciel
environ ce temps-là, ainsi que plusieurs le soutiennent, une fort
grande et grosse pierre en la côte que l'on appelle la rivière de la
Chèvre[5], laquelle pierre se montre encore aujourd'hui, tenue en
grande révérence par les habitants du pays de la Chersonèse. Et
dit-on que le philosophe Anaxagore avait prédit que l'un des
corps attachés à la voûte du ciel en serait arraché, et tomberait en
terre par un glissement et un ébranlement qui devait advenir; car
il disait que les aſtres n'étaient pas au propre lieu où ils avaient été
nés, attendu que c'étaient corps pesants et de nature de pierre;
mais qu'ils reluisaient par l'objection et réflexion du feu élémentaire, et avaient été tirés là sus à force, là où ils étaient retenus par
l'impétuosité et violence du mouvement circulaire du ciel, ainsi
comme au commencement du monde ils y avaient été arrêtés, et

empêchés de retomber ici-bas, lorsque se fit la séparation des
corps froids et pesants d'avec les autres substances de l'univers.
[...] Toutefois le dire d'Anaxagore a un témoin qui le confirme :
c'est Damachos, lequel en son traité *De la religion* écrit que,
l'espace de soixante et quinze jours durant, avant que cette pierre
tombât, l'on vit continuellement en l'air un fort grand corps de
feu comme une nuée enflammée[1]. (*Vie de Lysandre*, 12.)

XIII

Plutarque.

Car tout ce ménagement était conduit et entretenu par un sien
serviteur nommé Évangélos, fort habile homme et très bien
entendu au fait du gouvernement d'une grande maison, soit
qu'il eût été ainsi fait et instruit par Périclès, ou qu'il eût cette
prévoyance de nature. Ces choses étaient bien différentes de la
sapience d'Anaxagore, attendu qu'il abandonna sa maison, et
laissa ses terres venir en friches et en pâturages, par un mépris des
choses terriennes, et un ravissement de l'amour des célestes. (*Vie
de Périclès*, 16.)

Platon.

Anaxagore, ayant en effet hérité de grands biens, ne s'en serait
pas occupé et aurait tout laissé perdre : tant sa prétendue sapience
était dépourvue d'Intellect. (*Hippias majeur*, 283 *a*.)

XIV

Tertullien.

Si je veux établir une comparaison touchant la fidélité à la
parole donnée, ⟨je rappellerai⟩ qu'Anaxagore[2] a refusé de se
voir confier un dépôt par des hôtes, alors que le chrétien, lui, a la
réputation, même à l'étranger, d'être fidèle. (*Apologétique*, 46.)

XV

Platon.

SOCRATE : Il y a des chances sérieuses, excellent ami, pour que
Périclès soit parvenu à la perfection absolue du talent oratoire.
PHÈDRE : Pourquoi donc ?
SOCRATE : Tous ceux des arts qui ont du prix réclament un
complément de subtilité et de rêverie spéculative[3] concernant la

nature ; car c'est bien de là que s'introduisent en eux la sublimité
de pensée qui les caractérise, et la perfection de la mise en œuvre.
C'est justement de ce complément que Périclès a bénéficié, outre
ses qualités naturelles. La raison en est, je crois, que, étant tombé
sur quelqu'un comme Anaxagore, il se gorgea de rêveries spécu-
latives et en vint à considérer la nature à la fois de l'Intellect et de
l'absence d'intelligence, choses dont Anaxagore faisait grand
cas ; d'où il tira, pour l'appliquer à l'art de la parole, ce qui s'y
rapportait. (*Phèdre*, 269 *e.*)

Mais, dis-moi, Socrate, à ce qu'on dit, Périclès n'est pas
devenu savant par hasard, mais pour avoir fréquenté de nombreux savants, ainsi que Pythoclidès et Anaxagore. Aujourd'hui
encore, à l'âge qu'il a, il fréquente Damon dans la même intention. (*Alcibiade majeur*, 118 *c.*)

Isocrate.

Périclès eut deux maîtres : Anaxagore de Clazomènes et
Damon, qui passa, en son temps, pour le plus avisé de ses concitoyens. (*Sur l'échange*, 235.)

Plutarque.

Mais celui qui fréquenta le plus Périclès, et qui lui donna cette
gravité et cette dignité qu'il gardait en tous ses faits et ses dits,
plus seigneuriale que ne comporte la condition et l'état de ceux
qui ont à haranguer devant un peuple libre, et qui bref lui éleva
ses mœurs jusqu'à une certaine majesté qu'il avait en toutes ses
façons de faire, fut Anaxagore de Clazomènes, lequel par les
hommes de ce siècle-là était communément appelé l'Intellect,
c'est-à-dire l'entendement, parce qu'ils avaient en singulière
admiration la vivacité et subtilité de son esprit à rechercher les
causes des choses naturelles, ou parce que ce fut le premier qui
attribua la disposition et le gouvernement de ce monde, non à la
fortune ni à la nécessité fatale, mais à un pur et simple *intellect* [ou
entendement], lequel sépare, comme cause première agente, les
substances de parties semblables ou *homéoméries*, qui sont en tous
les autres corps de l'univers, mêlés et composés de diverses
substances. (*Vie de Périclès*, 4.)

Cicéron.

Périclès, lui, n'avait pas eu pour maître un quelconque
aboyeur à la clepsydre, mais, nous le savons, le fameux Anaxagore de Clazomènes, un homme exceptionnel, versé dans la
science des choses les plus importantes. (*De l'orateur*, III, 138.)

XVI

Plutarque.

L'on dit que l'on apporta un jour à Périclès de l'une de ses
terres la tête d'un bêlier qui n'avait qu'une seule corne, et que le
devin Lampon, ayant considéré cette tête qui n'avait qu'une
corne forte et donc au milieu du front, interpréta que cela voulait
dire, qu'y ayant deux ligues et deux partis en la ville d'Athènes
touchant le gouvernement, celle de Périclès et celle de Thucydide, la puissance des deux serait toute réduite en une, et notamment en celle de celui en la maison duquel ce signe était advenu ;
mais qu'Anaxagore qui se trouvait là présent fit fendre la tête en
deux, et montra aux assistants comme le cerveau du bêlier
n'emplissait pas la capacité de son lieu naturel, mais se resserrait
de toutes parts, et allait aboutissant en pointe comme un œuf, à
l'endroit où la corne prenait le commencement de sa racine ; si en
fut Anaxagore fort estimé sur l'heure par tous les assistants, mais
Lampon le fut aussi bientôt après, quand Thucydide fut chassé[1],
et que toutes les affaires de la république tombèrent entre les
mains de Périclès. (*Vie de Périclès*, 6.)

XVII

Plutarque.

Environ ce même temps[2], Diopeithès mit en avant un décret,
que l'on fît inquisition des mécréants qui n'ajoutaient point de
foi aux choses divines, et qui enseignaient certains propos nouveaux touchant les effets qui se font en l'air et au ciel, tournant la
suspicion sur Périclès à cause d'Anaxagore [...]. Quant à Anaxagore, Périclès, craignant [qu'il ne pût être sauvé], l'envoya hors
de la ville. (*Vie de Périclès*, 32.)

Diodore de Sicile.

En outre on intenta un procès au sophiste Anaxagore[3], maître
de Périclès, en l'accusant d'impiété envers les dieux. (*Bibliothèque
historique*, XII, 39.)

XVIII

Plutarque.

Car Anaxagore, le premier qui a écrit le plus certainement et le
plus hardiment de l'illumination et de l'obscurcissement de la

Lune[1], n'était pas alors ancien, ni son invention encore divulguée, mais était tenue secrète et connue de peu de gens qui ne l'osaient communiquer qu'avec crainte à ceux desquels ils se fiaient fort bien, à cause que le peuple ne pouvait lors endurer les philosophes traitant des causes naturelles, que l'on appelait alors météoroles-ches, comme qui dirait disputant des choses supérieures qui se font au ciel ou en l'air, étant avis à l'opinion commune qu'ils attribuaient ce qui appartenait aux dieux seuls à certaines causes naturelles et irraisonnables, et à des puissances qui font leurs opé-rations non par providence ni discours de raison volontaire, mais par force et contrainte naturelle ; à raison de quoi Protagoras en fut banni d'Athènes[2], Anaxagore en fut mis en prison, dont Péri-clès eut bien affaire à le retirer. (*Vie de Nicias*, 23.)

Eusèbe.

En 1554 après Abraham[3], il y eut une éclipse de Soleil ; c'est l'année où meurt Anaxagore[4]. (*Chronographie.*)

XIX

Flavius Josèphe.

Anaxagore était de Clazomènes ; mais, pour avoir dit que le Soleil était une pierre de meule embrasée, les Athéniens, qui, eux, pensaient que c'était un dieu, le condamnèrent à mort avec une faible majorité de suffrages. (*Contre Apion*, II, 265.)

Olympiodore.

Seuls les astres sont de feu ; ainsi précisément Anaxagore a appelé le Soleil masse en fusion ou [mydre], en raison de l'absence de mesure de son embrasement, car le *mydre* est l'acier incandescent. C'est pourquoi Anaxagore fut frappé d'ostracisme et dut quitter Athènes, pour avoir osé tenir un tel propos. Ensuite il dut au prestige de la rhétorique de Périclès d'être rap-pelé, car Périclès avait eu la chance de suivre les cours d'Anaxa-gore. (*Commentaire sur les Météorologiques d'Aristote*, 17, 19.)

XX

Philodème.

Un esclave de ⟨Clé⟩on qui avait reçu le fouet, convainquit de culpabilité Anaxa⟨gore⟩ devant les juges ; et Cylon de Cro-tone, par des ⟨accusa⟩tions lancées contre Pythagore, obtint son bannissement de la cité et fit périr dans un incendie ses disciples rassemblés[5]. (*Rhétorique*, II, 180.)

XX *a*

[*Scolie.*]

Car Tantale, après être devenu philosophe de la nature et avoir montré que le Soleil est une masse en fusion, fut condamné à demeurer exposé au Soleil pour en subir le choc paralysant. Les physiciens prétendent, touchant le Soleil, qu'il doit être appelé une pierre et que, selon Euripide qui fut l'élève d'Anaxagore, a dit que le Soleil était un rocher, comme il le dit dans ses premiers vers :

> *Le bienheureux Tantale, [...]*
> *Redoutant le rocher qui surplombe sa tête,*
> *Est suspendu dans l'air et accomplit sa peine*[1].

Et de nouveau il le définit en d'autres vers comme une masse suspendue :

> *Puissé-je atteindre enfin ce rocher suspendu*
> *À mi-chemin entre le ciel et la Terre,*
> *Ce morceau de l'Olympe à la course éternelle,*
> *Et que des chaînes d'or retiennent dans l'éther,*
> *Pour que je puisse faire entendre mon malheur*
> *À mon aïeul Tantale, avec mon chant funèbre.*

(À Pindare, *Olympiques*, I, v. 91, éd. Drachmann, 38, 6.)

[*Scolie.*]

Parce qu'il fut l'élève d'Anaxagore, Euripide dit que le Soleil est une masse en fusion. (À Euripide, *Oreste*, v. 982 et suiv.)

XX *b*

Pseudo-Jamblique.

Et justement Euripide, parce qu'il fut l'élève d'Anaxagore, fait ainsi mention de la Terre :

> *Les mortels instruits des vérités de science,*
> *T'estiment un foyer*[2].

(*Théologoumènes arithmétiques*, éd. De Falco, 6, 18.)

Euripide.

Et :

> Ô Terre, notre mère,
> Les mortels instruits des vérités de science
> T'appellent Hestia, toi qui es dans l'éther
> Suspendue.

(*Fragments*, 944.)

XX *c*[1]

XXI

Aulu-Gelle.

Alexandre d'Étolie[2] composa sur Euripide ces vers :

> L'élève sérieux du noble Anaxagore
> Se refusait à rire et même à plaisanter
> Après un coup à boire; mais ce qu'il a écrit
> Au goût du miel unit le charme des Sirènes.

(*Nuits attiques*, **XV**, 20.)

Élien.

On ne vit jamais, dit-on, Anaxagore de Clazomènes rire ni même ébaucher un sourire. (*Histoires variées*, VIII, 13.)

XXII

Athénée.

Le *Callias* d'Eschine le Socratique renferme la dispute de Callias avec son père et la satire des sophistes Prodicos et Anaxagore[3]. Il dit en effet que Prodicos fit de Théramène son élève, et que l'autre [Anaxagore] eut pour élèves Philoxène, fils d'Éryxide, et Ariphrade, frère du citharède Arignôtos, voulant ainsi dénoncer, par la bassesse de ces personnages et la honte de leurs désirs, la valeur de l'enseignement dispensé par ces maîtres. (*Les Deipnosophistes*, V, 220 B.)

XXIII

Alcidamas.

Les habitants de Lampsaque, dont Anaxagore avait été l'hôte, lui firent sépulture et l'honorent encore aujourd'hui. (*Commentaire sur la Rhétorique d'Aristote*, II, XXIII, 1398 *b* 15.)

XXIV

Élien.

⟨On dit⟩ qu'un autel lui fut élevé portant l'inscription : « À l'*Intellect* », selon les uns ; « À la *Vérité* », selon les autres. (*Histoires variées*, VIII, 19.)

XXV

Diogène Laërce.

D'après Aristote, au livre III de sa *Poétique*[1], Sosibios[2] était le rival d'Anaxagore[3]. (*Vies*, II, 46.)

XXVI

Diogène Laërce.

D'après Dioclès[4], la préférence d'Épicure allait, pour les anciens, à Anaxagore, bien qu'il le critiquât sur certains points, et à Archélaos, le maître de Socrate. (*Vies*, X, 12.)

XXVII[5]

APOPHTEGMES

XXVIII

Aristote.

On mentionne aussi[6] cette formule d'Anaxagore adressée à certains de ses amis : « Les choses seront telles qu'ils les percevront. » (*Métaphysique*, Γ, v, 1009 *b* 25.)

XXIX

Clément d'Alexandrie.

Anaxagore de Clazomènes a, dit-on, affirmé que ce qui est la fin de la vie, c'est la spéculation, ainsi que la liberté qui en dérive. (*Stromates*, II, 130.)

XXX

Aristote.

C'est pourquoi l'on dit qu'Anaxagore, Thalès et leurs semblables sont sages, mais non prudents, quand on les voit ignorer
les choses qui leur sont utiles ; et tout en reconnaissant que leur
savoir est extraordinaire, admirable, ardu et divin, on le dit sans
utilité du fait que ce qu'ils recherchent, ce ne sont pas les biens
humains. (*Éthique à Nicomaque*, VI, vii, 1141 *b* 3.)

Il semble encore qu'Anaxagore ne conçoive l'homme heureux
ni comme riche, ni comme puissant, puisqu'il déclare qu'il ne
serait pas étonné que l'homme heureux parût un être absurde aux
yeux de la multitude. (*Ibid.*, X, ix, 1179 *a* 13.)

On dit que, alors que quelqu'un s'efforçait de l'embarrasser
par des questions du genre : « Quel est le but qui vaudrait que
l'on choisît de naître plutôt que de ne pas exister ? », Anaxagore
répliqua : « Pour faire du ciel et de l'ordre de la totalité du
monde l'objet de sa spéculation. » (*Éthique à Eudème*, I, v,
1216 *a* 11.)

Euripide.

> *Bienheureux qui connut les joies de la recherche*
> *Sans songer à médire ou à vouloir du mal*
> *À ses concitoyens, et ne fit qu'observer*
> *L'harmonie toujours jeune et l'ordre qui régit*
> *La nature immortelle* [...][1] *tout en se demandant*
> *Quand, d'où, comment le monde fut formé !*
> *De tels hommes jamais ne connaissent l'envie*
> *De la moindre action mauvaise.*

(*Fragments*, 910.)

XXXI

Valère Maxime.

De quel zèle, selon nous, Anaxagore fut-il enflammé ? Alors
qu'il était revenu dans son pays après une longue absence et
voyait ses biens abandonnés : « Si mes biens n'avaient péri, dit-
il, je ne connaîtrais pas moi-même le salut. » Comme ce mot
exprime bien la possession de la sagesse recherchée ! Car si
l'absence des biens lui avait paru plus importante que celle de la

culture de l'esprit, il serait resté chez lui à veiller sur ses pénates et ceux-ci n'auraient jamais connu le retour d'un aussi sublime Anaxagore. (*Faits et dits mémorables*, VIII, VII; *Étrangers*, 6.)

XXXII

Plutarque.

On conte qu'étant Périclès si empêché ailleurs qu'il n'avait pas loisir de penser à Anaxagore, celui-ci se trouva délaissé de tout le monde en sa vieillesse et se coucha, la tête affublée, en résolution de se laisser mourir de faim[1]. De quoi Périclès étant averti, s'en courut aussitôt tout éperdu devers lui et le pria, le plus affectueusement qu'il lui fut possible, qu'il retournât en volonté de vivre, en lamentant non lui, mais soi-même de ce qu'il perdait un si féal et si sage conseiller dans les occurrences des affaires publiques. Adonc Anaxagore se découvrit le visage et lui dit : « Ceux qui ont affaire de la lumière d'une lampe, Périclès, y mettent de l'huile pour l'entretenir. » (*Vie de Périclès*, 16.)

XXXIII

Galien.

C'est la raison pour laquelle il[2] dit qu'il faut « se familiariser » avec les choses qui ne sont pas encore présentes, comme on en use en leur présence. Par l'expression « se familiariser », Posidonius entend quelque chose comme se préfigurer et s'imaginer ce qui va se produire, et se faire à l'événement comme si l'on en avait déjà l'habitude. C'est aussi pourquoi il cite en cet endroit le mot d'Anaxagore qui, alors qu'on lui annonçait la mort de son fils, répondit sans manifester aucun trouble : « Je savais que j'avais engendré un mortel. » Et Euripide, faisant sienne cette pensée, a fait dire à son ⟨personnage de⟩ Thésée :

> *Pour moi, qui ai reçu l'enseignement d'un sage,*
> *J'ai sans cesse à l'esprit la pensée d'un malheur*
> *Qui pourrait survenir; je songe à mon exil,*
> *À une mort brutale, ainsi qu'à d'autres maux,*
> *Afin que, si j'avais à subir une épreuve*
> *Ainsi envisagée, je ne sois point surpris*
> *D'avoir à supporter un malheur imprévu[3].*

(*Des dogmes d'Hippocrate et de Platon*, IV, VII, éd. Müller, 392.)

Euripide.

> *J'avais quelqu'un de ma famille qui perdit*
> *Le jeune fils qui seul égayait sa demeure ;*
> *Pourtant il supporta de n'avoir plus d'enfant,*
> *Même quand ses cheveux se mirent à blanchir*
> *Et quand il s'approcha du terme de la vie[1].*

(*Alceste*, v. 903.)

XXXIV

Stobée.

Anaxagore disait qu'il y a deux formes d'apprentissage de la mort : le temps antérieur à la naissance et le sommeil. (*Florilège*, IV, LII *b* 39.)

XXXIV *a*

Cicéron.

Fort à propos, Anaxagore, sur le point de mourir à Lampsaque, répondit à ses amis qui lui demandaient s'il ne voulait pas qu'on le ramenât, en cas de malheur, à Clazomènes, sa patrie : « Point n'est besoin, car on peut de partout rejoindre les Enfers. » (*Tusculanes*, I, XLIII, 104.)

ÉCRITS[2]

XXXV

Platon.

MÉLÉTOS : En effet il dit du Soleil que c'est une pierre, et de la Lune que c'est une terre.

SOCRATE : C'est Anaxagore, figure-toi que tu accuses ! [...] Tu te figures les juges assez incultes pour ignorer que les livres d'Anaxagore de Clazomènes regorgent de telles conceptions ! Et ce serait de moi que la jeunesse les aurait apprises, alors qu'il lui est possible, en faisant à l'orchestre[3] acquisition de ces livres quelquefois pour une drachme, pas plus, de se moquer de Socrate si ce dernier osait prétendre que de telles idées sont de lui ? (*Apologie de Socrate*, 26 *d*.)

XXXVI

Clément d'Alexandrie.

Oui, c'est assez tardivement qu'est venu chez les Grecs l'usage d'écrire des ouvrages scientifiques. Alcméon donc, [...]; d'autres rapportent qu'Anaxagore, fils d'Hégésibule, de Clazomènes, fut le premier à publier un livre[1]. (*Stromates*, I, 78.)

XXXVII

Diogène Laërce.

D'autres n'ont laissé qu'un unique ouvrage : Mélissos, Parménide, Anaxagore. (*Vies*, I, 16.)

XXXVIII

Plutarque.

Dans sa prison Anaxagore rédigea son ouvrage sur la quadrature du cercle[2]. (*De l'exil*, 17, 607 F.)

XXXIX

Vitruve.

Agatharque, instruit par Eschyle [des besoins de la décoration scénique], et qui le premier construisit une scène à Athènes, nous a laissé un *Commentaire* sur ce sujet. Instruits ⟨à leur tour⟩ par lui, Démocrite[3] et Anaxagore ont écrit sur le même sujet : comment il convient, à partir d'un point fixe pris comme centre, de faire correspondre à la projection des rayons visuels les lignes [du décor] selon une proportion naturelle[4], afin que les images effectivement vues — mais correspondant à une réalité en trompe-l'œil — puissent donner l'aspect d'édifices [en relief] à des peintures de décor, et que les figures tracées sur une surface plane produisent l'apparence soit de recul, soit d'avancée. (*De l'architecture*, VII, Préface, 11.)

XL

Codex de Munich.

À propos d'Anaxagore : certains soutiennent qu'Anaxagore, après avoir composé un recueil de questions insolubles, l'avait intitulé : *Les Courroies*, parce qu'à son avis les lecteurs ne pourraient que s'empêtrer dans les difficultés qu'il présentait. (490, p. XV, folio 483 v.)

PHILOSOPHIE

XLI

Simplicius.

Anaxagore, fils d'Hégésibule, de Clazomènes, après avoir adhéré à la philosophie d'Anaximène, apporta le premier une transformation aux thèses relatives aux principes et suppléa à l'absence de la cause qui manquait[1] en conférant d'abord un caractère illimité aux réalités corporelles.

Car toutes les homéoméries comme l'eau, le feu ou l'or, échappent à la génération et à la corruption ; le phénomène apparent de leur naissance et de leur destruction résulte seulement de la composition et de la discrimination : toutes choses sont en effet dans toutes choses et chacune reçoit son caractère de la chose qui prévaut dans sa nature. Ainsi a l'apparence de l'or ce qui renferme en soi l'or en plus grande quantité, bien que toutes choses soient contenues en lui. Toujours est-il qu'Anaxagore dit : En toute chose se trouve renfermée une partie de chacune des choses[2] et Chaque unique chose est et était formée de celles qui, étant les plus nombreuses, sont de ce fait les plus visibles[3]. Aussi Théophraste dit-il que sur ce point Anaxagore tient un langage assez proche de celui d'Anaximandre, car celui-ci soutient que, dans la division de l'illimité, les parties qui ont une parenté se regroupent entre elles et que c'est parce qu'il y avait de l'or dans le tout, que l'or se trouve engendré, et parce qu'il y avait de la terre, qu'est engendrée la terre. Et il en va de même de toutes les autres choses individuelles, qui ne sont pas à proprement parler engendrées, mais qui existaient auparavant en lui.

Anaxagore ajouta ensuite l'Intellect comme cause du mouvement et de la génération, disant que c'est sous l'effet de la discrimination opérée par l'Intellect que (les homéoméries) engendrent les mondes, ainsi que la substance des autres choses. « En adoptant ce point de vue, poursuit Théophraste, Anaxagore a pu passer pour avoir rendu illimités les principes matériels, et tenu l'Intellect pour l'unique cause du mouvement et de la génération ; mais si l'on tient le mélange de toutes choses comme constituant une nature unique, indéterminée aussi bien quant à la forme que quant à la grandeur, on constate qu'Anaxagore affirme l'existence de deux principes : la nature de l'illimité d'une part, et d'autre part l'Intellect; si bien que, touchant les éléments corporels, on le voit, sa thèse est à peu près semblable à celle d'Anaximandre. (*Commentaire sur la Physique d'Aristote*, 27, 2.)

Anaxagore a dit : Dans le petit, on ne saurait trouver l'extrêmement petit, mais il y a toujours un encore plus petit[1]; il en est de même pour l'extrêmement grand (ainsi que le montrent l'expression même d'Anaxagore, et, en tout cas, Théophraste au second livre de son ouvrage *Sur Anaxagore*, où il écrit : « Ensuite la proposition que *tout est dans tout* n'est pas suffisamment accréditée par l'argument qui consiste à dire que tout est illimité en grandeur et en petitesse, et que l'extrêmement petit et l'extrêmement grand ne peuvent pas être appréhendés. ») (*Ibid.*, 166, 15.)

<h2 style="text-align:center">XLII</h2>

Hippolyte.

1. Après[2] Anaximène vient Anaxagore, fils d'Hégésibule, de Clazomènes. Il disait que le principe du tout est l'Intellect et la matière, l'Intellect étant l'agent et la matière étant ce qui subit la génération. « Toutes les choses en effet étaient ensemble. Ensuite vint un Intellect qui les mit en ordre. » Il dit que les principes matériels sont illimités et que les petits d'entre eux sont des illimités[3]. 2. Toutes choses participent au mouvement, du fait qu'elles sont mues par l'intellect, et les semblables se rassemblent. Celles qui se trouvent dans le ciel sont ordonnées par le mouvement circulaire. Le dense et l'humide, l'obscur et le froid et tous les pesants se rassemblent au centre; c'est de leur entassement compact que la terre est formée; en revanche leurs contraires, le chaud et le brillant, le sec et le léger, se sont élancés au sommet de l'éther. 3. La Terre a une forme plate; elle demeure immobile et flotte dans les airs à cause de sa grandeur, à cause de son absence de vide, et à cause de ce que l'air, de nature très résistante, supporte la Terre qui y est en suspens[4]. 4. La mer a été formée des zones humides de la Terre, à la fois des eaux qui se trouvaient en elle et qui, après avoir été aspirées, ont ainsi constitué les bas-fonds, et de l'écoulement des fleuves. 5. Les fleuves tirent leur substance des pluies et des eaux souterraines, car la Terre est creuse et renferme de l'eau dans ses cavités. Le Nil[5] grossit pendant l'été à cause du déversement dans son cours des eaux produites par les neiges des régions antarctiques. 6. Le Soleil, la

Lune et tous les astres sont des pierres incandescentes entraînées ensemble dans un mouvement circulaire par la rotation de l'éther. Il existe en-dessous des astres certains corps entraînés avec le Soleil et la Lune et qui échappent à notre vue. 7. Nous ne percevons pas la chaleur qui vient des astres, à cause de la grandeur [de la distance] qui les sépare de la Terre ; de plus ils ne sont pas aussi chauds que le Soleil, parce qu'ils occupent une région plus froide. La Lune, elle, est plus basse que le Soleil et plus proche de nous. 8. Le Soleil est plus grand que le Péloponnèse. La Lune n'a pas de lumière qui lui soit propre mais la reçoit du Soleil. La révolution des astres a lieu sous la Terre. 9. L'éclipse de Lune se produit parce que la Terre intercepte sa lumière et quelquefois quand cette lumière est interceptée par des corps qui sont dans une orbite plus basse qu'elle ; celle du Soleil quand sa lumière est interceptée par la Lune à la nouvelle Lune. Les solstices se produisent lorsque le Soleil et la Lune sont repoussés par l'air. La Lune change souvent de cours parce qu'elle n'a pas la force de vaincre le froid. 10. Anaxagore est le premier à avoir éclairci les questions relatives aux éclipses et aux phases de la Lune. Il disait que la Lune est terreuse et qu'elle comporte des plaines et des vallonnements. La Voie lactée est un reflet de la lumière des astres qui ne sont pas éclairés par la lumière du Soleil. Les astres qui se meuvent sont comme des étincelles qui jaillissent du fait du mouvement de la voûte[1]. 11. Les vents se produisent du fait de la raréfaction de l'air par le Soleil et quand les corps brûlants se retirent vers la voûte et sont renvoyés en sens contraire. Les coups de tonnerre et les éclairs sont produits par le chaud qui tombe sur les nuages. 12. Les tremblements de terre se produisent lorsque l'air placé au-dessus de la Terre vient frapper l'air qui se trouve sous la Terre ; car lorsque celui-ci est agité, la Terre qui est posée dessus est secouée. Les animaux au commencement sont nés dans l'humide, après quoi ils se sont reproduits. Les sujets mâles naissent lorsque la semence sécrétée par la droite des génitoires s'agglutine sur la partie droite de la matrice ; les femelles dans le cas contraire. 13. L'acmé [...][2] ⟨et la mort⟩ d'Anaxagore se situe dans la première année de la quatre-vingtième olympiade[3], au moment, dit-on, de la naissance de Platon. Il possédait, dit-on, le don de prophétie.

(*Réfutation de toutes les hérésies*, I, 8, 1.)

XLIII

Ariſtote.

Anaxagore de Clazomènes, plus ancien qu'Empédocle par l'âge, mais plus moderne que lui dans ses travaux, soutient que les principes sont illimités. Car presque toutes les homéoméries (comme l'eau ou le feu) sont, dit-il, engendrées et corrompues seulement par l'effet de la composition et de la discrimination; pourtant, en un autre sens, elles ne sont ni engendrées ni détruites, mais demeurent éternellement. (*Métaphysique*, A, III, 984 *a* 11.)

Anaxagore soutient, touchant les éléments, une théorie contraire à celle d'Empédocle. Alors que celui-ci en effet déclare que le feu, la terre et les autres éléments semblables sont les éléments des corps et que toutes les choses sont formées de leur composition, Anaxagore assure le contraire : les éléments, dit-il, ce sont les homéoméries, comme par exemple la chair, l'os et chacune des choses de ce type; en revanche, l'air et le feu sont des mélanges composés de ces subſtances et de toutes les autres semences : chacun eſt en effet un agrégat de tous les homéomères invisibles. C'eſt pourquoi toutes choses sont engendrées à partir de ces deux corps (car il attribue le même nom au feu et à l'éther[1].) (*Traité du ciel*, III, III, 302 *a* 28.)

XLIV

Lucrèce.

> [830] *Voyons Anaxagore et l'homéomérie :*
> *Ainsi disent les Grecs, mais notre pauvre langue*
> *Ne saurait lui trouver un terme équivalent.*
> *Mais dire ce qu'elle eſt, n'eſt pas très difficile.*
> *D'abord, ce qu'il entend par l'homéomérie,*
> [835] *C'eſt par exemple que les os sont formés d'os*
> *Tout petits et menus, que la chair l'eſt de chairs*
> *Petites et menues, que le sang eſt formé*
> *De l'agglutinement d'un grand nombre de gouttes;*
> *Il croit que l'or eſt fait de paillettes dorées,*
> [840] *La terre composée de petits bouts de terre,*
> *Le feu de petits feux, l'eau de petites eaux;*
> *Il forge tous les corps sur le même patron.*
> *Cependant, nulle part, il ne fait place au vide*
> *Et n'admet pas de terme à la division.*

[845] *Et par ces deux aspects il semble partager*
Les erreurs qu'Empédocle a lui-même commises.
Trop instables, de plus, paraissent ses principes,
Si tel est dit principe un élément doué
D'un statut identique à celui qu'ont les corps,
[850] *Dont rien ne vient freiner la destruction fatale.*
Lequel dans un combat aura assez de force
Pour éviter la mort et les crocs du Trépas ?
Le feu, ou l'eau, ou l'air ? Lequel ? le sang, les os ?
Aucun, à mon avis, puisque toutes les choses
[855] *Devront toutes périr, comme les corps visibles*
Vaincus par quelque force acharnée à leur perte.
Or rien ne peut jamais retourner au néant
Ou naître du néant, comme je l'ai prouvé.
Comme les aliments et font croître et nourrissent,
[860] *On ne peut pas penser que veines, sang et os,*
⟨*Et nerfs aussi soient faits d'autres parties*⟩.
Car si les aliments résultaient de mélanges
Et renfermaient en eux des parcelles de nerfs
Ainsi que des parties d'os, de veines, de sang,
Il s'ensuivrait qu'un aliment, sec ou liquide,
[865] *Serait aussi formé de diverses parties,*
Mélange d'os, de nerfs, de sérum et de sang.
Et puis, si tous les corps qui sortent de la terre
Se trouvaient dans la terre, il faudrait qu'elle soit
Formée des divers corps qui naissent de la terre ;
[870] *Et le même argument s'applique à tous les corps :*
Car si le bois celait flammes, fumée et cendre,
De diverses parties le bois serait formé ;
Et les corps que la terre alimente et fait croître [...],
Comme divers sont ceux qui du bois ont jailli.
[875] *Il fallait recourir à une échappatoire :*
Anaxagore y recourut, imaginant
Que tout se mêle au tout et dans le tout se cache,
Et qu'apparaît le corps seul, dont les éléments
Constituent l'élément dominant du mélange,
[879] *Et peuvent de ce fait apparaître à la vue.*

(*De la nature*, I, v. 830 à 879.)

Diogène d'Œnoanda.

Anaxagore de Clazomènes fait des homéoméries ⟨les éléments⟩ de toutes choses[1]. (Fragment 5, col. II, l. 4, éd. Grilli.)

XLV

Aristote.

Tous ceux qui considèrent les éléments comme illimités, tels Anaxagore et Démocrite, l'un avec les homéoméries, l'autre avec l'universelle réserve séminale des figures[1], soutiennent que l'illimité est continu par contact. Le premier soutient que toute partie est un mélange analogue au tout, étant donné que l'observation nous apprend que tout peut naître de tout. (*Physique*, III, IV, 203 *a* 19.)

Simplicius.

Puisque, d'une part, Anaxagore présuppose comme principe les homéoméries et que, d'autre part, Démocrite pose comme principe les atomes, chacun les tenant pour illimités en nombre, Aristote[2] commence par examiner la théorie d'Anaxagore et nous explique la raison pour laquelle Anaxagore a été conduit à cette supposition, en nous montrant qu'il lui était nécessaire de dire non seulement que le tout était un mélange illimité en grandeur, mais que chaque homéomérie renfermait en soi, semblablement au tout, toutes les choses, et qu'elles n'étaient pas seulement illimitées, mais infiniment[3] illimitées. Anaxagore en était arrivé à cette conception, parce qu'il considérait que rien ne saurait naître du néant et que tout tire sa nourriture du semblable. C'est qu'il constatait que tout naît de tout, et cela non d'une manière immédiate, mais selon un certain ordre (l'air naît en effet du feu, l'eau de l'air, la terre de l'eau, la pierre de la terre, et de nouveau le feu de la pierre ; et la même nourriture, par exemple le pain, donne naissance à des choses multiples et dissemblables : les chairs, les os, les veines, les nerfs, les cheveux, les ongles et éventuellement les ailes et les cornes, tandis que le semblable s'accroît par le semblable). Il supposa par conséquent qu'il existe dans la nourriture et dans l'eau, du bois de l'écorce et du fruit, puisque les plantes s'en nourrissent[4]. Aussi conclut-il que tout est mélangé à tout et que la génération se produit par discrimination. À cela s'ajouta peut-être la constatation du phénomène de la génération à partir de choses qui demeurent identiques à elles-mêmes, comme le feu à partir de la pierre et l'air constituant les bulles à partir de l'eau. Constatant donc que toutes choses résultent d'une discrimination à partir de chacune des choses actuellement discriminées, comme par exemple naissent du pain la chair, l'os, etc., étant donné que toutes existent ensemble dans la même

chose et se trouvent mélangées, il forma à partir de ces faits la
supposition que toutes choses se trouvent mélangées ensemble
avant que se produise l'instant de la discrimination. C'est pourquoi il commença ainsi son traité : **Toutes les choses étaient
ensemble**[1], en sorte que **chacune,** par exemple ce pain-ci,
est un mélange semblable au tout, constitué par exemple de
cette chair-ci et de cet os. (*Commentaire sur la Physique d'Aristote,*
460, 4.)

Anaxagore a dit, semble-t-il, que, au commencement et
pour un temps illimité, toutes les choses ont existé ensemble
et se sont trouvées en repos; puis que l'Intellect artiste du
monde, dans sa volonté de discriminer les espèces qu'il appelle
homéoméries, a introduit en elles le mouvement. (*Ibid.,* 1123, 21.)

XLVI

Aristote.

Anaxagore en effet pose comme éléments les homéoméries,
tels l'os, la chair, la moelle et, pour les autres choses, chaque
partie qui porte le nom du tout. (*De la génération et de la corruption,*
I, 1, 314 *a* 18.)

Aétius.

Anaxagore, fils d'Hégésibule, de Clazomènes, affirma que les
homéoméries sont les principes des choses, car il lui paraissait
extrêmement difficile d'expliquer comment quelque chose peut
être engendré du néant ou retourner par corruption au néant.
Nous absorbons assurément une nourriture simple et unispé-
cifiée, pain et eau, et c'est elle qui nourrit le cheveu, la veine,
l'artère, la chair, les nerfs, les os et les autres parties. Puisque l'on
constate leur génération, il faut convenir que ces substances sont
toutes contenues dans la nourriture absorbée et que toutes les
choses tirent de celles-ci la substance de leur accroissement.
Ainsi cette nourriture renferme les parties responsables de la
génération du sang, des nerfs, des os et autres constituants du
corps; mais ces parties ne sont visibles que pour la raison. Il ne
faut pas en effet ramener toutes les choses à la sensation, sous prétexte que le pain et l'eau forment toutes choses, mais considérer
qu'il existe en ces choses des parties qui sont visibles pour la
raison. Aussi a-t-il appelé *homéoméries* les parties renfermées dans
la nourriture et semblables aux choses déjà engendrées, en
affirmant qu'elles étaient les principes des choses : il fait des *homéoméries* la matière et de l'Intellect ordonnateur de toutes choses la
cause efficiente. Il commence donc par dire : **Toutes les *choses***

étaient ensemble, puis vint l'Intellect qui les discrimina et
les ordonna, — il donne le nom de *choses* aux réalités. Il faut par
conséquent lui attribuer le mérite d'avoir ajouté à la matière le
principe artiste. (*Opinions*, I, iii, 5.)

XLVII

Platon.

Un jour j'entendis lire un livre d'Anaxagore, à ce qu'on m'a
dit, qui exposait que c'est l'Intellect l'ordonnateur du monde et
la cause de toutes choses; or cette cause me réjouit fort, car mon
opinion était qu'il était bienvenu qu'en un sens l'Intellect fût la
cause de toutes choses; et j'estimais que, s'il en était ainsi,
l'Intellect ordonnateur du monde disposait heureusement toutes
choses et assignait à chaque chose la meilleure condition. [...] Je
pensais avoir trouvé le maître capable de m'expliquer la causalité
des choses selon l'Intellect en Anaxagore : il commencerait par
me dire si la Terre est plate ou ronde; poursuivant son explication, il m'en fournirait en détail la cause et la nécessité et, puisqu'il dit ce qui est le mieux, me dirait pourquoi telle forme est la
meilleure; [...] s'il me faisait ces révélations, j'étais prêt à ne plus
jamais désirer une autre forme de causalité! Et pour le Soleil
aussi, j'étais prêt à me laisser convaincre de même, ainsi que pour
la Lune et les autres astres, touchant leurs vitesses relatives, leurs
changements de cours et leurs autres accidents, en un mot sur la
meilleure façon de produire ou de subir ces accidents. Je n'aurais
jamais pu croire qu'en assurant que l'Intellect avait ordonné
toutes choses, il pût leur assigner une autre cause que le fait que
le mieux, c'est qu'elles soient comme elles sont. Puisqu'il conférait à chaque chose, ainsi qu'à l'ensemble, cette causalité, je
croyais qu'il m'expliquerait en détail en quoi le mieux consiste,
aussi bien pour chacune que pour toutes. Pour rien au monde je
n'aurais cédé mes espérances; et ayant mis tout mon zèle à me
procurer ces volumes, j'en pris au plus vite connaissance, afin de
savoir au plus vite le meilleur et le pire. Riche de cette merveil-
leuse espérance, je dus, mon cher ami, bientôt déchanter : car, en
poursuivant ma lecture, je vois un monsieur qui ne fait rien de
l'Intellect, qui ne lui assigne nulle responsabilité dans l'ordonnance des choses et qui, au contraire, fait appel aux airs, aux
éthers, aux eaux et à mille autres causes tout aussi absurdes[1].
(*Phédon*, 97 *b*.)

Aristote.

Anaxagore se sert de son Intellect comme d'un *deus ex machina* jouant le rôle d'agent ordonnateur et, lorsque surgit une difficulté, pour expliquer quelle est la cause qui produit nécessairement quelque chose, il le fait rentrer de nouveau en scène, alors que, le reste du temps, il fait dépendre les causes de « toutes les choses » plutôt que de l'« Intellect ». (*Métaphysique*, A, iv, 985 *a* 18.)

Simplicius.

Anaxagore, laissant de côté l'Intellect, ainsi que le déclare Eudème, constitue les multiples au hasard. (*Commentaire sur la Physique d'Aristote*, 327, 26.)

XLVIII

Aétius.

Anaxagore déclare qu'au commencement les corps ignoraient tout mouvement, et que c'est l'Intellect divin qui les a ordonnés et a été l'agent de la génération de toutes les choses. (*Opinions*, I, vii, 5.)

Anaxagore dit que Dieu est l'Intellect, agent de l'ordre du monde. (*Ibid.*, vii, 15.)

Euripide.

> *Car notre Intellect c'est Dieu en chacun de nous*[1].
>
> (*Fragments*, 1018.)

Philodème.

⟨Di⟩eu a été, est et sera; il est le principe et le dominateur de toutes choses. L'Intellect a ordonné toutes les choses qui étaient illimitées et mêlées[2]. (*De la piété*, 4 *a*, éd. Gomperz, p. 66.)

Cicéron.

Ensuite vint Anaxagore, qui reçut l'enseignement d'Anaximène : il fut le premier à vouloir que la disposition et l'ordre de toutes choses soient établis et formés par la force et la raison d'un Intellect infini. Mais, ce faisant, il ne s'est pas rendu compte que l'infini ne peut avoir ni mouvement (que lui adjoindrait la sensibilité, mais qui ne lui serait pas co-extensif), ni sensibilité aucune, (qui serait telle que l'infini sentirait sans que sa propre nature ait reçu d'impressions[3]). Ensuite si cet Intellect est, ainsi qu'il l'a voulu, quelque chose de comparable à un être vivant, il

devra y avoir quelque chose à l'intérieur de lui-même d'où il
puisse tirer son appellation de vivant. Or qu'y a-t-il de plus
intime que l'Intellect? Il faut donc que l'Intellect s'enveloppe
d'un corps externe. Mais cette solution ne lui convient pas : car
pour lui l'Intellect est nu et dépouillé et il ne lui ajoute rien qui
lui permette de sentir. Il faut bien reconnaître que notre intelligence n'est pas assez puissante pour concevoir une telle théorie.
(*De la nature des dieux*, I, XI, 26.)

XLIX

Cicéron.

Anaxagore dit que la matière est illimitée, mais que d'elle
naissent des particules toutes petites, semblables entre elles,
qui au commencement se trouvaient fondues ensemble, puis
furent ordonnées par l'Intellect divin. (*Premiers académiques*, II,
XXXVII, 118.)

L

Aristote.

Anaxagore tient des propos absurdes sur le repos de l'illimité :
car il prétend que l'illimité se soutient lui-même, et cela parce
qu'il est en lui-même et que rien d'autre ne le circonscrit, comme
si le lieu où quelque chose se trouve devait être son lieu naturel.
(*Physique*, III, V, 205 *b* 1.)

LI

Aétius.

Les homéoméries revêtent des aspects multiples. (*Opinions*, I,
XIV, 4.)

LII

Aristote.

Pour certains, c'est de l'Un, qui renferme les contrariétés, que
celles-ci sortent par dissociation, comme le soutiennent Anaximandre et ceux qui, comme Empédocle et Anaxagore, affirment

que les étants sont « un-et-multiples[1] ». C'est par discrimination qu'ils font sortir du mélange les autres choses. Ce qui sépare ces deux auteurs, c'est que l'un suppose l'existence de changements cycliques alors que l'autre suppose un processus unique de production. En outre, pour ce dernier, les homéomères et les contraires sont illimités, alors que pour le premier il n'existe seulement que ce qu'il appelle les éléments. Anaxagore avait, semble-t-il, ainsi conçu comme illimités ⟨les homéomères⟩, parce qu'il admettait comme vraie la théorie des physiciens selon laquelle rien n'est engendré à partir du néant; c'est pourquoi ils déclarent que   toutes les choses étaient ensemble[2]   et que la génération de telle ou telle chose se ramène à l'altération[3]. (*Physique*, I, IV, 187 *a* 20.)

Pour ceux qui posent en principe, comme Empédocle, Anaxagore et Leucippe, que la matière des choses est multiple, [altération et génération sont nécessairement deux choses différentes]. Cependant Anaxagore n'a pas compris la portée de son propos, puisqu'il dit que la génération et la destruction se ramènent à une même chose : l'altération. (*De la génération et de la corruption*, I, I, 314 *a* 11.)

Hippocrate.

Assurément, aucune des choses n'est détruite et nulle n'est engendrée, parce que rien encore n'existait auparavant; en fait il se produit une altération par mélange et discrimination. (*Du régime*, I, 4.)

LIII

Simplicius.

C'est pourquoi Anaxagore dit qu'il n'est pas possible que toutes choses soient discriminées. En effet la discrimination n'est pas un émiettement total. (*Commentaire sur la Physique d'Aristote*, 461, 20.)

LIV

Aétius.

Les disciples d'Anaxagore et de Démocrite déclarent que les mélanges sont engendrés par juxtaposition des éléments. (*Opinions*, I, XVII, 2.)

Platon.

Le juste est ce que prétend Anaxagore : c'est l'Intellect. Il est en effet, selon les expressions de ce philosophe, un maître absolu, qui, sans se mêler à rien, met toutes les choses en ordre, en cheminant à travers toutes. (*Cratyle*, 413 *c*.)

Aristote.

[Anaxagore] pose l'Intellect comme étant le principe dominant de toutes choses. Il déclare qu'il est le seul parmi les êtres à être simple, sans mélange et pur. À ce même principe il confère à la fois le connaître et le mouvoir, quand il dit que l'Intellect meut le tout. (*Traité de l'âme*, I, II, 405 *a* 15.)

LVI

Aristote.

C'est pourquoi Anaxagore a raison de dire que l'Intellect est impassible, et d'affirmer qu'il est sans mélange, puisqu'il est en fait le principe du mouvement. Il ne peut mouvoir qu'à la condition d'être non mû, et dominer qu'à la condition d'être sans mélange. (*Physique*, VIII, v, 256 *b* 24.)

Anaxagore témoigne de l'antériorité de l'acte, car l'Intellect est acte[1]. (*Métaphysique*, Λ, VI, 1072 *a* 4.)

LVII

Clément d'Alexandrie.

Anaxagore a le premier placé l'Intellect au-dessus des choses. Mais il n'a pas cherché à lui conserver le statut de cause efficiente, quand il dépeint certains tourbillons inintelligents en les accompagnant de l'absence d'activité et d'intelligence de l'Intellect. (*Stromates*, II, 14.)

Aristote.

Lorsque quelqu'un dit qu'il existe dans la nature, de la même façon que chez les animaux, un Intellect qui est cause de l'ordre et de toute organisation du monde, il apparaît comme un

homme de bon sens comparé à ceux qui ont discouru avant lui.
Nous savons très clairement qu'Anaxagore a adopté ces concep-
tions, mais on dit que le premier à les formuler fut Hermotime de
Clazomènes[1]. (*Métaphysique*, A, III, 984 *b* 15.)

LIX

Simplicius.

Eudème blâme Anaxagore non seulement parce qu'il dit que le
mouvement, qui n'existait pas auparavant, a commencé à un
moment donné, mais aussi parce qu'il a omis de parler de sa
conservation et de sa cessation, bien que la chose ne fût pas claire.
« Qu'est-ce qui empêche, dit-il, de croire qu'à un moment
donné l'Intellect a fait s'arrêter toutes choses, de la même façon
que, selon lui, il les a mues ? »

Eudème formule encore contre Anaxagore cette accusation :
« Comment se peut-il qu'il existe une privation quelconque,
antérieure à la possession contraire ? Si donc le repos est la privation de mouvement, il ne saurait exister avant le mouvement[2]. »
(*Commentaire sur la Physique d'Aristote*, 1185, 9.)

LX

Aristote.

C'est pourquoi Anaxagore a eu tort de déclarer que toutes
les choses étaient ensemble, illimitées en nombre et en
petitesse[3]. Il fallait dire : *en petit nombre*, au lieu de *en petitesse*.
En effet toutes choses ne sont pas illimitées, puisque le *peu nombreux* ne procède pas de l'*Un*, ainsi que certains le prétendent,
mais bien du *deux*[4]. (*Métaphysique*, I, VI, 1056 *b* 28.)

LXI

Aristote.

Toutes les choses sont engendrées à partir de ce qui est, du
moins de ce qui est en puissance[5], et de ce qui n'est pas en acte.
C'est le cas de l'*Un* d'Anaxagore (expression préférable à son
toutes choses ensemble) ; c'est aussi le cas du mélange
d'Empédocle et d'Anaximandre. (*Métaphysique*, Λ, II, 1069 *b* 19.)

Si l'on supposait qu'Anaxagore affirme l'existence de deux éléments, cette supposition serait tout à fait raisonnable. (*Ibid.*, A,
VIII, 989 *a* 30.)

Cependant, si l'on suivait pas à pas ce qu'il veut dire, son propos apparaîtrait sans doute fort extraordinaire. (*Ibid.*, 989 *b* 4.)

Il s'ensuit qu'il est conduit à dire que les principes sont l'Un (lequel en effet est simple et sans mélange) et l'Autre, dont la nature est celle que nous conférons à l'indéterminé avant qu'il se trouve défini et qu'il participe à une certaine forme. (*Ibid.*, 989 *b* 16.)

LXII

Diodore de Sicile.

Il semble que[1], touchant la nature de toutes choses, Euripide ne marque nul désaccord avec ce que nous avons dit auparavant, étant donné qu'il fut l'élève du physicien Anaxagore. En effet voici ce qu'il déclare dans sa *Mélanippe* :

⟨*Ce n'est pas moi qui tiens ce discours, mais ma mère :*⟩
Ciel et Terre existaient en une seule forme;
Après qu'ils ont été séparés l'un de l'autre,
Tout naquit et tout fut produit à la lumière :
Arbres, oiseaux, bêtes, habitants de la mer,
Et les mortels enfin [...].

(*Bibliothèque historique*, I, 7, 7.)

LXIII

Aétius.

Thalès [...], Anaxagore, Platon, Aristote et Zénon affirment l'unité du monde. (*Opinions*, II, 1, 2.)

LXIV

Simplicius.

Anaxagore déclare que le monde est engendré en une seule fois à partir du mélange, et demeure en repos le reste du temps, ordonné par l'Intellect qui règne sur lui, et discriminé par lui[2]. (*Commentaire sur la Physique d'Aristote*, 154, 29.)

Anaxagore, Archélaos et Métrodore de Chio disent, semble-t-il, que le monde est engendré depuis le commencement du temps : ils soutiennent en effet que le mouvement, lui aussi, a eu un commencement. Selon eux, les choses au commencement se trouvaient en repos, et c'est l'Intellect qui a engendré le mouvement par lequel le monde est engendré. C'est, à ce qu'il apparaît, dans l'intention de proposer un ordre didactique[3], qu'ils ont formé l'hypothèse d'un commencement de la formation du monde. (*Ibid.*, 1121, 21.)

LXV

Aétius.

Anaximandre, Anaximène, Anaxagore, Archélaos, Diogène et Leucippe pensent que le monde est corruptible. (*Opinions*, II, IV, 6.)

LXVI

Aétius.

Anaxagore, Démocrite et les stoïciens disent que la fortune est une cause invisible à la raison humaine. En effet, les choses se produisent soit par nécessité, soit par destin, soit par choix volontaire, soit par fortune, soit par hasard. (*Opinions*, I, XXIX, 7.)

Alexandre d'Aphrodise.

Anaxagore énonce en effet que rien de ce qui se produit n'est l'effet du destin, et que ce mot est vide. (*Du destin*, 2.)

[Scolie.]

Anaxagore disait que les dieux n'exercent sur les hommes aucune Providence divine, mais que toutes les actions humaines sont l'effet de la fortune[1]. (À Aristide, II, éd. Dindorf, p. 80, 15.)

LXVII

Aétius.

Diogène et Anaxagore soutenaient qu'après la formation du monde et la production des animaux à partir de la terre, le monde s'est incliné par hasard vers sa partie sud (mais peut-être par providence, afin que certaines parties devinssent inhabitables et d'autres habitables à cause du gel, de l'embrasement et du climat tempéré). (*Opinions*, II, VIII, 1.)

LXVIII

Aristote.

Parmi ceux qui se refusent à admettre l'existence du vide, certains, comme Anaxagore et Empédocle, n'ont donné aucune définition du léger et du lourd. (*Traité du ciel*, IV, II, 309 *a* 19.)

Certains, qui s'efforcent de prouver que le vide n'existe pas, ne réfutent pas ce que la conscience commune entend généralement par le vide ; leurs propos sont erronés, comme ceux d'Anaxagore et de ceux qui proposent une réfutation analogue. Car ils démontrent que l'air est quelque chose, en gonflant des outres et en montrant que l'air offre une résistance, et aussi en empêchant l'air de sortir des clepsydres[1]. (*Physique*, IV, VI, 213 *a* 22.)

LXIX

Pseudo-Aristote.

Touchant les phénomènes relatifs à la clepsydre[2], la cause de ces phénomènes est en gros, semble-t-il, conforme à ce qu'en dit Anaxagore. Car l'air enfermé dans la clepsydre est une cause qui empêche l'eau de pénétrer à l'intérieur lorsqu'on a fermé l'extrémité opposée du tube de la clepsydre, sans toutefois en être la seule cause. En effet, si l'on plonge le tube obliquement dans l'eau en ayant maintenu fermée l'autre extrémité préalablement obturée, l'eau y pénètre pourtant. C'est pourquoi la cause qu'indique Anaxagore n'est pas suffisante. L'air en est, comme nous l'avons dit, la cause. L'air, une fois comprimé et se mouvant de lui-même sans contrainte extérieure, se déplace naturellement en ligne droite, ainsi que le font les autres éléments. Mais si l'on plonge obliquement la clepsydre[3], l'air sort par les trous situés au-dessus du niveau de l'eau parce qu'il est dans l'impossibilité de s'échapper directement par les autres trous, situés au-dessous de l'eau, par lesquels l'eau s'introduit tandis que l'air s'en va. Si au contraire on plonge perpendiculairement la clepsydre dans l'eau, l'air ne peut pas s'échapper perpendiculairement, et, puisque les trous du haut se trouvent maintenant bouchés, il demeure bloqué autour des premiers trous, car sa nature s'oppose à la compression.

La preuve que l'air, dans l'impossibilité de se mouvoir, a la force de repousser l'eau, est fournie par ce qui se produit dans la clepsydre. Si en effet on remplit d'eau la cuvette de la clepsydre en bouchant le tube, puis que l'on arrête le remplissage au bas du tube, l'eau ne se déplace pas dans le tube pour aller vers l'extrémité. Si alors on ouvre l'extrémité, l'eau ne s'écoule pas immédiatement à travers le tube, mais apparaît avec un léger retard, parce qu'elle n'est pas immédiatement présente à l'extrémité du tube ; elle n'y parvient qu'un petit peu plus tard, le temps pour elle de parcourir le tube que l'on vient d'ouvrir. Si, au contraire, tandis que la clepsydre se trouve remplie d'eau, et droite au lieu d'être la tête en bas, on ouvre le tube, alors l'eau s'écoule aussitôt à travers l'extrémité opposée qui fait passoire, parce qu'elle se trouve au contact de la passoire, sans toucher le sommet du tube.

Par conséquent si, au premier temps de l'expérience, l'eau ne s'introduit pas dans la clepsydre pour la cause mentionnée plus haut, ici elle en sort dès l'ouverture du tube, parce que l'air qui se meut de haut en bas dans le tube provoque une évacuation abondante de l'eau contenue dans la clepsydre. Cependant, l'eau, poussée vers le bas, glisse dans le tube et s'échappe sans difficulté, en exerçant une pression contre l'air qui se trouve à l'extérieur de la clepsydre ; cet air ainsi se trouve mû et est égal en force à celui qui chasse l'eau ; mais en raison de la résistance que l'eau lui oppose, il perd de sa force en s'écoulant de plus en plus vite à travers l'étroitesse du tube, avant de tomber dans l'eau ⟨du récipient⟩.

Quand, au contraire, on bouche le tube, la cause qui fait que l'eau n'afflue pas tient à ce que l'eau qui pénètre dans la clepsydre repousse violemment l'air en dehors de celle-ci. La preuve en est le vent et le gargouillement qui se produisent à l'intérieur de la clepsydre. À l'entrée de l'eau, ⟨l'air⟩ qui exerce une violente poussée dans le tube, est bloqué à la façon dont des morceaux de bois enfoncés ou encore un coin de bronze coincé dans une fente, restent en place sans être autrement maintenus ; mais celui-ci ⟨est expulsé facilement⟩ quand on le frappe par l'extrémité opposée, tout comme on enlève des chevilles enfoncées dans des morceaux de bois. C'est ce qui se produit lorsque le tube est ouvert, pour les raisons fournies plus haut. Il est vraisemblable pour ces raisons que si, [lorsque le tube est plein et fermé en haut], l'eau ne parvient ni à s'écouler ni à s'échapper, c'est à cause de la violente pression de l'air dont le souffle la repousse. Le gargouillis montre que l'eau est repoussée vers le haut par l'air, ainsi qu'il arrive dans beaucoup de cas. Mais comme l'eau qui est repoussée forme un corps absolument continu, toute l'eau demeure immobile à cause de la pression de l'air, jusqu'à ce qu'elle se trouve repoussée de nouveau par lui, ⟨quand de nouveau on ouvre le tube⟩. Et comme l'eau qui se trouve à l'extrémité du tube demeure immobile, le reste de l'eau, un et continu, demeure en suspens. (*Problèmes*, XVI, VIII, 914 *b* 9.)

LXX

Théophraſte.

L'un, rare et subtil, eſt chaud ; l'autre, dense et épais, eſt froid : telle eſt la diſtinction qu'Anaxagore établit entre l'air et l'éther. (*Du sens*, 59.)

LXXI

Aétius.

Anaxagore disait que l'éther qui entoure le monde eſt de nature ignée, et qu'après avoir, par la force de sa rotation, arraché des pierres hors de la terre, il les a embrasées pour en faire des étoiles. (*Opinions*, II, XIII, 3.)

LXXII

Aétius.

Anaxagore dit que le Soleil eſt une masse incandescente ou une pierre embrasée. (*Opinions*, II, XX, 6.)

Anaxagore dit que le Soleil eſt beaucoup plus grand que le Péloponnèse. (*Ibid.*, II, XXI, 3.)

Anaxagore dit que [le solſtice] se produit par la pression de l'air que le Soleil lui-même comprime et rend ferme contre les pôles, par ⟨un phénomène de⟩ condensation. (*Ibid.*, XXIII, 2).

[Scolie.]

Anaxagore prétend que le Soleil eſt une masse incandescente, d'où toutes choses sont produites. (À Apollonius de Rhodes, *Argonautiques*, I, v. 498.)

LXXIII

Xénophon.

6. En général, Socrate dissuadait [ses disciples] de s'adonner à l'étude de la manière dont Dieu règle les phénomènes céleſtes [...] : « On courait, disait-il, en se consacrant à cette étude, le risque de divaguer rien moins qu'Anaxagore, qui eut l'extrême orgueil d'expliquer les mécanismes divins. 7. Car quand il dit que le Soleil eſt de feu, il oublie que les hommes peuvent facilement

regarder le feu en face, alors qu'il est impossible de fixer le Soleil
et que les rayons du Soleil font un teint bronzé, ce que ne fait pas
le feu. Il ignorait encore que la possibilité, pour les plantes qui
naissent de la terre, de croître convenablement ne saurait exister
sans le concours de la lumière solaire, alors que l'échauffement
du feu détruit tout. En affirmant que le Soleil est une pierre
incandescente, il ignore qu'une pierre placée dans le feu ne brille
pas et ne résiste pas longtemps, alors que le Soleil demeure
sans cesse l'objet le plus éclatant de tous. (*Mémorables*, IV, VII,
6 et suiv.)

Aristote.

Anaxagore fait un usage incorrect du terme en usant du mot
éther   à la place du mot *feu*. (*Traité du ciel*, I, III, 270 *b* 4.)

Simplicius.

Aristote accuse Anaxagore d'user d'une étymologie incorrecte
en faisant dériver le mot   éther   du verbe αἴθειν, qui signifie
brûler, et d'utiliser pour cette raison le mot   éther   à la place du
mot *feu*. (*Commentaire sur le Traité du ciel d'Aristote*, 1 19, 2.)

LXXIV

Pseudo-Aristote.

Pourquoi la nuit est-elle plus résonnante que le jour? Est-ce,
comme le prétend Anaxagore, parce que pendant le jour l'air
réchauffé par le Soleil siffle et murmure, alors que pendant la nuit
il est en repos, parce que la chaleur l'a abandonné? (*Problèmes*,
XI, XXXIII, 903 *a* 7.)

Plutarque.

[Je mets en avant] Anaxagore, qui dit que le Soleil remue l'air
d'un mouvement tremblant et plein de battements, comme il
appert par ces petites limures et petits lopins de poussière qui
volettent par les trous où passe la lumière du Soleil que quelques-
uns appellent tiles[1], lesquelles, dit-il, sifflant et murmurant le
jour rendent par le bruit qu'elles font les voix plus malaisées à
ouïr le jour, mais que la nuit leur branlement cesse, et par conséquent leur son aussi. (*Propos de table*, VIII, III, 3, 722 A.)

Proclus.

Platon nous a légué la conception selon laquelle l'orbite [du Soleil et de la Lune] dans l'univers est commune. Mais ce n'est pas lui qui a le premier forgé cette hypothèse. En réalité c'est Anaxagore, ainsi que l'a rapporté Eudème. (*Commentaire sur le Timée de Platon*, III, 63, 26, éd. Diehl.)

LXXVI

Platon.

SOCRATE : Ce nom[1] a l'air de révéler une plus grande ancienneté de la thèse nouvellement soutenue par Anaxagore pour qui la Lune reçoit du Soleil sa lumière [...]. Or cette lumière est, en un sens, en ce qui concerne la Lune, sans cesse *nouvelle* et *ancienne* (νέον et ἔνον), si toutefois est vraie la thèse des anaxagoréens ; car, en un sens, le Soleil, en accomplissant sans cesse autour d'elle sa révolution circulaire, projette sur elle une lumière sans cesse *nouvelle*, tandis que la lumière du mois précédent, elle, est *ancienne*[2].(*Cratyle*, 409 *a-b*.)

[*Scolie.*]

Le même Anaxagore affirme que la Lune est une région plate, d'où il semble que soit tombé le lion de Némée. (À Apollonius de Rhodes, *Argonautiques*, I, v. 498.)

Aétius.

Anaxagore et Démocrite disaient que [la Lune] est un solide embrasé comportant des plaines, des montagnes et des vallonnements. (*Opinions*, II, xxv, 9.)

Achille Tatius.

D'autres considèrent [la Lune] comme une terre embrasée renfermant un feu solide. Il y a des habitants sur la Lune, des fleuves et tout ce qu'on trouve sur la Terre, et la mythologie raconte que c'est d'elle qu'est tombé le lion de Némée. (*Introduction à Aratos*, 21, éd. Maass, 49, 4.)

Aétius.

Anaxagore disait que la Lune est un mélange mal équilibré

parce qu'il combine à la fois froid et terre, et présentant des parties hautes, des parties basses et des parties creuses. À l'élément igné est mélangé l'élément nuageux, dont la qualité est de faire briller ce qui est dans l'ombre : d'où l'appellation de *faussement brillante*[1] donnée à la Lune. (*Opinions*, II, xxx, 2.)

Thalès fut le premier à dire que la Lune est rendue brillante par le Soleil [...], point de vue que partage Anaxagore. (*Opinions*, II, xxviii, 5.)

Thalès, Anaxagore, Platon et les stoïciens s'accordent avec les savants pour considérer que les cycles mensuels de la Lune sont l'effet de sa conjonction avec le Soleil qui l'éclaire alors, et que ses éclipses sont l'effet de sa chute dans l'ombre de la Terre qui s'interpose entre ces deux astres, l'éclipse de Soleil se produisant par ailleurs lorsque la Terre s'interpose entre les deux astres, ou plutôt quand c'est la Lune qui s'interpose. Pour Anaxagore, au dire de Théophraste, l'éclipse peut être aussi l'effet de l'interception de la lumière par des corps situés en dessous de la Lune. (*Opinions*, II, xxix, 6-7.)

LXXVIII

Aétius.

Anaxagore, Démocrite et Cléanthe déclarent que tous les astres se déplacent d'est en ouest. (*Opinions*, II, xvi, 1.)

LXXIX

Achille Tatius.

Ni Anaxagore, ni Démocrite dans son *Grand système du monde*[2] ne considèrent que les astres sont des êtres vivants. (*Introduction à Aratos*, I, 13, éd. Maass, 40, 26.)

LXXX

Aristote.

Les disciples d'Anaxagore et de Démocrite disent que la Voie lactée est la lumière de certains astres, car lorsque le Soleil se déplace sous la Terre, il est masqué à la vue de certaines étoiles. Dans ce cas, la lumière de celles que le Soleil éclaire ne se trouve pas visible, parce qu'elle est offusquée par les rayons du Soleil. Dans l'autre cas, la Voie lactée représente, disent-ils, la lumière propre aux étoiles que la Terre dissimule aux rayons du Soleil. (*Météorologiques*, I, viii, 345 *a 25*.)

Aétius.

[Sur la Voie lactée]. Anaxagore dit que l'ombre de la Terre se trouve projetée sur cette partie du ciel, lorsque le Soleil, qui se trouve sous la Terre, n'éclaire pas tous les astres. (*Opinions*, III, 1, 5.)

LXXXI

Aristote.

Concernant les comètes [...], Anaxagore et Démocrite déclarent que la comète est la *conjonction* des planètes, lorsqu'elles paraissent se toucher, du fait de leur proximité. (*Météorologiques*, I, VI, 342 *b* 25.)

Aétius.

Anaxagore et Démocrite disent que [les comètes résultent] de la conjonction de deux ou de plusieurs astres en un même foyer lumineux. (*Opinions*, III, II, 2.)

[Scolie.]

Démocrite et Anaxagore disent que les comètes se produisent lors de la rencontre de deux planètes réunissant leurs rayonnements à la façon de deux miroirs se renvoyant mutuellement leurs lumières. (À Aratos, *Phénomènes*, éd. Maass, 545, 20.)

LXXXII

Aétius.

Anaxagore dit que les étoiles appelées filantes tombent du haut du ciel[1] comme des étincelles; c'est pourquoi elles s'éteignent facilement. (*Opinions*, III, II, 9.)

LXXXIII

Sénèque.

Charmandros[2] aussi, dans le livre qu'il a composé sur les comètes, affirme qu'Anaxagore a vu une grande lumière inhabituelle dans le ciel, de la taille d'une grande poutre et qu'elle a brillé plusieurs jours. (*Questions naturelles*, VII, 5, 3.)

LXXXIV

Aristote.

[Sur l'éclair et le tonnerre]. Certains disent que du feu prend naissance dans les nuages [...]; Anaxagore, qu'une partie de l'éther d'en haut — c'est le nom qu'il donne au feu — se précipite du haut vers le bas; l'éclat de ce feu, c'est l'éclair, et le fracas, accompagné d'un sifflement, du feu qui s'éteint dans ⟨le nuage⟩, c'est le tonnerre. Les choses se passent bien comme on le voit et l'éclair est bien antérieur au tonnerre[1]. (*Météorologiques*, II, ix, 369 *b* 14.)

Aétius.

Lorsque le chaud tombe sur le froid, c'est-à-dire la partie éthérée sur la partie proprement aérienne, il emplit le tonnerre du fracas, l'éclair de la couleur qui contraste avec la noirceur du nuage, la foudre d'une quantité énorme de lumière, la trombe du feu aux multiples formes et l'ouragan du mélange des nuages. (*Opinions*, III, iii, 4.)

Sénèque.

Anaxagore affirme que du [feu] émane de l'éther et que, du vaste ciel brûlant, de grandes quantités tombent qui demeurent enfermées longtemps dans les nuages. (*Questions naturelles*, II, 12, 3.)

Anaxagore affirme[2] que tous ces corps sont constitués de telle sorte qu'une force descend de l'éther vers les régions inférieures : ainsi le feu qui tombe sur les nuages froids fait du bruit et, en fendant les nuages, produit l'éclair; quand ces feux ont une force réduite, ce sont des éclairs qui se produisent, et quand cette force est grande, c'est la foudre. (*Ibid.*, II, 19.)

LXXXV

Aétius.

Anaxagore explique les nuages et la neige de la même façon qu'Anaximène. Mais la grêle se produit lorsque de la matière en provenance de nuages épais, poussée en avant en direction de la terre et congelée pendant sa chute, prend une forme arrondie. (*Opinions*, III, iv, 2.)

Aristote.

[Sur la grêle]. Anaxagore déclare qu'elle se produit lorsque [le nuage] s'est élevé dans l'air froid, tandis que nous disons, nous, que c'est lorsque le nuage descend dans l'air chaud. (*Météoro-logiques*, I, XII, 348 *b* 13.)

Pour certains[1], la cause de la production et de la naissance de la grêle semble être la suivante : quand le nuage est repoussé dans les régions supérieures de l'atmosphère, qui sont plus froides puisque là-bas cesse la réflexion des rayons du Soleil en provenance de la Terre, l'eau gèle en passant. C'est la raison pour laquelle, selon eux, les chutes de grêle sont plus fréquentes en été et dans les régions chaudes, parce que la chaleur repousse les nuages à une altitude plus haute. (*Ibid.*, I, XII, 348 *a* 14.)

LXXXVI

Aétius.

[Sur l'arc-en-ciel]. Anaxagore dit que ⟨l'arc-en-ciel⟩ est la réflexion, sur un nuage dense, du rayonnement solaire, et qu'il se produit toujours à l'opposé de l'astre qui l'illumine. Il explique de la même manière les phénomènes appelés *parhélies*[2] qui se produisent dans la région du Pont. (*Opinions*, III, V, 11.)

LXXXVI *a*

[*Scolie.*]

D'après Anaxagore, les vents naissent de la Terre et, d'après Homère, « *des nuées de notre père Zeus*[3] ». Mais Anaxagore désigne la cause matérielle des vents, alors qu'Homère désigne la cause efficiente[4], ou plutôt tout à la fois la cause matérielle et la cause efficiente. (À Eschyle, *Prométhée*, v. 88, éd. Dindorf, III, 181, 30.)

LXXXVII

[*Morceaux choisis d'astronomie.*]

La Terre n'est ni concave, comme le croit Démocrite[5], ni plate, comme le croit Anaxagore. (*Codex vaticanus* 381, cité dans Aratos, *Phénomènes*, éd. Maass, 143.)

LXXXVIII

Aristote.

Si bien que, si la Terre est à présent immobile par l'effet d'une force[1], la giration par laquelle ses parties se sont rassemblées au centre a résulté aussi d'une force. Tout le monde en effet décrit cette cause en se fondant sur l'observation de ce qui se produit dans les liquides, ainsi que dans l'air, où les corps les plus grands et les plus lourds sont l'objet d'une translation en direction du centre du tourbillon. C'est la raison que tous les philosophes qui considèrent que le ciel a été engendré, allèguent pour expliquer que la terre s'est rassemblée au centre. (*Traité du ciel*, II, XIII, 295 *a* 9.)

Simplicius.

La plupart disent que la Terre occupe le centre, comme le font Empédocle [...] et Anaxagore. (*Commentaire sur le Traité du ciel d'Aristote*, 511, 23.)

Et il en est qui déclarent que la Terre, soutenue par l'air sur lequel elle se trouve posée, le coiffe comme un couvercle, du fait qu'elle est plate et a la forme d'un tambour, et ne consent pas à le laisser remonter. Ainsi Anaxagore et Démocrite ont-ils paru soutenir cette thèse. (*Ibid.*, 520, 28.)

LXXXIX

Aristote.

Touchant le tremblement et le mouvement de la Terre [...]. (*Météorologiques*, II, VII, 365 *a* 14.)

Anaxagore soutient que l'air, dont le mouvement naturel est ascendant, vient frapper les parties basses et concaves de la Terre et lui imprime mouvement. Les parties supérieures de la Terre sont agglutinées par les pluies, puisque par nature la Terre est partout également poreuse, ce qui a pour conséquence que la sphère dans sa totalité comporte un haut et un bas, le haut constituant la partie sur laquelle nous vivons, le bas étant formé par le reste. (*Ibid.*, II, VII, 365 *a* 19.)

C'est une niaiserie que de dire d'un côté que la Terre demeure immobile sur l'air à cause de sa grandeur, et de prétendre d'un autre côté qu'elle se trouve secouée entièrement lorsqu'elle est frappée de bas en haut. En outre, il ne tient pas compte des circonstances qui accompagnent les tremblements de terre. (*Ibid.*, II, vii, 365 *a* 31.)

Aétius.

[Sur les tremblements de terre]. Anaxagore dit qu'ils se produisent parce que l'air s'infiltre ⟨sous terre⟩ où il se heurte à une surface compacte, secouant de tremblements son enveloppe, parce qu'il ne peut trouver d'issue. (*Opinions*, III, xv, 4.)

Sénèque.

Certains pensent que le feu est la cause des tremblements [de terre], et d'autres qu'il n'en est pas ⟨la cause unique⟩. Anaxagore fait partie des premiers, estimant que l'air comme la Terre sont secoués sous l'effet d'une cause presque semblable, lorsqu'⟨à la⟩ partie inférieure le souffle déchire l'air épais et emprisonné dans les nuages par une force identique à celle que nous voyons communément briser les nuages, et lorsque le feu jaillit sous le choc des nuages et sous l'effet du courant de l'air expulsé. Ce feu à la recherche d'une issue se précipite sur les obstacles qu'il rencontre et les renverse jusqu'à ce qu'il trouve, à travers un étroit passage, une issue vers le ciel, à moins qu'il ne se la fraye par la force et par la violence. (*Questions naturelles*, VI, 9, 1.)

Ammien Marcellin.

[...] ou du moins, [ainsi que l'affirme Anaxagore], par la force des vents qui circulent sous la terre et qui, en venant frapper des parties solides et encroûtées sans trouver aucune issue, font trembler les parties du sol sous lesquelles ils se trouvent emprisonnés et comprimés. (*Histoire de Rome*, XVII, vii, 11.)

xc

Aétius.

[De la mer : comment elle s'est formée et pourquoi elle est salée.] Anaxagore pense que l'humide qui stagnait primitivement s'est échauffé sous l'effet de la révolution solaire et que sa partie la plus volatile s'est évaporée : le reste s'est transformé en salure et en amertume. (*Opinions*, III, xvi, 2.)

Alexandre d'Aphrodise.

La troisième théorie sur la mer est que, bien sûr, l'eau qui s'infiltre à travers la terre et la délave, devient salée parce que la terre renferme en elle-même des substances salées. La preuve qu'ils en fournissaient est l'existence de mines de sel et de nitre dans la terre. On trouve en beaucoup d'endroits de la terre des saveurs de ce genre; Anaxagore et Métrodore soutinrent tous deux encore cette théorie[1]. (*Commentaire sur les Météorologiques d'Aristote*, 67, 17.)

Galien.

Nous trouvons que l'eau aussi, quand le feu ou le Soleil l'échauffe excessivement, tend pour ainsi dire à la salinité, à cela près que les façons dont l'eau prend le goût du sel se distinguent selon leur nature première; en effet l'eau, qui prend rapidement le goût du sel si elle se trouve échauffée, et dans laquelle alors ce dernier l'emporte fondamentalement, cesse d'être potable. Anaxagore appelle ce goût *natronique*, du mot *natron*[2], parce que le natron est aussi du sel. Et Hippocrate dit de ce goût qu'il se trouve produit par la chaleur, mais que la chaleur qui le produit ne doit pas être par trop forte, comme celle qui produit le goût amer. Mais on a tort de donner à cette saveur le nom de *natronique* : la preuve en est que dans le *natron* l'amer l'emporte sur le salé. Ceux qui ont désigné ce goût par le terme le plus adéquat sont Hippocrate et Platon : car Hippocrate l'appelle « riche en sel » et Platon « salé[3] ». (*Corpus des médecins grecs*, V, 10, trad. arabe du *Commentaire sur les Épidémies d'Hippocrate*, II, éd. G. Pfaff, p. 193.)

XCI

Aétius.

[Sur la cause de la crue du Nil]. Anaxagore dit qu'elle provient de la fonte, pendant l'été, de la neige qui se trouve en Éthiopie, alors que l'hiver la neige demeure gelée. (*Opinions*, IV, 1, 3.)

Aristote.

Anaxagore, fils d'Hégésibule, de Clazomènes, affirme que le fleuve grossit en raison de la fonte de la neige pendant l'été. (*Du Nil*, éd. Rose, fgm. 248.)

Sénèque.

Anaxagore affirme que les neiges fondent et descendent des sommets d'Éthiopie jusqu'au Nil. Cette opinion, partagée par toute l'Antiquité, Eschyle[4], Sophocle[5] et Euripide[6] la rapportent. (*Questions naturelles*, IV a, 2, 17.)

Hérodote.

La troisième explication, qui a beau être de loin la plus vrai-semblable, est complètement fausse[1] ; car c'est mentir que de prétendre que le flot du Nil provient de la fonte de la neige, parce qu'il vient de Libye, traverse l'Éthiopie et a son embouchure en Égypte. Car comment pourrait-il provenir de la neige, alors qu'il coule de régions chaudes vers des régions plus froides ? (*Enquête*, II, 22.)

Diodore de Sicile.

Le physicien Anaxagore a démontré que la cause de la crue est la fonte de la neige en Éthiopie, opinion que partage son élève Euripide. Ce dernier dit en effet :

> *L'eau splendide du Nil a délaissé la terre :*
> *Lui dont le cours s'emplit, sitôt que fond la neige,*
> *Des flots qu'il puise au cœur de la noire Éthiopie[2].*

(*Bibliothèque historique*, I, xxxviii, 4.)

Démocrite d'Abdère dit que la neige ne tient pas dans les pays méridionaux, comme l'ont dit Euripide et Anaxagore[3]. (*Ibid.*, I, xxxix, 1.)

XCII

Théophraste.

27. Anaxagore estime que [les sensations] sont engendrées par les contraires, car le semblable n'est pas affecté par le semblable[4].

Il s'efforce de dénombrer chacune séparément. La *vue* est produite par une impression lumineuse sur la pupille et cette impression ne peut pas se produire sur ce qui a même couleur, mais seulement sur ce qui a une couleur différente. Pour la plupart des gens, la différence chromatique est un phénomène diurne, mais elle est nocturne pour quelques-uns, d'où leur acuité visuelle nocturne. De fait, en règle générale, la couleur de la nuit se rapproche davantage de celle des yeux : aussi l'impression lumineuse se produit-elle pendant le jour, parce que la lumière est une cause qui concourt à la produire ; cependant, la couleur dominante produit toujours une plus forte impression sur la pupille autrement colorée.

28. Le discernement du *toucher* et du *goût* suit le même protocole : on constate que ce qui est à la même température que ⟨la peau⟩, [en chaud et en froid], ne produit, par son rapprochement, aucune

impression de chaud ou de froid, et que des papilles douces ou
acides ne prennent pas conscience de la douceur ou de l'acidité;
mais c'est l'organe chaud qui prend conscience du froid, le salé
du potable, l'acide du doux, en raison du défaut que chacun présente ⟨de la qualité contraire⟩. En effet, toutes choses existent
en nous[1], à ce que soutient ce philosophe. Et il en va de même de
l'_odorat_ et de l'_ouïe_ : pour l'un par l'inspiration, pour l'autre par la
pénétration du son jusqu'au cerveau, car la calotte osseuse forme
une cavité dans laquelle le son se répercute.

29. _Toute sensation s'accompagne de douleur_[2] : cela pourrait passer
pour la conséquence de son hypothèse, car le contact avec tout ce
qui est dissemblable provoque de la peine. Cela est évident si l'on
considère la persistance et l'intensité excessive des sensations;
car les couleurs éblouissantes, les sons trop forts provoquent de
la douleur et l'on est dans l'impossibilité de les supporter longtemps. Les animaux les plus grands sont ceux qui ont les sensations les plus fines, parce que la sensation est simplement
fonction de la grandeur ⟨des organes sensoriels⟩. Les animaux
qui ont les yeux grands, purs et brillants, voient les objets en
grand et de loin, alors que c'est le contraire pour ceux qui ont de
petits yeux; il en va de même pour l'ouïe.

30. Car les grandes oreilles perçoivent les bruits forts et loin-
tains, alors que les plus petits bruits leur échappent, et les petites
oreilles perçoivent les bruits petits et proches. Et il en va de
même de l'odorat : car l'air subtil a l'odeur la plus forte, puisque
ce qui est échauffé et raréfié a l'odeur la plus forte. Ainsi un grand
animal, en inspirant, aspire à la fois l'air épais et l'air raréfié, alors
que le petit animal inspire seulement l'air raréfié; c'est pourquoi
les grands animaux ont meilleur odorat; car il vaut mieux que
l'odeur soit proche plutôt que lointaine, parce qu'elle est plus
dense, tandis qu'en se dissipant elle devient plus faible : cela
revient à dire que les grands animaux ne perçoivent pas l' air
léger ni les petits l'air dense [...].

37. Ainsi donc Anaxagore reprend, comme nous l'avons dit,
une théorie généralement admise et ancienne, à cela près qu'il
ajoute de son cru que pour toutes les sensations, et en particulier
pour la vue, c'est ce qui est grand qui est perçu; toutefois il ne le
montre pas dans le cas des sensations plus étroitement liées au
corps [...].

59. En effet Anaxagore a tenu sur les [couleurs] un langage
simpliste. (_Du sens_, 27 et suiv.)

XCIII

Aétius.

[Si l'âme est corporelle et quelle est sa substance]. Anaximène, Anaxagore, Archélaos et Diogène disent qu'elle est faite d'air. (*Opinions*, IV, III, 2.)

Pythagore, Anaxagore [...] disent que l'Intellect s'introduit du dehors[1]. (*Ibid.*, IV, v, 11.)

Pythagore, Anaxagore et Diogène affirmaient que l'âme est incorruptible. (*Ibid.*, IV, VII, 1.)

XCIV

Aristote.

L'être vivant souffre sans cesse, ainsi qu'en témoignent les physiologues qui affirment que voir, comme entendre, est douloureux. Mais nous y sommes habitués depuis longtemps, ajoutent-ils. (*Éthique à Nicomaque*, VII, xv, 1154 *b* 7.)

Aspasius.

Anaxagore disait que les sensations font souffrir sans cesse l'être vivant; Aristote qui ne partage pas ce point de vue, se contente de le mentionner : à leur avis[2], le vivant ne connaissait pas une souffrance perpétuelle. Théophraste aussi accuse Anaxagore dans ses livres de *Morale*, en disant que le plaisir chasse la douleur qui assurément en est le contraire. (*Commentaire sur l'Éthique à Nicomaque d'Aristote*, 156, 14.)

Aétius.

Anaxagore estime que toute sensation s'accompagne de souffrance. (*Opinions*, IV, ix, 16.)

XCV

Cicéron.

L'obscurité de ces questions en avait conduit ⟨beaucoup⟩ à confesser leur ignorance : Socrate et avant lui Démocrite, Anaxagore, Empédocle, presque tous les anciens qui ont dit qu'on ne peut rien connaître, ni percevoir ni savoir : les sens sont étroits[3], les esprits sont faibles[4], le cours de la vie est bref et, comme dit Démocrite, la vérité est immergée au fond[5]; tout n'est qu'opinion et convention, rien n'est laissé à la vérité; enfin, disaient-ils, toutes choses sont entourées de ténèbres. (*Seconds académiques*, I, xii, 44.)

XCVI

Aétius.

Anaxagore, Démocrite [...] disent que les sensations sont trompeuses. (*Opinions*, IV, ix, 1.)

XCVII

Sextus Empiricus.

[Nous opposons] les noumènes aux phénomènes[1], comme lorsque Anaxagore oppose au ⟨phénomène :⟩ la neige est blanche le raisonnement suivant : la neige est de l'eau gelée; or l'eau est noire; donc la neige aussi est noire. (*Hypotyposes pyrrhoniennes*, I, 33.)

Cicéron.

Il admettra, plus facilement qu'Anaxagore, que la neige est blanche, car non seulement celui-ci niait qu'elle fût blanche, mais, sachant que l'eau est noire et que la neige en est formée, il n'admettait même pas qu'elle lui parût blanche[2]. (*Premiers académiques*, II, xxxi, 100.)

XCVIII

[Scolie.]

Eau noire : Anaxagore, puisqu'elle est noire par nature; effectivement la fumée qui s'échappe de l'eau contenue dans les bûches est noire. (À l'*Iliade*, XVI, v. 161.)

XCVIII a

Michel Psellos.

(*Des vertus des pierres*, 26[3].)

XCIX

Aristote.

De la même façon, Anaxagore aussi déclare qu'est âme ce qui meut, même si quelqu'un d'autre[4] a dit que l'Intellect a mis le tout en mouvement. (*Traité de l'âme*, I, ii, 404 *a* 25.)

C

Aristote.

Anaxagore est moins explicite sur un point. La plupart du temps, il dit que l'Intellect est la cause de ce qui est beau et correct; mais ailleurs il dit qu'il est l'âme, puisque, selon lui, l'Intellect appartient à tous les animaux, grands et petits, nobles et vils. Or il ne paraît pas que l'Intellect, pris au sens de faculté raisonnable, appartienne de la même façon à tous les animaux, ni même à tous les hommes. (*Traité de l'âme*, I, ii, 404 *b* 1.)

Anaxagore paraît dire que l'âme est différente de l'Intellect [...], mais il les traite [tous deux] comme une nature unique, à cela près qu'il pose l'Intellect en principe souverain de toutes choses; du moins, selon lui, est-il le seul parmi les êtres à être simple, sans mélange et pur. Il confère au même principe la double fonction de connaître et de mouvoir, disant que l'Intellect meut le tout, comme nous l'avons dit plus haut. (*Ibid.*, 405 *a* 13.)

Anaxagore est le seul à soutenir que l'Intellect est impassible et n'a rien de commun avec les autres êtres; mais si tel est bien l'Intellect, comment et par l'instrument de quelle cause connaîtra-t-il? L'auteur ne le dit pas et ses propos ne l'explicitent pas. (*Ibid.*, 405 *b* 19.)

Il doit nécessairement, puisqu'il conçoit toutes choses, être sans mélange, comme le dit Anaxagore[1], afin de dominer, c'est-à-dire de connaître. (*Ibid.*, III, iv, 429 *a* 18.)

CI

Aétius.

Anaxagore disait que tous les animaux possèdent la raison active, mais que tous n'ont pas la raison passive[2], qu'il appelle interprète de l'Intellect. (*Opinions*, V, xx, 3.)

CI *a*

Michel Psellos.

Anaxagore ne pose pas l'Intellect en tant que faculté raisonnable chez tous les hommes : non qu'ils soient privés de la nature intelligente, mais ils n'en font pas toujours usage. L'âme est définie par ces deux attributs : mouvoir et connaître. (*De la doctrine universelle*, 15.)

CII

Aristote.

Anaxagore dit que l'homme est le plus raisonnable des animaux parce qu'il a des mains. Mais il est plus logique de penser que c'est parce qu'il est le plus raisonnable qu'il a reçu des mains[1], car les mains sont des outils, et la nature dispense toujours à chacun, comme le ferait un homme raisonnable, ce dont il est capable de se servir. (*Parties des animaux*, IV, x, 687 a 7.)

Galien.

De même que l'homme est le plus sage[2] des animaux, de même il manie les outils qui conviennent à un animal sage ; ce n'est pas parce qu'il a eu des mains qu'il est le plus sage, comme l'a dit Anaxagore, mais c'est parce qu'il était le plus sage qu'il a reçu des mains, comme le soutient Aristote en parfaite connaissance de cause. (*De l'usage des parties*, I, 3.)

CIII

Aétius.

Anaxagore dit que le sommeil est fonction de la lassitude produite par l'activité corporelle ; car l'affection est corporelle et ne relève pas de l'âme ; la mort est la séparation de l'âme. (*Opinions*, V, xxv, 2.)

CIV

Galien.

Si assurément on a bien fait de poser une telle question, pourquoi ne pas nous demander aussi si le sang prend naissance dans le corps, ou s'il se trouve disséminé dans les aliments, comme le prétendent les partisans des homéoméries ? (*De la nature des facultés naturelles*, II, 8.)

CV

Aristote.

Les disciples d'Anaxagore paraissent avoir supposé à tort que [la vésicule biliaire] est la cause des maladies aiguës, en soutenant que lorsqu'elle déborde, elle répand son liquide dans le poumon, les veines et les flancs. En effet presque tous ceux qui souffrent de

ce genre de maladies n'ont pas de vésicule; d'ailleurs, ce phénomène pourrait être constaté lors des dissections[1]. (*Parties des animaux*, IV, II, 677 *a* 5.)

CVI

Aétius.

Anaxagore dit que la voix est produite lorsque le souffle vient
frapper de l'air compact et, sous le choc qui le répercute, s'étend
jusqu'aux oreilles. Ce qu'on appelle écho se produit de la même
façon[2]. (*Opinions*, IV, XIX, 5.)

CVII

Aristote.

En effet, certains affirment que l'opposition entre le mâle et la
femelle existe déjà dans les semences : par exemple Anaxagore et
d'autres naturalistes. La semence en effet est engendrée par le
mâle, tandis que la femelle fournit le lieu; l'individu mâle est
engendré par les parties droites, l'individu femelle est engendré
par les parties gauches, et dans l'utérus les mâles se développent
dans les parties droites et les femelles dans les parties gauches[3].
(*Génération des animaux*, IV, I, 763 *b* 30.)

CVIII

Censorinus.

[Quelle est la chose qui se forme la première chez l'enfant].
Anaxagore dit que c'est le cerveau, d'où proviennent tous les
sens. (*Du jour de la naissance*, VI, I.)

CIX

Censorinus.

Certains pensent, à la suite d'Anaxagore, qu'à l'intérieur il y a
une chaleur éthérée qui dispose les membres. (*Du jour de la naissance*, VI, 2.)

CX

Censorinus.

Pour Anaxagore et pour beaucoup d'autres, la nourriture
paraît être administrée par le cordon ombilical. (*Du jour de la naissance*, VI, 3.)

CXI

Censorinus.

Anaxagore estimait pourtant que les enfants ressemblaient à celui de leurs parents qui avait fourni la partie la plus importante de semence[1]. (*Du jour de la naissance*, VI, 8.)

CXII

Aétius.

Les épicuriens disaient que la génération des animaux se produit à partir des changements mutuels; car ils sont des parties du monde, ainsi que le soutiennent Anaxagore et Euripide. (*Opinions*, V, X, 23.)

Euripide.

> Comme grande est la Terre et grand l'Éther de Zeus,
> Éther qui est père des hommes et des dieux,
> Terre qui dans son sein en accueillant la pluie
> Aux gouttes humides enfante les mortels,
> Enfante la pâture et les races des bêtes,
> À qui à juste titre on attribue le nom
> De mère, d'où naissent toutes les créatures!
> Les produits de la terre à la terre retournent,
> Mais tout ce qu'a produit l'Éther comme semence
> Retourne de nouveau dans la voûte des cieux.
> Et des produits soumis à la génération
> Nul ne meurt : car, en les dissociant, ⟨l'Intellect⟩
> Au jour produit bientôt une forme nouvelle[a].

(*Chrysippe*, fgm. 839, éd. Nauck.)

CXIII

Saint Irénée.

Mais Anaxagore, qui fut pour cette raison surnommé l'Athée, soutint dogmatiquement la théorie que les animaux ont été formés à partir de semences tombées du ciel sur la Terre. (*Contre les hérésies*, II, XIV, 2.)

CXIV

Aristote.

Certains en effet disent que les corbeaux et l'ibis copulent par la bouche, et que parmi les quadrupèdes la belette fait ses petits par la bouche. Cette affirmation est le fait d'Anaxagore et de quelques autres naturalistes; mais leur déclaration est très naïve et ne repose pas sur l'observation. (*Génération des animaux*, III, VI, 756 *b* 13.)

CXV

Aristote.

Anaxagore et Diogène, soutenant que tous les animaux respirent, disent, à propos des poissons et des huîtres, de quelle façon ils respirent. Ainsi Anaxagore déclare que, lorsqu'ils expulsent l'eau par leurs branchies, les poissons respirent en pompant l'air qui se forme dans leur bouche; car le vide ne saurait exister. (*De la respiration*, II, 470 *b* 30.)

CXVI

Plutarque.

Les disciples de Platon, d'Anaxagore et de Démocrite pensent que le végétal est un animal produit par la terre. (*Questions naturelles*, I, 911 D.)

CXVII

Théophraste.

D'abord Anaxagore affirme que l'air renferme des semences de tout et que celles-ci, entraînées par l'eau dans sa chute, engendrent les plantes [...]. (*Des plantes*, III, 1, 4.)

Pseudo-Aristote.

Anaxagore et Empédocle disent que [les plantes] sont mues par le désir, et affirment encore qu'elles sont douées de sensibilité et connaissent la tristesse et la joie. Anaxagore, pour sa part, a dit qu'elles sont des animaux et qu'elles connaissent la joie et la tristesse, en prenant pour preuve le renouvellement de leur feuillage. (*Des plantes*, I, 1, 815 *a* 15.)

Anaxagore, Empédocle et Démocrite disaient que les plantes possèdent l'Intellect et l'intelligence. (*Ibid.*, 815 *b* 16.)

Pourtant Anaxagore dit que la plante respire. (*Ibid.*, 816 *b* 26.)

Les plantes tirent de la terre le principe de leur nourriture et tirent du Soleil le principe de la génération des fruits. Et Anaxagore a dit pour cette raison que le froid qu'elles contiennent est engendré par l'air, et Léchinéon[1] que la terre est la mère des plantes et le Soleil leur père. (*Ibid.*, 817 *a* 23.)

B. FRAGMENTS

I

Simplicius.

Qu'Anaxagore déclare que les homéomères infinis en nombre résultent de la dissociation d'un mélange unique, toutes les choses étant contenues dans le tout, et chacune devant son caractère extérieur à l'élément qui prédomine, c'est ce qui ressort clairement des premières lignes du premier livre de sa *Physique* : Toutes les choses étaient ensemble, illimitées en nombre et en petitesse. Car le petit était illimité et, toutes choses étant ensemble, nulle n'était perceptible du fait de sa petitesse. Car l'air et l'éther renfermaient toutes choses, étant l'un et l'autre illimités, car ils constituent les deux plus importants éléments qui se trouvent dans l'ensemble de toutes les choses, à la fois par leur nombre et par leur taille. (*Commentaire sur la Physique d'Aristote*, 155, 23.)

II

Simplicius.

Et, un peu plus loin : Car l'air et l'éther sont dissociés de la multiplicité enveloppante, et ce qui enveloppe est illimité en nombre. (*Commentaire sur la Physique d'Aristote*, 155, 30.)

III

Simplicius.

Et encore : l'on ne trouve dans les principes ni l'extrêmement petit ni l'extrêmement grand, car, déclare-t-il, dans le

petit on ne saurait trouver l'extrêmement petit, mais il y a
toujours un encore plus petit ». Car si tout est dans tout, si
tout se discrimine du tout, et si quelque chose de plus petit
encore se trouve discriminé de ce qui semble être extrêmement
petit, alors en même temps quelque chose d'extrêmement grand
peut se trouver discriminé de quelque chose encore plus grand[1].
Et il dit clairement : En toute chose se trouve renfermée, etc.[2]. Et de nouveau que : Les autres choses participent à une partie du tout, mais l'Intellect, lui, est illimité, maître absolu et n'est mélangé à aucune chose[3].
Et ailleurs il déclare : Puisque les parties du grand et du
petit sont égales en nombre, etc.[4]. Et Anaxagore estime que
chacun des homéomères sensibles est engendré et tire son
caractère destructif de la composition des semblables :
Et en réalité, dit-il, chaque unique chose est et était
formée de celles qui, étant en elles les plus nombreuses,
sont de ce fait les plus visibles[5].

Car dans le petit on ne saurait trouver l'extrêmement
petit, mais il y a toujours un encore plus petit (car il n'est
pas possible que ce qui est soit ce qui n'est pas[6]). De
même, dans le grand il y a toujours le plus grand ; d'ailleurs il est égal au petit en quantité ; et, relativement à elle-
même, chaque chose est à la fois grande et petite[7]. (*Commentaire sur la Physique d'Aristote*, 164, 16.)

IV

[Fragment reconstitué.]

Puisqu'il en est ainsi, il faut estimer que beaucoup de
choses de diverses sortes se trouvent dans tous les composés, qu'elles sont les semences de toutes les choses et
enferment les diverses sortes de formes, de couleurs et de
saveurs. Des hommes aussi ont été conformés à partir
d'elles, ainsi que les autres animaux doués d'une âme. Ces
hommes avaient des cités qu'ils habitaient et des ouvrages
fabriqués, comme chez nous, et il y avait un Soleil, une
Lune et le reste, comme chez nous, et la terre leur fournis-
sait mille produits variés, dont ils récoltaient les plus
utiles pour s'en servir alors à la maison. Ce que j'ai dit de
la séparation, je l'ai dit parce qu'elle pourrait se produire
non seulement chez nous, mais encore ailleurs.

Mais avant que la séparation ait eu lieu, toutes choses

étaient ensemble et nulle couleur n'était perceptible à la vue. Car l'interdisait l'amalgame confus de toutes les choses, de l'humide et du sec, du chaud et du froid, du brillant et de l'obscur : la terre s'y trouvait en grande quantité, et des semences en nombre illimité qui ne se ressemblaient en rien. Car aucune des autres choses ne ressemble non plus à une autre. Puisqu'il en est ainsi, il faut estimer que toutes choses se trouvent dans le Tout-ensemble.

Simplicius.

En effet, peu après le commencement du premier livre de sa *Physique*, Anaxagore dit : Puisqu'il en est ainsi [...] mais encore ailleurs[1]. Certains estimeront peut-être qu'il ne fait pas une comparaison entre la dissociation qu'opère l'Intellect et celle qui s'opère dans la génération, mais un rapprochement entre la région que nous habitons et les autres endroits de la Terre. Mais, en ce cas, il n'aurait pas dit touchant ces autres lieux : il y avait un Soleil, une Lune [...] comme chez nous, et il n'aurait pas appelé les choses de là-bas semences de toutes les choses enfermant les diverses sortes de formes[2]. (*Commentaire sur la Physique d'Aristote*, 34, 28.)

Et un peu plus loin[3] : Puisqu'il en est ainsi [...] et de saveurs[4]. Avant, dit-il, que la séparation ait lieu [...] ne se ressemblaient en rien[5]. (*Ibid.*, 156, 1.)

Avant que la séparation ait lieu [...] se trouvent dans le Tout ensemble[6]. (*Ibid.*, 34, 21.)

Et pourtant, après avoir dit : beaucoup de choses de diverses sortes se trouvent [...] et de saveurs, et : Des hommes aussi ont été conformés à partir d'elles, ainsi que les autres animaux doués d'une âme[7], il poursuit : Ces hommes avaient des cités [...] pour s'en servir alors à la maison[8]. Et qu'il ajoute à celle que nous connaissons une autre réalité ordonnée en un monde, cela se voit quand il dit à plusieurs reprises : comme chez nous. Qu'en outre ce n'est pas de notre monde sensible, mais d'un autre, antérieur à celui-ci, qu'il veut parler, c'est ce que montre la formule : dont ils récoltaient les plus utiles pour s'en servir alors à la maison. Car il ne dit pas « pour qu'ils s'en soient servis » mais : pour s'en servir alors à la maison. Et il ne parle pas d'aujourd'hui, quand il dit que dans d'autres régions les conditions de vie étaient semblables aux nôtres; car il n'a pas dit : « il y avait le Soleil et la Lune chez eux comme chez nous », mais : un Soleil

et une Lune, comme chez nous,   comme s'il parlait d'autres
réalités. Rechercher si c'est bien cela qu'il a voulu dire, ou autre
chose, est du plus haut intérêt. (*Ibid.*, 157, 9.)

V

Simplicius.

Il[1] considère que les homéomères ne sont aucunement soumis
ni à la génération ni à la corruption, mais demeurent toujours
identiques, comme ses propos le montrent :   Une fois la dissociation opérée, il faut comprendre que toutes les choses
ne sont ni en défaut ni en excès (car il n'est pas admissible
qu'il existe un excès de choses par rapport à toutes les
choses), mais toutes les choses sont toujours égales.
Voilà donc ce qui concerne le mélange et les homéoméries.
(*Commentaire sur la Physique d'Aristote*, 156, 9.)

VI

Simplicius.

Ailleurs[2], il affirme ceci :   Et puisque les parties du grand
et du petit sont égales en nombre, toutes choses seront en
toute chose. Il n'est pas possible qu'il y ait d'existence
séparée, mais chaque chose participe à une partie de chaque
chose. Puisque l'extrêmement petit ne peut pas exister[3],
il ne lui serait pas possible d'être séparé, ni de s'engendrer
pour lui-même; mais, aujourd'hui encore, toutes les
choses sont ensemble comme elles étaient au commencement. En toutes choses se trouve une multiplicité de
choses, et des quantités égales de choses discriminées se
rencontrent aussi bien dans les grandes choses que dans
les petites.   (*Commentaire sur la Physique d'Aristote*, 164, 25.)

VII

Simplicius.

(Après :   Toutes les choses étaient ensemble [...] du fait
de sa petitesse[4]   et : Il faut estimer que toutes choses se
trouvent dans le Tout-ensemble[5].   ) Sans doute entend-il
par *illimité* ce qui échappe à notre perception et à notre connais-

sance. C'est ce qui ressort de la proposition : De telle sorte
que nous ne pouvons pas connaître la quantité des choses
qui ont été discriminées, ni par le calcul ni par l'expérience[1]. Il rend lui-même manifeste sa conception de leur limi-
tation spécifique[2], en disant que l'Intellect connaît toutes choses.
Car, si toutes choses étaient réellement illimitées, elles seraient
totalement inconnaissables. En effet, la connaissance définit et
limite le connu. Il dit encore : l'Intellect a connu toutes les
choses, aussi bien celles qui sont mélangées ensemble que
celles qui sont dissociées et séparées, et ce qui devait
exister aussi bien que ce qui existait[3]. (*Commentaire sur le
Traité du ciel d'Aristote*, 608, 23.)

VIII

[Fragment reconstitué.]

Les choses n'existent pas séparément dans l'unité du
monde, et elles ne sont pas davantage séparées d'un coup
de hache, le chaud séparé du froid et le froid du chaud.

Simplicius.

Anaxagore dit que : nulle chose n'existe d'une manière
totalement discriminée d'une autre chose[4] parce que
toutes choses sont en toutes choses, et ailleurs : Elles ne sont
pas séparées d'un coup de hache, le chaud séparé du froid
et le froid du chaud. (*Commentaire sur la Physique d'Aristote*,
175, 11.)

Et comme il le dit ailleurs : Les choses n'existent pas séparément dans l'unité du monde, et elles ne sont pas davantage séparées d'un coup de hache. (*Ibid.*, 176, 28.)

IX

Simplicius.

Écoute aussi[5] ce qu'il dit un peu plus loin, lorsqu'il établit une
comparaison [entre l'état de mélange et l'état de discrimination] :
[...] Ainsi les choses entraînées dans leur giration sont
dissociées sous l'effet de la force et de la vitesse. C'est la
vitesse qui produit la force. Quant à leur vitesse, elle
n'est comparable à celle d'aucune des choses existant
actuellement dans le monde des hommes, mais elle est
considérablement multipliée. (*Commentaire sur la Physique
d'Aristote*, 35, 13.)

x

[*Scolie.*]

Anaxagore, découvrant l'antique théorie que *rien ne naît du néant*, décida d'abolir le concept de *création* et introduisit à la place celui de *discrimination*; il n'hésitait pas à dire, en effet, que toutes les choses sont mêlées aux autres et que la discrimination produit leur croissance. Ainsi une même semence renferme les cheveux, les ongles, les veines, les artères, les nerfs et les os; la petitesse des parties les rend invisibles, mais la discrimination produit petit à petit leur croissance. Car comment se pourrait-il, affirme-t-il, que le cheveu fût engendré à partir du non-cheveu et la chair à partir de la non-chair ? Et cela n'est pas seulement propre aux corps, mais aussi, selon lui, aux couleurs : car le noir existe dans le blanc et le blanc dans le noir. Touchant les poids, il soutenait une thèse identique : le léger est mélangé au lourd, selon sa théorie et, réciproquement, le lourd au léger. (À saint Grégoire de Nazianze, XXXVI, 911, Patrologie grecque de Migne.)

xi

Simplicius.

Il dit clairement : En toute chose se trouve renfermée une partie de chacune des choses, excepté l'Intellect; mais seules certaines choses renferment aussi de l'Intellect. (*Commentaire sur la Physique d'Aristote*, 164, 22.)

xii

[*Fragment reconstitué.*]

Les autres choses participent à une partie de chaque chose; mais l'Intellect, lui, est illimité, maître absolu et n'est mélangé à aucune chose, car il existe seul et par lui-même. Si en effet il n'existait pas par lui-même, mais se trouvait mêlé à quelque chose d'autre, il participerait à toutes les choses, pour peu qu'il soit mêlé à une seule, puisque en toute chose se trouve renfermée une partie de chacune des choses, ainsi que je l'ai dit plus haut[1]. En outre, les choses auxquelles l'Intellect se trouve mêlé lui feraient obstacle, de telle sorte qu'il n'exercerait pas son empire sur chaque chose de la même façon qu'il peut le faire en vertu de son existence seule et par soi. En effet, il est de toutes les choses[1] la plus subtile et la plus pure ; il possède la totale connaissance de toutes choses, et il a une très grande puissance. Toutes les choses qui ont une âme, qu'elles soient grandes ou petites, sont toutes sous l'empire de l'Intellect. C'est l'Intellect qui a exercé son empire sur la révolution universelle, de telle sorte que c'est lui qui a donné le branle à cette révolution[2]. Le point de départ de la révolution fut petit ; ensuite celle-ci s'accroît et elle s'accroîtra toujours davantage ; et l'Intellect a connu toutes les choses, aussi bien celles qui sont mélangées ensemble que celles qui sont discriminées et séparées ; et ce qui devait exister aussi bien que ce qui existait[3], et tout ce qui n'existe pas maintenant aussi bien que tout ce qui existe maintenant et ce qui existera, tout cela fut ordonné par l'Intellect, et aussi cette révolution, que suivent à présent les astres, le Soleil et la Lune, et l'air et l'éther qui résultent de la discrimination. C'est cette même révolution qui a produit la discrimination. Le dense se constitue par discrimination à partir du rare, le chaud à partir du froid, le brillant à partir de l'obscur, le sec à partir de l'humide. Les multiples choses ont des parties multiples ; et nulle chose n'existe d'une manière discriminée[4] ou totalement séparée d'une autre chose, excepté l'Intellect. L'Intellect est tout entier semblable à lui-même, il est à la fois grand et petit. En revanche, nulle chose n'est semblable à autre chose, et en réalité chaque unique chose est et était formée de celles qui, étant en elle les plus nombreuses, sont de ce fait les plus visibles.

Et il dit[5] de nouveau : les autres choses [celles qui ne renferment pas l'Intellect[6]] participent à une partie de chaque chose ; mais l'Intellect est illimité, se suffit à lui-même et n'est mélangé à aucune chose. (*Commentaire sur la Physique d'Aristote*, 164, 24.)

Touchant l'Intellect voici ce qu'il a écrit[7] : L'Intellect est tout entier semblable à lui-même [...] les plus visibles[8]. (*Ibid.*, 156, 13.)

XIII

Simplicius.

Aristote[9], dit Alexandre, n'a pas cité Anaxagore, bien qu'il ait posé l'Intellect parmi les principes ; peut-être, ajoute-t-il, parce

que Anaxagore ne le faisait pas intervenir dans la génération.
Mais il est évident au contraire qu'il le fait intervenir, puisqu'il
affirme que la génération n'est pas autre chose que la discrimination, que la discrimination est engendrée par le mouvement, et
que l'Intellect est la cause du mouvement. Anaxagore dit en effet :
Après que l'Intellect eut produit le commencement du
mouvement, il se sépara du tout qui se trouvait mû ; et tout
ce que l'Intellect mouvait fut sujet à sa discrimination. Et
en même temps que s'accomplissaient mouvement et discrimination, la révolution accentua encore cette discrimination. (*Commentaire sur la Physique d'Aristote*, 300, 27.)

XIV

Simplicius.

Qu'Anaxagore forme l'hypothèse d'une mise en ordre du
monde comportant deux moments, l'un intelligible, l'autre sensible procédant du premier, c'est ce qui ressort avec évidence
tant des propos que nous avons rapportés[1] que des suivants :
L'Intellect, qui existe toujours, existe assurément maintenant là où toutes les autres choses existent, à savoir dans la
multiplicité enveloppante[2], dans les choses qui ont été
produites par amalgame, et dans celles qui sont discriminées. (*Commentaire sur la Physique d'Aristote*, 157, 5.)

XV

Simplicius.

Et un peu plus loin[3], il déclare : Le dense, l'humide, le
froid et l'obscur se sont rassemblés ici-bas, là où se trouve
désormais [la Terre] ; au contraire le rare, le chaud et le sec
ont gagné la partie la plus éloignée de l'éther[4]. (*Commentaire sur la Physique d'Aristote*, 179, 3.)

XVI

[*Fragment reconstitué.*]

À partir de ces choses qui se trouvent discriminées la
terre se forme par condensation. L'eau se discrimine des
nuages, la terre de l'eau, et à partir de la terre les pierres

se forment par condensation sous l'effet du froid, et les pierres ont, plus que l'eau, tendance à se séparer[1].

Simplicius.

Anaxagore dit que les éléments spécifiquement primordiaux et les plus simples se séparent par discrimination ; mais d'autres choses plus complexes, dit-il, tantôt se rassemblent pour former des composés, tantôt se discriminent pour former la terre. Il déclare en effet : À partir de ces choses [...] sous l'effet du froid. (*Commentaire sur la Physique d'Ariſtote*, 179, 6.)

Anaxagore dit en effet au premier livre de sa *Physique* : L'eau se discrimine [...] tendance à se séparer. (*Ibid.*, 155, 21.)

XVII

Simplicius.

Anaxagore dit clairement au premier livre de sa *Physique* que génération et mort ne sont que composition et discrimination. Voici ce qu'il écrit : Les Grecs ne conçoivent pas correctement la génération et la mort. En effet nul être n'eſt ni engendré, ni détruit, mais tout se trouve composé et discriminé à partir des choses qui exiſtent. Ainsi conviendrait-il de désigner plus correctement la génération par ⟨le terme de⟩ composition et la mort par celui de discrimination. (*Commentaire sur la Physique d'Ariſtote*, 163, 18.)

XVIII

Plutarque.

Or notre familier, ayant démontré en sa lecture cette proposition d'Anaxagore que le Soleil confère à la Lune ce qu'elle a de clarté, en a été bien eſtimé. (*De la face visible de la Lune*, 16, 929 B.)

XIX

[Scolie.]

Anaxagore déclare : Nous appelons Iris la réflexion du Soleil sur les nuages. Elle eſt donc le signe de la tempête. En effet, l'eau qui envahit le nuage produit généralement le vent, ou fait se déverser la pluie. (À l'*Iliade*, XVII, v. 547.)

xx

Galien.

Et tout le monde dit que le Soleil se lève le matin et se couche le soir. En ce qui concerne les levers, les astronomes les connaissent et [ont d'eux] une connaissance générale. En effet si une étoile n'apparaît pas au début des vingt jours, ou est [au ciel] au coucher du Soleil, ou occupe dans le ciel une position équivalente à celle de la Lune pendant sa conjonction, alors tout ce qui apparaît et s'éloigne [de l'horizon], tout cela est nommé apparition et lever.

Le sage Ansaros אנסארום [1] a traité abondamment ce point. Quand les כורי [2] se lèvent, l'homme commence la moisson ; à leur coucher, le labourage et le hersage. Il dit aussi que les נורי restent cachées quarante jours et quarante nuits. Elles restent cachées, ainsi qu'il le dit [des Pléiades], uniquement pendant ces quarante jours. Puis elles deviennent visibles la nuit et tantôt au coucher du Soleil, tantôt deux ou trois heures après son coucher. Mais elles ne deviennent visibles qu'après [l'équinoxe] dont nous avons traité. Mais quand le Soleil se couche et que la nuit devient obscure, elles brillent d'un vif éclat, alors que pendant tout le reste du jour elles demeurent cachées dans la partie occidentale qui s'élève au-dessus de l'horizon. Passé l'équinoxe, les Pléiades luisent au printemps d'un éclat plus faible. Puis elles déclinent et cessent d'être visibles car les Pléiades se couchent en même temps que le Soleil avant que la nuit ne soit complètement obscure. Pour qu'elles apparaissent de nouveau, il faut attendre que l'obscurité nocturne soit complète, parce qu'une petite étoile en intercepte pour nous l'éclat. C'est pourquoi elles cessent d'être visibles et n'apparaissent pas au cours de la plupart des quarante nuits, comme le sage Ansaros l'a dit. Car il disait qu'aucune étoile ne se comporte ainsi, hormis celle qu'on appelle « gardienne de la Gazelle ». En dessous d'elle et à proximité, se trouve une étoile appelée « Porte du Soir », ou vulgairement « le Chien » [...]. Quant à ses savants et célèbres successeurs, ils s'accordent à situer le commencement du printemps au moment de l'équinoxe qui suit l'hiver, le commencement de l'été au lever des « Kimah » *(Pléiades)* et le commencement de la saison des fruits au lever du Chien. Mais אנסארום , Anaxagore (?) versé dans des sciences différentes, disait que le lever des « Kimah » marque le commencement de l'été et leur coucher le commencement de l'hiver. Et le poète[3] Homère avait dit déjà que l'étoile que l'on appelle « Chien » et qui est le שׂערי se lève avec éclat à la saison des fruits. (*Commentaire sur Hippocrate, Des airs, des eaux, des lieux*, VI, 202, éd. Chartier = W. Schultz, Archiv für Geschichte der Philosophie, 24 [1911], p. 325 et suiv.[1].)

XXI

Sextus Empiricus.

Anaxagore, le plus éminent des philosophes de la nature, rejette la validité des sens parce qu'il les tient pour mal assurés, en disant : Étant donné la faiblesse de nos sens, nous ne sommes pas à même de disposer d'un critère du vrai. Et, à l'appui de leur manque de crédit, il allègue l'insensible dégradé des couleurs. Car, si nous prenions deux couleurs, du noir et du blanc, et que nous versions goutte à goutte de l'une dans l'autre, la vue ne serait pas en mesure de discerner leurs changements graduels, bien qu'ils existent dans la réalité même. (*Contre les mathématiciens*, VII, 90.)

XXI *a*

Sextus Empiricus.

Diotime disait que, selon Démocrite[2], il existe trois critères. Premièrement, celui de la perception des choses non visibles, à savoir les phénomènes. En effet les phénomènes sont la vue des choses non visibles, ainsi que le dit Anaxagore, — d'ailleurs Démocrite l'en félicite vivement[3]. (*Ibid.*, VII, 140.)

XXI *b*

Plutarque.

Ainsi en toutes ces forces-là, nous sommes plus malheureusement nés que les bêtes; mais par expérience, mémoire, ruse et artifice, ainsi que le dit Anaxagore[4], nous nous servons d'elles : nous châtrons [les gaufres des abeilles], nous tirons [les pis des femelles], bref nous les pillons et les saccageons quand nous les prenons. (*De la fortune*, 3, p. 98 F.)

XXII

Athénée.

Anaxagore déclare, dans ses livres de *Physique*, que   ce qu'on appelle vulgairement *lait d'oiseau* est en fait le blanc des œufs. (*Les Deipnosophistes*, II, 57 D.)

FRAGMENT APOCRYPHE

XXIII

[Anonyme.]

Anaxagore dit : « La mort, que l'homme juge à première vue amère, apparaît très belle à l'analyse : elle apporte le repos à la vieillesse qui n'a plus de force, à la jeunesse que guettent les douleurs et à l'enfance ; plus ne leur est besoin de se faire du souci, de se dépenser en efforts, de bâtir, de planter, de planifier pour autrui ; elle affranchit les débiteurs de leurs créanciers qui réclament capital et intérêt. Assurément, à l'inéluctable on ne doit pas répondre par le dépit : le dépit ne saurait le tenir à l'écart ; seule la tranquillité d'âme peut le faire, rien qu'un temps, oublier. Car une fois atteint le port, cessent nos misères. Si la mort t'apparaît désagréable au premier regard, garde les yeux fermés pour un temps. Alors la mort m'est apparue belle, qu'appelaient ceux qui connaissaient tourments et chagrins. Cela témoigne du calme et de l'enchantement du souterrain séjour ». (Ryssel, *Sentences philosophiques gréco-syriaques*, 30, « Rheinisches Museum », 51 [1896], 538.)

XXIV

Élien.

(*Histoires variées*, IV, 14[1].)

SIXIÈME PARTIE

LES SOPHISTES

PROTAGORAS

A. VIE ET DOCTRINE

VIE

I

Diogène Laërce.

50. Protagoras, fils d'Artémon, ou, si l'on suit Apollodore et Dinon au livre V de son *Histoire de la Perse*, fils de Méandrios, est, au dire d'Héraclide du Pont dans ses *Lois*, né à Abdère et serait l'auteur d'une législation pour Thurium. Toutefois, Eupolis, dans *Les Flatteurs*, le déclare originaire de Téios ; voici ses paroles : « à l'intérieur se trouve Protagoras de Téios ». Lui, tout comme Prodicos de Céos, se faisait de l'argent en donnant des lectures publiques. Platon, dans le *Protagoras*[1], dit de Prodicos qu'il avait la voix grave. Protagoras fut disciple de Démocrite qui, selon Favorinus dans ses *Mélanges historiques*, était surnommé la Science[2].

51. Il fut le premier à affirmer que, sur chaque chose, il y avait deux discours possibles, contradictoires. Il mettait ce principe en pratique dans les interrogatoires dialectiques, ce que personne n'avait fait avant lui. Un de ses livres débute ainsi : « L'homme est la mesure de toutes choses[3]. » De lui aussi ceci : « L'âme n'est rien si l'on supprime les sensations », idée comparable à celle que l'on trouve chez Platon, dans le *Théétète*[4], et ceci : « Tout est vrai ». Un autre de ses livres commence ainsi : Touchant les dieux, je ne suis pas en mesure de savoir ni s'ils existent, ni [...][5]. 52. Ce début lui valut d'être expulsé par les Athéniens : saisis par un héraut chez tous ceux qui en possédaient, ses livres furent brûlés sur la place publique.

Il fut le premier à demander un salaire, fixé à cent mines[6] ; le premier encore, il distingua les temps des verbes et élabora le sens de la notion de « moment opportun[7] » ; il organisa des luttes dialectiques et, à l'intention des chicaneurs, il inventa des raisonnements spécieux. Ne prêtant pas attention au contenu de pensée, c'est sur le terme qu'il faisait porter la discussion : c'est ainsi qu'il donna naissance à cette race des éristiques qui, à l'heure actuelle, court les rues. On saisit donc la justesse du trait de Timon :

> *Protagoras, toujours au cœur de la mêlée,*
> *Expert en la dispute.*

53. C'est encore lui qui, le premier, lança la méthode socratique de discussion et qui, au dire de Platon dans l'*Euthydème*[1], a, le premier, introduit dans la discussion l'argument d'Antisthène qui tente de démontrer que toute contradiction est impossible. C'est encore le premier qu'il a exposé comment argumenter contre des thèses données, si l'on en croit le dialecticien Artémidore dans son *Contre Chrysippe*. Le premier encore, il inventa cette espèce de petit coussin qui permet de porter les fardeaux, comme le dit Aristote, dans son livre *De l'éducation*; Épicure dit quelque part qu'il avait été portefaix : voilà pourquoi Démocrite, qui l'avait vu un jour ficeler ses fagots, l'arracha à cette condition. C'est également à lui que l'on doit la première division des discours en quatre parties : le vœu, l'interrogation, la réponse et l'injonction. 54. D'autres auteurs parlent de sept parties : l'exposition, l'interrogation, la réponse, l'injonction, la narration, le vœu et l'invitation, dont il disait qu'elles étaient les racines du discours. En revanche, Alcidamas ne distingue que quatre types de discours : l'affirmation, la négation, l'interrogation et l'allocution.

Le premier discours dont il donna lecture fut le *Sur les dieux*, dont nous avons cité le début plus haut. C'est à Athènes, chez Euripide, qu'il le lut (selon certains, cette lecture aurait plutôt eu lieu chez Mégaclide, et, selon d'autres, au Lycée : ce serait son élève Archagoras, fils de Théodote, qui lui aurait prêté sa voix). Pythodore, fils de Polyzèle, un des Quatre Cents, intenta une accusation contre lui, mais, selon Aristote, ce fut le fait d'Euathle.

55. Voici quels sont les livres de lui que nous avons conservés : *l'Art éristique*, *De la lutte*, *Des mathématiques*, *De la république*, *De l'ambition*, *Des vertus*, *Sur la condition des hommes à l'origine*, *De ce qui a lieu dans l'Hadès*, *Des mauvaises actions des hommes*, *Discours impératif*, *Discours judiciaire sur le salaire*, *Les Antilogies*, I et II. Telle est la liste de ses livres.

Il faut ajouter que Platon a écrit un livre sur lui. D'après Philochore, alors qu'il voguait vers la Sicile, son bateau fit naufrage : événement auquel Euripide fait allusion dans *Ixion*. On rapporte aussi qu'il aurait vécu près de quatre-vingt-dix ans et aurait

trouvé la mort au cours d'un voyage. 56. Apollodore ne le fait
vivre que soixante-dix ans : il aurait, pendant quarante ans,
exercé le métier de sophiste et son *acmé* se situerait vers la quatre-
vingt-quatrième olympiade[1].

Un jour, dit-on, alors qu'il demandait ses honoraires à son
élève Euathle, ce dernier lui objecta : « Mais, je n'ai encore remporté aucune victoire! — Fort bien, répondit-il, si je l'emporte
contre toi, c'est moi alors qui aurai remporté une victoire, et il
faudra bien que j'en sois payé; mais si c'est toi qui gagnes, alors
c'est toi qui auras remporté une victoire, et il faudra bien que j'en
sois payé! »

Il y eut un autre Protagoras, astronome, pour qui Euphorion
écrivit un hymne funèbre; puis un troisième, philosophe
stoïcien. (*Vies*, IX, 50.)

II

Philostrate.

1. Protagoras d'Abdère, le sophiste, fut dans son propre pays,
l'auditeur de Démocrite; c'est là également qu'il fit la rencontre
des mages perses, au moment de l'expédition de Xerxès contre la
Grèce[2]. Son père était Méandrios : s'étant consitué une fortune
comme beaucoup n'en ont pas en Thrace, il put recevoir Xerxès
chez lui et, en lui offrant des cadeaux, obtenir pour son fils la
faveur de fréquenter les mages. Car les mages perses refusent leur
enseignement aux non-Perses, à moins d'une dérogation accordée par le Grand Roi.

2. L'affirmation selon laquelle le problème de l'existence des
dieux ou de leur non-existence, déboucherait sur une aporie, est
une idée condamnable que Protagoras, à mon avis, a tirée de
l'enseignement des Perses : de fait, les mages invoquent les dieux
lorsqu'ils accomplissent leurs rites secrets, mais, dans leurs actes
publics, ils s'interdisent toute profession de foi en faveur
d'aucun dieu, car ils ne veulent pas qu'on puisse croire que leur
puissance en résulterait.

3. C'est pour cette raison que les Athéniens le bannirent de
tous leurs territoires au dire des uns par un jugement, ou si l'on
en croit les autres, par un décret prononcé sans qu'ait eu lieu de
procès. Passant d'îles en continents, se gardant des trirèmes athéniennes qui sillonnaient toutes les mers, il fit naufrage alors qu'il
naviguait sur un frêle esquif.

4. Il fut le premier à avoir l'idée de se faire payer pour ses

conférences, et fut donc le premier à laisser cette habitude aux
Grecs, ce qui n'est pas rien : en effet, les cours pour lesquels nous
donnons de l'argent, nous les prenons au sérieux et les préférons
à ceux qui sont gratuits. Platon, qui savait que l'expression de
Protagoras était solennelle, mais qu'il se reposait un peu trop sur
cette solennité et poussait la grandiloquence à l'excès, a pastiché
sa manière dans un grand mythe[1]. (*Vie des sophistes*, I, x, 1.)

III

Hésychios.

Protagoras, fils d'Artémon, d'Abdère. Il était portefaix, mais
après avoir fait la rencontre de Démocrite, il se mit à la philosophie et s'occupa de rhétorique. Le premier, il inventa les discours éristiques et reçut de ses disciples un salaire de cent mines;
par la suite il fut surnommé le Discours. Parmi ses disciples on
trouve le rhéteur Isocrate et Prodicos de Céos[2]. Ses livres furent
brûlés par les Athéniens : il y affirme, en effet : Touchant les
dieux, je ne suis en mesure de savoir ni s'ils existent, ni
s'ils n'existent pas[3]. Platon lui consacra un dialogue. Alors
qu'il voguait vers la Sicile, il fit naufrage et périt, âgé de quatre-
vingt-dix ans, ayant fait métier de sophiste pendant quarante ans.
(« Vie de Protagoras », Scolie à *La République* de Platon, 600 *c*.)

IV

Eusèbe.

Euripide est célèbre, ainsi que le sophiste Protagoras, dont les
Athéniens brûlèrent les livres, à la suite d'un décret du peuple[4].
(*Chronographie.*)

Apulée.

Protagoras, qui fut, et de loin, un sophiste des plus savants et
des plus éloquents parmi les premiers inventeurs de la rhétorique, vivait à la même époque que son compatriote Démocrite,
le philosophe de la nature, auquel il doit ses connaissances. On
dit que Protagoras convint avec son disciple Euathle d'un salaire
trop élevé à cette condition imprudente que [...]. (*Florides*, 18.)

v

Platon.

PROTAGORAS : C'est ainsi que, pour ma part, j'ai pris une voie entièrement opposée à la leur[1] : je reconnais que je suis sophiste et que j'enseigne les hommes. (*Protagoras*, 317 *b*.)

Cependant, il y a bien des années que je suis dans le métier : c'est que la somme de mes années est importante : parmi vous tous, je n'en vois aucun dont mon âge ne me permettrait d'être le père. (*Ibid.*, 317 *c*.)

Jeune homme, voici ce qui t'attend si tu entres dans mon école : le jour où tu auras suivi mes leçons, tu t'en retourneras chez toi devenu plus habile, et chaque jour, par la suite, il en ira de même : tu ne cesseras de progresser. (*Ibid.*, 318 *a*.)

Les autres, ils gâtent les jeunes gens : alors que ceux-ci ont abandonné les techniques particulières, voilà qu'ils les y reconduisent de force en leur faisant apprendre le calcul, l'astronomie, la géométrie et la musique (ce disant, il lorgnait vers Hippias) ; au contraire, celui qui vient chez moi, il n'apprendra rien d'autre que ce pour quoi il est venu. Cette science c'est le bon conseil[2] : pour les affaires domestiques, savoir comment administrer au mieux les choses de sa maison ; et pour les affaires de la cité, savoir comment y être le plus efficace, par ses actions et ses discours. (*Ibid.*, 318 *d*.)

SOCRATE : Il me semble que tu parles de l'art politique et que tu t'offres de rendre les hommes bons citoyens.

PROTAGORAS : C'est cela même, Socrate, dit-il, l' état dans lequel je me suis établi. (*Ibid.*, 319 *a*.)

SOCRATE : Tu te fais annoncer sur la place publique partout chez les Grecs, tu prends le nom de sophiste, tu te déclares maître d'éducation et de vertu, et tu es le premier à avoir jugé bon d'en tirer salaire. (*Ibid.*, 349 *a*.)

vi

Platon.

PROTAGORAS : Par suite, voici comment j'ai organisé le paiement de mes honoraires : après la leçon, on me verse, si on accepte, l'argent que je demande. Sinon, on se rend dans un temple, on prête serment, et on me verse la somme que l'on estime correspondre à la valeur de l'enseignement donné. (*Protagoras*, 328 *b*.)

VII

Platon.

SOCRATE : Protagoras ici présent, sait faire de longs et beaux discours, comme il nous l'a montré[1], mais il sait aussi, lorsqu'on l'interroge, donner des réponses brèves ou, lorsque c'est lui qui interroge, attendre et accepter la réponse, qualité que peu de gens possèdent. (*Protagoras*, 329 b.)

VIII

Platon.

SOCRATE : Je connais un homme — Protagoras — qui, avec sa science, s'est fait plus d'argent que Phidias avec les superbes monuments qu'il a construits et où éclate son génie, ou que dix autres sculpteurs à la fois [...]. Protagoras, sans que personne, dans toute la Grèce, s'en doute, a corrompu ceux qui suivaient ses leçons en les renvoyant pires qu'il ne les prenait, et cela, pendant plus de quarante ans. En effet, je crois que, quand il est mort, il n'avait pas loin de soixante-dix ans, et qu'il avait exercé pendant quarante ans. Et pendant tout ce temps, jusqu'à ce jour, sa réputation n'a pas connu d'éclipse. (*Ménon*, 91 d-e.)

IX

Platon.

HIPPIAS : Un jour, alors que je débarquais en Sicile, Protagoras y séjournait, en pleine gloire, et fort âgé, alors que j'étais, moi, beaucoup plus jeune. (*Hippias majeur*, 282 d-e.)

X

Plutarque.

Comme quelqu'un avait, au pentathlon, blessé involontairement Épitime de Pharsale d'un coup de javelot, et qu'il en était mort, Périclès passa une journée entière à discuter avec Protagoras sur le point de savoir si c'était le javelot ou le lanceur, ou les commissaires, que l'on devait, selon le raisonnement le plus juste, juger coupables de cet accident. (*Vie de Périclès*, 36.)

XI

Athénée.

Le dialogue du *Protagoras* qui se situe après la mort d'Hipponicos, mais alors que Callias avait déjà hérité de son bien, mentionne que Protagoras était arrivé peu de jours auparavant et que c'était son second voyage. D'autre part, Hipponicos, général sous l'archontat d'Euthydème, livrait alors bataille, en compagnie de Nicias, contre les Tanagriens et leurs alliés béotiens et fut victorieux; il mourut sous l'archontat d'Alcéon[1] avant la première représentation des *Flatteurs* d'Eupolis, mais très peu de temps avant, semble-t-il [...]. Dans ce drame, Eupolis met en scène Protagoras, séjournant à Athènes; toutefois Amipsias, dans son *Connos*, joué deux ans auparavant, ne le met pas au nombre des penseurs du chœur. Donc, il est clair que son séjour à Athènes se situe entre ces deux dates. (*Les Deipnosophistes*, V, 218 b.)

Athénée.

Au reste, ni Paralos, ni Xanthippe, les fils de Périclès, morts de la peste[2], ne purent discuter avec Protagoras lors de son second séjour à Athènes, car eux aussi étaient morts avant. (*Les Deipnosophistes*, XI, 505 f.)

Eustathe.

On dit qu'Eupolis met en scène le philosophe de la nature Protagoras et se moque de lui dans les vers suivants :

> *Criminel, il nous tient sur les choses célestes*
> *Des propos imposteurs; mais il sait se nourrir*
> *Des produits de la terre.*

(*Commentaire sur l'Odyssée*, V, v. 490.)

Eupolis.

> *Alors Protagoras lui[2] ordonna de boire*
> *Afin qu'avant que soit levée la canicule*
> *Ses poumons soient bien nets.*

(Fragment 147.)

XII

Sextus Empiricus.

S'accordent aussi avec ces philosophes[4] Théodore l'Athée[5] et, selon certains, Protagoras d'Abdère [...] qui écrit précisément quelque part : Touchant les dieux, je ne suis pas en mesure de dire ni s'ils existent, ni ce qu'ils sont. Nombreux sont les obstacles qui m'en empêchent. C'est pour cette raison que les Athéniens décrétèrent sa condamnation à mort, mais il réussit à s'enfuir et périt dans un naufrage. Timon de Phlionte raconte ce fait au second livre de ses *Silles*. Voici son exposition :

> [5] *Parmi les sophiſtes qui ensuite viendraient,*
>   *Ainsi Protagoras ne manquait pas de voix,*
>   *Non plus que d'intelligence et de promptitude.*
>   *On a voulu réduire en cendre ses écrits*
>   *Pour avoir attaqué les dieux en déclarant*
>   *Que lui-même ignorait et ne pouvait savoir*
>   *Ni ce qu'ils sont ni qui ils sont, veillant ainsi*
> [10] *À donner au propos équitable balance.*
>   *Précaution inutile! Il dut prendre la fuite*
>   *Pour ne pas rejoindre l'Hadès en avalant*
>   *De Socrate l'amer et siniſtre breuvage.*

(Contre les mathématiciens, IX, 55-56.)

XIII

Platon.

SOCRATE : Comme le disait Protagoras, qui affirmait que l'homme eſt la mesure de toutes choses[1] : « Telles les choses me paraissent, telles elles sont pour moi; telles elles te paraissent, telles elles sont pour toi. » (*Cratyle*, 385 *e* et suiv.)

XIV

Sextus Empiricus.

216. Protagoras veut que l'homme soit la mesure de toutes choses, pour celles qui sont, de leur exiſtence, pour celles qui ne sont pas, de leur non-exiſtence. Par mesure, il veut dire critère, par choses il désigne les objets. De cette manière, il peut affirmer que l'homme eſt le critère de tous les objets, pour ceux qui sont, de leur exiſtence, et pour ceux qui ne sont pas, de leur non-exiſtence. Par suite, il ne pose pour chacun que les seuls phénomènes et, de cette manière, il introduit le relativisme [...] 217. Il affirme donc que la matière eſt inſtable, que, comme elle s'écoule continuellement, des ajouts se forment en compensation des pertes, et que les sens se transforment et s'altèrent avec l'âge et les dispositions du corps. 218. Il dit aussi que les raisons de tous les phénomènes sont assujetties à la matière, si bien que la matière peut, pour autant qu'il dépend d'elle, être tout ce qui apparaît à tous. Les hommes perçoivent tantôt ceci, tantôt cela en fonction des différences de leurs dispositions.

L'homme qui est normalement disposé perçoit les propriétés de
la matière qui sont à même d'apparaître à ceux qui sont normalement disposés; celui qui est dans une disposition contraire à la
norme perçoit celles qui correspondent à cet état. Pour ce qui
est de l'influence de l'âge, du sommeil, de la veille et des divers
types de dispositions, on peut dire la même chose. C'est ainsi que
l'homme se fait, en fonction de lui-même, le critère des êtres. En
effet, tous les phénomènes qui ont lieu pour les hommes existent
aussi, et ceux qui n'ont lieu pour aucun homme n'existent pas.
Nous voyons donc qu'à propos de l'instabilité de la matière, ainsi
qu'à propos des raisons de tous les phénomènes, qui y seraient
assujettis, il est dogmatique, alors que tout cela est obscur et
nous incite, nous, à suspendre notre jugement. (*Hypotyposes pyrrhoniennes*, I, 216 et suiv.)

XV

Sextus Empiricus.

Il est impossible de dire que toute représentation est vraie,
parce qu'on peut retourner l'argument, comme l'ont enseigné
Démocrite et Platon en combattant Protagoras. En effet, si toute
représentation est vraie, il sera vrai aussi qu'aucune représentation ne l'est, puisqu'on s'appuierait, en l'affirmant, sur une
représentation : par suite, dire que toute représentation est vraie
sera faux. (*Contre les mathématiciens*, VII, 389.)

XVI

Hermias.

Protagoras se tient d'un autre côté et cherche à me tirer à lui
lorsqu'il affirme : l'homme est la définition et le juge des objets,
les objets qui tombent sous les sens existent, ceux qui ne tombent
pas sous les sens n'existent pas dans les formes de l'être. (*Satire des
philosophes païens*, 9.)

XVII

Aristote.

Il y a des philosophes, les Mégariques[1], par exemple, qui
affirment que la puissance n'existe que quand il y a acte et, que
quand il n'y a pas acte, il n'y a pas puissance. Ainsi, l'homme qui
ne construit pas n'a pas la puissance de construire, mais seulement celui qui construit, quand il construit, et de même en
général. Qu'il en résulte des conséquences absurdes n'est pas

difficile à voir. Car il est évident qu'on ne sera pas un constructeur
si l'on ne construit pas. Car l'être, pour le constructeur, c'est
d'être capable de construire, et de même pour les autres techniques. Donc, s'il est impossible de dominer de telles techniques
sans les avoir jamais ni apprises ni acquises, et de ne plus les
dominer sans les avoir perdues (que ce soit par l'oubli, une
affection déterminée, ou le temps; mais non par une corruption
de la technique elle-même, qui est éternelle), quand on cessera de
construire, on ne dominera plus l'art; mais, dès qu'on se sera
remis à construire, d'où aura-t-on tiré le même art? Ils disent la
même chose des êtres inanimés : ni le froid, ni le chaud, ni le
sucré, ni le sensible en général n'existent en dehors de la sensation. Si bien qu'ils en arrivent à la thèse de Protagoras. Au reste,
aucun être n'aura aucune sensation, s'il ne sent pas et si cette sensation n'est pas en acte. (*Métaphysique*, Θ, III, 1046 *b* 29.)

XVIII

Tertullien.

Protagoras, Apollodore et Chrysippe sont de cette opinion[1].
(*De l'âme*, 15.)

XIX

Platon.

SOCRATE : En vérité, voilà un discours ⟨cette thèse selon
laquelle toute contradiction est impossible⟩ que j'ai entendu
tenir, et souvent, et par beaucoup de gens : pourtant, il m'étonne
toujours. Les élèves de Protagoras en faisaient grand usage et
même des auteurs antérieurs. Cette thèse, je l'ai toujours trouvée
extraordinaire : elle renverse toutes les autres et, du même coup,
elle se renverse elle-même. (*Euthydème*, 286 *b-c*.)

Aristote.

De plus, si toutes les propositions contradictoires portant sur
le même objet sont vraies ensemble, il est clair que tout sera un.
Seront une même chose la trirème, le mur et l'homme, si, à
propos de tout objet, on peut soit affirmer, soit nier ce que l'on
veut, comme sont obligés de l'admettre les tenants du raisonnement de Protagoras. Car si quelqu'un estime que l'homme n'est

pas une trirème, il est évident qu'il n'est pas une trirème : si bien qu'il en est aussi une, puisque la contradiction est vraie. (*Métaphysique*, Γ, IV, 1007 *b* 18.)

Aristote.

Protagoras dit que l'homme est la mesure de toutes choses ; par là, il ne veut rien dire d'autre que ce qui semble à chacun est l'être dans sa solidité. De cela il résulte que la même chose est et n'est pas, est à la fois mal et bien, et de même pour les propositions qui affirment les opposés, parce que ce qui souvent paraît beau aux uns est laid pour les autres, et que ce qui apparaît[1] est pour chacun mesure. (*Métaphysique*, K, VI, 1062 *b* 13.)

XX

Clément d'Alexandrie.

Les Grecs disent, et Protagoras fut le premier à le dire, qu'à tout argument s'oppose un argument. (*Stromates*, VI, 65.)

Sénèque.

Protagoras dit que, sur tout sujet, on peut soutenir aussi bien un point de vue que le point de vue inverse, en usant d'un argument égal, et cela sur le sujet même de savoir s'il est possible en toutes choses d'opposer le pour et le contre. (*Lettres à Lucilius*, LXXXVIII, 43.)

XXI

Aristote.

Faire que l'argument le plus faible soit le plus fort, c'est de cela qu'il s'agit. Voilà pourquoi on s'indignait, à bon droit, de la profession de Protagoras : car il s'agit d'une tromperie, d'une non-vérité, qui n'est rien, en fait, qu'une apparence de vraisemblance qu'on ne rencontre dans aucun art, si ce n'est dans la rhétorique et l'éristique. (*Rhétorique*, II, XXIV, 1402 *a* 23.)

Étienne de Byzance.

Protagoras, dont Eudoxe raconte qu'il permettait à l'argument faible de l'emporter sur le fort et apprenait à ses disciples à discourir en bien et en mal sur la même personne[2]. (*Dictionnaire géographique*, au mot : « Abdère ».)

XXII

Platon.

SOCRATE : Ainsi donc [...] ce qui est bien, c'est ce qui est utile aux hommes?

PROTAGORAS : Bien sûr, par Zeus! Et même si ce n'est pas aux hommes qu'elles sont utiles, je dis que ces choses sont bonnes. (*Protagoras*, 333 *d.*)

SOCRATE : De quoi parles-tu [...] Protagoras? De ce qui n'est utile à aucun homme, ou de ce qui ne présente absolument aucune utilité? Et l'absolument inutile est-il bon?

PROTAGORAS : Non, dit-il. Mais il y a beaucoup de choses qui sont nuisibles aux hommes : des aliments, des boissons, des drogues et une infinité d'autres choses; il y en a d'autres qui leur sont utiles; il y en a d'autres qui leur sont indifférentes, mais pas pour les chevaux, etc.[1]. (*Ibid.*, 334 *a.*)

XXIII

Platon.

PROTAGORAS : Nobles enfants et vieillards, vous tenez assemblée et vous mêlez les dieux à vos querelles, ces dieux que j'ai fait disparaître et de mes écrits et de mes discours, ne sachant ni s'ils existent, ni s'ils n'existent pas. (*Théétète*, 162 *d.*)

Cicéron.

Protagoras d'Abdère, [...] ce sophiste le plus éminent de son époque, avait mis au début d'un de ses livres : Les dieux, je ne saurais dire ni s'ils existent, ni s'ils n'existent pas. Par suite, sur décret des Athéniens, il fut chassé de leur cité et de leur territoire, et ses livres furent brûlés en place publique. (*De la nature des dieux*, I, XXIV, 63.)

En fait, Protagoras, qui nie avoir toute idée claire concernant les dieux, leur existence, leur non-existence ou ce qu'ils sont, ne semble même pas pouvoir émettre la moindre conjecture sur leur nature. (*Ibid.*, I, XII, 29.)

Philodème.

[...] ou bien, ceux qui disent qu'on ne peut savoir s'il existe des dieux ni quelle est leur nature. (*De la piété*, colonne XXII, éd. Gomperz, p. 89.)

Diogène d'Œnoanda.

Protagoras d'Abdère soutient, dans le fond, la même opinion que Diagoras, mais il use de termes différents pour éviter ce que cette idée peut avoir de choquant dans sa nudité. Ainsi, il dit qu'« il ne sait pas si les dieux existent », ce qui revient à dire qu'il sait qu'ils n'existent pas[1]. (*Inscription*, 12 *c* 2, éd. William, 1, p. 19.)

XXIV

Platon.

SOCRATE : Ce sont les sophistes auxquels ton frère Callias a donné de très grosses sommes d'argent, à tel point qu'il se prend pour un savant. Mais, puisque tu n'es pas maître de ton patrimoine, il faut insister auprès de ton frère et le prier de t'apprendre la rectitude ⟨du langage[2]⟩ que lui a enseignée Protagoras.

HERMOGÈNE : Insensé je serais d'en faire la demande, si moi, qui me refuse totalement à admettre la *Vérité* de Protagoras, je tenais pour valables les propos que tient une telle vérité. (*Cratyle*, 391 *b-c*.)

XXV

Platon.

PROTAGORAS : Je pense que [...] la partie majeure de la culture[3], pour l'homme, c'est de connaître à fond les questions poétiques, c'est-à-dire d'être capable de trouver, dans les dires des poètes, les expressions correctes et celles qui ne le sont pas, de savoir analyser ce qui fait leur différence et, si on nous le demande, en donner raison. (*Protagoras*, 338 *e*.)

[Recueil de sentences.]

Protagoras répondit à un poète qui l'injuriait parce qu'il n'approuvait pas ses vers : « Mon cher, j'aime mieux t'entendre m'injurier qu'entendre tes poèmes. » (*Gnomologium Vaticanum*, éd. Sternbach, n° 468.)

XXVI

Platon.

socrate : Je crois qu'il y a d'abord l' exorde[1], qui doit être prononcé au début du discours ; tu appelles cela, n'est-ce pas, les élégances de l'art ?

phèdre : Oui.

socrate : En deuxième lieu, vient une exposition[2], et ensuite les témoignages[3] qui la concernent. En troisième lieu, les preuves[4], en quatrième lieu les vraisemblances[5] ; on confirme et on reconfirme, si j'en crois ce que dit cet éminent ciseleur de discours qu'est le citoyen de Byzance.

phèdre : Tu veux parler de l'excellent Théodore ?

socrate : Bien sûr ! il y a la réfutation et la seconde réfutation qu'il faut faire tant pour l'accusation que pour la défense. Que ne faisons-nous intervenir l'illustre Événus de Paros, lui qui inventa le premier l' insinuation et l' éloge indirect ? Il aurait, dit-on, rédigé les blâmes indirects en vers mnémotechniques : c'est un savant ! Mais laisserons-nous dormir Tisias et Gorgias qui ont vu qu'il fallait attacher plus de prix aux vraisemblances qu'à la vérité, eux qui, par la force du discours, font paraître grand ce qui est petit et petit ce qui est grand, vénérable ce qui est nouveau et neuf ce qui est vieux, eux qui ont trouvé, enfin, aussi bien le moyen d'être concis, que celui de prolonger indéfiniment un discours, quel qu'en soit le sujet ! Un jour qu'il m'entendait raconter cela, Prodicos éclata de rire : il était le seul, disait-il, à avoir trouvé la technique appropriée aux discours : ils ne doivent être ni longs, ni courts, mais mesurés.

phèdre : Prodicos ! Tu es le plus sage.

socrate : Et ne pouvons nous parler d'Hippias ? Je crois que le citoyen d'Élis apporterait son suffrage en faveur de Prodicos.

phèdre : Pourquoi pas ?

socrate : Et Polos, que dire, cette fois-ci de ses *Discours harmonieux* ? de son *Recueil de répétitions*, de ses *Sentences* ou de ses *Recueils d'images* ? Ou encore, de ses *Mots de Licymnius*, dont il lui fit cadeau pour son invention du parler harmonieux ?

phèdre : Les recherches de Protagoras, Socrate, ne sont-elles pas dans ce genre ?

socrate : Ce qui est sûr, mon petit, c'est qu'il a écrit une *Rectitude du langage* et de nombreux autres beaux livres. Pour les discours apitoyants, ceux qui s'attachent à la vieillesse ou à la pauvreté, il me semble que la palme revient, à cause de son art, à la vigueur *chalcédonienne*[1], personnage habile à exciter puis à calmer la foule en colère, par ses charmes incantatoires, comme il dit. En plus, il est le plus fort pour susciter ou dissiper les calomnies, par n'importe quel moyen.

Quant à la fin des discours, il semble que tous adoptent une position commune : les uns l'appellent *récapitulation*[2], d'autres lui donnent un autre nom. (*Phèdre*, 266 *d.*)

XXVII

Aristote.

Quatrièmement, comme Protagoras, il faut établir les distinctions de genre : masculin, féminin et neutre. (*Rhétorique*, III, v, 1407 *b* 6.)

XXVIII

Aristote.

Le solécisme, on peut le commettre, paraître le commettre sans le faire, et le faire sans en avoir l'air, si, comme disait Protagoras, on tient μῆνις *(la colère)* et πήληξ *(le casque)* pour des masculins : en disant la colère « meurtrière », on fait, selon Protagoras, un solécisme, mais non pour les autres; et si on dit « meurtrier » on paraît faire un solécisme, mais lui prétend que non[3]. (*Réfutations sophistiques*, 14, 173 *b* 17.)

XXIX

Aristote.

On ne saurait reprendre les reproches que Protagoras adresse à Homère qui, en croyant formuler une prière, formulerait un ordre, lorsqu'il dit : « *Chante, déesse, la colère* [...][4] » : inviter à faire ou à ne pas faire, dit-il, c'est donner un ordre. (*Poétique*, xix, 1456 *b* 15.)

XXX

Ammonios.

Protagoras dit, à propos des moments de la bataille, que l'épisode qui suit la bataille du Xanthe et qui oppose les mortels, a été

construit comme une transition en vue du combat des dieux, et
peut-être pour exalter Achille, [...] (avec les périls qu'il rencontre, non plus dans le courant du fleuve mais dans la plaine[1]).
(Scolie à l'*Iliade*, XXI, v. 240.)

B. FRAGMENTS

LA VÉRITÉ, OU LES DISCOURS TERRASSANTS[2]

I

Sextus Empiricus.

Protagoras d'Abdère a été rangé, lui aussi, par certains auteurs
dans le chœur des philosophes qui ont détruit le critère de la
vérité : il affirme, en effet, que toutes les représentations et les
opinions sont vraies, et que la vérité est de l'ordre du relatif
puisque tout ce qui est objet de représentation ou d'opinion pour
quelqu'un est immédiatement doté d'une existence relative à
lui. C'est ainsi qu'au début de ses *Discours terrassants*, il
a proclamé : L'homme est la mesure de toutes choses,
pour celles qui sont, de leur existence ; pour celles qui ne
sont pas, de leur non-existence. (*Contre les mathématiciens*,
VII, 60.)

Platon.

SOCRATE : À coup sûr, ce que tu viens de dire risque d'avoir
quelque importance pour la science, et c'est précisément ce que
disait Protagoras. Il a exprimé la même idée, quoique sous une
autre forme. Il dit à peu près que l'homme est la mesure de
toutes choses, pour celles qui sont, de leur existence ;
pour celles qui ne sont pas, de leur non-existence. Ne
l'as-tu jamais lu ?

THÉÉTÈTE : Si, souvent.

SOCRATE : Ne soutient-il pas à peu près ceci : telle une chose
m'apparaît, telle elle est pour moi ; telle elle t'apparaît, telle elle
est pour toi. Et homme, je le suis autant que toi, n'est-ce pas ? [...].

N'arrive-t-il pas, lorsqu'il y a du vent, que l'un de nous frissonne, alors qu'un autre, à ce même souffle, ne frissonne guère ?
L'un légèrement, l'autre très fort ?

THÉÉTÈTE : Tout à fait.

SOCRATE : Dans ce cas, de ce souffle, considéré en lui-même, faudra-t-il dire qu'il eſt froid, ou qu'il n'eſt pas froid ? Ou bien, convaincus par Protagoras, devrons-nous dire qu'il eſt froid pour qui frissonne, et qu'il n'eſt pas froid pour qui ne frissonne pas ?

THÉÉTÈTE : Il semble bien.

SOCRATE : Ainsi, l'apparence sera différente pour chacun ?

THÉÉTÈTE : Oui.

SOCRATE : Dès lors, cette apparence, c'eſt une sensation ?

THÉÉTÈTE : En effet.

SOCRATE : Alors, représentation et sensation sont une seule et même chose pour ce qui eſt de la chaleur et dans tous les cas analogues. Telles chacun sent les choses, telles elles risquent d'être pour chacun. (*Théétète*, 151 *e* et 152 *a*.)

SOCRATE : Pour le reſte, ce que dit Protagoras m'agrée pleinement, à savoir que ce qui semble à chacun, cela existe juſtement. Mais le début de son discours me surprend, car il y a une chose qu'il ne dit pas, en commençant son *Traité de la vérité* ; c'eſt que la mesure de toutes choses eſt aussi bien le porc ou le cynocéphale, ou quelque être encore plus étonnant parmi ceux doués de sensation ; aussi eſt-ce sur un ton de grand seigneur, débordant de mépris, qu'il nous aurait adressé la parole. Cela pour démontrer qu'alors que nous l'admirons à l'égal d'un dieu, pour sa science, il se trouve en fait que ses jugements ne sont pas plus avisés que ceux d'un têtard de grenouille, ou, à plus forte raison, d'un autre homme. (*Ibid.*, 161 *c*.)

DE L'ÊTRE

II

Porphyre.

Il ne reſte pas beaucoup de livres des auteurs qui ont précédé Platon. Autrement, on pourrait accuser ce philosophe de plus d'un ⟨plagiat⟩. Ce que je sais, c'eſt qu'étant tombé par hasard sur le traité *De l'être* de Protagoras, et ayant lu le passage dirigé contre les partisans de l'unité de l'être, il m'a semblé que Platon utilisait des arguments du même genre. Je me suis efforcé de rappeler ses dires dans les termes mêmes. ⟨Eusèbe ajoute⟩ : ayant dit cela, il donne les démonſtrations intégralement. (*Cours de philologie*, I, cité par Eusèbe, *Préparation évangélique*, X, III, 25.)

GRAND TRAITÉ

III

[*Inédits.*]

Dans son livre intitulé *Grand Traité*, Protagoras dit : L'enseignement demande des dispositions naturelles et de l'exercice et c'est dès le jeune âge qu'il faut commencer à apprendre. Il n'aurait pas dit cela si lui-même ne s'était mis que sur le tard à la science ; c'est ce qu'Épicure pense et dit de Protagoras[1]. (*Inédits de Paris*, éd. Cramer, I, 171, 31, *Sur Hippomaque*, B, 3.)

SUR LES DIEUX

IV

Eusèbe.

Protagoras, étant devenu le compagnon de Démocrite, acquit la réputation d'un athée. En tout cas, ce qu'on dit, c'est que de son traité *Sur les dieux*, le début est le suivant : Touchant les dieux, je ne suis pas en mesure de savoir ni s'ils existent, ni s'ils n'existent pas, pas plus que ce qu'ils sont quant à leur aspect. Trop de choses nous empêchent de le savoir : leur invisibilité et la brièveté de la vie humaine. (*Préparation évangélique*, XIV, III, 7.)

ANTILOGIES I et II

V

Diogène Laërce.

Selon Euphorion et Panétius, il y aurait une autre version du début de *La République* ⟨de Platon⟩, *République* dont Aristoxène dit qu'on en trouve presque tout le texte dans les *Antilogies* de Protagoras. (*Vies*, III, 37.)

La République, qui se trouve presque en entier chez Protagoras, dans ses *Antilogies*, au dire de Favorinus dans ses *Mélanges historiques*, au livre second. (*Ibid.*, III, 57.)

TITRES DOUTEUX

Art de l'éristique

VI

Cicéron.

Protagoras a écrit et composé des discussions sur des sujets connus. C'est ce qu'on appelle de nos jours des *lieux communs*. (*Brutus*, XII, 46.)

Quintilien.

Protagoras d'Abdère : on dit à son propos qu'Euathle avait appris l'*art* qui était son œuvre, moyennant dix mille deniers[1]. (*Institution oratoire*, III, 1, 10.)

Les premiers à avoir traité les lieux communs sont, à ce qu'on dit, Protagoras et Gorgias; pour les lieux pathétiques[2], ce sont Prodicos, Hippias, encore Protagoras, et Thrasymaque. (*Ibid.*, III, 1, 12.)

VI a

Diogène Laërce.

Il fut le premier à dire qu' il y a sur tout sujet deux discours mutuellement opposés.   (*Vies*, IX, 51.)

VI b

Aristote.

[...] Du plus faible [...] argument, faire le plus fort. (*Rhétorique*, II, xxvi, 1402 *a* 23.)

Des mathématiques

VII

Aristote.

Il n'est pas vrai que l'arpentage se rapporte à des grandeurs sensibles et corruptibles : car il se corromprait avec leur corruption. Et certes, il ne se rapporte pas plus à des grandeurs sensibles que l'astronomie au ciel que nous voyons. Et les lignes sensibles ne sont pas celles dont parle le géomètre. Car aucune ligne sensible n'est droite ou courbe aux termes de sa définition : en effet, ce n'est pas par un point que le cercle et la règle sont tangents, mais de la manière définie par Protagoras lorsqu'il réfute les géomètres. (*Métaphysique*, B, II, 997 *b* 32.)

De la lutte

VIII

Platon.

L'ÉTRANGER : Pour ce qui est des arts, pris dans leur ensemble ou chacun séparément, ce qu'il faut répliquer aux divers spécialistes est indiqué au long d'écrits relativement faciles à trouver si on désire en prendre connaissance.

THÉÉTÈTE : Il me semble que tu veux parler des écrits de Protagoras *Sur la lutte et sur les autres arts*. (*Le Sophiste*, 232 *d-e*.)

L'ÉTRANGER : Mais comment, en contredisant celui qui sait sans rien savoir soi-même, pourrait-on dire quelque chose qui vaille?

THÉÉTÈTE : Ce n'eſt pas possible. (*Le Sophiſte*, 233 *a*.)

*Titres d'ouvrages cités
par Diogène Laërce*[1]

De la république[2]
Sur la condition des hommes à l'origine[3]
De l'ambition
Des vertus
Des mauvaises actions des hommes
Discours impératif
Discours judiciaire sur le salaire[4]
Des choses de l'Hadès[5]

FRAGMENTS D'ÉCRITS MAL ATTESTÉS

IX

Pseudo-Plutarque.

Périclès, que l'on surnommait l'Olympien à cause de l'excellence de sa parole et de ses avis, ⟨eut la même réaction[6]⟩ quand il apprit la mort de ses deux enfants Paralos et Xanthippe. C'eſt ce que dit Protagoras dans le texte suivant : Ses fils, jeunes et beaux, étant morts à huit jours d'intervalle, il supporta le coup sans montrer le deuil ; il garda toute sa sérénité, ce qui chaque jour lui servait davantage en lui donnant le moyen de soulager sa douleur et en lui apportant l'eſtime du peuple. Car chacun, en le voyant supporter son deuil avec tant d'énergie, le jugeait vaillant, courageux et plus fort que soi-même, sachant bien qu'en pareille circonstance, soi-même en serait tout bouleversé. Et de fait, après la nouvelle de la mort de ses deux fils, il ne laissa pas d'avoir la tête fleurie selon la coutume du pays et, vêtu de blanc, de haranguer le peuple, *prodiguant de bons conseils*[7], incitant encore les Athéniens à la guerre. (*Consolation à Apollonius*, XXXIII, 118 E.)

X

Stobée.

Protagoras disait qu' il n'y avait pas d'art sans pratique, ni de pratique sans art. (*Florilège*, III, xxix, 80.)

XI

Pseudo-Plutarque.

Protagoras a dit encore :   La nature n'éclôt pas dans l'âme quand on manque de racines profondes. »   (*De l'exercice*, 178, 25 ; *Rheinisches Museum*, 27, 1872, 526.)

PASSAGE D'AUTHENTICITÉ DOUTEUSE

XII

Sentences gréco-syriaques.

Protagoras a dit : « Peine, travail, instruction, éducation et sagesse sont la couronne de gloire tressée par les fleurs d'une langue éloquente et que l'on pose sur la tête de ceux qui l'aiment. L'éloquence en effet est difficile ; cependant ses fleurs sont riches et toujours nouvelles, et les spectateurs, ceux qui applaudissent et les maîtres se réjouissent, et les élèves font des progrès et les fous s'irritent ; ou peut-être ne s'irritent-ils pas, parce qu'ils manquent de perspicacité. » (Trad. allemande de V. Ryssel, *Rheinisches Museum*, 51, 1896, 539, n. 32.)

C. IMITATIONS

I

Platon.

Il y eut un temps où les dieux existaient déjà, mais où les races mortelles, elles, n'existaient pas. Un jour, le temps marqué pour leur naissance arriva : alors, les dieux les modelèrent dans le sein de la terre, en mêlant la terre, le feu, et tous les éléments qui peuvent entrer dans cette combinaison. Le moment étant venu de les produire à la lumière, ils ordonnèrent à Prométhée et à Épiméthée de les pourvoir en facultés et de distribuer à chacune ce qui lui convenait. Épiméthée insista auprès de Prométhée pour se charger lui-même de cette répartition, lui disant : « J'assurerai la répartition des facultés, et toi, tu n'auras qu'à inspecter. » L'ayant convaincu, il se mit au travail. Il doua de la force une partie des animaux, mais sans y joindre la rapidité dont il laissa l'avantage aux plus faibles. À d'autres animaux, il procura des armes ; mais, si une espèce demeurait désarmée, il s'arrangeait pour lui procurer un moyen de salut : c'est ainsi qu'aux animaux de petite taille il accordait des ailes pour prendre la fuite, ou des retraites souterraines, les animaux qui avaient une taille avantageuse étant, de ce fait même, suffisamment protégés. Tels étaient les principes qu'il appliqua pour l'ensemble du partage : il veillait constamment à l'équilibre, soutenant son ingéniosité par le souci d'éviter qu'aucune espèce ne vienne à s'éteindre. Ayant, donc, convenablement ménagé les moyens d'empêcher une destruction réciproque des vivants, il s'avisa de les protéger contre les saisons que Dieu fait et, à cette fin, il les habilla de toisons serrées et de peaux épaisses, bonnes pour abriter du froid, efficaces contre la chaleur : c'étaient comme des couvertures naturelles et propres à chacun. Il chaussa de sabots certaines espèces et donna aux autres des ongles solides, dépourvus de sang. Il s'occupa ainsi de pourvoir à la subsistance des uns et des autres : pour les uns, c'était l'herbe que produit la terre, pour les autres, les fruits que portent les arbres, pour d'autres, les racines. Quelques espèces eurent pour nourriture la chair des autres animaux, mais alors, il prit soin de ne leur laisser qu'une faible fécondité, en réservant au contraire une grande à leurs victimes — il voulait, par ce biais, assurer leur salut. Mais la science d'Épiméthée n'était pas sans limites : il ne s'était pas aperçu qu'il avait dépensé toutes les facultés au profit des animaux dépourvus de parole. Il y avait encore l'espèce humaine à pourvoir, et il ne voyait pas comment il pourrait s'en tirer. Sur ce, alors qu'il était plongé dans l'embarras, Prométhée arrive et commence son inspection : il voit tous les animaux correctement équipés de tout ce qui convient, et l'homme, nu, sans chaussures, sans vêtements, sans armes. Or, le jour fixé était venu : l'homme devait quitter le ventre de la terre et paraître à la lumière. Pris au dépourvu, Prométhée ne savait comment assurer le salut des hommes : alors, il s'en va dérober, auprès d'Héphaïstos et d'Athéna, l'habileté artiste et le feu (car sans le feu, l'habileté artiste ne peut être ni possédée, ni utilisée) et il en fait don aux hommes. Ainsi l'homme fut en possession de la science qui permet de vivre, mais il n'avait point la science politique, qui était restée auprès de Zeus, et Prométhée n'avait plus le temps de s'introduire chez lui, dans l'Acropole (d'ailleurs surveillée par de terribles gardiens). Mais il avait quand même réussi à pénétrer en cachette dans le séjour où, en commun, Athéna et Héphaïstos se consacraient à leur art, pour voler le feu d'Héphaïstos et les arts d'Athéna ; il put ainsi en faire don aux hommes. Voilà le geste qui a rendu leur vie possible et l'histoire dit que, après cela, Prométhée fut poursuivi pour ce vol. L'homme participait au lot divin, ce qui lui valut d'être le premier animal, et le seul, du fait de cette parenté, à croire aux dieux. Il se mit à élever des autels et à dresser des images des dieux. Puis, grâce à la science artiste, il eut tôt fait d'articuler les sons et les mots, d'inventer les habitations, les vêtements, les chaussures, les couvertures et le moyen de se nourrir en travaillant la terre. Mais, quoique ainsi équipés, au début ils vécurent dispersés : les cités n'existaient pas. Aussi périssaient-ils sous les assauts des bêtes sauvages, car ils étaient, sous tous les rapports, plus faibles qu'elles. Certes leur habileté technique leur permettait bien de se nourrir, mais elle se montrait insuffisante dans la guerre contre les bêtes sauvages : l'art politique dont la guerre fait partie, leur faisait encore défaut. Ils tentèrent donc de se rassembler et de fonder des cités pour assurer leur salut. Mais, une fois rassemblés en société, ne sachant pas l'art politique, ils se portaient tort les uns aux autres, si bien qu'ils se séparaient à nouveau et périssaient.

Alors Zeus se mit à craindre pour notre espèce qu'elle ne disparût entièrement et chargea Hermès de porter aux hommes le respect et la justice afin qu'il y eût des cités ordonnées, maintenues par le lien d'amitié. Hermès demanda à Zeus comment répartir entre les hommes le respect et le droit : « Dois-je les distribuer comme les diverses techniques, c'est-à-dire selon le principe qu'un seul médecin ou artisan suffit pour plusieurs? En ira-t-il de même pour le respect et la justice, ou faut-il les distribuer à tous les hommes? — Il faut les distribuer à tous, répondit Zeus, et que tous en aient leur part : car aucune cité ne pourrait exister si quelques-uns seulement y avaient part, comme pour les diverses techniques. Voici également une loi qui est la mienne, promulgue-la : que celui qui se montre incapable de participer au respect et à la justice soit mis à mort, comme une maladie au cœur de la cité[1]. » (*Protagoras*, 320 *c* et suiv.)

Aristote.

Ceux qui disent que l'homme ne jouit pas d'une constitution heureuse et qu'il est le moins bien doté des animaux — il est, selon eux, sans chaussures, nu, sans armes défensives — raisonnent incorrectement. (*Parties des animaux*, IV, x, 687 *a* 23.)

II

Aristophane.

> *Chez eux, dit-on, il est deux argumentations :*
> *La plus forte, et qu'importe après tout sa nature,*
> *Ainsi que la plus faible. De ces deux arguments*
> *Le plus faible, dit-on, est celui qui l'emporte,*
> *En usant des raisons qui sont les plus injustes.*

> > (*Les Nuées*, v. 112 à 114.)

III

Aristophane.

SOCRATE

> *Il est auparavant d'autres choses qu'il faut*
> *Que tu apprennes bien. Ainsi, des quadrupèdes,*
> *Auxquels faut-il donner le genre masculin ?*

STREPSIADE

> [660] *Mais moi je les connais, les masculins ! À moins*
> *Que je ne sois bien fou : bélier, bouc et taureau,*
> *Sans compter chien et coq.*

SOCRATE

> *Tiens ! Vois ce qui te prend ! Car tu appelles* coque
> *La femelle à laquelle ainsi tu attribues*
> *Le même nom qu'au mâle !*

STREPSIADE

> > *Et comment ? Allons donc !*

SOCRATE

> *Comment ? Mais coq et* coque.

STREPSIADE

> [665] > *Oui, par Poséidon !*
> *Mais comment dois-je dire ?*

SOCRATE

> *Coquille. Et l'autre coq !*

STREPSIADE

> *Coquille! Voilà bien!*
> *Par l'air! Et en échange avec cette leçon*
> *Je m'en vais de farine en y creusant un puits*
> *Emplir ton* pétrissoir.

SOCRATE

> *Allons bon! Autre faute!*
> [670] *Tu fais de* pétrissoire *un fâcheux masculin*
> *Quand c'est un féminin! [...].*

STREPSIADE

[677]   *Alors, que dois-je dire?*

SOCRATE

> *Comment? La* pétrissoire, *ainsi que tu dirais*
> *La salvatrice!*

STREPSIADE

> *Ainsi c'est bien la* pétrissoire,
> *Au féminin?*

SOCRATE

> *Mais oui! C'est la forme correcte!*

> (*Les Nuées*, v. 658 et suiv.)

IV

Euripide.

CADMOS

> *Je ne méprise pas les dieux, étant mortel.*

TIRÉSIAS

> *Jamais envers les dieux il ne faut prononcer*
> *Sophistique blasphème! Et la foi de nos pères*
> *Transmise avec le temps, il nous la faut garder;*
> *Jamais aucun discours ne la   terrassera[1],*
> *Même si l'argument vient d'habile sophiste.*

> (*Les Bacchantes*, v. 199 et suiv.)

GORGIAS

A. VIE ET DOCTRINE

I

Philostrate.

1. La Sicile a donné naissance à Gorgias de Léontium, à qui l'on doit, à notre avis, faire remonter l'art des sophistes, dans la mesure où il en détient la paternité. Considérons Eschyle, et réfléchissons à tout ce qu'il a apporté à la tragédie : il l'a mise en costumes, il lui a donné le cothurne qui relève les personnages, les figures des héros, les messagers de l'intérieur et de l'extérieur, il a fixé les actions qui doivent se faire sur la scène ou en descendant de la scène : ce que Gorgias a fait en ce qui concerne son art est du même ordre. 2. Il a imprimé son élan au courant sophistique, avec ses paradoxes, avec son souffle, avec sa manière d'exprimer grandement les grandes choses, avec ses ruptures de construction, ses débuts fracassants, toutes choses qui rendent le discours plus plaisant et plus imposant : à quoi il adjoignit encore, pour plus de splendeur et de solennité, ses vocables poétiques.

3. Il avait aussi une facilité d'improvisation remarquable, comme je l'ai dit au début de ce livre[1], et si, lorsque, déjà vieillissant, il prit la parole à Athènes, il eut une foule d'admirateurs, ce n'est pas non plus très étonnant : je crois qu'il a réussi à subjuguer les gens les plus célèbres, Critias et Alcibiade, qui étaient encore jeunes tous les deux, mais aussi Thucydide et Périclès qui, eux, avaient quand même un certain âge. Agathon, le poète tragique, qui possède, dans la comédie, quelque habileté et élégance, *gorgianise* souvent dans ses poèmes iambiques.

4. Il s'illustra aussi chez les Grecs, lors des Panégyries où il fit retentir son *Discours pythique* du haut de l'autel : c'est à la suite de cela qu'on lui dressa une statue en or dans le temple d'Apollon

Pythien. Avec son *Discours olympique*, il fit une mémorable intervention dans la politique : voyant la Grèce divisée, il se fit
l'apôtre de l'union, il tourna les Grecs contre les Barbares et les
persuada de donner pour enjeu à leurs armes, non des cités qui
appartenaient autant aux uns qu'aux autres, mais les pays mêmes
des Barbares. 5. Son *Oraison funèbre*, prononcée à Athènes pour
les soldats tombés à la guerre, en l'honneur desquels les Athéniens donnaient des funérailles publiques assorties d'éloges, était
composée avec un art extraordinaire. Il y dresse les Athéniens
contre les Mèdes et les Perses, exaltant le même esprit que dans le
Discours olympique, mais sans faire aucune allusion à l'union entre
les Grecs, car il parlait à des Athéniens ivres d'une suprématie
qu'il n'était pas possible d'acquérir sans faire appel à la violence :
il s'étendit en louanges sur les trophées pris aux Mèdes, et proclama que « les trophées arrachés aux Barbares réclamaient des
hymnes, tandis que ceux arrachés aux Grecs demandaient des
chants funèbres ». On dit que Gorgias est arrivé à l'âge de cent
huit ans sans que les effets de la vieillesse ne marquent exagéré-
ment son corps, et même qu'il garda toute sa vie, avec une santé
parfaite, la pleine jeunesse de tous ses sens. (*Vies des sophistes*, I,
IX, 1-5.)

II

Suidas.

Gorgias, de Léontium, fils de Charmantide, orateur, disciple
d'Empédocle, maître de Polos d'Agrigente, de Périclès, d'Isocrate et d'Alcidamas d'Élée, qui lui succéda dans son école. Il
était frère du médecin Hérodicos.

Porphyre le situe dans la quatre-vingtième olympiade[1]. Mais
l'on a des raisons de penser qu'en fait, il était plus âgé.

Le premier, il donna à la mise en forme rhétorique de la culture
sa formulation et sa technique, utilisant tropes, métaphores, allé-
gories, hypallages, catachrèses, hyperbates, répétitions, reprises,
retournements, assonances[2].

Il recueillait cent mines[3] de chaque élève ; il vécut cent neuf ans
et composa de nombreux ouvrages. (*Lexique*, « Gorgias ».)

III

Diogène Laërce.

[Empédocle[4]] était aussi médecin et excellent orateur. Gorgias
de Léontium fut son élève et était lui-même un personnage émi-

nent en rhétorique, qui nous a laissé un *Art de la rhétorique* [...].
Selon Satyros, Gorgias déclare avoir assisté à des expériences de
magie faites par Empédocle. (*Vies*, VIII, 58-59.)

IV

Diodore de Sicile.

  1. À cette époque[1], les habitants de Léontium en Sicile, colons
venus de Chalcis et qui étaient par là apparentés aux Athéniens,
durent subir les assauts des Syracusains. Pressurés par cette
guerre, et devant le risque d'être réduits par la violence du fait de
la supériorité des Syracusains, ils envoyèrent des ambassadeurs à
Athènes pour demander au peuple de venir aussi vite que possible à leur secours et de sauver leur cité des périls qui la mena-
çaient. 2. Cette ambassade était dirigée par l'orateur Gorgias,
qui, par l'habileté de sa parole, l'emportait largement sur ses
concitoyens. Celui-ci fut le premier inventeur de la rhétorique
et, en sophistique, il dépassait les autres à un point tel qu'il pouvait demander cent mines à chacun de ses élèves. 3. Donc, il
arrive à Athènes, se fait conduire devant l'assemblée du peuple et
expose aux Athéniens le projet d'une alliance : la nouveauté de
son style surprit les Athéniens, peuple lettré et spirituel, qui
furent très impressionnés. 4. C'est qu'il était le premier à se
servir de figures de style extrêmement raffinées et débordantes de
virtuosité : antithèses, balancements, parisoses, rimes et autres
procédés qui, du fait de leur nouveauté, méritèrent alors un bon
accueil, quoique maintenant ils passent pour affectés et paraissent
ridicules lorsqu'ils reviennent trop souvent, jusqu'à l'écœure-
ment. 5. À la fin, il persuada les Athéniens de conclure une
alliance avec les Léontins et, quand il s'en retourna à Léontium,
il s'était attiré l'admiration des Athéniens par sa maîtrise de la
rhétorique. (*Bibliothèque historique*, XII, 53, 1-5.)

Denys d'Halicarnasse.

  Gorgias de Léontium en est un exemple : il s'exprime à
maintes reprises en un style pesant et tout enflé, « assez proche
du dithyrambe[2] ». Ses disciples Licymnios et Polos font de
même. Son expression poétique et pleine de figures fit aussi
grand effet sur les rhéteurs athéniens, d'après Timée, lorsque
Gorgias prit en premier la parole, au moment de l'ambassade à
Athènes; le discours qu'il prononça devant l'assemblée frappa
ses auditeurs. Disons le vrai : autrefois, ce style suscitait l'admiration. (*Lysias*, 3.)

V

Xénophon.

Proxène le Béotien, lorsqu'il était encore jeune, désirait devenir un homme capable de grandes choses. Animé par ce désir, il donna de l'argent à Gorgias de Léontium, pour être autorisé à suivre ses leçons. (*Anabase*, II, vi, 16.)

VI

Plutarque.

Antiphon de Rhamnonte est né pendant les guerres Médiques[1]. Il était contemporain du sophiste Gorgias, quoiqu'un peu plus jeune que lui. (*Vies des dix orateurs*, 832 F.)

VII

Pausanias.

7. Il est encore possible de voir Gorgias de Léontium : selon Eumolpe, le petit-fils de Déicrate qui avait épousé la sœur de Gorgias, ce dernier avait fait dresser sa statue à Olympie. 8. Gorgias avait pour père Charmantide, et était le premier, dit-on, à avoir restauré la pratique de l'éloquence, qui était devenue totalement négligée et serait, pour un peu, tombée dans l'oubli. On dit que Gorgias s'est couvert de gloire par ses discours, lors de la panégyrie d'Olympie et lors de son ambassade à Athènes, avec Tisias [...]. 9. Mais il y obtint bien plus d'honneurs que ce dernier, et Jason, tyran de Thessalie, le plaçait encore avant Polycrate, qui était loin d'avoir la dernière place dans les écoles, à Athènes. Il aurait vécu cent cinq ans. (*Itinéraire*, VI, xvii, 7-9.)

[À Delphes] il y a une statue dorée qui représente Gorgias de Léontium. C'est une offrande votive de Gorgias lui-même. (*Ibid.*, X, xviii, 7.)

Cicéron.

Il était tant honoré de la Grèce qu'il fut le seul à Delphes à avoir droit à une statue en or massif, et non simplement recouverte d'or. (*De l'orateur*, III, xxxii, 129.)

Pline.

Il est le premier homme à avoir eu une statue en or, et en or massif. Vers la soixante-dixième olympiade[1], il se la fit ériger lui-même au temple de Delphes : tant était lucratif l'enseignement de l'éloquence. (*Histoire naturelle*, XXXIII, 83.)

VIII

[Épigrammes.]

a) *Déicrate épousa la sœur de Gorgias,*
　　Dont il eut un fils : Hippocrate.
　　Fils d'Hippocrate, Eumolpe est celui qui fit élever sa statue,
　　Autant en hommage à son enseignement que par amour pour lui.

b) *Pour exercer l'âme aux joutes d'excellence,*
　　Aucun mortel encore n'a trouvé d'art supérieur à celui de Gorgias.
　　Ce maître a sa statue dans la vallée d'Apollon ;
　　C'est là non pas ostentation de sa richesse, mais témoignage de sa
　　　piété.

(*Épigrammes*, 875 a, éd. Kaibel, p. 534.)

IX

Élien.

Hippias et Gorgias arboraient des tenues pourpres, à ce qu'on dit en général. (*Histoires variées*, XII, 32.)

X

Apollodore.

Il vécut cent neuf ans. (Cité par Diogène Laërce, *Vies*, VIII, 58.)

Olympiodore.

En second lieu, nous dirons que furent contemporains Socrate, qui était vivant pendant la troisième année de la soixante-dix-septième olympiade[2], et Empédocle, le pythagoricien, qui fut le maître de Gorgias et eut l'occasion de rencontrer Socrate. Et il n'est pas douteux que Gorgias écrivit le *De la nature*, œuvre qui ne manque pas d'élégance, au cours de la

quatre-vingt-quatrième olympiade[1]. Par suite, Socrate était son
aîné de vingt-huit ans ou un peu plus. D'ailleurs, dans le *Théétète*,
Platon fait dire à Socrate : « Étant tout jeune, je fis la rencontre
de Parménide, alors très âgé, et il me parut que c'était un homme
très profond[2]. » Ce Parménide fut le maître d'Empédocle, lui-
même maître de Gorgias. Mais Gorgias était plus âgé. Si l'on en
croit la chronique, il est mort à cent neuf ans, de sorte qu'ils
étaient contemporains. (*Commentaire sur le Gorgias de Platon*, éd.
A. Jahn, p. 112.)

XI

Athénée.

Cléarque, au livre III de ses *Vies*, dit de Gorgias de Léontium
que, grâce à une existence parfaitement tempérante, il vécut près
de quatre-vingts ans, en pleine possession de toutes ses facultés.

Comme on lui demandait par quel régime il avait réussi à vivre
aussi longtemps et aussi bien, sans perdre l'usage d'aucun de ses
sens : « Jamais, dit-il, je n'ai rien fait par recherche du plaisir. »

Démétrius de Byzance, au livre IV du *Sur les poésies*, dit que
Gorgias, interrogé sur les causes de sa longévité — il avait
dépassé les cent ans —, répondit : « Je ne me suis jamais soucié de
l'avis des autres[3]. » (*Les Deipnosophistes*, XII, 548 C-D.)

XII

Cicéron.

Son[4] maître, Gorgias de Léontium, dépassa cent sept ans sans
avoir jamais cessé ni son activité ni sa production. Comme on lui
demandait d'où lui venait ce désir de vivre si longtemps, il
répondit : « Je ne vois pas ce que je pourrais reprocher à la
vieillesse. » (*Caton l'Ancien*, v, 12.)

XIII

Pline.

Il est hors de doute que Gorgias, le Sicilien, vécut cent huit
ans. (*Histoire naturelle*, VII, 156.)

Pseudo-Lucien.

Parmi les rhéteurs, Gorgias, que certains qualifient de
sophiste, vécut cent huit ans. Il mourut pour avoir renoncé à

s'alimenter; on dit qu'interrogé sur la cause d'une si bonne santé, en possession de tous ses sens, à un aussi grand âge, il répondit qu'il ne s'était jamais laissé aller à la vie de plaisir menée par les autres. (*De la longévité*, 23.)

XIV

Quintilien.

Les plus anciens auteurs de traités de rhétorique sont les Siciliens Corax et Tisias; après eux, on trouve Gorgias de Léontium, également natif de cette île et, selon la tradition, disciple d'Empédocle. Du fait de la longueur de sa vie (il vécut cent neuf ans), il fut le contemporain de beaucoup : c'est pourquoi il put être l'émule de ceux que j'ai cités et vivre encore après la mort de Socrate. (*Institution oratoire*, III, 1, 8.)

XV

Élien.

Gorgias de Léontium, arrivé au terme de sa vie, fort avancé en âge, fut pris d'une sorte de faiblesse : il se laissa aller doucement au sommeil et se coucha. Comme un de ses familiers s'était approché et l'examinait en lui demandant ce qu'il avait, Gorgias répondit : « Le sommeil commence à me prendre sous sa garde, comme un frère. » (*Histoires variées*, II, 35.)

XV a

Athénée.

On dit que Gorgias, ayant lu lui-même le dialogue qui porte son nom, a dit à ses intimes : « Comme Platon sait bien se moquer! » (*Les Deipnosophistes*, XI, 505 D.)

XVI

Quintilien.

Ils eurent beaucoup de successeurs, mais le plus célèbre des élèves de Gorgias fut Isocrate. Bien que les sources donnent des renseignements contradictoires sur son maître, nous faisons confiance à Aristote[1]. (*Institution oratoire*, III, 1, 13.)

XVII

Pseudo-Plutarque.

Il y avait, près du tombeau d'Isocrate, une dalle funéraire qui représentait des poètes et ses maîtres, parmi lesquels Gorgias, regardant une sphère astronomique, avec Isocrate à ses côtés. (*Vie des dix orateurs*, 838 D.)

XVIII

Isocrate.

155. Celui qui a gagné le plus d'argent, parmi les sophistes dont on a conservé la mémoire, est Gorgias de Léontium. Il vécut d'abord en Thessalie, pays dont les habitants étaient les plus fortunés des Grecs, après quoi, il mena sa très longue vie en s'adonnant à sa lucrative activité. 156. En outre, comme il ne se fixa jamais dans aucune cité, il n'eut jamais à contribuer aux dépenses publiques, pas plus qu'il ne fut assujetti à l'impôt. Ajoutons à cela qu'il ne se maria pas, n'eut pas d'enfants et fut donc exempt de cette charge incessante et ruineuse. Or, malgré cette situation extraordinaire, par rapport aux autres, pour qui veut s'enrichir, il ne laissa après lui que mille statères[1]. (*Sur l'échange*, 155-156.)

XIX

Platon.

SOCRATE : Jusqu'à présent, Ménon, les Thessaliens étaient réputés et admirés chez les Grecs pour leur pratique de l'art équestre et pour leur richesse. Maintenant, me semble-t-il, on les admire aussi pour leur science, et les habitants de Larissa, concitoyens de ton ami Aristippe, ne sont pas en reste. De cet état où vous voici, Gorgias est cause : en effet, à son arrivée dans votre cité, jouant sur leur amour de la science, il subjugua les notables chez les Aleuades, auxquels appartient ton ami Aristippe, puis les autres Thessaliens. C'est de là que vous vient, depuis lors, votre habitude de répondre à qui vous interroge, avec assurance et hauteur, comme il sied à des gens qui savent. C'est que lui aussi se prêtait aux questions que n'importe qui, en Grèce, voulait lui poser, et il avait réponse à tout. (*Ménon*, 70 a-b.)

Aristote.

Gorgias de Léontium, soit qu'il fût embarrassé, soit par ironie,
disait : « De même que ce sont des mortiers que fabriquent les
fabricants de mortiers, de même ce sont des Larissiens que fabriquent les artisans du peuple[1]. N'y a-t-il pas en effet des fabricants
de Larissiens ? » (*Politique*, III, II, 1275 *b* 26.)

XX

Platon.

SOCRATE : Ce que je veux apprendre de Gorgias, c'est la puissance que possède l'art qu'il enseigne, ce que sont sa profession
et son enseignement. Qu'il renvoie la suite de sa conférence,
comme tu le proposes, à une autre fois.

CALLICLÈS : Il n'y aurait rien de tel si tu l'interrogeais toi-
même, Socrate : cela devait faire partie de sa conférence. Toujours est-il qu'il y a un instant il demandait que n'importe quel
auditeur l'interrogeât, et il disait qu'il répondrait à toutes les
questions. (*Gorgias*, 447 *c*.)

GORGIAS : Eh oui ! Voilà une chose qui fait partie de mes
talents : personne ne pourrait dire ce que je dis avec plus de
concision que moi.

SOCRATE : C'est le moment, Gorgias ; fais-moi une démonstration de ton talent, pour ce qui est de la concision. L'ampleur, ce
sera pour une autre fois. (*Ibid.*, 449 *c*.)

XXI

Platon.

MÉNON : Ce qui me plaît le plus chez Gorgias, Socrate, c'est
que tu ne l'entendras jamais faire pareilles promesses[2] ; au
contraire, il se moque des autres quand il les entend promettre.
Sa doctrine, c'est qu'il faut former des gens habiles à parler.
(*Ménon*, 95 *c*.)

XXII

Platon.

GORGIAS : Il m'est souvent arrivé d'aller, avec mon frère ou
avec d'autres médecins, chez des malades qui ne voulaient pas
boire le remède ou se prêter au médecin pour une incision ou une
cautérisation ; alors que le médecin ne pouvait les convaincre, j'y
parvenais en utilisant seulement la rhétorique. (*Gorgias*, 456 *b*.)

XXIII

Aristote.

Le mot de Gorgias à une hirondelle, qui, alors qu'elle volait au-dessus de lui, avait lâché sa fiente, est ce qu'on fait de mieux dans le style tragique; il dit en effet : « Honnie sois-tu, ô Philomèle ! » Ce geste, qui venait d'un oiseau, n'avait rien de honteux, mais venu d'une jeune fille, il l'était. Le blâme convenait donc en tant qu'il s'adressait à ce qu'elle avait été, mais non à ce qu'elle était[1]. (*Rhétorique*, III, iii, 1406 *b* 14.)

XXIV

Philostrate.

Gorgias, voulant ridiculiser Prodicos en train de développer un argument usé et rebattu, se laissa aller à l'à-propos d'une improvisation immédiate. Non sans être en butte à sa jalousie. Il y avait à Athènes un certain Chéréphon […]. Ce Chéréphon, voulant critiquer le travail de Gorgias lui dit : « Pour quelle raison, Gorgias, les fèves produisent-elles des vents dans l'estomac, et non dans le feu ? » Nullement troublé par la question, Gorgias répondit : « Je te laisse débrouiller ce problème; moi, je sais depuis longtemps que si la terre fait pousser des férules, c'est pour les gens de ton espèce. » (*Vies des sophistes*, I, p. 4.)

XXV

Cicéron.

Lieux communs : Gorgias a fait la même chose en consignant sur chaque point particulier l'éloge et la critique; car il considérait que c'était surtout cela le propre de l'orateur : pouvoir relever par l'éloge ou, en sens inverse, rabaisser par la critique[2]. (*Brutus*, xii, 47.)

XXVI

Platon.

protarque : J'ai souvent entendu Gorgias dire que l'art de persuader l'emportait de beaucoup sur tous les autres arts. Il peut tout mettre à son service par le moyen du seul consentement et sans recours à la contrainte[3]. (*Philèbe*, 58 *a*.)

Cicéron.

Gorgias de Léontium, autant dire le plus ancien des rhéteurs, estimait que l'orateur pouvait parler parfaitement sur n'importe quel sujet. (*De l'invention*, v, 2.)

XXVII

Platon.

Dans les autres arts, toute la science se trouve, si l'on peut dire, dans une activité manuelle et des pratiques du même genre ; au contraire, dans la rhétorique, il n'y a rien de matériel, mais toute son activité et toute son efficacité passent par la parole. C'est pourquoi je pense que la rhétorique est un art du discours, et, comme je vous parle, je m'exprime selon la rectitude des termes[1]. (*Gorgias*, 450 *b.*)

Olympiodore.

Ceux qui s'y connaissent en stylistique soutiennent que les deux mots manuel et ratification ne doivent pas être employés. Et en vérité, ils sont inusités. Nous disons donc, puisque c'est Gorgias qui parle, que Platon utilise, pour les lui prêter, des expressions de son pays : car il était de Léontium. (*Commentaire sur le Gorgias de Platon*, éd. Jahn, p. 131.)

XXVIII

Platon.

SOCRATE : Si je comprends bien, tu dis que la rhétorique est productrice de persuasion, que son activité se résume à cela et que c'est là sa fin principale. (*Gorgias*, 453 *a.*)

Dès lors, la rhétorique, à ce qu'il semble, est productrice d'une persuasion, qui est de l'ordre de la créance et non de l'enseignement, sur le juste et l'injuste. (*Ibid.*, 455 *a.*)

XXIX

Aristote.

Puisque les poètes, bien qu'ils ne disent que des banalités, semblent s'être acquis leur réputation au moyen de leur style, le premier style à s'être affirmé fut poétique, comme celui de Gorgias. Et encore maintenant la plupart des gens sans instruction croient que ce genre d'expression donne les plus beaux discours. (*Rhétorique*, III, 1, 1404 *a* 24.)

Syrianos.

Gorgias a transposé le style d'expression poétique dans les discours politiques, parce qu'il considérait que l'orateur ne devait pas être assimilé aux prosateurs. Lysias a fait le contraire. (*Commentaire d'Hermogène*, I, XI, 20, éd. Rabe.)

XXX

Cicéron.

On rapporte que les premiers à avoir mis en pratique ces figures (antithèse, parisose, etc.) sont Thrasymaque de Chalcédoine et Gorgias de Léontium, ensuite, il y a Théodore de Byzance et de nombreux autres que Socrate, dans le *Phèdre*[1], appelle « ciseleurs de discours ». (*L'Orateur*, XII, 39.)

XXXI

Cicéron.

Dans cette recherche de la symétrie nous savons que Gorgias excellait. (*L'Orateur*, XLIX, 165.)

XXXII

Cicéron.

175. Le premier à avoir trouvé ⟨le rythme⟩ fut Thrasymaque, procédé dont abusent toutes les œuvres qui nous restent de lui. Car [...] les parisoses, les rimes, les antithèses, qui, par elles-mêmes, même si ce n'est pas voulu, tombent la plupart du temps comme des clausules, c'est Gorgias qui les trouva le premier, mais il en fit un usage immodéré [...]. 176. Or Gorgias a un goût excessif pour ce genre de style, et il use plus qu'il ne convient de ces *raffinements* (lui-même les juge ainsi), procédés qu'Isocrate ramena depuis à une plus juste mesure, quoiqu'en Thessalie, jeune homme, il ait été l'auditeur de Gorgias, déjà vieux. (*L'Orateur*, LII, 175-176.)

Denys d'Halicarnasse.

Étant convaincu que pour le style poétique et ce parler élevé et solennel, personne ne surpassait Isocrate, Isée délaissa intentionnellement tous ceux dont il se rendait compte qu'ils réussissaient moins bien dans ces genres, parce qu'il voyait Gorgias de Léontium s'écarter de la tradition et tomber, à mainte reprise, dans la puérilité. (*Isée*, 19.)

Athénée.

Son *Politique*[1] est un dialogue qui contient une offensive réglée contre tous les démagogues athéniens; son *Archélaos*, lui, est dirigé contre le rhéteur Gorgias. (*Les Deipnosophistes*, V, 220 D.)

Clément d'Alexandrie.

Gorgias de Léontium, Eudème de Naxos, les historiens et, en outre, Bion de Proconnèse, ont plagié Mélésagoras. (*Stromates*, VI, 26.)

Philostrate.

Les admirateurs de Gorgias étaient illustres et nombreux. En premier lieu, il y avait les Grecs de Thessalie, chez qui *gorgianiser* finit par devenir l'équivalent de « parler en public »; ensuite, il y a toute la Grèce assemblée, devant qui, à Olympie, il fit un discours contre les Barbares, depuis la borne du sanctuaire.

On dit aussi qu'Aspasie de Milet avait aiguisé la langue de Périclès en la frottant au style de Gorgias. Critias et Thucydide ne peuvent pas nier qu'ils tiennent de lui leur grandeur et leur gravité, encore qu'ils se les soient assimilées, l'un par sa facilité, l'autre par sa vigueur. Quant à Eschine le Socratique, auquel tu t'intéressais il y a peu, quoiqu'il ne cache pas ses efforts pour maîtriser le style de ses dialogues, il ne craint pas de *gorgianiser* dans son *Discours sur Thargélie*. En effet, voici à peu près ce qu'il dit : « Thargélie de Milet[2], venue en Thessalie, fut l'amante d'Antiochos, Thessalien, roi de tous les Thessaliens. » Les phrases hachées et abruptes dans la manière de Gorgias connurent une grande diffusion, un peu partout, mais surtout dans le cercle des poètes épiques. (*Lettres*, 73.)

B. FRAGMENTS

DU NON-ÊTRE, OU DE LA NATURE

I

Isocrate.

Comment pourrait-on aller plus loin que Gorgias, qui a eu l'audace de dire qu'aucun des êtres n'existe, ou que Zénon, qui tente de démontrer que ce qui est possible est tout aussi impossible? (*Éloge d'Hélène*, 3.)

Isocrate.

Les discours des anciens sophistes : pour l'un, la multitude des êtres est illimitée; [pour Empédocle, il y en a quatre, avec en plus la Haine et l'Amitié; pour Ion, ils ne sont pas plus de trois; pour Alcméon, deux seulement;] pour Parménide et Mélissos, un; pour Gorgias, il n'y en a absolument aucun. (*Sur l'échange*, 268.)

II

Olympiodore.

Il ne fait pas de doute que Gorgias a écrit son traité *De la nature*, œuvre qui ne manque pas d'élégance, pendant la quatre-vingt-quatrième olympiade[1]. (*Commentaire sur le Gorgias de Platon*, éd. Jahn, p. 112.)

III

Sextus Empiricus.

65. Gorgias de Léontium appartient à cette catégorie de philosophes qui ont supprimé le critère de la vérité. Mais ce n'est pas de la même manière que les tenants de Protagoras. Dans son livre intitulé *Du non-être, ou de la nature* il met en place, dans l'ordre, trois propositions fondamentales : premièrement, et pour commencer, que rien n'existe; deuxièmement que, même s'il existe quelque chose, l'homme ne peut l'appréhender; troisièmement, que même si on peut l'appréhender, on ne peut ni le formuler ni l'expliquer aux autres.

66. Pour le fait que rien n'existe, son argumentation se développe de la manière suivante : s'il existe quelque chose, c'est ou l'être, ou le non-être, ou à la fois l'être et le non-être. Or, l'être n'est pas, comme il l'établira, ni le non-être, comme il le confirmera, ni non plus à la fois l'être et le non-être, chose qu'il expliquera également. Ainsi donc, rien n'existe. 67. Pour le fait que le non-être n'existe pas, voici l'argumentation : si le non-être existe, il sera et à la fois il ne sera pas, car si on le pense comme n'étant pas, il ne sera pas; mais en tant que non-être, en revanche, il existera. Or il est tout à fait absurde que quelque chose soit et ne soit pas à la fois[1]. Donc le non-être n'est pas. D'ailleurs, si le non-être est, l'être ne sera pas : car ces notions sont contradictoires : si l'être est attribué au non-être, le non-être sera attribué à l'être. En tout cas, il ne peut pas être vrai que ce qui est ne soit pas; et ⟨par conséquent⟩ le non-être ne sera pas non plus.

68. Et, assurément, pas même l'être n'existe : car si l'être existe, il est soit éternel, soit engendré, soit les deux à la fois. Or, il n'est ni éternel, ni engendré, ni les deux à la fois, comme nous allons le démontrer. Ainsi, l'être n'existe pas : car si l'être est éternel (c'est par là qu'il faut commencer), il n'a pas de commencement. 69. En effet, tout ce qui est engendré a un commencement, et, ce qui est éternel étant par constitution inengendré, ce qui est éternel n'a pas de commencement. Or, ce qui n'a pas de commencement est illimité, et s'il est illimité, il n'est nulle part. En effet, s'il est dans un lieu, ce lieu dans lequel il est, est autre que lui et ainsi, étant enveloppé par quelque chose, cet être ne sera pas illimité. Car ce qui enveloppe est plus grand que ce qui est enveloppé, et rien ne saurait être plus grand que ce qui est illimité : ainsi, l'illimité n'est pas dans un lieu. 70. Et il ne s'enveloppe pas non plus lui-même : car alors le contenant et le contenu seront une seule et même chose, et l'être sera deux : le lieu et le corps (car le contenant, c'est le lieu, et le contenu, le corps). Or cela est absurde. Assurément, l'être n'est pas non plus en lui-même. Par suite, si l'être est éternel, il est illimité; s'il est illimité, il n'est nulle part; s'il n'est nulle part, il n'est pas. Ainsi, si l'être est éternel, il n'existe en aucune façon. 71. En outre, l'être ne peut pas non plus être engendré. Car s'il a été engendré, c'est à partir de l'être ou à partir du non-être qu'il a été engendré. Or il n'a pas

été engendré à partir de l'être : car si l'être existe, il n'a
pas été engendré, mais il existe déjà ; ce n'est pas non plus à
partir du non-être, car le non-être ne peut rien engendrer, puisque nécessairement l'être générateur doit participer de l'existence. Donc, l'être n'est pas non plus
engendré. 72. De la même manière, il n'est pas non plus
à la fois éternel et engendré : ces deux propositions se
détruisent mutuellement ; si l'être est éternel, il ne peut
avoir été engendré ; s'il est engendré, il n'est pas éternel.
Ainsi, si l'être n'est ni éternel, ni engendré, ni les deux à la
fois, alors, l'être n'est pas.

73. D'ailleurs, s'il existe, il est soit un, soit multiple :
or, il n'est ni un, ni multiple, comme nous allons l'établir.
Dès lors, l'être n'est pas. En effet, s'il est un, alors il est
soit quantité discrète, soit quantité continue, soit grandeur, soit corps : de toute façon, il n'est pas un, car s'il est
quantité discrète, il sera dénombrable ; s'il est quantité
continue, il sera sécable ; de même, si on le conçoit
comme grandeur, il ne sera pas indivisible ; s'il est corps,
il s'étendra selon trois dimensions, car il aura longueur,
largeur et profondeur. Il serait absurde de dire que l'être
n'est rien de tout cela : donc l'être n'est pas un. 74. Et il
n'est pas non plus multiple. Car s'il n'est pas un, il n'est
pas non plus multiple : car le multiple est composé
d'unités singulières, si bien que la suppression de l'un
supprime du même coup le multiple. Pour ces raisons, il
est évident que ni l'être ni le non-être ne sont.

75. Que n'existent à la fois ni l'être ni le non-être peut se
déduire facilement : en effet, si le non-être existe ainsi que
l'être, le non-être sera identique à l'être du point de vue
de l'existence : si bien qu'aucun des deux ne sera. Que le
non-être n'existe pas, c'est admis ; démonstration a été
donnée que l'être serait constitué comme lui, et ainsi,
l'être lui-même n'existera pas.

76. Il y a plus : si l'être est identique au non-être, ils ne
peuvent pas exister tous les deux à la fois : car s'ils sont
deux, ils ne sont pas identiques, et s'ils sont identiques, ils
ne sont pas deux. Ce qui a pour conséquence que c'est le
néant qui est ; car, si ni l'être, ni le non-être, ni les deux à
la fois n'existent, comme on ne peut rien concevoir en
dehors de cette alternative, rien n'existe.

77. Que même s'il existe quelque chose, cette chose est
inconnaissable et inconcevable pour l'homme, c'est ce

que nous avons à démontrer désormais. En effet, si nos
pensées, dit Gorgias, ne sont pas des êtres, l'être ne saurait être pensé. En voici la preuve : en effet, si par
exemple, à nos pensées est attribuée la blancheur, c'est
que l'objet de notre pensée est le blanc ; de même, si à nos
pensées il arrive que soit attribuée la non-existence, il en
résultera nécessairement qu'aux êtres sera attribuée
l'impossibilité d'être pensés. 78. Par suite, c'est une
conclusion saine et salutaire que de dire : « Si les pensées
ne peuvent avoir l'être pour objet, l'être ne peut être
objet de pensée. » Or les pensées — c'est de là que part
l'argument — n'ont pas l'être pour objet, comme nous
allons l'établir. L'être n'est donc pas objet de pensée.

Que les pensées n'aient pas l'être pour objet, c'est
évident : 79. en effet, si les pensées ont l'être pour
objet, tout ce qui est pensé existe, de quelque manière
qu'on le pense. [Ce qui est aberrant]. En effet, de ce qu'on
pense à un homme volant ou à un char qui court sur les
flots, il n'en résulte pas pour autant qu'un homme vole ou
qu'un char coure sur les flots. Par suite, les objets de nos
pensées ne sont pas des êtres. 80. En outre, si les objets
de nos pensées sont des êtres, les non-êtres ne pourront
pas être pensés : les contradictoires ont des attributs
contradictoires et l'être et le non-être sont contradictoires. Par suite, et sans restriction, si l'être a l'attribut
de pouvoir être pensé, le non-être aura celui de ne pouvoir être pensé. Or cela est absurde : Scylla, la Chimère et
beaucoup de non-êtres sont pensés. Donc ce n'est pas
l'être qui est l'objet de nos pensées. 81. De même que
les objets de la vue sont dits visibles parce qu'ils sont vus,
que les objets de l'ouïe sont dits audibles parce qu'ils sont
entendus, et que nous ne rejetons pas les objets visibles
parce que nous ne les entendons pas, que nous ne repous-
sons pas les objets audibles parce que nous ne les voyons
pas (chaque objet a pour critère un sens spécifique, et non
un autre), de la même manière les objets de la pensée,
même si nous ne les voyons pas de nos yeux, même si nous
ne les entendons pas de nos oreilles, ne laisseront pas
d'être puisqu'ils seront saisis selon leur critère propre.
82. Donc, si l'on pense qu'un char court sur la mer, même
si on ne le voit pas, il faudra, avec ce raisonnement, croire
qu'il y a un char qui court sur la mer, ce qui est absurde.
Donc l'être n'est pas objet de pensée et est insaisissable.

83. Et pourrait-on le saisir qu'on ne le pourrait formuler à aucun autre. Car si existent des êtres visibles, audibles et universellement sensibles, et d'une existence qui nous est extérieure, de ces êtres, les visibles sont saisis par la vue, les audibles par l'ouïe, et ⟨ces sens⟩ ne peuvent échanger leurs rôles. Dès lors, comment pourra-t-on révéler à autrui ces êtres? 84. Car le moyen que nous avons de révéler, c'est le discours; et le discours, il n'est ni les substances ni les êtres : ce ne sont donc pas les êtres que nous révélons à ceux qui nous entourent; nous ne leur révélons qu'un discours qui est autre que les substances. De même que le visible ne peut devenir audible, ou l'inverse, de même, l'être, qui subsiste extérieurement à nous, ne saurait devenir notre discours : 85. n'étant pas discours, il ne saurait être manifesté à autrui. Quant au discours, dit-il, sa constitution résulte des impressions venues des objets extérieurs, c'est-à-dire des objets de la sensation : de la rencontre avec leur saveur naît en nous le discours qui sera proféré concernant cette qualité, et, de l'impression de la couleur, le discours concernant la couleur. S'il en va ainsi, le discours ne manifeste pas l'objet extérieur, au contraire, c'est l'objet extérieur qui se révèle dans le discours. 86. Aussi n'est-il pas possible de dire que le mode de réalité du discours est le même que celui des objets visibles ou audibles, de manière à lui permettre, en prenant appui sur la réalité et l'être, de signifier la réalité et l'être. Car, dit-il, même si le discours est un être substantiel, il diffère néanmoins des autres substances, et la plus grande différence sépare les corps visibles et les paroles. C'est par un sens qu'est saisi le visible, et par un autre que se perçoit le discours. Aussi le discours ne nous montre-t-il rien de tout ce qui existe substantiellement, pas plus que les objets existants eux-mêmes ne nous instruisent sur l'essence des autres réalités.

87. Telles sont, donc, les apories que l'on trouve chez Gorgias : pour autant qu'on s'y arrête, le critère de la vérité s'évanouit. Aucun critère ne saurait exister ni de ce qui n'existe pas, ni de ce qui ne peut être connu, ni de ce qui ne peut être communiqué à autrui. (*Contre les mathématiciens*, VII, 65-87.)

IV

Platon.

MÉNON : Et de la couleur, Socrate, quelle définition donnes-tu ?

SOCRATE : Tu es un effronté, Ménon : je suis un vieux monsieur et tu me donnes à résoudre des problèmes. Tu devrais bien plutôt, toi-même, essayer de te rappeler ce que Gorgias pouvait dire de la vertu, et nous en faire part. [...]

SOCRATE : Veux-tu que je te réponde à la manière de Gorgias ? Comme cela, tu pourras mieux me suivre.

MÉNON : Oui, bien sûr !

SOCRATE : Ne soutenez-vous[1] pas que des effluves d'un type particulier proviennent des êtres, ce qui est la théorie d'Empédocle[2] ?

MÉNON : C'est sûr.

SOCRATE : Et qu'il y a des pores vers lesquels et à travers lesquels cheminent ces effluves ?

MÉNON : Exactement.

SOCRATE : Et certains de ces effluves s'harmonisent[3] à certains de ces pores, tandis que d'autres sont ou plus petits ou plus grands ?

MÉNON : C'est cela.

SOCRATE : Mais n'y a-t-il pas un sens que tu appelles la vue ?

MÉNON : Certes.

SOCRATE : Maintenant, comme disait Pindare : « *Comprends ce que je te dis*[4] », car la couleur est un effluve matériel à la mesure de la vue, et sensible.

MÉNON : À mon avis, Socrate, tu as donné ici une excellente réponse.

SOCRATE : C'est peut-être parce que je me suis exprimé selon ton style. En même temps, je crois, tu dois comprendre que l'on dispose, avec cette théorie, de quoi expliquer la voix, l'odorat, et tous les autres sens.

MÉNON : Tout à fait.

SOCRATE : La réponse, Ménon, est de style tragique[5]. (*Ménon*, 76 *a-c*.)

V

Théophraste.

Pourquoi la lumière venue du Soleil allume-t-elle une flamme lorsqu'elle est réfléchie sur des miroirs [quoiqu'un miroir soit dépourvu de pores] (car elle se mélange à la matière combustible), alors que la lumière d'un feu ne le fait pas ? La raison en est que les particules de la lumière solaire sont subtiles et que leur continuité est accrue par la réflexion ; au contraire, dans le cas du feu, ⟨sa réflexion dans un miroir⟩ ne peut allumer de flamme, parce que ses particules ne sont pas homogènes. Ainsi, dans le premier cas, grâce à leur concentration et à leur subtilité, elles pénètrent dans le combustible et peuvent l'enflammer, alors que dans le second cas, le feu, n'ayant aucune de ces deux qualités, en est incapable. La flamme s'allume par réflexion sur des objets en verre, en bronze ou en argent travaillés de manière adéquate, et non, comme le prétend Gorgias et comme le pensent certains autres, par le passage du feu à travers les pores.   (*Du feu*, 73.)

ORAISON FUNÈBRE

V *a*

Saint Athanase d'Alexandrie.

La troisième sorte de rhétorique faisait rire et chahuter les jeunes gens et n'était qu'une indigne flatterie. Quant au style et à l'inspiration, ils furent pratiqués, et fort mal, par les disciples de Thrasymaque et de Gorgias, qui usèrent à l'excès de la parisose, avec une méconnaissance totale du bon usage de cette figure. En revanche pour ce qui est de la pensée et de l'expression, de nombreux auteurs y eurent recours, et notamment Gorgias lui-même, qui, avec légèreté (pour reprendre les propres termes de son *Oraison funèbre*), n'osait pas parler de vautours et disait tombeaux vivants.   Pour la pensée il se montra au-dessous de tout, au témoignage d'Isocrate qui affirme : « Comment pourrait-on, etc.[1]. » (*Rhétorique grecque*, XIV, 180, 9, éd. Rabe.)

Longin.

On raillait Gorgias de Léontium pour avoir écrit : Xerxès, Zeus des Perses et vautours, tombeaux vivants. (*Du sublime*, III, 2.)

V *b*

Philostrate.

Les trophées gagnés sur les Barbares demandent des hymnes de joie, mais ceux gagnés sur les Grecs demandent des chants funèbres. (*Vies des sophistes*, I, IX, 5.)

VI

Planude.

Denys l'Ancien, au livre II de ses *Caractères*, parle de Gorgias. Voici ce qu'il dit : « Je n'ai pas trouvé de discours judiciaires de lui, mais seulement quelques discours politiques et certains discours modèles; en fait, la plupart de ses discours sont épidictiques[1]. Je donne ici un exemple du genre d'éloquence qui le caractérise. (C'est un texte où il fait l'éloge des Athéniens les plus valeureux dans la guerre.)

Que manquait-il à ces héros de ce qui doit appartenir à des héros? Que leur appartenait-il de ce qui ne devait leur appartenir? Puissé-je dire ce que je veux, mais puissé-je aussi vouloir ce que l'on doit vouloir : puissé-je me dérober à la vengeance divine et échapper à la malveillance des hommes. Ces héros eurent en partage une valeur qu'ils tenaient de Dieu, et une condition mortelle qu'ils tenaient de leur humanité. Maintes fois, ils donnèrent la préférence à l'équité dans sa douceur plutôt qu'au droit dans sa rudesse; maintes fois, à la rigueur de la loi, ils préférèrent la rectitude du discours[2]. Car ils croyaient cette loi la plus divine et la plus universelle qui consiste à dire, à taire, à faire ⟨ou à ne pas faire⟩ ce qu'il faut quand il le faut. Et ces deux facultés, parmi celles qu'il faut exercer, la réflexion ⟨et la force⟩, ils les exercèrent tout particulièrement, l'une par leurs décisions, l'autre par leurs actes; providence des infortunes imméritées, châtiment des bonnes fortunes imméritées, énergiques pour les œuvres utiles, attentionnés à l'égard des usages, ils savaient arrêter par le bon sens de leur réflexion l'égarement ⟨de la force⟩, violents envers les violents, honnêtes envers les honnêtes, intrépides envers les intrépides, terribles envers les terribles.

Témoignage de ces qualités, ils ont érigé des trophées pris sur leurs ennemis, monuments dédiés à Zeus, offrandes votives d'eux-mêmes. Eux qui n'ignoraient rien ni de l'instinct guerrier, ni des désirs reconnus par la loi, ni de la chaleur bouillonnante des armes, ni de la paix où l'on s'attarde à la beauté, par égard à la justice, ils étaient respectueux des dieux; par égard au rite, ils étaient pieux envers leurs parents; par égard à l'équité, ils étaient justes envers leurs concitoyens ; par égard à la loyauté, ils étaient dévoués envers leurs amis.

Ainsi donc, ils ont beau être disparus, leur ardeur n'est pas morte avec eux, mais, immortelle, elle vit dans des corps non immortels, alors qu'ils ne vivent plus. (*Contre Hermogène*, V, 548.)

DISCOURS OLYMPIQUE

VII

Aristote.

On dit que les exordes des discours épidictiques commencent par un éloge ou un blâme. Ainsi Gorgias, dans son *Discours olympique :* Vous êtes dignes de l'admiration d'une multitude de peuples, ô Grecs ! car il loue ceux qui ont fondé les panégyries. (*Rhétorique*, III, xiv, 1414 *b* 29.)

VIII

Clément d'Alexandrie.

Notre combat, d'après Gorgias de Léontium, exige deux vertus : l'audace et la sagesse. L'audace pour affronter le danger, la sagesse pour juger avec bon sens. Car la parole, comme l'annonce le héraut aux Jeux olympiques, appelle qui veut mais couronne qui peut. (*Stromates*, I, 51.)

DISCOURS PYTHIQUE

IX

Philostrate.

(*Vie des sophistes*, I, ix, 1.)

ÉLOGE DES ÉLÉENS

X

Aristote.

Tel est l' *Éloge des Éléens* de Gorgias : sans aucun échauffement ni mouvement préparatoire, il commence d'emblée : Élis, cité bienheureuse [...]. (*Rhétorique*, III, xiv, 1416 *a* 1.)

ÉLOGE D'HÉLÈNE

XI

Gorgias.

1. La parure d'une cité, c'est le courage de ses héros ;
celle d'un corps, c'est sa beauté : celle d'une âme, sa
sagesse ; celle d'une action, c'est son excellence ; celle d'un
discours, c'est sa vérité. Tout ce qui s'y oppose dépare.
Aussi faut-il que l'homme comme la femme, le discours
comme l'action, la cité comme les particuliers, soient,
lorsqu'ils sont dignes de louanges, honorés de louanges,
et lorsqu'ils n'en sont pas dignes, frappés de blâme. Car
égales sont l'erreur et l'ignorance à blâmer ce qui est
louable ou à louer ce qui est blâmable.

2. Et cette tâche revient au même homme de clamer
sans détours ce qu'est notre devoir et de proclamer que
sont réfutés *[texte corrompu]* ceux qui blâment Hélène,
femme à propos de qui s'est élevé, dans un concert una-
nime, tout autant la voix, digne de créance, de nos poètes,
que celle de la réputation attachée à son nom, devenu le
symbole des pires malheurs. Ainsi voudrais-je, dans ce
discours, fournir une démonstration raisonnée qui mettra
fin à l'accusation portée contre cette femme dont la réputation est si mauvaise. Je convaincrai de mensonge ses
contempteurs et, en leur faisant voir la vérité, je ferai
cesser l'ignorance.

3. Que, par sa nature et son origine, la femme dont je
parle en ce discours, soit à mettre au premier rang parmi
les premiers des hommes et des femmes, rares sont ceux
qui ne s'en aperçoivent clairement. Car il est clair que si sa
mère est Léda, son père, quoiqu'on le dise mortel, est un
dieu, qu'il s'agisse de Tyndare ou de Zeus : si c'est le premier, c'était un fait et on le crut ; si c'est le second, c'était
un dieu et on le réfuta ; mais le premier était le plus puissant des hommes, et le second régnait sur toutes choses.

4. Avec une aussi noble parenté, elle hérita d'une beauté
toute divine : recel qu'elle ne céla pas. En plus d'un
homme elle suscita plus d'un désir amoureux ; à elle seule,
pour son corps, elle fit s'assembler, multitude de corps,
une foule de guerriers animés de grandes passions en vue
de grandes actions : aux uns appartenait une immense
richesse, aux autres la réputation d'une antique noblesse,
à d'autres la vigueur d'une force bien à eux, à d'autres,

cette puissance que procure la possession de la sagesse ; et ils étaient tous venus, soulevés tant par le désir amoureux de vaincre que par l'invincible amour de la gloire.

5. Qui alors, et pourquoi, et comment, assouvit son amour en s'emparant d'Hélène, je ne le dirai pas. Dire ce qu'ils savent à ceux qui savent peut bien les persuader, mais ne peut les charmer. Dans le présent discours, je sauterai donc cette époque pour commencer tout de suite le discours même que je m'apprête à faire et je vais exposer les raisons pour lesquelles il était naturel qu'Hélène s'en fût à Troie.

6. Ce qu'elle a fait, c'est par les arrêts du Destin, ou par les arrêts des dieux ou par les décrets de la Nécessité qu'elle l'a fait ; ou bien c'est enlevée de force, ou persuadée par des discours, ⟨ou prisonnière du désir⟩. Si c'est par la cause citée en premier, il est juste d'accuser ce qui doit encourir l'accusation : la diligence des hommes ne peut s'opposer au désir d'un dieu. Le plus faible ne peut s'opposer au plus fort, il doit s'incliner devant le plus fort et se laisser conduire : le plus fort dirige, le plus faible suit. Or, un dieu est plus fort que les hommes par sa force, sa science et tous les avantages qui sont les siens. Si donc c'est contre le Destin et contre Dieu qu'il faut faire porter l'accusation, lavons Hélène de son ignominie. 7. Si c'est de force qu'elle a été enlevée, elle fut contrainte au mépris de la loi et injustement violentée. Il est clair alors que c'est le ravisseur, par sa violence, qui s'est rendu coupable ; elle, enlevée, aura connu l'infortune d'avoir été violentée. C'est donc le Barbare, auteur de cette barbare entreprise, qu'il est juste de condamner dans nos paroles, par la loi et par le fait : par la parole se fera mon procès, par la loi sera prononcée sa déchéance, par le fait il subira le châtiment. Mais, Hélène, contrainte, privée de sa patrie, arrachée à sa famille, comment ne serait-il pas naturel de la plaindre plutôt que de lui jeter l'opprobre ? L'un a commis les forfaits, mais elle, elle les a endurés. Il est donc juste de prendre pitié d'elle et de haïr l'autre. 8. Et si c'est le discours qui l'a persuadée en abusant son âme, si c'est cela, il ne sera pas difficile de l'en défendre et de la laver de cette accusation. Voici comment : le discours est un tyran très puissant ; cet élément matériel d'une extrême petitesse et totalement invisible porte à leur plénitude les œuvres divines : car la

parole peut faire cesser la peur, dissiper le chagrin, exciter la joie, accroître la pitié. Comment ? Je vais vous le montrer. 9. C'est à l'opinion des auditeurs qu'il me faut le montrer. Je considère que toute poésie n'est autre qu'un discours marqué par la mesure, telle est ma définition. Par elle, les auditeurs sont envahis du frisson de la crainte, ou pénétrés de cette pitié qui arrache les larmes ou de ce regret qui éveille la douleur, lorsque sont évoqués les heurs et les malheurs que connaissent les autres dans leurs entreprises ; le discours provoque en l'âme une affection qui lui est propre. Mais ce n'est pas tout ! Je dois maintenant passer à d'autres arguments.

10. Les incantations enthousiastes nous procurent du plaisir par l'effet des paroles, et chassent le chagrin. C'est que la force de l'incantation, dans l'âme, se mêle à l'opinion, la charme, la persuade et, par sa magie, change ses dispositions. De la magie et de la sorcellerie sont nés deux arts qui produisent en l'âme les erreurs et en l'opinion les tromperies.

11. Nombreux sont ceux, qui sur nombre de sujets, ont convaincu et convainquent encore nombre de gens par la fiction d'un discours mensonger. Car si tous les hommes avaient en leur mémoire le déroulement de tout ce qui s'est passé, s'ils ⟨connaissaient⟩ tous les événements présents, et, à l'avance, les événements futurs, le discours ne serait pas investi d'une telle puissance ; mais lorsque les gens n'ont pas la mémoire du passé, ni la vision du présent, ni la divination de l'avenir, il a toutes les facilités. C'est pourquoi, la plupart du temps, la plupart des gens confient leur âme aux conseils de l'opinion. Mais l'opinion est incertaine et instable, et précipite ceux qui en font usage dans des fortunes incertaines et instables.

12. Dès lors, quelle raison empêche qu'Hélène aussi soit tombée sous le charme d'un hymne, à cet âge où elle quittait la jeunesse ? Ce serait comme si elle avait été enlevée et violentée [...][1]. Car le discours persuasif a contraint l'âme qu'il a persuadée, tant à croire aux discours qu'à acquiescer aux actes qu'elle a commis. C'est donc l'auteur de la persuasion, en tant qu'il est cause de contrainte, qui est coupable ; mais l'âme qui a subi la persuasion a subi la contrainte du discours, aussi est-ce sans fondement qu'on l'accuse.

13. Que la persuasion, en s'ajoutant au discours arrive à

imprimer jusque dans l'âme tout ce qu'elle désire, il faut
en prendre conscience. Considérons en premier lieu les
discours des météorologues[1] : en détruisant une opinion
et en en suscitant une autre à sa place, ils font apparaître
aux yeux de l'opinion des choses incroyables et invisibles.
En second lieu, considérons les plaidoyers judiciaires qui
produisent leur effet de contrainte grâce aux paroles :
c'est un genre dans lequel un seul discours peut tenir sous
le charme et persuader une foule nombreuse, même s'il ne
dit pas la vérité, pourvu qu'il ait été écrit avec art. En troisième lieu, considérons les discussions philosophiques :
c'est un genre de discours dans lequel la vivacité de la
pensée se montre capable de produire des retournements
dans ce que croit l'opinion.   14. Il existe une analogie
entre la puissance du discours à l'égard de l'ordonnance
de l'âme et l'ordonnance des drogues à l'égard de la
nature des corps[2]. De même que certaines drogues évacuent certaines humeurs, et d'autres drogues, d'autres
humeurs, que les unes font cesser la maladie, les autres la
vie, de même il y a des discours qui affligent, d'autres qui
enhardissent leurs auditeurs, et d'autres qui, avec l'aide
maligne de Persuasion, mettent l'âme dans la dépendance
de leur drogue et de leur magie.

   15. Dès lors, si elle a été persuadée par le discours, il
faut dire qu'elle n'a pas commis l'injustice, mais qu'elle a
connu l'infortune. Mais je dois exposer, quatrième argument, ce qu'il en est de la quatrième cause. Si c'est Éros
qui est l'auteur de tout cela, il n'est pas difficile d'inno-
center Hélène de l'accusation de ce qu'on nomme sa
faute. En effet, la nature des objets que vous voyons n'est
pas déterminée par notre volonté, mais par ce que chacun
se trouve être. Par la vue, l'âme est impressionnée jusque
dans ses manières propres[3].   16. C'est ainsi que, lorsque
l'œil contemple tout ce qui concrétise l'ennemi dans la
guerre : les ornements de bronze et de fer sur les armures
hostiles, les armes de la défense, les armes de l'attaque, il
se met brusquement à trembler et fait trembler l'âme
aussi, à tel point que souvent, à la vue d'un danger qui
doit arriver, frappé de terreur, on s'enfuit comme s'il
était déjà là. C'est que la solide habitude de la loi est
expulsée hors de nous par cette crainte née de la vue, dont
l'arrivée fait tenir pour rien ce qui était tenu beau au jugement de la loi : le bien qui résulte de la victoire.

17. Certains, dès qu'ils ont vu des choses effrayantes, perdent sur-le-champ la conscience de ce qui se passe : c'est ainsi que la terreur peut éteindre ou faire disparaître la pensée. Nombreux sont ceux qui furent frappés par de vaines souffrances, par de terribles maux, par d'incurables folies. C'est ainsi que l'œil a gravé dans leur conscience les images de ce qu'ils ont vu. Je passe sur de nombreux spectacles terrifiants : ce sur quoi je passe ne diffère pas de ce dont j'ai parlé.

18. De même, les peintres procurent un spectacle charmeur pour la vue lorsqu'ils ont terminé de représenter un corps et une figure, parfaitement rendus à partir de nombreuses couleurs et de nombreux corps. La réalisation de statues, d'hommes ou de dieux, procure aux yeux un bien doux spectacle. C'est ainsi qu'il y a des choses attristantes à regarder, d'autres exaltantes. Il y a beaucoup de choses qui suscitent, chez beaucoup, amour et ardeur de beaucoup de choses et de corps.

19. Si donc l'œil d'Hélène, à la vue du corps d'Alexandre, a ressenti du plaisir et a excité, en son âme, désir et élan d'amour, quoi d'étonnant ? Si Éros est un dieu, il a des dieux la puissance divine : comment un plus faible pourrait-il le repousser et s'en protéger ? Mais si la cause est un mal d'origine humaine, une ignorance de l'âme, il ne faut pas blâmer le mal comme une faute, il faut le tenir pour un malheur. Car, ce qui l'a fait survenir comme tel, ce sont les pièges de la fortune, et non les décisions du bon sens, ce sont les nécessités de l'amour, non les dispositions de l'art. 20. Dans ces conditions, comment pourrait-on estimer juste le blâme qui frappe Hélène ? Qu'elle soit une victime de l'amour, ou du discours persuasif, qu'elle ait été enlevée de force ou nécessitée à faire ce qu'elle a fait par la Nécessité divine, quoi qu'il en soit, elle échappe à l'accusation.

21. J'espère avoir réduit à néant, dans ce discours, la mauvaise réputation d'une femme, et m'être tenu à la règle que j'avais fixée au commencement de mon discours. J'ai tenté d'annuler l'injustice de cette mauvaise réputation et l'ignorance de l'opinion. Et si j'ai voulu rédiger ce discours, c'est afin qu'il soit, pour Hélène, comme un éloge, et pour moi, comme un jeu. (*Éloge d'Hélène*. Texte conservé.)

DÉFENSE DE PALAMÈDE

XI *a*

Gorgias.

1. Ni l'accusation, ni la défense ne sauraient rendre un verdict de mort. Car, par un décret évident, c'est la nature qui y a condamné tous les mortels, dès leur venue au monde. L'enjeu ici, c'est mon déshonneur ou mon honneur : devrai-je mourir selon l'ordre juste de la nature ou mourir de mort violente, chargé des pires injures, sous le poids de l'accusation la plus infamante ? 2. Ces deux issues, vous les gouvernez l'une et l'autre. Moi, je ne suis maître que de la première, celle de l'ordre juste des choses, alors que vous, vous avez aussi celle de la violence. Si vous le voulez, il vous est facile de me faire mettre à mort : vous en êtes maîtres, et je n'ai là-dessus aucun pouvoir. 3. Si donc Ulysse, mon accusateur, que ce soit en sachant clairement que je livrais la Grèce aux Barbares, ou en se fondant seulement sur l'opinion qu'il en était ainsi, a entrepris son accusation par souci du salut de la Grèce, il est le plus vertueux des hommes ; et comment ne le serait-il pas, lui qui est, à coup sûr, le sauveur de sa patrie, de ses parents, de la Grèce entière, et par-dessus le marché, le justicier qui fait châtier les coupables ? Mais si c'est par envie, ou par habileté maligne, ou par ruse, qu'il a monté cette accusation, il pourrait bien, avec ces procédés, être le plus fort des hommes, il n'en serait pas moins, pour cette raison, le plus scélérat des hommes. 4. Pour expliquer tout cela, par où devrai-je commencer ? Que dire en premier lieu ? Par où faire cheminer mon apologie ? C'est qu'une accusation sans preuves provoque une frayeur que l'on ne peut cacher, et cette frayeur, nécessairement, empêchera mon discours de progresser, à moins que je ne tienne ma science de la vérité elle-même et de la nécessité présente, qui sont des maîtres plus dangereux que bénéfiques. 5. Que ce n'est pas sur un savoir évident que mon accusateur s'appuie pour m'accuser, je le sais d'un savoir évident : car je sais, avec évidence, que je n'ai rien fait de tel. Et je voudrais bien savoir comment on pourrait représenter comme

étant quelque chose qui n'a jamais été. Si c'est en croyant
qu'il en est ainsi, qu'il a monté son accusation, je vais vous
montrer qu'il ne dit pas vrai, par un dilemme : ou bien
j'ai pu, sans le vouloir, entreprendre ce qu'on me
reproche, ou bien je l'ai voulu, sans le pouvoir.

6. Je commencerai par avoir recours, en premier lieu, à
l'argument suivant : à savoir que je suis incapable d'avoir
commis ce forfait. Il fallait bien en effet que la trahison
commençât par des préparatifs, et ces préparatifs auraient
dû être une tractation. Avant d'exécuter un tel projet, il
est nécessaire qu'ait lieu, auparavant, une tractation. Or,
comment des tractations pourraient-elles avoir eu lieu
sans qu'il y ait eu de contacts? Mais comment aurait-il pu
y avoir des contacts puisque l'adversaire n'a envoyé personne auprès de moi et que je n'ai pas non plus envoyé
quelqu'un auprès de lui? Et un message écrit ne saurait
arriver si personne ne l'apporte. 7. Admettons, pourtant, qu'une telle rencontre, avec une tractation, ait
été possible. Dès lors, je dois entrer en contact avec
l'ennemi, et lui avec moi. Mais comment? Qui avec qui?
Un Grec avec un Barbare. Mais comment se parler et se
comprendre? est-ce seul à seul? Nous ignorons nos
langues respectives. Il y a un interprète avec nous?
Alors un tiers est témoin de ce qui doit être tenu secret.
8. Admettons encore cela, bien qu'il n'en ait rien été. Il
fallait se donner et recevoir garantie l'un de l'autre.
Qu'aurait bien pu être cette garantie? Un serment? Qui
aurait accepté de me faire confiance, à moi qui trahissais?
Alors, des otages? Mais qui prendre? J'aurais pu livrer
mon frère (je n'avais personne d'autre), et le Barbare un
de ses fils. Cela aurait constitué, de lui à moi et de moi à
lui, une très sûre garantie; seulement, cela, vous l'auriez
tous vu. 9. On pourra dire que nous avons constitué la
garantie avec de l'argent : il me le donnait et je le recevais.
En ce cas, une faible quantité? Mais il n'est pas vraisemblable de recevoir peu d'argent en échange de pareils
services. Alors, beaucoup d'argent? Mais qui l'aurait
convoyé? Comment un seul homme l'aurait-il transporté? ou même plusieurs? si on avait été plusieurs à le
transporter, il y aurait eu plusieurs témoins du complot,
et si c'est un seul qui a fait le transport, ce qu'il portait
n'était pas bien lourd. 10. Le transport a-t-il eu lieu de
jour ou de nuit? Les sentinelles sont nombreuses et rap-

prochées et il est difficile de les éviter. De jour, alors? La
lumière est ennemie de ce genre de trafic. Mais soit! Dans
ce cas, ou je suis sorti pour toucher la somme, ou c'est lui
qui est entré pour me l'apporter! Ces deux hypothèses
sont aussi impossibles l'une que l'autre : une fois reçu
l'argent, comment le cacher aux gens de chez moi et de
l'extérieur? Où le mettre? Comment le surveiller? Si je
m'en sers, je me démasque, si je ne m'en sers pas, à quoi
bon? 11. Mais admettons qu'ait eu lieu ce qui n'a pas eu
lieu. Nous nous sommes rencontrés, nous avons parlé,
nous nous sommes compris, j'ai touché d'eux de l'argent,
je l'ai rapporté en cachette, je l'ai dissimulé. Il fallait quand
même accomplir ce à quoi tendaient ces manœuvres. Mais
ceci est encore plus impraticable que ce qui précède. Car
si je le fais, je le fais seul ou avec d'autres? Mais ce n'est pas
l'affaire d'un seul homme. C'est donc avec d'autres? Qui
ça? Il est clair que c'est avec des complices. Des hommes
libres ou des esclaves? Mais les hommes libres, c'est
vous, avec qui je suis. Qui de vous, alors, était dans le
secret? Qu'il le dise! et si ce sont des esclaves, n'est-ce pas
incroyable? Ces gens-là vous accusent spontanément
pour retrouver la liberté, ou bien ils y sont forcés par la
torture. 12. Et comment la chose se ⟨serait⟩-elle faite?
évidemment, il fallait introduire dans le camp des
ennemis plus forts que vous. Ce qui est impossible.
Comment les aurais-je fait entrer? Est-ce par les portes?
Mais il n'est en mon pouvoir ni de les fermer ni de les
ouvrir, il y a des gardes qui en sont maîtres. Je leur aurais
fait passer les remparts avec une échelle? ⟨Mais j'aurais
été pris sur le fait⟩ : ils sont, partout, couverts de sentinelles. Alors, j'aurais ouvert une brèche? Tout le monde
aurait pu la voir. C'est à découvert que se déroule la vie
militaire (car il s'agit d'un camp), tout le monde y voit
tout et tous sont vus de tous. Aussi m'était-il totalement
impossible, et à tout point de vue, de mener à bien tout
cela.

13. Examinons encore le point suivant, ensemble. Pour
quelle raison pouvais-je vouloir faire cela, à supposer
que, plus que tout autre, j'en aie eu les moyens? Personne
n'accepte gratuitement de s'exposer aux pires dangers, ni
de devenir le dernier des scélérats, de la pire scélératesse.
Et cela, en vue de quoi? (J'y reviendrai par la suite)
pour m'assurer le pouvoir? Sur vous ou sur les Barbares?

Sur vous, c'est impossible, étant donné votre nombre et ce que vous êtes, avec tous vos hauts faits, votre ancestrale valeur, votre fortune colossale, votre excellence, vos nobles pensées, votre royauté sur tant de cités.

14. Alors, sur les ⟨Barbares⟩ ? Et qui m'aurait donné ce pouvoir ? Comment aurais-je pu recevoir cette royauté sur les Barbares alors que je suis grec, que je suis seul et eux des milliers ? Par la persuasion ou par la force ? Mais jamais ils n'auraient accepté de se laisser persuader et je ne pouvais pas leur faire violence. Mais peut-être me l'auraient-ils cédée, en plein accord réciproque, pour prix de ma trahison, en échange ? Il faudrait être complètement fou pour admettre pareilles histoires et y croire : qui, en effet, préférerait l'esclavage à la royauté et le pire au meilleur ?

15. On ira peut-être dire que c'est l'amour de l'argent et des richesses qui m'a lancé dans cette entreprise. Mais de l'argent, j'en ai bonne mesure et je n'ai nul besoin d'en posséder davantage. Car ceux qui ont de gros besoins d'argent, ce sont ceux qui font de grosses dépenses : non ceux qui savent dominer les plaisirs de la nature, mais ceux qui acceptent l'esclavage des plaisirs, qui courent après les honneurs avec leur richesse et leur somptuosité. Mais aucun de ces désirs n'est le mien. Que je vous dis ici la vérité, j'en veux pour témoin fidèle toute ma vie passée. De ce témoignage, vous êtes vous-mêmes les témoins : nous avons partagé notre vie, alors, partagez mon avis. 16. Mais ce n'est pas non plus par soif d'honneur qu'un homme pourrait entreprendre de tels actes, s'il est d'esprit mesuré. Car les honneurs proviennent de l'excellence et non de la scélératesse. Un homme qui aurait trahi la Grèce, comment pourrait-on l'honorer ? En outre, il se trouvait que je ne manquais pas d'honneurs : j'étais honoré pour les vertus les plus honorables par les plus honorables des hommes, et par vous, pour ma sagesse.

17. Et ce n'est pas non plus pour m'assurer la sécurité que j'aurais entrepris ce forfait. Car le traître est l'ennemi de tout le monde, il est l'ennemi de la loi, de la justice, des dieux, de la majorité des hommes : il transgresse la loi, il détruit la justice, il corrompt le peuple, il insulte la divinité. Celui qui mène une telle vie s'expose aux pires dangers et ne connaît jamais la sécurité. 18. Alors, peut-être

voulais-je servir nos amis et nuire à nos ennemis? En
effet, même pour cela, on pourrait commettre l'injustice.
Mais moi, c'est tout le contraire que j'aurais fait : j'aurais
fait du mal à nos amis et rendu service à nos ennemis. On
ne voit pas où était le bénéfice de l'entreprise. Il n'y a pas
un seul homme qui entreprendrait des machinations avec
le désir de faire son malheur. 19. La seule solution qui
reste, c'est que j'aurais agi pour échapper à quelque
crainte, à quelque épreuve, à quelque danger. Mais personne ne saurait dire en quoi cela aurait pu m'arranger.
Deux buts peuvent être proposés à toutes nos actions :
poursuivre un gain ou échapper à une peine; or, les
machinations dont je me serais rendu coupable en faisant
cela n'entrent pas dans l'un de ces deux domaines *[texte
corrompu]*, et ce n'est pas un secret : en trahissant la Grèce,
je me trahissais moi-même ainsi que mes parents, mes
amis, la réputation de mes ancêtres, les sanctuaires de ma
famille et ses sépultures, ma patrie, la plus grande cité de
Grèce. Les biens que tous estiment par-dessus tout, je les
aurais livrés à nos adversaires.

20. Considérez également ceci : comment pourrais-je
encore supporter la vie, une fois commis ces forfaits? Vers
où devais-je me diriger? Aller en Grèce? Pour y payer le
châtiment de mes crimes? Qui m'aurait encore donné
accueil parmi les victimes de mes forfaits? Alors, devais-je
m'installer chez les Barbares? Indifférent aux plus hautes
valeurs, privé des plus beaux honneurs, vivant dans la plus
honteuse infamie, je précipiterais dans l'oubli toute ma vie
passée, pleine d'épreuves endurées pour l'excellence? Et
tout cela par ma faute : il n'y a rien de plus terrible pour un
homme que d'être l'artisan de son propre malheur.

21. Et je n'aurais pas eu, non plus, la confiance des
Barbares. C'était inévitable : sachant tout et voyant en
moi l'auteur de l'acte le plus propre à faire perdre la
confiance, livrer des amis à ses ennemis, comment
auraient-ils pu me faire confiance? Or la vie n'est pas
vivable pour qui a perdu la confiance des autres. Celui qui
a perdu ses biens, celui qui a été déchu de son trône, exilé
de sa patrie, peut toujours espérer les retrouver. Celui
qui a perdu la confiance, il ne la retrouvera plus. Ainsi
donc, par ce qui a été dit, il est prouvé que je n'ai eu ni
l'intention de trahir la Grèce ⟨ni, au cas où je l'aurais
voulu, la possibilité de le faire⟩.

22. Je voudrais maintenant m'adresser à mon accusateur. À quoi te fies-tu donc, toi et ce que tu es, pour m'accuser moi et ce que je suis? Il vaut la peine de s'en enquérir : qu'es-tu pour m'accuser ainsi? Tu ne le mérites pas et je ne le mérite pas. Ces accusations, les fondes-tu sur une connaissance précise, ou sur une opinion? Si c'est en connaissance de cause, tu le sais pour avoir vu la chose ou y avoir participé, ou pour tenir la chose d'un participant. Si c'est pour avoir vu les faits, dis-leur de quelle façon, où, à quel moment, quand et comment tu l'as vu. Si c'est pour y avoir participé, tu es chargé des mêmes accusations que moi. Si tu le tiens d'un participant, quel qu'il soit, qu'il vienne lui-même ici, qu'il se fasse voir, qu'il témoigne. S'il y a un témoignage, l'accusation sera plus digne de foi, car pour l'instant, aucun de nous deux ne présente de témoins.

23. Peut-être diras-tu qu'il revient au même que toi, pour des faits qui ont eu lieu — à ce que tu dis — tu ne présentes pas de témoins, et que moi, pour des faits qui n'ont pas eu lieu, je n'en présente pas non plus. Mais non, ce n'est pas pareil : de ce qui ne s'est pas du tout passé, il est impossible de porter témoignage ; mais de ce qui a eu lieu, non seulement c'est tout à fait possible, mais c'est encore facile ; non seulement c'est facile, mais ⟨c'est encore nécessaire. Mais⟩ toi, tu ⟨n'⟩as ⟨pas⟩ été capable de trouver des témoins, pas même de faux témoins, alors que moi je ne puis fournir aucune de ces deux espèces de témoins.

24. Que tu ne sais donc rien des faits dont tu m'accuses, c'est clair : puisque tu ⟨ne⟩ sais ⟨pas⟩, il reste que tu te fondes sur une opinion. Ainsi, ô le plus imprudent des hommes, toi, tu fais confiance à l'opinion, qui est ce qu'il y a de plus trompeur! Tu ne connais pas la vérité, et tu as l'audace de poursuivre un homme pour un crime capital! Que sais-tu de ce forfait dont je serais l'auteur? D'ailleurs, s'abandonner à l'opinion est commun à tous et, pas plus là-dessus que dans les autres domaines, tu n'en sais plus que les autres. Il ne faut pas faire confiance à ceux qui ont des opinions, mais à ceux qui savent : il ne faut pas croire que l'opinion soit plus digne de foi que la vérité, mais au contraire que la vérité l'est plus que l'opinion.

25. Dans le discours que tu as prononcé, tu as lancé contre moi deux accusations éminemment contradictoires : tu m'as accusé d'habileté et de folie, quand il

n'est pas possible que ces deux qualités appartiennent à un même homme. Lorsque tu dis que je suis expert, ingénieux et inventif, tu m'accuses d'habileté sophistique, et, lorsque tu dis que j'ai trahi la Grèce, tu m'accuses de folie. Car la folie, c'est de se lancer dans des entreprises impossibles, désastreuses, infamantes, qui nuisent aux amis et servent les ennemis, et qui rendent notre propre vie honteuse et incertaine. Alors, comment faire confiance à un homme qui, dans le même discours, s'adressant aux mêmes personnes et sur les mêmes questions, profère des énoncés contradictoires[1] ? 26. Mais je voudrais bien que tu m'apprennes si tu juges que les gens habiles sont insensés ou doués de bon sens. Si tu juges qu'ils sont insensés, c'est une théorie nouvelle, mais fausse. Si tu juges qu'ils sont doués de bon sens, il ne convient pas, semble-t-il, que les gens sensés commettent les fautes les plus graves et préfèrent le mal alors que le bien est à leur portée. Si donc je suis habile, je n'ai pas commis de faute, et si j'ai commis une faute, alors, je ne suis pas habile. Donc, quelle que soit l'hypothèse retenue, tu auras menti.

27. Mais je pourrais t'accuser à mon tour, sur des faits nombreux et graves, anciens et récents. Je le peux, mais je ne le désire pas. Car ⟨je veux⟩ échapper à l'accusation qui m'est faite non pas grâce à tes fautes, mais grâce à mes mérites. Pour toi, donc, voilà ce qu'il en est.

28. Juges, je me tourne maintenant vers vous : j'ai à vous dire, sur moi, des choses qui vont susciter l'envie, mais qui sont vraies. Si je ⟨n'⟩étais ⟨pas⟩ accusé, il serait inconvenant de les dire, mais je suis accusé et il convient de les dire. Je vais donc, à présent, vous soumettre le bilan et le compte de ma vie passée. Je vous prie, si je vous rappelle quelques-uns de mes hauts faits, de ne pas prendre ombrage de mes paroles, mais de comprendre qu'il est nécessaire, quand on est accusé aussi gravement et aussi mensongèrement, de citer quelqu'une de ses belles actions, même devant des juges qui les connaissent. Cela m'est d'ailleurs fort agréable. 29. Ce que je veux dire en premier, ainsi qu'en second lieu, et qui est le plus important, c'est que, depuis son commencement, ma vie passée a toujours été exempte de fautes, pure de toute accusation. Personne ne pourrait formuler une seule accusation de scélératesse à mon encontre, sans mentir. De fait, même

mon accusateur d'aujourd'hui n'a pu apporter la moindre démonstration de ce qu'il a dit. Aussi son discours n'a-t-il pas plus d'effet qu'une injure dépourvue de preuves. 30. Je pourrais affirmer — en l'affirmant je ne risquerais ni de mentir ni d'être réfuté — que non seulement je suis irréprochable mais encore que je suis votre bienfaiteur, celui des Grecs et de l'humanité entière, non seulement pour le présent, mais ⟨aussi⟩ pour l'avenir. Qui d'autre aurait pu permettre de vivre à une humanité dépourvue? Lui donner les ornements qui lui manquaient? Car c'est moi qui ai inventé la tactique, meilleure arme à la guerre pour les victoires, et les lois écrites, gardiennes du droit; les lettres, outil de la mémoire; les mesures et les poids, si commodes pour les échanges et les transactions; l'arithmétique, gardienne des richesses; les signaux lumineux, messagers sûrs et rapides; le jeu d'échecs, si agréable passe-temps. Mais pourquoi vous ai-je rappelé tout cela?

31. C'est pour bien faire voir que ⟨si⟩ j'ai prêté toute mon ingéniosité à toutes ces inventions, c'est la preuve que je me tiens à l'écart de tout ce qui est honteux et mauvais. Quand on met toute son ingéniosité dans de telles inventions, il est impossible qu'on la mette dans le mal. Et je pense, puisque je ne vous ai en rien porté tort, qu'il n'y a pas de raison que je subisse de tort de votre part. 32. Car je ne mérite pas non plus le moindre châtiment pour mon comportement dans les autres domaines, ni à l'égard de la jeunesse, ni à l'égard des vieillards. À l'égard des vieillards, je suis plein de douceur, à l'égard de la jeunesse, je suis de bon conseil; ceux qui ont de la chance, je ne leur porte pas envie, le malchanceux, je le plains. Je ne regarde pas de haut la pauvreté, je ne donne pas ma préférence à la richesse contre la vertu, mais je la donne à la vertu contre la richesse. Je ne suis ni inutile dans les débats, ni inactif dans les combats, je fais ce qu'on me commande et j'obéis à mes chefs. Mais ce n'est pas à moi de faire mon propre éloge : c'est la circonstance présente qui m'y contraint; on m'accusait de forfaits, je devais, de toutes mes forces, me défendre.

33. Il me reste encore à vous parler de vous-mêmes. Après quoi, j'aurai terminé ma défense. Les lamentations, les supplications, les dépositions des amis, lorsque le procès a lieu devant la foule, sont fort utiles. Mais devant vous

qui êtes les premiers des Grecs et êtes reconnus comme
tels, ce n'est pas avec l'aide de mes amis, ni avec des supplications, ni avec des lamentations que je vous convaincrai, mais avec l'infinie évidence de la justice; c'est en
vous apprenant la vérité, et sans chercher à vous tromper,
qu'il me faut échapper à l'accusation qui m'est faite.

34. Votre devoir est de prêter davantage attention aux
actes qu'aux paroles, de ne pas donner la préférence aux
accusations plutôt qu'à leurs réfutations, de ne pas considérer la hâte comme un juge plus sage qu'une longue
réflexion, de ne pas croire la calomnie plus sûre qu'une
connaissance effective. En toutes choses, les hommes les
meilleurs doivent mettre la plus grande prudence à ne pas
se tromper et, pour les décisions irréparables encore plus
que pour les autres. Pour celles-ci, la réparation est possible si l'on s'y prend à temps; pour les premières, il n'y a
pas de remède, et revenir sur son avis ne change rien. Or,
c'est de ce genre de décisions qu'il s'agit lorsque des
hommes condamnent à la peine capitale un autre homme,
et tel est précisément le cas dans lequel vous vous
trouvez.

35. Si donc il était possible, par le moyen des paroles,
que la vérité des faits, pure et claire, apparaisse aux auditeurs, votre jugement serait rendu facile, rien qu'en vous
aidant de mes paroles; mais puisqu'il n'en est pas ainsi,
prenez bonne garde de ma personne, réfléchissez longtemps encore et rendez votre jugement selon la vérité.
Car vous courez un grand danger, si vous vous montrez
injustes : celui de perdre une réputation pour vous faire la
réputation inverse. Et pour les gens de bien la mort est
préférable à une renommée honteuse : la mort n'est que
la fin de la vie, la renommée honteuse est un mal qui la
ronge. 36. Si vous me condamnez injustement à mort,
cela éclatera aux yeux de tous, car je ⟨ne⟩ suis ⟨pas⟩ un
inconnu et toute la Grèce saura clairement que vous êtes
de mauvais juges. Vous auriez à endurer, au su de tous,
une accusation d'injustice, vous et non pas mon accusateur, car l'issue de ce procès est entre des mains qui sont
les vôtres. Et l'on ne pourrait imaginer faute plus grave.
Non seulement vous aurez fauté contre moi et mes
parents, si vous rendez une justice injuste, mais aussi
contre vous-même : vous aurez sur la conscience d'avoir
commis un acte terrible, impie, injuste et contraire à la

loi, pour avoir condamné à mort un homme qui était un
allié, qui vous donnait ses services, le bienfaiteur de la
Grèce, vous des Grecs, lui un Grec, sans avoir fait la
démonstration ni d'aucune injustice évidente, ni d'une
accusation digne de foi.

J'ai dit ce que j'avais à dire sur moi et je m'arrête.
Certes, on peut rappeler brièvement les développements
les plus importants quand on a affaire à des juges de peu de
valeur. Mais vous, vous êtes les premiers des Grecs parmi
les premiers des Grecs, et il ne serait pas convenable de
rappeler les faits à votre attention et à votre mémoire, ou
même de supposer que vous puissiez le désirer.   (*Défense de
Palamède*. Texte conservé.)

ART ORATOIRE

XII

Aristote.

Gorgias disait : Le sérieux de l'adversaire, il faut le
détruire par la plaisanterie, et sa plaisanterie par le
sérieux.   Il a raison. (*Rhétorique*, III, xviii, 1419 *b* 3.)

XIII

Denys d'Halicarnasse.

Aucun rhéteur ni aucun philosophe, jusqu'ici, n'a défini l'art
du moment opportun, pas même celui qui le premier a entrepris
d'écrire à ce sujet, Gorgias de Léontium, car il n'y a consacré
aucun livre digne qu'on le mentionne[1]. (*De l'arrangement des mots*,
xii, 84.)

XIV

Aristote.

L'éducation que dispensaient ces gens qui se faisaient payer
pour enseigner les discours éristiques était du même genre que
celle dont s'occupait Gorgias. Ils donnaient à apprendre par
cœur les uns des discours rhétoriques, les autres des recueils de
questions; les uns et les autres pensaient, qu'en général, leurs
divers arguments se ramenaient le plus souvent à ces formes.
Ainsi, ceux qui étudiaient auprès d'eux progressaient très vite

dans leurs leçons, bien qu'ils ne dominassent pas l'art lui-même. Car ils croyaient que l'enseignement consistait à dispenser non pas l'art, mais ses résultats : c'est comme si on déclarait qu'on va vous donner la science qui permet de ne pas avoir mal aux pieds, mais qu'au lieu de vous enseigner la cordonnerie, ou les moyens de vous procurer ce qui convient, on vous donnait d'innombrables modèles de chaussures pour tous les pieds. (*Réfutations sophistiques*, XXXIII, 183 *b* 36.)

Platon.

PHÈDRE : Parler et écrire selon l'art se fait surtout dans les procès, même si l'on peut citer aussi l'éloquence politique. Mais je n'ai jamais ouï parler qu'il y ait d'autres types d'éloquence.

SOCRATE : Mais alors, en guise de discours, tu n'as entendu parler que des *arts* de Nestor et d'Ulysse, qu'ils ont rédigés à Troie, pendant leurs loisirs. Mais tu n'as jamais entendu parler des livres de Palamède[1] ?

PHÈDRE : Mais, par Zeus ! je n'ai jamais entendu parler, ma foi, des œuvres de Nestor, à moins que tu donnes à Gorgias les traits d'un Nestor, et à Thrasymaque et Théodore ceux d'un Ulysse ! (*Phèdre*, 261 *b*.)

ÉCRITS DOUTEUX

XV

Aristote.

La froideur dans le style se repère dans quatre cas : premièrement, avec l'usage des noms composés [...] C'est ainsi que Gorgias utilise : flatteurs-ingénieux-pour-mendier, prêteurs-de-faux-serments et prêteurs-de-serments-fidèles. (*Rhétorique*, III, III, 1405 *b* 34.)

XVI

Aristote.

[...] en quatrième lieu, la froideur résulte des métaphores [...]; par exemple, chez Gorgias : affaires chlorotiques et exsangues. Tu l'as semé dans la honte, tu le récoltes dans le mal. Ces tours sont trop poétiques. (*Rhétorique*, III, III, 1406 *b* 4.)

XVII

Aristote.

Dans les discours épidictiques, il faut introduire de la variété par des éloges, comme le fait Isocrate : il en introduit toujours un. Et c'est la même chose que veut dire Gorgias, lorsqu'il dit qu' il n'est jamais en reste de matière. En effet, s'il parle d'Achille, il peut faire l'éloge de Pélée, puis d'Ajax, puis du dieu ; de même pour le courage : il dit qu'il a tel ou tel effet et il définit sa nature. (*Rhétorique*, III, xvii, 1418 *a* 32.)

XVIII

Aristote.

Il est de beaucoup préférable, quand on parle des vertus, de les dénombrer, ainsi que le fait Gorgias, plutôt que de les définir de cette manière[1]. (*Politique*, I, xiii, 1260 *a* 27.)

XIX

Platon.

MÉNON : D'abord[2], si c'est la vertu de l'homme que tu veux, c'est facile. Voici ce qu'est la vertu de l'homme : être capable de gérer les affaires de la cité et, ce faisant, de faire du bien à ses amis et du mal à ses ennemis, et s'arranger pour ne pas subir soi-même le même sort. Maintenant, si tu veux la vertu de la femme, il sera facile d'expliquer qu'elle doit bien administrer la maison, préserver les biens de la famille et être obéissante à son mari. Autre est la vertu de l'enfant, fille ou garçon, autre celle du vieillard, autre celle de l'homme libre ou celle de l'esclave, selon ce qu'il te plaira. Et il y a une infinité d'autres vertus, si bien que dire ce qu'est la vertu ne présente aucune difficulté, car il y a une vertu propre pour chaque action et pour chaque âge, selon l'activité de chacun de nous. Et je crois qu'il en est de même, Socrate, pour le vice. (*Ménon*, 71 *e*.)

XX

Plutarque.

Gorgias de Léontium dit que Cimon se procura de l'argent pour en user, et qu'il en usa pour obtenir des honneurs. (*Vie de Cimon*, x.)

XXI

Plutarque.

L'ami, contrairement à ce que soutient Gorgias, ne demandera à son ami de lui venir en aide que par des actes justes ; mais pour sa part, il n'hésitera pas à lui rendre service de multiples manières, même au prix de l'injustice. (*Du flatteur et de l'ami*, XXIII, 64 c.)

XXII

Plutarque.

Gorgias nous semble plus pénétrant quand il prescrit que la femme doit être connue parmi la foule non par sa beauté mais par sa bonne renommée. (*Des vertueux faits des femmes*, 242 E.)

XXIII

Plutarque.

La tragédie était florissante et célébrée : c'était une récitation et un spectacle admirables pour les gens de cette époque qui donnait, ainsi que le dit Gorgias, aux mythes et aux événements le pouvoir de tromper, et où celui qui faisait illusion était plus juste que celui qui n'y réussissait pas, et celui qui acceptait l'illusion plus sage que celui qui ne l'acceptait pas. Plus juste, celui qui faisait illusion, car il remplissait son contrat ; plus sage celui qui s'y laissait prendre, car il faisait preuve de sensibilité en se laissant entraîner par le plaisir des paroles. (*Si les Athéniens ont été plus excellents en armes qu'en lettres*, V, 348 c.)

XXIV

Plutarque.

Gorgias disait qu'une des tragédies [d'Eschyle], *Les Sept contre Thèbes*, était pleine d'Arès[1]. (*Propos de table*, VII, x, 2, 715 E.)

XXV

Proclus.

Hellanicos, Damaste et Phérécyde font remonter sa généalogie à Orphée[2]. [...] Gorgias de Léontium la fait remonter à Musée. (*Vie d'Homère*, 14, p. 26.)

XXVI

Proclus.

Ce que disait Gorgias n'est pas entièrement vrai. Il disait que l'être était invisible s'il n'était repris dans le paraître, et le paraître inconsistant s'il ne saisissait pas l'être. (*Commentaire sur les Travaux et les Jours d'Hésiode*, v. 758.)

XXVII

[Scolie.]

Et Gorgias : Ils mêlaient des menaces aux supplications et des lamentations aux prières[1]. (À l'*Iliade*, IV, v. 450.)

FRAGMENTS INCERTAINS

XXVIII

[Anonyme.]

Gorgonias [Gorgias?] a dit : « La remarquable beauté d'une chose cachée se révèle quand les peintres les plus habiles ne peuvent la représenter avec leurs essais de couleurs. Car leur immense travail et leurs grands efforts témoignent de façon éclatante du charme de son mystère. Et si chacun de ces efforts parvient à son but, ils lui donnent encore la couronne de la victoire, tant ils restent silencieux. Mais ce qu'aucune main ne tient et que nul œil ne voit, comment la langue pourrait-elle l'exprimer, ou l'entendre l'oreille ? » (*Fragment gréco-syriaque*, trad. allemande par Ryssel, Rheinisches Museum, 51, 1896, 540 *n.* 34.)

XXIX

[Recueil de sentences.]

Le rhéteur Gorgias disait que ceux qui négligeaient la philosophie pour se consacrer aux sciences annexes étaient semblables aux prétendants : ils désiraient Pénélope, mais couchaient avec ses servantes. (*Gnomologium Vaticanum*, 743, n° 166, éd. Sternbach.)

XXX

[Recueil de sentences.]

Les orateurs, disait Gorgias, ressemblent aux grenouilles : elles poussent des cris dans l'eau; eux, le font devant la clepsydre. (*Gnomologium Vaticanum*, 743, n. 167.)

XXXI

Sôpater d'Apamée.

Gorgias dit que le Soleil est une masse incandescente[1]. (*Rhéto-rique grecque*, VIII, 23.)

C. IMITATIONS

Platon.

SOCRATE : Ton discours m'a rappelé Gorgias, si bien qu'il m'est arrivé exactement ce qui est raconté dans Homère[2] : j'avais peur que, pour finir, Agathon, dans son discours, ne sorte contre mon discours la tête de Gorgias, cet orateur si habile, et ne me rende muet, en me laissant pétrifié. (*Le Banquet*, 198 *c.*)

APOLLODORE : Quand Pausanias eut fait sa pause (c'est que les sophistes m'ont appris les assonances) [...]. (*Ibid.*, 185 *c.*)

Xénophon.

« Si les esclaves, dans de petites coupes, nous versent de petites gouttes [...] », pour parler, moi aussi, avec des expressions à la Gorgias. (*Banquet*, II, 26.)

PRODICOS

A. VIE ET DOCTRINE

I

Suidas.

Prodicos de Céos, né dans l'île de Céos, à Ioulis, philosophe de la nature et sophiste, contemporain de Démocrite d'Abdère et de Gorgias, élève de Protagoras d'Abdère. Accusé de corrompre la jeunesse, il est mort à Athènes, condamné à boire la ciguë. (*Lexique*, « Prodicos ».)

I *a*

Philostrate.

Le nom de Prodicos de Céos était si célèbre, quand il s'agissait de science, que même le fils de Gryllos[1], quoique fait prisonnier en Béotie, allait l'écouter disputer, en prenant quelqu'un pour se porter garant de lui. Ambassadeur auprès des Athéniens, il se rendit devant le Conseil : l'écouter n'était pas un plaisir, et son débit avait quelque chose de pesant; néanmoins on jugea qu'il n'y avait pas homme plus remarquable que lui. Il pourchassait les jeunes gens de la noblesse ou ceux qui appartenaient à des familles riches. Il mettait tant d'ardeur à cette chose qu'il allait jusqu'à s'adjoindre des rabatteurs : il résistait mal à l'attrait de l'argent et s'adonnait aux plaisirs. *Le Choix d'Héraclès*, l'œuvre de Prodicos dont j'ai fait mention au début, ne fut pas trouvé indigne d'être rapporté, même par Xénophon[2]. Pour le reste, à quoi bon donner une description de la langue de Prodicos, puisque Xénophon l'a prise pour modèle avec tant de bonheur ? (*Vies des sophistes*, I, 12.)

II

Platon.

SOCRATE : « *C'est alors que j'aperçus Tantale*[1] » : Prodicos de
Céos, lui aussi, était à Athènes. Il habitait dans une construction
qui jusque-là servait de remise à Hipponicos. [...] Prodicos,
étendu sur son lit, était emmitouflé dans des peaux de bêtes sous
d'innombrables couvertures : du moins, c'est ce qu'on voyait.
[...] [à côté, Pausanias et Agathon]. Me trouvant à l'extérieur, je
ne pouvais pas saisir de quoi ils discutaient : et pourtant, je
débordais d'envie d'ouïr Prodicos en qui je voyais un homme
universel, véritablement divin. Mais sa voix quelque peu pesante
remplissait la pièce d'un bourdonnement qui rendait inintelligibles ses paroles. (*Protagoras*, 315 *c-d.*)

III

Platon.

SOCRATE : Notre illustre ami Prodicos est maintes fois venu en
voyage officiel, chez nous et à l'étranger. Cela dit, quand il est
venu pour la dernière fois, tout récemment, comme envoyé
officiel de Céos, il a pris la parole devant l'assemblée et s'est couvert de gloire. J'ajoute qu'il a ramassé d'incroyables sommes
d'argent, que ce soit pendant ses conférences privées ou avec ses
cercles de jeunes[2]. (*Hippias majeur*, 282 *c.*)

IV

Platon.

SOCRATE : Pourtant, c'est à mon avis très beau que de pouvoir
entreprendre l'éducation des hommes, ainsi que le font Gorgias
de Léontium, Prodicos de Céos et Hippias d'Élis. Chacun
d'eux, messieurs, se rend dans chaque cité et, alors que les jeunes
gens ont entière faculté de suivre, gratuitement, l'enseignement
de ceux de leurs concitoyens qu'ils auront choisis, ils les persua-
dent d'abandonner ces fréquentations et de venir avec eux,
contre paiement, tout en leur en étant reconnaissants. (*Apologie
de Socrate*, 19 *e.*)

IV *a*

Xénophon.

SOCRATE : Je sais que c'est toi ⟨Antisthène⟩, dit-il, qui a emmené Callias, qui est ici, chez le sage Prodicos : tu avais bien vu que le premier était amoureux de philosophie et que le second avait besoin d'argent. (*Banquet*, 4, 62.)

IV *b*

Athénée.

Le *Callias*[1] parle du différend entre Callias et son père et de la raillerie dont étaient l'objet les sophistes Prodicos et Anaxagore. En effet, il raconte que Prodicos a fait de Théramène son élève; quant à l'autre, il aurait eu pour élèves Philoxène, le fils d'Éryxide, et Ariphrade, le frère d'Arignotos le cithariste. Son but est de faire éclater, à partir de l'ignominie de ces personnages et de leur avidité de bas étage, la vraie nature de l'enseignement dispensé par leurs pédagogues. (*Les Deipnosophistes*, V, 220 B.)

V

Aristophane.

> *De tous les grands savants qui contemplent le ciel,*
> *Il n'est que Prodicos que l'on puisse écouter,*
> *Car il a la sagesse et il a la raison;*
> *Toi, Socrate au contraire...*

(*Les Nuées*, v. 360[2].)

> *Cet homme, un livre l'a démoli,*
> *Ou Prodicos, ou bien quelque bavard.*

(*Les Rôtisseurs*, fragment 490, éd. Kaibel.)

VI

[Scolie.]

[Prodicos] était aussi le professeur de Théramène, celui qu'on surnommait « le Cothurne ». (Aux *Nuées* d'Aristophane, v. 361.)

VII

Denys d'Halicarnasse.

[Isocrate] fut l'auditeur de Prodicos de Céos, de Gorgias de Léontium et de Tisias de Syracuse, professeurs dont la réputation en matière de sagesse, était, à l'époque, sans pareille chez les Grecs, à ce qu'on dit. Il fut également l'élève du rhéteur Théramène, qui, passant pour démocrate, fut condamné à mort par les Trente. (*Isocrate*, 1.)

VIII

Aulu-Gelle.

[Euripide] fut l'élève du philosophe de la nature Anaxagore et du rhéteur Prodicos. (*Nuits attiques*, XV, xx, 4.)

IX

Marcellinos.

[Thucydide] s'inspira un peu, à ce que dit Antyllos, des balancements sonores de Gorgias de Léontium ainsi que de ses oppositions de mots : procédés fort en vogue chez les Grecs à cette époque. Au reste, cela ne l'empêcha pas de rechercher la précision dans les termes, qui était celle de Prodicos de Céos. (*Vie de Thucydide*, 36.)

X

Quintilien.

Les premiers d'entre eux à avoir traité des *lieux communs* sont, à ce qu'on dit, Protagoras et Gorgias; pour les *lieux pathétiques*, ce furent Prodicos, Hippias, et aussi Protagoras et Thrasymaque. (*Institution oratoire*, III, 1, 12.)

[Scolie.]

« Afin qu'ils apprennent de nous toute la vérité sur les phénomènes célestes [...] et puissent souhaiter de ma part à Prodicos bien des malheurs dans l'avenir. »

C'est à tort que Callimaque classe Prodicos parmi les rhéteurs, car il est bien clair qu'ici il est traité comme un philosophe. (Aux *Oiseaux* d'Aristophane, v. 692.)

XI

•*Platon.*

SOCRATE : L'étude des termes représente un savoir de longue haleine. Si j'avais entendu la leçon à cinquante drachmes de Prodicos — une leçon qui, à ce qu'il dit, donne une formation complète sur le sujet —, alors rien ne t'interdirait d'apprendre sur-le-champ la vérité sur la rectitude des termes. Mais je ne l'ai pas entendue, je n'ai eu droit qu'à la leçon à une drachme. (*Cratyle*, 384 *b*.)

XII

Aristote.

Quand le moment opportun[1] est venu, il faut dire : « Prêtez-moi attention, cela a autant d'importance pour moi que pour vous » et : « Je vais vous dire quelque chose d'exceptionnel, comme vous n'en avez jamais entendu (ou bien, quelque chose de stupéfiant). » C'est cela, quand les auditeurs commençaient à s'endormir, que Prodicos appelait « leur glisser un morceau de la leçon à cinquante drachmes ». (*Rhétorique*, III, XIV, 1415 *b* 12.)

XIII

Platon.

Quand Critias eut dit ces paroles, Prodicos déclara : « Voilà qui, à mon sens, est bien dit, Critias ; il faut en effet que ceux qui assistent à semblables disputes soient *impartiaux* pour chacune des deux parties sans pour autant être *neutres*. Car ce n'est pas la même chose : il faut écouter chaque adversaire avec *impartialité* ; mais il faut les départager sans être *neutre* : il convient d'accorder plus au plus savant et moins au plus ignorant. Protagoras et Socrate, je considère, pour ma part, que vous devez vous mettre d'accord l'un et l'autre pour *controverser* sur les questions choisies, non pour vous *quereller*. La *controverse* est le fait d'amis et se fait avec bienveillance, la *querelle* est le fait d'adversaires et d'ennemis. Voilà comment notre réunion pourra devenir un exemple de perfection. En tant qu'orateurs, vous trouverez tout spécialement en nous, auditeurs, *considération*, mais jamais la *louange* : en effet, la *considération* réside dans le for intérieur des auditeurs et n'enveloppe aucune tromperie, alors que la *louange* n'est que paroles et vient de gens qui souvent, par le mensonge, s'écartent de leur conviction. À l'inverse, nous, en tant qu'auditeurs, nous éprouverons tout spécialement du *bonheur*, mais nullement du *plaisir* : en effet, le *bonheur* est le fait de celui qui apprend et intériorise une connaissance de façon purement spirituelle, le *plaisir* est le fait de qui se repaît, ou subit un plaisir du seul fait de son corps. » Telles furent les paroles de Prodicos : la plupart des présents les accueillirent favorablement. (*Protagoras*, 337 *a-c*.)

XIV

Platon.

SOCRATE, *à Prodicos* : Bien sûr, pour retourner la situation à l'avantage de Simonide, nous aurons besoin de cette science qui te vient des Muses, grâce à laquelle tu établis une distinction entre *vouloir* et *désirer*, termes qui n'auraient pas le même sens. [...] — À ton avis, le *devenir* et *l'être* sont-ils la même chose, ou diffèrent-ils ?

— Par Zeus, ils diffèrent, répondit Prodicos. [...]

— Ce qui est terrible, dit Prodicos, est mauvais. [...]

— Dis-moi, Prodicos, qu'est-ce que Simonide voulait dire par le mot « difficile » ?

— Quelque chose de mauvais, dit-il. (*Protagoras*, 340 *a-* 341 *b*.)

XV

Platon.

SOCRATE : Y a-t-il quelque chose que tu appelles *fin* ? J'appelle ainsi ce qui est du genre de la limite ou de l'extrémité. J'entends par tous ces termes quelque chose d'identique. Mais peut-être l'avis de Prodicos serait-il différent ? (*Ménon*, 75 *e*.)

XVI

Platon.

SOCRATE : En premier lieu, comme le dit Prodicos, c'est *la rectitude des termes* qu'il faut apprendre. C'est justement cela que t'exposent ces deux étrangers[1] : à savoir, que tu ignorais ce qu'est *apprendre*. On emploie ce terme lorsque quelqu'un qui n'a, au départ, aucune connaissance sur un sujet, se rend, par la suite, détenteur de cette connaissance. Mais on utilise encore ce terme lorsque quelqu'un, possédant déjà la science, met en œuvre cette science pour l'étude d'un objet appartenant à son domaine, à des fins soit pratiques, soit théoriques. Certes, il vaut mieux dire ici *comprendre* plutôt qu'*apprendre*, mais *apprendre* se dit aussi. (*Euthydème*, 277 *e*.)

XVII

Platon.

NICIAS : Mais, à mon avis, n'avoir jamais peur et être courageux ne sont pas la même chose. Je crois que seule une petite minorité de gens ont en partage *courage* et prévoyance ; en revanche la *hardiesse*, l'audace, l'intrépidité, caractères qui accompagnent l'imprévoyance, sont le fait de la majorité des gens. (*Lachès*, 197 *b*.)

SOCRATE : Ne réponds pas, Lachès. Car aussi bien, j'ai l'impression que tu ne t'es même pas rendu compte que c'est à notre compagnon Damon qu'il a emprunté ce savoir-faire, Damon qui ne manque pas d'accointances avec Prodicos, qui passe pour le plus habile des sophistes dans l'art de la division des synonymes[1]. (*Ibid.*, 197 *d*.)

XVIII

Platon.

SOCRATE : Dis-moi, lui dis-je, tu ne considères pas comme identiques *œuvrer* et *agir* ?

CRITIAS : Non, certes, dit-il, pas plus que *travailler* et *œuvrer*. Je sais cela d'Hésiode qui affirme : Un travail ne peut pas être déshonorant[2]. Crois-tu alors que s'il avait employé pour des travaux, comme ceux dont tu viens de parler, le mot *travailler* aussi bien que le mot *agir*, il n'aurait attribué aucun déshonneur au cordonnier ou au marchand de salaisons, et de même aux prostituées ? Il ne faut rien en croire, Socrate ; au contraire, à mon avis, il considère que *œuvrer* est différent d'*agir* et de *travailler* : *œuvrer* peut parfois entraîner le déshonneur, lorsque l'honnêteté fait défaut, mais *travailler* n'implique jamais aucun déshonneur ; *œuvrer* dans les limites de l'honnêteté et de l'utile, il appelle cela *travailler*, et les œuvres de ce genre sont des *travaux* et des *actions*. (*Charmide*, 163 *a-b*.)

SOCRATE : En effet, j'ai entendu Prodicos, des milliers de fois, faire ce genre de distinctions terminologiques. (*Ibid.*, 163 *d*.)

XIX

Aristote.

Il y a encore à considérer si l'objet a été posé comme un accident par rapport à lui-même, en tant qu'il est supposé autre du
fait qu'il porte un autre nom. C'est ainsi que Prodicos divisait les
plaisirs en *joie*, *délice* et *bien-être*; tous ces termes se rapportent au
même objet, en l'occurrence le plaisir, dont ils sont des noms.
(*Topiques*, II, VI, 112 *b* 22.)

Alexandre d'Aphrodise.

Prodicos s'efforçait d'attribuer à chacun de ces termes une aire
sémantique particulière, comme dans la tradition stoïcienne, où
l'on appelle *joie* un emportement raisonnable, *plaisir* un emportement irraisonné, *délice* un plaisir venu par l'ouïe, *bien-être* un
plaisir venu par les discours. Propos de législateurs, mais qui ne
disent rien qui vaille. (*Commentaire sur les Topiques d'Aristote*,
181, 2.)

XX

Platon.

SOCRATE : Un jour, alors que je parlais de cela, Prodicos éclata
de rire : « Il n'y a que moi qui ai trouvé, dit-il, la technique
s'appliquant aux discours : ils ne doivent être ni longs, ni courts,
mais avoir bonne mesure. » (*Phèdre*, 267 *b*.)

B. FRAGMENTS

LES SAISONS

I

[Scolie.]

On rapporte également l'existence d'un livre de Prodicos,
intitulé *Les Saisons*, dans lequel il a représenté la rencontre
d'Héraclès avec Vertu et Dépravation : chacune l'invite à
emprunter son propre chemin de vie, mais Héraclès se tourne

vers le chemin de Vertu et donne sa préférence aux épreuves que
lui réserve celle-ci plutôt qu'aux plaisirs passagers de Dépravation. (Aux *Nuées* d'Aristophane, v. 361.)

Platon.

ÉRYXIMAQUE : Si ton désir est de considérer les meilleurs
sophistes, ils ont consigné, en prose, les louanges d'Héraclès et
de bien d'autres, comme le fit l'éminent Prodicos. (*Banquet*,
177 *b*.)

II

Xénophon.

21. Le savant Prodicos, lui aussi, dans son écrit *Sur Héraclès*,
qui a été lu devant un vaste public, avance sur la vertu des considérations du même ordre. Voici à peu près ce qu'il dit, pour
autant que je m'en souvienne. Il raconte qu' Héraclès, à ce
moment où, au sortir de l'enfance, on s'élance vers l'adolescence, à cet âge où les jeunes gens, devenus maîtres
de leur personne, montrent dans quel chemin — celui de
la vertu, ou celui de la dépravation — ils engageront leur
vie, prit retraite à l'écart et, pendant une halte, se
demanda laquelle de ces deux routes emprunter. 22.
C'est alors que se montrèrent à lui deux dames de belle
stature : elles venaient à sa rencontre. La première avait
grande allure et un port qui montrait une noble nature ;
elle était pleine de grâce, son teint d'une grande pureté,
son regard disait sa pudeur, son maintien sa réserve ; elle
était vêtue de blanc. L'autre respirait les plaisirs de la
chair et la mollesse, elle était maquillée afin de paraître
plus blanche et plus rose qu'en réalité ; par son attitude,
elle cherchait à se donner un air plus droit que ne le comportait sa nature ; ses yeux brillaient d'un éclat provocant,
sa toilette laissait transparaître avec complaisance les
charmes de son âge. Elle se regardait souvent, elle épiait si
quelqu'un la voyait et même, à mainte reprise, elle portait
ses regards sur l'image que son ombre lui renvoyait.
23. Alors qu'elles se rapprochaient d'Héraclès, et que
celle dont nous avons parlé en premier continuait du
même pas, l'autre, au contraire, voulant la devancer, se
mit à courir vers Héraclès et lui dit : « Je te vois indécis,
Héraclès, quant au chemin que tu dois emprunter dans la

vie. Et bien, si tu acceptes mon amitié et me suis, je te
conduirai vers le plus grand bonheur par le chemin le plus
aisé. Il n'eſt aucun plaisir que tu ne goûteras, et tu
couleras ton exiſtence sans connaître aucune peine.   24.
D'abord, tu n'auras à te soucier ni de guerres ni d'aucune
entreprise, ton seul problème sera de rechercher la nourriture ou la boisson la plus exquise, les speċtacles ou les
concerts les plus charmants, les parfums ou les sensations
les plus doux, les jeunes garçons dont l'amour te donnera
la plus grande joie, les couches qui te donneront le plus
tendre sommeil et comment jouir de tous ces plaisirs au
prix du moindre effort.   25. Si quelque crainte te surve-
nait que ne tarisse la source de tous ces biens, sois tranquille que je ne te contraindrai jamais ni à peiner ni à
travailler, ni physiquement ni moralement, pour te les
procurer ; au contraire, ce pour quoi les autres auront travaillé, c'eſt toi qui en profiteras, tu n'auras à t'abſtenir de
rien de ce dont tu pourras jouir. À ceux qui me suivent, je
donne licence de tirer parti d'absolument tout. »

26. Héraclès écouta et dit : « Madame, comment vous
appelle-t-on ? — Mes amis, dit-elle, m'appellent Félicité,
mais ceux qui me haïssent, pour m'injurier, me nomment
Dépravation. »

27. À ce moment, l'autre dame s'avança et dit : « Moi
aussi, je viens vers toi, Héraclès, je connais tes parents et
je sais par quelle éducation ton caraċtère a été formé. Voilà
qui me donne à espérer, si tu empruntes le chemin qui va
vers moi, qu'à coup sûr tu te rendras le valeureux auteur
d'exploits nobles et grandioses qui me feront paraître
encore plus honorable et relèveront encore l'éclat que
m'apportent les bonnes aċtions. Je n'essaierai pas de
te tromper en te chantant la promesse du plaisir ; mais
conformément à ce qui a été fixé par les dieux, je t'expo-
serai les choses dans toute leur vérité.   28. De ce qui eſt
véritablement beau et bon les dieux ne donnent rien aux
hommes, si ce n'eſt au prix de peines et de soins diligents ;
si tu désires la faveur des dieux, il faut honorer les dieux ;
si tu veux avoir l'affeċtion de tes amis, il faut bien
t'occuper de tes amis ; si tu souhaites qu'une cité te rende
les honneurs, il faut que tu te sois faiſt le bienfaiteur de
cette cité ; si tu prétends, pour ta valeur, te faire admirer
de la Grèce entière, il faut que tu essaies de faire le bien de
la Grèce ; si tu veux que la terre te donne des fruits à

foison, il faut cultiver la terre ; si tu penses devoir t'enrichir par l'élevage des troupeaux, il faut prendre soin de tes troupeaux ; si tu vibres du désir de te grandir dans la guerre et veux pouvoir faire vivre tes amis dans la liberté et dominer tes ennemis, il faut aller, auprès des maîtres, apprendre l'art de la guerre et suivre l'entraînement qui convient pour pouvoir le mettre en œuvre ; enfin, si tu veux donner de la vigueur à ton corps, il faut l'habituer à obéir à ta volonté et l'exercer sans craindre ni l'effort, ni les sueurs. »

29. C'est alors, au dire de Prodicos, que Dépravation intervint : « Tu saisis, Héraclès, ce que te promet, en guise de difficulté et de patience, la voie où cette dame veut t'engager pour te conduire à la félicité ; moi, le chemin par lequel je t'emmènerai au bonheur est aisé et rapide. »

30. Alors Vertu s'exclama : « Malheureuse ! Que peux-tu bien posséder d'honnête ? Quels plaisirs peux-tu bien connaître, puisque tu ne veux rien faire pour te les procurer ? Toi qui ne sais même pas attendre de désirer les plaisirs et qui t'en rassasies, sans en oublier, avant même de les vouloir, toi qui manges sans faim et bois sans soif ; toi qui, pour augmenter l'agrément de tes festins, fais apprêter tes mets avec recherche, et qui, pour augmenter l'agrément de la boisson, fais venir des vins de grand luxe et fais courir le monde, l'été, pour trouver de la neige ; toi qui, pour l'agrément de ton sommeil, ne te contentes pas de faire venir de molles couvertures, mais exiges encore des lits que tu arranges avec des traverses spéciales : si tu cherches le sommeil, ce n'est pas à cause de tes fatigues, mais parce que tu n'as rien d'autre à faire ; tu te livres aux plaisirs de l'amour avant même que le besoin te presse, tu as recours à tous les artifices en faisant jouer aux hommes le rôle des femmes. Voilà comment tu éduques tes amis : la nuit, c'est la débauche ; et le jour, le temps le plus utile, tu l'abandonnes au sommeil.

31. « Tu as beau être immortelle, les dieux te repoussent et les hommes de bien te méprisent : ce qu'il y a de plus doux à entendre, les paroles qui font notre éloge, tu ne le connais pas ; et le spectacle le plus doux, tu ne l'as jamais contemplé, car tu n'as jamais pu voir une belle action dont tu serais l'auteur. Qui pourrait croire un mot de toutes tes paroles ? Si tu as besoin de quelque chose,

qui pourrait te venir en aide ? Qui oserait, à moins d'être fou, s'engager dans ton cortège ? Dans ce cortège, les jeunes ont perdu toute vigueur et les plus vieux ont perdu la raison : engraissés, dans leur jeunesse, par une éducation qui ignorait l'effort, les voilà qui affrontent, péniblement, la vieillesse, malheureux comme tout ; ils rougissent de ce qu'ils ont fait, ou ils sont écrasés par ce qu'ils font ; les uns n'ont connu que les plaisirs pendant leur jeunesse, les autres ont repoussé les peines au temps de la vieillesse.

32. « Moi, au contraire, je vis dans la fréquentation des dieux, je vis dans la fréquentation des hommes honnêtes. Rien de beau, que ce soit œuvre divine ou œuvre humaine, ne se fait sans moi. Personne n'est plus honoré que moi, que ce soit chez les dieux ou chez les hommes pour qui je compte ; je suis la bien-aimée collaboratrice des artisans, la fidèle protectrice des chefs de famille, le bienveillant soutien des serviteurs, la bonne auxiliaire des travaux de la paix, l'alliée sûre dans les opérations de la guerre, la meilleure compagne de l'amitié.

33. « Ceux qui m'aiment connaissent, par leurs nourritures et leurs boissons, un plaisir doux et serein : car tant qu'ils n'en éprouvent pas le désir, ils s'en abstiennent ; leur sommeil est plus doux que celui de ceux qui ne travaillent pas, le quitter n'est pas pour eux une épreuve et il n'est pas un prétexte pour négliger leurs devoirs. Les jeunes se réjouissent des louanges des anciens et les plus vieux se glorifient d'être honorés par les jeunes. C'est avec plaisir qu'ils repassent dans leur mémoire leurs actions d'antan en ne prenant pas moins de plaisir à mener à bien les tâches du présent ; grâce à moi, ils sont chéris des dieux, aimés de leurs amis, honorés par leurs concitoyens ; et, quand arrive le terme fatal, ils ne sont pas ensevelis dans un oubli déshonorant : ils sont exaltés et fleurissent pour toujours dans le souvenir. Voilà, enfant de parents généreux, Héraclès, le bonheur le plus divin qu'il te sera permis de posséder si tu sais traverser toutes ces épreuves. »

34. Voilà à peu près comment Prodicos représenta l'éducation d'Héraclès par Vertu. Certes, il prit soin d'orner cette leçon de vocables bien plus relevés que les miens. (*Les Mémorables*, II, 1, 21-34.)

DE LA NATURE

III

Cicéron.

Que dire de Prodicos de Céos, de Thrasymaque de Chalcédon, de Protagoras d'Abdère ? À cette époque, chacun de ces auteurs a abondamment disserté et écrit, y compris *Sur la nature*. (*De l'orateur*, III, xxxii, 128.)

IV

Galien.

Prodicos, dans son écrit *Sur la nature de l'homme* appelle φλέγμα (phlegme) la substance qui résulte de l'inflammation et, pour ainsi dire, du dessèchement des humeurs, mot qu'il tire du verbe φλέγεσθαι (brûler), l'utilisant en un sens certes impropre, mais qui garde cependant l'essentiel de la signification qu'il a d'ordinaire. Les inventions de vocabulaire de cet auteur sont parfaitement visibles chez Platon. Cela même que tout le monde appelle *phlegme*, substance blanche d'aspect, Prodicos l'appelle βλέννα : il s'agit de cette humeur froide et liquoreuse qui se rassemble en grande quantité chez les vieillards ou les sujets qui, pour une raison ou pour une autre, ont subi un refroidissement et, raisonnablement, on ne peut pas la caractériser autrement qu'en la déclarant froide et liquoreuse. (*Des facultés naturelles*, ii, 9, éd. Helmreich, iii, 195.)

FRAGMENTS D'ÉCRITS INCERTAINS

V

Philodème.

Il est évident que Persée[1] [...] fait disparaître le divin ou qu'il ne saisit rien de sa nature, lorsque dans son ouvrage *Sur les dieux*, il affirme que ne lui paraissent pas incroyables les opinions soutenues dans les écrits de Prodicos, selon lesquelles, tout d'abord, ce sont les nourritures et les choses utiles qui ont été tenues pour divines et honorées comme telles, et, par la suite, ceux qui découvrirent des moyens de se nourrir ou de s'abriter, ou d'autres techniques, comme Déméter et Dionysos. (*De la piété*, colonne ix, 7, éd. Gomperz, p. 75.)

Cicéron.

Quoi? Prodicos de Céos, qui a dit que ce qui était utile aux hommes devait être tenu pour divin, quelle religion finalement conserve-t-il? (*De la nature des dieux*, I, xlii, 118.)

Persée [...] dit qu'on les a tenus pour des dieux, ceux à qui l'on doit quelque invention de grande utilité pour la civilisation; et, de plus, que les inventions utiles et salutaires ont elles-mêmes été désignées par des noms de dieux. (*Ibid.*, I, xv, 38.)

Sextus Empiricus.

Prodicos de Céos dit : « Le Soleil, la Lune, les fleuves, les sources et, en général, tout ce qui est utile à notre vie, étaient considérés par les anciens comme des dieux, du fait de leur utilité. C'est ainsi que les Égyptiens font du Nil un dieu. » Pour cette raison, on a vu Déméter dans le pain, Dionysos dans le vin, Poséidon dans l'eau, Héphaïstos dans le feu, et de même pour tout ce dont nous tirons avantage. (*Contre les mathématiciens*, IX, 18.)

Que Dieu n'existe pas, c'est l'avis de ceux qu'on appelle athées, comme Évhémère [...] Diagoras de Mélos, Prodicos de Céos, Théodore[1] [...]. (*Ibid.*, IX, 51.)

Selon Prodicos, ce qui est utile à la vie doit être tenu pour divin : ainsi le Soleil, la Lune, les fleuves, les lacs, les prairies, les fruits, et tout ce qui est de ce genre. (*Ibid.*, IX, 52.)

Thémistios.

Nous en venons maintenant aux initiations et nous allons mettre dans nos paroles la science de Prodicos, qui rattache à l'homme toute activité religieuse et aux bienfaits de l'agriculture les mystères et les initiations; il pense que c'est là que se trouvent l'origine de l'idée des dieux chez les hommes et le répondant matériel de toute piété. (*Discours*, XXX, éd. Dindorf, p. 422.)

VI

Platon.

socrate : Ce sont eux, Criton, dont Prodicos dit qu'ils sont à la jonction du philosophe et du politique; ils s'imaginent qu'ils sont les plus savants des hommes [...]. (*Euthydème*, 305 *c*.)

socrate : Naturellement, ils pensent qu'ils ont un savoir total : en fait, leur connaissance de la philosophie est très moyenne, très moyenne aussi, leur connaissance de la politique. (*Ibid.*, 305 *d*.)

Stobée.

De Prodicos : « Le redoublement de la passion, c'est l'amour ;
le redoublement de l'amour, c'est la folie. » (*Florilège*, IV, xx,
65.)

FRAGMENTS DOUTEUX

VIII

Pseudo-Platon.

socrate : Ces paroles, dis-je, il n'y a pas si longtemps qu'un
savant homme, Prodicos de Céos, les tenait dans le Lycée : ceux
qui étaient présents y virent du verbiage si bien qu'il ne put
convaincre personne de la vérité de ses dires. Un jeune homme
lui demanda en quel sens, à son avis, la richesse était un bien, et
en quel sens c'était un mal. Prodicos prit la parole et dit, comme
tu l'as fait à l'instant toi-même, que pour les gens de bien qui
savent comment utiliser les richesses, elle était un bien, mais que
pour les méchants et les ignorants, elle était un mal. Il en va ainsi,
dit-il, de toutes choses en général : selon ce que sont ceux qui en
font usage, selon cela, ce qu'ils en font est déterminé nécessairement. (*Eryxias*, 397 d.)

IX

Pseudo-Platon.

socrate : Axiochos, le témoignage que tu donnes sur moi
n'est pas exact. Tu crois, comme la foule des Athéniens, que si je
pratique une recherche, de ce fait je possède quelque savoir. En
fait, je voudrais bien connaître les vérités de tout le monde, tant
je suis loin des plus difficiles. Mais ce que je te dis, ce sont des
échos du savant Prodicos que j'ai achetés d'abord une demi-
drachme, puis deux drachmes et enfin quatre drachmes (car cet
homme ne donne jamais de leçon gratuite). Il a l'habitude de
répéter tout le temps le mot d'Épicharme : « *La main lave la
main : donne et tu recevras.* » Récemment, en tout cas, il a donné
une conférence chez Callias, le fils d'Hipponicos, et il a parlé de la
vie en des termes tels que, pour un peu, je tournais la page de ma
vie : après cela, mon âme, Axiochos, ne pensait plus qu'à mourir.
(*Axiochos*, 366 b-c.)

FAUX

X

Plutarque.

À ce qu'il paraît, ce serait une ingénieuse remarque de Prodicos, que le feu eſt ce qu'il y a de meilleur pour les aliments. (*Des règles et préceptes de la santé,* VIII, 126 D.)

XI

Galien.

Assurément, le lait eſt bien meilleur lorsqu'on le suce direĉtement à la mamelle. Tel eſt le jugement d'Euryphon, d'Hérodote et de Prodicos[1]. (*De la façon de soigner,* X, 474, éd. Kühn.)

HIPPIAS

A. VIE ET DOCTRINE

I

Suidas.

Hippias d'Élis, fils de Diopithès, sophiste et philosophe, disciple d'Hégésidamos, a défini l'autarcie comme étant la fin suprême et a écrit de nombreux ouvrages. (*Lexique*, « Hippias ».)

II

Philostrate.

1. Hippias d'Élis, le sophiste, avait une mémoire telle que, même dans sa vieillesse, il était capable, ayant écouté une seule fois une liste de cinquante noms, de la réciter dans l'ordre où il les avait entendus. 2. Dans les discussions, il introduisait de la géométrie, de l'astronomie, des éléments de musique et de rythmique. Il dialoguait aussi sur la peinture et la sculpture. 3. Telle fut son activité en divers endroits. À Sparte, au contraire, il s'étendit sur les filiations des États, sur les colonies et leur histoire, vu que les Lacédémoniens, avec leur désir de suprématie, se plaisaient beaucoup à ce genre d'évocations. 4. Il y a aussi de lui un *Dialogue troyen* dont voici l'argument : dans Troie, qui vient de tomber, Nestor expose à Néoptolème, le fils d'Achille, les pratiques auxquelles il convient de se conformer pour être considéré comme un homme de bien. 5. Il fut ambassadeur plus que tout autre Grec et, représentant d'Élis, jamais il ne perdit sa réputation, passant son temps à parler aux foules et à débattre, ce dont il profita pour amasser une immense fortune et pour se faire donner la citoyenneté dans les petites villes comme dans les grandes.

6. Il se rendit à Inycos, trou perdu habité par des Siciliens — ville que Platon ridiculise dans le *Gorgias*[1] —, parce qu'on lui avait offert de l'argent. 7. Il passa le reſte de son temps à polir sa réputation et séduisit le monde grec avec ses discours d'Olympie, chef-d'œuvre de diversité et de profondeur. Son expression brillait par la facilité, était ample et naturelle et n'avait recours que rarement à des tournures poétiques. (*Vies des sophiſtes*, I, xi, 1-7.)

III

Pseudo-Plutarque.

Isocrate, dans sa vieillesse, adopta Apharée, fils de Plathané, femme du rhéteur Hippias, le plus jeune des trois enfants de cette femme. (*Vies des dix orateurs*, 4, 838 a.)

Étant jeune, il ne s'était pas marié, puis, devenant vieux, il prit une compagne nommée Lagiské [...]; par la suite, il se maria avec l'ancienne femme du rhéteur Hippias, qui avait trois enfants, dont Apharée, qu'il adopta, ainsi que je viens de le dire. (*Ibid.*, 4, 839 b.)

Harpocration.

Apharée : c'était un fils d'Hippias, mais il se considérait comme le fils d'Isocrate. (*Lexique*, « Apharée ».)

Zozime d'Ascalon.

Isocrate prit pour femme une certaine Plathané, fille du rhéteur Hippias. (*Vie d'Isocrate*, éd. Mendelssohn, 253, 4.)

IV

Platon.

SOCRATE : Pourtant, c'est à mon avis très beau que de pouvoir entreprendre l'éducation des hommes, ainsi que le font Gorgias de Léontium, Prodicos de Céos et Hippias d'Élis. (*Apologie de Socrate*, 19 e.)

V

Athénée.

Platon, dans le *Protagoras*, fait apparaître ensemble Hippias et certains de ses concitoyens, dont il n'eſt pas vraisemblable qu'ils aient pu circuler en sécurité à Athènes, avant l'établissement de la trêve annuelle d'Élaphébolion, sous l'archontat d'Isarque[2]. (*Les Deipnosophiſtes*, V, 218 c.)

V a

Xénophon.

Je sais, dit-il, que tu[1] as fait se rencontrer Callias, ici présent, et le sage Prodicos [...], et je sais que tu lui as fait rencontrer aussi Hippias d'Élis, auprès duquel il a appris la mnémotechnique. (*Banquet*, IV, 62.)

VI

Platon.

SOCRATE : Hippias, toi qui es aussi beau que sage, comme cela fait longtemps que nous ne t'avons vu ici à Athènes !

HIPPIAS : Pas le temps, Socrate ; car, lorsque Élis a un traité à conclure avec une cité, je suis à chaque fois le premier des citoyens que l'on vient choisir comme plénipotentiaire : on me considère comme l'arbitre et l'émissaire le plus approprié pour les discours qu'il convient de tenir auprès de chaque cité. Alors, sans cesse je suis en ambassade un peu partout et, très souvent, à Sparte, pour des affaires très nombreuses de la plus haute importance. Voilà, pour répondre à ta question, pourquoi je ne me montre pas trop souvent en ces lieux. (*Hippias majeur*, 281 a.)

VII

Platon.

HIPPIAS : Jadis, je suis arrivé en Sicile alors que Protagoras y séjournait rayonnant de gloire. Il était plus vieux que moi. Eh bien, j'avais beau être beaucoup plus jeune, en un rien de temps, j'ai fait plus de cent cinquante mines, et dans un seul village parfaitement minuscule, Inycos, plus de vingt mines. De retour au pays, j'ai tout donné à mon père : il en fut béat d'admiration et de stupeur, lui et les autres habitants du pays. Et je ne suis pas loin de croire que j'ai fait plus d'argent à moi tout seul que n'importe quels sophistes, à deux. (*Hippias majeur*, 282 d-e.)

VIII

Platon.

HIPPIAS : Voyons, Eudicos, on ne comprendrait pas cela : que moi, qui, toutes les fois qu'ont lieu les Jeux olympiques, vais à

Olympie à la panégyrie de tous les Grecs, et dois chaque fois quitter Élis, ma patrie; moi qui, au temple, me présente à qui le veut pour réciter sur ce qu'il veut un discours d'apparat préparé; moi qui réponds à n'importe qui sur n'importe quelle question; que moi donc, je me dérobe devant les questions de Socrate! (*Hippias mineur*, 363 *c*.)

Platon.

Depuis l'époque où j'ai commencé à participer aux concours olympiques, je n'ai jamais trouvé mon maître, sur quoi que ce soit. (*Ibid.*, 364 *a*.)

IX

Platon.

HIPPIAS : Oui, par Zeus, Socrate, encore tout récemment, je m'y[1] suis couvert de gloire en traitant des occupations louables auxquelles il convient que s'adonne la jeunesse. Sur ce sujet, je dispose d'un discours composé absolument magnifique, et j'oublie de dire qu'il se déploie dans une langue parfaite. Voici le plan général et le début de ce discours : après la prise de Troie, dit le discours, Néoptolème demande à Nestor quelles sont les occupations louables auxquelles un jeune doit s'adonner pour acquérir une noble réputation. Ensuite, vient un discours de Nestor qui lui expose toutes sortes d'activités conformes à la loi et pleinement honnêtes. Ce discours, je l'ai prononcé là-bas et, dans deux jours, je vais le présenter ici, à l'école de Philostrate, ce discours, et beaucoup d'autres qui sont dignes d'être entendus. Et cela à la requête d'Eudicos, le fils d'Apémantos. (*Hippias majeur*, 286 *a*.)

X

Platon.

HIPPIAS : Je l'affirme, Homère a représenté Achille comme le plus noble des guerriers qui sont allés à Troie, Nestor comme le plus sage, Ulysse comme le plus astucieux. (*Hippias mineur*, 364 *c*.)

XI

Platon.

SOCRATE : Au nom des dieux, Hippias! ils¹ débordent de
louanges sur ton compte, c'est un plaisir pour eux de t'écouter!
De quoi donc leur parles-tu? C'est, à coup sûr, des choses les
plus belles dont tu aies connaissance : les astres et ce qui se
produit dans les cieux.

HIPPIAS : Absolument pas. Ces sujets-là, ils ne les souffrent
pas.

SOCRATE : Alors, c'est de géométrie qu'ils aiment entendre parler?

HIPPIAS : Pas du tout. Autant dire que la plupart d'entre eux
ne savent même pas compter.

SOCRATE : Dans ce cas, ils ne doivent pas être près de supporter
tes exposés d'arithmétique.

HIPPIAS : Exact, par Zeus!

SOCRATE : Alors, ce sont les distinctions que tu fais avec une
exactitude minutieuse, unique au monde, sur le sens des
lettres, des syllabes, des rythmes et des accents?

HIPPIAS : Mon cher, je ne vois pas quels accents et quelles
lettres pourraient les intéresser.

SOCRATE : Mais alors, qu'est-ce qu'ils écoutent avec tant de
plaisir et qui fait l'objet de leurs louanges? Il faut que tu me le
dises toi-même, parce que moi, je ne trouve pas.

HIPPIAS : Les généalogies, Socrate, les généalogies
des héros et des hommes, les fondations de cités. Je
leur raconte comment, dans l'Antiquité, s'instituèrent les
villes, et, en somme, toute l'histoire de l'Antiquité, voilà
ce qui les comble de plaisir. À tel point que j'ai été contraint pour
eux, à apprendre par cœur et à étudier à fond tous ces sujets.

SOCRATE : C'est une chance, par Zeus, que les Lacédémoniens
ne trouvent pas leur plaisir à s'entendre énumérer la liste de nos
archontes depuis Solon; autrement, tu aurais du pain sur la
planche, pour apprendre cela par cœur.

HIPPIAS : Pourquoi, Socrate? Je peux te réciter cinquante
noms après les avoir entendus une seule fois.

SOCRATE : C'est vrai. J'avais oublié que tu dominais la mnémotechnique. Maintenant je comprends que les Lacédémoniens t'apprécient : tu sais tellement de choses! Ils se servent de
toi comme les petits enfants des vieilles femmes, pour se faire
raconter des histoires qui leur plaisent. (*Hippias majeur*, 285 *b*.)

XII

Platon.

socrate : Tu es absolument le plus savant de tous les hommes dans de multiples arts : une fois, je t'ai entendu te vanter avec emphase de ta grande et enviable science, alors que tu passais sur l'agora, dans le quartier des banquiers. Tu racontais qu'une fois tu étais allé à Olympie avec, sur toi, rien que des objets de ta fabrication. D'abord (c'est par lui que tu commençais) l'anneau que tu avais au doigt, c'était ton œuvre, car tu sais ciseler les anneaux ; de même ton sceau était ton œuvre; ton peigne et ta fiole à parfum, tu les avais faits toi-même aussi. Ensuite, les sandales que tu portais, tu disais que tu les avais confectionnées toi-même, ainsi que tissé ton manteau et ta tunique; mais ce qui étonna le plus les gens et marqua bien, à leurs yeux, l'immensité de ton savoir, ce fut lorsque tu expliquas que la ceinture que tu portais sur ta tunique était pareille aux plus luxueuses des ceintures de Perse et que tu l'avais tressée toi-même. Sans compter que tu y étais allé aussi avec des poèmes, des épopées, des tragédies, des dithyrambes et de nombreux discours sur tous les sujets et dans tous les styles. Quant à ces arts dont j'ai parlé tout à l'heure, tu disais que tu étais parvenu à en avoir une connaissance supérieure aux autres hommes, ainsi que sur les rythmes, les accents, la correction des termes, ainsi que dans de nombreux domaines, si je me souviens bien. Et justement, j'allais oublier la mnémotechnique dont tu es, paraît-il, l'inventeur, et dans laquelle, à t'en croire, tu es passé maître avec brio. (*Hippias mineur*, 368 *b*.)

XIII

Athénée.

Dans le *Ménexène*[1], ce n'est pas seulement d'Hippias d'Élis qu'on se moque, mais aussi d'Antiphon de Rhamnonte et du musicien Lampros. (*Les Deipnosophistes*, XI, 506 f.)

XIV

Xénophon.

5. Je sais qu'une fois Socrate tint le dialogue suivant, sur le juste, avec Hippias d'Élis. Hippias étant venu à Athènes, ce qu'il n'avait pas fait depuis longtemps, trouve Socrate qui disait qu'il

était étonnant que, si l'on voulait faire apprendre à quelqu'un le métier de cordonnier, de charpentier, de forgeron ou de cavalier, il n'y avait pas de difficulté pour trouver à qui l'envoyer; que, pour améliorer un cheval ou un bœuf, ceux qui seront capables d'entreprendre un tel apprentissage regorgent. Mais, que si l'on veut soi-même s'améliorer en apprenant le juste, ou le faire apprendre à un enfant ou à un serviteur, on ne saurait où s'adresser pour cela.

6. Alors Hippias, qui avait entendu ces paroles, se mit à le railler en ces termes : « Toujours le même, Socrate! Ce que tu dis est exactement la même chose que ce que je t'entendais dire, dans le temps. » Alors, Socrate de répondre : « Il y a plus étonnant encore, Hippias ; c'est que non content de dire toujours la même chose, c'est toujours sur les mêmes questions que je parle. Toi, évidemment, étant donné ton savoir universel, tu ne dis jamais la même chose sur les mêmes questions. — Certes, dit-il, j'essaye toujours de dire du nouveau.

7. — Alors, dit ⟨Socrate⟩, qu'en est-il au sujet de ce que tu sais? Par exemple, si on te demande de dire combien il y a de lettres dans " Socrate " et de les énoncer, vas-tu essayer de dire aujourd'hui autre chose que jadis? Et, si on t'interroge sur les nombres, par exemple : " Est-ce que dix, c'est deux fois cinq? ", tu ne répondras pas la même chose aujourd'hui qu'hier?

— Sur ces questions, Socrate, dit-il, moi aussi je réponds comme toi, toujours la même chose. Mais, lorsqu'il est question du juste, je pense vraiment que, maintenant, je suis en mesure de dire des choses que ni toi ni un autre ne pourraient contredire. » (*Mémorables*, IV, iv, 5-7.)

XV

Tertullien.

C'est alors qu'il préparait un attentat contre la cité, qu'Hippias[1] fut exécuté. (*Apologétique*, 46.)

XVI

Ammien Marcellin.

Si ce que divers auteurs indiquent est vrai, à savoir que le roi Cyrus, le poète lyrique Simonide et Hippias d'Élis, le plus brillant des sophistes, avaient une telle mémoire, ils l'auraient acquise par l'absorption de diverses préparations. (*Histoire de Rome*, XVI, v, 8.)

B. FRAGMENTS

ÉLÉGIE

I

Pausanias.

Alors, après le naufrage de leurs enfants, les Messéniens célébrèrent le deuil et leur rendirent de nombreux et distingués honneurs : au nombre de ceux-ci, ils leur firent élever, à Olympie, des statues de bronze, auxquelles ils ajoutèrent celle du maître du chœur et celle du flûtiste. L'antique inscription indiquait que c'étaient les monuments offerts par les Messéniens du détroit. Plus tard, Hippias, qui était connu chez les Grecs pour être un savant, composa des élégies à leur intention. Les statues sont l'œuvre de Calon d'Élis. (*Itinéraire*, V, xxv, 4.)

NOMS DE PEUPLES

II

[Scolie.]

Hippias d'Élis, dans ses *Noms de peuples*, dit qu'un peuple porta le nom de Spartiates.   De même Atromètos. (À Apollonius de Rhodes, *Argonautiques*, III, v. 1179.)

REGISTRE DES VAINQUEURS OLYMPIQUES

III

Plutarque.

Déterminer les dates avec exactitude est difficile, surtout lorsqu'on se réfère aux vainqueurs olympiques, dont le registre n'a été fourni que plus tard par Hippias d'Élis, à ce qu'on dit, sans qu'il s'appuie sur aucun élément entièrement incontestable. (*Vie de Numa Pompilius*, 1.)

RECUEIL

IV

Athénée.

Il y a eu des femmes célèbres pour leur beauté : Thargélie de Milet[1], qui prit mari quatorze fois, était très belle de corps, et très savante, ainsi que le dit le sophiste Hippias dans son livre intitulé *Recueil*. (*Les Deipnosophistes*, XIII, 608 F.)

Hésychios.

Thargélie : « Elle est milésienne par sa famille, d'une beauté remarquable et, de plus, fort savante : elle sait conduire armée, cités et princes. Aussi eut-elle de nombreux époux parmi les gens de haut renom ». (*Dictionnaire*, « Thargélie ».)

DIALOGUE TROYEN

V

Platon.

(*Hippias majeur*, 286 a[2].)

FRAGMENTS D'ÉCRITS INCERTAINS

VI

Clément d'Alexandrie.

Considérons le témoignage qui nous vient en droite ligne d'Hippias d'Élis le sophiste : sur la question proposée, il tient le même langage que moi. Voici, à peu de chose près, ce qu'il dit :

« Parmi ces thèmes, vraisemblablement, les uns ont été traités par Orphée, d'autres par Musée, rapidement, mais chacun dans leur style propre, d'autres par Hésiode, d'autres par Homère, d'autres par différents poètes, d'autres dans des ouvrages en prose, œuvres de Grecs pour une part, de Barbares pour l'autre ; de tous ces textes j'ai rassemblé les plus importants et les plus homogènes pour en faire le discours que voici, nouveau et varié. » (*Stromates*, VI, 15.)

VII

Diogène Laërce.

Aristote et Hippias déclarent que Thalès[1] confère aussi une âme aux êtres inanimés, en se fondant sur les propriétés de la pierre magnétique et de l'ambre. (*Vies*, I, 24.)

VIII

Eustathe.

Hippias appelle « filles de l'Océan » les deux continents d'Asie et d'Europe. (Scolie à Denys le Périégète, *Description du monde*, v. 270.)

IX

[Anonyme.]

C'est un trait particulier aux poètes venus après Homère que d'appeler *tyrans* les rois antérieurs aux événements de Troie ; le terme ne se diffusa que plus tard chez les Grecs, à l'époque d'Archiloque, d'après ce qu'affirme le sophiste Hippias. De fait, Homère appelle *roi* et non pas *tyran* Échétos, dont le règne était on ne peut plus contraire à la légalité : « *Auprès du roi Échétos, fléau du genre humain*[2] ». (*Argument d'Œdipe-Roi* de Sophocle, II, 12, 11, éd. Dindorf.)

X

Phrynichos l'Arabe.

On dit qu'Hippias ainsi qu'un écrivain ionien ont employé παραθήκη. Nous, nous disons παρακαταθήκη, de même que Platon, Thucydide et Démosthène[3]. (*Choix de noms et de mots attiques*, p. 312.)

XI

Plutarque.

Le sophiste Hippias affirme que Lycurgue était lui-même un guerrier de grande valeur, ayant acquis son expérience au cours de nombreuses expéditions. (*Vie de Lycurgue*, 23.)

XII

Proclus.

Après Thalès[1], on cite Mamercos, le frère du poète Stésichore, comme un autre amateur passionné de l'étude de la géométrie : et Hippias d'Élis raconte qu'il s'était acquis une réputation de géomètre. (*Commentaire sur les Éléments d'Euclide*, I, éd. Friedlein, p. 65, 11.)

XIII

[Scolie.]

Hippias et Phérécyde disent que les Hyades sont au nombre de sept. (À Aratos, *Phénomènes*, v. 172, éd. Maass, 369, 27.)

XIV

[Scolie.]

Dans ses *Hymnes*, Pindare l'[2]appelle Démodice, alors qu'Hippias l'appelle Gorgôpis. (À Pindare, *Pythiques*, IV, v. 288.)

XV

[Scolie.]

La troisième ville d'Élide, ⟨Éphyre⟩, que mentionne Hippias. (À Pindare, *Néméennes*, VII, v. 53.)

XVI

Stobée.

Extrait de Plutarque, ⟨*Sur la*⟩ *calomnie* : « Hippias dit qu'il y a deux jalousies. La juste, quand on jalouse les méchants qui sont honorés ; l'injuste, quand on jalouse les bons. Les jaloux connaissent un double malheur : non contents de subir leurs propres malheurs, au même titre que les autres, ils en éprouvent encore d'autres du fait du bonheur d'autrui. » (*Florilège*, III, XXXVIII, 32.)

XVII

Stobée.

Extrait de Plutarque, ⟨*Sur la*⟩ *calomnie* : « Hippias dit que la calomnie est une chose terrible, et il s'explique comme suit :

aucun châtiment n'eſt inscrit dans la loi contre les calomniateurs, comme c'eſt le cas pour les voleurs ; et pourtant, ils volent ce trésor de la plus haute valeur qu'eſt l'amitié, à tel point que la démesure, pourtant ouvrière de malheur, eſt plus juſte que la calomnie, car elle ne reſte pas dissimulée. » (*Florilège*, III, XLII, 10.)

XVIII

[*Vie d'Homère.*]

Hippias et Éphore [disent qu'Homère était natif de] Cumes. (Éd. Wilamowitz, p. 30, 27.)

ÉCRITS DOUTEUX

XIX

D'Hippias[1].

XX

Ariſtote.

Il peut s'agir aussi d'une queſtion d'accent. C'eſt ainsi qu'Hippias de Thasos expliquait « δίδομεν δέ οἱ » et « τὸ μὲν οὐ καταπύθεται ὄμβρωι ». (*Poétique*, XXV, 1461 *a* 21.)

Ariſtote.

Dans les discussions ⟨orales⟩, qui ne font pas usage de l'écriture, il n'eſt pas facile de produire une argumentation fondée sur l'accentuation, mais on peut davantage le faire lorsqu'il s'agit d'une discussion par écrit ou encore de poésie. C'eſt ainsi que certains corrigent le vers d'Homère : « τὸ μὲν οὐ καταπύθεται ὄμβρωι », pour le disculper auprès de ceux qui lui reprochent une expression surprenante : ils résolvent la difficulté en modifiant l'accentuation et en déclarant que le ου eſt oxyton. Et encore, dans l'épisode du songe d'Agamemnon, ils affirment que ce n'eſt pas Zeus lui même qui dit : « δίδομεν δέ οἱ εὖχος ἀρέσθαι » (*Nous lui accordons l'accomplissement de sa prière*), mais qu'il demande au songe de le lui accorder[2]. (*Réfutations sophistiques*, IV, 166 *b* 1.)

Proclus.

XXI

Nicomède, en effet, au moyen des lignes conchoïdes[1] dont il nous a fourni la construction, la forme et les propriétés, étant lui-même l'inventeur de leurs caractéristiques, divisait en trois parties égales tout angle droit. D'autres, au moyen des courbes quadratrices définies par Hippias et Nicomède, ont obtenu le même résultat. Ceux-ci se servaient des quadratrices qui sont des lignes mixtes. (*Commentaire sur les Éléments d'Euclide*, I, éd. Friedlein, 272, 3.)

C. IMITATION

Platon.

I

Venant après Prodicos, Hippias, le savant, prit la parole : « Messieurs, dit-il, vous qui êtes ici, moi, je vous considère comme étant tous parents, de la même famille et de la même cité, selon la nature et non selon la loi. Car c'est par la nature que le semblable est apparenté au semblable ; la loi n'est qu'un tyran pour les hommes et fait maintes fois violence à la nature. Dès lors, il serait malheureux que vous qui avez la connaissance de la nature des choses, vous qui êtes les plus savants des Grecs et qui, pour cette raison même, êtes réunis en ce moment dans ce qui est, pour la Grèce, le prytanée même du savoir, et, pour notre cité même, la demeure la plus grande et la plus somptueuse, cette demeure où nous sommes, il serait malheureux que vous ne fassiez rien apparaître qui ne soit digne de cette dignité qui est la vôtre, et que vous vous mettiez à vous en vouloir les uns les autres, comme les plus vils des gens de peu. C'est pourquoi, Protagoras et Socrate, je vous prie et je vous conseille de venir l'un vers l'autre et, comme par notre arbitrage, de vous rapprocher sur une position commune : toi, ne recherche pas cette forme stricte de dialogue dont les répliques sont trop concises, puisqu'elle déplaît à Protagoras ; au contraire, laisse se détendre les rênes de la parole pour qu'elle nous montre noblesse et grâce ; et toi, Protagoras, garde-toi de tendre tous les cordages, et, le vent en poupe, de t'échapper sur la haute mer des discours, oublieux du rivage : fixez l'un et l'autre une route moyenne. Faites-en selon ce conseil et écoutez-moi : prenez un arbitre, un censeur, un président, pour qu'il règle, selon une juste mesure, la longueur du discours de chacun de vous. » (*Protagoras*, 337 *c* et suiv.)

NOTICES ET NOTES

Les écoles d'Ionie

THALÈS

Thalès qui passe pour l'un des Sept Sages, est le fondateur de l'école ionienne. Mais, outre son origine milésienne, sa vie et sa philosophie sont mal connues. Le situer dans le temps est difficile. Diogène Laërce fixe sa mort à la cinquante-huitième olympiade (548-545 av J.-C.)[1], ce qui, s'il a vécu, comme il l'affirme, quatre-vingt-dix ans, situerait sa naissance vers 635 av. J.-C. Suidas lui assigne une date plus reculée (640 av. J.-C.) et Phlégon[2] une date plus reculée encore. En fait, toutes les difficultés de datation[3] tournent autour de la date de l'éclipse de Soleil[4] qu'il passe pour avoir prédite. Il ne nous reste de lui aucun écrit, excepté la citation bien tardive de Galien du second livre *Des principes*[5], qui paraît d'autant plus douteuse qu'au dire de certains[6] il n'aurait laissé aucun écrit. En réalité, toute sa réputation philosophique repose sur le témoignage d'Aristote[7] qui lui accorde le mérite d'avoir spéculé sur l'élément ou le principe dont toutes choses dérivent. Cet élément est l'eau, source de l'humidité, de la vie, de la multiplicité des formes, et sans doute responsable de ce que la force motrice vivante appartient à toutes choses[8]. C'est en cela, et surtout pour avoir tenté le premier une explication rationnelle et systématique du monde, que Thalès est le père de la physique ionienne et plus généralement de la philosophie. De ses recherches mathématiques[9] nous savons peu de chose, et rien sur le type de démonstrations qu'il proposait.

1. Voir A I, 38, p. 16.
2. Voir A II, p. 17.
3. Voir A VII et A VIII, p. 20.
4. Voir A I, § 23, p. 11 et A V, p. 19.
5. Voir B III, p. 30.
6. Voir A I, § 23, p. 11.
7. Voir A XII, p. 23; A XIV, p. 25; A XXII, p. 29.
8. Voir A XXII, p. 29.
9. Voir A XX et A XXI, p. 28.

NOTES

Page 11.

1. Voir Démocrite, B cxv *a*, p. 527 et la note 3. Ainsi Thalès passe-t-il pour important aux yeux de Démocrite.
2. *Protagoras*, 343 *a*.
3. *Sage* traduit σοφός, qui signifie à la fois sage et savant.
4. En 582-585 av. J.-C.
5. Voir B i, p. 30.
6. Voir B iii-B iv, p. 30.

Page 12.

1. Voir Héraclite, B xxxviii, p. 75 et Démocrite, B cxv *a*, p. 527, n. 3.
2. Choerilos de Samos, poète épique du vᵉ s. av. J.-C.
3. Aristote, *Traité de l'âme*, I, 2, 405 *a* 19; I, 2, 411 *a* 8; *Métaphysique*, A iii, 983 *b* 20-984 *a* 2 et l'ensemble des témoignages figurant en A xii, p. 23 et A xxii, p. 29.
4. Voir Hippias, B vii, p. 755.
5. Pamphila, l'historienne qui vivait au temps de Néron.
6. Hiéronyme (A i, 27, p. 13), Proclus (A xi, p. 22 et A xx, p. 28), Pline et Plutarque (A xxi, p. 28) confirment cet intérêt de Thalès pour la spéculation géométrique. La source de cette réputation est Eudème (A xx, p. 28). Mais il est difficile d'imaginer la nature de sa spéculation et même de dire s'il s'agissait ou non de démonstrations, au sens plus tardif du terme.
7. Héraclide Pontique avait donné la parole à Thalès, dans un *Dialogue* qu'il avait composé.
8. Apparition du concept médical et sophistique de καιρός, ou *moment opportun* (voir Démocrite, B xciv, p. 524, B ccxxvi, p. 554 et Gorgias, B xiii, p. 724, etc.).

Page 13.

1. Voir A xxi, p. 28, où Pline et Plutarque décrivent deux méthodes différentes. C'est là tout ce qui pourrait faire croire à la découverte, par Thalès, des propriétés des triangles semblables et du théorème auquel les géomètres lient encore aujourd'hui son nom.
2. H. S. Long, éditeur de Diogène Laërce, et A. Maddalena, *Ionici, testimonianze e frammenti*, Florence, 1963, p. 30, lisent aujourd'hui *Léandrios*, conformément aux leçons manuscrites.

Page 14.

1. Platon, *Protagoras*, 343 *a*.
2. *L'excellence* traduit ici ἀρετή qui désigne aussi l'excellence morale ou *vertu*.

Page 15.

1. Voir A 1, 28, p. 13.
2. Voir A ix, p. 21.

Page 16.

1. Ou, en précisant la valeur de chacun des termes : celui qui possède la santé du corps (ὁ ὑγιής), l'habileté de l'âme qui permet de trouver une issue aux situations difficiles (εὔπορος), et une nature capable d'être cultivée (τὴν φύσιν εὐπαίδευτος); ce dernier trait constitue la première association, à consonance du reste sophistique, entre nature et culture.
2. Ou bien la trente-neuvième olympiade. S'il s'agit de la trente-cinquième, la naissance de Thalès se situe en 640 av. J.-C. Cette correction de Diels rend plus vraisemblable l'âge auquel serait mort Thalès. Mais cette chronologie est controversée et une seule date paraît à peu près certaine, celle du 28 mai 585 av. J.-C., où se produisit l'éclipse de Soleil prévue par Thalès.
3. 548-545 av. J.-C.
4. Voir A vi, p. 20. Il faut noter dès à présent que le témoignage d'Hérodote, reproduit par Apollodore, est le plus ancien de ceux qui nous sont parvenus concernant Thalès.

Page 17.

1. Aux paragraphes 40-42, Diogène Laërce cite deux prétendues lettres de Thalès adressées l'une à Phérécyde et l'autre à Solon, qui reflètent l'idée d'une communauté scientifique des sages de tous pays et une hostilité à la tyrannie.
2. 640-637 av. J.-C.
3. 752-749 av. J.-C.
4. Non pas au temps de Darius, mais au temps d'Alyatte II. (Voir A v, p. 19.)

Page 18.

1. Thyrion, le fils de l'Arcadien Bathyclès, a mission de transmettre au plus sage la coupe qui lui a été léguée par son père (voir A 1, 28, p. 13). Le texte de Callimaque, conservé sur un papyrus, est mutilé et comporte, surtout vers la fin, un assez grand nombre de restitutions conjecturales.

2. Toute en or.

3. Pour effacer, d'après Diels, les figures tracées sur le sol et qui auraient pu être prises pour des signes de sa σοφία.

Page 19.

1. Le témoignage d'Hérodote est le plus ancien concernant Thalès.

2. La guerre dont parle Hérodote est celle entre Alyatte et Cyaxare. L'éclipse de Soleil qui mit fin au conflit serait donc celle qui eut lieu le 28 mai 585 av. J-C., plutôt que celles de 610 ou de 597 av. J.-C. que l'astronomie permet de dater. On a tendance aujourd'hui à préférer la date la plus récente, alors que le XIXᵉ siècle inclinait pour la plus ancienne. Les témoignages regroupés ici paraissent décisifs.

3. 580-577 av. J.-C.

4. *Armen.* : deuxième année de la quarante-neuvième olympiade, soit 583 av. J.-C.

5. 585 av. J.-C.

Page 20.

1. 585-584 av. J.-C.

2. 640-637 av. J.-C.

3. 548-545 av. J.-C.

4. Première année de la trente-cinquième olympiade, soit 640. *Armen.* : deuxième année de la trente-cinquième olympiade, soit 639.

5. 548-545 av. J.-C.

Page 21.

1. 589-586 av. J.-C. Voir saint Jérôme, *Traduction latine de la Chronographie d'Eusèbe*, éd. Helm, II, 75.

2. Sixième année du règne d'Hiskias, dixième olympiade, soit 740 av. J.-C.

3. Cinquième année du règne d'Hiskias, dans la troisième année de la dixième olympiade, soit 738 av. J.-C.

4. Plutarque vient de rapporter qu'Épiménide, à la vue du port de Munychie, avait dit que les Athéniens auraient dévoré à belles dents ce port, s'ils avaient pu prévoir quels maux il leur causerait à l'avenir. En fait, Thalès prévoit à un lieu misérable un destin inverse.

5. Platon est la source la plus ancienne que nous connaissions de cette fable (?) reproduite par Diogène Laërce (A 1, 34, p. 15). Voir encore La Fontaine, *Fables*, II, XIII, *L'Astrologue qui se laisse tomber dans un puits*.

6. Si nous lisons ἔμπροσθεν, Diels lit ὄπισθεν (*derrière lui*).

Page 22.

1. Voir plus haut le témoignage de Hiéronyme de Rhodes (A 1, 26, p. 12); et encore Cicéron, *De la divination* (I XLIX, III) K. Marx notera

ce premier témoignage relatif à l'institution d'un monopole. Mais le désintéressement dont l'attitude de Thalès témoigne, l'apparente déjà davantage aux pythagoriciens. Ce trait est parfois attribué aussi à Démocrite (voir Pline, en Démocrite, A XVII, p. 409).

Page 23.

1. Nous lisons πεμπόντων.
2. Ni le terme d'*élément* (στοιχεῖον), ni celui de *principe* (ἀρχή) ne peuvent être attribués à Thalès (voir Anaximandre, A IX, p. 35). Aristote, inaugurant ici un usage que suivront les autres grands interprètes, exprime les pensées de Thalès dans un vocabulaire technique qui est le sien. Sans doute Thalès ne recourait-il qu'au terme de *nature* (φύσις).

Page 24.

1. *Ce dont* comme plus haut *ce à partir de quoi* sont des expressions techniques aristotéliciennes qui désignent la matière.
2. Autrement dit : à s'intéresser à la philosophie première, selon la formule aristotélicienne, plutôt qu'à développer des mythes originaires.
3. Homère, *Iliade*, XIV, v. 201.
4. Homère, *Iliade*, XV, v. 30 et *passim*.

Page 25.

1. *Zones*, ou encore *ceintures*, si l'on donne au terme grec sa valeur étymologique. La sphéricité de la Terre est rappelée par Aétius (*Opinions*, III, x, 1).

Page 26.

1. Voir Plutarque, *Isis et Osiris*, 34, 314 c, cité en A XI, p. 22.
2. Hérodote énumère les hypothèses avancées pour expliquer les crues du Nil et cite en premier lieu Thalès.

Page 27.

1. Ces notices d'Aétius, plus tardives, ne trouvent pas confirmation ailleurs. Une confusion avec Anaxagore paraît possible.
2. Voir B II, p. 30 et Anaximandre A II, p. 33. Cette observation relative au lever des Pléiades paraît valoir davantage pour l'Égypte que pour l'Ionie et indique l'influence de l'astronomie égyptienne sur Thalès.

Page 28.

1. La source de Proclus est Eudème. La raison, alléguée ensuite, de la division du cercle en deux parties égales par le diamètre, laisse

entrevoir, de la part de Thalès, une spéculation sur les propriétés de l'espace ou du plan : « La droite qui passe par le centre [c'est-à-dire le diamètre] ne subit aucune flexion. »

2. Nous dirions aujourd'hui qu'un triangle se trouve défini quand sa base et ses deux angles à la base sont eux-mêmes définis. Ainsi deux triangles peuvent-ils être dits égaux quand ils ont un côté égal compris entre deux angles égaux.

Page 29.

1. La traduction retenue ici est celle de J. Amyot. Nous dirions aujourd'hui, en perdant beaucoup de la saveur du texte : « Le triangle formé par la pyramide et son ombre est semblable à celui formé par le bâton et son ombre. Dans ces deux triangles, la longueur de l'ombre est proportionnelle à la hauteur de l'objet. » J. Burnet (*L'Aurore de la philosophie grecque*, p. 45), tempère l'enthousiasme des historiens concernant ces découvertes.

2. Voir Platon, *Les Lois*, X, 899 *b*, où Platon commente et cite la formule de Thalès. (Voir aussi Héraclite, A ıx, p. 57.)

3. Voir Démocrite, A xxxııı, p. 417; A clxiv, p. 486 et Empédocle, A lxxxix, p. 178.

4. Voir l'École pythagoricienne, B 1 *a*, § 26, p. 297. La source d'Aétius (ou de Théophraste) paraît être le témoignage d'Aristote cité sous le numéro précédent.

Page 30.

1. Thalès est un des rares présocratiques dont nous ne possédons pas de fragments à proprement parler. Il ne s'agit donc ici que de « fragments généralement reconnus comme tels », c'est-à-dire de notations renvoyant aux œuvres.

2. Voir A 1, 23, p. 11 et A ıı, p. 17.

3. *Physicae opiniones*, fgm. 1, *in* H. Diels, *Doxographi graeci*, p. 475.

4. Filles d'Atlas dont le nom est donné à une constellation qui annonce la pluie. Les Hyades sont les sœurs des Pléiades.

Page 31.

1. Mais il paraît peu probable, en dépit de ce témoignage tardif, que Thalès ait déjà usé du terme d'*élément* (στοιχεῖον), et il faut attendre Empédocle pour entendre parler des quatre *éléments*.

ANAXIMANDRE

NOTICE

Anaximandre, ami de Thalès et représentant le plus notable de l'école milésienne, qui introduisit en philosophie les concepts de *principe*, d'*élément* et d'*Illimité*, était à l'époque de Platon tombé dans l'oubli. C'est à la curiosité d'Aristote, puis après lui aux soins de Théophraste et des doxographes, que l'on doit les fragments qui subsistent de son œuvre. Mais, du même coup, l'orientation unique des témoignages qui le concernent, fait naître des soupçons sur la signification de son entreprise philosophique. Il paraît évident qu'Anaximandre a formé l'idée que le principe est illimité[1]. Mais dire que tout vient de l'illimité et que tout y retourne, n'indique pas la cause ou la nature des mouvements qui font que l'Un devient multiple et que les multiples retournent à l'Un. En effet si ces changements sont « l'effet du mouvement éternel[2] », il faut alors considérer que le vrai principe est ce mouvement éternel. Toute la question est alors de savoir si le système d'Anaximandre est un monisme affirmant le caractère causal unique de l'Illimité, ou au contraire un dualisme. Or, étant donné qu'Aristote[3] s'efforce, chaque fois qu'il évoque la physique ionienne, de montrer l'insuffisance d'une explication de la nature recourant à une seule cause (la matière ou l'Illimité comme unique principe), tous les successeurs d'Aristote, qui est l'unique origine de ces témoignages, vont aussi par conséquent mettre plus ou moins l'accent sur la cause motrice ou efficiente : ainsi Simplicius parle de l'*Intellect*[4] en établissant avec Anaxagore le même rapprochement qu'Hippolyte[5], toujours sous l'autorité d'Aristote. À nos yeux, toutes les spéculations modernes sur le sens de la « parole » d'Anaximandre[6] sont dépourvues de signification historique (et par là peut-être aussi philosophique), car la seule perspective féconde est celle qui remet en question la nature de l'intérêt à porter à ce témoignage. Il faut bien voir que si l'on accorde au décret de la Nécessité la valeur de cause formelle, motrice ou finale, du mouvement[7], ce qui revient à en priver l'Illimité, cela veut dire que l'Illimité n'est pas le principe unique, ou encore que l'Illimité ne saurait avoir d'existence en acte, pour parler comme Aristote[8]. La question, évidemment majeure pour la philosophie, est celle de savoir si un monisme matérialiste est soutenable.

---

1. Voir A ix, p. 34; B i, p. 47 et A ix *a*, p. 35.
2. Voir A ix, p. 34.
3. Voir A xiv, A xv et A xvi, p. 37.
4. Voir A ix *a*, p. 35.
5. Voir A ix, p. 34.
6. Voir B ii, p. 47.
7. Voir A xiv, p. 37.
8. Voir A xv, p. 38.

Dans les développements conservés de son œuvre, Anaximandre, aussi bien comme géographe que comme cosmographe ou biologiste, paraît avoir manifesté un grand souci de rationalité. On en lit la trace chez le pseudo-Plutarque[1], chez Hippolyte[2], et chez Sénèque[3]. Ce savant qui fut le premier à dresser une carte de géographie, à construire un cadran solaire[4], et qui découvrit le zodiaque, est aussi celui qui eut le premier l'intuition que l'apparition de l'homme sur la Terre était le résultat d'une lente évolution biologique[5] qui nous assigne le poisson pour ancêtre.

NOTES

Page 32.

1. L'*Illimité* (ἄπειρον) que l'on traduit encore, moins exactement, par l'*Infini*.

2. Le *gnomon* est constitué par la baguette perpendiculaire au cadran solaire. On peut dessiner trois cercles concentriques sur le cadran : le premier cercle est celui que touche l'ombre de l'extrémité de la baguette, à midi, au solstice d'été; le grand cercle indique le solstice d'hiver, quand l'ombre de midi s'allonge le plus; le cercle médian indique les équinoxes (voir A iv, p. 33).

3. Cette sphère peut être l'ancêtre de nos sphères armillaires.

4. 547-546 av. J.-C. Cette date, dont la précision est inattendue, venant d'Apollodore, correspond à celle donnée par Pline (voir A v, p. 33) pour la découverte du zodiaque.

Page 33.

1. Ces ouvrages ont dû être introduits à la bibliothèque du Lycée par Aristote, ce qui expliquerait que Platon les ait ignorés; ainsi serait justifié le silence de Platon sur Anaximandre.

2. Voir Hérodote, *Enquête*, II, 109 : « Le pôle, le gnomon et les douze divisions du jour : autant de choses que les Grecs apprirent des Babyloniens. »

3. 548-545 av. J.-C.

Page 34.

1. Agathémère, géographe du début du iiie siècle de notre ère traite de géographie en usant des termes philosophiques, et plus particulièrement néoplatoniciens, d'*audace* et d'*étonnement*. Cette rencontre stylistique doit être soulignée. La source du témoignage serait Ératosthène.

1. Voir A x, p. 36.
2. Voir A xi, p. 36.
3. Voir A xxiii, p. 43.
4. Voir A i, p. 32.
5. Voir A xi, p. 37 et A xxx, p. 46.

Page 35.

1. H. Diels considère que le mot élément (στοιχεῖον) a été ajouté par Simplicius; la formule d'Anaximandre pourrait être : « l'Illimité (ἄπειρον) est le principe (ἀρχή) des choses (ou étants : ὄντα). » Mais, si l'on en croit Simplicius, Anaximandre est aussi responsable de l'introduction du sens métaphysique de *principe*.

2. Citation que Simplicius authentifie en quelque sorte et qui va constituer le fragment B 1, p. 47.

3. Le nombre des éléments (quatre) ne sera fixé que par Empédocle.

4. Notion péripatéticienne d'ὑποκείμενον, substrat ou *subjectum*, désignant la cause matérielle.

5. Contrairement au terme de *dissociation* utilisé par Aristote au témoignage suivant, les termes d'ἀπόκρισις τῶν ἐναντίων (repris en A x et A xi, p. 36) pourraient n'être pas de Simplicius, mais avoir été déjà introduits par Anaximandre. On les retrouvera chez Parménide, Empédocle, Anaxagore et Démocrite. Ils désignent une séparation ou une discrimination déterminante.

6. Il s'agit ici d'une ἔκκρισις (terme anaxagoréen) et non plus d'une ἀπόκρισις.

7. Comme le note Simplicius (voir A ix, p. 34) deux causes concourent à produire les multiples : d'une part l'Illimité, qui est l'Un indifférencié, d'autre part le mouvement éternel.

8. *Indéterminée.* Théophraste dit : *aoriste*. Par Illimité il faut donc entendre, d'après Théophraste, non pas l'Infini au sens moderne, mais l'indéterminé en qualité (forme) et en quantité (grandeur).

Page 36.

1. Cette fois l'identification du *mouvement éternel* avec l'*Intellect* (νοῦς) paraît correspondre à une transposition de la terminologie d'Anaximandre dans la langue d'Anaxagore.

2. Thalès.

3. Qu'on ne s'y trompe pas : il ne s'agit pas ici du *mouvement éternel*, mais de l'*Illimité* lui-même, matière éternelle des changements en forme et en grandeur.

4. C'est-à-dire de l'Illimité. La notice du pseudo-Plutarque manque de rigueur dans l'expression. Voir, sur la formule *l'élément qui engendre*, les termes regroupés sous le numéro B v, p. 47, où figure le vocable technique γόνιμον, dont H. Diels omet de souligner la présence ici.

5. Voir B ii, p. 47.

6. Voir A xiv, p. 38 (n. 3) et A xv, p. 38.

Page 37.

1. Voir B v, p. 47.

2. Texte reconstitué par H. Diels.

3. Prémonition scientifique étonnante (voir A xxx, p. 46) apportant un argument complémentaire de celui conservé par le pseudo-Plutarque (voir A x, p. 36).

4. 610 av. J.-C.

Page 38.

1. Paraphrase de B 1 (p. 47). Mais alors qu'Aristote n'est sensible qu'au premier aspect de la pensée, celui de l'Illimité comme matière originelle, la notice d'Aétius, plus proche de la doxographie théophrastique, restitue le balancement de la formule.

2. L'introduction de l'objection porte en quelque sorte la signature de Théophraste. Le deuxième temps de l'objection explique la prééminence faussement et tardivement (voir A xii, p. 37) attribuée à la cause motrice : elle est, cela va de soi, formulée en termes de matière et d'acte, selon la terminologie du Lycée.

3. Donc la cause antérieure n'est pas l'Illimité, mais la cause motrice. L'expression *ce qui contient* (τὸ περιέχειν, mot à mot *l'envelopper*) suggère qu'Aristote a connu la formule rapportée en B 1 par Simplicius. L'idée d'Anaximandre d'une matière commencement et fin, d'où tout provient et à laquelle tout retourne, a pour effet de faire de l'Illimité non seulement la cause matérielle, mais aussi la cause finale. C'est pourquoi Aristote se doit de dénoncer, chez Anaximandre, l'absence de causalité actuelle ou formelle, c'est-à-dire aussi bien motrice que finale.

4. Anaxagore.

5. Empédocle.

6. Voir B iii, p. 47.

Page 39.

1. Il va de soi que tous les sens prêtés ici à l'*Illimité* sont le produit de l'analyse aristotélicienne et non de la théorie d'Anaximandre. Tous ces caractères de l'Illimité ne permettent pas, pour Aristote, de le tenir pour l'unique cause : acte, forme ou fin.

2. Cette *nature intermédiaire* doit sans doute être d'abord entendue concrètement comme le plus lourd que l'air et le plus léger que l'eau, ainsi que l'indiquent les *testimonia* suivants.

3. Voir A ix, p. 34.

Page 40.

1. Voir Anaxagore, A lxi, p. 624.

2. Ici saint Augustin confond Anaximandre avec Anaxagore.

Page 41.

1. Aristote, *Traité du ciel*, II, 10, 291 *a* 29.

Page 42.

1. Voir B v, p. 47.
2. Voir B iv, p. 47.

Page 43.

1. Par opposition aux auteurs qui, comme Anaximène ou comme Empédocle (B xliii, p. 200), lui confèrent un éclat d'emprunt.
2. Ces différences de densité renvoient à la théorie de la *nature intermédiaire* (voir A xvi, p. 39).

Page 44.

1. Voir A xi, 7, p. 37.
2. Voir A xi, p. 36 et B v, p. 47.

Page 45.

1. Anaximandre, mais aussi Anaximène et plus généralement les Milésiens.
2. Ammien Marcellin transcrit en latin les épithètes grecques ἐννοσίγαιος et σεισίχθων.

Page 46.

1. Voir A xi, 6, p. 37.
2. Céyx, oiseau de mer. (Voir Hésiode, fgm. 158, éd. A. Rzach.)

Page 47.

1. Voir A ix, p. 35. La première question est celle de savoir où commence la citation. Nous lui assignons ici une dimension minimale, en la faisant débuter par κατὰ τὸ χρεών (*selon la nécessité*), mais en tenant pour authentiques les mots *Illimité* et *principe*. La « parole » d'Anaximandre s'efface aujourd'hui derrière un flot de commentaires modernes. Nous nous bornons à renvoyer à Héraclite, B lxxx, p. 84, le premier, avant le Lycée, à avoir salué cette formule.
2. Voir A x, p. 36. Diels range sous cette rubrique des *mots* vraisemblablement empruntés au vocabulaire d'Anaximandre, mais appartenant à des *phrases* perdues.

Page 48.

1. Le terme d'*élément* aurait été introduit par les Milésiens et cette découverte serait phénicienne.

HÉRACLITE

NOTICE

Héraclite a pour surnom l'Obscur[1]. Ses propos sont, au dire d'Aristote[2], qui a eu en main la totalité de son livre et qui en cite le début, difficiles à comprendre du fait de l'absence de ponctuation et, comme le dit encore Démétrios de Phalère[3], de ce qu'on ne voit pas où se place le commencement de chaque séquence signifiante. Même la question de savoir si son ouvrage portant sur la nature comporte ou non trois parties[4] est controversée. Enfin, plus encore que pour ses prédécesseurs, les fragments d'Héraclite reposent sur une diversité plus grande de sources qui retiennent électivement certains thèmes, ainsi que l'a montré G. S. Kirk (*Heraclitus, The Cosmic Fragments*, Cambridge, 1954 et 1962). Selon qu'il s'agit du *Logos*, du monde ou de l'homme, un clivage s'opère entre péripatéticiens, stoïciens, néo-platoniciens et chrétiens et même encore sceptiques, avec des nuances à l'intérieur des écoles. À ceux-là s'ajoutent encore les témoignages du corpus hippocratique.

Pourquoi cacher qu'au milieu de toutes ces ténèbres notre préférence va aux témoignages issus d'Aristote et de Théophraste[5]? Comme ces derniers étaient pour ainsi dire les seuls à s'être intéressés au problème de la nature des principes chez les Milésiens (Thalès, Anaximandre et Anaximène), il était naturel que leur interprétation d'Héraclite retrouvât le même type de questionnement (voir G. Vlastos, « On Heraclitus », *American Journal of Philology*, 76, 1955), ou encore, évoquât Xénophane (voir O. Gigon, *Untersuchungen zu Heraklit*, Leipzig, 1935). On se souvient que les Milésiens ont fait du principe l'eau, l'Illimité ou l'air, et Xénophane l'Un. La critique d'Aristote revenait à dire que le principe entendu comme une matière ne saurait être en même temps aussi la fin ou la cause du mouvement qu'il faut bien par conséquent situer, comme il le démontre, dans l'intellect ou dans la cause formelle en général. Dans cette perspective, l'avantage de la solution héraclitéenne (si toutefois cette perspective n'est pas seulement interprétative mais réelle, et si c'est véritablement une solution qu'Héraclite recherche) est de trouver dans le feu un principe qui soit véritablement l'Un, mais qui fasse en même temps de l'Un non seulement la cause du mouvement, mais

1. Voir B x, p. 68 ; A i *a*, p. 53 ; A iii *a*, p. 54 et A iv, p. 55.
2. Voir A iv, p. 55.
3. Voir A iv, p. 55.
4. Voir A i, 5, p. 50.
5. Voir A v et suiv., p. 56 et suiv.

en quelque sorte la réalité du mouvement lui-même. Le feu devient le cosmos lui-même (R. Walzer, *Eraclito. Raccolta dei frammenti e traduzione italiana*, Firenze, 1939). Le feu toujours vivant est à la fois l'état premier et dernier de l'univers et ce qui en pénètre toutes les parties qu'il a engendrées.

L'originalité d'Héraclite paraît être alors d'avoir fait de ce feu le Logos lui-même[1]. Le Logos, qui est l'Un, est à la fois l'Un universel et l'Un individuel, c'est-à-dire la raison qui est commune à tous. Mais la raison est aussi l'harmonie qui, contrairement aux vues pythagoriciennes, résulte de la tension et de l'opposition des contraires[2]. D'où, dans les fragments conservés, une étonnante tension de l'écriture, un jeu d'oppositions entre l'accordé et le désaccordé, le sonnant et le dissonant[3], la vie et la mort[4], le jour et la nuit, l'hiver et l'été[5]. Ainsi l'obscurité et la profondeur d'Héraclite viennent de la révélation que la raison n'est pas autre chose que la contradiction elle-même, ce qui va jusqu'à faire de la déraison l'œuvre de la raison. C'est pourquoi, à la limite, Héraclite qui croit que la raison est, comme le bon sens cartésien, ce qui est commun à tous[6], ne cesse de fustiger les erreurs de la foule et de tourner en dérision la pauvreté des théologies et de la religion.

Héraclite demande une lecture patiente et attentive qui sera grandement facilitée par la fréquentation de l'édition des *Témoignages* par R. Mondolfo et L. Tarán (Florence, 1972), et par l'*Editio major* de M. Marcovich (Mérida, 1967), dont le découpage des fragments en *colons*, c'est-à-dire en versets ou séquences signifiantes, a servi de modèle à notre traduction de la partie B. De fort intéressantes découvertes sont promises au lecteur qui aura la patience de relever les rencontres lexicales qu'il jugera significatives, au besoin en s'aidant du *Register* de W. Kranz. La dernière édition et traduction des fragments d'Héraclite, proposée par M. Conche (P.U.F., Paris, 1986) propose une reconstruction d'ensemble remarquable de cohérence et de clarté. Relevons pour terminer et à titre d'exemple les occurrences du mot *lot* (μοῖρα). Au fragment B xxv[7] on lit : « *Les plus belles morts obtiennent du sort les plus beaux lots* », ce qui, à cause du rapprochement purement accidentel avec le fragment précédent, pourrait passer pour une formule de l'*Oraison funèbre* de Gorgias destinée à honorer les victimes d'Arès mortes au champ d'honneur. En réalité il en va tout autrement. Ces lots sont justement ceux dont parle le pseudo-Hippocrate[8]. Le *lot* n'y est pas le terme que L. Tarán (*ouvr. cité*) croit

---

1. Voir B I, p. 65 et B LXXII, p. 82.
2. Voir B LI, p. 78 et *passim*.
3. Voir B X, p. 68.
4. Voir B XXXVI, p. 74; B I, p. 65 et B LXXXVIII, p. 86.
5. Voir B LXVII, p. 81.
6. Voir B II, p. 62 et B CXIII, p. 113.
7. Voir p. 72.
8. Voir C I, 7, 8, 10, p. 97 à 100.

anaxagoréen et qui désignerait une partie du corps, mais il contient le germe de la croissance. Car le lot est en réalité un mélange de feu et d'eau, qui constitue le Logos, c'est-à-dire la formule de l'âme individuelle qui a son origine dans le feu cosmique. Comme le note Sextus Empiricus[1], la μοῖρα est « *le lot qui provient de l'enveloppe céleste* » et « *trouve en nos corps un domicile hospitalier* ». Ainsi le lot est l'âme, c'est-à-dire la cause du développement biologique en même temps que l'étincelle raisonnable descendue du ciel. Il est alors permis à l'interprète de caresser l'idée d'un rapprochement avec la formule célèbre[2] : « *La personnalité de l'homme est son démon.* » Le démon n'est peut-être qu'une autre désignation du *lot* qu'on trouve sous les plumes de Clément d'Alexandrie, du pseudo-Hippocrate et de Sextus Empiricus. C'est à la quête de purs plaisirs de ce genre, que nous invitons maintenant le lecteur.

NOTES

Page 49.

1. 504-501 av. J.-C.
2. Ce trait de caractère qui revient sans cesse, peut avoir pour origine des formules de son livre.
3. Voir B xl, p. 75. Comme on le voit sur cet exemple, H. Diels a renoncé à ordonner, plus ou moins artificiellement, les fragments d'Héraclite, et se borne à les proposer dans l'ordre alphabétique des auteurs, et en suivant l'ordre d'apparition des citations dans l'ouvrage.
4. Voir B xli, p. 75.
5. Voir B xlii, p. 76.
6. Voir B xliii, p. 76.
7. Voir B xliv, p. 76.
8. Voir B cxxi, p. 93.
9. Réputation qui peut, d'après L. Tarán (*Eraclito*), provenir uniquement de B cxxi, p. 93.
10. Héraclite méprise les médecins. Voir B lviii, p. 79.
11. Voir C i, 17, p. 102.

Page 50.

1. Voir C i, 5, p. 97.
2. Voir B ci, p. 89. Ce thème sera repris par Nausiphane, B ii, *Les Présocratiques*, p. 971, et par les épicuriens.
3. *En raison de la matière qu'il embrasse* ou *en raison de son contenu* traduit l'expression ἀπὸ τοῦ συνέχοντος. La formule n'est pas usuelle. Elle devrait pouvoir signifier : « d'une façon continue », par opposition à la division en parties de l'œuvre prise dans son ensemble.

1. Voir A xvi, 130, p. 62.
2. Voir B cxix, p. 93.

4. Si cette division eſt fondée, une reconſtruction de l'ensemble du livre eſt légitime.

5. Voir B III, p. 66.

6. Voir B XLV, p. 76.

7. Voir B XLVI, p. 76.

Page 51.

1. Voir B XXX, p. 00 et B XC, p. 73.

2. Voir Anaximène, A VI, *Les Présocratiques*, p. 42-43. L'expression ne reparaît pas dans les fragments conservés.

3. Voir B XII, p. 69 et B XCI, p. 87.

4. Voir B XXX, p. 73.

5. Voir B XXX, p. 73.

6. Voir A VIII, p. 57 et B CXXXVII, p. 97.

7. Voir B LXXX, p. 84.

8. Voir B LXVII, p. 81.

9. Voir B LX, p. 80.

10. Voir B LXXVI, p. 83.

11. Voir A V, p. 56 et B XXXI, p. 73.

12. Voir A XI, p. 59; A XII, p. 59 et surtout A XV, p. 61 et B XII, p. 69.

13. Ici, la référence à Anaximène se fait nettement ressentir (voir cet auteur en B II, *Les Présocratiques*, p. 49-50).

14. Voir B III, p. 66; B VI, p. 67 et B XCIX, p. 88.

15. Voir A XII, p. 59.

Page 52.

1. Démétrios de Magnésie.

2. Antiſthène l'héraclitéen qu'il faut diſtinguer d'Antiſthène le cynique (voir Diogène Laërce, *Vies*, VI, 19).

3. Ces trois derniers auteurs sont des inconnus.

4. Ce témoignage eſt presque sûrement apocryphe. Il reflète une opinion propre au Lycée, selon laquelle Héraclite écrit en quelque sorte à l'inverse de Platon, puisque *La République* de Platon traite de la république à titre d'exemple pour étudier la juſtice en général, et non le contraire, comme ici. Sur la tradition relative à *La République* chez Diogène Laërce, voir le témoignage de Favorinus en Protagoras, B V, p. 667.

5. Voir C III, p. 106.

6. Voir B LX, p. 75.

7. Voir B I, p. 65; B XVII, p. 70; B XXXIV, p. 74.

8. Voir A I, 6, p. 50 et B XXXIX, p. 75.

Page 53.

1. *Épigrammes*, 2, éd. Pfeiffer.

2. Voir A III *a*, p. 54; A IV, p. 55; B X, p. 68 et Zénon d'Élée, A III, p. 365.

3. 504-501 av. J.-C.
4. La source est Phérécyde d'Athènes (vᵉ siècle av. J.-C.).

Page 54.

1. Voir B cxxi, p. 93.
2. Il aurait donc collaboré à la rédaction des *Douze Tables*, loi rédigée à Rome par les Décemvirs, vers la fin du ivᵉ siècle av. J.-C. Les rares fragments qui en sont conservés relèvent surtout du droit privé. Voir Pline, *Histoire naturelle*, XXXIV, xxi : « Il y eut aussi aux comices une statue d'Hermodore d'Éphèse, interprète des lois qu'avaient rédigées les décemvirs, et érigée aux frais de l'État. »
3. Allusion au cycéon, voir B cxxv, p. 94.
4. Traduction allemande du gréco-syriaque (*Rheinisches Museum*, xxvii, 1872, p. 456 et suiv.).
5. Voir B cxxv, p. 94.

Page 55.

1. Addition de Diels.
2. Comme le note L. Tarán (*ouvr. cité*, p. 69), Aristote a eu en main et lu attentivement l'ouvrage d'Héraclite. (Voir l'*Éthique à Nicomaque*, VII, 4, 1146 *b* 25 et la *Grande Morale*, II, 6, 1201 *b* 4.)
3. Voir B i, p. 65.
4. Allusion à l'ouvrage de Croton (cité au paragraphe 12, p. 52) dont le mot de Socrate pourrait donc être la source. Le *plongeur* de Délos est sans doute un pêcheur de perles (voir Suidas, *Lexique*, à ce mot).

Page 56.

1. Voir Aristote, *Métaphysique*, A iii, 984 *a* 7.
2. Voir B xxx, p. 73.
3. Voir B xc, p. 86.
4. Voir A i, 7, p. 50; A viii, p. 57 et Anaximandre, B i, p. 47.
5. C'est-à-dire que le feu se transforme en s'éteignant et devient l'ordonnance cosmique (voir B xxxi, p. 73). Et il en va de même pour les âmes (voir B xxxvi, p. 74).
6. Voir B xii, p. 69; B xci, p. 87 et Platon, *Théétète*, 152 *d*, 153 *a* et 160 *d*.

Page 57.

1. Voir B lxiii, p. 80.
2. Voir B cxxxvii, p. 97 et A v, p. 56 et la note 4.
3. L'*énantiodromie*. Ce terme technique, sans doute forgé par les interprètes péripatéticiens d'Héraclite, pourrait aussi désigner la rencontre des contraires. (Voir Walzer, cité par Tarán, *ouvr. cité*, p. 104.)

Page 58.

1. Héraclite d'une part et Empédocle d'autre part.
2. Paraphrase de B x, p. 68.
3. Paraphrase d'Empédocle, B xvii, p. 187.
4. Hésiode et Platon.
5. Les atomistes, Leucippe et Démocrite.
6. Voir B xxx, p. 73.
7. Voir encore B xxxi, p. 73.

Page 59.

1. Voir A 1, 10, p. 51.
2. 10.800 est une correction de Diels. Le texte porte 18.000, mais l'amendement du texte est appelé par une remarque de Tannery, d'après le témoignage de Censorinus (voir le témoignage suivant).
3. Linos, un des Sept Sages, astronome et maître d'Orphée, d'après Suidas, et tenu aussi pour le fils d'Apollon et d'une Muse.

Page 60.

1. Ici encore le modèle d'Héraclite est Anaximandre (voir A xxiii, p. 43). Consulter également Sénèque, *Questions naturelles*, II, lvi, 1 cité par L. Tarán (*ouvr. cité*, p. 134).
2. D'après R. Mondolfo et L. Tarán (*ouvr. cité*, p. 136), le poète héraclitéen s'adresse à une mouette.
3. Ennosigée (*ébranleur de la terre*), épithète homérique appliquée à Poséidon.
4. Inconnu autrement que par cette notation.

Page 61.

1. Comme Anaxagore, A xciii, p. 641.
2. Voir B xii, p. 69.
3. Voir B xxxvi, p. 74.
4. Parménide et Empédocle.
5. Voir B cvii, p. 90.
6. C'est-à-dire qui ne comprennent pas le langage des sens.
7. L'enveloppe céleste, c'est-à-dire le ciel ou la sphère des étoiles fixes.
8. L'*Odyssée*, XXVIII, v. 136, trad. V. Bérard.

Page 62.

1. Voir *Les Troyennes*, v. 885.
2. Seul le témoignage de Sextus Empiricus, répété au paragraphe 130, permet d'attribuer à Héraclite la théorie des pores, commune à Parménide, à Alcméon, à Empédocle, aux Abdéritains et au sophiste Gorgias.

3. Ici, comme dans la suite du texte, nous maintenons la traduction de περιοχή comme désignant l'*enveloppe céleste*, c'est-à-dire la limite ignée de la sphère cosmique. L'interprétation donnée après R. G. Bury (*le milieu ambiant*) ne saurait être maintenue tout au long de ce texte d'une manière satisfaisante. Notre lecture est corroborée par le témoignage de Chalcidius, A xx, p. 64.

4. Voir C i, 7, p. 98 et B cxix, p. 93. Il s'agit du *lot* ou μοῖρα (voir la Notice concernant notre auteur, p. 774).

5. Voir B i, p. 65.

6. Voir B ii, p. 66.

Page 63.

1. Voir B l, p. 77 et B lxxii, p. 82.

2. Fragment 133 dans l'édition de Bywater. Ce pseudo-fragment est une interprétation fautive de ce qui précède ainsi que de B xxxiv, p. 74, de B lxxii, p. 82 et de B cxvi, p. 92.

3. Voir B xxxvi, p. 74; B lxii, p. 80; B lxxvi, p. 83 et B lxxvii, p. 84.

4. Dans Hésiode, fgm. 171, 2, éd. Rzach.

Page 64.

1. Un siècle de vie ou une génération.

2. Jean de Lydie commet un contresens sur l'interprétation de Censorinus.

3. Ce témoignage est probablement emprunté au commentaire du *Timée* de Platon par Posidonius.

4. Voir A xvi, p. 71.

5. En grec θεωρία, *spéculation* ou *contemplation*.

6. Voir B xxix, p. 73. La gloire apporte cette satisfaction.

7. Voir Homère, l'*Iliade*, XVIII, v. 107.

Page 65.

1. Voir B x, p. 68; B li, p. 77; B liii, p. 78; B liv, p. 78 et B lxxx, p. 84.

2. À propos du vers de l'*Iliade*, cité en A xxii, p. 64, n. 7.

3. Voir B lvi, p. 78 et B civ, p. 89.

4. Voir Plutarque, *Isis et Osiris*, 48, 370 D.

5. Voir B ci *a*, p. 89. Ces *autorités sans crédit* (ἀπίστους βεβαιωτ'ας) sont-elles les sens, ou plus simplement les poètes et les mythologues, comme dans le témoignage précédent?

6. Voir le témoignage d'Aristote en A iv, p. 55 et celui de Sextus Empiricus en A xvi, 132, p. 62.

7. Sur le problème de la coupure du texte héraclitéen, voir A iv, p. 55. Ici, comme pour les autres fragments, nous avons conservé la distribution spatiale et linéaire adoptée par M. Marcovich dans son *Editio major* (Mérida, 1967).

Page 66.

1. La partie entre crochets obliques est une addition de Bekker adoptée par tous les éditeurs.

2. La parenthèse ne fait pas partie intégrante du fragment, mais constitue une glose, imputable à Sextus Empiricus ou à son modèle.

3. Ce fragment est le seul que nous ayons ajouté à la recension de Diels et Kranz, car il nous paraissait héraclitéen. La question des relations entre Aenésidème et Héraclite mérite en elle-même une étude approfondie : elle a été abordée par G. Capone Braga, « L'Eraclitismo di Enesidemo », *Rivista di Filosofia*, XXII, 1931, p. 33.

4. *Vrai* : ἀληθές ; *ce qui ne se cache pas* ou *se dévoile* : τὸ μὴ λῆθον.

5. Fragment d'un hexamètre. Voir A 1, 7, p. 50 et Aristote, *Météorologiques*, I, III, 399 *b* 30 ; *Traité de l'âme*, III, III, 428 *b* 2 ; *Des rêves*, 1, 458 *b* 28 et 2, 460 *b* 16. M. Marcovich ne tranche pas la question de savoir s'il s'agit d'une apparence ou d'une réalité.

Page 67.

1. Voir B IX, p. 68. Témoignage bien tardif (Ve siècle) d'un paraphraste d'Aristote inspiré par le manichéisme. Voir également B XV, p. 69 et B LXVIII, p. 82, sur la critique des mystères.

2. Voir Démocrite, B CLVIII, p. 539 et aussi A XII, p. 59 et B XXI, p. 73.

3. Quant au sens, ce fragment est presque équivalent au fragment B LXXX, p. 84.

Page 68.

1. Voir Platon, *Le Sophiste*, 242 *d in* Héraclite, A X, p. 58 et Empédocle, A XXIX, p. 145. Voir aussi B I, p. 65 et B LI, p. 77.

Page 69.

1. Voir B XXXVII, p. 75 et Démocrite, B CXLVII, p. 535 ; puis Plotin, *Ennéades*, I, VI, 6.

2. Voir B V, p. 67 ; B LXVIII, p. 82 et B LXXIV, p. 83. Ce fragment, note M. Marcovich, est l'allusion la plus ancienne qui nous soit parvenue relativement aux mystères, sans doute ceux de Déméter.

Page 70.

1. Nous suivons l'interprétation de M. Marcovich. Pour le premier verset, Kranz et ses successeurs ont lu εἰ γάρ μὴ au lieu de εἰ μὴ γάρ. Pour le dernier verset, la fonction de ὅτεῳ peut être un datif instrumental, ou modal (Marcovich) ou d'attribution (Kranz).

Page 71.

1. Sans doute s'agit-il d'une glose de Clément d'Alexandrie (voir Mullach-Marcovich, *ouvr. cité*, p. 522).

2. L'explication suggérée par Marcovich propose un rapprochement avec B xxix, p. 73. Mais le thème n'est qu'un tragique lieu commun.

3. Le sens est peu satisfaisant. On est tenté d'interpréter *sommeil* comme une métaphore du songe. M. Marcovich corrige en ὕπαρ (*vision éveillée*, par opposition à vision de rêve). De toute manière, d'après Clément, il semble qu'au lieu d'appeler mort l'instant de la naissance, comme le font les pythagoriciens et les poètes (par exemple, Platon dans le *Gorgias* (493 *a*) citant Philolaos et Euripide), c'est toute la durée de la vie éveillée qui constitue la mort. Une autre explication pourrait être cherchée dans la direction indiquée, à propos du sommeil, par Sextus Empiricus (voir A xvi, 129, p. 62).

4. *Ces choses* (ταῦτα) désignent sans doute l'injustice (Kranz, Burnet, M. Marcovich, J. Brun) ou les injustices (voir B cxi, p. 91). Dikè est la Justice (voir B xxviii, p. 72 et B xciv, p. 87).

5. Les morts au champ d'honneur, voir B cxxxvi, p. 96.

Page 72.

1. Jeu de mots intraduisible sur μόροι (les *lots*, donc la mort) et μοῖρα (le *lot* ou la destinée). Pour une interprétation biologique et psychocosmique de ce terme, voir A xvi, 130, p. 69 et C i, 7, p. 98.

2. *Mort* (cet homme est *mort* : ἀποθανών) est une glose étrangère ajoutée à la formule : « bien que ses yeux soient éteints ». On en trouve un écho dans Empédocle, B lxxxiv, p. 214.

3. Jeu de mots intraduisible entre δοκέντα et δοκιμώτατος, que le rapprochement entre « fausse note » et « notable » rendrait assez bien en français. On dirait : « Fausse note que/le notable. »

4. La Justice, voir B xxiii, p. 71 et B xciv, p. 87.

Page 73.

1. Sens plus restreint de *logos*, voir C i, 10, p. 100 et Empédocle, B xcvi, p. 219 (début du témoignage de Simplicius).

Page 74.

1. Sur le « sage », voir B xli, p. 75 et B cviii, p. 90. La traduction décalque l'ambiguïté de la formule. On ne sait si l'Un ne veut pas et en même temps veut être appelé du nom de Zeus, ou bien ne peut pas être appelé autrement que par le nom de Zeus.

2. Ce fragment de Clément d'Alexandrie se situe immédiatement après Empédocle, B cxxxii, p. 237. Le mot *philosophes* n'apparaît qu'en ce seul endroit dans la doxographie d'Héraclite : c'est pourquoi son authenticité semble douteuse.

Page 76.

1. Seule mention de l'ὕβρις chez Héraclite.
2. Voir B cɪ *a*, p. 89. Jeu de mots probable sur οἴησις (*présomption*) et ὅρασις (*vue*).

Page 77.

1. Le mot βιος est à double sens : accentué βιός, il désigne l'*arc*, accentué βίος, il désigne la *vie*, voire le *vit*. La traduction par le mot *dard* convient également. L'arc, comme la lyre, est l'attribut d'Apollon.
2. Voir Démocrite, B xcvɪɪɪ, p. 524 et B cccɪɪ *a*, p. 582.
3. Seules les deux dernières lignes sont incontestablement d'Héraclite ; voir, pour ce qui précède, B x, p. 68 et B ʟɪ, p. 77.
4. *Cela* désigne le fragment précédent.

Page 78.

1. Παλίντροπος ἁρμονίη, que nous rendons par le néologisme : *harmonie contre tendue*. Les cordes de l'arc et de la lyre exercent une traction sur le bois de l'instrument, et réciproquement le bois tend aussi les cordes. Il n'existe pas en français de terme exprimant le double travail en sens contraire du bois et de la corde. Le même adjectif παλίντροπος sera traduit par l'expression : « *retourne sur lui-même* », au dernier vers du fragment B vɪ de Parménide, p. 260, où se rencontre encore ce terme qui n'apparaît que deux fois dans la littérature présocratique.
2. *Guerre* serait plus exact, mais le masculin *conflit* est nécessaire à la traduction française.

Page 79.

1. Le sens de cette réplique obscure, écrite dans le style propre aux oracles, se trouve éclairé par Aristote dans son dialogue (?) *Sur les poètes* (au fragment 8, éd. Ross), emprunté à la *Vie d'Homère* du pseudo-Plutarque : « Il arriva à Ios ; là il s'assit sur des rochers pour regarder des marins qui pêchaient et leur demanda s'ils avaient pris quelque chose. Ils n'avaient rien pris, mais ils s'épouillaient et, à cause de la difficulté de cette chasse, répondirent : " Ce que nous avons pris, nous le laissons ; ce que nous n'avons pas pris, nous l'emportons avec nous. " Voulant dire par là qu'ils avaient tué et laissé derrière eux les poux qu'ils avaient pris, et que ceux qu'ils n'avaient pas pris, ils les portaient sur eux. Homère ne parvint pas à comprendre l'énigme et mourut de découragement. »

Page 80.

1. Voir le fragment précédent et le résumé de Diogène Laërce (A 1, 9, p. 51).
2. Qui est *lui*? Peut-être Dieu.
3. Qui sont-*ils*? Les héros?

Page 81.

1. Le mot Κόρος *(Richesse)* est l'équivalent du Πόρος du discours de Diotime dans *Le Banquet* de Platon (203 *b*), ce qui se comprend davantage encore en ionien où le π peut devenir un κ. Notons que nous donnons à Πόρος-Κόρος le sens usuel de richesse ou d'abondance, mais que πόρος désigne le *pore*, donc à la fois celui qui peut trouver l'issue et l'issue elle-même. Dans ce dernier sens, il s'agit bien davantage de la fin du monde, la richesse peut être l'embrasement de l'or.
2. Même expression que pour Dikè (voir B xxviii, p. 72).

Page 82.

1. L'image deviendra stoïcienne (ou, comme le pense M. Marcovich, l'est déjà, ce fragment n'ayant rien d'héracliteen). Voir V. Arnim, *Stoicorum Veterum Fragmenta*, II, 879 ainsi que 836 et 841.
2. Ce fragment vient après la citation de Marc-Aurèle placée à la fin de B lxxvi, p. 83. Voir B cxvii, p. 92.

Page 83.

1. Peut-être faut-il rattacher ces maximes à la critique d'Homère, d'Hésiode et de la fausse religion par Héraclite.
2. Vient avant B lxxi, p. 82.

Page 84.

1. Citation de Celse, comme pour les deux fragments suivants.
2. C'est-à-dire la guerre. Voir A 1, 8, p. 51; B liii, p. 78 et B lxvii, p. 81.
3. *En vue de tromper* (πρὸς ἀπάτην).
4. L'expression désigne Pythagore, quoi qu'en pense le scoliaste. Voir B xxviii, p. 72 et B xl, p. 75.

Page 85.

1. Voir B lxxviii et B lxxix, p. 84; B cii, p. 89. Pour les citations de Platon concernant Héraclite, se reporter aux témoignages A vi, p. 56; A x, p. 58, et à *Phèdre*, 261 *d*.

2. Peut-être s'agit-il du feu (Diels). Voir B xxx, B xxxi, p. 73 ; B xc et B xciv, p. 86 et 87.

3. Il s'agit des maîtres que doivent supporter les esclaves.

4. C'est-à-dire : « au prix de la vie » (Liddell-Scott).

Page 86.

1. En grec λόγος : soit le *mot*, soit l'*argument*, soit la *vérité* contenue dans le logos.

Page 87.

1. Voir l'extrait du *Cratyle* de Platon en A vi, p. 56.

2. Apollon. Il faut rapprocher de la mention d'Apollon les images de l'arc et de la lyre ; voir B xlviii, p. 77 et B li, p. 77.

3. *Signifie* par opposition à *parle*. Voir aussi B ii *a*, p. 66 ; B xviii, p. 70 ; B liv, p. 78 ; B lxxxvi, p. 86 ; B ci, p. 89 et B cvii, p. 90.

Page 88.

1. Voir Strabon, *Géographie*, XVI, 26 ; Origène, *Contre Celse*, V, 14. Il s'agit là d'une critique des funérailles traditionnelles où le corps demeurait exposé.

2. Les commentateurs avouent que cette sorte de proverbe est incompréhensible, mais lui attribuent une signification polémique et lui assignent une place dans leur mise en ordre des fragments ! M. Conche, *Héraclite*, p. 60, échappant à cette critique, pose la question : « Comment devient-on Héraclite ? », après avoir souligné l'incompréhension dont le *logos* philosophique est l'objet.

Page 89.

1. Ou, selon la traduction d'Amyot : « Je me suis cherché moi-même. » Plotin cite lui aussi la formule, mais sans nommer l'auteur (*Ennéades*, V, 9, 5, 31). Voir B xviii, p. 70 ; B xxii, p. 71 et B cvii, p. 90.

Page 90.

1. C'est-à-dire Polydamas.

2. Voir l'*Iliade*, XVIII, v. 251.

3. Voir l'*Iliade*, VI, v. 488.

Page 91.

1. L'accusatif σοφόν est-il un masculin représentant le sage ou même Dieu (O. Gigon), ou un neutre désignant le propos du sage ou la conduite sage (Burnet, Kranz, J. Brun) ?

2. Ou *de tout*. Ici même hésitation entre *tous* et *tout*.

3. Les fragments B CXII à B CXIX, p. 91 à 93, forment une collection dont le sens cohérent éclaire le commentaire. On peut également y ajouter B II, p. 66.

4. Jeu de mots sur ξὺν νόῳ (*avec intelligence*) et ξυνῷ (*commun à tous*). Comment exprimer plus visiblement l'universalité de l'intellect, de la raison (*logos*) et de la loi? (voir B II, p. 00).

Page 92.

1. À la fois pour *tous* et pour *tout*.

2. Le verbe περιγίγνεσθαι, dont on ne retrouve qu'un seul autre exemple dans la littérature présocratique (voir Démocrite, B CXVIII, p. 528, qui lui donne un sens banal), offre une rencontre tout à fait remarquable (non mise en œuvre par Kranz) avec l'allemand *aufheben* dont on sait l'usage philosophique qu'en fera Hegel. Il signifie en effet à la fois, *dépasser* ou *surpasser*, et *mettre de côté* ou *conserver*. Ici, en même temps que la loi dépasse et les hommes et les événements, elle est mise de côté et conserve son universalité.

Page 93.

1. Selon Burnet et Kranz, il s'agit de la destinée de l'homme plutôt que de son génie propre, comme le pensent M. Marcovich ainsi que J. Brun qui cite l'interprétation de Martin Heidegger (voir la *Lettre sur l'humanisme*, trad. R. Munier, éd. Gallimard, p. 145) : « L'homme est l'habitation (ἦθος) du divin. » Pour notre part, nous identifions le démon à la μοῖρα; voir A XVI, 130, p. 62 et C I, 7, p. 98.

2. Nom peut-être donné à la constellation du Dragon.

3. Ce mot ne se retrouve pas ailleurs chez Héraclite. S'agirait-il d'un *rapprochement* des contraires? Rien ne l'atteste.

Page 94.

1. Le mot σάρμα (*détritus, débris*) est une restitution de Diels, à partir de la syllabe σαρ(ξ). Les manuscrits de la *Métaphysique* portent σάρξ (*la chair*), Usener lit σωρός (*le tas*). On a prétendu trop rapidement que la leçon σάρξ, était une faute des auteurs chrétiens. Le rapprochement avec B LXIII, p. 80 peut autoriser à penser que ce monde périssable, mais beau, est voué à la résurrection de l'embrasement.

2. Le *cycéon* est un breuvage fait de vin, de miel, de fromage de chèvre rapé et de gruau d'orge blanc, battu avec une branche de pouliot qui le parfume (voir J. Brun, *Héraclite*, p. 127). Se reporter au fragment doxographique, A III *b*, p. 54; mais aussi à l'*Iliade*, XI, v. 624 et à l'*Odyssée*, X, v. 234; X, v. 290 et X, v. 316 où le *cycéon* est présenté comme la potion de jouvence du vieux Nestor. Analogiquement, le fragment signifie que le monde doit connaître un perpétuel mouvement pour ne pas mourir (voir C V, p. 107).

3. Ploutos est le dieu de l'argent et le titre de la dernière comédie d'Aristophane où le personnage est mis en scène sous les traits d'un aveugle. (Voir aussi Démocrite, B LXXVII, p. 521 ; B CLXXXV, p. 547 ; B CCLXXXIII, p. 567, entre autres.)

Page 95.

1. Avec ce fragment, nous sommes en présence d'un faux assez maladroit.

2. Ce fragment se place dans la *Théosophie* d'Aristocrite, après B V, p. 67.

3. Voir Pythagore, XIX, p. 125. Pour des raisons stylistiques, M. Marcovich juge ce fragment authentique et le range sous le numéro 17. Voir B XXVIII, p. 72 ; B XL, p. 75 et B LXXXI, p. 84.

Page 97.

1. Héraclite serait donc l'auteur d'un traité περὶ ἀρχῶν ἀστέρων (*Sur les astres comme principes*). Mais il n'en est pas fait mention ailleurs.

2. Voir Parménide, B VI, v. 8, p. 350. Mais aussi Héraclite, B X, p. 68 ; B XXX, p. 73 ; B XLIX *a*, p. 77 ; B LXXXVIII, p. 86 ; B XCI, p. 87 et A VII, p. 57.

Page 98.

1. À rapprocher de B X, p. 68 où sont mentionnés les « touts et non-touts ».

Page 99.

1. La notation paraît non héraclitéenne à L. Tarán, car elle contredit B XXXVI, p. 74. Encore faudrait-il ne pas retenir que le début du fragment! Voir en outre, B XXXI, p. 73 et B LXXVI, p. 83, qui s'accordent à ce passage. Le *lot* (μοῖρα) n'est-il pas aussi le démon de B CXIX, p. 93 ? Sur ce mot, voir B XXV, p. 72 et A XVI, 130, p. 62.

2. Le mot καιρός (*moment opportun*) est une addition de Diels.

Page 100.

1. Pour ce sens spécialisé de λόγος, voir B XXXI, p. 73 (au mot *proportion*) et Empédocle, B XCVI, p. 219.

Page 101.

1. Autre signe qui ne trompe pas : le mot διάλλαξις que nous interprétons, avec Liddell-Scott, comme signifiant la *séparation* et non le mélange, ne se rencontre qu'une autre fois dans la littérature présocratique, précisément chez Empédocle en B VIII, v. 3, p. 184; on peut donc y voir la source d'inspiration du fragment d'Hippocrate.

2. Voir A v, p. 56; A viii, p. 57; A x, p. 58; B vi, p. 67; B xxxii, p. 74 et B xciv, p. 87. La littérature ancienne compte peu d'exemples d'une expression aussi détaillée du rapport entre le macrocosme et le microcosme. Diels croit à une influence perse, mais il faut songer à Démocrite (B iv *b*, p. 492) et aux expressions platoniciennes du *Timée* (par exemple 34 *a*) qui reflètent la même tradition pythagoricienne.

3. Les πάθη sont des *affections*, mais aussi des *maladies* ou des *passions*.

4. Ici, nous renonçons à suivre le texte de Diels, qui a rajouté συνέλαβεν, pour revenir à celui des manuscrits. Nous lisons : γινώσκει ὅτι οὕτως ἔσται· γνώμη [...] τὰ φανερά, ἐκ παιδὸς ἐς ἄνδρα μεθίσταται.

Page 102.

1. Image de la forge.
2. Image de la trempe.

Page 104.

1. Voir B lix et B lx, p. 79 et 80, mais surtout le mythe du *Politique* de Platon (269 *e* et suiv.) et l'interprétation qu'en a donnée P.-M. Schuhl dans *La Fabulation platonicienne* (Paris, Vrin, 1962, p. 79). L'illustration du temps-image, pensé comme semblable-dissemblable et égal-inégal dans le *Parménide*, aurait été fournie à Platon par la tradition héraclitéenne.

2. Voir B x, p. 68. À partir de ce paragraphe, le texte manifeste une sorte de coupure stylistique qui en interrompt l'unité.

3. Sans doute les voyelles.

4. Voir B lv, p. 78 et B cvii, p. 90. Héraclite n'aurait pas limité à cinq, mais fixé à sept, le nombre de nos sens.

5. Ici, il n'est pas question d'Héraclite. Le texte rapporte, pour les critiquer, des thèses sophistiquées, avec une violence que Thrasymaque ne désavouerait pas.

Page 106.

1. Voir B li, p. 77. Ces deux fragments que l'on va lire sont une imitation du thème de l'opposition des contraires.

2. Un onglet d'or.

3. Voir surtout B lxiv, p. 80.

Page 107.

1. Voir A i, 3, p. 49.

2. Voir B lxiii et B lxv, p. 80 et 81. Pour une interprétation stoïcienne, se reporter en A xxii, p. 64.

3. Pour une interprétation platonicienne voir A vi, p. 56.

4. Voir B cxxv, p. 94 et A iii *b*, p. 54.
5. Voir B lviii, p. 79.
6. Voir B lx, p. 80.
7. Voir B lii, p. 78.
8. Voir B li, p. 77.
9. Voir B lxii, p. 80.
10. Voir A i, 6, p. 50.
11. Voir B lvi, p. 78 et B xciii, p. 87.
12. Voir, par exemple, B cxxv *a*, p. 94.
13. Voir B cxxi, p. 93.
14. Voir Théophraste en A i, 6, p. 50; B cxxx, p. 96 et B cxxxviii, p. 97 ainsi que Démocrite, A xl, p. 423.

L'Italie pythagoricienne

PYTHAGORE

NOTICE

Qui fut Pythagore de Samos (ou de Tyrrhénie ou de Tyr ou de Syrie)? Il nous est assurément bien difficile de le savoir aujourd'hui, plus de deux mille cinq cents ans plus tard; en effet, les témoignages le concernant sont tous tardifs : le premier témoin, l'historien Hérodote[1], lui est postérieur d'un siècle. Platon, pour sa part, ne prononce le nom de Pythagore qu'une seule fois dans l'ensemble de son œuvre connue[2]. Aristote avait écrit une histoire du pythagorisme intitulée *Sur les pythagoriciens* qui nous aurait appris beaucoup de choses capitales sur cette doctrine et sur son fondateur, si elle n'avait été perdue presque totalement. Certes, nous possédons dans leur intégralité une *Vie de Pythagore* par Porphyre et une *Vie pythagorique* par Jamblique, mais elles datent du iiie siècle après J.-C. et présentent trop souvent un aspect romanesque, pour ne pas dire fantaisiste, qui conduit les érudits — peut-être à tort — à se méfier de toutes les informations plausibles qu'elles contiennent. Autant dire que les témoignages sérieux sur Pythagore même sont fort rares, d'autant qu'il s'est produit un phénomène bien connu des historiens de la philosophie, qui a progressivement confondu la doctrine initiale du maître et les apports successifs de ses principaux disciples. Aussi serait-il légitime, si la chose n'était en pratique impossible à tenter, de rechercher ce qui revient à Pythagore lui-même dans tout ce que la doxographie rapporte au sujet des pythagoriciens et que H. Diels a regroupé dans les sections B, C et D de l'École pythagoricienne[3].

1. Voir i et ii, p. 111.
2. Voir x, p. 119.
3. Voir p. 296 à 320, pour la section B.

Car, comble de malchance (ou volonté délibérée de Pythagore?), nous ne disposons d'aucun écrit de Pythagore (signalons à ce propos une divergence dans la tradition : les doxographes les plus nombreux, mais en même temps les moins anciens, prétendent qu'il n'écrivit aucune œuvre lui-même, mais Héraclite, cité par Diogène Laërce[1], se plaint de la « méchanceté » de ses traités), et le seul témoignage sérieux touchant à sa doctrine philosophique, celui de Proclus[2], est passablement délicat à lire et à interpréter; l'originalité essentielle de sa pensée s'y laisse découvrir cependant : inventeur du terme *philosophia*, Pythagore a inauguré la voie d'une méthode non empirique et purement intellectuelle qui est à l'origine de la philosophie socratique et platonicienne.

Il ressort, par ailleurs, de l'ensemble de la doxographie trois aspects principaux de la doctrine de Pythagore : la passion de l'arithmétique et de la géométrie[3], un souci *théologique* et religieux (en liaison avec la croyance en l'immortalité de l'âme[4]), et surtout un grand intérêt pour la *politique*. C'est sur ce point que nous voudrions conclure : en effet, l'image de Pythagore est finalement celle du fondateur d'une secte d'initiés, à la recherche d'une harmonie morale[5] en son sein, et qui tentèrent, en Grande-Grèce, de l'étendre au plan de la cité[6].

NOTES

Page 111.

1. Les raisons de toutes ces règles d'abstinence demeurent obscures. Toutefois, si l'on en croit le témoignage, malheureusement tardif, de Porphyre dans la *Défense de l'abstinence*, il semble que l'on ait affaire à des interdits reposant sur l'affirmation de la parenté entre les animaux et les hommes.

2. Le terme de ἱρός (= ἱερός) λόγος, traduit ici par *prescription liturgique*, peut aussi être considéré comme un renvoi au *Traité sacré*. Voir Philolaos, B XIX, p. 270.

Page 112.

1. C'est le terme de σοφιστής que nous traduisons ainsi : il désigne à la fois un sage et un savant. C'est ainsi qu'Aristote désigne les Sept Sages, sans aucune nuance péjorative.

2. Cet ἀνδρεῖον semble peu compatible avec le féminisme de Pythagore, fort remarqué en son temps. Voir en particulier VIII *a*, p. 00.

1. Voir XIX, p. 125.
2. Voir VI *a*, p. 114.
3. Voir IV *a*, p. 114; VII, p. 114; IX, p. 118 et XII, p. 120.
4. Voir VIII *a*, p. 117.
5. Voir X, p. 119.
6. Voir VIII *a*, p. 117; XIV, p. 121 et XVI, p. 122.

3. Voir Diogène Laërce, *Vies*, VIII, 21 et Porphyre, *Vie de Pythagore*, 41, où le nom de la prêtresse est cité.

Page 113.

1. Voir Empédocle, A 1, 56, p. 127 et également Brzoska, *Reale Enzyklopaedie*, de Pauly-Wissowa, t. I, col. 1538, « Alcidamas ».
2. Voir Démocrite, A XXXIII, 46, p. 416 et B *a*, p. 489.

Page 114.

1. Voir Thalès, A XI, p. 22, et Hippias, B XII, p. 756.
2. Proclus use ici du terme φιλοσοφία. On sait par ailleurs qu'il a été introduit par Pythagore, voir l'*Addition*, p. 68 et l'École pythaghoricienne, B XV, p. 306. Quant à l'expression « culture libérale », elle traduit παιδεία ἐλεύθερος; le terme de *paideia* désigne à la fois l'éducation et la culture. (Voir W. Jaeger, *Paideia*, trad. A. et S. Devyver, Paris, 1964.)
3. La « *théorie des proportions* » traduit la conjecture retenue par Diels : τὴν τῶν ἀνὰ λόγον πραγματείαν. Si cette conjecture est exacte, cette formule s'oppose au membre de phrase suivant : τὴν τῶν κοσμικῶν σχημάτων σύστασιν (*l'existence d'une structure des formes de l'univers*) qui renvoie aux cinq polyèdres réguliers qui, d'après Platon, sont les éléments constitutifs des réalités corporelles et de l'univers, et dont la construction suppose la connaissance des irrationnelles. C'est pourquoi d'autres éditeurs préfèrent s'en tenir à la leçon manuscrite τὴν τῶν ἀλόγων πραγματείαν comprise comme « *la théorie des irrationnelles* ».
4. Les premières traces d'une légende autour de Pythagore se rencontrent dans l'ouvrage d'Aristote, dont il ne reste que des fragments, *Sur les pythagoriciens*.

Page 115.

1. Voir Jamblique, *Vie pythagorique*, 142. Peut-être cet aigle blanc est-il à rapprocher du phénix.
2. Nous traduisons ainsi : τοῦ λογικοῦ ζώου. Dans la tradition péripatéticienne, l'expression signifie : *animal doué de la parole*. Elle n'apparaît pas, contrairement à ce que l'on pense généralement, dans le *Corpus* aristotélicien, mais seulement dans un fragment; c'est Porphyre qui la vulgarise dans son *Isagogé*. Ici, dans une perspective néoplatonicienne, Jamblique définit une hiérarchie des *vivants* (donc, pas seulement des animaux), qui comprend Dieu, première espèce (ou forme) de vivant raisonnable, l'homme en tant qu'espèce et l'individu (Pythagore, par exemple).
3. C'est-à-dire Lemnos.

Page 116.

1. Le nombre 6³ est égal à 6×6×6, soit 216. Le nombre 6 correspond lui-même aux six faces du cube. En fait, 6 est un nombre clé chez les pythagoriciens à cause de la série arithmétique 6–8–12, où 8 est moyenne harmonique de 6 et 12. (Voir Empédocle, B xcvi, p. 219; Philolaos, A xxiv, p. 259 et Pythagore, vi, p. 114.)

2. L'opération décrite ici est la suivante : 216+216+82=514. Ératosthène fixe la date de la ruine de Troie en 1052 (la guerre aurait débuté cent trente-trois ans plus tôt), ce qui place l'acmé de Polycrate et donc de Pythagore en 538 av. J.-C. (1052−514=538).

Page 117.

1. Voir l'*Iliade*, XVII, v. 60 et suiv.

2. Voir Aristote, *Métaphysique*, A iii, 984 *b* 19.

3. Les Branchides, appartenant à une peuplade de Carie (en Asie Mineure), étaient une tribu de prêtres qui prétendaient descendre de Branchos, fils d'Apollon et d'une Milésienne à qui Apollon accorda le don de prophétiser. Plus tard, Xerxès saccagea leur temple d'Apollon Didyméen et déporta les Branchides en Sogdiane.

Page 118.

1. Cela semble bien particulier au pythagorisme, car de nombreux témoignages insistent sur ce point.

2. L'expression verbale : πάλιν γίνεται correspond au terme technique de *palingénésie*.

3. L'expression fait difficulté : on peut entendre soit que les différentes existences d'un même être appartiennent à un même genre, ce qui implique que la palingénésie déploie des vies « homogènes », soit que les vivants appartiennent à une même espèce et sont apparentés comme les âmes qui dans le *Phèdre* de Platon (246 *e*-249 *b*) font cortège à tel ou tel dieu.

4. Notons les nombreuses références à l'abstinence de la chair animale chez Empédocle, A xi, p. 137; B cxv, p. 229; B cxxxv, p. 238; B cxxxvi, p. 240; B cxxxvii, p. 244 ; B cxxxix, p. 240 et B cliv, p. 244.

5. Calanos était un gymnosophiste (c'est-à-dire, étymologiquement, un *sage vivant nu*) qui, selon Strabon, accompagna Alexandre dans sa conquête de l'Inde.

Page 119.

1. Sur la fève, voir l'École pythagoricienne, B i *a*, p. 299. Une des explications les plus ingénieuses retenues par les historiens modernes suggère que, la tige de cette légumineuse n'ayant pas de nœuds, il y aurait communication directe par elle avec le royaume des morts (voir l'École pythagoricienne, C iii, *Les Présocratiques*, p. 585). À propos

de l'abstinence de chair animale, voir n. 1, p. 114 et n. 4, p. 118. Sur l'anémone de mer, voir l'École pythagoricienne, C vi, *ibid.*, p. 590.

2. Outre cette occurrence de l'adjectif πυθαγόρειος, chez Platon, on trouve une fois le nom de Pythagore lui-même (*La République*, X, 600 *b* 2) et deux fois la mention des pythagoriciens (*La République*, VII, 530 *d*, 8; *Lettres*, XIII, 360 *b* 7) ; voir Archytas, A, 1, p. 274.

3. 540-537 av. J.-C.

Page 120.

1. Voir Philolaos, p. 248 et suiv.

2. Il s'agit très vraisemblablement de Zoroastre. Plutarque, dans *La Création de l'âme dans le Timée*, 2, fait référence à un certain Zaratas « le maître de Pythagore ».

3. Sur ce personnage, voir Empédocle, A 1, p. 127; A ii, p. 134; A viii, p. 136 et B clv, p. 246.

Page 121.

1. Nous traduisons ainsi le terme de δημαγωγός, c'est-à-dire *guide du peuple*.

Page 122.

1. Ce personnage est revêtu des attributs traditionnels d'Héraclès, de façon à faire croire aux ennemis que c'est le héros en personne qui conduit l'attaque, et ainsi provoquer leur panique immédiate. De fait, c'était un redoutable athlète, six fois vainqueur aux Jeux olympiques, dont le fondateur mythique est précisément Héraclès; et si le stade d'Olympie était un peu plus grand que les autres, c'est parce que sa mesure avait été prise par le demi-dieu dont le pas était plus grand que celui de l'homme (voir Aulu-Gelle, *Nuits attiques*, I, 1). En fait, au-delà de la légende, c'est l'intérêt tout particulier des pythagoriciens pour la figure d'Héraclès qui apparaît; cet intérêt est d'ailleurs multiple : religieux bien sûr, puisque Héraclès joue un rôle d'intercesseur auprès d'Apollon, le dieu solaire, politique, en tant qu'il est le bienfaiteur de l'humanité (Pythagore aussi veut aider les hommes), astronomique, si les Douze travaux d'Héraclès renvoient bien aux signes zodiacaux, et musical enfin, puisque Héraclès est encore le chef des Muses. Ce demi-dieu ne pouvait donc pas manquer d'être particulièrement vénéré de Pythagore.

2. Bentley, suivant Diodore (*Bibliothèque historique*, XII, 22, 1) préfère lire *Traes*. Il s'agit sans doute du Trionto actuel, qui sépare Crotone et le site de l'antique Sybaris.

3. Certains (Ménage et Ross) veulent lire Κροτωνιάτης (de Crotone) au lieu de καί Ὀνάτας (et Onatas). Cette correction fait disparaître la symétrie Antiloque/Antiphon, Cylon/Onatas; de plus, on rencontre le nom d'Onatas dans le Catalogue des pythagoriciens de Jamblique.

4. Sur ce personnage, voir Pythagore, xv, p. 122. Philolaos, A 1 *a*, p. 249, et Anaxagore, A xx, p. 604. À propos de son groupe factieux, « *les hommes de Cylon* », voir Philolaos, A iv *a*, p. 250.

Page 124.

1. Voir Thalès, A I, 33, p. 15.

Page 125.

1. Voir Héraclite, B cxxix, p. 95.

2. Nous traduisons ainsi le mot ἱστορία sur la pertinente suggestion de M. Buge, qui nous a obligeamment communiqué la citation suivante de Jamblique : « La géométrie était appelée ἱστορία par Pythagore. » (*Vie pythagorique*, 89.) Voir encore Liddell-Scott, *Greek-English Lexicon*, 842 A et suiv.

3. Nous ajoutons ici un témoignage complémentaire de la tradition selon laquelle Pythagore aurait laissé des écrits ; il s'agit d'une phrase de Vitruve : « Pour ce qui est des choses de la nature, des puissances qui la gouvernent et des causes qui produisent les effets qui se voient dans le monde, Thalès de Milet, Anaxagore de Clazomènes, Pythagore de Samos, Xénophane de Colophon et Démocrite d'Abdère nous ont laissé le fruit de leurs réflexions. » (*De l'architecture*, IX, 6.)

Page 126.

1. *Hespéros* et *Phosphoros*, deux aspects de la planète Aphrodite ou Vénus. (Voir Parménide, A 1, 23, p. 324 ; Anaximandre, A xix, p. 41 et Démocrite, A xcii, p. 446.)

2. Il y a là un jeu de mots classique en grec : κοσμός signifie à la fois la *beauté*, l'*ordre* et l'*univers* en tant que tout organisé.

3. Ce témoignage, omis par Diels, nous est parvenu vraisemblablement par l'intermédiaire de Posidonius (*Posidonius, volume I, Fragments*, éd. Edelstein-Kidd, F 253, p. 224).

EMPÉDOCLE

NOTICE

L'intérêt littéraire qu'Empédocle a suscité, et dont les noms de Hölderlin et de Nietzsche sont les témoins, ainsi que l'intérêt scientifique que lui ont porté au cours de ce siècle, et plus récemment, E. Bignone, W. Kranz, J. Bollack, D. O'Brien et C. Gallavotti, est à la mesure de l'importance des fragments conservés. Des présocratiques, il est, avec Démocrite, l'un des plus fréquemment cités par les auteurs anciens. Mais par un injuste retour des choses, il est aussi victime de la diversité et de la variété des intérêts qu'il suscite. Est-il un pythagoricien? Est-il un précurseur des atomistes et un épicurien avant la lettre? Professe-t-il un matérialisme original? Une réponse ferme et assurée à ces questions condamnerait le critique à écarter bon nombre de témoignages qui ébranleraient son assurance.

Il est peu douteux qu'Empédocle ait été formé au pythagorisme. Les *Catharmes* ou *Purifications* paraissent relever directement de cette inspiration. Empédocle y a rencontré les thèmes de la transmigration des âmes[1], de la Caverne, comme plus tard chez Platon[2], et de la purification philosophique. On peut peut-être accorder crédit à l'anecdote qui le représente chassé, comme Platon, de l'École pythagoricienne[3].

Mais il est déjà plus difficile de faire du poème *De la nature* une entreprise pythagoricienne, même si Simplicius voit davantage en son auteur un pythagoricien[4] qu'un Éléate. En effet, si l'on voulait s'efforcer de ramener les thèses empédocléennes au pythagorisme, il faudrait estimer qu'Empédocle a tenu pour principes l'Un et la dyade, pour rendre compte de l'existence d'une seule réalité nécessairement matérielle, comme l'a si bien dit Simplicius qui tient les pythagoriciens pour des matérialistes. La dyade, principe de dissociation et en quelque sorte cause motrice, peut être représentée par le couple de la Haine et de l'Amitié[5], ce qui n'irait pas sans nombre de difficultés dont l'examen dépasserait le cadre de la présente Notice. À l'opposé, et comme second principe, se trouve l'Un, tantôt sous la forme arrondie du Sphairos, tantôt sous la forme de la quadruple racine s'accordant assez aisément avec la conception pythagoricienne de la tétractys, ou bien encore sous l'expression développée des quatre éléments. H. Diels a renoncé à citer tous les *testimonia* qui rapportent à Empédocle l'invention des quatre éléments. C'est, avec l'invention de la rhétorique[6], ce qui l'a fait accéder à la postérité scolaire. On notera cependant que ces quatre éléments se réduisent à deux pour Aristote et Simplicius[7], parce que le feu s'oppose à l'ensemble constitué par l'eau, l'air et la terre. Ces éléments sont-ils eux-mêmes constitués par des particules ou des corpuscules primitifs[8]? Par là, Empédocle ressemblerait à Anaxagore et annoncerait Démocrite. Ou bien ces éléments sont-ils la première forme que prend l'Un qui se dissocie? Auquel cas la pensée de l'Un serait chez Empédocle absolument première, ce qui le rattacherait à l'école

1. Voir B CXV, p. 229 et B CXLVII, p. 243.
2. Voir B XCIV, p. 218 et B CXX, p. 232.
3. Voir A I, 54, p. 128.
4. Voir A VII, p. 136.
5. Voir A XXVIII et suiv., p. 145.
6. Voir A V, p. 136.
7. Voir A XXXVI, p. 149 et B XCVI, p. 219.
8. Voir A XLIII, p. 151.

éléate. Déjà Empédocle, comme, avant lui, peut-être Parménide et en
tout cas Anaxagore, rencontre cette question qui a hanté la conscience
grecque des origines au néoplatonisme, et qui est de savoir comment
l'Un se fait multiple, pourquoi le même devient autre, et par quelle
audace l'Intellect a pu s'écarter de l'Un. Parce que cette question philosophique est à la fois essentielle et insoluble, Aristote, le premier à
examiner en détail les questions rencontrées par Empédocle, ne manquera pas de lui adresser le même reproche qu'à Anaxagore : celui de
n'avoir pas su expliquer, autrement que par une sorte de subterfuge,
l'origine du mouvement, c'est-à-dire la cause efficiente.

Ici surgissent deux problèmes d'interprétation tout à fait essentiels. La volonté d'exclure toute causalité finale fait d'Empédocle un
mécaniste. En ce sens, pour lui, la causalité n'est que matérielle. Ainsi
sont donc d'abord sortis de la terre des membres épars, puis des
monstres, puis les créatures que nous connaissons[1]. On songe à Démocrite[2] et à Lucrèce qui nourrit la plus grande admiration pour le
maître agrigentin[3]. Faut-il pour autant faire d'Empédocle une sorte
d'atomiste[4] ? La mise de côté de la Haine et de l'Amitié, et l'explication, à partir des seuls éléments, de ce que la nécessité devrait pourtant concourir à produire, n'est-elle pas la conséquence dialectique de
la première interprétation proposée par Aristote ?

En outre se pose la question des cycles. Empédocle est-il le poète
« catastrophique » dont les *testimonia* entretiennent la légende ?
A-t-il, comme plus tard Platon dans le *Politique*[5], imaginé un devenir
cyclique qui nous ferait vivre actuellement sous le règne de la Haine ?
Certes le mot de *cycle* est appliqué à Empédocle[6]. Mais J. Bollack, l'un
des meilleurs connaisseurs contemporains de la tradition empédocléenne, refuse l'alternance cyclique de l'Amour et de la Haine :
« Exiger que l'alternance se distribue sur deux phases distinctes au
cours d'un cycle [...] revient à lui ôter tout son sens[7] ». C'est là une
interprétation dialectique au sens moderne : Amitié et Haine étant
comme les moments ou comme les composantes d'une même réalité,
la Haine travaillant au dessein de l'Amitié, et réciproquement. Le
moins qu'on puisse dire est que l'opacité de la tradition ou des traditions empédocléennes, se prête aussi à une telle lecture. On pourra
lire dans W. K. C. Guthrie[8] un résumé des discussions auxquelles
donne lieu l'interprétation du fragment[9] et du témoignage de Simplicius.

Un autre centre d'intérêt de la lecture d'Empédocle est la place
occupée par les témoignages relatifs à la biologie, à la physiologie, à la

1. Voir A LXXII et suiv., p. 163. La même théorie est professée par Parménide, A LI, p. 349.
2. Voir B v, 1, p. 183.
3. Voir A XXI, p. 141.
4. Voir A XXXIV, p. 148 et de A XLI à A XLIV, p. 150 à 152.
5. *Le Politique* 269 c.
6. Voir A LII, p. 155 ; B XVII, p. 187 et B XXVI, p. 193.
7. *Empédocle*, I, 118.
8. Voir *A History of Greek Philosophy*, II, p. 183.
9. Voir B XXXV, p. 196.

sensation et à la théorie de la connaissance. Le témoignage essentiel sur ce point est celui de Théophraste[1]. Empédocle donne de la pensée et de la sensation une explication matérialiste situant la conscience dans le cœur et dans le sang. La sensation se fait à partir du semblable et par le semblable[2]. La description de son mécanisme fait appel à la théorie des pores et des effluves. Pour qu'un effluve en provenance de l'objet sensible éveille une impression consciente, il faut qu'il rencontre un canal, le *pore*, exactement de même calibre et ajusté à la donnée sensible. Cette physiologie du passage de l'extériorité à la conscience est la théorie scientifique la plus détaillée que l'Antiquité connaisse. Elle sera reprise par les épicuriens. Mais parler de pores soulève une nouvelle question[3]. Les pores étant des parties du corps, les parties poreuses ne sont-elles pas, par opposition aux parties pleines, comme du vide dans le plein, de telle sorte qu'une telle conception impliquerait une position atomiste avant la lettre? C'est là encore une difficulté que la tradition rencontre.

Un mot pour terminer sur le style des fragments. L'Antiquité a considéré généralement la forme poétique mise en œuvre par Empédocle comme médiocre et sans grand intérêt stylistique. Si nous sommes sensibles aujourd'hui à d'étonnantes formules frappées au coin du mystère, nous le devons peut-être à ce qu'une foule de vers moins expressifs sont tombés hors de la mémoire. Il reste que si le ton n'est pas exempt d'une certaine lourdeur didactique dénoncée dès l'Antiquité, l'extraordinaire légende empédocléenne, la figure du champion olympique, du démocrate, du thaumaturge, et l'énigme même de sa mort — ou de sa disparition — sont bien propres à retenir encore l'imagination.

NOTES

Page 127.

1. 496 av. J.-C.
2. Voir A 1, 74, p. 133. La mention de *Héraclite* doit être corrigée en *Héraclide*. Mais peut-être Aristote dit-il qu'Empédocle est mort à soixante ans comme Héraclite (voir A 1, 3, p. 49).

Page 128.

1. Voir B CXXVIII, p. 236 et la variante d'Athénée, en A XI, p. 137.
2. Voir A 1, 55, p. 129 et A 1, 74, p. 133.
3. Voir B CXII, p. 227.
4. Voir B CXXIX, p. 236.

1. Voir A LXXXVI, p. 171.
2. Voir A LXXXVI, p. 171 et B CIX, p. 225.
3. Voir A LXXXVI, p. 00. Cette théorie est, là encore, partagée par Parménide et beaucoup d'autres (voir Parménide, A XLVII, p. 342).

Page 129.

1. Voir B cxi, p. 227.
2. Empédocle ordonna de fabriquer des coupe-vent avec les peaux (voir A xiv, p. 137).
3. Voir B i, p. 182.

Page 130.

1. Voir B clvi, p. 246.
2. Voir B cxii, p. 227.
3. La source de Diogène Laërce est ici encore Timée (voir A i, 60, p. 129 et la parenthèse du paragraphe 66, p. 131). Il s'agit de l'historien Timée de Sicile, à ne pas confondre avec le pythagoricien de Locres qui donne son nom au dialogue de Platon.
4. Le chiffre est exagéré. Une glose, que nous supprimons, s'est introduite dans le texte.
5. Sans doute l'hôte aspirait-il à se faire nommer tyran par le Conseil. Empédocle déjoue le coup d'État qui se prépare. Le geste de retourner sa coupe sur sa tête paraît être d'allégeance, d'honneur ou de respect.

Page 131.

1. Voir B clvii, p. 202 et les notes relatives à ce fragment jugé apocryphe par Diels.
2. Voir B cxii, v. 4-5, p. 228.
3. Voir le témoignage d'Aristote, en B xcii, p. 218 et B c, p. 221.

Page 132.

1. Ici, comme plus loin au paragraphe 73, p. 133, on insiste sur le bronze des chaussures d'Empédocle. L'image du bronze revient souvent dans les fragments : voir B c, p. 218 (la clepsydre), B cxxxviii, p. 240 et B cxliii, p. 242 où le bronze impérissable — signe d'immortalité — effectue la coupure purificatrice. Chaussé de bronze, Empédocle se retranche des souillures de la terre. C'est là un signe de piété, et non de richesse ou d'élégance. Le rejet de la sandale par le feu symbolise la séparation définitive.

Page 133.

1. Confusion avec Gorgias (voir A i, 58, p. 129).
2. 444-441 av J.-C.
3. La *Lettre* a été citée à deux reprises en A i, 53 et 55, p. 128.
4. Voir B vi, v. 2-3, p. 184.
5. Voir B xvii, v. 6, p. 188.

Page 134.

1. Voir B xvii, v. 7-8, p. 188.
2. Voir B cxvii, p. 231.
3. Voir A 1, 58, p. 129.
4. D'après Hésychios.
5. Il s'agit sans doute d'une confusion avec Zénon d'Élée.
6. D'après Hésychios.
7. 464-460 av. J.-C.
8. D'après Diogène Laërce (voir A 1, 58, p. 129).

Page 135.

1. Les pneumaticiens font résider dans le souffle (πνεῦμα) le principe de la vie. L'école pneumatique sera illustrée par les stoïciens, puis par Galien.
2. Voir B clvii, p. 247.
3. Voir B cv, p. 224.

Page 136.

1. Pendant la soixante-neuvième olympiade (504-501 av. J.-C.).
2. La première année de la quatre-vingt-unième olympiade, soit en 456 av. J.-C.
3. Dans l'intervalle entre la bataille de Cremera (477) et la création du décemvirat (450); la source probable est la chronologie de Cornélius Népos.

Page 137.

1. La première année de la quatre-vingt-sixième olympiade, soit 436 av. J.-C. (Voir Parménide, A xi, p. 327.)

Page 138.

1. La suite de ce texte introduit les fragments B cxi, v. 3 à 5, p. 227 et B cxii, v. 10 à 12, p. 228.
2. Il s'agit de la magie.
3. Ici encore, il s'agit de la magie.
4. Anchitès est le père de Pausanias, voir B 1, p. 182.

Page 139.

1. *Odyssée,* IV, v. 221. La traduction citée est celle de V. Bérard. Cette drogue est le célèbre *népenthès,* remède à la mélancolie.
2. Qui connurent la mélancolie. (Voir Lucien, *Les Fugitifs,* II.)

Page 140.

1. Voir Zénon, A 1, 25, p. 363 : « *À la langue pendue pour le pour et le contre.* »

Page 141.

1. Voir Xénophane, A 1, 20, *Les Présocratiques*, p. 92.
2. Voir A LXXXVI, p. 175; B XXII, v. 5, p. 191; B LXII, v. 6, p. 206; B XC, p. 217; B CIX, p. 225, etc. Mais on ne voit pas en quoi consiste la ressemblance entre la chienne et l'argile.
3. La mer d'Ionie.

Page 142.

1. C'est-à-dire les poèmes : *De la nature.*
2. Voir A 1, 57, p. 129 et Amnonius en B CXXXIV, p. 238.
3. Voir B VI, v. 2, p. 184.
4. Voir B VI, v. 2, p. 184.
5. La φυσιολογία, *explication raisonnée des phénomènes de la nature*, correspond à notre physique. Mais elle interprète aussi allégoriquement les récits mythologiques en leur conférant une signification naturelle.
6. Cette formule est à verser au dossier des études de l'école de Tübingen sur le mode d'écriture platonicien. Comme le dit Platon dans la *Lettre VII* et dans le *Phèdre* (276 *d*), les dialogues sont des ὑπομνήματα, des écrits destinés à permettre la remémoration des discussions orales. La même formule est reprise ici, dans l'expression qui use du verbe ἀναμιμνήισκειν.

Page 143.

1. Voir Parménide, A XV, p. 328.

Page 144.

1. Voir Hérodote, *Enquête*, I, LIII, 91. L'oracle de Delphes est ambigu, car l'empire qui doit périr pouvait être celui de Cyrus, alors que ce fut celui de Crésus lui-même.
2. Voir B LV, p. 204.
3. Sorte de jacquet ou de trictrac : des lignes sont tracées sur une tablette.
4. Publius Mucius Scaevola, consul en 133 et auteur d'un ouvrage de droit.
5. Cicéron use du terme grec φυσικοί, c'est-à-dire *physiciens* ou *philosophes de la nature*.
6. Austère, par opposition au style fleuri et au style commun.
7. Le texte suivi ici n'est pas l'édition de Diels, mais la version établie par I. Trencsényi-Waldapfel, « Cicéron et Lucrèce », *Acta antiqua academiae scientiarum hungaricae*, t. VI, fasc. 3-4, 1958, p. 321 à 381 et en particulier, p. 348, où nous lisons : « *Lucretiae poemata, ut scribis, ita sunt, [non] multis luminibus ingenii, multae tamen artis; sed cum veneris* », etc. où le mot *non* doit être supprimé.

Page 145.

1. L'air, l'eau et le feu.
2. Voir B vi, p. 184.
3. Voir B xvii, v. 7-8, p. 188.
4. Voir B xvii, v. 17 à 20, p. 188.

Page 146.

1. Voir Platon, *Philèbe*, 16 *c-d*.
2. Héraclite et Empédocle.
3. Voir Héraclite, B x, p. 68.
4. Αἰτίαν τούτων, mot à mot : *cause de ceux-ci*. On entend généralement que l'Amitié et la Haine exercent un rôle actif et causal dans la combinaison et la séparation des éléments. De fait, le plus remarquable est le singulier du mot *cause*, appliqué à deux puissances. Cette cause *une* est la dyade (voir Plutarque, A xlv, p. 152). Appliquée à l'Un, elle est cause du devenir et du mouvement, et, en particulier, c'est elle qui divise l'Un en quatre (éléments). « *Cause de ceux-ci* » indique d'abord que le couple (dyade) est cause de ce que l'Un est quatre.
5. Voir B xxxviii, v. 4, p. 199 et B xxxv, p. 196.
6. Voir B xlii, p. 200.
7. Voir B cv, p. 224. L'hégémonique désigne, en langage stoïcien devenu usuel, la faculté maîtresse de l'âme, ou encore la conscience.
8. Les pythagoriciens.

Page 147.

1. Voir B cxvii, p. 231 (voir encore Pythagore, VIII, p. 115).
2. Voir B vi, p. 184.
3. Jeu de mots sur Ζεύς et ζέσιν (*effervescence*).

Page 148.

1. Voir B xvii, v. 7-8, p. 187.
2. En fait le nom d'Aidônéus est celui de Hadès, mais il peut être rapproché, par fausse étymologie, de αἰθήρ (*éther*).
3. De même Nestis, déesse sicilienne, dont l'étymologie réelle est sans doute νάειν (*couler*), signifie en grec : *à jeun*.
4. Peut-être d'après un écrit de Plutarque sur Empédocle. Ce témoignage fait suite à B vi, p. 184.
5. La *rouille* (ἰός) désigne le résultat d'une oxydation ; la *chalcite* (χαλκίτης) est le minerai de cuivre ; la *cadmie* (καδμία) est la calamine employée pour la fabrication du laiton ; et le *misy* (μίσυ) est un produit de l'oxydation des pyrites, renfermant à la fois du sulfate de cuivre et du sulfate de fer. Visiblement, les quatre composants cités par Galien représentent les quatre éléments, ce qui suggère un rapprochement

avec B XXIII, p. 196. Mais ici on a davantage l'impression de se trouver devant une recette ou une formule comparable à celle conservée par Pline (*Histoire naturelle*, XXVI, 37), destinée à préparer une poudre constituant un remède contre les maladies ou les maléfices. (Voir M. Berthelot, *Collection des alchimistes grecs*, I, p. 15.)

Page 149.

1. Voir l'explication de Simplicius (B XCVI, p. 219), où l'on voit que le feu occupe 4/8, et le reste des éléments l'autre moitié.

Page 150.

1. Ce texte paraît être le témoin capital d'un drame qui s'est joué sur le théâtre de l'herméneutique. On notera qu'Aristote, après avoir déclaré inintelligibles les propos d'Empédocle, les prolonge jusqu'à l'intelligibilité. Ce faisant, il sépare ce que (peut-être) Empédocle pourrait avoir uni, lorsqu'il parle d'une cause une du mouvement et du devenir (voir A XXX, p. 146). Cette division, destinée à simplifier le problème, peut être à l'origine d'un contresens complet sur la fonction dialectique et formelle de la dyade ou du couple Amitié-Haine.

2. Dieu paraît désigner le Sphairos (voir B XXXI, p. 146).

Page 151.

1. Erreur de Jean Philopon, résultant d'un préjugé aristotélicien ou néoplatonicien.

Page 152.

1. Voir B CLIX, p. 247.

Page 153.

1. Matière paresseuse, c'est-à-dire brute ou non travaillée.

Page 154.

1. L'eau et la terre.

Page 155.

1. À ce témoignage font suite les vers 7 à 13 du fragment B XVII, p. 188.

2. C'est-à-dire à des fins pédagogiques (voir le *Commentaire sur le Traité du ciel d'Aristote*, 304-5).

Page 156.

1. Voir B XLV, p. 201.
2. Voir Plutarque en B XLIV, p. 201.

Page 157.

1. Jean Philopon commente le texte précédemment cité du *Traité de l'âme* d'Aristote (II, VI, 418 *b* 20).
2. *Codex d'Athènes*, n° 1249, XVIII. Ce fragment anonyme, provenant peut-être d'un traité d'optique, constitue, d'après H. Diels, le commentaire scolastique du texte précédent de Jean Philopon.
3. Voir B XLII, p. 200.

Page 158.

1. Les stoïciens, qui s'opposent à Empédocle.
2. Version du pseudo-Plutarque.
3. Version de Stobée.
4. Version de H. Diels. Le texte d'Aétius, on le sait, a été perdu. Son existence est attestée par Théodoret qui le cite.

Page 159.

1. C'est Diels qui propose de sous-entendre ici *le Soleil*. E. Bignone se montre satisfait de cette solution et renvoie à von Arnim (*Stoïcorum veterum fragmenta*, II, 693 ; Diogène Laërce, *Vies*, VII, 151 et Stobée, *Choix de textes*, I, CVI, 24).

Page 160.

1. Voir B LV, p. 203.
2. Le grec emploie un terme technique : παρακειμένῳ, pour indiquer qu'il s'agit d'un mélange *par juxtaposition*, l'eau douce mélangée à l'eau salée ne perdant pas ses qualités propres d'eau douce. (Voir Empédocle, A XXXIV, p. 148. Pour Démocrite, voir A CLV *a*, p. 482.)
3. Voir Aristote, *Histoire des animaux*, VII, II, 590 *a* 24.
4. Le terme ἐλέγχεσθαι signifie proprement *réfuter*. Nous trouvons ici un exemple extrêmement significatif de l'emploi péripatéticien de ce verbe. En effet, il ne signifie pas que l'on réfute quelque chose, mais indique que l'on a recours à l'expérience directe pour montrer ce qui est, et découvrir ainsi par induction un principe. Voir notamment l'établissement *par réfutation* du principe de contradiction par Aristote (*Métaphysique*, Γ, IV, 1006 *a*, 15).
5. Bel exemple de l'ἄδηλον. Voir la formule d'Anaxagore (B XXI *a*, p. 658), si souvent reprise : ὄψις ἀδήλων τὰ φαινόμενα.
6. L'expérience paraît exacte. Une membrane séreuse peut être perméable à l'eau et imperméable aux ions Na + et K + qui s'y trouvent en solution. L'eau qui emplit le vase est douce et comme filtrée de sa salinité.

Page 161.

1. Par l'effet de la force centrifuge, on peut renverser le vase sans que l'eau s'en échappe. Ce tour de physique amusante peut avoir été pratiqué par des jongleurs comme ceux dont parlera Athénée (voir, par exemple, *Les Deipnosophistes*, I, 35, 19 D).

2. Quand le vase, ou la coupe, se trouve retourné, l'eau qui demeure dans le récipient est en fait en bas et en dessous par rapport au vase. Mais la force centrifuge, comme nous dirions aujourd'hui, s'oppose au mouvement naturel vers le bas, qui est celui de la pesanteur.

3. On songe au *miliarium* qui se trouvait dans les bains de Pompéi, reconstitué à partir des traces qu'il a laissées sur le mortier du mur contre lequel il était adossé.

4. Voir A LXXXVI, 7, p. 171 et B XCIV, p. 218.

Page 162.

1. Voir B LXXVII-B LXXVIII, p. 211.

2. L'expression est celle employée par le Lycée, depuis Aristote, pour désigner les particules élémentaires chez Anaxagore. Il serait douteux qu'elle fût d'Empédocle.

3. Ce passage est très difficile : Diels l'a amendé en procédant à la double addition des mots παρά et γῆς. Si on lit les manuscrits, on obtient la lecture suivante : « Quant aux différences des sucs, ce sont des modifications liées à la diversité (ou multiplicité) des parties ⟨qui constituent les végétaux⟩ ; car les plantes (*génitif absolu*) ont chacune leur manière propre de puiser les homéoméries contenues dans ⟨la terre⟩ nourricière, comme pour la vigne. »

Page 163.

1. Le nom d'Abrucalis peut désigner Empédocle, comme le suggère le rapprochement possible avec B LXXIX, p. 212. Mais les Arabes désignent aussi par ce nom Protagoras (voir Platon, *Théétète*, 166 d et plus particulièrement 167 b) et le médecin Hérophile.

2. Diels édite le texte latin de la version médiévale établie à partir d'une version arabe.

3. Voir B LXXIX, p. 212.

4. Voir B LXII, v. 4, p. 206.

5. Cette notation a paru inintelligible à H. Diels. Elle s'éclaire pourtant par opposition à la troisième génération qui est produite par des créatures totales, c'est-à-dire hermaphrodites. L'union de différents, qui est mentionnée ensuite, désigne la réunion de substances différentes, par opposition au mélange de substances amies, comme la terre et l'eau qui forment une colle, une pâte ou une bouillie (voir B XXXIII, p. 214 et B XCVI, p. 219) : ce sont les colles de l'Amitié qui produisent l'harmonie. Or l'union des contraires est représentée plus

particulièrement par l'union des sexes opposés, et c'est ce que signifie : *union des différents*.

6. Parmi les deux exemples donnés, le second (union sexuelle) est clair. Mais le premier est mal compris des interprètes. Il suffit pourtant d'avoir présent à l'esprit que pour Empédocle (voir B LXXIII, p. 210), l'épaississement ou la solidification sont produits par l'action du feu sur le mélange de terre et d'eau (voir B XXXIV, p. 196 ; B LVI, p. 204 ; B LXII, p. 206 et B LXXXV, p. 215). L'épaississement de la nourriture relève donc de l'union des différents ; la pâte des semblables (eau et farine, eau et terre) durcit quand on l'expose à la Haine, c'est-à-dire au feu, donnant soit le pain soit la céramique. Cela permet en retour de comprendre que la génération de l'embryon n'est qu'une autre espèce de l'union des contraires, c'est-à-dire elle aussi une cuisson.

Page 164.

1. Le texte paraît inintelligible. E. Bignone corrige et interprète : « Ils pouvaient vivre dans tous les endroits de la même façon » (πᾶσι τοῖς χωρίοις σύμφωνα εἶναι) au lieu de : πᾶσι τοῖς θώραξι πεφωνη-κέναι. Mais Empédocle veut peut-être dire, dans l'hypothèse où le texte serait maintenu, que les créatures terrestres ont une voix, donc parlent.

2. Voir B LVII-B LVIII, p. 204.

Page 165.

1. Voir B C, p. 221.
2. Empédocle et Archélaos.
3. Empédocle.
4. Anaximène et Diogène d'Apollonie.
5. Héraclite.
6. Alcméon.

Page 168.

1. Voir B LXVII, p. 204.

Page 169.

1. Voir B LXVII, p. 204.
2. Le texte se poursuit en B XCII, p. 218, introduisant le fragment.

Page 170.

1. La formule : *détermination* (ou *division*) *en articulations* traduit le mot διάρθρωσις qui n'apparaît qu'une seule autre fois dans la doxo-graphie empédocléenne, en B LXII, p. 206. S'il faut en croire Simpli-cius, ce terme se rapporte à la détermination du sexe.

2. Le nombre 49 est égal à 7×7. Il a donc une valeur symbolique pour un pythagoricien.

3. Voir Aristote, par exemple la *Génération des animaux* II, II, 740 *a* 17. Chez Empédocle, cette thèse pourrait avoir une origine orphique.

4. Diels ajoute : « de l'élément aérien, de l'élément aqueux et de l'élément terreux » pour justifier le pluriel (ἐξ ὧν) qui suit. Mais en réalité seul le feu constitue l'élément démonique.

5. Parce que l'âme est faite de sang, elle meurt. Aussi n'est-ce pas elle qui se réincarnera, mais le *démon*.

Page 171.

1. Voir B LXXXIV, p. 214.
2. Voir A LXIX *a*, p. 209.
3. C'est-à-dire, comme le suggère Diels, l'air humide de la nuit. Voir A LXXXVI, 14, p. 173.

Page 172.

1. Cette leçon est celle des manuscrits; en corrigeant *externe* en *interne*, Karsten et Diels créent peut-être une difficulté inutile.
2. Théophraste, après avoir employé le terme ἀκοή au sens d'*audition*, l'utilise maintenant au sens concret d'*oreille*. Voir A XCIII, p. 180 et B XCIX, p. 221.
3. Chaque *élément*, plutôt que chaque *sens*, voir n. 4, p. 224.
4. Voir B CVII, p. 224.
5. Voir A IV, p. 135 et B CV, p. 224.

Page 173.

1. Voir B XCI, p. 217.
2. Théophraste entend pousser la thèse d'Empédocle jusque dans ses dernières et absurdes conséquences : il transforme en objection une conclusion qu'Empédocle a faite sienne (voir B CX, p. 226, dernier vers).

Page 174.

1. Voir B XXII, v. 6-7, p. 191.
2. L'explication généralement proposée de ce pluriel est que Théophraste songe à la fois à Empédocle et à Anaxagore dont il va être question au paragraphe suivant.
3. Voir le paragraphe 29 de *Du sens* de Théophraste en Anaxagore, A XCII, p. 640.

Page 175.

    1. Distinction entre ce qui est interne et ce qui est externe.

    2. C'est là le seul témoignage de Théophraste concernant les cycles de l'Amitié et de la Haine. Bignone souligne la parfaite concordance de son interprétation avec celle d'Aristote, et en induit aussi, assez légitimement semble-t-il, que Théophraste a bien connu l'ensemble du poème.

Page 176.

    1. Fragment B CII, p. 223.

    2. Voir A LXXXVI, 12 et n. 2, p. 173.

    3. La distinction entre animaux sanguins et animaux non sanguins est aristotélicienne : elle correspond à peu de chose près à celle que nous établissons aujourd'hui entre les vertébrés et les invertébrés.

Page 177.

    1. Le *diaphane* est le milieu transparent à travers lequel peut s'opérer la vision, lié à l'air et à l'eau, et constituant une propriété de ces deux corps.

    2. Aristote, *De la génération et de la corruption*, I, VIII, 326 *b* 6.

    3. Voir B XCII, p. 218. Mais ici le pseudo-Philopon paraît confondre le traité *De la génération des animaux* avec celui *De la génération et de la corruption*. L'opposition des πόροι et des ναστά est une reprise de l'opposition classique entre le vide et le plein, le dense et le rare. Nous traduisons ναστά par *nodosités* en songeant aux *nœuds* du bois. Chez Démocrite (voir A XLVI, p. 425) le terme sera rendu par *compacts*.

Page 178.

    1. Il s'agit de la pierre d'aimant ou aimant naturel.

    2. Les effluves ont même calibre et sont à la dimension des pores.

    3. La citation d'Empédocle par Alexandre d'Aphrodise se poursuit en B XCI, p. 217.

Page 179.

    1. Le terme d'εἴδωλα (*images*) désignera plus tard les *simulacres*. Voir Parménide, A XLVII, p. 342 et Leucippe, A XXX, p. 398.

    2. Voir Platon, *Timée*, 68 *a*.

    3. Voir B LXXXIV, p. 214.

    4. Voir la thèse de Gorgias, B IV, p. 706.

Page 180.

1. Expression proverbiale correspondant au début du fragment 94 de l'édition Bowra, et citée encore dans le *Phèdre*, 236 *d*.
2. Voir B xxiii, p. 191.
3. Voir A lxxxvi, 9, p. 172 et 21, p. 176.
4. Voir A lxxxvi, 9, p. 172 et 21, p. 177.
5. Voir le *Commentaire* d'Alexandre d'Aphrodise, 67, 19, auquel Diels renvoie.

Page 181.

1. Voir A lxxiii, p. 164.
2. Voir A lxxxvi, 16, p. 174.
3. Voir A lxxxvi, 9, p. 172.
4. Voir B cv, p. 225.
5. La *furor* ou folie.
6. En grec dans le texte. Le terme désigne la folie et non pas, comme aujourd'hui, la simple manie.

Page 182.

1. La traduction du mot παλάμαι par *pouvoirs* peut sembler insuffisante, bien qu'E. Bignone s'y soit rangé *(poteri)*. Étymologiquement, ce mot désigne les *paumes* (trad. J. Bollack), c'est-à-dire des organes de toucher ou de préhension.
2. *Répandus* traduit τέτανται ainsi que nous le proposent les manuscrits de Sextus Empiricus par lesquels nous connaissons ce fragment. Bien que l'expression se retrouve encore dans la citation de B c, v. 2, p. 221 conservée par Aristote, Diels a corrigé en κέχυνται *(étendus* au lieu de *répandus)* pour se conformer à l'usage homérique de cette clausule.
3. Le texte grec dit : *qui assaillent et émoussent nos pensées.*
4. La suite du fragment est ainsi introduite par Sextus Empiricus : « Quant au fait que la vérité n'est pas complètement insaisissable, mais qu'on peut la saisir dans les limites de la raison humaine, il l'explique en ajoutant : *Mais toi,* etc. »

Page 183.

1. L'identité de la personne à qui s'adresse cette invocation est sujette à discussion. Pour Wilamowitz, suivi par Gomperz, il s'agit de Pausanias et le texte comporterait ici une lacune. Pour Diels, en revanche, il doit être ici question de la Muse, et c'est le sens que notre traduction adopte.
2. Ici reprend l'adresse à Pausanias, après l'invocation à la Muse. *Tes sens* traduit παλάμη, voir B ii, et n. 1, p. 182.
3. La critique, comme le note Bignone, vise Héraclite. Voir cet auteur en B ci *a*, p. 89.

4. Jeu de mots sur πόρος, le conduit ou moyen d'accès à la vérité (ainsi échappe-t-on à l'*aporie*) et le pore au sens physique de la théorie des pores.

5. Nous suivons la correction de Diels : διασσηθέντος. Les manuscrits proposent διατμηθέντος : *après avoir retranché ⟨mes propos⟩ au fond de tes entrailles.*

6. Le personnage qui prend la parole dans le dialogue de Plutarque, porte lui aussi le nom d'Empédocle.

Page 184.

1. Ce fragment, pour lequel nous conservons la correction proposée par Diels, était placé primitivement en III. Bignone (*Empédocle*, Turin, 1916, p. 61 et suiv.) a montré qu'il ne pouvait se placer entre II et IV.

2. Il s'agit ici des quatre éléments dont Empédocle passe, aux yeux d'Aristote, pour avoir été l'inventeur. Zeus est le nom donné à l'*eau*, Héra à l'*air*, Aidôneus (c'est-à-dire Hadès) à la *terre* et Nestis à l'*eau*, d'après l'interprétation rapportée par Aétius (voir A XXXIII, p. 147). Mais pour Stobée (voir A XXXIII, p. 148), Héra est la *terre* et Aidôneus l'*air*. Ce dernier témoignage est rejeté par Bignone (*ouvr. cité*, p. 331) qui expose à la fin de l'appendice I (p. 542) les raisons pour lesquelles l'interprétation d'Aétius peut être préférée. La *quadruple racine* fait également référence à l'image du cube. Voir la paraphrase de Simplicius en B XCVI, p. 219 et A XXVIII, p. 145.

3. Par *naissance*, nous traduisons φύσις, qui généralement désigne la nature. Le terme a ici une valeur proche de l'étymologie, le verbe φύειν signifiant *croître*.

Page 185.

1. *Mélanger* est, dans le texte grec, exprimé par une forme verbale : « lorsque, en un homme ou chez l'homme, ils *se mélangent* ». Ils, non précisé, désigne les éléments. Le passage est corrompu.

2. Si Empédocle avait estimé que les *étants*, c'est-à-dire les réalités permanentes, naissaient et périssaient, le terme de naissance aurait eu pour lui une signification absolue, et non pas la valeur figurée qu'il entend donner à l'usage courant.

3. Voir B IX, p. 185.

4. Voir B VIII, p. 184.

5. Voir B IX, p. 185.

6. Voir B X, p. 185.

7. Ici encore, le mot grec est φύσις.

Page 186.

1. Voir A XLVI, p. 152 et Anaximandre, A IX, p. 35.

2. Ce fragment fait immédiatement suite, chez Plutarque, à B XI, p. 185.

Page 187.

1. Voir B VII, p. 184.

Page 188.

1. S'agit-il ici de phrases successives, comme le pensent E. Zeller ou E. Bignone (voir *ouvr. cité*, deuxième appendice, p. 545 et suiv.)? S'agit-il au contraire de moments dialectiques distincts, mais évidemment, dans une perspective dialectique au sens moderne simultanés (voir J. Bollack, *Empédocle*, I, p. 107 à 110)? Telle est la question des cycles soulevée par ce passage. Voir en A LXXII, p. 163, l'interprétation d'Aétius.

2. Le texte grec écrit ταῦτα : *ceux-ci*. L'expression se retrouve aux vers 27 et 34. Nous comprenons que dans tous ces cas, il s'agit des éléments.

3. Voir B XXVI, v. 5 et suiv., p. 193. L'*Amour* traduit ici, comme dans l'ensemble des fragments, le mot Φιλότης (plus exactement *Amitié*). *Amitié* traduit Φιλία.

4. Ce vers (9) est emprunté par Diels à B XXVI, v. 8 (voir p. 193 et la note 4), sur la foi d'Aristote (*Physique*, VII, 1, 250 *b* 30), qui cite cinq vers. Les deux passages se retrouvent dans les deux fragments, ce qui n'aurait rien d'étonnant, étant admis qu'Empédocle se répète lui-même souvent et volontiers, ce qui est un trait de poésie didactique.

5. Κατὰ κύκλον : *en cercle*, ou *pendant la durée du cycle*.

6. Plus exactement : *qui passe aux yeux des hommes pour inné* — ou *connaturel* — *à leurs membres* (ou encore *à leurs parties sexuelles*).

7. L'expression est équivoque : il peut s'agir des *mortels*, mais plus généralement encore des *éléments*.

8. Imitation de Parménide (voir cet auteur en B VIII, v. 52, p. 353).

9. Même remarque que plus haut (v. 6), n. 2.

10. En dépit de la différence de traduction, imposée par une raison métrique, la formule est identique à celle du fragment B XIV, p. 186.

Page 189.

1. Voir, plus haut, les vers 6 et 27. Là encore, il s'agit des éléments.

2. Le texte dans son ensemble est conforme à la transcription que nous a laissée Simplicius, à l'exception du vers 9.

3. Vers 20-21, p. 188.

4. Vers 21, p. 188.

5. *Amour* traduit Φιλότης, et nous maintenons cette traduction pour tous les fragments d'Empédocle.

6. De même *Amitié* traduit Φιλία.

7. Voir B CXXII, v. 2, p. 233.

8. Voir B XVII, v. 19, p. 188.

9. Mot à mot : *un corps*.

Page 190.

1. Vers 3.
2. Vers 4.
3. Voir B xxii, v. 2, p. 191.
4. Au vers 5 de ce fragment.
5. Il s'agit de la *forme* des éléments (μορφή).
6. *Les corps célestes*, d'après Diels, Burnet, J. Brun. Pour E. Bignone, il s'agit de l'éther qui est effectivement immortel, alors que tel n'est pas le cas des astres. Pour W. Kranz, il s'agirait plutôt des cristallisations formées à partir de l'air, comme le Soleil, la Lune, etc.
7. Voir B xvii, v. 34-35, p. 189.
8. Ce fragment fait suite au texte de Simplicius cité en B xvii, p. 187. Autres témoignages : pour les vers 3 et 5, Aristote (*De la génération et de la corruption*, I, 1, 314 *b* 20); Galien (*De la simple médecine*, II, 1); Plutarque (*Du premier froid*, 13, 949 F); pour les vers 9 à 11, Aristote (*Métaphysique*, B, iv, 1000 *a* 29).

Page 191.

1. Mot à mot : « *Toutes les choses qui sont appropriées au mélange sont disposées selon une conformité plus grande, semblables les unes aux autres et reliées par Aphrodite.* ». On retrouve ici la position d'Empédocle sur les semblables en général.
2. Voir le vers 5, p. 192.
3. L'interprétation proposée par Simplicius, et qui fait intervenir la distinction entre intelligibles et sensibles, a une coloration nettement néoplatonicienne. Toute cette doxographie s'ordonne, chez Simplicius, autour de l'articulation de l'Un et du Multiple. Pour les vers 6 et 7, voir Théophraste (*Du sens*, 16) en A lxxxvi, p. 00.
4. Pourquoi deux? On ne saurait le dire. Cependant, Empédocle use à trois reprises de formes de duel : δεδαῶτε (v. 2), μείξαντε (v. 4) et κτίζοντε (v. 6). Une solution possible à cette dualité exemplaire pourrait être que les deux peintres représentent l'Amitié et la Haine.
5. Ces couleurs sont des φάρμακα, mot à mot des *poisons* ou des *drogues*. On songe irrésistiblement à la magie et aux procédés incantatoires producteurs d'illusion que Gorgias, élève d'Empédocle, mettra en œuvre. De même, plus bas, le vers 9 fait référence à l'ἀπάτη ou *erreur*, qui constitue l'instrument de la rhétorique, pour Empédocle comme pour Gorgias.

Page 192.

1. De quel dieu s'agit-il? Sans doute de la Muse, comme en B iii, v. 3, p. 183 et B iv, v. 2, p. 183. À propos de ce fragment, E. Bignone évoque la peinture agrigentine qui mélange quatre couleurs fondamentales : blanc, ocre, rouge et noir. J. Brun renvoie à

P.-M. Schuhl (*Essai sur la formation de la pensée grecque*, 2ᵉ éd., Paris, 1949, n. 2, p. 298 et *Platon et l'art de son temps*, 2ᵉ éd., Paris, 1952, p. 82). L'exemple de la peinture est d'autant plus pertinent qu'Empédocle illustre la combinaison des quatre éléments (voir B LXXI, v. 3, p. 209 et Démocrite, A CXXV, p. 459).

2. Pour E. Bignone, Empédocle aurait eu l'habitude, reprise par Lucrèce, de répéter ou de réintroduire dans son poème tel groupe de mots ou de vers. Voir B XVII, v. 9 et n. 1, p. 188, et aussi, par exemple, B XXI, v. 13, p. 190 et B XXVI, v. 3, p. 193 : « *Ils sont donc seuls à avoir l'être,* / *Et dans leur course*, etc. »

Page 193.

1. Après B XXI, v. 12, p. 190.

2. Pour Simplicius, suivi avec raison par E. Bignone, il s'agit des quatre éléments. H. Diels, à cause d'une confusion avec B XVII, v. 29, p. 188 (voir Aristote, *Physique*, VIII, 1, 250 *b* 11 et suiv.), croit qu'il s'agit aussi de la Haine et de l'Amour.

3. Voir B XVII, v. 7-8, p. 188. Cette nouvelle répétition répond à une intention pédagogique.

4. Nous faisons de τὸ πᾶν le sujet de γένηται. W. Kranz comprend : « *Jusqu'à ce que, s'étant joints au Tout* (complément de συμφύντα) *ils se soumettent ⟨de nouveau⟩.* » Insistant sur l'unité de la formule ἓν συμφύντα τὸ πᾶν et sur la réalité du ἓν τὸ πᾶν : le *Tout-un*, J. Bollack (*Empédocle*, I, 120-122) traduit : « Jusqu'au jour où ils se fondent dans le *Tout-un*, et s'abîment dans l'ombre. » Ce vers, qui n'est pas répété dans le fragment B XVII, p. 188 — juste avant l'addition du vers 9 par H. Diels (voir la note 4, p. 188) —, devrait pourtant s'insérer logiquement dans le même contexte. Les vers 5 à 12 de B XXVI, p. 193 reproduisent les vers 7 à 13 de B XVII, p. 188, à l'omission près du vers 7 et à deux différences mineures près (qui n'apparaissent pas dans notre traduction !) — aux vers 8 et 12 de B XVII, p. 188, et aux vers 5 et 11 de B XXVI, p. 193.

5. Ce vers est répété en B XXVIII, v. 2, p. 194. Voir aussi Parménide, B XXV, p. 362.

6. La citation de Plutarque n'est pas conforme au texte transmis plus bas par Simplicius, citant Eudème. C'est celle de Plutarque qui paraît erronée à H. Diels.

Page 194.

1. Voir B XXVII, v. 4, p. 193.

Page 195.

1. Σφαῖρος est pris comme un adjectif attribut, et non comme un nom propre, contrairement à ce que paraît penser Simplicius (voir la note 3).

2. Voir B XXXI, p. 195.

3. La forme usuelle est le masculin Σφαῖρος. Ici Simplicius use du neutre Σφαῖρον, ce qui constitue un hapax dont le scoliaste s'étonne, et que H. Diels corrige (évidemment!) en un masculin. Nous avons essayé d'indiquer la différence de genre en disant simplement : « *Il était une fois* », au lieu de : « *Il était rond* », au vers 3 de ce fragment.

4. Voir B xcv, v. 1, p. 219.

5. *Chacune*, c'est-à-dire l'Amitié et la Haine.

6. Ce fragment fait suite à B xxvii, v. 4, p. 193.

Page 196.

1. Tel est le texte que Diels propose. Les manuscrits écrivent : « c'est pourquoi ⟨l'articulation⟩ lie, comme on le dit très justement ».

2. Voir Platon, *Timée*, 43 *a* et Homère, *Iliade*, V, v. 902 dont le vers d'Empédocle est une imitation.

3. Voir B xxxiv, p. 196 et B xcvi, v. 4, p. 219 où se retrouve l'image de la colle.

4. Pour en faire de la colle. Cet exemple est tiré de la boulangerie. La preuve qu'il s'agit bien d'un artisan travaillant la pâte, et non d'Aphrodite, en est administrée par Karsten (cité par J. Burnet, *L'Aurore de la philosophie grecque*, trad., Paris, 1970, p. 246) qui relève qu'il s'agit d'un participe masculin, ce qui ne conviendrait pas avec le féminin Φιλότης.

5. Nous interprétons le démonstratif τάδε comme désignant les *éléments*.

Page 197.

1. La proposition constituée par le vers 7 se retrouve au vers 16. H. Diels pense que ce vers a été transporté du vers 16 et réintroduit ici. Sans doute vaudrait-il mieux lui substituer le vers qui constitue le fragment suivant (B xxxvi, p. 198). La légère différence dans la traduction est imputable à des raisons métriques et à la maladresse du traducteur.

2. Voir B xxxv, v. 1 à 15, p. 196.

3. Voir B xcviii, p. 220.

4. Voir B xxxv, v. 4 à 17, p. 196.

5. Voir B xxxv, v. 5, p. 196.

6. Voir B xxxv, v. 10 à 13, p. 197.

Page 198.

1. Voir B xxxv, v. 14-15, p. 197. Mais le texte d'Aristote est différent de celui retenu par Diels. Si l'on coupe après ἐφύοντο, on obtient le sens que nous avons adopté; mais si l'on ponctue autrement, en plaçant la virgule après τὰ πρίν, on obtient un sens absolument inverse : « Aussitôt les choses autrefois mortelles croissaient

(ou, chez Aristote : « vivaient à l'état de mélange »), apprenant à être immortelles. »

2. Voir B xxxv, v. 15, p. 197.

3. L'adjectif ζωρός (*brassé*) peut signifier *sans mélange* ou *pur* en parlant du vin, et *sec* au sens où l'on boit « sec ».

4. Il s'agit ici encore des éléments. Ce vers doit peut-être prendre place en B xxxv, v. 7, p. 197. Nous lisons mot à mot : « La Haine s'écarta, alors qu'ils [les éléments] se rassemblaient, fuyant vers les bords extrêmes. »

5. Témoignage qui vient après B vi, p. 184.

Page 199.

1. Ce sens correspond au texte édité par W. Kranz. Le texte est ici corrompu.

2. Empédocle critique ici les thèses d'Hésiode (voir la *Théogonie*, v. 728) et de Xénophane. Empédocle recourt à une autre explication (voir A lxvi, p. 159) pour rendre compte de la stabilité de la Terre.

3. Il s'agit du Soleil.

Page 200.

1. Voir Démocrite, A lxxxix *a*, p. 444.

2. Le texte est corrompu, et l'on ne voit pas quelle meilleure solution adopter que rapporter cette notation au Soleil et à la Lune. L'explication proposée par Empédocle pour l'éclipse de Soleil est empruntée à la tradition pythagoricienne.

3. Une tache sur la Terre.

4. Cette dernière citation est reprise par Philon et va constituer le fragment suivant (xliii).

5. Voir Parménide, A xlii, p. 339. Mot à mot : *à cause de la réfraction de leur puissance qui s'épuise.*

6. Ce témoignage, conservé dans une version arménienne et retranscrit en grec par J. Gildemeister (1877), est d'expression douteuse. Le texte véritable du fragment est la lecture de Plutarque, à la fin de B xlii, et que nous reprenons p. 201.

Page 201.

1. Voir A lvi, p. 156.

2. Il s'agit de la Lune (voir Parménide, B xiv, p. 359, qui est peut-être imité ici).

3. Si l'on donne à ἄκρα le sens courant de *point culminant* ou *sommet*, la Lune vient frotter contre les plus hautes montagnes; cette solution est celle de Plutarque et de son interprète J. Amyot. Mais ἄκρα peut aussi désigner non pas, comme le croit W. Kranz, le but, mais le point central et prééminent du système giratoire, le point fixe constitué par la Terre autour de laquelle tourne le monde.

Page 202.

1. C'est-à-dire : le *cercle arrondi* (ou *sacré*) du Soleil.

Page 203.

1. Voir B LIV, p. 203.
2. Voir A LXVIII, p. 161.
3. Nous pensons, avec W. Kranz, qu'il s'agit des éléments.
4. L'air, sujet de la proposition, est ce qui *court ainsi*. Autre référence : Aristote, *De la génération et de la corruption*, II, VII, 334 *a* 5.

Page 204.

1. Voir A XXV, p. 143. Anaxagore, A XC, p. 637 et Antiphon, B XXXII, *Les Présocratiques*, p. 1104.
2. Les rayons du Soleil.
3. Il s'agit de la Terre.
4. Vers cité par Aristote; les deux vers suivants sont cités par Simplicius.
5. Ce fragment vient après B XXXV, v. 13, p. 197.

Page 205.

1. Les deux *Démons* (ce mot désigne en grec des puissances divines — que l'on songe, par exemple, au *démon* de Socrate ou à la *Divinité* de Parménide) sont ici l'Amour et la Haine.
2. Sans doute ces choses sont-elles les membres déjà formés.
3. Voir B LXI, v. 2, p. 205.
4. H. Diels propose de lire στείρος (*aux membres stériles*), par analogie avec Lucrèce (*De la nature*, V, v. 855). Il est suivi en cela par Burnet. E. Bignone conserve la leçon manuscrite σκιεροῖς, comme W. Kranz qui remarque qu'il pourrait être question de la stérilité de ces êtres, comme chez Lucrèce, mais seulement dans les vers qui suivaient et qui sont perdus.

Page 206.

1. Voir A LXXII, p. 163 et la tradition de Démocrite, B IV *c* et V, p. 492.
2. Sur le sens technique d'*articulation*, voir A LXXXIII, p. 170 et la note 1.
3. L'adjectif οὐλοφυής doit-il être pris au sens de *brut* (c'est-à-dire *tout à fait naturel*), comme on l'entend généralement en songeant au caractère fruste des *autochtones* (Liddell et Scott, 1271 A et sans doute Kranz)? *Entièrement constitué* (*integre*) comme l'interprète Bignone? Ou *réunissant les deux sexes en une seule créature*, avant que ne s'accomplisse leur *articulation* ou dissociation? Cette dernière interprétation,

que nous faisons nôtre, est celle de Simplicius, qui conteste lui-même la lecture d'Aristote voyant en ce *tout* la préfiguration sous forme de semence (ou graine) de la totalité de l'organisme. Il est conforme à l'esprit général de la thèse d'Empédocle que la dissociation des sexes ne se soit faite qu'à partir d'un être plus ou moins multiple. E. Bignone rapproche cette dissociation du mythe d'Aristophane dans *Le Banquet* de Platon (191 *d*) : on se rappelle que la séparation des sexes y est faite par Hermès sous l'ordre d'Apollon. Or une épithète traditionnelle d'Apollon est οὐλίος (voir par exemple : Macrobe, *Saturnales*, I, 17-21). Comment n'être pas tenté de rapprocher cet οὐ-λοφυής de Οὐλίος, le tout formé par les deux sexes étant la nature apollinienne non encore divisée par Hermès ? On notera aussi la simi-litude avec l'androgyne de Lucrèce (*De la nature*, V, v. 839).

4. Le feu qui se trouve mêlé à la terre, tente de se rapprocher du feu qui se trouve dans l'air.

5. Ce qui caractérise le corps féminin.

Page 207.

1. Voir B LXII, v. 4, p. 206.
2. Voir B LXII, v. 4, début, p. 206.
3. Voir B LXI, p. 205.
4. Voir A LXXII, p. 163 et A LXXVII, p. 165.
5. Étymologiquement le *symbole* est un objet coupé en deux : chaque moitié fournit, en s'emboîtant dans l'autre, un signe de recon-naissance. Nous voyons confirmation ici de l'interprétation par Sim-plicius du fragment précédent.
6. Sans doute est-il question ensuite, dans la partie manquante du fragment, de la femelle.
7. Le texte du fragment est douteux; la correction de Diels s'accorde au contexte de Plutarque, mais les manuscrits proposent une leçon plus crue : ἀμμίσγων (*quand il fait l'amour*).

Page 208.

1. À savoir les deux semences, masculine et féminine.
2. Diels ajoute : « et tantôt en revanche à des hommes, quand elles rencontraient le chaud ». Voir A LXX, p. 162.
3. Voir Parménide, B XVII, p. 360.
4. Le terme de *ventre* résulte d'une correction de Diels; les manuscrits de Galien donnent la *terre* (voir A LXXXI, p. 213).

Page 209.

1. Ce blanc liquide n'est pas encore le lait maternel, mais le *colostrum*, sécrétion mammaire.
2. À savoir sept et neuf mois.
3. Souvent les pythagoriciens (voir Sextus Empiricus, *Contre les mathématiciens*, IX, 182 et les *Hypotyposes pyrrhoniennes*, II, 155) définis-

sent une gamme progressant par tons, de 6/6 à 12/6. L'expression en 1/6 correspond aux six faces du cube : tout cube comporte douze arêtes, huit angles polyèdres et six faces ; or 8, moyenne arithmétique entre 6 et 12, représente une raison harmonique (voir Philolaos, B VI et suiv., p. 264 et suiv., et A XXIV d'après Nicomaque, et Simplicius au contexte du fragment B XCVI, p. 219).

4. Proclus prolonge encore l'explication, en développant ces thèmes pythagoriciens ; voir A.-J. Festugière, Proclus, *Commentaires sur la République de Platon*, Paris, 1956, t. II, 142, 35-6.

5. Le placenta est formé de deux membranes : l'une, externe, l'allantoïde ; l'autre, interne, qui porte encore aujourd'hui le nom d'*amnios* (du mot grec désignant l'agneau), qu'Ambroise Paré traduisait par *agnelette* (voir Littré, *Dictionnaire de la langue française*, au mot *amnios*.

Page 210.

1. Voir B XXIII, p. 191.
2. Voir B LXXIV, p. 210.
3. Ce fragment fait suite à B LXXI, p. 209.
4. Aphrodite.
5. Ce fragment fait suite à B LXXIII, p. 210. Il peut s'agir, comme le croit E. Bignone, des végétaux ; mais nous pensons plutôt, comme H. Diels, qu'il s'agit d'animaux. Par opposition aux crustacés (voir B LXXVI, p. 211) dont le squelette est extérieur, les vertébrés ont un squelette interne, entouré d'une chair élastique.

Page 211.

1. Au fragment 57.
2. Théophraste songe aux développements sur l'âge d'or.

Page 212.

1. Ou *commun à tous ces arbres*.
2. L'air comporte alors une proportion équilibrée de sec et d'humide.
3. Mot à mot : *Ainsi les grands arbres portent des œufs : et d'abord des olives [...]*.
4. Pour l'adjectif ὑπέρφλοιος, le dictionnaire de Bailly ne renvoie qu'à ce seul exemple et propose de traduire par : *dont la peau est très épaisse*, en parlant de l'écorce, ce qui pour la pomme est étrange. Liddell et Scott proposent *succulent*. Pourquoi, dans ces conditions, ne pas donner à cet adjectif le sens auquel se rallie l'interlocuteur du dialogue de Plutarque : *bonne à manger longtemps* ?

Page 213.

1. Diels opère ici une coupure dans le texte de Plutarque, réservant pour les *Purifications* les fragments B CXLVIII, B CXLIX et B CL, p. 243.

2. Ici Plutarque allègue les témoignages d'Antimaque et d'Aratos, qui donnent à Dionysos l'épithète de Φλοιός. Ce mot désigne aussi l'*écorce* (voir le fragment suivant).

Page 214.

1. Les hérissons ou les oursins, car le concept d'ἐχῖνος enveloppe les bêtes à piquants de toutes espèces.

2. *Revêtant l'apparence* est une correction de Diels. Les manuscrits portent : *tendant une embuscade / À la pupille ronde.*

3. Κύκλωπα, ronde. Mais le Cyclope est aussi une représentation du Soleil, donc du feu. Le fait que la créature cyclopéenne soit une expression ou une explicitation du feu justifie notre construction de λοχάζετο intransitif (v. 8) suivi d'un accusatif, non pas de lieu comme pour E. Bignone et W. Kranz, mais d'objet interne, exprimant une détermination qui pourrait être locale, et que nous interprétons comme qualitative. J. Burnet et J. Bollack en font un complément d'objet. Quant à W. K. C. Guthrie, il adopte la correction de Förster : λοχεύσατο, le feu donnant ainsi naissance à la pupille ronde. Cette solution a pour elle une extrême élégance, mais au prix d'une correction.

Page 215.

1. Voir l'*Iliade*, XV, v. 23 : Zeus, en colère, jette en bas, du haut de l'Olympe, les dieux qui lui résistent. Dans cet exemple, le *seuil* désigne le seuil de l'Olympe, et par conséquent le ciel. Pour notre part, nous conservons le sens propre *sur le seuil*, qui, même derrière la métaphore, demeure présent, et nous n'allons pas, comme E. Bignone et W. Kranz, jusqu'à faire directement éclairer le ciel par la lanterne.

2. Alexandre d'Aphrodise lit ἐχεύατο, construit transitivement, là où nous lisons avec Diels, au vers 9 du fragment B LXXXIV, λόχάζετο que nous construisons intransitivement *(lors s'est allé blottir).*

3. Empédocle, cité par Aristote dont Alexandre d'Aphrodise analyse maintenant le propre texte.

4. *Ménon*, 76 c, voir A XCII, p. 178 et Gorgias, B IV, p. 706.

5. Voir A LXXXVI, 7, p. 171.

6. Voir B XCVIII, v. 1, p. 220.

Page 216.

1. La flamme de l'œil.

2. Voir B LXXV, v. 2, p. 210.

3. Voir A LXXXVI, 7, p. 171.

4. Le texte grec comporte un pluriel désignant vraisemblablement les éléments.

5. Ce fragment vient après B XXXV, v. 1 à 15, p. 196.

6. Ce fragment vient après B LXXXVI, p. 216.

7. Κρῖ pour κριθή (*orge*), δῶ pour δῶρα (*maison*), ὄψ pour ὄψις (*vision*).

Page 218.

1. Sur l'aporie « Pourquoi les mules sont-elles stériles? », voir A LXXXII, p. 169 et Démocrite, A CXLIX et suiv., p. 478 et suiv.

2. Voir B XCI, p. 217.

3. Le *byssos*, ou fibre du tissu de lin. Le bleu et l'alcali sont ce que les anciens stoïciens auraient appelé des causes adjuvantes et les chimistes modernes des catalyseurs, dont la présence rend plus aisée la teinture.

Page 219.

1. Il s'agit des yeux.

2. Ce fragment vient après B LXXXVII, p. 216.

3. *Formule* traduit ici λόγος, signifiant le rapport des éléments entrant dans le mélange.

4. Vers 1 à 3. Voir Aristote, *Métaphysique*, H, II, 1042 *b* 25 et suiv.

5. Voir B LXIX, p. 209. Le texte de Simplicius est une paraphrase du texte d'Aristote cité juste auparavant.

6. Voir l'*Iliade*, XVIII, v. 470 : Héphaïstos forge les armes d'Achille.

Page 220.

1. Ainsi donc, d'après Simplicius, la terre constitue 2/8, ce qui correspond au reste des 6/8 évoqués par Empédocle. Le feu est en proportion de 4/8, ce qui correspond à la part assignée, par le fragment, à Héphaïstos. Il reste alors deux fois 1/8, soit 1/8 pour l'eau (*Nestis*, l'eau qui coule et 1/8 pour l'air, auquel correspond l'épithète *Brillante*, à cause de sa transparence. Ainsi *Nestis la Brillante* est-elle un mélange déjà réalisé d'eau et d'air. Telle est donc la formule physico-chimique (λόγος) qui fixe la proportion des éléments composant le mélange osseux. Mais il faut encore noter, concernant le problème abondamment discuté de la signification des épithètes divines accolées aux éléments (voir sur ce sujet la plus récente mise au point de W. K. C. Guthrie, *History of Greek Philosophy*, II, Cambridge, p. 144), que l'on peut trouver chez Empédocle une épithète composée qui, au lieu de désigner un seul élément, désigne un mélange déjà réalisé de deux éléments (voir A XXXIII, p. 147, A XXXVI-A XXXVII, p. 149 et A LXXVIII, p. 166).

2. Le fœtus, du fait de sa position incurvée dans la matrice, connaît une flexion et une articulation de la colonne vertébrale. L'explication mécaniste, proposée par Empédocle, reviendrait à écarter la cause finale, et à tenir la matière pour la seule cause, ce qu'Aristote refuse.

3. Voir B xcvi, p. 219.

4. Voir B xxi, p. 190.

5. Voir B lxxxv, p. 215.

6. Voir B c, p. 221.

7. Seul le début du fragment est cité. Il se trouve reproduit aussi en B lxxxv, p. 215.

Page 221.

1. Voir A lxxxvi, 9, p. 177 et A xciii, p. 180. C'est à l'oreille que se rapportent les termes de ce fragment.

2. Voir B c, v. 4, p. 221.

3. Voir Anaxagore, A lxix, p. 624. L'appareil qui est nommé ici *clepsydre* est appelé *chantepleure* par les archéologues qui en donnent la définition suivante : « La chantepleure était une sorte d'arrosoir fait d'un flacon à fond criblé de trous, qui ne laissait pas échapper le liquide tant que le goulot restait bouché. (Elle était souvent faite de métal précieux, et parfois richement ornementée). »

Page 222.

1. C'est-à-dire la quantité d'eau fixée par le destin.

2. Et par conséquent exerce une pression sur l'eau contenue à l'intérieur.

3. Le chien.

4. Texte très douteux.

Page 223.

1. Texte altéré par rapport à celui du fragment.

2. Voir A lxxxvi, 22, p. 176.

3. Simplicius, commentant la *Physique* (II, iv) d'Aristote, traite du hasard chez Empédocle, désigné ici par le terme de τύχη et non celui d'αὐτόματον.

4. Après B ciii, qui précède immédiatement.

Page 224.

1. Voir A lxxxiv, p. 170 et A lxxxvi, 10, p. 172.

2. Interprétation conforme au contexte aristotélicien qui ramène le jugement à la sensation (des choses présentes).

3. Voir B cviii, p. 225. Ici, le texte présente une légère variante.

4. Il s'agit des éléments.

5. Voir A lxxxvi, 10, p. 172.

Page 225.

1. Voir B cvi, p. 224.
2. Texte qui diffère légèrement de celui du fragment. Voir Hérodote, l'*Enquête*, VII, xvi, 2 ; Hippocrate, *De Morbo sacro*, xvii.

Page 226.

1. Le texte est mutilé et incertain. L'auteur pourrait être Eudore.
2. Hippolyte vise ici Marcion.

Page 227.

1. Ce fragment vient après B cix, p. 225. Simon rapporte la pensée d'Empédocle.
2. Voir A 1, 59, p. 129 et, pour les vers 3 à 5, Plutarque et Clément d'Alexandrie, A xiv, p. 138.
3. Texte douteux.
4. Il ne peut que très improbablement s'agir de la résurrection d'un mort, comme pour l'Alceste d'Euripide, qu'Héraclès va chercher aux Enfers. Jamais un Grec ne confondrait l'âme seule, ou l'esprit, μένος, avec le vivant tout entier. Nous croyons donc nécessaire de rejeter l'interprétation habituelle, pour supposer qu'Empédocle songe ici à une pratique de nécromancie (on remarquera que la μαντεία se rattache à la même racine que μένος, sanskrit *manas*), comparable à la pratique de la νεκυία ou évocation des morts (voir l'*Odyssée*, XI). On notera (en B cxv, v. 9, p. 229) l'emploi de μένος à propos de la force de l'Éther, rapproché de celui de μαινομένῳ qualifiant la Haine. Cette rencontre sémantique demanderait une analyse approfondie. Il peut s'agir tout au plus, non d'une résurrection, mais de la réincarnation d'un démon, voué à la Haine, source du μένος.

Page 228.

1. Au lieu de *méchanceté*. Interprétation proposée à W. K. C. Guthrie par F. H. Sandbach.
2. Texte corrompu.
3. Mot à mot : *la voie du gain*. Mais sans doute cette richesse n'est-elle pas matérielle.
4. Ce fragment vient après B cxi, v. 5, p. 227.
5. Vers 11. Le complément de la citation est bizarrement fantaisiste.

Page 229.

1. Le texte de ce vers est corrompu et difficile. Wilamowitz le dénonce comme n'étant pas d'Empédocle et note sa consonance hésiodique. S'agit-il par deux fois de la même personne, ou de deux

personnes différentes? Nous avons retenu la seconde solution qui
construit δαίμονες comme une apposition du pluriel.

2. Voir B cxi, p. 227 et la note 4.
3. Vers 13.
4. Vers 4 et 5.

Page 230.

1. Voir B cxv, v. 6, p. 229.
2. *Ibid.*, v. 7 et 8.
3. *Ibid.*, v. 9 à 12.
4. *Ibid.*, v. 1 à 3.
5. Voir B xvi, p. 187. Toute cette lecture est, dans le fond comme
dans la forme, pythagoricienne et néoplatonicienne.
6. Plutarque cite les vers 1, 3, 5, 6 et 13, offrant ici un bel exemple
de citation sélective et de reconstruction libre d'un texte. L'intention
de Plutarque est d'un néoplatonisme dont la source est le *Théétète* de
Platon (176 *a* et suiv.).

Page 231.

1. Voir B cxv, v. 9 à 12, p. 229.
2. *Ibid.*, v. 13-14.
3. Voir *La République*, X, 617 *b*, partie cosmologique du mythe
d'Er.
4. Le texte de Plutarque est corrompu et nous avons suivi la version qu'Amyot a pu connaître. Platon assigne aux Sirènes le rôle
d'animer les cercles célestes. Elles introduisent l'harmonie dans les
choses corporelles (sur la distinction entre les Muses et les Sirènes,
voir Proclus, *Commentaire sur La République*, xvi, vol. II, 237, 15, éd.
Kroll ou Festugière, III, 193 et suiv.). Les Moires sont les trois Par-
ques, filles d'Anankè, la Nécessité. Quant à Peithô ou Persuasion,
elle n'intervient pas dans le mythe, mais est connue par la tradition
comme servante d'Aphrodite, parfois identifiée à Aphrodite elle-
même : elle est l'Amitié dans un contexte empédocléen.
5. Voir A 1, 77, p. 134.
6. Voir A xxxi, p. 146.

Page 232.

1. Voir Héraclite, B xx, p. 71 (allusion au moment de notre naissance).
2. Diels propose Hermarque; l'expression est tout à fait imprécise
et il peut même s'agir de Lucrèce (voir la note suivante) ou de sa
source.
3. Voir Lucrèce, *De la nature*, V, v. 226.
4. Voir le *Phèdre*, 205 *c*.
5. Ce texte fait suite au témoignage de Plutarque cité en B cxv,
p. 229.

6. Voir Plotin, *Énnéades*, IV, VIII, 1, ou encore la tradition pythagoricienne de la cave sous la maison. (Voir Pythagore, II, p. 111).

Page 233.

1. Le vocabulaire d'Empédocle s'établit ainsi : Ἄτη est la *Haine* et nous avons traduit Φόνος par *Meurtre*, Κότος par *Colère*, Κῆρες par *Maux*, Νόσοι par *Fléaux* et Σῆψις par *Corruption*.
2. Voir B CLVIII, p. 247.
3. Hiéroclès, cité par Stobée, a conservé les vers 1, 2 et 4 du fragment. Pour les vers 2 et 4, voir Proclus, *Commentaire sur La République de Platon*, II, CLVII, 24 ; et pour les vers 2 et 3, Proclus, *Commentaire sur le Cratyle de Platon*, éd. Boissonade, p. 103.
4. *Chtoniè* et *Héliope* signifient étymologiquement « la femme de la Terre » et « la femme du rayon du Soleil, à la vue perçante ».
5. Autre nom de la *Discorde*.
6. Le *Lexique* de Hésychios permet de donner le sens de *sérieuse* (d'apparence ou d'air) à l'adjectif θεμερῶπις.

Page 234.

1. Cornutus lit Σοφήν (*Sagesse*), au lieu de Σωπῆ (*Silence*) qui paraît être, au vers 3, une assez bonne correction appelée par une ressemblance avec Pindare.
2. Ce fragment se poursuit à B CXXII, p. 233. Ἰαπετός (*Japet*), l'un des Titans, est le père de Prométhée et d'Épiméthée. Κοῖος est un autre Titan, frère de Japet.
3. Ce fragment fait suite à B CXXV, p. 234.
4. Addition de Diels.
5. Ce fragment fait suite à B CXVIII, p. 232.

Page 235.

1. Plutarque cite le vers sans mentionner le nom de son auteur.
2. Voir B CXLVI, p. 243.
3. Pour éviter le sacrifice d'animaux vivants. (Voir A 1, 53, p. 128.)

Page 236.

1. Porphyre cite Théophraste, *Sur la piété* (ouvrage perdu, connu seulement par Porphyre).
2. Voir Plutarque, *Comment il faut refréner la colère*, 464 D et *Propos de table*, IV, VI, 672 B. Ces sacrifices sont offerts le plus souvent aux Euménides (voir Eschyle, *Les Euménides*, v. 107 ; Sophocle, *Œdipe à Colone*, v. 100 et 148).
3. Voir l'École pythagoricienne, B XXXV, p. 316.
4. À rapprocher de B CXXXII, v. 1, p. 237.
5. Voir A 1, 55, p. 128 et Pythagore, A V, p. 113.

Page 237.

1. *Discours juste* ne parvient pas à rendre toute la richesse de δίκαιον λόγον, comme *discours de valeur* ne rend qu'imparfaitement l'expression ἀγαθὸν λόγον (v. 4).

2. Nous faisons, avec Wilamowitz, un masculin d'ἐφημερίων, pensant avec lui qu'il peut s'agir du jeune Pausanias. Cette identification n'est pas reconnue par Kranz. H. Diels et E. Bignone tiennent l'objet de l'invocation pour un neutre et ne se prononcent pas sur ce qu'il peut être.

3. Le poète lui-même.

4. Voir B CXXIX, v. 2, p. 236.

Page 238.

1. Voir Parménide, B 1, p. 345, pour l'image de la voie et du chariot, et peut-être aussi pour le sens, si l'on en croit la paraphrase de Sextus Empiricus : « Les jeunes filles sont les *sens* et les roues les *oreilles*. » Voir aussi l'imitation de Lucrèce, *De la nature*, V, v. 100 et suiv. et le *Commentaire* d'A. Ernout et L. Robin, III, p. 17.

2. Voir A 1, 57, p. 129.

3. Le texte grec précise : *velues*.

4. Diels renvoie à ce propos à Jean Tzétzès, *Chiliades*, VII, v. 522 et suiv., avec la précision : « Empédocle, au troisième livre de sa *Physique* », que Karsten interprète comme désignant les *Purifications*. Ce fragment fait vraisemblablement suite à B CXXXIII, p. 238.

5. Aristote cite alors Sophocle, *Antigone*, v. 450 et suiv.

6. Aristote a lu αὖ γῆς : *la terre (immense)*, là où Jamblique lit αὐγῆς : *l'éclat infini* ; la lecture de Jamblique doit être préférée pour des raisons métriques.

Page 239.

1. On notera ce détail révélateur : les interdits pythagoriciens concernent seulement les grands initiés ou le clergé, mais non le peuple.

2. Voir B CXXXIV, p. 238. Ce texte fait suite à la citation de Sextus Empiricus en B CXXXV, p. 238.

Page 240.

1. Citation de la fin du fragment B CXLIII, p. 242.

2. Aristote poursuit : « *Couper* et *puiser* sont deux espèces du genre *enlever*, de sorte que la métaphore se fait d'espèce à espèce. »

Page 241.

1. Voir B CXXVII, p. 235.

2. Voir Pythagore, A IX, p. 118.

Page 242.

1. Ce fragment très incertain provient d'un papyrus d'Herculanum mutilé.

2. *Platoniciens* et non *politiques*; car il s'agit d'une initiation aux mystères.

3. Théon lit νάων (*temples*) au lieu de κρηνάων (*fontaines*). Quant à l'expression *couper*, elle signifie métaphoriquement « puiser ». (Voir Aristote, en B cxxxviii, p. 240.)

4. Au sens fort de νηστεύω (*jeûner*). Le mot français *péché*, qui peut paraître anachronique, est le même (κακότης) qui figure dans le fragment suivant, cité en ce sens par Clément d'Alexandrie.

Page 243.

1. Ce fragment fait, d'après Diels, suite à B cxxx, p. 237.

2. Ce fragment fait suite à B lxxx, p. 212-213.

Page 244.

1. Aphrodite.

2. Fragment 763, Nauck.

3. Voir A lxxxiii, p. 170.

Page 245.

1. Le même sens de μηχανή se retrouve plusieurs fois sous la forme du verbe μηχανῶμαι dans le mythe de Protagoras chez Platon (voir Protagoras, C i, p. 683). On peut relever l'intéressante opposition entre ὄργανον (l'*outil*) et μηχανή (l'*invention* ou le *moyen abstrait*).

2. Δρῦν et φηγόν, tous les deux employés ici, désignent également un chêne.

3. Voir B cli, p. 244.

Page 246.

1. Voir en outre, pour cliv *c*, Libanios, *Lettres*, 30 (*Inédits grecs,* [*Anecdota*], éd. Boissonade, p. 413). On compte encore un pseudo-fragment cliv *d*. (Voir Parménide, B xx, p. 361 et *Fragments orphiques*, p. 354, éd. Kern.)

2. Voir A i, 53, p. 128 et A ii, p. 134.

3. Voir A i, p. 127.

Page 247.

1. Voir A i, 65, p. 130. L'épigramme précise : « et fils d'Acron ». Elle comporte un jeu de mots sur ἄκρον (*éminent*) et Ἄκρων (*Acron*). Ces vers renfermaient un effet volontairement comique, destiné à

ridiculiser le projet de monument commémoratif sur lequel ils seraient gravés.

2. Voir B cxxi, p. 233.

3. Voir A xliii *a*, p. 151.

4. Diels cite encore, sous les numéros cxl et cxli deux textes : des vers composés par Michel Italicus, ainsi que des études de la fin du siècle dernier sur la *Sphère d'Empédocle*. Sous le titre C (*Anklang = résonance*), Diels considère comme se faisant l'écho d'Empédocle une longue page du *Phèdre* de Platon (248 *b* à 249 *b*) empruntée au mythe eschatologique que renferme le second discours de Socrate : les âmes autres que celles des dieux (les démons d'Empédocle) perdent leurs plumes (voir B clviii p. 247, et B cxxi, p. 233), abandonnent la plaine de la Vérité, etc.

PHILOLAOS

NOTICE

L'importance du rôle joué par Philolaos de Crotone dans l'École pythagoricienne est soulignée par la richesse de la doxographie, de Platon aux successeurs de Théophraste. De plus, il est l'un des rares pythagoriciens dont les écrits portent, de façon presque certaine, la signature : un *De la nature*, dont il subsiste des fragments suivis[1] et un ouvrage intitulé *Les Bacchantes*[2].

Il a fait faire au pythagorisme un certain nombre de progrès d'importance. Ainsi, en ontologie, il se démarque de ses prédécesseurs et d'Alcméon, en ce que, dans les colonnes de concepts contraires, il accorde la préférence à la paire ontologique et à la paire physique du *Limitant* et de l'*Illimité*[3]. En cela, il est la source directe de Platon, et donc des doctrines non écrites développées dans les leçons de l'Académie. Cela explique que les critiques formulées par Aristote concernent surtout Philolaos. On a d'ailleurs toutes les raisons d'estimer que plusieurs des thèmes, qu'on trouvera développés en l'École pythagoricienne[4], lui étaient propres; il apparaît en effet comme l'un des auteurs pythagoriciens les plus complets, puisque, pour chacune des rubriques habituelles de la doxographie théophrastique[5], nous possédons des témoignages sur les conceptions de

---

1. Voir de B i à B xvi, p. 262.
2. Voir de B xvii à B xix, p. 269.
3. Voir A ix et A x, p. 252; B i, B ii et B iii, p. 262.
4. Voir l'École pythagoricienne, B, p. 296 et suiv.
5. Voir la Préface, p. lxv et suiv.

Philolaos; sur les principes[1], sur les dieux[2], sur le cosmos[3], sur les météores[4], sur la psychologie[5] et sur la physiologie[6]. Tout cela tend à prouver que Philolaos est un philosophe dont l'influence doit être recherchée non seulement dans l'École pythagoricienne, mais aussi chez les platoniciens et les péripatéticiens. Signalons enfin qu'il est peut-être aussi l'auteur du système pyrocentrique[7], qui constitua une véritable révolution copernicienne, avant la lettre, dans la pensée grecque.

NOTES

Page 248.

1. Dion de Syracuse, gendre de Denys l'Ancien, fut disciple et ami de Platon.

2. Il s'agit de Philolaos.

3. Platon fit son deuxième voyage en Sicile, à la demande de Denys le Jeune qui, venant d'accéder au trône, voulait se conduire selon les principes de la philosophie (368 av. J.-C.).

4. Voir Philolaos, A VIII, p. 251.

5. Il s'agit de Démétrios de Magnésie.

6. Nous adoptons le texte suivant : ἐκδοῦναι, πρῶτον τῶν Πυθα-γορικῶν, περὶ φύσεως et comprenons Περὶ φύσεως, comme son traité *De la nature.*

7. Voir B 1, p. 262.

Page 249.

1. Voir B XV, p. 268, où le témoignage est reproduit plus ample-ment.

2. Voir Pythagore, XVI, p. 122 et Philolaos, A IV *a*, p. 249.

3. La forme énigmatique semble avoir séduit les premiers penseurs grecs, comme Épiménide (selon la *Suda*) et Phérécyde (d'après Pro-clus dans le *Commentaire sur le Timée* [23 *c*], I, éd. Diehl, 129, 15).

4. Sans doute faut-il lire ici *Archippos*, à la place d'*Hipparque* (voir la note précédente).

5. Il s'agit de l'incendie dont il est plus longuement question dans Pythagore, XVI, p. 122.

6. À propos des maîtres de Démocrite, voir Démocrite, A 1 et A II, p. 401 et 405.

7. Voir Archytas, A V, p. 277 (témoignage de Cicéron).

1. Voir de A IX à A XIII, p. 252 et de B I à B XI, p. 262.
2. Voir A XIV, p. 255 ; B XV, p. 268 et B XIX, p. 269.
3. Voir A XV à A XVII, p. 257.
4. Voir de A XVIII à A XXVI, p. 258 ; B XII, p. 266 et de B XVII à B XXII, p. 269.
5. Voir A XXIII, p. 259 ; A XXVI, p. 260 ; B VI, p. 264 ; B XIV, p. 267 et B XVI, p. 269.
6. Voir A XXVII-A XXVIII, p. 261 et B XIII, p. 267.
7. Voir A XVI-A XVIII, p. 257 et B XIII, p. 267.

Page 250.

1. Voir Jamblique, *Vie pythagorique*, 248-250.
2. Voir A 1*a*, p. 249.
3. Cette retraite de Platon fait suite à la mort de Socrate. Euclide de Mégare, si avide d'écouter Socrate qu'il se déguisait en femme pour pouvoir entrer à Athènes où il était interdit aux habitants de Mégare de pénétrer, fonda l'école mégarique (ou éristique, parce qu'elle s'attachait surtout à la dialectique).
4. Hermodore de Syracuse fut un biographe de Platon.
5. Il s'agit du premier voyage que fit Platon en Sicile (et en Grande-Grèce).
6. Aristarque, péripatéticien, disciple de Straton, vécut dans la première moitié du IIIe siècle av. J.-C. Il est l'un des premiers, après Héraclide Pontique, à avoir supposé que la Terre tourne à la fois sur elle-même et autour du Soleil.
7. Voir Archytas, p. 274.
8. Apollonios de Perge est un illustre géomètre de la fin du IIIe siècle av. J.-C., auteur, en particulier, d'un traité *Des sections coniques*.

Page 251.

1. Nous traduisons ainsi le curieux terme de μητρόπολις (*cité-mère*). Les autres sciences apparaissent alors comme *colonisées* par la géométrie.
2. Timon de Phlionte fut disciple de Pyrrhon (vers le milieu du IVe siècle).
3. Voir A 1, 84, p. 248. Ces *trois livres* ne signifient pas nécessairement qu'il s'agissait de trois traités distincts : peut-être le *De la nature* comptait-il trois livres.

Page 252.

1. Voir Archytas, p. 274.
2. Voir B 1 et B 11, p. 268.
3. La *tétractys* est la somme des quatre (τέτταρες) premiers nombres, soit le nombre 10. Sur ce terme, voir l'École pythagoricienne, B xv, p. 000.
4. Cette perfection est liée au nombre 10, somme des quatre premiers nombres.
5. Nous traduisons ainsi l'expression ἀρχὴ ὑγιείας; selon saint Anatole (*Théologoumènes arithmétiques*, 37), ὑγιεία (*santé*) serait le nom donné par les pythagoriciens au nombre 6. Il est aussi appelé *principe vital* par le pseudo-Jamblique, qui pourtant désigne la santé par le nombre 7 (voir A xii, p. 252).
6. La source de ce témoignage est Nicomaque de Gérase.
7. C'est-à-dire le volume.

Page 253.

1. *Potonè* est une correction faite d'après Diogène Laërce (*Vies*, IV, 1); les manuscrits donnent tous ici : *Hypotanè*.

2. Nous reprenons la correction de Boeck : πρό (*avant*), conforme à l'histoire de l'Académie, au lieu de suivre les manuscrits, où on lit : παρά (*aux côtés de*).

3. Voir Euclide, *Éléments*, VII, 16 et 17.

4. Ce sont les cinq polyèdres réguliers inscrits dans la sphère : tétraèdre, octaèdre, icosaèdre, dont les faces sont des triangles équilatéraux, hexaèdre, ou cube qui a pour faces des carrés, et dodécaèdre, dont les faces sont des pentagones réguliers.

5. Nous suivons ici la correction d'Ast : ἀνακολουθίας, au lieu de ἀντακολουθίας (*conséquence réciproque*) donné par les manuscrits.

6. Sur la *décade*, voir aussi Philolaos, A XI, p. 252; B XI, p. 266 et B XIII, p. 267 et l'École pythagoricienne, B IV, p. 300, B XV, p. 306 et B XVI, p. 307.

7. C'est ainsi que nous traduisons l'expression : εἶδός τι [...] τεχνικόν.

8. Il nous paraît nécessaire de garder ici le texte des manuscrits corrigé par Diels en θεμέλιον (*fondement*); nous construisons le génitif pluriel du participe aoriste moyen de τίθημι sur le même plan que νομισάντων qui précède. Nous traduisons donc le texte suivant : (ἀλλ' οὐχ ἡμῶν νομισάντων ἢ ὡς ἔτυχε θεμένων) ὑπάρχουσαν [...]

9. Les *nombres premiers simples* sont nos actuels nombres premiers, à la liste desquels il faut ajouter le nombre 2.

10. À part 12, seul 14 possède cette propriété.

Page 254.

1. Le nombre 7 est *premier* au sens moderne.

2. Soit 1, 2, 3, 5 pour les sous-multiples et 6, 8, 9, 10 pour les multiples.

3. Le terme *superpartiel* traduit le grec ἐπιμόριος.

4. Le nombre *linéaire* est 1, le nombre *plan* 4 et le nombre *cubique* 8.

5. Commentant ce passage, L. Tarán (*Speusippus of Athens*, Leyde, 1981, F 28, p. 283-284) constate que le cas du triangle est plus compliqué que celui de la pyramide : « Speusippe, note-t-il, semble se référer à la construction d'un triangle en prenant une ligne et un point hors de cette ligne. La ligne a *deux* extrémités et entre le point (extérieur) et les deux extrémités de la ligne, il y a *deux* intervalles : cela donne le nombre 4; et, puisqu'un triangle a *trois* côtés et *trois* angles, on obtient le nombre 6; ce qui, ajouté à 4, donne 10. »

Page 255.

1. C'est-à-dire la moitié du carré, correspondant à la deuxième espèce de triangle qui lui-même correspond à la dyade.

2. En grec : πίστις, c'est-à-dire *garant*. Voir le témoignage de Lucien en Philolaos, A xi, p. 252.

3. *Mémoire* (ici le nombre 10), en grec : Μνήμη, est distinguée dans ce témoignage de *Mnémosyne* (ici le nombre 1), qui est traditionnellement présentée comme la *mère* des *neuf* Muses (parce que 1 + 9 = 10).

4. C'est-à-dire, au sens platonicien et péripatéticien, la matière de la série *illimitée* des nombres, obtenue par division ou démultiplication.

Page 256.

1. Le passage qui suit, supprimé par Diels, contient une référence, d'interprétation difficile, au zodiaque et à l'ordonnance astronomique. (Voir P. Tannery, *Mémoires scientifiques*, Paris, VII, p. 131 et suiv.)

2. La parenté avec la théorie proclamée par Empédocle dans son poème paraît ici évidente. (Voir Empédocle, B vi, p. 184, sur la *quadruple racine*.)

3. Cela correspond aux deux premières triades de dieux, telles que l'interprétation du *Parménide* de Platon a conduit les néo-platoniciens à les construire. (Voir Proclus, *Théologie platonicienne*, I.)

4. Typhon, dieu égyptien, était le frère d'Osiris ; il était le principe du mal, des ténèbres et de la stérilité. Il fit périr Osiris, en l'enfermant dans un coffre jeté dans le Nil. Mais il fut vaincu par Horus, fils d'Osiris, devenu grand. Plusieurs animaux lui étaient consacrés : hippopotame, verrat, crocodile, âne et scorpion. On l'honorait en particulier à Héracléopolis la Petite, appelée aussi Typhonopolis.

5. L'interprétation du mot μέτρον est délicate : s'agit-il d'une *mesure* ou, plus précisément, d'un *facteur* ?

Page 257.

1. Xylander, suivi par Diels, a corrigé le nombre *58*, donné par les manuscrits, en *56*. Toutefois, les commentateurs semblent fort embarrassés pour interpréter ce point. Quant à Eudoxe de Cnide, il s'agit du célèbre astronome, disciple d'Archytas (voir Diogène Laërce, *Vies*, VIII, 86).

2. Les témoignages d'Aétius (voir de A xv à A xxii, p. 257 à 259) ont tous comme source la *Physique* de Théophraste. Le nom de Pythagore désigne ici l'école en général, et peut en fait très bien renvoyer aussi à Philolaos.

3. La pyramide est également désignée par le terme de *tétraèdre*.

4. Voir B xii, p. 266.

5. *Foyer* traduit le terme Ἑστία, qui est aussi une divinité, correspondant à la Vesta des Latins. Fille de Cronos et de Rhéa, sœur de Zeus, elle présidait au foyer domestique, puis au feu interne de la Terre, et par suite à la Terre elle-même. P. Chantraine met le nom de *Vesta* en rapport avec le verbe *urere* (supin : *ustum*) qui signifie : *brûler*. (Voir également, A xvii, p. 257 et A xxi, p. 259 ainsi que B vii, p. 265).

6. Le texte est ici très incertain.

7. Sur l'anti-Terre, voir Aristote, *Métaphysique*, A, v, 986 *a* 12. Il y explique la raison d'être de l'anti-Terre : pour les pythagoriciens, il faut qu'existe un dixième corps céleste (en plus des neuf planètes visibles), pour que soit réalisée la *décade*, nombre parfait.

8. L'anti-Terre se situe entre le feu (Hestia) et la Terre, elle-même placée sous Ouranos (le ciel).

Page 258.

1. L'anti-Terre est par rapport à la Terre doublement opposée : à la fois par la situation de son orbite et par le sens de sa rotation. Si bien qu'on peut concevoir les orbites de ces deux planètes comme deux sphères homocentriques de rotations opposées.

2. Voir Aétius, *Opinions*, II, IV, 15.

3. Cette image révèle que l'hégémonique, ou faculté maîtresse de l'âme, a un rôle capital de *stabilisateur* dans un univers perpétuellement balloté comme un navire sur la mer; en même temps, l'emploi de ce terme stoïcien d'*hégémonique* nous renseigne sur l'origine de ce témoignage de Stobée.

4. Les deux principes vitaux pour les Grecs sont bien en effet, d'une part la chaleur et la lumière confondues dans le Soleil (ici le feu), et d'autre part l'eau.

Page 259.

1. Voir Philolaos, A XVII, p. 257.

2. Voir Platon, *Phédon*, 86 *b-c*, c'est la thèse de Simmias.

3. Voir Archytas, B II, p. 292.

4. Il s'agit donc d'une élévation au cube.

Page 260.

1. De fait, si $a = 6$ et $b = 12$, on obtiendra m (moyenne harmonique) = $\dfrac{a \times b}{\text{M (moyenne arithmétique)}} = \dfrac{2\,a\,b}{a+b} = \dfrac{144}{18} = 8$.

2. Voir Pythagore, VII, p. 114 et Démocrite, B CCC, 13, p. 576 (*le mage de Proconnèse*).

3. Voir Archytas, p. 274.

4. Platon, *Timée*, 36 *a-b*.

5. En grec, ὑπεροχή (voir Archytas, A XVI, p. 238 et B II, p. 291).

6. En grec, διάστημα.

7. 27/24 = 9/8, soit un ton.

8. Boèce utilise le terme *differentia*, qui est l'équivalent de ὑπεροχή chez Porphyre, dans le témoignage précédent.

9. Ce mot signifie : *coupure*.

10. Ce mot signifie : *passage*.

11. Ce mot signifie, dans le vocabulaire de la rhétorique : *incise* (petit membre d'une période).

Page 261.

1. En effet, le rapport 243/216 égale 9/8.

2. Sur la raison de tous ces nombres, voir Archytas, A XVI, p. 283.

3. Il s'agit de la matrice.

4. Sur ce rapport du semblable au semblable, voir Philolaos, A XXIX, p. 262 et Empédocle, A LXXXVI, 1, p. 171.

5. Le terme grec est ἰχώρ. (Voir Platon, *Timée*, 82 *c* et suiv.)

Page 262.

1. Ce verbe signifie : *brûler*.

2. Voir Prodicos, B IV, p. 742 et Démocrite, A CLIX, p. 484.

3. Le texte est ici très douteux; les manuscrits portent : α[...]ειαν ou α[...]αιον, que Diels lit : ἄχρεον *(sans utilité)*. Nous suggérons une autre lecture : ἀ⟨ρδ⟩είαν, et comprenons : « Il n'y a pas en nous de bile, ou du moins pas d'irrigation ⟨du corps⟩ par elle. »

4. Autrement dit la *raison*. Mais nous préférons conserver le terme grec parce qu'il englobe d'autres notions que la seule raison.

5. Il s'agit du *logos* des mathématiciens, mais aussi des astronomes. Le sens de *rapport de proportion*, ou *raison du rapport* se trouve enveloppé par le terme de *logos*.

6. La θεωρία est à la fois *contemplation* et *vision spéculative*.

7. Tous les fragments de Philolaos sont en dialecte dorien. Pour l'ensemble des fragments, on pourra se reporter à W. Burkert, *Lore and Science in Ancient Pythagorism* (traduction anglaise par E. L. Minar Junior, Cambridge, Massachusetts, 1972). Voir Philolaos, A 1, p. 248 et A IX, p. 252; mais aussi Diogène Laërce, *Vies*, VIII, 55, ainsi que Jamblique en Pythagore, XVII, p. 124.

8. Le titre grec est : περὶ κόσμου. Comme dans le fragment précédent, le *monde* ne peut pas être pris au sens restreint défini par Aétius, dans le témoignage A XVI, p. 257

9. Le participe ἐοντα désigne les *étants* ou *existants*.

Page 263.

1. Il y a ici opposition implicite entre les termes : ἔργα *(les faits)* et λόγοι *(les paroles)*; le deuxième terme est en effet, impliqué par καί *(encore)*.

2. Il est nécessaire d'utiliser ici ce néologisme, pour traduire exactement. De même que J.-P. Sartre écrit, après Heidegger : « Le néant néantise », on est bien obligé d'écrire ici que *l'illimité illimite*, comme *la limite limite*. Stobée présente, à la suite de ce fragment, les fragments IV à VII, dans l'ordre suivi par Diels.

3. Voir Platon, *Philèbe*, 23 *c*.

4. *Ce qui est* traduit τὸ ὄν (*l'étant* ou *l'existant*). Voir A ıx, p. 252.

5. L'accusatif ἀρχάν a ici une valeur absolue. Nous pensons qu'il exprime une modalité : *ayant valeur* (ou *jouant le rôle*) de principe ; mais il peut aussi signifier simplement : *au commencement*.

6. S'agit-il seulement de l'unité ? Cette catégorie du *pair-impair* paraît avoir fait l'objet d'une discussion à l'intérieur de l'école. (Voir Philolaos, A xııı, p. 253 ; l'École pythagoricienne, B ıı, p. 299 ; B v, p. 301 ; B xxıı, p. 309 ; B xxvııı, p. 313 et B xxıx, p. 314.)

Page 264.

1. Nous traduisons ainsi l'expression dorienne : ἁ ἐστὼ τῶν πραγμάτων. Le terme dialectal ἐστώ équivaut à οὐσία (en attique) et désigne l'*essence*, plutôt que la substance.

2. La *quarte* traduit : συλλαβά et la *quinte* : δι'ὀξειᾶν. (Voir A xxvı, p. 260.) La *grandeur de l'harmonie* désigne l'*octave*.

3. La corde la plus haute correspond à la note la plus basse.

4. C'est-à-dire l'*octave*.

5. Sur tout ce passage, voir Nicomaque de Gérase (*Harmoniques*, IX, éd. Jan, p. 252, 17). Mme Timpanaro-Cardini illustre ce fragment par un schéma emprunté à Jamblique, *Vie pythagorique*, 118, que nous complétons ainsi :

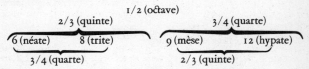

ce qui correspond, dans notre notation musicale moderne, à :

    mi   *si*   *la*   *mi*

6. *Subdivisions* traduit *minora* (« plus petits »), d'où le terme *mineur*.

7. Apparemment le *dièse* équivaut à l'actuel demi-ton diatonique. Sur l'ensemble de ce passage, voir Philolaos, A xxvı, p. 260.

Page 265.

1. Il est possible qu'il y ait un jeu de mots sur ἑστία (*le foyer central*, voir A xvı, p. 257) et ἐστώ (le terme dorien équivalent d'οὐσία, *l'essence*). Ainsi se trouverait établie une relation complexe entre l'Un, l'être (ou essence) et le foyer central.

2. La *monade* est l'unité, en tant qu'unité composée (voir B vıı, p. 265). Il est à noter que ce terme de *monade* désigne le *feu* pour les pythagoriciens.

3. Voir Philolaos, A xııı, p. 253 et Démocrite, A ı, 45, p. 404 ; B ıx, p. 499 et B cxxv, p. 530 où se retrouve l'opposition de φύσει et de νόμῳ.

4. C'est-à-dire des multiples, qui résultent eux-mêmes d'un mélange de principes (πολυμίγεα).

5. Théon souligne de façon très explicite ici la dette considérable de Platon envers le pythagorisme, et qu'on a souvent minimisée en raison de la difficulté à cerner précisément l'originalité de cette doctrine.

6. Voir Archytas, B v, p. 293.

7. Voir Philolaos, A xiii, p. 253.

Page 266.

1. Le texte est rendu incompréhensible ici par une lacune correspondant à un intervalle de douze lettres.

2. Le texte présente le terme : ἡγεμονικά ; on pourrait suggérer, à condition d'admettre l'authenticité de ce fragment (ce qui ne fait pas de difficulté pour Diels), que le terme stoïcien d'*hégémonique* est, sinon un emprunt, du moins une référence à la doctrine de Philolaos.

3. Nous traduisons ainsi le mot : ἀπορία (*absence d'issue* ou *de solution*), dont on sait quel usage Platon et Aristote feront par la suite.

4. Le *gnomon* est, en arithmétique, le nombre qui, ajouté à un nombre figuré, donne une figure de la même forme, par exemple :

$$1 + 3 + 5 = 3^2 = 9.$$

5. Le texte porte : λόγοι.

6. C'est l'équivalent de nos arts et métiers.

7. C'est-à-dire la nature du nombre.

8. C'est-à-dire les *éléments*.

9. Ὁλκάς (la *coque*) est un mot dont le sens est très discuté. Il semble désigner l'élément limitant de la sphère, à savoir l'éther, qu'on ne saurait concevoir comme un milieu illimité. Voir la *quille*, en A xvii, p. 257.

10. Voir Philolaos, A xvi, p. 257.

Page 267.

1. Cette expression péripatéticienne, qui ne se rencontre pas chez Aristote, mais seulement chez ses commentateurs, peut difficilement avoir été celle employée par Philolaos.

2. Κεφαλά désigne ici non la *tête* (le crâne), mais son contenu (le cerveau).

3. Ou du *sens*, car αἴσθησις est ambigu, et désigne à la fois la sensation et le sens.

4. Le grec propose la même image d'un attelage réuni par un joug.

5. Le jeu de mots σῶμα-σῆμα sera repris et popularisé par Platon dans le *Gorgias* (voir le texte suivant), et dans le *Cratyle* (400 *b*), où il le développe.

6. Σοφός signifie ici plutôt *savant* que *sage*.

7. Peut-être Empédocle? Voir cet auteur en B cxv et suiv., p. 229 et suiv.

8. Diels pense donc qu'il s'agit de Philolaos, puisqu'il range sous le nom de Philolaos ce témoignage de Platon, en accord avec la référence explicite à Philolaos faite par Clément d'Alexandrie dans le texte précédent.

9. Il s'agit d'une étymologie fantaisiste (comme on en trouve une multitude dans le *Cratyle*), qui rapproche πιθανόν et πίθος (*jarre*), comme s'ils dérivaient tous deux du verbe πείθομαι (*persuader*).

10. Parce qu'ils « ne retirent rien de rien » et qu'ils sont insatiables. Il y a encore ici un jeu de mots : ἀνοήτους (*insensés*) et ἀμυήτους (*passoires*).

11. Tout ce passage est bâti sur des jeux de mots intraduisibles. L'expression : *remplir un tonneau percé avec un seau percé*, qui fait référence au châtiment des Danaïdes (voir *La République*, II, 363 d), prend une valeur proverbiale, pour désigner toute entreprise vaine.

Page 268.

1. Nous traduisons ainsi : τιμωρίας χάριν, qui est très proche de l'expression de Philolaos : διά τινας τιμωρίας (*à cause de certains châtiments*), rapportée par Clément.

2. Nous suivons ici la correction de Casaubon, retenue par Diels : ἀνάτασις (*l'air menaçant*), bien que la leçon des manuscrits ait un sens voisin : ἀνάστασις (*révolte contre*).

3. Athénée reproduit ici la citation de Philolaos, que nous traduisons plus haut dans le texte de Clément d'Alexandrie.

4. *Poste de garde* : l'image, qui évoque d'abord la prison ou la consigne militaire, sera peut-être reprise par Antiphon, en B L, *Les Présocratiques*, p. 1111.

5. Voir Philolaos, A 1, p. 248.

6. Il a été précédemment question du suicide.

7. On ne sait de quels mystères il s'agit précisément.

8. C'est ainsi que nous avons tenté de rendre la double signification de εὖ λέγειν : *bien parler* en même temps que *dire avec raison que*.

Page 269.

1. Il s'agissait d'une citation concernant le Soleil, puisque tel est l'objet du chapitre xxv de Stobée; mais le texte lui-même est perdu.

Page 270.

1. Sur le *Traité sacré* de Pythagore (?), voir Pythagore, xix, p. 125.

2. L'épithète ἀμήτωρ ne signifie pas seulement que le nombre 7 est orphelin (*sans mère*), mais indique qu'il est vierge (*incapable d'enfanter*).

3. En grec, ἡγεμών (*guide*), duquel on pourrait rapprocher le terme stoïcien d'*hégémonique*.

4. Il s'agit du nombre 7.

5. Cette périphrase désigne clairement la déesse Athéna dont la statue colossale chryséléphantine, sculptée par Phidias pour le Parthénon, portait dans la main droite une victoire ailée.

6. On peut interpréter ce point de deux manières : *différent de toutes les autres choses qui existent*, ou *de tous les autres nombres* qui, eux, sont engendrants-engendrés. (Cette seconde interprétation est la plus probable.)

7. On retrouve ici un jeu de mots classique sur Cronos (le père de Zeus) et Chronos (le temps). *L'épouse de Cronos* est Rhéa (voir Philolaos, A xiv, p. ooo).

Page 271.

1. C'est-à-dire impérissable.

2. Sans doute s'agit-il de l'âme du monde, comme dans le *Timée* de Platon (34 *b* et suiv.). C'est précisément parce que la doctrine que propose ce fragment est celle du *Timée* — et non la cosmologie du feu central chère à Philolaos — que Diels le considère comme apocryphe.

3. C'est là le monde supralunaire et incorruptible des péripatéticiens, sujet au seul mouvement local.

4. C'est le monde sublunaire d'Aristote.

5. Le texte est ici corrompu; nous suggérons de lire, par-delà le mot dorien ἀνάκωμα, la forme attique qui pourrait lui correspondre : ἀνήκωμα, formé sur le verbe ἀνήκω (*appartenir à*). Ἀνάκωμα signifierait alors : *propriété de, domaine de*.

6. Τὸ ἐξ ἀμφοτέρων : c'est encore une expression péripatéticienne désignant le composé de *forme* et de *matière*.

7. Ici nous croyons utile de refuser les corrections de Diels pour garder le texte donné par les manuscrits : καὶ τὰ μὲν φθορὰ ὄντα καὶ φύσει⟨ς⟩ καὶ μορφὰς σῴζεται, καὶ γονῇ πάλιν τὰν αὐτὰν μορφὰν ἀποκαθίστᾱντα τῷ γεννήσαντι πατέρι [...]. Ce texte, d'inspiration visiblement aristotélicienne, exprime la permanence de la forme et de l'espèce (cause formelle) à travers la succession des générations mortelles.

Page 272.

1. Claudien Mamert, qui écrit le latin, reproduit en grec le titre de l'ouvrage.

2. Ce mot signifie littéralement : *le moment opportun*, et, bien que repris par les sophistes, il est d'origine médicale. Mais il semble que ce terme ait désigné aussi le chiffre 7 dans le code secret des pythagoriciens (voir l'École pythagoricienne, B iv, p. ooo).

3. *Étalon* traduit ici ὅρος (*ce qui sert à définir*).

4. On pourrait comprendre πραγμάτων λόγον autrement, comme « une règle rationnelle de nos actions »; la phrase signifierait alors qu'*on profite* du *kairos* comme d'une règle rationnelle de ses actions [...]

5. Straton de Lampsaque succéda, vers 279 av. J.-C., à Théophraste à la tête du Lycée. Il fut surnommé le Physicien, parce qu'il expliquait tout par la force productrice de la nature et par les lois de la physique et de la mécanique.

6. L'auteur anonyme qui cite ce passage complète la liste des auteurs de maximes avec les noms de : Philolaos, Aristote, Isocrate, Aristophane et Apollonios (éd. Wescher, p. 201, 16).

Page 273.

1. Ce témoignage concerne la tactique militaire des anciens pythagoriciens.

ARCHYTAS

NOTICE

Avec Archytas de Tarente, sans doute le dernier des grands pythagoriciens (il fut en effet contemporain de Platon), la doctrine pythagoricienne semble s'engager dans une voie résolument moderne. De fait, sans renoncer à l'acquis d'Alcméon et de Philolaos pour ce qui touche à la biologie, à la physique et aux météores[1], il va privilégier trois champs de recherche : d'abord la mathématique[2] (il semble notamment être l'inventeur du nombre un[3]) et la géométrie[4] où il va introduire la mécanique[5], allant jusqu'à construire en volume les figures géométriques (en bois ou en métal), ce qui ne manqua pas d'éveiller l'intérêt des mathématiciens doxographes comme Eutocios ou le pseudo-Ératosthène ; puis, en liaison étroite avec la mathématique, la musique[6]. Enfin il paraît avoir renouvelé la théorie des sensations[7], avec l'idée que ce qui est extérieur à l'œil renvoie comme un miroir les rayons qui proviennent de l'œil, ouvrant ainsi la voie à Démocrite, puis Platon (et peut-être à Épicure).

Au personnage de l'*ingénieur* (au sens du Quattrocento de la Renaissance italienne), dont il semble le prototype antique, s'ajoute la figure d'un véritable *rationaliste*, qui se manifeste en particulier en matière de droit et de politique[8]. C'est donc bien à une figure fort originale de la philosophie antique que nous avons affaire avec Archytas.

1. Voir A II, p. 275 ; A XXIV, p. 288 ; A XXV, p. 289 ; B IX, p. 295.
2. Voir de A XX à A XXII, p. 287 ; B IV-B V, p. 293 ; B IX, p. 295.
3. Voir A XX, p. 287.
4. Voir A I, 83, p. 274 ; A VI, p. 277 ; A XIV-A XV, p. 281.
5. Voir A I, 83, p. 274 ; A X-A X *a*, p. 280 ; A XXIII, p. 288 ; B VII, p. 294.
6. Voir de A XVI à A XIX *b*, p. 283 ; de B I à B III, p. 289 et B VI, p. 294.
7. Voir A XXV, p. 289.
8. Voir A I, 79, p. 274 ; A II, p. 275 ; A IV, p. 276 ; A VIII, p. 278 et B III, p. 292.

NOTES

Page 274.

1. Nous traduisons ici la leçon des manuscrits : μηχανικαῖς; Kühn et Diels corrigent ce mot en : μαθηματικαῖς, ce qui signifierait alors : *en usant des principes mathématiques.*

Page 275.

1. Voir Archytas, A xiv, p. 282 et Platon, *Sisyphe*, 388 *a*. Ce problème est aussi appelé *problème de Délos* : construire un cube de volume double d'un cube donné.

2. Peut-être est-ce un renvoi à *La République*, VII, 528 *b*, car la notation de Diogène Laërce demeure obscure.

3. Cela est chronologiquement impossible. Mais Diels pense que la notice maladroitement reproduite par Suidas devait concerner Pythagore, et non Archytas.

4. Horace confond peut-être Archytas et Archimède, célèbre par son problème de l'*arénaire.*

5. C'est un promontoire d'Apulie, en Italie.

6. Il s'agit là de trois héros de la mythologie grecque : Tithon, aimé de l'Aurore; Pélops, tué par son père Tantale et ressuscité par Zeus (avec une épaule d'ivoire) et Minos, fils de Zeus et d'Europe, qui devint juge aux Enfers.

7. Il s'agit de Pythagore (voir Pythagore, viii, p. 115).

Page 276.

1. Voir Pythagore, viii, 5, p. 117.

2. Il s'agit de la période qui précède le troisième voyage de Platon à Syracuse, qui eut lieu en 361 av. J.-C.

3. Ce Denys est le fils de Denys le Tyran, que Platon croyait pouvoir convertir à la philosophie. Dion, aux amis de qui la lettre est adressée, était alors en exil à Athènes.

Page 277.

1. Ce sont les mercenaires de la garde royale de Syracuse.

2. Cela se situe au cours de la cent cinquième olympiade, c'est-à-dire en 360 av. J.-C.

3. Voir Philolaos, A viii, p. 251.

4. C'est-à-dire celle de Platon (428-347).

5. Il s'agit du célèbre mathématicien, qui donne son nom à un dialogue de Platon.

Page 278.

1. Il était le père d'Aristoxène, et originaire de Tarente.
2. La Messapie est une contrée de Grande-Grèce, aujourd'hui Terre d'Otrante.
3. On peut rapprocher ce témoignage de celui d'Aristote en A x, p. 280. Archytas semble avoir eu aussi des préoccupations pédagogiques.

Page 279.

1. En grec : συμπεριπατεῖν, ce qui confère à cet enseignement un style *péripatéticien* avant la lettre.
2. En l'année 209 av. J.-C. Il s'agit de Quintus Fabius Maximus, surnommé Cunctator, qui s'illustra dans la guerre contre Hannibal.
3. C'est en 321 av. J.-C., au cours de la deuxième guerre Samnite (326-311), que les deux consuls romains dont parle ici Cicéron se laissèrent enfermer dans un défilé proche de Caudium par le général des Samnites, Pontius Herennius, et furent obligés de passer sous le joug, d'où le nom de Fourches-Caudines donné au défilé.

Page 280.

1. Aulu-Gelle, qui écrit le latin, cite Favorinus en grec.
2. L'*arbitre* (en grec : διαιτητής) est un juge en matière de procès privés, un peu l'équivalent de ce qu'étaient nos juges de paix.

Page 281.

1. D'où l'aspect stéréométrique de la solution d'Archytas qui passe ainsi du plan au volume.
2. Nous dirions : la section rectangulaire du demi-cylindre.
3. C'est ce mouvement qui confère à la solution un caractère mécanique.

Page 282.

1. Ce sont les éditeurs modernes qui distinguent, pour des raisons de clarté, Δ′ et Δ. Mais ce qu'on gagne en clarté est gagné aussi en fixité et perdu en mouvement. Or l'imagination d'Archytas n'a rien de statique.
2. Celle du demi-cercle.
3. Imaginons-le en effet vertical.
4. Ce qu'on pourrait tenir pour les maladresses d'une expression peu scientifique correspond à l'insistance avec laquelle Archytas sollicite l'imagination. Il lui donne le temps de *voir* la solution, ou de repérer sur le volume, construit en bois et articulé comme la colombe (voir A x, p. 280), les moments de la solution mécanique.
5. La perpendiculaire abaissée de K sur I.

6. Nous écrivons aujourd'hui : AΘ et ΘI.

7. En vertu de la propriété des triangles semblables d'avoir leurs côtés proportionnels (voir Euclide, *Éléments*, VI, II). On écrirait aujourd'hui : $\dfrac{\Delta'A}{AK} = \dfrac{KA}{AI} = \dfrac{IA}{AM}$; mais nous avons conservé dans la traduction la forme première de l'analogie.

8. Diels et Kranz accompagnent le texte grec de la traduction et du commentaire (en allemand) de Paul Gölke. Voir aussi Ivor Thomas, *Selection of Greek Mathematics*, I, 284, Londres, Cambridge, Mass., 1957 et Robert Baccou, *La République*, de Platon (traduction de l'édition Garnier, t. IV, n. 492, p. 466-468). Nous reproduisons ici une figure de la construction moderne, alors que la figure de la page 282 est conforme à l'usage antique de figures planes, à l'exception près ici du demi-cercle BMZ, représenté par un petit arc de cercle.

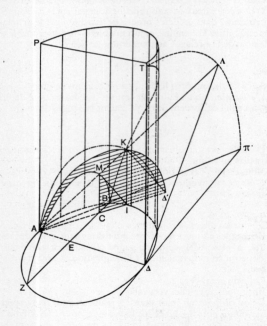

Page 283.

1. Il s'agit ici d'une épigramme concernant le problème de Délos, ou problème de la duplication du cube.

2. Ce sont les trois figures correspondant à la section d'un cône par un plan, appelées encore de nos jours *coniques* : l'ellipse, la parabole et l'hyperbole. Ces trois courbes ont été découvertes par Ménechme, un élève d'Eudoxe, afin de permettre la solution du même problème qui occupait Archytas : la duplication du cube.

3. Le texte grec est le suivant : καμπύλον ἐν γραμμαῖς εἶδος littéralement : *la figure courbe [apparaissant] dans les lignes [qui coupent le cône].*

4. Il s'agit du mathématicien, astronome et géographe, disciple de Platon, qui avança la théorie des sections coniques.

5. C'est ainsi que nous comprenons le verbe : χειρουργεῖν (*construire de ses mains, fabriquer*), par référence à plusieurs témoignages, en particulier A x, p. 280 et A xiv, p. 281.

6. On appelle *tétracorde* une suite de quatre notes couvrant deux tons plus un demi-ton.

Page 284.

1. Sur le *rapport superpartiel*, voir Philolaos, A xiii, p. 254 et Archytas, A xvii, p. 285.

2. C'est-à-dire 8/7.

Page 285.

1. S'agit-il ici du grammairien d'Alexandrie, contemporain d'Auguste, auteur d'un nombre considérable d'ouvrages dont il ne reste presque rien ?

2. Ce sont les proportions qui définissent les accords de quinte, de quarte et d'octave. Le grec dit : τοὺς λόγους τῶν συμφωνιῶν (*les rapports symphoniques*).

3. Ce sont les plus petits nombres d'une série possédant une propriété donnée.

Page 286.

1. Le grec dit συμφωνία.

2. Voir n. 1, p. 284.

3. Un rapport superpartiel, de la forme n + 1/n, n'est jamais exprimable sous la forme d'un nombre entier.

4. Sur le concept de κίνησις (*mouvement*), voir B 1, p. 289.

5. Voir Archytas, B 1, p. 289 et *passim* et Euclide, *Division du canon*, VIII, 158, éd. Heiberg.

Page 287.

1. Ce qui signifie que, pour Théon de Smyrne, Archytas est le premier, avec Philolaos, à avoir considéré que *un* est un nombre.

2. À savoir le pair et l'impair.

3. Il s'agit des définitions qui déterminent l'espèce, aussi bien par des différences actuelles, formelles ou génériques qui spécifient le genre, que par des différences matérielles, tenant à la nature du substrat lui-même. Ainsi Archytas aurait-il pressenti la double causalité, formelle et matérielle, qui intervient dans la constitution du composé.

Page 288.

1. Le mouvement de la génération est circulaire et engendre des formes arrondies.

2. Voir la note précédente. Tous ces mouvements imitent celui que produit le premier moteur.

3. Dans les additions de la fin du premier volume, Kranz fait allusion, à propos d'un vers des *Odes* d'Horace (voir A III, p. 275) au passage suivant du *De l'amitié* de Cicéron (XXIII, 88) : « Elle est donc très vraie, la phrase qu'aimait à répéter Archytas de Tarente, je crois, et que j'ai entendu rappeler par nos vieilles gens : " Supposons qu'un homme soit parvenu à la limite du ciel et qu'il ait pu contempler de là l'ensemble du monde et la splendeur des astres : ce spectacle admirable restera pour lui sans charme, alors que, s'il avait eu quelqu'un à qui raconter la chose, quel plaisir il y aurait pris! ". » Il semble que seul le début de cette « citation » ait une couleur authentique, comme le montre le rapprochement avec A XXIV, p. 288. Le reste est sans doute appelé par la philanthropie bien connue d'Archytas (voir A VIII, p. 278). Sur ce problème, voir encore Descartes, *À Morus*, 15 avril 1649, dans l'édition de la Pléiade, p. 1336.

4. Archytas veut dire que, la limite nouvelle une fois atteinte, on formulera à nouveau la même question, et ainsi de suite à l'infini.

Page 289.

1. Notons ici l'ambiguïté de l'expression : *ratio similitudinis*, qui a une tonalité géométrique et pythagoricienne (l'expression peut encore se traduire par : *le rapport de ressemblance*).

2. La droite devient alors la gauche.

3. C'est-à-dire pour produire l'unité du phénomène (voir Protagoras, B 1, p. 678).

4. Émanant d'une tradition tardive (néopythagoricienne?), des allusions évasives à la « table à calculer les triangles rectangles et obtus d'Architas *(sic)* », c'est-à-dire « la table de Pythagore », se rencontrent chez Boèce (*Art de la géométrie*, éd. Friedländer, 397, 7; 408, 14; 412, 20; 413, 22 et 425, 23) [Note de Diels].

Page 290.

1. C'est-à-dire soit la géométrie dans l'espace, par opposition à la géométrie plane, soit la mécanique céleste. Du reste, il y a ici une divergence textuelle entre Porphyre et Nicomaque de Gérase. Seul ce dernier parle de géométrie *sphérique*.

2. Voir Platon, *La République*, VII, 530 *d* : « Il semble, dis-je, que, de même que les yeux ont été formés pour l'astronomie, les oreilles ont été formées de même pour le mouvement harmonique ⟨du ciel⟩ ; et que ces deux sciences sont, si l'on veut, sœurs — comme l'affirment les pythagoriciens et comme nous l'admettons, nous aussi, Glaucon [...] ».

3. C'est-à-dire le *nombre* et la *grandeur spatiale*, πλῆθος ou ποσόν, et μέγεθος ou πηλίκον.

4. Voir l'École pythagoricienne, B xxxv, p. 316.

5. Ici, le texte comporte une lacune.

Page 291.

1. Il s'agit d'instruments d'airain, de forme losangée comme les toupies, et actionnés par des cordes (voir Théocrite, II, *Les Magiciennes*, v. 30).

2. Le texte grec est le suivant : ὄκκα ἔωντι τρεῖς ὅροι κατὰ τὰν τοίαν ὑπεροχὰν ἀνὰ λόγον, littéralement : *quand trois termes sont selon tel excès* dans *chacun des rapports*.

Page 292.

1. Par exemple 6, 4 et 2, où 4 représente l'*excès* : 6 − 4 = 4 − 2 = 2.

2. L'*intervalle* (τὸ διάστημα), c'est-à-dire le rapport entre 6 et 4, soit 6/4 (= 3/2), est en effet plus petit que le rapport entre 4 et 2, soit 4/2 (= 2).

3. Ainsi dans le cas de 8, 4 et 2, 2/4 = 4/8 (= 1/2) et 4/2 = 8/4 (= 2). C'est l'*analogie* au sens strict, telle que Platon la met en œuvre.

4. Le *moyen*, c'est-à-dire le deuxième.

5. « 6 excède 4 du tiers de lui-même, puisque 2 est le tiers de 6 ; et 3 est dépassé par 4 du tiers de lui-même, puisque 1 est le tiers de 3. » (Nicomaque de Gérase, *Introduction arithmétique*, II, xxv, 1, trad. J. Bertier.) Ainsi dans le cas de 6, 4 et 3,

$$\frac{6-4}{4-3} \frac{(=2)}{(=1)} = \frac{6}{3} \text{ et } \frac{6}{4} \rangle \frac{4}{3}.$$

6. Le titre donné par Stobée est : περὶ μαθημάτων.

7. Nous traduisons ainsi le grec λογισμός.

8. On songe ici à la manière originale dont Phaléas proposait de réaliser l'égalité des richesses (voir *Les Présocratiques*, n. 1, p. 470).

9. Sur ce terme, voir Démocrite, B vi, p. 498 et B x *b*, p. 500, ainsi que A xxxiii, p. 416.

Page 293.

1. La fin du texte est obscure. La construction qui consiste à faire de λογισμός le sujet du participe δηλώσας est grammaticalement, et de loin, la plus satisfaisante (préférable à un indéfini masculin sous-entendu : *on*). Reste à comprendre que les μὴ ἐπιστάμενοι (*ceux qui ne possèdent pas la science*) peuvent posséder d'une certaine façon le λογισμός. La seule solution consiste alors à dire qu'ils peuvent avoir l'idée de son existence, sans pour autant être à même de s'en servir, ce qui s'accorde aux vues pythagoriciennes sur l'éducation, puisqu'une certaine opinion doit précéder l'acquisition définitive du savoir.

2. Le titre donné par Jamblique est Περὶ μαθηματικῶν (*mathématiques*, au neutre ; *mathématiciens* ou *savants*, au masculin) ; il s'agit bien cependant d'une référence à un unique ouvrage.

3. Le titre grec est : Διατριβαί (au sens d'*entretiens philosophiques*). C'est aussi le titre que porte l'ouvrage dans lequel Arrien a plus tard consigné les *Entretiens d'Épictète* ; cela pourrait laisser penser que ce recueil d'Archytas est apocryphe.

4. Ἀ λογιστικὰ est sans doute, pour Archytas, davantage *l'art de calculer* que *l'art de raisonner* (voir B III, p. 292 et Platon, *La République*, VII, 525 a).

5. Le terme *philosophie* nous a paru le plus propre à rendre ici le double sens de σοφία, à la fois *sagesse* et *science*.

6. Il y a ici une lacune dans le texte.

7. Quels sont ces εἴδεα? Kranz les comprend comme les *principes* et renvoie à Philolaos (voir B V, p. 263), où il est question des deux formes — paire et impaire — du nombre. Il peut s'agir tout aussi vraisemblablement de l'Un et de la dyade, ou de la *tétractys*, ou encore de la limite et de l'illimité.

8. Voir Philolaos, A XIII, p. 253 et B XI, p. 265.

Page 294.

1. Athénée parle aussi du « musicien Archytas » (voir *Les Deipnosophistes*, XIII, 600 F). Peut-être avons-nous affaire ici à un traité du musicien (et non de notre philosophe) puisque Diogène Laërce signale aussi, à côté du pythagoricien Archytas, un autre Archytas musicien (voir Archytas, A I, p. 274). Mais Archytas parle lui aussi des *auloï*, flûtes à anche dans le fragment B I, p. 291 et pourrait ainsi avoir mérité l'épithète de *musicien*.

2. Voir le cinquième Archytas dont parle Diogène Laërce (cité en A I, p. 274).

3. Peut-être s'agit-il ici plutôt du troisième Archytas de la liste de Diogène Laërce (cité en A I, p. 274).

Page 295.

1. Le titre grec est : Περὶ τῶν καθόλου λόγων, où il semble que λόγοι soit à prendre au sens de *rapports* (et non de *discours*).

2. Ce titre présente une double difficulté : πρό signifie-t-il *avant* ou *pour* ? τόπων signifie-t-il *lieux* (dans tous les sens du mot) ou *régions* (du ciel) ?

3. Sans doute ce titre doit-il se confondre avec celui de l'ouvrage précédent.

4. Ce titre n'est pas sûr. Diels renvoie à Jamblique cité par Stobée, ainsi qu'à Jean de Lydie (*Des mois*, II, ix) et à Claudien Mamert (*De l'âme*, II, vii), dont il rapporte un membre de phrase : « dans son splendide ouvrage Περὶ φύσεως (*De la nature*) ». Il y a peut-être eu confusion entre φύσεως et ψυχῆς (*âme*).

L'ÉCOLE PYTHAGORICIENNE

NOTICE

L'origine de cette tradition est de toute évidence Aristote lui-même, qui avait composé au moins deux ouvrages concernant exclusivement les pythagoriciens : un *Contre les pythagoriciens* et un *Des Pythagoriciens*, dont parle Diogène Laërce[1] et dont les éditeurs modernes (V. Rose et Sir W. D. Ross) ont regroupé des fragments. En dehors de ces deux œuvres, Aristote a fait de nombreuses références au pythagorisme, comme on peut en juger par les nombreux témoignages ici regroupés par Diels (trente-cinq dont quatorze dans la *Métaphysique*, six dans le *Traité du ciel*, quatre dans la *Physique*, deux dans l'*Éthique à Nicomaque*, deux dans le *Traité de l'âme*), etc. Eudème (cité par Simplicius) et Théophraste d'abord, puis Aétius, dont la doxographie suit un plan clairement péripatéticien, et les commentateurs plus récents d'Aristote, Alexandre d'Aphrodise et Simplicius, ont amplifié et développé la tradition aristotélicienne concernant le pythagorisme. En marge de cette tradition, Diodore de Sicile et surtout Alexandre Polyhistor, tous deux du Ier siècle avant notre ère, nous apportent également des indications précieuses. Ce dernier témoin pourrait avoir lu directement les pythagoriciens, et son information viendrait alors corroborer, ou éventuellement infirmer, la tradition péripatéticienne ; toutefois, très curieusement, sa notice (rapportée par Diogène Laërce[2]) qui présente une vue d'ensemble de la doctrine pythagoricienne suit le même plan que les *Opinions* d'Aétius, c'est-à-dire un plan péripatéticien. Si pourtant Alexandre a lu les pythagoriciens directement, cette doxographie est encore plus ancienne, donc encore plus précieuse pour nous.

On trouvera d'abord une information abondante sur les *principes*[3],

1. Voir *Vies*, V, 25.
2. Voir B 1 *a*, p. 296.
3. Voir de B ii à B xxv, p. 299 à 310.

puis sur la *théologie* pythagoricienne[1]; ensuite viennent les témoignages relatifs à la conception de l'*univers*[2], aux *météores*[3], à la *psychologie*[4] et enfin à la *physiologie*[5].

NOTES

Page 296.

1. Il s'agit de Thalès, Mamercos et Hippias.

2. Rappelons que Pythagore fut le premier Grec à utiliser le terme de φιλοσοφία (voir l'École pythagoricienne, B xv, p. 306).

3. Si l'on adopte la correction de Diels : τὴν τῶν ἀνὰ λόγον πραγματείαν. Cependant les manuscrits donnent une lecture aussi satisfaisante : τὴν τῶν ἀλόγων πραγματείαν, qui signifie : *le traitement des irrationnelles*.

4. Voir Pythagore, vi *a*, p. 114.

5. Alexandre Polyhistor vécut à Rome dans la première moitié du ier siècle av. J.-C. L'historien de la philosophie Zeller (*Philosophie der Griechen*, III, 2, 4e éd., Berlin, p. 107 et suiv.) pensait que ce résumé de la doctrine pythagoricienne était un peu antérieur au début du ier siècle. M. Wellmann (*Hermes*, 54, 1919, p. 225 et suiv.), tout en exceptant la section initiale sur les *principes*, clairement postplatonicienne, affirmait qu'on avait là un témoignage relatif au pythagorisme primitif; c'est ce qui amena Kranz à rajouter ce fragment dans les *Vorsokratiker*. W. Wiersma (*Mnemosyne*, 1941, p. 97 à 112) partageait ce point de vue. Mais A.-J. Festugière a détruit ces certitudes dans son articles *Les « Mémoires pythagoriques » cités par Alexandre Polyhistor*, repris dans les *Études de philosophie grecque* (Paris, 1971, p. 371 à 435). Il montre successivement que : 1° Le schéma de l'*épitomé* est déterminé par celui du *Timée* de Platon et ne peut, pour cela, être antérieur à l'époque hellénistique. 2° La première section peut être la plus ancienne, sans qu'on puisse la dater d'avant l'académicien Speusippe, qui voulait mettre ses théories sous l'autorité du pythagorisme primitif (Speusippe meurt vers 339). 3° La section B xxv à B xxvii (p. 310 à 313) contient une théorie éclectique de l'éther et une théorie de l'équilibre des contraires, qui pourrait remonter à Alcméon certes, mais qui a plus probablement été reprise de Platon. 4° La source de la dernière section concernant l'âme est le médecin Dioclès de Caryste (ive siècle). 5° Peut-être est-ce au iie siècle av. J.-C. que tous ces morceaux ont été cousus ensemble, comme le laisserait supposer le terme d'εἱμαρμένη (voir B xxvii, p. 311) qui n'apparaît

1. Voir B xxvi, p. 310.
2. Voir de B xxvii à B xxxv, p. 311 à 317.
3. Voir de B xxxvi à B xxxviii, p. 317.
4. Voir de B xxxix à B xli, p. 320.
5. Voir B xlii et B xliii, p. 320.

qu'à cette époque. Quoi qu'il en soit, il paraît impossible de s'appuyer sur ce témoignage pour se faire une bonne idée du pythagorisme primitif selon C. J. de Vogel (*Greek Philosophy*, III, Leyde, 1964, p. 341-342).

Page 297.

1. Ce sont les habitants de l'hémisphère opposé au nôtre.
2. Le manuscrit P3 propose : *l'air*, au lieu de *l'éther*.
3. En grec : εἱμαρμένη. Ce terme n'apparaît qu'au IIᵉ siècle av. J.-C. (Voir l'École pythagoricienne, B 1, p. 296.)
4. Cette notation paraît reprendre en partie l'indication relative aux deux éthers, le froid et le dense. Il y aurait ainsi *trois* éthers : le *chaud* (le feu solaire astral et divin), le *froid* (l'air) et le *dense* (l'eau) — ce qui se conçoit d'autant mieux que, les éléments subissant des transformations mutuelles, il doit y avoir une matière commune ou un genre commun aux trois éléments non solides. Pour redonner son unité au témoignage d'Alexandre Polyhistor, il est nécessaire de comprendre qu'il y a deux sortes d'âmes : 1° une âme faite d'éther chaud, l'intellect (correspondant à la vie animale); 2° une âme faite d'un mélange des deux éthers, chaud et froid, l'âme végétative (correspondant au non-vivant, c'est-à-dire non sentant et non mobile).
5. Voir Philolaos, A XXVII, p. 261 et B XIII, p. 267.
6. La mention de la *génération spontanée* paraît faire référence à Aristote, ce qui confirmerait le caractère péripatéticien de la doxographie d'Alexandre.
7. On peut remarquer ici la progression arithmétique de la formule : les quatre tissus énumérés successivement (1 + 2 + 3 + 4), soit une *tétractys*, constituent la totalité (10) du corps, ou sa *décade*.

Page 298.

1. Voir Philolaos, B XI, p. 265.
2. Car, si l'air est le milieu de la vision, l'œil renferme une humeur. L'air et l'eau sont tenus pour *diaphanes*.
3. En grec, respectivement : νοῦς, φρένες et θυμός.
4. Λόγοι est d'interprétation fort difficile. Le terme a déjà été utilisé plus haut au sens de : *rapports* ⟨de l'harmonie⟩; des souffles seraient-ils la matière et le support de ces rapports? Cependant, quelques lignes plus bas, ce même terme est associé à ἔργα; il nous paraît légitime d'y voir l'opposition classique entre les *actes* et les *paroles*, et, par anticipation (il s'agit, dans les deux phrases, de l'âme), nous croyons préférable de donner le sens de *paroles* à λόγοι dès cette occurrence.
5. Le statut de l'âme est celui d'un astre errant, c'est-à-dire d'une planète.

Page 299.

1. Peut-être, faut-il voir dans le fait que la vénération des héros n'est autorisée qu'après midi, la marque de leur immortalité (ils n'ont pas de fin mais ont eu un commencement), par opposition à l'éternité des dieux, qui n'ont ni commencement ni fin.

2. Le bogue est un poisson de mer (voir Aristote, *Histoire des animaux*, VIII, II, 591 *a* 15).

3. Sur Pythagore et les fèves, voir Pythagore, IX, p. 118.

4. Ainsi 9, par exemple, est égal à 4 + 1 + 4, où 1 représente l'unité médiane.

Page 300.

1. Voir Thalès, A III *a*, p. 18.

2. Voir Aristote, *Traité du ciel* (II, IX, 290 *b* 12 et suiv.) sur l'harmonie des corps célestes et son explication.

Page 301.

1. Sur l'anti-Terre, voir Philolaos, A XVI et A XVII, p. 257 et l'École pythagoricienne, B XXXVI et B XXXVII *a*, p. 317 à 319.

2. Voir Aristote, *Traité du ciel*, II, XIII, 293 *a* 18.

3. Voir l'École pythagoricienne, B XXXVII, p. 000. Les *Opinions des Pythagoriciens*, ouvrage perdu d'Aristote, comportait plusieurs livres.

4. Le point visé ici par Alexandre est la question de l'anti-Terre.

5. Littéralement : *un nombre égal multiplié par son égal*. Il s'agit sans doute ici d'une citation pythagoricienne.

6. Avant Démocrite, selon Diels, mais aussi avant Héraclite et surtout Socrate.

7. Voir Aristote, *Métaphysique*, A, V, 986 *a* 3.

Page 302.

1. Il s'agit d'Alcméon.

2. À savoir Alcméon d'une part et les pythagoriciens d'autre part.

3. Pas seulement les pythagoriciens, mais aussi Empédocle, Anaxagore et les atomistes, pour qui il existe plus d'un élément ou principe de l'univers.

4. Ce sont les Éléates : Parménide, Mélissos, Zénon.

5. Il s'agit des Milésiens : Thalès, Anaximandre et Anaximène, et, à un moindre degré, des pythagoriciens eux-mêmes.

Page 303.

1. Aristote désigne ainsi les pythagoriciens (voir le *Traité du ciel*, II, XIII, 293 *a* 20).

2. Nous gardons la lecture : μορυχώτερον, qui est un hapax ; c'est

le comparatif d'un adverbe μορυχῶς non attesté, formé sur le verbe μορύσσειν, qui signifie : *noircir, obscurcir*. Les manuscrits donnent ou μαλακώτερον (A *b*) (*trop mollement*), ou μετριώτερον (E), *trop simplement*), qui n'ont pas beaucoup de sens.

3. L'identification de ces philosophes est assez incertaine, faute de précisions qu'Aristote aurait pu fournir.

4. Peut-être faut-il supprimer cette glose. L'*Un* est, en effet, deux lignes plus loin, l'équivalent du *limité*.

5. Comme le faisait par exemple Anaximène, pour qui l'illimité était l'air.

6. Si du nombre deux qui constitue une *unité* numérique ou un *Un*, je disais qu'il est double, alors il me faudrait dire que l'*Un* est double, et par conséquent multiple. Les pythagoriciens admettent cette conséquence, qu'Aristote tient pour absurde.

Page 304.

1. Ceux de Speusippe et de Xénocrate, dont l'inconvénient majeur est d'établir une séparation entre l'essence de la chose et la chose elle-même ; aussi les pythagoriciens n'ont pas commis la même erreur que les platoniciens.

2. C'est-à-dire abstrait ou arithmétique, pour Aristote.

3. En grec : ἄτομα μεγέθη. (Voir le pseudo-Aristote, *Des lignes insécables* [198 *a* 1] et Aristote, *De la génération et de la corruption* [315 *b* 24 et suiv.].)

Page 305.

1. C'est-à-dire qu'il lui a simplement donné un nom nouveau, celui de *participation* : μέθεξις ; ce terme indique la participation des sensibles à l'intelligible. Ce problème est tenu par Aristote pour non résolu chez les platoniciens, dont l'erreur consiste à avoir séparé initialement la matière et la forme.

2. *Imiter* est ici synonyme de *participer*, comme dans le témoignage d'Aristote qui précède.

Page 306.

1. Nous adoptons ici (et traduisons) la correction proposée par l'édition Ross-Fobes : ἢ καί. Diels, lui, écrit ἢ καί, et comprend : « ou encore les principes sont des contraires ». Mais cette disjonctive supplémentaire n'a guère de sens. En fait, il s'agit vraisemblablement de l'*équilibre des puissances* (ou de la prédominance de l'une ou de l'autre) dont il est question en Alcméon, B IV. (Voir *Les Présocratiques*, p. 226).

2. Aussi Dieu est-il, de par l'importance prise par la dyade dans l'univers, à la fois ignorant et impuissant. (Voir, par exemple, Platon, *Parménide*, 134 *c* et suiv.)

3. Voir Philolaos, B xi, p. 265.

4. Cela est évident dans le système de numération des Grecs : α´ = 1 ; ια´ = 11 ; κα´ = 21 ; λα´ = 31, etc. Les pythagoriciens et leur doxographe ne conçoivent pas un système de numération qui ne serait pas à base dix.

5. Sur la *tétractys*, voir Philolaos, A xi, p. 252.

Page 307.

1. Le problème étudié est de savoir pourquoi notre numération est à base dix. Sur la décade, voir Philolaos, A xiii, p. 253 et Archytas, B v, p. 293.

2. *L'analogue de dix* (en grec : ἐν δέκα ἀναλογίαις, littéralement, *dans les dix analogies*, mais il est difficile de déterminer la valeur exacte de cette expression) serait le nombre 100, égal à la somme de 1, 8, 27 et 64, qui sont les cubes de 1, 2, 3 et 4. De même que la somme des quatre premiers nombres (*tétractys*) est égale à dix, la somme des quatre premiers cubes est égale à 100. Ainsi 100 est-il analogue à 10.

3. Voir Philolaos, A xiii, p. 253 et Archytas, A xvii, p. 285.

4. Sur le *théorème de Pythagore*, voir Plutarque, *Propos de table*, VIII, 720 A et 1094 B ; Athénée, *Les Deipnosophistes*, X, 418 F et Diogène Laërce, *Vies*, VIII, 12.

Page 308.

1. La *parabole* des aires est l'*application* des aires selon une droite donnée : il faut construire sur une droite de longueur l donnée un rectangle de côtés *l* et *x*, tels que *l* × *x* soit égal à un carré de côté A donné. Ce qui revient à résoudre l'équation : $lx = A^2$. Le verbe παραβάλλειν signifie : *appliquer une aire donnée le long d'une droite donnée*. Proclus explique, dans la suite du texte, que le terme a été ensuite appliqué aux courbes coniques par les auteurs plus récents. L'*hyperbole* est l'*application par excès*. Au rectangle *l* × *x*, on doit ajouter x^2, pour qu'il soit l'équivalent à A^2, de sorte que $(l \times x) + x^2 = A^2$. L'*ellipse* est l'*application par défaut* : $(l \times x) - x^2 = A^2$.

2. C'est-à-dire aux angles DAB et EAΓ.

Page 309.

1. Οἱ φυσιολόγοι, c'est-à-dire essentiellement les Ioniens.

2. En effet, les objets de l'astronomie sont eux-mêmes mathématiques, mais dotés du mouvement selon le lieu.

3. Voir la *Métaphysique*, A, viii, 989 *b* 31-990 *a* 3.

4. C'est-à-dire des nombres.

5. Ainsi l'*opinion* correspond-elle au 2, le *moment opportun* au 7, l'*injustice* au 5 et la *séparation* au 4, selon Asclépios (*Commentaire sur la Métaphysique d'Aristote*, 85, 15).

Page 310.

1. Voir Aristote, *Métaphysique*, N, III, 1090 a 20.

2. J. Tricot, dans les notes à sa traduction, pense, suivant en cela l'opinion du pseudo-Alexandre, qu'il s'agit d'Hippon (voir *Les Présocratiques*, p. 461) et, de manière générale, de l'ensemble de l'école ionienne. D'autres interprètes pensent aussi à Empédocle. Mais c'est à Ecphantos (voir *ouvr. cité*, p. 546) qu'une telle catégorie paraît le mieux correspondre.

3. Partant de la difficulté où l'on se trouve parfois de distinguer les parties essentielles des parties matérielles ou, plus simplement encore, la forme de la matière (ce qui fait ici question), les pythagoriciens proposaient de réduire l'essence de toutes choses aux nombres.

4. Les lignes correspondent aux limites et le continu à l'illimité.

5. Le λόγος, c'est-à-dire non pas le *concept* ou la *notion*, ni même la *raison d'être*, mais le *rapport* harmonique entre le simple et le double (voir la fin du témoignage B VIII, p. 303) qui est la *formule* mathématique (au sens où l'on parle aujourd'hui de *formule* chimique) à la fois du deux et de la ligne.

Page 311.

1. Voir l'École pythagoricienne, B XLII, p. 320. Les pythagoriciens appellent *couleurs* les surfaces.

2. Aristote procède ici par construction d'une aporie. Le texte grec porte : ἐν εὐλογίστῳ, que nous traduisons par : *correspondant à un rapport heureux*. L'interprétation de l'adjectif qui signifie littéralement : *facile à calculer* est difficile. Le pseudo-Alexandre (*Commentaire sur la Métaphysique d'Aristote*, 829, 4 et suiv.) paraît prendre cette expression comme un équivalent de *pair* par opposition à *impair*. Il s'agit pour lui d'un rapport ou d'une division, exprimable par une fraction *simple* de type 1/2 ou 1/4. Sir W. D. Ross, qui rejette cette lecture, croit à des rapports du genre de ceux auxquels le *Traité du sens* fait allusion (III, 439 b 25 et suiv.), à propos des mélanges de couleurs comparés aux harmonies musicales. Ces *rapports heureux* (c'est-à-dire dont les termes doivent être des nombres rationnels entiers) seraient ceux de l'octave, de la quarte et de la quinte. Mais il faut ajouter que la suite du propos du *Traité du sens* est d'interprétation elle-même sujette à discussion.

Page 312.

1. Il faut se souvenir ici de la place particulière accordée par les pythagoriciens au nombre 7, le seul de la décade à « n'être pas engendré ni fait pour engendrer » (voir Philolaos, B XX, p. 270). Mais ici Aristote tourne le pythagorisme en dérision.

2. C'est une allusion à la légende du cycle thébain et en particulier à la tragédie d'Eschyle, *Les Sept contre Thèbes*.

3. Il s'agirait des Chaldéens et des Babyloniens, d'après le pseudo-

Alexandre (voir le *Commentaire sur la Métaphysique d'Aristote*, 833, 1) qui ne nous en apprend pas le nombre exact.

4. Ces lettres sont *consonantes*, parce qu'il s'agit de consonnes doubles, d'après Syrianos. Z représente la quarte, Ξ la quinte et Ψ l'octave, toujours d'après le pseudo-Alexandre.

5. Les trois points d'appui sont : la gorge, les lèvres et les dents, auxquels correspondent la gutturale Ξ, la labiale Ψ et la dentale Z.

6. Sur les commentateurs d'Homère, voir Anaxagore, A 1, p. 593; Métrodore de Lampsaque, II-V, *Les Présocratiques*, p. 693-694; Démocrite, de B xx *a* à B xxv, p. 510; et Hippias, A x, p. 749 et B xx, p. 757.

7. La droite était considérée par les Grecs comme le côté privilégié et capital.

8. Sur la *nète*, voir Philolaos, B vi, p. 264.

9. Il s'agit du nombre 24, puisqu'on compte vingt-quatre lettres dans l'alphabet grec.

Page 313.

1. Aristote renvoie aux quatre principaux genres de causes dénombrés en la *Métaphysique*, Δ, 11.

2. Voir l'École pythagoricienne, B v, p. 301.

3. Pour les pythagoriciens, le rapport du printemps aux autres saisons est un rapport musical :

à l'automne correspond la quarte (4/3)
à l'hiver   la quinte (3/2)
à l'été   l'octave (2/1)

ce qui fait que les quatre saisons sont l'une à l'égard de l'autre comme 6, 8, 9, 12.

4. Voir l'argument d'Archytas, en A xxiv, p. 288; voir aussi l'École pythagoricienne, B xxx, p. 314.

5. C'est-à-dire la possibilité d'être notamment divisés *à l'infini*, ce qui correspond à la puissance du continu, la limite étant la forme.

6. Dans le premier cas, on ajoute à 1 des *gnomons* impairs, ce qui produit toujours un carré :

figure carrée

Dans le second cas, on ajoute à 2 (c'est-à-dire sans partir de l'unité) des *gnomons* pairs, ce qui produit un rectangle :

figure hétéromèque
(autre ou indifférente)

Page 314.

1. Cela renvoie à l'argument de la dichotomie proposé par Zénon d'Élée, selon lequel la division ne rencontre pas de limite : Achille ne rattrapera jamais la tortue. (Voir Zénon, A xxii, p. 373 ; B ii et B iii, p. 379-380 et l'École pythagoricienne, B ii, p. 300.)

2. Voir Aristote, *Métaphysique*, Γ, v, 204 *a* 15. Il s'agit sans doute du même traité que celui intitulé *Opinions des pythagoriciens*, ou encore *De la doctrine des pythagoriciens*, dont parle Alexandre d'Aphrodise (voir B iv, p. 301).

3. Dans la perspective d'Anaximène.

4. Le vide franchit la limite constituée par le ciel, c'est-à-dire l'enveloppe céleste ou la sphère des fixes.

5. La continuité du plein est brisée par l'introduction du vide.

Page 315.

1. Ce témoignage commente le témoignage d'Aristote qui précède.

2. Il s'agit des principes dont il est question dans le témoignage précédent : haut, bas, devant et derrière.

3. La différence de point de vue provient sans doute du caractère géocentrique de la cosmographie aristotélicienne, alors que les pythagoriciens (voir Philolaos, A xvi et A xvii, p. 257) font tourner la Terre autour du feu central.

4. Il s'agit sans doute du même ouvrage que dans le témoignage précédent de Simplicius (B xxx), quoique les titres soient légèrement différents : συναγωγὴ τῶν Πυθαγορείοις ἀρεσκόντων et, ici, συναγωγὴ τῶν Πυθαγορικῶν. (Voir la note 2, p. 314.) Relevons le caractère erroné de la fin du témoignage : à la place de *nous, le bas*, il faut comprendre *nous, le haut*.

5. Voir Archytas, A xxiii, p. 288.

6. Ce témoignage est la suite directe du texte de Simplicius, reproduit en Archytas, A xxiii, p. 288.

Page 316.

1. Il s'agit d'une allusion à Archytas (voir A xxiv, p. 000).

2. Eudème, comme Aristote (*Physique*, IV, xi, 220 *a* 24), définit le *temps* comme le nombre du mouvement selon l'avant et l'après. L'identité du nombre a pour conséquence le retour d'un temps identique.

Page 317.

1. Philippe d'Oponte est l'auteur présumé de *L'Épinomis*, faussement attribué à Platon (voir Diogène Laërce, *Vies*, III, 37).

2. Les deux termes ἀνταυγεία et ἀντιφράξις, *réfraction* et *interception de la lumière*, correspondent à un processus unique.

3. Il n'est pas sûr que ces modernes soient eux aussi des pythagoriciens. La seconde explication proposée rend compte des phases de la Lune.

4. Voir Philolaos, A xvi et A xvii, p. 257.

Page 318.

1. Voir Philolaos, A xvi, p. 257.

2. S'agit-il de pythagoriciens? Sans doute, d'après Simplicius. Mais lesquels? Ce point demeure obscur. On peut songer toutefois à Occelos et à Timée de Locres.

Page 319.

1. Sur l'anti-Terre, voir Philolaos, A xvi, p. 257 et la note 7.

2. Ce témoignage se trouve en Œnopide, x, *Les Présocratiques*, p. 480.

3. On retrouve ici la théorie de la vision d'Alcméon et d'Hippocrate de Chio.

4. Voir Platon, *Timée*, 56 b. La pesanteur d'un corps est fonction du nombre de surfaces qu'il contient.

Page 320.

1. Voir Leucippe, A xxviii, p. 396.

2. Il s'agit des pythagoriciens d'abord et des platoniciens ensuite. Sur ce point, voir Aristote, *Traité de l'âme*, I, 407 b 27 et suiv. et Philolaos, A xxiii, p. 259.

3. Il est, pour ainsi dire, impossible de rendre le jeu de mots qui se rencontre dans le texte grec sur χροία (*la peau, la couleur de la peau*) et le mot qui signifie *la couleur* : χρῶμα. Voir Empédocle (A xcii, p. 179) où est traduit partiellement le fragment suivant d'Aétius (*Opinions*, I, xv, 2) : « Pour les disciples de Pythagore, il existe quatre genres de couleurs : blanc, noir, rouge, jaune. La diversité des couleurs provient de ce que ces éléments s'y trouvent mêlés dans des proportions différentes. »

4. Sur ce point, voir Démocrite, A i, 43, p. 404 et A xxviii et suiv., p. 414. Il convient de remarquer que la notation n'a rien d'absurde et pourrait venir de l'observation des papillons, qui sont dépourvus de tube digestif et se contentent de humer le parfum des fleurs. (Voir aussi le mythe des cigales, dans Platon, *Phèdre*, 259 c).

Les Éléates

PARMÉNIDE

NOTICE

L'interprétation du message de Parménide, auquel tout le monde accorde unanimement une importance décisive dans l'histoire de la philosophie, ne va pas sans rencontrer grand nombre de difficultés, voire de contradictions. L'Éléate, que Platon nous présente comme un patriarche[1] mais à l'encontre duquel il commet un « parricide » philosophique[2], est sans doute venu à Athènes, accompagné de Zénon[3], sans que les historiens s'accordent sur son âge et sur la date exacte de ce voyage. Est-il même légitime de le dire Éléate ? Strabon en doute[4], mais il y a plus grave : ce sont les contradictions relatives à sa formation philosophique, à son œuvre et à la signification de sa recherche qu'il convient d'avoir présentes à l'esprit lorsqu'on entreprend de consulter les pièces du dossier rassemblées et éditées par les philologues.

La tradition en fait l'élève de Xénophane. Mais l'indication fournie par Diogène Laërce[5] est déjà contestable : peut-être Théophraste en fait-il l'élève d'Anaximandre au lieu d'indiquer que Xénophane lui-même avait été l'élève d'Anaximandre ? *Suidas*[6] confond peut-être Anaximandre et Anaximène. Mais, de toute manière, le témoignage de Théophraste rapporté par Diogène Laërce et par *Suidas* dérive nécessairement du témoignage d'Aristote[7] dont Burnet remarque qu'il a peut-être purement et simplement pour origine une notation de Platon[8]. On peut dire qu'il n'est ni certain que Xénophane ait fondé l'école d'Élée ni que Parménide ait été éléate, ni qu'il ait suivi l'enseignement de Xénophane. Sotion (cité par Diogène Laërce[9] et recopié par Nicomaque, Proclus et Photius[10]) en fait l'élève du pythagoricien Aminias. Si l'on cherche quels éléments de pythagorisme comporte la carrière de Parménide, on rencontre trois sortes de manifestations. La première est constituée par son activité politique (voir le

1. Voir A v, p. 325.
2. Voir *Le Sophiste*, 241 *d*.
3. Voir A iv, p. 365.
4. Voir A xii, p. 328.
5. Voir A i, 21, p. 323.
6. Voir A ii, p. 324.
7. Voir la *Rhétorique*, B xxvi, 1400 *b* 5.
8. Voir *Le Sophiste* 242 *c-d*.
9. Voir A i, p. 323.
10. Voir A iv, p. 325.

témoignage de Speusippe[1] et celui de Plutarque[2]); mais cet aspect
pythagoricien échappe à beaucoup d'historiens. La deuxième consiste
en la présence, dans la seconde partie du poème de Parménide et dans
les témoignages correspondants[3], d'éléments pythagoriciens.
W. K. C. Guthrie[4] a dressé, dans un appendice, un tableau complet
des paires pythagoriciennes que met en œuvre la seconde partie du
poème. Le feu s'oppose à la nuit, la lumière à l'obscurité, le ciel à la
Terre, le chaud au froid, le sec à l'humide, le rare au dense, le léger au
pesant, le droit au gauche, le mâle à la femelle, le doux au dur; ce qui
fait songer nécessairement au tableau proposé par Aristote dans la
Métaphysique (A, v, 986 *a* 23)[5]. Mais faire de Parménide un pythagoricien paraît être en contradiction avec l'intention qu'il exprime dans
le *Poème* : car ces couples de causes ou principes n'interviennent que
dans la seconde partie de son œuvre, celle qui traite de l'*opinion*, dont
on peut dire, en première approche, qu'elle est à l'opposé de la thèse
principalement soutenue par Parménide. Nous reviendrons plus loin
sur le problème posé par l'interprétation de la seconde partie du
poème. Mais, d'autre part — et c'est là une troisième manifestation
possible de l'influence pythagoricienne —, le prologue du poème,
que nous a conservé Sextus Empiricus[6], donne à l'écrit philosophique la tonalité plus générale d'une initiation à des mystères, qui
entre parfaitement dans le ton d'un enseignement pythagoricien. On
pourrait même penser qu'à la seule lecture de ce prologue, des auteurs
anciens aient songé à une inspiration de cette sorte. Cependant, ainsi
que le note Proclus[7], la forme poétique n'exclut pas le ton didactique
et l'usage de la démonstration, et l'on peut dire que les accents poétiques deviennent rares, une fois franchies les portes de la Vérité
ouvertes par la Déesse dans le prologue.

Sur l'œuvre elle-même, nous disposons d'informations contradictoires. Platon parle[8] d'une prose parménidienne correspondant à
des entretiens, d'où l'erreur de *Suidas*[9]. Mais s'agit-il seulement
d'une erreur ? Des transcriptions de ces entretiens n'ont-elles pas cir-
culé comme témoignages de l'enseignement du maître ? Pour Simplicius[10], Zénon est le premier à avoir rédigé des dialogues philosophiques qui auraient pu mettre en scène le maître lui-même. Donc il
n'est pas absolument certain que les témoignages recueillis renvoient
au seul poème. Parménide n'est peut-être pas seulement l'auteur du
poème *De la nature*, composé en hexamètres épiques. Car bien que
Zénon d'Élée se soit chargé de défendre les thèses du maître au cours

---

1. Voir A I, 23, p. 324.
2. Voir A XII, p. 328.
3. Voir A XXXIV et suiv., p. 335 et suiv.
4. Voir *A History of Greek Philosophy*, t. 2, p. 77.
5. Voir l'École pythagoricienne, B v, p. 301.
6. Voir B I, p. 345.
7. Voir A XVIII, p. 329.
8. Voir *Le Sophiste*, 237 *a* ou B VII, p. 350.
9. Voir A II, p. 324.
10. Voir Zénon, A XXIX, p. 378.

d'entretiens contre des adversaires[1], il est hors de doute que Parménide a pris lui-même part à des entretiens, comme ceux auxquels Platon fait allusion. Sur ce point, nous disposons du témoignage positif de Favorinus[2]. Or, si nous ignorons la date à laquelle Parménide donna pour la première fois lecture de son poème, nous savons qu'il vécut fort âgé et connut une grande gloire. De ces informations, il est non seulement légitime, mais tout à fait naturel, d'inférer que le maître d'Élée a pu être amené, surtout dans la partie scientifique et descriptive de son œuvre, à apporter certaines corrections à l'expression de sa pensée. Or, tous les éditeurs modernes des fragments du *Poème* de Parménide ont reconnu qu'à une époque encore assez peu tardive, Aristote et Théophraste ne citaient pas exactement la même version du poème, et qu'à une époque plus lointaine, celle de l'Académie néoplatonicienne, Proclus et Simplicius avaient eu en main deux éditions différentes. L'hypothèse vraisemblable est que ces copies manuscrites, au lieu de manifester des divergences de transcription, pourraient fort bien être le reflet d'éditions successives ou de remaniements consistant même en des suppressions ou des additions opérées par l'auteur lui-même, qui n'aurait cessé de travailler à parfaire son chef-d'œuvre. Il ne nous appartient pas en ce lieu de tenter de mesurer la validité d'une telle hypothèse, mais nous pensons que la recherche pourrait utilement la prendre en considération. Parménide mérite bien, comme Aristote, son Jaeger, qui s'efforcerait de résoudre diachroniquement ou chronologiquement les contradictions de l'œuvre que nous appréhendons sous la forme unique et simultanée d'éditions qui, selon toute vraisemblance, ont été différentes.

En effet, dans le poème lui-même, les contradictions ne manquent pas. Parménide oppose à la voie de l'être la voie du non-être. Mais n'y aurait-il pas trois voies? La perspective d'une troisième voie est ouverte par le fragment[3] conservé par Simplicius. Il est impossible de dire si cette troisième voie, celle des hommes à deux têtes ou à deux faces, fait allusion à Héraclite — on sait que Kranz faisait de cette prétendue ou possible critique de l'héraclitéisme, la pierre angulaire de la philosophie présocratique. On ignore également si Parménide a envisagé lui-même, à un moment donné de sa carrière, l'éventualité d'une médiation entre l'être et le non-être. Quant à la signification de la distinction entre deux voies, elle a fait l'objet d'interprétations diverses dès l'Antiquité. À l'heure actuelle, c'est à la signification de ce « carrefour » parménidien que s'attachent principalement N. L. Cordero[4] et L. Couloubaritsis[5].

L'interprétation d'Aristote[6] oppose à l'exigence de la raison selon

1. Voir Zénon, A xii, p. 368.
2. Voir Zénon, A i, 29, p. 364.
3. Voir B vi, p. 349.
4. *Les Deux Chemins de Parménide*, éd. critique, trad., études et biblio., Paris-Bruxelles, 1984.
5. *Mythe et philosophie chez Parménide*, Paris, 1986.
6. Voir A xxiv et A xxv, p. 331 et 332.

laquelle l'être est, l'inexistence des non-êtres. Ainsi l'équation éléate entre le penser et l'être[1] exprimerait-elle l'impossibilité de concevoir autre chose que l'être. Est-il besoin de préciser aux cartésiens que nous sommes, que l'expression : « *Car même chose sont et le penser et l'être* » ne signifie pas que le sujet pensant soit une chose pensante dont l'existence est appréhendée par l'acte même de penser. L'intention de Parménide n'est pas de nous proposer une expression du *cogito*. Elle signifie, comme le notait Plotin[2], que l'activité de l'intellect est impuissante à saisir autre chose que ce qui est, de telle sorte que tout ce qui n'est pas, à savoir aussi bien les multiples que le passé et le futur, se situe en dehors de toute pensée intellectuelle, et ne relève que de l'opinion ou des sens. On rencontre ici, sous sa forme presque invincible, la sentence éléate qui nie, sinon l'existence du mouvement, du moins la possibilité de le concevoir. Cette lecture s'accorde parfaitement à des témoignages relevant de la doxographie de Zénon, qui attribuent à Parménide la paternité de certains des paradoxes contre le mouvement.

Proche de cette interprétation est celle de Plutarque[3] qui maintient la séparation entre l'intelligible et le sensible, tout en estimant que l'intelligible est frappé d'une sorte d'inexistence qu'il faut entendre comme une inexistence dans le temps. Une telle interprétation a pour effet de faire du sujet « *il* » de la proposition « *il est* », non pas un objet quelconque, mais l'univers[4]. Cette lecture, confirmée par Alexandre d'Aphrodise[5] et par Simplicius — le premier étant le meilleur connaisseur d'Aristote et, le second, le seul de nos témoins qui paraisse avoir eu sous les yeux une version complète du poème[6] —, nous paraît invalider la fausse prétention des historiens modernes de la philosophie de faire de *ce qui est* un « n'importe-quoi » indéterminé, dont le discours affirmerait qu'il est en vérité. Lorsque Parménide dit : « *Il est ou il n'est pas*[7] », il ne saurait s'agir d'une quelconque substance, mais au contraire de l'univers ou de l'Un.

Cette affirmation, qui exprime l'essentiel de la philosophie éléate et renferme tout ce par quoi elle a joué un rôle dans l'histoire de la pensée, a fait l'objet de deux sortes de commentaires. D'une part Platon, dans *Le Sophiste*, selon une argumentation dont Eudème affirme le caractère toujours présent et vivant[8], s'est opposé à la séparation radicale de l'être et du non-être : il existe nécessairement une troisième voie, celle de l'autre. On ne saurait dire que ce qui est est, sans se vouer à une stérile tautologie. L'attribut doit être dit d'un sujet différent de l'attribut lui-même ; l'identité véritable suppose la diversité. En ce sens, Parménide aurait contribué au développement

1. Voir B III, p. 348.
2. Voir B III, p. 348.
3. Voir A XXXIV, p. 335.
4. Voir A XXII et A XXIII, p. 331.
5. Voir A VII, p. 326.
6. Voir A XXI, p. 330.
7. Voir B VIII, p. 351 ; B XVI, p. 360.
8. Voir A XXVIII, p. 333.

de la philosophie, en proclamant à haute voix une vérité dont le dépassement était requis par le développement de la logique. D'autre part, Parménide paraît être le philosophe contre lequel s'est exercée l'analyse d'Aristote touchant la substance[1]. La substance n'admet pas de contraire[2] ; mais une telle substance qui a tout du « il » parménidien, ne saurait ni être engendrée ni périr, puisqu'elle *est*. Il faut donc qu'elle admette des contraires et en soit le réceptacle[3], ce qui en fait le sujet du changement et, au premier chef, de la génération. Par conséquent la substance, qui en dernière analyse, dira Aristote, est la seule chose qui existe réellement, n'est-elle-même qu'un aspect du « ceci » ; c'est pourquoi il convient d'en faire une *catégorie*, ce qui signifie qu'elle exprime sur le « ceci » le point de vue de ce qui *est*. En faire un point de vue, c'est dire qu'elle est engendrable et périssable. Qu'Aristote vise Parménide, cela nous paraît évident par la référence faite, dans ce même chapitre des *Catégories*, au jugement et à l'opinion : Aristote se demande si le jugement ou l'opinion, qui peuvent être tour à tour vrais ou faux, ne sont pas, au même titre que la substance, les réceptacles de contraires[4]. Mais, en réalité, ce n'est pas l'opinion qui change : si, lorsque je dis : « Socrate est assis », mon jugement devient faux parce que Socrate s'est levé, le changement est le fait de Socrate, et non pas de mon jugement. Par là Aristote réfute l'idée parménidienne que la substance soit seulement ce qui *est*. Elle est ce qui doit avoir puissance d'être ce qu'elle n'est pas : elle devient. Et plus encore, ce qui change dans l'univers ne saurait être réduit à un flux d'opinions ou de jugements changeants. L'opinion et le jugement ne sont pas des substances et ne sont pas susceptibles de devenir ou de changer ; car, comme l'avait dit Parménide dans la première partie du *Poème*, le jugement est bien ce qui ne change pas : c'est la réalité substantielle elle-même qui change.

Cela nous conduit à la question de la signification de la seconde voie, celle de l'opinion. Pourquoi Parménide, après avoir dit avec force de cette seconde voie qu'elle mène à l'« *impensé, dont on ne peut parler*[5] », aurait-il pris soin de lui consacrer toute la seconde partie de son poème ? Qu'était donc pour lui la nature, puisque son poème porte ce titre, et que Parménide est dit lui-même *physikos*, c'est-à-dire *professant la philosophie naturelle* ? C'est là la question essentielle posée à l'interprète de son poème ; c'est là l'objet du désaccord le plus complet. Et même les hasards de la tradition manuscrite (ou les divergences des éditions antiques ?) ajoutent à notre infortune, puisque le vers destiné à préciser l'intention de la seconde partie[6] peut faire l'objet de deux lectures opposées.

Cette contradiction majeure peut être exprimée autrement ; car de

1. Voir les *Catégories*, V.
2. *Ibid.*, 3 *b* 24.
3. *Ibid.*, 4 *a* 10.
4. *Ibid.*, 4 *a* 22.
5. Voir B VIII, v. 17, p. 351.
6. Voir B I, v. 2, p. 346, au dernier vers.

deux choses l'une. Si, dans l'expression « *voie de l'opinion* », le terme d'*opinion* désigne les opinions professées par les mortels qui croient, à tort, au caractère pensable du mouvement, l'entreprise éléate peut consister déjà, comme plus tard pour Zénon, à inventer des paradoxes dialectiques[1] ou à proposer des démonstrations[2] destinées à ruiner toute physique : en ce cas, Parménide écrit non un ouvrage didactique, mais un ouvrage polémique, dirigé contre Héraclite peut-être, et contre les pythagoriciens presque sûrement. La conclusion, admissible en elle-même, nous contraindrait à rejeter comme superficiels et erronés bon nombre de témoignages qui font de Parménide un disciple des pythagoriciens. Mais si, au contraire, le terme d'*opinion* désigne un domaine comparable au lieu sensible de Platon ou au monde sensible des néoplatoniciens, Parménide redevient un homme de science et un philosophe de la nature, au sens positif du terme. Mais pour en dire quoi ? N'a-t-il pas assuré que la nature est, en son mouvement, impensable ? Un bon reflet de cette contradiction majeure se rencontre chez Hippolyte[3] : on y trouve une tentative de conciliation des deux voies, sans que l'argumentation paraisse suffisante.

Bien mieux, le contenu même de la seconde partie de l'œuvre présente ses propres contradictions. S'il est assuré que Parménide y traita d'astronomie, de géographie, de physiologie et de médecine, le point le plus important de son système, à savoir la cosmologie, fait l'objet de traditions différentes : les témoignages de Plutarque[4] et d'Aétius[5] sont, à la fois, peu clairs et inconciliables. Donc non seulement nous ignorons, en ce qui concerne ce penseur dont nul ne conteste l'irremplaçable importance, le statut philosophique qu'il assignait à l'opinion et à la science de la nature, mais le contenu même de son discours sur la nature laisse apparaître des conceptions différentes dont on aimerait, au moins pour sauver la cohérence du personnage, qu'elles aient été de sa part l'expression de théories successives.

Telles sont les énigmes que nous propose la lecture de ce dossier.

NOTES

Page 323.

1. Voir A xliv, p. 339.
2. Voir B x, p. 356; A vii, p. 326; A xxiii, A xxiv, p. 331; A xxxiii, p. 335 et A xxxv, p. 336.
3. Si nous lisons, comme Diels, αὐτὸν ὑπάρχειν; Apelt lit : ὑπερέχειν, ce qui suppose que les deux principes, chaud et froid, sont suréminents et au-dessus du Soleil. D'autre part, Diels note que

---

1. Voir Zénon, A 1, 29, p. 364.
2. Voir A xviii, p. 329.
3. Voir A xxiii, p. 331.
4. Voir B x, p. 356.
5. Voir A xxxvii, p. 337.

le mot αὐτὸν ne peut pas, en bonne langue, se rapporter au Soleil, d'où le doute qui affecte le pronom *il*.

4. Voir A xlv, p. 340. L'explication fournie par Théophraste (en A xlvi, p. 341) ne confirme pas la notation schématique d'Aétius reproduite ici par Diogène renvoyant à Théophraste.

5. En B 1, v. 28 à 30, p. 346.

Page 324.

1. La question d'une prose parménidienne est très controversée (voir la Notice p. 853 et la note 8, p. 324).

2. Voir B vii, v. 3 à 5, p. 350.

3. *Raison* traduit l'ensemble des processus intellectuels, exprimé par νώσεις = νοήσεις. (Voir B vi, p. 350.)

4. 504-501 av. J.-C.

5. Voir A xl *a*, p. 338.

6. Voir A xii, p. 328.

7. Second des paradoxes sur l'espace attribués à Zénon (voir A xxvi, p. 376) par la tradition aristotélicienne.

8. Que Parménide ait écrit en prose est sans doute une erreur, commise par *Suidas*, sur le mot πεζῇ (*leçons en prose*) employé par Platon dans *Le Sophiste*, 237 *a* (voir B vii, p. 350, premier texte cité : la *scolie* au *Commentaire sur la Physique d'Aristote* de Simplicius, à la fin de B viii, p. 356; A xiii, p. 328 et B xxii, p. 362).

9. Il y a là une impossibilité chronologique qui conduit à rejeter le témoignage.

Page 325.

1. Cette fête est celle des grandes Panathénées (voir plus loin, A v, p. 325).

2. Pour des raisons de vraisemblance chronologique, Platon a pu rajeunir le protagoniste de son *Parménide* de près d'un quart de siècle.

3. Ne pas confondre cet Antiphon avec Antiphon le sophiste. Voir Zénon, A xi, p. 367 et les notes concernant ce témoignage plus amplement cité.

Page 326.

1. Le témoignage de Platon constituant le texte précédent.

2. Voir B viii, v. 1, p. 351. Le second discours commence à partir de B viii, v. 50, p. 353.

Page 327.

1. Voir Leucippe, A viii, p. 388. Théophraste rapproche, dans sa critique, les atomistes des Éléates. Les atomes résultent de l'explosion et de l'émiettement de l'Un parménidien, dont ils conservent le

caractère d'éternité et la fonction de principe ; en revanche, le vide ou le néant est l'unique cause motrice, à la fois efficiente et finale.

2. Voir A II, p. 324.

3. En 456 av. J.-C., l'an 1561 après Abraham, première année de la quatre-vingt-unième olympiade.

4. En 436 av. J.-C., l'an 1581 après Abraham, première année de la quatre-vingt-sixième olympiade.

Page 328.

1. La date n'est pas conservée par l'inscription ; elle se situe entre Xerxès et la guerre du Péloponnèse, c'est-à-dire entre 465 et 431 av. J.-C.

Page 330.

1. Voir B VIII, v. 43, p. 353.

2. Au sens fort et étymologique de *propos théologique*.

Page 331.

1. La citation du pseudo-Plutarque, quoique présentant des variantes notables, renvoie à B VIII, v. 4, p. 351.

2. La matière de ce témoignage est, comme pour le texte suivant, à rapporter à Théophraste.

Page 332.

1. Il s'agit des Éléates auxquels Aristote reproche de ne connaître comme êtres que les sensibles en acte, indépendamment de l'être en puissance. Or, méconnaître l'être en puissance, c'est rendre impensable un troisième terme entre l'être et le non-être, et s'interdire par là de penser tout changement. Le texte suivant reprend ce point de vue.

2. Les témoignages aristotéliciens rassemblés ici par Diels ne constituent pas une collection complète. (Voir Bonitz, *Index aristotelicus*, 569 *b* 15 et 877 *b* 6).

Page 333.

1. Aristote, *De la philosophie* (dialogue [?] perdu), éd. W. D. Ross, fgm. 9.

2. Voir B VIII, v. 44, p. 353.

Page 334.

1. Le témoignage d'Eudème de Rhodes, rapporté ici par Simplicius, présente un haut intérêt philosophique. Eudème est parfaite-

ment conscient que la position parménidienne propose de l'identité une expression pauvre, purement formelle et tautologique. Le point de vue du *logos* auquel se réfère Parménide est un point de vue qu'Aristote dénonçait comme formel (voir A xxv, p. 332). En revanche, la découverte de Platon au moment du *Sophiste* (244 *b-e*) est que la véritable identité suppose, comme le dira beaucoup plus tard Hegel (*Logique*, II, 1ʳᵉ section, chap. II), que l'attribut soit dit d'un sujet différent de l'attribut lui-même. L'identité apparaît comme la diversité au sein d'un rapport. Mais la conscience de cette conquête de la spéculation philosophique fait défaut à Parménide, qui affirme sans démonstration que l'être est univocément l'être.

Page 335.

1. Voir Platon, le *Timée*, 27 *c*, et le *Parménide*, 137 *a*.

Page 336.

1. Voir B I, v. 29, p. 346.
2. Voir B I, v. 30, p. 346.
3. Simplicius vient de citer Parménide, B VIII, v. 50 à 61, p. 353. Il revient à Aristote dont il reproduit la critique.

Page 337.

1. Voir B XII, v. 3, p. 358.
2. Voir B I, v. 14, p. 345.
3. Voir, outre B I, v. 14, B VIII, v. 30, p. 352 et B X, v. 6, p. 357.
4. Voir B XI, v. 2, p. 357.
5. Voir B XII, p. 357 et la note 1.
6. Cicéron cite le terme grec : στεφάνη.
7. *Continentem ardorum ⟨et⟩ lucis orbem* ; ici, *continentem* a la valeur de περιεχούσα et se rapporte à *orbem*. Comparer avec Anaximandre, A XI, p. 36 *(enveloppe)* ; A XIV, p. 37 et A XV, p. 37.

Page 338.

1. Éros, voir B XIII, p. 358.
2. Voir Cicéron, *De la nature des dieux*, I, XI, 28, critique formulée à propos de Pythagore.
3. Il s'agit d'Aphrodite ou Vénus. L'identification de l'étoile du Matin comme étant celle du Soir suppose que Parménide ait conçu l'idée de la rotation de la sphère céleste. Certains auteurs rapportent aux Babyloniens cette découverte. Voir Anaximandre, A XIX, p. 41 et Démocrite, A XCII, p. 446.
4. Voir A I, 23, p. 324.

Page 339.

   1. Voir B xxi, p. 362.

Page 340.

   1. Il s'agit des tremblements de terre.
   2. L'*Iliade*, VIII, v. 16.
   3. C'est l'image d'*Hestia*, étudiée par J.-P. Vernant (*Mythe et pensée chez les Grecs*, éd. Maspero, t. I, p. 124 à 170). Voir encore Philolaos, B vii, p. 265.

Page 341.

   1. L'*hégémonique*, ἡγεμονικόν, est le terme par lequel les stoïciens désigneront la partie maîtresse de l'âme, en quelque sorte la conscience. Ici, l'emploi du terme montre que le témoignage a une origine stoïcienne.
   2. Voir B xvi, p. 360.

Page 343.

   1. Cela constitue la suite à Empédocle, A lxxxi, p. 168.
   2. Voir Anaxagore, A cvii, p. 645.

Page 344.

   1. La partie droite de la matrice.
   2. Voir B xviii, p. 360.

Page 345.

   1. Parménide est, pour Sextus Empiricus, le disciple de Xénophane.
   2. Nous lisons ici, avec les manuscrits de Sextus Empiricus, le génitif Δαίμονος. Pour Proclus (*Commentaire sur le Parménide*, I, 640, 39), l'examen de cet important sujet doit être le fait d'une raison plus qu'humaine, œuvre d'une nymphe hypsipile, qualificatif qui dénote sa position éthérée. Les modernes ont cherché parfois, comme Ritter, à faire de Dikè cette divinité — c'est la lecture de Sextus Empiricus; d'autres ont lu un pluriel : Δαίμονες, que rien ne saurait justifier, afin d'identifier plus aisément cette divinité avec les divinités que sont les filles du Soleil.

Page 346.

   1. Thémis et Dikè représentent respectivement la Loi et le Droit.
   2. Nous suivons ici la leçon δοκίμως, celle de Simplicius. C'est celle qu'édite Kranz, en se rangeant à l'avis de Wilamowitz. Cette

lecture conduit à rapporter περῶντα à τὰ δοκοῦντα et aboutit au sens exprimé par notre traduction. Elle a pour conséquence philosophique de donner un sens *positif* à la future seconde partie du *Poème*, relative à la voie de l'opinion : il y aurait donc la possibilité de considérer les opinions, relatives non à ce qui est, mais nécessairement à ce qui devient, comme utilisables tout au moins sous le rapport de la vraisemblance. Mais une autre solution, aux conséquences philosophiques diamétralement opposées, est envisageable. C'est ce qu'avait d'abord fait Diels lui-même. Il lisait δοκιμῶσ' εἶναι, proposant de prendre δοκιμῶσ' comme une élision de δοκιμῶσαι, pour aboutir à la construction : « Comment on devrait admettre, par un examen de tous les aspects, que se comporte l'être de l'opinion » (cette dernière expression : « l'être de l'opinion » n'allant pas sans difficulté, puisqu'il s'agirait alors précisément, dans le projet de Parménide, de refuser à l'opinion tout être!). On voit que, dans cette perspective, le prologue du *Poème* s'achèverait par l'annonce d'un projet *critique*, qui par ailleurs paraît mieux s'accorder aux aspects négatifs de la thèse éléate (voir A xxii et suiv., p. 331). Mais aucune de ces lectures n'est certaine, et l'on regrette de ne pouvoir résoudre, en se fondant sur la lettre même de Parménide, l'énigme de la construction du *Poème* et de la signification de sa philosophie!

3. La citation de Sextus s'interrompt au vers 30 : *« Il n'est rien qui soit vrai ni digne de crédit. »* Mais, contrairement à la lecture, sans doute plus complète — ou se référant à une édition plus complète — que propose Simplicius, Sextus Empiricus enchaîne immédiatement sur les vers 2 à 6 du fragment vii : *« Écarte ta pensée de cette fausse voie [...] Mais il ne reste plus à présent qu'une voie / Dont on puisse parler »*, ce vers 6 du fragment vii correspondant au vers 1 du fragment viii, avec une variante où l'expression *« Dont on puisse parler »* (μῦθος) se voit remplacé par la formule : *« Car le cœur solitaire* (θυμός) *est laissé en arrière. »* Le témoignage de Sextus Empiricus se poursuit alors par la paraphrase qu'on peut lire ici.

Page 347.

1. Pour Sextus Empiricus, la déesse n'est autre que Dikè.

Page 348.

1. Tel est bien le sens que retiennent les interprètes qui, comme E. Bréhier ou S. Mac Kenna, songent à redonner un sens plotinien à la citation des *Ennéades*. J. Burnet, cependant (*L'Aurore de la philosophie grecque*, p. 200), considère la construction qui fait des infinitifs νοεῖν et εἶναι les sujets de la proposition ayant ἐστίν pour verbe, comme grammaticalement anachronique. Ce qui va tout naturellement de soi pour le lecteur de Plotin paraît impossible. Il ne reste qu'une possibilité : donner à ἐστίν un sens potentiel, du reste fréquent dans le *Poème*. Le sens devient : « La même chose en effet peut à la fois être conçue et être. » Si J. Burnet avait raison, l'anachronisme

philosophique serait la conséquence d'un anachronisme grammatical. Pour l'historien moderne de la philosophie, la formule a donc deux sens : celui que les auteurs tardifs, le néoplatonicien Plotin et le père de l'Église, lui ont prêté ; et l'autre, qui n'est peut-être pas le bon, et qui peut davantage passer pour une platitude. Notons que ce vers est encore cité par Plotin (voir les *Ennéades*, I, 4, 10, 6 ; III, 8, 8, 8 ; V, 9, 5, 28 et VI, 7, 41, 18).

Page 349.

1. Est-ce là l'intuition que, le commencement véritable impliquant la fin, comme le dira Hegel (*Encyclopédie*, § 88, rem. 3), tout commencement devient indifférent ? Ou bien l'expression plus naïve et primitive d'une circularité du discours ?

2. Voir Aristote, *Métaphysique*, Γ 6, 1011 *b* 15 et Γ 3, 1005 *b* 23. On conçoit mal comment, au vu de ce fragment, Simplicius peut créditer Parménide d'une formulation du principe de contradiction. Mais il peut aussi s'agir, dans ce fragment, d'une critique d'Héraclite. Ce point de vue, qui était celui de Bernays, est celui de Kranz.

3. Sans doute pourrait-il s'agir des héraclitéens.

4. Voir B VII, v. 2-3, p. 350.

5. Voir B VIII, v. 1, p. 351.

Page 350.

1. Kranz comprend autrement : « Il faut dire et penser que ce qui est (*l'étant* ou *l'être*) est (*existe*). » Nous donnons raison à Burnet, suivi par W. K. C. Guthrie (voir *A History of Greek Philosophy*, Cambridge, 1965, t. II, p. 21).

2. Voir Héraclite, B LI, n. 1, p. 78.

Page 351.

1. Voir B VII, v. 3 à 5, p. 350. Ce témoignage fait suite à celui donné dans B I, p. 345.

Page 352.

1. Nous revenons à la leçon éditée par Kranz. La leçon des manuscrits, retenue par Diels, signifierait : « Comment l'être pourrait-il exister dans le futur ? »

2. Le sens du passage est incertain. La question de savoir si la négation μή constitue une interpolation est difficile à trancher. Diels l'avait conservée, comme nous ici, en la tenant pour un curieux et rare exemple d'interpolation antique appelée par le caractère incompréhensible du contexte. (Voir sur ce point la discussion résumée par M. Untersteiner, *Parmenide, testimonianze e frammenti*, Florence, 1958-1967, p. CLVI.)

3. Telle est l'interprétation de Simplicius, celle que Diels avait

retenue. D'autres, après Zeller, et comme Kranz, comprennent : *Penser et la pensée que le « il est » est, sont une même chose.*

4. Traduire τὸ νοεῖν par *le penser* est ici, comme au fragment B III, p. 348, inévitable. *Une pensée singulière* correspond à νόημα, un *noème.*

5. Le mot χρόα, désignant habituellement la couleur, c'est-à-dire, selon l'expression propre à Aristote, le sensible propre de la vue, pourrait désigner ici la surface ou encore la limite du corps, comme dans l'École pythagoricienne, B XLII, p. 320.

Page 353.

1. *Composé pour l'enchantement* : telle est la solution que nous adoptons pour traduire κόσμον ἀπατηλόν. Κόσμος signifie la beauté et l'ordonnance, avant de s'appliquer au monde et à l'ordre du monde ; ἀπατηλόν dérive du mot ἀπάτη, qui chez Gorgias (B XI, 8, p. 711) dénote l'erreur introduite dans l'âme par l'incantation. (Voir dans A XXXIV, p. 000, le témoignage de Simplicius.)

2. Il paraît plus simple de lire γνώμαις.

3. Le texte grec précise : *jamais.*

4. Voir B VIII, v. 1 à 52, p. 351. Ce témoignage fait suite à A XXI, p. 330.

5. Voir B VIII, v. 1-2, p. 351.

Page 354.

1. Voir B VIII, v. 3 à 14, p. 351.

2. Cette position, qui deviendra néo-platonicienne, est celle de Simplicius lui-même.

3. Ce témoignage vient après la citation de B VII, 2, p. 351 à la fin du second témoignage qui introduit B VI.

4. Voir B VIII, v. 3-4, p. 000. Le mot ἀτέλεστον (*dépourvu de fin*) est ici l'objet de la variante ἀγένητον (*dépourvu de génération*), c'est-à-dire à la fois inengendré et échappant au devenir.

5. Cette citation correspond à B VIII, v. 38. Mais, comme le note Mgr. A. Diès dans son édition du *Théétète* de Platon, le vers lui-même se prêtait mal à une citation isolée. Il nous semble alors que Platon s'est amusé à parodier tout en citant.

6. Voir B VIII, v. 5, p. 351.

7. Voir B VIII, v. 42, p. 352.

8. Voir B VIII, v. 43 à 45, p. 353.

Page 355.

1. Voir B VIII, v. 43, p. 353.

2. Voir B VIII, v. 44, p. 353.

3. Voir B VIII, v. 50 à 61, p. 353.

4. Voir B VIII, v. 50 à 52, p. 353.

5. Voir B VIII, v. 53 à 59, p. 353.

6. Voir B VIII, v. 52 et n. 1, p. 353.

Page 356.

1. Voir B VIII, v. 53 à 59, p. 353.

2. « *Entre ces vers* » désigne les vers 56 à 59 du fragment B VIII, p. 353. La question de savoir si la notation en prose dont il est ici fait mention, est bien de Parménide et correspondrait à une version en prose antérieure à la composition des vers eux-mêmes, renvoie à un espoir abandonné par la critique d'aujourd'hui.

3. Il s'agit de la première des deux formes (μορφάς) dont il est fait mention au vers 53, p. 353.

4. Les deux formes, *feu* et *nuit*. L'expression de l'ἀπόκρισις (*séparation*), qui, en dépit de Parménide (voir A XXXVII, p. 337-338), fait davantage songer à Empédocle, aux atomistes et à Anaxagore, marque bien le caractère de glose tardive de cette notation.

5. Ce texte vient immédiatement après la citation de B VIII, v 59 (p. 353), par Simplicius, *Commentaire sur la Physique d'Aristote*, 179, 31, p. 266).

6. La connaissance du Christ.

Page 357.

1. Les deux éléments sont le feu et la nuit; ce témoignage fait immédiatement suite à celui de Simplicius cité p. 355 où il introduit le vers 61 (B VIII, p. 353).

Page 358.

1. Voir A XXXVII et suiv., p. 337-338. La reconstruction de l'astronomie parménidienne pose des problèmes difficilement solubles, étant donné qu'elle est l'objet de témoignages anciens contradictoires. Pour simplifier, disons que C. J. De Vogel (*Greek Philosophy*, I, 41 et suiv.) propose trois figures. La première correspond au témoignage d'Aétius (voir A XXXVII, p. 337). La deuxième illustre la thèse de Simplicius (B XII, p. 357-358) qui assigne une place centrale à la Divinité, contredisant encore par là le témoignage de Diogène Laërce (A I, 21 [fin], p. 323), mais se fondant sur une citation de Parménide lui-même. La troisième reconstruction est celle de O. Gigon (*Der Ursprung der griechischen Philosophie von Hesiod bis Parmenides*, p. 279) qui replace la Terre au centre du monde et fait de l'Olympe une coquille de feu extérieure, en contradiction avec le témoignage d'Aétius.

2. Cette solution repose sur l'identification de la cause finale avec la cause efficiente. Mais il faudrait ajouter qu'Aristote (*Métaphysique*, A, III, 984 *b* 3) — témoignage non retenu par Diels — n'ignore pas que pour Parménide, la cause efficiente est sans doute double, et constituée par le feu et la nuit.

Page 359.

1. Ce témoignage fait suite à la première citation de Simplicius donnée en B XII, p. 357-358.

Page 360.

1. *Pensée* traduit ici νόημα qui désigne le concept ou la pensée de l'être. Voir A XLVI, p. 341, où ce fragment est commenté par Théophraste.

2. Voir A LIII-LIV, p. 343-344.

3. Le texte latin dit *venis* : les *veines*, mais la prosodie nous contraint à user du singulier !

Page 361.

1. Ce terme de *puissance* — en latin *virtus*, correspondant au grec δύναμις — renvoie, pour Diels, aux *puissances* citées au début du fragment B IX, p. 356.

2. Un gnostique qui demeure anonyme.

Page 362.

1. Voir B XIV, p. 359 et, dans Anaxagore, A LXXVII, p. 631, le témoignage d'Aétius. Théophraste est la source vraisemblable de cette notation. Mais que « la Lune brille d'une lumière d'emprunt » a été vulgarisé par Aristote qui rapproche l'emprunt de la lumière au Soleil par la Lune de la conversation où le pauvre cherche à soutirer au riche de l'argent (*Seconds analytiques*, I, XXXIV, 89 *b* 10).

2. L'expression *dans Parménide* semble davantage désigner le présocratique que le dialogue de Platon, dont *Suidas* donne la citation (*Parménide*, 135 *a*). On ne peut savoir si le lexicographe est l'auteur de la confusion, ou si Platon s'est amusé à citer une formule en prose de l'Éléate.

3. Sphairos. (Voir Empédocle, B XXVIII, p. 194.)

ZÉNON D'ÉLÉE

NOTICE

Aux yeux de l'historien de la philosophie ancienne, le moindre paradoxe — si l'on peut ainsi s'exprimer — qu'offre l'œuvre de Zénon d'Élée, n'est pas celui de sa doxographie. De tous les présocratiques, voilà bien le seul auteur qui ne soit connu que par Platon, Aristote et les commentateurs d'Aristote. On chercherait en vain trace d'un aspect complémentaire de sa pensée chez les épicuriens, les stoïciens, les sceptiques et les auteurs chrétiens. Plus étonnant

encore, la si brève remarque d'Aétius[1] suggère le désintérêt complet
de Théophraste à son endroit. Et cependant ce penseur, reconnu
comme si important par les historiens de la science et de la logique
— que ce soit P. Tannery ou B. Russel —, aurait dû retenir à plus
d'un titre l'attention générale.

D'abord son nom reste attaché à la lutte contre la tyrannie[2].
Peut-être même l'allusion de Platon aux Panathénées et au Céramique[3] a-t-elle la valeur symbolique d'une évocation du meurtre
du tyran Hipparque par Harmodios et Aristogiton dans des circonstances qui évoquent cet endroit. Zénon, défenseur des libertés,
reste lié dans l'esprit de Platon au geste le plus célèbre que les Athéniens aient jamais accompli face à l'oppression d'un tyran.

D'autre part, Zénon est l'inventeur de la dialectique, ce qui n'est
pas rien. Deux notations de Diogène Laërce[4], renvoyant à deux
œuvres différentes d'Aristote, également perdues, le dialogue (?) *Sur
les poètes* et *Le Sophiste*, en apportent témoignage. La dialectique est
l'art de l'interrogation; la pratique du dialogue est l'art de confondre
l'adversaire. Platon met cet art de Zénon au service de Parménide[5].
Simplicius nous conserve la trace d'un dialogue philosophique opposant Zénon à Protagoras, et ayant peut-être pour auteur Zénon lui-
même[6]. Ce dialogue philosophique est le plus ancien que nous
connaissions et peut avoir été un modèle pour Platon. En tout cas, on
peut affirmer que le questionnement socratique procède de ce genre
d'entretien.

Disciple de Parménide, Zénon ne s'est pas borné à réfuter, ainsi
qu'on l'a cru longtemps, l'existence du mouvement, au moyen des
quatre paradoxes conservés et critiqués par Aristote[7]. Ces quatre
arguments, qui pour l'essentiel développent le premier, celui de la
dichotomie, renvoient au thème fondamental des quarante arguments
qui constituent le traité *De la nature* cité par Simplicius[8], à moins de
considérer, comme le néoplatonicien Élias[9], qu'ils appartiennent à
un groupe de cinq arguments, distinct de la collection des quarante.
Car c'est bien le concept d'*infini* ou d'*illimité* qui forme l'objet essentiel de la spéculation de Zénon. L'Un est en un sens illimité, puisque
divisible à l'infini. La possibilité de le couper sans cesse en deux fonde
la *dichotomie*. Mais d'un autre côté, si l'Un n'est pas un, puisqu'il est
divisible, il faut dire que les multiples existent. Or si les multiples
existent, la division ne se poursuit pas véritablement jusqu'à l'infini et
rencontre des entités toutes petites et insécables, les atomes. Par là
même, Zénon introduit le concept d'atome et fraie la nouvelle voie de

1. Voir A xxx, p. 378.
2. Voir A i, p. 363; A ii, p. 365; A vi-A vii, p. 366; A viii-A ix, p. 367.
3. Voir A xi, p. 368.
4. Voir A i, 25, p. 363 et A x, p. 367.
5. Voir A xii-A xiii, p. 368.
6. Voir A xxix, p. 378.
7. Voir A xxv-A xxvi, p. 375; A xxvii-A xxviii, p. 376.
8. Voir B i, B ii, B iii, p. 379.
9. Voir A xv, p. 370.

l'éléatisme, suivie par les atomistes Leucippe et Démocrite. Il est difficile sur ce point de faire la part de ce qui revient au génie de Zénon et à l'analyse d'Aristote. En analysant en effet le concept d'illimité ou d'infini, Aristote découvre, ce que Zénon a peut-être déjà dit, que l'infini se dit essentiellement en deux sens : selon la puissance et selon le nombre[1]. Selon la puissance, toute grandeur continue est divisible à l'infini : c'est, en d'autres termes, la puissance du continu. En nombre ou en quantité, l'illimité résulte de ce qu'à un nombre peut toujours s'ajouter un autre nombre. Faut-il en conclure l'existence de points, de grandeurs insécables, d'atomes comme chez Démocrite, ou d'idées-nombres comme chez Xénocrate ? Il n'est pas exclu non plus que Zénon, qui met en œuvre ses arguments dans une intention défensive, ait pressenti comme Aristote que toute partie d'un ensemble, pour parler un langage moderne qui est aussi celui d'Aristote, ayant la puissance du continu, a elle-même la puissance du continu.

Historiquement, l'influence de Zénon est peut-être encore plus profonde et plus durable ; car en spéculant sur le tout et les parties, le même et l'autre, le semblable et le dissemblable, le limité et l'illimité, l'égal et l'inégal, le temps et les parties du temps, il a en quelque sorte construit le squelette des deux premières hypothèses du *Parménide* de Platon, dont la lecture devait nourrir, de Plotin à Damascius, la théologie néoplatonicienne.

NOTES

Page 363

1. Mot à mot : *amphotéroglosse* (ἀμφοτερόγλωσσος) ; voir A xv, p. 370 et Empédocle, A xix, p. 140.

2. Voir A xi et A xii, p. 367 à 369.

3. Prologue du *Parménide*, 127 *b* (voir A xi, p. 367).

4. *Le Sophiste*, 215 *a*.

5. *Phèdre*, 261 *d* (voir A xiii, p. 369).

6. *Sur les poètes*, fgm. 3 (éd. Ross) ou encore *Le Sophiste*, fgm. 1.

7. Voir A ii, p. 365, A x, p. 367 et Empédocle, A 1, 57, p. 129, A v, p. 136 ; A xix, p. 140. Comme exemple de dialectique, voir A xxix, p. 378.

8. Voir A iv, p. 365. Sur l'intérêt des Éléates pour les questions politiques, voir Parménide, A 1, 23, p. 324 et A xii, p. 328.

9. Voir A vii-A viii, p. 368-369.

10. Aristogiton est, avec Harmodios, passé à la postérité comme l'assassin du tyran athénien Hipparque (voir Thucydide, *Histoire de la guerre du Péloponnèse*, VI, 54, et Aristote, *Constitution d'Athènes*, xviii).

11. Démétrios de Magnésie.

1. Voir A xxi-A xxii, p. 371 ; A xxiii-A xxiv, p. 374.

Page 364.

1. Ce trait symbolique peut être rapproché de l'épithète *amphotéro-glosse* que lui accole Timon (voir A 1, 25 et n. 1, p. 363).

2. Second argument contre le mouvement (voir A XXVI, p. 376). La pratique de l'interrogation dialectique, où l'un des interlocuteurs interroge l'autre qui répond, et qui est essentielle pour caractériser la situation dialectique, entretient la confusion significative entre dialectique et dialogue. (Voir Diogène Laërce, *Vies*, III, 48.)

3. Cette proposition n'a rien d'éléate.

4. Notation empédocléenne comme, plus loin, l'idée d'un mélange des quatre éléments.

5. Voir Parménide, B XVI, p. 360.

6. 464-461 av. J.-C. La source est Apollodore.

Page 365.

1. Ce qui n'est pas impossible, mais suppose que Zénon ait commenté un auteur plus jeune que lui.

2. 456-454 av. J.-C.

3. Cent mines constituent une somme élevée, la plus forte que des sophistes aient demandée pour leurs leçons. Ce témoignage de Platon suffirait à ranger Zénon au nombre des sophistes, s'il était confirmé par ailleurs, ce qui n'est nullement le cas d'après les autres sources.

4. Le scoliaste, peut-être Hésychios, ne renvoie qu'indirectement au prologue du *Parménide* de Platon, sans doute à travers le *Commentaire* de Proclus.

5. Suivent les vers de Timon, cités par Diogène Laërce en A 1, 25, p. 363.

Page 366.

1. Ce témoignage est d'autant plus mystérieux que non seulement la signification de l'épisode nous échappe, mais que nous ne sommes même pas sûrs qu'il s'agisse de Zénon d'Élée.

Page 367.

1. Notation erronée et due, selon Diels, à la confusion manifeste entre Élée en Lucanie et Élaia en Bithynie, à la frontière de la Mysie.

2. *Le Sophiste*, fgm. 1 (éd. W. D. Ross) ou *Sur les poètes* (voir A 1, 25, p. 363).

3. Demi-frère de Platon, sans lien avec le sophiste. Voir Parménide, A V, p. 325.

4. Les Panathénées, grandes fêtes en l'honneur d'Athéna, se célébraient tous les quatre ans, la troisième année de l'olympiade. C'est en 449 que peut avoir lieu la scène, bien que ce texte paraisse une fiction destinée à rendre possible, chronologiquement, la rencontre entre

Parménide très âgé et Socrate très jeune. C'est du reste pourquoi Pythodore, familier de Zénon, connaît depuis longtemps l'œuvre (voir l'*Alcibiade majeur*, 119 *a*).

Page 368.

1. La mention pourrait être symbolique et renfermer une allusion politique. C'est en effet au Céramique, ou quartier des potiers, que l'abbé Barthélemy traduisait si joliment par *Tuileries*, et lors d'une procession des Panathénées, que le tyran Hipparque a été assassiné par Harmodios et Aristogiton (voir A 1, 26, p. 363).

2. L'oligarchie des Trente tyrans gouverna cruellement Athènes, en 404 av. J.-C., pendant à peu près huit mois. Critias, le sophiste (voir *Les Présocratiques*, p. 1126) en fit partie. La précision donnée par Platon est d'autant plus nécessaire qu'un jeune Aristote, qui n'est ni l'oligarque ni le Stagirite, va être chargé, dans le dialogue, de donner la réplique à Parménide (voir le *Parménide* de Platon, 137 *c*).

3. Il s'agit de Pythodore.

4. Tout ce passage sera repris et imité par Simplicius. (Voir A XXIII, p. 374).

Page 369.

1. L'expression désigne assez sûrement Zénon : tel est du moins l'avis de Diogène Laërce (voir A 1, 25, p. 363), bien que le nom de Palamède et l'emploi du mot τέχνη (rendu ici par *technique*) puissent faire davantage songer à un sophiste (voir Gorgias, B XI *a*, p. 715).

2. Voir Platon, *Le Sophiste*, 217 *c* et la situation de la critique de Protagoras, dans Aristote, *Métaphysique*, Γ, IV. (Voir Protagoras, A XIX, p. 672.)

3. Cet argument, l'un des premiers, n'est connu que par ce qu'en dit Proclus. Le fragment B 1, p. 379, ne peut donc se situer qu'après ce texte perdu constituant le début de l'œuvre.

4. *Lui*, c'est-à-dire Zénon. Proclus commente le *Parménide* (127 *d*).

Page 370.

1. Voir Timon, A 1, 25, p. 363 : « *À la langue pendue pour le pour et le contre.* » Le commentaire propose une interprétation différente, celle du mensonge, peut-être confirmable par A XVII, p. 370, ou encore par la ruse rapportée par Diodore de Sicile, en A VI, p. 366.

2. Ce qui confirme le nombre indiqué par Proclus au témoignage précédent. Mais, d'après Élias, les cinq arguments contre le mouvement (c'est-à-dire les quatre conservés par Aristote [voir A XXV, p. 375 et suiv.] auquel devait s'ajouter un cinquième qui est perdu) devraient être comptés à part, et en plus.

3. Généralement, cette attitude est attribuée à Diogène le Cynique, disciple d'Antisthène.

Page 372.

1. Le point par rapport à la ligne, la ligne par rapport à la surface, et la surface par rapport au volume, ont chacun une dimension de moins que ce qu'ils limitent. Ce sont des πέρατα (*limites*), au sens usuel à l'Académie de Platon. Par là même, leur mode d'existence est celui de l'intelligible, du nombre ou de l'idée, et ce ne sont pas des existants sensibles ou réels, au sens où l'existant réel a trois dimensions. Ajouter un point à un point ne produit pas une ligne; une ligne ajoutée à une ligne ne produit ni épaisseur ni surface; de même le volume n'est pas produit par une addition de surfaces. Tel est le sens de l'argumentation de Zénon, qui vise peut-être les pythagoriciens. Voir l'analyse aristotélicienne dans Démocrite, A xlviii *b*, p. 426.

2. Témoignage qui fait suite à A xvi, p. 370.

3. Toujours d'après Alexandre d'Aphrodise.

4. L'argument suppose que *un* soit pris en deux sens : d'abord le discontinu ou l'intelligible (soit, si l'on veut, le point), ensuite le continu (la grandeur dont l'addition produit une quantité plus grande). Voir le témoignage d'Aristote lui-même, p. 371-372.

5. Ainsi Simplicius paraît *déjà* sensible à la transformation que l'interprétation et la *réécriture* philosophiques peuvent faire subir au texte. Faire de l'Un, seule réalité existante et en soi, un intelligible, peut en effet se dire tout autrement : car, dans ce cas, l'Un en soi est sans dimension (ajoutable ou retranchable); il est donc un inexistant, et seuls les multiples existent. Cette dernière formulation est celle d'Eudème, à laquelle s'oppose Simplicius, à travers Alexandre qui l'a transmise.

Page 373.

1. Le témoignage d'Eudème explique ce raccourci. L'Un n'a pas l'existence du continu, et étant sans dimension, il n'existe pas.

2. Il s'agit du premier argument contre le mouvement, ou *dichotomie* (voir A xxv, p. 375 et B iii, p. 380).

3. Zénon dit en effet que toutes les choses sont l'Un, puisque l'Un seul existe. Mais, d'un autre côté, la *dichotomie*, c'est-à-dire la division de l'Un en deux ou par moitié, et qui se poursuit en principe à l'infini, rencontre cependant des grandeurs existantes qui, pour exister, doivent échapper à la division : ces grandeurs insécables sont les atomes, ce qui explique que, pour Aristote, les atomistes Leucippe et Démocrite soient des successeurs des Éléates.

Page 374.

1. Simplicius commente le texte d'Aristote (*Physique*, I, iii, 187 *a* 1) cité en A xxii, p. 373.

2. Tout ce commentaire est en fait une reprise mot à mot du propos que Platon prête à Zénon dans le *Parménide* (128 *d*), voir A xii, p. 368. Il vise la *Physique* d'Aristote (I, iii, 187 *a* 1).

Page 375.

1. La solution aristotélicienne à l'aporie de Zénon apparaît, dans la formulation de Simplicius, comme une variation sur le thème de la *limite* et de l'*illimité*. Ce qui est dans un lieu et admet par conséquent une grandeur *illimitée* parce que infiniment divisible, n'en est pas moins dans autre chose, à savoir sa *limite*, qui, elle, n'existe pas de la même façon, mais seulement comme intelligible ou nombre sans dimension, et par conséquent n'*existe* pas *vraiment*, comme on dit des multiples qu'ils existent.

2. Voir le paragraphe suivant.

3. L'infini ou l'illimité se dit en deux sens : 1° selon la *puissance*, car tout ce qui est continu peut être divisé à l'infini, qu'il s'agisse de l'espace ou du temps; 2° selon la *quantité* ou le nombre, ce qui supposerait une absence de limite extérieure, comme dans le cas de la suite illimitée des nombres. Pour un bon commentaire philosophique du concept d'infini ou d'illimité, voir dans ce même volume le témoignage d'Aristote sur Anaximandre, A xv, p. 38.

4. C'est-à-dire divisibles à l'infini, au premier sens d'*illimité*. Le temps est divisible à l'infini parce qu'il est continu.

5. Le premier argument de Zénon doit trouver sa solution dans la distinction entre *puissance* et *quantité*, ou *puissance* et *acte*. Disons, pour simplifier les choses, que ces deux sens correspondent à la distinction entre possible et réel. Il est *possible* de diviser à l'infini l'espace parcouru par le mobile; mais cet espace n'en est pas moins *réellement* limité, ainsi que le temps mis par le mobile à le parcourir.

Page 376.

1. Par conséquent la réfutation aristotélicienne qui vaut pour le premier argument, vaut aussi pour le second.

2. Dire que le temps est composé d'instants aboutirait à dire que la ligne est composée de points, ce qui reviendrait à postuler une thèse atomiste à la façon de Leucippe, ou « numériste » à la façon de Xénocrate (voir A xxii, p. 373).

Page 378.

1. Si l'on pousse à l'extrême l'argumentation de Zénon qui consiste à diviser à l'infini le temps en instants, on peut estimer que l'instant de la chute est un moment ponctuel, extra-temporel en quelque sorte, puisque sans dimension.

2. Le problème que ce fragment pose aux interprètes est celui — impossible à résoudre — de savoir si la forme dialoguée, prêtée par Simplicius à cet interrogatoire, est le fait d'une retranscription de Simplicius (ce dont, pour notre part, nous ne le croyons guère capable, étant donné à la fois son manque général d'imagination et le caractère scrupuleux de sa méthode [voir A xxi, p 372]) ou si au contraire le dialogue a bien pour auteur Zénon lui-même, auquel cas

Zénon serait le premier auteur de dialogues philosophiques, et mériterait tout à fait l'appréciation qu'Aristote porte sur lui d'« inventeur de la dialectique » (voir A 1, 25, p. 363 ; A 11, p. 365 ; A x, p. 367) ; ainsi, le dialogue que nous lisons, serait le plus ancien dialogue philosophique connu.

Page 379.

1. Ce fragment, placé ici en tête à cause de l'indication : πρότερον *(d'abord)*, vient, dans le *Commentaire* de Simplicius, après B III, p. 380. Mais si l'on en croit Proclus (voir A xv, p. 369), cet argument figure parmi les premiers dans le recueil de Zénon.

2. Reprise de B 1 (fin, p. 379) avec quelques différences que notre traduction met en évidence.

3. C'est-à-dire « un existant sans grandeur ».

Page 380.

1. Si toute grandeur continue est divisible à l'infini, la division n'épuise jamais la grandeur, et il demeure toujours un reste, indéfiniment divisible.

2. Simplicius écrit *dichotomie*, parce que c'est à partir de la possibilité de diviser en deux indéfiniment les multiples, que Zénon démontre qu'ils sont illimités.

3. Cet argument pourrait n'être pas de Zénon, mais appartenir à Diodore Cronos, le Mégarique (voir Sextus Empiricus, *Hypotyposes pyrrhoniennes*, II, 245).

Les *Abdéritains*

LEUCIPPE

NOTICE

Le reproche adressé parfois à Diels d'avoir tenté d'opérer une distinction arbitraire entre les témoignages concernant Leucippe et ceux concernant Démocrite ne nous paraît guère fondé. Diels a pris soin, ce qui est unique dans la présentation des présocratiques, de réunir ces deux auteurs sous une même rubrique : les Abdéritains. Au reste, la figure de Leucippe ne manque pas d'intérêt en elle-même, puisque les incertitudes et les mystères qui l'entourent sont le reflet des efforts des divers interprètes pour situer les influences qui ont donné son sens à l'atomisme.

Si certains font naître Leucippe à Milet[1], c'est pour souligner qu'ériger en principe l'infinité des atomes peut s'interpréter en fonction de la conception ionienne de l'Illimité, et en particulier celle d'Anaximandre. Dans cette perspective, les atomes, ou corps primordiaux, représentent l'illimitation de la matière, et l'autre principe, le vide, doit être considéré comme la cause du mouvement remplissant la même fonction que l'Intellect d'Anaxagore. C'est pourquoi, toujours de ce point de vue, le vide est dit être un principe tout comme les atomes.

D'autres assignent à Leucippe une origine éléate et en font l'élève de Zénon ou de Parménide en personne[2]. L'interprétation éléate de l'atomisme[3] consiste à dire que le présupposé de l'atomisme vient en droite ligne des exigences formulées par Parménide, et avant lui par Xénophane, sur la nature impassible, intangible, indivisible, éternelle, identique, etc., de l'Un. L'infinité des atomes conserve en les démultipliant à l'infini ces caractères de l'Un. Tout se passe comme si les atomistes avaient en quelque sorte fait éclater en poussière d'atomes cet Un dont ils conserveraient les caractères. Ce trait restera caractéristique même de l'atomisme postérieur, puisque, lorsque Épicure[4] concédera aux atomes la possibilité d'avoir des parties, il leur conservera l'impassibilité première. Il ne restait plus qu'à ajouter aux multiples le vide pour pouvoir conformer les conclusions de la raison à l'apparence du monde. Pour certains doxographes[5], l'influence de Zénon est encore plus déterminante sur Leucippe qui se serait comporté en éristique et aurait, comme par paradoxe et par un emprunt à Zénon, formulé l'hypothèse de la divisibilité à l'infini de l'univers et critiqué le témoignage des sens, en accordant, ce qui est bien un trait distinctif de l'éléatisme, un plus grand crédit à la raison qu'aux sens pour juger de la réalité.

D'autres voient en Leucippe un pythagoricien[6]. La conception atomiste pourrait s'accorder avec l'opinion pythagoricienne puis platonicienne, partagée par Xénocrate, que la réalité est constituée par les nombres[7]. Sait-on encore que l'observation des poussières dansant dans le rai de lumière[8] est une image pythagoricienne?

Ceux, en revanche, qui font de Leucippe un citoyen d'Abdère, veulent entendre par là qu'il a jeté les bases de l'atomisme démocritéen et même de l'atomisme tout court, si l'on songe à l'utilisation qu'Épicure dans la *Lettre à Pythoclès*[9] aura pu faire du *Grand système du monde* de Leucippe. Pour cette raison, il est tout indiqué de

1. Voir A I, p. 383; A VIII, p. 388; A XII, p. 390 et A XXXIII, p. 398.
2. Voir A I, p. 383; A IV et A V, p. 385; A VIII, p. 388; A X, p. 389; A XXXIII, p. 398 et A XXXV, p. 399.
3. Voir A VII, p. 386 et A VIII, p. 388.
4. Voir A XIII, p. 390.
5. Voir A XXXIII, p. 398.
6. Voir A V, p. 385.
7. Voir A XV, p. 391.
8. Voir A XXVIII, p. 396.
9. Voir A XXIV, p. 394.

commencer par la lecture des témoignages relatifs à Leucippe l'étude de l'atomisme ancien. On y trouve tous les thèmes essentiels : l'Un et le vide comme principes et comme éléments, le nombre illimité des atomes dont les figures sont elles-mêmes illimitées, la théorie des simulacres et même le primat absolu de la nécessité[1]. C'est à propos de Leucippe que nous avons dû arrêter, plus ou moins arbitrairement, une correspondance française des termes techniques propres à l'atomisme et que l'on retrouvera chez Démocrite. Notre traduction observe strictement la nomenclature suivante :

τὸ πλῆρες :	*le plein*
τὸ στερεόν :	*l'étendu*
τὸ κενόν:	*le vide*
τὸ μανόν:	*le rare*
ἡ ἀρχή :	*le principe*
τὸ στοιχεῖον :	*l'élément*
τὸ σῶμα :	*le corps*
τὸ ἄτομον :	*l'atome*
τὸ ἀδιαίρετον :	*l'indivisible*
αἱ διαφοραί :	*les différences*
τὸ σχῆμα :	*la figure*
ὁ ῥυσμός *ou* ῥυθμός :	*le rythme*
ἡ τάξις :	*l'ordre*
ἡ διαθιγή :	*l'assemblage*
ἡ θέσις :	*la position*
ἡ τροπή :	*la modalité*
ὁ ὄγκος :	*la particule*
ἡ ἁφή :	*le contact*
τὰ ἁπτόμενα :	*les parties en contact*

On ne s'étonnera pas de trouver parmi les fragments de Leucippe le *Grand système du monde* de Démocrite qui figure dans le catalogue des œuvres de Démocrite par Thrasylle[2]. Diogène Laërce note en marge de ce catalogue que l'école de Théophraste attribue l'ouvrage à Leucippe, et ce témoignage ne saurait être récusé. Leucippe a dû composer le *Grand système du monde* et Démocrite lui ajouter sous forme de supplément le *Petit système du monde*. Reinhardt, suivi par Guthrie[3], a formulé l'hypothèse très séduisante que le *Petit système du monde* ne traite plus du monde, mais de l'homme, puisque Démocrite[4] est le premier à avoir usé de l'expression « *microcosme* » (en un seul ou en deux mots).

1. Voir B 11, p. 400.
2. Voir Démocrite, A xxxiii, 46, p. 416.
3. *A History of Greek Philosophy*, 11, 386.
4. Voir Démocrite, B xxxiv, p. 516.

Page 383.

1. L'hésitation entre Élée, Abdère et Milet est philosophiquement significative. Faire de Leucippe un Éléate (voir A v, p. 385) revient à adopter la thèse d'Aristote (voir A vii, p. 386) selon laquelle les atomistes n'ont fait qu'adapter le système éléate aux exigences du mouvement. En faire un Abdéritain le rapproche en outre de Démocrite. Peut-être n'est-il que milésien et par conséquent ionien (voir A v, p. 385), à moins que Pythagore ne doive être tenu pour son véritable maître (voir *ibid.*, p. 385).

2. L'origine de sa pensée est bien milésienne.

3. Voir pourtant Démocrite en A xxxvi, p. 420.

4. Voir A xxiv, p. 394. La même expression reparaîtra dans la *Lettre à Pythoclès* d'Épicure (voir Diogène Laërce, *Vies*, X, 88).

Page 384.

1. Selon la leçon manuscrite : ἐπέκρυσιν.

2. L'addition de la négation, qui nous paraît tout à fait légitime, est l'œuvre d'Henri Estienne.

Page 385.

1. Il s'agit de l'école pythagoricienne.

2. Nous observons, chez Aristote, toujours le même refus de considérer comme suffisante une explication matérielle. Comme le répète Simplicius, il manque l'énoncé de la véritable cause du mouvement. (Voir la fin de ce témoignage.)

Page 386.

1. Aristote prend pour exemples les majuscules grecques : A (*alpha*), N (*nu*), I (*iota*) et H (*êta*). Le I a la forme d'un H qui serait couché.

2. Voir l'École pythagoricienne, B iv, p. 300.

3. Ce qui revient à souligner l'impuissance de l'atomisme à expliquer l'origine du mouvement.

4. Pour tous les témoignages groupés sous ce numéro, on se reportera au tableau de concordance des termes placé en fin de Notice, p. 876.

5. Voir Parménide, A xxv, p. 332, auquel ce texte fait suite.

Page 387.

1. L'erreur spéculative de Leucippe est de croire que le mouvement ne saurait exister dans le plein (ce qu'Anaxagore et Aristote lui-

même estiment possible). Dans l'hypothèse éléate, l'existence du plein s'accompagne nécessairement de celle du vide.

2. Aristote dit le *hasard*, parce que l'explication atomiste du mouvement ne fait pas intervenir la cause finale ; mais Leucippe au contraire dira : la *nécessité* (voir B II, p. 400).

3. Voir Parménide, A xxv, p. 322.

4. Voir Empédocle, A LXXXVII, p. 117.

5. Voir Platon, *Timée*, 53 c et suiv.

6. Lorsque Platon définit les éléments (voir la note précédente), il le fait en recourant à des surfaces qui peuvent, en étant tangentes, engendrer d'autres surfaces, etc. Pour Leucippe, les éléments ont trois dimensions, et non plus seulement deux. Ensuite, ils peuvent engendrer des assemblages autrement que par contact ou tangence, puisqu'il peut y avoir du vide entre les atomes pourtant liés entre eux. C'est pourquoi Jean Philopon (voir le témoignage suivant) juge abusif l'emploi du terme *contact* par Leucippe, puisque ce contact qui ne suppose pas la tangence, n'en est pas *vraiment* un.

Page 388.

1. Le « *pas plus* », formule sceptique, se retrouve chez Démocrite (voir A xxxviii, p. 422 et B clvi, p. 539).

Page 389.

1. Cette critique, d'origine aristotélicienne, amorce l'idée que cette nécessité, n'étant pas finale, est en réalité un hasard.

2. Leucippe est cité entre Parménide et Démocrite.

Page 390.

1. Cicéron écrit : *concursu fortuito* (*rencontre* ou *concours fortuit*). Voilà qui introduit le terme de *hasard* dans la doxographie (voir J. Burnet, *L'Aurore de la philosophie grecque*, Paris, 1970, n. 2, p. 392).

2. L'épicurien chargé de soutenir cette thèse dans le dialogue de Cicéron.

3. La matière est, pour Simplicius comme pour l'Académie et le Lycée, divisible à l'infini : c'est la conséquence même de la puissance propre au continu. Aussi n'existe-t-il ni lignes insécables (Xénocrate) ni atomes (Leucippe).

4. L'*impassibilité* (ἀπάθεια) exprime que l'atome de Leucippe et de Démocrite (voir A 1, 44, p. 404 ; A xlix, p. 428 ; A lvii, p. 431 et A cxxxii, p. 462) — comme l'Un de Parménide — échappe à toute altération.

Page 391.

1. Il s'agit d'Aristote dont Simplicius commente le *Traité du ciel*, I, vii, 275 b 29. (Voir encore Usener, *Epicurea*, fgm. 284.)

Page 392.

1. D'où le rapprochement possible avec les pythagoriciens (voir A v, p. 000) ou encore avec Xénocrate (en Zénon, A xxII, p. 385).

2. Le mouvement « par contrainte » s'oppose au mouvement « naturel ». Simplicius insiste sur cette distinction, empruntée à Aristote, pour souligner que le mouvement des atomes est purement mécanique et ne correspond à aucune finalité naturelle.

3. Hermias, qui utilise une source fournie par Théophraste, attribue au contraire aux atomes un mouvement naturel. (Voir Démocrite, A xLvII, p. 426.)

Page 393.

1. Un vase rempli de cendre peut être ensuite rempli d'eau, ce qui laisse supposer dans la cendre un certain vide qui accueille l'eau. Ici, Aristote ne se borne pas à pratiquer une dialectique qui recueille les opinions du plus grand nombre ou des spécialistes : il se livre à une dialectique critique en cherchant pourquoi l'opinion commune est erronée.

Page 394.

1. Il s'agit ici soit des atomes, soit des corps à proprement parler, qui sont des mélanges d'atomes. Ils se conglomèrent *en un même* ⟨lieu? ou monde?⟩

Page 395.

1. Cette justification — retranchée volontairement de son édition par Diels — ne doit évidemment rien à Leucippe, mais relève tout entière de la canonique épicurienne.

Page 396.

1. Cette expression peut viser les atomistes de la première génération, comme Leucippe ou Démocrite. (Voir Lucrèce, *De la nature*, I, v. 334.)

2. Cette fois il s'agit très probablement de Leucippe.

Page 397.

1. Voir l'École pythagoricienne, B xL, p. 320.

2. Pourquoi ne pas traduire ἀπόρροια par *onde*? Cela est plus aisé ici que pour Empédocle (voir B LxxxIx, p. 217) où nous avons conservé la traduction usuelle par *effluve*.

Page 398.

1. *Image* traduit le mot ἔμφασις qui correspond plus haut à l'*impression visuelle*.

Page 399.

1. Voir Platon, *La République*, X, 602 *c* et Sextus Empiricus, *Hypotyposes pyrrhoniennes*, I, 119.
2. Voir Anaxagore, A xlii, 12, p. 614 et A cvii, p. 645 ; ainsi que Démocrite, A cxliii, p. 476.
3. Peut-être convient-il de lire *Leucippe* ?
4. Voir Démocrite, B ccvii, p. 551.

Page 400.

1. Voir Démocrite, A xxxiii (Tétralogies III et IV du *Catalogue* de Thrasylle), p. 416 et B iv *b*, p. 492.
2. Voir Anaxagore, A lxxix, p. 632.
3. L'auteur (ou l'accusateur) est inconnu. Le texte est dans un élément de délabrement extrême. Nous le traduisons tel que Crönert et Diels l'ont reconstitué. Pour la bibliographie concernant ce papyrus, voir le *Catalogo dei Papiri Ercolanesi*, sous la direction de M. Gigante, Naples, 1979, p. 394.
4. Du *Grand système du monde* nous ne connaissons rien d'autre que le résumé qu'en donne Aristote (*De la génération et de la corruption*, I, viii, 325 *b* 7 et suiv. ; voir aussi Leucippe, A vii, p. 386). On peut à coup sûr lui attribuer l'emploi de termes comme : *atomes, éléments compacts, grand vide, séparation, rythme, assemblage, modalité, enchevêtrement, tourbillon*, etc. (voir également A xxiv, p. 394).

DÉMOCRITE

NOTICE

Démocrite constitue à lui seul tout un monde : on le mesure à l'importance des témoignages et des fragments qui ont été conservés. Si le corpus d'Aristote n'avait pas eu la chance que l'on sait, d'être réédité au premier siècle avant notre ère par Andronicus de Rhodes, Démocrite passerait assurément pour le plus fécond et le plus universel des maîtres de sagesse que l'Antiquité ait produits.

Pour aborder la lecture des témoignages, il est ici nécessaire de se rappeler qu'après les écrits relatifs à la vie[1] et les anecdotes roma-

---

1. Voir de A i à A xiii, p. 401.

nesques qui s'y rattachent[1], Diels a suivi, pour ranger les témoignages relatifs à la philosophie, la disposition des φυσικῶν δόξαι de Théophraste, c'est-à-dire les principes[2], Dieu[3], l'ordonnance du cosmos et les phénomènes célestes[4], la psychologie[5] avec l'important fragment de Théophraste sur les sensations[6], et enfin la physiologie[7]. Cinq témoignages[8] viennent clore l'ensemble par des informations relatives à l'éthique.

Selon la méthode déjà suivie pour Héraclite, Diels a renoncé à ordonner les fragments qui sont simplement classés par ordre alphabétique des auteurs témoins, mais en respectant toutefois l'ordonnance définie par le catalogue du néoplatonicien Thrasylle[9]. Thrasylle a en effet accordé à l'œuvre de Démocrite la même importance qu'aux dialogues de Platon et groupé en *tétralogies* les ouvrages qu'il a pu connaître, en rangeant dans une catégorie subsidiaire les ouvrages appartenant aux Ὑπομνήματα, que nous avons traduits par *Carnets*, en songeant qu'ils devaient être au corpus ce qu'est au dire d'Arrighetti le *De la nature* d'Épicure au reste de l'œuvre : une sorte de journal de bord, de cahier du chercheur, comme le sont les liasses inédites de Pascal, éditées à tort, selon L. Lafuma, sous le titre de *Pensées*.

En comparant le classement en tétralogies des dialogues de Platon effectué par Thrasylle, avec ce que les travaux de L. Brandwood nous apprennent aujourd'hui touchant leur ordre chronologique, on se dit que le classement de Thrasylle n'a malheureusement rien d'historique. Or, au cours de notre longue fréquentation des témoignages et fragments de Démocrite, l'idée s'est présentée plusieurs fois à nous avec une clarté évidente, que bon nombre des contradictions propres à ces textes devraient pouvoir être levées, pour peu que l'on voulût bien tenir compte de ce qu'une œuvre aussi importante et si largement étalée dans le temps (Démocrite vécut selon certains jusqu'à cent neuf ans et selon d'autres, plus modestes, jusqu'à quatre-vingt-dix ans seulement) doive nécessairement porter la trace d'une évolution et d'un progrès de la pensée. C'est pourquoi il nous est apparu aussi que la méthode de W. Jaeger, si féconde à l'endroit de la philosophie d'Aristote, devrait peut-être être retenue concernant Démocrite.

Ne retenons qu'un exemple, d'ordre psychologique, et qui permet de rendre compte des contradictions entre les témoignages par l'hypothèse du développement et du progrès de la philosophie démo-

1. Voir de A xiv à A xxx, p. 408.
2. Voir de A xxxiv à A lxxiii, p. 413.
3. Voir de A lxxiv à A lxxxi, p. 438.
4. Voir de A lxxxii à C, p. 442.
5. Voir de A ci à A cxxxviii, p. 451.
6. Voir A cxxxv, p. 463.
7. Voir de A cxxxix à A clxv, p. 475.
8. Voir de A clxvi à A clxx, p. 487.
9. Voir A xxxiii, p. 416.

critéenne. La théorie des simulacres[1] ne s'accorde pas avec le témoignage du même Théophraste[2] où se trouve exposée une théorie phénoméniste de la vision. Dans le premier cas, nos perceptions s'expliquent toutes par l'effluence en nous des simulacres qui impriment sur l'organe des sens l'image de l'objet extérieur. C'est là un premier stade, en quelque sorte naïf, de la théorie[3]. Dans le second cas, les deux flux de lumière, en provenance à la fois de l'objet et de l'œil, engendrent dans l'espace intermédiaire la substance aérienne phénoménale qui, comme pour Protagoras et le Platon du *Théétète*, constitue le phénomène, objet de la perception. De là dérive une épistémologie relativiste[4], qui donne lieu à un grand nombre de témoignages concordants, et que la première physique de Démocrite serait impuissante à expliquer. Cette perspective historique devrait frayer la voie à de nouveaux travaux.

De Démocrite, on retiendra surtout la physique atomiste, l'image de l'homme comme un microcosme[5], la thèse morale de la tranquillité de l'âme ou du bien-être[6], le principe de la juste mesure[7], la préoccupation politique[8] et, du point de vue de la méthode, la pratique de l'autopsie qui consiste à observer par soi-même la nature des choses[9]. Les problèmes liés à sa théologie, ainsi qu'à celle d'Épicure, peuvent trouver leur solution dans l'identité entre les dieux et les images[10].

NOTES

Page 401.

1. La même expérience est prêtée à Pyrrhon par Diogène Laërce. (Voir Anaxarque, A 11, *Les Présocratiques*, p. 950.)
2. Cent talents constituent une somme considérable : plus d'une centaine de millions de francs.

Page 402.

1. Voir A xi, p. 407 et B cxvi, p. 527.
2. *Les Rivaux*, 136 *a*. Ce dialogue est encore aujourd'hui tenu pour suspect. Sur Anaxagore, voir plus bas le paragraphe 41, p. 403.
3. Voir B cxlv, p. 535.
4. Voir B *a*, p. 489. Rien de ce qui subsiste de Démocrite n'entre avec certitude dans cet ouvrage dont il ne reste donc que le titre.

---

1. Voir A cxxxv, 50 et suiv., p. 463 et suiv.
2. Voir A cxxxv, 63, p. 467.
3. Voir Leucippe, de A xxix à A xxxi, p. 397.
4. Voir B clxiv et suiv., p. 541.
5. B xxxiv, p. 516.
6. Voir B clxx, p. 543.
7. Voir B cxci, p. 548.
8. Voir B cclii, p. 560.
9. Voir A xvii *a*, p. 410 et B ccc 7 *a*, p. 575.
10. Voir A lxxviii, p. 441.

Page 403.

1. Voir A xxxiii, 46, iii, p. 416. Théophraste attribue l'ouvrage à Leucippe (voir B i, p. 400).

2. La somme est tout à fait considérable. D'après Philon d'Alexandrie (cité en A xiv, p. 408) le geste est imputable à Hippocrate.

3. Cette épithète de Timon : ἀμφίνοος, doit être sans doute rapprochée de ἀμφοτερόβλεπτος (voir Xénophane, A xxxv, *Les Présocratiques*, p. 107) et de ἀμφοτερόγλωσσος attribué à Zénon d'Élée (voir A i, p. 363 et A xv, p. 370). Démocrite peut avoir, dans les *Silles* de Timon, été présenté comme un ancêtre du pyrrhonisme, hésitant entre des aspects contraires de l'apparence.

4. Voir B v, p. 493.

5. Voir B v, p. 493, et la note 1, ainsi qu'Anaxagore, A v, p. 597.

6. 460-457 av. J.-C.

7. 470-469 av. J.-C.

8. La formule τοὺς περί ne doit désigner qu'Œnopide lui-même, et non ses élèves.

Page 404.

1. Il faut entendre illimités en nombre, comme chez Leucippe.

2. Voir B ii *c*, p. 491.

3. Voir B ix, p. 499 et B cxxv, p. 530.

4. Le catalogue des ouvrages de Démocrite n'est pas de Diogène Laërce, mais de Thrasylle. Il n'y a donc aucun inconvénient à reporter, comme le fait Diels, en A xxxiii (voir p. 416), les paragraphes 45 à 49 du livre IX des *Vies*.

Page 405.

1. 472-469 av. J.-C.

2. Voir le témoignage d'Apollodore en A i, 41, p. 403.

3. 500-497 av. J.-C.

4. 436-433 av. J.-C., date de l'*acmé* de tous ces philosophes.

5. Mort lors de la quatre-vingt-quatorzième olympiade (404-401 av. J.-C.) : saint Jérôme, 1581 après Abraham [ol. 94, 404-401], Armen., 1613 après Abraham [ol. 94, 402-403].

6. Au cours de la deuxième année de la cent cinquième olympiade, soit en 359 av. J.-C.

Page 406.

1. La première année de la quatre-vingt-quatorzième olympiade, soit en 400 av. J.-C.

2. La question du tremblement de terre. Anaxagore est loué par Démocrite (voir Anaxagore, B xxi *a*, p. 658) et critiqué par lui (voir B v, p. 493).

3. Voir A cxiv, p. 456 et B clvi, p. 539.

Page 407.

1. Hippocrate.
2. Diagoras de Mélos, le Phrygien (voir B ccxcix *e*, p. 571).
3. Diagoras et non Démocrite.
4. 468-465 av. J.-C.
5. Voir B cxv *a* et B cxvi, p. 527.
6. Les Indes. La source de ce témoignage est Mégasthène.

Page 408.

1. Comme Anaxagore, voir Démocrite, A xv, p. 408.

Page 409.

1. Peut-être dans son traité *Du bonheur*.
2. Voir Homère, l'*Odyssée*, III, v. 301 et IV, v. 80 à 90.
3. Voir B xiv, p. 503. Mais l'histoire doit avoir son origine dans Thalès (voir A x, p. 21).

Page 410.

1. Le terme grec est φιλολογία.
2. Ce texte est cité dans la traduction de J. Amyot. (Sur l'observation directe ou *autopsie*, voir par exemple, B ccc 7 *a*, p. 575).

Page 411.

1. Il s'agit sans doute d'une confusion avec Empédocle.

Page 412.

1. Allusion à l'image traditionnelle des Abdéritains, sots et éleveurs de moutons.

Page 415.

1. Confusion avec Phérécyde (voir Diogène Laërce, *Vies*, I, 118) ou même avec Homère (voir Héraclite, B lvi, p. 78).
2. Voir Leucippe, B i, p. 400 : les fragments de Démocrite sont classés par Diels dans l'ordre que propose le catalogue du néoplatonicien Thrasylle.
3. Voir B v *c*, p. 498.

Page 416.

1. Ce *Catalogue* a Callimaque pour auteur. La source de la *Suda* est Hésychios.

2. Toujours d'après Hésychios.

3. Pour tout ce qui concerne ce *Catalogue*, on se reportera au classement des livres répertoriés dans la partie B, p. 489 et suiv.

4. Voir B 1 *b*, p. 490. C'est là une épithète attribuée à la déesse Athéna.

5. La corne d'abondance.

6. Il manque l'indication du nombre de livres que l'ouvrage comportait.

Page 417.

1. Le terme de ῥυσμός peut difficilement désigner, comme l'entendent Diels et Liddell et Scott la *forme* ou la *figure* (σχῆμα), notamment parce que les atomes ne sauraient changer de figure, comme devrait le supposer le titre suivant. Dans ce dernier texte, la figure n'est pas celle des atomes, mais du composé. (Voir encore A XXXVIII, p. 422 et A CXXV, p. 453).

2. Il manque l'indication du nombre de livres.

3. Le texte grec porte : περὶ τῆς λίθου, c'est-à-dire *De la pierre*. Sans doute faut-il entendre par là : la pierre d'Héraclée, ou *aimant*.

4. Nous traduisons le mot γνώμη et non la correction γωνίης ou γνώμονος en donnant une valeur géométrique à ce terme qui désigne aussi, en psychologie, l'*inclination*.

5. Ici encore le nombre de livres n'est pas précisé.

6. Titre douteux.

Page 418.

1. Ou *De la déclamation*.

2. Ici encore il manque l'indication attendue du nombre de livres.

3. Il faut, ici, prendre *musique* au sens étymologique élargi de : *concernant l'art des Muses*.

4. Entendons aussi par *arts*, les techniques et les métiers.

5. Ou encore : aux *circonstances*.

6. Sans doute un traité d'escrime militaire ou un *Art du combattant*, sorte de *Manuel du fantassin*.

7. Voir de B CCXCVIII *b*, p. 570 à B CCXCIX *f*, p. 571.

8. Il peut s'agir aussi d'un neutre : les *phénomènes*, les *choses* en général.

9. Ou *De l'histoire*. Peut-être un commentaire d'Hérodote.

10. La signification du mot χερνικά échappe aux commentateurs; χέρνιβα, conservé par d'autres manuscrits, désignerait des *pots de chambre*! (voir B CCXCIX *f*, p. 571.)

Page 419.

1. Voir l'épicurien Colotès à B 1, p. 489 et B CLVI, p. 539.

Page 420.

1. Problèmes relatifs à la génération et à l'altération. (Voir Leucippe, A IX, p. 389.)

2. La méthode d'analyse propre à Aristote lui-même.

Page 421.

1. Voir les *Aristotelis fragmenta selecta*, éd. Ross, p. 143.

2. *Chose* traduit ici le grec δέν. Voir A XLIX, p. 428 et la note 3.

3. Dans la langue de Simplicius, conforme en ce point à l'usage aristotélicien, l'expression « à partir de » (ἐκ + génitif) désigne la *matière*.

4. Ici, Aristote critique la thèse atomiste : l'unité du corps composé d'atomes n'est qu'apparente. À la *continuité* se substitue le *contact*.

Page 422.

1. Voir Leucippe, A VIII, p. 388. La source de Simplicius est Théophraste comme pour A XXXIX, p. 422 et A XL, 2 à 4, p. 423.

2. Voir B CLVI, p. 539. La formule deviendra pyrrhonienne.

3. Voir Leucippe, B II, p. 400.

Page 423.

1. Voir Héraclite, B CXXX, p. 73 et B CXXXVIII, p. 97.

Page 424.

1. Voir Parménide, A XXXV, p. 336.

2. C'est pour se conformer au témoignage des sens (pour lesquels les atomes ne sont pas visibles), ce qui est une règle essentielle de sa *canonique*, qu'Épicure rejette l'opinion de Démocrite. Sur les autres différences à propos des atomes, voir A XLVII, p. 426; A LVIII et A LX, p. 432.

3. Voir A XLI, p. 434.

Page 425.

1. Commentant ce passage, Simplicius (44, 22) entend par l'*étendu* le *plein*.

2. Chez Archigène, qui n'est pas autrement connu ni cité dans le présent ouvrage. Pour le mot *compact* (ναστός, ναστά), voir Leucippe, A VIII, p. 388 et Démocrite, A XXXIII, VIII, 1, p. 417; A XXXVII, p. 421 et B CXXV, p. 459. Galien ignore Empédocle (voir A LXXXVII, p. 171).

3. La mauvaise solidité des marmites n'a pas permis aux Grecs de faire l'observation de Denis Papin.

Page 426.

1. Aristote et Simplicius pensent au contraire que les atomes sont pesants chez Démocrite. (Voir A xlvii, p. 426 et A lviii, p. 432). Le problème est celui de l'origine du mouvement. Théophraste (voir A cxxxv, 71 [fin du paragraphe], p. 470) paraît donner raison à Aétius.

2. Affirmation de l'existence du discontinu. Les parties cessent d'être seulement en puissance, mais deviennent *réelles* et en *acte*. (Voir par exemple Zénon d'Élée, A xxi, p. 371.)

Page 427.

1. Allusion à la dichotomie mise en œuvre par Zénon (voir A xxv, p. 375)

2. Voir Zénon d'Élée, A xxix, p. 378.

Page 428.

1. Voir B cxxv, p. 530.

2. *En réalité* : ἐτεῇ, qui vient de ἐτεόν.

3. *Étant* et *néant* : δέν et μηδέν. Voir A xxxvii, n. 2, p. 421 et B clvi, p. 539.

Page 429.

1. L'adverbe ἔνερθεν signifie ordinairement *en dessus*, *en bas*, voire *de bas en haut*. L'expression est ici difficile à interpréter.

2. La déclinaison ou *clinamen*, est un terme qui ne se rencontre pas dans les textes d'Épicure qui nous ont été conservés. Tout porte à croire que ce terme a été forgé et introduit par les successeurs d'Épicure dans leur polémique contre le stoïcien Chrysippe sur le destin et la liberté.

Page 430.

1. Relevons ici que l'édition de Diels ne comporte pas de témoignage portant le numéro liv, qui paraît avoir été omis.

2. *Lérocrite* est le surnom donné par Épicure (familier de ce genre de plaisanterie) à Démocrite : il signifie *marchand de vide*.

Page 432.

1. Ce témoignage s'oppose à celui d'Aétius (voir A xlvii, p. 426) qui disait que les atomes n'ont pas de pesanteur. (Voir A lx et suiv.)

2. Aristote écrit simplement : *selon l'excès*. Mais il faut donner à l'expression κατὰ τὴν ὑπεροχήν sa valeur mathématique qui renvoie au rapport solide/vide, qui croît lorsque le solide l'emporte sur

le vide. Sur la fonction du concept d'excès, voir Archytas, B II, p. 291.

3. À l'encontre de Platon qui tient les surfaces, dépourvues de dimension corporelle, pour les principes des corps.

Page 433.

1. Voir la note 2, p. 432.

2. Cette expulsion se produit vers le haut. Ainsi, aucun corps n'est absolument léger, mais toute légèreté est nécessairement relative.

Page 434.

1. Pour expliquer le fait que des disques de métal ou des corps de densité supérieure à l'eau sont capables de flotter.

Page 435.

1. Ici, par *corps* (terme employé par Alexandre), il faut entendre *atomes.*

Page 436.

1. Voir B CLXVII, p. 543.
2. Formule d'Aristote : voir la *Physique*, II, IV, 196 *b* 14.
3. Cet accident aurait provoqué la mort d'Eschyle.

Page 437.

1. Omis par Diels.
2. Voir B XI *b*, p. 501.
3. Simplicius, note Diels, attribue cette doctrine à Démocrite (voir le *Commentaire sur la Physique d'Aristote*, 331, 16).
4. Voir Anaxagore, A LXVI, p. 626.

Page 439.

1. Allusion à la sottise légendaire des Abdéritains. (Voir Lucien, *Comment il faut écrire une histoire*, 2.)

Page 440.

1. *Temples* : c'est-à-dire les espaces qui leur étaient consacrés.

Page 441.

1. Explication scientifique du « mauvais œil », qui, tout autant qu'aux travaux d'analyse rationnelle, renvoie aux aspects magiques de l'œuvre de Démocrite.

2. Voir B CLXVI, p. 542, et C v, p. 586. Ce témoignage peut être important pour l'interprétation de la « théologie » de Démocrite et d'Épicure.

Page 442.

1. Voir A CXVI-A CXVII, p. 456-457.

Page 443.

1. Cette opposition entre identité spécifique ou formelle et identité numérique est propre à Aristote et à ses commentateurs et ne saurait être rapportée à Démocrite.

Page 444.

1. Voir Héraclite, B III, p. 66.
2. Cette loi est la découverte de Leucippe (voir A I, 31, p. 383).
3. Ce qui correspond à la précession des équinoxes ou, si l'on préfère, au déplacement du point vernal.
4. Du ciel, c'est-à-dire de la sphère des étoiles fixes.
5. Le mouvement de la Lune paraît plus rapide que celui des astres et du Soleil, et sa période plus courte : cela vient de ce que les fixes passent au-dessus de son orbite plus rapidement qu'elle ne tourne, ce qui est bien la preuve de ce que la vitesse du tourbillon est proportionnelle à l'éloignement du centre.

Page 446.

1. Nous désignons d'abord chaque planète par son nom latin, suivi, entre parenthèses, du nom grec dont Alexandre fait usage.

Page 447.

1. Voir B xv, p. 508. La conception de Démocrite, par rapport à celle de ses prédécesseurs, est originale. (Voir aussi Anaxagore, A LXXXVII, p. 635.)

Page 449.

1. En substituant à *ut terra* [...] *ita*, la leçon manuscrite *et* au lieu de *ita* ; ce qui donne : *terra autem* [...] *est, et spiritus*.
2. Par l'effet de l'ébullition et parce que la longueur du détroit fait office de filtre, l'eau saumâtre de l'Océan devient l'eau douce du Nil.

Page 450.

1. Tiré de son traité *De l'eau*. (Voir Diogène Laërce, *Vies*, V, 45 ;

Anaximandre, A xxvii, p. 44; Anaxagore, A xc, p. 637 et Métrodore de Chio, A xix, *Les Présocratiques*, p. 943.)

2. Voir Empédocle, B lv, p. 204.

3. Il manque cinq lignes.

4. Restitution douteuse.

Page 451.

1. Il s'agit de la fable xix (éd. Halm).

2. Ce vers a disparu de nos actuelles éditions d'Homère. (Voir
A cxxxv, 58, p. 466.)

3. Voir Parménide, A xlv, p. 340 et Héraclite, B cxviii, p. 92.

Page 452.

1. Voir Parménide, A xlv, p. 340. Les *idées* sont pour Démocrite
les atomes : voir A lvii, p. 431.

2. Témoignage d'origine sans doute stoïcienne. Le *Songe de Scipion*
appartient au livre VI du *De la république* de Cicéron, fragmentaire-
ment conservé.

3. Voir Platon, le *Ménon*, 97 *d.*

Page 453.

1. En termes stoïciens, l'*hégémonique*, partie maîtresse de l'âme.

Page 454.

1. La mort, naturelle ou violente, ne saurait s'expliquer en termes
de causalité mécaniste.

2. Voir A xlix, p. 428 et Anaxagore, B xxi *a*, p. 658.

Page 455.

1. Voir Protagoras, A xix, p. 671.

2. Aristote, dont Philopon commente le propos.

3. Sans doute, le sujet désigne-t-il Aristote.

4. Voir Protagoras, B i, p. 678.

5. Voir B xi, p. 500.

Page 456.

1. Voir Sextus Empiricus, *Hypotyposes pyrrhoniennes*, I, 97.

2. Voir A lxxix, p. 441; B xi, p. 500 et Simplicius, *Commentaire
sur le Traité de l'âme d'Aristote*, 173, 7.

Page 457.

1. De Gaule transpadane (située au-delà du Pô).

2. En latin *spectra*.

3. Épicure lui-même, originaire de Gargette, un petit bourg de l'Attique.

4. En grec dans le texte : εἴδωλα.

5. Cette lettre jette un jour très significatif, à nos yeux, sur le fragment de la *Lettre à sa mère* d'Épicure ou du pseudo-Épicure. (Voir Diogène d'Œnanda, « *Ad matrem* », éd. Chilton, 52-53 ou G. Arrighetti, *Epicuro, Opere*, 2ᵉ éd., 1973, [72], p. 437, ainsi que A LXXIV, p. 438 et A LXXVIII, p. 441 où Démocrite, parlant des *simulacres*, dit les « dieux ».)

Page 458.

1. Les miroirs devraient être, dans ce cas, doués eux-mêmes de vision. (Voir Théophraste, *Du sens*, 36, *Les Présocratiques*, p. 1434.)

Page 459.

1. Entendons qu'elle n'existe que par convention, du fait de l'assemblage des atomes ou de la modalité (τροπή).

2. Voir Anaxagore, B XXI *a*, p. 618.

Page 460.

1. Voir Homère, l'*Odyssée*, XVII, v. 218.

2. Voir B CLXIV, p. 541.

Page 461.

1. Polémique de Théophraste contre Démocrite.

2. *Propriété* traduit ici le grec δύναμις.

3. *Propriété* traduit le grec τὸ ὑπάρχον.

Page 462.

1. Au lieu de l'addition (τὰ ⟨ἑκάσ⟩των) proposée par Diels, nous nous bornons à suggérer une ponctuation différente : τὰ μὲν ἐκκρίνεσθαι (τὰ τῶν πρότερ᾽ ὄντα, εἶτα δ᾽οἰκεῖα καθ᾽ ἕκαστον). C'est le texte dont nous donnons la traduction et qu'il convient de substituer à : « On voit se dissocier les unes (cette séparation s'effectuant entre d'une part, celles qui sont primordiales pour toute saveur et qui demeurent toujours (πρότερ᾽ ὄντ᾽ ἀεί), et d'autre part, celles qui sont propres (τὰ δ᾽ οἰκεῖα) à chacune des saveurs.)

2. Cette dernière proposition est omise par Diels. Il serait intéressant, au lieu d'Héraclite, de pouvoir corriger le texte et de lire ici le nom d'Épicure qui est le premier philosophe à avoir proposé une canonique bivalente ou plurivalente.

Page 463.

1. Démocrite ne se prononce ni pour la thèse d'Anaxagore (voir A xcii, p. 639) et d'Héraclite, ni pour la thèse de Parménide et d'Empédocle (voir A lxxxvi, 1, p. 171) : c'est dire que sa problématique est scientifiquement nouvelle. Aristote dira lui aussi que la sensation est un sens une altération et en un autre sens n'en est pas une. Théophraste ne peut pas ne pas y songer aussi.

2. Ici, le texte traduit est celui donné par les manuscrits, qui a été préféré à la reconstitution de Diels.

3. Cette image est le phénomène. (Voir Protagoras, A xiv, p. 670 et surtout, plus loin, dans le *Théétète* de Platon, 156 *d* et suiv.)

4. Certains éditeurs ajoutent : et *libres* d'humidité, au lieu de *remplies d'humidité*.

5. Image qui deviendra aussi celle de Platon (voir le *Théétète* 191 *d*) et d'Aristote (*Traité de l'âme*, II, xii, 424 *a* 19). Théophraste juge impossible que l'air intermédiaire entre l'objet et l'œil reçoive l'empreinte du phénomène.

6. Ἐν τοῖς περὶ τῶν εἰδῶν, écrit Théophraste, ce que nous avons — prudemment — traduit par la formule : « dans les ⟨passages⟩ où il traite des formes », alors qu'il pourrait s'agir de *livres* appartenant aux sections IV et V des livres de physique du *Catalogue* de Thrasylle (voir A xxxiii, p. 416).

Page 464.

1. On a l'impression que Théophraste s'en prend à une théorie phénoménale postérieure à la théorie des simulacres, et déjà plus proche de celle du phénoménisme de Protagoras. Il faut que le phénomène, imprimé par l'objet sur l'air, fasse en quelque sorte demi-tour et se retourne vers l'œil, pour que l'œil prenne conscience de cette empreinte phénoménale (voir A cxxxv, 52, p. 464).

2. Nous comprenons par ces *autres cas*, les autres cas où une cire reçoit une empreinte : c'est la surface opposée au sceau qui porte la trace imprimée. L'image est donc imprimée au recto du phénomène, alors que le verso, tourné vers l'œil, ne comporte aucune trace visible ou lisible. Il faut donc, pour que l'empreinte devienne visible, que le phénomène (ou l'empreinte) se retourne ou opère une volte-face, ce qu'indique la phrase suivante.

3. Le texte de Diels porte : ὥσπερ ⟨ἀκτῖνα⟩ ἐπιφέρων ἐπὶ τὴν ὄψιν et signifie : *en projetant sa lumière contre la vue à la façon de* ⟨*rayons*⟩. Nous revenons aux manuscrits et lisons : καὶ τὸ φῶς, ὥσπερεί τι, φέρων ἐπὶ τὴν ὄψιν.

Page 465.

1. On a conservé ici la correction de Zeller. Le καὶ δί ὧν des manuscrits signifie : « mais il est absurde que par elles (les oreilles) le bruit s'introduise dans la totalité des corps ».

2. Voir Parménide, B xvi, v. 1, p. 360; Empédocle, A lxxxvi, 1, p. 161 et Démocrite, A cxxxv, 63, p. 218.

Page 466.

1. Voir Homère, cité par Aristote en A ci, p. 000.
2. Voir Empédocle, A lxix *a*, p. 000 et B xciv, p. 762-763.

Page 467.

1. Texte corrompu et incertain.
2. Voir la quatrième et la cinquième tétralogies du *Catalogue* de Thrasylle (en A xxxiii, p. 000).

Page 469.

1. *Effectives* traduit ici l'expression καθ' αὐτὰ, signifiant aussi *en soi*, par opposition à *relatif*.
2. En suivant la correction de Zeller; les manuscrits portent : *de la saveur*.
3. Voir A cxxxiv, p. 462. C'est là l'origine scientifique du scepticisme phénoménal.

Page 470.

1. Habile utilisation de l'argument classique dit du *troisième homme*. Dire que le miel est doux aux uns et amer aux autres suppose, pour que les uns et les autres expriment un désaccord sur la nature du miel, une *essence* ou une *idée*, commune aux uns et aux autres, de ce qu'est le doux en soi ou l'amer en soi.
2. Qui sont ces philosophes désignés par *ils*? Diels propose un rapprochement avec Parménide, B xvi, p. 360 (qui correspond à A xlvi, p. 341). Voir plutôt A xxxv, p. 336.
3. Voir Empédocle, A lxxxvi, 10, p. 171. On trouverait de nombreuses autres références possibles.

Page 471.

1. Voir A cxxv, p. 459 et Empédocle, B xxiii, p. 191. Pour Démocrite, les quatre couleurs fondamentales sont le blanc, le noir, le rouge et le vert (voir A cxxxv, 73 à 75, p. 471).

Page 472.

1. Sans doute une couleur jaune doré.
2. Texte douteux.

Page 473.

1. *Différence*, traduit διαφορᾶς, correction de Mullach pour la leçon manuscrite φορᾶς signifiant le *déplacement*.

Page 475.

1. Les manuscrits portent ειδεεναστρον. Diels conjecture εἰδέων ἀνάρθρων (texte que nous traduisons) en se fondant sur le rapprochement avec Empédocle, A LXXII, p. 163 et B LVII, p. 204. (Mais il est possible de lire : εἶδε ἔναστρον, si l'on restitue εἶδε ἔναστρον ⟨εἶναι⟩ πρῶτον ⟨ζῷον⟩ : « il savait que le premier animal vivait dans les astres »; on comprend συστάσει τοῦ ὑγροῦ et on lit : « les animaux — dont il savait que le premier vivait dans les astres — ont été engendrés par la condensation de l'humide qui produit la vie ».)

2. Voir B V, 1, p. 493.

Page 476.

1. C'est-à-dire la puissance, la vertu ou la force (δύναμις) et non pas seulement la matière de la semence.

2. Voir B XXXII, p. 515.

Page 477.

1. Némésius tire de ce qui précède une conclusion erronée.

2. C'est l'hypothèse d'un sein interne que l'embryon sucerait.

Page 478.

1. Exemple de causalité de type mécaniste. (Voir Anaxagore, A CII, p. 644.)

2. Dans la classification d'Aristote, cette catégorie correspond à peu près à nos actuels invertébrés.

3. Voir A CLI, p. 479; Empédocle, A LXXXII, p. 169 et B XCII, p. 218.

Page 479.

1. Voir Hérodote, *Enquête*, I, 216.

2. Exemple de passage de la nature à la convention.

Page 480.

1. Diels cite de nouveau (par erreur?) le témoignage d'Aristote figurant en A CXLIX, p. 478.

Page 484.

1. Voir Platon, *La République*, X, 614 et suiv. (le mythe d'Er le Pamphylien).

Page 486.

1. Si l'on suit la lettre des manuscrits A B, on comprendra : « les *figures* de Démocrite produisent aussi l'arrangement des impressions, même si cela assurément ne devrait pas être le cas ⟨selon Démocrite⟩ ». Sur l'âme des plantes, voir Nicolas de Damas (Empédocle, A LXX, p. 162).

2. Nous revenons ici à la lettre des manuscrits : καὶ ὅτι εἶναι, au lieu de καὶ ἐκείνου, et plus loin : εὐκινητοτέραν θᾶττον. La correction de Diels : εὐκινητότερ᾽ ὂν ⟨τα τὰ ἄτομα⟩ θᾶττον donnerait : « [il admet] qu'elle est plus poreuse [...], ce qui explique que ses atomes se meuvent plus rapidement et se dirigent vers le fer ».

Page 487.

1. Voir Empédocle, A LXXXIX, p. 178. Sur l'aimant et l'ambre, voir Thalès, A 1, 24, p. 12 et A III, p. 18.

2. Voir B CLXX, p. 543.

Page 488.

1. Voir B CLXXI, p. 543 et Héraclite, B CXIX, p. 93.

2. Voir B III et B IV, p. 491.

3. Voir, par exemple, A XVI, p. 409.

Page 489.

1. Voir Diogène Laërce en A XXXIII, p. 416. Parmi les fragments, ceux dont on peut raisonnablement penser qu'ils appartiennent à telle œuvre connue sont classés selon l'ordre du catalogue de Thrasylle (voir A XXXIII, p. 416) qui a suivi Callimaque (voir A XXXII, p. 416). Ce catalogue reflète l'héritage direct de l'école abdéritaine des Ve et IVe siècles av. J.-C., et est par conséquent exempt de falsifications alexandrines postérieures. On ne peut dire pourtant que les titres soient, à la lettre, parfaitement authentiques, même si l'authenticité de l'œuvre est certaine.

2. Voir A 1, 38, p. 402.

3. Voir A CLXVI, p. 487.

4. Il peut y avoir plus de deux livres.

5. Voir A 1, 39, p. 402 et C II, p. 585.

6. Voir A CLX, p. 484.

Page 490.

1. L'expression : δίσσ' ἐμφορεῖν est difficile à comprendre. Nous suivons la suggestion de Liddell et Scott qui proposent, dans leur *Greek-English Lexicon*, Oxford, 1843 et 1961, p. 550 в (ἐμφορέω), de donner un sens moyen à cette forme active. Mais la lettre du texte est elle-même douteuse.

2. Épithète homérique qualifiant la déesse Athéna et signifiant : *trois fois née* et, selon diverses interprétations antiques, *fille de Triton, née de la tête* (triton en éolien), *née le troisième jour du mois, née la troisième*, etc. (Voir encore Diogène de Babylone, dans Arnim, *Stoicorum veterum fragmenta*, III, 33.) C'est le titre du quatrième ouvrage de la première tétralogie de Thrasylle, p. 416.

3. *Raison* traduit φρόνησις qui peut signifier aussi *pensée* ou *conscience*.

Page 491.

1. Sur ce titre, voir Aulu-Gelle, *Nuits Attiques*, préface, 6, 1, 8; Pline, *Histoire naturelle*, préface, 24.

2. Voir A 1, 45, p. 404; A CLXVI et suiv., p. 487 et suiv. et C VII, p. 588. Cette *joie* (εὐθυμία) rapprochée du *bien-être* (εὐεσθώ) est rendue en latin par *tranquillitas*, d'où le titre de *Tranquillité* donné par J. Amyot à l'œuvre de Plutarque dont est tiré le fragment qui suit.

Page 492.

1. Voir B CLXXXVIII, p. 547.

2. Addition de Diels, qui prend modèle sur Stobée (voir B CLXXXVIII, p. 588).

3. Voir, comme appartenant peut-être à cet ouvrage, les fragments B CLXX et B CLXXI, p. 543; B CLXXIV, p. 544; B CXCI, p. 548; B CXCIV, p. 549; B CCXXXV, p. 556 et B CCLXXXVI, p. 567.

4. Voir B CCXCIX, p. 570, qui est une falsification ne correspondant pas à l'ouvrage connu de Thrasylle. Le nombre de livres est incertain; l'ouvrage devait en comprendre plus de deux.

5. Voir Leucippe, B 1, p. 400 et les notes afférentes à ce fragment.

6. Le fragment 2 permet de lire assez sûrement le nom de Démocrite, en dépit du caractère mutilé du papyrus d'Herculanum.

Page 493.

1. Voir A 1, 41, p. 403. La datation reste, comme le note Diels, douteuse et difficilement interprétable. Mais intéressant est le refus démocritéen d'user du calendrier olympique.

2. Voir A 1, 35, p. 401.

3. On retrouve dans ce fragment, outre des thèmes naturellement démocritéens, un certain nombre de points de rencontre avec Anaxa-

gore, Empédocle, Leucippe, Protagoras et même Épicure ou
Lucrèce. Toute cette explication des origines du monde et de la vie
s'exprime en termes résolument mécanistes. Cette cosmologie est
issue d'Hécatée d'Abdère (voir de B vi à B xiii *a*, *Les Présocratiques*,
p. 961 à 965) et puisée dans le *Petit système du monde* de Démocrite ; elle
correspond au contenu du dialogue *Hermippe* de Jean Catrarès, un
écrivain byzantin tardif qui, du point de vue chrétien, défend l'astrologie contre les attaques d'autres chrétiens (voir le texte suivant) : en
sont spécialement démocritéens les paragraphes 5, 9 et 10 (voir
encore Empédocle, A lxxii, p. 163 ; Lucrèce, *De la nature*, V, v. 783
et suiv. et Diogène d'Œnanda, éd. William, fgm. 10).

Page 494.

1. On retrouvera la suite de ce chapitre 7 dans Anaxagore, A lxii,
p. 625.

Page 495.

1. La version de Jean Catrarès est teintée de christianisme. Le
pronom *Il* désigne Dieu ou le Démiurge.

Page 496.

1. Sans doute s'agit-il du Démiurge.

Page 497.

1. Le poète est Hésiode, que Jean Tzétzès cherche à imiter. De ces
trois textes, sans doute proches du *Petit système du monde*, ce dernier
reflet est celui qui ressemble le plus au mythe de Protagoras (voir Protagoras, C i, p. 683).

Page 498.

1. Voir C v, p. 586.
2. Voir A xl, 4, p. 423 et A xcii, p. 446 (Sénèque).
3. Voir A ii, p. 405 et C v, p. 586.
4. Voir A cxxxix et suiv., p. 475 et suiv. et C vi, p. 586.
5. Voir Leucippe, B ii, p. 400.
6. Voir A ci et suiv., p. 451 et suiv.
7. Voir A cxxxv, p. 463.
8. Voir A cxxix et suiv., p. 460 et suiv.
9. Voir A cxxiii et suiv., p. 459 et suiv.
10. Voir A lvii, p. 431 ; A cxxxv, 63, p. 467 (voir aussi la note 1,
p. 417).
11. Coupée de ce qui n'est ni convention, ni phénomène, l'essence
demeure inaccessible à la perception. (Voir B ix, p. 499 et B cxvii,
p. 527).

Page 499.

1. Nous risquons ce terme français pour rendre la bizarrerie du grec δόξις. La δόξις est la manière dont nos sens sont affectés par ce qui les frappe.

2. Étymologiquement, l'*aporie* est l'absence de voie ou d'issue, ou encore de canal *(pore)*.

3. Voir B cxxxix, p. 533.

4. Voir A xxxiii, 47, p. 417.

5. Voir B cxxv, p. 530.

Page 500.

1. Cela correspond assez bien au second état de la théorie démocritéenne de la perception visuelle. (Voir A cxxxv, 51 et suiv., p. 463 et suiv.)

2. Voir de A lxxvii à A lxxix, p. 440 et surtout A cxviii, p. 457; puis A clxvi, p. 487 et Leucippe, A xxix et suiv., p. 397 et suiv. Le précieux témoignage (cité en A lxxiv, p. 438) permet de fort bien admettre le rapprochement entre les *images* (ou simulacres) et la *Providence*.

3. Voir le titre d'Épicure : *Du critère ou Canon* (Diogène Laërce, *Vies*, X, 27 et Démocrite, A cxi, p. 454).

4. Ce fragment se situe après B viii.

Page 501.

1. L'addition entre crochets ⟨...⟩ n'est qu'une conjecture de Diels.

2. Ces ouvrages figurent au *Catalogue* de Thrasylle, mais n'entrent pas dans les tétralogies physiques.

Page 502.

1. Voir A cxlvi, p. 477.

2. Voir A clxv, p. 486.

3. Voir B clv, p. 538.

4. Il manque l'indication du nombre de livres.

5. Le terme de *solides* correspond au mot ναστά, que nous avons traduit par *compacts* dans les témoignages de physique abdéritaine, et par *nodosités* chez Empédocle (voir A lxxxvii, p. 177).

Page 503.

1. Voir B v, p. 493; B xiv, p. 503 et B cxv *a*, p. 527. Par *calendrier*, nous traduisons le mot grec παράπεγμα, qui désigne plus particulièrement la *table astronomique*.

2. Voir Philolaos, A xxii, p. 259.

3. Voir B xxix *a*, p. 515.

4. Les textes qui suivent, de B xiv 1 à B xiv 8, p. 503 à 507, appartiennent à l'*Astronomie*.

5. *Parapegmes* : tables astronomiques ou calendrier. (Voir n. 1, p. 503.)

Page 504.

1. Cette *Introduction à l'astronomie* est un calendrier datant du IIᵉ siècle av. J.-C.

2. Parce que les halcyons profitent de cette période calme, juste après le solstice d'hiver, pour construire leurs nids.

Page 505.

1. Soit le 28 septembre.

2. Soit le 29 septembre.

3. D'après W. Kranz (*Register*, p. 71 B, Ἀρκτοῦρος), Arcturus (littéralement : *gardienne de l'Ourse*) correspond à l'étoile appelée « gardienne de la Gazelle » par Ansarès. (Voir Anaxagore, B xx, p. 657.)

Page 506.

1. Le *Notos* est un vent du sud.

Page 507.

1. Le *De mensibus* contient plusieurs calendriers.

Page 508.

1. Voir Empédocle, A lxxiv, p. 164 ; B c, p. 221 et Anaxagore, A lxix, p. 627.

2. Après Anaximandre (voir A vi, p. 34), Hécatée d'Abdère et Hellanikos.

3. Proposition formulée un très grand nombre de fois, lieu commun de la géographie et de la théologie.

4. Voir A xciv, p. 447.

5. Voir C v, p. 586 et, sur la valeur du mot *pôle*, Anaxagore, A xlii, 10, p. 614 et la note 1.

6. Voir Vitruve, *De l'architecture*, VII, fgm. 11 (ou Anaxagore, A xxxix, p. 611). Voir Damien de Larissa, *Optique*, éd. R. Schöne, suppl., p. 28, 10 et suiv. (Berlin, 1897).

Page 509.

1. Platon, *Ion*, 534 *b*.

2. Voir B xxi, p. 510 et B cxii, p. 526.

Page 510.

1. Voir encore A CI, p. 451.
2. Voir B XVIII, p. 509.
3. Porphyre commente le vers 252 du chant XXI de l'*Iliade* où Achille est comparé à un aigle noir. La lecture μελανόστου correspond, dans nos éditions modernes, à μέλανος τοῦ (le *noir*, rapporté à l'aigle).

Page 511.

1. *Pénia* signifie *Pauvreté* : c'est le nom de la mère d'Éros dans *Le Banquet* de Platon (203 *b*). *Pantheia* signifie *commune à tous les dieux*, et *Danaé* est la mère de Persée, nom porté aussi par une sorte de *laurier*.
2. Voir B CXLII, p. 533. Cratyle, Pythagore et Épicure assignent au langage une origine naturelle.

Page 512.

1. Voir B CXLII, p. 533.
2. *Aristoclès* et *Tyrtamos* sont les noms originaux et « naturels » de Platon et de Théophraste. L'exemple, surtout en ce qui concerne le second, n'est évidemment pas de Démocrite.

Page 513.

1. Voir Archytas, B VIII, p. 294.

Page 514.

1. Sage conseil d'un homme qui fut accusé, ou loué, d'avoir dilapidé son patrimoine. (Voir A XIV et suiv., p. 408 et suiv.)
2. L'attribution de ces deux derniers ouvrages à Démocrite est moins certaine.

Page 515.

1. Le sens de ce verbe est très douteux.
2. Voir A LXXV-A LXXVI, p. 439-440.
3. L'interprétation de l'acte sexuel par Démocrite se fonde sur l'étymologie : ἀποπληξίη a pour racine πληγή, qui signifie *coup*. L'*apoplectique* est celui qui a l'esprit frappé ou égaré. Cela ne veut pas dire que la vie est donnée dans un moment d'égarement, mais que, l'âme du futur embryon étant matérielle et constituée à partir de la semence (sang, écume ou moelle), son émission, par détachement de l'âme du père, constitue un choc.
4. Voir B CLXXXII, p. 546.

Page 516.

1. Voir B CLXV, p. 541 et Aristote, *Physique*, VIII, 11, 252 *b* 26. L'origine de l'idée de microcosme peut être égyptienne. (Voir Hécatée d'Abdère, B VI, 11, *Les Présocratiques*, p. 962.)

2. Les quatre-vingt-six maximes de Démocrate (*Paroles d'or du philosophe Démocrate*), tirées d'un manuscrit édité au XVIIᵉ siècle, recoupent souvent celles que cite Stobée et, par conséquent, doivent être assez certainement attribuées à Démocrite. Chaque citation porte ici le numéro du recueil de Démocrate, et le renvoi à Stobée est indiqué, quand il y a lieu, entre crochets droits après la citation. Dans les extraits de Stobée (de B CLXIX à B CCXCVII, p. 543-569) où les citations de Démocrite sont classées selon leur ordre d'apparition dans l'œuvre, le texte des sentences de Démocrate ne sera pas répété.

3. Voir B CLXXXVII, p. 547.

Page 517.

1. Voir B LXXIX, p. 522 et B CCLV, p. 560.
2. Voir B CCXXV, p. 554.
3. Voir Platon, le *Gorgias*, 479 *e*.

Page 518.

1. En grec : λόγος.

Page 520.

1. Voir Héraclite, B XL, p. 75, et, inversement, Hippias, A XII, p. 751.
2. Voir Héraclite, B XL, p. 75.

Page 521.

1. Voir B CCXXXV, p. 556. *Intempestif*, pris étymologiquement, traduit ἄκαιρος (*inopportun*). Que l'on songe à la théorie médicale (hippocratique et sophistique) du καιρός, ainsi qu'aux développements pythagoriciens.

2. Voir Platon, l'*Alcibiade majeur*, 135 *b* 7 et la théorie aristotélicienne de l'obéissance (*Politique*, I, XIII et *passim*).

3. Voir B LIV, p. 519.

Page 522.

1. Cette sentence n'est reproduite que par certains manuscrits seulement. Il s'agit de l'expression raccourcie d'un propos de Ménandre (voir fgm. 114, éd. Kock, III, 34).

2. Forme abrégée de B CCXLIV, p. 558; voir également B CCLXIV, p. 562.

Page 523.

1. Concept sophistique de καιρός.

Page 524.

1. Voir la note précédente.
2. Voir Héraclite, B xlix, p. 77.

Page 525.

1. Sentence citée par certains manuscrits seulement.

Page 526.

1. Ou à « raisonner », au sens où notre xviiᵉ siècle l'entend, quand on parle d'un caractère « raisonneur ».
2. Voir les *Sentences de Démocrite*, *Épictète*, *Isocrate*, 9 ; Porphyre, *Lettre à Marcella*, 20 et encore Critias, B xxv, *Les Présocratiques*, p. 1145.

Page 527.

1. En termes de théâtre, la πάροδος est la première entrée du chœur et plus précisément le premier chant qui accompagne cette entrée ; disons le refrain ou la ritournelle d'ouverture : « *Ainsi font, font, font, les petites marionnettes,* etc. »
2. Voir Marc-Aurèle, *Pensées*, IV, iii.
3. Voir Thalès, A i, p. 11.
4. Voir A i, 36, p. 402 et A xi, p. 407.
5. Voir B cxxv, p. 530.

Page 529.

1. D'après Philoxène, *Des comparatifs*. Démocrite use ici d'une forme irrégulière de superlatif : ἐπιτηδειέστατον.
2. Le mot λάπαθος désigne une sorte de rhubarbe. Mais ce terme désigne aussi le piège creusé par les chasseurs : nous le traduisons par *rhubarbe*.

Page 530.

1. Voir B xxxii, p. 515.
2. Voir B ix, p. 499 et B cxvii, p. 527.
3. Voir Anaxagore, B xxi *a*, p. 658 et Démocrite, A xlix, p. 428, ainsi que B ix, p. 499 et cxvii, p. 527.

Page 531.

1. Voir B XVIII, p. 509; B XXI, p. 510 et B CXII, p. 526. Le *Diction-naire* propose des exemples de contraction de formes verbales : « νένωται (troisième personne du singulier, parfait passif de νοεῖν : *il fut conçu*) se contracte. Comme encore χρυσόονται (troisième personne du pluriel, présent de l'indicatif : *sont dorés*) se contracte en χρυσοῦνται, de même νόονται (troisième personne du pluriel, présent passif : *sont conçus*) se contracte en νοῦνται ».

2. On trouve donc, chez Démocrite, au dire de Hérodien, la forme κέκλιται (sans ν, au lieu de κέκλινται, troisième personne du pluriel de l'indicatif parfait passif). Le sujet au pluriel, et non exprimé, ne peut pas, comme Kranz l'a supposé par erreur dans son *Index* (238 *a*), être la terre. Le rapprochement avec Leucippe (voir A 1, 33, p. 384) est susceptible de faire penser aux signes zodiacaux placés sur un cercle incliné.

Page 532.

1. Voir B CL, p. 536.

Page 533.

1. Voir B VIII *a*, p. 499.
2. Voir A LVII, p. 431 et B VI, p. 498.
3. Voir Platon, le *Philèbe*, 12 *c*.

Page 534.

1. Voir B XXVI, p. 511.
2. Il n'est pas indispensable de substituer, comme le fait Diels, κακά à κατά, que nous conservons; ὅσα (neutre pluriel) avec ἄν νώσαιτο ne peut désigner que « tous ⟨les maux⟩ ».

Page 535.

1. Diels a omis de citer cette première partie de la phrase.
2. Voir Héraclite, B XIII, p. 69 et B XXXVII, p. 75.

Page 536.

1. Voir B CXXXIV, p. 532. Voir encore Strabon, *Géographie*, I, 65 *c*, éd. Casaubon, et Clément d'Alexandrie, *Stromates*, I, 22.

Page 537.

1. On dirait aujourd'hui : « Ce qui ne saurait s'opposer, par sa compacité, à la foudre résiste au cheminement du fluide éthéré à

travers sa matière. » Mais l'édition moderne de Bernardakis, dont
Diels adopte corrections et additions, est différente du texte des
manuscrits suivi par Amyot.

2. Voir A LXXVII, p. 440.

3. Pour une autre fonction de l'image de l'araignée, voir Héraclite,
B LXVII *a*, p. 81.

Page 538.

1. C'est tout le statut de l'objet géométrique qui est mis ici en
cause, dans la perspective des grandeurs discontinues. Démocrite
fournit aux anciens stoïciens, ici Chrysippe, le modèle du volume.

2. La question philosophique abordée ici est celle de la forme géométrique des atomes constituant le feu. Il ne s'agit donc pas directement de la sphère des géomètres, mais des atomes sphériques, distingués des atomes pyramidaux.

Page 539.

1. Voir A CXII, p. 455.

2. Démocrite oppose δέν et μηδέν. Δέν est la forme neutre de
δείς, tirée de οὐδείς auquel il s'oppose. (Voir A XXXVII, p. 421 et
A XLIX, p. 428).

3. Ou la *science politique*, pour Diels qui suit la correction proposée
par Rieske.

Page 541.

1. L'épithète est homérique. Ce témoignage peut concerner le
problème du cylindre tangent au plan, qui sera repris par Chrysippe.
(Voir B CLV et B CLV *a*, p. 538.)

Page 542.

1. *Tenebricosos* est l'équivalent latin probable de σκοτίας (voir
B XI, p. 500).

Page 543.

1. Voir A LXXVIII, p. 441; A CII, p. 482; C II, p. 585 et C V,
p. 585.

2. Voir Démocrite, B LI, p. 518.

3. Après B CLXX. Voir Démocrite, A LXX, p. 437 et Héraclite,
B CXIX, p. 93. Mais ici, l'explication paraît d'abord fondée sur l'étymologie. Dans *bonheur* (εὐδαιμονία), il y a δαίμων.

Page 544.

1. Diels corrige ἀλκήν en ἀλκῇ et comprend différemment : « il est encore possible de se servir du bien contre ce qui est mauvais, pour peu que nous le voulions ».

Page 545.

1. Voir B LIII, p. 518.
2. Voir B LV, p. 519.
3. Les manuscrits portent *Démocrate*, au lieu de *Démocrite*.

Page 546.

1. La *convention*, mais aussi la *loi*.
2. Voir B XXXIII, p. 515.
3. La suite du texte est corrompue.
4. Voir B LIX, p. 519.
5. Voir B LXXXV, p. 523.

Page 547.

1. Pour traduire le grec φιλία, qui peut, plus simplement, désigner l'*amitié*.
2. Voir Stobée, *Florilège*, III, 1, 45 ou Démocrite, B XLVII, p. 518.

Page 548.

1. Voir B XLI, p. 517.
2. On retrouve ici les thèmes sceptique, épicurien et stoïcien de la mesure et de l'absence de troubles, et, à la fin, le thème épicurien du *suave mari magno*. (Voir B CCXCIII, p. 569.)

Page 549.

1. Trancher entre ces deux interprétations paraît impossible, même si Kranz se prononce pour la seconde.
2. Voir l'expression opposée en B XLIII, p. 517.
3. ῥυσμοῦνται (*sont réglés*) a pour racine ῥυσμός ou ῥυθμός (*le rythme*, au sens que les atomistes donnent à ce terme [voir Leucippe, A VI, p. 385 ; A XXVIII, p. 396 ; Démocrite, A XXXVIII, p. 422, etc.]). Les gains de la fortune provoquent dans l'âme des insensés un changement de disposition atomique.

Page 551.

1. Nous revenons ici à la leçon des manuscrits : οὐδέν. Il reste qu'après le verbe ἀνδάνω, on aurait attendu un datif.

2. Nous renonçons à tenir, comme le fait Diels, le mot γήραος pour une interpolation, et nous proposons d'en faire un génitif à valeur temporelle : *quand ils sont vieux.* Diels comprend en revanche : « Les insensés désirent une vie de vieillesse », ce qui répète la sentence ccvi qui suit immédiatement.

3. Voir B lxiv, p. 520.

4. Voir B lxxvii, p. 521.

5. Voir Leucippe, A xxxvii, p. 399 et Stobée, *Florilège*, III, v, 23 ou B lxxiii, p. 521.

6. Interprétations possibles : « Le sommeil du prolétaire n'est pas gâté d'insomnies »; ou : « Le sommeil de l'homme à l'abri du besoin n'est pas gâté d'insomnies »; ou : « La nuit n'est jamais trop longue pour le prolétaire »; ou : « La nuit est brève pour le philosophe qui se nourrit lui-même de spéculation. »

Page 552.

1. Pas de référence claire à Démocrite.

2. Voir B xxxii, p. 515.

3. Voir B ccxxxii-B ccxxxiii, p. 554, avec une attribution à Épictète.

4. Voir Épicure, *Maximes maîtresses*, XVII et XXXIV.

Page 553.

1. Voir B lxii, p. 520.

2. Voir Démocrite, B lii, p. 518.

Page 554.

1. Voir la fable d'Ésope, *Du chien et de son image.*

2. Voir B xliv, p. 517 et B lx, p. 519.

3. Le *franc-parler* deviendra une notion épicurienne. Un livre de Philodème portera ce titre.

4. Voir B lxxxvii, p. 523 ; B xciv, p. 524 et B ccxxxv, p. 556.

5. Voir B lxiii, p. 520.

Page 555.

1. Une telle sentence aurait-elle valeur de confession, de la part d'un vieil homme ayant autrefois dilapidé son patrimoine ? (Voir A 1, 36, p. 401 ; A xiv et A xv, p. 408.)

Page 557.

1. Voir Héraclite, B lxxxv, p. 85.

Page 558.

1. Voir B LXXXI, p. 522.
2. Les manuscrits portent la leçon : τὸ πᾶν : « *tout* paraît également dur et pénible ».
3. Voir la forme abrégée de cette sentence en B LXXXIV, p. 522 et sa forme développée en B CCLXIV, p. 562.
4. Voir B LXXXVI, p. 523.
5. Voir B XXXIX, p. 517.
6. Voir B LXI, p. 520.
7. Voir B XLVIII, p. 518.
8. Voir B LXXXVIII, p. 523.
9. Peut-être s'agit-il encore d'une sentence plus ou moins autobiographique.

Page 560.

1. Encore un trait autobiographique?
2. Addition de Meineke conservée par Diels.

Page 561.

1. Voir B LXXV, p. 521.
2. Terme douteux.

Page 562.

1. Voir B XLIX, p. 518.
2. Leçon incertaine.

Page 563.

1. Emploi intéressant, dans un sens juridique, du terme technique *rythme*, que nous rendons par *constitution*, le mot *disposition* servant juste auparavant à traduire le mot μηχανή.
2. Texte corrompu et d'interprétation incertaine.
3. Ou peut-être encore en même temps : du *meilleur* ou du *plus habile*.

Page 564.

1. Opposition entre *amour* (ἀγάπη) et *acte amoureux* (ἔρως); mais le texte paraît incertain. Les hésitations des philologues leur sont surtout dictées par une conscience chrétienne étonnée de trouver chez Démocrite un thème propre au Nouveau Testament.
2. Voir B CXI, p. 526.

Page 565.

　1.　Voir B cclxxviii, p. 565.

Page 566.

　1.　Si l'on corrige νομίζον en νόμιμον, on lit : « les hommes ont désormais établi l'usage, selon lequel, etc. »
　2.　Voir B lvii, p. 518.
　3.　La fin de cette sentence mutilée est incompréhensible.

Page 567.

　1.　Voir B lxxviii, p. 522.
　2.　Voir B cviii, p. 526.
　3.　Voir B ccxcvii, p. 569.
　4.　Formule qui deviendra pyrrhonienne.
　5.　Voir B iii, p. 491.

Page 568.

　1.　Voir B xlii, p. 517.
　2.　Voir B xlvi, p. 518.
　3.　Voir B lviii, p. 519.

Page 569.

　1.　Voir Hérodote, *Enquête*, III, 134 en Calliphon et Démocédès, iii, p. 85.
　2.　Même texte dans *Florilège*, IV, xxxiv, 62.

Page 570.

　1.　Le texte du papyrus est très mutilé et la traduction très conjecturale. Diels cite l'édition de Crönert, *Kolotes und Menedemos*, p. 107 à 130.
　2.　Le thème, indiqué par Diels, est le suivant : Pythagore, Eudoxe et Platon auraient été les disciples des Barbares.
　3.　La leçon est douteuse.
　4.　C'est le nom d'un mage, donné comme titre par Théophraste à un dialogue (voir Diogène Laërce, *Vies*, V, 50).

Page 571.

　1.　Géomètres égyptiens.
　2.　Texte corrompu.
　3.　Titre tiré de la liste des écrits de Bolos de Mendès (voir B ccc, p. 918), auteur hellénistique de date incertaine, qui a publié sous le

nom de Démocrite des écrits de magie et de médecine principalement
(voir B ccc, 3, p. 572). Voir également Hammer-Jensen, dans la
Real-Encyclopädie de Pauly-Wissowa-Kroll, Suppl. IV, p. 219 à 223.

4. Voir B ccxcviii *b*, p. 570.

5. Voir A x *a*, p. 407, la notice de Suidas sur Diagoras. Ce Diagoras serait l'auteur des *Discours phrygiens*.

6. Voir A xxxiii, 49, p. 418.

Page 572.

1. D'une autre source (note de Diels).

Page 573.

1. Cette maladie serait l'érysipèle.

Page 574.

1. Texte douteux. Nous prenons en compte la version d'Amyot
qui a disposé d'autres sources manuscrites que les éditeurs actuels.
Diels comprend : « à colporter partout les remèdes antipathiques ; et
l'on peut entendre parler de beaucoup d'autres cas : par exemple
qu'un éléphant, etc. »

2. Pline vient de faire mention de Pythagore qui a composé un
livre intitulé *De l'effet des plantes*.

3. Voir ccc 13 *a*, p. 573.

4. Attale III Philométor.

5. Nom incertain.

Page 575.

1. Voir Pline, *Histoire naturelle*, X, 137.

2. Titre perdu.

3. Cela est assez douteux. (Voir pourtant Pline, *Histoire naturelle*,
VIII, 79.)

4. Nous renonçons, dans le présent volume, à faire figurer ici en
note les références que l'on trouve à la fin de la rubrique ccc 7 *a* et
sous les rubriques ccc 8 à ccc 10.

Page 576.

1. Démocrite lui-même.

2. Allusion à la tunique du centaure Nessus. À la figure du centaure (en particulier Chiron) est traditionnellement rattachée l'origine de la magie.

3. Aristéas.

Page 577.

1. 454 av. J.-C.

Page 578.

1. Après « Zoroastre le mage dans le catalogue sacré des Perses », à propos du « dieu qui a une tête de faucon ».

Page 579.

1. Voir B ccc, 1, 2 et 3, p. 572.

2. Il s'agit de Marie la Juive, prêtresse du temple de Memphis, et bien connue des auteurs alchimistes grecs, comme Olympiodore ou Zosime. Peut-être a-t-elle inventé, pour faciliter la cuisson des colles à base d'œufs ou les teintures à température relativement basse — ce qui constitue la première activité chimique artisanale —, l'appareil connu encore aujourd'hui sous son nom : le bain-marie.

Page 580.

1. Diels et les manuscrits disent *sacrés*.

2. Nous rejetons la correction de Diels pour revenir à la leçon manuscrite : ὡς ὑγείης.

3. Sels de zinc.

4. Voir Olympiodore, *L'Art sacré*, *in* Berthelot, *Alchimistes grecs*, II, p. 78, 79 et 97.

5. Voir Berthelot, *ouvr. cité*, 119, II et suiv.

6. *Qui aime la vertu.* Épithète qui désigne peut-être un souverain d'Égypte.

Page 581.

1. Dans l'index du manuscrit alchimique *Venetianus* 229 — principal manuscrit de l'alchimie — les écrits intitulés *De la fabrication de l'or* et *De la fabrication de l'asèm* (l'élektron, mais ici l'argent comme le suppose Diels) [voir Berthelot, *Alchimistes grecs*, I, 49] sont cités sous le nom de Démocrite.

2. On note, relève Diels, la première trace de la fabrication de l'or par les alchimistes au premier numéro de la *Collection de recettes* du *Papyrus de Londres* 121 (IIIᵉ siècle ap. J.-C., c. 5 *b* v [*Greek Papyri in the British Museum*, éd. Kenyon, I, 1893, p. 89 ; *Papyri graecae magicae*, éd. Preisendanz, II, 7]). Deux raisons philosophiques expliquent l'attribution de ces plaisanteries à Démocrite : il a la réputation d'aimer rire et sa conception de la perception sensible fonde une interprétation de l'illusion.

3. Procédé classique de teinture des œufs durs.

4. Interprétation incertaine.

5. Texte sans doute altéré.
6. Tel est le ton de cette sentence !
7. Plus précisément le lundi.

Page 582.

1. CCCI, Fulgence, *Mythologie*. L'auteur cite, en II, 14, Démocrite dans sa *Théogonie*, et en III, 7, Démocrite dans son *Traité de physique* (où le nom de Démocrite est obtenu par correction). De toute façon, c'est là une supercherie de l'auteur.

CCCII. On ne saurait, note Diels, garantir l'authenticité des maximes de Démocrite tirées du *Corpus Parisinum profanum* (*Codex Parisinus graecus* 1168, d'après Elter) ; de ce corps de maximes on a extrait les formules démocritéennes qui correspondent aux autres maximes connues mais que nous regrettons de ne pouvoir citer dans le présent volume.

2. Voir Héraclite, B XLIX, p. 77.

Page 583.

1. Cet *Index astrologique des Arabes* date environ de 800 après J.-C. Il est conservé dans le *Papyrus grec du Vatican* 1056, et édité dans le *Catalogue des livres astrologiques grecs* (I, Bruxelles, 1898, p. 92).
2. Ou *Du raisonnement* (en grec : λογισμός).
3. L'original auquel renvoie ce texte latin est un faux byzantin.
4. Après Héraclite, B CXXXVIII, p. 97.
5. L'*Anthologie palatine*, IX, 360, attribue la sentence à Métrodore.
6. Voir Progatoras, B I, p. 678.

Page 584.

1. C'est Épicharme, et non Démocrite, qui aurait écrit un traité de cuisine mais l'un n'exclut pas l'autre.
2. Nous suivons la lecture d'E. Bignone : οὐ καταγελᾶις ὡς κενοῦ.
3. Ce propos entre guillemets s'adresse au cuisinier.
4. Allusion à B XIV, p. 503 et suiv.
5. Allusion aux changements de rythme ; voir par exemple Leucippe, A IX, p. 389.
6. Ne correspond littéralement à aucun témoignage.

Page 585.

1. Il s'agit d'un roman par lettres qui daterait du Iᵉʳ siècle après J.-C.
2. Voir B XVIII, p. 509.

Page 586.

1. C'est Démocrite qui parle.
2. Ou sa *qualité déterminante*. L'emploi du mot ἕξις trahit une influence stoïcienne postérieure.

Page 587.

1. Ici, le modèle est visiblement platonicien.
2. Notation intéressante, à inscrire dans une contestation démocritéenne de la finalité.
3. Nom donné ordinairement à la membrane qui recouvre les intestins.

Page 588.

1. Sens douteux.
2. Au sens propre πλέγμα signifie la *tresse*, mais désigne ici notre *nœud*.
3. Diels a préféré conserver la très pudique correction : θριξίν à laquelle notre traduction se conforme. Si l'on conserve la leçon manuscrite ὀρεξίν, le sens redevient : « rendant ferme le désir de l'adolescent ».
4. Ou incorporelle, c'est-à-dire, dans ce cas, pneumatique?
5. *Sur la joie ou le bien-être*. (Voir B 11 *c* et B 111, p. 491 : le texte de Stobée vient après B cxci, p. 548.)
6. La folie est tenue pour un trouble somatique.

Page 589.

1. Les manuscrits portent ἀδιαίρετον (*l'indivisibilité*) et non ἀναφαίρετον (*la permanence*).

Page 590.

1. La procédure, qui peut être démocritéenne, préfigure la recherche suspensive de l'ataraxie sceptique.
2. Le texte comporte une grave lacune.
3. Diels propose, sous le numéro d'ordre C viii, une autre imitation démocritéenne dans le *Nomos* hippocratique (voir Wilamowitz, *Hermes*, 54 [1919], p. 49).

L'infini à Athènes

ANAXAGORE

NOTICE

L'œuvre d'Anaxagore n'a retenu l'attention que d'un champ relativement étroit de doxographes : ni les stoïciens, ni les néoplatoniciens, ni les Pères de l'Église ne s'intéressent à son œuvre. En fait, la doxographie d'Anaxagore compte trois traditions différentes : celle d'Aristote et de Théophraste, celle des épicuriens et celle des sceptiques.

La tradition du Lycée remonte, ce qui est rare, au témoignage de Platon faisant part dans le *Phédon* de l'enthousiasme et de la déception que la philosophie d'Anaxagore a éveillés et produits chez le jeune Socrate[1]. L'enthousiasme est suscité par la postulation d'une cause intelligente et unique ordonnant selon la règle du meilleur toutes les choses que compte le monde : la déception naît de la constatation que cette cause n'est au fond que naturelle et mécanique, et ne correspond pas à l'idée du Bien que se fait Socrate. Ces deux motifs d'intérêt et de désapprobation ont provoqué un balancement dans les témoignages issus ensuite d'Aristote, et qui vont de Théophraste à Simplicius, sans les commentaires duquel, une fois encore, la quasi-totalité des fragments actuellement conservés aurait été perdus.

À la suite de Théophraste, Simplicius[2] situe (comme il l'avait fait pour Mélissos) le projet anaxagoréen sur la trajectoire d'Anaximène. Comme les Milésiens, Anaxagore se trouve au départ en possession d'un Un illimité auquel le mouvement fait défaut. Il tente alors doublement, d'une part, d'affiner le concept de matière en montrant que tout est tout, ou que chaque unique chose est formée d'un grand nombre d'homéoméries, les unes cachées, les autres visibles, ces dernières caractérisant et spécifiant la substance et lui donnant l'apparence que l'on perçoit[3]. Mais d'autre part il ajoute l'intellect comme cause du mouvement : c'est l'Intellect qui produit la génération des substances en faisant apparaître dans le tout-ensemble des substances que sa pensée et son bon vouloir discriminent[4]. L'Intellect est alors la cause efficiente, et on le voit prendre les apparences du premier moteur aristotélicien. Mais il n'est que cause efficiente, et pour cette raison sa causalité ne saurait passer pour finale et se règle selon un modèle mécaniste. C'est pourquoi certains interprètes considèrent la

---

1. Voir A xlvii, p. 619.
2. Voir A xli, p. 618.
3. Voir B i, p. 648 ; B iii, p. 649 ; B iv, p. 649 ; B xii, p. 653.
4. Voir A xlv, p. 617 ; A xlvi, p. 618 et A lvi, p. 623.

formule d'Anaxagore, reproduite par Simplicius : « Il est de toutes les choses la plus subtile et la plus pure[1] », comme assignant à l'Intellect une nature matérielle. On imagine alors la déception de Socrate, puis de toute la tradition issue d'Aristote. Une telle thèse contredit la conception péripatéticienne de la matière entendue comme continue et illimitée : en effet les homéoméries qualifient la matière et l'individualisent ou la spécifient en particules élémentaires, ce qui ne s'accorde pas avec sa propriété essentielle qui est l'illimitation. Mais cette thèse contredit aussi la conception de la finalité réglant toutes les causes, ainsi que l'illustre très clairement le témoignage A cii[2] : pour Aristote, il faut dire que l'homme a des mains parce qu'il est raisonnable, et non l'inverse, comme le dit Anaxagore.

La tradition atomiste, abdéritaine, puis épicurienne, va pouvoir trouver dans le refus de la finalité et dans la conception de la matière formée de particules homéomères, un ancêtre au moins aussi intéressant que les Éléates. La fin même du témoignage de Simplicius[3] qui évoque l'existence de particules illimitées séparées les unes des autres, explique les nombreuses associations que l'on va rencontrer dans la tradition entre Démocrite et Anaxagore, par exemple sur la cosmographie[4]. Elle explique aussi l'intérêt de l'épicurien[5] Philodème pour l'Intellect, et l'attention que Lucrèce[6] porte aux homéoméries. Elle rend compte de l'introduction, dans la notice d'Aétius presque entièrement tirée de Théophraste[7], d'un élément indubitablement abdéritain, constitué par la formule : « Les parties élémentaires (c'est-à-dire les atomes) ne sont visibles que pour la raison, car la raison est seule à postuler l'existence des invisibles. » Cependant, Simplicius nous présente un fragment[8] où Anaxagore paraît combattre l'atomisme. Il ne faut pas douter que ce fragment soit d'Anaxagore. Mais il faut comprendre que Simplicius critique l'usage abusif qu'en ont fait les épicuriens.

Affirmer l'existence de particules invisibles et opposer la nature cachée à la manifestation phénoménale ne pouvaient manquer de retenir l'attention des sceptiques[9]; mais, bien que la citation d'Anaxagore, toujours la même, revienne sous la plume de Sextus Empiricus, il n'en demeure pas moins que Sextus Empiricus a été le seul sceptique à faire mention d'Anaxagore.

Son matérialisme et son mécanisme, mais surtout la prévision de la chute d'un météore de nature pierreuse[10] et le fait de soutenir que le

---

1. Voir B xii, p. 653.
2. Voir A cii, p. 644.
3. Voir A xli, p. 612.
4. Voir A lxxviii et suiv., p. 632 et suiv.
5. Voir A xlviii, p. 620.
6. Voir A xliv, p. 615.
7. Voir A xlvi, p. 618.
8. Voir B viii, p. 652.
9. Voir B xxi et B xxi a, p. 658.
10. Voir A x a xi et A xii, p. 599-601.

Soleil est une masse de pierre incandescente[1], valurent à Anaxagore un procès en impiété où il ne dut son salut qu'à l'influence de Périclès, curieux de philosophie et épris de science nouvelle, à l'image d'un despote éclairé.

NOTES

Page 593.

1. Dans toute cette doxographie, comme dans les fragments, le mot *Intellect* répond invariablement au mot grec νοῦς, qui aurait pu être traduit au féminin, comme chez les néoplatoniciens, par *intelligence*.

2. Voir B 1, p. 648. Le texte est différent de celui de Simplicius considéré comme authentique et Diogène Laërce suit le même texte qu'Hippolyte (voir A XLII, 1, p. 613).

3. La formule est presque sûrement néoplatonicienne, à l'imitation de Platon (voir le *Théétète*, 176 *b* et A XXX, p. 608).

4. De 500 à 497 av. J.-C.

5. En 428 av. J.-C.

6. En 456 av. J.-C. Mais si, avec d'autres manuscrits, on lit Calliadès (sur ce point la tradition n'est pas tout à fait certaine), la date serait de 480 av. J.-C.

Page 594.

1. La durée de ce séjour est confirmée par les autres sources, notamment Plutarque.

2. Voir B IV, p. 649.

3. Le terme d'*homéomérie* (voir A XV, p. 602; A XLIV, p. 615; A XLV, p. 617; A XLVI, p. 618; A CIV, p. 644 et B V, p. 651, n'est pas d'Anaxagore, mais a sans doute été forgé par Aristote pour rendre compte du système du Clazoménien.

4. Tradition altérée par rapport à A XLII, p. 613; A LXX, p. 629 et B XV, p. 655.

5. L'expression grecque ne permet pas de savoir s'il s'agit de la partie droite ou gauche du corps en général, du testicule, de la matrice ou encore des deux ensemble. Cette orientation en droite et gauche n'est pas seulement partagée avec les pythagoriciens, mais aussi avec Parménide (voir B XVII, p. 360).

6. Il y a là une impossibilité chronologique, puisque Mausole est mort en 353 av. J.-C.; c'est pourquoi Diels enferme cette notation, rapportée à quelque cynique postérieur, entre parenthèses.

---

1. Voir A XIX, p. 603; A XLII, p. 614 et A LXXIII, p. 630.

Page 595.

1. Nous retenons, avec D. Lanza, la conclusion de C. Diano, largement justifiée par Liddell-Scott, *Greek-English Lexicon* (1161 A). D'autres interprètes avaient auparavant entendu le mot συγγραφή comme signifiant que l'ouvrage était entièrement écrit de la propre main d'Anaxagore. Diels proposait de lire μετὰ διαγραφῆς et suggérait que l'ouvrage comportait des schémas, figures et illustrations, de la main d'Anaxagore : il est vrai que γράφειν signifie d'abord *dessiner*.

2. Le nom est d'autant plus douteux qu'on ne connaît par ailleurs aucun archonte qui l'ait porté.

3. L'explication remonte aux Milésiens (voir Anaximandre, A XXI, p. 42).

Page 596.

1. D'après la *Chronographie* d'Eusèbe, ce qui correspond, pour saint Jérôme, à 1520 après Abraham, et à la première année de la soixante-dixième olympiade, soit 500 av. J.-C.

Page 597.

1. 460 av. J.-C. est la première année de la quatre-vingtième olympiade ; d'après saint Jérôme (voir A XVIII, p. 604).

2. Le nombre inscrit sur le marbre est difficilement déchiffrable et par conséquent douteux.

3. 442-441 av. J.-C. Les *Marbres d'Arundel* ou *de Paros* présentent une chronologie qui part de 264-263 av. J.-C. et remonte le cours du temps.

4. Voir Démocrite, B IV *c*, p. 492.

5. Diels situe cette rencontre autour de 430 av. J.-C. Mais a-t-elle eu lieu ?

Page 598.

1. Témoignage ajouté à Diels et Kranz par D. Lanza. (Voir A XXXIII, p. 609.)

2. Voir B 1, p. 649.

3. Voir A LXII, p. 625.

Page 599.

1. Voir A XLIII, p. 615 et Empédocle, A VI-A VII, p. 136.

2. La source est vraisemblablement Eudème.

3. Voir Platon, *Les Rivaux*, 132 *b*.

4. En 468-467 av. J.-C.

Page 600.

1. En 468-467 av. J.-C.

2. *Confundi omnia* (*Anaxagore confond tout*) peut être une allusion au : « Toutes choses étaient ensemble » (voir B 1, p. 648), de même que l'*intellectum* (*son intelligence*) peut renvoyer ironiquement au νοῦς. (Voir A xli et suiv., p. 612.)

3. D'après saint Jérôme, il s'agit de la troisième année de la soixante-dix-huitième olympiade, soit 466 av. J.-C. (Voir A 1, 11, p. 595.)

4. Défaite des Athéniens par Lysandre, en 404 av. J.-C.

5. *Aegos Potamos.* Nous reproduisons la traduction de J. Amyot, qui transcrit en français l'expression grecque.

Page 601.

1. Pour tous ces témoignages empruntés à Plutarque, nous suivons au plus près la version proposée par J. Amyot. Voir A xii-A xiii, p. 600-601 et de A xvi à A xviii, p. 603-604.

2. La lecture du nom d'Anaxagore est douteuse.

3. Platon écrit : μετεωρολογία, c'est-à-dire *spéculation* plus ou moins sophistique, et en tout cas impie, *sur les choses du ciel*.

Page 603.

1. Au printemps de 442 av. J.-C.

2. Au début de la guerre du Péloponnèse, soit en 431 av. J.-C.

3. Sous l'archontat d'Euthydème, en 431, après le procès de Phidias que Diodore rapporte d'après Éphore (*Bibliothèque historique*, XII, 41, 1).

Page 604.

1. Sur les éclipses, voir le témoignage de Platon en A lxxvi, p. 631.

2. Voir Protagoras, A xii, p. 669.

3. Troisième année de la soixante-dix-neuvième olympiade, soit 462-461 av. J.-C.

4. D'après saint Jérôme, en 1557 après Abraham, soit la première année de la quatre-vingtième olympiade : 460-459 av. J.-C.

5. Leçon douteuse. Les restitutions de l'éditeur sont indiquées entre crochets obliques.

Page 605.

1. Voir Euripide, *Oreste*, v. 4 à 7. Le rocher qui surplombe la tête de Tantale serait, dans cette version anaxagoréenne, le Soleil lui-même.

2. Un foyer ou la déesse Hestia elle-même.

Page 606.

1. Satyros. Au sixième livre de son *Recueil de biographies*, là où il traite de la vie des trois tragiques, Satyros a représenté le rapport d'Euripide avec Anaxagore en un dialogue qui est un commentaire savant du poète, et cité de nombreux passages qui, dans le papyrus, ne sont que partiellement identifiables et lisibles : « Il [vou]a (?) ensuite à Anaxagore [le] phys[icien] (?) une admiration extraordinaire [...] » (fgm. 37 c, 1, 22, p. 139). Après la citation du *Pirithoos* de Critias, Euripide lui-même est cité :

> *À toi, qui ton empire étends sur toutes choses,*
> *J'offre en présent rituel ces bourgeons printaniers,*
> *Toi qui portes le nom de Zeus, ou de Hadès [...]*

Il a parfaitement et exactement saisi le système anaxagoréen qui s'exprime dans ces trois vers. Et, quelque part ailleurs, il pose la question de savoir quelle est la chose qui règne sur les choses célestes :

> *Ô Zeus, qui que tu sois,*
> *Ou la nécessité régnant sur la nature,*
> *Ou l'Intellect qui est le propre des mortels.*
>
> (Euripide, fgm. 912, fgm. 37, c. 3, 9.)

Puis vient le fragment,
Il dit ceci :

> *Qui serait si impie et si hostile aux dieux,*
> *Pour, devant ce spectacle, oser ne point se dire,*
> *Que Dieu existe, et ne point repousser loin de soi*
> *Les fausses rêveries des vains spéculateurs?*
> *Leur langue forge en vain de hardies conjectures,*
> *Mais hors de tout bon sens, sur ce qu'on ne voit point.*
>
> (Euripide, fgm. 913, fgm. 38, c. 1, 16.)

Puis avec une louange du πόνος *(la peine)* et le dénigrement de πλοῦτος *(la richesse)*, il passe à Euripide, élève de Socrate (fgm. 38, c. 2, 3, 4; fgm. 39, c. 2).

2. Poète alexandrin, contemporain de Ptolémée Philadelphe (IIIᵉ s. av. J.-C.).

3. Certains éditeurs corrigent et proposent : *Protagoras*.

Page 607.

1. Référence inexacte; l'œuvre est en réalité le *Sur les poètes*, dialogue perdu d'Aristote, dont nous ne connaissons que des fragments.

2. Sosibios n'est pas autrement connu.

3. Voir Pythagore, xv, p. 122.

4. Dioclès de Magnésie.

5. Des monnaies de Clazomènes (portant l'inscription ΚΛΑΖΟ-ΜΕΝΙΩΝ) montrent probablement les reproductions de statues qui, y avaient été élevées. Une première, datant environ de 100 av. J.-C.,

montre Anaxagore vu de gauche, assis sur un fût de colonne, la main droite levée pour enseigner, la gauche posée sur son genou. Une seconde, de l'époque impériale, le montre vu de droite et debout, le buste découvert, le pied gauche posé sur un cippe ; la main droite tendue tient le globe terrestre, la gauche est posée sur la hanche.

6. Après Parménide (voir B xvi, p. 360).

Page 608.

1. Lacune.

Page 609.

1. Comparer avec la mort de Démocrite en A xxviii et A xxix, p. 414-415.
2. Il s'agit de Posidonius. Tout le contexte est profondément stoïcien. (Voir *Posidonius*, éd. Edelstein et Kidd, F. 165, p. 151.)
3. Fgm. 964.

Page 610.

1. C'est le chœur qui parle. Voir A 1, 13, p. 595.
2. Voir A 1, 8 et suiv., p. 594.
3. L'*Orchestre* est la partie de l'agora où se tient le marché aux livres. Aucun autre témoignage ne vient corroborer cette notation relative au commerce des livres (en prose, sous une forme « populaire »?).

Page 611.

1. Voir A 1, 11, p. 595 et A xviii, p. 603.
2. Voir A 1, 11, p. 595 et n. 1.
3. Voir Démocrite, A xxxiii, p. 417, n° IX, 4 du catalogue des œuvres de Démocrite par Thrasylle (voir B xv *b*, p. 508). On ne sait rien d'autre que ce que nous apprend ici Vitruve sur ce premier essai de ce qu'il faut bien appeler une optique géométrique.
4. Le texte latin porte *ratione naturali*. Il s'agit peut-être soit d'un *rapport* ou d'une *proportion* naturelle, soit seulement d'une *disposition* naturelle, comme le pense C. Perrault.

Page 612.

1. La cause manquante est, comme Simplicius l'a déjà dit à plusieurs reprises à propos des Ioniens — par exemple en Anaximandre, A ix *a*, p. 35 —, la cause du mouvement, qui ici va devenir l'Intellect. Le texte est articulé selon la coupure τὰς μὲν σωματικάς (l. 17) [...] τῆς δὲ κινήσεως (l. 27) de l'édition de Diels (t. II, p. 15), ce qui correspond aux paragraphes de la présente traduction.
2. Voir B xi, p. 653.
3. Voir B xii, p. 654.

Page 613.

1. Voir B III, p. 649.
2. À l'exception du dernier paragraphe numéroté 13, toute cette doxographie dérive de Théophraste.
3. Voir B I, p. 648.
4. Conception conforme à celle d'Anaximène.
5. Voir A XCI, p. 638.

Page 614.

1. Le mot πόλος désigne davantage au IVe siècle av. J.-C. la voûte céleste que le pôle.
2. Lacune.
3. En 428 av. J.-C.

Page 615.

1. Ainsi, d'après Aristote, la théorie d'Anaxagore marque un progrès sur celle d'Empédocle, parce que sa conception de la matière est plus universelle que ne l'est la théorie des quatre éléments. Le feu et l'air rassemblent en eux tous les homéomères, et ont donc l'avantage sur les deux autres éléments qui sont en acte, d'être en puissance tous les visibles. Voir encore le *Traité du ciel*, III, IV, 302 *b* 11 (cité par D. Lanza).

Page 616.

1. Fragment ajouté par D. Lanza.

Page 617.

1. Sur la πανσπερμία, voir Leucippe, A XV, p. 391 et A XXVIII, p. 396.
2. Simplicius commente le passage précédent d'Aristote.
3. Mot à mot : *« illimitément » illimitées*.
4. Ainsi la thèse d'Anaxagore répondrait-elle principalement à une préoccupation d'ordre biologique : comment un vivant peut-il trouver dans un aliment son propre constituant ? Il faut qu'il y ait déjà du lapin dans la carotte, pour que le lapin ne soit pas transformé en carotte par la substance qu'il absorbe.

Page 618.

1. Voir B I, p. 648.

Page 619.

1. Voir Platon, *Philèbe*, 24 *a* et 24 *d* ; *Les Lois*, XII, 966 *d*.

Page 620.

1. Voir Diogène d'Apollonie, C ɪɪ, *Les Présocratiques*, p. 719 et Jamblique, *Protreptique*, 8, éd. Pistelli, 48, 16.
2. Voir B xɪɪ, p. 653.
3. Ainsi l'Intellect divin d'Anaxagore n'est-il nullement un dieu personnel, doué de sens ou de conscience.

Page 622.

1. Cette catégorie de l'« un-et-multiple », dérive en droite ligne de la troisième hypothèse du *Parménide* de Platon (155 *e*). Elle permettra à Simplicius de distribuer selon un critère néoplatonicien (par opposition à l'« un-multiple ») les anciens philosophes ayant parlé des principes. D. Lanza (*Anassagora*, Florence, 1966, p. 101) a bien tort de vouloir reprendre Ross sur ce point.
2. Voir B ɪ, p. 648.
3. Voir B xvɪɪ, p. 656.

Page 623.

1. Addition de D. Lanza.

Page 624.

1. Voir Pythagore, vɪɪɪ, p. 177, à la fin du premier alinéa.
2. Voir B xɪɪ et B xɪɪɪ, p. 653-655.
3. Voir B ɪ, p. 648.
4. La perspective d'Aristote est ici celle de l'Académie. Le deux, qui est la dyade aoriste, représente la matière. Si la matière est l'illimité, cet illimité engendre le nombre, et non la petitesse.
5. C'est-à-dire la matière.

Page 625.

1. Voir Démocrite, B v, 1, p. 493. Ce texte prend place à la fin du même chapitre du livre I de la *Bibliothèque historique* de Diodore.
2. Voir B xɪɪɪ et B xɪv, p. 654-655.
3. Cette exposition chronologique ayant une valeur seulement didactique est un trait de néoplatonisme de la part de Simplicius qui songe assez visiblement à la démarche du *Timée* de Platon.

Page 626.

1. La scolie à Aristide, *Vaticanus graecus* 1298, est éditée par Keil (*Hermes* ʟᴠ, 1920, 65). Voir Démocrite, A ʟxvɪ, p. 435. Ainsi dira-t-on de Démocrite que pour lui tout arrive par hasard ! Ce n'est là qu'une conséquence de la critique aristotélicienne, qui se refuse à

tenir pour une nécessité véritable une cause seulement efficiente ou mécanique, dans laquelle n'entrerait aucune finalité.

Page 627.

1. Sur la clepsydre ou *chantepleure*, voir Empédocle B c, p. 221, ainsi que le texte et la note qui suivent.

2. Voir Empédocle, A LXXIV, p. 164 et B c, p. 221; Démocrite, A XXXIII, 48, p. 417 et B XIV *a*, p. 508. À la différence de Démocrite, Empédocle et Anaxagore se situent dans la perspective du plein. L'eau est dite « une et continue » par Anaxagore, et ne comprend par conséquent aucun vide. En outre, le fait doit avoir pour Anaxagore une grande importance cosmographique. (Voir A LXXXVIII, p. 636.)

3. La chantepleure ressemble à un tuyau d'arrosoir muni d'une pomme, ou encore à un goupillon dont l'extrémité évasée ou élargie est percée de petits trous. Dans un premier temps, la chantepleure est plongée verticalement dans l'eau, qui ne parvient pas à y entrer. Dans un second temps, la chantepleure est tenue obliquement, donc l'air s'échappe par les trous situés au-dessus du niveau de l'eau qui peut alors pénétrer dans l'appareil.

Page 630.

1. *Flocons*. Nous suivons la traduction de J. Amyot. (Voir l'École pythagoricienne, B XL, p. 320.)

Page 631.

1. Le nom de Séléné, appliqué à la Lune.
2. Voir B XVIII, p. 656.

Page 632.

1. Ψευδοφανής soit *faussement brillante*. (Voir Parménide, B XXI, p. 632.)
2. Voir Leucippe, B I, p. 400.

Page 633.

1. Nous traduisons ici par *ciel* le mot αἰθήρ. (Voir A LXXIII, p. 630 et A LXXXIV, p. 634.)
2. Charmandros n'est pas autrement connu.

Page 634.

1. Après Empédocle (voir A LXIII, p. 159).
2. Après Anaximandre (voir A XXIII, p. 43).

Page 635.

1. Dans son *Commentaire* (49, 13), Alexandre d'Aphrodise fait mention du nom d'Anaxagore.

2. Réverbérations. Le *parhélie* est un halo produit par la réflexion de la lumière sur des cristaux de glace flottant dans l'atmosphère.

3. Voir l'*Iliade*, II, v. 146.

4. Le propos a son origine dans la doxographie péripatéticienne, puisqu'il s'agit d'évaluer la causalité relative de l'intellect et de la cause matérielle (voir A XLI, p. 612 et A XLV, p. 617).

5. Voir Démocrite, A XCIV, p. 447.

Page 636.

1. C'est-à-dire une force (βία) qui s'oppose à la nature, au sens aristotélicien du terme (voir B IX, p. 652).

Page 638.

1. Également d'après Théophraste. (Voir aussi Hippocrate, *Des airs, des eaux, des lieux*, 8, dans *Corpus des médecins grecs*, I, 1, p. 62, 9.)

2. Le *natron* (en latin : *nitrum*) est le carbonate — ou bicarbonate — de soude. (Voir M. Berthelot, *Collection des alchimistes grecs*, t. I, p. 263, rééd. O. Zeller, Osnabrück, 1967.)

3. Voir Empédocle, A LXVI, p. 159 et B LV, p. 204.

4. Eschyle, éd. Nauck, fgm. 300.

5. Sophocle, fgm. 797.

6. Euripide, fgm. 228.

Page 639.

1. Hérodote critique l'explication d'Anaxagore.

2. Éd. Nauck, fgm. 228.

3. Voir Démocrite, A XCIX, p. 449.

4. Position opposée à celle de Parménide et d'Empédocle, mais conforme à celle d'Héraclite. (Voir Empédocle, A LXXXVI, 1, p. 171.)

Page 640.

1. Rappel du grand principe anaxagoréen. Ici, *toutes les choses* sont plus particulièrement les qualités sensibles.

2. Voir Empédocle, A LXXXVI, 16, p. 174.

Page 641.

1. Il faut attirer l'attention de l'historien de la philosophie sur cette expression : θύραθεν [...] τὸν νοῦν (*l'Intellect s'introduit du dehors*).

Comme l'expression n'a pas été relevée par Kranz dans son *Register*, elle a échappé aux interprètes, notamment ceux d'Aristote. (Voir Paul Moraux, « À propos du Νοῦς θύραθεν chez Aristote », *Autour d'Aristote*, Mélanges A. Mansion, Louvain, 1955, p. 255.)

2. Selon l'avis d'Aristote et de Théophraste.
3. Voir Empédocle, B II, v. 1, p. 182.
4. Voir Anaxagore, B XXI, p. 658.
5. Voir Démocrite, B CXVII, p. 527.

Page 642.

1. *Noumènes* désigne les conceptions forgées par l'entendement; *phénomènes*, les représentations découlant des sensations. Cette opposition est l'un des moyens mis en œuvre par les sceptiques pour provoquer la suspension (ἐποχή) du jugement.
2. Voir B X, p. 675.
3. Voir Empédocle, A LXXXIX, p. 178.
4. Les commentateurs songent à un Clazoménien : Hermotime ou Archélaos.

Page 643.

1. Voir B XII, p. 653.
2. Le texte est corrompu et la lecture incertaine. On pourrait proposer l'interprétation suivante : « Mais, pour ce qui est de ⟨la raison⟩ passive (παθητικόν) — ou capable de connaisance (μαθητικόν, suivant la correction d'Apelt) —, comme ils n'ont pas d'Intellect, ⟨ils en sont dépourvus⟩, puisque cette raison est appelée *interprète* de l'Intellect. »

Page 644.

1. Ce renversement correspond à la substitution de la causalité finale à la causalité mécanique ou efficiente; ce qui signifie bien que l'Intellect d'Anaxagore meut comme un agent, ou cause efficiente, mais non comme une fin.
2. σοφώτατον : *le plus sage*, signifie en même temps le plus savant et le plus habile.

Page 645.

1. Il y a là une autre trace probable de l'influence d'Anaxagore sur Aristote : que l'on songe seulement à l'exemple des animaux sans fiel — τὸ χολὴν μὴ ἔχον — associé au vivre longtemps — μακρόβιον — dans le développement consacré à l'induction, dans les *Premiers analytiques*, II, XXIII, 68 *b* 19.
2. Voir Archytas, B I, p. 290.
3. Voir Parménide, A LIII, p. 343 et Leucippe, A XXXVI, p. 399.

Page 646.

1. Voir Parménide, A LIII, p. 343 et Empédocle, A LXXXI, p. 168.
2. Voir B XVII, p. 656.

Page 648.

1. Lecture douteuse. *Léchinéon* serait un personnage d'Euripide qui tiendrait le propos constitué par le fragment A CXII, p. 646.

Page 649.

1. Voir Simplicius, *Commentaire sur la Physique d'Aristote*, 461, 7.
2. Voir B XI, p. 653.
3. Voir B XII, p. 653.
4. Voir B VI, p. 653.
5. Voir A XLI, p. 651 et B XII (fin), p. 654.
6. Τὸ γὰρ ἐὸν οὖκ ἔστι τὸ μὴ οὖκ εἶναι. Ici, E. Zeller lisait τομῇ (*que ce qui est ne soit pas par séparation*).
7. Le sens de ce fragment peut s'éclairer par la lecture de B VI, p. 651.

Page 650.

1. Premier paragraphe du fragment 4.
2. Suite du premier paragraphe.
3. Après B II, p. 648.
4. Premier paragraphe.
5. Début du deuxième paragraphe.
6. Deuxième paragraphe.
7. Premier paragraphe.
8. Suite du premier paragraphe.

Page 651.

1. Vient après B IV, p. 650.
2. Vient après B XII, p. 654.
3. Critique d'une perspective atomiste.
4. Voir B I, p. 648.
5. Voir la fin de B IV, p. 650.

Page 652.

1. Cette opposition entre λόγος et ἔργον, *calcul* et *expérience*, a la valeur traditionnelle de l'opposition entre *paroles* et *actes* (voir Démocrite, B LXXXII, 47, p. 522).
2. Formellement ou spécifiquement, les substances qui ont été discriminées par l'Intellect ne sont plus illimitées comme le Tout-ensemble, mais limitées par l'Intellect qui, de cette façon, les connaît.

3. Voir B xii, p. 653.
4. *Ibid.*
5. Après B iv, p. 650.

Page 653.

1. Voir B xi, p. 653.

Page 654.

1. Ἔστι γὰρ λεπτότατόν τε πάντων χρημάτων καὶ καθαρώτατον : « *En effet, il (l'Intellect) est de toutes les* choses *la plus subtile et la plus pure.* » L'emploi, par Anaxagore, du mot χρῆμα, la *chose* au sens sans doute *concret*, constitue l'argument majeur en faveur d'une lecture matérialiste de sa philosophie.

2. Ainsi, en dépit des accents aristotéliciens de ce texte qui énumère les caractères du premier moteur : unité, pureté, omniscience, omnipotence, l'Intellect demeure une cause motrice et un agent, sans pouvoir être dit une fin (voir A xli, p. 613 et A lviii, p. 623).

3. Voir B vii, p. 651.
4. Voir B viii, p. 652.
5. Après B xi, p. 653.
6. Voir B xi, p. 653.
7. Après B v, p. 651.
8. Fin du fragment xii, de la page 654.
9. Voir *Physique*, II, ii, 194 *a* 20.

Page 655.

1. Voir B xii, p. 654.
2. Voir B ii, p. 648.
3. Après B xii, p. 654.
4. Voir A xlii, 2, p. 613.

Page 656.

1. *Se séparer* et même *prendre le large.* Nous suivons l'interprétation de J. Burnet, suivi par W. K. C. Guthrie. Les pierres sont plus sensibles que les autres corps à la force du tourbillon : elles peuvent donc s'envoler et former les astres, en particulier le Soleil.

Page 657.

1. Ce mot désigne-t-il Anaxagore ?
2. Les Pléiades ?
3. Voir l'*Iliade*, XIV, v. 26 à 31.

Page 658.

1. Le texte grec, perdu, a été traduit en arabe, puis en hébreu, puis en allemand. Nous traduisons simplement le texte allemand donné par Diels.

2. Voir Démocrite, A cxi, p. 454.

3. Voir *Contre les logiciens*, I, 374 et les *Hypotyposes pyrrhoniennes* III, 23 et 58; et *Corpus paroemiographorum graecorum*, éd. L. Leutsch & F. G. Schneidewin, Göttingen, 1839-1851, I, 144.

4. Mention douteuse. La suite du texte est altérée.

Page 659.

1. Voir Anaxarque B 11, *Les Présocratiques*, p. 957. Le nom d'Anaxagore s'est faussement substitué à celui d'Anaxarque.

Les Sophistes

PROTAGORAS

NOTICE

Contemporain d'Empédocle, d'Anaxagore et aussi de Démocrite, autre Abdéritain, Protagoras est, sans doute, le premier des sophistes. C'est pourquoi on pourra rechercher, chez lui plus particulièrement, tant à travers les fragments qui demeurent, qu'à travers les témoignages qui ont été transmis, les débuts d'une mise en forme, selon une problématique que l'on dira « sophistique », de problèmes spécifiques, l'apparition de concepts nouveaux et caractéristiques, la mise en œuvre de ces concepts dans un enseignement et une pratique qui définiront et permettront de reconnaître un courant de pensée.

En ce sens, dans ce qui constitue la doctrine de Protagoras, nous relevons trois aspects.

L'HOMME EST LA MESURE DE TOUTES CHOSES

Un piège est ici tendu : chercher le sens, le vrai sens, de cette formule serait y tomber. Comprendre cette phrase suppose que l'on admette une universelle mobilité du sens à laquelle, pas plus que le reste, cette phrase ne saurait échapper. En fixer le sens dans une interprétation, c'est faire apparaître la contradiction qui la traverse, c'est la réfuter. Telle est la lecture de Platon, lecture qui se donne, sans le cacher, pour une réfutation : « La vérité de Protagoras ne sera vraie pour personne : ni pour un autre que lui, ni pour lui. » (*Théétète*, 171 *c*.) Si la doctrine de Protagoras est un subjectivisme, elle ne peut se constituer en doctrine. La doctrine de Protagoras s'organise donc autour d'autre chose et implique que soit maîtrisée la contradiction dont elle semble l'origine.

Dès lors, il faut retourner l'ordre des questions : si toutes choses trouvent leur mesure en l'homme (défini comme subjectivité individuelle), elles perdent toute possibilité de mesure; la formule de Protagoras n'exprimerait qu'une référence sans référence. En fait, il s'agit au contraire de considérer à quel titre l'homme peut être dit *référence* pour toutes choses, et non ce que sont (ou seraient) toutes choses pour l'homme. À quelles conditions donc, l'homme peut-il être considéré comme *unité référentielle* ? Ce n'est ni comme subjectivité (la contradiction, non dominée, envahirait la théorie), ni comme nature (ce qui serait contraire à toute l'anthropologie protagoréenne : l'homme est un oubli de la nature). Reste donc, seule explication, l'explication *sophistique* : ni la subjectivité, ni la nature, mais l'*artifice*. L'homme pourra être dit unité référentielle de toutes choses « par convention » : on disposera alors d'une métrétique cohérente, non contradictoire, mais purement arbitraire, fondée en droit, non en nature. C'est la lecture qu'E. Dupréel présente sous le nom de « conventionnalisme sociologique[1] ». Telle est la signification doctrinale à laquelle nous voulons nous arrêter : que l'homme soit mesure de toutes choses, cela signifie, de la manière la plus large et la plus profonde, que rien n'est par nature mais que tout est par convention. Protagoras demeure ainsi abdéritain avant tout, et l'élève (peut-être) de Démocrite. Toutes choses sont, pourrait-on dire, *d'établissement humain*; la stabilité de la nature n'est repérable nulle part, mais lui est substituée partout, une stabilité infondée en théorie, mais produite, et donc effective, par artifice, et qui, quoique théoriquement changeante et changeable, offre des caractéristiques suffisamment assurées; l'ordre qui la définit n'est pas celui de la nature, mais celui de l'art humain : la loi et l'éducation. Ainsi, l'eau n'est plus l'élément dans lequel on se noie depuis que la *convention* de la natation apporte le salut aux hommes[2]. La sophistique protagoréenne est bien la toute première, peut-être la plus radicale philosophie des valeurs : ce qui fonde une valeur n'est pas sa vérité mais le fait qu'elle est voulue, ce qui fonde le droit n'est pas la nature mais le fait qu'une société humaine l'accepte. Ainsi est maîtrisée la contradiction : elle devient l'inévitable diversité des établissements humains, diversité qui n'empêche pas certaines valeurs d'être admises par plusieurs; plusieurs qui forment alors une société humaine, cimentée par l'acceptation de ces valeurs, transmises par l'*éducation*, création continuée des valeurs, pratique fondamentale — c'est-à-dire fondatrice : l'école est la source du savoir, les vérités ne lui viennent pas de la nature ou du monde extérieur — du sophiste.

1. Voir *Les Sophistes*, Neuchâtel, 1948, p. 25.
2. Voir Démocrite, B CLXXII, p. 543.

Ainsi, les choses ne sont pas « par nature », mais, « par convention », ce qui signifie que l'homme est bien « mesure » de toutes choses, mais qu'il faut admettre la variabilité de cette mesure qui n'est unitaire qu'à l'égard des sociétés qui, dans un vouloir commun, fixent, au sein d'une variation toujours possible, la variété qui convient en ce lieu et en ce temps. La convention n'est pas menacée par la contradiction, car ce qu'elle réclame n'est pas l'universalité, mais la communauté, unité dans la mesure et dans les limites d'une société. Comme disait encore le maître Démocrite : « L'homme est ce que nous connaissons tous[1]. »

Par là, et en son sens le plus général, la sophistique de Protagoras libère la réflexion emprisonnée dans le matérialisme et le naturalisme des physiciens et dans l'immobilisme des Éléates. Il y a, dans la phrase sur « l'homme-mesure », toute une ontologie : une ontologie libérée de l'être. L'être n'est ni refermé sur sa plénitude, ni éparpillé dans les débris de son éclatement : l'être, c'est l'objet de l'accord des hommes entre eux. Et cela, dans tous les domaines, de la physique aux mathématiques en passant par le langage : l'apparence est fondée en convention et le sophiste s'emploiera à y travailler ; c'est l'usage et non la nature qui détermine le genre des mots ; c'est la convention qui fournit son objet à la géométrie et légitime des opérations qui n'ont pas de corrélats dans la réalité ; c'est la convention qui permet de distinguer le bien et le mal[2].

On le voit, ce relativisme n'est pas théorique mais opératoire : il ne se traduit pas par un scepticisme universel — pour le cas où il aurait jamais existé — selon lequel il n'y aurait ni science, ni morale ; il établit au contraire que si la science et la morale ne sont pas fondées en nature, elles sont fondées — et suffisamment fondées — par l'opération des hommes, c'est-à-dire l'artifice, et par leur accord : la convention. Que la distinction entre le bien et le mal soit de convention ne veut pas dire que le bien et le mal sont indifférents, mais que c'est à nous de faire la distinction. Certes, rien de plus : la place est libre pour une philosophie de la réflexion, mais, chez Protagoras, le seul critère reste l'accord entre les hommes. Cela définit exactement la portée et les limites de ce relativisme : ordonné à la convention et à l'accord entre les hommes, il fonde des valeurs. Mais il ne les fonde que sur cela : convention et accord demeurent arbitraires, faute d'une référence stable comme l'est, par exemple, le Bien selon Platon[3].

1. Voir B CLXV, p. 541.
2. Voir A XIV, p. 670 ; A XIX, p. 672 ; A XXVII, A XXVIII, A XXIX, p. 677 et B VII, p. 681.
3. Voir Platon, *Les Lois*, IV, 716 *c* : « Dieu est la mesure de toutes choses. »

L'ATHÉISME

Le fragment B IV[1] expose la pensée de Protagoras concernant les dieux. Protagoras semble y professer un *agnosticisme*. En fait, le problème n'est pas simple. Si, à la lettre, il s'agit bien d'un agnosticisme (des dieux, nous ne pouvons rien savoir), il faudrait examiner quel peut être le sens, dans l'Antiquité et, surtout, dans la problématique même de Protagoras, de pareille doctrine. Cet agnosticisme nous semble définir, par rapport aux sociétés humaines, un athéisme. C'est au moins ce qu'y ont vu les accusateurs de Protagoras.

De fait, pourquoi, si l'homme est la mesure de toutes choses, de leur existence, comme de leur non-existence, l'homme ne pourrait-il avoir, conventionnellement, des notions sur les dieux? Ici, à l'égard des dieux, Protagoras semble faire une exception dans sa doctrine. On attendrait que les dieux trouvent une garantie ontologique dans l'existence de ces institutions que sont les religions, admises par les sociétés humaines. Or, il n'en est rien. Il y a donc bien, ici, polémique ou attaque à l'égard des religions établies puisque le consensus qu'elles semblent requérir ne fonctionne pas comme critère. Par suite, un tel agnosticisme théorique, articulé à un relativisme pragmatique, prend assurément la signification d'un athéisme pratique. Bref, il y a, dans la pensée de Protagoras, un aspect subversif à l'égard des religions et même de la morale traditionnelle qui est l'envers d'une valorisation de la politique et de la société considérées comme exclusivement humaines. C'est l'activité politique, non plus le culte dû aux dieux, qui est devenue le cœur vivant de la cité.

Dans la mise en doute de l'existence des dieux, c'est donc une question fondamentale qui est récusée, ou, du moins tenue pour trop difficile : celle de savoir s'il y a des sociétés meilleures que d'autres. La quête d'une fondation absolue est refusée parce que ce qui importe à l'homme, ce sont avant tout ses propres valeurs et sa propre cité : la vie est brève, il convient d'abord de faire vivre cette cité et ces valeurs où des hommes se reconnaissent, avant de se demander — question abstraite — s'il y a des valeurs qui ne dépendent pas de nous et qui, donc, ne nous importent pas. Si l'homme est mesure de toutes choses, ce qui vaut par soi, en dehors d'une mesure humaine, serait divertissement. Et danger, puisque ce serait libérer les puissances de la contradiction, maîtrisées dans le relativisme.

L'ANTHROPOLOGIE

Cet homme, dont on a vu en quel sens il était mesure et unité référentielle de toutes choses, origine de toutes conventions et producteur d'artifices, bref, inventeur et technicien, c'est-à-dire *sophiste*, que pouvons-nous en dire?

1. Voir p. 680.

L'anthropologie de Protagoras est contenue dans le mythe célèbre rapporté par Platon dans le dialogue qui porte le nom du sophiste[1]. Récit admirable. Pour être de Platon, ce texte n'en est pas moins profondément protagoréen : point par point, le mythe où est récitée la fabuleuse histoire de l'homme présente l'aventure même du sophiste. L'anthropologie élabore une image de l'homme où se rencontrent toutes les conditions qui nécessitent et rendent possible la sophistique même, l'humanité est l'image en grand du sophiste. Qu'on y réfléchisse bien : le métier de sophiste n'est pas un métier comme les autres, former des hommes exige une théorie de l'homme qui rende cette activité possible et en éclaire les gestes fondamentaux. L'idéal sophistique n'est pas mercantile, même si toute peine exige salaire.

D'abord, c'est la première leçon du mythe, l'homme n'est rien. Il est le laissé pour compte de la nature : il existe, mais la nature ne lui a rien donné pour vivre, il est une existence dont la vie est d'emblée un problème à résoudre, il n'a ni protections contre un milieu hostile, ni armes pour garantir son territoire. Oubli de la nature, l'homme ne peut s'intégrer dans ce grand système de compensations qu'est le monde, où il faut vivre. La seule vocation naturelle de l'homme, avant même sa naissance, c'est la disparition, avenir d'une faiblesse radicale. L'aigle de Prométhée ne mange pas le foie, il dévore tout espoir de descendance. L'homme est donc un animal nu et désarmé, sorte de degré zéro de l'animalité, un vivant réduit à sa propre vie, dépourvu des moyens d'assurer sa subsistance. Il est de trop, aucun lieu n'étant prévu pour l'accueillir. L'histoire de l'homme s'inscrit donc dans une défaillance fondamentale de la nature qui caractérise toute la pensée sophistique; que cette défaillance survienne à propos de l'homme accentue encore cette signification : c'est bien parce qu'il n'y a pas de nature et qu'il n'y a rien à attendre de la nature que tous les jeux de la substitution et de la tromperie seront autorisés, mais ils s'appelleront artifice et ruse.

La seconde leçon du mythe, c'est que, s'il est voué à disparaître, l'homme survit cependant. Cette survie est rigoureusement contre nature. D'abord, parce qu'aucun rôle n'est assigné à l'homme; ensuite et surtout, parce que le rapport vital où il est engagé, est tel qu'il devrait périr sans délai, sans défense face à d'innombrables agressions, dans un combat par trop inégal. Or, dans cet affrontement injuste, l'homme l'emporte et crée par là un équilibre contraire à toutes les lois de la nature : *Le faible l'emporte sur le fort*. Thème fondamental de la sophistique qui est aussi, on le voit, la condition réelle du développement de l'humanité.

Comment pareil renversement est-il possible? Aucune dialectique, aucune supercherie théorique ne l'expliqueront, mais plus simplement une « manipulation ». L'homme est désarmé, mais il possède des outils. Le modèle premier de l'outil est le levier, par quoi le plus léger soulève le plus lourd : subversion par la technique de l'ordre de la nature qui prouve qu'il n'y a pas d'ordre de la nature mais seulement des opérations humaines, effectuables, réglées et réitérables. Par la technique, l'homme se substitue à une nature défaillante et crée l'ordre qui lui convient, l'animal le plus dépourvu devient l'homme, puissant, inventif, historique.

Historique, car ce qui transmet la technique, les habiletés, les métiers, les savoirs, d'une génération à une autre, faute d'héritage biologique, c'est encore une opération humaine : l'éducation. Que le sophiste soit *professeur* n'est pas hasard ou nécessité de vivre en exerçant un métier : l'enseignement est la tâche humaine première qui rend l'humanité possible.

Mais il n'y a pas que la technique, il y a aussi cet élément fondamental qui rend possible toute donation de sens, toute convention : la société. La Justice est l'autre don des dieux, la technique spécifique qui, contre l'ordre de la nature, rassemble les hommes.

Certes, la justice est un don des dieux, au même titre que l'ingéniosité technique et son symbole, le feu. Ici, ambivalence de l'origine : ce don des dieux a été dérobé. Les dieux reviennent. L'humanité ne peut pas penser son origine, seul le mythe lui en révèle la configuration. La création de l'homme par l'homme suppose une ingéniosité première qui doit être donnée. Or l'homme est dépourvu. Ce qui, chez Protagoras, tient lieu d'une théorie de la culture est une mythologie : on ne peut plus penser. Un symbole cependant : ce par quoi tout commence n'est pas une donation originaire, mais un vol inaugural. La théorie des aptitudes développe non pas le concept de *don*, mais celui de *vol*. L'aptitude fondamentale est la *subtilité*.

Telle est l'envergure déployée du sophiste : les moyens techniques renversent le rapport du fort au faible, mais la condition de cette opération est sa portée extrême : faire tout avec rien. Magie ? Non, sophistique. Le sophiste, c'est tout l'homme, symbolisé encore par l'astucieux Ulysse.

NOTES

Page 663.

1. Voir le *Protagoras* de Platon, 316 a.
2. Voir Démocrite, A II, p. 405 et A XVIII, p. 410, sans indication de la source.
3. Voir B I, p. 678.
4. Voir le *Théétète*, 152 a.
5. Voir B IV, p. 680.
6. La mine, monnaie de compte, vaut cent drachmes. Cent mines (dix mille drachmes) constituent une somme considérable, qu'il est difficile d'évaluer exactement. Disons que la solde journalière d'un fantassin, à l'époque de Périclès, était d'une drachme.
7. Le concept de καιρός a une origine pythagoricienne.

Page 664.

1. Voir l'*Euthydème*, 286 *c*.

Page 665.

1. L'*Ixion* d'Euripide fut probablement représenté vers 410 av. J.-C. Cette indication chronologique recoupe la notation relative au procès, puisque les *Quatre-cents* ont pris le pouvoir en 411. Quant à la quatre-vingt-quatrième olympiade, elle correspond aux années 444-441 av. J.-C. L'*acmé* correspond à la maturité.

2. Il y a là une impossibilité chronologique : Protagoras est trop jeune pour avoir connu l'invasion de Xerxès (484-479 av. J.-C.).

Page 666.

1. Voir Platon, *Protagoras*, 320 *e* et C 1, p. 683.
2. Voir Prodicos, p. 730.
3. Voir B IV, p. 680.
4. Au cours de la quatre-vingt-quatrième olympiade, 444-441 av. J.-C.

Page 667.

1. La voie des sophistes qui ne s'avouent pas, comme Orphée, Homère, Hésiode et les poètes qui transmettent les valeurs traditionnelles.

2. L'εὐβουλία, c'est-à-dire l'aptitude à bien délibérer et à saisir l'occasion propice.

Page 668.

1. Voir en C 1, p. 683 et suiv., le mythe du *Protagoras*.

Page 669.

1. En 421 av. J.-C.
2. En 429 av. J.-C.
3. Il s'agit de Callias.
4. Prodicos, Critias, Évhéméros, Diagoras.
5. Il s'agit de Théodore de Cyrène, disciple d'Aristippe.

Page 670.

1. Voir B 1, p. 678.

Page 671.

1. Aristote pense à Diodore de Mégare.

Page 672.

1. L'opinion selon laquelle on ne pourrait localiser l'âme dans telle ou telle partie déterminée du corps.

Page 673.

1. Τὸ φαινόμενον : *le phénomène*. Voir encore Aristote, *Métaphysique*, I, 1, 1053 *a* 35-*b* 3.

2. Kranz ajoute ici, sous le numéro XXI *a*, le passage du *Théétète* de Platon (166 *d* et suiv.) connu sous le nom d'*Apologie de Protagoras*.

Page 674.

1. Voir Héraclite, B LXI, p. 80 et Démocrite, B CLXXII, p. 543.

Page 675.

1. Voir B IV, p. 680.

2. Voir A XXVI, p. 676. L'ὀρθότης (*rectitude*) dont il est ici question, renvoie sans doute à l'ὀρθοέπεια (*rectitude du langage*), titre d'un livre de Protagoras cité par Platon dans le *Phèdre*.

3. Voir l'École pythagoricienne, B I, p. 296.

Page 676.

1. προοίμιον. (Voir A I, 53 et 54, p. 664.)
2. διήγησις.
3. τὰ μαρτυρία.
4. τὰ τεκμήρια.
5. τὰ εἰκότα.

Page 677.

1. Il s'agit de Thrasymaque (voir B V et B VI, p. 680).

2. ἐπάνοδος.

3. μῆνις et πήληξ sont des mots féminins, à propos desquels on suppose, à tort, qu'ils sont des masculins. Voir la Notice introductive, p. 924.

4. Voir l'*Iliade*, I, v. I.

Page 678.

1. Le texte est, en ce lieu, fort détérioré.

2. καταβάλλοντες λόγοι : c'est Eugène Dupréel qui traduit par « *Discours terrassants* ». Parler de « *Discours renversants* » introduirait un jeu de mots que le grec ne semble pas comporter.

Page 680.

1. Voir Usener, *Epicurea*, fgm. 173 et Démocrite, A ix, p. 406.

Page 681.

1. Si l'on admet que le denier *(denarius)* dont parle Quintilien équivaut à une drachme attique, alors dix mille deniers équivalent à cent mines, prix déjà mentionné des leçons de Protagoras (voir la note 6, p. 663).

2. Il s'agit des lieux qui traitent de l'usage des passions.

Page 682.

1. Voir A i, 55, p. 664.
2. Voir B v, p. 680.
3. Voir C i, p. 683.
4. Voir B vi, p. 680.
5. Confusion probable avec l'ouvrage de Démocrite (voir B *c*, p. 489).
6. Celle de déclarer : « Je savais bien que j'avais engendré un mortel », comme Anaxagore, Démosthène, Dion de Syracuse et le roi Antigone — personnages auxquels on peut ajouter Xénophon.
7. Voir Homère, l'*Iliade*, II, v. 273.

Page 685.

1. Voir Aristote, *Parties des animaux*, III, x, 687 *a* 23. Malgré l'origine et le contexte profondément platoniciens de ce mythe, l'imitation n'est pas simplement formelle. Les thèmes sophistiques les plus puissants s'y trouvent développés : à savoir, en premier lieu, l'opposition de la nature et de la société, à travers laquelle nous est présenté un homme déraciné et faible qui ne doit son salut qu'à la mise en œuvre de l'habileté artiste et de la technique ; et, en deuxième lieu, l'importance accordée à l'État et à la politique dans la conservation et la formation même de l'espèce humaine. Enfin, il faut retenir la présence du héros qui est le symbole du sophiste lui-même : Prométhée, l'ennemi des dieux. En allant plus loin, on pourrait aussi montrer comment ce mythe résume tout l'idéal sophistique : par la ruse et l'habileté, l'homme l'emporte sur la nature adverse et sur les autres animaux pourtant puissants et redoutables ; en un mot, le faible l'emporte sur le fort.

Page 687.

1. Allusion à l'ouvrage de Protagoras, *Les Discours terrassants*.

GORGIAS

NOTICE

Vivre cent huit ans. Exemple de longévité, la vie de Gorgias est aussi un exemple d'activité et de travail. Cet élève d'Empédocle et ce contemporain de Socrate n'a cessé par son œuvre tant littéraire que politique et philosophique de se construire une réputation et une fortune, d'être, à tous les points de vue, un exemple pour son temps et l'exemple de son temps : Gorgias est le seul *sophos* à avoir eu sa statue à Delphes, et en or massif. Il faut y réfléchir.

La philosophie de Gorgias, c'est d'abord la *rhétorique*. Une science du discours qu'il tient d'Empédocle, son inventeur, et qui définit un genre littéraire dont l'histoire sera longue et féconde. Toutefois, il faut remarquer tout de suite que cette rhétorique est rigoureusement articulée à une philosophie, qu'elle est philosophique, bref, qu'elle ne saurait se réduire à une simple technique du discours, indifférente à toute finalité. Car, en fait, cette rhétorique tient son sens — qu'il faut bien dire *moral* — d'une théorie du « moment opportun », à travers laquelle se montre son ancrage dans la sophistique ancienne. Ce qui norme la rhétorique, c'est l'*à-propos*.

En réalité, la rhétorique est la technique qui permet de faire triompher l'une ou l'autre cause *selon les cas*. Par là, la rhétorique est à coup sûr finalisée, sans être pourtant, au sens strict, moralisée; car ce qui détermine le choix, c'est une estimation de l'à-propos, et non pas du bien et du mal, du juste et de l'injuste ou du vrai et du faux. L'absence de détermination morale n'entraîne donc pas, bien au contraire, l'absence totale de détermination et l'abandon à un « technicisme » aveugle. L'absence de valeurs stables et universelles implique un substitut : la plus haute valeur, rappelle Gorgias dans l'*Oraison funèbre*[1], n'est pas le droit ou la loi, dans leur rigidité, mais le sens de l'à-propos avec toute sa souplesse. Ce n'est pas rien. C'est par là que la rhétorique trouve sa justification jusque dans une ontologie qui refuse l'être, au profit de ses occurrences dans le temps : une ontologie de l'occasion qui est bien la philosophie de la rhétorique.

La philosophie de Gorgias s'exprime donc aussi par son *ontologie*. On peut distinguer trois moments dans le *Traité du non-être*[2]. Ces trois moments constituent une progression ou mieux, une régression : le raisonnement envoie des conclusions à la fois vers le champ d'une doctrine de l'être et vers le champ du discours. Résumons l'argumentation : 1° Ni l'être, ni le non-être n'existent; bref, il n'y a rien. Entendons que le domaine des choses ne peut être référé ni à

1. Voir B vi, p. 708.
2. Voir B i, p. 701.

l'être, ni au non-être, ce qui signifie en fait non pas que l'être serait on ne sait quoi, mais la vanité radicale de toute ontologie, qu'elle soit positive ou négative : Gorgias ne propose pas une nouvelle ontologie, mais le refus de toute problématique ontologique, de tout *discours* sur l'être. 2° Argument *a fortiori* qui livre le sens de la première thèse : même si l'être existait, il ne pourrait pas être pensé. C'est donc ici que la première thèse trouve toute sa force dans une sorte de « peu importe ! » ontologique. D'autre part, c'est l'affirmation de la séparation de l'être et de la pensée : étonnante découverte du caractère *fictif* de la pensée qui ouvre la voie à tous les mirages du possible. 3° Enfin, nouvel argument *a fortiori* qui confirme encore la première thèse en établissant, du même coup, et face aux deux précédentes, l'autonomie du discours : même si l'être pouvait être pensé, le langage ne pourrait l'exprimer. Ce raisonnement établit donc deux conclusions qui se répondent en se fondant mutuellement : la vanité de toute ontologie résulte, finalement, des caractéristiques du langage et, corrélativement, l'autonomie du langage trouve ses raisons dans l'impossibilité d'une ontologie.

Par suite, il faut voir, dans le *Traité du non-être*, bien plus une recherche sur la nature du langage que sur la nature de l'être. Du moins, les conséquences fondamentales et décisives qui en résultent portent moins vers l'être que vers le langage puisque, par là, ce qui est fondé, c'est une science du discours qui sera libérée d'une science des choses : la rhétorique.

Il convient ici de dresser une liste des principaux procédés de la rhétorique chez Gorgias. (Qu'on nous pardonne l'usage récurrent que nous faisons subir à nos sources [Quintilien et même Fontanier] : les textes de Gorgias proprement dits sont trop disloqués pour permettre une véritable liste ou une systématique. La signification authentique des termes reste, pour nous, très hypothétique. Il faut le savoir. Cette liste est donc plutôt indicative et heuristique qu'historique.)

Parmi ces procédés, on distinguera les *tropes* (τροπαί) et les *figures* (σχήματα).

Les *tropes* désignent, selon Quintilien, les procédés de rhétorique qui produisent leur effet par l'altération du sens d'un mot ou d'une phrase ; le jeu porte sur le sens « littéral » et y demeure.

Par *figure*, on désigne le *procédé* qui utilise un *mot* (σχῆμα λέξεως) ou une *idée* (σχῆμα διάνοιας) en lui donnant une formulation ou un sens qui s'écarte de l'usage habituel, tout en s'y rattachant. Le jeu dirige vers les sens « figurés ».

Mentionnons :

L'*Allégorie* : (trope), parler d'une chose en voulant en signifier une autre.

L'*Anadiplose* : (figure), reprise au début d'une période du dernier mot de la période précédente.

L'*Antithèse* : (figure), comparer des personnes ou des choses qui s'opposent.

L'*Apostrophe* : (figure), passage de la troisième personne à la seconde.

La Brachylogie : (figure), séparer chaque mot du discours par des silences ponctués. (Mais ce terme désigne encore le style concis[1].)

L'Épanalepsis : (figure), répéter, à la fin du discours ou de la période, la phrase initiale.

L'Isocolia : (figure), séparation du discours en périodes ou en phrases d'un nombre égal de syllabes.

La Catachrèse : (trope), utilisation d'un mot en un sens inexact là où aucun autre mot ne serait approprié.

La Macrologie : (figure), ajouter un ou plusieurs mots sans rien ajouter au sens.

La Métaphore : (trope), désigner une chose par le mot qui en désigne une autre.

L'Homoiotéleute : (figure), terminer plusieurs périodes par les mêmes mots ou les mêmes sons.

La Parisose : (figure), sorte d'*isocolia* avec correspondance terme à terme.

L'Hypallage : (figure), bouleversement inattendu de l'ordre des mots dans la phrase; (trope), substitution d'un nom à un autre.

L'Hyperbate : (trope), déplacement d'un mot par rapport à sa place selon l'ordre usuel de la phrase.

Trois œuvres nous restent où cet art est mis en pratique : l'*Oraison funèbre*, l'*Éloge d'Hélène*, la *Défense de Palamède*. Ces textes ne sont pas intéressants seulement par leur style : ils montrent aussi, dans toute sa finesse et dans toute sa force, l'essentiel de la pensée philosophique de Gorgias, sophiste.

L'*Oraison funèbre*[2] dévoile, chez les héros athéniens tombés à la guerre, une image concrète de l'excellence : une excellence qui est le produit de l'éducation sophistique, un art de l'à-propos, une concilia-tion vivante et heureuse de toutes les différences d'un monde instable dans l'unité d'une culture. Plus que jamais, le genre de l'oraison funèbre trouve ici sa justification : quelque chose d'éternel est exalté à travers ces paroles, l'idéal sophistique d'une formation de l'homme, saisi à travers des hommes réussis.

L'*Éloge d'Hélène*[3] et la *Défense de Palamède*[4] sont avant tout intéres-sants par la théorie du discours qu'ils impliquent. L'un comme l'autre de ces plaidoyers reste enfermé dans les limites du discours, le raison-nement est toujours abstrait et exclusivement formel, bref, la matéria-lité des faits est explicitement congédiée au profit d'une batterie d'*a priori* purement discursifs : la liste des hypothèses étant saturée, on voit, par simple déduction que, dans le cas d'Hélène, toutes concluent à l'irresponsabilité et, dans le cas de Palamède, à l'inno-cence. On ne manquera pas d'être sensible à la fois à ces sortes de parenthèses sur la force du discours, les conditions de la perception et le statut de la contradiction où le défenseur instruit ses juges et les

1. Voir Protagoras, A VII, p. 668.
2. Voir B VI, p. 708.
3. Voir B XI et suiv., p. 710 et suiv.
4. Voir B XI *a*, p. 715.

introduit à la sophistique, et à la structure logique récurrente dans le maniement de l'argumentation *a fortiori*, qui donne à ces deux fictions oratoires non seulement l'allure, mais la construction du *Traité du non-être*. Argumentation typiquement sophistique mais qui découvre une profondeur inattendue qui est sans doute la vérité de la rhétorique et qui, bien plus qu'un immoralisme, cache un sens violemment humain de la justice : à savoir qu'il n'y a pas de causes perdues, que tout geste est défendable. C'est là une leçon de morale.

NOTES

Page 688.

1. Voir Philostrate, *Vies des sophistes*, I, 1 : « C'est avec Gorgias que commença le discours improvisé; il arrivait devant le théâtre, à Athènes, et il ne craignait pas de lancer : " Proposez un sujet! " Il fut le premier à prendre la parole avec ce risque, mais, de ce fait, il put montrer qu'il savait tout et qu'il pouvait se permettre de parler de n'importe quoi, au moment opportun. » Ce texte est édité par W. Kranz sous le numéro 1 *a*. (*Voir* B v *a*, p. 707.)

Page 689.

1. 460-457 av. J.-C.
2. Sur ces diverses figures, voir la Notice, p. 933.
3. Voir la note 6, p. 663.
4. Voir Empédocle, A 1, 58, p. 129.

Page 690.

1. En 427 av. J.-C.
2. Citation du *Phèdre* de Platon (238 *d*).

Page 691.

1. En 480 av. J.-C.

Page 692.

1. Vers 500 av. J.-C. (Si l'on corrige, en lisant « quatre-vingt-dixième olympiade », on situera cet événement en 420 av. J.-C.)
2. En 470-469 av. J.-C.

Page 693.

1. En 444-441 av. J.-C.
2. Voir Platon, le *Théétète*, 183 *e*.

3. Le sens de cette réponse de Gorgias est obscur. De nombreuses corrections ont été proposées. Signalons, entre autres, celle de Kaibel qui propose de lire, au lieu de ἑτέρου, γαστρός *(mon estomac)*; celle de Meineke, qui propose ἐντέρου, ce qui permettrait d'aboutir au sens : *Je ne me suis jamais soucié de mon ventre* et, enfin, celle de Tucker qui propose ἑταίρου : *Je n'ai jamais rien fait à cause de mes mignons.* Nous préférons, avec Diels et Untersteiner, conserver ἑτέρου.

4. Il s'agit de l'orateur Isocrate.

Page 694.

1. Dans le *Gryllos*, Livre (dialogue?) perdu, fgm. 3. (Voir A xII, p. 693.)

Page 695.

1. Deux cents mines, c'est-à-dire le produit de deux de ses leçons. (Voir la note 6, p. 663.)

Page 696.

1. δημιουργός : ce terme désigne aussi bien l'artisan que le magistrat. Comme le remarque M. Untersteiner (ouvr. cité), la citoyenneté dépendrait alors davantage de l'action de l'État que de la naissance. C'est là l'idée sophistique que l'État et les citoyens sont des produits de l'art et non des réalités naturelles.

2. C'est-à-dire être professeur de vertu ou maître d'excellence.

Page 697.

1. On sait que Philomèle avait été changée de jeune fille en hirondelle. Ce nom s'applique aussi au rossignol (voir Virgile, les *Géorgiques*, IV, v. 511 et Ovide, *Les Métamorphoses*, VI, v. 424).

2. Voir Platon, le *Phèdre*, 267 *a*, en Protagoras, A xxvI, p. 676.

3. Sur la contrainte ou violence du discours, voir l'*Éloge d'Hélène*, B xI, 7, p. 711.

Page 698.

1. Voir Protagoras, A xxvI, p. 676.

Page 699.

1. Voir Platon, le *Phèdre*, 266 *e*, en Protagoras, A xxvI, p. 676. Cicéron use du terme grec λογοδαίδαλος. Dédale passe pour avoir été le premier sculpteur et ses statues mobiles (voir Démocrite, A cIV, p. 452) sont évoquées par Platon dans le *Ménon* (97 *d*). Or Ménon est l'élève de Gorgias.

Page 700.

1. L'auteur dont il est ici question est Antisthène. Sur Archélaos le tyran — qu'il ne faut pas confondre avec le philosophe —, voir le *Gorgias* de Platon (470 *d*).
2. Voir Hippias, B ɪᴠ, p. 754.

Page 701.

1. En 444-441 av. J.-C.

Page 702.

1. C'est là une expression du principe de contradiction, énoncé sous une forme très générale. (Voir B ɪɪɪ, 80, p. 704 et B xɪ *a*, 25, p. 720.)

Page 706.

1. Le pluriel enveloppe à la fois Ménon et son maître Gorgias.
2. Voir Empédocle, B cɪx *a*, p. 226.
3. Voir Empédocle, A ʟxxxvɪ, p. 173.
4. Voir Pindare, éd. Bowra, fgm. 94, v. 1.
5. Voir A xxɪx, p. 698.

Page 707.

1. Voir B ɪ, p. 701.

Page 708.

1. L'éloquence *épidictique* concerne ce qu'on appelle encore les discours d'apparat, qui n'étaient pas prononcés à l'occasion d'affaires judiciaires ou de débats politiques réels.

Page 712.

1. *Locus desperatus.* Nous suivons la restitution de Diels.

Page 713.

1. Voir Clidèmos, *Les Présocratiques*, p. 695.
2. On songe ici, inévitablement au *Gorgias* de Platon (463 *a* et suiv.). Mais la source de Gorgias peut être pythagoricienne.
3. On pourrait comprendre aussi : « Selon les modes qui lui sont propres » l'expression κἀν τοῖς τρόποις, en prenant *mode* au sens que les sceptiques ont donné à ce terme.

Page 721.

1. Ce texte passe pour la plus ancienne formulation du principe de contradiction. (Voir aussi B III, 67, p. 702.)

Page 724.

1. Voir Protagoras, A 1, p. 663.

Page 725.

1. Sans doute l'expression désigne-t-elle, plutôt que Palamède lui-même, Zénon d'Élée, dit le Palamède d'Élée. (Voir Zénon d'Élée, A 1, 25, p. 363 et A IV, p. 365.)

Page 726.

1. À savoir universellement, ainsi que le fait Platon, dans le *Ménon*, où il critique Gorgias (voir A XIX, texte suivant).
2. Ménon, élève de Gorgias, se réfère ici à son maître.

Page 727.

1. Débordante de fureur guerrière, ou inspirée par le dieu de la guerre. On retrouve une formule analogue, mais sans indication du nom de l'auteur, au livre IV du *De la musique* de Philodème (III, fgm. 15, éd. Kemke, l. 11-12).
2. Il est question d'Homère.

Page 728.

1. La formule peut avoir appartenu à l'*Oraison funèbre* (voir B v *a* et suiv., p. 707).

Page 729.

1. La formule est d'Anaxagore (voir A 1, p. 593; A II, p. 596; A XIX, p. 604; A XX *a*, p. 605; et A LXXII, p. 623). L'origine de cette thèse peut être attribuée à Archélaos (voir A XV, *Les Présocratiques*, p. 690) et non à Gorgias.
2. Voir l'*Odyssée*, XI, v. 633-635. Ulysse redoute que Perséphone ne lui envoie la tête de Gorgone (Méduse). D'où le jeu de mots qui suit sur Gorgias et Gorgone.

PRODICOS

Ce sophiste, dont la voix était si grave qu'il était pénible de l'écouter, occupe, par rapport aux autres sophistes, une position marginale. Qu'il trouve relativement grâce face aux attaques de Platon suffirait à signaler cet écart. Sophiste, Prodicos l'est à coup sûr : il forme des hommes et il se fait payer pour cette tâche. Toutefois, l'idéal qu'il s'efforce de transmettre en fait un sophiste austère et moralisant. Pourtant, tous les thèmes de Prodicos, pour traditionnels qu'ils puissent paraître, reflètent — on tentera de le montrer — des préoccupations et des démarches sophistiques. Preuve, si besoin est, de la diversité doctrinale des sophistes, que l'on pourra saisir à travers l'unité d'une même approche des choses et de la vie.

Comme la plupart des sophistes, Prodicos est professeur de vertu. Par *vertu* il faut entendre l'excellence. Élève de Protagoras, Prodicos professe que la vertu peut s'enseigner, et ce thème qui traverse de nombreux dialogues platoniciens, trouve ses références dans de fréquentes allusions à notre sophiste. C'est donc par la médiation d'un enseignement et d'une pratique de la vertu que s'effectue la formation de l'homme.

Selon Prodicos, c'est dans ce contexte que s'organise la théorie de la vertu, par laquelle il se démarque de Protagoras et de Gorgias. Si la vertu peut s'enseigner, si donc elle est une science, il faut considérer aussi qu'elle est d'acquisition difficile et pénible, acquisition qui révèle cependant toute sa valeur en contribuant à un bonheur réel. On retrouve ici l'idée sophistique de l'importance de la peine, de l'exercice et du travail. Le héros qui symbolise l'homme-sophiste, c'est Héraclès (ou Hercule). Sa gloire, il ne la doit qu'à sa propre valeur, à sa vertu, à ses choix. Héros douloureux, son bonheur n'est pas un bonheur immédiat, il est remis à un « plus tard » sans cesse repoussé, mais toujours annoncé par un « contentement de soi » aux couleurs stoïciennes. C'est davantage une morale du travail qu'une morale de la satisfaction. Image du sophiste entrepreneur.

Mais la fable va plus loin. Héraclès n'est pas seulement l'homme voué aux épreuves, il est aussi, sans cesse, l'homme à la croisée des chemins, entre le vice et la vertu. À cet égard l'idée que la vertu est science prend tout son sens et Prodicos montre ici quelque distance par rapport à la tradition sophistique : tout l'art d'Hercule consiste à distinguer le bonheur réel offert par la vertu, du bonheur apparent et immédiat proposé par le vice. La théorie prodicienne de la vertu implique donc une théorie du mensonge et de la fausse apparence où le mensonge, loin d'être déclaré utile, est catégoriquement condamné. Il y a chez Prodicos un refus de la séduction qui enveloppe un refus de la rhétorique au sens où l'entend Gorgias. C'est parce que la distinction de la vertu et du vice suppose la séparation du réel et du mensonger que le discours propose, qu'une éducation logique ou grammairienne est indispensable : elle s'appelle _synonymique_, ainsi que nous le dirons plus loin.

Le choix proposé à Héraclès suppose que le vice et la vertu sont distincts et qu'il faut préférer la vertu au vice. De plus, le critère de ce choix n'est pas l'opportunité mais l'adhésion à des valeurs stables. Voilà qui, décidément, semble nous écarter d'une problématique sophistique. Tant s'en faut, cependant. C'est dans les limites de cette problématique que Prodicos change ses références : au lieu de trouver la valeur des valeurs dans un monde extérieur et dans l'opportune installation au sein de son ordre, Prodicos se retourne vers l'intériorité et tente de définir une subjectivité qui puisse produire ses propres valeurs, mais le problème reste bien de définir les choix qu'il convient de proposer à l'homme. Simplement, ici, c'est l'individu lui-même qui est appelé à se prononcer : il y a une défiance à l'égard d'une extériorité séduisante et trompeuse qui se comprend par référence à une intériorité qui choisit. La vertu ne se trouve pas seulement dans la gloire qui est sa reconnaissance parmi les hommes, mais tire son origine d'une subjectivité qui se retrouve dans le contentement de soi, valeur stable et indépendante qui peut être opposée à l'apparence et à l'opinion : l'essentiel, c'est le travail, c'est l'effort individuel, par quoi l'homme se produit lui-même. Cela prend tout son sens si l'on considère que le mythe d'Héraclès trouve probablement sa place dans un traité d'agriculture (_Les Heures_, ou, pour reprendre la traduction d'Eugène Dupréel, (_Les Saisons_[1]). Les dieux, selon Prodicos, ce sont ceux qui ont procuré des ressources aux hommes : le divin, c'est l'utile. C'est pourquoi la vertu se caractérise par le travail.

Cette austérité sans moralisme, cet ascétisme sans tristesse trouvent leur complément dans l'attitude de Prodicos à l'égard du langage. Prodicos, on le sait, c'est l'homme des distinctions et de l'exactitude des termes. Sa science porte le nom de _synonymique_[2]. Cette précision du vocabulaire, il l'a enseignée à Thucydide, le meilleur élève des sophistes. Il y a deux façons de jouer sur les mots : confondre ou distinguer. Confondre, c'est ramener deux mots à une seule signification ; distinguer, c'est faire éclater un mot en plusieurs significations, c'est séparer les synonymes, préciser les opposés. Prodicos distingue. Attitude ludique à l'égard du langage par laquelle il est sophiste. Mais sérieux profond à l'intérieur de ce jeu, par quoi il est Prodicos et par quoi il refuse d'être Gorgias. Le sens de ce sérieux ? Encore la vertu, car ce qui précise les divers sens d'un même mot, ce n'est pas la référence extérieure au système du discours, mais la disposition de l'âme

---

1 Voir _Les Sophistes_, Neuchâtel, 1948, p. 117 et suiv.

2. Voir J.-P. Dumont, « Prodicos : de la méthode au système », dans B. Cassin, _Positions de la sophistique_, Paris, 1986.

qui utilise le langage. La langue est un outil, l'art des distinctions est le travail qui la met en œuvre et évite les tromperies ; le discours vise à la vérité non à l'illusion[1]. La précision des termes doit donc se comprendre par rapport à un « vouloir dire » qui est une disposition de l'âme, non par rapport à on ne sait quel sens naturel des mots.

NOTES

Page 730.

   1. Xénophon.
   2. Voir B 11, p. 738.

Page 731.

   1. Voir l'*Odyssée*, XI, v. 582.
   2. Kranz ajoute une citation du *Théétète* de Platon (151 *b*) : « Quant à ceux, Théétète, dont je juge qu'ils n'ont pas encore de fruits, je sais qu'ils n'ont rien à attendre de moi. Je fais donc l'entremetteur, avec une infinie bienveillance, et, grâce à Dieu, j'essaye de trouver, correctement, de la fréquentation de qui ils tireront profit. J'en ai envoyé beaucoup à Prodicos, et beaucoup aussi à d'autres hommes sages ou savants et aux sonorités divines. »

Page 732.

   1. Il s'agit d'un dialogue d'Eschine le socratique.
   2. Voir encore Aristophane, *Les Oiseaux*, v. 692.

Page 734.

   1. Sur cette notion, voir Protagoras, A 1, p. 663.

Page 735.

   1. Euthydème et Dionysodore, deux petits sophistes bateleurs que Platon met en scène.

Page 736.

   1. Il s'agit du pythagoricien Damon. (Voir Les *Présocratiques*, Damon, p. 459.)
   2. Voir Hésiode, *Les Travaux et les Jours*, v. 311.

1. Voir A XIII, p. 734.

Page 742.

1. Persée, originaire de Cittium, comme Zénon, fut le disciple immédiat et peut-être le parent du fondateur du Portique.

Page 743.

1. Théodore de Cyrène, par conséquent disciple d'Aristippe le Cyrénaïque et pythagoricien. (Voir *Les Présocratiques*, p. 486.)

Page 745.

1. D'après Diels, ce témoignage serait faux, car il faudrait lire Hérodicos le médecin, à la place de Prodicos ('Ηρόδικος/Πρόδικος). Voir Platon, *Protagoras*, 316 *e*; *La République*, 406 *a* et *Phèdre*, 227 *d*.

HIPPIAS

NOTICE

Hippias, c'est *toute* la sophistique, c'est l'homme qui s'est intégralement réalisé lui-même. Riche à millions, ce sophiste était doué d'une mémoire prodigieuse et absurde. Ce don, c'était un acquis : exercice et méthode, la pensée réduite à la mnémotechnie. De plus, il savait tout faire : parler n'importe quand et de n'importe quoi, répondre à toutes les questions, en géométrie, en calcul, en poésie, en histoire (il avait un faible pour les généalogies); il était passé maître dans tous les métiers et dans toutes les techniques, tout ce qu'il portait était de sa fabrication, depuis sa ceinture jusqu'à sa fiole à parfum et ses chaussures : bref, un homme qui ne devait rien à la nature, mais tout à son habileté et à son travail, un sophiste achevé.

Faut-il rire de cette image grotesque de l'encyclopédie et du savoir universel? Peut-être, mais l'absurdité même de cette performance doit donner à réfléchir : cette fausse universalité a quelque chose d'inquiétant par sa profondeur même. Qu'est-ce que tout savoir? un idéal ridicule si l'on entend par là la possession d'une science absolue et d'une vérité définitive. Mais cela n'est ridicule que pour les philosophes. Hippias passe son temps à changer d'avis, il ne dit jamais la même chose, alors que Socrate, puisque la vérité ne change pas, répète, à longueur d'année, le même enseignement. Mais, s'il n'y a pas de vérité, c'est Socrate qui a tort : Hippias, lui, se renouvelle, les années sont pour lui des années d'apprentissage au cours desquelles il parfait son expérience. Pour un sophiste, l'idéal encyclopédique, la *polymathie*, a un corrélat principalement humain : on ne cherche pas à élaborer le savoir absolu de la totalité, on cherche en fait, à travers ce savoir, à construire un homme accompli. Hippias veut accomplir l'homme, non le savoir ; son souci n'est pas la vérité, mais n'est pas pour autant inavouable. À travers l'encyclopédisme, la sophistique d'Hippias ne vise pas à produire la vérité absolue, mais bien à conjurer la division du travail : il y a ici l'idée que l'homme accompli ne peut être vraiment accompli que par *son propre* travail.

Cette victoire, Hippias la présente comme un paradoxe. Être l'homme qui connaît tous les métiers, c'est être la solution d'un problème apparemment insoluble : comment peut-on tout faire à la fois? La réponse sophistique est simple : il suffit d'avoir de *l'habileté*. L'habileté, c'est la qualité qui permet de rivaliser avec les professionnels, de réussir là où manquent les règles et les outils, bref, de réinventer l'histoire des techniques et l'histoire du travail : c'est ce qui permet de réussir sans savoir-faire. Socrate inquiétait les artisans en leur montrant qu'ils ignoraient leur propre métier, mais Hippias les inquiète encore plus en leur montrant qu'il n'a pas besoin d'eux, qu'il sait lui aussi leur métier : reflet renversé de la réminiscence platonicienne, la mnémotechnie d'Hippias est ce par quoi, d'une certaine manière, si je suis habile, je sais *déjà* tout faire. Si Socrate enseignait que chacun possède par lui-même la vérité, Hippias n'enseignait pas autre chose que tout artisan est un autodidacte, que l'habileté est un outil universel, auquel aucun problème ne résiste.

Il en va de même dans le domaine théorique : Hippias se donne les moyens de résoudre le problème de la *trisection de l'angle droit*. Point d'analyse théorique : un ensemble de manipulations opérées au moyen d'instruments. Cette méthode ressemble fort aux solutions mécaniques d'Archytas[1]. Mais la mécanique d'Hippias a des allures différentes, un caractère de « bricolage » autodidacte, et d'ingéniosité si « déplacée » qu'elle n'échappe pas aux critiques des géomètres anciens, par exemple Sporus. Ainsi, en mathématiques, Hippias reste sophiste : pas de théorie, une technique; on résout les problèmes avec des outils, non avec des raisonnements.

Voyons comment il procède[2]. Hippias parvient à découper l'angle droit, ou tout angle, en trois angles égaux, au moyen d'une courbe appelée *quadratrice* (ainsi nommée sans doute parce qu'elle pouvait être utilisée pour la quadrature du cercle, dans la mesure où, par un passage à la limite, elle permet de définir le point G, tel que

$$AG = \frac{r}{1/2\,\pi}$$ et de fixer le rapport du quart de cercle au segment de droite AG, puisqu'on a la relation : $1/2\,\pi r = \dfrac{a^2}{AG}$).

Cette opération ou trichotomie d'un angle, comporte donc deux

1. Voir Archytas, A XIV, p. 281.
2. Voir également Ivor Thomas, *Greek Mathematics*, Londres-Cambridge, 1957, t. I, p. 336 et T. L. Heath, *A Manual of Greek Mathematics*, New York, 1963, p. 143.

moments : la construction de la quadratrice et la trichotomie proprement dite.

1° *La construction de la quadratrice.*

Prenons un carré ABCD et le quart de cercle BD de centre A. Supposons qu'un rayon (r) de ce cercle tourne, d'un mouvement continu et uniforme, autour de A en partant de la position AB pour aboutir à la position AD.

Supposons, d'autre part, que le segment de la droite BC, en restant toujours parallèle à AD, se déplace, du même mouvement continu et uniforme, en partant de la position BC pour aboutir à la position AD.

Supposons, enfin, que ces deux mouvements s'effectuent rigoureusement dans le même temps : une fois achevés, les deux segments se confondent, mais, tout au long de leur déplacement, leur intersection engendre un ensemble de points qui forme la courbe appelée quadratrice (figure 1).

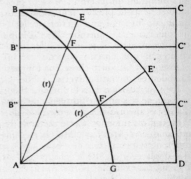

FIGURE I
Construction de la quadratrice selon la méthode d'Hippias, au moyen d'un instrument *ad hoc*.

Ici, deux remarques s'imposent :

cette construction est évidemment possible, mais exige des opérations qui ne sont pas rigoureusement géométriques : l'isochronie et l'uniformité des deux mouvements sont le moyen qui permet de déplacer vers un champ instrumental effectuable (l'ingéniosité d'Hippias?) un problème insoluble dans le champ théorique pur de la géométrie grecque, à savoir le déchiffrement d'une proportion rationnelle entre un arc de cercle et un segment de droite. Le passage, avec les opérations indiquées, à l'intuition temporelle, permet de résoudre un problème de mesure ineffectuable dans l'intuition spatiale, puisque, en divisant, au moyen du compas, le quart de cercle (le compas permet la bissection de l'angle), et, corrélativement, le côté BA du carré, on ne définira jamais que des points, sans pouvoir mener une courbe continue (figure 2);

cette construction ne permet évidemment pas la quadrature du cercle : elle révèle elle-même ses propres limites en se montrant infinie, c'est-à-dire interminable. En effet, au terme des deux mouvements, le point d'intersection des deux segments de droite est indéterminé, celles-ci étant confondues, la courbe de droite doit donc être extrapolée et la détermination du point G suppose un passage à la limite.

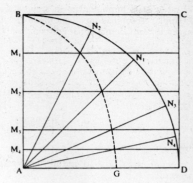

FIGURE 2
Construction de la quadratrice, au moyen de la règle et du compas, par bissection successive du quart de cercle et du côté du carré.

2° *La trichotomie.*

La quadratrice étant obtenue, on peut diviser tout angle en trois parties égales en divisant en trois parties égales le segment de droite déterminé par l'intersection du côté de l'angle avec la quadratrice d'une part et sa projection sur AD, d'autre part : les parallèles à AD,

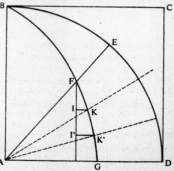

FIGURE 3
Trisection d'un angle grâce à la quadratrice.

menées par les points ainsi déterminés par la division, déterminent, par leur intersection avec la quadratrice, d'autres points sur celle-ci, et les droites déterminées par ces points et le sommet A de l'angle considéré divisent alors l'angle en trois parties égales (figure 3).

Hippias présente donc, au plus haut point, tous les traits de la sophistique : ils se résument dans une habileté suprême qui fait de tous les problèmes des problèmes techniques et, de la sorte, en vient à bout. Avoir réponse à tout n'implique pas qu'on sache tout (il faudrait alors savoir ce qu'est savoir et on ne pourrait échapper à Socrate), mais implique qu'on sache triompher de tout : le génie d'Hippias est sophistique, il triomphe de tout, même de la quadrature du cercle, par la feinte et par l'astuce.

NOTES

Page 747.

1. Peut-être s'agit-il d'une allusion au *Gorgias* (493 *a*). (Voir A vii, p. 000.)
2. En mars 424 av. J.-C.

Page 748.

1. Antisthène.

Page 749.

1. À Lacédémone.

Page 750.

1. Les Lacédémoniens.

Page 751.

1. Le *Ménexéne*, dialogue de Platon.

Page 752.

1. Il s'agit vraisemblablement ici du fils de Pisistrate, plutôt que du sophiste.

Page 754.

1. Voir Gorgias, A xxxv, p. 700.
2. Voir de A ii à A ix, p. 746.

Page 755.

1. Voir Thalès, A 1, 24, p. 12.
2. Voir Homère, l'*Odyssée*, XVIII, v. 84.
3. La forme utilisée par Hippias est ionienne, l'autre est au contraire attique. Ce mot signifie *dépôt*.

Page 756.

1. Voir Pythagore, VI *a*, p. 114.
2. Il s'agit de la marâtre de Phrixos, Ino.

Page 757.

1. Mention du nom de *Hippias*, sur un papyrus conservé à Saint-Pétersbourg (n° 13, colonne 2, 11), comme auteur d'un livre dont le titre est perdu.
2. Aristote donne ici des exemples de corrections qui tiennent à l'accentuation. Dans l'*Iliade* (XXIII, v. 328), à la place du relatif οὗ on lit la négation οὔ, ce qui donne « *la pluie ne le pourrit pas* », au lieu de « *dont cette partie est pourrie par la pluie* ». De même, dans l'autre exemple, δίδομεν devient l'infinitif impératif ionien διδόμεν, ce qui donne : « *accorde-lui l'accomplissement de sa prière* », au lieu de « *nous lui accordons, etc.* ». (Il s'agit de l'*Iliade*, II, v. 15, si l'on admet le texte de certains manuscrits ; sinon, on trouvera cette phrase au chant XXI, v. 297, mais, en ce cas, il ne s'agirait pas du songe d'Agamemnon.) Précisons que notre traduction a dû lever une ambiguïté (pour ne pas dire une incohérence) du texte d'Aristote : nous considérons le texte de la première citation d'Homère comme le texte qui résulte de la correction d'Hippias de Thasos, et non comme celui qu'il propose de corriger, ce que confirme le passage de la *Poétique* rappelé au début. Il est impossible de savoir si cet Hippias de Thasos est le sophiste.

Page 758.

1. Le meilleur commentaire sur la conchoïde de Nicomède se lit dans Eutocius, *Commentaire sur la sphère et le cylindre d'Archimède*, dans Archimède (éd. Heiberg, III, p. 98, 1-7), et dans Pappus, *Collection* (éd. Hultsch, IV, p. 26, 39 à 28, 43), que l'on trouvera dans I. Thomas, *Greek Mathematics*, I, p. 297 et suiv. Sur la quadratrice, voir la Notice, p. 943.

Impression Brodard et Taupin,
à La Flèche (Sarthe),
le 15 février 1991.
Dépôt légal : février 1991.
Numéro d'imprimeur : 6511D-5.

ISBN 2-07-032610-1 / Imprimé en France.